抗战研究丛书

故纸留痕

抗日战争时期澳门报刊资料选辑

（一）

林发钦　江淳　王熹◎主编

SPM 南方出版传媒
全国优秀出版社　全国百佳图书出版单位　广东教育出版社
·广　州·

图书在版编目（CIP）数据

故纸留痕：抗日战争时期澳门报刊资料选辑：全2册／林发钦，江淳，王熹主编. —广州：广东教育出版社，2021.6

（抗战研究丛书）

ISBN 978-7-5548-3957-7

Ⅰ. ①故…　Ⅱ. ①林…　②江…　③王…　Ⅲ. ①报刊—史料—汇编—澳门—1931—1945　Ⅳ. ①G219.296.59

中国版本图书馆CIP数据核字（2021）第012886号

策　　划：陶　己
责任编辑：周　莉　杨柳婷
责任技编：黄　康　佟长缨
封面设计：何　维

故纸留痕——抗日战争时期澳门报刊资料选辑　全2册
GUZHI LIUHEN——KANGRI ZHANZHENG SHIQI AOMEN BAOKAN ZILIAO XUANJI　QUAN 2 CE

广东教育出版社出版发行
（广州市环市东路472号12-15楼）
邮政编码：510075
网址：http://www.gjs.cn
广东新华发行集团股份有限公司经销
佛山市浩文彩色印刷有限公司印刷
（佛山市南海区狮山科技工业园A区）
787毫米×1092毫米　16开本　64印张　1 280 000字
2021年6月第1版　2021年6月第1次印刷
ISBN 978-7-5548-3957-7
定价：288.00元
质量监督电话：020-87613102　邮箱：gjs-quality@gdpg.com.cn
购书咨询电话：020-87615809

澳门理工学院人文及社会科学高等学校中西文化研究所
澳门特别行政区政府文化局公共图书馆管理厅
联合策划

出版说明

一、抗战时期澳门地区中文报纸的出版是一大特色。澳门理工学院人文及社会科学高等学校中西文化研究所于2015年启动了“澳门与抗日战争”系列学术研究，其中一个重要项目，就是收集、整理、出版抗战时期与澳门息息相关的各种报纸资料。我们收集的抗战时期与澳门有关的报纸，并不仅仅限于澳门地区，还有全国性的报纸如《申报》，地区性的报纸如《中山日报》《广州日报》，以后还会扩展到中文以外的报纸，当然，尚待以时日。

二、本项目所选录的报纸有《华侨报》《大众报》《复兴日报》《复兴晚报》《申报》等，以出版时间为序依次编排，选录内容主要为澳门新闻，尤其是关于战时政治、经济与社会生活的新闻，如赈济、医疗、文化、教育等。限于篇幅，以下内容，除非与战时社会非常相关，原则上不收录：国际新闻、内地新闻、体育新闻、娱乐新闻（电影上映等）、副刊（文学作品及生活副刊）、广告、社论、名人讲话、历史掌故、司法案件、经济商情、米站细节等。

三、抗战时期澳葡政府采取的是中立政策，有严格的新闻检查制度，凡涉及日本/日军内容，“日”字一律以符号“×”代替，在本项目选录报纸中可以随处见到。同时，在当时澳门出版的各类中文报纸的一版、二版，有大量国际和国内的战争形势报导，但是因为不符合我们选报原则，也因为篇幅关系，所以未予收录。

四、本书选录自澳门《大众报》，该报创刊于1933年7月，由陈天心创办并兼任首任社长，并获曾枝西女士投资赞助。抗战期间，《大众报》始终贯彻抗日救国立场，除在报道中刊载大量救亡活动的信息外，还与报界爱国同仁联合发起组织规模最大、活动范围最为广泛的“澳门四界救灾会”，积极动员澳门各阶层、各行各业和不同宗教信仰的人士，通过筹募、宣传、动员、慰劳和组织回国服务团等形式，全力支持抗战。因此该报在澳门及华南地区享有盛誉，并受到社会各方面的重视，成为当时澳门抗日救国宣传的鲜明旗帜。

五、本书以澳门与抗日战争为主题，整理选辑了澳门《大众报》1941年7月11日至1945年12月20日的相关报道。抗战起止时间为1931年9月18日至1945年8月15日。本书收录的《大众报》从1941年7月起，是因为限于报纸收藏条件，之前的报纸缺失，这不能不说是一个缺憾。而本书收录的《大众报》至1945年12月20日止，是因为日本投降后，澳门为欢庆胜利举办了大量活动；另外，战争遗留问题非常多，例如难民返乡，难童寻找亲人、办理归家手续，以及物资供应等民生问题都在陆续解决，因此我们认为将收录时间延后到1945年12月是合适的，可以更全面地反映那段时期澳门的状况。但依然因为报纸缺失，我们只能够收录到1945年12月20日，这亦是一个缺憾。

六、本书选编新闻说明。

（一）每天都有新闻入选（特殊情况除外）。

（二）考虑到新闻的连贯性，如遇发展性事件，则选入相关后续报道。

（三）每条新闻均为全选，对内容不做节录和改动，一律保持原貌。对原文中某些涉及事实的错讹，也予保留。

（四）原文中出现的“澳府当局”“澳当局”“本澳当局”“本澳政府当局”“澳府”等称谓，均应解读为“澳葡政府”。

（五）所选新闻，如需更正原文中的错、别、衍字，以“（　）”标明；字迹模糊难以辨认或有缺漏者，以“□”代之；某些段落确实漫漶不清的，以“（略）”标明。

七、本书编排格式。

（一）目录。编排依次为：年份、年月日（使用阿拉伯数字）和版次、标题。按年月日排序。

（二）正文。编排依次为：年月日（使用阿拉伯数字）和版次（未标明版次者除外）、标题、正文。

（三）标点。原文无标点或只有黑点，不分句读。现加标点。

（四）字体。原文为繁体中文，现使用简体中文。

由于时间有限，搜集地区及馆所有限，报纸所藏亦有一些遗漏，这些都有待日后补充完善，敬请方家指教。

“抗战研究丛书”总序

澳门理工学院人文及社会科学高等学校中西文化研究所是从事澳门历史文化与中外文化研究的学术机构，在澳门内外享有一定学术声誉和影响力。近年来，该所秉承“教学与科研并重”的办院方针，一方面积极承担学院各学校的通识课程授课任务，一方面因应澳门经济社会发展需要，将近代以来澳门历史与社会、口述历史、文化遗产、本土文献整理等作为研究的重点方向，凭借澳门丰富的文化遗产和人文传统优势，发挥研究所人员的专业特长，通过教学活动、专题研究、口述历史、专题史料整理、出版学术研究书刊、召开学术会议、举办“三巴讲坛”等多种形式，致力于澳门历史文化资源的整理、普及与社会推广工作，主动为政府部门和社会团体提供学术咨询和服务，取得显著成果，开创澳门历史文化研究的新天地。

在中西文化研究所的研究课题中，开展澳门本土研究，将其置于国家历史的视野范畴，探究其沧桑巨变，揭示彼此之间的因果和相辅相成关系，是其显著特色之一。其中，编辑出版“抗战研究丛书”是其断代专题史研究的一个重要课题。根据其研究规划和目标，该丛书以“抗战”为主题，围绕“澳门与抗战”的有关内容，将分册编辑出版档案汇编、报刊资料选辑、口述历史、历史图志、专题史论等著述系列。其宗旨是向世人揭示：七十多年前的抗战时期，澳门虽是“中立”地区，却具有抗战后方和华南抗战第一线的双重特征。处于这样一个特殊而复杂多变的大环境之中，当中华民族面临生存危亡的紧要关头，澳门各界同胞没有置身事外，而是义无反顾，积极投身于抗战救亡运动中，始终与祖国同呼吸、共命运，书写出别样的抗战历史，为中华民族的解放、独立与发展，作出了自己独特的贡献。此项研究，以翔实生动的事例，讲述了澳门人抗战的故事，给人耳目一新的感觉，既填补了澳门抗战史研究的空白，也丰富了中国抗战史研究的内容，为抗战研究提供了重要史实和根据。

纵观中国抗战史研究，澳门与中华民族抗战救亡运动的关系、澳门所发挥的特殊而重要的意义，在中国抗战和著述研究中鲜有涉及，而澳门史学界对此的研究又不够深入。所以抗战时期，澳门的经济社会状况是怎样的？澳门人参与抗战救亡的真实历史又是怎样的？他们是以怎样的方式支援祖国的抗战的？如何评价澳门在抗战史上的历史地位？关于这类问题的研究，不是语焉不详就是朦朦胧胧，缺少清晰而系统的论述。因此，开展此项研究，勾勒澳门抗战史的原貌，就显得十分必要和迫切。有鉴于此，中西文化研究所适时开展此项研究，经过数年的辛勤努力和初步研究，逐渐揭开了尘封已久的历史真相，呈现了一幅澳门抗战史的生动画卷。通过该所学术团队林发钦教授、江淳教授、王熹副教授、温学权讲师等编著的《孤岛影像：澳门与抗日战争图志》《平民声音：澳门与抗日战争口述历史》《抗战文献文物图录》《澳门人的抗战》《澳门与抗日战争》《抗战时期澳门日志》等研究著述，不仅展示了澳门人抗战的历史过程，而且让人们看到了澳门同胞以满腔爱国热忱，秉承人道主义精神，冲破重重限制与封锁包围，以认购抗战救国公债、捐输抗战急需物资、募捐现金、组建抗战宣讲团、创办抗战刊物、赈济战争难民等方式，积极开展抗战救亡运动，甚至许多澳门优秀儿女直接参与祖国抗战，抛头颅洒热血，前赴后继投身中华民族救亡的真实历史场景。

西方历史学家克罗齐说：“一切历史都是当代史。”历史是人类生活的一部分，而人则是经验主义者，其经验是以个体或群体的历史记忆为基础的。同样，澳门抗战时期的历史是澳门同胞生活史的有机组成部分，也是国家记忆的一片拼图。因此复原这一段特殊的群体记忆，塑造有利于澳门人发展的记忆与观念，通过历史研究的形式，将真实的澳门抗战史提供给当下历史进程的参与者、公共文化产品的提供者，发挥历史学“述往事，知来者”的功能与作用，无疑有着重要的现实意义。“古之学者为己，今之学者为人。”中西文化研究所的同仁深知两者之间的利害关系，他们认为史学是天下公器，因此，在重构澳门同胞抗战时期的公共历史体系时，不是专注或强调个人研究的重要性，而是将公共史学的普及和书写视为自己的责任和使命之一，努力为普及社会大众史学服务，所以其编辑整理出版的“抗战研究丛书”系列具有如下几个特点：一是注重有关史料文献的系统整理与研究，形成了澳门报刊系列资料；二是与澳门怀旧收藏学会合作，形成了有关澳门抗战时期的文物图录系列；三是形成了澳门抗战口述历史系列，开展了澳门抗战时期的口述采访与文本的整理书写工作，积累了较为丰富的鲜活资料，可与文献互证补充；四是出版了澳门抗战的普及读本系列，在社会上引起良好反响；五是开展了澳门抗战的专题研究，覆盖澳门抗战史的方方面面。这些基础研究都是前人未曾涉猎的新课题，他们通过实实在在的史料和图录、扎实的论述、翔实的史料、多样的著述成果，向世人展示了澳门同胞参与抗战的壮丽画卷。

孔子说："知之者不如好之者，好之者不如乐之者"，"君子耻其言而过其行"，"不患人之不己知，患其不能也"。中西文化研究所的研究人员以其远见卓识，独到的学术视野，科学严谨的专业素养，淡泊名利、甘坐"冷板凳"的探索精神，开辟了澳门抗战史研究的新局面，取得了令人欣慰的研究成果。这些成果为我们全面认识和把握澳门的抗战史研究提供了科学依据，也为进行澳门的爱国爱澳传统教育提供了生动的教材。期待他们的研究能够百尺竿头，推出更多具有深度和力度的研究著述，更好地为澳门的经济社会发展服务。

是为序。

严肇基

澳门理工学院院长

前言

澳门报刊在近代中国新闻出版史上占有特殊重要地位。无论是其语种之多，名称之繁，还是栏目内容之丰富，国内外信息密度之丰厚，所提供史料价值之珍贵，都具有其他载体媒介不可替代的重要意义，是研究澳门新闻出版事业和历史发展的重要文献。

澳门特殊的管制体制与其在中外交流中的特殊地位与角色，决定了澳门不同历史时期创办的报纸，与官方档案文献相比，具有较为显著的时代特点，形成了具有澳门特色的风格。概而言之，表现在如下方面。

一是语种多，形成了多语种的新闻话语体系，主要有葡文、英文和中文等报刊。其中有创办于1822年的葡文周报《蜜蜂华报》《澳门政府宪报》《澳门之声》等；首位来华基督教传教士马礼逊创办了中国首份中英合刊的《传教者与中国杂报》（*The Evangelist and Misellanea Sinica*）。

二是出版报刊名目、种类繁多。从19世纪以来，澳门出版的葡文报刊达120种之多，同期出版的英文报刊则有著名的《广州记录报》和《中国丛报》《澳门先锋周报》《澳门论坛周报》等；中文报纸有周报《镜海丛报》《知新报》《民声》《澳门通报》《濠镜晚报》《澳门时报》《新声日报》《朝阳日报》《大众报》《华侨报》等。

三是有的报纸同时出版多语种版本，如澳门土生葡人飞南第创办的葡文周报《镜海丛报》，有葡文和中文两种版本；创刊于1945年2月的《复兴日报》（*Renascimento*），曾同时出版中、英、葡三种文字的版本，是当时澳门最重要的报纸之一。

四是刊载信息各有侧重，均具重要历史文献价值。如葡文《蜜蜂华报》具有官报性质，每期刊发政府公文、决议、命令、任命文书以及会议记录等内容；《镜海丛报》栏目较多，主要有刊登皇帝政令、官廷活动、澳门政府法令的"官事某登"和"各行广业"，刊登中外报道、本澳新闻及邻近四方社会新闻的"省港报"等栏目，可谓一报在手，不出门便知环宇要闻及四方动态。

五是出现了特殊行业的专报。如1913年6月创刊的日报《澳门通报》，是赌商为发展赌博业而出版的"赌报"；《花报》主要反映澳门声色犬马情况，全报信息除了广告外，均与澳门当时各大妓院和夜总会的妓女有关。

六是澳门中文报纸，都重视副刊内容，有的甚至要闻与副刊平分秋色。如1913年创办的《濠镜晚报》，其内容分为两部分，时事新闻和小说诗词各占一半；1916年创刊的日报《澳门时报》，设有刊载小说、谐著、粤讴、粤剧班本等内容的副刊"时谈录"。

简而言之，虽然各报刊的办报宗旨及观点有所不同，多数为周报，存在时间也有长短之别，但其共同特点是翔实记载澳门社会方方面面的情况，尤其是有关社会百态的奇闻异事以及时事信息。这些内容或可弥补文献记载的空白，或可为解决历史疑点和谜团提供根据，或可为系统勾勒澳门近现代以来的社会变迁提供可靠而丰富的文献支撑，其史料价值不言而喻。

澳门不仅以所创办的报刊数量众多而著称，而且受政局变迁以及各种战乱兵燹、水火虫蛀以及天灾人祸等因素所致，澳门公共收藏机构保存有关报刊的情况更是不容乐观。只有少量报刊有全本，而绝大部分报刊不是残缺不全，就是不知所终，即使存留者，不是虫蛀漫漶，无法辨识全貌，就是破损严重，具体版面、内容和主要报刊信息无从获得，其中主要问题如下。

一是有的报刊只闻其名而不见实物。如澳门圣若瑟修院出版的葡文《消息日报》是否公开出版发行，究竟创办于何年，其与《蜜蜂华报》孰先孰后，迄今未找到实物，留下一个历史之谜，有待探究。再如澳门20世纪20年代创办的《贫民报》也是只闻其名而不见实物，其具体情况缺乏记载。又如太平洋战争爆发后，英国驻澳门领事馆创办了英文版的《澳门论坛报》（*Macau Tribune*），其宗旨主要是向澳门公众宣传同盟国的观点和政策，目前也未见到该报刊的实物。

二是有的报刊创办时间确定，但澳门图书馆仅存其中某期，不能形成比较清晰的信息链，难窥其完整的形象。如1839年9月由彼亚度创办的《在华葡人周报》（*O Português na China*），刊登了鸦片战争期间，英国海军统帅义律（*Charles Elliot*）与清朝钦差大臣琦善达成《穿鼻条约》的消息和草约的葡文译本，因草约英文原件已经散佚，所以该报刊登的葡文译本成为一个重要依据。但遗憾的是澳门公共图书馆目前仅存有该报1840年11月26日出版的第63期，虽由此可推测出其版式与《蜜蜂华报》相似，但该报于1843年的何月何日停刊，却不得而知。

三是有的报刊之实物在公共图书馆不见踪影，而由私人收藏家保存，其中有的因年代久远或保存不当而残损，如澳门《花报》的其中一期因被墨水浸渍而无法辨识其具体的出版日期，这无疑给研究该报带来不便，其文献数据价值更难以发挥出来。

四是澳门早期创办的中文报刊诸如《民声》《澳门通报》《花报》《濠镜晚报》《澳门时报》《澳门日报》等也是残缺不全，是否在其他地方还保存报刊的实物，有待继续访查和挖掘。如1917年8月创刊的《澳门日报》，即使从现有实物可知该报版面内容及具体栏目设置，但由于其实物罕见，所以关于其创办人及终刊情况仍然不得而知。

五是即使是影印出版的《镜海丛报》，也不是“全本”，同样存在缺页的问题。

六是有的报纸虽然诞生、出版与发行在澳门，而较完整的报纸却被本土以外的地方收藏，本土只有零星保存。如创办于1946年4月的《世界日报》，在湖北省图书馆有系统收藏；创办于1941年4月由日本人支持的亲日报刊《西南日报》，在澳门中央图书馆存有少量不完整的原报，而在湖北省图书馆有全本。

七是有的报纸创刊时间距离现在较近，应该存有实物，但遗憾的是在公共图书馆却未见藏本。如由日本人支持的亲日报刊《民报》也是只闻其名而不见其影。

澳门报刊的上述问题对研究澳门新闻出版事业史，评价澳门报刊在中国新闻上的历史地位，以及充分挖掘、整理和使用这些弥足珍贵的历史数据，开展澳门史探讨等，都是不利的。因此对海内外澳门报刊收藏情况展开访查，摸清其原报的实际保存状况，以及联合有关机构整合现有报刊资源，利用现代媒介技术和手段，为社会大众提供共享服务，发挥其特殊文献作用的工作显得尤为必要和迫切。

2007年，澳门理工学院中西文化研究所奉澳门特区政府之命，开始《澳门通志》的筹备事宜，同时开始有关澳门本土文献资料的调查研究工作，以为日后澳门史志的编纂和有关专题史料出版做准备。2014年完成各项筹备任务之后，明确本所今后的研究领域以澳门近现代以来经济社会发展为重点，进行多方面的深入探索。为深入扎实推进澳门史研究，结合本所已有研究基础和人员专长，我提出了以“新史料、新方法、新内容、新史观、新诠释”为办所宗旨与理念，来开展澳门历史研究，并将澳门民国史、澳门人抗战、澳门非遗以及本土历史文献、澳门口述历史、抗战时期澳门中文报章数据库建设等，作为本所今后主要的工作目标，齐头并进，积极有序地加以推进。

鉴于澳门报刊散布海内外，无论是开展其收藏情况的调查、进行多语种的翻译编辑，还是进行系统的收集整理和出版，如果没有多方面长期密切的合作与支持，单凭任何一个地区的学术机构和收藏单位都无法独立完成，为了着实有效地推进此项工作，我们确立了以下原则和思路："以我为主""由近及远""先易后难"，以澳门本土现有资源的整理编辑作为初期工作，在不断积累经验的基础上，再逐渐开展域外多语种文献整理编辑，形成有关澳门葡语文献、日语文献和英语文献系列的原则和思路。为此，中西文化研究所与澳门中央图书馆合作，一方面参与了澳门文化局有关的澳门中文数据库的建设，另一方面，着重对澳门本土报刊资料《大众报》《华侨报》《西南日报》《复兴日报》《复兴晚报》《市民日报》等进行了系统整理，选编有关专题资料，最终目标是构建澳门史研究的系统文献信息资源库。

在各方协助下，经过几年的艰苦努力，我们取得了初步成果。如今呈现在读者面前的这套书，就是我们多年以来整理选编的有关澳门中文报刊资料系列中的一种。

毫无疑问，文献史料是研究澳门历史文化的基础。没有丰富的史料作支撑，澳门历史的研究很难深入，许多语焉不详、悬而未决的历史问题难以得到解决。毋庸讳言，澳门报刊资料的整理与出版，与澳门原始档案文献的整理与出版相比，两者存在较大的差距。

澳门原始档案文献的整理与出版获得了前所未有的重视，有一批极具文献价值的中葡历史档案和文献资料出版，如由中国第一历史档案馆、澳门基金会、暨南大学古籍所合编的《明清时斯澳门问题档案文献汇编》，中国第一历史档案馆、北京大学与澳门理工学院合编的《清代外务部中外关系档案史料丛编·中葡关系卷》，张海鹏主编《中葡关系史资料集》，刘芳辑、章文钦校《葡萄牙东波塔档案馆藏·清代澳门中文档案汇编》《葡萄牙外交部藏·葡国驻广州领事馆档案（清代部分·中文）》等等，其搜集整理范围，覆盖海内外各大专业图书馆和藏书机构，征集范围之广、规模之大，公布数据数量之多，投入人力物力之众，专项经费资助力度之大，在同类区域史研究中可谓蔚为可观。这些弥足珍贵的史料公布于世，从历史尘封进入公众视野，作为第一手的原始史料，无疑为深入系统地开展澳门历史文化研究提供了极大的便利条件，从而开创澳门史研究的新局面，也为澳门学的形成和发展提供了有利条件。

而报刊资料的整理与出版，却因资源散布海内外、没有清单和缺乏具体线索等困难而远远滞后，有待加强和跟进。从目前已出版的有关资料看，仅有《镜海丛报》《知新报》和汤开建、陈文源、叶农主编的《鸦片战争后澳门社会生活记实》等，且其研究范围止于民国之前，零散而不系统，与研究的客观要求有相当的差距。

因此，首先展开民国以来澳门中文报刊的整理编辑工作，以此为原点，采用"滚雪球"的办法，扎实推进此项工作，形成多语种的澳门报刊资料系列，对建构报刊系列的澳门历史话语体系，呈现多维的澳门历史发展的轮廓特征，无疑有极其重要的学术价值和现实意义。

《大众报》作为澳门民国时期创办的爱国报纸之一，比较系统地反映了华人社会的日常动态，客观而全面地记载了澳门历史发展的基本情况，不仅是华人社会爱国爱澳势力对外发声的公共媒体，而且在华人世界享有极高的声望，因此其所载内容更具时代的象征意义，更具不可或缺的文献参考价值，故被列为优先出版的重点项目。

《大众报》创刊于1933年7月，是迄今为止仍在澳门出版的中文报纸之一。由陈天心创办并兼任首任社长，并获曾枝西女士投资赞助。1946年，陈天心举家返回广州，赞助人曾枝西无暇兼顾，遂于1947年春暂时停刊。1948年初，资深报人蔡凌霜由香港到澳门主持《大众报》复刊并兼任第二任社长。1973年3月，社长蔡凌霜病逝，由其哲嗣蔡克铭继任社长，于1974年11月改用柯氏印刷。1982年3月，首设中文报纸葡文版。1982年6月，每日报纸增至两大张。1984年，增辟珠海特区版，发行至珠海市。1993年被吴福集团收购，改为彩色印刷，每日出版九版，内容包括本地新闻及国内外新闻，副刊有“大众娱乐”“大众狗经”“大众园地”等，有“编余小语”专门评论本地经济、社会事件。吴福任董事长，社长黄宇光，总编辑郑沛。1996年9月《大众报》公开在台湾发行，成为首份同时在海峡两岸发行的报纸。《大众报》是澳门创办历史最悠久的中文爱国报纸之一。

抗战期间，《大众报》与爱国报人陈少伟创办的《朝阳日报》、陈仲霭创办的《新声日报》、陆翼南创办的《澳门时报》、文非一等人创办的《民生报》一道投入抗日救亡的行列，肩负起抗日救国宣传重任，始终贯彻抗日救国立场，除在报道中刊载大量救亡活动的讯息外，还与爱国报界同人联合发起组织规模最大、影响范围最为广泛的“澳门四界救灾会”，积极动员澳门各阶层、各行各业和不同宗教信仰的人士等民间和社会力量，通过筹募、宣传、动员、慰劳和组织回国服务团等形式，全力支持抗战，其救亡活动范围更遍及澳门、离岛以及烽火漫天的华南一带或祖国的抗战前线。因此该报在澳门及华南地区享有盛誉，并受到社会各方面的重视，成为当时澳门抗日救国宣传的鲜明旗帜。而该报所刊登的有关抗战时期澳门社会以及各界开展抗日救亡运动的翔实内容，更成为研究此一历史时期最为重要的文献史料。

从《大众报》刊载的有关澳门抗战时期各方面的情况看，其内容之丰富，涉及面之广，资料之系统，不仅弥补了档案文献记载澳门社会内部发展情况的残缺或空白，还为全面客观地研究澳门近现代城市的发展、市政建设的规模、葡华商人集团的经济活动、司法治安、博彩经营、鸦片走私、葡华民众宗教信仰、生活习俗、文化教育、艺术活动，特别是抗战期间，澳葡当局实行“中立”政策，澳门人如何赈济援助中国抗战、“风潮时期”澳门华人社团如何赈济救助难民、澳葡当局的政策前后有何变化、抗战时期的澳门社会环境等具体内容，提供了官方文献无可替代的翔实的原始资料，因此改变了研究澳门20世纪30年代至40年代社会发展概况时，其内容言之无据的尴尬局面。

澳门理工学院人文及社会科学高等学校中西文化研究所选编《大众报》抗战时期澳门社会情况史料，就是为研究这段特殊的历史发展阶段提供资料，为复原抗战时期澳门历史的原貌提供中文视野下的话语文献，为进行多语种的澳门历史的比较研究提供史料依据，为填补中国抗战史研究的空白提供生动的素材，为构建具有中国话语体系的抗战史体系以及澳门历史的信息资源库建设打下坚实基础。

林发钦

1941—1943

目录

1941年

1941年7月11日　第四版

关于改善填报防务税手续　商会已奉澳督批　去年度防务税本月杪截止填报　商会咨询处欢迎会员询问手续

关于一九四〇年度防务税，经当局布告，由本月起开始填报云云。本澳商会各值理，以政府征收此项防务税，因系举办初期，一般商人多有未明手续，致受罚款。故对于今年填报手续，总合各方意见，认为实有陈请解释酌予改善之必要，当经提交该会常会讨论，并一再推派高、陆两主席，联谒当局陈请解释。现闻已奉督宪批示，其大意如下。

批示五点：

（一）关于华人商店填报防务税，须将该店去年所得纯利，据实申报，并签具发誓证书，不得瞒隐。但正式数目簿记及物品总录、年结盈亏数目，及总费用之正式抄稿等，如不齐备者，可免呈验。（二）填写此项申请书，须先认明需用何种表式，即向白鸽巢官印务局购备，用葡文填妥，并经立契官验认笔迹。（三）防务税之征收额，系以个人或商号，每年入息或溢利在三万士姑度者（约值港纸五千元左右），始行按额每百元征税一元。但该纳税人如有未成年之儿女三口，须由其抚养者，则可免征，惟须以依法领有儿女出世认明书者为限。（四）倘一九四零年所得纯利不及三万士姑度者，照例应免征，惟仍须照实申报，并用D字表式填写加入（非可征额）字样，俾候审查。（五）填报日期至公历本（七月）月底止截，然后于九月一日由财政当局将纳税人姓名、店号及应纳税额列表公布。届时蒙宪准许，将该项征税表，发交商会，以利便各行商查阅。按上列各款，系由澳督宪接纳该会请求后，考虑改善者，现经商会分函所属会员知照，并饬商务咨询处办事员加紧工作，如遇各会员到咨询时，对于填报手续，仍未明了者，应充分予以指导，用符专为会员服务之旨云。

1941年7月11日　第四版

五千元巨劫案　昨日宣判　证据不足三疑犯无罪释放　检察官不服原判提出上诉

（本报专访）本年三月九日上午六时许，居镜湖马路八十九号地下中医张鉴平突被四贼赚门行劫，损失约共五千余元之巨，劫匪并以剑刺伤其子。事后，张往警署报案。华探何保、黄就于即日在海傍兰亭酒店三楼，捕获与该案有关之嫌疑犯三名。经警方讯后，于是月（十九）日解往法院，由检察官控诉。马司于昨（十）日作第三度公审，案由检察官罅些剌主控，原告延傅龄嘉律师起诉，被告延佐治律师辩护，马司于本月五日、七日及昨日（十）日三度公审。是日，先传证人兰亭旅店役杨二人及郭带作供，二人皆力证，该三客人于八日深夜至九日晨被捕时，均并无外出。至拘该三疑犯之华探何保、黄就亦供谓，并无搜出赃物，惟张鉴平之妻突称在第三区时，曾闻三疑犯供谓，有赃物首饰一包贮于该旅店东主李龙处。马司问之，以日前在警厅及此间供录口供时，因何并无提及，张妻谓因通事欧美德所阻。马司遂于昨（十）日传讯探目朱霖，及通事欧美德与张妻对质，卒证明张妻所供并非事实。三疑犯既无贮物一包之语，欧亦无阻张妻不得谈及此事。马司遂宣判，因证据不足，三疑犯无罪释放。惟检察官不服原判，当堂提出上诉小西洋高等法庭，约需时六月，始可竣事。马司遂谕许三疑犯，交保三千元出外候讯。因彼等无款交保，仍押还狱中云。

1941年7月11日　第四版

澳督定期欢宴　华人领袖　本月十二在督府举行　三机关主席被邀参加

（本报专访）本澳督宪戴思乐中校，自莅任以来百废具兴，棠荫伟然，深入民隐。最近督宪为明了埠中一切事情，与各华人机关打成一片，作进一步沟通意见，敦睦感情。特定于本月十二日下午一时，在竹仔室督府设宴，招待华人代表梁后源、商会、镜湖医院、同善堂三机关主席，暨中西名流等。闻各华人领袖，将于是日乘便向督宪提出关于华人福利之请求，请督宪接纳云。

1941年7月11日　第四版

欧洲航途梗阻　洋货来源短绌　中澳交通断绝洋货业大受打击

（本报专访）本埠洋货事业，年来因战事影响，欧美航途梗阻，货物来源短绌。原有趸存货物则价格昂贵，更以港府最近颁布法例，征收化妆品税，洋货行主要之化妆品由港购来者，成价过昂，购者渐少，更以中澳交通断绝，该行商业，已比前逊色。查本埠洋货商店共四十余间，规模宏大者，当首推设立新马路，货物趸存在数万元，俱皆名贵，以门面零沽者较多。次如设立十月初五街者，则大帮以批发为主。在未“封锁”以前，一般投机“水客”多量购买，运往中山内地发售，故年中盈利甚有可观。但现因境环转变，交通断绝，营业受最大之打击。其他如摆设街边之小贩摊，则因其规模狭小，“皮费”不大，故无若何影响云。

1941的7月11日　第四版

名画家鲍少游　画展会今天揭幕　作品共凡二百余幅　公开展览欢迎参观

名画家鲍少游氏之个人绘画展览会，宣传已多时，然因筹备种种，及运画来澳，颇需时日，故直至最近，始告实现。于今十一时揭幕，会场假座南湾巴掌斜巷之崇实中学，所有作品，凡二百余幅，除《长恨歌》诗意画，计共廿五幅外，其余都为鲍氏近一年之精心杰作。展览期间，自今日起一连四天，每日上午十一时至下午九时，公开展览，不收门券，欢迎参观。且事先已柬请邀当地各界名流，赴会欣赏。查鲍氏艺术，享盛誉于南中国已久，预料揭幕时当有一番闹热，欲欣赏鲍氏画艺，当无错过此机会者也。

1941年7月11日　第四版

管理孔教学校问题　三机关主席　联请退辞　恳另选专人担任　昨经函复华视学会会长转呈澳督察核准予退辞

（本报专访）闻澳华侨公立孔教学校，自校长徐伟卿离职后，校政无人主持，对于侨民教育诚莫大损失。华视学会以该校为公众设立，不容长此无人主理，遂转呈督宪，由督宪批示，邀请本澳商会主席及副主席，协同镜湖医院、同善堂主席及副主席等，组织管理孔教学校委员会，暂时管理该校校务。该委员会会长由商会主席担任，财政员则由商会财政员担任，直至孔教会依照律例立案完妥之日为止。查澳门商会、镜湖医院、同善堂等三机关主席，据此召开联席会议，共同讨论，何以公务繁剧，力难兼顾，与其滥竽无补，曷若退让贤能，均决意退辞等议，并请改委专任人员负责办理（原函从略）。昨三机关领袖已函覆华视学会会长施多尼，转呈督宪察核办理云。

1941年7月11日　第四版

崇德小学　今日毕业礼　欢送毕业同学

崇德小学，自依据教育部规定改为秋季始业后，对于一切教务，咸感利便，故成绩日臻完美。该校本年度各级学业考试，已全部完竣，定今日正午十二时，举行第十一届毕业礼，并颁给本学期各项学业优异奖品，同时由现业生举行欢送毕业同学话别会云。

1941年7月11日　第四版

莲峰义学　免费暑期班　定十九日上课

莲峰义学，办理有年，颇具成绩。今岁自戴校长显荣努力扩充后，更蒸蒸日上。惟该校历来均迁就附近一带贫民习惯，小毕业生升学时间，未能与其他学校互相衔接。昨日，尚志中学曾函莲峰义学选送学生免费入学一事，诚热心可嘉，自不能不适应环境要求，即召集全体主任、教员开校务会，议决于今年增加秋季始业班，并于暑假期内开设免费补习班，以便贫苦子弟就业，俾暑假后插班。同时并决暑假后（夜班义学）增学生外，并另组织识字班，以识字、算术为主要科教授。至日校暑假班及秋季插班生，均已定本月十四日前报名，暑期班则已定十九日开课，业经着手招生云。

1941年7月11日　第四版

华侨民校义演筹款　三日约得千余元　定今日结束核算公布

（本报专访）华侨中学民校，义演“明末遗恨”话剧筹募经费，各情迭志前报。查该校此次义演，因得名导演张雪峰不断努力，日夕排练，故演出成绩优异，叠获好评，三日所得，已在一千元以上。该校演剧筹委会，已发出公告，定于今十一日下午一时，开义演结束会议，除布告义演经过外，并将全数义演所得，公布结果云。又该校昨十日下午一时，举行小学休业礼及毕业话别欢送会，情形异常热烈云。

1942年

1942年4月11日　第一版

鸣声男女剧团　域多利大戏院　响应澳侨振饥会施粥　义演赈饥大会

钦定本月十五晚在域多利大戏院举行

白玉堂领导　全体红伶义务担任认真落力献演首本好戏

忠义　奸臣

“收入所得涓滴归公”

买门券一条，救饥民一命！　敬请各界踊跃解囊

（券价）荣誉花座：廿五员

名誉位：十员、五员、三员　（售券处）域多利大戏院

1942年4月11日　第一版

私运出口　一日三宗

男子谭奕才，在十月初五街绍益油店任职，于昨日十一时许，召警拘获男子麦富，廿七岁，小榄人。控其偷去生油两罐，警方将之扣留候办云。

船匠吴大兴（廿五岁），本澳人，于昨日八时许，在南湾海边，意图将生切烟九十包私运出口，卒为附近段警发觉，将之解署究办云。

男子林新、林泉二人，于昨日欲将黄金龙香烟五盒，在南湾海边私运出口，为段警发觉，将彼二人解署究办云。

昨有男子陈标，三十三岁，香港人，住船。陈本有酒一百零八樽，欲在内环海边附近，意图私运出口，适有某号段警巡至发觉，遂将之带返警署究办云。

1942年4月11日　第一版

时人赏艺会　更换名作

培英中学举办之时人书画、雕刻观赏会，自前日揭幕后，一般爱好艺术之男女人士，均不惜远道前往观赏。查是次参加陈列之作品甚多，故会场中亦不能尽量陈

列。昨日乃将其中一部更换，如方人定、丽裳、罗竹坪等送出之精心巨构，均于昨日展出，甚得观众好评。至昨日观众，比之第一日更见挤拥，终日络绎不绝。至该会展览，尚有今日，下午五时即闭幕云。

1942年4月11日　第二版

永华轮今可抵澳　“长荣丸”在湾载米一批日间抵埠　法轮大顺康来澳尚未有确期

（本报专讯）运粮专轮永华号，自开赴广州湾后，迄今已将旬日。记者昨据大福公司主事人称，该轮经离湾返澳，如无事阻，则可于今日下午三时许，便可驶抵本埠。此次在湾载有大批牲口、杂项粮食，或搭客数百人来澳。该轮返澳后，决定十四号开赴广州湾，今日已开始发售船票。又运米法轮“大顺康”，日前市面盛传该输载有白米一万七千包，由西贡动程来澳，并谓该轮于本月十日便可抵澳。记者昨据该轮之宝兴公司职员称，公司方面刻仍未接得该轮来澳之电息，故料该轮在短期内未可抵澳云。又记者昨日据有关方面消息，谓日轮“长荣丸”，经在广州湾装配米石达数千包，日间可驶运来澳接济云。

1942年4月11日　第二版

鸣声剧团义演　昨销券成绩甚佳　已销去达二千余元

鸣声剧团义演会昨日由总务主任刘纪召，与办事人李宝林，亲临大会职员拾余人，前日各商店劝销座券，其成绩颇佳。兹将乐销芳名探表如下：罗达朝君廿五圆荣誉花座十六张，西纸四百元；新街四十九号苏仔校董，廿五圆荣誉花座十四张，西纸三百五十元；毕侣俭、高可宁、李际唐、毕漪迢、姚伯星、张牛、毕卓明、霍仲明、陈皮梅、梁永馨、黄景初、郭泰等十二名，廿五元荣誉花座四张，每人西纸□百元；林荫民、源晋初，先进印务局、大福公司、葡法洋行，廿五元荣誉花座二张，每人西纸五十元；祥信、荣信、宝兴、得来、美芳、谭明记、祥兴、万就行、良田、谭明记，以上十位，十员名誉位一张，每人西纸十元；祥珍、富生、黄珍记、永香园、生昌、周连记、浩昌、广新、玉山药房、荣昌、广丰、新有利、茂丰和、富记等，五员名誉位一张，每人西纸五元。是日合共已销券价约二千四百元云。

1942年4月11日　第二版

热心妇女侠义可风　千金捐赠育婴堂

嘉诺撒仁爱会育婴堂，月来增收弃婴四百余众，经费奇绌，几致无法支持。迨经本市各报将参观所得实情披露，并代吁请各界捐助后，已引起不少同情者赠捐善款。该会得此经费，困乏之情势，稍获少舒。昨午，有女士数人突然到育婴室参观，目睹乳婴幼孩，满挤院内，而负责护理之女修姑娘尤不惮劬劳，提携抚养，爱逾慈母，令人见而感动。濒行，某女士解囊检出港币一千元，捐赠该院作助养金。当值姑娘叩其姓氏，笑而不答，只称近阅报章，知该院收养弃儿数量甚巨，为同情心所驱使，特亲自到院视察，区区之款，聊尽一己之力云。殆经当事人再三坚询，请留姓氏，始说出“萧□影”三字便告辞而去（当值姑娘原属外国籍女，故萧女士姓名系用西文字音译出）。萧女士此种怀幼恤孤之爱心，充分表现女性之美德，深盼仁人士女，不让当仁。继起襄助此种救济儿童之急切事业，盖该院迄尚每日须收容十名、八名之弃婴或幼童也。

1942年4月11日　第二版

督察长昨假设劫案　试练警探成绩良好

（本报专访）警察当局最近为强化本埠市面治安起见，连日举行假设发生抢劫案，以检讨警探能否迅速驰至肇事地点。查昨晚九时五十分，督察长官耶，又在柯高马路□街市附近致电警署，谓该处发生一宗劫案。警署据讯后，立派出大队中西警探，配备机关枪、手榴弹及犀利机械，驶冲锋车出动，仅数分钟即到发生地点，分头截捕，而华探部各探员亦迅速抵达。督察长以演习成绩极为良好，私心窃□，以此观之。警探之实力维护治安，倘歹徒蔑视法纪，而妄图不轨，则其能漏网者几希。

又督察长对于发生事件时，华探纷纷出动，迅速抵达，实深嘉奖。但因人数甚伙，一时未易识别，故拟若偶一发生意外时，华探臂上须佩上一白色布带，上书有葡文“警察”字样云。

1942年4月11日　第二版

十元港币价格飞涨　昨日最高竟达九七　打破战后行情纪录

（本报专讯）日来港纸市价至为波动，尤以十元额面港纸高涨。昨日市值，每十元港纸换白银九员五毫，用双毫换十元港纸，则须九元七毫。连带所及，一元面额及一毫辅币亦提高几点云。

1942年4月11日　第二版

前生欠下风流账　云吞客出丑青楼　一度欢娱赢得拘留两日

（本报专讯）男子崔文伟，廿八岁，南海人。于前晚十二时许，到新填地街四十三号妓寨寻欢，呼妓苏玉琼荐□，订明夜渡资三元四角。于是尽情狂欢，迨将至天明时，崔觉诡对苏，谓有要事须速往办理，欲图借故遁去。苏乃要其先缴交夜渡资，方予其行。讵料崔固为不名一文之穷措大，遂无法付值，徬徨狼狈。苏以其无钱呼妓，乃召警将之解署，控之于案。经警方提讯后，崔直认不讳，请求恕办。警方以崔此举，实罪无可逭，乃谕押留两天，以资示儆云。

1942年4月11日　第二版

镜湖医院敬求善士施棺启事

本院月来施出棺木甚多，尤以近周为特甚。幸赖各界及时捐助，得以继施不绌，否则巧妇无米，早已停炊矣。方今灾黎遍地，待施更殷，同人等自应益加努力，惟求各界善长大发慈悲，源源捐赠，俾同人等借以支持，则功德无量矣。棺价现已大增，如蒙捐赠，不拘多少，请将款交本院办公厅或永寿长生店取回收据，自当登报表扬也。

1942年4月11日　第二版

镜湖医院鸣谢捐款

吴泰昌十元额港纸一百元，潘永定、陈心贞合捐十元额港币一百元，吴至善堂港纸一百元，刘耀墀先生经手黄宗权先生港纸一百元，有名氏港纸十元，梁氏西纸七元。

1942年7月22日　第一版

市民不破坏秩序　米站可长期售米

（本报专访）望厦米站自星期一恢复售米常态后，该站并贴出报告，秩序良好，主理人金神父每日必到该站指导一切。记者昨又据金神父诉，如购米者未将公米作售黑市，及谨守秩序□，该站可以保持照常售米，务使市民足可自给。今日上午七时半轮值，□□小□加□盖□印，同时可以购米元□，□贫者□，购米元二者一枚，购米二元四一枚，今日售米情形如下：

上午七时半：三号 一元二、六号 一元二、十号 二元四；

上午八时正：九号 二元四；

上午九时半：八号 二元四；

上午十时正：七号 二元四；

正午十二时：五号 一元二；

下午二时正：四号 一元二。

1942年7月22日　第一版

港钞市价　迭趋下游　西洋纸不致卷入漩涡

（本报专访）港币价格，自最近由某银业巨子抛出银毫廿八余万，尽量吸入港币。该消息昨已首志本报，因此曾一度迭趋下游之港币，乃反呈上升，由六八升至七毫五。讵一般“炒友”对港币仍是“看淡”，故其价未可赓续高涨，徘徊于七零、六九之间。记者昨据银业界称，贸易场开盆，港币市一蹶不振，反呈现皮市，各炒友仍源源推出港币，预料其价格将再趋低跌云。

（又讯）迩来金融情况起落靡常，事关足以影响各行。记者以事属重大，特于昨日走访本澳金融巨子，详述此项问题。据其眼光所及，谓港币低降，原因纯由港方禁止港币入口之条例影响，致弄成如许动荡之趋势。盖金银立场，互相比对，成为一与三之比，故有此现象。对于行商，相信不致有绝大影响，而本澳西洋纸方面亦必不致牵入漩涡云。

1942年7月22日　第一版

去年度防务税　本月底截止呈报　各行商知照免逾期罹究

（本报专访）财政局日前发出布告，征收一九四一年防务税后，凡各商行业人士等，每年入息合葡币二万士姑者（约五千元），均须呈报，依章缴纳。关于入息之盈亏，亦必须申报填□□。如逾期不呈报者，即由政府估计征收，毋得申辩。如该项呈报申请书手续，市面□□，近已大部分依法办理，但尚有不少仍未报者。闻该呈报期限，至本月底即行止截。仰各行商一体知照，倘有逾期仍未缴纳者，则依法控究云。

1942年7月22日　第一版

风讯

（本报专访）台风来去无定，天文台前日再度高悬一号风球后，至昨晚风球尚未除去云。

1942年7月22日　第一版

永华轮　昨归澳

（本报专访）政府特派载粮专轮永华号，昨日上午六时许抵本澳。是次载□之货物归来供应者，以豆类最多，次为咸鱼及其他什货等，牲口则有牛七十头，生猪一百九十八头云。

1942年7月22日　第一版

殴伤赵七案　由法庭审判　两被告被判有罪

（本报专访）镜湖医院值理赵七，于本年六月十日午间，在赵家巷赵正兴医寓附近，突被男子曾华友、曾耀南伙同佩华□锤敲击，赵因闪避不及，头部、躯干乃被袭伤，后由旁人召警，卒将曾捕获解署。赵乃延律师控告，警方以曾蓄意伤人，将口供取录，详臬定谳。迨至昨日，由法□长马士加连那登堂公审。检查官罅些喇主控，先传证人叶牛、梁庆、梁球、□炳、高伯元先后登堂，供述当时肇事情形，后再传原告、被告提讯。结果官以被告有意伤人，认为罪名成立，遂判其罚款罪，一月零五日，每日处罚一元，并负担堂费云。

1942年7月22日　第一版

中山有米来　黑市米跌价

（本报专访）中山系产米区，已将大批米石，运抵本澳发售。当现在为谷人收割完竣之秋，故农民有得大批米石运来之故，故市面黑市米价，跌回每担双毫百三元左右云。

1942年8月5日　第一版

各行商改白银本位　港纸竟空前惨跌　市民大量抛出银贵纸贱　葡币信用益彰再趋上游

（专访）迩来金融动荡，社会人士极度关怀，昨顷据银业巨子刘君称，谓港纸低折之原因，为多方面构成，最大原因不能运往香港，其次为各沦陷区禁止入口，所以顿形滞市状态。同时各商店及茶楼酒肆向以港币为本位，现则改收白银，因此各方大量推出，遂致白银求过于供，形成银贵纸贱。本澳之存有多量港币者，亦复大量抛出，转换白银或葡币，查早市之十元港币换白银三零四，晚盆收市二六五。倘若再无大批推出，则港币自然稍涨，以最近情形观察，乃过渡之现象而已。

关于西洋纸市价，因其发出数量有限，且当局极力维持信用益彰，竟然超出政府七成转换白银之规定。昨日早市八零五，而晚市突趋高涨为八二零，实因购买者日众而形成之。

至十元港币换大洋情况，早市三二五，午市三三二，晚盆收市则三零，铜仙价格，市面白银一毫换铜仙九枚云。

1942年8月5日　第一版

望厦米站　今日售米秩序

（专访）望厦售米站主理人金神父昨对本报记者重申，是次改善集团售米办法，原因日前有等人竟将公米改售黑市，故将各家号粮证登记关查。发售米食与购米人多少，以其本人薪金多寡决定，将其薪金折定四份之二□购买数目，如薪一百元可购米七十五元，多少如此类推，时间仍规定逢星期四下午一时起发售云。

兹将今日售米次序时间列下：

六号，六毫，上午七时；

十号，元二，上午九时；

九号，元二，上午十时；

八号，元二，上午十一时；

七号，元二，下二午时；

五号，六毫，下午二时半；

四号，六毫，下午四时半；

三号，六毫，下午五时半。

1942年8月5日　第一版

永华轮　明日复航

（专访）永华轮，历来均行走澳门广州湾，大福公司于昨日发出布告，该轮重航澳湾线，决定明日下午六时启航云。

1942年8月5日　第一版

母子雇艇渡海　险遭人暗算

（专访）榜人黎明，与其母雇有小艇一艘，母子相依为活，于本月二日晚在妈阁海边附近，岸上有男子呼渡，声明前往亚波治虾岩渔船，并订明艇资毫半，讵掉至中流，该男子见其母子可欺，竟从腰间拔出半边锋利□剪，声势汹汹，旋向其母子猛刺，意图将之刺毙，将尸首弃于浊流以图灭迹，而将小艇劫去。幸当时黎母额头须受创伤，仍能高声呼救，逡巡海面之水警小轮警员聆耗驰至，卒将该男子捕获，并搜出行刺之利□剪半过，一并□船送厅究办。质诸该男子□高林，卅八岁，本澳人，经由船政厅取录口供后，于当日备文转解法院控究云。

1942年8月5日　第一版

戏院开始　改白银本位

（专访）港币狂跌，市面各行商贸易又一转变，本埠戏院一部昨日起票价一律改收白银，以白银本位云。

1942年8月5日　第二版

【澳门掌故】沿革

澳门一地，在未开辟之时，地既荒僻，人复稀少，无异一荒岛也。初时未有定名，考诸北宋典册，此地为盐场之一，名曰金斗盐场，归金斗湾“盐司”管理，盐丁扎□而居，时患盗劫，盐司陈天□始筑城，始名香山镇。其时澳门为盐丁渔民居留地之一，临水成村，其南边则为妈角，北是龙田，居民日出而作，日入而息，顾无所谓纳税交粮者也。迨明世宗（嘉靖）三十六年夏间，葡萄牙人自欧洲乘皮帆船出发，到海外探险，沿好望角而进，转入印度，发现不少新大陆。□□直达澳门，见地方山明水秀，可作商埠，遂下碇登陆。当明社既屋，顺治过江，及康熙即位，葡萄牙国遣使东来，觐见康熙奉□□书，是为我国开海禁，与别国发生外交关系之嚆矢矣。葡人自租得澳门，治理良好，恒助我当局协力剿贼有功，遂与葡人立约，取消租金，许其永远管理，但声明不得转让别国。葡国置总督管辖之，我国亦设关以征税（即拱北关），另有凼仔（海岛市）、路环、芒□、九澳、黑沙等岛，亦归澳门管辖。故澳门一地，与我国历史上，极有关系也。

1942年8月6日　第一版

港币昨告回涨　由二八回升至三二五　西洋纸一度涨至八九

（专访）昨日金融行情，港纸兑换双毫最低时为二八，至收市时为三二五。查其原因，港纸在本埠积存数量非多，因日前抛出大量额者已占八九，而看好者大不乏人，故下午抛出港币者少数。至收盘时由二八高至三二五，据一般银业中人称，港币之低落不过一时风潮所致，日间必有起色。

西洋纸换双毫，突告高涨，由八五五，涨至八九，惟收市为八一，下午无开盘。

港纸换大洋最低为三零五，最高三一一，收市三一一，因下午港纸略涨，影响大洋低落之故云。

1942年8月6日　第一版

高崔主席赴米站　商讨会员购米　米站今日起更售米时间

（专访）商会主席高可宁、同善堂主席崔诺枝，昨日代表商会亲至米站与金神父会商该会会员购买公米问题。结果蒙金神父允许，并规定该会会员购米□□：（一）凡商会会员欲集团购米者，必先携备本身保证书，然后交商会盖章，及商会保证书方为有效；（二）每星期一次粮证，两小童作一成人计，每人购米二九四角，二人三元六角，三人四元八角，四人六元，五人七元二角，六人八元四角，八人十元零八角，九人十一元，十人十三元二角，均以白银交易；（三）购米时间规定星期三下午三时，每粮证须二毫作济贫之用；（四）如发现该会会员有将公米作黑市者，不特该会员受法律裁判，商会亦须负责云。

（专访）望厦米站为求市民购米顺利起见，故由昨日起又将售米时间更改。时间定为：一号粮证下午六时半、二号五时半、三号四时半、四号三时半、五号一时半、六号上午十二时、七号十一时半、八号十一时、九号十时半、十号九时半。各号粮证（新小牌）每日上午九时售卖，惟售米多少，看政府交米若干而定。该站为注重卫生起见，乃在米棚侧增设一厕所，购米者若在空地便溺时，该站则取消其永远购米权利。又新收之济贫仙为交各慈善机关作互助经费之用，该站由昨日起亲定收济贫仙办法，购一斤者可免给，购二斤者须给二枚。兹将今日规定售米时间情形如下：（牌仔定八时正）

上午

十号九时半元二；

九号十时半元二；

八号十时半元二；

七号十一时元二；

六号十二时六毫。

1942年8月6日　第一版

金神父允许　商会员购集团米

（专访）日前商会为求各会员解决粮食问题，该会值理会一度开会讨论，遂通过由商会派出代表前赴米站商讨一切，结果昨已得蒙米站主理允许，故该会昨通函各会员，凡欲领取公米者，须先到商会领取购米证表，该证表现已印妥，各会员欲领公米时，请到商会询问，领米手续云。

1942年8月6日　第一版

返韶者宜注意

（专讯）本学期各校毕业试完竣，毕业生多返内地升学，虽路途险阻，惟仍能安全抵埠。但最近有学生十三人，行经□会属之神湾，为匪绑虏，其中一名女生，为匪放出，未罹此劫，该匪遂将男生十二人虏获，由十二人中选出两人回澳通知各生家长，命其取款往赎，故由沦陷区返韶者，应宜注意云。

1942年8月6日　第一版

濠江中学　举行画展

濠江中学□筹办免费中学，极得各界人士同情赞助，特于八月十一日一连五天举行书画展览日。现闻参加出品展览者有方人定、尹廷廪、五佩荣、何磊、沈仲强、李研山、李守翼、高剑父、区小松、张谷雏、张纯初、冯湘碧、汤卓元、叶大章、杨善深、郑聚裳、慧因大师、龙思鹤、罗竹坪等云。

1942年8月6日　第二版

【澳门掌故】镜海老渔　天神显圣退海盗

新花园中，有铜像矗立，是为葡故将军“华士古·鸦麻”之像。其基为石，刻有一旧式战船，游者多不解其义，实有一度奇迹之战争在也。自葡萄牙人东来后，即向我国政府取得同意，在澳门设立市场，交易物品，并派警卫维持治安，秩序良好，无复从前之时遭盗贼光顾矣。不意荷兰人跟踪来澳，希图破坏，葡人早已知之，严加防范，惟百密一疏，当时且限境界关系，被荷人驾船三艘伺隙潜在马交石登陆，先抢劫望厦龙山两村，村民惊为海盗，纷纷逃入澳门，荷人衔尾而进，葡人闻警放尽华人入城后，即紧闭城门，荷人即驻集城下马，“按当时澳门亦有一城，新花园为城门口之一，荷人所驻地即现在之荷兰园也，名实取意于是”。相持多日，各不得志。一夕，大风大雨，承荷人不备，华人协助葡当局潜启城门，冒雨杀出，由华士古将军率领，奋勇向前，荷人惊觉，急列阵相待，接触之下屡进屡退，无奈荷人炮火犀利，且立心侵略，当然一切占优势。看看华葡节节而退，将近城门，荷人炮火如雨打来，正危急间，忽有一巨神穿黑衣自天而降，立于城头，脱外衣展开，卷尽荷人炮弹，莫伤一人，由是败者胜而胜者败，荷人急弃营而逃，希登船逃遁。华葡人乘胜追击，沉荷船一艘，其余逸去。为公历一陆二二年事也，因是澳门承平至今。此事不特当地父老引为奇谈，葡人亦报归国中，列为奇迹，今每年于天主教圣约翰瞻礼日，葡国人士咸到铜像下纪念焉。

1942年8月7日　第一版

法院刑庭今公审　枪杀华探钱呀案　并曾伙劫果栏街同发栏

（专访）本年元月九日下午七时许，警探当局得获线报，据称有匪徒一批，在新填地街六拾一号妓寨内混迹。当□华探长派出华探员黄廷郁偕同华探钱呀、李光真等，按□前往拘捕，讵其中有一匪徒怀有手枪，竟先发制人，鸣枪拒捕。当时华探钱呀闪避不及，不幸为贼枪中要害，当堂殉职。迨至农历元旦日，卒警探等先后将该帮贼匪一并擒获，解者究办。据供称胡洪、林新、罗官祐、钟才、胡伟、李汉等，并搜获左轮手枪一枝，枪杀钱探者乃胡伟所为，并供出于九月某日下午十时许，曾伙同行劫果栏街四六号同发栏，得款数千元。该案经由警方将各犯取录口供后乃备文详□定谳，胡洪、胡伟、李汉四人日前先由军事法庭控其未领枪照私怀枪械之罪，各判充军五年，至行劫同发栏，枪杀钱呀之罪名，今日再由法院刑庭提堂公审云。

1942年8月7日　第一版

妇人赌败　跳楼自杀毙命

（专访）昨日午间约十一时四十五分许，下环河边新街十一号三楼发生一宗妇人自杀毙命事件。查该妇人名高惠，四十四岁，石岐人，住上列地，高妇以代人缝衣为活，而性好盘龙。昨复因赌败北，至将其同居某妇之裤一条，亦一并典去□清，归家后遂与某妇发生口角，高妇一时羞愧交并，突萌短见，俟家人不觉，耸身跃出窗外自杀，当堂坠落于烂花园地上，未几即告伤重毙命，后由段警召帆布床到场将之送交医院收殓云。

1942年8月7日　第一版

望厦米站昨　实施集团售米新办法　并规定各国籍购米时间

（专访）望厦售米站昨日起施行售卖集团米新办法，工作颇为顺利。金神父昨又重定各集团购米，星期一为庆祝礼院、职员及学生；星期二为葡人；星期三为外籍人（除葡国外无分国籍）星期四普通集团。该站为杜绝白米黑市起见，拟将各号粮证之家长相片贴粮证上，每月最少视察至米站购米一次，此办法日间便可施行，失去粮证者每日下午三时报失，今日售米时间程序：

（新牌仔九时正）

上午

十号九时半元二；

九号十时正元二；

八号十时半元二；
七号十一时元二；
六号十二时六毫；
五号一点半六毫。

1942年8月7日　第一版

老画家张纯初　昨午逝世　今日下午在望德出殡

老画家张纯初避地濠江已多年，近因患痢症不治。昨日下午病逝于荷兰园望德教堂之清安医所，噩耗传出，闻者莫不悼惜。今日下午五时在该医所出殡，下葬于西洋坟场，一般艺术界均决定届时前往执绋云。

1942年8月7日　第一版

战胜西班牙　澳青年举行大操

（专访）本月十四日为葡西战争纪念日，该日全澳葡籍青年团体举行大操演习。闻各团体青年均积极筹备参加，届时当有一番热闹云。

1942年8月7日　第一版

银业界许子珍等　重组强华体育会　如筹备顺利足球赛又多一劲旅

前广州强华体育会，乃银业界热心体育分子所组织，开设已历十八届，规模宏大，办理完善，策进体育，蜚声南国。自广州沦陷，各会员纷在港澳复业。最近香港战争后，多来澳开业，该会主干会员许子珍、胡太初、潘□予、袁智新等，现积极筹备，联合本埠银业界，在澳重新组织，如进行顺利，则本年度之甲组华人足球队五，又多一支生力军。

1942年8月7日　第一版

烟业繁荣

自港方战事暴发已还，对于粮食及消耗品无不如潮高涨，尤于烟仔为甚，前□□银一毫可购英美烟一包，今则二十毫银不能购得，一般吸此香烟者无不转行吸熟烟云。最近果栏街五十二号又已开设一间生兰烟庄，闻该庄精选鹤山地道名烟，制造优良，适合大众，一般吸该其名烟者无不信心满意，查该号挤拥门号若市云。

1942年8月7日　第二版

【澳门掌故】老渔　一场天火圣保禄堂变牌坊

大三巴之石牌坊，实乃从前圣保禄堂之门面也。初时建设，极为简单，仅一无楼之中国式瓦屋面已，建自公历一五四九年，为天主教之产，盖明代利马窦东来所请，以为天主教神父来亚传道之栖身地点也。一五七七年，由广东当局上禀，由御示下照准，葡萄牙人来澳住，先在营地大街一带，后在大三巴教会址侧建屋二所，以作通商之驻足地焉。自是之后，葡人生意甚佳，大有所获，遂捐出赢余，为建筑教堂之用。门面全为石建，遍刻神像□其上有铜鹰一只，鬼斧神工，四周墙壁，舂泥而成，厚逾尺许，名曰圣保禄堂。教堂办理良好，并设立学校教授拉丁文及中国文。至一五九四年，奉主教会命分教堂为两座，一作神学修院，一作校址，改称为书院，教授伦理、艺术、神学等，从之颇多。于公历一八三五年，中国农历八月十三日，半夜突受飓风侵袭，潦水复乘之四虐，居民多在梦中，事前既未有防备，事来复饱受惊惶，死者无数，濒海一带水深丈□，沙栏仔、沙梨头一带居民，咸成鱼鳖。正风雨交驰间，突然轰的一声，有火球从天而降，其大无比，□于圣保禄堂，立即焚如，四面墙壁倒塌，大好之宏伟瑰丽教堂，变作坵墟，无从挽救。事后仅余其门面，遂留为今日像牌坊之破迹，观其形之状，可见当时伟大矣。

1942年8月8日　第一版

劫匪枪杀华探案　今日宣判　昨初讯各证人均到指证

（专访）本年元月八日，匪徒胡伟、胡洪、林新、李汉四人持械行劫果栏街四十六号同发栏，得手后始呼啸逃去，至九日警探当局接得线报，谓行劫同发栏该批匪徒在新填地街六十一号妓寨内混迹，警局即派出探目黄庭郁及华探李光真、钱呀等前赴围捕，讵该批匪徒竟先发制人，将钱探击毙，即分道潜逃。各探则勇敢追捕，结果将其中一匪名李汉截获拘回警署严讯，该犯乃供出各匪徒藏身地址，华探员遂派出探员朱雪及华探郭庆等前赴缉拿，各匪徒遂一网成擒，并擒拿代匪藏械艇妇罗官祐、钟才归案。该案已于日前交单法庭审讯一次，认行劫四匪私藏军械罪名成立，各判充军五年。昨日刑事法庭复将该案提审，由检察官赖善登主控，控其枪杀华探钱呀及行劫同发栏之罪。兹将昨日审讯经过列后，首由证人葡京旅店职员罗英谈该批匪徒在该旅店租房居住经过，继传华探李光真询问该日在新填地街四十六号妓寨缉捕该批匪徒经过，再传朱雪、郭兴述先后捕捉该批匪徒归案情形。各华探供词均为一致。□官认各被告罪名成立，唯案情重大，未能立即宣判，遂改定于今日上午十一时始能宣判云。

1942年8月8日　第一版

望厦米站　今日通售元二　重新规定集团济贫费　每粮证均征收银二毫

（专访）望厦米站自星期二重改售米新时后，工作颇形顺利，购米人及售米职员均得其便。该站所发之新牌仔，每日均可购米一斤，时间定在上午九时，主事人为令各购米人更为顺利起见，新筹仔售米处暂时改在售米站。对集团购米之济贫费又略为改订，凡每张粮证，无论人数多寡，均收二毫以济无食无宿之难胞。今日售米由粮证“小牌”一号至十号均有发售，通售一元二毫，兹将今日售米时间列下：

下午
一号六时半元二；
二号五时半元二；
三号四时半元二；
四号三时半元二；
五号二时半元二；
六号十二时元二；
七号十一时半元二；
八号十一时元二；
九号十时半元二；
十号十时元二。

1942年8月8日　第一版

慈善中西足球赛　朱广兰赠银杯

华联西联之慈善足球比赛，则俟警察对华联心赛完结后，继续举行。现本埠热心慈善事业，朱广兰烟庄对于斯举，极表赞许，特捐出定名金鹿银杯一座，以作比赛之用云。

1942年8月8日　第二版

【澳门掌故】老渔　革命巨子麇聚观音堂

崇祯自缢，顺治渡江，吴三桂引狼入室，明社丘墟，我黄帝子孙惨被杀戮，扬州十日，嘉定三屠，虽乐可忘忧，而每于酒酣耳热之际，父老犹有泪痕也。况复满酋专制，甚于从前，动不动辄加之以大逆不道为词，大事屠杀，于是人心思汉，各处有志之士，潜谋革命，以报仇焉。按清法律，无□犯何巨大案件，倘出家为僧，便可赦免，按诸裨史有顺治愤母下嫁于摄政王多耳衮一事，潜往五台削发，皈依空土，后康熙千里寻父，故出是律，所以一班有志之士，咸以出家为凭借，以禅林为机关，少林寺其中之着也。而本埠之观音堂亦有类是焉。观音堂原曰普济禅院，以其供有白□，由是妇孺□以观音堂，院之建筑，并自朱明中叶，与大三巴之圣保禄堂同时，迄今已二百余年矣。明祖既屋，汉人受不住满人暴虐，潜谋义举，联络各省各处，声气潜通，皆以禅林道院为机关也。观音堂位于望厦，地僻再滨海，有司甚少注意及之，因利用是点，作为外交之□机关，盖澳门多外国人来往，晋接容易也，由是革命元老，如澹圭和尚、迹跃和尚等，皆以游方为名，驻锡于此，其时其他巨子，皆常麇集其间开会，故院中故老遗留手泽甚多。当时迹跃和尚曾有诗写当地近况，寄东林诸同志诗云，“莫得安居便死心，写将人物寄东林，西童入习谙华语，婴母初来学鸩童，两□山光涵海镜，陆朝钟韵□风琴，只愁关禁年年密，未可闲身纵步吟。”观其诗可想当日情形，和长老之志矣。

1942年8月9日　第一版

政府当局　力谋安定金融　极望银业界尽量条陈意见　港币暴跌当局谋设法维持

（专访）近来港纸暴跌，本澳金融受其影响甚大。督宪戴思乐氏对此次金融之簸荡，备至关怀。昨警察局长奉督宪命转知本澳银业界，政府当局力谋安定本澳金融，惟彻底解决办法，极望澳银业界尽量向政府条陈意见，以便采探施行。至于港纸之低落，本澳政府亦拟设法维持，惟兹事体大，非官商各方协力，从详商讨一切实而完善办法，予以施行，则不能解决云。

1942年8月9日　第一版

今日星期米站休息　明日售米时间　失粮证者今到旧站领讨

（专访）今日星期，望厦米站休息一天，该站主事人昨对购者谈，关于米站今后售米，必依照政府给米多少，才能将米发给市民。昨日售米情形，本澳由一日至十日通售元二，因米站存米甚少，未能如愿配给，故会将一、二、三日粮证售少六毫，于明日补售。该站昨接粮食统制委员会令示，实行检查各号粮证，各购米人必须紧记本身粮证姓名及人数，同时每人身上不得携粮证两张以上，否则将该粮证没收，并受法律裁判（集团例外）。该站重新编定发给新牌仔及粮证报失时间，发新牌仔为上午九时至三时，报失粮证下午三时至六时。最近查出日前报失之粮证三十八□请失主前赴领回。今后售米时间：五、六号粮证又提早半点售米，并将明日售米情形时间列下：十号九时半，九号十时半，八号十一时，七号十一时半，六号一时正，五号一时半，四号三时，三号四时半，二号五时半，一号六时半售米。一、二、三、七、九、十号售元二，四、五、六则售六毫云。

1942年8月9日　第一版

谷米三千余包　昨由中山运澳

（专访）本澳政府当局最近积极采购大批公米运澳接济，查昨有大船两艘，载有谷米三千包，从中山白蕉驶抵本澳，寄泊于南湾新口岸海面，旋雇苦力起卸，交由米机辗磨成米，推出发售。至政府在外订购之公米一批，亦将行驶运来澳云。

1942年8月9日　第一版

花舞茶选后　结束登记

花舞茶国选后筹款会，对于登记手续，业已办竣。现将选举日期、地点及选举票式分别决定，关于选举票额，分为六种。（甲）一元券，（乙）五元券，（丙）十元券，（丁）五十元，（戊）一百元，（己）无限额选举券，以上六种均以港纸本位，该券业已付印，一俟警厅加盖戳记，约十五号可分各酒家等劝销。准期八月卅日在中央七楼决选，其销票限至廿九日下午十二时前止截。是日开票敬请督宪大人、警厅长、各界名流、各报记者、记联会、本会主席团等莅场监视，以示大公，至选举条例，继探发表云。

1942年8月9日　第一版

商会会员问望厦米站　集团购米手续

（一）照望厦米站规定，凡属商会会员，如须领购“商店集团公米”者，可由商会证明。

（二）凡携到商会请求审查证明之“店号粮食纸”，则必以入商店时，所有之名籍与携来之粮食纸所载之街名门牌号数相符方合，给予证明其属于会员家属之粮食纸，请暂勿送请证明。

（三）每星期限买之数量（白银为本位）

（两小童作一大人算）

一人：二元四毫；二人：三元六毫；

三人：四元八毫；四人：六元；

五人：七元二毫；六人：八元四毫；

七人：九元六毫；八人：十元零八毫；

九人：十二元；十人：十三元二毫。

（四）购米地点：望厦米站。

（五）购米时间：逢星期三下午三时至八时。

（六）其他：首次领米时收“牌仔”费二毫，由第二次起，则每次加慈善费二毫。

注意：先经商会证明一次，以后勿须再请证明。

1942年8月9日　第二版

【澳门掌故】老渔　染布塘年年旧鬼接新鬼

谈神说鬼，智者不为。然而伯有相惊，彭生化豕，史书固凿凿可考也。而西方学说，素命维新，然神学灵魂之谈依然存在也。故鬼之为物或有或无，尚在未知之数。吾国习惯，数千年以来，人皆印有鬼神之念，每于瓜棚之下，说鬼消磨光阴，儿童辈听之，自少已存有鬼之印象，故今虽科学昌明，而鬼犹挂人齿颊间焉。石墙街中，昔有一塘，大可二亩，即而今青草街富泉茶楼对正屋后之旷地一幅，乃其遗址也，塘无名，为一染厂所有，厂中每染布辄在塘中漂之，故人名之曰染布塘。是塘形如钱，四周浅仅及胫，而中间则水深二丈余，以开着水源，四时不涸，□水黑如墨，盖靛之染成也。塘虽为染布之用，唯有一奇事，确属离奇。每年六七月之间，塘水辄清冽无比，而每年于是时必溺一二人，非失足亦非自杀，死者且多为染布工人及石墙街新桥一带居民，而溺时亦非出自行人稀少或晨昏之际，俱于日中人众，每见死者缓步下塘，由浅及深，全不自觉自寻死路，人救而出，虽得苏醒，亦不免焉，且死时必唤去年死者之名。由是相惊伯有，草木皆兵，无知愚民更穿凿附会，加插不少惊人鬼话，且有说每年于六七月之间，夜静常闻鬼声啾啾，形容尽致，活像煞有介事，于是给□舞神棍之流揾钱机会，更故神其说，谓每年之鬼声啾啾，乃塘中之旧鬼筹备迎接新鬼，一传十，十传百，皆中巫觋之术焉，每岁必由街坊集资，施幽打醮以禳之，唯是年年依旧溺人也。后布厂倒闭，塘无主管，坊众联请有司填之，以四周无栏，易生危险为口实，工务局亦以积存污水，有碍卫生，遂填为平地，说鬼之风始杀。鬼塘事距今仅十数年耳，当地人犹能道之。

1942年8月11日　第一版

汇丰银行　重庆分行将开幕　港币换大洋以四六九比率

（特讯）昨据本澳银业界接获传出重庆消息，谓香港之渣打，有利，汇丰及香港政府所发行之四种钞票，前已传出定期兑换大洋，现香港之汇丰银行重庆支行已筹备完竣，日间举行开幕及开始兑现。国内各大银行亦将参加协助兑换，照四六九之规定比率兑现大洋云。

1942年8月11日　第一版

星期五六日　米站休息三天　明日全部开放集团同时发售

（专访）望厦售米站明日全部开放，通售元二，时间照常。集团购米在旧米站发售，时间下午三时起，星期五、星期六、星期日为一连休息三天云。又该站为明白起见，特在棚侧增设一布告牌，指示各购米者每日购米秩序，今日售米多少，临时方可决定云。

1942年8月11日　第一版

风讯

（专访）天气变幻不常，昨日低气压又弥漫全市，此间天文台于昨日凌晨七时突悬一号风球示警云。

1942年8月11日　第一版

金鹿杯慈善赛　加紧筹备举行　门券收入拟拨交同善堂

金鹿杯中西慈善足球比赛，由□其润、戴文渭、梁鉴波、曾培福等发起，并邀各报记者襄助办理，现加紧筹备举办，将入门券收入，拨交同善堂作经费之用，一俟筹备完竣则始决比赛日期云。

1942年8月11日　第一版

濠江画展　今日揭幕

濠江中学主办之书画展览会，定于今日十二时半开幕，一连五天，每天十二时半至下午七时半，假座商会二楼陈列。荟萃百粤名画家之精心杰作共二百余帧，欢迎各界人士参观云。

1942年8月11日　第一版

贫苦孤儿救济会　昨日举行开幕　督察长观耶主揭幕礼

（专访）鲍斯高庆礼院，主理人为救本埠一般贫苦孤儿起见，特举办贫苦救济会，由莫神父主理一切事宜，该会于昨日上午九时在该院开幕，由督察长观耶主持开幕典礼云。

1942年8月11日　第一版

岐澳客车　改用木炭行车

（专访）行走岐澳间之客车，近以电油昂贵，拟得全部车辆改装木炭发动机，以求继续开行。查目下已完成木炭发动机者共五辆，有二辆将至完成，可至完成十辆为止。

1942年8月11日　第二版

【澳门掌故】老渔　天后显灵救船户三马建行宫

广东地面民间神祇极多，最得一般人崇拜者，厥为两女水神，一为悦城龙母，一为莆田天后。龙母为一看羊女，以得吉地成神，天后为福建莆田林氏第三女，未嫁而夭，死时上嫁天宫，恒在华南各省显灵。笔者虽未亲睹，而父老相传，固言之凿凿也，信仰之者，以水上船户为多。本澳之建有天后行宫，实有一段神话。初，逊清高宗（乾隆）晚年，太子监国，己则处于西宫南内，作太上皇。是时葡萄牙人已久住澳门矣，不过当时建筑，较现在远甚，下环街一带，麇聚二三百渔民，削竹编篱，自成村落，春水垂竿，秋江撒网，得鱼入市，易米而归，固一世外之桃源也。某年旧历二月间，飓风骤作，时渔船方出九洲鸡颈一带捕鱼，突受风袭，不能泊岸，无不徬徨失措，浪起如山，船只皆失维持平恒力。如片叶之飘荡于惊涛骇浪中，危险异常，忽见一中年妇人，站九洲第三峰顶，戟指四方，风威稍杀，各船得以泊岸，无一遭不幸焉，而妇人亦失所在，知为神显圣。船户素深迷信，以为是观音大士也，正欲酬神，夜间各船户皆梦见妇人曰："我乃天后也，倘于三马建一行宫，必保水上无恙。"翌晨，各言所梦，皆是雷同，遂将酬神之资用作建庙之用，行宫三所，一在马角；一在马交石；一在马骝洲；三处皆背山面海，并应神说三马之言。自是之后，天后常常显圣，其事迹多勒为纪，置为角庙中，今尚存在，历历可考焉。

1942年8月13日　第一版

法院今日提审　械劫平安行案　人昌押被劫亦属该帮匪徒所为

（专访）男子徐庆祥（四十岁，开平人）、包路黄（二十岁，本埠人），被控于案，指其于本月三日，伙同行劫河边新街平安行煤炭仓，继于同月十日，再度行劫蓬莱新巷人昌押之罪。该案经由警方取录口供，备文于三月十八日转解法院定谳，法院乃延至今日提堂公审，兹将该案经过情形，略录于后。

伙同行劫

平安行位于河边新街，专营煤炭燃料，为政府指定公价发售煤炭站，日中收入数目，颇为庞大。讵于本月三月七日午间有男子多人，伪作顾客到店混迹，突乘伙伴不备，乃各拔出手枪指吓，禁勿声张，旋由一匪监视各伴，其余则施搜索，卒掠去款项甚伙，得手后呼啸逃遁，该店司理梁发，乃具情致电警方投报存案。

再度械劫

该案发生仅隔三日，彼辈□不畏法，复于同月十日下午七时许，又联同行劫蓬莱新街人昌押。当时天雨淋漓，市面行人稀少，唯该押重门深锁，若妄然闯入，实不得要领，彼等乃俟于门次，假此暂作避雨之态，未几，挑水夫负有清水送至该押，店伴乃启门纳之，彼辈以时机已至，于是随之闯进，拔械指吓，旋将抽屉内存有之款十余元，并电话机一并掠去，逃逸无踪。

卒告落网

警方以贼匪猖獗若此，非予以逮捕归案，不足以维市面治安，负责该段查缉歹徒之华探乃四出侦查，广购线眼，务期于短时期内获匪归案。未几该探得接线报，获悉贼匪躲在青洲茅寮内，以□逃避警探耳目，该探乃偕同干探多人，以迅电不及掩耳法，按址前往掩捕，卒将徐捕获，继后以捕获包路黄，一并解署究办。经由警方提讯被告直供不讳，后取录口供后，备文详臬判决云。

1942年8月13日　第一版

回乡会经费支绌　吁请各界捐输　进支数目短期向社会公布

（专访）澳侨协助难民回乡会，成立迄今，护送归侨，先后已有廿七期，人数将达万人，所需经费异常浩大。该会昨召开常会讨论，以经费支绌，非各界继续大量捐助，不易维持，当经议决由下星期一起暂行停止送侨工作，同时并由该会进支数目，作一小结束于短期向社会公布，以昭大公。昨□该会主席刘伯盈称，该会今后决继续办理送侨工作，惟望社会人士继续捐输，俾经费有着云。又廿七期归侨定今晨在镜湖学校登记云。

1942年8月13日　第一版

明日为葡国纪念日　本澳热烈庆祝　各机关社团学校均参加

（专访）明日为葡国亚祖巴罗打战事纪念日，葡京暨各属地均举行热烈庆祝。本澳政府当局于是日上午九时，假塔石利宵球场（殷皇子中学）举行弥撒典礼，下午十时在议事公局大堂开纪念大会。是日各机关团体学校休息一天，并由华视学会会长施多尼领衔通知各学校教职员阶（偕）同学生，莅临参加，以申庆典。届时并举行检阅葡青年团，是团由埠中葡人中小学校学生参加，由督察官耶为团长，服装划一，训练纯熟，想届时当有一番热闹也。

1942年8月13日　第一版

麻子街连丁围劫匪　军法庭判决　五被告各判充军三年

（专访）本年三月二十五日，有歹徒五人持械洗劫连丁围十七号住宅，二楼楼下均遭祸殃，损失□料金银首饰甚多，后事主赴警厅报案，警方遂派出密探四出查缉，讵该批匪徒胆大包天，遂于四月十八日晨□党又到麻子街十六号福兴什货店行劫，得手后呼啸逃去。警探当局对于该两案发生后，乃加紧饬员查缉，后卒将匪徒一网成擒，经警方严询后，以各匪徒行劫证据确凿，遂于日昨提解法院候审。昨日首出军事法庭提讯，控该批匪徒私藏军械之罪，各判充军三年。日间再由刑事法庭提审各匪徒行劫连丁围，麻子街两处之罪，计开被捕犯人五名，各匪徒姓名为吴平、何坤、梁定、张四、陈仕雄云。

1942年8月13日　第一版

赈饥会主席　昨晨晋谒澳督　十六日在五洲举行会议　秘书长督察长届时参加

（专访）本澳赈饥会主席刘柏盈氏，近以该会施粥工作所需经费，为数甚巨，刘氏为使施粥继续维持下去起见，昨上午十一时，特联同该会副主席梁卓梧前赴督宪署，谒见澳督戴思乐。戴督以公务繁忙，未暇与刘氏会晤，改由秘书长高士德接见。时适督察长观耶亦在座，刘氏除向两长官报告该会办理经过情形外，并向当局请示继续维持施赈办法，至该会本月十六日假座五洲酒店开会时，两长决定届时参加会议云。

1942年8月13日　第一版

花舞茶选后会　招待记者

花舞茶的选后筹款会，为讨论选举销券各项事宜，特于明日下午二时，假座商会二楼招待各报记者大会，同时召开联席会议，共策进行云。

1942年8月13日　第一版

杜绝白米黑市　米站审核粮证　集团普通今日一律开放

（专访）为杜绝白米黑市起见，政府粮食统制委员会饬令望厦售米站彻底调查购米粮证，及严禁市民收买粮证转手至米站购米，该站奉令后，已加紧进行，并商讨调查办法，闻已商得一完善解决办法，该办法为举行每粮证家长照相登记，苟如有一家人而有粮证两张者，其中必有一张为购买得来，各经查出，不特将该粮证没收，并以法律制裁，此法日间便可实现云。为利便欲得新牌仔购米起见，暂时编以星期一、三、五为购米日，家长影相登记时，不能影相两次，如以他人代认家长者，则粮证地址及姓名必定不同，若有违背规定原则时，一期，改给蓝新牌仔，收回印刷费三仙。该站又重新规定集团购米之济贫费，举凡粮证一张者，均收二毫，商会保证之会员购米手续，编定星期三日下午二时起，惟须该会之司理或主事者，亲临会见金神父请示一切，方为有效。日前报失之粮证失主须前往旧米站领回，待领粮证号码（二·二）、（二零·六六）、（二一·六八）集团购米在旧米站配给，普通者在新棚，今日售米时间次序，仍照昨本报发表之秩序办理云。

1942年8月13日　第二版

【澳门掌故】老渔　起庙用板障地方得名

凡一处地方之得名，皆有缘故。（过）因年代久远，故老死亡，以致湮没无传耳。本埠之板障庙咸称板障堂，位于米糙街及华商总会之斜对面，是名之由来，颇具历史□，惟经过期间太久，不特外处来客不知得名之由，即埠中土着亦不知之，人云亦云，莫悉其得名原因也。其实为天主教有历史性之故事焉。该庙实名玫瑰堂，得名原因，远在公历一千五百八十三年，距今已三百余年矣。其时为明末清初时代，葡萄牙人来澳未久，有天主教之圣人（圣·多明我），乃吕宋籍（西班牙）人，为罗马教皇属下一精明神父也，初传教于南美洲一带，旋奉教皇命来华，于是年六月间，在墨西哥乘帆船来澳，在最热闹地方，市场附近筑一教堂传教（按即今址，当时营地大街为一大商场，乃葡萄牙人与各国贸易处）。是时以经费支绌，因陋就简，以松木板为障，以作墙壁，上覆茅茨，以蔽风雨，其得名之由，盖以此也。后因飓风所袭，全座毁然，当时神父已死，教友念其功而重建之，致有今日之壮丽，并志其精神。该庙除名玫瑰之外，又号“多明我堂”，以为纪念。今日之板障堂街名，及壮丽之玫瑰堂，固昔日之名符其实之板障庙也。

1942年8月14日　第一版

葡青年团　今日举行大阅操　澳督亲临检阅其夫人主持献旗　上午全团宣誓晚间开庆祝大会

（专访）葡京发起全国学生加入军训，经有数载。本澳始由去年举办，由督察长官耶任该团团长，凡本澳葡籍学生，由六岁起中小学生，均虽加入受训。该团为盛大庆祝起见，特于今日圣人欧继氏纪念日举行青年团大检阅，秩序丰富，并于昨晚为欧氏石膏像揭幕，并在助学会举行野火及露营，由澳督夫人主持野火礼。今日十时青年团开始大队由塔石助学会起，经荷兰园、水坑尾、南湾民国马路、河边新街、海边新街、新马路、板樟庙、白马行回助学会。兹将今日庆祝秩序列下：（一）上午九时在助学会举行弥撒礼及圣旗礼；（二）九时由澳督夫人马利向青年团献旗；（三）九时四十五分全体青年团举行宣誓；（四）九时澳督戴思乐检阅青年团及该团举行大操；（五）晚上十时在市政厅开庆祝大会，仪式颇为隆重云。

1942年8月14日　第一版

中国自由区　开始兑换港币　须具港澳难民证方能兑换

（专访）关于港币在自由中国兑现大洋之消息，本报最先发表。自财政部颁令中中交农四行及广东、广西、福建等省立银行，暨邮政储金汇业局，奉令依照四九一元比率兑换。重庆方面，银业市场正式挂牌兑换。昨顷据广州湾银业界消息称，谓该地银业行已奉到财政部命令，及兑换办法，凡兑换港币者，必有港澳难民证及本人申请兑换大洋书，到当地救济会，请求证明，由救济会书具证明书，到指定银行兑换，每人限港币二百元云。

1942年8月14日　第一版

（联防队长）血溅碉楼　何国光被刺殒命　卫弁两人亦与何氏同归于尽　刺客独自行事从容逃避无踪

（专访）昨据中山来客称，前十二日下午，中山五区发生一宗谋杀案，出事地点，为该区乌石乡之炮楼，被害者多达三人，死者，即“中山县联防队总队部副主任”“兼五区联防队队长”何国光，另何氏卫弁两人。刺客逞凶后，从容不迫逃逸无踪。

查死者何国光，“又名何少琴”，平日诚惶诚恐，自佩有自卫手枪外，并雇用卫弁两名，借以拱卫，不期于前日午间，何氏在五区乌石乡炮楼休息，当时有男子一人，衣履完整状极斯文，怀有实弹驳壳手枪一支，到该楼访何，扬长而入，见何面即从腰间拔出手抢，向何轰击，何以突如其来，一时未及闪避，枪声响处，即着弹倒地。当时何氏卫弁忽聆枪声，知是发生意外，踉跄入内观察，该刺客适由内而外，忽被遭擒，遂先发制人，扳机向两卫弁轰击，两卫弁先后中弹倒地，因伤中要害，当堂毙命。刺客逞凶后，乃从容逍遥无踪，至何受创后亦因伤势过重，不治殒命云。

1942年8月14日　第一版

米站　休息三天

（专访）望厦售米站由今日起休息三天。原因为天主教圣母玛利亚升天节，后日为星期日，下周初则继续发售，时间办法如前。

1942年8月14日　第一版

少联体育会　今日成立

少联体育会乃青年学子所组织，筹备已多时，定今日下午一时在该会举行成立典礼。简请本澳体育界名流参加。

1942年8月14日　第一版

纪中中学　昨日发榜

总理纪念中学第一次考验新生，昨已发榜。高中取录十九名，初中四十九名，小学六十六名，至免费生，须俟廿七日第二次考试完毕，共计积分后再行示榜。

1942年8月14日　第二版

【澳门掌故】老渔　葡人东来全靠松山灯塔

每天晚上，松山（东望洋）之巅，有一灯塔照射四周。本澳向无斥堠之□，非用诸军事可知矣，海面平静，无海盗之出没及礁石之横亘，并用诸航海可知矣，然日日如常照射，寒暑不阻，人多莫明其妙，其实有一历史存焉。其历史为本埠之最长远及关系甚大者。据诸父老相传，初葡萄牙人沿好望角而得南非之后，更东航复至印度，觉世界处处可通，遂立环游世界之壮举。从印度起航，望东出发，历时甚久，固无所谓目的地也，嗣因船上粮食将罄，而淡水亦尽焉，□物航海人最重要者，一夕正惶急间，而觅不着陆地埋泊，忽见火光闪灼，频灭频明，宛如探照灯之闪烁，大喜，即向光处驶行，泊于马角附近，翌晨登陆，请土人领导汲水购物，虽言语不通，诸多不便，幸有一老人小时曾经商于南美州者，懂西班牙语，西葡两国，语尽相通，□□老者为传话，请来中国当局，借地居留。自葡人来居后，逼访灯塔，无法寻得，叩请土人，初时亦颇错愕，旋悟于葡人来夕，因松山遭火甫熄，然余烬尚存，故闪闪发光，葡人适值其会耳。后葡人为纪念是夕登陆，乃鸠工庀匠，营建一灯塔于山顶，每夕俱发光，藉此纪念，无其他用也。并将此事附会，编为神话焉。

1942年8月15日　第一版

欧维士纪念日　青年团正式成立　昨日举行授旗宣誓及大阅操　澳督夫妇亲临检阅及授旗礼　昨晚开庆祝成立大会

（专访）葡萄立国远在公历一千一百四十年，迄今有八百零二年，初期乃君主执政，曾一度归并于西班牙，直至公历一千六百四十年，由葡国将军欧维士首先发动亚祖巴维打之战，爱国英雄纷纷呼应。后告成功，战胜西班牙，乃得脱离西国独立自主。后欧维士将军因德行超越，死后成为圣人。故葡国为纪念欧氏之功，故定昨日为欧维士圣人纪念，又查葡国自君主政改为民主国家后，国务沙由喇沙主政，政治军事均大加刷新，军事方面不论公务人员或学生，均须受军事训练，以期全国皆兵之旨。本澳公务人员亦多曾受军训，凡葡籍青年足满十八岁者，则须入营受训十八个月，十八岁以下之学生，则由去年起组织青年团，由督察长观也任团长。所有葡籍中小学校及幼儿园学生六岁以上均须加入。由观也亲自或派教官分别按级训练。现训练已有良好成绩，故特于昨日欧维士圣人纪念日，该团乃宣誓正式成立，乃举行大阅操，由澳督检阅及其夫人授旗。晚间并在市政厅开庆祝成立大会，兹将昨日该团成立情形分录如下：

行圣旗礼

九时将届，澳督夫妇、法官夫妇及各长官先后莅场，青年团八中队从外鸣号响鼓，向场内操进，齐集在礼场正中。团长观也指挥一切。九时既届，神父开始举行弥撒礼。弥撒礼中，神父向众讲述欧维士圣人之圣行、圣迹，继而祈祷为青年团祝福。军号队□鸣号，团长观也先举右手宣誓就职，礼毕，行圣旗礼。由神父主持，无原罪楼队随之而奏乐，礼毕。

参礼人物

是日参加典礼者，计有澳督夫妇、法官夫妇、英驻澳领事、民政厅长、澳督秘书长、澳督中军、民政厅秘书长、港务局长、军政局长、工务局长、邮电局长、西洋银行经理、财政局长、警察厅长、督察长观也，蔡文轩、高可宁、军政长官、水警防消队、黑兵、炮兵、水兵、陆兵、警察各一小队、三巴仔修道生、无原罪学生及洋乐队等中西来宾，分列两旁，计是日观礼者在千人以上。是日澳督身穿海军中校制服，督察长观耶穿青年团制服，与各团员制服划一。

授旗宣誓

由澳督夫人亲手将国旗上杆后，授以青年团旗，号队呜呜呜号，全体团员高举右手向旗宣誓。誓词由总队长□也喇（利宵学生）宣誓，即而洋乐队奏葡国国歌，全体肃立致敬，礼毕，各观礼者相继离去。

澳督检阅

总队长发令开始操出场外，铜鼓咚咚作声，澳督站在殷皇子中学门前检阅。全体团队经澳督前操过，受□阅毕，全队向荷兰园、水坑尾、南湾沿路操往妈阁，由妈阁沿海傍入新马路，经板樟庙、白马行、荷兰园操回收队。查是日该团全体队员穿青色军服，服装划一，幼稚生（六岁以上）团队，小学生三队，幼稚生及小学生作徒手操；中学生则□枪操，军号铜鼓队领先，旗队继之，其次为幼稚生，小学生继后。全队由幼至长均服装划一，步伐齐整，精神奕奕，尤以幼稚生年龄幼小，能拔步环市而操，不以为苦，为最可嘉。晚间十时假座市政厅举行庆祝成立大会，澳督及军政长均有参加，情形异常热闹。

1942年8月15日　第一版

花舞茶国选后　昨开联席会议　高可宁席捐二千元

花舞茶国选后筹款会，昨日假座商会二楼开联席会议，到会者有该会正副干事长高可宁、刘纪召，外记会代表、各报记者、该会理事等一共数十人。由刘纪召宣布开会理由及报告该会筹备经过。席间高可宁氏首先捐出港币二千元为响应先导云。

1942年8月15日　第一版

中山谷米登场　市侩乘机操纵　价格不低跌而且略见高升

（专访）月来各乡农民收割谷米完竣，多乘时将谷米及什粮运抵各城市销售，故连日来中山一带均有谷米载来。查昨日又有白米二百余担及什粮等运抵本澳。本来价格理宜低跌，惟现有等市侩则乘机居奇，将米囤积，并放出种种谣言，故昨日市面米价不特不低跌，而且略高升，兹将其价格调查如下：龙才粘每担一百元；安南粘、暹粘均九十四元；新兴白八十八元；糙米、米碌均八十五元；什粮类价格平稳；乌豆每担五十元；绿豆四十二元；红豆七十五元；黄豆五十五元；眉豆五十五元；薯粉四十五六元；面粉青龙唛及青金唛，每包约五十五元左右云。

1942年8月15日　第一版

行刺黄公杰案　充军廿五年　军法庭另判三年

（专访）男子冯育群于本年三月廿五日下午十时许，在罅些喇提督马路枪击黄公杰于昨日始宣判。判定冯育群充军二十五年，与军法庭所判，一共二十八年云。

1942年8月15日　第一版

永华轮　今日开湾

（专访）行走澳湾线为时最久之永华轮，自十一日载得大批什粮牲口什货归澳后，该轮公司本拟定该轮昨日为开行日期，后因事改延今日下午一时开赴广州湾，然后再程海防云。

1942年8月15日　第二版

【澳门掌故】老渔　沙冈原是乱葬冈

沧海桑田，世事多变。昔日之崇楼杰阁，今日之败瓦颓垣，此时之阜汀沙洲，他日之通都大邑，人生变幻，大都尔尔也。本埠西北区，最热闹者，则推沙冈矣，沙冈为一地之总称，位置极广，其中大小街道不下数十，房舍鳞次栉比，人口繁多，东起仁安泰，西止海边船厂，南在柯利维喇街尾之榕树头，接新桥之街，贸易繁盛，北迄柯高马路，中间俱为住宅区，纵横数十亩，人口约万数。殊不知今日热闹之住宅区，乃昔之荒郊也。考沙冈之得名，在百数十年前，本埠尚未开垦经营建设，该地只为一荒郊耳，地势微耸，成一冈陵状，属金谷山“□莲峰庙之后山”余脉，因其完全为沙石，缺乏黏土质，故名沙冈。一幅旷地，四无居民，只有疏疏落落，白杨衰草。人因以殡无归死者，日既久，葬者愈多，遂成为公共坟场。旺厦、龙田、新村各乡之贫之死亡者，无力购高原以葬先人，亦就地丛葬于是。当日情形，恍如现在之关闸高沙一带也。后葡人开辟荒地，百计经营，见沙冈为乱葬冈，距离市区太近，不特观瞻有碍，而且不合卫生，乃谕令华人，另行迁葬，逾期而不迁之无主者，则由政府雇仵工，遵华人习俗用缸塔盛载骨骼，改葬于今日之关闸。迁葬既尽，经数十年之惨淡经营，致有今日之沙冈焉。

1942年8月16日　第一版

饥饿在线之斗争　杨北海穷凶极恶　几个饼弄出人命　贩饼小童蔡锦洪饮恨黄泉　凶手遭擒竟又欲跃海逃脱

（专访）前（十四）日深夜十一时许，本埠青洲茅寮附近，发生一宗谋杀案。被害者为一年仅十二岁之童贩，为凶徒用铁器殴伤头颅，继用布带环缢其颈项，窒息致死，情形异常惨酷，□骇人听闻。惟是法网难逃，凶手于昨日为警探捕获，解署究办，亟将调查所得分志如后：

家计窘迫

事缘有手车夫蔡煜流，娶妻陈顺意，在青洲盖搭茅寮居住。蔡有儿子名锦洪，年仅十二，精乖伶俐。际斯米珠薪桂之秋，蔡以拉车所入，实不堪糊口，时有冻馁之虞，夫妻牛衣对泣，无以为计，乃使其子购买花生期售卖，以博蝇头，补助家计。锦洪每日盈利所得，悉数以奉甘旨，向安无异。前日锦洪又照常出外市饼，沿街唤卖，迨至深夜十一时许，其饼所存尚伙，锦洪之意以饼售罄后，方始返家休息，乃就青洲附近之茅寮明声唤卖。

竟遭缢毙

当时万籁俱寂，行人稀少，有一男子光顾，虎咽狼吞，一连食去多件，锦洪乃催其付值，该男子竟声势汹汹，不予付与。锦洪诚属□稚，乃痛泣啼号，备极凄然，讵该男子凶性大发，潜用铁器向其顶袭击，当堂晕厥倒地，血流如注，该男子凶性未戢，旋将之拖至茅寮附近僻处，继用布带在其颈项紧缢。锦洪略事挣扎，旋即气绝殒命。凶手逞凶后逃逸无踪，锦洪之母，倚闾盼望，以子深夜不回，心知有异，乃出外巡视，在茅寮外侧发觉其子倒毙，不禁抚尸大哭，一恸几绝。

捕获凶手

惨案发生后，警方旋派出警探莅场查究，国家医官亦到场检验尸体，见死者头颅，被殴重伤，其颈项隐现瘀痕，尸旁置有布带，显系生前被殴晕厥，缢项致命，旋饬仵工将尸畀送国家医院殓旁（房）剖验，至警探乃严密踩缉凶徒，以期早日归案究办。迨至昨日午间，华探钟元，获悉凶徒行踪，按址在青洲新路附近，将凶手捕获，先解四区备案质诸渠□杨北海（廿四岁，本埠人），住青洲寮仔，直供不讳，所称如上，并另拘获有嫌疑男子一人，存案后乃押解警厅究办，不料行经沙梨头杉牌巷附近时，杨竟妄然逃走，意图跃海遁去，钟探乃鸣枪使之就范，卒由段警协同将之捕获，解署控究云。

1942年8月16日　第一版

回乡会　继续遣送难民　三泳场今日为该会筹款

（专访）回乡会昨日假座商会开常务会议，决议该会仍继续遣送本澳难民回乡。星期一开始登记，是次遣送每星期一批三百八十余人，即定星期三日为遣送日期云。

（又讯）今日下午三时，中健澳侨，憩卢三泳场联合举办水上游艺大会，秩序异常丰富，所收得之门券，全部拨归回乡会作经费云。

1942年8月16日　第一版

木炭电力发动机　装置完竣　日间将开始试用

（专访）兹因煤斤来源短少，电力发动机燃料遂受影响，本澳当局为延长电力供给时间起见，除执行限制平民用电条例外，并饬令电力公司积极筹钱安装木炭发动机，以恢复原有电力供应。据电力公司负责人何应光君称，木炭发动机早已运到大小两具，大者计有七百匹马力，小者三百匹马力，大机经已装置完成，日间即可试用，小机仍在磡置中，将来试用成功，对电力供应将不成问题云。

1942年8月16日　第一版

赈饥会　今日举行大会

（专访）赈饥会今日下午三时在五洲酒店开职员大会，请各报记者列席，闻秘书长哥士打、督察长官也届时亦前往参加云。

1942年8月16日　第一版

明日米站　全部开放

（专访）米站星期五、六、日一连三天休息，停止售米。明日全部开放，售米时间与去星期一同。惟售米多少，看政府今日给米多少而定。

1942年8月16日　第一版

鸡颈海面劫案　昨日已解交法院办理

（专访）男子苏丁于本月七日由香港采取货物如笠衫、花士令等约值二千元，雇高剑友之艇载来本澳，八日晨抵达澳境之鸡颈海面时，突来一艇载有匪徒六人持长短枪各一指吓，其中之匪徒四人一面将所有货物搬劫一空，然后呼啸逃去。其后事主苏丁偕同艇主高剑友前赴水警署报案，水案署遂出缉私船黑沙号追缉，该批匪徒弃艇望凼仔山边逃逸，水警遂同凼仔警探联合围捕，匪徒除一名漏网外，余皆一网成擒。该在逃一匪，警方已加紧严缉中，所捕得五匪徒由警方询后，已于昨日备文提解法院候判。查五匪徒姓名为谭义，三十一岁；李兴，二十六岁；黄森，二十二岁；卢浩，三十三岁；黄扬，二十八岁云。

1942年8月16日　第一版

大帮柴薪　日间运到

（专访）自公柴停售后，市面商柴因而飞涨，日前由中山运来者为数不少，现在来源又忽告突稀，故商柴每担竟涨至白银将达八元。商会主席高可宁为求解决柴薪供应问题，已与广州湾有关方面进行接洽，闻已商讨就绪，并派出大船多艘前赴载运归澳供应，柴薪问题日间便可解决也。

1942年8月16日　第一版

淡水鱼　来源稀少

（专访）本澳鱼业素称发达，惟自香港事变后，鱼船甚少出海捕鱼。自今供应市面之鲜鱼，乃小鱼船在澳境海面捕得回来。记者昨走访该行业近况，据该行中人称，现在鱼业比前有一落千丈之势，今存在市面之鱼栏，除数间生意较大者外，结业为数甚伙，同时来澳之淡水鱼来源亦稀，故市面供应寥寥无几，是故价格特昂云。

1942年8月16日　第二版

【澳门掌故】老渔　开山劈石凿成无底深潭

百年以来，本埠日趋繁盛，地少人稠，每感不敷地方应用。当局为应付需要，设法增广面积，促进繁荣。二十年前，遂定计划，先将马交石一带海滨，以山泥填之。面积既大，需泥必多，于是倒山填海，先后将东西两望洋山、东山、金谷山、螺丝山等开发，唯东山（即而今之无线电台）全座皆石，极难发掘，苟不开辟，则和渔翁街不能相通，与市区断绝关系，即使□之，亦无所用也，欲开发之，唯有用石炮将之轰炸，于是实行此办法，饬石工先将山上顽石凿成小孔，贯炸药其中，燃火引爆发。经过不知几许艰难辛苦始得开，与渔翁街通成一气，但于其处，不知因何原故，竟成一咸水池，水深莫测，广可二十丈，成椭圆形，池水汤汤，随潮而长退，或谓池底与东海相通，此说亦有可能，因该池与海相距不过数十丈，息息相通，同时池产鱼，与海产者无异。曾有一李姓渔夫，善水性，尝探其深浅，穷数小时，屡出屡没，终莫穷其底，故人皆名之曰无底深潭池。水甚急，倘不善泳者多遭不测，会有军人数名，游其地，爱池水清冽，解衣下水，附近居民咸出诫之，军人不之理，数人相将下水游泳，载沉载浮，在不知不觉间，竟溺其一，从游者惧。自是之后，无人敢问津焉。当局为安全计，设栏环绕之，其址在今之荷兰厂船坞□也。

1942年8月17日　第一版

花舞茶选后会　举行扩大宣传　昨派员进谒警厅长请示

花舞茶国选后筹款会，为扩大宣传，俾各界明了慈善筹款意义起见，特于昨日派该会刘纪召向银业界郑心弦君，请求报效宣传品物印刷游街经费，以示分文不动公款。除又成公司报效之德铭印刷费五十元外，其余不敷印刷之数，及游街经费。由郑心弦君报效，双毫一百三十三元。又讯该会是日派出刘纪召与交际梁鉴波亲谒警厅长，请示扩大宣传一切手续云。

1942年8月17日　第一版

港币回升力有限　西洋纸连日价格高涨

（专访）自陪都公布港纸与大洋比率后，本澳港纸与白银比价随即上升。惟香港、广州、汕头等即禁止行使港纸，本澳港纸顿成壅滞之象，故其回涨甚缓。多方面观察，港纸与白银之比价，最□断难恢复旧观，其回升亦有限度。在港纸未贬值前，十元港纸为商场交收之本位，所谓“大牛”之巨额港纸，只作六成左右，港币经贬值之后，大牛回升，与“碎西”平换，惟最近“碎西市情”大有所谓“精神钞”与“普通钞”之分，每百元差价凡八九元之巨。其中原因，由于本埠商场交易，多已改用白银本位，碎西无尽大用，个中人遂从中藉机渔利耳。惟西洋纸币连日无有升涨，昨晚市收盘值白银八五云。

1942年8月17日　第一版

督察长观耶　昨发表谈话　对慈善事极表同情

（专访）赈饥会昨日假五洲酒店开会，席间督察长观耶对记者发表谈话。政府对难民极表同情，关于各慈善机关所举之赈济事宜，如施粥及施济其他物资者，最好以最廉价发售，一则使施济之会可以延长办理；二则于各难民无倚赖性；三请施在老弱者身上；其本人及政府对于慈善事业无论如何必彻底襄助。又云日前被遣送回乡之难民如有逃回本澳者，必然将之监禁。其本人希望本澳之善长仁翁对市面之难童应加意注意，后再谈在天神巷新址之儿所下周初便可成立，现该所之难童有属青洲难民营者，有警带返该所收留者云。

1942年8月17日　第一版

澳湾各轮　运到什粮甚伙　香港将有大量布匹来澳

（专访）自香港事变后，因各地交通梗阻，本澳顿成货运中枢，华洋萃会，商贾云集，凡百货多在本埠开盆定价，商人极力向外源源运入大帮粮食货品来澳供应，贸易市场颇为畅旺。十四日海福丸由广州湾运到之什货品，有大糖八十桶、芝麻五件、咸鱼四十件、草包卅七件。十五日白银丸运来土糖三百九十九件，白豆廿件，什豆二百零六件，柴薯粉□二件，八角卅六件，土胶五件，生猪一百五十头。南斗丸运来生粉六十件，什豆一百一十件，八角一百卅二件，五倍子廿七件，草席三百件，土糖一百廿二件，三干三件，生猪一百五十头。香方面亦有货物甚伙运澳，惟多属洋货，闻最近商人多名，在港买入匹头为数甚巨，月内将大量运来本埠推销，适近日由澳开湾之轮只，一律暂不载货，如该帮匹头运达本澳各种布匹市价将有暴跌之可能云。

1942年8月17日　第一版

望厦米站　今日继续售米　售米多少临时决定

（专访）望厦售米站今日全部开放，售米时间一如往日，惟售米多少根据政府给米多少而决定。调查粮证现已开始施行，惟家长加贴相片于粮证上检查办法，下月或可实现云。兹将今日售米时间列下：

（新牌仔九时一刻）

十号上午九时半；

九号上午十时半；

八号上午十一时；

七号上午十一时半；

六号下午一时正；

五号下午一时半；

四号下午二时正；

三号下午四时半；

二号下午五时半；

一号下午六时半。

（售米多少临时决定）

1942年8月17日　第一版

白米二万包　短期内可运到　盛传昨已运到查实不确

（专访）本澳政府对粮食极为关注，日前已在外间购得白米二万包，市面盛传该批米石昨日便可抵澳。记者昨再谒粮食统制委员会委员观耶询以此批米石是否昨日抵澳，据观氏云，政府已于日前派出专轮前赴运载来澳，短期内便能实现云。

1942年8月17日　第一版

三角慈善游泳对抗　收得大洋万余元　小童陈汝桀可造之材前程无限　吴年容敏明黎源进演出极可观

烈日当空，酷暑炎人，海国风光，益形热闹，浮沉绿波中者，胜居广寒宫，这项体育确属畅快。

中健澳侨憩庐三泳场，昨日联合主办慈善三角游艺对抗，得款拨与回乡会，遣送难胞归故乡，功德无量。

下午三时，三会健儿及中西男女来宾莅临憩庐，衣香鬓影，顿成热闹，仁兄仁姐，盍兴而来，大解荷囊，共襄善举，捐款入座，把门大将军俱是花木兰之辈，巾帼须眉，守着桃源洞外。铁面无私，苦煞一般揩油朋友，无从作渔父之想。这一回只有望洋兴叹，迫得扒下棚底，私窥三会健儿技术。

统计收入门口劝募箱，共得大洋五元，港币十九元三角，白银三十元零八角，西洋纸二十三元，成绩美满。

至于演出方面，令人满意，尤以临时加入，逢场作庆之小童陈汝桀为出色，其余澳侨之容敏明、黎源进，憩庐之吴年，演出极佳，成绩堪称美满，各项比赛告终。未婚对已婚作水球赛，双方常拼命，打得落花流水，上半场三比二，已婚仅胜。下半场已婚气力不足，结果七比四，未婚奏凯而还。

憩庐又查场主事者，已□事不妨多造，定本月廿三日下午再举行水艺会，得款拨孤儿院作经费，查秩序甚为丰富，更有中西水球大决斗云。兹录昨赛成绩如后。

二日咪四人接力赛（一）憩庐二分零二秒二，（二）澳侨二分十一秒八。

1942年8月17日　第二版

【澳门掌故】老渔　二龙喉原属龙田村

十年人事几番新，确是至理名言也。沧海桑田，人生几变。今日之二龙喉为本埠最华丽住所之一也，与西环及柯高马路相等，居是者俱属有车阶级，非富则贵，尤其是内地官僚多筑别墅于是，或长作寓公焉。查二龙喉得名之源起，盖该处为东望洋山之麓，有山泉多道，泉水清冽甘滑，名水也，人以竹筒引之以为饮料，市区茶楼酒肆多雇工往汲取，视为奇货标榜于肆前以招徕顾客。后往汲者多多，增设竹筒一条，以速其流。二龙喉之名，盖兴于是。其后改为旧式之水龙喉，汲者更为便利。后葡政府将其地筑作公园，以供市民游览，以观瞻有碍，遂将之拆毁，重新建筑，一时代性之取水者，依旧建回二喉，以符从前取名之义。居民往汲者甚多，不收费也。考该地在三十年前原为一村，名曰龙田，立村亦不久，仅百年矣，原为旺厦村□姓太祖，分为数房，以旺厦一村，地少人稠，殊难发展，其中一房主干□某，素有大志，立意另行开荒，众从之，约五十□人，掩男带女，扶老携幼，抵于东望洋山之下居焉，与旺厦村非遥，易于呼应，辟草莱，建房屋，村具雏形，取名龙田，不知其意也。后囱仔卓氏亦以族中纠纭，其中一部分迁居抵澳，亦就居是村，规模遂大，桑麻野遍，鸡犬相闻，固一世外桃源也。葡政府日事开辟，百计繁荣，在二十年前，尝有商人卢某在其间建一大舞台，以其村名之，曰龙田舞台，今日之培正学校园，其中一部分，即其遗址也。

1942年8月18日　第一版

金鹿杯足球慈善赛　华联布阵战西联　定期九月廿六日火并　得款尽拨同善堂施粥

金鹿杯慈善足球赛，昨日举行筹备会议，出席者有雅飞能度、戴文渭、梁鉴波、曾培福等。讨论结果定下月廿六日为比赛日期，名誉券会每张港纸十元。款项全拨同善堂作施粥之用，筹备期间一切费用，由戴文渭报效。查该比赛司库职，众推戴君负责。是日并请督察长官耶主持开球礼，赛毕由朱广兰代表颁奖。该比赛由华联对西联，闻华联方面有冯神腿、刘始缵等助阵，实力雄绝一时。西联则有前香港名将小告山奴等多名应战。事关国体，双方尽选精锐而临，届时当有好演公戏。诸君祈为留意，勿失良机。

1942年8月18日　第一版

本年四月海面劫案　昨日军法庭审判　每被告判充军四年　日间再由法院提讯

（专访）货主陈某，于本年四月廿二日由香港采办货物一批运澳，廿四晨该货艇将至本澳海面时，突来匪徒四人，手持枪械将该艇货物洗劫一空。后该货主前赴水警署报案，后水警署即派员追缉，遂在本澳海面将该批匪徒一网成擒。经严询后，昨日备文提解军事法庭审讯，控以私藏军械之罪，判每人充军四年，日间再为刑事法庭控以行劫之罪云。

1942年8月18日　第一版

望厦米站　实施调查粮证　小童未满所限年龄不能购米

（专访）望厦售米站自上周一连休息三天，昨日已恢复如前售米办法。由第一家粮证至第十家粮证一律售卖六毫，济贫费可免给。今日售米时间办法如前，惟十号粮证有更改，第十家由一至四百售米六元，（本星期在内）四百零一号以上每日发售一元二角，新牌仔编定每星期购米二次，日期为星期一四上午九时十五分购米九毫。该站昨得政府令示，须彻底调查粮证，苟非本人之粮证切不可来购米，否则一经查出，不特将粮证没收，并将之送赴警署严办。又日前规定未满十四岁不准前赴购米，惟有等不遵令示，现该站重新规定，未达四十六英寸之小童不准购米云。

兹将今日售米时间办法列下：

上午九时半；

十号一至四百六元四零一起元二；

九号十时半六毫；

八号十一时六毫；

七号十一时半六毫；

下午

六号一时正六毫；

五号一时半六毫；

四号二时正六毫；

三号四时半六毫；

二号五时半六毫。

（新牌仔逢星期一四上午九时十分钟售米一律购九毫）

1942年8月18日　第一版

知用中学　考取新生

知用中学自迁入市区水坑尾十五号后，随即举行入学试。第一次取录高初中共六十余人。昨十六日，第二次招考，取录人数共七十四人，兹录如下，计取录高一新生李孚等二十四人，初一新生文燊龙等二十三人，高二插班生黄沛强等三人，高二插班生陈冕伦等三人，初二插班生李永□等十一人，初三插班生潘宏文等十人，并于九月一日再举行第三次入学试验，即日开始报名云。

1942年8月18日　第一版

今年乞巧节　市场远不如昔

（专访）每逢农历七月七日为乞巧节，每年该日一般妇女多忙过不了，该日之前夕，市面颇呈热闹，市场亦为之一新，洋货店、生果店、纸扎店、牲口店、戏院等无不其门如市。惟今年则不然，市面未见如何热闹，原因日今时值非常之秋，米珠薪桂之时，万物飞涨声中，庆贺者不过循例而已，故本年七夕市场颇为冷淡。昨日市面供应品物价格略为调查如下：牲口类鸡每斤三元余、鹅三元余、鸭二元左右、猪三元余，生果昂贵非常。洋货比去年贵七八倍，纸料店生意大不如昔，除戏院生意较好外，其他光顾者均寥寥无几云。

1942年8月18日　第一版

新谷续有登场　连日商米回顺

（专访）本澳粮食自经政府极事调整后，粮荒状态，顿呈消减。最近得接确息，政府米二万包日间便可抵澳。一般囤积市面虽放出种种谣言，亦无济于事，目前正值农村收割完竣之秋，致新谷继续有来，连日来市面米价只有趋跌。查昨日商米价格，南粘、暹粘每担均九十元，吊黎望八十五元，新兴白八十三元，糙米、米碎均八十元云。

1942年8月18日　第一版

花舞茶选后会　举行后奖巡行

花舞茶国选后筹款会，昨派刘纪召、梁鉴波，赴警厅请示扩大宣传及将选券加盖警厅戳记事宜，得蒙布厅长特别准许，本月廿日狮子洋乐及将各号善心报效赠给皇后银鼎等游街，至揭晓之日将各赠品送呈警厅，由布厅长亲给该国皇后收领，以示劝销救济回乡难民选券努力纪念。至各选券已加戳妥当，即日发还刘纪召领回分发劝销云。

1942年8月18日　第一版

濠江画展　昨已闭幕

濠江艺展昨日为最后之一日，是日定书画者，有陈声始、梁文、黄芴南、了如大师、区小松等各定一幅，林楚碧定二幅，梁伯壎定四幅云。

1942年8月18日　第一版

广大附中　夏令结业

广州大学附属小学及中学部，各年级夏令班经于昨星期六、日考试完竣发榜，凡属合格者即可按成绩照升，无须参加下次入学试。闻该校自本学期始，小学全部开班，报名来学者甚众，现第二次入学试不日又届。

1942年8月18日　第一版

港富商何东氏　捐助本澳慈善费万元　澳督将该款分配镜湖医院等机关　何氏关心澳中难民当局深表谢意

港富商何东氏，去年十二月初，举行花烛重逢大庆，各地人士，往港致贺者甚众。何氏对澳中慈善事业，夙极关怀，捐助慈善机关经费甚巨，特捐港币一万元，交由澳督戴思乐分配捐澳各慈善机关。后何氏亦由港来澳，而香港事变适起，旅款一时未能提取以迄最近，何氏始将该款交到，由澳督代为分配，计捐助镜湖医院、同善堂、警厅主办贫民屋、无原罪工艺院、仁慈堂各二千元。当此非常时期中，何氏犹能关心澳中贫民，殊足嘉尚，澳当局对何氏深表谢意云。

1942年8月18日　第二版

【澳门掌故】老渔　孙总理与镜湖医院之关系

镜湖医院为本埠华人最大慈善机关之一。自逊清同治葵（癸）酉年，迄今已七十年矣。初为周曹柯等家发起举办，寒者赠衣，病者赠药，夏月则施茶水，立冬则施粥，造福埠中贫黎，功莫大也。当时之镜湖医院，与今日现象大不相同。地远广□莫用，未有留医之所，仅大堂、诊脉厅、义学校而已，设备甚为简陋。是时清政不修，人心思汉，有志分子皆作有计划之组织，准备待机发动焉。孙总理中山先生，精西医学，且为有志分子中之主脑，负有责任，来澳居留，初则寄居于普济禅院（即今旺厦之观音堂），见侨胞每多受贫病之痛苦，于焉动其爱国爱群之心，担任镜湖医院西医之席，以解同胞疾苦，同时以个人资本，开一西药房，名曰“中西”，一利同胞，一利任务工作，借以掩闭清廷□者耳目。顾当时人民智识，依然守旧如故，无今日之开通，对于西医一门，素来□不信任状，是以总理在该院医治工作，异常清闲。惟总理不惯安逸，不惜百计设法，以开导顽愚，甚有功效，由是应诊日众，侨胞之对总理，皆予莫大信心；一方面总理藉此机会笼络结交各种人才，以备为国之用，是故本埠之镜湖医院，不特与总理有因缘，而对于中华民国之创造史上，亦有重要之连带关系，今该院内甚至一草一木之微，多有总理之手泽遗留也。

1942年8月19日　第一版

大有庞德之风　先备棺材后跳楼　国际酒店住客跳楼第一宗　下遗信三封述及自杀原因　用布带蒙目从七楼跃下

（专访）迩来自杀时有所闻，若辈之牺牲，虽遇不良环境，第天下无不了之事，亦能有以善其后，若稍不如意，即出此下策，诚愚不可及也。不料昨（十八）日上午十一时许，新马路国际酒店，又发生一宗住客跳楼自杀毙命惨案，乃该酒店开业以来之第一宗。此种有计划之跳楼，堪称有史以来之创举，死者为大群酒店侍应生陈德三，案情异常复杂，爰将调查所得，分录如后：

突然自杀

该查男子自杀，于十五日到新马路国际酒店七楼某号房，其注册姓名，署陈德三，廿四岁，无行李附带，仅携用新闻纸包裹之衣物少许，态度安闲，无隐忧事表露，惟每日均外出，侍役时见其在该酒店之酒吧及三楼茶厅品茗，于本月十七晚曾由侍役之介，呼妓荐枕，情态颇为愉快。讵料彼竟于昨（十八）日上午十八（一）时许，乃跳楼自杀，店中侍役，事前以其举动安适，不料有此事情发生也。

遗书三封

惨案发生时，死者跌在通商新街之广州酒店附近空地，身穿唐装对开衫裤，眼部及口部均用布带遮蔽，腰部亦用布带紧扎，头颅破裂，四肢折断，血流如注，旋即伤重毙命，死状极惨。该案发生后，警方旋派出警探到场查究，发觉其所驻之房有遗书三封，另衣物少许，后由国家医官到场检验摄影存案后，乃饬仵工将尸体畀送国家医院殓房剖验，至死者在该酒店之房租及取其他物件，事前俱已付值。

定下棺木

死者遗下之信一致警厅，略述此次自杀，系出自个人意见，绝与他人无涉，一致大群酒店司理陈本源，请陈念属友谊之情，代理其身后丧事。一书叙述本人自杀之原因，其中竟有云不能执戈卫国，更难在社会挣扎，倘长此下去，前途更趋黯淡，再四思维，实感无人生乐趣，致出此下策。每信末均盖有死者指模，以示无他，并云日前在大利长生店定购有棺木寿衣等物，落定港纸五十元，请陈代为殓葬。以此观之，武断死者事前已蓄意也。

受职大群

事记者前往大群酒店调查一切。据该店主事人娱称，死者任职该店，约有年余，平日工作异常勤谨，待人接物和蔼可亲，在惨案发生前数日，死者因病患胃痛，请假离去。至其此次因何自杀，实不得而知，缘以死者生平，从不亲近女色，又非亏店中款项云。

1942年8月19日　第一版

海面谋案　法院今日十一时宣判

（专访）昨日刑法庭开审一宗本年三月间之海面谋杀嫌疑案。事缘有艇妇八妹者，在下环街附近海面以渡人过海为活。一日，下午十时许，有顾客四名唤其艇过海，追驶至海中时，讵四人突将八妹头部击伤，再欲将其拖下水中，该艇妇遂与纠缠，并大呼救命，为该处水警署所闻，即派出水警前赴视察，抵达时，见该四男子正将该艇妇推下海中，后该四男子见警来乃将该妇重行救回上艇。水警乃将之一并带返水警署审讯。据该艇妇称，该四男子先将其头部击伤，继将之推下水中，幸各水警赶来及时，不然真不堪设想矣。后水警署见此事乃属于谋杀，将该艇妇送白马行医院救治，将该四男子交警署发落，经警方严讯后，已于日前备文提解法院。昨日始开堂审讯，经一小时之久，以案情颇为重，将之押候，定今日十一时宣判。查该四男子名何超、杨堪、梁华谦、郭十云。

1942年8月19日　第一版

木炭电力发动机　明日开始试用

（专访）本澳电力公司拟恢复原有电力供应起见，特改木炭发动机。该机数月前已运到大小两具，大者计有七百匹马力，小者三百匹马力。观大机已安礲完竣，拟于本月明日开始试机。如试用成功，则日间可以实行启用矣。

1942年8月19日　第一版

颁发购粮证办事处　饬米站注意粮证　如属本人已离者粮证没收　今日只团购米一律暂停止

（专访）望厦售米站为杜绝谣言起见，将局部粮证售米特多，如昨日，第十家粮证一至四百一次过售米六元，今日则由四百零一至八百止则售四元八角一。此可见米站存米充裕。该站日昨得接颁发粮证办事处令示，调查粮证须彻底实施，苟发现粮证不是其本人购者，决予没收。各购米者如不服时，请到议事公局颁发领粮证办事处询问，该站决不负责。惟有等专作白米黑市不肖之徒，粮证被没收后，则发出种种谣言，有云该站职员作弊，有从中捣乱。现该站再行郑重声明，没收粮证者乃政府法令，如发现有毁谤该站时，该站必将之捉拿交警。又该站再得该办事处交来日前经已离境而存落之粮证号码而未交回议事局者，将达百张，饬米站代为查收。现该站高悬报告，谓粮证非其本人者，切不可来站购米，最好到议事公局及米站自动报消，否则一经查出，不特将粮证没收，并将之送赴警署严办云。今日售米情形：

上午九时半；

由四百〇一十号至到八百止；

售米四元八；

九号十时半六毫；

八号十一时六毫；

七号十一时半六毫；

六号一时正六毫；

五号一时半六毫；

四号二时半六毫；

三号四时□六毫。

十号济贫铜仙六枚，其他可免给。今日之各集团购米一律停止发售，原因该站最近查悉，竟有等将公米改售黑市，多虚设等情，停止售米原因在此。今后售米日期，迨该站调查清楚后，始重新编定云。又明日售米时间：

十号上午九时半；

九号上午十时半；
八号上午十一时；
七号十一时半；
六号一时正；
五号一时半；
四号二时半。

售米多少，临时方可决定。集团购米，亦明日下午三时起施行。售米办法与上周无异云。

1942年8月19日　第一版

湾澳货运将渐恢复　新定通融办法　白银丸昨载花纱开广州

本澳商业情况，自来因广州湾澳门间交通畅旺，遂做成更益繁荣之局。但自由本月起，各行商况，均作淡观，其原因系由于澳门寄付广州湾之百行货物，均难以划载，前转水之白银丸宜阳丸均无货运，已连迭几班轮船均如是。广州湾客难再大量办货，故商场较前冷淡。顷悉关于由澳付往广州湾货物，现新定已有通融办法，如经广州湾“特务经济关查团”发给许可证，再经本澳政府核准出口后，即可寄付。昨日白银丸开往广州湾，有花纱等货，即系照新开办法者，预料湾澳货运渐将恢复云。

1942年8月19日　第一版

岐关公司街坊车　恢复行车问题

（专访）行走市面之公共汽车，停顿已将弥月。记者昨到岐关公司询问其今后办法，得其主事者发表谈话，云该公司之汽车虽然一度改燃木炭，但亦须电油为助，现因电油无从解决，迫得停顿。关于今后仍继续举办否，视供给数量才可决定，同时亦要该公司董事会开会讨论。闻该董事会拟于下月中旬举行议会云。

1942年8月19日　第二版

【澳门掌故】老渔　金田起义兵镜海兴丝业

道光末年，内政不修，强邻环伺，志士惧有国亡之惨，四方纠合，有所作为。洪秀全乘时而兴，金田举义，传檄四方，各处响应。广东地面，亦有所动作，香山（即今之中山）、顺德、东莞、清远、宝安等县皆举义旗。然亦有不少高树救国救民之旗，以掩饰其奸淫掳掠之事，各县中以顺德为最甚，顺德境内为黄萧养遗孽之巢穴也，平时因凛于清廷之威，劣迹蕴而不宣，及闻洪氏在广西起义，革命之风吹遍四方，政府顾此失彼，无暇理其他琐事，遗孽乘机作变，居民大遭其殃。稍有资者皆远避他处，而商人亦结束所业，另寻安乐地。时香山亦有此乱，惟澳门葡属人管辖，治安良好，遂集中本埠居焉。有顺德龙江人黄耀，向在乡间开丝□，既到澳门，复集乡中同业，集资办一丝厂，呈请当地政府准予批地一段，以为厂址。当局为繁荣本埠计，且黄耀等请求，又为正当商业，当然批准，并以与种种便利，使之达成目的。由是澳门遂兴丝业，大建工厂，厂址甚广。今日之青草街、大兴街、亚美打街、施利华街、田畔街、芽菜巷、砚园等街道，悉为当日丝厂之旧址，其面积之大，及设备之多，可想而知矣，并于新桥一带种桑，石墙街建小房舍养蚕，各部工人共千余，盛极一时也。以后地土关系，所养之蚕，收成甚弱，入不敷出，殊难持久，且洪年之变已平，故乡无恙，于是结束所业，复归故乡。当地政府乃收回原地，改建民房焉。

1942年8月20日　第一版

米站实施调查粮证　今日两日停售米　本人粮证须亲到站购米　今日集团售米尚未决定

（专访）公米黑市，时有发现。政府除饬令警署严缉外，并颁令望厦米站切实调查粮证，故望厦米站昨日起实施调查粮证新办法，特定今明两日米棚全部停顿售米，开始调查第十家粮证。昨日调查者为第十家由一号至一千二百号止，今日由一千二百零一至一千六百止，明日由一千六百零一至二千止，下周初则由二千零零一至查完为止。调查新办法，须该粮证本人亲到购米，然后重新登记，并当时量度其高度尺寸，将高度几何登记，异日再派员分赴各购米者住宅调查，是否符合迨第十家粮证，调查完竣后，其他粮证再□编定时间施行。该站欲使购米者明白起见，在米棚侧高悬解释调查粮证新办法意义。星期六前恢复如前状态及售米办法。闻全日开放，通售元二云。

又关于今日之集团购米停止或售卖尚未决定，各集团负责购米人于十二时前亲到米站或去电话询问可也。日前失去之粮证补发小筹及新领得之小筹，今日九时可以购米，购米多少临时决定云。

1942年8月20日　第一版

本澳粮食　可望解决

民泰行接济本澳粮食，每月约值港币百余万元，由中山等地运澳。此后本澳粮食问题，当可解决。闻由某殷商等组织，在筹备中，不日成立云。

1942年8月20日　第一版

广州湾两巨商　捐助本澳善款　分拨同善堂镜湖医院

商会主席高可宁氏，生平对于慈善工作素具热忱，且年来物价高昂，贫者生活极苦，各种慈善事业加紧推行，以资救济。高氏对于一切善行，热诚领导，且携巨金，用为倡率，更又向各埠亲友劝募，以期多集善金，维持一切善举。昨又向广洲湾募得陈学谈、赖泽两殷商每捐港纸一千四百元，拨捐同善堂、镜湖医院两慈善机关经费云。

1942年8月20日　第一版

港币稳定　葡币趋上涨　昨日市情已升至九一

（专访）昨日本埠金融行情，港纸价格因某大户“睇好”，大量吸入，故港币略趋上涨，由二零五升至二一。惟市面不良银业分子，对于港币残钞，多予歧视，凡一般未经摺补残旧者，则由之曰“精神钞”，故市人持港币兑换银元，出兑得所值，常视乎其精神与否以为衡，影响所及，商场贸易对于不“精神”之港钞亦拒予交收，间接危害居民生活也。至千元港纸及大洋价格仍呈稳定，惟葡币价格迭趋上游，缘以一般“炒友”对葡币均予看好，众料其价将有与银毫现平衡之可能，于是纷纷吸入，吸放未得均衡，致做成上涨之因素。昨日行情曾一度升至九一，据一般预料，其价尚有续涨之趋势云。

1942年8月20日　第一版

五毫伪币发现后　警探严密查缉

（专访）日前本埠发现伪冒五毫面额之西洋纸币，搅混行使。记者昨据官方消息，警方自发现伪币流通后，即严加注意。现研究所得，则最近发现之伪币，其印刷色泽与真者异殊，而最易办别之处则伪者色泽较深，印刷模糊，纸币之中心花纹，略带黄色，版面字画不明，故稍为细分辨，即真假立判。此种纸币只大意者方易使入，而街边小贩当不致受愚也。警方以彼辈歹徒，□不顾法，胆敢伪制纸币行使，刻正饬所署警探严密查究，以资肃灭此辈歹徒活动，希市民切实协助政府。倘发觉后即从速举报，使不致遗患商场云。

1942年8月20日　第一版

电油短绌　影响交通

（专访）本市交通，素称发达，日前市面之私家汽车及营业汽车为数不鲜。自战事发生后，电油来源断线，价格因而暴涨，汽车营业商不能不结束所业。有等私家车主亦因电油昂贵，将汽车停走改乘人力手车。最近岐关公司之公共街坊（车）亦因电油欠缺而停顿，是故在市面行走之汽车寥寥无几。自今交通，多赖人力手车云。

1942年8月20日　第一版

意图谋杀艇妇案　判充军廿五年

（专访）本年三月间，意图谋杀艇妇八妹之郭十、杨堪、梁华谦、何超四人，前（十八）日由刑事法庭公审。首由捕获各被告之二水警先后作供，详述该案始末情形，各情已志昨日本报。惟法官以案情重大，遂押候昨日再行审询，由检察官控告，将各被告重行审讯。至下午二时许始告审讯完毕，经法官与检察官及代被告辩护律师将该案情详细讨论后，卒认四被告罪名成立，遂判每人充军二十五年云。

1942年8月20日　第二版

【澳门掌故】老渔　易钗而弁大少原是丫鬟

三十年前，称富于本埠中者，何氏其中之一也，不特雄于资，且人丁亦众，分家后，竟有五六宅之伙。今虽中落，至社会中犹有其子孙焉。何氏数昆季中，以某宅最有钱，盖其分家之后，投资逐什一之利，以母求子，家以日富，惟是某（故讳其名以存忠厚）行年知天命，膝下犹虚，妾侍非不多也，独是群雌粥粥，抵死不作□何。后何氏竟诞多子，其经过不失为一段佳话。初，何某欲为三姨太，买一近身婢，凭媒看中一少女，年约十四五岁，姿容秀丽，性慧而力健，因购之择吉入府，取名曰小红。岂知小红入门之夕，坚不允入三姨太之房，同侪叱骂之终不允入。声闻于何某，异之，小红见某来，哗然而哭，何某叩其原故，小红左右望不之答，何某知有异，命左右退出，始答之，原来小红乃男扮女装者。盖是时为清季末叶，女子声价高于男，故一般三姑六婆，利用男子改扮，卖人作婢，可获多金。何某悉其隐爰其忠厚，想自己正悲伯道无儿，于是将错就错，命之易笄而冠，回复本来面目，收为义子，延师教之读，视若亲生，一时成为佳话，称之为妹仔大少焉。何某自收小红为义子之后，易名曰招弟，果也不出五年，何氏姬人连诞数子，人谓何某之善果云。而何某之视招弟，一若从前。招弟性本慧，读书所成，后出为贾，臂助其义父不浅也。

1942年8月21日　第一版

警探鸣枪捕匪　流弹伤毙两途人　飞来横祸少婢饮弹身亡　抢匪伤中髀部当堂就捕

（本报专访）昨（二十）日午间十二时许清平直街荣华酒店附近，发生一宗警探鸣枪捕匪，流弹伤毙途人案，结果二伤一死。记者聆耗，即赴肇事地点调查，爰将肇祸经过详录如次。

枪声卜卜

事缘有女子冯卓华，最近由中山翠薇来澳，寄寓于三层楼□街二号其戚友家。于昨日午间十二时许，因事行经清平直街荣华酒店转角附近，竟为歹徒垂涎其御有之手表，遂乘机接近冯身旁，强施抢掠，得手后，沿深巷仔逃遁。歹徒利该□纵横曲折，易于逃脱也。冯被抢后，不甘损失，适高声呼抢，时乃有警探二七五号□聆耗驰至，乃沿深巷仔衔尾穷追，并拔枪向天发弹，拟使之就范。讵该匪置诸不理，发足狂奔走故，该警探迫得□准向之轰击，于是枪声卜卜，流弹横飞。

伤及途人

当时来往途人颇众，忽聆砰然枪声，莫不大惊失色，纷纷走避，情形异常狼狈。不料有妇人李德良（廿三岁，住长乐里三号二楼）及少婢覃彩霞（十九岁，梧洲人）住深巷仔二号，因闪避不及，为流弹击伤。李则臂部受伤，当堂倒地，而覃则中胁胸部，受伤后血流如注，仍能蹒跚趋返家中，抵家后尚能言语，惟模糊不清，且因伤中要害，未几□告毙命。至该抢匪卒为该□击中髀部，旋即就捕。

警探出动

惨案发生后，督察长旋驱车到肇事地点视察，而警探亦出动查究当时发生情形，并致电十字车到场，先将伤者分至国家医院及白马行医院救治，国家医官亦到场检验死者尸体，旋饬仵工畀送医院殓房，听候剖验其致死缘因。受伤之妇人李德良伤势较轻，不致有性命之虞，而该抢匪梁永（十八岁，石歧人）在澳无职业住□，警方以该案情重大，须待详细研查，一俟梁伤势稍愈时，始行提讯云。

1942年8月21日　第一版

私藏军械　被判充军二年

（专访）本年三月间，华探部得接线报，前赴黑沙湾海面之一小艇上搜出短枪一支，当场捕男子一名，由警方严询后，发觉该男子与某劫案有关，遂备文提解法院。昨日首由军事法庭开堂公审该男子私藏军械之罪，判令充军两年。日间再由刑事法庭提询，查该男子名郭六云。

1942年8月21日　第一版

食饼不给值　缢毙小童案　警厅昨解交法院办理

（专访）本月十四日深夜十一时许，青洲茅寮附近，男子杨北海，向贩饼小童蔡锦洪购数个。食后，不允给值，并用铁器将该小童头部击伤，后用裤带将之勒毙。后该小童之母前赴四区报案，警方遂派出华探钟元前赴查究。凶手卒天眼昭昭，疏而不漏，遂遭逮捕，详情已志日前本报。后该凶徒自警方严询后，直陈行凶经过，警方遂于昨日备文将之提解法院发落。此案日间便可审，判查死者名蔡锦洪十二岁，凶手杨北海廿四岁云。

1942年8月21日　第一版

海面疑劫案　昨解法院办理

（专访）港务局水警署于本月十日破获一宗海面行劫疑案。当场捕获男子梁炳、陈北、黄兴及接赃嫌疑艇妇陈欢；经严询后始知该批物品，售到华记鞋店。警方遂派员赴华记鞋店，将该店东范华及店员三名一并带返警署询问。自经警方严询后，证明该批货物乃来历不明，遂于昨日备文提交法院定夺。闻该料货物多为香料，胶底二千余对，共值银三千元左右云。

1942年8月21日　第一版

选后会　奖励劝销

花舞茶国选后会，为鼓励劝销券起见，除该□劝销选券最多，当选皇后，给领各界报效奖品及警厅长亲书奖额外，其票数比皇后次级者，（即亚军）由大会每国奖给银盾乙座，另请警厅长给额纪念，其余特制奖例四条公布如下：（一）凡销选券一票以上百票以下者，奖纪念章一枚；（二）百票以上千票以下者，奖纪念戒指一只；（三）千票以上万票以下者，奖名流书额连架一幅；（四）凡万以上者，均亚军奖例办理云。

1942年8月21日　第一版

海福丸　昨日抵澳

（专讯）日轮海福丸昨由广州湾抵澳，载来草席及杂货甚多，日间将开往香港。又白银丸今日可到达，传该轮此次到澳□□□货物运来，并拟于本月廿四日由澳开湾云。

1942年8月21日　第一版

李绍徽捐助　青洲粥场

（专访）青洲施粥场自归同善堂接办后，迄今已将两月。后因经费支绌，故再四出向各界请求捐助，俾能延续不辍。若无收入者，拟于日间停办。惟日前施粥场之经费，也曾公布，俾各界明白该粥场经费支绌之原因。昨日有名李绍徽者，亲至同善堂捐□币一万一千元及为助青洲施粥场，惟该堂又收到警察厅长捐款两批，共港纸一千七百六十元零五毫。又该堂见得青洲难民营之难民痛苦，同时两日来天气突然转冷，故发起每难民（原报以下缺文）

1942年8月21日　第一版

名画家　又弱一个

岭南名画师冯润芝，年高德邵，违难来澳，深居简出，鲜与寓接。昨病逝世所，今午出殡，亲友往吊者颇众，其长子戒闻法师，幼承家学，亦甚精丹青，擅画罗汉，以其夙根，年少遁迹空门，禅隐于竹林寺，静修佛理外，日以书画自娱，兹丁大故，虽属世外之身，然孝根天性，哀恸异常。自张纯初归道山后，艺坛黯然，今又弱一个，闻者颇为学术界惋惜云。

1942年8月21日　第二版

【澳门掌故】老渔　台山大火爆竹厂迁离澳门

本埠重要商业，多属华商所主办，最大者为织造，神香、爆竹、罐头等，而输出之分量，除神香之外，厥为爆竹业矣。三十年前，当局以其原料，不特俱是属于燃烧之物，且多属为爆炸品，如白药之类，即“俗称之电光炮药也”，药力之大，即轻轻稍受磨擦，即行爆炸，命其厂址，须迁隔市区，其时青洲台山一带，居者寥寥，不过三五家渔民，与潮汕□□在该处□□、盖屋、种田、捕鱼、造豆腐而已，且其地濒于海，水利异常，最为适合，遂于其地建厂焉。厂址极大，纵横数百亩，规模宏敞，分部工作，工人千数名，多属为东莞籍，而工人悉合家由原籍迁来，由厂供给住宿，其境之大，可想而知矣。而今则全无爆竹厂，考其原因，距今约二十年左右，尝发生一场大火，（天）气异常酷热（有春药气非常酷热），有春药工人苏八，花名叫大脚八，正春药间，忽然内急，出恭后，洗手复工作，谁知木架之上，因白蚁蚀通，以致跌下木板，板有铁，与药相撞以致爆炸，轰然一声，延烧各部分，当堂发生大火，死伤百数十人。自是役后，当局即禁止在澳设危险物品厂，寻该厂股东再请求，当局须将厂址迁往凼仔开□，从此故本埠无爆竹厂云。

1942年8月22日　第一版

公米约万包抵澳　该帮米石由曼谷转港运来　昨晚米轮抵澳后随即起卸

（专访）政府当局，为维护本澳民食，对于米石来源异常关注，积极在外采购米石，源源运澳接济。嗣因迩□战事影响，航运时告梗阻，故米石运澳，时生延搁。本报为确实报道市民起见，对于一切米石消息，如非翔确，决不妄行发表，记者昨据有关方面确息，最近运澳之米石，来自缅属曼谷，其数达二万余包，载运该批米石售之日轮“铁和丸”，于日前启程开行，途经海防、广州湾而驶香港。该批米石，大部分俱运港方者，本埠仅占九千六百余包而耳，故该轮抵港须将米石起卸，始能转运来澳。连日盛传该项米石经已抵澳，实未明底蕴。至该米轮于两日前已抵港，讵值天雨，阻误起卸工作，故迟迟未见来澳。查该轮在港起卸完竣，于昨日转驶来澳，于下午十时许，驶达澳海，寄泊新口岸，汛美机场对开海面。当局旋雇大拖船，驶往起卸。该项消息传出后，市民聆此佳讯，莫不额手称庆云。

1942年8月22日　第一版

望厦米站　今日照常售米　第二期集团开始登记

（专访）今日米站决予开放，售米多少，日前曾定每号售米元二，今日或可实行。日前集团购米者则编为第□期，宣布额满，亦已开始调查各粮食证。关于第二期者，该站已开始发出通告，如欲取购集团米者，须赴米站登记，第一期购集团米待米站调查粮证后，然后公布购米日期。至于今日复售米，数量多少临时决定。兹今日配给时秩序录下：

十号上午九时半；

九号上午十时半；

八号上午十一时；

七号上午十一时半；

六号下午二时正；

五号下午三时正；

四号下午三时半；

三号下午四时半；

二号下午五时半；

一号下午六时半。

1942年8月22日　第一版

各善士踊跃送麻包　分赠青洲贫民

同善堂值理叶子如，发起募集麻包，分赠青洲贫民，俾资御寒。一经发起，各界闻风响应，纷纷认捐，或购麻包送到该堂，益昌盐务公司贮有麻包数千个，慨然削价减收三份之一，让与该堂，俾为施赠。而捐助者，计有高可宁、梁鸿勋，每捐二百个；崔诺枝、蔡文轩、叶子如、陈伯墉、黄渭林、黎卓彬、崔六、黄杰源、李际唐、区照记、余达洪、陆电明、梁惠松，上每捐一百个；黄仲良、李如楷、□庆成、林保，以上每捐九十个；梁彦明捐三十个；尹月洲捐银三元。昨晨由该堂值理叶子如亲身到青洲施粥场派出麻包九百五十四个云。

1942年8月22日　第一版

督宪视察　儿童教养院

基督教儿童教养会澳门院，自开办以还，瞬将一载。昨日本澳督宪戴思乐，偕同华务局长施多尼，驱车前往该院视察，由该院长周伯琴及屋主冯养等出面，接待，随将院中近况详告并引导参观全院及农场云。

1942年8月22日　第一版

电力木炭发动机　试验成绩完满　再行试验则定期启用

（专讯）本澳电灯公司电力发动机，用油渣作燃料，惟自太平洋战事发生后，油渣来源断绝，电灯公司为谋补救方法，乃实行改烧木炭，已于数月前运到木炭机大小各一。而两机亦已安磡完竣，待于前（廿）日开始试验。记者昨走访该公司负责人何应允君，询以木炭机试验成绩如何，据何君谈，前（廿）日试验该电机，大机足有七百匹马力，小机足有三百五十匹马力，成绩颇臻完善，欲将该木炭机再行试验数天后，俟政府批准，始定期启用。届时本澳之电力如前供给，问题便可解决，市面繁荣，亦不久恢复未战前之状态云。

1942年8月22日　第一版

濠江中学　试验揭晓

濠江中学初中免费生第一次入学试验昨日揭晓，计取录者初中一年级三十九名，二年级插班生十二名，三年级插班生三名，小学各级共取录八十二名。闻初中续招免费生三十名，小学招生免费生二十名，半费四十名，定于廿九日举行入学试验云。

1942年8月22日　第一版

葡青年军训生　定期入伍受训

（专讯）葡国自萨拉沙主政后，全国军事政治均焕然一新，为使全国皆兵起见，乃举办全国青年入伍受军事训练。本澳政府当局亦照葡京理斯本所规定办理。本澳葡籍青年十八岁以上者须入伍受训十八个月。此举办理以来，应训者共四十三人，名单开列，经于六月十七日公布。自公布后经已报名二十一人，昨炮兵营已发出布告，通知经有列名而未报名者从速报到，并限期本年十月十五日一律须入营云。

1942年8月22日　第一版

外记联谊会　筹备庆祝记者节　外记会是日补行成立典礼　晚间假东亚酒店设宴联欢

本澳新闻外勤从业员，自发起组外勤记者联谊会后，在众多新闻界鼎力协助及名誉会长观耶领导下，进行异常顺利。除本身上之任务联络感情切磋学问增进采访效能外，并对于社会公益慈善事业多所服务，彰彰在人耳目。下月一日为第十届记者节，国外新闻记者将举行盛大庆祝，外记会亦于该日下午一时，假华商总会补行成立典礼，届时柬请社会名流、学校团体莅临参加。由该会编“九一记者节特刊”以资纪念，晚上并假东亚大酒店设宴联欢云。

1942年8月22日　第二版

【澳门掌故】老渔　大关口得名之由来

本埠有一处地方名曰大关口，后改为大关巷，以属横街后巷，知者寥寥，殊不知此巷对于本埠之历史，颇有关系焉。该巷位于关前街，上逮长楼，至于其得名之原因，缘明代初年，葡萄牙人未来澳门也，朱洪武初定鼎中原，方国珍余孽，乘槎浮于海，盘据三灶群岛为海盗，出没波涛中，为行旅之患，且时登陆到四乡骚扰。澳门与三灶接近，故蒙光顾亦最多，居民不堪其扰。有人提倡筑城御寇之举，果然一呼百诺，公举何少珊为督工，少珊为明厦村人，办事精明强干，不旬日兴工，由澳门之腰最狭处筑一城，由东望洋山麓起，横亘过荷兰园，并跨红毛山，直落长□以至西岸滨海，虽属小建筑，工程动员亦甚众也。自筑该城之后，定名为太平城。自筑太平城后，果然名符其实，盗患稍戢，即来亦有所防御，不致受其荼毒也，城之出入孔道，名曰大关口，即现在大关巷处，又称之谓城门楼，关前街之名，亦取于是。迨嘉靖三十六年，葡萄牙人来澳门居住。见萑符遍地，为居民忧，于是协助中国当局，联合剿平盗匪，居民得以安居。后以开辟本埠，城遂拆去，而地名犹留存云。

1942年8月23日　第一版

东亚酒店六楼　女住客跳楼自杀　卿本佳人奈何厌世　死非乐事无谓轻生

（专访）近来自杀之风又炽，日前国际酒店之离奇跃楼毙命案未了，讵昨（廿二）晨七时许东亚酒店五楼，又发生一宗女子跳楼自杀案，死者为一年青女子，兹将调查所得，详录如次。

查该自杀女子寄寓雀仔园，公局市横街四十一号，于前廿一日下午二时许独自一人，到十月初五街东亚酒店，入驻六楼六零六号房，署名李姑娘（廿一岁，中山人），租金每天毫银四元七角九分，无行李携带，衣长旗袍，态度安闲，并无暴露隐忧神态。入驻后，会一度□出，深夜始返，归后，即闭扉就寝。迨至昨日凌晨七时许，李不知因何感触，竟萌短念，乃跃楼自杀，当堂跌在该店门口附近，头颅破裂，脑浆迸出，躯体亦受重伤，旋即殒命。

惨案发生后，酒店为之哄动，附近居民，咸知发生事故，一时群集数十人，围观如堵。店伴乃致电警方投报，警探莅场查究，而国家医官亦到场检验尸体，旋饬仵工畀送殓房收殓。在死者所驻之房，遗□眼架一个，墨水笔一支，银毫二元八角，遗书一封，信面书有"劳转雀仔园公局市横街四十一号地下。崔陈氏母亲收启"，函内所述，俱为感怀身世，感无人生乐趣，致出此下策等字样，但未书有为"情"而为□经济□之词句，故死者之自杀原因，实难明了云。

1942年8月23日　第一版

花舞茶选后会　举行化装巡游

花舞茶国选后会，为扩大宣传起见，拟举行化装狮子巡游。现因各武馆狮子日久未出，狮头破烂，拟重新购置，但以时价太昂，为免动支巨款着想，将狮子撤销，改为化装巡游，以一女子化装代表三国皇后，向热心善长仁翁，劝销选券，又扮一班难民，由该皇后致送回乡之意，其余则有大灯笼、横额、头锣、翠亭四座、赠品七座，另有警厅长亲笔赠给该三国皇后镜额□及洋装故事参加巡游，决予二十四日下午□时，在商会门口集合出发，是日并请各商号，自由参加宣传作品，随附巡游云。

1942年8月23日　第一版

公米运到后　商米随即降价

（专访）在公米未运到前，一般投机分子，放出种种谣言，米商并乘机将米价提高，惟自公米九千余包前（二十一）日安然抵澳后，谣言遂不攻自破。商米昨日价格因而低降。查昨日米价，龙牙粘八十一元一担，暹安粘每□入口后，来往担八十一元，新兴白七十九元，糙米米碌每担纸七十五元左右云。

1942年8月23日　第一版

港币入口　日间可决

（专访）自香港禁止大洋及港客商均感不便，港币亦因之而贬值，惟据由□来澳客谈，谓港纸入口问题最近或可解决，由澳及广州湾经港者，每人限带五十元以下云。

1942年8月23日　第二版

【澳门掌故】老渔　巴波沙牌坊之来历

本埠西北角，有地曰青洲，迤□□南，是为台山也。其□原为昔日之谦源爆竹厂，自二十年前，一炬大火之后，死伤百余人，洵为浩劫。后厂主卷土重来，再接再厉，图恢复所业，禀请政府，当局以太□危险，需迁往凼仔开设，原址遂成旷地，为一般人倾垃圾□，污秽异常，每逢三伏天气，烈日熏蒸，恶臭之味，中人欲呕，殊足以碍市民卫生，且因此而引起种种瘟疫，危险孰甚，乃由公务局局长，命清除，以地方太大，非朝夕可以竣工，于是临时添雇苦力工人，协助清洁。经一周星之清除工作，积秽始清。为防止居民之不顾卫生，再次倾倒垃圾起见，设一警察岗位，保持洁净，以重卫生。寻前届督宪巴波沙氏，以其地荒弃可惜，为整饰市容，救济贫民计，由政府拨下公帑，指人承建平民宫，计划周详，建筑伟大，虽细小，然划一整齐，街道洁净，有□□之风，□都市之嘈杂，治安良好，鸡犬无惊，且租值□廉，每所不过三数元一年耳，询为一世外桃源。原定计划建筑七大座，后以不敷，继续增建，至今已建至三十余座，街道十余，皆植树木，风景幽美。平民感督宪之德，要求建牌坊纪念之，名曰“巴波沙”牌坊，并勒石为记。碑文乃已故国学专家关炽坡氏笔也。现当局为平民着想，务求建至最理想最完善，按部就班，将街道建成三合土焉。

1942年8月24日　第一版

苏永锦穷根毕露　避债无台跳有楼　跳楼避债　追索喧天逼小弟　脑浆涂地报仁兄

（专访）昨（廿三）日下午六时许，泗嗑街工匠巷，又发生一宗因被催债紧迫，跳楼自杀案。死者仅廿八岁之青年男子，坠楼后，旋即伤重毙命，情形颇为惨酷。该案发生后，记者驱车赴肇事地点调查一切，爰将所得，详录如次。

催债紧迫

查该自杀男子名苏永锦，廿八岁，本澳人，父母早故，有弟名演锦，在果栏街大信果栏店任职，与其妻汪珍赁居泗嗑街工匠巷卅二号二楼。苏于去年失业，亦偕其妻返番禺故里，后以乡中生活程度日高，苏于□月前独自来澳，寄食于其弟家，惟未有固定住所也。迨至（前廿一）晚八时许，苏怆惶返家，另有身穿黑胶绸衫裤之男子两人，尾随其后，声势汹汹，似为向其追讨钱债者。苏返家后问其弟，“演锦在家否”，其弟妇汪答“不在”，苏旋外出。

跳楼自杀

迨至昨（廿三）下午六时许，苏身穿线笠衫，黑短裤，赤脚，狼狈返家，当时亦有两男子方如前晚，尾随其后，时适其弟妇汪珍在厨中弄膳，苏甫抵步后，即趋厨中云称小解，其弟妇乃出天台稍候，而尾随之男子亦谨守厨房门次，恐防苏逃脱模样。至该厨房系建于小天台，设有一窗，临街，用以流通空气者，讵料苏是否被迫太甚，竟愤然萌生短念，乃攀该窗，纵身跃下自杀。时谨守门次之两男子久候未见其出，心知有异，俄而街上哄传男子跳楼情事，该两男子见发生意外，旋即逃去无踪。

头颅迸裂

惨案发生后，警方旋即派员莅场查究，即死者跌于隔邻廿三号门前，头颅迸裂，四肢折断，死状极惨，令人目不忍睹。据目击者云，死者着地时，呼吸未绝，奄奄一息卧于血泊中，惟未几即告伤重殒命。记者据其弟妇详述该案未发生前之经过，至该两男子之庐山，因未及注视，不能识认。迨后由国家医官到场检验尸体，旋饬仵工舁送殓房剖验云。

1942年8月24日　第一版

望厦售米站　今日照常配给　新集团粮证举行二期登记　旧集团证领米日期将公布

（专访）望厦售米站自由上星期四、五两日起调查粮证后，工作进行颇为顺利，惟该两日所调查之粮证者，为第一号，由一至一千六百号，但间中亦有未赴受查验者。该站特于昨日发出布告，凡第十号出一至一千六百其中未受查验者，须于今日前赴补查，否则，即取缔其永远购买公米之权利。如受查验过之粮证者，今日下午二时可购米六元（一星期计）。购米地址□设旧米站，调查验时间上午九时半，地址在新米站。该站又重新规定售米办法，凡一人每日只得购米一次，该日如发觉一人购米二次者，即将其筹仔取销。今后米站指定凡受查验之粮证者，须粮证本人或家长前来登记方合。若一粮证属两家人或三家人者，须用纸详细填明，使米站职员易于调查。十号除由小牌一号至一千六百号中未受调查验外，其余一律售米六元（一星期一次过）。集团售米问题，因调查尚未清楚，遂将以前之集团购米粮证编作第一期，暂时宣布结束。现该□为利便未登记之集团领米粮证，已决定于下月初举行登记，将该新粮证编作第二期，惟集团购米日期，一二日间便可公布。兹将今日售米序探录如下：

上午

九号十时半元二；

八号十一时元二；

七号十一时半元二；

下午

六号二时正六毫；

五号三时半六毫；

四号四时正六毫；

三号四时半六毫；

二号五时□六毫；

一号六时□六毫。

1942年8月24日　第一版

教授冯华　捐送小球

葡英文教授冯华，平素热心体育事业，最近特购小型球乙个，捐送警友飞机长胜球队云。

1942年8月24日　第一版

花舞茶选后会　今日化装巡游　巡游队下午二时齐集

花舞茶国选后会，今日举行化装巡游，下午二时在商会门前齐集出发。又该会自选券发出后，各家等均热心劝销，除前得来楼女工亚雪，及中央舞场舞女马珍妮，各销得无限额选券一张外，现查得国际酒菜部，女工郑洁贞、白笑薇，捐得无限额各一张，□□捐得港银一百一十元，福荣里十一号，丽娟，销得无限额券一张，港纸一百三十元，中央舞场莫致雄，销得无限券一张，二百五十元，其余十元、五元券，□酒□等分别多数推销，一俟调查清楚，□□发□。

1942年8月24日　第二版

【澳门掌故】老渔　板障庙年年派面包

关于板障庙得名之由来，及其经过略史，笔者经于日前曾详述矣。该庙实名为玫瑰堂，乃由天主教之圣人多明我氏所建，故又名为多明我堂，建设非常壮丽，地址亦广，内分许多部分焉。考圣多明我神父在生时，品性非常仁慈博爱，无分国籍畛域，一视同仁，尤其是对于□□中之贫苦者，怜爱尤多。多明我初来澳时，是时澳门尚未有今日之繁荣也，与穷乡僻壤无异，居民多属贫苦，非农则渔，数口之家，颇难一饱，有时天灾横祸，气候反常，众口嗷嗷，坐以待毙。神父戚然忧之，每值困难时期，辄千方百计，奔走呼号，为贫民请命，募收善款，煮粥制饼，□赈贫民。或时逢腊月，天气奇寒，即有家室，高床软褥者，亦觉风寒暗袭，何况颟顸露宿者，情何以堪，神父又为设法分赠棉衣，以为露宿者御寒之用，真是口碑载道也。多明我身故后，濒死，三翻四覆嘱于教门中人，继其素志，无负天主仁慈博爱之旨，普济众生。自神父死后，后人果如其嘱，力行不懈，于每年圣多明我诞日，为周济之时，制备多量面包，有咸有甜，分赠全澳华侨，无论贫富，皆可往庙中领取，视领者之年龄而定大小，成人领大者，孩童领小者，谓之圣包，不取分文。嗣后以经费方面关系，未能赓续长办下去，只限于贫苦到领，寻复以不景气笼罩全世界，影响所及，始中止焉。

1942年8月26日　第一版

警探当局　破获三宗械劫案　在席里捕得疑犯九人之多　搜出短枪三支子弹廿五颗

（今日解交军事法庭提审）

（专访）本年二月间，市面迭发生械劫案，贼匪凶悍异常，佩备犀利枪械，伙同男子多人行事，劫去巨款。警探当局，以彼辈极不畏法，扰乱社会秩序，实属罪恶已极，乃饬所属警探严密踩缉匪徒归案，以维市面治安。未几，警探处，得接线报，获悉匪徒巢穴，乃派出干探多人，以迅雷不及掩耳姿态，按址前往席里十四号围捕，当堂捕获男子九人，并搜得短枪三支附子弹二十五颗，双毫八十二元六角，香港单毫七角，国币三十二元，单毫十六□零二角，西纸十八元二角，军票二角，一并解署究办。质诸该批男子称卢六、梁其合、郑洪、戴开、麦兴、戴松柏、冯容、冯兴、冯旺等九人。当由警方提讯，彼等直认不讳，并供出日前曾伙同行劫沙加都贾伯丽街三号住宅，十月初五街三号，柯高马路一百十一号，合共三宗，掠得款项衣物所值不资。而原告赵新伟、凌淞、李根等亦到堂指证如上。警方审讯后，乃将各人口供取录，备文提解法庭究办。法院以案情重大，须待详细侦查，惟其□藏枪械之罪，今日由军事法庭提堂审讯，而行劫罪名由刑事法庭公审云。

1942年8月26日　第一版

木炭发电机　数日试验成绩颇佳

（专访）本澳电灯公司电力发动机，素以油渣作燃料，自太平洋战事发生后，各种燃料来源因而□减。该公司亦奉政府令示，节省燃料，现该公司欲谋补救办法，乃实行改燃木炭，已于数月前由外道购得木炭机大小各一，而该两机亦于半月前安磡完竣，特定前（廿）日起一连三天为试验日期。记者昨走访该公司负责人何应光君询问该木炭机试验成绩如何，据云，数日来试验成绩颇为完满，市面电力供应问题，最近便可解决云。

1942年8月26日　第一版

两宗跳楼自杀案　男女原属相识

（专访）本月十八日大群酒店职员陈德三，在国际酒店七楼，扎日跃楼自杀毙命。事前并定买寿衣寿板，可知其存心自杀久矣。事隔几天，于日前东亚酒店六楼又发生一件女住客崔妍娇跳楼案，一先一后，社会资为谈柄。查两死者，原属知交，相识多时矣，今遽相将厌世短见，其戚友皆为之叹惜云。

1942年8月26日　第一版

军法庭昨提审　海面行劫疑案　异日再由刑事法院审讯

（专访）男子梁光于本年三月间行经河边新街，突为一男子名赖海唤□将之带返警署，控梁于去年四月十日在黑沙湾海面以驳壳子枪指吓，并用小艇连人及货一并往大陆驶去，至半途时，将人推在大山中，然后将该批货物劫去。该案初由警署讯问后，遂将之交水警署再度盘诘，于昨日提解军事法庭审判。被告□延宋耀生律师代为辩护，军事法庭官者传原告赖海作供，继传证人某供述见证情形，再传水警述当日落案时之原告被告口供。后宋耀生律师起立为被告辩护，力言原告日今与日前之口供不符合，同时原告与证人之口供亦不符合，法官承应宋耀生律师理由充足，军法庭遂判被告无罪，异日再由刑事法庭审讯云。

1942年8月26日　第一版

慈善足球　讨论销票

金鹿杯慈善足球赛，经已筹备完竣，兹定明日下午一时召开会议，讨论销票问题云。

1942年8月26日　第一版

广大计政　新生发榜

广州大学附设计政班及附属中学，于八月廿二日举行第二次新生入学试验，考者颇为踊跃。此次发榜计取录计政班新生刘洁龄等共二十六名，高初中新生张志广等共二十一名，小学新生黄玉莹等共十二名。闻该校现仍招收新生，并定于九月二日再举行入学试验一次，以广收生云。

1942年8月26日　第一版

伪针纸案　今日宣判

（专访）刘义、卢炳、梁开、刘荣、李四、李才六人，于去年十月间乘政府举办出入口防疫注射之便，乃制造伪针纸出售图利。事后为警方所闻，遂派出探员到哪咤庙搜查，当场搜出伪针纸、印刷机、胶水及制作伪纸之机器甚伙，以上之各被告遂为逮捕，于上星期六日由法院初审，昨日举行复审。被告延左美古傅龄嘉两律师代为辩护，各被告均经提讯完毕，决定押候今晨宣判云。

1942年8月26日　第二版

【澳门掌故】老渔　巴督重来

本埠历届督宪莅任，新猷善政，造福华侨不少。在芸芸历届督宪中，最得本埠普通平民爱戴者，厥为巴波沙博士矣。惠政所施，深入民□，以故巴氏遽殒，中西人士无不戚然矣。查巴波沙博士之历任本埠总督已屡矣，对于贫苦阶级特别关怀，造福平民，以笔者日前所志之巴波沙平民宫为最大，使平民以最低廉之租位，赖有住所栖息，不致为风雨侵袭之苦，口碑载道也。（余下缺文约240字）

1942年8月28日　第一版

督察长昨发表谈话　警方强化市面治安　将举行假想演习　此举将委新入伍警员担任　市民须随时谨慎勿受匪愚

（专访）警探当局为严密维持公共秩序，乃决厉行肃清市面歹徒，除饬令所属警探认真查缉其辖下区域潜匿之不良分子外，日前并增招新警入伍服务，俾资强化本澳市面治安机能。该批新警早已训练娴熟，最近警方为维护市面治安计，将举行假想演习，借此试验新警对于偶然发生事故时，能否迅达速抵肇事地点，一切应付技术，是否纯熟周密。督察长观耶昨日接见记者称，迩来警方随时随地举行假想演习，演习区域居住之商户市民，倘遇此种情事时，切勿惊惶，宜迅速走避，以免防碍警探工作活动，俾收官民合作之效。

又督察长继对记者称，目前有般贼匪，拟向某商户行劫时，因门扉关闭未能妄然闯进，乃□称为电灯公司职员，前来修理电具装设者，或冒工务局职员，检验屋宇，甚至冒认差人搜屋等情，具此同样事件，居民偶一不察，辄受其所愚，启门纳之，贼匪之狡计遂售，而施以劫掠。故警方为防止劫匪活动起见，特晓谕全澳商户市民凡遇到此种情事时，宜谨慎防范，切勿轻易启门，须从门缝窗口，要其缴出手摺凭证，认为无讹者，始予纳入，实为防止贼匪活动之良好方法云。

1942年8月28日　第一版

米站下星期四起　集团计口售粮　今明两日售米互相更调

（专访）望厦米站集团售米决定下星期四起恢复计口售粮。普通集团售米时间仍编定星期四举行，兹将计口售粮人口购米若干及时间列下：

一人粮证二时三十分，购米二元；二号二时三十五分，购米二元四；三号三时正，三元六角；四号三时三十分，购米四元八；五号四时正，购米六元；六号四时三十分，购米六元六角；七号四时三十五分，购米七元二角；八号五时三十分，购米七元八角；九号六时正，购米八元四角；十号六时三十分，购米九元正。为利便调查粮证工作起见，暂将今明两日之售米时间办法更调施行，迨来日粮证调查清楚后，当可恢复如前办法。故米站今日全部开放，由一号至十号通售一元二角，明日购米者只定五号至十号，闻亦通售一元二角。关于该站举办之粮证贴相新办法，已决定下星期一实行，办法本报连日来均有详志，惟该站重新发给之新牌亦决定下星期一起发给。关于米站检查粮证之进行，因受查者多不明手续，更有多数所持之粮证非本人姓名而冒认之，间有问非所答，例如粮证乃十人，应答兄弟姊妹叔嫂各若干，一一举明，但多数不知所答，以致耗费时间，故每日只查验三四百人而已，殊阻工作也。

兹将今明两日售米次序录后：

今日　上午

十号九时半元二；

九号十时半元二；

八号十一时元二；

七号十一时半元二；

六号二时正元二；

五号三时正元二；

四号三时半元二；

三号四时半元二；
二号五时半元二；
一号六时半元二；
明日　上午
十号九时半元二；
九号十时半元二；
八号十一时元二；
七号十一时半元二；
下午
六号二时正元二；
五号二时正二元。

1942年8月28日　第一版

警探破获　数万元巨窃案　窃匪四人一网成擒　法院昨日提堂审讯

（专访）本年元月十日，河边新街恒安泰发生一宗巨窃案，被匪徒窃去货物，价值数万元。查该号东主卢丰荣，于是日到警方投报，呈上失窃清单列明被窃货物，计开棉沙九十六扎、偈油八十四罐、茶叶二百四十斤、胶皮三百五十斤，请求查缉罪徒归案究办。警方据报后，查究该案。迨至五月廿五日，警方乃得线报，派出华探多人前往捕获有关男子四人，解署控究。质诸该四男子称刘洪、区卓文、容志、尤节等。经由警方提讯取录口供后，备文提解法院办理。法院乃饬将各被告暂押入狱，听候审判。（被告尤节因病毙命狱中）迨至昨日始开堂提讯，先由原主详述被窃情事，继由华探供述捕获被告经过，而收买赃物之有关男子，亦传到堂作证。法官审问口供后，乃谕退堂，押候今日宣判云。

1942年8月28日　第一版

中华教育会　祝教师节志盛　同时并举行会员大会

本澳中华教育会昨开会员年会，庆祝孔子圣诞及教师节。出席者全澳各校教职员百余名，来宾参加有内地留澳各大学教授、文化名流、宗教神父等，冠盖云集，崇实中学特派银乐队演奏助兴。行礼如仪，主席梁彦明致开幕词（略），演说者有舒神父、范明西、陆绪贤、苏无逸等。礼成茶会，随开会员大会，仍推梁彦明氏主席，恭读总理遗嘱毕，即报告会务及财政收支概况，条分缕析，清楚详明，年来该会工作之努力，可见一斑。旋讨论提案多宗，皆属救济学务现状需要之举，如推广职业义教识字运动呈请教育主管机关，设法拨款补助各校经费，请愿核减粮教公价，维持教师生活等等问题，多顺利通过，并议决本届职员仍由职员继续连任，兹录其名单如下：

梁彦明、吴秋荣、罗致知（常务监事）；张志诚、尹子琴、钟荣阶、何其伟、区瑞墀、何鸣平、钟少卿（理事）；黄振伯、陈公善、孔宗周、李君达、陈律平、陈道根。直至五时许始行散会云。

1942年8月28日　第一版

昨日孔子诞　银业界休息

（本报专访）昨（廿七）日为孔夫子诞辰，本埠银业界照例是日休息，故昨日本埠各银号均停业一天，早市晚市亦无开盆云。

1942年8月28日　第二版

【澳门掌故】老渔　提倡国技精武会三迁

技击为我国特长之武艺也，注重全身发展，不侧重于一边，是为东西洋拳术所不及焉。技击派别只有两个，先有少林而后有武当。少林虽属达摩创罗汉十八手为始祖，后得兰州李叟，山西白玉峰等继之，始光少林之门。武当为张三丰所创，内外功两派皆具备，非为世俗所传少林尚刚属外家，武当尚柔属内家也。后之各家各门非出自少林，则出于武当焉。逊清末代，以迷踪闻于天下之霍元甲氏，素抱民族思想，为外人所忌，以慢性毒药毙之，后人继其强国先强种之志，组织精武会，提倡国技，原倡自上海一埠，后至全国通都大邑，皆有斯会之设，各皆有联络，精诚团结，俱奉霍氏为会祖，并以为模范，凡属会员大可由甲地至乙地时，由会中招待，犹基督之青年会。本埠亦有斯会设立，于民国初年，埠中绅商，为卢氏、崔氏等发起组织，礼聘北平黄河流域少林派吴志新氏主持教导，假镜湖医院会会址。吴氏教授有方，出其门下以技击名者大不乏人，后以发展会务，会址迁往天通街，复聘国术专家鲍氏以助吴，寻以经费不敷，会务遂告停顿。旋毕氏、徐氏等以停顿可惜，集资复兴，以倡国技，教师除吴氏外，并加聘二人，一为山东擒拿能手太极螳螂门赵竹溪，其二乃为北平黄河流域少林派段玉青与王金梁。在昔日之"长亭"为会址，颇为发达，后亦以事中止，甚可惜也。

1942年8月29日　第一版

警探昨晚　作实施演习　冲锋车巡查队均出动

（专访）警察当局于昨晚举行假想演习，事前饬令各区所有警察不得请假外出，须一律集中听命令，准备随时出发。昨日傍午，督察长观耶派出大批武装警察，四人一队，佩备钢盔，机枪实弹，逡巡市面。而华探及特务警探亦指派分出在各警区集中，以便随时动员。晚上九时半，大批警察，佩备机关枪，手溜弹，钢盔步枪等犀利武器，驾冲锋车出发，风驰电掣，行驶各区，并发出呜呜号角示警。市民聆此啸声，靡不迅速闪避。至华探部各探员，则分队前赴各烟室，茶楼等公众场所及繁盛通街巡值，倘发觉有形迹可疑者，则予搜查盘诘，务使一般奸宄之徒，无从活动。记者据警方布告，是次演习，成绩颇为良好云。

1942年8月29日　第一版

选后会　改期开票

花舞茶国选后筹款会，原定八月卅日举行决选各国皇后，兹据各酒家妓院等请求，均以销券时间太迫，拟请展期举行，俾多销选券，同时海角舞厅新张数日，劝销选券之期更短，总宜改期之必要，特改为九月十五日下午四时假座中央七楼开票，九月十四日下午六时前止截售券。在止售选券后，仍设票箱三个，分置于国际中央海角舞场内，以便各国名姝投票竞选。至所投之票，候决选之日，请警厅长亲手开票，以示大公云。

1942年8月29日　第一版

帆船两艘　由港来澳

（专访）昨晨有二桅帆船二艘名南中三号、南中四号驶来本澳，载得大批中药、布匹等物，并采购粮食及各种什货回□云。

1942年8月29日　第一版

澳督视察米站

（专访）本澳总督戴思乐于昨日下午三时许，亲赴望厦米站视察，对该米站职员勉励有加，又查该站今日售米时间次序，略有更改，十号、九号、八号均在上午九时正配给，七、六、五号十时正配给，其如一、二、三、四号则停止售米。关于今日售米若于临时决定，该站重发之贴相新牌，下周初便可发给，收回印刷费一毫。该站贴相新证，原系葡文书写。

1942年8月29日　第一版

中央新楼　开幕期近

中央大酒店十楼、十一楼之建筑，在未鸠工前曾向香港九龙船坞及本澳黑沙湾华兴厂，备用大批生铁砖，重约百吨。将该巨量生铁砖放置楼面各部，试验其地脚柱阵受重力量，经本澳工务局派员测验一切，认为足以加建两层楼有余，即摄影存案，然后动工兴建。迄今工程次第完成，所有间格及批荡均聘名工程师缜密设计，采用美国隔火纸及石膏粉，以其质轻隔热，对于居处卫生至为适宜，且极坚固。现该酒店十楼定期九月一日开幕，十一楼亦将工竣。开幕有期，诚旅客住居之佳处也。

1942年8月29日　第一版

中德举办　难童公学

本澳中德中学郭校长，对于社会教育向具热忱，以故该校成绩卓著，桃李满门。本学期第二次入学试定于九月二日举行，兹开该校继续举办难童公学，救济失学儿童，全免一切费用，至课本笔墨纸张，则由学生自备云。

1942年8月29日　第一版

教忠举办　书籍交换

本澳教忠中学九日一日举行第二次入学试，为便利学生及减轻家长负担起见，举行学生书籍用品交换。闻□征求及出让两部，凡该校新旧各生均可参加云。

1942年8月29日　第二版

【澳门掌故】老渔　八角亭原是公园

“十年人事几番新”确属至理名言也。本埠各处因年月之转移，与时代之变化，不知经几番变换矣。今日南湾之八角亭一带，原为昔日之公园旧址，改易旧观，迄今约十余年。因年代关系，事后到澳者多不知焉。园址□不甚广，而建设亦颇舒畅。园周绕以短垣，内里情形不能作场外望也，园有门二，前门即在今日之八角亭，后门则直通□白头新街（即东望洋新街）。园中除植四时之花外，兼有果树，如龙眼、石榴、鸡屎果等，树木阴森，颇具佳胜，并于园之尽处筑有浅树三所。中者砌以假山，严巉峻秀，下畜水池，制大蟒一条，蜿蜒自假山出，颈部浸池中，蟒首上仰喷水，甚奇观也，并塑一人猿于假山之麓，踞坐抚首，翔翔如生。池中养有鳄鱼一条，长可三尺，待饲以□、鲤等。寻以气候关系，不惯而死，闻该鳄与今八角停侧之塔松，乃一葡人由“莫甚俾基”运来者。其余两所，贯以铁栏，养三数马猴、长尾猴等，以娱游客。后以修筑马路，以该园围墙有碍交通，故拆却一带短墙，加增一八角亭，致成今日之现象焉。

1942年8月30日　第一版

法院昨日宣判　海盗械劫资船案　匪徒七人均被判处充军

（专访）昨（廿九）日法院刑庭宣判一宗海盗械劫案，彼（被）告男子多人，被判徒刑。查该案发生于本年三月初旬，有运输商人梁某，在澳购有货物一批，雇用货船出口运往某地，讵该货船驶至九洲海面附近时，突遭匪徒多人，佩备犀利枪械，乘艇迫近，露械喝令停航，旋将所有货物劫掠而去。事后梁乃返澳向船政厅投报，请求追捕。事后由船政厅派出水警轮卒将该贼艇追获。当时匪徒见事机败露，拟将赃物弃诸浊流，以图灭迹，后为水警制止，乃将匪徒捕获，并搜获有短枪二支，附以子弹十颗，一并解署究办。彼（被）告直认不讳，乃将口供取录，备文解押法院审判，迨至前日法院始提堂公审。原告梁某供述被劫情形，及水警详述捕获匪徒经过，后传各被告登堂作供毕，乃谕退堂，押候昨晨宣判。结果各劫匪均被判处徒刑，计开主犯何有九年，吴有田、陈根、黄有各六年，何胜七年，陈北、陈根生各四年。艇家妇人郭根好、陈官因证据不足，无罪省释。

1942年8月30日　第一版

警探假想演习　澳督亲自巡视

（专访）警方为增强治安效能起见，特举行假想演习，借以试验警探能否迅速到达肇事地点，实施治安工作，已于前晚举行。是晚所有值勤及休班警探，全部集中听候命令出发，并加派大批警探，备佩犀利枪械武装，结队在市面逡巡。冲锋警备车同时出发，彻夜不休。警察厅长布英沙、督察长观耶，暨加各士地思喇亲自指挥一切，澳督戴思乐、秘书长哥士打、中军晏达地、军政厅长比得哥士打，亦于深夜分别驱车巡视，以警察戒备严密，印象美满云。

1942年8月30日　第一版

知用中学　增辟课室

知用中学自迁入市区内后，课室仍感不敷应用。最近商得隔邻宏汉课室借用，以广收容云。

1942年8月30日　第一版

培英中学　昨试新生

培英中学，昨日第二次招收新生，试验毕，由高级导员评阅卷宗。日间发榜，闻该梭为利便远道而来者，随到随考云。

1942年8月30日　第一版

澳侨水艺　今日举行

澳侨游泳场，定今日下午一时举行会友游艺会，秩序丰富，查更有两幕烈水球比赛，观众除会员免费外，来宾律收入场券二毫云。

1942年8月30日　第二版

【澳门掌故】老渔　苏鸦利士街原属监狱旧址

由新马路口，议事亭前，直上天通街红窗门之孔道，是名曰“鲜鸦利士街”，其得名之原因，乃纪念一医生所起也。苏鸦利士为白马行医院之大医生，精于产科、妇科、儿科，兼精解剖手术，心泽仁慈，勇于协助贫困，中西人士蒙其术而救其生者，大有人在，由是声誉极隆，口碑载道。因其曾居是处，为纪念其功起见，故于其地以其名名之，以为永久纪念焉。查实该地，□□昔日监狱地址，在若干年前，街道尚未有今日之整齐也，该地异常卑湿，址亦狭小，囚犯久处其中，恒有脚大如靴，面黄似蜡之病，因是不知若干人庾毙狱中矣。当局为囚犯卫生着想，决定另觅地方，以为监狱之用，且本埠在陆续开辟建设中，殊碍市容，即不有碍囚犯卫生，亦须迁移矣。后来择地建新监狱，以红毛山一处最佳，盖其地势局而气候爽，无潮湿之弊，最适宜不过矣，于是鸠工庀匠，经之营之，遂将旧日监狱之囚犯，迁移至新监狱焉。新监狱，即今日红毛山上，在消防局之后，俗人所称之死牢也。囚犯既尽迁新狱，遂将旧者拆毁，清除一切积垢后，重新建设起来，成为一座大洋房，适苏鸦利士其时自小西洋到，入其中作居留，是时已易名为监牢街，上岗顶者名监牢斜巷，今则为纪念苏鸦利士，再易名焉。

1942年8月31日　第一版

警探又破获一宗　海盗械劫资船案

（本报专访）前（廿八）日午间，警探当局破获海面械劫案乙宗，事缘有运输商人李明，于日前从香港购有药材一批，雇用小艇载运来澳。讵驶至距离本澳不远之鸡颈海面，突遭海盗驶艇迫近，露械行劫，将其所载之药材悉数掠去，得手后，呼啸逃遁。事后，李乃具情投报船政厅及警方当局，请求查缉匪徒归案。迨至（廿八日）午间，警探凭线捕获有关之嫌疑男子三人，解署控究，质诸该男子称郭福，梁谷跟隶祥。警方取录口供后，乃备文转押船政厅究办云。

1942年8月31日　第一版

米站进行改设　星期购米办法　十号证今日可购米七天

（专访）望厦售米站为求该站工作及购米人购米利便，拟举办各号每号一星期购米一次起见，乃举行彻底调查粮证。故今后凡受调查过之粮证者，可购一星期米。今日调查粮证为号□第十号，今日为最后一天，若不前赴受查者，则取消其永远购米权利。明日轮值受查之粮证者，明日方可公布，现该调查计划，欲一星调查一家，全部调查约两个月方能完工作，调查完竣后，每一粮证便可购买一星期之米也。米站转西洋纸购米者，不过局部而已，不过以一元、五元、十元为有效。兹将今日售米次序时间列后：

第十号上午九时半购米六元；（一星期在内）济贫十二仙，未受检查者，须赴旧米站受检查，后亦可购米六元。九号十时正元二；八号十时半元二；七号十一时元二；六号十一时半元二；五二时正六毫；四号三时半六毫；三号四时半六毫；二号五时半六毫；一号六时半六毫。

1942年8月31日　第一版

葡文教授冯华　赠□记菩提酒

外勤记者联谊会于明（一）日下午一时半，假座商会一楼礼堂举行庆记者节，并补行成立典礼。昨已发出请柬邀埠中名流，届时莅临参加。督察长观耶，亦于是日到场训话，仪式颇为隆情云。

又葡英文教授冯华服务报业，历有年所，前为新声报翻译记者，嗣后因教□纷纭，无暇□顾，故年前已息影报林。昨冯氏以外记者庆祝记者节，是日举行庆祝仪式时莅临翻译外，并自动送赠远年菩提美酒六樽，俾是晚之联欢宴□共□云。

1942年8月31日　第二版

【澳门掌故】老渔　雷劈曲桥起新桥

本埠西区有地名新桥者，人多不知其得名之故，不特外来人如是，即土著亦有许多不悉者也。查该地得名之由，实有一段掌故焉。在若干年前，本埠繁荣尚未有今日之盛，只马新路、泗𬯀街、草堆街、营地街、海边等较为人烟稠密耳，余俱荒野蔓草，居者寥寥。以现在人烟最盛之区，如青草街一带，尚未有民房也，该地悉为田野，且地势低陷，潮湿异常，最适宜种植雍菜，故是处所产，颇得声誉，而因是之故，四面八方皆蓄水成池，盖雍菜性最喜水也，种植之范围极大，纵由镜湖医院门前起，直抵今之惠爱街，横由石墙街以至榕树头，各水池来源，皆赖一涌输入，因有海水携集，味甚咸，故涌名咸涌。涌身极阔，每年端阳节龙舟竞渡，到处龙舟，多集涌内湾泊，阔度可想而知。是以往来必济以舟楫，殊感不便，乃由附近居民发起，建筑一桥，因顺水势，桥形弯曲，所以名之曰曲桥。竣工之后，往来称便。寻以一夕大雨，雷从桥下起，隆然一声，如放巨炮，当堂桥遂毁灭，事后复由各小村居集资，再度建筑一桥，从水势较缓处建，即今石敢当庙前，即原址也。建成之后，名之曰新桥，故今之渡船街，仍有人唤做新桥之名字，盖前时建有一桥在焉。

1942年9月1日　第一版

泗𬯀码头街　裕盛隆发生火警　损失达三万余元之巨

（专访）昨（卅一）日下午十二时许，泗𬯀码头街突发生火警，焚烧达句余钟。查该街十四号为旧式屋宇，楼分三层，地下为裕盛隆记咸鱼栏，二三楼用以趸存货物，开设已达四十余年，向安无异，讵昨（卅一）日午间店伴正在铺面用膳，三楼忽然着火焚烧，浓烟四冒，蔓延极速，转瞬火光熊熊，不可迴迩。未几大批消防队驰来灌救。迨至一时四十五分，始完全将火势扑灭，结果全层一楼俱遭焚毁外，货物家私亦深受水渍，损失约值三万余元，幸当时及早发觉，故未有发生伤毙人命情事。□该号并无购买水火燕梳保险云。

1942年9月1日　第一版

米站全部变更

（专访）望厦米站因调查粮证问题，以致影响售米时间，由昨日起乃将售米时间全部更变。十号粮证已调查清楚，十号中每一小牌可购米一星期。本星期开始办理调查九号粮证。今日售米次序及时间如下：九号、八号、七号上午□时半，六号、五号□时半，三号、四号于下午一时正，二号四时正，一号与十号下星期一方可购米。集团售米计□售粮拟定本星期四实行，后因调查及编记未告完竣，故本周未克如愿，下星期四方能实行。现该站发出报告数项。凡牌仔有相同者，须赴旧米站声明，然后再由米站调查从新发给，若不声明，则没收之。新牌仔定星期一、四两日上午九时往米站购米。凡受调查之粮证，该粮证须本人亲到方为有效云。

1942年9月1日　第一版

新日月星　义演筹款

濠江中学为增设免费义学，对于增设义学之经费，不敷甚巨，为谋补救起见，昨再征得国华戏院及新日月星剧团义演一天，为该校义学筹款，义演日期已拟定本月六日晚开台云。

1942年9月2日　第一版

警探又破获一宗　三万余元海劫案

（专访）自香港事变后，本澳顿成货物运粮之枢纽，商贾云集，贸易畅旺，大小货物多由香港或附近各地运载来澳。惟因陆上交通阻梗，多从水路运输，致惹起一般歹徒垂涎，集合三五成群，在各海面四出抢劫。月来本澳警探当局已破获多宗，去月廿二日鸡颈海面又发一宗海面巨劫案，货主损失约三万余元。昨又经警探破获，事缘有商人何德去月廿二日又由香港运来货物一大批，约值银三万余元，于廿三日晨驶达鸡颈海面时，迎面突来一艇，载有匪徒多人，手持枪械向各人指吓，押货之二男子睹状，欲□奋起抵抗，讵该批歹徒凶悍异常，竟将该押货人推落水中，二人遂罹没顶，各匪乃将所有货物洗劫一空，呼啸而去。后货主何德由港来澳到警署报案，警方遂派出□警四出密缉，结果卒将该案破获，并捕得有参加行劫男女疑犯各一，姓名为冯胜、冯妹，乃同胞兄妹，经警方严讯后，昨已解交法院究办云。

1942年9月2日　第一版

记者节各报举行纪念

昨日为九一记者节，本澳各报均有举行纪念。外勤记者联会亦于是日假商会补行成立典礼云。

1942年9月2日　第一版

本星期之集团购米停止　米站昨已公布解释

（专访）望厦米站昨日开始第二期集团领米粮证登记，同时重编集团购米时间，故将本星期之集团售米暂行停止。下星期四方可恢复前状，今日后售米时间暂时更变。米站发出解释更变原因，兹录将报告如下。（本站周内之售米屡有变更，原因清厘粮证事，故对于原定售米时间，事实须要更改，祈识者原谅是幸，特此公布。望厦米站启。）又今日已输值九号粮证受调查，普通售米问题，临时方可公布云。

1942年9月2日　第一版

协和培正今日考新生

协和女中及培正中小学，今日上午九时招考各级新生云。

广大

广州中大学附中及计政班入学试，定明日上午举行云。

中德

中德中学，特别注重奖励清贫学生，加设免费半费学额，该校定今日上午十一时考验新生云。

1942年9月2日　第二版

【澳门掌故】老渔　鲤鱼井原是放生池

本埠北区，有地名鲤鱼井者，包括墨山街、苏亚街、柯利维喇街、榕树头、将军街一带，盖其乃总名也。查其得名之由，以一井为始，井在墨山街尾，接近连胜马路。井之面积不甚广阔，其得名之始末，实有一段掌故存焉。相传洪氏起事金田，传檄四方，义声所播，有志之士，皆奋袂兴焉，然其中不鲜匪徒，乘机肆虐，树革命之旗帜，施淫掠之行为，满目疮痍，民伤涂炭，故具眼光者皆以避地为良，免招无妄。澳门为外人管治，当无风鹤之惊，一般人见本埠治安完善，盗贼潜踪，鉴诸四处萑苻，每感关山难越，皆认为本埠为一世外桃源，遂纷然迁来居住，以避盗锋。有比邱尼某氏者，亦属逃难中人之一分子也，家本富有，以命宫磨蝎，决然削发为尼，拥巨资，日以周济贫苦为事，且心宅慈善，及于一切，舍救济同胞之外，并为放生，其清修处即在今日之将军街，于庵前凿一小池，仅如井大，常购鲤鱼放生其中，以终其年，盖恐放之于海，终为渔人所获故也。寻以事平之后，尼亦旋里，池遂为无主之物，附近居民，纷纷潜下井中，以捕鲤鱼焉。井水常不涸，清而且冽，凉沁心脾，绝好饮料也，遂认为奇货可居，借以牟利，往汲水者须缴费，往汲者极众。今则以其地建屋，遗址无存，空留其名耳。

1942年9月3日　第一版

驻澳英领事　举行追悼英皇弟　昨在花王堂举行祈祷祭礼　澳督暨各军政长官均参加

（专访）英皇子德公爵，日前因飞机失事坠机殒命。英国及各属地均有举行追悼，驻本澳英国领事烈夫斯亦于昨日上午十时半假花王堂举行弥撒追悼。事前由驻澳英领事通知本澳政府当局，澳门商会及留澳英侨，故昨日前往参加追悼者，计有英领事烈夫斯、澳督戴思乐、秘书长哥士打、民政厅长欧维士、军政厅长比得哥士打、港务局长、法院长马士嘉连那、检察官赖些喇、警察厅长布英沙暨各军政高级长官、商会主席高可宁及三机关代表。留澳英侨及中西天主教徒等数百人。由□爸路神父主持弥撒祈祷祭礼，仪式异常肃穆，礼中并由英领事讲述皇弟之生平事迹及死难经过云。

1942年9月3日　第一版

注射防疫药液　有效期仅阅月　期满后须从新注射

（专访）卫生局自实施防疫运动后，除在医生局常用免费为市民注射防疫药液外，并派出卫生人员，在各繁盛街道设站，方便市民注射。至该种药液原定以六月内为有效期限，惟现运澳之药液，有效期仅一月而耳，故希市民为珍惜生命计，凡期满后，须从新注射，以防不虞云。

1942年9月3日　第一版

校讯

中德中学为普及初级教育起见，特开办难童公学，以教育违难来澳之贫童。凡报名就学者，各种费用全免。报名经已开始，本月十五日开课云。

广州大学附中计政班，定今日上午九时半作第三次招考新生云。

知用中学第三次新生入学试发榜，计取录高中生林植灵等十七名，初中生邹世炎等二十名。闻该校续招各级学生随到随考，而证件完足者，得免试入学，并定九月四日举行开学典礼，七月正式上课云。

1942年9月3日　第一版

民泰行成立有待

歧（岐）澳运销粮食专营，初由本澳某殷商筹设民泰行。原定九月一日开办，惟迄今定期已过，尚未见诸实现。闻其原因，系以迩来岐澳运输颇为挤拥，日向其中讨生活者，大不乏人，若一旦专营，势必全部停业，影响殊巨。某殷商现为维持一般生活计，经已派员向有关方面请求，准予分商便利。则该行之正式成立期，尚有所待云。

1942年9月3日　第二版

【澳门掌故】老渔　雀仔园得名之原因

荷兰园正马路畔，有曰雀仔园者，区之总名也。其中包括大小街道，不下数十条，人烟稠密，房舍云连，远望之，如鳞次栉比。占地甚广，东自松山之□白头新街起（今改名为东望洋新街）下抵荷兰园正马路止，南从昔日之南湾花园，北至新花园街之东望洋斜路，其面积之大，房舍人口之多，可想而知矣。考其得名之由，据父老相传，在若干年前，该地原是城墙脚，且属东望洋山麓，林森菁密，下透阳光，鲜少人履其间，尚未有人居留也，距今三百二十年前，其时为公历一千六百二十二年。自葡萄牙人击退荷兰海盗之后，承平无事，自事开辟，其时中国内地不靖，各县人民，纷纷来澳，顾澳门开埠未久，房舍求过于供，当局在仓卒之间，亦爱莫能助，乃任各人自谋居住。于是雀仔园、新村尾、咸涌尾诸村，于焉以兴。在雀仔园未开辟之始也，人多以其太荒寂而舍之焉，独四邑邝氏则取之，先由麦、招、梁等姓联合入林伐木，经之营之，自成村落，而仍留四周树木，以为护村之用，只伐其中密林，以建房舍，迁入落藉居焉。以有树林关系，故每日晨曦甫启，东方微明，百鸟群集枝头，如云门成池之奏，且以树林环绕如园，雀仔园之名以翅，故今该地，麦、招、梁等姓后人，甚多仍居其间也。

1942年9月4日　第一版

木炭电机试用良好　全澳恢复日电　电流用额当局将从新规定

（专访）电流供应，因限于油渣问题之来源困难，故消耗表额，严密加以规限借以节省，当局曾三令五申，雷厉执行。复谋积极解决办法，从速配置木炭发电机，从事供应电流。该大小二机，一为七百匹马力，一为三百匹马力，配置完妥，试用完成，成绩美满。记者昨晤该公司华经理王文琪氏，据称该木炭电机，试用供电，刻已完成，电流供应，昨（三）日已试复日电，故昨日由下午三时起，全市悉有电流供给，大放光明，昼间恢复光明，将由今日起，如认为完满者，当可继续施行。日电供给当可恢复往昔常态，而市民消耗用电表额，将或由当局从新颁用（布）用量云。

1942年9月4日　第一版

粮证　继续发给

（专访）本澳粮食统制委员会，为利便市民购籴公米起见，曾发出粮证甚多，惟最近市面盛传，当局已决意停发粮证，惟昨据粮食统制委员会负责人称，停发粮证绝无其事云。

1942年9月4日　第一版

商米价格微涨

（专访）昨日商米价格微涨。昨日龙牙粘每担八十四元，暹粘安粘八十三元，新兴白八十一元，糙米七十八元，米碌七十六元云。

1942年9月4日　第一版

恒隆银号今日开幕

新马路装修宏伟之恒隆银号，定今日举行揭幕，接驳各地汇兑，找换各国钱银云。

1942年9月4日　第一版

校讯

教忠中学，于九月一日举行第二次新生考试，除插班生得免试取录者外，中学部共取录一年级新生十四名，小学生共取录新生三十名，并闻该校尚有学额，学生仍可入学。定今日上午十时行开学礼，随即上课云云。一在南湾七十三号小学部内。闻昨（二日）乃首次考取新生，定期七日开始上课，有意投考者，逾期仍可收容云。

洁芳中学，本学期加设免费学额三十名，以救济贫苦失学儿童云。

濠江中学，为办免费中学，继续筹款，现商得国华戏院及新日月星班同意，排演名剧，将券价增加，分为三种。名誉券五元、特等三元、头等二元，所增之数归入该校。昨□该校请准当局，□于本月六日晚开演云。

中德中学，本学期新生入学试共□二十余名。现考试期过，如欲入学者随到随考云。

1942年9月4日　第一版

填塞水塘　日间竣工

（专访）望厦米站附近之水塘，曾发生溺毙人命者达数宗之多。该站主理人金神父为求今后安全起见，乃加聘泥工将之塞填，该处工作，本月底可告完成云。

1942年9月5日　第一版

近西街住宅　被七匪露械行劫　借词送信骗门入内搜索一空　督察长观耶对记者发表谈话

（本报专访）昨（三）日午间约一时卅分许，近西街十六号住宅，突遭七匪徒诡称送信为名，持械入屋行劫，计被劫去金饰款项，达数千余元之多。事后警方据报，随即派出大批中西干练警探，到场查究一切。兹将该案发生经过情形，录之如后。

查近西街十六号屋计分楼上楼下两伙，楼上为电灯公司职员西人美基施利华所居，楼下则为妇人李艳玲及另一妇人名英廉者所居。至昨（三）日午间约一时半许，突有西服男子七人，借送信至该住宅为名，强行入内，随即将黑眼镜戴上，并将面部下截用手帕掩蔽，然后各露出枪械及利器等，将屋内各人制止声张，并分出两匪徒在门外把风，另有匪徒多人，直奔上楼中，持械亦将楼上各人制止行动，加以捆绑，旋即施行搜劫，计劫去该西人葡币九十元，双毫八十五元，金戒指两只，手表两个。各匪徒在楼上搜劫完毕，复将各人驱往楼下，继续搜劫楼下，共劫去李艳玲与英廉两妇人者，有十元额港币一千八百元、双毫十二元、玉坠四件、百元额纸五百元、练一条、大洋三千元，另港纸四百元、双毫五十元、灰色西裤一条、浅蓝色夏威夷恤一件。各匪徒于行劫中，并将妇人李艳玲背部刺伤，然后呼啸逃去。该案发生后，警方亦接获报告，当即派出大批中西警探，到场查究，并向各人询问被劫经过，始回警厅备案云。

督察长之谈话

该劫案发生后，记者昨下午前赴督察处谒见督察长观耶，探询关于该案经过，观氏除将该案详谈之外，并对该案发表感想。据称，渠本人对该劫案发生后，深感该处附近之居民，未能尽力协助政府，因匪徒入该屋行劫，历时甚久，而该处附近居民竟任令匪徒为所欲为，既不代为报警，又不代鸣警笛，通知警差，至令匪徒从容行劫，从容逃走，此举实为不合，渠本人甚希望市民嗣后如遇同样事件发生，须尽其能力代报警方，以免匪徒漏网云。

1942年9月5日　第一版

岐关公司亏蚀二百余万　恢复行车短期难实现

（专访）本澳岐关公司，决定停止派车行走，所有职工完全辞退，仅歧（岐）关公司之名尚存在耳，记者昨据该公司主事人称，关于行走岐澳线及市区线之长途车，短期内实难恢复，至统计过去亏蚀，数达二百余万元之巨云。

1942年9月5日　第一版

米站　今日次序

（专访）望厦米站，自举办彻底调查粮证后，历时将达两月，第十号及第九号粮证经已调查完竣。今日受查者为第八号，时间为上午八时正，由一号至四百号，今日购米者为第八号、第七号上午九时半，第六号、第五号上午十时半，售米元二，济贫费铜仙二枚。明日乃是星期，米站例假休息，下星期一售米次序时间亦已编定，除第十号、第九号另编时间售米外，其余一律发售，兹将下周初售米时间次序列后。一号下午六时半，二号下午五时半，三、四号下午二时正，五、六号上午十时正，七、八号上午九时一刻，售米若干，临时方可决定云。

1942年9月5日　第一版

恢复日间供电暂缓施行　督察长对记者称

（专访）督察长兼粮委会委员观耶，于昨日接见记者称，关于电流供应，自政府饬令电力公司积极改装之木炭发电机，经告完成，于前日曾一度试用，本拟恢复往昔常态，供应日电，惟试用成绩未如理想，且发动力较弱，故为再加改良起见，暂缓恢复供应日电，依然开用旧机，一俟改善就绪后，即可实行云。

1942年9月6日　第一版

钞票竟多新花样　客商难民实不堪其苦

（专访）银业界对国币之找换花样百出，连日来国币虽有开盆，惟找换时每与开盆价相距过远，同时一般钱柜取手续费极昂，每百元出入随时超过一成之比数，此种现象，实为中中交农四行，发行大洋钞以来所未见，故往来澳门与内地民众，损失奇重。据调查大洋纸名词复什，亦由钱银业中人制造，计有（顺直）即直版而号码连续者，（乱直）直版而号码不连续者，两种钞票，辄高于成盆，（五细中直）即五元、细头、中央、直版，（拣身）即较新之钞票，（白边）与上同，（灰边）即略旧，

（洗身）即曾经洗涤者，（红条蓝条）即新印之中央中国钞票，普通（钞）指非直版，（残钞）指旧钞票，复有四行纸与百行纸之分。以上所列，钞价与白银之比率，出入直任银号随意指定，是以来往客商及返乡难民确不胜其苦云。

1942年9月6日　第一版

外记会第二届职员经已产生　理监事人选略有变更

外勤记者联谊会成立迄今，将达一载。该会第一届理监事，任期已满，照章须改选来届职员，负责会务推进，特于前（四）晚假座下环街召开全体会员大会。苏日行任临时主席、文书陈雨铿，先由各部布告任内经办事项，旋即举行投票选举，并增聘葡英文教授冯华为葡文顾问，以利会务进行。票选结果，计全体成员名单列后。

名誉会长——观耶

会长（保留）

顾问——陈少伟、陈天心、陈仲霭、刘传能、冯华、梁鉴波、彭彼德

监事——陈民海、陈中、毕侠魂

理事——刘伟海、苏日行、陈雨铿、陈振元、陈成

理事选出后，随即推选各部职员，俾资负责会务进行，结果：（总务）刘伟海，（财政）陈振元，（文书）陈雨铿，（交际）苏日行，（组织）陈成。

又查该会以新职员选出，去届职员经整理任内事宜，定九月八日下午十时举行交代及新职员就职礼云。

1942年9月6日　第一版

选后会　销券成绩

花舞茶国选后会，自将选券分发推销后，得各寨酒家舞场等努力劝销，其成绩甚有可说。现查得新冲十八号爱慕连，销售限额一张，一千零五元，六国二楼亚梅，又销得无限额一张，一日二十元，其余海角舞场销券，甚为优异云。

1942年9月7日　第一版

波涛汹涌　舟人泳水逃命　货艇途中漂失　货物为疍民拾获运澳售卖　适遇货主双方遂发生争执

（专访）港澳货运断绝后，一般投机运输商人，藉此□□，在港采购货物，运载来澳牟利。然因战事关系，海面盗贼如毛，被劫情事不断发生，且港澳间海面巨阔，浪涛汹涌，即幸不遭匪劫，亦时有覆□等惨事发生也。查本月三日，有男子麦□，在港与数友人集资数千元，购有中西成药一批，雇用一小艇驶运来澳，讵至东冲附近海面，时适风雨骤来，波涛汹涌，有若万马奔腾，情形异常惊险，斯时麦某与船家，为逃命起见，乃弃船泅水游至附近山边登陆，而该货艇遂随风逐流，不知所踪。事后，麦来澳具情投报船政厅。而该货艇漂至某处时，为另一小艇拾得，将艇中存有货物驶

运来澳，并派出经纪，四出向各商号兜接发售，惟冤家路狭，事为麦某侦悉，乃诡称承货，双方订明价值后，遂告交易。惟麦见物后，与自己所失者货物项类及数目相符，李说出原委，并邀要求其完璧交还，而某氏亦认系由海面拾得者，但不允交回，双方遂起争执，后召警察到场一并解署理论。经警方□讯后，以该案属于海面范围，转备文解交船政厅办理云。

1942年9月7日　第一版

巴拿马幻术社拟办演剧筹款　咸望该社从速举办

本埠巴拿马幻术社，对于慈善事业，□云颇为热心赞助。日前该社曾酝酿替回乡会演剧筹募善款，嗣后因其他筹款事踵来，故暂缓举行，现社会人士以回乡会经费日绌，感望该社亟应从速举办云。

1942年9月7日　第一版

民泰行　定期办公

民泰行及生利号，为办理岐澳运输，现已筹备就绪，短期内开始进行。闻民泰行已设办事处于本澳蓬莱新街一号，明日开始办公。闻在该两号未申请领证前，各商号仍可照常领证运输货物，惟自八月廿七日起，以后所领之许可证，只限三天为期云。

1942年9月7日　第一版

球王扬威国内

球王李惠堂，自返内地后，由三埠而至台山，再□关而到广西之柳州，乘火车转入桂林，沿途备受各界热烈欢迎。抵桂林后，承当地体育团体之邀联合省港球友，与桂林冠军一决雌雄。是日慕名而至者，不下万余人，球场挤满咸欲睹球王丰彩为快，况人数过挤，竟不能开球，致改期翌日举行。结果在万众仰慕中，港友联军扬威国内云。

1942年9月7日　第一版

永华轮　定期开湾

（专访）航走澳湾线之永华轮，自上月廿五开湾后，于前（四）日始回抵本澳，是次载来牲口杂粮、杂货、咸鱼、熟药等甚多。闻该轮又定于十四日开赴广州湾，昨日已开始售票云。

1942年9月9日　第一版

督宪秘书处发出公告辟谣

（专访）迩来本澳发生谣言，扰乱市民视听，故督宪府亦发出公告，向市民解释此种谣言，谓如确有事发生，政府当局力量可能制止有余，谕令市民须力持镇静，警察当局连日来亦举行防护演习，大批警探彻夜巡察市面，督察长观耶亦不时亲自督察，本澳市面治安料必能比前安定良好云。

1942年9月9日　第一版

米站日间将通告　通用五毫辅币

（专访）望厦米站自颁布市民购米白银与西洋纸一律通用后，市民亦颇称便利，惟对五毫西洋纸则拒绝收受。据该站主事人解释，谓购米数目殊大，如市民皆以五毫西洋纸购米，则所收银纸甚多，对工作上殊觉有阻，且该种纸币亦发现伪制，职员无暇子（仔）细辨别云。关于此事，昨市行政局长布英沙于召银业界时，银业界曾面询布局长请转知米站，准以五毫西洋纸购米，因五元、十元纸短绌，布局长亦表示接纳，当转与米站方面磋商，至将来收受若干则由米站日间公告云。

（又讯）明（星期四）日为集团领米日期，米站亦决恢复办理云。

1942年9月9日　第一版

白玉堂　捐助选后会

名伶白玉堂氏，昨为响应选后会，特捐出大洋五百元，作购选券之用，以资助难民回乡善举。经该会给与无限额选券一张，并代表难民致谢。同时国际酒菜部主事人，以决选期近，昨日又召集男女职工开谈话会议，通力劝销选券，以取优异成绩云。

1942年9月10日　第一版

公告

为公告事，迩来本市发生谣言，显系不肖之徒欲扰乱治安，以图一逞。本政府特向市民解释此种谣言，实属全无根据。本澳素称宁静，无危险可言，如有欲乘机□扰者，本政府力量可能制止而有余，即遇有事变发生，市民只须力持镇静，安居不出，以便政府迅即执行弹压工作，而保公安。合行公告，仰各周知此布。

一九四二年九月八日

澳门督宪府秘书长高士德

1942年9月10日　第一版

今日集团购米提前半小时施行　全部售米秩序编配如前　普通售米时间略有更变

（专访）望厦米站自奉令调查粮证后，已于月前开始举行，第十家、第九家经已调查完竣，现已举行开始调查第八家。今日售米情形略有变更，售米时间上午八时半轮值第六家、第八家牌仔购米，九时半第七家购米，十时半第五家购米，下午二时半第四家购米，惟购米若干临时方可决定。集团领米亦因举办第二期集团粮证登记，及重编售米时间起见，故上周暂停售米。查各手续各项工作业已办妥，故本周集团领米已恢复如前状态，惟售米时间提早半点施行（即两点半），漏买者，下周初便可补售。集团领米地点改在新米棚，调查粮证改在旧米站。

1942年9月10日　第一版

白银丸昨抵澳　永华今日开湾

（专访）大福公司属下之永华轮定今日下午一时开往广州湾，搭客异常挤拥，船票亦全部沽清，至白银丸亦于昨（九）日由广州湾来澳，此次除搭客外，并载来牲口甚多，至于各项杂粮亦有大批运到。兹将白银丸昨日运到粮食货品录下，影画片一箱，粟米二百五十包，土糖二十五桶又三十包，豆子二百六十九件，芝麻一十件，生粉五件，烟叶七件，猪油六罐，生猪九十一头。

1942年9月10日　第一版

难民回乡会　全部数目公布

协助难民回乡会，自举办迄今，时将半载。兹因（将）迟迟未有将进支数目公布，诚恐社会各界不察，对该会有所怀疑。现经已将由四月一日至八月卅一日，即第一批至第卅批之进支数目核算完竣，昨持交各报公布如下：

（进款）共八十四万三千一百六十二元五角四分，计开办费二千元，暂借款一十一万一千一百零五元，捐款七十二万六千六百六十二元五角四分，难民保证金二千七百九十五元，难民自备费六百元。

（支款）共七十九万六千八百三十八元八角三分，计开（难民费用项）映相一万二千四百十四元四角一分，检便六万一千七百六十四元九角四分，帽二万五千五百六十六元二角六分，膳食一十六万六千七百七十四元八角五分，船票九万六千六百四十九元三角五分，补助一十七万七千九百四十七元五角八分，手车四千零七十七元零一分，殓葬八百五十三元二角五分，护送难民薪金膳食二万三千四百五十八元四角九分，舟车杂支一万七千六百七十元一角四分。（办公费项）夫马九千一百三十五元七角四分，文房用具九千六百九十四元九角三分，公办逾时膳食五千五百七十元二角六分，杂项二万五千六百四十二元六角六分。（其他项）汇兑七万五千五百九十二元九角五分，交还□借款八万四千零二十五元。以上进支比对尚存银四万六千三百二十三元七角一分。

1942年9月10日　第一版

云阳丸停止开行　派南昭丸替航

（专访）行走广州澳门线之日轮云阳丸，航期规定每逢单日来澳，双日赴广州者。讵该轮突于昨日停驶来澳，仍寄泊于广州内河，至本澳内河营运公司亦于昨日发出布告，停止行走广州澳门线，赴广州船票亦暂停发售。迨至傍晚，内河营运公司临时发出通告，并粘贴街招布告，恢复广州澳门航运，派出南昭丸暂替云阳丸行走该线，定今日上午九时起照常发售船票云。

1942年9月10日　第一版

葡币比值超出公价　昨日升至九六

（专讯）葡币比值，自当局于昨日发出通告，报定九五兑现后，且望厦米站将亦可用五毫辅币购米，故葡币比值，于昨日已超过规定公价，升至九六，市情且告稳定，至港币、国币因战势情势转变，闪缩不定，且吸放均衡，市况仍呈胶着状态云。

1942年9月11日　第一版

又一新念秧　骗术层出不穹（穷）　仿印当票行骗　匪徒借此行骗达三年之久　华探将匪拘获并搜出印版

（专访）世风日下，道德浇漓，一般骗匪歹徒，乘时兴起，施其狡滑技俩，出而活动，马扁之术，五花八门，层出不穷，稍一不察，辄易受其所愚。查昨警探当局又破获一宗伪制当票行骗案，内容颇为复杂，而将调查所得，详录如次。

事缘有男子多人，在澳干此勾当，已达三年余，行骗手法，极为精细。彼辈利用一“当票”模样仿照雕刻一“当票”木印，惟票上字则，广州某某街，某某大押等字样，再依照普通押按当入衣物时，在票面书明，衣物名称及质出之银两数目。另盖有印色，惟肖惟妙，与广州真当票无异。至其行骗技俩，系在票上书明金戒指两只，只当银五元，然后持该票在澳向一般无知妇孺兜售该票，诡称当去之两金戒指价值数十元，今只五元押去，实日前迫于一时急需所致者，现本人因事不克遄返广州，故愿将该票低价割售等情，花言巧语，利口便词，然一般无知妇孺，多贪小利，以该当票购入转赎所需之费，比所得当获盈利，且有当票为据，不虞有诈，乃乐于购买，骗匪之狡计遂售矣。迨至日后前往赎物时，则实无该押，始知被骗，惟因时日太远，鸿飞查查（杳杳），□获无从，徒呼□荷而耳。

警方当局，以彼辈在澳活动，扰乱社会秩序，乃饬所属警探严为注视，俾早日获匪归案究办。迨至昨日，由华探何保□线将一男子捕获，并搜获有当票模样之印版多个，其中一个，其年份系在三年前，故决定该歹徒行骗已达三年，迄今已告落网。现警方为查明真相起见，谕令扣留候究云。

1942年9月11日　第一版

米站　今日次序

（本报专访）望厦米站昨日检查六号粮证由一号至一六〇〇号，经已检验完毕。今日继续由一六〇一号至二〇〇〇号，二〇〇一号至二四〇〇号止，每四百人为一队。由八时一刻起先到新米站购米，购完续到旧米站听候检查，其余号数筹仔继续轮值购米。（第八、九、十三号粮证则下周售米）。计六号上午八时一刻，七号上午九时，五号上午十时半，售完则休息，至下午二时一刻继续售卖四号。四时售三号，五时售二号，六时售一号，每号售米六毫。明日则只则七号、六号、五号粮证，由上午八时半开始售六、七号，十时半则售五号，每号售米六毫，一、二、三、四、五号则下周售米，本周休息。

又十号、一号、八号、七号、六号粮证如无能力一次购足米者，准通融办理，按□购米，惟须于下星期一上午九时到售米站转换新特别牌仔，编为特别队，每日上午九时售米云。

1942年9月11日　第一版

余达生艺展　今日揭幕

神眼雕刻家余达生之艺展会，筹备经年，至最近始告就绪，将其精心杰构象牙细刻精品计百余件，公开展览，决定今午十二时揭幕，展览场假座国际酒店二楼，一连展览三天，所陈列者，尽属精品，而工细异常，其中且多为寻常目力所不及，但一经放大而观，则其佳处，与巨轴无殊。此种艺术，诚足为吾国□□，放一异彩。而余氏是次展览完毕后，将有远行，机会无多，爱好艺术者，当无失诸交臂也。

1942年9月11日　第一版

德清丸抵澳　运来大批货物

（专访）澳门广州湾航线，货运蓬勃，行旅频繁，行走该线有白银丸、德清、丸东山丸及大福公司之永华轮。本澳粮食及杂项货物，得此大量供应，民食异常充裕。查永华轮于昨日赴湾后，日轮德清丸由湾抵澳，载来药材货物甚伙，计开草席一百四十九包、黄麻十二件、豆子三百二十六件、八角九十六件、五祥仔二十件、芝麻、胡椒各八件、土糖一百六十七件、咸鱼九件、种子五件云。

1942年9月11日　第一版

何曼妮　销券四千元

花舞茶国选后会，昨得海角舞场名姝何曼妮销无限额券□张，港币四千元，及濠江仙舫某职工，销无限额券一张，港币二十余元云。

1942年9月12日　第一版

昨晨十月初五街发生一宗枪杀案　被害男子为经纪商人邓少卿　流弹秧及道旁嬉戏小童余荣仔

（专访）本埠治安，素称宁谧，自战事军兴，逃难纷至，良莠不齐，分子复杂，影响所及，社会秩序，未免无受波动。然警方当局，对市面治安，素极维护，务使每介居民，都能安居乐业。不料昨日上午十时许，又发生一宗枪杀案，肇事地点乃在商业中心区之十月初五街，光天化日之下，刺客竟胆敢拔枪相向，被击者乃北籍男子，发枪三响，幸中其一，伤及背部，而另一流弹，则秧及道旁嬉戏之小童。刺客逞凶后，逃逸无踪。亟将调查所得，详录如次。

经纪男子　亦遭枪击

查伤者名邓少卿（四十岁，北平人），原在上海经商，迨战火既燃，卿避兵燹，偕其妻潘氏于本年三月转港来澳，赁居于工匠巷十号。本年六月，其友人在新马路十四号二楼，开设“华南企业公司”，李即受雇于该公司为卖买经纪人，入息颇丰，生活不虞冻馁。卿与同事辜霭如，友情甚洽，时有过从，讵于昨日上午十时许，辜到卿家，邀同返店，于是偕其妻等三人从家出沿十月初五街而行，路□该街五十九号文安纸料店时，卿曾入店访友，适不在，旋即出店而行，甫至隔邻六十一号万珍和杂货店时，忽有伺于附近之刺客一人，露出手枪向之轰击，枪声响处，卿右背部即中一弹，弹从胸脯旁出，血如泉涌，然刺客仍□□轰击，幸卿闪避迅速，不致再为所害，惟万珍和杂货店东余民和之少子余荣仔，年甫四岁，为流弹伤中髀部及腰部。当时附近途人，忽聆枪声卜卜，皆相奔走避，情形极为狼狈，刺客乘此纷乱中，乃从小径逃窜无踪。

发刺缘因　或由私仇

血案发生后，值勤段警聆耗驰至，睹一西装男子及一小童，被枪所伤，当时卿因非伤中要害，乃勉强支持于墙侧，惟伤口血花四溅，情形惨酷。该警乃致电警方投报。未几，大批武装中西警察驾冲锋车驰至肇事地点，分散附近，搜索凶踪，并临时宣布戒严。警察厅长布英沙、督察长观耶、探长施利华暨大批中西警探，莅场查究，及向附近商四中人查询，以便将来临时作证。国家医官亦驱车莅场检验，旋即用十字车将两伤者移送山顶国家医院救治外，并研究当时枪杀时之种种，以便索得端倪，易于破获。警探于侦查完毕，亦收队而去。事后记者乃向伤者之妻调查，据称其夫甫由沪来澳，人地生疏，且又无其他行动，致惹人行杀者。据一般人推测，伤者或因私人仇恨，蓄意行刺者云。至两伤者送院经医官救治后，伤势大有起色，而卿较重伤外，余荣仔髀部之弹亦已取出，伤势颇微，闻可无性命之虞云。

1942年9月12日　第一版

今日演出　小型球慈善赛

小型球慈善赛，今日下午七时，假座利宵球场举行，由警友出师战港葡侨，双方势均力敌，预料当有一番厮杀也。至此次义赛，一切事宜俱由小型球协会长梁鉴波负责，昨已具情呈请澳督批准，善款收入悉数呈送警察厅长布英沙，分拨各慈善机关。义赛不印发入场券，只设银箩一个，价目亦不一定，惟多多益善，随缘乐助，小小无拘，拘者不能超过半角（四仙）。届时由警署派出警察及无原罪派出学生到场维持秩序，敬□一般善长仁翁，痌瘝在抱，慷慨解囊，俾善款□集，诚心所愿也。

1942年9月13日　第一版

里斯本外交部宣言　葡西两国守中立　交战国俘虏在葡京交换

（专访）葡京里斯本外交部最近发表宣言，据称欧州（洲）战事爆发后，葡萄牙、西班牙两国均严守中立，态度超然。葡西国交，素称郭睦，一切对内对外政治措施，亦同一步骤，故未被卷入战事漩涡。而本澳为葡国属土，一切政治设施，皆依照葡京主旨为圭臬，际此远东战火弥漫之时，本澳未被战神威胁，不啻为，世外桃源云。

又葡国航业公司发出消息称有德意俘虏一百卅人，各占其半。最近巴西安然抵达葡里斯京本，以俟其得获俘虏敌国兵士时，照数交换，而以葡京为交换地，此可见葡国守中立之一斑云。

1942年9月13日　第一版

米站

（专访）今日星期日例假，望厦米站休息一天，星期一继续开放。上午八时半起检验五号粮证，下午二时起由五号粮证售至一号粮证，十、九、八、七、六号、五号粮证休息一天，售卖多少，届时方可决定。

1942年9月13日　第一版

市行政局重申禁粮出口

（专访）澳府当局为切实维护本澳民食起见，日前曾布明令，举凡一切米石及油糖面粉等杂项粮食，非经市行政局讨准人情外，不得私自出口，否则一经查悉，除将私运之货物充公外，并依法将物主控告。此令发出后，雷厉执行，讵料日久滋生，一般不肖商人，竟藐视法纪，故冒险私运出口之事，时有发生，当局破获者已有多宗。市行政局最近重申前令，此后一经发觉，除没收货物外，更严究不贷，希一般运输商人，宜凛遵守，勿罹罪究云。

1942年9月13日　第一版

学救会继续救济

本澳学生救济会，历年对于贫苦学生救济不遗余力。本年暑期曾以各侨生有志回国升学者，多因旅费无着，故筹善款，举办旅费津贴，各学子受惠不浅，现又继续办理免费保送清贫学生入本澳各校继续学业。已□函各校捐助。至昨日止，捐款该会免费学额者，计有南海、广大、知用、雨芬、中德、圣若瑟、尚志、濠江等中学八校，至于清贫学生之生活费津贴，亦在筹备中。闻该会经定由昨日起，本月二十日止，为各清贫学生申请登记日期云。

1942年9月13日　第一版

冯华认购选券多张

花舞茶国选后会自公布各选券后，又得新街碧姬购无限额券一张，港纸五百元。暨冯华君认购十元选券多张，华记公司认购无限额券三张，港纸四百五十元云。

1942年9月13日　第一版

教中举行新生训练

本澳教忠中学，本学期自九月四日开课以后，办理益形积极，故连日新生迭有增加，本星期起依照部令，举行新生训练，分初高中两组。初中于九月八日下午举行，高中则于下星期二。并闻该校于新生训练完毕后，即举办象棋比赛云。

1942年9月14日　第一版

市民离澳数目统计　每月约七千余人　埠中房舍空虚日多

（专访）自华南战事发生后，各地赴澳难民为数甚众，居民与日俱增。一般业主更倍其租值。“长安不易居”，本地人亦同此感，非仅逋民之兴嗟也。基此，一般中下阶层，呻吟生活压力下，岌岌惶惶，彼等如稍能回乡维持生活者，多感不如归去。因此羁澳人数逐渐削减。自今春起，陆路出关闸，航道赴广州湾、广州及其他各路者，占计占全澳人口总数十分之二三有奇，试观埠中房屋，空虚日多，惟空虚者仅为一般中下阶级之楼房而耳，至本澳当局颁发之粮食证，系按照每居户之人数发给者，凡离澳居民须将粮证缴消，方准出口。因此离澳人数统计虽非缜密，或所差亦不远矣。记者昨据有关方面宣布，每月入离澳人数约共七千余人，至境者仍属不尠云。

1942年9月14日　第一版

花舞茶选后会　明日开票决选

花舞茶国选后会，已决定于明日（十五日）下午五时假座中央七楼金域酒家内，举行开票决选三国皇后，料届时当有一番剧烈之竞争。查该会昨又收到中央舞厅马珍妮认购无限额选券一张，港纸七十元，□街苏仔认购一张五千元，得来茶楼曾惠英一张，二百五十五元，太白楼梁淑卿一张，一百七十元云。

1942年9月14日　第一版

尽量收容　全澳难童

（专访）澳府当局为整饬市容，救济留澳孤苦难童起见，将设有难童收容所，经收容者数日甚伙，最近更派出大批警察，尽将所有流浪街头之童丐，悉数收容云。

1942年9月14日　第一版

各商户缴纳防务税　葡币连日高升　由九五涨至九八

（专访）自政府规定葡币比值为“九五”后，市面商业贸易交收及一切银号兑换，均依照此公价兑现交收，惟最近因一般商户缴交防务税需用葡币甚伙，□大量吸进，而葡币吸放未得均衡，且“炒友”更不睇好，水涨船高，其比值乃告步涨，昨日市价竟高至九七，曾一度升至九八云。

1942年9月15日　第一版

本澳筹备庆祝葡国国庆纪念日　陆军营是日为难葡侨义演筹款

（专访）光阴荏苒，葡国国庆纪日，于来月五日便尔降临。每年是日葡京里斯本暨葡属各地，均举行热烈庆典。本澳亦依照往昔援例，举行庆祝，现已开始筹备一切。是日庆祝程序，将行拟定。闻是日全澳各机关衙署，银行，中西葡学校除放假一天并树葡国国旗外，午间大炮台鸣礼炮廿一响，用申庆典。澳督戴思乐接见各级属僚及中西绅商，此间华人三机关值理，将于是日联袂前赴澳辕道贺云。

又屯加思栏兵营之陆军机关枪队，其中除技术人材外，并有其他如戏剧、音乐等好手甚多，现等决定于葡国国庆纪念日，假座岗顶澳门俱（彼）乐部举行义演筹款，收入所得，悉数拨交救济由港逃难来澳之侨葡云。

1942年9月15日　第一版

三国选后　今日决选

花舞茶国选后会，决于九月十五日下午五时在中央七楼开票决选，届时请警厅长布英沙莅临监督，并函请各界名流、各报社、各善长仁翁等届时踊跃参加，同时得该会正干事高可宁加捐港币二千元，作补助皇后选券之用。旋得海角舞场名姝可曼妮姑娘再销无限额券一张，港币四千元，前后共计八千元，至该会于十四晚将选券止截劝销外，仍另设票箱三个，分置于中央国际每（海）角三舞场，以便在未开票之前为各国竞□之□云。

1942年9月15日　第一版

□辉行从新整修

新马路十六号□辉行，专办各国药品土洋货，兼营出入口货，规模宏大，并特设信托部忠诚服务。最近购入申电数达二千余万之巨，该行将从新装修门面，模型经已拟定，备极美观云。

1942年9月15日　第一版

巴拿马定期演剧筹款

巴拿马幻术社为回乡会演出筹款，刻得各方热心人士同情，定期十月一日举行，所有一切费用由某某热心家捐出，全数收入拨送回乡会充作护送归侨云。

1942年9月15日　第一版

行易小学

行易小学，现已迁往渡船街，三十号启课，一切校务仍由廖珽□校长主持，教员仍照旧贯，未有更改云。

1942年9月15日　第一版

家贼难防

（专访）男子李财，赁居海边新街二号三楼，李有同居女子廖桂（卅八岁），向安无异。讵人心叵测，廖于日前乘李外出之际，竟窃去衫裤笠衫、座钟等衣物，所值不菲。事后李以廖极有可疑，乃于昨日召警将之解署控究云。

1942年9月16日　第一版

花舞茶三皇后昨日同时选出　一举成名幸赖钱神着力　三人戴顶全凭哥仔操心

（本报专讯）花舞茶三国选后会，于昨（十五）日下午六时假座中央七楼举行开票揭选，仪式异常隆重。除该会正副干事长高可宁、刘纪召到场主持外，并得警察厅厅长布英沙、督察长观耶、探长施利华、回乡会主席刘伯盈及各界社会名流等参加，甚形热烈。参加竞选之花舞茶三国名姝亲到参加竞选者甚多，当场竞选殊为热闹。尤以花国皇后竞选时为甚，计时共一句余钟，其情形可想见矣。兹将各情形分录如后。

选后开始

□时届□参加者鱼贯入场，计来宾共五百余人，首由主席致开会词，略述选后会筹备及经过情形，随将三国皇后候选人及所得票数标列，俾知所竞争。首将茶国皇后选举箱交由布厅长亲自揭开，计得票最多为金城酒家女侍何翠卿，共七百二十票，濠江仙舫女侍林锦嫦得票五百五十屈居第二，得来女侍梁雪英得票三百三十八居第三。

茶国皇后

宝座遂为何翠卿□得，继由布厅长揭花国皇后票箱，计得票最多多者为一枝花，共一千六百七十票，爱慕莲一千零七十五票，碧姬姬九百票，其他数十票数百票者甚多。票数揭露后，开始竞选。首先爱慕莲加六百五十票，较一枝花多出五十五票，共一千七百二十五票，继之一枝花又加一百票，反超出四十五票。

展开竞争

爱慕莲加三百票，比一枝花高出二百二十五票，占绝对优势，又瞬间，一枝花又加四百票，超出纪录。爱慕莲又再加二百票，志在皇位必得。一枝花不甘示弱，再加百票，共得票二千二百七十票，比之爱慕莲二千二百二十五票共多四十五票。是时最后关头已到，竞选机会只有瞬间，爱慕莲努力到底，再加五百票，以巨大比数超出一枝花为花国皇后。

一枝花卒以后劲不继，屈居第二位，计共得票二千二百七十，较爱慕莲小四百五十五票，第三名碧姬得九百票。花后选完，舞后选举开始。开票箱后，海角舞场之何曼妮共得票除已公布之八千票外，更加上六千一百五十五票，共得票达一万四千一百五十五票，以超越数百居首席。海角莫致雄得三百零五票居第二、第三名则为中央之马珍妮，得二百票。

舞国皇后

因为二名票数相差太远，并无竞争可能，故舞后宝座遂为何曼妮所得，经过殊为平淡。三国皇后至是遂告选举完竣。最后由布厅长致词。遂告散会，此次三国皇后选举以花国竞选最为热闹，其余茶国舞国，因一、二名数目相差过远，遂无竞争，计三国共得票共三万余张，共港币三万余元云。

1942年9月16日　第一版

柴薪运澳虽伙　价格仍未低跌

（专访）记者昨据由中山来澳之柴商谈，最近中山内地，均有大批柴薪招人承投，其价每担仅值二百余元。惟投得者运澳，虽封锁线现已弛缓，惟需缴纳税项与沿海什费，是故运抵本澳后，价格递增，售出当为之少涨也。故迩来运澳之柴虽伙，但价格迄无变动。现目柴价格计上等干松柴五元□，杂柴五元，下等山柴四元半，以上价目系商号成盆者，每担银毫计算云。

1942年9月17日　第一版

托儿所增设疗病院　澳督捐三万余元　山度氏夫人任该院院长　托儿所本月内行开幕礼

（专访）天主教救济会主办之托儿所自迁入天神巷为办理托儿事宜后，收容数目已达二百八十余人。在外供以膳食者亦达五百余人，范围日渐扩大。澳督戴思乐对于救济儿童，备极关怀，于昨日特偕同秘书长哥士打驱车前赴托儿所参观。因感儿童染有疾病，未能集中疗治，倘仍居住于托儿所内，则时有传染之虞，对儿童健康发生极大影响，故饬该会特增设儿童疗病院，已租得柯高马路培正小学部旧址为院址。澳督首捐葡币三万六千元为开办费，并征得国家医院院长山度士夫人为该院院长，兼医药部主任。至院内一切医务管理事宜，则由天主教修道姑娘多人负责处理。现已开始筹备一切开办事宜，日间当可成立。又记者据托儿所管理人冯嘉禄先生称，彼承澳督谕嘱，在本月内该所补行开幕典礼，届时邀请各界绅商名流参礼，籍此俾社会人士明悉该所内容，多予捐输云。

1942年9月17日　第一版

米站今日停止集团购米

（本报专访）望厦米站自举行检查粮证后，经过异常良好，计由六号至十号粮证经已先后检查完毕，售米较前更为有秩序。今日为五号粮证检查之最后一天，由上午八时半起，依前通知时刻到旧米站待检查，于检查后即售米一星期共银二元，同时八号粮证购一星期米者（收五元、一元面额西洋纸四元毫，如交白银则只售三元六毫），于上午在新米站操场左边之水塘空地（即金神父路）排队成单行式，每一百人编为一队，各依号码次序，排定听候点名报到诙正式手续，否则如三次不到者，则取消粮证。至十号、九号、八号、七号、六号五种粮证，如日□购者，须带备粮证及筹仔，于上午八时到旧米站购米。售米数量□□各号□粮证所定，至新筹仔则上午九时一刻售米。四号粮证定下午二时一刻起，在旧米站编入检查组，听候编码日期时间，以便检查，同时兼售□日米六毫，但须系该粮证原人亲到，别人替代无效，否则没数粮证。七号粮证经已验查完毕，如走鸡漏买者，得于今日到旧米站补买云。

（又讯）今日星期四本为报馆学校集团购米日期，惟据米站通告则本周休息，下周（廿四日）然后恢复购米。

1942年9月17日　第一版

永华运到大帮粮食

（本报专访）永华轮于十五日晚，由广州湾抵澳，因水浅停于海口外，至昨十六日午后得潮涨，始行开入新口岸石几内海面。该轮载来货物如后：豆八百零八件、糖二五四件、八角一百九十四件、水泥百百零四件、猪油一百五十件、茨粉三十件、元肉五件、尤鱼六件、芝麻十二件、蛋十二件、草包二百四十五件、咸蛋一百四十件、白粉七十四件、咸鱼十八件、药材十九件、茶叶廿件、木炭四二九件、猪六三零头、□子五十件、盐四一六件。

1942年9月18日　第一版

银业行　加入商会

（专访）本澳银业行曾于日前去函本澳华商总会，请求准予加入为商会永远会员，并拨捐拾元面额港币一千元为商会经费。商会于昨日举行值理常会时，并提出会议讨论，讨论结果，通过准予该行所请云。

1942年9月18日　第一版

警葡慈善赛　改期举行

（专访）警葡小型球慈善赛一切事宜，俱已筹备完竣。原定今日下午七时半假座利宵球场举行，记者昨据警友主事人七叔称，谓其队有球员侯榕生足部突患微恙，恐作战实力略有影响，且此战为最后一战，“最后胜利”未能轻易失去，故决定改期于二十日星期日下午举行。闻侯之足疾时发时止，今日或可健步如常者云。

1942年9月18日　第一版

米站　今日次序

（本报专访）望厦米站今日继续检查粮证，定上午八时半起在旧米站举行检查四号粮证。凡昨日已收牌仔者须本人亲到听候检查，各个号码检查概依昨日通知时间到场。如系别人替代一概无效，并没收粮证。检查后连随售米一星期，售米三元六毫或四元八毫，到时方能决定，最好携备五元西洋纸一张，同时七号粮证购星期米者，须于上午九时起在金神父路排队依次序购米，共西洋纸三元六毫。其他十号、九号、八号、六号、五号六种粮证系经登记购每日米者，须于上午八时半到旧米站排队购米，购多数量则依各张粮证所定购买。三号粮证定下午二时半起售米六毫，二号粮证下午三时起售米六毫，一号粮证下午四时起售米六毫，以上各号粮证购米，必须携备粮证及筹仔，否则不售。又六号粮证经核查完毕，如系“走鸡”漏检者，则于今日往旧米站补检查云。

1942年9月19日　第一版

米石源源运澳　粮食价格趋低跌　豆类油糖价格亦趋下降

（专讯）在太平洋战事发生初期，本埠粮食因来源短绌，突□恐慌，价格增涨，幸贤明澳府措施得宜，虽处于恶劣环境，一切危机，却安然渡过。迩来内地米石源源运澳，且广州湾澳门航运蓬勃，一般豆类油糖等杂项粮食，运来数目极伙，故价格一再低跌，且一般米商日前曾囤积米石大批，因迳存时间过久，遭腐变坏，迫得大量推出降价发售。米店标明每元斤七者，即为此种旧米，且中山斗门白旧等产米区每日均有运澳，其价迭趋下游，影响所及，尤以各项豆类为甚，价格呈倾跌之势，每担约跌七八元，其他什粮糖货亦相继步跌云。

1942年9月19日　第一版

米站　今日售六号

（专访）米站定今日上午九时起全日售六号粮证，每人售米共西洋纸三元六毫。在新米站操场排队购米，又五号粮证经于日前检查完毕，如走鸡漏检者则于今日上午九时在旧米站补发，惟须该粮证本人亲到方为有效，如系别人代替，则没收粮证，检查后则于下星期购米云。

1942年9月19日　第一版

陈耀祖过澳

陈耀祖一行数人昨十七日过澳，十八日上午十时前往拜访澳督于督署，十二时半澳督赴旅邸答访，晚九时半澳督在官邸设宴款待云。

1942年9月19日　第一版

运输专营　设址办事

岐澳运输专营原由本澳某殷商总其事，嗣以岐关路原营商人纷纷反对，遂改舍而不干。现闻岐澳运输专营，系由生利号与民泰行两家承办。查生利号办事处设在南湾金城公司内，司理为罗君举，民泰行办事处设在蓬莱新街捷荣行内，司理为陈眉介及郑卓，分别主理运输事务云。

1942年9月20日　第一版

因更换秋季粮证　米站奉政府谕令停售米一星期　传米站职员因病告假不确　全部粮证在周内检查完竣　受检粮证全部秩序公布

（本报专访）望厦米站昨接政府谕令，由下星期（廿一日至廿七日）暂停售米一星期，其目的在求将未检查之粮证于一周内加紧工作，俾能于十月一日以前全部检查完毕。因秋季粮证于十月一日开始掉换，盖欲便市民于掉换秋季粮证以前，全部检查完妥，使以后购米更益便利，一劳永逸也。在此消息未公布前，市面一部分谣传谓米站暂停售米，因职员多患病告假，故停止售米云云。一时市民未明真相误信为真，咸对米站职员多所责备，记者为明白真相起见，特于昨日走访米站主事人，询问暂停售米原因。

据该主事人对记者称，谓米站暂停售米一星期，此举纯属政府谕令，使市民能于本周内全部检妥粮证，俾能依期掉换秋季粮证，以后售米更觉利便，故限令全部职员暂停售米，在一周内加紧检查粮证工作，使所余四号、三号、二号、一号四种粮证一并检妥，同时米石运澳甚多，售价日趋低跌，与米站米价相接近，市民即改购商米，负担亦相差无几。一矣将全部粮食证检妥，以后购米则便利不少，政府此次谕令实一举两得。不肖之徒谣传谓米站职员因病告假而停止售米，实属意有诋毁，如职员确系患病告假，则亦无全部工作停顿之理，今不特不停顿，反于一周内查妥万余张粮证，于斯可见所传并非事实。社会人士幸勿轻信所传，且本周为加紧检查所余各号粮证，一概停止售米，所传如有特别筹仔，每日仍可售，亦全非事实。本周内将加紧尽量将所余粮证检完，俾市民得依期更换秋季粮证。最后并请记者将该项谣传纠正，以正视听，希市民勿为所愚云。记者为报道新闻起见，特将该次谈话录如上，并将本周检查粮证日期间号码探录如后：（各粮证检查俱在旧米站举行）

星期一（廿一日）

（四号粮证）

上午八时正　二四八二…二八六二

正午十二时　二八六三…三二四七

下午三时正　三二四八…三七八九

（三号粮证）

上午八时正　一号…………四〇〇

上午十一时　四〇一………八〇〇
下午二时正　八〇一……一二〇〇
星期二（廿二日）
（四号粮证）
上午八时正　三七九〇…四一九一
正午十二时　四一九二…四五八〇
下午三时正　四五八一…五八四三
（二号粮证）
上午八时正　一二〇一…一六〇〇
正午十二时　一六〇一…二〇〇〇
下午三时正　二〇〇一…二四〇〇
星期三（廿三日）
（三号粮证）
上午八时正　一号…………四四五
正午十二时　四四六一……九一三
下午三时正　九一四一…一五三二
（二号粮证）
上午八时正　二四〇一…二八〇〇
正午十一时　二八〇一…三二〇〇
下午三时正　三二〇一…三六〇〇
星期四（廿四日）
（三号粮证）
上午八时正　一五三三…二〇一二
正午十二时　二〇一四…二四五〇
下午三时正　二四五一…三二一八
（二号粮证）
上午八时正　三六〇一…四〇〇〇
正午十一时　四〇〇一…四四〇〇
下午三时正　四四〇一…五二〇〇
星期五（廿五日）
（三号粮证）
上午八时正　三〇二〇…三四四三
正午十二时　三四四四…三八四九
下午三时正　三八五〇…四四二三

（一号粮证）

上午八时正　一号…………四〇〇

正午十一时　四〇一………八〇〇

下午二时正　八〇一……一六〇〇

星期六（廿六日）

上午八时正　四四二五…四八八八

正午十二时　四八八九…五九五六

又上午八时起至十二时为四号粮证走漏检查者补，时间均在旧米站举行，星期日（廿七日）休息一天，下星期（廿八日）恢复售米云。

1942年9月20日　第一版

海角舞厅　筹办义舞

海角舞厅现为向应慈善起见，特商得警察厅长布英沙官耶同意，并热心赞助者发起慈善跳舞会，为难民所筹款，并决定本月卅晚举行。业已成立筹办委员会，由警察厅长布英沙、督察长官耶，海角舞厅洪洁钊、爱狄适路华负责筹备一切云。

1942年9月20日　第一版

广州澳门　贸易问题

陈耀祖与澳督会谈后，广州与澳门贸易问题已得圆满结果。

1942年9月20日　第一版

巴拿马　演剧筹款

巴拿马幻术社为回乡会演剧筹款，已志昨报。查该游艺会秩序异常丰富，除有女神童郑碧影担任粤剧外，近更得香港钟声慈善社马次文、陈文川等主演戏剧，预料届时演出，必甚精彩云。

1942年9月20日　第一版

平民膳食处　用款将罄

妇女会女青年会联办之平民膳食处，每月其需贴款双毫二千余元，惟现存款将罄，恐于两月后有停顿之虞。如一旦结束，则一般平民当受重大之打击，万望社会人士继续予以施赈云。

1942年9月21日　第一版

强化本澳治安机能　警察昨实施搜查　以后继续举行使歹从无所活动

（专讯）本埠治安，素称宁谧，在警方严密踩缉下，一般奸宄之徒，均销声匿迹。惟迩来竟有歹徒蔑视法纪，妄图不轨，故时有露械行劫案件多宗发生。警方当局，以彼辈扰乱治安，实属罪大恶极，非予以肃清，不足以维市面安宁，除饬所属警探加紧查究外，并实施戒严，派出值勤段警，在各街道要隘，市民经此，须受搜查。倘发觉其形迹可疑者，更予以严厉盘诘。该法于昨日开始施行，由上午七时至十二时止。全澳各区段警察，均实施搜身，经过情形异常良好。记者昨据警方宣称，此种种措施，实为增强警探网机能，除积极肃清歹徒外，更防止歹徒活动，治标治本，双管齐下，奸宄之徒无所施其技，务使每介商民，都能安居乐业。此举以后继续施行，随时宣布戒严搜查。本澳治安，更见缜密云。

1942年9月21日　第一版

米站停止售米　今日检查粮证

（专访）望厦米站自接政府谕令本周暂停售米后，即加紧编定检查粮证秩序，尽期本周内全部检完所余各号粮证。全部检查日期时间粮证号码经编妥，已志昨报，市民须依照秩序表到旧米站听候检查，如不到站或非原人到站，乃属自误。兹将今明日检查秩序录后。

（四号粮证）

上午八时正・二四八二…二八六二；

上午十二时・二八六三…三二四七；

下午三时正・三二四八…三七八九；

（二号粮证）

上午八时正・一号…………四〇〇；

上午十一时・四〇一………八〇〇；

下午二时正・八〇一……一二〇〇。

1942年9月21日　第一版

三桃香烟　新货上市

华人烟草出品之三桃香烟，最近改良，用美国黄金叶制造，并加冧酒、白蜜糖、甘油等香料配制，芬芳馥郁。每包售价毫二云。

1942年9月21日　第一版

小型球慈善赛　2-0葡侨饮恨

（专访）警友葡侨小球义赛，昨如期于利宵球场上演，专关慈善，而且两队技术高强。前次剧战追成和局，下番再次相逢，精彩斗争自是意中事，故未到七时，球国迷民早已围满球场，果然热闹。当真好嘢，共收得善款数百元，贫民受益不浅矣。比赛结果二对零，警友胜。

1942年9月22日　第一版

难民营收容日众　崔诺枝谒布厅长　请求垫款施赈

（专访）记者昨据同善堂主席崔诺枝称，现目青洲难民营收容难民数目，包括男女老幼，达一千四百六十一人，每日早晚两餐施粥，每人两大壳，里腹有余。每日须煮粥九大锅，每锅需米五十斤，共米四百五十余斤，其次搀集煮粥用之杂项食料，如羌、豆、油盐及煮粥之柴薪等项，需费一百五十余元。幸得当局经常拨米捐助，又得社会各界热心人士踊跃捐输，始克支持。惟收容难民数目日增，而善款有限，施济浩繁，倘继续维持，尤赖于善长之慷慨解囊。运来米石，善款又已用罄，崔氏于昨日又亲赴警署谒见市行政局布英沙及粮食统制会委员观耶，请求拨助米石卅包，以供燃眉之急，并贷借款项若干，以为用以煮粥杂项材料者，一俟善款筹集后，当可如数归还。警厅得悉情形，即捐港纸一千元该堂为施粥经费，并由督察长拨白米十五包俾为继续。该堂昨天又收到大福公司捐大洋一千五百元，王颂献大洋五百元云。

1942年9月22日　第一版

高可宁八公子结婚　节筵费十万助赈　澳督加捐大洋五万　舞榭堂中盛况空前

本澳商会主席高可宁氏，于昨日为甚第八公子福永完婚，假座中央酒店七楼举行婚礼，仪式堪称简单而隆重。是日下午五时许，除主婚人及其眷属外，督宪戴思乐偕同夫人及秘书长以次各军政长官，本澳绅商名流，各界来宾，冠盖云集，嘉宾戾止，济济一堂，极一时之盛。婚仪开始之际，新郎新妇双双携手登堂，行礼如仪。主婚人及各来宾依次就席，首由高主席致词，略谓是日为其第八公子与罗琴素女士结婚，际兹时值非常，礼仪从简，以符节约之旨，并将筵席金国币十万元，分别拨送，计开（一）呈送澳门督宪国币三万元，恳请代为分赠西人慈善团体；（二）三万元送往澳门商会，请其分赠华人慈善团体；（三）二万元，汇往广州湾商会，托其就近分赠各慈善团体；（四）二万元，寄回官涌家乡，分赠各贫民，以为诸君子造福。各位素来热心，对于此次捐助善款，必定乐于赞同。现在惟有请□各位饮一杯清茶，敬祝各位健康。□毕，继由督宪致词，并慨捐国币五万元，华人代表梁后源致词。最后由新郎致谢词，词分中英语，各人□举杯庆祝新郎新娘福如东海，寿比南山云。

1942年9月22日　第一版

囍　结婚启事

中华民国三十一年九月二十二日

高可宁启事

我俩意志相投，经征得双方家长同意，业于本月廿一日在澳门结婚，谨此敬告各亲友。

高福永、罗琴素　同启

肃启者　昨廿一日为八男福永受室　□蒙

澳门督宪暨各长官及中西亲友高轩莅止，宠锡隆仪，莫名感谢。可宁笑作痴聋，理宜薄具杯酒以酬盛意，惟念烽烟四起，满目疮痍，筹赈未遑，奚敢过于铺张，爰将节省所得计国币十万元，分别呈送澳门督宪三万元、澳门商会三万元、广州湾商会二万元、官涌家乡二万元，请其分赠各慈善团体，转为施济贫民，以为诸君子造福想。各亲友慈善为怀，定必乐表赞同也。

谨此布臆诸维

亮鉴

中华民国三十一年九月廿二日

1942年9月23日　第一版

澳当局体恤下属　津贴各公务人员　拨出屋宇廉价租与下级属员

（本报专访）年来因战事及交通影响，物价腾涨，日用品柴米油盐无不昂贵，竟有比前增至十数倍者。一般薪俸阶级，平日俯事仰蓄，已感捉襟见肘，今物价飞涨，虽极力撙节，亦感支持不易，应付维艰，而一家数口端赖一人维持者，更苦不胜言。本澳政府当局高瞻远瞩，俯察下情，为体恤政府各衙署机关职员起见，爰有津贴辖下十六机关中西职员之议。日前澳督戴思乐曾致电葡京里斯本，代为呼吁，恳请增加本埠政府机关职员薪额，经由葡京据情批准，故各机关之职薪迭次增加，并以低廉价目售发各项粮食，故职员靡不感拜当局之仁政也。最近澳府更为减轻低级职员负担起见，特拨出财政部属下之屋宇多间，以低廉租值出赁。惟赁者只限于各机关之公务人员，计开青洲街十五号三楼全层，每月八元，同街卅五号二楼全座，十元零七角，金步街廿六号地下全部，亚美打街十九号地下，五元。以上租值均为葡币缴纳，赁者须缴两月租值作按金。该项消息之刊出，多在澳门西文宪报发表，华人职员多未知悉，故为西人所赁得云。

1942年9月23日　第一版

国币港币　市价回升

（专访）港币市况连日供吸均告活跃，更因同盟国阵线情势好转，一般“炒友”均予看好，故兑值叠趋上游，由三零升至三四，昨晚竟涨至三四五，而无补摺残旧之所谓“精神钞”，其价更趋至三五五，而国币汇率亦趋上涨。昨日贸场晚盘已回升至一零一。

1942年9月24日　第一版

电流恢复尽夜供应　取消自来水限制　用电限额仍照前规定办理　市行政局长布英沙昨谈话

（专访）自木炭发电机装置完成后，即恢复往昔昼夜供应电流常态，居民咸为便利。惟当局对于节省电流用量，规定额数限制各商户耗用，该例现仍按照实施，并三令五申，晓谕遵照办理，毋得有违。最近当局对于商用电及自来水规例，略有更变，市行政局长布英沙于昨日下午五时许，召见各华报记者，发表重要谈话。

据称全澳居民希于每晚八时至十一时之时间内，极力撙节用电消耗，缘在此三小时内，正是华灯初上之时，埠中商店仍告营业，市民又未入睡，故需电流用以发光者，消耗尤巨，诚恐木炭机发动之电力有限，未能普遍供应。倘截熄彼线而济此线，又防歹徒乘黑暗中活动，对市面安宁实有妨碍，故当局为维护市面治安，关怀居民福利计，日前曾饬令各影戏院停止其晚上由九时至十一时之放影，以减轻斯时电流之耗用，而普遍供应市面也。在十一时以后，而商户仍需用电流者，得可尽量启用，但不得超过政府规定之额数，至各影院如其设有发电机而消耗数额，当不能列入规定之例，即其发电机之发动力，能放影画片者，靡论其每日放影场数之多寡，亦不加以限制。极希市民能切实协助政府。对上述各项遵照奉行云。

布氏继对记者称，关于自来水用额，日前因某种关系，曾一度加以限制，惟现在一切俱已恢复往昔常态，自来水耗用限额，亦告取消，任由市民使用之多寡，不加限制云。

1942年9月24日　第一版

域多利戏院　自置电机

域多利戏院近鉴于限制开映时间，致不能适合观众观剧之便利，由即日起自置发动电机开映，日场新钟三点正，夜场新钟九点半，今日第二天影中秋贡献粤语片“富家之子”云。

1942年9月25日　第一版

米站继续检查粮证　明日最后补检　小筹今日可购米六毫

（专访）望厦米站自政府颁布暂停售米一星期，加紧检妥各号粮证后，经已检妥四号粮证全部，及三号、二号粮证一部分。其初本拟单独检查粮证，暂停售米，惟市面奸巧米商，以米站停止售米，遂乘机操纵，将米价提高。政府为体念清贫市民无力购买商米，特将每日米筹仔恢复购米，经于日昨开始实行。每日筹仔售米六毫。今日上午七时至八时仍照旧买卖，其余星期六及集团米则于下周恢复。至本澳已检查之四号、三号、二号，三种粮证，如属走鸡漏检者，得于今日下午四时到旧米站补行检查。受检之粮证须原人亲到，如遣小童或无知妇孺代替，对检查时各项所问，如对答错误者，则属自误。又上星期学校报馆集团购米之粮证，米站已检查完毕，各宜派人携备私章到米站向职员李若瑟君取回，以便下周购米。米站为求迅速起见，原定星期六检查之三号粮证，改提前在今日举行，希市民注意时间云。又星期六由上午八时起，全日举行粮证最后补检查，各号粮证走鸡漏检者，最迟须于该日到旧米站补，以便掉换冬季粮证，过期决不再补，不到者自误。兹将今明两日，查粮证秩序探录如后。

星期五

（廿五日）

（三号粮证）

上午八时正・三〇二〇…三九九〇；

正午十二时・三九九一…四八八八；

下午三时正・四八八九…五九五六；

（一号粮证）

上午八时正　一号…………四〇〇；

上午十一时　四〇一………八〇〇；

下午二时正　八〇一……一六〇〇；

又本星期六最后补发各号粮证时间列后（俱在旧米站举行，各人须依时间到场，切勿过时）

上午八时起………十号；

上午九时起………九号；

上午十时起………八号；

上午十一时起……七号；

上午十二时起……六号；

上午一时起………五号；

上午二时起………四号；

上午三时起………三号；

上午四时起………二号；

上午五时起………一号。

1942年9月25日　第一版

恒利银号　今日开幕

新马路恒利银号，日前由本澳良友公司萧□君全都□计建筑，昨已工程完竣，定于今日开业。各埠均有联号，汇兑快捷云。

1942年9月25日　第一版

选后会　定期颁奖

花舞茶国选后会决定本月廿八日下午八时至十一时，假座平安戏院举行颁奖典礼。

1942年9月26日　第一版

督察长为难民呼吁　请报界发动筹款　经费支绌难民生命岌岌可危　观耶召见各报记者发表谈话

（专访）督察长观耶昨下午四时接见各华文报社记者，会晤于警察厅督察长办公室，并发表谈话如后。

据观氏称，政府自收容市面贫民以来，现下青洲难民数达一千六百九十余人之多。政府对于此辈贫苦市民，并妥为安置，无衣无食者，则给以衣食。惟最近则已达经费支绌时期，眼见此一千六百九十余人之生命，将岌岌可危，苟无款项继续予以救济，则不难达至此种危险时期。故今日之接见各位，请通知全澳报界，代此辈嗷嗷待哺之哀鸿，急切呼吁，并召集报界同人，举行会议，讨论设法筹募善款，救济此辈哀鸿，观氏本人除予以一切便利外，更亲自负责协助一切，同时更希本澳各界之善长仁翁，体念此千数百余生命之危机，给以切实之援助，则不胜盼切之至。

1942年9月26日　第一版

各粮证检查完毕　下周恢复售米　集团粮证可到站领回

（专访）望厦米站，自政府饬令加紧检查粮证，数日来迅速工作，各号粮证亦已全部检查完毕矣。在此一周内因暂停售米，故一般奸巧米商，遂乘机将米价操纵，每担辄加价数元，影响市民不少。米站特于日昨恢复特别小筹购买，贫穷市民称便不置。今日仍继续售米，每人可购米六毫，上午七时至□时举行，今日除将所余一号粮三检查外，更定为粮证补检最后一日，如各号粮证系走鸡漏检者，必须于今日到旧米站补检。如今日再不到者，则以后决不再补检，希市民勿忽略，尤须粮证原人依时可到站，不得代替，否则粮证没收。市民粮证如□检查则换领各季粮证格外利便，以后购米亦比前简单快捷。走鸡而今日不再到者，乃系自误，米站不负责云。又由下星期一（廿八日）起全部购米恢复，不论集团米、星期米、日日米皆可如前办理。各学校报馆集团购米之粮证，前为米站收回检查。现已检查完毕，各集团主事人可携带图章到米站向李若瑟君领回，以便下周购米云。兹将今日最后补检秩序如后。

上午

八时起……十号；

九时起……九号；

十时起……八号；

十一时起…七号；

十二时起…六号；

下午

一时起……五号；

二时起……四号；

三时起……三号；

四时起……二号；

五时起……一号。

1942年9月26日　第一版

财政局　开投货物

（专访）澳门财政兼行政追究法院，昨发出布告，将货物一批定期开投招人承买，兹将该布告录后。

澳门财政兼行政追究法院书记长罗沙，为布告事，照得统制物品输进委员会到院控告捷昌公司之郑安，或曾项芝，财政追究一宗，特定于本月三十一日上午十一时，在加思栏该会货仓头门内，将下列各货物开投招人承买，以出价最高者得，合行布告，仰各知照。此布计开，白布一十匹，蓝布一十匹，白布及什洋布一十匹，黑布料二十套，又黑布料二十套，大号手帕三十五打，棉质及丝质裤二十打，毛巾六十五打，墨水笔七十九打，又墨水笔一支，牙刷五十五打，印花胶底一千一百对，肥皂两箱（五十六盒），短裤十七打，香水（小樽）三十打，爽身粉（饼包装）百打，扑克五十打，牙签（盒装）一百打，胶□底二百对，日记簿三百一十四打，旧帽二百件。开投章程，（一）投价以澳门西洋银行纸币为本位，凡投得者，限于廿四小时内，将货价呈缴财政公钞科支应税收。（二）凡投得之货物限于廿四小时内搬清。（三）上述各货物存于加思栏统制物品会输进委员会货仓内，除休息日外，每日由上午九时起至下午一时正，任人到阅。

1942年9月27日　第一版

第三季营业钞增费　已缴者照额补足　第四季开收照新规定办理　政府调查未领牌医生相士

（专访）自太平洋战事发生后，本澳政府当局以非常时期，一切行政及慈善经费支出，比前骤增。数月前由政务会议，提出讨论，决议通过将生意工艺营业钞由本年七月份（即第三季）增加征收，以资弥补，并交财政总局照章执行办理，并财局于本年七月通告执行。该项增加征收营业钞新法令，除银业当押业、九八行、医生、泡水馆、娱乐场等从新规定特别收额外，其余一律照前加五征收，各情已志前报。自该项法令通告执行后，各项营业钞业已照章缴纳者故多，惟仍有在该法令未发出前，已照前额更换领取第三季营业钞者亦属不少。现第四季营业钞业已开始征收，不论新旧牌照均依照财局通告之新规定办理。如在新法令前，已缴纳第三季营业钞者，本季（即第四季）仍须照不足之数额补足，公钞科亦于日前发出通告，开始征收第四季营业钞。凡在本澳经营生意、工艺或自由职业者，一律均须照章缴纳营业钞始准营业。又凡业已在澳开业，并已缴纳第三季钞者，亦须于本年九月底以前，将旧牌照呈交公钞科（龙嵩街卅二号），以核算更换新照，并须于十月卅一日以前缴交钞款，否则照章惩罚。并闻本澳尚有医生、相士或九八行等，利用旅馆或其他地点擅自营业，而未领取牌照，公钞科最近已派员出外调查，一经发觉，则依法控告处罚，惟仍须依照其开业时间缴纳营业钞云。

1942年9月27日　第一版

征收去年防务税　日间截止申辩

（本报专访）关于去年度应缴纳防务税之商店日前由财政局颁布后，同时本澳华商总会亦译出华文标贴于商会门前，使各商店观览，如有认为不服者，可以在本月内投稟财政总局申辩，详情已志日前本报。查关于申辩日期，现尚有数天，倘各商店如有辩驳之处，可尽于数日内投稟辩驳，否则一经截止后，当依照颁布数目缴纳云。

1942年9月27日　第一版

选后颁奖　改址举行

花舞茶国选后筹款会，本定于明日假座平安戏院内举行花舞茶国皇后颁奖典礼，并有游艺及化装表演等节目助庆，旋得院主陈君热心报效院租，及赞助一切。但查该会以游艺化装款式须得时日方能妥办，故将留于下次举行，是日颁奖假座商会二楼，于明日下午五时举行，业已征得警厅长同意，是日欢迎各界莅临参加典礼云。

1942年9月27日　第一版

高氏善款大洋三万元　澳督分配西善团　另加捐五万元分赠华人慈善机关

日前本澳华商总会主席高可宁氏，为其第八公子福永君完婚，特节省筵席金，捐出国币十万元，以三万元呈送澳督支配，捐助西人慈善机关。澳府以高氏为贫民之恩人，至深感谢。现戴督宪将高氏之三万元分别支配圣云仙保罗会、孤儿院、仁慈堂，三西人慈善机关各占一万元，而澳督以高氏对本澳贫民，时加救济，本高氏之意，加捐大洋五万元，该款之支配亦由澳督决定，计以二万元（伸双毫二千零八十元）交难童收容所，以一万元（伸双毫一千四十元）交镜湖医院，以一万元（伸双毫一千零四十元）交同善堂，以五千元（伸双毫五百二十元）交贫民住所，以五千元（伸双毫五百二十元）交路湾、凼仔救济当地难民。□戴督宪之关心□，热诚救济贫民，宜其为当地华侨所爱戴矣。

1942年9月28日　第一版

三国皇后　今日颁奖

舞花茶国皇后名单，日前经已揭晓，此次筹得善款达二万余元，各情已志前报。查该三国颁奖乃定今日下午四时，假座澳门商会二楼举行，该会除款请警察厅长莅临主持颁奖礼外，并回请各酒家、茶楼、舞场各职员到场观礼云。

1942年9月28日　第一版

公局学校　免费招生

二龙喉花园议事公局男女校开设以来，历有年所，该校中文主任崔瑞琛女士暨中葡文教员，素持造就人才为宗旨，除免收学费外，对各生书籍亦酌由学校分赠，报名日期，十月一日起至四日，每日下午二时至四时止云。

1942年9月28日　第一版

生意钞费额增加　泡水业联呈减征　规模狭小钞费过巨负担维艰　具情澳府体恤民困予以削减

（专访）泡水业迩来大告蓬勃，泡水馆设立如雨后春笋，缘以柴薪价格日趋昂贵，居民咸以煮水需柴，所耗尤巨，因此一般投机分子遂纷纷开设泡水馆。每仙一卖，则可盈壶，居民于无需柴薪之耗，又免煲煮之烦，一般人以所耗无几，均愿以一两仙代价而光顾泡水馆焉，故经营该业日渐不恶。惟该业规模僅属小型，且多假一住户而开设者，伙伴雇请，亦以家人任之，至该业所纳公钞费，往昔每季仅缴五元余，今澳府从新将额规定，每季增加至卅九元余，比住昔高达七倍。该业以此巨数，应付维艰，全澳泡水业拟联会具情呈请澳府当局，请求酌量减轻，以维营业云。

1942年9月29日　第一版

更换冬季购粮证　明日起开始办理

（本报专访）冬季粮食证，换领日期，已定明日开始办理，惟关于该粮食证换领手续，市行政当局局长布英沙氏，为使市民明了起见，昨下午四时特接见各报记者，将换证日期及手续，再度解释。据称换领冬季粮食证，由本月卅日起至下月三号止，为正式换证日期。换证地点，均在上季地点发换，办公时间每日上午九时至下午六时止，换证时须将旧粮食证带往，方能换取。希市民依时前往便得，如在此规定之日期内换领不及者，由四号起至十号止，改在议事公局补换，但须缴纳换证费一元。倘逾期不换者，及属自误，决不补发云。

1942年9月29日　第一版

选后会颁奖礼　昨日隆重举行

（专访）舞、花、茶三国慈善选后会，于昨日下午五时，假座商会二楼举行颁奖礼，来宾数达一百余人，时届开会，行礼如仪。首由主席刘纪召致词，继而警察厅长训话并颁奖品，舞后何曼妮，花后爱慕莲，茶后何翠卿，先后在剧烈掌声中领取奖品，后由外记会代表刘伟海演说。三国舞后依次致答词，回乡会主席刘栢盈致词，对选后会此次替回乡会筹募此庞大数目，实深感谢。对高可宁之热心慈善，诸多赞许，继而茶会，拍照礼成云。

1942年9月29日　第一版

时计拨慢一小时　当局在考虑中

（本澳专访）日间本澳市面盛传政府当局将由下月开始将时计拨慢一小时，记者昨乘谒见市行政局长布英沙氏之便，将该问题提出请布氏解答。据布氏对记者称，关于此项问题，政府方面现在尚未有决定。不过此项问题仍在考虑中，相信在日间当有所发表云。

1942年9月29日　第一版

交通消息

（本报专访）（一）南斗丸由湾抵澳后，各货均已起卸，定今（廿九）日由澳门开往广州湾。（二）港岛丸昨（廿八）日由澳往港，今（廿九）回航，明日赴湾。（三）宜阳丸计程于昨（廿八）日由广州湾回航，约今（廿九）日午间可达。（四）广州线期航如常，未有变更云。

1942年9月29日　第一版

本埠存盐　足供三年

（专访）本埠盐业，向称发达，每年输出数额，极为大宗，迨至太平洋战事发生，来源乃告短绌。惟本埠积存盐量尚伙，供应民食无虞缺乏。最近由广州湾运来者为数不菲，惜其质比存盐□劣。记者昨据某巨盐商称，现本埠所存悉数十万担，如停止运货出口，足供三年之用云。

1942年9月29日　第一版

梵蒂冈已委出　本澳新主教

（专访）本澳天主教会务，向□主教主持，惟自前任主教高若瑟□任葡属晏哥喇总主教后，澳门主教缺尚未委派别人担任。□本澳由主教会传出消息，谓关于新任澳天□教一席，最近已由罗马梵蒂冈委出□肇传教士嘉马廖司铎升任。本澳天主教会接获此消息后，已筹备盛大欢迎。闻嘉司铎在肇庆传教多年，且为耶苏会会长，关于嘉主教，来澳日期，尚未接得云。

1942年9月30日　第一版

警察厅长布英沙　明日召见各行商　商讨救济青洲难民营难民

（专访）本澳治安，在警察厅长布英沙，督察长观耶及探长等竭力维护下，素称宁谧。年来□各地烽火弥漫，而本埠未被影响，安若世外桃源。警方当局对各地来澳难民之流离颠沛惨状，乃本慈善无分畛域之旨，竭力设法救济，在青洲旧跑狗场址，建有贫民屋一所，收容彼辈难民，数目极众。衣、食、住无虞缺乏，获益良多，彼辈无不感警厅长布英沙之大德也。迨至太平洋战事发生，物价更趋高涨，居民生活艰难，难民日见激增，哀鸿遍地。警方诚恐彼辈为环境紧迫，挺而走险、为非作歹，扰乱社会秩序，故在青洲万国火柴厂，设有难民收容所，举凡一切流浪街头之乞丐，均予收容。而已捕获一般抢窃歹徒，讯后，如其罪属轻微者，亦押解该营收禁，派警监视，毋得外逃，当局之措施，法良意善。现查该营收容难民数目，达一千七百余人，由政府拨出米石交由同善堂煮粥施派济饥，每日两餐。难民无虞冻馁。当局以施济浩繁，善费短绌，长此下去，极感困难。记者据灵通界消息，警察厅长布英沙最近拟定一良好长久救济办法，查该营之难民现存数目仅千余人，每人每日生活费约三角余，每月仅约九元。现本埠设肆营业之商号，多达五千余间，年来各行营业，均趋蓬勃，获利颇巨，故布厅长之意，拟请全澳各行商号，社会绅商、名流，各能分负难民生活费之所需。（如甲商负担两名，即每月须缴慈善费十八元）谚曰“十人养一人肥”，而以多量行商而负责少数难民，实轻而易举之事，且彼辈俱属华人，葡国人士仍能无分畛域予以救济，况同属种族，□能就手旁观耶。布氏已于昨日印就通知函件，派员运送埠中各绅商名流，邀其于明日下午五时前赴警察厅，商讨一切进行事宜，预料热心之士踊跃参加，则彼辈难民之生活，有所寄托，而市面治安，居民福利，实利赖不浅云。

1942年9月30日　第一版

葡国国庆纪念　庆祝秩序编定

（本报专访）十月五日为葡国国庆纪念日，届时本澳各政府机关均悬旗放假庆祝外，至关于届时庆祝国庆秩序昨已颁布，兹将该秩序录后。

是日上午六时在南湾督宪署前地，鸣军号，八时各机关炮台兵舰等升旗，正午十二时在柿山炮台鸣礼炮廿一响以示庆祝。督宪戴思乐接见各机关代表绅商名流，同时并分赠贫民品物，晚间为节省电流起见，所有一切电炬停止放燃云。

1942年9月30日　第一版

交通消息

（一）港岛丸昨（廿九）日由港到澳，定今朝（卅）日由澳开赴广州湾，明日可到，后日回航。（二）宜阳丸昨日下午八时左右，由湾抵澳，今日往港明日回航。（三）东山丸昨日随宜阳之后，同时到澳。（四）岭南丸在港入坞，由蓝山丸替水，但昨日未见该轮到澳。（五）旭光丸入坞修理已妥，准一日（十月）由澳开湾云。

1942年10月1日　第一版

快子基高士德街　小童不慎召祝融　消防队援救迅速不致让成巨灾　居民及早避逃无人命事情发生

查昨日凌晨约一时十五分钟，快子基高士德街一百三十二号二楼黄宅，在此更深人静之际，不知如何失慎，突降祝融，经消防队灌救，旋即将火势扑灭，乃收队而返。查是次发生火警原因，事缘有一年约十五岁之小童徐鉴年，现任职于验粪所，为摄影职，昨偕同其母萧氏，往快子基高士德街一百三十二号二楼，其外祖母黄宅处留宿。惟徐童性好摄影，故昨日约一时十五分许仍未睡觉，燃火水灯摄影影片，讵一时不慎，至将影片焚着，小童见已肇事，一时扑救心急，将草席向被焚之影片冚扑，意图将火扑灭，岂料草席亦为惹火之物，遂使火势更趋猛烈，尚幸消防队奋勇扑灭，不致成灾，亦无伤毙人命情事发生云。

1942年10月1日　第一版

各行商今日赴警厅　商讨救济难民

（专访）警察厅长布英沙，为解决青洲营之难民救济问题，以为长久维持办理起见，特于今日下午五时，召见埠中各行商名流，前赴警署商洽一切进行事宜，闻各行商以此法乃属善举，届时当踊跃参加云。

1942年10月2日　第一版

救济青洲收容所难民　昨官商会商完满　各行商即席认捐供养名额　布英沙发表重要谈话

（本报专访）皇天不吊，灾降吾民，烽火漫天，民生涂炭。濠江为中立之区，恍若世外桃源，故四海来归，人口骤而增加，粮食之需亦由此倍增。丁此百物腾贵之秋，徙澳难民，老弱转乎沟壑，壮者散诸四方，无衣无食，遂成饿殍。本澳政府有见及此，遂设青洲难民收容所，加以救济。最近因款项支绌，难以维持，警察厅长布英沙目睹惨状，以营中千余难民，待救方殷，于是大发慈悲之念，发起救济，咸认集掖（腋）可以成裘，故于昨日下午五时，召集各行商代表、各报记者，在厅长室谈话，商讨救济青洲难民办法。过三时三刻之讨论，决定救济办法两项，如青洲难民拟回乡者，亦可遣送归乡，如无家可归者，则供食宿，众均赞同，并请各自由乐助，认捐供养难民额数。认捐者每名须负责六个月之伙食，每难民每日三毫，每月为九元，六月计算五十四元。当时各行商均慈善为怀，责无旁贷，即席挥毫认捐。最后布厅长请各行商努力向铺户劝捐，捐款可迳交警察厅二楼布厅长点收便妥。兹将会商详情录后。

厅长谈话

今日得蒙各位来临，异常欣喜，惜地方不敷，招待未周，犹希各位见谅。今日请各位代表到来，所欲提出商讨者，为一公众问题，政府不可单独作主，故请诸位商讨解决。本人身任市行政局局长，与市民关系密切，故有请各代表互相讨论解决之。窃自远东战事发生及香港事变后，难民纷纷逃澳避居，地少人多，不敷供应，流离瑟缩于街□（头）者不可胜数。更因良莠不齐，影响治安不少，警方曾尽极大之努力，而维持秩序，市民能够安居而未受重大打击者，除警方尽力外，更得全澳各界人士之协助有功致之。现在所应商讨之事，实以救济一般无衣、无食、无住之贫苦难民为当前之急务。关于救济事项，各界热心人士虽曾先后发起及组织团体救济，成绩良好，惟本人今日所希望者将此项救济事宜，联合起来，扩大统一办理，收效将更可观，并指出本澳治安图表遥示于众，曰，自一九四一年起，犯罪者突然增加，平均每日四十多宗，直至一九四二年正月份起，续渐减少，恢复一九四一年以前状态。在一九四一年时期，难民及贫苦者，因无衣无食，沿街抢食及掠途人财物者不知凡几，致影响市面秩序，各位当时亦不胜其苦。直至本年警方尽量将市面流丐及贫苦者，设法收容后，市面秩序乃得恢复。此辈虽是贫苦，惟皆是人类，不能以禽兽待之，任由其饿毙。各位如目睹此辈，瑟缩街头时，亦作怜悯之念，予以一元几毫，或铜元数枚，此举虽属救济，惟只能予以半饱或一餐，彼辈仍流浪街头如故。一但乞不到钱，则作非分之想，而影响市面治安，商民多为不便。现在青洲难民收容所，人数约二千人，每人每日所需，仅双毫三角，政府方面担任供养五百名，希全澳热心人士量力襄助，此乃公益，希各位帮忙，提供意见。回忆本年度春季，每日倒毙者，达百余人，尸首遍地，情形惨酷，尤令人目不忍睹，自该营收容后，其数遂日渐减少，比往昔相去数倍。现希望列位为本己饥己溺之旨，商洽完善处置办法。且本人乃属葡籍，未尝要求各位救济葡人，而要求救济华人者则时有，今日违难者尽属华人，本人虽属葡籍，尚能代为呼吁，而列位乃系华人，岂能袖手旁观耶。布氏乃先征求高可宁发表意见。

高氏发言

高氏答复以各人之意见为依归，后布氏征求在座之记者意见，以其所述各情是否合理。其中有一商人提议以工代赈办法实施。惟布氏以此因战争关系，各种来源断绝，各工厂均陷于停顿状态，故该法实不可行。且一般小贩生涯入不敷支，粮无隔宿，虽其中高等难民，略拥有巨资，惟金融动荡，时值贬跌，坐食山崩，未几又告破产，沦落街头矣。倘此法仍不可行，则其他更不可行矣，如各位仍设若等闲，本人可将营内难民，悉数散放，则社会秩序，市面治安，实不堪设想矣。现营内所有之二千人之生活，政府愿负五百名费用，列位俱属吾友，想此举亦表赞同，以维善举，随人乐助，不强过也。后高可宁及黄苏提议希望当局能去函埠中各行商，分为负担，而定以六月为期，先行负担交警厅登记□法，期满后再行另订。阮□洪提议在座各代表签名，承认负担之名额。赵斑斓提议，谓此举实为将有用之资，而拨作救济无用之人，何不尽将所有遣送回乡，布氏则曰，难民遣送回乡，其生活未必解决，且乡中环境困难，谋生不易，如无亲依靠者，又要“死路一条”，且本埠对各方乡人，均予自由进境，难民已遣送而重返本澳者，则对尽送回乡之议，实徒劳无功也。布氏又举一例，即有猛虎，产于丛山森林、山林中其他野兽，均可供其饲料，惟猛虎仍常出现于附近城市寻觅食料，该虎明知市人对之，袭击杀戮，惟虎因饿饥计，亦作冒险之行。其例与以上所述者本同，但难民确□回乡始能维持生活者，亦可酌量遣送。黄苏提议，该营因人数繁杂，设备不周，肮脏异常，卫生实有极大影响，故须加以清洁工作。布氏答称，该所收容，系属暂时性质，倘长久维持，则需另觅地方，男女老幼，均予编列，如其属夫妇者，尽可合住。结果一致通过，互相负担承认救济，如营内难民□欲回乡者则将之遣送。如仍留营食宿者，各适其适由任其意。于是各人即席签署负担名额极为踊跃。后一代表请求警方派出警探一名，协同各绅商沿门向各界认捐，布氏备极赞同欣喜。又各界如热心捐报财物转为救济者，可送交警厅云。兹录昨日认供养者姓名如下。

认捐题名

高可宁三十名，广盛□行捐港纸一千元，德全永寿、益昌（以上每位捐十名），梁后源、董庆堂、广丰隆、荣发、太丰、万昌、华侨、德生按、高升按、富衡、高福□、高可宁夫人（以上每位捐五名），广兴泰四名，东星殖产公司、澍春园、黄渭林、荣信、赵斑斓（以上每位捐三名），梁鸿勋、陆电明、宝兴、东兴、□誉华、黄苏、蔡文轩、阮维扬、谢利源、中央舞场、瑞昌、赵鉴待、昌兴、□乐、海角舞厅、万国供应、何赞、兆丰、陈耀堂（以上每位捐二名），刘叙堂、古□□、陈灿□、施路华、皇后皇宫、同善堂药局（以上每位捐一名）。

1942年10月2日　第一版

刘伟海婚礼　昨隆重举行

本报采访主任刘伟海，于昨日下午四时假座澳门华商总会二楼礼堂，与曾碧霞女士举行结婚典礼，事前礼堂□设一新，三时许，各界来宾亲友纷纷到会，数达二百余人。计有同善堂、商会、镜湖医院三机关正副主席暨各值理，华人领袖、社会名流、报界同业等，情形极为热烈。时届，由刘纪召司仪，新郎新妇容光焕发，相偕步出礼堂，行礼如仪，先由证婚人蔡文轩先生宣读证书及致词，后由介绍人曾奇玉、陈大白依次致词，继后由教育会长梁彦明、天主教救济会托儿所主任□嘉禄演说，最后由新郎致谢词，对各界亲友之宠为隆仪，赏临观礼，实深铭谢。词毕，茶会，情形异常隆重，至五时许始散云。

1942年10月2日　第一版

热极生风　悬七号球示警

（专访）日来天气闷热，为飓风前夕之先兆。昨日午间天气转变，四面□雾，东望洋及大炮台，于上午十一时卅分，悬示如一号风球示警，港务局发出通告，俾市民及海上船户预防。至下午六时，狂风飒起，暴雨斜吹，似飓风将到模样，随即改悬七号风球云。

1942年10月2日　第一版

巴拿马义演　定廿六举行

布厅长任主席巴拿马幻术社之演剧筹款大会，改期本月廿六举行，该会昨日得警厅长布英沙答允可充任该会名誉主席，殷商钟子光氏，以最大力量帮助该会云。

1942年10月2日　第一版

旅业行　请减营业钞

（本报专访）当局自颁布增加生艺钞后，旅业行日前曾请商会转恳当局予以减轻。商会昨堂期会议特提出讨论，议决请该行主席郑雨芬到会会商后，再行办理。

1942年10月2日　第一版

交通消息

（本报专访）宜阳丸昨（一）日由港返澳，准今日往湾，永华轮去月廿六日由此间往湾，此次由湾转往海防载货，然后由海防回湾返澳，需时颇久，约本月十一二日可返澳。

1942年10月2日　第一版

葡西两国　敦睦邦交

（本报专访）昨据本澳葡文西报发表称，葡萄牙与西班牙两国，为兄弟之邦。两国交谊素极敦睦。昨接得消息，葡总理撒喇沙与西班牙外交部长，互相以电相往来，以增厚两国亲善及表示立场不变云。

1942年10月2日　第一版

新任澳主教　行将来澳

（本报专访）昨据有关消息，新任澳主教罗若翰来澳日期，一俟前往广西梧州举行祝圣礼后，始行转程来澳云。

1942年10月2日　第一版

冬季粮证　换领挤拥

（本报专访）换领各季粮食□证，卅日经开始，领者异常挤拥，至三日止。证上只书有白米面包煤炭三种配给，该证亦较夏季缩细一半云。

1942年10月3日　第一版

财政局公钞科　开始征收物业钞　限期本月内缴纳逾期处罚　昨经已用邮寄派送通知书

（本报专访）本澳当局，对于物业买卖，不论官民人等，均依照葡国法令办理。买卖屋宇须由立契官立契，及向物业登记局登记，一经买妥后，并须一次过续纳斯沙（即转业税）及每年缴纳物业钞一□。转业税□根据该屋卖价若干按照规定征收，并由屋宇评价委员会，将屋估量评定其所值为依归，物业钞则按照其所收租值若干照章征收。至于业主去世，而将其遗下之物业遗给其子弟及承继人者，则须呈报及缴纳遗产税，而不须再行缴纳业税矣。如建屋之地段系归政府所有者，则须每年另缴纳地米（即地租）。关于缴纳物业钞，转业税、地米及遗产税，则于每年十月开始征收，其所收者为上年度（即收下期）。查去年度之物业钞，昨日已开始征收，公钞科已发出通知者，用邮寄按址递交各业主，限由即日起至本月卅一日止为缴纳期，如逾期仍不缴纳则须受处罚。其逾期时限则系由十一月一日起至廿五日止，每百元罚款三元，惟罚款最少额为一毫五仙。逾期三十日之业钞，每百附加周息六元，由逾期日起计至补纳之日止。关于逾期追收及各□手续，则由十一月廿五日开始办理，各业主如有物业者，请于本月内赴公钞科（龙嵩街卅二号），依照通知书数额缴纳以免逾期处罚，所缴之款限收本澳西洋纸币，港币双毫及其他各币均不通用。公钞科办公时间，除星期日及例假外，每日由上午九时半至十二时半，下午二时至五时，如业主迁址或离澳而未接到通知书者，亦须照章办理，不得借词推诿云。

1942年10月3日　第一版

小品作家又弱一个　忠义乡人病逝香江　灵榇两月前已运回原籍安葬

华南小品名作家高子峰，于港事变前，向在省港各报副刊撰述稿件，以武侠技击小说及讲古等小品文字见长，其所撰述稿件均用忠义乡人及高峰等为笔名。因文笔通俗，颇得一般读者欢迎。昨据佛山来客谈谓高子峰先生，于本年七月间因积劳成疾，经已在港逝世，身后萧条，遗下一妻、一子、一女，事后即由其夫人将灵榇运回佛山原籍安葬。据其戚友来澳谈，高氏遗眷之生活甚苦，希望一般文友及旧同事予以援助。查高死后无新作遗下云。

1942年10月3日　第一版

飓风掠过澳境　海陆居民戒备

（本报专访）昨（一）日午间十一时卅分许本澳港务局，突接获港方消息，在香港南便距离约卅英里之□纬线发现飓风向西北方面吹去，飓风所行速率，每日约十五英里许。倘风势不变，预料本澳将有受飓风袭至之虞。港务局于接到飓风袭澳消息，立即发出紧急通告，使海陆居民预为防避，同时天文台大炮台，东望洋船政厅等处，亦悬出第一号风球示警。果也，自悬出第一号风球后，天气发生变化，气压渐低，由金风爽飒之气候忽变为炎气迫人，其时虽有微风吹来，非特全无凉感，且袭人身体，感有微热。迨至昨（一日）下午五时许大气变幻，更趋恶劣，飓风袭澳，为势渐烈。南湾良友球场及郊外一带所吹之风更为猛烈，且暴雨横来，大有山岳动摇之概。其时，天文台、港务局及大炮台、东望洋等处，一律改悬七号风球外，渔船及电轮等，纷纷驶返本澳快子基避风塘内避风，较小型船者则将之扛上陆上。迨至晚间，飓风威胁，仍未解除，至夜深风力渐猛，寻且横风横雨，屋宇树木受风力侵袭，均为震动。其时全澳市面，均转入荒凉状态，不特各商号大部分均关闭门户，停止营业，即路上行人，疏落可数，一般餐室，顾客寥寥，情况肃索。

至昨二日晨，飓风袭澳，将更趋可能性，港务局立即将七号风球除下，改悬九号风球。情势益趋险恶，风力更猛。南湾、西湾、黑沙环、河边新街一带，海面波涛汹涌异常。水面船只，其较小之送人艇，纷纷将之拖上马路中避风，至海上交通各线轮船，均临时停止启行。昨日竟日完全断绝交通。尚幸陆上交通未受若何影响，一般人力手车，更为利市三倍。至望厦米站昨日完全停止配给。查昨日风力虽猛，飓风只从澳外掠过，故本澳市面海陆两方，不致蒙受若何损失，只商业上略受影响云。

1942年10月3日　第一版

公局学校报名　明日止截

二龙喉花园议事公局男女学校，免费招收学生，查连日前往报名入学者，为数甚众，报名只尚有今日下午三时至四时止，明日即行止截报名，决不展期云。

1942年10月3日　第一版

巴拿马义演　节目丰富

（本报专访）巴拿马幻术社义演会，铁定本月廿六日在清平戏院举行。查该会游艺丰富，兹探录如下：（一）开场曲（同乐音乐社），（二）舞蹈（钟玉珊），（三）幻术（巴拿马幻术社），（四）国技（幼年国术团），（五）木兰从军（郑碧影），（六）西峰击掌（少白菜谭佩莲），（七）国技（赵竹溪姜密龄），（八）西施（陈文川马次文郑碧影少白菜）。

1942年10月4日　第一版

救济难民运动　计划扩大举行　商会主席高可宁提倡印发认养册

（本报专访）市行政局局长布英沙氏，自发动全澳难民集中救济后，始由商会主席高可宁氏响应认养数十名。本澳各界人士纷纷继之者为数极众，殷商巨富，仍未有认养者，亦属不少。记者昨特晋谒本澳商会主席高可宁氏，叩询一切，顷据其对记者发表谈话称，彼本人除尽绵力之外，则极力推动此项救济事宜。关于今后认养难民办法，为扩大推动范围起见，特进行印刷认养捐册，俾以分发于埠中各界人士，使各界得有机缘认养以收善果。彼本人已将此项办法呈献于市行政局长布英沙，而布氏亦极表同情，至此种认养捐册，须俟□间制就后，当可分发于各界认养云。

1942年10月4日　第一版

明日葡国国庆纪念　官民热烈庆祝　三机关值理将赴道贺

（专访）明（五）日为葡萄牙建立共和国纪念日，盖前卅二年间，葡萄牙为君主国体，经一度革命后，遂建立民主共和国，并定每年十月五日为国庆节，葡京里斯本暨葡属各地均举行隆重庆典。今年适在卅二周年纪念，澳府当局亦照往昔援例举行庆祝，是日各机关衙署、银行，均悬葡国旗志庆。华务局华视学会于日前发出通告，饬令全埠中葡学校于是日除□旗志庆外，并放假一天，用申庆典。当局并拟定是日庆祝程序，上午六时督署门前行奏乐礼，八时各衙署机关，学校升旗礼，十二时大炮台鸣礼炮廿一响，督宪戴思乐中校，接见各属僚及中西士绅名流。本埠镜湖医院、商会、同善堂各机关正副主席暨各值理，联合前赴督辕道贺。查往昔本澳当局购备一批粮食，在跑狗场，分□各贫苦侨胞，闻今年亦有举行云。

1942年10月4日　第一版

旧米包千个　招人投承

（专访）本埠粮食统制委员会，现存有旧麻包一千个，招人投承，于昨日发出布告如下。

澳门统制物品输进委员会

为布告事，本会现有旧米包一千个，招人承买，如欲承买者，可于即日起至七日止，以暗票书明价格，交本会办事处（警察厅三楼）。该米包存在沙梨头米仓内，除休息日外，每日十时至十二时可到该处查看，此布。

一九四二年十月四日

委员观耶

1942年10月4日　第二版

镜湖医院鸣谢捐款启事

刘粲森先生捐施棺大洋五百元，超记先生捐药剂大洋三百元，燕氏善士捐施棺大洋二百元，王荣赓先生捐施棺大洋一百卅五元，谭松先生捐施药双毫十元，麦添先生捐药剂港纸二十元，区锡熊先生捐施药港纸十元，芬记宝号捐药剂双毫三十元。

1942年10月5日　第一版

未领执照医生一律禁营业　须即日将各招牌除下

（专访）澳府当局，为维护本埠居民生命建（健）康起见，曾颁布法令，在澳执业行医之医生，无论其中西医术，须经卫生当局验试及格及缴医科毕业始予发给执照，准其设馆开业。曾三令五申，饬凛遵办理，毋得有违，迨至广州香港等地沦陷后，一般医生故纷纷来澳，另谋出路，惟以领取执照困难，营业遂成问题。讵彼等乘机取巧，乃在领有执照之医生附设，或将其原执照之医生名改称“药房”“医所之类。而附设之医生乃四出宣传，在某某药房任事行医，或在其寓所悬出小型招牌，“寓”，暗中营业，以避免当局注意。澳府以彼辈内情早经洞悉，于日前曾再一度申令不准开设，惟彼等置之不理，警方乃于前日派出警探多名前往，传各未领牌照医生到警厅，嘱令由即日起，不但不准营业，并且立将大小招牌除下，以后并不得在报章刊登告白云。

1942年10月5日　第一版

养侨运动展开　银业行亟宜赞助　该行存慈善金达国币十余万元　市民咸望拨款捐助或局部认养

（专访）本澳银业行，为金融贸易之总枢纽，自华人代表梁后源就任该行主席后，行务更日趋上进，最近并向澳府备案，以成一合法组织。该行对社会公益，慈善事业，均热心赞助，慷慨拨款输将。而该行例，以各银号加入为行友者，该新会员须设宴款待全体同业，借以联络感情。惟年来因物价高涨，国步日艰，该行以糜耗过巨，特将该例取消，改为每十家始设宴一次，以资节省。凡新会员加入，则改缴双毫三百元，移作慈善基金，拨捐各慈善机关以作经费。计有国币十余万元，折合银毫为一万余元，一般市民意见，以该行所存之慈善金，无非用以救济贫苦死难同胞，其捐拨之时间，虽未有一定，惟只指定因慈善而迟早方动用也。最近市行政局局长布英沙，发起之济养青洲难民运动，一般热心绅商响应认养者，风起云涌，如火如荼。该行所存善款巨大，对此善举定当乐助，且该行除慈善金外，尚有各行友买卖之佣金收入数目亦巨，故市民亟望该行执事先生，恻隐动念，乐善为怀，能大量拨款捐助，或局部认养，俾“养侨运动”顺利推行，而若辈贫苦侨胞，得此嘉惠，不致沦于沟壑，实深利赖云。

1942年10月5日　第一版

米站今日休息　澳督亲到祈祷

（专访）望夏（厦）米站奉政府令，今日为葡国国庆节，休息一天，澳督并于今日亲赴站主持弥撒礼，祈祷庆祝。明日星期二照常售米，并补盖冬季粮证印鉴，购米则在新米站，盖印则在旧米站云。

1942年10月5日　第一版

交通消息

广州湾及澳门线由今日起，改由岭南丸替航港岛丸，计程昨（四）日可由湾到澳，但因前日飓风关系，影响行程。今日或明日始可到达，香港线□山丸，航程无变更云。

1942年10月5日　第一版

有名氏慨助回乡会　本周送难民两批

（专访）澳侨协助难民回乡会主席刘伯盈，近积极向各方人士募集经费，昨又征得有名氏慨捐港币一万元（伸合国币约三万元）。刘氏特将该款拨作本星期六之一批难民出发经费。查该会原定每周出发一批，星期一登记，星期三出发。本星期特别加送一批，共两批，定本星期四登记，星期六出发，名额约四百人云。

1942年10月6日　第一版

昨葡国国庆节澳督接见各官绅　督辕冠盖云集盛况空前　奏乐悬旗鸣炮仪式隆重

（专讯）葡萄牙共和国建国卅二周年国庆纪念日，昨（五）日本澳举行隆重热烈庆祝仪式，各政府机关、中葡学校、邮局、银行除休假一天外，并悬葡国旗，用申庆典。是日各街道国旗随风飘展，点缀大地，澳府预定庆祝秩序，为上午六时在督宪府前奏军乐礼，十二时督宪戴思乐在督辕接见各属官僚及中西绅商名流，仪式隆重，情况热烈。十一时许，到督辕道贺之中西官绅，准时莅临，云集督辕楼下，计有法院按察官、民政局、军政局、市政厅、卫生局、市行政局、警察局、财政局、经济局、港务局、工务局、华务局，各局长暨高级长官及各国驻澳使节。华人方面有华人代表梁后源、商会、同善堂、镜湖医院三机关正副主席，暨各值理及妇女会代表，大众报、朝阳报、时报等报社长，各华人团体代表，其他绅商、中外名流等多人，冠盖云集，盛况一时。时届，民政局秘书长华士江沙路宣读仪式秩序，先由各国驻澳使节依次登楼，澳督是日身穿灰色常服，精神奕奕，笑容可掬，由法院长马士加陪同在二楼客厅与来宾一一握手为礼，其他各属僚，各机关，中西官绅，鱼贯而入，情形异常隆重。迨至一时许，来宾始告散去，十二时大炮台鸣礼炮廿一响，隆隆之声，响彻遐迩。晚间各葡侨俱乐部及葡住宅多有举行跳舞会，以资庆祝云。

1942年10月6日　第一版

连日金融市况

（本报专访）本埠金融市况，连日无大变动，仅微末之上落耳。前日为星期日，银市无正盆，故各项货币比率，均见转动，实则时间之动荡矣。昨日银市开盆后，港纸价稍见上落，由三零八及二一二之间，渐次下降。尚幸放家无多，买家犹众，市价遂见企定，在片刻之间，又趋回涨。

1942年10月6日　第一版

港岛丸　运到粮食

港岛丸，昨（五）日下午由广州湾开到，载来新货，调查如下。计豆子二百一十件，白椒一百廿五件，草包五百四十八件，咖啡豆廿件，猪油五十九罐，茨粉四十一件，糖一百四十八件，元肉八件。又该轮今日由澳开港，明日回航，后日再由澳开湾云。

1942年10月7日　第一版

米站照常售米　每担七十元　并恢复白银本位

（专访）望夏（厦）米站自昨日恢复售米后，“日日米”由上午九时起举行，售十号、九号、八号、七号、六号、五号六种粮证，除十号售米九毫外，其他俱售米六毫。“星期米”者上午九时九号售米七元八毫，正午十二时售八号，售米七元二毫，下午七时六号售米六元，俱在新米站举行，至集团及新筹仔检查则在旧米站，检查后随即售米云。

（又讯）政府昨谕令米站售米恢复白银本位，并提高每担七十元发售，市民如不到站购米，米站可代为保留，不予没收云。

1942年10月7日　第一版

同善堂祝孔

同善当历年祝孔，遵行夏历，历代不替，故昨天该堂亦依例举行祝孔典礼。时届三时，该堂主席崔诺枝、蔡文轩，值理黄渭林、黄杰源、黄仲良等，莅场行礼，仪式简单而隆重云。

1942年10月7日　第一版

德兴银号　行将营业

新马路德兴银号，系由美艺营造厂建修，名工程师戴文渭君设计，装设美术壮观，工程现已完竣，该银号行将营业，对于货币找换，各埠汇兑，均诚实快捷云。

1942年10月7日　第一版

交通消息

（本报专访）（一）港岛丸前（五）日由广州湾到澳后，各货即夕提仓，至昨（六）日该轮由澳开往香港，今日回航，明日往广州湾。（二）福海丸昨日由港到澳，今日开往江门。（三）岭南丸代替云阳丸，往来广州澳门线，昨日由广州抵步。（四）旭光丸日间可由湾到澳。（五）永华约十二日，由广州湾回航云。南斗丸昨晚返澳，载来大批油糖杂货云。

1942年10月7日　第一版

孔教会昨祝孔　澳督亲临参加　并为纪念碑行揭幕礼

（专访）昨为夏历孔夫子圣诞，柿山孔教会举行纪念，并敦请澳督莅临为纪念碑举行揭幕礼，情形极为热烈。十一时许，澳督戴思乐偕同夫人及中军晏德地，秘书长哥士打，华务局长施多尼驱车抵埠，由该会委员蔡文轩、高可宁、梁鸿勋、梁后源等在门次迎迓。澳督一一握手为礼，随招待于客厅，未几即在礼堂内开会，秩序如仪。由澳督为纪念碑行揭幕礼，该碑刻载孔教会之沿革，及经澳督整顿后，一切均予刷新，对澳督之德政措施，颇多赞颂。会毕后，旋往二楼行祝圣礼，堂前四周高悬花灯，中置孔夫子遗像，上额书有“万世师表”四字，前排列三牲祭品，古代祭器乐器及燃花烛，情形异常肃穆，来宾无不起敬。澳督行礼毕，略进茶点，即告离去云。

1942年10月7日　第一版

金龙茶楼　装修美观

位于十月初五街之金龙大茶楼，最近为扩张营业，特将门面内部从新装修，并聘请名建筑家戴文渭君予以新型设计，美奂美轮，异常壮观，并定初九起暂停营业两天云。

1942年10月8日　第一版

公钞科长卢陵素对本报记者发表重要谈话解释业钞问题　根据租约所收之租项照章办理　所征收去年度之业钞并无增加　数目巨大系补纳前欠之原因

（本报独有新闻）不论官民人等，凡在本澳购置或自建屋宇，业主须在物业登记局登记清楚，及由立契官立下契据，方为合法。在法律上亦根据其在登记局登记之姓名及契据而承认其为该物业之业主。如转卖时，则须由立契官转契及呈报登记局从新登记新业主姓名，在新业主买入该屋宇时，须向财政局公钞科缴纳转业税负（即斯沙）。如业主异日再将屋宇变卖时，新人亦照此办理（即缴纳转业税）。如业主死亡，将其物业遗给其承继人时，则须缴纳遗产税。不论买入自建或先人遗下之产业除照上项办理外，并须于每年缴纳业钞一次。各情已□志日前本报。查上述之转业税遗产税及业钞，均归财政局公钞科办理。至于征收业钞方面，公钞科在每年十月间开始办理征收，其加征收者为去年度所应缴纳之业钞（即下期征收），因须费时核计故也。关于去年度（即一九四一年）业钞，公钞科已在本月一日通告开始征收，并用邮寄方法，将上年度应纳数额之通知书按户寄送与各业主，限令于本月内缴纳完竣，不得借调推诿，如逾期须受处罚，及附加周息，并须缴交在追收期内之一切案卷手续费用。惟一般业主自接到该项通知书后，业已照额前往缴纳者甚众，惟仍有一般未明底蕴者，以其所接得之通知书开列之业钞数额与去年有异，并且有比去年超出十余倍者，多因未甚明了，故四处张罗，有向亲友询问者，有投函商会者，而本报连日亦接到读者来函多通，而一般无知者竟谓政府本年增加业钞十余倍，至廿余倍，以讹传讹。而有等所接得之通知书所开列之数额与去年无异者，则欣欣自喜，惟仍莫明所以。故连日因征收业×问题，一时骚动全澳。究竟政府有无增加征收业钞或增加征收若干，其办法如何，本报为使社会人士明了一切起见，昨由本报社长陈少伟晋谒财政局公钞科科长卢陵素叩询一切，除询及缴收物业钞问题外，并对于生意，工艺及自由职业之营业钞从何时起增收，其详细办法若何，均有顺序询及。蒙卢陵素科长接见及一一详细解释如下（以下均系卢科长答记者之叩问）。

照前办理　并无增加

本月开始征收业钞问题，一般市民因未明了内容，认为本年特别增加征收，而重市民负担，四出传说，对于本科诸多责难。此种传说，全属出于误会，并非事实，本人亦认为须向市民解释之必要。本科一向是照一九二四年前政府所规定之数额办理，所征收之业钞系根据该屋所收租项若干，每百元征收十三元五角，另根据所纳业钞之数额每百元附加慈善费十元，及印花费每百三元，此种办法系由一九二四年前规定征收额，截至现在并无更变。所传本年增加征收业×，实无其事，亦无新增附加别项费用。在一九三九年前，即由一九二四年至一九三九年，此十四年中业×之征收，系根据一九二四年本澳各业主所呈报之租项，照每百征收十三元五角之额办理，一向并无更动。

根据租约

一九三九年因战事影响，难民纷纷逃澳，人口突然增加数倍，本埠屋宇求过于供，业主之租项亦随之而提高，业主与住客之间亦因租项及租期问题，时有发生争执。政府方面为解决此种纠纷，及乘便从新调查各屋宇所收入月租若干起见，特订定业主与住客互相签订租约。本科就根据该项租约所订定之租项，每百以十三元半征收，附加之慈善费，亦系根据所纳业×数额，每百元附加十元，印花费每百三元，与前无异。故由一九三九年起，业主所应纳之业×，因其所收入租项增加而增纳，政府并无更变以前法规定之办（法）。

分期核计

业主与住客所订立租约，本处总计收到共一万二千户，如此巨大数目，一时未能将之完全核计，在一九四〇年内，只核妥此数四份之一，故在该年开始照新租约征收者，仅三千户。去年（一九四一年）再核妥租约三千份，故去年又有三千户照新租约征收，并须缴补纳未核计前一九三九年应纳之数额，直至本年再将其余之六千户全数核妥。此六千户在未核妥前，仍□一九三九年前之数缴纳。

一次补足

今一经核妥，除去年度应纳之数外，仍须补纳一九三九及一九四〇年所欠之数，将去年应纳之数，一九三九年及一九四〇年补纳之数，合共计算，在本年征收通知书内所开列之□目未免不觉巨大，其前者为先纳，后者是补纳而已，并无增加。试看明年通知书征收今年业×者，则其数可见减少矣。

营业钞

关于生意、工艺及自由职业之营业问题，自经政务会议议决，规定由本加（年）七月一日起增年征收，在此法令未公布前，各商号业已先行缴纳，全年或半年或秋季营业×者，仍须照新规定之数额补足，即系由本年下半年起增加云。卢科长解答毕，记者遂向科长握手谢别。

（以×代钞）

1942年10月8日　第一版

警探部破获一宗打单勒索案　两度未得手歹徒终落网　高可宁险被勒索五万元

（本报专访）去月中旬，本埠发生一宗打单恐吓勒索巨案，歹徒向绅商高可宁及港绅董仲伟之弟董鹤年函索巨款，措辞诸多恐吓。迨至同月廿九日下午八时许，卒在渡船街十四号，二□为警探将该案破获，主犯当堂落网，并□□□嫌疑男子多人，即解署提讯，案情严重，经过情形甚为复杂。当时警方为详细查缉起见，故未能发表，警方取录口供后，于昨日备文转解法院审判，兹将该案调查所得，分志如后。

警探围捕

事缘去月廿九日，警探部华探目得接线报，谓有打单勒款之歹徒，约于是日五时至七时，假渡船街十四号A二楼，与事主“讲数”□事，朱探目据报后，于四时许偕同区长经沙，及华探，按址前往围捕，从隔邻之屋顶转入该屋，照会屋主麦□，朱探此举，实为避免打草惊蛇计。朱等抵埠后，即在二楼阁仔□时藏匿。迨至七时半，有一年于卅余岁之中年男子，手持函件一封，信内书有该街门牌，麦照先生收等字样。带信人敲门问该人在否，朱探目乃遣麦启门纳之，迎接入内，朱探等旋在内出，露械向该男子指吓，并施搜查，旋将其带来之信件拆看，除函件外一另附有收条一纸，□□收之数额为港币一万元，盖有“民利公司”圆章。至函内措辞略谓日前经奉两函，谅已过目，定能如数掷惠，该款万元，请交来人带返，照信办理。下署梨先生等字样。实诸该男子称李拾，卅岁，中山小榄人。

朱探盘问

朱探略予盘诘后，随将之暂禁于三楼阁仔，各探一并藏匿。迨至八时许，有男子林某，登楼向麦照询问，有无男子带信到来，麦答之曰已来，顷在三楼，林乃继登三楼。朱探从阁仔而出。未几，继有男子谢荣仔，葛地素登楼，各探一并暂予扣留。朱探目旋向李拾盘问，汝识此三人否。（答）俱不识。（问）汝既不识彼三人，然则是何人驱使汝来。（答）日前有友人曾致两函于董鹤年，此次承该友人之托而来者。

撕毁函件

朱聆后以其说出董鹤年名字，旋外出，四人由各探暂行看管，朱乃赴罗利老马路廿二号董之寓所找董，适外出，后卒在清平直街寄闲俱乐部见董，告以实情，询其是否日前曾接打单索款函件两封，董答是，已交林某办理。朱等乃偕同董至渡船街，另有名流李海昭偕行。抵埠后，朱探旋向林某盘问，林答称，彼并无收到董之函件，该事概不知情。在朱探出外找董时，林则称腹痛，须入厕所大解，各探任之，林入厕后，旋在衣袋中检出信件两封，将之撕毁，纸碎掷入粪盘，抽水冲出。讵事机不密，为一人从门缝中瞥见，转报华探，后卒在厕所□拾有该函之信皮纸碎少许，封面仅存一“董”字，下叚想已由粪盘冲去。

缴去手枪

朱旋向林问，汝所供说此事概不知情，何以顷间汝腹痛如厕时，而将函件撕毁，现尚留余屑为证，林犹称真不知情，朱转向李拾严诘，谓该余屑之信，是否又为汝于日前带来者，李答是，并供认为彼所撰写者。朱转向董问，该信是否日前收者，董答是。后朱查悉林受雇于某公司为巡场职，领有三号左轮手枪一支，罗区长向之盘问，汝既云概不知情，然汝此来亦属有嫌疑关系，林答曰，吾为朋友办事而来，绝无其他。后罗旋将林佩有之枪缴去。林反向罗质问，现汝奉何人命令，胆敢取我手枪，罗答“现在系由我命令”。

高绅可宁接打单信

各探略加盘诘后，一并解署究办。该案正被破获时，泰兴公司高可宁亦接有打单函一封，内称索款港币五万元，如五天之内不置答复，则予以炸弹严厉手段。举凡高以次各职员，亦同一对待等语，下署梨先生，盖有民利公司圆章。警探将李捕获后，于翌日乃将各人提讯，主犯李拾供认日前所致董之函，及致高之函，俱由彼亲自撰写者，民利图章，亦系彼所刻。后在河边新街搜获有图章三枚，与日前致董高之函所签者，相对无讹。

高可宁问

警方及邀请高可宁晋署作证，李拾亦在提讯中，警方问，李识高否，李答不识。问，汝既不识，何以又向之打单。答，高为澳绅，慈善为怀，拥资巨万，市民皆知，故向之光顾。朱探目旋指高介绍曰，此乃高可宁也。当时高问李曰，日前函内索五万元，此□甚巨，实难如命，倘一千八百，或可奉付，惟汝不应诸多恐吓。李曰，本人即算取三元之少数，亦难望尊驾惠我。高曰，□该五万元巨款存于银行，汝胆敢往支，而不恐遭警探拘捕乎。李答，为环境压迫，遭擒亦在□计，至此次被捕，亦为往收款□所致，从其言语中，可见李态度镇静，神色自若也。

被劫巨款

朱探继向李问，董鹤年汝识之否。（答）余与董为同乡之谊，而悉董为一富者，董问其家乡何处，答，中山小榄下基。警方继传林某，及郑、葛研讯，林供当被捕时，因见各探致心惊胆震，遂入厕所撕毁函件以灭迹。郑、葛供认渠等此来系林所邀者，其他绝不知情。又据警方消息，八月十日上午十一时许，董鹤年从其寓所出外，甫至街口即有两男子露械指吓，勒令其转返寓所，继瞥见有四男子候于门次，董处此恶势力下，迫得启门。该六人亦相继入内，大施搜劫，损失财物约值二万五千元港币。警方乃向李拾追究，谓上案汝有参与否，答，绝无。至破获打单恐吓勒款案，犯人及证人口供俱已取录，于□日备文解臬定谳，法官准林以三千五百元担保出外候审云。

1942年10月9日　第一版

督察长观耶今日召见绅商　会商南湾建场事宜

（专访）粮食统制会委员兼督察长观耶，最近为增加善款收入起见，拟在南湾旷地，建一小型球场，四周围筑竹木短垣，于每逢精彩球赛时，观众须纳费方予入内，故观氏日前曾致意绅商黄苏办理该项建筑围垣事宜。后以木竹来源断绝，原料乏缺，迫得暂缓施行。顷观氏以该举实急不容缓之事，于昨天特函致黄绅，并函邀其他绅商，于今日下午四时晋署，商讨一切进行事宜，以资早日完成云。

1942年10月9日　第一版

访问公钞科长续详　生艺钞上季开始增费　未照额者须补纳　除特别等级外一律加五征收　逾期缴纳每百附罚款五十元　业钞逾期每百三元另付周息

（本报专访）关于公钞到本月开始征收业钞问题，本报组长陈少伟曾于昨（六）日进谒公钞科科长卢陵素访问，蒙卢科长将各情详细解释，并指出最近大部分业主所接得之通知书，所开列之数目比去年者增加数倍或十数倍之原因，其实系因一九三九及一九四〇年各该业主所应纳之正当数额。当时公钞科因核计时间问题，未即照额征收，故拨本年征收期连同去年之应纳额并一九三九及一九四〇年应补纳之数一并缴纳，数目因而增巨。且所增收之业钞，系根据一九三九年，业主与住客所订立之租约，照一九二四年前所颁布每百以十三元五角之数额征收，并无更改或增加云云。各情已志本报，自昨日发表该项解释后，社会一般关怀业钞问题者莫不重视，误会亦可因之而解，惟当记者访问科长卢陵素时尚有关于逾期缴纳业钞应受如何处罚，生意工艺及自由职业之营业钞何等为特别征收，何等为加五征收及逾期缴纳处罚若干两节，处科长当时亦有详为解释。昨因篇幅关系，未尽刊载，兹特将此两节补述如下。

业钞逾期

关于业钞方面限期于本月卅一日以前缴纳清楚，不得借词推诿。如逾期缴纳，则每百元罚款三元，最少额之罚款为一毫五仙（系指其所应纳之业钞为五元以下者），并规定由本年十一月一日至十二月廿日止为逾期期限。如在期限月以前仍未到纳者，则列入追收期，在追收期内，除每百元罚款三元外，每日□附加周息六元，另须缴交追收案卷及印花之费用，统计大约连罚款案卷印花费及周息等，合共每百十五元左右。

生艺钞增费期

至于生意、工艺及自由职业之营业钞，则依照政务会议决案，系由本年下半年起增加征收，除下列之商号及自由职业者为特别增加征收外，其余一律加五征收。如在此新法令未公布前，业已缴纳下半年或第三季之营业钞者，则仍须照数补足，公钞科亦已通告各该商号或自由职业者前来补纳。关于本季营业亦限期本月卅一日以前到纳，逾期每百附加罚款五十元云。兹将特别增加征收之各商号及自由职（业）之类别录出如下。

特别等级

九八行，代理外国公司生意、洋服兼匹头，中西药品药局、中西匹头、中国银号司理，各国银号或代理银行，中国银号或代理中国银号，或该号司理，找换店、按揭、煤炭店、燕梳公司、西药分、大押、小押、建筑工程、铜铁旧料押、酒店、旅店、什货店、钟表店、丝带店、鞋店、首饰店、零沽洋酒店、□中医生、鲜鱼栏及咸鱼栏及其他生意在业钞章程未有列入者。除上列各项生意，余外一律照前加五征收云。

1942年10月9日　第一版

交通消息

（一）港岛丸原定昨日开湾，但在港修理延期至昨（八）日始由港来澳，于是日赴湾乃改在今九日下午。（二）南斗丸昨（八）日已由澳开湾。（三）永华今明可到。（四）广州线岭南丸昨到今开香港线，卢山丸今开昨到均照班期无变更云。

1942年10月9日　第二版

镜湖医院鸣谢捐款启事

胡政和先生捐施棺大洋五百元，区鼎彝先生捐施棺港纸五十元，金星先生捐施棺港纸卅元，陈瑞莲女士捐药剂大洋二十元。

1942年10月10日　第一版

今日全澳侨胞热烈庆祝双十节　澳督偕高级长官莅临将参礼

（专访）中华民国建国国庆节，于今日降临，往昔承平时期，此间留澳侨胞均有盖搭牌楼，张灯结彩，及提灯巡行等热烈举行庆祝，惟今日正值国难方殷，一切均宜从简略，不应过事铺张，免糜耗巨款，以符我国厉行节约之旨。本埠商会、同善堂、镜湖医院三大华人机关，为遵照国府功令起见，据照往昔成例，举行庆祝。是日除悬国旗以志庆外，并定是日上午十二时，假座商会二楼礼堂，举行庆祝典礼。事前经通函各行商于是日休业一天，及悬国旗，届时到场联合举行庆祝，埠中各中小学校亦放假一天。届时澳督戴思乐偕同法院长与各高级文武长官，驾临参礼，以敦睦中葡邦交云。

1942年10月10日　第一版

澳督莅任二周年　各界筹备纪念　罗保召见各绅商会商进行

（专访）督宪戴思乐将事军，莅澳主政后，于本月廿九日恰是二周年。戴氏以海军耆宿，转政牧民，秉性仁厚而慈祥，治事□明而□慎，试观乎处断之果决，纪律之严明，折冲樽俎，亲仁善济，中立□守，际风雨飘摇之秋，措地方如磐石之安，闾阎宁谧，匕鬯无惊，此足见其治事之精明也。故德政仁声，口碑载道，此间侨胞于戴督莅澳第一周年时，曾举行热烈纪念。经济局长罗保，特召集全澳各绅商名流，于本月十五日前赴该局商讨筹备第二周年纪念事宜，今日开始发函邀请届时列席云。

1942年10月10日　第一版

督察长观耶筹组慈善会　召见绅商会谈进行

（专访）督察长观耶，为建筑南湾小型球场，增加慈善款收入起见，特于昨日四时半召见各绅商，会议一切进行事宜。奉召前赴晋谒者，计有梁后源、高可宁、传伟生、黄苏、钟子光、简堃、蔡文轩等。观氏对各位平素热心慈善，诸多赞颂，会议达句余钟，结果实施进行，关于一切筑场垣事宜，概由黄苏负责，并拟组织足球慈善会，由各位问埠中绅商征为会员，会费葡币五十元。关于组织章程细则，由梁后源负责起草云。

1942年10月10日　第一版

交通消息

（一）港岛丸前日由香港到澳后，昨（九）下午已由澳开往广州湾，计程今（十）日可到，明（十一）日回航，十一日便可返抵澳门。（二）香港线盐山丸昨日由港到。今日返港，广州线岭南丸昨晨由澳航广州，今日回航云。

1942年10月10日　第一版

葡币价格　迭告上涨

（专访）政府规定葡币比率九五后价因求过于供（中间一段文字漫漶不清）。记者昨据银业界称，缘以财政局开始征收业钞，业主缴纳钞费需用葡币甚伙，故葡币遂被大量吸进，而一般炒友因予睇好，亦纷纷炒入，存有者乃提高价格兑现。基此种种，致做成其涨价之里因。□一般人推测，现业钞正开始征收，将来所需数额，达一百万以上，众料其价（续）有续涨可能云。

1942年10月10日　第一版

海角义舞　义款呈交警厅

海角舞场于去月卅日举办义舞筹款，场中并举行酒水、纸花义卖，该夕义舞义卖所得，计酒水葡币四十元，港币九□七十二元，舞票港纸四千四百六十八元，双毫十元，卖花葡币卅元零五港纸九十一元三角，双毫十元零六，合共收得葡币七十元零五，港纸五千五百卅一元三，双毫二十元零六，支出什费双毫八十九元，港纸四十元，收入除支付所得，悉数汇送警厅长布英沙稽核后，转拨贫民屋充作经费云。

1942年10月11日　第一版

阖澳各界热烈庆祝国庆　澳督莅商会道贺　举杯互祝中葡两国万万岁

（专访）昨（十）日为我中华民国第卅一周年国庆纪念日，普天同庆，薄海欢腾，此间华商总会、同善堂、镜湖医院三大机关发起联合各社团行商开会庆祝，并柬请各界莅临参礼，共申庆典。于昨日上午十时半假座商会二楼礼堂举行。是日虽天不造美，大雨淋漓，然参加者仍异常踊跃，盛况一时。十时卅分，开会举行庆祝，大会主席则由商会主席高可宁担任，并公推华人代表梁后源，镜湖医院主席刘叙堂，同善堂主席崔诺枝、妇女会主席陈桂清、教育会长梁彦明、国医分馆梁孟鸿、孔教会主席蔡文轩等为主席团，到会者除三机关值理外，并有各侨团行商代表，报界记者，各界来宾，数达百余人，警方并派出警探多人到场拱卫。在崇实银乐队高奏悠扬旋律中，行礼如仪，首由主席高可宁致开会词，次由梁后源、梁彦明相继演说，详述我国在清叶惨受专制淫威之痛苦，及国父倡导革命，缔造民国之艰辛，勖勉同胞应团结努力，爱护祖国，以期达到抗战必胜，建国必成之期望。在热烈之掌声中，礼成毕而散。是日市中商店，大部分休业一天，并悬国旗志庆，青天白日满地红国旗，随风飘展，点缀大地，当地政府衙署、中外机关、中小学校，亦休假一天。

澳督道贺

正午十二时，澳督戴思乐中校，偕同秘书长高士德中军晏打地及华务局长施多尼、市政厅长贾华廖、督察长观耶、葡国青年团团长高美士及鲍斯高幼慈会陈基慈神父、暨澳府高级文武官员，驱车莅会，由高氏代表致谢督宪道贺盛意，戴督亦申述中葡邦交之人远，睦谊之□笃，深表敬仰。复由青年团代表起立致词，旋举杯互祝中葡国万岁，情况热烈，历个余钟始兴辞而散云。

教育会亦庆祝

中华教育会昨亦假崇实中学礼堂开会庆祝，外宾莅会者有葡国青年团团长高美士多路加度博士，暨陈基慈神父，岭南、知用、雨芬、中联、崇实、圣约瑟、粤华、中德、致中、广大、鲍斯高、镜湖、纪中、致用、康公庙、濠江、协和、望德、崇新、陶英等学校，均派代表参加。行礼如仪后，主席梁彦明邀请多路加度演说，盛赞中国之文化、哲学、历史、美术之伟大，为各国之冠，孙中山先生之创造民主国之艰苦精神，世界人士均极钦佩。葡国、中国亦为民主国家，葡国青年应与中国之青年联合，多认识中国之伟大，及最光荣之国家云。其后分由陈基慈、刘紫垣、罗季昭、廖奉灵等演说，至二时始告毕会云。

妇女会庆祝

（又讯）妇女会为纪念国庆节，亦于昨十日下午一时，在该会所礼堂，开会举行庆祝双十节。该会主席陈桂清，最近由沪返澳，亦有出席，并被推任为大会主席，仪式极为隆重云。

1942年10月11日　第一版

商会值理为业钞问题　定期晋谒澳督　顺将各业主来函呈阅

（专访）财政当局，日前经颁布去年度业钞后，其征收数额系根据于铺屋所收之租，以百分之十三零五缴纳，惟其中有等业钞系补缴前欠者，其数额乃告庞大，一般业主不明内容，疑当局增加缴纳业钞数额，乃纷纷具情投函澳门商会，请转呈求澳府，体恤民困，酌量予以减额。商会连日收到各界函件如云片飞来，为数甚伙。现商会值理常会席上，曾将该事提出讨论以此事为业主向澳府请求。本会实不宜参加意见，惟尽服务社会之意起见，决定于本月十二日由各值理晋谒澳督戴思乐，并将各业主投函转呈督宪，以资下情上达，一俟奉核复后，乃转达于各业主云。

1942年10月12日　第一版

业主借词业钞增额向住客增高租值　民怨沸腾生活更感应付维艰

（专访）军兴以来，难民违难来澳，为数甚伙，居民与日俱增，造成畸形发展。华洋杂萃，良莠不齐，社会秩序亦受到影响，益以交通梗阻，运输困难，物价高涨，凡□腾贵，埠中房舍更供不应求。有等无良业主，更借口倍其租值，长安不易居。本地人亦同此感，非仅外地逋民已也。顾一般业主，贪得无厌，迭加不已，住客负担过重，叫苦不迭，讵彼辈业主，又以政府增加业钞事，借题发挥，又向住客增加租值，然黄台之瓜，一摘岂容再摘，纠纷迭起，民怨沸腾。惟政府当局年前曾颁布明令，业主与屋客虽订立合同，规定业主对住客不得无理迫迁，或借词加租等情，倘不签订合同，若业主与屋客发生轇轕情事，即牵至诉讼时，政府不予置理，并依照法例，先处罚业主增纳业钞一年，以警儆尤。故住客凡与业主签有合同，而其借词业钞增额而加租者，抑无签订合同而业主增租者，可不予置理。如业主不允收受屋租，可径交西洋银行存储，则无良业主，计划虽狡，然亦无所施其技矣。

1942年10月12日　第一版

望厦米站今日售集团米　扣留粮证定期发还

（本报专访）望厦米站，本星期各项售米秩序照旧，今日上午九时起至下午六时止为集团售米日期。无论报馆学校集团、中西商会集团及特别筹仔同时举行。无号粮证须原人到站购米，每人不得购米两份，予所定时间，随时到新米站购米。该站特辟三处人路，购米者不须大候。如已换冬季粮证而未到站盖号数印者，须先到旧米站盖妥然后到新米站购米。其他秩序如旧。

（又讯）自上周办理检查粮证工作后，经检查完毕，其中由"星期米"转购"日日米"或转购集团米，故筹仔号数殊为参差，每队四百人，其中竟有少去百余人者，故米站日前特将一部分粮证扣留，以便整理号数。现已整理完妥，经拟定时间发还，十号原定上星期六领回，其他各号亦须于指定日期到领，否则乃属自误。至于二号则于星期六在新米站购米时一并领回然后购米云。兹将各号日期时间列后。（均在旧米站领回每日上午十时起）星期一：九号、八号、七号、十号补领，星期二：六号、五号，星期三：四号，星期四：三号，星期五：一号

1942年10月12日　第一版

交通消息

（一）港岛丸计程昨（十一）日由广州湾回航，今（十一）日可到，但不知有无因风雨关系误期耳。（二）旭光丸昨由澳开湾，因风雨折回，改今日开。（三）东山丸今日开湾。（四）德清丸由港抵澳，开湾期今日或明日未定。（五）永华输仍未返澳，传（十一）日可到。（六）港线□丸昨到今开。（七）广州线岭南丸今到明开。

1942年10月12日　第一版

金门万利烟　销路其畅

华人烟厂出品之三桃香烟，风行一时，而市面所售之十支装金门，十二枝装万利均售价二毫。物美价廉，销路甚广云。

1942年10月13日　第一版

秋冬昼短夜长　时计拨慢一个钟　本月十七日开始执行

（专访）政府当局日前为节省阳光樽节物资消耗起见，曾先后颁布明令，将本澳时计一律拨快两小时，衙署，机关，写字楼办公，及行商营业等，乃遵令履行新时计为标准。惟迩来时序转入秋冬季节，昼短夜长，倘依照新时间则梗误殊多，办事不便，且本埠罹受战祸威胁之危机，安然渡过，一切俱恢复往昔常态。澳府当局，俯察

下情，从新将时计拨慢一小时，以利居民，决定于本月十七日开始执行云。

1942年10月13日　第一版

港纸回升

本埠金融市况，因双十节及星期日，一连两天银市休息，故货币无一正确之盆。昨日银市甫开，看好者多，看淡者亦不小，港纸市由三一七市道，揸睇者甚众，而放家则稀，看淡者亦未敢若何放盆，市道乃逐次上扳，由三一七而至三一九。晚市既至，三一九成盆无变化，晚市则好□友均未敢下手，故稳持三一九之局，致港纸与大洋比率，由三一零五逐次回好，收市时成为三零二零，晚市依然。根本港纸市无大变化，乃成此局。以昨日市道言，略见回升，预料旬日内港纸市况，或有好转，但恐如俗所谓“夕阳虽好，只近黄昏”矣。

1942年10月13日　第一版

小型球慈善赛　纪中警友齐胜利

良友发起之小型球义赛，得款□作平民饭场，该比赛于昨日举行，由纪中战少魁，警友会良友，门券收入一百零几元（不计预销名誉券），可算成绩美满，比赛结果纪中五比四胜少魁，警友四比三胜良友。是役也，警友于上半场净失两球，下半场反败为胜，全场战事紧张，惟赛来过火，而球迷狼呼球证“收当”之声，不绝于耳，结果警友打退良友云。

1942年10月14日　第一版

市政会议通过　电费再度增价　本月份起开始照新价收费

（专访）由于战事影响，航连梗阻，运输困难，本埠电灯公司新近装置之木炭发动机，所需之木炭俱仰外来，惟因战时关系，来源短绌，价格昂贵，澳府当局前为节省消耗起见，乃将商户用电数额加以规定，并三令五申，晓谕居民尊（遵）照，毋得有违，并于日前曾将电费一度增价。惟电灯公司仍以原料过昂，支出浩繁，每日亏蚀仍巨，特再具情呈请当局，要求将电费略予增加，以资补□。市政厅特于本月十日召开会议，讨论电费增价事宜，结果以该公司所请，俱属实情，决定从新将电费增加，由本月起开始实施缴纳，计开商户普通用电，每基卢瓦特（即一度）五毫四分，用以发动摩打机者五角，暖炉、冷气机、电柜等耗用电力者三角四分云。

1942年10月14日　第一版

澳督莅任二周年　三绅献奉银杯

（专访）澳督戴思乐莅任二周年纪念日行将降临，此间华侨绅商特于该日举行热烈庆祝，以表贺忱，经济局长罗保，亦于明日召集各绅商晋局商洽届时一切庆祝事宜。顷据警方消息，商会主席高可宁暨绅商傅伟生、钟子光等联名，现制就巨大银杯一座。高为二尺有奇，□□壮观，将于戴督纪念日献奉督宪。而督宪素来关切留澳难民，特于是日举办闪电战足球慈善赛，而将傅氏等所送之银杯，转赠于该慈善赛之冠军队，至善费收入则由三氏呈交督宪，任其分拨于各慈善机关云。

1942年10月14日　第一版

米站　今日秩序

（本报专访）望厦米站今日仍继续售米，购买“星期米”者，今日轮值第九号、八号、七号、三号粮证。九号于上午九时开始，购米七元八毫；八号于正午十二时开始，购米七元二毫；七号则于下午三时开始，购米六元，均在新米站发售，至购“日日米”者，上午九时开始。十号、九号、八号、七号、六号、五号六种粮证均可购米。十号购米九毫，其余六毫。月在旧米站举行，又日前购米被扣留之粮证，今日发还四号，可到旧米站领回云。

1942年10月14日　第一版

交通消息

（一）旭光丸昨日（十三）日已由澳开湾，澳货付湾者数量颇多。（二）东由丸定今（十四）日开行。（三）港岛丸原定昨日可由湾到澳，但至晚仍未抵埠，因何脱期，详情未悉。（四）永华轮昨亦未到但已确知其由海防抵湾。（五）香港线蓝山丸昨由港到，今日回航。（六）广州线岭南丸昨日由澳开，今日回航云。

1942年10月14日　第一版

商会正副主席　今日进谒澳督　代呈各业主求减业钞

（本报专访）日前哄动全澳业户之业钞问题，已由华商总会曾一度开会讨论，结果因业主方面种种关系，均致稽延时日。惟连日来各业主所投函件，如雪片飞来，商会据此，遂着手办理，且于昨日已在商会再度会商，关于禀呈督宪一节，议决选出商会正主席高可宁，副主席陆电明等于今（十四）日十一时前赴督署而呈督宪云。

1942年10月15日　第一版

商会主席为民请命　澳督俯顺下情　分别减免业钞　业主自住屋宇一九三九四〇两年豁免补纳　缴纳期间展延下月截止业主并得呈请申辩　出租屋宇征缴办法日内公布

（本报专访）本澳财政当局日前发出通知书，向各业户征收一九四一年度业钞，并追补缴一九三九年及一九四〇年业钞，至普通业户均增至三四倍，甚有增至十余倍者。一般业户佥以征额突增，缴纳无力，且计征数日多有未明，况值此非常时期，生活困难，普通业户借租养口者，尚感入不敷支，安能再有余力膺此负担，特纷纷致函华商总会，请予转陈当局核减，以苏民困。查连日来商会接到此项请求函件，转达千余单位，该会各值理经详加研讨及严密审查后，均认为事属实情，提交常会决议接纳，汇集各方意见，缮具葡文禀词转陈督宪核办。查该禀内容，举证详明严述丰富，痛陈民生疾苦外，对于征收缴纳数额，不特事前并未公布，致各业户无从申辩，且于现实情况，确属无力缴纳，请予俯顺下情，恤念民艰，准将公钞局所发通知书撤消，并将追加一九三九年一九四〇年业钞，成命收回，准各业户照去年所缴数额交纳。闻该禀经于日昨商会特别会议通过，推高陆蔡三主席及值理高福耀等，亲谒督宪及财政当局呈递。双方晤谈至下午五时许辞出。闻结果分为两步办理，属于业主自住之屋宇，督宪已答允将追加一九三九及一九四〇两年钞额取消，只征收一九四一年之数，并由公钞局列表公布，任各业户查阅，如认为所征年额适合者，应于下月内清缴不得逾延，否则可呈请申辩，俟申辩终结时，始行缴纳。公钞局对于申辩者缴纳期限，亦予以展延，至关于业主将屋租赁与人者，其征纳办法，将于日内由当局用通告公布周知云。

1942年10月15日　第一版

布英沙为难民呼吁　发动筹募寒衣　体育界将办足球义赛

（专讯）警察察长布英沙，自倡办养侨运动后，一般行商绅士名流，均纷纷响应认养，故进行异常顺利。警方连晚派出警察，将所有露宿街道之难丐，一律遣送青洲难民营庇容，所收数目登记，以利各绅商认养。记者昨据布氏称，现该营收容数目，与日邀增，居处乃告稠密，彼辈衣体肮脏，虱蚤丛生，且随意便溺，恶气薰腾，中人欲呕。公共卫生，影响殊大，故当局有鉴于此，现着手整理编列工作，拟将该营分作三部，男女及幼童，设有浴室、溺处，以便彼辈洗涤，又不致任随便溺之害，地方清洁，健康方可保全也。又迩来秋冬季候，天气转寒，当溯（朔）凛冽之时，若辈单衣赤足，瑟缩齿战，厥状甚惨。彼等虽有裹腹之稀饭，然无御寒之衣，冻毙在所不免。故本人代向埠中绅商名流呼吁，希其本己饥己溺之旨，惠及灾庶，捐送寒衣，使若辈庶民，衣食无馁，不胜感激之至云。又记者据另一消息，此闻体育名流，将举办筹募寒衣足球慈善赛云。

1942年10月15日　第一版

巴拿马义演　昨开始售券

（本报专访）巴拿马筹款会，昨得刘栢盈、崔诺枝任正副主席后，各方进行，更形顺利，□该会戏券已开始劝售，凡欲购券者，请到天通街八号该会办事处购买云。

1942年10月16日　第一版

看更印人拿打根冒差恫吓勒索　卒被捕获依法判处入狱

（专访）印人些巴拿打根，受职某西人住宅为看更人，佩有自卫枪一支。讵些氏于本年八月间，竟萌歹念，诡称奉最高当局奉派，向十月初五街陆也烟馆女职员陈有指吓，声势汹汹，谓其违法，予以逮捕，倘能付茶资者，则可舍之免究等情。陈果信以为真，竟加数给与，些得手后，竟贪得无厌，又弄故技，先得向近西街十三号女子叶梅，麻子街七号二楼女子吴国彩，卑利喇街七十二号女子陈子云等恫吓，强行勒索，各骗去款项数十元。事后彼等发觉被骗，乃具情投报警方。些氏多行不义，卒遭警探捕获，解署究办。些被捕后直认不讳，警方乃将口供取录，备文提押法院究办。迨至昨日，由法官马士加连那登堂提讯，先传各原告登堂作证，后由些氏作供，对勒索情事，直认不讳。法官以证据确凿，罪无可逭，乃判其入狱八月，另四十日罚款，每日五毫云。

1942年10月16日　第一版

交通消息

（本报专访）（一）永华轮今（十六）日可由湾到澳。（二）南斗丸计程昨日晚可到。（三）港岛丸今日由港返澳明日开往广州湾，至该轮十四日由湾载来新货，查录如下，计开，松香四十二件，片糖七十二桶，生盐四百二十包，豆子一百八十六件，赤砂糖十件，香粉四十五件，咸鱼二百一十一件，生猪四百九十头，神香二十件，蒜头二十五件，汉药十四件，元肉六十三件，八角一百一十二件，鸭蛋七件，生粉二十八件，鲜蛋八件云。

1942年10月16日　第一版

慈善足球　又将举行

十一月十一日葡国参加欧战和平纪念日，举行一幕足球慈善赛，由西联对华联云。

1942年10月16日　第一版

郭秀珍　参加义演

巴拿马筹款会，昨得舞星郭秀珍首肯届时义演草裙艳舞，查郭女士舞术精通，向□誉于港沪。

1942年10月16日　第一版

警厅长拨款　助同善堂施粥

同善堂自接办青洲施粥场以来，四阅月之久，经费业已支绌多时，故连日警厅召集各绅商捐款赞助，各界一致同情，热烈捐款。该堂主席崔诺枝特晋谒警厅长报告经费用罄，请求设法。布厅长聆悉情形，即拨双毛二千元则交该堂则政黄仲良，黄渭林收交该堂为施粥经费，同日该堂收入捐款有卢祺港纸五百元，林世编大洋四十五元，林悦鸿大洋一十五元。

1942年10月16日　第一版

金价突跌

（本报专访）查本埠足金（赤金）市道，月来频频上扳，察其里因，则当然为“硬野”关系，加以内地各埠金价狂涨，一般投机分子，乃在本埠搜刮足金运入内地，故其价则有如红日之上升，日见好市。查近三日来，金价突跌，究其里因，则内地某处交通梗断之故，炒家以销路一减，乃乘机压抑，但毕竟□是真金，故其市道仍□企定稳固云。

1942年10月17日　第一版

政府当局收购商米　交米站公价出售　观耶对本报记者发表谈话　传公米增价纯属无稽谣言

（专讯）澳政府当局殚精竭虑，抢救民食，津贴款项从外采购公米运澳，低价售出，粮荒现象，遂安然渡过。迩来大批商办米石，源源运澳，民食充裕，供过于求，价格相继倾跌，即越南等地无米运澳，亦可供应无虞，就以现存米石而言，年内足可供给。督察长兼粮食统制委员观耶，于昨日下午四时，特接见本报记者称，最近澳府以市面商米价格，尚较昂贵，故为减轻居民负担起见，特再拨款项，以市价购买商米，移作米站作公米价格出售，以利民民。记者告以迩来市面盛传米站售价，每斤将增至八角等情，叩询是否属实，观氏答称，该项消息，至属无稽，当局对民食维护，素未稍懈。现正设法平抑米价，无更增价之议，亟希市民信赖政府，勿误信谣言云。

1942年10月17日　第一版

时钟拨慢一小时　今晚实行

（专讯）时钟拨慢一小时，该令经于去月由澳府颁布，政府宪报刊登该项消息，饬令全澳时计由今晚十一时起实行拨慢一小时，即为（十时），从今晚起以此为标准时间云。

1942年10月17日　第一版

巴拿马义演会　全部职员产生

巴拿马义演筹款，已决定于本月廿六日八时假座清平戏院举行，并选出全部职员如下：

名誉主席，布英沙；正主席，刘柏盈；副主席，崔诺枝；顾问，叶子如、陈天心、杨家驹、崔瑞深、陈少伟、陈桂清、陆绪熙、刘传能、黄苏、赵鉴持、钟子光、朱给、赵斑斓；总务，蔡文英、吴松汉；财务，邓晴隆、邝平波；票务，吴松汉、吕廷广；中文文书，邓惊柔、朱鹤亭、谭达朝、张洁莲、林汉平、梁杰灵；葡文文书，冯华；宣传，各报记者；交际，冯华、钟玉珊；劝募，马珍妮、熊秀英、林素娴、张燕飞、林少云、陈燕芳、田碧水；干事，唐贞贞、张侣松、杜荣谦、郑仲禹、汤惠文、李智、李柄枢、梁振平、王雄；庶务，黄根、刘汉、游艺、卢九叔、谭福贤；招待，李妙英、李妙群、张惠运、邝丽瓔、严翠莲、林碧霞；前台，余庆；后台，谭福贤；司仪，邓惊柔；布置，林华、潘豪；音乐，同乐音社；国技，赵竹溪、姜密龄、马迎之、幼年国术团。

1942年10月17日　第一版

在本埠租赁屋宇　须与业主订约

（专访）为防止住客与业主间因加租或逼迁而发生法律上之轇轕，互相有订立租约合同之必要。手续妥办后，业主固可按租值缴纳业钞，而住客亦可免却加租逼迁之弊，互相订立合同，此项规定政府业于一九三九年间颁布执行，其手续及办法如下，在官印局内购传租约合同纸三张，每张西洋纸一角五分，所批出之合同纸面，须依照贴足慈善印花，先在合约纸内贴印花三毫，又依合约一年租值每千元贴印花三元，如批期多过一年者，照例按年期之长期加贴，但每合约至少贴印花二元，倘租价不足百元仅五十元者，贴印花二角；五十元以上至八十元者，贴印花二角；八十元以上至九十九元九角九分者，贴印花二角；相（双）方均须在合约上亲自署名。订妥之后，倘发生任何轇轕，在法律上均有效力云。

1942年10月17日　第一版

汤圆皇　上市

安□园扩充营业，增售甜品，特制各种汤圆上市，靡不脍炙人口，且价格廉宜，一角起码，营业时间延至深夜一时止云。

1942年10月17日　第一版

需用葡币纳税　到西洋银行可获解决

（本报专访）自公钞局颁布征收公钞业钞后，因以西洋纸为本位，市面因供求关系，价格日趋高涨，近更以缴纳期近，如市民未便者，可到西洋银行，便得解决云。

1942年10月17日　第一版

商业消息

民有香烟工厂，筹备组织，研究出品，费时甚久，不日当可将各牌□良香烟，向社会贡献云。

1942年10月17日　第一版

遗失筹仔　今日补领

（本报专访）望夏（厦）米站今日如常售米，购“星期米”者今日轮值二号、一号两号粮证，二号上午九时开始发售，售米一元八毫，一号则在下午三时开始发售，售米九毫，均在新米站购米；至购“日日米”者今日全部开放售米。由十号至一号皆可购米，于上午九时开始在旧米站举行，除十号可购米九毫外，其他售米六毫，又如有遗失筹仔及已换冬季粮证而未盖人口数目印者，均可到旧米站办理，遗失筹仔则于今日下午二时半，盖人□□□□到全日举行，凡未办妥上列事项者，须早日到站办理云。

1942年10月18日　第一版

政务会议通过　修改纳业钞章程　自住铺户豁免追补及延长限期　出租屋宇去年业钞限本月清纳　追补钞费延期至十一月底止截

（专访）去年度业钞征收，其额比去届超出数倍，或十数倍者，一般业主乃纷纷投函商会，转陈澳府减低。商会值理等乃具充分理由转译禀文，晋谒澳督奉呈，并据理由申辩，请求澳督对业钞缴纳予以减低，以恤民困。澳督以其所请俱属实情，乃允许业主自住之屋户，或自行营业之商号，业主得投呈申辩，而一九三九年及一九四〇年之追纳业钞，予以取消。至业主租赁与人居用之商店住户，必须颁布特别法例方可解决等情。迨至前日，华人代表梁后源，偕同商会主席高可宁，再度晋谒澳督，申述迩日生活程度之高涨，居民应付维艰，业钞缴额增高，无异百上加斤，居民益感痛苦，故极望督宪受民若赤，俯顺下情，督宪乃允许切实顾全纳钞者利益，惟该例经由立法证书公布，未为更改，须俟政务会议提出讨论后，始予决定。查政务会议，已于昨日十时假督辕举行，华人代表梁后源以非官议员资格出席，席间梁氏据理力争，申述居民之苦衷，希当局能体恤民困，对去年业钞补纳或从新增额者，予以豁免。结果因付表决，未克通过。惟各议员对立法证书所规定各项，略为修改。计（一）关于业主自居或自用之商店，在一九三九年及一九四〇年之追补业钞，全数取消，但一九四一年业钞之截止缴纳期限，可展期至一九四三年三月止。（二）业主出租屋宇，其一九四一年业钞，若依租约计算者，限在本月抄（杪）缴纳清楚，毋得有违，如经当局估计缴纳钞额，认为超出租约者，可展期至十一月截止，在期内准予业主申辩。（又附则）在一九三九年至一九四〇年追补增纳之业钞，亦予展期。该两年所纳钞额，为占由超出租约者，可予纳钞者申辩。现财政当局着手办理屋业所纳业钞之额数，分别表册，于十一月一日前五日陈列于公钞局内，业主可到局查阅，俾得明了。如认为估价太高，在限期内，纳钞者可据情申辩云。

1942年10月18日　第一版

交通消息

（本报专访）（一）港岛丸昨（十七）由澳开湾，计程十八日可到，十九日回航，廿日可抵澳。（二）旭光丸计程昨日可由湾到澳，但至发稿时止，仍未见抵埠。（三）东山丸入坞修理，约于下月初间复航。（四）南斗丸今日由港到澳，明日赴湾。（五）香港线广州线，航期照常，无变更云。

1942年10月18日　第一版

时钟拨慢　昨晚实行

（专访）自政府当局颁布时钟拨慢一小时后，经于昨晚十一时实行，此后将以此为标准时间云。

1942年10月19日　第一版

本季生艺钞　本月杪截止缴纳倘逾期者　每百加罚款五十元

（专访）在本澳经营生意工艺及自由职业之营业钞，自本年下半年度起颁布增加缴款法令后，除特别等级外一律加五征收，如在该新法令未公布前，业经缴纳下半年或第三季之营业钞，则仍须照数补足。关于本年度第三季钞费，业由公钞科通告各行商号，或自由职业者缴纳，其限期至本月卅一日之前截止。倘逾期未缴纳者，当局乃得将该号控究，每百附加罚款五十元，希未经缴纳者，从速办理云。

1942年10月19日　第一版

昨思亲节　登高者众

（专访）昨（十八）日为思亲节，一般人习例相沿，是日多携备冥镪等物登高帮扫先人坟墓，或作郊外旅行，以表慎终追远之忱。惟本埠死亡遗体，除其为教会中人安葬于西洋坟场外，均移往关闸外下葬，讵今年时移世易，道途梗阻，故扫墓者，乃迫将所携冥镪，中途焚烧而耳。一般人登高旅行，亦多以松山、螺丝山、西望洋等地为目的云。

1942年10月19日　第一版

米站　增售米量

（专访）望厦米站，对售米方法，迭加更改，以利居民，使无久候或其他之苦。记者昨访负责人金神父称，由本星期起，增加售米数量，凡集团额米者，每号筹仔增售二元四角，其他星期米者，每号一元二角，至日日米则照旧云。

1942年10月20日　第一版

商会昨召开特别会议　研究业钞申辩　未订租约者无权申辩并应受罚　佐次治律师列席解释业钞章程　希当局开列华文表册俾众参阅

（专访）关于去年度业钞增加征额事，华商总会值理会投诉澳督，请求减低，迨后华人代表梁后源出席政务会议时，据理申辩，卒因付表决未获通过，惟督宪戴思乐体恤民困，俯顺下情，乃将立法证书略为删改，并取消通过执行多项。一般市民以该证书所定各项，尚未了了，华商总会为利便市民申辩起见，特于昨日下午三时，召开值理特别会议，商讨进行办法。是日除该会正副主席暨值理梁鸿勋等外，各报记者亦有列席，律师佐次治莅会解释当局之增征业钞问题，各值理乃提出多点询问，佐氏俱详细解释。会议结果，因政府将立法证书正式公布后，始提出所指各点认为可申辩者，交由值理会讨论，以便据理申诉，□该立法书经在政府宪报例外版发表，该会亦定今日再行会议云。

（又讯）关于此次当局给予业主申辩者，乃指定其屋业由政府估计数目而认为超过租额者，倘系依照其租约，推算所有并无增加者，须于本月钞缴纳清楚，又凡屋主与住客并无订立合约者，当局虽予以估计大高，亦无申辩权利，当局□经侦查其无订立约者，即控其瞒报之罪，先得处罚业钞一年云。

（又讯）业钞增额法例执行后，当局为使各业主明了其所纳业钞之数目若干，以便其据理申辩起见，特分列表册，存于公钞局内，任由业主到局查询。据一般市民意见，以其表册仅属一个，市民前赴询阅者，势必挤拥，而该局地方狭窄，诚恐妨碍职员办公时间，亟望当局将各户口所纳数目，分列华文，在公钞局门次标贴，或仿照防务税之征收方法，多书一纸，标贴于商会内，任由市民到阅。此举既可协助政府公布周知，而市民又免到局查询之烦云。

1942年10月20日　第一版

十号证星期米每人可购十二元　今日售米秩序照常

（专访）望夏（厦）米站日前发出通告，将各种粮证售米数值增加，一时市民称便不置。查今日轮值“星期米”与“日日米”，“星期米”在新米站发售，由上午九时起全日发售十号粮证，每人售米增至十二元整。至旧米站则办理粮证盖印转换新筹仔，上午十时起全日工作，市民如未办妥该项手续者，宜于本周内办妥，否则以后永不再补也。如以前遗失筹仔，可于本星期六下午二时半到补领回。领回随于同日内盖印，以便购米。今日并发售“日日米”十、九、八、七、六、五号粮证，均可购米，十号九毫，其余六毫云。

1942年10月20日　第一版

中山丰收　米石大帮运澳

（专访）昨据某巨商称，在中山广利围、万顷沙、金斗湾等产米区，晚造丰收，供过于求，除该地供应充裕外，尚盈大量流出。故本澳亦得巨大运来接济，而其价日低廉，惟以运输困难，费用增加，且抵澳后，又经不肖米商操纵，致步增至每担值七十余元云。

1942年10月21日　第一版

庆祝澳督莅任二周年纪念　义演会职员产生　昨日假中央三楼开会推选

（专讯）本月廿九日为澳督莅任两周年纪念，此间华侨领袖、绅商名流，发起于是日举行庆祝，曾一度召开座谈会后，乃成立“华侨庆祝戴督莅任两周年纪念会”，举出委员多人，办理进行事宜，并将全部庆祝秩序拟定，计开（一）上午十时，大堂举行弥撒礼，澳督亲临参加。（二）十一时，全澳长官绅商，到督辕道贺。（三）十二时，葡国青年团大巡行，在利宵操场出发，经督辕门前，由澳督举行检阅礼。（四）下午一时，假座利为旅酒店公宴。（五）葡国国民协会澳分会，假座市政厅二楼，举行特别会，由经济局长罗保演说，至各委员，以连日哀鸿遍地，厥状至惨，特于廿八日举行演剧筹款，呈奉澳督拨送各慈善机关济贫。经商得白玉堂等领导之平安剧团义演一天，义演会全部职员，亦于昨日假座中央三楼三零五号房开会推定，计开主席传德荫，财政高可宁，总务兼剧务黄苏，布置主任朱给，布置员陈灿湘、李松山、林华，交际谭植，庶务敖基、梁新，沽票钟锡、蔡世禧，票务，周森、吕庭广，宣传，各报记者。关于印票、劝售等事，均积极进行。预料此项筹款，在各绅商领导下，所得善款，数目当为庞大云。

1942年10月21日　第一版

澳督政务纷纭　停见外宾

（专访）据息，澳督戴思乐，迩来因政务纷纭，百端待理，故在此两周内，暂停接见埠中各侨团代表，惟重要事件须晋谒澳督批示者，当不在此例云。

1942年10月21日　第一版

巴拿马义演　今出发销券

巴拿马为回乡会演剧筹款会，定于今日出发沿门劝募，以冀成绩美满，盼望社会热心人士，纷纷购买，以惠归侨云。

1942年10月21日　第一版

申辩业钞增额问题　俟数目公布进行　业主不在代租人可办理

（专讯）关于申辩业钞增征收额事，本埠华商总会于昨日再召开值理特别会议，律师左次治亦莅会负责解释立法证书所指各节。各值理先后提出未明之点叩询，结果仍俟当局将各户征额公布后，始依据其数目认为过高者，然后进行申辩。至申辩手续，系用禀纸书明申辩理由各节，及申辩人所为之屋宇地址号数，申辩人之居址，然后呈送公物会申辩。倘业主不在澳地，代租人亦可代办理云。

1942年10月21日　第一版

养侨运动进行顺利收到款万余元　昨拨米卅包接济施粥

（专访）记者昨晋谒警察厅长布英沙于办公室，叩询关于“养侨运动”之进行事宜。据布氏称，展开异常顺利，各界热心人士，认养踊跃，现收到善款达毫银一万一千余元，惟未经认养之数额尚伙，尤须仰赖于埠中善长，亟望彼等痌瘝在抱，切念灾庶，从速解囊认养云。

（又讯）青洲施粥场，由同善堂办理，不下四个月之多，每天支销经费，需款三百余金，长此支持，实非容易。是以最近警察厅长，发起请各界认养贫民名额，用为协助，救济贫民。该堂主席崔诺枝，以粥场白米用罄，倘无米接续，势必停顿，该千余贫民者嗷嗷待哺，以资充饥，故特趋谒警厅长，请求拨米勖助。警厅长聆悉之下，即拨白米三十包，交与该堂为青洲施粥之用。该堂昨天如数收到，计其重量达四千八百斤云。

1942年10月21日　第一版

电流限额　执行未懈

（专访）关于电流供应，自木炭发电机装置后，已恢复往昔常态。惟日前规定各商户耗用电流之数额，及所定各节，当局仍严厉执行，以符节制物质消耗之旨云。

1942年10月22日　第一版

龙嵩街住宅发生劫案七匪徒白昼械劫　借词闯进露械指吓将各人捆缚　倾箱倒箧劫去银两首饰三千余

（专讯）本月十九日上午十一时许，龙嵩街□二号□住宅，发生一宗械劫案，遭匪徒七人，伙同闯进露械指吓行劫，损失款项金□及衣物达数千元，得手后，呼啸逃逸无踪。兹将调查所得，分志如后。

露械行劫

查该屋距离警察厅不远，住客为女子任慧珍之家属等多人，向安无异。讵料本月十九日上午十一时许，任等早膳未几，忽有生面男子多人，拍门闯进，其中有两男子露械指吓，禁勿声张，旋将头房之门帘除下撕作布带，将各人手口塞实及捆绑，一并驱往中间房床上，继将毛毡棉被等物盖密，以免呼声外扬，同来匪徒乃饬一人监视及以两人在门外把风，其余匪徒乃大施搜劫，计达半句钟，得手后，始呼啸逃去。

警探出动

迨匪去后，住客任素霞乃挣扎除去口中塞布，奔出街外，高声呼劫，段警聆耗驰至，查原委后，乃电警方投报，探长施利华立偕同大批中西警探纷纷出动，前赴肇事地点围截，警察厅长布英沙，督察长观耶亦驱车前往查究，察勘匪徒之来踪去迹，在衣柜上及玻璃樽中，发觉有贼匪之脚印指模，旋将之摄影，以为破案之端倪。至被匪劫去财物，计双毫八十元，大洋一万一千元，西洋纸五十元，港币四百元，金戒指一只，金镶玉戒指，耳环各一对及其他衣物，约值三千余元云。

官耶谈话

劫案发生后，警方以匪徒猖獗若此，蔑视法纪，胆敢白日行劫，实罪恶已极，经饬所属警探严密踩缉匪徒归案。记者昨据督察长观耶称，□观迭次发生劫案时，由于被劫者不声张高呼，匪徒如入无人之境，为所欲为，倘若遇匪徒光顾时，其能高声厉叫，街外市民警察当可聆耗协助。虽匪徒佩备犀利枪械，亦恐遭被捕而谋逃遁也。至彼辈光临时，未必瞬息能将各人口手塞绑，且彼等所索者仅财物耳，非人命也，故亟希居民协助政府肃清歹徒，宁谧市面云。

1942年10月22日　第一版

充裕民食　增售米量

（专访）督察长兼粮食统制会委员观耶，于昨接见各报记者于办公室，发表谈话称，迩来各地源源运来大批商米，本澳民众异常充裕，现当局为求平抑市面商米价格，特购入商米转交米站作公米价格出售，使一般米商对米价难于操纵，以利居民。现当局为利便居民购买起见，凡市民□欲多量购买者，可具情携同粮食证前去米站见金神父，得予便利云。

1942年10月22日　第一版

当局严厉执行　取缔无牌医生

（专访）澳府当局，对于未领得医生执照，而私自设馆行医者，曾三令五申严厉执行，严予取缔，并不准在报章刊登告白招徕。讵日久玩生，彼等泯不畏法，又复发现。现卫生当局，乃将经领牌之中西医生名单分列一表，交由华□检查执行，凡表中未有其姓名者，一律不得在报章或电影银幕刊登或放影告白，一经发觉未得牌而擅自营业者，即予严究云。

1942年10月23日　第一版

公告“关于业钞事宜”

（一）宪报在最近曾公布本属地主要法例一件，乃关于会计在本月内应纳业钞者。（二）所有该例之主要规条应用各种方法，通告所有会钞者知，特归纳如下，（甲）停收业户自住或自用屋宇全间或一部分一九四一年业钞之办法，为使纳钞者对于彼等屋宇全部或一部分所定之业钞征收，为彼等尚未知□及未纪理者得以申辩。（乙）因不应收故将业户自住或自用屋宇全间或一部分，一九三九年及一九四〇年业钞追补：撤销。（丙）所有租出屋宇全间或一部分一九四一年之业〇暨一九三九年及一九四〇年之业〇追补额，如会计所定之征收额，有超过依期呈交公钞局之租约所载租额时，一律停收。（三）政府现公布之立法证书对于所有租屋宇全间或一部分，一九四一年业钞暨一九三九年、一九四〇年业〇追补额，如会计所定之征收额与依期呈交公钞局之租约所载租额有符时，确定一律照纳。（四）所以各纳○者应知下列各项：

第一项，凡租出屋宇全间或一部分，一九四一年之业○，如该×与该屋业户所收租×相符时，应于本年十月内缴纳。第二项，凡租出屋宇全间或一部分，依照上项所指即业○征收×与租约所载租×相符者，其一九三九年、一九四○年业○追补额，应于本年十月十一月及十二月内缴纳。第三条（项），凡屋宇全间或一部分自居或自用之业户或屋宇业○征收额，为超过租约所载租额之业户不独可以，且属应当由本月二十二日起至十一月二十日止前，赴风顺堂街三十二号门牌，即接连龙嵩街一头之公○局内查阅业○表册，以便知□在业○册内所规定其所有屋宇之业○征收额。第四项，对于业○征收×如有业户为未合时，亦由本年十月二十日至十一月二十日止用厘印纸加贴慈善印花二角□单具呈公物会，请将其屋宇全间或一部分占价照上方所述该呈乃属单□者，并得由纳○者本人签名但呈内应单独叙明对于业○征收×不同意之理由，并应指明所申辩之业钞，及关于某屋或数屋者，又应指定秉公人之姓名住址及申辩业户之姓名住址。第五项，继续将该屋估定租额后随将估价结果通告申辩人，知照该申辩人复可上诉于本澳审计平政院。第六项，屋宇租额一经确定及经申辩暨上诉判决变更后，即应由一九四三年三月十一日起至二十日止，将业○会计。第七项，由一九四三年三月十一日起至二十日止，将会计业○散页陈列于公○局内，任由纳○者到阅，凡纳○者如查出会计业○散页内所列业户姓名或屋街宇名号数或业○应征×或由业○册腾入散页有转移错误时，及关于确定业○应征×如见有会计错误时，均得于同一期内即由一九四三年三月十一日起至二十（日）止，向公物会申辩，该会即应将已有之错误修正。第八项，第七八三号立法证书所核准停收之业○及追补额，定于一九四三年四月内缴纳，照上方所指定之办法纳者，可以认识本政府一番善意及小心维护纳○者之合法权益，并且对于法理上引起注意，以便将该合法权益发生效能。本政府既竭尽各种方法之后，如仍有对于政府意见加以非议者，其立意摇动公意，可知似此则不属于财政范围解决矣。

此布

一九四二年十一月二十一日

澳门财政局局长边度

（以○代钞，以×代额）

1942年10月23日　第一版

为夫穷凶极恶　简南斧劈发妻　恩怨姻缘　难为女子难偕老　不是冤家不聚头

（专访）昨（廿一）日午间，抽果里十一号住宅，发生一宗杀妻案，事缘有男简南（廿三岁，本澳人）娶妻李明，同居上址，结婚已达数载，感情颇洽，惟简有盘龙癖，故对家中费用，未能负责供应，勃溪时生。其妻生活顿感惨苦，讵昨晨李向之讨取家用，简无以应，由是夫妇间又发生反目，口角相争极烈，讵简怒从心上起，恶向胆边生，竟取斧头向其妻头部砍去，手起斧落，李因闪避不及，当室被砍伤头部额角多处，血如泉涌。李被砍后，即会同其母召警将简解署控究。警方审讯后，乃将伤者送往法院验伤存案，凶手简明扣留听候查明办理云。

1942年10月23日　第一版

遗失筹仔及盖印　明日在旧站办理　今日售米秩序如旧

（专访）望厦米站今日照常售米，购“星期米”者在新米站举行，轮值四号二号粮证，四号由上午八时开始，可购米双毫四元八毫，三号则在正午十二时开始，可购米双毫三元六毫，至“日日米”则在旧米站举行，轮值十、九、八、七、六、五、四、三号粮证，十号购米九毫，其余六毫。又遗失筹仔，盖新人口印及得换购米筹仔，均于明日下午二时半在旧米站办理。市民如未办妥上列手续者，须于明日往站，否则乃属□误云。

1942年10月23日　第一版

工务局颁令　收回黑沙环菜地　拟请当局收回成命

（专讯）澳府当局曾于日前将黑沙环附近空地，批与市民用作种植蓄牧，关于一切科钞，免予征纳，优恤贫苦市民也。最近工务局待颁令将该地收回，经通告各负责人知照，现该地植民以政府一旦收回，生活所赖，堪成严□，乃联同具情华商总会□呈当局，备陈彼等境况之惨痛，请求督宪体恤民困，收回成命，俾生活得所维持云云。商会值理等定今日派员前往该地调查确实后，然后向工务局查明真相，始能进行请求云。

1942年10月23日　第一版

冯华向越采购　美酒运澳

葡英文教授冯华，最近自安南采购大批菩提酒砵酒，数达四十余箱，约于日间运抵澳，该酒香醇美味云。

1942年10月23日　第一版

行刺“广州视察专员”刺客病逝狱中　该案业经法院判决

（专讯）男子蔡志卓，为“广州财政厅视察专员”，于年前在大群酒店门前，被刺客枪击重伤，迨后因在山顶国家医院留医，再为刺客持利刀行刺，再度受伤，当凶徒逃遁经白头新街时，无电线中尉观耶因截捕刺客，又遭枪击毙命。迨后由警探在香港将刺客五财多，捕获押澳解署转臬，判决充军徒刑。因航运不通，五氏仍羁留狱中。据息，五已于昨（廿一）日病逝狱中云。

1942年10月23日　第一版

响应养侨运动　李烈捐巨款

最近有殷商李烈，响应捐助青州（洲）难民供养善费，慨助葡币二千一百六十元，英李烈系新马路查辉行东主，平日对慈善事业，社会公益，靡不热心赞助云。

1942年10月24日　第一版

澳督莅任两周年　庆祝程序修正

（专讯）澳督莅任两周年纪念，庆祝程序日前经已撰定，最近加以修正，比前略有出入，爰采录如下，（预祝节目）（一）廿八日下午三时督宪参观慈善机关及学校。（二）九时在平安义演。廿九日（庆祝秩序），（一）上午九时卅分在大堂举行弥撒礼。（二）上午十时卅分同善堂举行敬立督宪玉照揭幕。（三）上午十一时卅分督宪在督辕接见道贺来宾。（四）十二时督宪在督辕前检阅葡国青年团。（五）下午一时庆祝督宪莅任二周年纪念会在利为旅献宴督宪。（六）下午四时半托儿所□□补行揭幕□。（七）五时卅分澳门报播音台揭幕。（八）六时卅分戴思乐督宪儿童□□揭幕。（九）十时在市政厅举行庆祝大会，由经济局长罗保演说。

1942年10月24日　第一版

李烈乐善好施　厅长备极赞颂

（专讯）殷商李烈，为新马路英辉行东主，平日慈善为怀，最近切念灾庶惨苦，特慨捐葡币二千一百六十元，以为认养青洲难民四十人。警察厅长布英沙，于昨日对记者发表谈话，对李氏之乐善好施，给予赞颂，并谨代表向李氏致谢。现目收到各界认养捐款达一万六千元，现青洲难民营最近感地方狭窄，未能多量容纳，特租得谦源爆竹厂旧址，开放新址，日间当可迁入。该厂地方宏敞，可容人数达二千余人云。

1942年10月24日　第一版

已领牌照医生　一百三十五人　余外不准营业及宣传

（专访）当局为严例执行取缔未领牌照擅自营业之医生及相士起见，除派员调查外，并禁止刊登报章广告，各情已志前报。华文检查处业已接得卫生局开来已领牌照之医生名单，如名单内未有列名者，一律不准刊登广告及营业，否则严罚不贷。为利便工作起见，检查处昨已将名单刊印多份，交各报馆存查，名单内已领牌者计有黎铎、徐淞、何可等一百卅五人云。

1942年10月24日　第一版

传当局收回黑沙环菜地工务局极力否认　昨接见本报社长发表重要谈话外传该局将收回菜地并无其事　澳督昨视察后允予调查答复

（本报专稿）本澳工务局为体恤一般贫苦市民起见，日前特将黑沙环附近空地数十段，免费批与贫民种植蓄牧，地租钞税一律从免，向安无异，不料日昨突传工务局颁令限期本月底将各地段收回等情，该地农民聆悉之下徬徨无措，前日纷纷投函商会，请予设法代向当局呈请收回成命以恤民困，各情已志昨报。本报以此问题，关系该地贫民福利甚大，社会人士颇为注意，故昨日由社长陈少伟晋谒工务局长史蒂维氏叩询一切，蒙史局长予以接见及对记者发表重要谈话如下：

重要谈话

据称，本人自任工务局长以来，除整顿局内一切行政外，并加紧改良市面大小一切建设，如填塞新口岸一带未成之地段，在下环街新花园建筑庞大货仓□□，开辟马路，增建行人路，在国家医院增建传染病室，改建政府各机关等，现在并计划在卑利喇街建长马路直通黑沙环。本人秉承督宪慈善为怀之意旨，填塞新口岸工程，雇难民七百人，以工代赈，此项巨大工程耗资达一百万元，只支难民膳费及工资已达十万元，更为体恤贫民疾苦起见，特将黑沙环一带大部分地段批与贫民种植，地钞税一概豁免，一向履行此旨。

否认收回

直至现在并无将此处任何地段收回之意，今竟传说有人□□奉本局命令通知该处已批地段负责人，谓本局实行限于月内将之收回，本人认为诧异。现在本人以工务局长之资格发表重要声明，外传本局将黑沙环贫民耕植地段收回，实属谣言。本局亦并无派员通知该处菜地各负责人，耕植筈可如常耕植，勿相惶恐。本人对此次之传说极为注意，现正着手查究中，一经侦悉，当严惩不贷，并嘱记者代为发表，公布市民周知云。

澳督视察

（本段文字漫漶不清）谓奉命改回该地，生活颇感堪虞，乃具情商会转陈澳府收回成命，以恤民困等情，商会值理高可宁、梁鸿勋等，乃将原函呈督宪批阅，并备述当地菜民之艰苦。澳督戴思乐爱民若赤，对此备极关注，乃于昨日偕同□梁驱车前赴当地视察，以明真相。督宪详为查阅后始返，对□氏称，俟两日后当有完满批复云。

1942年10月24日　第一版

张家边大环桥　昨被纵火焚烧

（中由快讯）顷据中山来客谈，中山境内及沿海（海）各小岛日军，近日抽调频繁，传遇袭鹤山沙坪。潜依境内游击队异常活跃，前（廿）日深夜，又在四区境内出现，将张家边附近之大环桥纵火焚烧，时遇东北风猛烈，火乘风势，不可向迩，故该桥焚烧几成灰烬，迨至昨廿三一日，仍有余烬未熄。

1942年10月25日　第一版

歹徒借词收手续费　冒商会名义行骗　被骗者已发现两宗

（专访）马扁之术，五花八门，驱匪奸狡，层出不穷，为之防不胜防者。最近又发现有等歹徒，借商会名义，向住户骗收业钞手续费。日前经有发现，渠昨日午间。又有身穿黑对开衫裤，鼻架眼镜之中年男子，到德隆新街五号宋宅光顾，伪称奉华商总会遣派前来，催收业钞，请求减收费用等情。宋不虞有诈，如数予与，事后前往商会查询一切，经获详细解释后，始知被骗，惟歹徒经已鸿飞冥冥，天人何处。查该骗匪曾一度光顾大三巴恋爱巷一号业主卢维光，现警探当局对此已加关注，歹徒将罹法网也。

1942年10月25日　第一版

澳督莅任纪念义演名誉券将沽罄　点演名剧“三皇霸西乔”

（专讯）澳督莅任两周年纪念义演会，在总务主任黄苏梁鸿勋等努力下，进行异常顺利。昨由黄绅亲自向各绅商劝销名誉券，认购者风起云涌，踊跃异常，故名誉券大部分沽罄。至届时平安剧点演之名剧，经拟定为“三皇霸二乔”，由名伶白玉堂、何芙莲、任剑辉等乐力拍演云。

1942年10月25日　第一版

业主呈请减钞函件　商会通告发还

（专访）澳门华商总会，日前为代业主申请求政府减收征钞，曾接有各业主投函甚伙，商会呈澳督批阅后，顷已发还，现商会特通告各业主可到领回，附同投函之业钞□单及与住客订立之合约云。

1942年10月25日　第一版

望夏（厦）米站　更改秩序

（本报专访）望夏（厦）米站自本月一日起颁布新售米秩序后，工作经过颇为良好，但其中多购“星期米”而拟转购“日日米”者原因为购“星期米”每次需款颇巨，如一时筹措不及便“走鸡”，则不能购米。如值购米期而“走鸡”，则势必停购米一周，一般市民多宁愿转购“日日米”，购买与否可随意，及每日均有发售，较“星期米”更为利便。米站主事人以此属实情，乃将“星期米”暂停发售，并为利便市民起见，将原有“星期米”筹仔改为日日可自由购米，每日可购米元二或二元四，多少随意。米站昨经发出通告，谓此项办法，将于下星期起实行，此后市民购米，将更趋利便矣。又明日星期一为集团购米日期，各号粮证购米量均有增加云。

1942年10月25日　第一版

德兴银号　今日开幕

规模宏伟之德兴银号，经数月之装修，刻已完竣，设备异常完善，该号定今日开幕营业，所有各埠随兑，信换快捷，贷（货）币兑用公平云。

1942年10月26日　第一版

猎犬终归山上葬　屡劫匪法网难逃　先后曾三次械劫商店及住宅　末次卒被警探捕获解案究办

（本报专讯）男子何国、张珠，被控于去年九月间，曾伙同在逃男子何虾，先后持械行劫福隆新街雅园小食馆，新桥青草街富泉茶楼，罅些喇提督马路广栈收票店，卒为警探捕获解署详录案情，转押法院审判。法院以案情重大，须详细侦查，而何张乃羁留狱中候审。该案定明（廿七）日开审。

1942年10月26日　第一版

永华抵澳　载来牲口甚多

（专访）大福船务公司之永华轮，昨日下午二时由湾抵澳，除搭客外，并载来湾货甚多，计牛猪共数百头，及豆类杂项粮食土货等数百件，前市面曾一度盛传广州湾禁止牲口运出，由此可见所传，全属子虚，实不攻自破云。兹将昨载来货物列下，豆类三百四十六包，咖啡豆九包，药材八十四件，土糖二百六十件，白椒廿件，元肉八十件，猪油六十八件，八角六十一件，赤砂六十五件，薏米廿件，茨粉一百五十九件，茶叶四十件，鲜蛋廿四件，木炭三百九十件，香骨十四件，草包一百八十八件，生猪四百卅头，生羊五十头，牛四十头云。

1942年10月26日　第一版

巴拿马义演大会　今晚在清平举行

（本报专访）巴拿马义演会，定于今晚七时半在清平戏院举行。查该会昨日仍沿门劝募，共得港币一千余元，该票款因有二数认购未缴，致昨日由吴松汉汇交财务部邓晴隆点收者只港币七百卅元，兹录所购券芳名如下：

赵鉴持、玲玉、苏洲女、碧姬、银□女（以上港银一百元）。广盛行、德兴新街廿六号（以上港币五十元）。荣镇、雪英、新街十四号、十六号、四十号、四十二号（以上港币廿元）。

又赵竹溪国卫团于今晚参加表演节目如下，①螳螂崩步拳赵竹溪，②少林太极玉环刀姜密龄，③空手道短刀黄添华，④少林岳家锤祖禅，⑤少林梅花枪邝萃威，⑥螳螂单摘拳朱志伟，⑦螳螂上八时何灼，⑧空手夺大刀赵竹溪姜密龄，⑨螳螂拦接拳黄添，⑩少林连环剑梁剑峰，⑪对打崩步周齐轩李宝华，⑫螳螂下八肘邝群威，⑬八卦栏门刀何灼，⑭短用战枪黄添□华，⑮大刀战枪赵竹溪姜密龄。

1942年10月26日　第一版

股商李烈　昨晚欢宴官绅　澳督秘书长均有参加

本澳新马路英辉行东主李烈，最近为联络港澳官绅感情起见，特于前晚假座金城酒家设宴招待，□有督辕书长高士德、经济局长罗保、督察长观耶、华人代表梁后源、商会主席高可宁、律师罗巴度，及殷商傅德生、李梅昭、林炳炎、陈耀棠、郭林弼、容台甫、陈林常、郑日东、唐富文、高锦棠数十人，觥筹交错，盛况一时，宾主极为欢洽，席间对本澳商业发展详予谈论，至各长官对李氏热心慈善，备极赞颂云。

1942年10月26日　第一版

中山路桥毁坏　客车到翠薇止

（专讯）迩日中山公营客车因道路毁坏，于本月廿一日起，暂停行车，最近略予修理，由廿七日起，恢复行车，惟以翠薇为终站云。

1942年10月26日　第一版

赞善　转载廿三日澳门声报

查上星期六日宪报副刊公布特异立法证书一件，吾人不能不热烈赞同之，因可表明确凿本属地政府对其本体行动崇用有僄值公正之互助也，在该一最重要立法证书一段之详述，十分清晰，十分□实，殊足足令人铭印于心，因迩来征收一九四一年业钞数额事，惟对于维护纳钞者，□有权益之手□遗漏，故政府特敏捷□时与果断，予以干涉，否则纳钞者，无形消失得用最简单及最经济方法，以为申辩。如此，倘彼等欲保障彼等之权益，自非用案卷办法不可，该项案卷办法，必须委托状师一人，以为之统理，似此，则纳钞本人，对彼自身财产上将影响特甚。但澳门政府惟不欲有此类事项之发生，是以将此一事项及还于应行置放之地位，即□立即最简单将错误之点，完全撤除，并将以前未经准备手续，而向吾人征收之业钞停收，更设最简便合理及经济之方法，以便纳钞者，因以前不但未经干涉，且属完全不知所定向彼等征收之额数，得加以申辩，此种办法纯属政府自动，并尊重法律及爱护公理而出。故现今凡纳钞者，对于彼等所有屋宇征收额数，得自由干涉，用其指定秉公请求将其屋（未完）

1942年10月27日　第一版

宪谕黑沙环菜地农民可照常耕植　惟不得盖搭棚寮用作住居　种植须远距离该处之沟渠

（专讯）黑沙环附近菜地，日前遭工务局职员声言收回该地等情，农民乃请求商会转陈澳府收回成命，以恤民困。本报社长陈少伟曾一度晋谒工务局长史蒂维士查明真相，史氏乃加以否认，并声明未有发出明令等情，澳督戴思乐亦躬临该地巡视，结果允许考虑后两日答复商会转知各农民。讵前日适值假期，办公□止，故延至昨日，商会主席高可宁晋谒澳督，承示答复菜民事。下午三时许，该地菜民纷纷云集商会，恭候喜讯，高氏乃当众宣称，本人现承宪谕，关于该菜地原有所种植，准予照旧批用，当局不予收回，但菜民只准在该菜地盖搭小棚，只限用以巡守看更者，不得因利乘便，任意搭盖棚寮，用作住居。而该处设有沟渠，菜民须距离该渠较远者种植，不得就近等情。各菜民聆讯，靡不眉飞色舞，额手称庆，尤对于商会之造福贫民，咸极称颂云。

1942年10月27日　第一版

白马行住宅　发生巨窃案　损失财物双毫数千元

（专讯）深宵人静，万籁俱寂之时，梁上君子穿俞越栏正是黄金时候。前（廿五）日凌晨三时许，白马行国华戏院对上之某号住宅，被贼匪沿水渠攀至二三楼行窃。当时室内人好梦正酣，匪徒得乘机行事，窃去三楼李宅金饰约值千余元，双毫数百元，港币二千余元，大洋万余元，二楼陈宅被窃白银百余元，得手后逃逸无踪。事后该两宅具情投报警署，刻已派探查缉中云。

1942年10月27日　第一版

星期米暂停发售　米秩序略更改　每日购米数量分两种

（本报专访）望夏（厦）米站，日昨发出通告，暂停发售“星期米”后，消息曾志前报。现定明日起停止“星期米”，改为每日购米，除星期休息及星期一售集团以外，其他五日均可到站购米，每日可购二元四毫，如无力多购，则购一元二毫亦可。至“日日米”仍照旧在旧米站发售，购米量仍属每人六毫，今日轮值十、九、八、七、六、五号粮证，又下星期一米站休息一天云。兹将“星期米”筹仔新订每周购米日期时间，米量列表如后：

	上午八时	十时	十时三刻	十一时半	下午一时	二时	三时半	五时	六时半	七时一
星期二	十	九	八	七	六	五	四	三	二	一
星期三	十	九	八	七	六	五	四	三	二	一
星期四	十	九	八	七	六	五	四	三	停	一
星期五	十	九	八	七	六	五	四	停	停	
星期六	十	九	八	七	六	五	停	停	停	

1942年10月27日　第一版

巴拿马义演昨举行　澳督捐银五百　全场收入达数万余元

（专讯）巴拿马幻术社为回乡会筹款之义演会，于昨晚假清平戏院举行，情形甚为热烈，收入成绩极佳。同善堂正副主席崔诺枝、蔡文轩于昨日联□督辕，邀请督宪莅场参观，惟戴督因公务所羁，未暇参与，特捐助双毫五百元，托交崔蔡两氏，代交该会云。至是晚义演，全场门券共得港币一万余元，场内卖花共得大洋二万余元云。

1942年10月27日　第一版

赞善　转载廿三日澳门声报（续完）

屋宇重行估价，欲□平常办法而上诉，亦有可能，只用一极简单之禀呈，毋须用旧日之法例，即可将手续进行，至估价办法，绝非用□收税钞职员充任，专授与无可怀疑之专门家办理，缘彼等不但具有才能优为此事，抑与彼等绝无权利之可言也，所有紊乱多余无用以及陈旧之一切手续，概当摒弃，现在只有留存活泼生机，力行真实□法等行动而迈进。在过去未□之前，吾人决不惯见有如此合理简便及敏捷解决□务之办法出现，今吾人确知新国家主义之效能，已将原有机关一切手续，予以革新，并将吾人脑筋一□囿于旧□政见治于内者，亦予变换，吾人欣慰之余，更无限振奋，盖□党政治确□，对我民族本有之特性及□掖吾人前进冒险精神，为贾梅氏本事诗所鼓舞，大相反对也，敏兹希望吾人明了政府善意，及聪之手腕，而加以信任，惟有一种人始终固执己见，及不轻易置信者，此举殊欠道德，而遇彼私人利益，与公共利益发生冲突时，则该一类人只有破坏公益而已，所以彼辈当为公敌，故吾人对彼辈彼似应先行着手改变其行径次务，令彼辈□复吾人力行工作之行列，再次令其□复善意人群队中，终竟□其□复为葡国及澳门人民义务。今争取权益正站在第一重防线奋斗□之众民，以上所□适当否乎。

1942年10月28日　第一版

澳督再顺民情　纳业钞展期卅天　高可宁晋谒澳督又获完满结果

（专讯）去年度业钞，财政局经于日前公报征收，惟所征数目，比去年相去极远，有增加数倍，或数十倍者，一般业主以纳款过高，应付维艰，特纷纷投函商会，转陈当局体恤民困，酌予减削。值理曾一度晋谒澳督戴思乐具情呈报，迨至华人代表梁后源出席最高政务会议席上，据理力争，结果经主席戴思乐暨各议员将请立法证书修改，□准予业主申辩，商会值理等曾数度召集特别会议，聘请律师佐次治，左美古为法律顾问，研究申辩理由，惟俟财政局将各业户征收数日公布后，始予实行。至征钞已开列表册，于前日起一连五天陈列于公钞局，任由市民前往参观，讵陈列处假该局三楼房中，表册只得一具，业主前往参阅者，如潮涌至，惜该局地方未能盖量容纳，故候于门次者，为数甚伙。该局职员乃宣布各人分列队五，鱼贯依次登楼，惟参观者诚恐过目顿忘，乃将其所应纳之数，予以书录，倘其辖下有业户多所者，则翻掀册页书写，需时颇久，而后来者又难苦候，而楼次狭窄，难处多人，而一九四一年出租业钞限于本月底止截，时间无多，故一般业户仍感困难，复向商会投请办理，当□该会主席高可宁即日偕同副主席陆电明，值理梁鸿勋等，亲赴公钞局视察实在情形，旋由高氏亲谒督宪报告，并请将应在本月内缴纳一例予以展延，俾一般业户不致受罚。经奉督宪面谕，允予考虑，结果昨已获准展期一个月云。

1942年10月28日　第一版

交通消息

（本报专访）行走澳湾之德清丸，昨廿七日到澳，港岛丸昨午亦由湾到澳，载来大帮新货，定今廿八日赴港，永华轮昨午开湾，蓝山丸昨由港到澳，今晨返港岭南丸昨早返广州，今日来澳，旭光丸昨晚到澳，载来货物甚多云。

1942年10月28日　第一版

巴拿马义演　赶办结束

巴拿马义演会，为赶办结束，昨日派员收集票款，共计港币二千五百卅七元，该款由吴松汉交与财务邓晴隆核点，连前缴交共计港币六千八百六十七元，兹□购花芳名如下：

澳督双毫五百元，李世洪一千元，牛颈，不得已（以上每国币五千元），有名氏、赵鉴持、郑琛玄（以上每国币二千元），何满昌、刘柏盈、无名氏（以上每大洋一千元），赵班兰（斑斓）、李海昭、蔡文轩（以上每国币五百元），叶子如大洋三百元，沈香林夫人大洋一百五十元，黄渭林夫人大洋一百元，伙头□大洋五十元，莫培越、源利银号、又成公司、□兴公司、恒益、永秦公司、荣信（以上每港币一百元），大福、黄家驹、衡发、永生、谢再生、梁卓梧、黎铎、周胜记、杨伯南（以上每港币五十元）。

1942年10月28日　第一版

澳督戴思乐　今日参观镜湖　举行督宪玉照揭幕

澳督戴思乐莅任以来，德政仁声，侨众共仰，对于慈善事业，尤赞助不遗余力。闻本澳镜湖医院值理，乘督宪于今日下午三时到院参观之便，同时举行督宪玉照揭幕典礼，为隆重其事起见，特请华人代表梁后源主持揭幕礼外，并函请各侨团派员参加云。

1942年10月28日　第一版

三度行劫匪徒　法院今日宣判

（本报专访）行劫福隆新街花园及青草街富泉茶楼，罅些喇提督马路，广栈收票店六歹徒何国、张珠，经警方捕获后，详臬定谳，于昨日首度提堂公审。法官马士加连那登堂提供，先传被告何国作供，罅些喇检察官详加盘问，何略称日前三度行劫，欲与在逃之男子何虾伙同，惟持枪指吓下午者，俱属何虾所为，本人只任把风之实而耳。至张珠供称，则谓其与何自西樵来，讵抵澳后，适为二竖所侵，足疾复发，不良于行，故未参与行事云。后由经手捕获被告之华探周□□法官盘问，详述当时捕获两被告之经过，后由各原告供述当时被劫情形，讯后法院乃将各人口供检阅，宣谕过堂，定期今日宣判云。

1942年10月28日　第一版

第一次欧战和平纪念　举行足球义赛　葡参战退伍军人会主办

第一次欧战和平纪念日，本澳葡国参战团退伍军人联合会澳门分会，定于下月十一日下午四时半，举行足球慈善比赛，收入所得悉数拨充该会及圣永胜包那慈善会及难童治□所经费。至比赛队伍，为分组性质。第一组为澳门律师、医生、博士对华联，第二组华联对葡联、闪电战以三十分钟为限，该会会长罗利老日间将慈善入场券分送埠中各葡华绅商认销云。

1942年10月29日　第一版

德政仁声同侨爱戴　澳督莅任二周年纪念　各界今日庆祝　戴督上午接见来宾及检阅青年团　侨团下午欢宴晚间举行庆祝大会　昨晚义演澳督暨各长官莅临

（专访）督宪戴思乐将军措施澳政后，德政仁声，同侨爱戴。今日为督宪莅任二周年纪念，阖澳侨胞，热烈举行庆祝。本埠葡国国民协会，中西绅商，社会名流，组织庆祝大会，事前筹备一切庆祝事宜，拟定庆祝秩序，进行异常顺利。预祝秩序，已于昨日举行，情形极为热烈，至今日庆祝秩序，极为丰富，届时当有一番盛况也。爰将秩序探录如下。

上午九时半，大堂举行谢主弥撒礼。

十时半，同善堂澳督玉照揭幕。

十一时半各机关侨团代表绅商名流晋谒澳督道贺。

十二时，澳督在督辕门前检阅葡国青年团。

下午一时，华侨庆祝会在利为旅欢宴督宪。

四时，托儿所假国华戏院举行开幕礼。

五时半，邮电局三楼新建广播台揭幕。

六时，闪电式足球慈善赛。

六时半，戴督难童疗病院开幕。

十时，庆祝大会，经济局长罗保演说。

又华侨庆祝会诸公，以留澳难民，颠沛流离，厥状至惨，特于庆典当中，昨晚举行慈善义演及今日举行足球慈善比赛，全部收入，悉数呈献督宪，任由分拨各慈善机关济贫，寓慈善于庆祝，法良意善云。

举行义演

查庆祝会义演，于昨晚九时假平安戏院举行点演名剧三王爱二乔，由名伶白玉堂，何芙莲，任剑辉等落力拍演，紧凑精彩，该□事前已布置一新，门次悬一花牌，及周番旗帜，张灯结彩，堂皇美观。九时许，澳督偕夫人及中军、秘书长，驱车莅止，当由各绅分列门次欢迎，延至大堂座。开场先演贺寿，继由华人代表梁后源夫妇及大会主席傅德荫暨委员黄苏等，招待督宪到演台上，由梁后源、傅德荫先后致词，局长施多尼傅译，对澳督所施德政，爱□华侨福利，实深感极。后由督宪答词，略谓本人施政，幸得尚洽民情，但皆本人职责所应尔云云。在观众热烈掌声中，由傅民代表大会全体委员致送督宪银舟银碟各一具，另送督宪夫人花□一个云。至此次义演，全部名誉券及座位，俱已沽清，收入达双毫四千余元云。

玉照揭幕

昨日本澳镜湖医院举行督宪玉照揭幕典礼，主持者华人代表，仪式异常隆重。到会者有华人代表梁后源，商会、同善堂、妇女会主席等，暨本澳各各流，济济一堂，空前盛会。是日下午三时三十分督宪驾到，偕行者各机关主要长官鱼贯相将莅临，其时督宪与各迎候者均皆握手言欢，由镜湖医院主席刘叙堂引道至礼堂，行礼如仪，由崇实中学同乐队担任奏乐助庆。（一）齐集。（二）奏国乐。（三）主席刘叙堂致开会词，继由督宪答词，最后由梁代表主持督宪玉照行揭幕礼，梁代表演说，礼毕奏奏乐拍照鸣炮宾主尽欢而散云。

1942年10月29日　第一版

李烈夫人　慨捐国币万元　呈澳督转难童所充经费

曾斥资二千余元，认养难民数目最多之殷商李烈，其夫人又于昨日慨捐大洋万元，呈本澳督转送难童收容所充作经费，李夫人乐善好施，澳督备极赞颂云。

1942年10月29日　第一版

督宪杯慈善足球　闪电赛今日举行　赛毕澳督亲自颁奖

为善最乐，善与人同，本埠殷商傅德荫、高可宁、钟子光等，在督宪戴思乐先生莅任以来，□□卓著，□□督宪莅任二周年，特送呈银杯一座，以资表扬功绩。督宪接受后，鉴于冬寒将届，贫民饥寒之惨，非设法救济实不为功，故将该杯交督察长观耶，主办闪电式足球慈善赛，得款后，由傅、高、钟三君转呈澳督，施济贫黎。至该比赛门券，皆为无限。捐助款项多多，更为欢迎，惟最少则定白银一元。今日下午三时在新运场上□幕，善长仁翁，祈早来临，大解荷囊，购票入座，寓慈善于体育，一举而两得，中西球民，宜当共襄善举，积荫功于此日，收善果于将来，福有攸归。查比赛完竣，由督宪贫给该银杯于优胜队云。

1942年10月29日　第一版

华商总会　解释纳业钞办法　关于应纳数额及各项均详

关于各业户投请商会转陈当局减免业钞一案，迭经该会主席高可宁，暨各值理等，一再竭力呼吁，并得戴思乐督宪俯顺民情，酌予分别核免以维护各业户权益，社会人士莫不称颂。昨商会常会由主席高可宁将关于该案请求经过作一详细报告，俾可告一段落。查报告中关于纳业钞者，应明白之各点，解释异常简明，当为一般业户所欲知者，亟录出如下。

纳业钞者应明白之各点：

一、业主须携备旧年业钞纸，或今年业钞通知书前赴公钞句查阅，最近更正之征收业钞数额。

二、如属自住之屋宇，则只缴纳一九四一年份之业钞，至于公钞局日前所追收补缴一九三九及一九四〇两年之业钞，则已取消，无容补缴，但所缴一九四一年业钞之数，如认为不满意者，须即其禀申辩（缴纳日期详第六点）。

三、如属租出之屋宇则所缴之业钞系以所订合约之租额为征收标准，并须补缴一九三九及一九四〇两年之业钞，惟因公钞局估拟租值，倘各业户认为不满意时，应即据理入禀申辩（缴纳日期详第六点）。

四、如属□屋，其中一部为居住一部为租赁者，其自住部分，则照自住条例缴纳业钞，而租赁部分则照租赁部分缴纳。

五、兹将业钞之征收率例如下，如屋租每月十元则全年为一百二十元，先以九折计算，得一百〇八元，然后照一三五算应纳业钞十四元五毫八仙，再加印花税一三算，即一元九毫，合共应计十六元四毫八仙，租值多寡不同者，照此类推。（注意）租赁合约每件约加印花二元。（每年计）如有纳政府地租者，则印花税减为八算征收。

六、查阅业钞日期，由即日起至十一月廿日止，缴纳业钞日期，（甲）自住屋宇，明年四月内。（乙）租出屋宇（征收额认为满意无须申辩者），本年十一月内。（丙）租出屋宇（征收额认为不满意须要申辩者），明年四月内。申辩业钞日期，由即日起至十一月廿日止。（注意）申辩须于禀词内声明辩人住址，及连同所指定秉公人姓名地址。

七、凡自住屋宇所缴业〇，如于去年缴纳一九四〇年业〇时，已由公〇局将一九三九年追补业〇收去，现既奉令将该两年份追补额取消，应由已补纳之业主具禀公〇局请求将所收去之追补码额发还。

八、关于租赁之屋宇所缴纳一九四一年及补缴一九三九，一九四〇年业〇数，举例如下，譬如每月屋租十元者，根据第五点所计之征收额则一九四一年应纳业钞十六元四毫八仙，而一九三九及一九四〇年每年约纳十五元，即合共三十元左右，关于一九三九及一九四〇年，每年均已纳过业钞十元，即共纳过廿元，是所追补之数不过尚差十元而已，故连同一九四一年之业钞十六元四毫八仙，合计共纳廿六元四毫八仙便合。

（以〇代钞）

1942年10月31日　第一版

去年度业钞已核妥业主随时可缴纳　其他各项现尚在计算中　下月初可往公钞科询问

（专访）去年度业钞征收数额，公钞局于本月廿六日将表册陈列，前赴参阅者，挤拥异常。一般业主仍感困难，后由商会主席高可宁，具呈请求澳督准许本月内缴纳一项，准以延展，一般纳税者，不致受罚。督宪关怀民瘼，乃准予展延一阅月，业主聆此喜讯，乃从容前赴参阅。而纳税者不若以前之拥挤，局内职员工作，不致紧张，并将各户纳钞数额，从新核算公布。而一九四一年之纳钞，如其依照租约统计，并只增加及追补钞费者，可随时到局缴纳，至一般追补一九三九、一九四〇年业钞，或估价认为太高及其屋宇分租，自住等情，如有不明了者，由下月四日可到公钞局询问，定当获详细答复。

1942年10月31日　第一版

粮证遗失筹仔　今午补领

（专访）望厦米站今日仍照常售米，购“日日米”在旧米站举行，各号筹仔均可购米，十号售米九毫，其余各号到售六毫，其余由“星期米”改每日售米者则在新米站发售，十、九、八、七、六、五各号均可购米二元四毫或一元二毫。又粮证筹仔遗失者，定今日下午二时半在旧米站补领。冬季粮证盖新人口数目印亦同时举行，市民如未办妥上列手续者，宜早日到站办妥云。

1942年10月31日　第一版

交通消息

（本报专访）港岛丸昨（卅）日下午已由澳开往广州湾，计程卅一日到达，一日回航，二日又再抵澳，旭光丸改期今卅一日开往广州湾，永华轮归期未定，香港线岭山丸昨回港，今到澳，广州线岭南丸昨到今开，港江线之福海丸昨由港到，今开江门云。

1942年11月1日　第一版

寓慈善于娱乐　空前创举游艺筹款大会　澳督与民同乐　军政长官社会名流多参加　为善最乐钟子光慷慨请茶　全部游艺节目公布

本澳贫苦儿童，为数颇众，督宪夫人垂念及此，深本慈幼之怀，恻然悯之，为谋募集善款，从事救济起见，乃发起举办游艺大会，筹款购置棉衣及品物，不分国籍，分赠全澳贫童。此举不独可以拯救贫童，且于官民联欢之下，共襄善举，实为阖澳贫苦儿童之福音（其详情已志前报）。近闻该会连日加紧工作，兹将游艺办法厘定如下，俾一般绅商有意参加行善者，得以明了。

游艺大会，一、举行日期，本年国历十一月七八两晚，由晚间八时开始，至深夜止。二、地点，澳门议事公局内。三、游艺种类，麻雀牌、桥牌、扑克牌、九牌（附说明），其有未便逢场作庆者，可进用中西茶点或酒水，以资助庆。四、游艺抽捐办法。

（甲）□局，（麻雀牌以能自备者较佳，否则可代为租赁）①每台须预先缴纳费台葡币四元，其有自动加纳桌费者请随意加纳之。②牌底大小，任人自定之。③每次和出时，应将所得抽捐百分之五，至完场为止。

（乙）桥牌，一、每桌桌费及抽捐办法与雀局同。

（丙）扑克牌，一、每桌预纳桌费最少七元葡币。二、每次所得抽捐至少百分之五。

（丁）牌九抽捐办法照俱乐部通例。

（戊）中西茶点酒水部。一、价目将由该部规定之。二、其有进用而乐意捐助者听之。

附告

一、关于中国茶点经蒙钟子光先生七八两晚报发义卖，其有慈心报效各种食物者毋任欢迎。二、如有参加游艺，其所居住点或系过于僻静区域者，到时沿途部都有保卫，可放心往来。三、截至本月三十日止，业经报名定桌者。

（甲）□局，澳门商会值理、法院院长夫人、黄梓山三太，以上两桌，施若瑟夫人、傅伟生夫人、梁鸿勋先生、陆电明先生、霍宝材夫人、卢卓煊夫人、戴汉南夫人、戴东培先生、钟子光夫人、陈李秀芝女士、李天赐医生、李渭阳先生、李天赐夫人、高辉德医生。以上各一桌。

（乙）桥牌，督宪大人、督宪夫人、努弥士医生、赖济喇律师，以上各一台。

（丙）扑克牌，梁后源先生、钟子光先生、黄家驹先生、传龄嘉律师，以上一桌。

（丁）牌九，傅伟生先生一队。

（注意）预早报名定桌地点，一、澳门议事公局。二、澳门商会。三、如有未明了之处，随时可电话三九三或六三一询问之。

1942年11月1日　第一版

刘玉麟昨出殡　殡仪备极哀荣　军政长官闻人往执绋

昨日下午四时，刘公使玉麟博士出殡由南湾一二号发引，下葬西洋坟场。是日前往执绋者，计有澳督秘书哥士德，市政厅长财政局长、华务局长、国民协会主席、法院长、经济局长及仁慈堂主席、登记局长、督察长、副政务厅长庇利剌、罗巴度、嘉惠牧师、邮政局长、卫生局长、检察官、荷兰公司司理、武弥恕大医生、孙老、太□□事、戴恩赛、梁后源、□□□、高可宁、刘叙堂、郑芷□、梁□□共约千余人，是日殡仪非常肃穆，棺旁执绋者，均中西要人，备极哀荣之至。

1942年11月1日　第一版

巴拿马义演　全部数目公布　回乡会今日茶会款待

巴拿马义演会，全部善款约共国币六万元，昨日已收集完竣缴交回乡会查收。该会此次仅以数日时间能全部整理公布，各界人士，乃多予以好评。 兹分录其票款，卖花款、全箱内卖花碎款，捐款等如左，一、票款无限额券共沽一十七张，港纸共一千七百一十元（内四百元者一张，一百元者十张，五十员者两张，五元、十元者四张）。二、五十元券共沽一百零九张，共港币五千四百五十五。三、十元券沽二百张，共港币二千元。四、五元券沽一百八十三张，共港币九百一十五元。五、一元券沽四百一十九张，共港币四百一十九元（全部票款共港币一万零四百九十四元）。卖花款大洋二万零六百元，港纸一百元，葡币五百元，钱箱款，双毫八十二元半，港纸二百七十八元一毫，大洋一百一十七元四亮，葡币九元一毫，铜先二十七枚。

捐款，大洋五百元，港纸二百五十元。

（又讯）回乡会为酬谢巴拿马义演会职员起见，特定本星期日下午二时开茶会款待，并摄影留念云。

1942年11月1日　第一版

民有烟草公司　新货上市

民有烟草公司，乃烟草巨商创办，一切出品，均用美国黄金叶制造，质量优美，现已面世者有深海灯牌、邮船牌及好友牌等，取价公平，香芬馥郁。

1942年11月2日　第一版

去年度防务税本月杪截止缴纳　倘逾期未办理者则依法控究

（专讯）一九四〇年防务税之征收，财政局于去月公布征收税款后，至一般因估价数目认为过高者，当局准予申辩，由公布之日起至十月卅一日为申辩期间，逾期则为承认。现申辩之期已过，公钞局长卢陵素亦于昨日发出布告，晓谕纳税者由本年十一月一日起至月杪止，须赴该局收银处缴纳税款。倘逾期不缴纳者，则依照追纳业钞办法，将案卷送交法院依法究，希一般纳税者从速办理，免罹控究云。

1942年11月2日　第一版

托儿所“中”字募捐队昨召开座谈会　商讨募捐及义演进行

（专访）澳门儿童寄托所中字募捐队最近为该所筹募经费起见，由该队总副队长梁后源、梁鸿勋、苏等发起演剧筹款，于昨日假座南楼召开座谈会，商讨进行事宜，到有各分队长，报界记者等十余人。先由梁氏宣布开会理由，随即开始研讨进行事宜，决定征求平安戏院平安剧团联合举行，于本月中旬演出，券价分港币二十、一十、五元三种，义演会经费中，由中字队各队长分负十五元，余由总副队长支付，并推定各部职员，聘请外界协助，俾负推进事宜。兹将名单列后。主席梁后源，总务兼剧务黄苏，财政梁源勋，交际王文祺，干事长□文桂，布置朱给，宣传各报记者，文牍吕庭广云。

1942年11月2日　第一版

本澳葡籍人民　选举国会议员　昨日投票今日开票

（专访）葡国各属地选举葡国下届国会议员，本澳当局亦于昨日假座市政厅举行，选举监督为葡国国民协会澳分会主席贾尼路，秘书晏当尼氏，候选人数九十名。

是日前往投票者异常挤拥，华人代表梁后源、商会主席高可宁、绅商傅伟生、黄苏、钟子光等亦有投票选举。警□派出警察三名，到场监守投票箱，以防不虞。是日所得票数，达一千零二百条，定今日开票云。

1942年11月2日　第一版

交通消息

（本报专访）永华轮昨二日由广州湾到澳，定四日开往广州湾，南斗丸昨日由港返澳，定今（二）日开往广州湾。港岛丸计程今（二）日可由湾抵澳。广州香港线航轮照常，又永华载来新货调查如下：

土糖三百四十三包，片糖一百八十桶，豆二百九十四件，茨粉一百一十九件，生粉一百件，八角一百九十三件，粟米四百七十包，茶叶二十九件，元肉九十罐，咸蛋二百箩，芝麻十三件，猪肉一百一十罐，生猪二百六十头，牛五十头，木炭廿一件云。

1942年11月2日　第一版

圣罗撒　改聘校长

本澳圣罗撒女中，原任吴灼光校长，因病请假，校董会特改聘该校教导主任苏无逸接任校长职。查苏校长业于去月廿四日正式就职视事，该校员生，于本月一日下午二时在该校礼堂，开欢迎大会，会后并有游艺节目助兴，五时始尽欢而散。

1942年11月2日　第一版

今日十（一）月二日为天主教盂兰节

（专讯）今日为天主教思亲节，其意义与我华之盂兰节雷同，该教徒同于是日前赴其亲友坟墓景仰，以表慎终追远。至本埠该教徒死后遗骸，安葬于西洋坟场，一般投机小贩及于今日在该坟附近摆售花篮、花球、花圈、生花等，以备扫墓者购买置祭墓前。而政府机关衙署，是日放假一天，米站亦停止售米一天云。

1942年11月3日　第一版

特务警探部破获二万元骗案　冒大华酒店司理售货物　事机败露歹徒法网难逃

（专讯）警方特务警探部于去月卅日下午十二时许，在议事亭前地之大华酒店内，破获一宗二万元巨骗案，歹徒多人，一网成擒，解署控究。爰将调查所得志后。男子周达深，为河边新街通济行之司理，该行拥有资本甚巨，平日购售大批货物，借以牟利。于去月中旬，又有男子两人到该行谒周，谓有洋纱火水，电油等物出售，惟数极大宗，索款四万余元港币，又引周到某处视阅货办，另有两男子作货主状态，周不虞有诈，双方议价后，乃以四万八千余元成交，并订明于是月卅日上午十二时，在大华酒店交款。是日该四男子果如时到店等候，周乃使伙伴吕茂忠携备港币二万元前往交该货主，用作定银，吕抵店，晤该四男子后，另有一男子书写收条一纸，订明收到定款银二万元，收款人李景文名字，交吕转周收执，□对吕称，俟周全数货款缴讫后，该批货物始能交妥。至彼辈实为一伙同行骗之歹徒，而假大华酒店为交款地者，则其中冒认货主之歹徒，诡称为该酒店司理，以增周之信仰。讵彼辈事机不密，为特务警探侦悉，于交款时，则以迅雷不及掩耳姿态，一并捕获，执获"收单"等据，解署究办。质诸彼等称，周海、卢南、梁洪、黄伟火、容成，警方旋即提讯，周等直认日前引周观阅之货物，实为假借他人出售者，而以容成伪作货主，意图行骗，详供不讳。警方讯后，为查明办理起见，乃谕一并扣留，至周之伙伴吕茂忠亦被羁留候讯云。

1942年11月3日　第一版

澳门纪念邮票　今日开始发售

（专讯）纪念"巴度龙士"碑之新邮票，澳府经于去月在宪报刊载扎谕，着于本月一日起贴用。该种邮票系依照一九四二年六月六日。第三三一一规定印刷者，贴用日期原定前（一）日开始，惟该日适值假期，昨日又为天主教思亲节，邮局休假两天，今日恢复办公，该项纪念邮票亦可发售云。

又澳督昨在宪报发出第三零五四号札谕，着在办公时间以外之时间印制邮票办事人员酌发津贴云。

1942年11月3日　第一版

交通消息

（本报专讯）一、港岛丸于昨（二）日午间由广州湾抵澳，该轮今日赴港，四日回澳，五日又由澳开广州湾。二、永华轮确定四日由澳开湾。三、香港线蓝山丸入坞，改由海刚丸替航。昨（二）日由港到今日返港。又查港岛载来新货大批分录如下：豆子一百六十七件，茨粉三十三件，猪油一百四十四罐，药材五件，草席四十件，牛油四桶，片糖一百七十七桶，元肉十七件，烟叶四件，鱼干六十件，生猪二百九十头，生牛廿头云。

1942年11月3日　第一版

当街强抢　失手被擒

男子梁有，最近由中山来澳，下榻名利栈旅店，于昨日持大洋五十元，前往十月初五街兑换银毫，讵为歹徒瞥见，乃施抢掠，将其所有大洋攫出，后为段警将抢匪捕获，当堂搜回赃物，质诸该抢匪称何珠，廿三岁，鹤山人。经警方讯后，将之解送青洲难民营云。

1942年11月3日　第一版

夜静更阑　男女情不自禁　新口岸畔丑态毕露

（专讯）男子黄少章，廿七岁，顺德人，为十月初五街某纸料店伙伴，于前晚深夜，与另一妇人在南湾新口岸石基伴坐，状极亲狎。当时夜静更阑，行人绝迹，讵黄情不自禁，与该妇人作行为不端之事，当时巡值警察驰至，瞥见黑影一团，继用电炬探照，丑态尽露。黄知事败，乃以双毫一元贿之，请予免究，该警以彼行不轨，再复贿差，乃将之解署。经由警方审讯，以黄举动，有伤风化，姑念其有职业，从轻惩处，罚款五元，申斥一番遣去云。

1942年11月3日　第一版

偷去红毡

（专讯）男子黄炳光，十八岁，本埠人，住匙炎里二号，昨被控于警署，指其偷去同居女子黄三之红毡一张，讯后，乃押送青洲营收容云。

1942年11月3日　第一版

选举议员　昨已揭晓

（专讯）本澳于前日在市政厅投票选举葡国下届国会议员，□投票者异常踊跃，所得票数达一千零零二条，于昨日上午十时开票，十二时许完竣结束，占票最多获选者达九十名，俱属葡国重要人物云。

1942年11月3日　第一版

窃去烟枪　法网难逃

（专访）女子曾珍，在蓬莱新巷十号开设烟室，曾日前到警署投报，谓被窃去烟枪一支，请求查究等情。迨至昨日由华探目黄廷郁将窃枪匪余镜捕获解署究办，余直认偷得烟枪，质诸大益小押云。

1942年11月4日　第一版

九洲海面　海盗露械劫货艇　损失货值二千余元海贼卒罹法网　昨日公审三人病逝有关妇人获释

（专讯）昨日法院刑庭提审海面械劫案二宗，事缘有运输男子陈科、梁喜两人，于本年五月廿一日，由港雇用货艇，载运花士令、腊肠，及中药胡椒等物，货物价值二千余元，驶运来澳。讵在本澳不远之九洲附近海面，遭遇海盗，露械行劫，结果全艇所有货物悉数被劫。迨后陈等来澳投报港务局请求查缉海贼归案究办，结果捕获嫌疑男子郭奴，吴起、梁增及女子吕芳等多人，一并解船政厅究办，经取录口供后，备文详臬定谳。法院以案情复杂，须待详细侦查，乃谕各犯一并羁留监狱听候审讯。昨日始由法官提堂审讯，被告男子三人，先后病逝狱中，只余女子吕芳登堂作供，法官参阅过去供词，认定吕证据不足，而三被告又告死去，乃宣判吕无罪省释云。

1942年11月4日　第一版

西洋坟场　重新修建完竣　殉职警员坟上刻有徽号

（专讯）现任市政厅长嘉华路，对于本埠市政及一切建设积极改善，不遗余力，本澳西坟场，过去因疏于修理以致冢墓杂处，荆草丛生，道路不平，场地异常荒芜也，迨至两年前由市政厅长嘉华路计划建设重修该坟场，工程由工务局负责执行，并派出工程总管亚美打监督一切工作，积极改建及清理，需时远达两年，现已完竣。过去工作，如铺设英泥道路，横跨坟场，四通八达，无须杂踏坟冢，清除乱草，粉饰一新，最近并加建"停柩所"一座，以备丧户家属因未克安葬，或候时运送他地者，建筑宏丽，堂皇萧穆。至目前安葬该场地之因公殉职之警察四人，为追念其功勋起见，特在其坟上刻有警徽一个，碑石勒明其姓名，及当日殉职之事迹及时日，借以表扬。现该坟场经重修后，已非当日之荒凉索□云。

1942年11月4日　第一版

金融市场　昨日微趋动荡

（专讯）昨日市面盛传香港"军票"比率，将与港币一比六之说，本埠金融市场，又发生动荡局面，港币比率，乃趋下游，千元港币早市成盘，由三二一降至三寸，午市徘徊该数。一般炒家，皆予睇淡，大量推出港币，市场因吸少放多，其价乃趋下倾，价□由三寸至二九五，曾一度至二八二，至二八五收晚盘。至国币价格，略趋高涨，市面盛传内地兑现港币挂牌为一八七五云。

1942年11月4日　第一版

回乡会茶会　款待巴拿马

巴拿马义演会，昨日将全部收入数目及票尾送交警厅核点，由警厅发回收据，以昭大公。又回乡会招待该会全体职艺员会，定于本月七日（星期六）下午三时在五洲酒店四楼举行，全场厅□茶梹等费，由五洲酒店报效，庐山照相室亦减收价格，共利进行。

1942年11月4日　第一版

交通消息

（本报专访）永华轮定今（四）日上午由澳开往广州湾，港岛丸今（四）日由港返澳，定明日由澳开广州湾，南斗丸因机器损坏俟修理完妥后始复航。蓝山丸入坞后，澳港线改由海刚丸替航，海刚丸原系往来香港广州者，今改航他往，广州香港线，乃转以白银丸代航云。

1942年11月5日　第一版

晚造丰收谷米源源运到　商米价格趋低跌　传万包公米运澳未如期

（专讯）迩日米市行情，因大批商米源源运澳，价格迭趋下降，而现月本埠所存米量，数量极大宗，足供数月之用，即使在本年年度全无公商米运澳，亦无虞缺乏。至日前谣传有公米一万包，并声明运澳日期言之凿凿，一般米商，以公米大批运来，突呈供过于求景象，故特将商米略予降低，市民聆此喜讯，莫不欣然色喜，冀能实现也。惟时日已过，公米仍未运到，后经□方证实，所传米到日期，全属子虚，故米商亦恢复日前米价，即以新与白一项而言，在谣传公米运澳时，价格降至每担八十二元五角，迨谣言攻破后，又回升八五之数。昨日又升回八九五，米商操纵可见一斑。记者昨据某米商称，迩日中山各地之产米量，如金斗湾、广利□等地，晚造丰收，又能顺利运出，故抵澳米量数极大宗，此间民食，得此大量供应，米价将趋低降云。

1942年11月5日　第一版

葡国属务部长电贺　澳督莅任纪念　宏猷硕画爱国热诚夙所钦佩　当地人士推崇爱戴政绩勋劳

本月廿九日为澳督戴思乐莅任二周年纪念，本澳国民协会，发起庆祝，并邀华侨团体参加，是日庆祝情形，异常热烈，各情经志前报。日昨属务部长自葡京里斯本来电，致贺戴督，兹将原电探译如下："澳门总督戴思乐先生鉴，阁下履新二周年纪念，鄙人特致电贺，并示推重之意，阁下宏猷硕画，爱国热诚，夙所钦佩，至受当地人士推崇爱戴，足见阁下政绩勋劳也，此祝"。

1942年11月5日　第一版

督察长　拨米施粥

昨日同善堂青洲粥场，用罄白米，该会主席崔诺枝前往督察长处报告，督察长观耶聆悉情形，即拨白米六十包，交该堂转发青洲施粥。该堂连日收到用款一批，壮□志浩港纸五百元，李先生双毫廿元，黄氏大洋二百元，郭卓芳港纸卅元，帆影港纸四十元云。

1942年11月6日　第一版

军事法庭昨宣布　九洲海面械劫案　匪徒三人藏有枪械被判充军四年　杀人越货等罪将由刑事法庭审判

军法庭昨公审海盗行劫私藏枪械案一宗，歹徒被判充军徒刑。查该案被告男子梁景、何福、吴九等三人，于本年四月四日间，在九洲第一号灯塔附近海面，伙同佩备犀利枪械，曾行劫货船六艘，并枪伤其中货主一名。事后被劫者具情投报港务局，该局旋派出警备小轮跟踪驶往拘捕，卒将该贼艇截获，当堂搜出有驳壳一支，廿八号长短杆左轮各一支，卅二号左轮一支，各附有子弹数十发，乃将梁等一并解局提讯，彼等直认不讳。警方旋将各人口供取录，备文详臬定谳。迨至昨日由军事法庭开堂公审，控其未经领具枪照，私行藏匿枪械之罪，且证据确凿，宣布罪名成立，乃判梁等三人，各充军四年。至其行劫越货，杀人等罪，将转由刑事法庭异日审判云。

1942年11月6日　第一版

游艺慈善大会　各界踊跃参加　义利生果店免费送出雀牌

（专讯）督宪夫人以本年圣诞节将届，因而垂念本澳贫苦儿童，特发起慈善游艺大会，定期本月七八两晚在澳门市政厅举行，募集慈幼善款，并拟于圣诞节日，无分国籍，分赠阖澳贫童衣物。各界善长仁翁，依照该会规定，纷纷响应，并预定桌位，其详情迭志前报。兹探悉该会进行如下：（一）其最近继续预定桌位者，计有雀局、维巴度夫人、惠尔□夫人、施左卢先生、彼得夫人、黄□歧先生、陈容璇意女士、高建勋先生、高福耀夫人、罗沙先生、艾居士夫人、左雅拔律师、卑利喇先生、钟立夫夫人、施多尼夫人、弩巴喇夫人、伊连娜利卑卢夫人、罗沙黑奥先生、马利亚美打夫人、些里夫人、姚士夫人同昌号瑞昌号，以上各一桌。同善堂值理二桌。扑克牌卢荣锡夫人一桌，桥牌施□佛先生、施多尼先生，以上各一桌。（二）举行日期将届，兹为本澳贫童呼吁起见，请各界人士，踊跃参加。（三）届时其有未及预早定备桌位者，均可随时参加，有此便利，想届时益增闹热云。

（又讯）查新马路义利生果店主人陈少溪慈善为怀，决定于是日免费慨惜出雀牌多副，希各麻雀店响应借用，共襄善举云。

1942年11月6日　第一版

永华轮赴湾　停碇鸡颈海面　候至昨晚仍未启程

（专访）行走澳门广州湾航线之大福轮船公司永华轮，是次赴湾，载有旅客百余人及大批什货，于昨晨因潮水关系，先行驶进新口岸，在鸡项海面附近寄碇，听候消息启行，讵直至傍晚仍未启程云。

1942年11月7日　第一版

海面行劫私藏枪械　六海盗加判徒刑　行劫渔船之罪刑事法庭日前宣判

（专讯）昨（六）日法院军事法庭，宣判一宗海面行劫藏有枪械案，匪徒六人皆判充军徒刑。爰将经过情形，详录如后。

事缘有男子齐良，于本年度三月五日，在□□同其家眷乘搭渔船来澳，该渔船除□公艇家及齐家眷外，另有其他旅客四人，亦联同来澳。讵该驶至本澳不远之九洲附近海面，忽有小艇一艘，迎面而来，追至挨近时，则有彪形大汉数人，声势汹汹，拔出枪械，喝令停航。齐等恐遭不幸，迫得唯命是从。贼伙乃由两人过船，大施搜索，劫去现款衣物等所值达数千元，事后并将该渔枪船之桅杆、帆桨等物，俱予毁坏，仅余小桡一支，然后任其驶去。贼伙狡□，实为使之怠缓艰于请救也。讵料天网恢恢，疏而不漏，该贼艇劫得银物后，当时风息顿平，其艇无法借风驶□，迫得徘徊于该处海面，后齐等几经艰辛，卒以小桡划驶来澳，寄碇鸡项海面之港务局警备轮，具情投报。该轮据讯后，即鼓轮前往。该贼艇见事机败露，乃将物件一包，弃诸浊流，后由水警在贼艇搜回银物外，并在桅杆上端获有手枪两枝，附有子弹，一并解署控究。查贼伙一共六人，均直认不讳，至掷海之小包物，内里有左轮手枪一支云。港务局旋将口供取录，备文移解法院办理，法院于日前曾由刑事法庭开当提审。被告行劫有据罪无可逭，各被判充军徒刑，计主犯何有九年，陈白、陈根、黄有各六年，吴有添、陈根生各四年。至彼等未经领有枪照，竟在本澳领海私藏枪械之罪，于昨日转由军事法庭公审，经参阅各人口供后，均认罪名成立，施即宣判吴有添、陈根生两人增加一年外，余均增加两年云。

1942年11月7日　第一版

镜湖医院现任值理将期满　拟恢复选任办法　各值理已感殚精竭力欲释仔肩

（专讯）镜湖医院值理，向例每年选任，惟去年因时值非常，且现任各值理办理认真，成绩卓著，澳督戴思乐高瞻远瞩，乃谕各值理重任一届，以应付时艰，造福贫病灾黎。光阴荏苒，转瞬又将任满，该院依照往昔定例，于每年二月中旬，为改选新值理之期，院方以选期将届，现已着手整理一切任内事务，以备下届交代。闻现任值理以过去奔走呼吁，业已殚精竭力，拟于下届恢复选任办法，届时另荐贤能，以释仔肩云。

1942年11月7日　第一版

新任主教　首途来澳

（专讯）新任本澳主教罗马寮，原驻肇庆传教神甫，现奉教廷敕令，委任澳主教，各情已志前报。顷据确息，罗氏经于本月卅日由肇赴湖首□途来澳赴任。此间教友，已筹备热烈迎迓云。

1942年11月7日　第一版

公米九千余包　昨始运抵澳　商米价格将趋暴跌

（专讯）日轮福荣丸，于昨日二时许由越南驶达本澳，运来公米达九千余包，本埠民食，由于商米源源运澳，已感接济无虞，今更待此批公米大宗来澳，供应余裕，预料市面来价当告暴跌云。

1942年11月8日　第一版

普天同庆官民共乐　盛况空前游艺筹款大会　昨晚热烈举行　市政厅内冠盖云集衣香鬓影　名媛太太降贵纡尊出任招待　澳督偕同夫人亦躬临参与盛会

（专访）普天同庆，官民同乐。本澳有史以来创举之慈善游艺大会，已于昨晚假座市政厅举行，事前市政厅内，布置一新，内分麻雀、桥牌、扑克、牌九等游艺种类，并设备中国茶点酒水。日前各界已纷纷报名参加。昨晚市政厅内，灯光辉煌，麻雀牌位分列中厅，计凡五十桌，牌九则设厅侧，扑克牌则设于贾梅士图书馆内，而茶点、酒水部则设粮食证领发处。当局派出菲兵四名分列门次，而葡人一名穿着礼服立入门侧，警方派出大批特备警探，到场拱卫。八时许，参加者纷至沓来，嘉宾戾止，澳府各文武高级长官，埠中各华人领袖，绅商名流多偕同夫人参与盛会。督宪戴思乐亦偕夫人及中军晏德地秘书长哥士打驱车莅止，华人代表梁后源，商会主席高可宁，即陪同澳督在酒水部进茗，相谈甚洽，督宪对此次之游艺筹款，表示无限欣慰。而闺门名媛太太西妇名流，亦慈善为怀，不惜降贵纡尊，出而担任招待。厅中无虚设，情况热列，雀声片片，彻夜不停，从斯升平景象，足见本澳不啻世外桃源也。该会今晚继续举行，希各界热心人士，踊跃参加共襄善举，则善款汇集，俾多购衣物，嘉惠贫童，实深利赖也。

1942年11月8日　第一版

本澳葡籍公民选举　属务部电复澳督　是次选举获得光辉之结果

本月一日，澳门葡籍公民选举经过，已志前报。澳督戴思乐，即将选举情形电告葡京属务部，属务部长亦已电复，兹将该两电探译如下。澳督致属务部电，“属务部长钧鉴，诚无限愉快，谨陈一切关于此次澳门，公民以及华侨入籍公民，踊跃到投选票，除离澳分子及因病未克前来者外，计共投有一千零零二票，可见阖澳公民，爱国热诚之澎湃。至监选一切工作，须明日方可蒇事，届时再当电陈。再者此次选举，民意如此热烈，实为尊重葡国国家政府之一种表示，□亦具有同样心情，将增加葡国国家无上之荣誉，此实堪庆幸者也。澳门总督一九四二年十一月一日。”二，属务部部长复电，“澳门总督鉴，鄙人兹特向阁下致贺，欣悉是次澳门选举，获得光辉之结果，此足以表示澳门公民爱国之热诚，及能明了国家之现状也。属务部部长，一九四二年十一月六日自理斯本发，七日到。”

1942年11月9日　第一版

二万元巨骗案定期解法院审判　被告五男子直认行骗不讳

（专讯）男子周海、卢南、梁洪、黄炜光、容成等五人，于去月中旬，借出售火水、洋钞电油货物，行骗海边新街通济行司理周达深港币二万元。周□□为大华酒店司理，于去月卅日下午十二时许，假在大华酒店交款之际，为警方特务警探部侦悉，以迅雷不及掩耳法，一网成擒，解署控究。警方以证据确凿，乃转由华探部取录口供，日间备文转解法院审判云。

1942年11月9日　第一版

慈幼游艺筹款会　所得善款庞大　昨晚继续举行情形热烈

（专讯）破天荒之慈善游艺筹款大会，经于前晚起在市政厅内举行，是晚适值周末，故参加者异常踊跃，大有额满见遗之势，收入成绩，数极可观，计开一夕全场合计，国币一千五百元，港币五千三百七十二元，西洋纸约七百四十元。昨晚举行之次夕，热烈情形未见稍减，澳府长官绅商名流，名媛太太，俱为盛会佳宾。查该会只是两晚，今日毕会，所得善款，成绩异常美满，善款所入用以购置衣物，于圣诞节日分惠本澳难童云。

1942年11月9日　第一版

今日举行　集团售米

（专讯）望厦米站今日轮值售有星筹仔集团米，定上午八时至十二时下午二时至三时为发售时间，在新米站发售，随到随购。旧米站则发售“日日米”，每售米六毫，兹将有星筹仔集团购米数量录后：

粮证：购米数量

十……一十二元

九……十元八毫

八……九元六毫

七……八元四毫

六……七元二毫

五……六元

四……四元八毫

三……三元四毫

二……二元四毫

一……一元二毫

1942年11月10日　第一版

关于未订租约业钞申辩　商会昨晋谒澳督　请求取消处罚一年业钞之例

（专讯）关于业主呈请减低征额事，依照财政局法例，凡申辩者，须具有业主与屋客订立之合同，而认为当局估价太高者，则可持合约作据，进行办理。倘业主与屋客未有订约之手续，当局不予受理，并控其瞒报，先判罚纳业钞一年，并无享受申辩权利。关于该项□事，商会正副主席高可宁、陆电明，值理叶鸿勋，特于昨日十二时半，特联袂赴督辕晋谒澳督，请求准予业主未与屋客订立合约者，得所申辩，至受罚业钞一年之列，能酌予免究，俾彼等能从新补订，然后遵例办理。澳督以高等所称，本可谅解，惟法例所系，未易更改，故免究一节难以接受。后由梁氏举例再度恳求，澳督稍思，答称，该节须俟详细考虑后，始能完满答复，继后高等又再请求澳督减低泡水业生艺钞征额，以恤□艰，澳督乃允于今日答复。高等于今日十二时再度晋谒督宪，以获佳讯云。

1942年11月10日　第一版

慈幼会成绩美满　得港币三万余　李烈夫人捐港币千元

（专访）澳督夫人主办之慈幼游艺大会，收入成绩，极为美观。昨日总计数目，约得港币三万余元，本澳英辉行东主李烈，素以慈善为怀，对于善举，无不悉心以赴，特于昨（八日）晚偕同夫人参加盛会，得与督宪及各长官欢叙良久，对于斯会深表同情，即由李氏夫人慨然自助捐助港纸一千元，澳督及各长官对李氏夫妇之热心慈善事业，迭次慨捐，极为嘉许。查李氏月来为本澳救济难民暨家乡赈济等捐款，约达大洋十余万元。

1942年11月10日　第一版

米石尽量推出　米站发售

（专讯）督察长观耶，昨对记者称，福荣丸于前日抵澳，运来米石达九千余包，现正存趸各米仓，尽量推出米站发售，售价无异。

1942年11月10日　第一版

海镜戏院　本月十四复业

本澳海镜戏院最近已由建业公司买受，刻已鸠工兴革，建筑堂皇，座位务求舒适，装置最新声机，选影中西名片，定本月十四日开幕云。

1942年11月11日　第一版

今日两场慈善赛　华联点将斗西联

今日为第一次欧战和平纪念日，足球总会，例必举行慈善足球赛，得款拨作葡国欧战和平会、云仙地保禄会、托儿所等作经费。该比赛今日有两场举行，头台戏，医生律师合战军人，四时半华联西联互交兵，两队人马选足精锐，准备大撕杀，况华联于上次金鹿杯慈善赛中，吃了洋人一鞭之仇，宁有不报，预料必有嚎头。入场券计分三种，二元、一元、二毫，并请无原罪音乐队到场助兴。查两场比赛，皆在新运动场举行云。

1942年11月11日　第一版

金城大酒家　龙虎会上市

雄视全澳，中外同称之金城大酒家，现以时值冬寒，补身合时，故为适应各界需求起见，特增制龙虎大会，举凡一切“五蛇会”“豹狸□”“全桌蛇宴”“豹狸全筵”“原盅蛇狸”“炒蛇”“屈蛇”“炒狸”“蛇羹”“蛇胆酒”等，以最适合卫生宰庖，配制精美，富有维他命，迥尔不同云。

1942年11月12日　第一版

商会代办业钞申辩　申辩手续详列明　梁鸿勋郑重声明防止歹徒活动

（专讯）澳门商会，为替业户办理申辩减低业钞征额事，已于昨日开始办公，代理翻译入禀呈文及解释一切申辩手续，并购备禀纸慈善印花，照价转让，以应业主所需。一切丝毫手续费用，概不收受，以符服务社会之旨。至工作展开，进行异常顺利，业主前往请求代办者达百余人，惟情形未见挤拥，故应接余裕。该会值理，每日轮值往会负责主理详细解释，昨并分列申辩者须知各节，标贴门次，任由参阅，兹将原文照录如下。

业主请求代办申辩业钞须知

（一）先携备旧业钞纸或通知书前赴公钞局查阅已更正之征收业钞数额。

（二）如认为所征过多，或不明了者，请即携同旧业钞纸及在公钞局查得之数额来会，以便解释，倘确系不符，愿意呈请申辩，本会当义务□办。

（三）申辩人只须携备禀纸半纸，慈善印花二角，不必再给任何费用。

（四）业主请求代办申辩务须亲身或托授权之代理人来会说明原委，以便办理。

（五）办公时间，上午九时至十二时半，下午二时至六时。

又记者据值理梁鸿勋称，日前商会据业主请求转陈澳督减低业主数额事时，竟有一般不法歹徒，借此时机，冒认商会职员，前往业户骗收手续费等情，现代办工作展开，并无遣派职员向外接办，诚恐彼辈人□□活动，故为防止未然计，特郑重声明，希勿受愚云。

1942年11月12日　第一版

投机水客由港办购大量新闻纸运澳　价格将直趋暴跌

月来本澳新闻纸张因来源关系价格日趋上游，一般纸商对存货乃视为奇货可居，乘机操纵，货价高台竞逾其量，较诸省港两地倍蓰，因之一般运输水客咸认为有机可投，纷纷向各地转运来澳。日来渔船由港运来新闻纸接踵相继，数量至为大宗，需求既得调剂，价格因之下跌，一般囤积居奇者以形势非佳，亦不惜削价推出，一时纸价乃如江河日下，相信不久之将来，可以回复原来状态也。又据行内人称，连日港方纸价亦降，因某大商行向台湾方面运有新闻纸一大批，最近行将抵埠，来源有着，亦为纸价下跌之原因云。

1942年11月13日　第一版

商会本届值理任期　澳督留全体蝉联　投票改选之举恐难实现

（专访）商会值理任期，仅为一年，期满照章改选，而值理任期仅能蝉联三度。一九四〇年现任澳督莅任，对商会予以改革，指定高可宁等出任值理。迨至去届期满，又适太平洋战事爆发，澳督在宪报发表札谕，饬彼等再度任理。而光阴荏苒，岁月如流，迄今任期又将届满，倘依照往昔援例，则在十二月秒（杪）举行投票改选下届值理，继续维持会务。惟现任值理等以连任两届，任内奔走呼吁，业已感殚精竭力，且又因业务纷纭，诚恐未能抽暇料理会胜（务），故对来届值理，亟望另荐贤能，以卸仔肩。值理等乃缮具辞退禀词一纸，于昨日午间联袂前赴督辕晋谒戴督呈递，并面恳澳督体念过去辛劳，予以批准，俾获喘息。澳督对彼等称，过去商会经过各事，成绩斐然，汝等弃却私人业务，出面服务社会，公尔忘私，尤复难能可贵，既具此优异成绩，实宜再度任理，再接再励，以应时艰，造福侨胞。高等乃开刘贤能名单呈阅，并极力推荐，惟澳督答复，列位经验丰富，精明能干，倘能蝉联三度，无异驾轻就熟，办理更臻完善也。督宪之意坚决，对现任值理极力挽留，故彼等呈请辞退一事，恐难获准云。

1942年11月13日　第一版

澳闻缩辑　同善堂沿捐

同善堂昨日第四日沿捐，共捐得双毫三百九十七元，大洋七十元，港纸廿五元。

难营新址

台山谦源爆竹厂辟为收容难民新址，修葺工程行将（完）竣，内设男女水厕浴室，分编男女老幼，残废等收容所，所有青洲收容之难民定于本月廿二日迁入新址云。

同善堂常会

同善堂昨日举行值理常会，讨论事项，关于澳督在莅任二周纪念捐助该堂葡币七千元，议决派蔡文轩、黄仲良前往领收。

借词骗款

男子梁家佩，日前为其友人周兆□借词代往港购买货物，骗去港币一千二百元。梁昨赴警厅投报，警方即将周拘获归案究办。

纪总理诞辰

纪中昨日上午十时举行纪念总理诞辰，由戴恩赛校长主席，连声海讲述总理生平事迹。

1942年11月13日　第一版

托儿所中字募捐队　今晚举行义演

（本报专访）本澳托儿所，中字募捐队，演剧筹款大会，该会成立多日，各部职员日来工作频繁，情形颇觉忙碌。兹者，演剧期届，定于今晚在平安戏院，由平安剧团全体职员担任，至所演节目名为“肝肠涂太庙”，以名伶主演名剧，演来必当精彩，甚望各界仕女本其慈爱为怀之旨，体恤□儿求庇佑，踊跃前来观剧。

1942年11月14日　第一版

镜湖医院值理　下届名额有更动　新订章程将提出会议讨论

（专讯）本埠镜湖医院，在澳督指派刘叙堂等出任值理后，即从新整顿机构，兴利革弊，成绩卓著，彰彰在人耳目。惟值理等以过去连任两届，奔□策划，实感精疲力竭，拟于来届值理，决意请辞，退让贤能。澳督戴思乐于前日午间，召见该院主席刘叙堂，相谈达两小时，澳督恳切挽留各值理蝉联，造福贫病。刘氏再三推辞，均未获准，迨至昨日值理堂期常会席上，刘氏提出讨论，并将晋谒澳督经过详述，各值理拟再度联袂请愿，但以督宪之意甚决，恐难如愿，乃暂作罢论。至本院现任值理廿四（分）人，分负总理协理，最近经澳府批出，立案章程，值理名额改为十九人制，以十五人为常务值理，余四人则任后补，各值理之意，倘澳督盛情难却，勉为其难，再度继任，则现目值理人数，与新订章程大有不符。且该章程于来年元旦日便开始依照执行，届时裁撤取舍，当又发生问题，乃议决于下次堂期会议时，召集全体值理始行商讨决定云。

1942年11月14日　第一版

罗斯福已声明　尊重葡国中立

（华盛顿昨晚电）英美海军此次在北非发动攻势，控握整个直布罗陀海峡。该国与葡萄牙邻接甚近，故葡国海军司令部摩拿将军曾有函致罗斯福总统，声明葡国之立场。该函于星期四日已由美政府发表，并宣称罗斯福总统复函，尊重葡国中立，在北非登陆，绝无威胁葡国之举，此乃对轴心战略不得不尔之步骤。

1942年11月14日　第一版

澳闻缩辑

商米暴跌

连日商米因中晚造丰收，大量运澳，故价格趋跌，顶上银粘每担八十七元，新兴白米每担七十元，舂米六十七元，白朴米与赤朴米六十六元，预料继续有下降之势。

公米亏蚀

记者昨以商米价降，特晋谒物品输进委员会委员观耶，叩询公米可否略予减低以利民众。据观氏答称，现目之公米因来价高昂，政府每日亏蚀约七百元，故现目售价无法低减云。

昨日义演

托儿所中字募捐队昨假座平安戏院，举行义演，合共收入港币将达元万，全数拨作托儿所经费。

交通消息

来往湾澳之南斗丸，昨日由湾抵澳，载来货物甚伙。查有食物多宗，用品则如草席土纸等共有二百余件。食品类，则如片糖、鲜蛋、生油及各种豆子均有相当数量，生猪约百余头左右云。

1942年11月14日　第一版

检便注意

凡到所验粪须往验便所后面指定照相处（善香园内）摄影，如在外间拍照者概不发生效力。

1942年11月15日　第一版

澳闻缩辑

交通消息

白银丸昨日由港来澳，定今（十五）日开往广州湾，旭光丸原定昨日开湾，惟因风改期，或于今（十五日）开行。香港线广州线航期无变，港岛丸昨日由湾到澳，今日开拔往港，十六日回航，十七日再赴湾云。

业钞申辩

关于业钞申辩，一般业主前赴公钞科查阅，惟查阅人数挤拥，恐逾期止截，乃转请商会代向当局查询，商会汇集一切后，于昨日派员晋谒澳督，戴督即饬公钞科派出职员查阅一切，今日或可办妥。

义演数目

托儿所中字募捐队，前晚义演收入公布，预销名誉券港币八千五百七十元，经济局长罗保经手券款一千三百五十元，门沽券双毫三百二十五元三角。

召见银业界

日前当局为调整金融，规定葡币与银毫比率为“九五”公价。诚恐日久玩生，市行政局长布英沙为重申前令起见，于昨日再度召见全澳银业界代表，谕令切实依照规定兑换，否则依法控究。

1942年11月15日　第一版

不景气下影响教育　学校停办卅余间　失业教职员沦为小贩车夫

（专访）溯自华南战事发生后，本埠教育事业，突趋发达，学校设立，仿若雨后春笋，据在教育会登记之公私中小学校确数，达一百一十间，缘以内地中小学校，因战事影响，纷纷迁澳办理，重张旗鼓。惟当时逋澳民众激增，故学生数目众多，收入可观，尚可易于维持，迨至太平洋战事发生，时值非常，粮食价格暴涨，更以港币贬值，生活应付维艰，而一家数口，端赖一人维持者，更苦不胜言，何能有余裕供子弟入学。基此诸端，在不景气笼罩下，百业顿受影响，尤以教育事业为甚，学生缩减，支付增加，其中以学费收入用以支应，因入不敷支，不堪维持而停办者，凡十数间。职教员因失却所职，生活顿感徬徨，而因生活鞭子驱策者而为小贩者，大有其人，甚至“拉车”度日，厥状至惨。记者昨据教育会某理事称，该会于最近理事会议席上宣布，据称停办之中小学计达卅四间，失业教职员达二百余人，现尚照常办理之侨校，除其中获得我政府补助经费者外，余均岌岌乎危，支持匪易，预料将有继续停办之势。过去之黄金时代，时移势易，教育事业一落千丈，教育会顷已派出理事何其伟，伍秋劳负责调查，俾将情形呈投枢府，呼吁救济云。

1942年11月15日　第一版

海镜戏院　昨日恢复营业　全部产业由李烈昆仲买受

下环街市海镜戏院，为某某大律师自置产业。最近新马路英辉行东主李烈昆仲，特斥资四十余万，将该院所有产业、机件及院内设置全部买受，并从新兴工装修，大部改革，美奂美轮，座位舒适，空气流通，且影机经修理后，发声清彻，光线明□，券价低平。昨日开幕，恢复放影名片，观众挤拥莅场。查该院组织完善，除李氏自任监督外，乃弟华洲出任总经理，并分正副经理黄远之，缪绍凯云。

1942年11月16日　第一版

同善堂　值理蝉联问题　多数值理表示愿勉为其艰　慈善事业为人类应尽义务

（专讯）本埠同善堂，为我华人机关之一，历史悠久，办理素称完善。现任值理，更不遗余力，施济范围甚广，一般贫苦难胞获得嘉惠者，何止千万，深为社会人士所赞许。是故现任澳督戴思乐下车伊始，各机关如商会、镜湖医院、孔教会等，均饬令改组，独同善堂则例外耳。该堂章程规定，值理须于每年改选，澳督近以该堂办理成绩卓著，均赖各值理措施得当之所致也，乃谕现任值理再度蝉联，毋须重新改选，并勉彼等一本过去之精神，服务社会，造福□庶。惟各值理以曾任两届，已过事辛劳，乃拟再行请愿，以卸仔肩，俾获喘息，但念澳督之意甚决，盛意隆情，实难推却，故去留与否现尚存犹疑态度。记者昨特分别走访该堂多位值理，叩询彼等对督宪所谕，可否遵照履行，总撮各方意见，略谓慈善事业，本为人类应尽之义务，实无谓卸免，但吾人过去经任两届，策划呼吁，殊感精殚力竭，故甚望新进者能参予瓜代，退让贤能，俾得发展，故吾人对澳督谕旨，实应凛然遵奉，勉为其难，再度蝉联。惟今后百尺竿头，更进一步，再接再厉，是则贫黎利赖良多，亦以报督宪热诚之期望云。

1942年11月16日　第一版

澳闻缩辑

粮食市价

昨日粮食市价如后，顶上银粘八六元，春米六七元，朴米六六云，生油二百元，眉豆五五元，计豆五三元，黑豆五四元，红豆六十元，绿研五二元，赤小豆五八元，均每担计算云。

交通消息

（本报专访）白银丸昨日下午已由澳开往广州湾，旭光丸原定前日开湾，后因风改期，现亦已于昨日开行，港岛丸昨日赴港，今日回航，后日十七日又由澳开广州湾，永华轮约于四五日后可返澳。香港线蓝山丸，广州线岭南丸，航期仍照常。昨日到定今日开云。

1942年11月17日　第一版

澳闻缩辑

金银行情

昨日晚市金融行情如下，大港纸换大洋二六六，大港纸换双毫三一五，靓碎港纸换双毫三三，大葡纸换双亮九五零，大洋纸换双毫一零七，足金值大纸出一二七，入一二五，值只亮出三九入三八。

粮食市价

昨日本埠粮食市价如下，龙牙粘谷五三元，春米七十五元五毫，朴米七二元，一号生米分一零二元，二号生米分八七元，青龙门面粉四四元，茨粉五六元，米粉一零五元，河粉干九三元，三甲粉一零二元，眉豆五二元，青豆四十九元五，黑豆五八元，红豆六十元，绿豆四十元五，赤小豆五十八元（以上均双毫每担计）。

慈善小球赛

此间体育界为发起替天主教会所办之平民饭场筹款。持于本月十八日举行小型球慈善赛，并于是赛前加插一幕滑稽小球表演赛，由记者伶星混合战。

交通消息

行走港澳湾之港岛丸，昨日已由港抵澳，定今日开湾，永华轮则由湾赴越，归澳期未定，白银丸今日由广州湾回航，□□程明日午刻可抵澳，广州线之岭南，香港线之蓝山两丸，均于昨日由澳启碇，今日归航，旭光、德青两丸，均已开出开拔，江门丸昨由南头抵澳，查此次载来货物，种烦甚少，只木炭、柴薪、花生等三宗而已。

1942年11月17日　第一版

澳府日间召见银业界　市政局长发表谈话

（专讯）市行政局长布英沙，诚恐金融动荡，乃于前（十四）日午间，召集全澳银业商人晋署，由布氏重申前令，剀切劝告彼等遵守法令规定，毋得低折或拒兑，否则如有违犯以上所述者，当局依法控究，取销其营业牌照等情。记者昨特走访市行政局长布英沙，据布氏称，银号对葡币公价徜有低折或拒收，无异扰乱金融，影响商业，祸害民生，故当局予以严厉惩处。布氏继称，葡币公价，不限于银号遵守，即各行商号等贸易交收，市民授受，亦应依照公价九五计算，不得借词拒收，或其他等情，否则亦严惩不贷。现澳府对葡币兑现，现已会商安定办法，以求其症结所在，而予以处置之法，现已稍有端倪，日间再行召见银业有关方面及金融巨子，详细会谈，当有完善措置也。

1942年11月17日　第一版

慈善游艺会　澳督夫人谢热心人士

澳督戴思乐夫人发起举办之慈善游艺会，已于本月七八两晚在市政厅举行，收入所得，计西洋纸二千四百零八毫八仙，港币二万八千一百一十一元，大洋二千五百元，双毫七元，支出各项费用，西洋纸一百六十二元一毫三仙，港纸一千七百一十三元四毫三仙，比对实收入西洋纸二千二百卅八元七毫五先，港币二万六千三百九十七元五亮七先，大洋二千五百元，双毫七元。此次所获成绩美满，戴督夫人仅代表贫苦儿童，向各界热心人士深致感谢，并致谢梁夫人、高黄氏、贾华路夫人、左美古夫人崔瑞琛女士，暨中西各夫人女士在场招待。议事公局执委会慨借该局大堂、高可宁、傅德荫、李烈、钟子光、黄梓山、镜湖医院、同善堂各值理，暨同昌号等热心赞助，卢焯孙夫人、必达夫人、姚夫人等惠赠品物，各夫人惠赠饼食，中央酒店司理供给猪肉牛肉生□，东方洋行东主之热心报效品物云。

1942年11月18日　第一版

澳闻缩辑

发还租约

关于年前业主与住客签订之合约，当局已转照商会日间即将全部发还，交由商会发给各业主。该会于昨日召开特别会议，讨论代发该项合约手续，众意以现正进行业钞申辩事宜，议决将该项合约押后于本月二十开始办理，各业主凡已呈交申辩书者，则可领回该合约以便作据。

1942年11月18日　第一版

回乡会今日

派员催缴捐册

澳侨协助难民回乡会决定由今日起，派出专员程森踵户催缴捐册。各界人士如有捐款及捐册，可迳交程氏，发回收据，该会为免各界误交款项，特将其近照制版刊出，以资认识云。

1942年11月18日　第一版

高可宁拟就平定葡币办法　葡币与银毫平换　发行银单与葡币双毫成三位一体

（专访）迩日葡币兑换银毫，其价格已停滞于政府规定之“九五”公价，澳府当局，诚恐其价再有低跌之虞，对此非极力调整，不足平定金融局面，将于日间再召集银业有关及金融巨子，会商后，当有完善方法处置也。澳门商会，以葡币双毫苟有发生变化，对各行商业贸易，亦有极大影响，故为协助澳府平定金融起见，特于昨日召集各值理举行座谈会，商谈其症结所在，俾获处置善法，以便奉达当局施□。记者据该会主席高可宁称，本人现拟定方法多则，惟不足以为例法，惟亦可供作平定之参考，兹将之分列如下：

（一）西洋纸与双毫比率应以十足平兑。

（二）西洋银行印发双毫凭单，其面款分四种如下，十元、五十元、百元、五百元。

（三）政府乃须饬令西洋银行，准备相当数额之双毫，以使市民持有西洋纸或双毫凭单者，需用双毫时，可前往兑换。

至执□上述办法，并需决定下列各点：

（一）银业界于顾客前来兑换西洋纸时兑收时价为与双毫平换，但银业之经营系兑换各种货币时，出入时略取佣利，故为维护其权益计，凡出入兑现时，应规定以微少手续费。

（二）当押等向以银毫为本位，此点可不必变更，惟于执行此办法之时期内，对西洋纸及双毫凭单，凡与双毫同等看待交收均应如足，其至西洋纸价值再有变动时，始行再算。

（三）各商号对西洋纸及双毫凭单应与双毫同价使用。

（四）政府各机关所收公钞或其他款项本向以西洋纸为本位，此时亦应对双毫及双毫凭单同等看待，同样收受云。

1942年11月19日　第一版

永华轮遇险　传闻失实

（专讯）迩日市面传行走广州湾、澳门线之永华轮，在广洲湾驶往海防途次，遇险受伤，船身穿一巨孔，幸未沉没等情。记者昨特走访大福轮船负责人王颂献叩询一切，据王氏称，谣传该轮受伤，全属子虚。该轮例于数月即入坞一次，以检验各机件有否损坏，及略加修理其他各部，是次赴湾转海防，即为入例坞也。至传途次“中鱼雷或触水雷，及不慎触礁”等情，均属无稽，传闻失实云。

1942年11月19日　第一版

澳闻缩辑

葡币兑现

关于平定葡币兑现问，商会主席高可宁，曾有拟定完善办法，准备向政府当局提供，各情已志昨日本报。记者昨特走访银业行主席梁后源，叩询意见，据梁氏称，其本人亦极赞同高可宁先生昨日所拟出之办法云。

向应捐衣

黄苏主办之中西桌球慈善赛，已决定于本月廿日举行，届时所收入之门券，将拨出一部分善款，为助镜湖医院购置病人衣服之用，以资向应捐衣运动。

致谢李烈

本埠葡国参加第一次欧战之退伍军人分会，于日前举行纪念欧战和平纪念时，曾举行足球慈善赛，英辉行东主李烈捐助巨款，其夫人亦以国币万元购胜利球，该会于昨日特致函李氏夫妇道谢。

诱拐女童

妇人李英，被控有诱拐十龄女童陈桂兰之嫌疑，昨被警带案究讯，买该女童之妇人宋二家亦在被控之列。

派送棉衣

同善堂昨派出值理叶子如，将郭泰日前赠该堂之旧棉衣数百件，前往青洲乞丐营分派御寒，计报出男衣五百五十五件，女衣二百九十九件，小童，一百零七件。

1942年11月19日　第一版

学救会积极筹划津贴教员生活费　并拟办侨生考试奖学金

学生救济会，最近拟办全澳各校侨生考试奖学金，由学救会举办统一考试，成绩优良者得奖学金，各生可自由报名参加，报名时则须填表书名投考某校，入围者，每名每月由会奖以大洋二百元至三百元之间，以资奖励。而每一校只占获得奖励名额两名至三名。该会除竭力办理救济侨生外，鉴于各校教职员在此环境中，刻苦奋斗，亟应设法救济。闻该会救济计划大意有三：

（一）设法补助学校经费。

（二）津贴各校教职员生活费。

（三）学生生活费等三项。闻三项中，第一项需款颇巨，第二项则决于短期内完成，并已去函各立案学校将教职员名单送该会审查，查各校已将名单交到，不日开始调查，第三项则俟第二项办妥后，即着手进行。闻该款一俟教部汇到后，立即分派，闻家有三口以下者津贴大洋四百元，三人以上者六百元，一人者二百元。惟视乎来款多寡，而定增减，至钟点教员及中小学教职员，均一体待遇云。

1942年11月20日　第一版

未订租约之租赁屋宇　须迅速进行补订　如住客不允签订投报警厅驱出　业钞申辩准今日截止不再延展

（专讯）业钞申辩，限期延展于今日截止，惟财政局颁行之法例，凡申辩□诉者，须付秉公费用（据现申辩败诉费用约卅元），其中一般业主，事前多未考虑清楚，妄行申辩，自该项消息发出后，昨日前赴商会请求撤销申辩者，为数甚众。

（又讯）关于业主住客未订合约者，几占全澳屋宇十份之七，倘依照财政局法例，则业主须受罚一年业钞。商会于昨日值理常务会议席上，曾提出讨论，并拟定方法多则，以利将来业主住客补订合约。闻业主届时不允订约者，澳府当依照法例执行处罚，但住客有拒订者，业主可具情投报警方将之驱逐。为利便执行计，请求澳督授权警方受理该项事件纠纷，业主无须入禀法院之手续云。

1942年11月20日　第一版

澳闻缩辑

商会加薪

商会昨日值理堂期会议时，值理梁鸿勋，以现目百物腾贵，该会各部职员生活艰苦，提议增加薪额及酌量津贴伙食，议决，通过，由下月开始执行。

窃猪油

本年八月中旬，沙梨头新大成猪油店，发觉失去猪油八罐，值银六百余元，后卒获疑犯数人，该案今日由警方解法院审讯。

私带信件

男子陈森，昨由广州湾来澳，携有未贴士报书信五封入境，被检查员搜出，将之带署究办。

私藏鸦片

男子梁梦初，被控在飞能便度街八号藏有私烟五罐，及烟枪烟灯等具，经警方讯后，解交专卖局办理。

1942年11月21日　第一版

澳闻缩辑

昨晨火警

昨日凌晨四时许，营地街市德栈猪肉店栈房，发生火警，大炮台鸣号报警，各消防队驾车驰往灌救，瞬即对火势扑灭，故只被焚去天棚上盖，幸无伤人。

业钞申辩

业钞申辩昨已止截，如业主经已委托商会代办入禀申辩，而欲自动撤销申辩者，可再行入禀呈请撤销。

澳门新主教

新任本澳主教罗约翰，现尚未正式举行升任礼，或于明年始得来澳就任。

平民饭场

天主教会主办之妈阁平民饭场，由李泽民神父主持，决定于今日恢复办理。

交通消息

港岛丸昨由湾到，定廿三开，白银丸今日赴湾廿四回航，蓝山与岭南两轮，均昨到今开。兹查其载来各货，多数为食品类，达数百件，内以生油数量较大，约千桶之多，用品则有画片一箱，草席约三百件。

1942年11月21日　第一版

葡内阁　举行会议

（里斯本昨晚电）葡国内阁在色拉萨主席下，于星期四晚作长久会议。

1942年11月21日　第一版

三机关值理蝉联　澳督札谕今发出

（专讯）澳门商会、同善堂、镜湖医院三大华人机关，年来办理完善，成绩卓著，澳督戴思乐以三机关能具此优异成绩，实为现任值理措施得当所致，乃于日前召见各机关主席，面谕彼等下届毋须改选，再度蝉联，协助政府，应付时艰。各主席曾呈请辞退，未获允许。顷据有关方面消息，澳督饬令三机关值理再度蝉联之正式札谕，于今日发出云。

1942年11月21日　第一版

俞鸿钧太夫人逝世　今日下午三时出殡

前任上海市长，现任中国财政部长次俞鸿钧太夫人李氏，昨日上午八时在澳病逝，今日下午三时在加思栏马路十号住宅出殡，并得市政厅长贾华路特许，安于西洋坟。查李氏享寿六十□岁，平日待人接物，和蔼可亲，性极慈祥，其婿戴恩荣□系前任海关监督戴恩赛之胞弟，预料今日前往执绋者必众云。

1942年11月21日　第一版

镜湖医院值理　坚决呈请辞退

（专讯）镜湖医院现任值理，为呈请澳府辞退下届值理职任事，昨日堂期会议时，拟定辞退理由三贴，并举出主席刘叙堂，管尝值理周介眉，总理梁彦明于本月廿三日或廿四日代表全体值理晋谒澳督奉达，恳切请求。兹将其三贴理由录下：

（一）现任值理，多属外地来澳者，如王德□、黄□坚，为广州名医生，主席刘叙堂为粤沪大业主，倘时局稍定，彼等则为业务关系相率离澳，届时无人主持，□务当发生窒碍也。

（二）现任值经理两度蝉联，任内奔走呼吁，业已殚精竭力，且本身捐输及向外募捐，亦感过于繁多，人财两力俱竭，故为□务进展计，则应退让贤能，俾得灌注新血。

（三）现任值理计达廿四人，与最近澳府批出立案新章程名额十九人，人数大有抵触，而来年依照新章程施行，则其中五人须舍务离去，故该问题难予解决，不如全体离去，重新改选规定人数。

1942年11月21日　第二版

镜湖医院征求善士捐赠病人衣服启事

敬启者　敝院收容之三等留医病人入院时，向必为之沐浴，并由院另给衣服与之更易，以重卫生，然以经日既久，衣裤均已霉烂，亟须重新补置白扣布衫四百件、裤六百条，始敷分配应用。但现目布价高昂，每套（一衣一裤）工料计约需双毫银一十四元，总计需款七千余元之巨，惟以敝院经费有限，支应无穷，绠短汲深，周转乏术，窃念众擎易举之义，谨登报敬求仁人善士，解囊捐赠，共襄善举。倘蒙见为，祈将款交到敝院代办，每套双毫一十四元，或请依照所定布料尺寸制就惠来，悉从其便。斯则岂特敝院同人感佩万分，而贫病者，亦戴德无既矣。谨此刊告，伫候鸿施。（布料）白扣布，（尺寸）衫长一尺九寸，裤长二尺三寸，男女装同。

1942年11月22日　第一版

澳督申述三项理由　挽留镜湖值理　刘叙堂晋谒澳督请辞不获　澳督昨函同善堂值理慰留

（专讯）镜湖医院现任值理，为呈请辞退来届职任事，曾拟定理由三则，派员晋谒澳督戴思乐，以该三则为辞，请求引退。记者昨据有关确息，该院主席刘叙堂，于日前晋谒澳督时，曾以该三点理由呈奉，惟澳督答复刘氏称，镜湖医院今日能具此优异成绩，俱为诸位值理办理良好之所致也，倘若另选新人接任，其办理之优劣否，实难武断，倘其措施不当，则影响该院务之发展，本人身为地方长官，亦有责任也。但诸位之过去成绩，本人已深洞悉，且主席一席，人选尤属困难，今院务正当移上轨道，蓬勃发展之秋，诸位再联任理，无异驾轻就熟，此不宜退辞者一也。

际此非常时期，依照葡国法例，地方长官有权谕令其属地各机关之兴革，今本人暂离总督职位，以朋友资格恳切挽留，缘以灾黎遍地，颠沛流离，偶一为二竖所侵，厥状尤惨。故吾人应痌瘝在抱，起而救济，造福灾黎。今因战事影响，灾难正殷，吾人岂能袖手旁观，相将引去，此不宜辞退者二也。至如立案新章程名额改更，此乃人事问题，倘予以调整后，当获完满解决。至其值理来自外地者，而以时局稍定离澳问题，此两点实不足为呈请退辞之充分理由。院中经费不敷之数，戴督答称，澳政府对于经费帮助，当可尽力而为，惟望院中对措施应采用“量入为出”方法，以经费收入之多寡，决定一年度所施用之数，则易于维持也。查刘氏于当日由下午二时十五分起至五时半，相谈达三个余钟。至前日派出三值理晋谒（澳）督呈请退辞，刘氏于昨日约定澳督于星期二接见，倘依照日前澳督答复刘氏所称，此次呈请退辞，恐难获准也。又同善堂各值理以任期将满，日前曾晋谒澳督请求准其告退以让贤者，督宪昨日特函该堂慰留，请其勉艰巨。兹将其原函录后： 兹启者，日前该堂值理以任期将满理宜另选贤能，故有向本督请辞之举，际兹非常时期，加以该堂值理又办事精明，为华侨利益计，该项提议实难批准。贵堂值理劳力劳心，本想告退另让贤能，本督对于此点，亦深明贵堂值理之苦衷，然时值非常，本督实不能不敬请各位再行留任，不避困难，而与本督合作，有厚望焉。此致澳门同善堂主席，澳督戴思乐。

1942年11月22日　第一版

澳闻缩辑

校际篮球

校际篮球赛，初中组昨日培正以四十三对二十击败岭分，高中组，广大不敌，以二十对五十五为培正压倒。今日战事，下午三时初中组纪中对培英，在培正场举行，三时高中组，中联会广大在岭分场举行，四时培正对岭南，在培正场举行。

沿捐药剂

镜湖医院，昨经堂期议决，今日派员出发沿门劝捐药剂费。

粮食市价

昨日粮食市价如下，新兴白谷四十四元六，顶上银粘八十六元，春米六十五元，朴米六十六元，青龙门面粉五十八元，茨粉五十元，米粉一百零二元，河粉干八十六元，三甲粉九十八元五，眉豆五十三元，黑豆五十四元，红豆六十四元，绿豆五十六元，赤小豆五十八元。（以上每担均双毫计）

交通消息

白银丸昨日由澳赴湾，廿四可回澳，港岛丸昨日往港，定廿三日往湾，旭光丸昨晚由湾可抵澳，蓝山岭南两轮，均昨到今开，江门丸昨日由前头抵澳，载有蔬菜及什货等物。

难民新址

警厅长布英沙昨发表谈话称，谦源炮竹厂之难民新址，有男女厕所，浴室等设备，且水电亦充分供给，建设完竣，难民迁入住后，当偕各报记者往参观。至台山华南教养院将于最近迁回中国内地，届时当局决将托儿所迁往该处收容云。

1942年11月23日　第一版

澳闻缩辑

镜湖劝捐

镜湖医院昨日开始沿门劝捐药剂费用，全日共捐得毫银千余元，破年来劝捐药剂费纪录，该院今日继续沿门劝捐云。

桌球售券

中西桌球慈善比赛，定本月廿五至廿八，一连四天举行，由华人代表梁后源，主持开球礼，业由澳督颁奖。全数收入，全数分拨镜湖医院购置病人衣服及难童之用，名誉券分西洋纸十元及二元两种，昨已开始销券。

学联篮球

学联校际篮球赛，昨在培正球场举行，头场初中组培英对纪中，双方皆为弱旅，战局沉闷，结果廿七比廿四，培英得胜，尾场主力战，培正岭南双队火拼，因技术相等，故战争极为剧烈，结果培正以廿七比廿二击败岭南云。

交通消息

港岛丸昨日由港抵澳，定今日下午三时赴湾，白银丸昨日午间可到，永华轮廿四日到澳，蓝山丸岭南丸，均昨到今开。兹查得旭光丸载来什货甚伙，其中粮食类约四百件左右，生猪较为大批，共二百五十头。

粮食市价

昨日粮食市价如下，顶上银粘八十五元，新兴白米七十二元，春米六十七元，朴米六十六元，一号生粉一百元，青龙门面粉五十八元，茨粉五十元，米粉一百零二元，切粉八十四元，河粉干八十六元，三甲粉几十八元，眉豆五十三元五，黑豆五十四元，红豆六十四元，绿豆（暂无货），赤小豆五十八元，以上每担均双毫计。

朱有兰

朱有兰烟庄分行，设在十月初五街，出品优良，向为各界推计，为酬谢顾客，特由今日起，大减价十天云。

1942年11月23日　第一版

市行政局重申前令　居民须撙节用电　如有超过限额当依法截断电流

（专讯）澳府当局，对于市面繁荣，靡不竭力维护，溯自太平洋战事发生时，发电机用之油渣，来源断绝，故澳府为撙节计，曾一度将日电停止供应，□后木炭发电机装置完竣启用后，则恢复往昔常态，继续供应日电。记者昨据市行政局长布英沙称，该新装之发电机，其构造可燃木炭及石煤，惜木炭燃力较缓，且耗用巨量，今因石煤来源尚伙，故现仍燃烧石煤发动机能。惟该机重新启用，机件时有损坏，查前日因修理损坏机件，致暂停供应日电。布氏继称，现本埠发电机两具，即石煤机损坏待理，亦可转用油渣机，故供应无虑断绝，惟澳府对居民用电，仍严厉执行日前颁布之条例，希彼等遵照规定之用电额数耗用，毋得有违，否则如有超出限额者，当局即依法截止电流供应云。

1942年11月23日　第一版

窃案两宗

男子陈九，赁居沙梨头海边街九十七号，于日前投报警署，谓被匪徒窃去□□家具等物，警探于昨日经将窃匪捕获解署，质诸渠称梁福，中山人云。

男子李开，四十四岁，江门人，在澳无职业住址，于昨日在南湾街四十九号门前，偷去存于该处之白灰约四十斤，事后为警察将之捕获解署，讯后转押青州扣留云。

1942年11月24日　第一版

澳闻缩辑

自来水

市行政局长布英沙昨发表谈话称，关于本澳当局日前限制自来水用额，现目仍继续执行，希市民协助政府极力撙节云。

粮食市价

昨日粮食市价如下，顶上银粘八十二元，新兴白米七十二元五，金风雪米六十七元，朴米六十六元，青龙门面粉五十八元，茨粉五十元元，米粉九十八元，三甲粉九十五元，河粉干八十四元，眉豆五十四元五，黑豆五十四元，红豆六十四元，绿豆（暂无货），赤小豆五十八（以上每担均双毫计）。

交通消息

港岛丸昨日由澳赴湾，永华轮约今日到澳，南斗德清两轮均随之开到，白银丸今日可抵澳，岭南、蓝山均昨日到，今日启碇云。

1942年11月24日　第一版

公告

为公告事，现据南通谣传政府禁止私人贮存谷米，殊非事实，本会为此，特向市民解释，在政府方面，不独未有明令禁止，且劝告市民，通常尽量购入贮备，本会虽存有米粮，足敷数月之用，但仍不免劝告私人运入贮存，以备不时之需，足征谣传之无稽也。合行公告，仰各周知，此布。

一九四二年十一月二十四日

澳门输进物品统制委员会委员高士德

1942年11月24日　第一版

粮委会昨公告　劝居民购米存贮　本埠米石充裕可维持多月

（专访）澳府当局对于本埠居民粮食，靡不竭力维护，在太平洋战事发生初期，米石因来源缺乏，供不应求，价格昂贵，本埠顿陷于米荒状态，居民处此困境，叫苦不迭。幸贤明澳督，殚精竭力抢救，津助款项，向外订购大批米石运澳，接济津助款项低价出售，且来源大批，供应居民所需，曾一度米石恐慌，迎刃而解。迨至最近，商米源源运澳，更感供过于求，价格日趋低跌。现本埠所存数量异常充裕，即于半年内全无米石运澳，亦不虞缺绌。顷澳府为安定今后民食起见，由统制委员会发出公告，劝市民可尽量在外采购米石趸存，以备不之需，而其入口及存贮，当局极予赞许，不加限制云。

1942年11月24日　第一版

鸦片五两　私运入口

（专讯）男子钟流，卅二岁，省城人，任职领南丸，于昨日由港来澳，私怀鸦片烟五两入境，为码头检查员搜获，将之解交警署控究云。

1942年11月24日　第一版

望厦米站　售米时间

（专访）望厦米站，昨规定葡籍侨民购米时间，于每星期一日上午九时半至十二时，下午二时至六时云。

1942年11月24日　第一版

窃油八罐　充军廿年

（专讯）男子麦林、李林、周零，于本年五月间行窃海边新街新大诚猪油八罐，生油一罐，昨日法院宣判，李麦伙同行窃，罪无可逭，被判充军廿年，周零窝藏赃物，亦罪有应得，被判入狱一年。

1942年11月25日　第一版

政府严厉限制用电　分区停止电流供应　全澳总表逾额即严予执行　如有发生则在广播台宣布　市行政局长昨日发表谈话

（专讯）澳府当局自实施限制用电后，□三申五令，除饬令居户遵照政府规定之耗用额外，并劝令切实极力撙节电力，以省物资。限制用电之条例严厉执行中，竟有市民蔑视法律，依然耗电如故，为再进一步严厉□制起见，故政府除执行超额用户依法截断电流供应外，最近拟定一严厉制裁新法，于昨日由市行政局长召全澳各报记者发表。据布氏称，本埠现以煤炭机发动电力，诚恐马力过弱，未能充裕供应，乃从新根据耗电总表，规定全澳供应之额数，倘居民不加节省，即其户虽未超过政府之规定，但总表之供应逾额，当局即采取有效之严厉限制办法，将全澳划分区域，如执行限制时，则将一区境内之电流停止供应，除街灯仍发光外，所有该区用户完全熄灭。警方为防止歹徒乘机活动计，则派出大批警探在该区护卫。至熄灭时间，每晚由七时至十时，限制之久暂，以视其逾额之多寡而定。倘有发生时，当局于每日正午十二时至一时半，在播音台用中葡语宣布，关于总表逾额，某区电流停止供应事。如在可能范内，并于报章发表，以警醒居民。至于实施停供电流，警方虽派警探拱卫，但治安未免不受影响，祸害亦居民耳，推本究源，亦为居户耗电招致也。该例由昨晚开始执行，故希居民今后对用电宜更加节省，切勿玩视法纪，致罹黑暗之祸云。

1942年11月25日　第一版

澳闻缩辑

镜湖沿捐

镜湖医院派员沿捐药剂费，昨为沿捐之第三日，是日共得双毫八百元。

被拐为娼

前日警探在码头起获少女梁秀珍（十八岁）、梁女（十二岁）、钟金平（十二岁）、李珍（十五岁），四人有被诱拐往广州湾为娼嫌疑，现被押留候讯。

1942年11月25日　第一版

身怀伪械　拦途截劫

本年五月间，三巴仔附近一带曾发生一宗怀伪枪拦途抢劫案，匪徒石锦华卒告落网。讵最近又有不法歹徒伙同多人，效石之行为，潜伏僻静街途，拔出伪手枪向途人截劫，先后劫者多宗，失主遂往警厅投报。昨日凌晨一时，由探目卒头华探，匿伏某处，卒将三匪擒获归案，并搜出手枪一支，玻璃樽一个。质诸该三匪，名区保、区华、黄华，对拦途截劫直认不讳。警方讯后，扣留候办。

1942年11月25日　第一版

镜湖值理呈请辞退　澳督恳挚慰留　全体协理辞退未获准许

昨镜湖医院值理会推定刘叙堂、梁彦明、周介眉等为代表联谒澳督辞退明年院务职责，督宪温语慰留，态度恳挚，勉以再为社会服务，并谓去年经布扎谕在非常时期，社团领袖暂不改选，所请应转致各值理勉为其难云云。

三代表再三伸达众意坚决辞职，卒得督宪同意，谓总理方面任职三年以上，服务已久，备着劝劳，今坚决引退，当予允准，协理方面任职仅及二年，应继续负责，以副社会期望。查立案新章来年值理名额十五人，除现任协理十二名外，尚缺三名，由本督宪介绍聘任，并补充管尝值理缺额一名。至物价高昂经费不敷，政府当予援助云云。各代表任务已得解决，乃兴辞，闻不日再召集全体值理开会，公布经过情形云。

1942年11月25日　第一版

伙同拍抢银币　主犯被判充军

（专讯）法院刑庭，昨日宣判抢案一宗，歹徒罪无可逭，被判徒刑。查缘有女子萧倩群，赁居十八间三十五号二楼，于去年五月间，持有港币一千二百元，另银毫元八，因事行经沙梨头附近，为匪徒陈良、林胜、吴胜、周起等四人，伙同行抢。后为警探一并解获，提取口供，传臬究办。于前日曾一度开堂公审，谕令押至昨日宣判，法宫检阅被告，原告，证人口供后，以被告证据确凿，罪无可逭，乃判主犯陈良、吴胜各判充军五年，林胜四年，周起六月。如有不服所判，可上诉小西洋法院云。

1942年11月26日　第一版

镜湖沿捐

镜湖医院沿门劝捐药剂善款。查昨日成绩仍不弱，总共得双毫六百余元，今日仍继续出发云。

1942年11月26日　第一版

澳闻缩辑

伪械截劫

警探当局前日凌晨在三巴仔横巷街获怀有伪手枪籍资恐吓路人拦途载劫匪徒三人，各情已志昨报。警探当局昨又拘获男子何景文一名，被控与该案有关之嫌疑，现目押留候讯中。

同善堂沿捐

同善堂昨天沿门捐款，成绩甚优，查捐款最多者，有良丰行大洋一千元，昌明火柴厂双毫一百元，昌盛行、专卖局、泰兴总公司，以上每双毫五十元，又成公司，毕侣俭、姚伯泉，以上每双毫卅元，瑞昌、□□、富衡、六国饭店、周连、美昌，以上每双毫二十元，诚纪大洋一百元。

诱良为娼

警署日前在码头起获少女四人有人诱拐往广州湾为娼之嫌疑，昨该四少女供出系彼住三巴仔斜巷某号二楼之妇人吴二所诱拐，警探□即派员按址前往将吴二拘捕归案究办。

嫌疑行窃

男子古越，驻东方酒店二七一号房，因发觉衣内银包失去港币二千零五元，大洋一元，锁匙一条，该酒店侍役郑□有行窃嫌疑，被警探带署究办。

1942年11月27日　第一版

澳府明年预算　拨款百万元　用为救济港难葡侨

（专讯）港方沦陷后，葡国侨民留居香港者，均纷纷远难来澳，数达二千余人。澳府为救济彼辈计，除设法予以收容外，并拨巨款津助其生活费。顷澳府昨发出消息，对来年之预算救济费，经拨定一百万元云。

1942年11月27日　第一版

永华轮下月回航　大批煤斤将运澳　计程下月二日即可抵达此间

（专访）行走澳门广州湾海防航线之大福公司永华轮，日前市面传出“在湾赴海防途次，不幸中鱼雷或触水雷，及不慎触礁”等情。本埠社会人士，对此咸极关注，本报记者据该公司主事人称，该轮实为赴海防入例坞，检验各机件及略加修理耳，上述谣传，全属子虚。记者昨再度走访大福公司办事人叩询一切，据称，公司已接海防来电，谓该轮经修理完竣，定于明（廿八）日出坞，旋即运载大批煤炭及杂项粮食，先赴广州湾，然后转程来澳。计程约于来月二日，便可驶抵此间。闻该轮所载之煤炭，全为供应电灯公司用以发动电机者，届时煤炭充裕，当局之严厉限制用电，或可撤消云。

1942年11月27日　第一版

限制电流供应　昨晚继续施行

（专讯）澳府对于节省电流供应，自从新采取有效限制办法后，已于前晚后开始实施，遭截断电流供应之用户区域，虽成黑暗，惟居民早经防备，购具燃料发光，故无大影响，社会秩序，安谧异常。查昨晚继续施行，被截断电流之区，更告扩展，除中央酒店、山顶医院、大炮台、大庙顶、仁伯爵医院、五洲酒店、宪邸等处之电箱照常供应外，全澳完全停止，中央警署暨各分区局，亦改接用街线发光。其限制时间，原定十时至十一时，迨至七时四十分，总局以发电机供电裕余，乃恢复新填巷、板樟堂、新胜街、卢九花园等处之用电，八时十五分再恢复花王堂用电，以上各区之居户，幸得电流供应，不胜雀跃三百，额手称庆云。

1942年11月27日　第一版

卫生局　组委员会

（专访）卫生当局，最近组织一委员会，由仁伯爵医院院长武弥恕为该会主席，委员则由医师贾伯乐及调剂师黑麻任之，澳府特给期六十天，为彼辈互相研讨今后各医院医术设备，及治疗定则，造福人群云。

1942年11月27日　第一版

商会召开　会员大会

澳督戴思乐挽留本澳商会现任全体值理，继续蝉联下值届理，日昨特发出公函一件予该会挽留，商会接到公函后，于昨日值理常会提出报告及讨论，决定全体值理一致留任，并定于下月六日下午召集全体会员大会，届时并进行为戴督立像云。

1942年11月27日　第一版

澳闻缩辑

慈善足球

本澳中华体育会，拟于最近期内举办一场慈善足球比赛，由中华会对西联，并加插一场小型球赛，由伶人记者联组对中华成员，收入款项拨作莲峰庙贫民屋孤儿。本报记者特向该会主事人李洪提议，将届时收得之善款分拨一部分与镜湖医院及同善堂两大慈善机关，李氏随即接纳记者之建议。关于比赛日期，将派员前赴警察局征求布英沙局长及观耶督察长指定。闻李氏交游素广，预料异时只其本人可销券港币一万元云。

1942年11月27日　第一版

交通消息

（本报专访）港岛丸昨日午间，由广州湾抵澳，下水定廿九日开行，白银丸昨日由港到澳，定今日下午三时开往广州线香港线，蓝山丸昨开今到，广州线岭南丸，昨到今开。兹查得港岛丸，载来新货如下，最大批为生油，数达一千四百八十余件，次则什货类甚多，咸鱼有一百四十七件，茨干一百一十三件，鱼干一百六十件，赤砂、豆子、茶叶、味蛋、鲜蛋、腊肉、药材、胡椒、八角、生粉、肉，共约五百件，用品类，草包近百二十四件，通罐二百个，生牛、生猪共七十三头云。

1942年11月28日　第一版

夜间供电划分四区　新办法今日实施　未列入四区者均十一时后供电　行政局长布英沙昨再发表谈话

（专访）本澳市政厅为极力节省燃料起见，最近特采取有效办法限制户内用电，其办法即系规定全澳每日用电若干度，以电灯公司发电厂之总电表为标准，除日电尽量限制外，晚间由七时至十一时分区轮流停止供给。计全澳共有火□七十余个，每火□辑为若干街道，若停供电流之区，则将该区火箱关制。该项办法，业已本月廿五日实施，各情已志本报。惟现目为严厉节省起见，由今日起，规定若干区日间有电流供应，其余各区一律停止日电，晚间由八时至十时，分四区供应。第一区照常由七点至天明供应电流，第二第三及第四区则分晚由八时起轮流先后开制供应电流，其余未列入之区域，一律在十一时以后始供电。市行政局长布英沙于昨日下午四时接见各报记者，发表谈话及解释□制办法如下，

（一）日电照常供应者为自来水公司、电厂、水坑尾、大炮台、白马行医院、大堂、妈阁船场等，其余各区日电一律截止。

（二）夜间电流照常供应地点，（第一区）大炮台，各医院，水坑尾，竹仔室，中央、国际、五洲等酒店，大堂，船坞，以上地点每晚由街电发亮时即开始供应，直至天明为止，不用轮流停供。

（三）下列第二、第三及第四区，每晚由八时起，轮流先后供电，直至天明，第二区新马路、监狱、新填巷、板樟堂、关闸。第三区电力公司办事处，自来水公司、雪厂、民主马路、花王堂、果栏街、桔仔围、岗顶。第四区，柯利维喇街、十月初五街、夜姆街、新花园、卢九花园、沙栏仔。

至居户用电，须极撙节，尤以每晚八时至十一时为甚耗用过多，至罹黑暗，妨碍办事也。布氏继称，关于自来水用额，日前曾有明令，劝告用户节制，倘居民不切实遵奉者，当局唯有采用同样方法，加以严厉□制云。

（又讯）关于埠中有等住户，其户内安装电器所用之电流，系接驳街线供应者，全无影响，当局为防止有等居民利用街灯电流，呈请转驳装设，特饬电力公司在□制期内，暂勿安装街线云。

又查昨晚七时起，先后供应电流如下，西湾、冈顶、磨盆山、新胜街、果栏街、东望洋、二龙喉、卢九花园、板樟庙、新填巷除外，由十一时恢复电流。

1942年11月28日　第一版

乡民遭枪击　一死一伤

（专讯）昨日凌晨七时许，黑沙环附近海面，发生一宗枪伤案，事缘有乡民两人，在中山乘搭小艇来澳。讵于昨日晨光熹微之时，驶抵□□本埠黑沙环附近海面，忽聆枪声卜卜，向小艇射击，其中一人，不幸饮弹，因伤中要害，旋即殒命，后艇家奋勇逃避，卒告脱险，唯另一民亦被枪伤腿部，来澳后，由段警召车将之送山顶国家

医院救治中。

1942年11月28日　第一版

澳闻缩辑

同善堂

同善堂月施药共需款三千余元，日昨特派员沿门劝捐，连日合共捐得款达三千余元云。

参观医院

镜湖护士学校全体员生，由校长率领于今日往国家医院及仁伯爵医院参观，俾资借镜云。

回乡会

回乡会今日下午四时举行会议，商讨下星期起再度遣送归侨一批。

金龙茶楼

金茶楼自全部改革后，营业异常畅旺，最近为精益求精，迎合顾客需求起见，于每日下午四时至七时，二楼房座增设瓦罉煲饭，茗茶香巾，由今日起，一连五天，概不另收费。

1942年11月28日　第一版

何日君捐善款　呈澳督救济贫民　戴督希望有力为善人士　步武何氏后尘捐款济贫

当此非常时期，烽烟□漫，兵燹灾，逃祸难者众，本地处中立，违难者相率俱来，惟是时值非常，生活程度日高，维持不易，劳苦大众，无以供养者日多。有心之士，大解善囊，广予救济。本澳当局甚能关怀市民，月中拨出巨款，救济穷苦，影响所及，有心之人慨捐巨款济穷者，时有所闻。最近有何日君先生，捐助善款西洋纸□百五十元，献呈戴督代救济本澳穷民之用。戴督以何氏热心济□，深致感谢，并希望有力之为善者，步武何氏后尘，多捐善款救济□民。现澳中穷民对何氏之热心，万分感谢云。

1942年11月29日　第一版

电流限制昨略有变更　市中区全晚供电　摩打电梯十一时前禁止启用　日间全澳各区均有电流供应

（专讯）往昔电流供应，系燃用油渣发动机能者，而电机又多达十副，油渣充裕，故用电尽量启发，不予限制。迨至太平洋战事发生，电渣来源断绝，澳府为适应非常时期措施，乃装煤炭发电机两副，改燃煤炭代油渣，恢复常态。但煤炭机发电较弱，故当局乃劝居民予以撙节，并规定度数，饬令遵照耗用，毋得逾额。迨至最近，因煤斤来源稍辍，当局乃更进一步节省煤斤，仅用一机发电，但发电力当然比两机更告微弱，其最高电力仅达一百二十五个半丕，难供应遍普（普遍）全澳所需，故有分区严厉限制之办法施行，各情志经前报。至昨日电流供应，比公布规定，略有变更，全澳日间，各区居户均有电流，照常供给，至晚间七时至十一时，除本市中心区用户于街灯发光时即有电流供应，但不准启用电梯及摩打机，其余下环街、妈阁、马交石、新花园、二龙喉等较僻远区之居户用电，于十一时后，始恢复供应云。

1942年11月29日　第一版

张谷雏　画展有期

名画家张谷雏，驰誉艺坛已久。自数年前隐居本澳，暇则埋首绘作，积存作品，凡二百余帧。现定下月五日假座岐关公司三楼，将其作品陈列，公开展览云。

1942年11月29日　第一版

高林劫艇害命案　充军廿五年

男子高林被控于本年六月中旬夜间在码阁埠头借词雇艇往香洲，撑至海面中流，竟拔出半边锋利较剪将撑艇小童刺伤头部后并抛诸下海，艇妇睹状立即呼救，附近水警小轮闻讯即前往，将小童救起，及将高林擒获解案。该案曾经法院审讯，昨日乃举行宣判，高林直认不讳，法官讯毕，乃宣判被告高林充军廿五年，如有不服所判，准予上诉小西洋高等法院云。

1942年11月29日　第一版

回乡会　明日登记归侨

回乡会昨开常会，决定下周一，在镜湖学校继续登记三百人，连青洲及保送每五十名内，共送四百名云。又昨日有热心人邓嵩慨捐大洋二万元，以充该会经费云。

1942年11月29日　第一版

同居行窃　被控究办

（专访）男子胡润田，廿九岁，本澳人，住大井巷五号，于昨日被控于警署，指其偷去同居胡锦仪款项达百余元，且证据确凿云。

1942年11月30日　第一版

总经理血溅新马路　杨文德被刺（刺）殒命　三枪均中要害刺客逃逸无踪　督察长观耶昨发表重要谈话

（专讯）本月廿七日晚十时零五分，此间之新马路中段，忽聆砰然枪声，连发多响，一身穿西装衫裤之中年男子，中枪倒地。因伤中要害，旋即倒毙于该路九十二号陈李济药局门前。刺客行事后，囊械逃逸无踪，惨案发生时，轰动一时，亟将调查所得，分志如后。

香港陷沦　挈眷来澳

查死者名杨文德，五十五岁，福建樟洲（州）人，向在申沪经商，迨中日战事发生，杨乃偕同家眷赴港，于数月前因港方沦陷遂来澳，赁居新花园得胜街二号A二楼。杨并在新马路十四号二楼（即英辉行楼上）开设“南华企业贸易运轮公司”，自任总经理之职。杨例于每日午间从寓所赴公司办公，傍晚始返，向安无异。讵于去（廿七）晚八时许，偕同其公司职员辜凯余及友人戴芷兰、何伦夫妇等五人，从公司赴新埠头横街家庭食堂进膳，至十时膳后乃出，即循新马路步行返家，而辜等亦随同路行。

开枪三响　均告命中

迨至新马路中段九十二号陈李济药局门前，忽有刺客尾随其后，当时街灯光线微弱，途人稀疏，刺客从容不迫，拔枪相向，瞄准其背后轰击，连发三响，告均命中，杨因伤中要害，旋即不支倒地，血流如注，未几即伤重饮弹殒命。当刺客行凶时，辜等恐并为所害，怆惶闪避，当时经该处之市民，突闻砰然枪响，靡不惊徨失措，豕突狼奔，情形极为狼狈，故刺客得乘纷乱中，囊械向附近窜逃无踪。

大批警探　莅场查究

惨案发生后，值勤该段之警察，聆耗驰至，睹一西装男子倒毙血泊中，即据情致电警署投报，警方立派出大批冲锋警察，佩备钢盔，机枪及犀利枪械，迅速驰至肇（事）地点，分散向附近街道截搜及维持秩序，停止行人往来，中西警探亦纷纷出动，莅场查究。警察厅长布英沙，督察长观耶亦驱车驰至察勘，见死者仰毙地上，身穿鼻烟西装，足登黄胶鞋，长发，体态肥硕，鲜血从口源源流出，死状甚惨。

身受三枪　死状甚惨

未几国家医官亦驰车莅场检验，验出死者身受三枪，头部后脑一枪，右腰部一枪，右臀部一枪，脑部及臀之子弹仍嵌藏未出，检验后存案。警探将死者身上搜索，获有银包一个，镖坠一个，及其他零碎什物。事毕后乃由红色执尸车将尸体畀移山顶国家医院殓房。警探于侦查完毕，马路交通秩序，旋即恢复原状。迨至前日由医生将尸体解剖，取出铅弹两枚，延至昨日由其家人领尸殓葬。查杨遗下一妻两子，其家颇为富有云。至警方现获嫌疑男子两人，扣留候查云。

督察长昨发表谈话

督察长观耶，昨日召见各报记者，对该案之发生发表重要谈话。据称，本人对于市面治安，日前曾三令五申，亟望市民能切实协助警察，共同肃清扰乱社会秩序之歹徒，倘有抢劫，枪杀之意外情事发生时，市民应从速向附近之障碍物躲避，切勿踉跄逃走，以免混乱警探击捕歹徒之视线。市民应切实遵奉本人谈话所颁之命令，否则警察执行职务时，市民不幸遭流弹轰击者，实咎由自取。本人经授权所属警察，以后凡喝令市民停止时，须绝对服从，如有违背者，即拔枪向之轰击，不予宽贷云。

1942年11月30日　第一版

葡国复兴纪念　明日隆重举行

（专讯）明日为葡国复兴三百零二周年纪念，盖在一六四〇年前其政权为隶属西班牙者，惟于是年起正式脱离西班牙独立，并定十二月一日为复兴纪念日。每年是日葡京暨各属地均举行热烈庆祝，澳府事前将筹备一切庆祝事宜。督察长观耶，昨对记者发表是日庆祝程序，除是日澳府各衙署、机关、学校均一律休假一天，计上午九时在大堂举行弥撒，下午四时在新运动场举行检阅葡国青年团，旅澳学校十二间高级童子军被邀参列戎行，继后并举行足球慈善赛，届时澳督莅临主持检阅礼，澳府各文武长官均到场观礼云。

1942年11月30日　第一版

中国政府明日公布　港币新比率

（专讯）自我政府规定港纸入口，及厘定比率，该令经于十一月一日满期即行停止兑现。昨据银业界消息，谓顷接私人电讯称，我政府现再厘定港币比率十二月一日公布，同时亦将公布入境办法云。

1942年11月30日　第一版

澳闻缩辑

镜湖劝捐

镜湖医院昨第六日沿门劝捐，共得双毫五百余元，总计劝捐六日，共得双毫四千七百余元云。

望夏（厦）米站

望夏（厦）米站今日发售有星筹仔集团米，时间数量均如旧，葡侨购米亦同时举行，由本周起，市民每周须赴米站报名一次，否则没收筹仔云。

新播音机

邮电局新近安装一新式播音机，定今日试验，明日揭幕，以后更改播音秩序，下午一时至二时葡国新闻，音乐，五时至七时中文新闻，音乐，九时至十二时各国新闻，音乐。该机短波二四零，长波二五云。

1942年11月30日　第一版

教部补助侨校　第一批款汇到

教育部为救济本埠立案学校计，于前日汇到第一批巨款，分别迳交中小学校，计接得款项者，有中学三间，小学一间，幼儿园一间云。闻第二批款项不日将续汇到分拨其他学校云。

1942年12月1日　第一版

山铺白鸽票昨由旧人投得　定明日开投番摊　番摊骰宝底价为一百九十万元

（专讯）本澳铺票山票白鸽票生意，系专营性贸易，招人承投，以三年为期，去届由德荫福铭组织公司投得，经办期内，时适战事影响，故获利较微。查本届将于一九四三年五月中旬期满，此间财政总局经于日前发出布告，招人承投下届经办，开投底价照章规定为三十万元，并依例规定须附加百分之一缴纳澳门互助会以充经费，又百分之一为慈善救济费。查开投期间于昨日上午在财政总局大堂内举行，投票人未见踊跃，开票结果，以德荫福铭公司出价四十一万七千六百六十元投得，赓续经营，下届由一九四三年五月十六日起开始计算云。

（又讯）至来届番摊骰宝生意开投，前定于明（二）日上午十时开投，其期限由一九四三年五月十八日起至一九四六年五月十七日止，三年为期，开投底价为一百九十万，另照章缴纳饷额附加百份之二，分拨澳门互助会及慈善经费。凡投承暗票须附有西洋银行收据一张，证明收到押票银一百九十万元，否则不予接受云。

1942年12月1日　第一版

葡国复兴纪念　今日举行庆祝　青年团及中国童军会操

（专讯）今（一）日为葡国复兴三百零二周年纪念日，澳府当局举行热烈庆祝。查今日澳府各衙署机关，中葡学校，除高悬葡国旗外，并休假一天。至庆祝程序，日前经已拟定，计开上午十时在大堂举行弥撒礼，二时新播音台开幕，下午四时，跑狗场澳督戴思乐向葡国青年团及侨澳十二校童子军大会操，继续举行朱成贵杯足球慈善赛，想届时当有一番热闹云。

1942年12月1日　第一版

港纸价跌　国币扳升

（专访）自本报昨日发表银业界消息，谓中国政府，将厘定港纸新比率，消息传出，微有波动，移银业界连续接获行情电讯，谓广州湾大洋兑港纸由三一〇跌至二九五，再跌至二八八，影响澳市。而澳市昨初为二七八，最低二六四，收市复微涨二七六。据昨乘白银丸到澳银业巨子称，广州湾金融界，亦盛传中国政府，厘定比率，致金融上微有变动，盖厘定比率后，理由未必港币再超出四九一以上，只有减低，而中国政府厘定比率定今日公布云。

1942年12月1日　第一版

澳闻缩辑

屡窃充军

男子刘年、刘邦被控于去年四月廿七日伙同行窃石街十一号梁秋家具，六月中旬又行窃田畔街十号和昌米店白米二百余斤，昨在法院审讯，两人各被判充军十五年。

私运出口

警探前日午间搜获企图私运银条、大元、西药及电芯出口共五宗，计开陈全来私带银条四条，黄武私带银条廿二条，张桂田私带香港银元七百个，吴联私带西药五十罐，柳少兴私带电芯八十盒，以上五宗除黄武具保出外候讯，余均扣留查究。

捐助托儿所

托儿所自开办迄今，共收容难童五百余人，另供食不供宿者，六百余人。自该所举办难童餐以来，经已结束两期，第三期经已筹备开办，昨该所收到沈香林捐助港币三千元。闻沉氏捐助该所此次为第二次。

冒名骗款

男子陈成，冒副探长二百号名义向广东旅店住客马显利骗去双毫廿五元，昨被华探郑少泉拘捕扣留候讯。

诱拐幼女

妇人郑英，被住小新巷廿六号妇人控告，谓彼于日前将其十龄幼女诱拐往广州湾，现郑被扣留。

米站消息

米站公布，由本周起，每号粮证最少于每星期购米一次，否则取销购米资格。有星筹仔不在此限。今日米站休息一天，明日恢复普通售米云。

金融行情

昨日晚市金融行情如下，大港纸换大洋二七七，大港纸换双毫三零六，靓碎港纸换双毫二九八，大葡纸换双毫九五二，大洋纸换双毫九九，足金值大纸出一二五，入一二，双毫出三六，入三五。

交通消息

白银丸昨日抵澳今日赴港，定三日往湾，旭光丸定二日由澳赴湾，港岛丸由湾回航，蓝山昨开今到，岭南，昨到今开。查得白银丸载来新货甚多，共四百余件，均皆粮食品。

蓝宝石上市

威民烟草公司创制之蓝宝石香烟，今日上市，现已开始发售。曾试吸者，以其烟味芬芳，润喉醒脑，莫不交口称誉。总经理处，为福隆新街六十七号四昌行云。

1942年12月2日　第一版

葡国第三百零二周年　复兴纪念昨举行　葡青年团大操演澳督亲临检阅　旅澳中国童子军被邀前往观礼

（专讯）葡萄牙共和国第三百零二周年复兴纪念，昨（一）日本澳葡国官民举行热烈庆祝，各政府机关、学校、邮局、银行，均休假一天，并高悬中葡国旗，藉申庆典。澳府预定庆祝秩序，上午十时在大堂举行弥撒礼，正午十二时，大炮台鸣礼炮廿一响，下午三时，跑狗场足球慈善赛，四时三十分，澳督检阅葡国青年礼仪式，无原罪学校亦派出学生及洋乐队前往操演，旅澳十三学校童军，亦被邀观礼。是日跑狗场中，澳府各长官，中葡各界名流，均莅临参观，冠盖云集，盛况一时。查旅澳学校参加者，计有广大、培正、崇实、知用、教忠、培英、孔教、圣若瑟、雨芬、中德、岭分、纪中、濠江等十三校之童子军，数达二百余人，于三时廿五分，齐集新口岸，依次排列，经新马路沿海边街前往，精神奕奕，步伐整齐，抵跑狗场后，则分列于场侧。而葡国青年团由助学会球场集中出发前赴跑狗场。四时卅分，澳督戴思乐偕同秘书长哥士打，炮兵中尉巴庚沙驱车莅临，在高奏葡国歌之悠扬音乐中，由团长观耶陪同督宪检阅。团体绕行一匝，继登看台座位。观看足球慈善赛篮球赛完毕，青年即在球场中央举行操演，由三区区长白□亚宣布秩序。（一）进行步伐表演。（二）枪械动作。（三）旗语，由澳督临时指定。（四）实弹冲锋，表演极为迫真。（五）陈基慈神父向队员致训词。（六）无原罪学生操演。（七）团长观耶致训词。至是次莅场之中国童子军，因□于中国童子军规定，故未参与检阅，只为祝礼性质而耳。至六时一刻，秩序表演完毕，青年团、无原罪学生、童子军相继离场，行经督宪前行礼，督宪即微笑还礼，态度从容。既去，澳督及参观者乃散云。

1942年12月2日　第一版

澳闻缩辑

足球比赛

朱成贵杯三角足球比赛，华联对电联昨日下午三时举行，结果三比二，华联获得胜利。是日华联建功者刘松坤一球，李德祺二球。观众座数千人，极一时之况。

粮食市价

昨日粮食市价如下，新兴白米六十八元，顶上银粘八十元，朴米六十八元五，青龙门面粉五十七元，茨粉五十二元，米粉九十八元，三甲粉九十五元，河粉干八十四元，眉豆五十五元，青豆六十元，黑豆五十二元，红豆六十六元，绿豆六十七元，赤小豆五十八元。

交通消息

港岛丸昨日由湾回，今日可到澳，定五日赴湾。旭光丸今日往湾，白银丸今日来澳，明日赴湾，蓝山、岭南两轮，均昨到今开。

金融行情

昨日晚市金融行情如下，大港纸换大洋，二九八，大港纸换双毫三零五，靓碎港纸换双毫三寸，大葡纸换双毫九五，大洋纸换双毫九八五，足金值大纸出一二七，入一二八，值双毫出三五五，入三六。

1942年12月2日　第一版

番摊骰宝　今日开投

（专访）来届番摊骰宝生意，今日上午十时在财政局大堂举行投票承办，底价为一百九十六万，另附加缴纳百分之二，分拨澳门互助会及慈善经费云。

1942年12月2日　第一版

严厉限制用电　分区先后供应

（专讯）市政厅为撙节煤斤消耗，实行强逼限制用电，经于去月廿五日起，规定分区供应电流，现目仍继续执行该例，每晚由七时至十一时之电流供应。大炮台，各警署，中央酒店，国际酒店，五洲酒店，东亚酒店，邮电，电灯公司办事处，宪邸及各戏院等照常供应电外，并划若干区分市中心区及僻远区轮流隔晚供应，其余一律在晚上十一时始供电，日间电流全澳照常供给云。

1942年12月3日　第一版

澳闻缩辑

同善堂会议

同善堂昨日开值理常会，议决案如下：（一）关于收文员沈禹诒身故，决议选聘甄根先任三个月，俟有成绩后续聘，并须用西洋纸五千元作保。（二）关于施粥场工作负责人选，议决推定叶子如，崔六两值理负责。

粮食市价

昨日粮食市价如下，顶上银粘八十一元，新兴白米七十元零五，金风雪米六十六元，朴米六十六元，青龙门面粉五十七元，茨粉五十二元，米粉九十八元，三甲粉九十五元，河粉干八十四元，眉豆五十五元，青豆六十元，黑豆五十二元，红豆六十六元，绿豆六十七元，赤小豆五十八元，（以上每担均双毫计）。

交通消息

港岛丸昨日由湾抵澳，定廿五日开，白银丸昨由港到，今日赴湾，旭光丸昨已赴湾，南斗昨日抵此间，香港广州航线照旧。兹查得港岛载来货物甚多，内以什粮为大宗，食品用物共计一千二百余件，另生牛卅头，干柴大批运到，由宝安南头南斗丸载来云。

金融行情

昨日晚市金融行情如下，大港纸换大洋二八九，大港纸换双毫三零三，靓碎港纸换双三零，大葡纸换双毫九五，大洋纸换双毫九八二，足金值大纸出，一二一，入一二七，值双毫出三六，入三五四。

1942年12月3日　第一版

夜间电流限制供应　今晚秩序已编定　日电全澳照常一律供应

（专访）关于每晚由七点至十一点户内电流轮值停止供应仍继续施行，今晚停供区域亦已编定，如届时电力总额充裕，则临时或有多少更动。兹探录今晚及昨晚轮值停供者下列。

今晚停供之火箱区域，水坑尾、新马路（中央、域多利、邮电局除外）、新填巷、十月初五街、新围、夜母街、司打口、炉石塘、花王堂、东望洋、马阁、包公庙马路、板樟庙、宜安街、柴船尾、万香酒店右邻火箱等。

昨晚停止供电者计有西湾、磨盆山、岗顶、白眼塘、大庙顶一部分、快子基、卢九花园、雅廉访马路、下环街、烂花园、康公庙、新胜街、二龙喉、牛房、沙栏仔、沙梨头、先进印务局、田畔街、柯利维喇街。惟板樟庙及新填巷因电总额超出，故七时五十分时曾一度停止，随后约十分钟则恢复。

1942年12月3日　第一版

下届番摊骰宝　德荫福铭投得

（专讯）下届本澳番摊骰宝生意，经于昨日上午十时在财政厅大堂开投，其期限由一九四三年五月十八日至一九四六年五月十七日止，底价为一百九十万元，结果由德荫福铭组织公司，出价二百五十万零一千六百六十元投得。此次下届山票及番摊骰宝生意，皆为德荫福铭公司投得，亦即本届旧公司云。

1942年12月3日　第一版

局部租赁屋宇　定期截止申辩

（专访）昨财政局发出通告，谓业主自居及局部租与人居住之业钞，如认为估价过高者，可于本月十五号以前用禀纸填写理由向财政局公钞科申辩云云。

1942年12月3日　第一版

圣诞元旦　贺电减费

（专访）圣诞节及元旦日为期距今不远，向例各界士女多函电外埠亲友致贺。惟今年因战事影响，交通不便，函件无法投递，只余电报可达。昨邮电局发出通告，对该两节日各界拍往外埠贺电，特拟定优待办法，于本月十四日起至翌年正月六日止，凡拍电在十个字以外者，一律减为每字葡币二角五分，惟只限字拍往葡属各地云。

1942年12月3日　第一版

永华轮　定期抵澳

（专访）关于永华轮抵澳日期，一般人均极注意，前曾一度盛传本月二日可抵达此地，惟截至今日尚未见到澳。记者昨特走访大福船务公司主事人，据称永华轮已出坞，约期本月八日或九日当可由广州湾驶达此间云。兹特录该项消息如下，以为关心该轮者告。

1942年12月4日　第一版

澳门商会召开会员大会通告第八号

本会定于国历本月六日（即农历十月二十九日星期日）下午二时三十分在二楼礼

堂举行会员大会，报告工作研讨会务，同日下午三时敬立澳督戴思乐玉照举行揭幕典礼，凡我会员务希准时踊跃参加，指示一切，幸勿吝玉。至于会员通讯地址如有变更及未缴交本年份会费者，务请将新迁住址报会，并将未缴会费赐交，来会掣回收条，以便编印会员名录为荷。除分函外，特此登报通告。

1942年12月4日　第一版

传中国政府已厘定国币港币新比率　昨国币英磅（镑）比率为伦敦例牌

（专讯）昨日本报发表伦敦消息，关于厘定国币与英磅（镑）之比率一节，各方面人士，多有未明，故有所补述，盖一元国币换英币三便士又一便士十六分之一，此比率实为伦敦每月之首日公布例牌，至中英政府厘定大洋换港纸之新比率，尚在磋商中，现未公布。至昨日大洋与港纸市场，因二便士又一便士十六分一之消息，更较前月数目为高，故人心有趋于港币直向上之势，收盘价升至二九七五，睇好者认为机会难逢，大量推出，约数百余万元之谱，以此推测，今日港币高低如何，照理无再上之理。又据银业界中人称，谓已接得私人消息，谓中国政府已厘定比率，为六便士一二五，至消息确否，容待证实云。

1942年12月4日　第一版

公教进行会　举行卖物会　明日下午三时开幕

（专访）本澳葡人公教进行会为救济贫民起见，特发起慈善卖物会，所有品物均由该会之热心妇女送出，多属名贵之顾绣及棉织品，售出所得全数拨作救济贫民。现该卖物会已定于明日下午三时假大庙顶天主堂对面之公教图书馆举行，一连两天，星期由上午十时起全日开放，场内不设劝捐，不收入场券。欢迎中西各界人士到场参观，购买与否并不相免云。

1942年12月4日　第一版

昨日天气　突告转寒

昨日天气骤变，下午转寒，绵绵细雨，户内入夜华民表突降至六十九度半，一般瑟缩街头贫苦大众，颇难抵御云。

1942年12月4日　第一版

澳闻缩辑

伪械截劫

歹徒男子欧宝、欧华、妇人黄氏三人，被控于去月在僻静街道露出伪手枪向路人截劫财物，经警探搜获证据及取录各人口供后，准明日备文将案解法院办理。

调查业钞

关于商会日前代业主办理业钞申辩合共四百零五宗，闻秉公委员会今日开始调查云。

1942年12月4日　第一版

春季粮证　定期更换

（专访）兹据消息，春季粮食凭券，定于本月廿七日开始换领，其换领手续亦照本季办法，届时自有公布周知市民云。

1942年12月4日　第一版

马甸氏调任　公钞科长

（专访）本澳财政局秘书马甸氏，莅任以来，成绩卓著，葡国当局日前特晋升葡属三等财政局长消息，经已发出明令，经志日前本报，该缺暂由马丁氏调任云。

1942年12月4日　第一版

不法难民　收买棉衣

青洲难民营收容难民达千余人，因天气寒冷，日前由同善堂向外募捐棉衣分派各难民御寒，不料营中有等不良份子，竟在营内向一般无知难民收买，私携出外，变卖与旧料摊图利。每件以铜仙六枚或八枚收得，而卖出获三四毫之值。日昨为该堂值日职员发觉，投报警署，将不法歹徒拘究云。

1942年12月4日　第一版

昨午间电流超出总额　临时停供多区　今晚停供之区公布

（专访）市政厅最近限制电流供应，每日分区轮值停止，昨晚由七点至十一点所停供之区域，一如本报昨日所公布无异。惟日间电流因午间电流总额突然超出规定，料系日间一般使用摩打之工厂开工用电所致，故由正午十二时起至五时止，先后停供者计板樟庙、新填巷、岗顶、果栏街、白眼塘、新围、水坑尾、柴船尾、万香酒店、炉石塘、康公庙、十月初五街、宜安街等处。查今晚由七时至十一时停供电流之区域为下列之火箱，届时如总额超出，则临时停止较附近之区域，如总额有余电量，则按量增开若干区域。日间如无超出总额，则全澳供应，否则临时划出若干区域停供。

兹将今晚由七时至十一时预定停供之区域探录于后，岗顶、大庙顶一部分、西湾、磨盘山、下环街、新花园、白眼塘、康公庙、快子基、祈胜街、庐九花园、二龙喉、保血蚊香公司、牛房、柯利维喇街、田畔街、先进印务局、沙梨头、沙栏仔、黑沙环等处。

1942年12月4日　第一版

公钞科通告　换领新牌照

（专访）凡在本澳经营生意、工艺，自由职业者，均须向公钞科领取牌照，始准营业。关于下年第一季（由一月至三月）之新牌照缴纳，限期于元月卅日以前缴纳清楚，旧照则烦于本月内携往公钞科迳交，以便核计更换新照，并须于下年一月底以前缴费，否则照章处罚。公钞科日昨已发出通告云。

1942年12月5日　第一版

龙嵩街卅号住户　遭匪徒伙同行劫　警方设计捕匪嫌疑男女落网　数小时内全部赃物即告起回

（专讯）本埠治安，素称宁谧，讵料迩日有般不肖歹徒蔑视法纪，劫掠案件，时有所闻。查前（三）晚十一时许，又有匪徒多人，伙同行劫龙嵩正街卅号住宅。惟彼辈事机不密，乃为警方侦悉，旋派出大批警员前赴围捕，但其中匪徒知事机败露，竟闻风元遁，只余两匪仍懵然无知，迨警探鸣枪轰击，始慌忙逃走。当时警探明知匪徒逸去，不加以枪毙者，实为一捕匪计划也，缘以当时匪徒仅余一二，倘加以枪毙，则无口供可质，余匪易于逍遥法外。但当匪徒逃逸时，警方已饬警探尾随其后，以侦悉其巢穴所在，而予以一网成擒。讵料于得悉贼穴所在时，匪徒又相继离散，故龙嵩街卅号居户被劫之财物，于被劫后仅数小时，已为警探在聚龙里十五号全部赃物起回，并将有关一妇人带署，迨后又捕获有串匪徒行劫之线人一男子解署究办。现警方已严密研讯中，至在逃未获之劫匪，在短时期内当可踩缉归案也。

1942年12月5日　第一版

澳门播音会悬奖征求圣诞及元旦曲本

（专访）澳门播音会，特于本月廿四、廿五晚圣诞节及明年新历（历）元旦晚增设特别歌唱秩序，悬奖征求各界撰曲。惟只限于葡国歌曲为适合，并划分三日秩序如下：（一）廿四日圣诞独唱曲，限定播放时间为卅分钟。（二）廿五日儿童节，独唱，播放时间限四十五分钟。（三）元旦，独唱、对唱、合唱均可，惟只限适合于新年者，播放时间为四十五分钟。以上三晚节日不限歌曲，演讲、故事及诗词亦可。廿四日秩序首奖卅元，二奖廿五元，三奖廿元。廿五日及元旦节目，头奖五十元，二奖卅元，三奖廿元。应征者可自行派员担任播唱，惟须征得播音会同意，应征者并须于本月廿三日晚十一时以前将曲稿用打字机印就同样三份以信封套封，写下姓名住地，递交播音会收。如欲用名播放，亦须注明落选之曲稿。

1942年12月5日　第一版

澳闻缩辑

慈善游艺

香港葡籍难民，今晚假座南湾军人俱乐部举行慈善歌舞音乐游艺大会，节目由难民及陆军担任，全部收入拨作圣诞节购买品物分派香港葡籍留澳难童云。

金融行情

昨日晚市金融行情如下，大港纸换大洋二九一，大港纸换双毫二九七，靓碎港纸换双毫二九五，大葡纸换双毫九五，大洋纸换双毫九九，足金值大纸出一二七，入一二零，值双毫出三六五，入三五五。

粮食市价

昨日粮食市价如下，顶上银粘八十五元，新兴白米七十四元，金风雪米六十八元，朴米六十六元，新龙门面粉五十七元，茨粉五十二元米，米粉九十八元，切粉八十四元，三甲粉九十五元，河粉干八十四元，眉豆五十五元，青研六十六元，黑豆五十二元，红豆六十六元，绿豆六十九元，赤小豆五十八元。

1942年12月6日　第一版

澳闻缩辑

慈善足球赛

今日下午四时半在新运动场举行一幕慈善足球锦标赛，银杯由澳督夫人马利送出。对赛队由参加本届联赛之中西队伍挑选好手，组织联队对警察队，至于今日原定举行之甲乙组三场联赛，则改期本月十九日补赛。昨日联赛依次举行，结果，乙组无畏以三比零击败电灯，甲组电灯对章鱼，上半场电灯，攻入四球，下半场章鱼因人数不足弃权。电灯此场告捷，是日特加插一幕表演赛，由警察已婚对未婚，结果三〇已婚胜。

诱拐少女

男子刘元，妇人蔡五，林凤同住果栏街廿号，被控有诱拐海边街中山雪厂职员孙敬枝十三龄爱女保胜赴广州湾之嫌疑，三人现被拘留警署候讯。

慈善卖物会

公进会葡妇女部主办之慈善卖物会，昨日下午三时假座大庙顶天主堂对面该会之图书馆举行，陈列之品物，均由该会妇女送出，计有顾绣、手工、铅笔画、小型家私、棉织品等。今日为最后一天，由上午十时至下午六时止，全部收入拨作施赈本澳葡籍贫民云。

金融行情

昨日晚市金融行情如下，大港纸换大洋二九一五，大港纸换双毫三寸，靓碎港纸换双毫二九五，大葡纸换双毫九五，大洋纸换双毫一零零五，足金值大纸出一二一，入一二三，值双毫出三六，入三七。

1942年12月6日　第一版

纸料源源运到　价格直趋下游

（专访）因战事影响，交通阻塞，货物来源多告断绝，纸料一物价格尤其飞涨，新闻纸战前每拈仅值数元，日昨竟涨至双毫七十余元，元甲纸（卷烟用）亦曾一度售至达四百元。惟连日市价又转低跌，新闻纸降回六十元，元甲纸仅值二百八十余元，其余各种纸料亦随之而低跌。因连日广州方面源源有纸张运澳，元甲纸运抵，只本周内已有三百余拈，新闻纸运抵者为数亦伙，照现目形势，价格有续趋下游之势云。

1942年12月6日　第一版

分区轮流供电　照常继续执行

（专访）分区限制电流供应，仍继续执行，今日日间电流如不超过总额，则全澳开放，否则临限制若干区域，至达到符总限额为止。今晚由七点至十一点轮值停供之区如下，康公庙、白眼塘、新胜街、岗顶、大庙顶、肥利喇亚美打大马路、二龙喉、下环街、烂花园、柯利维喇街、西湾、磨盆山、快子基、雅廉访马路、望夏牛房、田畔街、沙栏仔、沙梨头、先进印务局、黑沙环。如届时电流充裕，则临时增加若干区，或提早时间恢复。连日因天气寒冷，入夜一般商店多提早上铺，住宅亦多熄灯休息，电力消耗较前略减，故前昨晚有若干被规定停轮值供之区亦提早恢复开放，其余未开列之区照常全晚供电。惟晚上由七点至十一点之时间，不□启用电梯及摩打。如届时区域有超出总额，亦有被划出若干区停供之可能云。

1942年12月7日　第一版

澳闻缩辑

抢手表

男子李荣，昨被住新马路一百零三号男子马仰之控告，指其于昨日在途中抢去其妻手表一个。

私运出口

男子韦珠被段警拘捕，指其携有炮竹四百五十包，企图私运出口，现被押候查究。

嫌疑被拐

少女黎田，十八岁，林金，十二岁，周妙金，十岁，卢瑞环，十二岁。昨在赴广州湾码头为警探将之截获，疑四人有被拐往广州湾之举，遂将之带返警署查讯。

女子偷牌

女子吴丽珍昨被西人马寮控告，谓其于日前窃去书雀一副，台面二件，天九一副，及什物若干，现被警署扣留查办。

交通消息

白银丸昨午由湾抵澳，定今日赴湾，港岛丸明日可到，旭光丸今日可抵澳，香港广州两航依照常。兹查该白银丸载来货物各志于后，计货物共三百余件，用品占余数三份之二，食物约百件而已。

粮食市价

昨日粮食市价如下，顶上银粘九十元，金风雪米六十九元，新兴白七十七元，朴米六十六元，青龙门面粉五十七元，茨粉五十二元，米粉九十八元，切粉八十四元，三甲粉九十五元，河粉干八十四元，眉豆五十五元，青豆六十五元，黑豆五十二元，红豆六十金元，绿豆七十元，赤小豆五十八元（以上每担均双毫计）。

教员津贴费

（专访）日前由学生教济会主席郭秉琦，调查本埠教职员生活负担，呈请教部，补助困苦侨教职员。昨郭氏对记者称，经已汇齐呈寄教部，现候教部批准示下，即转知各校教职员云。

1942年12月7日　第一版

商会昨为戴督玉照揭幕　澳督亲临参加　玉照揭幕随开会员大会

（专讯）澳门华商总会于昨日下午三时，举行全体会员大会，并为督宪敬立玉照揭幕典礼。事前该会二楼礼堂已布置一新，三时正，澳督戴思乐偕同夫人及秘书长哥士打，中军晏德地驱车莅临，在崇实中学铜乐队奏乐中，高主席暨各值理分列门次欢迎。澳府各文武长官及葡籍名流相继戾止，互相握手后，乃延至客厅招待，冠盖云集，盛况一时。秩序开始，奏乐后请华人代表梁后源揭幕，梁氏致词后，旋将覆盖澳督玉照之葡国旗掀去，一时掌声热烈，继由高主席致谢，后由督宪答词，略谓此次蒙商会值理等为本人立照，实深感谢，不过高氏之赞扬本人尤转赞扬于商会，缘以本人自主持澳政后，政务措施，赖商会襄助尤多，协助政府，厥功实不可泯。且中葡邦交，远在数百年，素称敦睦，亟望今后中葡人士，更应密切携手云。词毕后，由崔瑞琛代表商会向澳督夫人献送花篮，揭幕礼乃告完成。澳督暨各长官亦握手辞退，至会员大会旋即举行，列席者达数十人，摇铃开会，行礼如仪。先由高主席致开会词，对连任三届之理由，详细报告，次由蔡文轩，后由陆电明、梁鸿勋先后报告各项工作，茶会礼成。

1942年12月7日　第一版

金龙茶室　设播音机

金龙茶室四楼夜市□设歌坛后，礼聘名伶，登坛唱曲，周郎辈翩然戾止，每每额满见还，望望而去。该楼主人自问歉仄，特重资购置新式播音机，将名歌转播二楼三楼，茶价照常，以酬顾曲者雅意云。

1942年12月7日　第一版

违犯节电条例　罚停电流一月

（专访）市政厅当局为节省燃料俾资电流长期供应起见，去月廿五日起，实行分区轮流停供电流。惟在该项办法未公布前，曾颁布限制用户用电及自来水条例，现据市政厅方面消息，在现目实施分区停供户内电流期中，日前颁布之限制，用电条例，仍继续如前执行。如用户有违此例，超过规定限额者，即行□断该户电流一个月，并根据其所用过之额数，□电费双倍处罚。如各用户有认为所规定之额不足所用，而欲请增加额数者，须备正当理由，用中文或葡文缮明呈函市政厅（即俗称金巴喇）申请，惟须理由充足者方可，否则不予答复。至于今日轮值停供电如常执行，日电如无超出总额则全澳开放。晚上由七时至十一时今晚轮值停供下列区域，惟如届时电流充裕则临时开设若干附近区域或提早恢复供应，如超出总额，则增加停供若干区。兹将今晚轮值停供之区域探录如下，新填巷、水坑尾、果栏街、板樟庙、新马路、十月初五街、宜安街、花王堂、新马路、夜母街、炉石塘、万香酒店、柴船尾、司打口、马阁、东望洋等处云。

1942年12月7日　第一版

自赌场来入监牢去　烂赌义贪而且愚　吴某虚报被劫扣留严办

（专讯）男子吴义汉（廿八岁），受雇于无原罪中学为庶务职。吴受职该校已达多年，对于职内工作，恭谨尽责，该校于日前又支付西洋纸九百八十元零两角三分，饬吴向政府领取米石。讵料人心叵测，吴入款后，竟萌贪念，乃赴某番摊馆赌博，图获多金，惟其手气不佳，连战皆北，全军尽没。惟以米款殆尽，实难以归对校方，于是情急智生，旋赴警署投报，指彼于前（五）日，携备款项拟向政府领米时，行经医院后街附近，被二贼匪伙同露出锋利短刀指吓，将其怀有之米款悉数劫去。彼当时恐被所害，故未呼喊，贼匪得乘机遁去，请求查缉等情。警探以吴所述，言语支吾，难于置信，严为盘诘，吴破绽尽露。吴以警探难瞒，遂从实供述，所称以上。警方以吴虚报截劫，有违纪法，乃谕扣留候办云。

1942年12月8日　第一版

澳闻缩辑

私运咸鱼

男子陈辉，有咸鱼九十余担，图运出口，而未领人情，为警探截获解署办理。

金融行情

昨日晚市金融行情如下，大港纸换大洋二九一，大港纸换双毫二九七，靓碎港纸换双毫二元四，大葡纸换双毫九五，大洋纸换双毫一零一五，足金值大纸出一三，入一二五，值双毫出三六五，入三五五。

粮食市价

昨日粮食市价如下，顶上银粘九十四元，新兴白米八十三元五，金风雪米七十五元，朴米六十八元，青龙门面粉五十七元，茨粉五十二元，米粉九十八元，切粉八十四元，三甲粉九十五元，河粉干八十四元，眉豆五十六元，青豆六十五元，黑豆五十二元，红豆六十六元，绿豆七十元，赤小豆五十八元（以上每担均双毫计）。

交通消息

旭光丸昨晨到澳，白银丸今日抵达此间，明日下午赴湾，港岛丸今午可抵澳，蓝山丸昨到今开，岭南丸昨开今到。兹查得旭光丸，载来大批生油四百九十八桶，另腊味鸡蛋，豆子等共三百余件，生猪生鹅十余头。

1942年12月8日　第一版

货车两辆　定期开投

（专讯）市政厅于昨日公布本月廿八日下午三时，在望夏牛房，开投货车两辆，计（一）车名爹厘氏，原装号码三二三二零，载重三千六百基卢，四个盘，马力三十匹。（二）车号摩理士，原装号数EA零零六六三，四个盘，载重三千五百基厘，马力二五四五五，是日明票公众开投，价高者得。倘有意投票者，请于每日办公时间，可到牛房参观云。

1942年12月8日　第一版

永华轮回航改期　载运石煤六百吨

（专访）自当地实施严厉限制分区用电后，居民咸称不便，故极望永华轮能从速运煤来澳，俾资供应余裕，恢复常态，因此永华轮之来澳消息，实为社会人士所关注。记者昨再度走访大福公司主事人，叩询该轮之来澳确期。据称公司于昨日得接驻湾公司主事人冯福如来函，谓永华轮于今（八）日始由海防出坞，经装载大批煤炭后，然后离海启程，约于十号便可驶运广州湾，再度配载杂项粮食，然后转驶来澳。如无事阻，则在十三日或十四日便可抵埠。至该批石煤数目，约在六百吨以上，本澳电力发动机得此大量挹注，将或无须再予分区限制云。

1942年12月8日　第一版

昨日日间电流　下午停止三区　今晚轮值照常执行

（专讯）关于分区停供电流，日电本全澳供应，惟昨因自来水公司来水，同时各米机及工厂等，开工启用摩打，而至消耗电量超出总额，昨下午三时，临时停止新填巷及炉石塘柴船尾三区，并通知志成、缧栈、德利三间米栈及昌明火柴线暂行停止启用摩打，以免影响全市供应，直至下午四时，则先后恢复以上各区电流。至于昨晚轮值停供之区，一如本报昨日所发表，国际酒店亦在其列，惟周边日来天气转寒，一般住户多提早灭灯关铺，故附近区多有提早恢复供电。兹将今晚由七时至十一时轮值停供之区域列下，岗顶、二龙喉、西湾、白眼塘、新胜街、康公庙、沙栏仔、大庙顶、肥利喇亚美打大马路、沙梨头、先进印务局、快子基、下环街、望夏牛房、磨盘山、雅廉访马路、柯利维喇街、田畔街、烂花园、黑沙环云。

1942年12月8日　第一版

不肖分子散播谣言　米价昨突告飞涨　每担增价十余元拆家停止开盘　柴商亦乘机居奇垄断提高柴价

（专访）本澳民食，由于商米源源运来，极为充沛，且是供过于求状态，价格日趋低跌，人心渐告安定，讵料昨七日有般不肖分子，竟传出消息，谓越南海防发生事变，米石将有断绝运澳可能，又广州湾米价又涨，故米市拆家市价突停止开盘，大批买卖亦无成交，影响所及，市面零估米价遂告递增，每担约昂贵十元有奇。计顶上银粘已升至九十四元，丝苗九十元，龙牙粘八十七元，而金风雪亦由六十五涨回七十六元。记者以此昨特走访米业有关方面，调查一切。据称，最近运澳之商米，多来自中山各地之产米区，故海防之情势如何转变，亦无影响由中山运来之米石，该项消息实为不肖分子企图垄断居奇，故发出谣言惑众，市人不察，遂受所愚。至中山之商米，最近因天气严寒，西北风剧烈吹袭，波涛汹涌，故运米货船，为避免危险起见，暂时安泊于路湾附近海面，故来源稍告短绌，一俟风势暂戢，当可恢复赴中山载运，米石来澳亦将告大宗，不肖分子之囤积操纵，则大受打击耳。又澳府最近调查本埠存米，数极庞大，并宣称于六个月内，即全无米石运来，存米亦可供给无虞短绌，故居民亟应信赖政府，切勿轻信谣言，自相惊扰，则不肖分子谣言，不攻自破也。

（又讯）关于柴薪供应，亦多仰赖于中山运来，讵料最近又不肖柴商，囤积大量柴薪，然后饬各沽柴贩散播消息，谓最近中山柴薪，禁止出口，来源短绌等情，故一般富有者乃纷纷多买购备，以防不虞。故柴商之计遂售，最近柴价，松柴十一元，杉柴十元，杂柴八元八角。记者据调查所得，最近由中山运来柴薪，数极大宗，惟柴商长袖善舞，垄断操纵，一俟市民大量购入后，彼等则降价推出，此种举动，已成惯技云。

1942年12月9日　第一版

澳闻缩辑

潜宪邸行窃

男子刘见，女子梁芬二人，为警察拘捕，指其于昨日潜入竹仔室宪邸花园行窃，当堂被搜有兔仔二只为证，二人现被拘留候讯。

私携信件

男子黄国良，昨由广州湾来澳，登陆时携有未贴邮票信件□七封，为码头警探控究。

私藏炸药

华探昨凭线前往沙梨头海边新街九号搜查，当堂搜出白炸药约八十余斤，乃将有关男子郑润松带署控究，查该男子为某校学生云。

金融行情

昨日晚市金融行情如下，大港纸换大洋二八九五，大港纸换双毫三寸，靓碎港纸换双毫二九六，大葡纸换双毫九五，大洋纸换双毫一〇一二，足金值大纸出三，入一二五，值双毫出三七五，入三六五。

交通消息

港岛丸昨午由湾抵澳，定十日赴湾，白银丸昨由港来，今日赴湾，蓝山昨开今到，岭南昨到今开，兹查得港岛丸昨日载来杂货甚多，生油约三百余罐，木炭二百余件，食品约廿余件，牛廿头，鸡□笼、草席最大批千二百余件。

粮食市价

昨日粮食市价如下，顶上银粘九十二元，新兴白米八十三元五，金风雪米七十五元，朴米六十八元，青龙门面粉五十七元，茨粉五十二元，米粉九十四元，切粉八十四元，三甲粉九十五元，河粉干八十四元，眉豆五十七元五，青豆六十八元，黑豆五十二元，红豆七十二元，绿豆七十五元，赤小豆五十八元（以上每担均双毫计）。

1942年12月9日　第一版

督察长发表谈话　公米存量极大宗　民食供应极充裕切勿轻信谣言　政府将恢复公柴平售以利居民

（专访）前日一般不肖米商，散布谣言，市面米价，经此影响，每担竟昂贵十元有奇，居民诚惶诚恐。本报本人民喉舌服务社会之旨，对不肖米商祸害市民奸计，揭露无遁，并加以责备，故该项消息发出后，极为官方所注视，督察长兼粮食统制会委员观耶，于昨晨旋即召见各报记者，发表重要谈话。据称，最近有般不法米商，对米石又拟垄断操纵，故散播种种谣言，借机抬高价格渔利，以图饱满私囊，不顾居民生活之痛苦，彼辈此举殊属罪恶已极，政府对此已加注意，设法裁制。至政府最近存有公米达二万余包，未辗磨之谷米亦多达三大仓，除市面各商号存有之商米外，公米亦可维持全澳三四月之耗用，且政府为充裕民食，计最近又从外采购大批公米运澳接济，月杪或有数万包抵达，故本澳之民食，实不虞缺绌，故希望市民信赖政府，切勿轻信奸商谣言，致相惊扰，而堕其壳。至政府所存之米粮，现分趸于快子基及望夏牛房各米仓，并定于明（九）日上午十时引导各记者前赴参观，以昭证实云。

观氏又称，关于柴薪供应问题，政府经设法向外采购大批柴薪，行将运澳，一俟抵澳后，即恢复日前在新建运动场恢复公柴平售，以利居民云。

（又讯）据有关方面消息，谓最近澳府问越南定购有米石眉豆、红豆等类之杂项粮食数极大批，该批米石眉豆购价，每担约伸值本澳毫银四十二元，该批米石，短期内或可运抵此间，本澳米食，现已充沛，倘再得该批米石供应，则民食更告余裕云。

1942年12月9日　第一版

昨因发电机力弱　增加停供区域

（专访）昨日电灯公司发电厂，因发电机“士拈力弱”，原日最高额为一百卅五个“掩批”，昨日最高额只得一百一十个“掩批”。故日夜电流均略更变，下午三时三刻起，先后临时停供者，计有板樟庙、宜安街、万香、柴船尾、新填巷、新围、十月初五街、夜母街、炉石塘、康公庙、果栏街、白眼塘、沙梨头。昨晚八时亦以上述原因，临时暂停供者计有新填巷、板樟庙、花王堂、沙栏仔四处。停供仅十分钟即先后恢复新填巷、板樟庙及花王堂三处。今日办法如前，如届时发电机力弱，或超出总额，则临时将附近区域停止，兹将今晚轮值停供之区域下列，新填巷、板樟庙、十月初五街、新马路、困栏街、水坑尾、新围、夜母街、司打口、花王堂、炉石塘、马阁、包公马路、东望洋、宜安街、柴船尾、万香酒店。

1942年12月9日　第一版

慈善游艺会　筹植祝圣树　定期举行夜间娱乐筹款

闻督宪暨其夫人所赞助之慈善游艺会，拟于圣诞前夕植立祝圣树，而将恩物分赠葡国侨港难童善举，兹定于本月十三日下午九时在利维旅大酒店举行夜间娱乐，先事筹集款项。查此举乃属慈善事业，除多数西人参加外，深盼华侨踊跃参加，俾竟全功，盖前次在议事公局举行救济中国难童之游艺会时，西人赴会者，极形踊跃，则此次我华侨似宜热烈赴会也明矣，并闻场内有贾呢路银乐队演奏名曲助庆，□有阿坚奴君歌咏，至其他种种娱乐，不胜枚举。最感兴趣，□厥为律□“即开号数”□彩及机械小□镜赛彩票，闻该项彩票□□点出四千余号，头奖可获彩八百元，二钱（奖）四百元，三奖二百元，四奖一百元，至入场券每位定收西洋纸五元，奉回茶点，并可任便选座云，至娱乐详细节目，查续报。

1942年12月10日　第一版

记者巡视公米存仓　数量足供多月用　市面谣言将不攻自破

（专讯）本澳存米，数极丰富，民食供应，无虞短绌。政府当局为平抑米价，安定人心，制裁不肖分子操纵，粮食统制会委员观耶，于前日特发表重要谈话，详述当局维护民食之决心，以大量存米之证见，而消灭市面发出之谣言。观氏并邀请各记者于昨晨前赴参观米仓数址，以示无讹。本报记者昨前往参观，由警方长官领导巡视各米仓，计快子基仓存米一万包，望厦牛房八千余包，牛房邻近之货仓未经辗成之谷米达三万余包。记者于午间再度访观氏，叩询一切，观氏答称，现各仓所存之数，除商米所有外，已足供应数月之需，且向外订购之米将继续运来，由此可足见澳府对民食已备极关注耳。至市面不肖分子传出之谣言，市民俱悉为彼辈渔利之诡计，故约在日□其价格当可倾跌云。

1942年12月10日　第一版

水公司昨泵水　日电大部停供

（专访）自来水公司昨日全日泵水关系用电，昨日日间电流除邮电局、山顶国家医院、西湾、南湾一带外，其余均无日电，晚间由七点至十一点，除本报昨日公布之外，临时增加停供者计有先进印务局、岗顶、沙栏仔、保血公司、快子基、牛房、康公庙、白眼塘等处。对于电流问题，一般市民仍不甚明了，常以因何对户有电而其本宅无电之问题向电灯公司责问者日有数起。查其原因，间有同一条街而不同一火箱供电者，或右邻属于甲火箱而左邻属于乙火箱者亦有之，故如轮值停供电流，虽同街而不同一火箱支配，则有分别故也。有时，或昨晚已轮值停电，而今晚又再受停供之列，其原因亦无乃临时之措施，或因电总额超出，或因发电机力弱，或自来水公司泵水等所影响，此乃逼不得已之临时办法，如电总额充裕，则必不采取此办法也。兹将今日由七时至十一时轮值停供电流之区域列下，二龙喉、保血公司、新胜街、先进印务、田畔街、沙梨头、沙栏仔、黑沙环、大庙顶、八间屋、康公庙、快子基、烂花园、磨盆山、西湾、岗顶、白眼塘。

1942年12月10日　第一版

日新银号　扩充营业

十月初五街日新银号，最近为扩充营业起见，特锐意刷新，将铺位扩大，全部装修，美奂美轮。该号除找换外，并增设各类汇兑，异常快捷迅速云。

1942年12月10日　第一版

胡文虎　捐助回乡会

（专讯）澳侨难民回乡会，经费时感短绌，致影响遣送归侨进行，虽经三番五次，举行筹款，惟是杯水车薪，无济于事。故该会办理者，时感巧妇难为无米炊之叹。查香港慈善老人胡文虎，最近慨捐国币二万元，交由商会主席高可宁转交该会充作经费，该会得此挹注，则继续办理遣送工作云。

1942年12月10日　第一版

澳闻缩辑

催收防务税

市行政局昨发出布告，催收欠纳一九四二年防务税，限于本月一日起，十五日内到局查阅清单，以便五日内则须缴纳清楚。

慈善足球会

督察长观耶，特发起足球慈善会，日前已发出函件，请各界人士参加，每名双毫五十元，加入者可前往警厅三楼缴交彭彼得收云。

警察晋级

昨日宪报公布，有功警察十三名晋级，十名为印警，三名为葡警，一为罗沙晋升为副处长，一为三一一，及三二一号警，晋升头等级警云。

金融行情

昨日晚市金融行情如下，大港纸换大洋二八八，大港纸换双毫三寸，靓碎港纸换双毫二九六，大葡纸换双毫九五，大洋纸换双毫一〇一三，足金值大纸出一三，入一二五，值双毫出三七五，入三六五。

交通消息

白银丸昨日下午已赴湾，旭光丸昨日亦赴湾，港岛丸今日来澳，明日赴湾，蓝山丸昨到今开，岭南丸昨开今到。

粮食市价

昨日粮食市价如下，顶上银粘九十二元，新兴白米八十三元五，金风雪米七十七元，朴米六十八元，青龙门面粉五十二元，米粉九十六元，切粉八十五元，三甲粉九十五元，河粉干八十五元，眉豆五十七元五，青豆五十二元，黑豆五十二元，红豆七十二元，绿豆七十五元，赤小豆五十八元（以上每担均双毫计）。

1942年12月10日　第一版

乐善好施　高可宁荣获勋章　澳当局接奉属务部密电

（本报专访）本澳殷商高可宁氏，平生乐善好施，对于本澳慈善事业，赞襄至力，故极为当局所推重。最近本澳政府奉葡京属务部部长十一月十八日　第一零一号密电开会，兹颁予葡籍公民高可宁氏以荣誉慈善勋章，闻当局接奉该电令后，已转达高氏知照云。

1942年12月11日　第一版

司理见利忘义　吞没港币万余元　冤家路狭途次相值解告控究

（专讯）昨（十）日午间，发生一宗万余元港币巨骗案。事缘于去年前，草堆街设有大光布匹店一间，男子林士汉任该号司理，雇用伙伴多名。该号店例，于每年杪结算时，如有盈利者，拨出若干为红利，交由各伙伴均分，以作酬劳。在两年前该店营业获利殊巨，讵料太平洋战事于旧历十一月初旬发生，运输困难，布匹业亦一落千丈，该店以情势转变，乃于年杪结束，招人承顶，遣散伙伴。计算一年来之经营，获纯利亦达港币五万余，当拨出一万五百元，为奖给各伙伴，讵料该款交由司理林士汉负责摊分各伴，惟人心叵测，林收款后，以该店亦已倒闭，职业堪虞，竟萌不轨之念，遂将红利之款，悉数留中不发，未几即逃赴中山潜逃，至伙伴发觉时，已鸿飞莫冥。其中有伙伴黄文千，现转任职草堆街协和布匹店，迨至昨日，竟冤家路狭，林适由中山来澳，在途次与黄相值，遂被黄召警将之捕获解署，控其骗去港纸一万五百元之罪，所供如上述。警方为查明办理起见，谕将林扣留候究云。

1942年12月11日　第一版

中山商米源源运澳　价格续趋低跌

（专讯）迩日商米市价，因不肖商人发出谣言影响，致续告高涨，惟居民对此辈之渔利诡计，已洞悉其奸，均信赖当局之维护民食，谣言不攻自破。记者昨据有关方面消息，寄泊路环海面之运米船，于日前已恢复驶返中山载运谷米来澳。查昨日运抵本澳之谷米，数极大宗，市面商米市道动荡之局面，亦经安定而价格亦趋倾跌，比前约降五六元，且续有跌降趋势云。

1942年12月11日　第一版

温永琛艺展　今日揭幕

神眼书家温永琛之细书艺展会，筹备多时始告就绪，定于今午十一时，假白马行复旦中学校揭幕。计温氏之细书作品，共达五十件，另附列所藏时下书画名家作品百件，一并公开展览，一连三天，欢迎参观云。

1942年12月11日　第一版

陈又廉公子　筹款济贫

（专访）本澳殷商陈又廉之公子陈新民及李展云等，以近届严冬，一般无依贫民饥寒交迫，情况堪怜，特发起举办慈善游艺会，筹款救济贫民，全部经费概自陈新民个人负责捐出，全部收入，涓滴归公，现在积极加紧筹备中，想演出之期不远云。

1942年12月11日　第一版

商会值理　欢宴主席

（专讯）商会主席高可宁，于最近接奉葡京属务部部长颁予之荣誉慈善勋章，高氏友好以其荣获勋章，故纷纷向之道贺。查商会各值理于昨晚在商会欢宴款待高氏，以表贺忱，高氏夫人各公子及崔瑞琛女士均被邀奉陪，席间觥筹交错异常欢洽云。

1942年12月11日　第一版

气候亢燥　天花症渐有发生　卫生当局开始为市民免费种痘

（本报专访）最近天气亢燥，本市渐有天花症发生，卫生当局为防范起见，特通告劝令市民注意种痘，以免传染，并设立赠种洋痘□多所，兹分列如下：

地址	接种时间
医生总局天通街口	下午二时至五时
救火局连胜路	上午九时至十二时
下环医生局马阁	同上
凼仔、路环、黑沙环、九澳医生分诊所	同上

1942年12月11日　第一版

防止偷运出口　当局加派警探逡巡

（专访）本澳政府当局，为适应非常时期措施起见，特分布明令，举凡一切粮食、金属布匹、日用品等，如未领具许可纸，私自运出口者，均作偷运出口论罪，除货物充公外，而带运者亦在罪究之列。当局曾三令五申，严厉执行，惟私运者仍不畏法，蔑视明令，故偷运案件时有发生。政府为防止彼辈活动起见，特加派警探在沿海岸值勤，凡偷运货物出口者，均予截缉，解署究办云。

1942年12月12日　第一版

永华轮离湾　今日或可抵澳

（专讯）关于煤斤供应及取消电流分区限制问题，因之社会人士对于永华轮之来澳日期，极为关注。记者日前曾走访大福轮船公司，据称因在海防延期出坞，遂致愆期，约于本月十三或十四两日抵澳。记者以期间将近，恐其再有变动，乃于昨日再度走访该公司（主）事人叩询一切。据称该轮于八日经由海防赴广州湾，前日抵湾装载杂项粮食及旅客，于昨日离湾驶澳，（主）如无事阻，今日或可抵达。惟现值非常时期，该轮所载运之货物名称数量，非抵达得到报单后，方能详明，故该轮所载之煤斤数目，亦未明确数，但总在六百吨以上。该批煤斤全系供给政府用于电力发动机者，倘如大量运到，则供应余裕，分区限制电流，或可取消云。

1942年12月12日　第一版

高可宁授章典礼　定期十九日举行　中西名流组委员会主理

（专访）商会主席高可宁，最近荣获葡京属务部赏赐之慈善勋章，该密电日前澳府经已奉接，高氏友好，均纷纷向之恭颂，商会值理并设宴致贺，各情已志前报。查澳督戴思乐以授章之日，当隆重举行授章典礼，故发起联合中西名流，组织一委员会，负责办理，于昨日下午五时假座中央酒店三楼二零五号房，召集筹备会议，推定委员十五人，计开戴思乐、梁后源、崔诺枝、陆电明、傅德荫、钟子光、刘叙堂、黄苏、郑昌、郑菊、蔡文轩、左次治、左美古、左雅拔、左美古之尊翁。澳督为该委会主席，并定于本月十九日下午在督署举行授章大典，柬请澳府各军政长官，埠中机关侨团，社会中西名流，莅临观礼，由澳督代表葡京属务部授勋章于高氏。礼毕后，则由商会设备茶点招待，想届时定有一番盛况云。

1942年12月12日　第一版

手车资值　规定价格　每一刻二角

（专讯）市面手车佚，终日仆仆于途，升斗之谋，殊非易易。澳府当局为维护手车夫生活起见，拟增加手车夫之车资。昨日市政厅会议席上，曾提出讨论，规定市民乘坐手车需付之车资，一刻需费二角，半小时四角，一时八角，倘一经乘坐而其时未逾一刻而抵达者，亦需纳资二角，余则照时类推。希望市民体恤劳苦，照足给值，实深利赖云。

1942年12月12日　第一版

澳闻缩辑

交通消息

永华轮今晨可抵澳，白银丸昨日回航，今日可抵达，旭光丸约日间可到，蓝山丸昨到，定今日赴湾，蓝山昨日到今日开，岭南丸昨到今开。

1942年12月12日　第一版

镜湖医院鸣谢捐款芳名（恕不称呼）

致和园捐施棺双毫一百三十四元，何□芬捐药剂大洋一千元，鹤年天捐施棺港纸一百零八元，卢郑氏捐施棺大洋二百五十元，花仔捐药剂大洋一百二十元，林治中捐施棺大洋一百元，林藻贤捐施棺港纸二十五元，兴记捐药剂港纸三十元，麦盛兴捐施棺双毫十五元，冯荣捐施棺双毫一十元，陈邓堂善士捐施棺大洋一千七百元，李卓儒先生捐施药大洋二百元。

1942年12月13日　第一版

永华轮昨日抵澳　运来煤斤六百吨　取消分区限制用电暂未决定　传该轮在海防遇险全属子虚

（专访）万人瞩目之永华轮，于昨日由广州湾安抵本澳，于上午十时许驶抵新口岸对开海面，当时因潮水退落，故迫得下碇于附近海面，迨至三时许潮涨，乃驶入新口岸石儿围内。该轮此次运来货物，计有煤炭六百吨，食牛六十头，生猪一百头，眉豆一千五百九十一包，绿豆六百二十四包，合计货物共二千九百十九件。该批煤斤，旋由当局雇用夫力起卸，送往电灯公司煤仓贮存。至日前市面曾传该轮在海防赴湾途次误触水雷及礁石等情，记者特走访任职该轮之职工，据该轮职工称，对遇险一事，概予否认，略谓该轮数月即入坞一次，至此次赴海防入坞，亦为一种检验性质而已，并非因途次遇险受伤而入坞修理也。至此次该轮载运大批煤斤供应，对分区限制用电办法是否取消，记者特走访市行政局长布英沙，闻当局对此问题，须俟商议后，方可决定云。

1942年12月13日　第一版

十月初五街　发生强抢案　鸣枪捕匪误伤一人

（专访）昨（十二）日下午三时许，十月初五街，发生警察鸣枪追捕抢匪，流弹误伤途人案一宗，调查所得，分志如后。事缘昨日下午三时廿五分，有身穿灰色礼服绒长衫之斯文男子，到十月初五街一百卅一号永泰银号，借词兑换国币，店伴不虞有诈，将千元一束之国币与看，讵该男子得国币后，竟发足狂奔，意图逃遁，店伴胡芝洲，乃高声呼叫，并鸣笛召警。值勤警察四六九五号，聆耗驰至，抢匪见事败露，竟将款向邻近之梁球记洋货店中抛去，经东亚酒店门前逃遁，适国际酒店厨师五春（卅五岁，台山人）经此，该警一见抢匪不服制止，乃鸣枪轰击，误伤五春胫部，而该匪狂奔如故。附近段警六一五号，亦聆耗兜截，当时四六九五号警，在海边新街再举枪向之轰击，卒在通□新街十一号将该匪捕获，解署研讯。质诸渠称黄廉，在澳无职业住址，直认行抢不讳，并供出于去月卅日，在康公庙附近黄珍记，依照该法抢去国币千元。警方讯后，乃扣留候办。至误伤胫部之伍春，及伤腰部之警察，经移送山顶国家医院救治，尚无性命之虞云。

督察长发表谈话

该案发生后，督察长观耶召见各报总者，发表重要谈话称，以后倘有意外事件发生，遇事者均应高声呼救及鸣笛召警，俾各段警察追捕歹徒。本人（观氏自称）自莅任以来，该银号伙伴能高声呼救，且御（衔）尾追捕者，仅为第一次，此伴实应予以嘉奖，而市民亦应以此效法，则歹徒具有飞天本能，亦难逃警网也。市民遇发生意外时，须从速走避，此次伍春为流弹击伤，亦为不从速走避所致，市民如能从速走避，生命当不致发生危险云。

1942年12月13日　第一版

学救会津贴

学生救济会仍继续举办贫苦学生生活津贴，十一月份津贴费，已定于本月十四日至十六日分发。

1942年12月13日　第一版

全澳歌姬发起　游艺大会筹款　筹募寒衣施济贫民

（专访）本埠新街歌姬，目睹遍地哀鸿，恻然动念，特联合全澳歌姬举办游艺筹募寒衣施济贫难。发起者登高一呼，各姬响应，旋即筹集毫银一千元，以为开办经费，昨日假座南楼俱乐部，举行座谈会，及定名为“全澳歌姬为贫民筹募寒衣游艺会”，推定各部职员，负责会务，计开（主席）飘梦云，（总务）明月、楚姬，（司库）绮云、零玉，（文牍）花蝶花，（庶务）雪芳、丽君、花韵兰、花零，（募捐）花锦云及全体歌姬，（宣传）敷聘各报记者（游艺）苏仔、婷婷、妙卿、亚仔、婉等。议定本月杪举行，地址则在国华或清平，计演一夜，所得善款，涓滴归公。演出剧员由各歌姬担任，届时将聘请埠中绅商名流，高可宁、傅德荫、毕侣俭、黄苏、姚伯臬等为大会名誉顾问，现已积极进行云。

1942年12月13日　第一版

回乡会议决　下周续送侨

（专讯）回乡会昨开常会，决议下周继续遣送，在镜湖学校登记者三百人云。

1942年12月13日 第一版

高可宁友好 买礼移善款

关于庆贺商会主席高可宁荣获勋章讯息，已见昨报。查高氏友好，发起拟将贺礼移作慈善金，惟该金支配办法，刻在筹商中，日内公布云。

1942年12月13日 第一版

物燥风高 昨日火警两宗 青洲茅寮被焚毁两间

（专讯）昨日午间，相隔未逾一小时，竟发生火警两宗：①午间一时许，消防局据报，新马路九十八号三楼发生火警，队长马沙率员驰至肇事地点，局长布英沙及督察长观耶、嘉路士、施达地等亦到场查究。迨灭火机抵达时，见全无火警，后查悉原因，该处烟突积厚烟苔，冒出火星，居民神经过敏，乃致电报警云。②消防队甫返局未几，又接电悉青洲马路之旷地茅寮，又告火警，消防队抵埠后，奋勇灌救，未几即将火势完全扑灭，此次焚茅寮两座，查起火原因，则为居住该茅寮之老妇何氏，六十八岁，因煲粥之炉火，燃及附近之干柴，而蔓延全寮，致酿成巨灾，星星之火，竟尔燎原云。

1942年12月13日 第一版

慈善游艺会 今晚举行

慈善游艺会筹植祝圣树，定于今晚下午九时在利为旅大酒店内，举行茶会及各种娱乐筹款，场内所设之律度，开号数娱乐，并由毕侣俭君捐助珍贵物品三座，高可宁君捐助华贵收音机一座，作为奖品。凡投买律度者，人人均有猎获是项奖品之希望，至机械小豕竞赛之彩票，行将售竣，如有欲购是项彩票者，可到利为旅大酒店购买。

1942年12月13日 第一版

娱乐消息

歌者静霞（即新月儿）佩理、徐碧霞，顷乘遄游内地之便，顺于十九日来澳，在域多利戏院演唱，拍和者有徐桂福等音乐家云。

1942年12月14日 第一版

社会人士亟望撤消 分区限制电流

（专访）永华轮运来之煤斤六百吨，当局已于昨日雇用夫力起卸完竣，至最近实施之分区限制电流办法，仍未取消。记者据一般社会之意见，则该批煤斤抵澳后，本埠煤斤短绌，而得此大量挹注，且永华轮又将赴湾转海防，澳府可回海防再采购煤斤，付该轮运澳，则煤斤运澳，源源不绝。故限制用电之例，实宜撤消，以利居民云。

1942年12月14日　第一版

温永琛艺展　展期一天

温永琛艺展会揭幕后，一连三天参观者极见挤拥，而其神眼细书，尤为观众赞许。该会本定展览三天，现因应观众请求，今日特展期一天，至下午六时闭幕云。

1942年12月14日　第一版

望厦米站昨公布　配给公米新条例　两种购米筹仔须依期到购

（专讯）澳府当局，为维护民食起见，对于米石供应及配给，办理完善，日前因米石来源短绌，价格奇昂，澳府为体恤民困，特津贴款项，平售米石，交望厦米站发售，居民咸称便利。迨至米荒难关渡过，米石源源运澳，供应余裕，日前因市面商米价格略平，故居民又转购商米，因此一般市民，多暂停向米站配购，澳府亦未加以限制。惟市面商米，起落不常，迩来因奸商谣言影响，米价又略告高涨，比公米价较昂，市民又复趋米站购买。记者日前据督察长兼粮食统制会委员观耶称，米站所售之公米，任由商米价格涨至任何程度，其价格亦不因以此影响而起跌，如非特别关系者，不予改变，此足见澳府维护民食之决心。至米站出售公米，系依照粮证人数时间出售，最近因居民时购时止，至影响米站配给工作，故最近决定，凡购日日米者，每星期须到购一次，如星期米者，每三星期须到购一次。该例由本星期起执行，居民如不依照办理，以致逾期者，米站则取消其筹仔，停止配给云。

1942年12月14日　第一版

高可宁夫人　捐巨款助同善堂

前天同善堂副主席蔡文轩，捐助该堂双毫二千元，以襄善费，昨日有高可宁夫人，继续响应蔡君之热忱，亦捐双毫二千元，足见当仁不让。主席崔诺枝谓同善堂今年支销巨大，不敷数目极多，且年关在迩，亟须觅款□找账项，否则难度年关，甚望热心士女，相继赞助，使善举有赖云。该堂连日收到捐款，有柯武韶港纸一百元，区照记双毫廿元，李金成港纸二十元，冯继新港纸五十元，金城救济箱折得双毫九十二元六毫一仙，西纸二元七毫云。

1942年12月14日　第一版

歌姬游艺会筹款　积极进行

（专讯）全澳歌姬为贫民筹募寒衣游艺大会，于昨日正式在澳门商会二楼（正式）办公，各部职员歌姬，均依时到会。绅商高福耀、黄苏等，以热心慈善，对该会之进行事宜，多予襄助，俾得玉成此举。至歌姬于届时演出，采用粤剧节目，现正聘得戏剧名宿新丁香耀担任指导，所用戏服，均假于留澳各大伶人，并定今日开始排演，想届时当有美满收获云。

1942年12月15日　第一版

柴荒严重　牛粪每担四元半　亟望澳府解决以苏民困

（专讯）本埠柴薪供应，向赖中山各地，每月消耗计达卅余万担。中山沦陷后，运澳数目大减，价格迭告高涨，幸当局在港定购大批公柴，运澳平售，交梁后源高可宁代理，并在跑狗场设公柴平售处，市面柴薪得此调剂，恐慌情形，乃告安定，公柴未几亦告停售。惟迩来中山来源短绌，因香港沦陷，公柴亦难于订购，故柴薪价格，突告猛涨，其程度为本埠所创见，情形严重。现目市价，计干松柴十元七角，什柴亦九元五角，在此生活程度日高之下，一般贫苦居民，感于柴价过高，无异百上加斤，负担无力，因此木器家具多供燃料之用，余者亦转之贩卖，每角一扎，每扎仅得十三四两。此外生牛排泄之粪溺，往者居民认为污秽之物，尽将之倾弃，惟生牛所食之饲料，为生草之类，故粪溺含有草质，经曝晒干燥后，亦可供作燃料，迩来因柴薪昂贵，贫苦居民多趋购买，惟产量不多，故售价亦不菲，确实调查所得，每担价达四元半。其他如谷壳价格，每担亦涨至二元八角。亟望澳府当局设法解决，以苏民困云。

1942年12月15日　第一版

交通消息

（本报专访）旭光丸昨日由广州湾抵澳，下水十六日开，永华轮今日下午五时开湾，白银丸昨日由香港到澳，定今日下午三时开湾，香港广州航线均照常。昨旭光丸载来新货如下，蛋一百六十三箩，腊肉五箱，生油一百罐，猪油一百六十四罐，青豆豆子共六十八件，草果六十三件，芝麻六十件，又二十三连，片糖廿五桶，大糖茶铺共廿九连，盐一百零四包，草席、麻包共五十九件，生粉、花生虾干共卅二件，咸鱼廿九箱，又十包，哥士的三箱，蛋十箩，药材三包，茨莨卅一包，木炭五十件，生猪一百头云。

1942年12月15日　第一版

高可宁贺礼　移作善款　办法日内公布

商会主席高可宁，荣获葡国荣誉慈善勋章大典，定于本月十九日举行后，中西亲友连日均忙于洽商届时致贺，并多准备购置礼物，赠与高君留为纪念。惟记者昨探得确息，高君对各亲友盛意，殊为感谢，然以届此烽烟四起，满目疮痍，难赈未遑，何心独乐，故有请各友好将礼物改作代金，悉充善款之意见。而各友好聆悉之余，对高君此举，深表钦佩，均愿本斯旨进行，闻一二日间即可决定办法，公布全澳亲友周知，以便汇集代金善款云。

1942年12月15日　第一版

歌姬义演　进行积极

（专访）全澳歌姬最近发起贫民筹募寒衣游艺会，已定本月杪举行揭幕，该会连日对各项工作，异常积极推进，全体歌姬，每日于下午三时至五时，假座商会二楼为临时办事处，办理各项事宜。戏剧方面由冯志芬义务指导各选定登台歌姬，并□□事里一号为习艺场所，闻将来出演剧情，点演“黄衫客”云。

1942年12月15日　第一版

摩登少女　当街被抢

（专访）陈根十八岁，本澳人，无住址职业，在清平直街附近，向过路女郎强抢手镖，该女立召警将陈捕，带案候办。

1942年12月15日　第一版

偷运货物出口　昨截获两宗

（专访）昨日警察当局又截获偷运出口案两宗。①妇人周掌娣（四十岁）运有木油七罐在廿一号桥出口。②男子李波（卅八岁），罗掌（四十二岁）于昨日在青洲带火柴一百六十包，炮竹三百五十包出口。以上均未领具许可纸，故当局控以偷运货物出口论罪云。

1942年12月15日　第二、三版中缝

镜湖医院鸣谢捐款启事

迳启者　敝院今年沿门劝捐药剂善款，□蒙各行商号暨善心人士鼎力赞助，致获良好成绩。敝□同人，殊深感□，谨将捐款之商号及善长刊登报端，藉申谢悃。

中华民国卅一年十一日十五日

昌明火柴厂梁永馨香庄各捐双毫一百元，毕侣俭、毕卓明、毕漪迢、姚伯泉、专卖局、上海药行、泰兴公司，以上各捐双毫五十元，东兴火柴厂、又成公司、大群酒店、东亚酒店、五洲酒店、陈联□、宝兴银号、宝章永嵩木店，以上各捐双毫三十元，大先火柴厂，双毫廿五元，李占记、同德银庄、富衡银号、华人酒店、瑞昌富有银号、益昌永秦新豪酒店、南粤美发□无名氏、荣盛隆兴信行、远来万昌、生昌、大兴银号、桂馨隆记、止兰生记、昌盛行，以上各捐双毫廿元（待续）。

1942年12月16日　第一版

为高可宁先生荣受勋章请将贺礼改作善款启事

敬启者　公历本月十九日为□ 高可宁先生荣受□ 大葡萄牙国荣誉勋章大典，同人等以□高公交游素广，中西友好遍海内外，允宜联申祝贺，以表庆忱。惟□高公谦谢未遑，并谓际兹烽烟弥漫，满目疮痍，贫苦难胞方殷待赈，本人过蒙当局逾格之褒，已深愧怍，若再□亲好珠玉之赐，益弗敢当。第厚意拳拳，盛情难却，最善之法，莫如将转赠珍□改作代金，俾得集腋成裘，拨充善款，则感同身受也等语。同人等聆悉之余，佥以□高公乐善好施，□深钦佩，爰本斯旨，广为提倡，凡属高公友好赞成斯举者，请将贺仪改作捐款，送交澳门商会代收，擎回收条，以便汇集分别拨办慈善，丰俭由人，畛域无分，期拯斯民于水火之中，同登大众于欢喜之域。既无方□长者之美意，复能广植□诸君之福田，法美意良，一举数善，想诸君子亦必认为可行也。谨此布达诸维。

亮察

戴思乐　左次治　左治　左美古　左雅拔　傅伟生　梁后源　刘叙堂　崔诺枝　蔡文轩　钟子光　黄苏　陆电明　郑谷诒　郑启昌

同启

1942年12月16日　第一版

政府当局　将拆除青洲茅寮　另觅地收容住居该处贫民　昨招待记者参观难营新址

（专讯）本埠政府当局，对于流离失所无所归依之难民，分别妥为收容，市面治安，秩序亦告良好。当局为改善难民收容起见，最近特租得谦源炮竹厂，及华南教养院，改为难民营及托儿所新址，日间将青洲难民及天神巷难童悉数移交该处。警方当局为使社会人士明悉该两收容所设备起见，特于昨日邀请各报记者前去该营参观，并巡视贫民屋、托儿所新址。记者据警察厅方面宣称，住于该两新址附近之旷地一般贫民，均以铁片盖格茅寮而居，彼辈不顾公共卫生，粪溺垃圾，任意倾弃，蚊蝇密布，肮脏异常。现警厅长布英沙，经商得市政厅当局同意，将该地所有寮屋，悉□拆去，但为体恤该地贫民生活起见，在未执行拆除前，先行设备收容所，以免流离失所云。

1942年12月16日　第一版

葡总理电谢澳督

（专讯）葡国总理嘉蒙那将军，日前诞辰时，本澳督宪戴思乐曾致电葡京向嘉氏致贺，顷戴督已接获葡京嘉氏复电，略谓得接恭贺鄙人诞辰，殊深铭感，专此敬祝健康云。

1942年12月16日　第一版

高可宁受勋典礼　祝贺会积极筹备　届时赠送纪念册一帙

商会主席高可宁荣受葡国荣誉勋章大典，祝贺会现已积极筹备，并决定赠送高氏纪念册一帙。该册内容系历述高氏善绩，由全澳中西人士及各行商等亲自署名其上，倘各侨团有□词致赠者，可于十七日前交商会汇集。至于高氏友好，如欲将贺礼改捐善款者，亦可交商会代收，取回收据。该项捐款俟汇集后，除购赠纪念品外，所余之数，悉送督宪核收拨充地方慈善。戴督亦以所拟办法甚善，极表赞同。又关于该纪念册，各界人士可于星期四日前每日上午九时至十二时，下午一时至五时前往商会签署云。

1942年12月16日　第一版

梁永馨再捐　同善堂经费

梁永馨香店，日前曾捐双毫二百元，昨日特再捐双毫一百元，足见其店东之热心慈善也，而同日有源云从亦捐该堂大洋一千元，以助善举云。

1942年12月16日　第一版

高可宁捐款千元　助海岛市施粥　督宪府秘书长代表贫民致谢

（本报专访）海岛市白哥士打接长以来，对于市政设施，靡不积极兴革，如最近办理施粥，成绩斐然。本澳殷商高可宁氏，以海岛市贫民生活困苦，昨特捐出银毫一千元，呈送督宪府秘书处，以为凼仔路环施粥经费。督宪府秘书长高士德以高氏乐善好施，令人钦敬，乃盼埠中人士，步高氏后座，努力捐助，救济贫寒。秘书长并代表贫民，向高氏致谢，祝高氏精神康健，幸福无疆云。

1942年12月16日　第一版

议事公局议决　明年增加牌照费

（专访）政府当局为增加公帑收入，议事公局已开会议决，将各项牌照等件，着予增收，内有关于“汽车”“车仔”“街边牌照”等，全例甚详，本报因篇幅关系，不能一一录出。查该项增加牌照额，决于一九四三年元旦后即开始实行云。

1942年12月17日　第一版

政府维护民食　大批米石将运澳

（专讯）澳府当局，维护本澳民食，对于米石采购运澳，极为积极。日前因中山各地产米区丰收，商米源源运澳，价格日趋低跌，故澳府在越南采米石，稍告中辍。讵迩来又因不肖商人，发出谣言影响，故米价乃告回升，幸当局已存备大批米石，民食未受威胁。顷据有关方面消息，澳府为充实本澳米石，未雨绸缪计，经于日前在泰国订购有白米一批，数达万余包，将配轮运澳接济。如无事阻，该轮则于日内当可抵达，本澳得此大量供应，米石更告充沛，预料市面米价，因求过于供，将趋暴跌云。

1942年12月17日　第一版

昨广大校庆　举行运动会

昨十六日为广州大学附属中学澳校成立四周年纪念日。该校因鉴于现状，不宜过事铺张，除上午在该校举行纪念及各班学生茶会，以志庆祝外，其余秩序均改作运动，借以振奋体育。计上午为童军检阅及男子垒球赛，下午为童军旗语表演，男女学生徒手操，器械操，垫上运动及女子垒球操，中插以小学部唱游，教职员对学生队拔河等。会场四周围以童军绳，大门亦竖以军棍，旗帜飘扬，简单庄丽，在此运动沉寂当中，得此活泼之生气，诚庆祝校庆中之中一有意义之举动也，闻今日上午将继续举行各项决赛。

1942年12月17日　第一版

祝贺会昨开座谈会　致送金表高可宁

（专讯）商会主席高可宁荣受葡国赏赐慈善勋章事，经定本月十九日举行，澳督戴思乐联合中西绅商组会祝贺，各情经志前报。查该会委员于昨日下午二时假座商会二楼礼堂举行座谈会，研讨一切进行事宜，结果极为完满，届时戴督代表该委会，梁后源代表阖澳华侨，各送金质时表一个于高氏，以表庆忱，并于接受勋章典礼时，孔教学校派出童军六十名莅场唱奏欢叙曲云。

1942年12月17日　第一版

铺屋一间　明日开投

（专讯）坐落大街第三十三号铺屋一间，即往昔瑞德银号旧址，法院原定期去月卅日上午十时将铺屋开投，底价为葡币一万八千三百七十元，嗣后法院因事将开投日期延展，定期明（十八）日举行，底价亦有更改，数目比原定减为一半，以出价最高者得云。

1942年12月18日　第一版

高可宁荣受勋章　庆祝秩序已拟定

（专讯）高可宁荣受慈善勋章典礼，经定于本月十九日隆重举行，届时全部秩序，亦经于昨日拟定。是日下午二时廿五分，高氏友好，各界来宾齐集督署鹄候观礼，三时正高氏夫妇赴署，由督宪代表葡属务部颁授勋章于高氏，并致勖词，后由高致答谢词，继后与来宾拍照志念。受章礼毕后，祝贺会则假座商会二楼茶会联合庆祝，主席戴思乐领导全体委员举行祝贺仪式，秩序计开：①齐集，②肃立，③就位，④奏乐，⑤主席致开会词，⑥戴督代表全澳中西人士致送纪念册，⑦梁后源代表阖澳华侨致颂词，⑧来宾致颂词，⑨高可宁答词，⑩大会敬赠花篮一个于高夫人，⑪鸣炮。⑫奏乐。⑬茶会。⑭毕会。下午七时大会假座中央金城酒家设宴款待高氏，九时前往平安戏院观剧，想届时当有一番盛况云。

1942年12月18日　第一版

韶中山大学　甄别澳侨生

教育部侨委会选送澳门高中毕业生一批，入中山大学，该校甄别试结果，取录者廿八名，另试读生十名，兹录名单于后。

“文学院”陈佩馨、郊培兴、麦董贤。“法学院”邓汝锐、温兆基、梁靡宗、朱克庆。“理学院”李卓美。“工学院”屠书祥、曹生、谭卓淇、张祖权、黄汉棠、陈永江、吴康松、梁源达。“农学院”朱志桓、关慧、方玉燕、彭伟堂。“医学院”区国伟、曾慧珠、王杶如、陈继亮、崔品华。“师范学院”麦惠新，刘佩惠、卓善馨，以下试读生。“理学院”黄翠仪。“工学院”王炳森。“农学院”老瑞麒、莫炳荣、简宜第、吴光标、叶以恕、李鉴、冼子禧、何等平。

1942年12月18日　第一版

澳新主教　来澳有待

（专讯）新任澳主教罗约翰接委后，本即来澳履新，惟依照教例，凡任主教，虽受圣品礼，由八位主教主持，因时值战事，航运梗阻，各地主教，未能来澳，故圣品礼不能在澳举行，而肇庆亦时有空袭之虞，拟改在梧州举行，故罗氏须俟接受圣品礼后，乃来澳莅任云。

1942年12月18日　第一版

女童失踪

（专讯）妇人胡明，赁居俾利喇街二十五号，胡有小女名华开，年甫十三岁，胡爱之不啻掌珠。讵于日前，其女在门外嬉戏竟告失踪，音讯杳然，胡乃具情投报警方查究。迨至昨日，由华探郑少泉将一妇女带署究办，疑与该案有关，该妇人称林丽英，十六岁，陈村人，现警方为查明办理起见，谕扣留候办云。

1942年12月18日　第一版

调味珍品　豉油膏

台山内地有调味珍品，名豉油膏，风行已久，今有人运得一帮来澳，售于福隆新街永生和酒庄等处。闻此膏状如熟豉，奇香朴鼻，食时加沸水少许，即成上等豉油云。

1942年12月19日　第一版

粮食统制委员会昨宣称　米石大批将运澳　该会已停止购入本澳商米

（专讯）关系全澳廿余万居民之粮食，澳府当局对于米石供应，极为关注，日前因商米市价较廉，故澳府乃□款向运输米商采购米石，交由望厦米站低价发售，以利居民（原文省略约为33字）。澳府为充裕本澳米食平抑商米价格计，复向越南采购大批公米运澳供应。记者昨据督察长兼粮食统制会委员观耶称，最近有轮一艘，配载米石一批，数达万余包，刻已由泰国航驶来澳。该批米石系日前由澳政府订购者，约于日间便可驶到此间。本埠得此大批米石接济，民食更告充沛，粮食统制委员会于昨日宣布，停止购入市面商米云。

1942年12月19日　第一版

致贺高可宁受勋　集善金达万元

（专讯）高可宁接受慈善勋章大典，于今日举行，全部秩序极为隆重，此次收到各界致贺高氏礼金，折合双毫约达万元，将汇集呈送督宪核收拨交各慈善机关，充作经费。至今日高氏受勋礼中，当有一番盛况云。

1942年12月19日　第一版

私运出口　迭有发生

（专讯）澳府当局对于私运货物出口，曾三令五申，严厉执行禁止，惟偷运出口案件，仍迭有发生。查昨日又截获多宗，解署控究，计开①杨销（十七岁），②刘怡（五十六岁），③李成九（十六岁），④妇人徐金（卅岁），各带有火柴六十包私运出口云。

1942年12月19日　第一版

谋杀案　延期公审

（专讯）本年元月廿八日，连胜马路十八号摩罗庙发生之回教祭司亚打星被刺毙命惨案，事后由警探捕获印籍男子爹也星，控其有行杀亚打星嫌疑。该案原定于昨日提审，嗣因法院长因事未克开堂，乃谕押后本月廿三日公审云。

1942年12月19日　第一版

圣罗撒　筹办义演

圣罗撒女中，拟于明年一月二日在该校举行演剧义卖，所得款项，扫数分拨各慈善机关以拯哀鸿。闻该会现经积极向社会热心人士，推行销票及征募义卖物品。

1942年12月19日　第一版

同善堂　收到善款

同善堂主席崔诺枝氏，鉴于年关在迩，该堂欠下街账，为数极巨，非设法筹谋，难以逃过，曾迭次呼吁求捐。各界人士，亦深悉该堂实情，支销倍费甚大，故亦频频捐款，扶助善举。计其昨天收到捐款有，□州大洋二百五十元，良天大洋一百五十元，谦益、合顺，每捐大洋一百元云。

1942年12月19日　第一版

冬季过后　霍乱有复活可能　非常时期将更易入于严重状态　卫生当局预先向市民提出警告

近数年来，澳门霍乱症之流行，未常（尝）中断，今年此种传染症，至三月前，始告扑灭，然冬季过后，又有复活之可能。苟任令其发生，则患者逐渐增多，不免酿成剧烈流行症矣。当兹非常艰困时期，倘被其蔓延，更易入于严重状态，故特预先提出向居民警告，务须依照卫生法则，加以防范，以免此种危险之传染病症之散播焉。（未完）

1942年12月20日　第一版

祝高受勋捐善款　达国币四十万元　澳督亲临主持典礼及捐巨款

（专讯）殷商高可宁，于昨日接受葡国赏赐之慈善勋章，秩序极为丰富，情形异常隆重。澳督以此次受勋大典，特慷慨捐出葡币二万五千元，分拨各慈善机关充作经费，计开托儿所一万，同善堂九千，镜湖一千，青洲难民营五千。至高氏亦响应戴督善举，亦捐国币十万。至此次各界致贺高氏受勋典礼，集合礼金计得港币一万零四百四十五元，葡币八百九十三元，双毫六百四十七元七毫三仙，国币二万四千零九十八元三角，共折合大洋六万八千四百五十七元六角，共得善款连同戴督高氏，各界礼金约折合国币四十一万八千余元，诚空前仅有之伟举。除戴所捐出之款经指定捐送各慈善机关外，而高氏所捐之善款及各界礼金，将汇集呈请澳督支拨云。

1942年12月20日　第一版

域多利唱曲

有今晚歌者新月儿、佩珊、徐碧霞，昨在域多利戏院演出，成绩特佳，获得全场周郎一致好评。该院今日练唱，知音周郎万勿错过。

1942年12月20日　第一版

大福银号　扩充营业

大福利记银号，金钱找换，通汇各地，素称快捷，甚得社会之信用。该号现因营业日增，地方不敷应用，遂扩张营业迁地于新马路九十九号，定今日开始营业云。

1942年12月20日　第一版

青洲难民　定期迁址

（专讯）难民营新址，现已修葺完竣，如无其他事阻，则于本月廿一日便可将青洲营难民，悉数迁移新址收容云。

1942年12月20日　第一版

警探部破获一宗　恐吓勒索案　警方提被告口供该案定谳

（专讯）前（十九）日下午五时许，罗德礼将军街发生一宗恐吓勒索案。事缘有某妇人赁居上址，于十八日午间，有一男子到访，声称找该妇有所相商，时适该妇外出，故未晤面。迨至翌日，该男子又按址往访，该妇以男子从未相识，但其所商何事，亟望明悉，乃延至客厅款待，讵该男子遂掏出相片一张，为该妇与其子合摄者，该男子继称本人奉某者所嘱，对汝有所不利，但为和缓该事计，则汝须缴军票二百元，俾了结此来，而汝之生命亦不致有碍也。词意恫吓，该妇人聆后，以该男子类属勒（索），乃一面虚与委蛇，允其所说，并约其于是日下午五时可来领款，另一面则据情投报警署。警方据讯后，乃由副探长偕同华探目朱雪先行前往匿伏，俟机行事，并许饬妇将军票二百元之各张数目录志。未几，该男子果依时而到，该妇乃如数交与，并斤斤究其是何人主使，正言语间，潜伏屋内之警探亦出而露械指吓，旋将之解署究办。质诸该男子称李某（廿九岁，本埠人），当此案方研讯，继续又捕获一妇人解署，控其与该勒索案有关。警方现已搜集证据，取录口供，日间，备文解交后院办理云。

1942年12月20日　第一版

无名氏昨　捐助同善堂

昨有无名善士，到同善堂参观，由当事人招待，并将所办之善举解述，该善士甚为赞许，即捐大洋一千云。该堂又收到梁宅大洋二百元，梁芳、华弟、敢花仔，以上每捐大洋一百元云。

1942年12月21日　第一版

林炳炎先生丁内艰恪遵遗嘱将亲友祭仪拨充善款谨代启事

林炳炎先生之令寿堂陈太夫人由澳返乡，道经广州染病痛，于十二月九日弃养，同深哀悼，定国历十二月廿九日在广州多宝路七十二号开祭。惟太夫人弥留时，谆嘱以国难当中，身后各事，均须慨从简节，且□目同胞，疮痍遍地，情何能恝，此次应用丧费务须省节，将留余款项及本人平日积存私蓄，另亲友致送祭仪，统数拨充善款，聊尽人类互助之恩等语。炳炎先生平日慈善为怀，天性纯孝，今秉承慈训，尤不敢违，但哀感之余未遑表白，故同人等谨代登报周知，凡属炳炎先生亲友对于太夫人丧事，除挽联诗词外，其一切品物务请改送现金，分致下列各号代收，俾得汇集拨充善款，以期无负太夫人之美意，并副炳炎先生之孝思。谅善与人同，各亲友亦当深许也。伏祈

垂鉴

代收处

香港永乐街恒生钱庄　上海宁波路生大公司　广州十三行昆昌钱庄

澳门新马路大丰银号

上海生大信托公司同人　何善衡　林谷伯　盛春霖　陈震夏　崔聘西　梁植伟

谨启

1942年12月21日　第一版

高可宁鸣谢启事

肃启者：此次可宁猥蒙

大葡萄牙国颁赐勋章褒勉，逾恒殊深，惭愧复荷。

督宪暨各长官及中西各国友好开会祝贺，宠赐鸿词，馈贶珍品，或代金之纷赠，或盛筵之见邀。既厚谊之稠锡，复高车之贲临，荣幸万分，感铭五内。至于承蒙各界所赠贺礼代金，业已悉数汇呈。

督宪核收，分别拨办慈善，以副。

诸君子盛意，谨此登报，藉鸣谢悃。诸维亮察。

高可宁鞠躬

1942年12月21日　第一版

警察厅长发表谈话　感谢各界救济贫民　或出财力或捐物质热心皆足敬佩

（本报专访）中华会举办足球慈善赛，昨日下午四时在新运动场举行，于该会名誉主席长盛行店东李洪努力工作，成绩已超过港币二万七千余元，全场收入，尽数拨助“贫民屋”作经费。昨警察厅长对记者发表谈话称，社会不少热心人士，当有人继续举办义赛，不让李专美于前，而李此举亦可谓热心慈善。布氏又称，昨有海边新街五十号恩记果栏东主黎道，捐出银毫二百元，交布厅长于圣诞日分赈贫民，又先进号送出席二张，兴信行送棉胎一百张及大洋一万元，交与布厅长作救济贫民之用，又生泰行送出棉胎一百张，眉豆两包，生油两罐。以上各号捐送物款，殊令人钦佩，足为市民效法，布氏对此代贫民深表致谢云。

1942年12月21日　第一版

昨日慈善足球赛　华联苦战和西联　战局紧张令人提心吊胆　善款收入突破空前纪录

中华体育会主办之中西联慈善足球赛，昨日如期在新运动场公演，双方赛来，战情紧凑，令人提心吊胆，咸称过瘾。结果各无建树，互交白卷，加时再赛，仍属握手言和。至于善款收入，预销券港纸约一万七千余元，现沽门票，尚未在内，拍卖足球，隆记行以大洋二万零五百元购得，打破以前一切纪录，收入额数，可算足球赛空前纪录。

战局揭开，由布厅长主持开球礼，双方拼命攻击，他为争取西洋光辉，我为保存华夏美誉，故战局极度紧张，双方门前，险象横生。华联五葛虽然犀利，惟□多华，夏仙，人强马壮，一包一抄，虽李怪腿之擅冲妙射，亦难越关山寸步，况殷里基，告喇素，苏观奇之截□，常使华联发生“行不得也哥哥”之叹，而华联之守将，亦鞠躬尽瘁，双方门将更有超水平之演出，故皆闭门不纳。时间已届，仍分不出谁是强者，加时三十分，易位三次，叠次加时再赛，仍无纪录。双方杀到精疲力竭，球证逼得下令休兵，握手言和。比赛既终，由警察厅长布英沙颁给两队银杯各一座云。

1942年12月22日　第一版

金城酒家否认茶市蛋挞黑市

“蛋挞”而有黑市，诚天下之奇闻，本酒家午市点心，素以平靓著名，每期必有两款蚀本货，尤以“浆酥蛋挞”为特制，“甘香松化”，茗客咸赞不绝口，因此每日甫经出炉，瞬闻售罄。虽经多制，仍未普及，茗客中有垂涎多日，亦感向隅，致有“黑市蛋挞”之口号，可见口之于味，有同嗜焉。实缘本酒家之蛋挞，工精料美，制作需时，又不肯苟且从事，形成求过于供，致有负惠顾之盛意矣。

1942年12月22日　第一版

警探部昨破获两所　贩卖人口之机关　起获少女三名歹徒多人落网　有乖人道警方当局严予控究

（专讯）本澳诱拐贩卖人口之风，去年来更因战事影响，生活程度日高，讵有一般不法歹徒，借此时机，设立机关以招雇佣女，介绍职业为名，引发贫穷妇○入彀，而年纪幼稚者亦诡说可得□栖身，随即诱拐赴广州湾越南各地。成年妇女则迫之为娼，年幼者则暂予供养，以俟稍长，亦迫出作神女生涯，以为牟利。此种有乖人道之不法举动，被害者已不知凡几，警方当局虽曾屡次破获贩卖人口机关，并截回赴湾为娼之妇女，惟以歹徒之神通广大，未能彻底消除。查昨日警探当局又破获一宗拐带人口机关案，缘有妇人何珍葵，赁居赵家巷二号，于日前赴警署投报，谓其有两少○名黄宝珍（十八岁），一名黄宝英（十六岁），于日前由家外出，一去不返，杳无音讯。迨至最近，侦悉其两□女为某妇人诱骗，诡说彼可介绍赴广州湾任职，日入不菲，花言巧语，利口便词，两○不虞其诈，遂信其言，乃堕彀中，今已赴湾为娼，请求究办。警方□报后，乃派出大批警探按址到木桥街某号二号搜查，当堂获有少女三名，窝藏屋中，并将有关之妇○五名，男子四名，一并解署究办，控其有伙同拐卖人口之罪。查被拐而未赴湾之少○三名称陈彩红（十六岁）、陈顺好（十四岁）、谭红（五岁），至诱拐何珍葵两○之妇人名蔡六（六十四岁）。警方现已严密研讯中，一俟提录口供后，当乃备文解交法院究办云。

（又讯）前（廿）日上午十时许，华探何保罗全得接线人投报，谓竹园某号妇人，有贩卖人口，诱拐赴湾为娼为情，何探目按址前往，将两妇人捕获，并搜获有窝藏少○一名，质诸该妇人称黄二（六十五岁），名罗七（五十一岁），警方为查明办理起见，谕扣留候办云。

（以○代女）

1942年12月22日　第一版

托儿所　今日迁移

（专讯）天主教救济会主办之儿童寄托所，最近感于天神巷收容所地方狭窄，不敷应用，乃租得台山华南儿童教养院旧址为新收容所，日前加以修葺，从新改建，现已修理完善，由今（廿二）日起，将天神巷收容所之难童，悉数移迁新址。记者据冯家禄称，迁移新址后，将扩大收容数量，传将来地方不敷应用时，则在邻空地□设屋宇，澳府当予以便利。至外宿之难童餐，由旧址炉灶折（拆）毁，故由昨日起暂停四天，一俟新址炉灶完成后，当可恢复办理云。

1942年12月22日　第一版

交通消息

（本报专访）白银丸昨廿一日由澳开往广州湾，南斗丸昨日下午由湾到澳，载来猪只什粮一批，旭光丸前晚（廿）到澳，竺山丸昨日未到，预料今日可抵澳。香港澳门线，蓝山丸昨日到澳，今晨回港，广州澳门线岭南丸昨开广州，今日回澳云。

1942年12月22日　第一版

安乐园　酬谢顾客

新马路安乐园，开设迄今，已届五周年。该店主人为酬谢历年顾客雅意起见，特将糖果饼干，割价出售，照原价减收九折，并备大批圣诞礼品，以应顾客送礼物品，购者从速云。

1942年12月23日　第一版

匪徒两度　露械拦途截劫案　法院昨判要犯李锦充军六年

（专讯）男子李锦，于前日被控于法院刑庭，控其于本年二月廿二日深夜，伙同男子陈霖、高佬康等四人，在陈乐巷附近，露械行劫妇人朱芳，抢去港纸一百四十元，双毫八元，大洋二十元，又于三月十八日十时许，朱妇偕同其夫谭兴由清平直街归霞居烟室返家，迨行经上列地址时，再度遭彼辈行劫，抢得手□一个，朗臣打火机一个，港币十八元，墨水笔一支等罪。查被告李锦陈霖于同月下旬先后落网，高佬康等则在逃未获，至陈霖于月前又因病毙命狱中，故该日仅得被告李锦，及各原告证人登堂供讯，法官谕押后昨日正午十二时宣判。被告李锦伙同行劫，证据凿确，罪无可逭，乃谕徒刑充军六年，如不服所判，可具情上诉小西洋法院云。

1942年12月23日　第一版

交通消息

（本报专访）竹山丸到澳后载来大批货物，预定一二日内赴湾，旭光丸亦定三五日内启航开湾，香港澳门线蓝山丸昨晨开港，今日来澳，广州澳门线岭南丸，昨晚到澳，今早赴湾，白银丸昨日到湾，预料今日回澳。兹查南斗丸，载到新货如下，生油八十罐，生粉一百二十包，汉药七件，腊鸭二件，咸鱼一件，八角六十二包，鲜蛋十八箱云。

1942年12月23日　第一版

万国舞院　经已开幕

舞艺专家谭□，为适应各界学习各种社交舞术起见，特在新马路一号三楼开设万国跳舞学院一所，并聘得香港业余跳舞冠军郑基助理教授，步法正确，姿势优美，收费从廉云。

1942年12月23日　第一版

明春粮证　定期更换

本年度各季粮证，迄今将届期满，记者昨据粮食统制委员会主事人称，来年春季粮证已定期换发，于本年廿七日开始实行换发手续，亦爰照往昔无异，届时划分各区，由各区教堂颁换云。

1942年12月23日　第一版

澳督戴思乐　分配高可宁受勋善款　贫民拜领高氏之赐不浅

澳督戴斯（思）乐昨在高可宁受勋典礼中，捐出西洋纸二万五千元，定赠给托儿所一万元，同善堂九千元，镜湖医院一千元，青洲难民营五千元，至高氏所捐之大洋十万元，亲友贺礼代金大洋六万四千五百六十九元五毫七仙，呈统交戴督支配，计交无原罪学校二万元，育婴堂二万元，孤儿院一万三千元，圣云仙□会一万五千元，仁慈堂一万五千元，台山贫民收容所一万元，麻疯院五千元，华侨老人院五千元，晏多尼堂三千元，难童收容所二万元，警察贫民住所一万五千元，交海岛市行政局分发凼仔路湾贫民二万元，议事公局学校贫民教堂四千五百六十九元五毫七仙。各贫民拜领之余，自当感谢高氏之赐不浅云。

1942年12月23日　第一版

商会经费不敷　值理借垫应支

本澳商会每月经费，支出亦颇浩巨，昨据该会财政股主任梁鸿勋谈，以目下国历（历）年关已届，该会存款不敷甚巨，经于昨期常会提出报告，决议向各值理借垫应支。闻该会每次借垫款项，主席高可宁氏均负担全额之半数云。

1942年12月23日　第一版

新福音

草堆街上海旧货商店，自开幕后，以货靓价平，甚得顾客称誉，其门如市。该店对各款洋服绒褛女褛皮草等皆以高价收买，并廉价出售，实行薄利宗旨，为市民新福音。

1942年12月24日　第一版

圣诞节　明日降临

（专讯）一年一度之圣诞节，明日便尔降临，每日此年，各国一般宗教人士均有举行热烈庆祝，市政厅是日全晚供给电流，不予限制云。

1942年12月24日　第一版

卫生委员会　名单公布

（专讯）本澳卫生事业，办理极为完善，除卫生管理局执行职务外，并设有委员会，以为推广及改善卫生设施之机关。查最近该会各委员，人选略有更改，计开执行委主席山度氏，委员巴庚沙，嘉布利，蓝委主席罗比氏，委员非利喇，佛兰地云。

1942年12月24日　第一版

刘茂棠医师　增扩新仪器

本澳医师刘茂棠，近因利便病者治疗起见，故不惜重资向外定购最新式仪器多具，专为侨胞服务，如无阻碍，日□即可运到，并搜罗各国名厂特效针药多种，以婆必一片实力济群。贫者赠减，为病者之福音也。

1942年12月24日　第一版

交通消息

（本报专访）竺山丸前晚由湾到澳，因抵埠延迟，至昨日未有赴港，改期今日启航，白银丸昨日由湾回航，计程今日可到。永华轮昨日下午赴湾，归期未悉，香港线蓝山丸昨到今开，广州线岭南丸昨开今到，又旭光丸定今日上午十时由澳开往广州湾。竺山丸抵澳载来大批货物如下，生油一百七十五罐，片糖六十件，生粉、豆子、芝麻、茨粉、药材、西米、鲜蛋、元肉等，共约三百件云。

1942年12月24日　第三版

希望发财的老板们

闻说今年当押行大获其利，因断当的货物，往年，整批卖与故衣行，只值当入之价七八成，而今年，确不只十足，简直四倍至六倍，我闻之而自怨自艾，怨我去年只是会“当野”而不曾开一间当铺，新当之货物中，我也有一两件，于是，我今回白白的损失，而且走过一个发财机会了。假如我一方面当□，而一方又开其当铺，则我之损失，自有一方为之抵消。快过年了，一年之计在于春，明年之我的经济计划，一于大事更张，把当物政策改为开当铺政策。或曰，君之言抑何其不臭米气也，你有钱开当铺便不必再当野了，好，我又讲番一句顶臭米气的话，我说，在这个消息中，可见富者愈富，贫者愈贫，是现社会之必然性。今当押行所获之厚利，在于断当之货物，断当之货物，是出在社会中贫至无可再贫之人，但当押行今也得之，却又变成富至无可再富，嗟夫，这些断当之货物其主人，我可以联想得到，有些已经造了饿殍，有些已经造了一无上进之流丐，最低限度，都一定造了赤贫。我们再探究一层，断当货物之所以能值高四五倍，乃是因一切物价都高涨，假使间当时之人，能够赎得出来，再卖出去，他还可以获得多两顿粟米饭。无奈他眼巴巴连这两顿粟米饭也送与当铺老□，岂不哀哉。富而能仁，善莫大焉，希望发财的老板们，来一个大大的义举。

1942年12月25日　第一版

今日圣诞　教徒庆祝

（专访）今（廿五）日为圣诞节，天主教人士举行热烈庆祝，澳府拨出款项交由警方施派贫民。昨晚深夜全澳各教堂开放举行弥撒祭礼，热烈情形，不减往昔，今日澳府各机关衙署，葡校银行一律休息一天云。

1942年12月25日

衡丰行米船被劫案　昨在路湾破获　搜出赃物并获款犯十余

（专访）昨（廿四）日凌晨一时许，治安当局，破获一宗巨劫案。事缘有河边新街七号衡丰行，最近在中山干雾购有谷二百二十一担，米二百五十斤，并派出男子陈能前赴该地，雇用货船驶运来澳，讵该米船于本月十九日深夜十二时许，驶经路环对开海面时，不幸遭海贼骑船露械行劫，逼令米船驶至附近山边，将所有谷米，悉数转落贼船，呼啸而去。迨至廿五日晨，事主陈能侦悉海贼将劫得之谷米，偷运赴路环转售，乃具情投报澳府。督宪戴思乐，秘书长哥士打旋着海岛市当局查究，海岛警方乃派出正副区长前赴路环合兴源号及窝家搜获赃谷米约四分之一，另探悉有一部运澳，并当堂捕获有疑犯十余人，当晚即押到来澳，由警方严密研讯，彼辈直认不讳，并供出谷米运澳发售之店址。至昨（廿四）日警探乃按址前赴新填地福泰栏及米街裕生祥等搜查，福泰栏有二十斤左右，经已转售，裕生祥约有八□斤，系向路环十兴源购来者，拟于事前不是贼赃云。

1942年12月26日　第一版

前昨两日市内先后　发生两宗械劫案

首宗：借词购物骗门入内拔械搜劫

次宗：深夜毁窗潜进露刃恐吓

督察长观耶劝告市民谨慎门户

前日午间至昨日凌晨，连续发生两宗械劫案，兹将调查所得，分志如后。第一宗劫案于前（廿四）日下午七时许发生，肇事地点为十月初五街八号轮甡单车店，东主郑洪，开设达七八年，专营单车租赁零件发售，该店与沙梨头海边新街一号通连，年来因积存货物，获利不菲。

首宗劫案

于昨晚七时许，已闭门休息，停止营业，讵有男子叩门，声称购买电芯及单车内胎，郑女振连乃启门纳之，惟匪徒达四五人，蜂涌而入，郑女见势不佳，拟奔出外叫喊，卒为匪徒将之挟入，将门关闭，旋将三号左轮手枪两支指吓，禁勿声张，随即将预带之铁线将郑及其妻女三人捆绑，一并驱诸二楼，及逼令郑交出甲万锁匙。郑以在淫威之下，只有唯命是从。匪徒旋将甲万内存有之款项悉数及其他财物掠去，得手后，呼啸逃逸无踪。匪徒去后，郑女乃奔出街外求救，由附近之保宗拳牙医馆伙伴将其铁线解捆，附近警察亦聆耗驰至，警方旋派出大批警探驾冲锋车驰至肇事地点，警察厅长督察长，探长及大批警探均莅场查究。查该店此次被劫，损失财物计大洋一千五百元，港币六百四十元，中储券四十元，双毫二百八十元，手□一□，戒指一只，女中褛一件，合共约值双毫千余元。

次宗劫案

迄至昨（廿五）日凌晨四时许，警方接得电告，谓塔石俾利喇街八号，又发生一宗贼匪潜进露械行劫案，警探当局旋派出大批中西警探前赴查究。该号为莫晴江寓所，（即毕侣俭之岳丈）二楼，则赁与郑某居住，据其家人称，当案发生时，家人均已酣睡，匪徒四五人乃将屋后之窗门铁枝除去，鱼贯而入，旋将全屋住客喝醒，露出利刃两支，伪枪两枝指吓，继而将手巾布廉撕破，将各人捆绑，驱诸一隅，遂翻箱倒箧，大施搜劫，掠去军票一百九十元，毫银三百余元，港币八十元，另皮褛中褛多件，戒指珠鈪等值千余元云。

督察长谈话

劫案发生后，督察长观耶，旋于昨日召集各报记者发表重要谈话称，日前本人曾三番四次，晓谕居民知照，凡于市内商户闭门后，如遇他人叩门到访，必先从空隙窥伺其是否友人，而警察到查屋宇时，亦虽着其缴出凭证方予启门纳入，庶免匪徒借机闯入行事。惟言者谆谆，居民多置诸不理，故为匪徒所乘。至警察虽为治安之负责者，又赖居民协助，方能收合作之效，使歹徒无所活动。观氏继称，警方对迩日劫案之频频发生，异常关注，正积极严为踩缉，匪徒归案究办，务使每介庶民都能安居乐业，并劝告居民如有人携备物件到售，发觉其可疑者，切勿收购，否则一经侦悉，该购者则作收买赃物论云。

1942年12月26日　第一版

圣诞节前昨两日　全澳昼夜供电　今晚继续分区限制

（专访）分区限制电流，仍继续执行，前昨两日，因各教徒庆祝圣诞，增开一副发电机，使全市日夜供应电流。现圣诞节已渡过，今日照前恢复分区限制，今间晚由七时至十一时轮值停供之区域如下，岗顶、西湾、磨盆山、下环街、烂花园、白眼塘、康公庙、快子基、大庙顶、新胜街、龙田村、二龙喉、雅廉访马路、望夏、柯利维喇街、田畔街、渡船街、沙梨头、沙栏仔、黑沙环。

1942年12月26日　第一版

台山名产　豉油膏　营养丰富　调味第一

请用台山名产豉油膏调味，无论猪牛鸡鸭鱼蔬菜，均能增加味道十倍，其他一切调味品，均不能望其项背，每两一毫，一斤庄每樽一元六毫。

寄卖处：福隆新街永生和酒庄，营地街天元杂货店，荷阑园正街，成和酱园，升昌粮食店。

1942年12月26日　第三版

肉价每天跌一毫　伤哉

冬节之日，猪肉每斤三元，毛鸭每斤一元八，冬节后一日，猪肉每斤二元九，毛鸭每斤一元七，冬节后第二日，猪每斤二元八毫，毛鸭每斤一元六，今天是冬节后第三日矣，问问市价，才知猪肉每斤二元七，毛鸭每斤一元五。某经济专家告我曰，有心营养，□必狼忙，终有一日猪肉每斤二毫九毛，鸭每斤一毫的。我屈指计之，冬节□第廿八日，便是猪每斤该卖二毫的一天，而前一日，毛鸭已是一毫矣，理由，便是假如猪食毛鸭，每日一毫的跌下去，但假如冬节后第三十一日，第三十二日，猪肉岂非分文不受，来个大赠送。“毛鸭：用乎？”于是，又不敢抱此奢望，有父老曰，三毫一斤猪肉，一毫一斤毛鸭，尚非价贱，二毫子是一钱四分四，一毫子是七分二，一钱四分四银一斤猪肉，与七分二银一斤毛鸭，他老人家食得多了，那是咸丰九年之间。诚如父老所言，今日一切均复古，或者是世界一变，变了咸丰元年，我们揸住三两粒嘢，未必无一个营养之机会，于是这几天的米价，一点不能使我担心，我将准备□豉油膏，三两粒嘢，以备二十天后去食猪与毛鸭。老实讲，冬节那一天，我并没举行过冬大与，我不是把节取消，我是把冬节展期三十日而已。

1942年12月27日　第一版

本澳葡青年团　筹备组织女子队　单车队日昨已开始训练

（专访）葡萄牙国自现任总理萨拉沙博士执政后，军事政治、财政等均大加革新，为增强国防实力，使全国皆兵起见，曾颁布法令，凡届十八岁青年，须一律受军事训练，十八岁以下者，加入青年团受训。本澳当局亦依照该项训令执行，除在政府各机关服务之人员，年前经已分别受军训外，凡属葡籍青年，在满十八岁者，则分别应征加入陆军或炮兵营受训，三个月初级训练期满，则正式入伍服务，服务期满则可出营自由工作。已于月前成立青年团，十六岁以下者多加入该团受训，自成立以来，成绩异常良好。查该团最近组织单车队一队，所用单车，俱由各团员自备，队员计达十余人。澳督之公子约瑟戴思乐亦参列戎行，已于本月廿三日开始训练，由炮兵四划亚美打负指导。又闻该会拟于最近组练女子青年团，凡留澳之葡籍少女，均须入伍，现已开始筹备云。

1942年12月27日　第一版

澳闻缩辑

金融行情

今日晚市金融行情如下，大港纸换大洋三二零五，大港纸换双毫三一，靓碎港纸换双毫三零五，大葡纸换双毫九五，大洋纸换双毫九四五，足金值大纸出一二八，入一二五，值双毫出三八八，入三八二。

交通消息

（本报专访）白银丸昨日由香港来澳，定今日下午三时开往广州湾，计明南山丸昨已抵湾，定今日由湾回航，明日午可到，旭光丸开抵湾，日间回澳，永华轮廿八日到澳，香港澳门线盟山丸昨开今到，广州澳门线岭南丸昨到今开云。

粮食市价

昨日粮食市价如下，顶上银粘一百二十五元，金风雪九十七元，新兴白一百零八元，朴米（无货），青龙门面粉五十五元，粟米粉五十四元，茨粉五十二元，米粉百一十元，切粉九十六元，河粉干九十六元，三甲粉一百元，眉豆五十七元五，青豆六十元，黑豆五十七元，红豆七十四元，绿豆七十元，赤小豆六十元。（以上均双毫价）

1942年12月27日　第一版

春季粮食证　明日开始换行　地址手续依照往昔无异

（专访）明年春季粮食证之换领，粮食统制委员会于昨日公布颁发日期，决定由本月廿八日起至卅一日，一连四天办理换发事宜，每日由上午九时半至十二时半，下午二时至五时为办公时间，惟在最末日下午一时半则告截止。换领手续依照往昔无异。至领换地址，可划分区坊办理，居民于规定时期内，须换领完竣，倘逾期仍未换竣者，则可前赴议事公局领取，但每张须拿手续费一元云。

1942年12月27日　第一版

各界捐助圣诞节济贫　达毫银五千元

（专访）圣诞节，已在热烈庆祝中过去，查当日政府为体恤贫苦居民起见，特吁请社会绅商名流捐助款项分赠贫民，警方计收列各界人士捐款项，兴行信大洋万元，昌隆行足球慈善赛收入费三万元大洋，冯养葡币一□元，莫彼得葡币二百元，高可宁二百元港纸，李彦芳港币二千元，经济公司葡币一百元，华行港纸一百元云。

1942年12月28日　第一版

法院今日公审　两度伙同械劫案　王犯黄国雄直供今日或可宣判

（专访）法院刑庭，今（廿八）日开堂公审一宗迭劫案，主犯黄国雄被控于本年三月二号，伙同在逃未获之男子亚开、亚安，于是日先后连续行劫河边新街平安行煤炭公司，及蓬莱新巷人昌押，兹将各情，详录如次。查该案发生于本年三月二日上午十一时许，天雨连绵，行人稀少，有匪徒三人，借此时机，乃伙同光顾河边新街八十四号之平安煤炭公司，匪徒闯进后，一匪留在门前把风，另一匪则露出左轮手枪一枝，向店伴指吓，禁勿声张，并用布片塞口及捆绑，驱诸一隅，并迫令该店司理梁芬交出甲万锁匙。梁以枪械指吓之下，遂如令交出，匪徒乃得将甲万内存有之款项，悉数抢去，得手后，逃逸无踪。事后致电警方投报此次损失款项，计西纸二百四十元，双毫七十元。

两度行劫

该案发生后，警探正严为侦查中，迨至同日下午四时五十分，相隔仅六小时内，此□蓬来新巷二号之人昌当押，又致电警投报，遭匪械劫，警方旋派出大批中西警探莅场查究。 据该店司理何成祖称，该押设有木门铁栅，匪徒实不易任意闯进，讵当时有挑水夫挑水而至，店伴乃启门纳入，匪徒经匿俟门次作避雨状，遂借挑水夫入门时，得机闯进，露械行劫，并用枪将何袭击，卒将柜内所存之西纸十四元，双毫十六元掠去，得手后，分头逃遁。

捕获匪徒

警方以匪徒猖狂若此，非予以肃清不足以维市面治安，旋饬所属警探，严密踩缉匪徒归案。迨至三月九日下午九时四十五分，华□□，悬线侦悉主犯黄国雄在下环街海镜戏院观剧，遂用迅雷不及掩耳势，前赴将黄捕获解署，质诸称二十四岁，本埠人，赁居小新巷一号，直供两度行劫不讳，认出日曾伙同另两男子亚开亚安，先后行劫，第一次每人分得赃款西纸卅元，双毫十七元，第二次西纸四元，双毫二元。至所携之左轮手枪，系亚开之物，两度行劫时为彼所持指吓云。警方讯后，乃将口供取录，于三月十八号备文解交法院办理，法院准黄一千元具保出外候审，唯黄无款应付，羁留监狱候。迨至今日讯开堂公审，因黄对行劫情事，均已供认，故今日或可宣判云。

1942年12月28日　第一版

银业行昨开会议　议决案多宗　希行友遵守葡币比值规例

（专讯）银业行于昨日在贸易场举行常务会，出席者达十余人，开会后先由主席梁后源及各部职员报告经办事项，旋即提出讨论，议决要案多宗，计①以时值非常，一切财力物力，均宜极力撙节，该行原定于每年，均有七次宴会，借以联络感情，但由明天起，每年仅举行三次，计新历元旦，新任委员就职典礼日，农历元旦春茗等。②凡申请加入本会为会员者，先由委员会审查核准后，并将新会员名单公布，如在十天内无其他会员反对者，方准其正式为会员享受本会权益。③主席梁后源以迩日银号多有拒兑多量葡币之情事发生，致□当局执行规例予以处分，亟望各会员能遵守规例，以免发生纠纷，以俟本人日内晋谒经济局长罗保商讨解决葡币毫银价值后，金融局面当可安定云。又于该行积存有慈善基金，年来捐拨各慈善机关者，极为大宗，现正计核数目，日内当可公布云。

1942年12月28日　第一版

嫦娥发院　生意畅旺

嫦娥女子美容院，经于农历本月初七日开幕，日来生意，非常畅旺，现闻该院东主为招徕计，特由港购有化妆香品数十种，供客使用云。

1942年12月28日　第一版

粮食证　今日换发

（专讯）本年春季粮食等券，定今（廿八）日开始更换，换领手续及地址与往昔无异。至望厦米站，今日照常售米，惟为购买者则轮至星期米，除一号外，余均可到购，明日照常配，并定于明年元月四日，开始发给购米筹仔，时□以两星期为限云。

1942年12月28日　第一版

交通消息

（专访）白银丸昨日下午三时已由澳开往广州湾，竺山丸昨日由广州湾回航厦今日午间可到。永华轮回航，亦于今日可到，旭光丸昨日亦由湾回澳，今晚当可抵埠。香港澳门线蓝山丸昨到今开。广州澳门线岭南丸昨开今到云。

1942年12月29日　第一版

电灯公司改为官营　市政厅元旦接办　市政会议通过澳督已批准　自来水仍归商办独立经营

（专讯）本澳电灯事业向为商办，澳府于一九三三年六月十五日再度批与现届电灯公司经营，期限卅年，但该合约内订明，倘遇特别环境，澳府得将批权收回，改归官办。查最近澳府以时值非常，诚恐该公司对于燃料需求短绌关系，未能照常供应电用，故为求适应公众利益起见，暂将公司之事业，收为政府官营。该事日前经由市政厅会议提出讨论议决通过，呈请澳督戴思乐审核，据报戴督宪亦于本月十九日批准，决定改由市政厅接办。电灯公司现已积极办理一切结束事宜，以备交代，闻市政厅将于明岁元月一日实行接收，该公司司理一职，则另由澳府指派人员充任，现任各项职员亦照常雇用，惟自来电灯公司因战时影响，亏蚀甚巨，澳府将酌量赔□，以资弥补损失。又查自来水公司，依附于电灯公司合营者，今澳府接办电灯公司，对自来水公司不加接收，照常由现承批人经营，届时将脱离电灯公司能独立经营云。

1942年12月29日　第一版

白米一万五千包　本月内可抵澳　督察长观耶昨对记者谈

迩来本埠米价日趋上升，究其原因，一般米商逫存大量白米而作居奇之故，至米价日趋上游，一般贫苦大众直受其害，惨不可言。督察长观耶，以关于民食问题，特于昨日会见各报记者，发表谈话如下，略谓最近本埠存米极多，连日商人运到大批米谷，而政府米仓存米异常丰富，照例市面米价，当然低跌。惟一般营陶朱业者竟提高价格，影响民生殊甚，实为不合。最近顷得确息，政府自办白米一万五千包，共二万五千五百担。由暹罗启碇来澳，约十五天即可抵埠，本埠粮食更形充实，可保无虞。观耶再谓连日望厦米站，挤拥不堪，因商米价高，市民咸趋米站购买，而依原定日期买米市民因购米者过多，一时量米之职员不及应付，间有不能将原定是日应卖出之粮食凭券售清，政府为此，特将米站售米办法改善，或增加售米人员，或延长售米时间。由今日起，务求每天将应售之粮食凭券售清为止，以利市民云。

1942年12月29日　第一版

商会通告

昨商会主席发出第九号通告，关于民国三十年值理，奉本澳政府第二二八号公函，以时值非常，仍由本岁值理蝉联留任云。

1942年12月29日　第一版

澳闻缩辑

金融行情

昨日金融行情如下，大港纸换大洋三二，大港纸换双毫，零四，靓碎港纸换双毫三寸，大葡纸换双毫九五，大洋纸换双毫九三，足金值大纸出一三二，入一二八，值双毫出二九，入二八五。

粮食市价

昨日粮食市价如下，顶上银粘一百二十五元，新兴白一百零七元，金雪九十七元，朴米（无货）青龙门面五十五元，粟米粉五十四元，茨粉五十六元，米粉一百一十元，切粉九十六元，河粉干九十六元，三甲粉百元，眉豆五十七元，青豆六十九元，黑豆五十七元，红豆七十四元，绿豆六十八元，赤小豆六十元，（以上每担均双毫计）。

交通消息

白银丸昨已抵湾，今日回，明午到澳，竹山丸昨日已抵澳，定卅一日开，永华轮昨日亦抵澳，旭光因行走较慢，约今晨可到，蓝山丸昨，今到。南丸昨到今开。据调查永华及竹山，载来大帮货，生油三千余罐，至于各货共达二千五百余件云。

1942年12月30日　第一版

航空处长鲍路士　任电灯公司司理　华人经理或有更换

（专讯）澳府当局为适应常时期措施，维护公益起见，特将电灯经营事业收归官办，由市政厅于明年元旦一日起开始，接收办理，各情已志本报。至该公司司理之职，澳已委派前驻澳航空处长空军中尉鲍洛士充任，华人经理一席，亦有更改，但人选未定，至其他各级职员，大部分照常雇用云。

1942年12月30日　第一版

公钞科　昨迁新址

（专访）财政总局公钞科办事处，原设于大堂主教行台楼下，嗣后因感地方狭窄，不敷应用，乃于月前迁往龙嵩街。查昨日再度迁往南湾军人俱乐部。是日因迁移新址，上午停止办公，下午在新址照常办理，继后市民缴纳业钞，营业牌照及购买印花等可前往新址云。

1942年12月30日　第一版

梁彦明　昨日逝世

（专访）崇实中学校长梁彦明，经于昨日下午五时十分，在山顶国家医院逝世。

1942年12月30日　第一版

澳闻缩辑

粮食市价

昨日粮食市价如下，顶上银粘一百二十五元，新兴白一百零七元，金风雪九十六元，朴米（无货），青龙门面粉五十五元，粟米粉五十四元，茨粉五十六元，米粉一百一十元，切粉九十六元，河粉干九十六元，三甲粉一百元，眉豆五十七元五，青豆六十九元，黑豆五十七元，红豆七十四元，绿豆六十八元，赤小豆六十元（以上每担双毫计）。

交通消息

白银丸昨日由湾回澳，约日午间可抵澳。蓝山丸今日回澳，本定明日赴湾，惟因航期更变关系，今日到澳后，即晚七时赴湾。永华轮定二日往湾并转赴海防。旭光丸昨晚抵埠，蓝山丸昨到今开，岭南丸昨开今到。

金融行情

昨日金融行情如下，大港纸换大洋三一六五，大港纸换双毫二九八，靓港纸换双毫二九五，大葡纸换双毫九五，大洋纸换双毫九二，足金值大纸出一三五，入一三，值双毫出三九，入三八五。

1942年12月30日　第一版

邮政储蓄部　停存放款

（专讯）澳门邮政储金部以现临岁晚，本年度一切事宜，须办理结束，明（卅一）日暂停收发各户口之存款及提款一天，但照常收受各项欠款及利息。该局于昨日发出布告如下，“为通告各户口知悉，今定于本月卅一日为敝部年结之期，故是日将停止收发各户口之存款及拨款，只收欠款及利息。”（以下删节误排文字72字）

1942年12月30日　第一版

小火虚惊

（专讯）昨（廿九）日下午八时卅分，下环福德街十号地下居户六某，燃有火水灯一支，不知如何失慎，竟将该灯扑倒，燃及字纸而蔓延于板樟，一时火光熊熊，二楼住客睹状，乃迅速灌水将之扑救。附近居民，疑发生火警，乃致电消防局投报，当由局长马沙率领大批消防队员驱车驰至肇事地点施救，大炮台号角亦鸣鸣长啸。迨灭火机抵达时，火警已告扑灭，遂收队而去。至此次幸发觉迅速，不致酿成巨灾，唯附近居民已饱受虚惊耳。

1943年

1943年1月1日　第二版

新任本澳主教　经接受加冠礼　日间首途来澳履任

（专讯）本澳天主教自主教高若瑟离澳后，罗马教庭乃敕令肇庆传教大司铎罗约翰为本澳主教。罗氏奉委后，本即来澳履任，惟依照教例，须先举行加冠升任礼而该礼又须三主教主持下，方得举行，际此非常时期，旅途梗阻，故各地主教未能赴肇，故迟迟未得实行。顷据确息，罗氏经于去月十三日，在梧州举行加冠礼，由罗马教庭指派梧州及江门美籍主教主持，情形异常隆重，午间罗氏设午餐款待两主教，晚间各教友，设宴欢贺罗氏荣升主教，并有音乐电影等游艺助庆。十五日三主教联袂赴鼎湖游览，游毕，各主教分别回去，巡视各教区，罗氏一俟摒挡后，当首途来澳云。

1943年1月1日　第二版

本澳盈存公帑　达四千万元　葡京授权澳督支配

（专访）本澳政府去年度（一九四二）公帑进支，财政总局核算比对，所盈余者数达四千万元，往昔于每年完结所存款款项，例须奉汇葡京，惟根据去年十二月十九日宪报公布，谓葡京以此非常时期，特授权本澳督宪戴思乐，该款毋须寄汇返葡，以留存于本澳作一九四三年度开支之用云。

1943年1月1日　第二版

今日元旦　澳督接见来宾　三机关值理联往道贺

（专访）今日为卅二年度元旦，澳府各机关衙署、邮局、银行均休业一天，惟我国华侨，多行旧历，故情形未见热烈，埠中商店除一部分休业外，余均应当营业，各报亦照常出版。澳督戴思乐今日正午十二时，接见各属僚及中西绅商，届时镜湖医院、同善堂、澳门商会等三机关值理，均联袂前赴督辕道贺。至澳府为利便市民狂欢起见，由昨夕至元旦日，撤消限制分区用电云。

1943年1月2日　第一版

电灯改归官办　市厅已正式接收　组设管理委员会负责办理　连日启用发电机两副发电

（专访）澳府当局，为适应非常时期措施顾□公众利益起见，特将电灯事业经营，改归官办，本年元月一日，经由市政厅电□管理委员会正式接收办理，嗣后，一切电灯事业，概归市政厅处理，自来水公司亦于元月一日，脱离电灯公司而独立经营，办事处设于旧地址之右邻。至电灯公司司理，由澳府委派驻澳前航空处长空军中尉华路士□理外，以次各级职员，大部分照常雇用。又查电灯公司，原定于去年除夕起至本年元旦之夕止，暂时撤消分区限制电流，惟年夕仍继续供应全澳用电，不予限制。记者据该公司职员称，此种措施，实为将来恢复用电之试验，至今夕是否照常供应用电，仍未决定，惟自除夕该日起，一连三日均启用发电机两副发电，昨晚虽（遂）全市供电云。

1943年1月2日　第一版

白马行将易名诺拉斯古街　市政厅会议通过

（专讯）本澳葡籍名人诺拉斯古昆仲，即路义士律师及殷理基律师等，对于社会公益，慈善事业，靡不热诚赞助。市厅当局，为纪念彼等善勋起见，特将白马行街易名为诺拉斯古街，该案经由市政厅会议通过云。

1943年1月2日　第一版

圣罗撒义演

圣罗撒女中学生筹赈难民游艺会，元月二日在该校举行义演义卖，并表演化装篮球比赛，情形热烈。演出完毕后随即举行拈筹开奖，该校此次义演义卖所得善款，□数分拨各慈善机关团体云。

1943年1月4日　第一版

市厅接收电灯公司后谋恢复全澳供电　继续试行日夜全市供应电流

（专讯）电灯公司之发电机，向用油渣作燃料，迨太平洋战事发生后，油渣来源短绌，燃料迫得改用石煤，惟石煤燃力较弱，加开电机三副，与油渣机发动电力仍未相抵。澳府当局以此，特规定商户用电限额，借以节省，并曾一度停止供给日电。日前因石煤来源稍辍，且存量日少，故减开用电机一副，以资樽节煤斤消耗，惟发动电力，更告微弱，实难供应全澳所需，澳府乃更进一步限制电流，采用分区供应方法，实施以来，颇为顺利。现市政厅经于本年元旦正式接收电灯公司经营后，对电力措施，更加以改良，拟恢复日前常态，日夜供应用电，以利居民。由去年除夕起，改加开二机发动电力，全澳居户大分光明，直至最近，仍继续施行，借以试验电力能否供应无虞，在试验期内，各酒店之电梯，在每晚七时至十一时，停止启用升降，以减轻电流消耗。倘试验成绩，认为美满者，市政厅或将正式宣布撤消分区用电云。

1943年1月4日　第一版

望厦米站编定米筹更换秩序　昨发出布告知照居民

（专访）望厦米站，为更换春季粮证米筹，于昨日发出布告如下。

春季粮证经已更换完毕，月前曾在本站领得牌仔之粮证，亦应依照去年手续，按号盖印。兹定一月四日起，凡星牌之中西集团牌仔及星期米牌仔，每日米牌仔筹□别举行办理之，关于售□盖印时间，则另行公布云。希各注意，在盖印时期内不论何种牌仔，一律要日前问话之原人报到，不得他人代办，及绝对禁止女孩小童到站，免生意外，否则取消牌号及没收粮证，合并声明，此布。

下周盖印取筹简报

星期一，中西星牌集团领米

星期二，星期米十号购米

星期三，三皇来朝瞻礼休息一天

星期四，星期米十号星牌换筹

星期五，星牌九号八号换筹

星期六，星牌七号六号换筹

其他各号粮证换筹秩序下周公布。

1943年1月4日　第一版

衣内藏布　瞒报出口

男子李耀（廿岁），任职通商新街十二号某出入口庄，于昨晚运有故衣数大包，拟运往广州湾，且领具出口许可纸，在码头经检查员验阅数目相符，惟每包故衣内，均藏有布匹，检查员□□不察，竟准其通过。讵料彼辈事机不密，为区长慕拉士侦悉，在码头内饬令李将每包故衣解开检查，当堂获有斜布达卅五匹，与出口纸所书之物类不符，实属违法，乃将之解署控究云。

（又讯）澳府当局，为调查今后货物输进数目起见，凡由外运来货物，运货名须先向坊间所投报，以使检阅登讵云。

1943年1月4日　第一版

评判委员　今日就职

（专讯）为评理业钞中辩之增减事宜，公物会特组织评判委员会处理之，经推定法院检察官，前公钞科长李美道，市府一等书记官□呢喇，而我华人名流梁鸿勋，毕侣俭亦被邀为该会委员。查该会定今日午间，在财政总局举行宣誓就职典礼云。

1943年1月4日　第一版

歌姬筹款会　昨销券万元

（专讯）全澳歌姬为难民筹募寒衣游艺大会，经定于本月十四日在平安戏院演出，该会昨已发出名誉券向各界劝销，计各绅商乐购无限额名誉券者尤众，计巫九忠一千七百元，傅伟生一千五百元，谢再生一千元，毕侣俭一千元，系敢意五百元，不得已五百元，花锦云五百元，姚伯泉三百元。

1943年1月4日　第一版

交通消息

（本报专访）白银丸昨日下午三时已出澳开往广州湾，五日回航，六日可抵澳，竹山丸前日由广州湾回航，昨日下午四时许抵埠，永华轮赴湾转往海防，旭光丸已抵广州湾，日间回航，香港澳门线蓝山丸□到今开，广州澳门线岭南丸□开今到云，兹□竹山丸□来新货甚多，计有豆子、咖啡、茨粉、虾米、药材、生油、味旦、片糖、生粉、芝麻、烟业、鱼干、咸鱼、草席等合共约一千八百余件。

1943年1月4日　第一版

两少女赴湾　疑遭诱拐

（专访）少女谭养连（十二岁），张金连（十一岁），于昨日在码头被警探截获，疑为遭歹徒诱拐赴广州湾，现带往警方发落云。

1943年1月5日　第一版

社会热心人士请求　禁新春街边骰宝　以免歹徒借机活动捣乱治安

（专访）光阴荏苒，岁月如流，国历元旦已告过矣，农历新年行将来临，我国侨胞，习例相沿，守旧蒂固，对国历新年，多漠然视之，而以农历则反为热烈，商号每年结算，亦均以农历为圭臬。往昔澳府当局，于每届旧历新春，任由市民在街道开设骰宝娱乐，俾市民尽情狂欢，迨至太平洋战事发生后，逃难纷至，良莠不齐，市面治安亦受影响，故去度农历新年，当局诚恐歹徒借机扰乱社会秩序起见，乃宣布禁止市民在街道开设骰宝，而来度农历新年，仅距一月，便尔降临，社会热心人士多人，以时局未克安定，最近曾向政府请求，体念时艰，依照去年措施，禁止新春在街边开设骰宝娱乐，以免歹徒借机捣乱治安云。

1943年1月5日　第一版

昨晚电机损坏　数区停供电流

（专访）电灯事业，自改为官办后，即发动电力，日夜供应，由去年除夕起直至前夕至，照常实施，居民咸称便利。讵昨夕因其中一发电机，机件突告损坏，迫得仅启用一副机发电，故未能供应全澳所需，于七时十五分，中区居户电流，暂停供应，被限制之区域，计有板樟堂、花皇堂、新填巷、东望洋、炉石塘、水坑尾、新桥、柯利维喇街等云。

1943年1月5日　第一版

同善堂　收到捐款

同善堂昨日收到林觉生捐大洋二千元，黄荣记各伴双毫五十元，银业行港纸一百五十元，高陈少云双毫十元，黄流双毫五元云。

1943年1月5日　第一版

抢大洋

（专访）男子苏林，廿四岁，新会人，住天神巷四号，于昨日在新马路强抢小童关炳良大洋九十元，为警察将之捕获，解署控究云。

1943年1月6日　第一版

梁彦明痛归道山　友好拟举行追悼

（专讯）崇实校长梁彦明，不幸于去月廿九日下午五时十分，不治毙命，于卅一日出殡，安葬西洋坟场。查梁氏博学渊深，历任本澳教育会长，兼崇实中学校长，造就人才，不胜其数，桃李盈门，早岁奔走党国，颇着绩勋，会代表本澳出席五中全会。梁氏对慈善事业，素热心赞助，历任本埠镜湖医院同善堂值理，现梁氏溘然长逝，社会人士为之惋惜，故其友人最近拟发起追悼大会，借以追念前贤云。

1943年1月6日　第一版

歌姬筹款会　积极进行

（专讯）本澳歌姬发起，为难民筹募寒衣游艺大会，决定于本月十四日在平安戏院演出，迩来一切进行事宜，办理极为积极，各界认销名誉券者，亦异常踊跃，昨日沽出无限额名誉券者，计无名氏、不则事、王颂献、马万祺、以上各购两张，港币一千元，五姑、明月、丽比儿各一张港币五百元，李如一张六百元云。

1943年1月6日　第一版

同居行窃

（专讯）妇人梁根（廿六岁）、张九（廿六岁），赁居于福星里七号，而另有妇人梁六，亦同居上址，梁日前失去双毫二百五十元，疑被歹徒窃去者，最近发觉梁根张九有伙同行窃嫌疑，卒在其皮夹中获有双毫三十二元二角，尚余双毫二百一十七元八角，乃召警将之解署控办云。

1943年1月6日　第一版

和隆街一号昨发生火警

（专讯）昨日荷栏（兰）园和隆街一号，于上午九时四十五分，突发生火警，幸发觉尚早，鸣笛告警，附近警察聆耗驰至，奋勇协同用水灌救，卒将火警扑灭，致未成灾。

1943年1月6日　第一版

借购船票　骗去巨款

（专访）男子梁继生，赁居国际酒店六楼六一二号房，于昨日召警将一男子解交警署，控其日前代彼购买赴省船票，骗去港纸二百零五元之罪。质诸该男子称李美，廿一岁，本澳人，住高园街卅二号云。

1943年1月6日　第一版

窃去烟枪

（专讯）男子吴回，赁居沙栏仔卅一号荣记烟□，日前失去烟枪一支，□□□□警方投报，警方派出华探□□前赴查□，将一男子陈剑洪解署，控其有行窃嫌疑。质诸该男子称陈剑洪，廿九岁，本澳人云。

1943年1月7日　第一版

市政厅电气局继续执行分区供应电　日间电流如无事故全市供给

（专访）本澳电灯事业，自改归澳府经营后，即由市政厅接收办理，易名为市政厅电气局，统理一切电灯事业措施，并积极改善埠中商户用电办法，以利居民。该局由去年除夕起，拟增加启用电机一副，以□发动电力，尽量供应用户所需，一连数日，继续施行，倘试验成绩认为良好者，则撤消分区限制用电方法。讵正试验当中，于前日其中一电机之机件，突告损坏，迫得仅用一机发电，其电力当告□弱，未能普遍供应全澳所需，故晚间由七时至十一时，仍继续采用分区限制供给电流，分郊外区，中心区隔晚停□，各酒店电梯，在每晚限定时间内，仍禁止启用升降，日间入无特别事故或超出总额者，则全市供应云。

（又讯）日前电灯公司，在未归澳府接办时，司理为英国驻澳副领事嘉理仁，一切文件均以英文缮写，故所雇职员，须谙英国文字者。今该公司改组后，主理人为葡国空军中尉□路士，且一切文件等均将改用葡文，故高级职员如不熟识葡文，办事殊感阻碍。因此日前之高级职员，虽不被解雇亦自告辞退，故一般高级职员多改为自来水公司任职云。

1943年1月7日　第一版

私运出口

（专访）男子刘超，于昨日携有吕宋烟一箱，拟在某码头私运出口，为检查员发觉，将之截获控告云。

1943年1月7日　第一版

澳督捐款五百元赞助歌姬□款会

（专讯）全澳歌姬为贫民筹募寒衣游艺大会，进行极为积极，该会主席于昨日偕同委员多人，前赴督宪晋谒澳督，请示一切，晋谒对彼等热心慈善，备极赞许，并□葡币五百元，捐助该会。

1943年1月8日　第一版

昨日天气奇寒　为入冬来仅见

（专访）迩来天气日趋寒冷，户内连日温度多在华氏表五十八度至五十六度之间，前日降为五十四度，不料昨日天气突趋严寒，户内温度竟降至华氏表四十二度，户外则在四十度以下，寒冷程度为本年入冬以来仅见。市面入夜北风虎虎所影响，街道行人稀少，市面颇觉萧条，一般贩卖烟仔及其他街边小贩，均叫苦连天，尤以一般露宿街头之贫苦大众，情况极为凄惨云。

1943年1月8日　第一版

冬天佳品

保宁堂之扶元化毒胶及解毒龟苓露龟苓膏，均由广州名医何简屏匠心独具，悉心配制，不但祛湿搜毒，如常食则可增强健康。现目时届冬季，每有干燥之感，如多食可清润脏腑，诚为冬天一良好清润妙品也。

1943年1月9日　第一版

澳督俯顺舆情　核减泡水馆业钞　商会转知该行遵照缴纳

泡水业生意原极微小，前因当局征收公钞趋昂，特具词投陈商会转陈核减，当经该会主席高可宁等一再晋谒当局俯顺舆情酌量核减。日昨政务会议议决，关于泡水业生意钞一项，现已减为每年征收二十元，另附加印花等费约数元，昨经督宪面谕高主席及交际主任崔诺枝知照，并由该会通知该代表等，遵照缴纳矣。

1943年1月9日　第一版

镜湖医院新值理下月一日就职　郭秉琦任义学校长

（专访）镜湖医院，于昨日下午三时举行值理堂期会议，出席者，有刘叙堂、黄苏、王德光等。开会后由主席刘叙堂报告称，教育会长梁彦明，历任本院副主席，襄助院务，卓著勋绩，梁氏不幸于去年十二月廿九日不治逝世，希在座列位，肃立默念三分钟以表哀悼，继而提出各项议案。关于本院新任值理，日前经由澳督介绍吴鸣、柯麟、谢保明、潘郁美、徐鹤侪、冯口、蔡克庭等充任，决定下月一日举行宣誓就职典礼。本院附属之镜湖学校校长梁彦明，日前不幸身故，校长遗缺，推定郭秉琦值理暂予任理云。

1943年1月9日　第一版

同善堂代派寒衣

连日天气奇寒，贫者缺衣乏食，状殊凄苦，昨有可瑞两善士送出麻包衣一大批，交同善堂代派贫者御寒。该堂昨天派出台山难民营八百八十件，而深夜沿街派出六百件，一般贫者获此御寒品，欢同挟扩，定感可瑞两善士之德也。同善堂连日收到捐款大批，计金城救济箱双毫九十二元五毫四仙，西洋纸九元三毫，华记卅元，无名氏廿元，无名氏十五元，无名氏十元，福荫堂十元，丙丁二元，无名氏二元。（以上俱双毫）

1943年1月9日　第一版

教育会定期　追悼梁彦明

（专讯）梁彦明逝世后，社会人士，□□惋惜。现教育会理事，以梁氏生前服务社会，功绩卓著，于本月十七日□虞之辰，开会追悼，以表哀思。经于昨日去函镜湖医院，□准该会礼堂为会场，梁氏友好均纷纷签署参加云。

藉卖田地　骗款七万余元

（专讯）男子赖少佳，赁居卖草地街十一号，于日前到警厅投报，谓有男子郑某借卖田地事骗去其国币七万元，双毫二千八百八十元之罪。警方乃派出华探按址前赴大群酒店某号房将郑捕获解署，控其行骗之罪。质诸郑卅四岁，中山人云。

1943年1月10日　第一版

圣罗撒　义演会结束

圣罗撒女中学生，筹赈难民游艺会，义演义卖所得善款，业经核计完竣，分送镜湖医院、同善堂、回□乡会、托儿所、慈幼会、儿童疗养院、育堂婴室、台山妇女收容所，及圣方济各会等慈善机关云。

1943年1月11日　第一版

不景气笼罩下　教育事业颓惫

（专讯）由于社会不景气笼罩下，本澳教育事业，日趋颓惫，缘以一般居民对于生活程度日高，物价高涨，应付为艰，维持尚感不易，何能供其子弟入学肄业耶，因此学校学生缺少，收入亏蚀，故维持困难，因经费短绌致倒闭者，直至最近计达四十八间。际本学期将尽，春季始业行将降临之时，预料学生因家庭环境致废学者，为数不鲜云。

1943年1月11日　第一版

关宗汉画展　定期揭幕

名画家关宗汉，夙以诗书画三绝见称于人，近因好友之怂恿，将其近作精品数十帧，举行个人书画展览，现已定期是月十六日假座复旦中学揭幕云。

1943年1月11日　第一版

警探当局　加紧冬防

（专讯）本澳治安，在警探网严密布施下，向称宁谧，一般奸宄之徒，均销声匿迹，即有妄行不轨，在警探短时间踩缉下，旋告落网。讵迩来因人口激增，分子复杂，良莠不齐，故不肖歹徒，铤而走险，抢劫案件，时有所闻，向称世外桃源之澳门，社会秩序已不复往昔之良好也。警方当局，以迩贼匪披猖，在法治军警林立之区，彼辈□不畏法，妄举械劫，实属罪恶已极，倘非予以肃清，不足以维市面治安。经由督察长观耶饬令各区段警严密防范外，并饬各中西警探加紧查缉匪徒归案究办，尤其是警方对商会值理梁鸿勋寓所之巨劫，异当重视，预料在警探不懈查缉下，匪徒实难逃法网云。

1943年1月12日　第一版

公米一万五千包　本月中旬可抵澳　督警长观耶对记者谈

（专访）督察长兼粮食统制会委员观耶，于昨日接见各报记者，发表谈话称，澳府日前在越南采购米石一批，现已在越南佩□载运来澳，如无事阻，约于本月二十日便可运达来澳。该批米石，数目极为庞大，约在一万五千包，共二万四千担左右。观耶继称，去年太平洋战事发生，航运梗阻，运输困难，故米石难于运澳，今一切危险时期，均已安然渡过，米石充足，民食无□云。

1943年1月12日　第一版

警探大施戒严　强化市面治安

（专讯）警方当局为强化市面治安，增加警探防范效率起见，特采用有效方法，加派警察分驻各区段外，并□时宣布戒严以消匪徒活动。督察长观耶，于昨日特召见各报记者称，当局于昨晚起临时施行戒严，搜查行人，惟市民对此次措施，亟须明了，凡遇警探喝令搜查时，虽绝对服从，但被搜者须视喝令者是否穿着警察制服，当遵照实行，惟倘遇便装警探喝令搜身者，其臂间亦佩有标志，以资识别。而又无标志者，则可请其交其警证，认为无讹者，方任予搜查，以免匪徒借此时机活动也。又关于居户于夜后关门后，倘□他人到访，必虽从窗口窥伺其是否真确友人，方予启纳，而遇政府公务员到查，能□要其交出真实凭据。倘居户边□□，不受劝告者，倘有意外发生，实自取其咎云。

1943年1月12日　第一版

澳门纸币　昨天好转

（专访）当局规定本市纸币，伸值白银九五计，日前银业界亦未以规定价目找换，昨日突然好转，竟超出当局规定。尚求过于供，查其里因，□一九四三年营业税开始征收，一般商人□□澳门□币□□云。

1943年1月13日　第一版

歌姬游艺　试演良好

（专访）全澳歌姬为贫民筹募寒衣游艺会，决定明（十四）晚假座平安戏院举行，经点定名剧“义结有情花”，剧员□由歌姬□任，经排练纯熟，于昨日在平安戏院首次试演，成绩良好。又查该会截至昨日止，收入善款约达港纸四万五千余元，预料全部收入，约在六万余云。

1943年1月13日　第一版

同善堂　收到善款

昨收到梁永馨香店再捐双毫二百元，又以双毫一百元，购棺廿具交该堂代赠贫者。同善堂昨日又收到冯穗石捐港纸三百元，陈姑娘港纸二十元，□□港纸九元，可玛两善士昨天又送麻包四百件交该堂代送，歌姬会交□棉衣一千件该堂代送，但棉衣票由歌姬会自行办赠云。

1943年1月13日　第一版

越山附小　迁回内地

越山中学于去年迁往鹤山开课，因成绩优良，故学生日众，该区校长司徒优，以小学部仍设本澳，兼顾困难，故派该校办事员周溢民来澳办理结束，迁回鹤山云。

1943年1月13日　第一版

善声

（专讯）东荣公司东主以谦源难民营办理良□，昨斥港币二千元，捐送警察厅长布英沙，代转□交难民营，托儿所充作经费，又有无名氏捐大洋二千元，送交托儿所云。

1943年1月13日　第一版

辟房行窃　技俩新奇

（专访）中□李义祥，十七岁，于最近由新会来本澳访亲，惟其戚俱已他迁，其所携款项，俱已用罄，漂泊穷途。讵李心谋不轨，遂在新华酒店、万香酒店、中亚旅店各辟房一所，用以窥伺邻房住客，如有机可乘，则施行窃。此种偷窃，别创生面，迨□前八日，在万香酒店二一七号房暂住，于深夜向邻房二一九号房住客□□□行窃，偷去葡币六百元，大洋一千元，双毫六十元，（以下多字漫漶不清）控究，质诸李直认不讳，现扣留候办云。

1943年1月14日　第一版

澳府切实维护民食　取缔公米黑市　一经侦悉严予惩处

（专访）督察长兼统制粮食会委员观耶，于昨日召见各报记者发表谈话称，迩来发现有般居民，竟将政府公米转售黑市图利，此种不法之举，不但欺骗政府，且有碍政府维护民食之措施，当局经采有效方法以戢黑风，凡贩黑市公米者，固属有罪，居民购买黑市公米者，亦属违法，倘一经发觉授受□严为惩处，亟望居民须切实协助政府，杜绝黑市公米之弊云。

（又讯）督察长继称，政府为强化市面治安，严厉肃清境内不法奸宄之徒，凡遇歹徒有将灯胆、电线及木器窗门旧料纸，低价求售者，居民切勿收购，倘购买者，可向警署投报，否则一经查悉其所售之旧料，为从不轨行窃得来者，则依购者控于收藏赃物之罪，严惩不贷云。

1943年1月14日　第一版

歌姬游艺会　今晚演出

（专讯）全澳歌姬为贫民筹募寒衣游艺会，准今晚在平安戏院演出，点演名剧“义结有情花”，所饰剧中人之歌姬，排练异常纯熟，预料今晚当有良好艺术演出，全场内不设劝捐卖物。

1943年1月14日　第一版

强化治安网　警探密布全市

（专讯）警察当局，为严密维护市面治安起见，最近特强化治安警探网，由昨日起，于日落至日出止，由所有各区段值勤警察，一律在黑静地方闪匿，使匪徒难知虚实，更派出大批中西警探，出巡市面，倘遇有意外发生，则全澳实施戒严，搜查行人，强固警探网，遍澳境，则匪徒具有飞天本领，亦难逃法网云。

1943年1月14日　第一版

市行政局长谈撤消分区限制电　全澳日夜电流恢复照常供应

（专讯）记者昨据市行政局长布英沙称，住澳居户用电，现已照常供给，倘无其他事阻，则分区限制用电办法，亦予以撤消，而各酒店之电梯，如其未超遇用电限额者，亦准其启用升降，至居户对用电□额，须遵照耗用，毋得超过。

1943年1月15日　第一版

望厦米站购米　将以葡币为本位

望厦米站配给白米，将全部采用西洋纸发售，该办法准由十六日起开始实施，但今后居民到购米石，其所携米款须与所配给之数额相符，不宜携备多量面额之葡币到找，以免米站因找换需时而影响于售米工作也。

1943年1月15日　第一版

公米黑市　多人被拘

（专讯）澳府为严厉取缔不法歹徒，将政府公米转售黑市牟利起见，于昨日派出大批警探出巡市面，严密查缉彼辈歹徒，于昨日在莲峰路畔及新桥街市附近，捕获贩卖政府公米之男女达七人，解交警署究办云。

1943年1月16日　第一版

葡币与毫银比率　今日起平衡通用　西洋银行及各银号均十足兑现　各行商贸易交收银毫葡币通用　调整金融委员会昨日成立

（专讯）日前本埠金融局面，因葡币比率未依照澳府规定之“九五”公价兑换，致发生动荡状态，经济局局长罗保特会同西洋银行行长华士贡沙路，银业行主席梁后源等商谈关于调整金融解决问题，尤以对葡币银毫比率为谈话重心，一连多日，详加研讨，迨至前日始有决定施行条例，并组织“调整金融委员会”，协助政府安定金融，经推定经济局长罗保，西洋银行行长华士贡沙路，银业行主席兼华人代表梁后源，商会主席高可宁，大丰银行司理何贤为该会委员，现已备文呈请澳督，一俟批准后，即行成立。至其所负之实任，不但对本澳发行之葡币毫银，予以安定，而其他在澳之流行之各国货币，倘其有影响本澳金融关系者，亦予以设法调整。至葡币与双毫比率，亦决定平衡兑换及行使。经由澳督批准，由今日起开始正式执行新例，市行政局长兼警厅长布英沙，于昨日发出报告如下

市行政局公布

澳门市行政局兼警察局公布

为布告事，照得大西洋银行所发行之西洋银纸，原为本澳之通用货币，前经召集全市银业行商议，将西洋纸兑换毫银比率暂定以九五计算，并经布告在案。现奉

督宪谕示，关于西洋纸兑换银毫比率，重新规定暂行条例如左

①由布告之日起即将前定西洋纸兑换银毫比率作九五计算之例撤消。

②西洋纸兑换银毫十足通用，如有违犯此条，经查得据者，除即将公钞牌没收外，并依法控告处以相当罪罚。

西洋银行兑现

③市民如持有西洋纸欲兑换银毫者，得向西洋银行及市面各银业找换店十足兑换。关于以银毫兑换西洋纸之手续费，将由政府随时规定之。如有违犯此条，复经查得有据者，其处罚与第二条同。

④所有缴纳政府税收及同望厦米站领购公米，应一律以西洋纸为限（现为利便市民领购公米起见，其有未存备西洋纸而欲以双毫领购者，该站暂临时免收）。

⑤举凡商店行业对于日常门市贸易，暨各项交收与夫租项之缴纳，如遇双方前订以西洋纸或双毫交收者，应任由交方交西洋纸或双毫，均一律十足通用，不得歧视或托词拒收，其有违犯此条，经查得有据者，与本条例第二条科罚。

⑥嗣后凡关于产业买卖，应一律以西洋纸为本位，如有违犯此条而又证据确凿者，得依法控告处罚之。

⑦所有上开条例由公布之日起施行。等因奉此自应遵照，除由经济局函澳门商会转饬各行商暨饬银业行通知该行全体同业切实奉行外，合将本布告译出华文颁行宪报并标贴于常贴布告处，俾众周知，切切此布。

澳门市行政局兼警察局局长骑兵中尉布英沙。

银业行昨会议

（又讯）记者据华人代表梁后源称，银业行经于昨日召集委员会议，商讨关于葡币比率问题，议决遵照政府功令，平衡兑换，并发出公布，转达各银号知照。查市面各银号于午间已开始平衡兑现，至当押行亦于是日贴出公布，市民当赎衣物，均可交付葡币，一律平衡通用。梁氏继称，倘葡币兑率平衡新例实施后，市民如有多量葡币携□银号兑换银毫，兑换者须具有充足理由，若以相同比率平衡而收集大宗□银□□者，实无异操纵金融，不但违背当局维护金融之决心，而于法例亦所不许，希市民勿以身试法云。

1943年1月16日　第一版

歌姬义演　成绩统计

（专讯）全澳歌姬为贫民筹募寒衣游艺大会，经于前晚在平安戏院热烈演出，博得各界好评。至此次义演收入成绩异常美满，计开港币五万零七百八十元，葡币五百八十元，国币五千元，双毫一百九十六元，经拨出一部分购□棉衣五千件，日间分派贫民，余款存于同德银号。以备将来拨送慈善机关作施粥之用作云。

1943年1月16日　第一版

钻穴穿窬新作用　窃谷米卅余包　事机败露东主昆仲潜逃

（专访）米商□某林某，日前在中山采购大批谷米来澳，赁得沙梨头海边新街某号地下为米仓，用以趸存，并雇有伙伴看管，因子量过多，其中有大量谷米未经用麻包装载者，散碎推（堆）置屋内。米仓隔邻为某冰室，该屋与冰室，仅隔墙一度。讵人心叵测，该冰室东主昆仲竟将墙壁一砖除下，任由仓内所存之谷米倾泻而来，乃用麻包向该砖孔兜收，然后偷运出外牟利，先后窃去谷米达卅余包。迨至前日，为□某发觉，乃召警将一男子连赃并获，控交警署。该冰室东主昆仲，知事机败露，经闻风先遁，不知所踪。迨至昨日，又由警探将两男子捕获，疑与该案有关，继后又□□起回赃物谷米廿余包云。

1943年1月17日　第一版

商会通告会员　葡币双毫平兑

（专访）葡币□银比率规定平衡后，该条例乃于昨日由市行政局公布正式执行，市面各行商业贸易，均已遵照政府功令，平衡使换，此后金融局面，日告安定，居民咸拜当师（局）之措施得当也。至澳门商会，奉接经济局交来之关于葡币平兑公函后，乃于昨日分函各会员依照奉行，毋违于究云。

1943年1月17日　第一版

澳闻缩辑

私运出口

男子骆池被警探拘控，指渠于昨下午三时许携有金条廿四件，重约六斤，意图私运出口，现被拘留候讯。

又有男子林机被控有电心一百八十四打，企图私运出口，亦被拘留候讯。

私怀军械

本月四日商会值理梁鸿勋住宅被劫案发生后，警探当日在福隆新街捕获怀有驳壳一支，男子刘全一名，警方究讯后，日间备文解交法院办理。

追悼梁彦明

澳门教育会等团体于今日下午，假座镜湖医院礼堂举行追悼梁彦明。

1943年1月17日　第一版

回乡会　最后送归侨　昨召开最后会议

（专访）回乡会昨开最后委员会议，议决如下，①下星期二上午八时在镜湖医院长亭最后一批登记归侨一百五十名。②催收捐册。③如未缴交捐册者请即交回，否则将欠交者刊于征信录内以清手续。④赶印征信录，期于结束前（二月底）完成。⑤全部数目除由稽核财政两组审定外，并交陈律平会计师义务稽核以昭郑重。⑥函请同德富衡等停止代收捐款，只定万昌银号专收，以便早日结束。⑦函请商会酌办归侨证，以利归侨。

1943年1月18日　第一版

特写　汉文方块字一大革命　葡籍教士研究中文拉丁化成功　本报记者访问记

太古人类，结绳记事，法虽拙，足为初民进化之征，继之仓颉造字，得以磨崕削简，写其心意，纪其事迹，垂之永久，昭示来兹。数千年来，文物赖以增进，我国文字，与泰西各国之罗马字拼音，繁简迥异，汉文方块字个别独立，数目繁多，明其义，须更习其声，而罗马字明其义则可读其音，事半功倍，故汉文方块字学习匪易。文字为普及教育之工具，去繁就简，诚为当急之务也。

为求汉字简单化、科学化，与现代化，数百年来曾不鲜有志之士埋头研究，公历十七世纪已开其端，若利玛窦、金尼阁、威妥玛、晁德黎等外国语音学家对汉字改良均有贡献，然其方式，未臻完善，用途限定一地方言，未能收普遍全国之效。迄一九二八年国语罗马字面世，并得教育部鼓励施行，实为中国文字之一大革命，其后一九三一年法国教士拉麻士与加拿大神甫乍斯民氏共同研究，又制定一种“拉丁汉字”，较前更有长足之进步，然其中缺点仍多，同形异义之字太繁，用粤语读之更不能分别清楚。年前，上海北平各地，盛极一时之拉丁字，亦只合于北人口音读之，与吾粤方言，仍未能符合也。

本澳葡籍天主教耶稣会神甫戈衣莹氏，为一著名语言学专家，对汉字研究有素，年来传道之暇，出其余绪，为改良汉字而致力研究，神甫足迹遍中国大江南北，考察各地方言，在天津时即开始作初步之研究，经长期苦心孤诣之结果，卒于在吾粤之肇兴潜心研究成功，最近乃在澳作公开之实验，印刷读本，编著字典，并拟训练教授人才。

本报为求一般读者明了新字之构造及其用法，昨特派记者前赴本澳岗顶圣堂花墅访问戈神甫。记者于下午三时抵花墅投刺进谒，戈神甫亲躬接迎，引入书斋。戈神甫为饱学之士，为语言学家，对各国语言均有湛深之研究，能操纯粹之国语及粤语。记者首先叩以“神甫所研究之新字究竟用何种字母”，戈神甫答称，“是采用罗马字之二十六个字母，因此种字体普遍于全世界各国通行也”。记者问，“以区区之二十六个字种而能代表数万个方块字乎”，戈神父答称，“汉字有如许之多，就是因为汉字原来是划形的，未有是字，先有是声，所以志其声者字形也，而拉丁字是代表声，夫声韵纯发乎天籁，文字则创自人工，东西哲士各以其地理、种族、方言、习尚，而异其结构。汉文方块字□个别之划形，而泰西蟹行文则以有定之字母以拼其昔，新字亦即取消其方块方划形，而以拉丁字母代其声也。”记者复曰，“汉语乃是单音者，若独记其音，恐同声异义之字将层见叠出矣”，神甫答曰，“阁下须知汉语分声调而别意，例如分、坟、奋，是同音而不同声调者，新字亦用字母以分别声调”。记者乃曰，“但汉字中同音同声调之字亦甚多，如何能分别清楚乎”，戈神甫又答，“旧汉字岂非用字部而分别意义乎，例如‘因’与‘恩’两字是同音同声调者，但字部不同，中文拉丁新字亦用字母代表旧字部以分别字之意义”。

记者至此，不禁赞叹曰，“妙哉，拉丁新字构造之巧也，所谓中文新字者，亦不过脱下方块字之长衫马褂，而穿上拉丁字母之西装革履耳。然，未悉此种新字能普及适用于全国，抑或只限一隅之地方性质欤”，神甫答曰，“此种新文字可广泛适用于全国各地，盖其构造乃包括国语粤语所有之正声，音调，字形在内，各地人士以其本处之口音拼之，无不适合”。方畅谈至此，记者以戈教士为外国人而能对中国文字关怀若此，求诸国人，亦不可多觏，倘能为当道所采用，发扬而光大之，去繁就简，是诚汉字之一大革命，亦文盲之福音也。夫汉文方块字往往非苦读六七八年不为功，而新字之学习仅需时两三年，便能读能写，诚救济文盲，普及教育之唯一利器也。新字之研究非短短篇幅所能详，亦非一言两语所能尽，记者谨介绍此位热心改良我国文子之戈神甫于国人，并对其苦心孤诣之新文字贡献，献表无限谢意，乃兴辞而出，更为文推荐世之有志于文字学者。

1943年1月18日　第一版

歌姬寒衣　明日施派

（专讯）全澳歌姬为贫民筹募寒衣游艺会，决定于明日十一时假座莲峰马路镜湖医院长亭施派寒衣，昨日昼夜派出委员多人前赴各贫民居住地方分派寒衣券，以便届时凭券到领。各贫民得领衣券，不胜欢喜雀跃而去云。

1943年1月18日　第一版

托儿所计划安置难童　拟分别遣送内地　童餐日派出七百余份经费日绌

（专访）天主教救济会主办之儿童寄托所，在澳府当局暨埠中各绅商赞助下，进行极为顺利。该所自由天神巷乔迁台山华南教养院旧址后，办理更告完善，所方当局，以新址面积尚感狭窄，未能大量收容，特在附近空地加建房舍三座，计课堂两个，饭堂一个，该饭堂可容聚食之进童达六百余人。现已进行盖搭，日间当可兴工。记者昨据该主事人称，际此时值非常，社会动荡之秋，需待救济之难童，例必增加，而该所收容难童数目已告众多，后至者尚源源而来，须待各界社会人士踊跃捐助。但为利便长久维持计，非设法予以原有者完善安置，未克为功，况若辈难童，俱为中华儿女，国府亟应关注，故拟具呈报，倘能如愿，则能获得极大帮助，或可仿照华南教养院方法，将一部分难童送国内安置，使彼辈有所依附，实深利赖云。

（又讯）该所向设有外宿难童餐，施派于所外未收容之难童，每日派出达七百余份。该所分期举办，每期四月需费九千四百余元，迄今已达第三期，经费日感短绌，故希埠中绅商热心善长，痌瘝在抱，踊跃捐助云。

1943年1月18日　第一版

各社团昨日举行　追悼梁彦明　各界致花圈挽联

（专访）追悼教育会长梁彦明大会，于昨日在镜湖医院礼堂举行，事前已布置一新，各界致送花圈花篮挽联为数极多，到会者有三机关主席暨各值理，社会名流，各校员生等达千余人。时届举行，由刘叙堂主祭，陪祭者有梁后源、高可宁、崔诺枝等，仪式极为肃穆。迨至四时零五分，始告礼成毕会云。

1943年1月19日　第一版

营地大街某银号　被控拒兑葡币　店伴赵某被扣留候办

（专讯）自市行政局公布规定葡币与银毫平衡通用及兑现后，市面各行商店贸易交收，均依照此项法令履行，而一般守法银号亦十足兑□，市民均称便利。不料昨日有营地大街某记银号，因拒兑葡币，至□店伴□□，被警传控于案，现被扣留候办云。

1943年1月19日　第一版

马博士肖像　今日揭幕

（专访）今日为葡属务部长马沙度博士就任七周年纪念日，本澳政府当局举行庆祝，下午四时假座政市（市政）厅举行马博士肖像揭幕礼，澳督戴思乐慨拨巨款分赠葡慈善机关云。

1943年1月19日　第一版

施派寒衣　今日举行

（专讯）歌姬施派寒衣，今日正午十二时假座莲峰马路镜湖长亭举行，日前经先派出寒衣凭券，凡领获券者，可依时前往，均凭券领取云。

1943年1月19日　第一版

电力管理委员会　防歹徒窃街灯胆　列举办法请求市民协助

（本报专访）澳门市营电力管理委员会，□以街灯所用之灯胆，□为歹徒窃去，故该会特请市民加以注意，兹将该会通告各节录下。本会能以最低之价目，时常供给电流于全市居民，乃为本会经营之目的，然电费之所以能减低，则必须将开支之行用节省，故本会以力求节省费用计，特要求市民加以协助焉，□尽力防止盗窃街灯所用灯胆，以现目计算，每日平均失去五十个，为数甚巨，故特请市民注意下列办法，（甲）□遇有人窃灯胆时，即向附近之岗警报告加以逮捕，（乙）如有人□灯胆，灯顶上铜质处有二□□□□时，务须拘拿解交警察局办理，（丙）住所附近长明电灯之灯胆损坏或失去时，请即通知第八〇〇之电话并声明第几号灯柱，查长明街灯之灯柱记号，系双数号码，或单数号码，而有□十字记号者，如市民能遵照上列办法做去，则对于本会防止盗窃灯胆之计划，已尽其力量矣。如果市民不加协助时，无形中本身即受到损失矣。须知所失去灯胆，全系由于市民自己所支付，□系市民自己之物业无异云。

1943年1月20日　第一版

警察当局重申前令　葡币银毫须通用　倘有违犯条例严惩不贷

（专讯）澳府当局为调整金融，安定葡币与双毫比率起见，经由官方召集银业有关方面及金融巨子，详细研讨决定，毫银葡币比率平衡，毋分轩轾，于本月十八日在市行政局，宣布正式执行，并颁布条例，晓喻埠中居民遵照办□，除政府所缴纳之税收须用葡币缴纳外，而望厦米站亦准以葡币□购米款项，实施以来，居民咸称便利。惜该例施行未久，故有等居民，未尽明了，警方负责人，昨再度召见记者称，政府为使每个居民都能明白条例颁行各点起见，特印就日前颁行之布告，分发各大商店及黏贴常标告示处，俾众周知。又关于埠中各行商贸易，葡币银毫须一律通用，任由交者予以葡币或毫银，收者无权索取毫银。而市面商四零沽，小贩生意，及一切交收，收者亦不得苛索双毫，而各银号兑换葡币，每千元不得收手续费超过两元，倘有违犯该条例者，除将其公钞营业牌照没收，并依法控以扰乱金融之罪，严惩不贷云。

1943年1月20日　第一版

葡京授权澳府　印币七十五万

（专讯）澳政府当局，为调剂金融，特电向葡京当局呈请增加本澳辅币，以应所需，葡当局部发出扎谕，授权本澳政府，得印制纸币面额一仙、五仙、一毫、二毫、五毫五种辅币，总数为七十五万元云。

1943年1月20日　第一版

粮食备款　一百万元

（专讯）葡京当局，为维护本澳粮食起见，由大总统颁令，着拨交澳门管理购买粮食预备供给之款项，增强至一百万云。

1943年1月21日　第一版

关于治安粮食问题　督察长发表谈话　加派警探巡逻市面严厉查缉匪徒　本澳存米充足大宗粮食日间运澳

（专讯）警方当局，以本埠治安素称宁谧，警探网密布全市……现警方已严密肃清潜匿境内匪徒，以维地方公安。本报记者昨走访督察长观耶，叩询一切，观氏答称，关于不法之贼匪，顷已饬所属加紧踩缉归案，并为防范未然计，增加派出值勤各区段之警察，以凑严密，□派出大批中西警察，夜深出巡逻市面，务使不法之徒，无所活动。又日前市面传警方增招新警六十名入伍服务，所传并非事实云。

又关于本澳民食问题，观氏继称澳府经在越地购有米石一万五千包，共二万四千担，原定已运抵本澳，惟以时值非常，航□□生梗阻，故难于决定其抵澳确期，但本澳存有谷米□月□为大宗，民食实无虞缺乏之。

1943年1月21日　第一版

自来水增价　本月实行

（专讯）自来水公司为增加收入起见，特将居民自来水价格增加，已由本月一日起开始实行，每三方勿收费四毫二仙云。

1943年1月21日　第一版

米石平粜　将告实现

（专讯）兹有某巨商，或于米价奇昂，居民叫苦不迭，故特推出存谷四百担，举办平粜，以利居民。至其所售价格，比市面商米约□三二两，查该批谷米经已辗磨成米，一俟各种器具齐备后，则可公布平售。闻该巨商为体念民困，致有此举，并非借机牟利，倘成绩极为良好者，则可分期举办。

1943年1月21日　第一版

米站济贫费　概拨托儿所

（专访）望厦米站，于居民购米石时，均虽缴付贫济费，收入数额，极为可观。查该站收入之善款，完全拨送台山托儿所充作经费，至柯高马路之儿童□病院，其经费概由澳督负责捐助云。

1943年1月21日　第一版

商业消息

仁寿轩自减赠后，市道甚畅，该行以今日为尾祃，特将范□金创制之春鹿酒，维他麦乳及参茸补品廉价出售以酬惠顾云。

1943年1月22日　第一版

公米一万五千包　明日或可运抵澳　粮统会委员观耶咋对记者称

（专讯）本澳民食在澳府竭力维护下，可无□□之虞，至米石运澳接济，除澳府任越南各地采购者较为大宗外，而附近中山各米产区迩来□数亦不少。目前澳府为充裕本埠民食起见，经在越地购有公米大批，数达一万五千包之巨，合共二万四千担，为时迄今，原已运抵本澳，惜以战时关系，航途梗阻，故未克依期，徒使阖澳居民，望眼将穿之感。本报记者以□□特走访督察长兼粮食统制会委员观耶，叩询该批米石于何时始能运抵本澳，观氏答称，顷已接获航讯，该批米石经配轮运澳，现在途次，如无所阻，约于明日或后日便可达此间，则本澳可□大量供应云。

1943年1月22日　第一版

回乡会定期结束　恳商会办归侨证　因关系问题认未便办理

（专讯）回乡会最后一批遣送归侨，□□□晨□镜湖义学集合出发，启程回乡。该会因经费支绌，决定于来月初旬结束，现已整理一切结束事宜，届时编制征信录，公布过去经办数目，以昭大公。至该会为利便归侨起见，原有发出“归侨证”，该会□将来结束后，仍能赓续办理起见，特函华商总会，商请负起该项事宜，商会于昨日值理堂期会议席上，曾将该事提出讨论，结果，为避免某种关系计，认为“未便办理”，日间复函婉转推云。

1943年1月22日　第一版

上海旧货店　薄利倾销

草堆街上海旧货店，自开幕后，以货式众多，取价诚实关系，甚得顾客称誉，咸认为本澳旧货业新福音，该店完全取薄利主义，志在大量销流。

1943年1月23日　第一版

澳府订购之二万余包公米昨由泰运到　经已雇用趸船夫力起卸运陆

（专讯）关系全澳居民粮食问题，对于米石运澳消息，社会人士咸极关注。澳府最近在泰国订购之公米大批，其来澳日期，本报昨已详载，惟在此战时关系，诚恐航运来澳突告梗阻，阻碍来澳确期，故特将抵澳日略延，庶免市人讥为“言之过早”也。督察长兼粮食统制会委员观耶，于昨日午间召见各报记者发表谈话，据称，有铁轮一艘，于今（廿二）晨由泰国驶达本澳，该轮载有米石二万余包，该轮极为庞大，吨位甚重，因潮水退落关系，未能驶达新口岸石几内围，迫得寄碇于澳海口附近，现已雇用大拖船前往起卸移陆。至该批米石，系采购自泰国，至□公米一俟起卸完竣，则大量拨交由望厦米站发售，以利居民云。

1943年1月23日　第一版

防止歹徒活动　扩大冬防运动　大批武装警察巡逻市面

（专讯）农历年关迫近，警方当局维护市民公安防止歹徒借此时机扰乱社会秩序起见，故特增强市面治安效能，扩大冬防运动，由昨日起，所有各区之休班察内（警察）须一律留宿区警，听候调动，并加派大批警察佩备钢盔，手留（榴）弹，轻机关枪，及步枪等犀利枪械，分赴各区段巡逻，彻夜不休。而武装警察亦分驾冲锋车多辆，驶巡各处，并假想贼劫演习，先后在十月初五街、康公庙、草堆街、沙梨头、海边新街等处举行，至中西警探部所属探员，亦留署内守候，毋得外宿云。

1943年1月23日　第一版

澳督戴思乐嘉许镜湖医院　协理呈请辞职宪谕挽留

（专讯）镜湖医院现届值理自就任以来，经两载有余，□该院章程，每度值理任期届满后，即另行改选充任，惟澳督戴思乐以现届值理办理良好，成绩卓著，特予挽留，勉为其难，院方协总理（总协理），协理多度呈请辞职，未获准许。但总理方面，督宪以彼等事服务多载，勤劳殊甚，故未便强留，允予所请，并以协理方面人数未符新章所定名额，特委任贤能多位补充。扎谕本年一月十四日发出，已另函交该院主席云。

1943年1月24日　第一版

梁后源谈话葡币兑换问题　希市民遵照政府功令

（专讯）本澳葡币双毫比率，经由官商会议决定兑换平衡后，澳府日前颁令正式执行，并由警察局拟以办法数则，饬令居民遵照办理。记者昨日与银业行主席梁后源谈及关于今后葡币比兑问题，据梁氏称，市民对葡币毫银均能遵照当局所颁行之命令，平衡通用，则一切之困难，当可迎刃而解，至市民到银号兑换其他各国纸币时，葡币双毫亦同一价值，不得轻彼重此，有所轩轾。而市面各行商贸易交收，任由交者□□葡币或双毫，收时毋得苛索任何一种，否则即触犯法例，交者可召警向之控究。倘市民□用大宗□银而用葡币兑换者，虽具有充分理由，否则银号当予拒绝云。

1943年1月24日　第一版

市厅电气局设检察处受理用户申诉事　用户如有不满事情可具函投报

（专讯）本澳电灯事业经营，自于本月一日改为市政厅接收办理后，组织一“市政厅电气局”统理之，澳府并委令前本澳航空处长空军中尉□路士任该局局长，该局机构，行政措施及一切兴利革弊，均从新予以整顿，力臻完善。查最近并为利便居民电灯用户，对该局职工□为不良舞弊者，有所告发起见，特设立有“检察处”接受用户申诉事宜，昨已发出布告，发知电灯用户知照。①倘遇其户内电灯损坏修理时，通□职工取价太昂及其苛索滥收，②职员到查电表时误将耗用电度数增加或减少，③如有电具损坏及一切电器安设，经请求后而职员迟延不照办者，④职员对用户不以礼待及有所忤意者，⑤其他任何有不满□事者，均可具情缮函向该所投报，以便察核办理云。

1943年1月24日　第一版

歌姬游艺会余款　分拨慈善机关

（专讯）全澳歌姬为贫民筹募寒衣游艺会，日前将募得之款，购置棉衣五十件，施济贫民外，所余善款，尚达港币二万七千零七十六元。昨该会职员，假座商会举行会议，讨论关于余款用途，结果，以港币万五千元呈澳督，任由分拨各慈善机关外，而万五则拨送镜湖医院充作经费，所余之七千零七十六元则捐助同善堂。

1943年1月24日　第一版

马慈航画展　今日揭幕

名画家马慈航，以擅写山水人物名于时，最近由湾抵澳，因应友好之邀，将其近作，假座中央酒店四楼公开展览，由今日起，一连三天，欢迎参观，不收门券云。

1943年1月25日　第一版

腊鼓频催岁聿暮云　急景残年之市场　年宵货品来源短绌营业大不如前

（专讯）大寒已过，又是急景残年，农历元旦，距仅有十一天，便尔降临，往昔每当岁暮，各行商则忙于交收，居户忙事铺张，年宵摊位，遍设各区，市面熙攘往来，别有一番热闹。然而今年时移势易，各区年宵市况，沉寂异常，市民对过年一事，皆漠然视之，故肃索情形，向所未有，盖以国人渐次遵奉国历，所有结账休业，多已在国历行之，然农历新年将届，因生活程度高涨，应付维难，故多无闲情逸致，只有随俗敷衍，咸为度岁何殊度日。且年来战事方殷，航途梗阻，运输困难，年宵货物来源短绌，各情异常冷淡也。

年宵

澳府当局为适应非常时期措施，节省煤斤消耗，特实施统制电流供应，□定耗用限额，饬令商户遵照办理，故入夜以后，市面商店多停止营业，因此在往昔于岁暮时，其中为推销应年物品，多延长营业时间，深夜始息。惟今年因耗电及货物来源短绌问题，迫得照常普通营业时间，故晚□除一般酒四茶楼，娱乐场所等外，其他则于九时以前闭门休息，故年宵市场，已不复当年热烈也。其次如花市，古玩等物，今岁虽或照常贩卖，然在此民生疲惫当中，一般居民，多得过且过，故预料购买力比诸往昔，不啻霄壤矣。

骰宝

往昔新年时节，政府当局为普天同庆，任由市民狂欢起见，准许居民在街道开设骰宝档，于是在新年数日之高庆坊，满街满巷，鳞次栉比，数达千余，大有五步一摊，十步一档之概。然而际兹时局不静，市面治安，未免不受影响，故当局为求治安缜□，防止歹徒借机扰乱社会秩序计，故对今年之骰宝档，或予禁止，但当局仍予考虑后公布。倘政府新年骰宝档，禁令执行，则“铃铃”“买乜嚟”“又试开”之声，不复入耳矣。

腊味

腊味为新春送礼佳品，而华侨习惯，于每度岁暮辄大量购买，悬挂满堂，以示其富有之意，并含有庆祝其一年来所业得意之意义。惟今年因物价飞涨，米珠薪桂之时，居民已感支持不易，焉有余款购买腊味应年事。而腊味市价，异常昂贵，就□腊肉而言，每斤将达四元，其他腊肠等物，非五六元不可购得，因此居民购买力薄弱，市道疲滞，腊味市况，已较去年大为逊色。又查□糖、油豆、信丰、瓜子、生果等物，因价格高涨，市情极为冷淡云。

1943年1月26日　第一版

新春高庆坊骰宝　澳府决禁止开设

（专讯）记者昨据督察长观耶谈，际兹时值非常，市面不静，故为求治安缜密，防止歹徒借机扰乱社会秩序，农历来年新春，街边骰宝，决定禁止开设，该令经由澳督戴思乐批示，正式公布云。

1943年1月26日　第一版

纪念中学　大革新

总理纪念中学，自去年戴校长积极整顿后，第一期计划，成绩蒸蒸日上，业经完成，下学期开始施行第二期计划，闻赵伯驭仍为总务主任，连声海为中文专任教员，戴恩荣为英文专任教员，及梁松余达生等廿余员仍旧任职外，另加聘教育界著名教师不少，如聘符俊、张兆□为数理教员，陈道根为历史教员，刘振鹏为地理教员，张铁军为童军主任。又聘前培英分校校主任区茂泮为训育主任，岭南校董黎藻为教务主任，均为教育界一流人物云。

1943年1月27日　第一版

利为旅酒店筹办跳舞慈善比赛　善款呈警厅任由分配

（专讯）利为旅酒店将于来月十日十一两日，举办“全澳华人业余慈善跳舞比赛大会”，筹得善款，汇呈警察局长布英沙，任由拨交各慈善机关充作经费。至届时入场券分为三种，计一茶券五元，茶点券十元，餐券二十元，以上均以葡币本位。该酒店监督胡公武司理刘伯平于昨日邀请各报记者商讨一切进行事宜，结果极为完满云。

1943年1月27日　第一版

强化治安　昨再度演习

（专讯）警方当局，假想贼劫演习，此次与历次不同，先由一地发生意外事件，警探纷趋肇事地点维护秩序时，另分多次举行假想贼劫，借以分乱警察防范，以试验其能否应付自如云。

1943年1月27日　第一版

市面盛传望厦米站葡币购米得劣质　督察长告诫居民勿轻信谣言

（专讯）澳府当局为调整本埠金融局面，于日昨曾颁布明令，葡币与双毫比率，为平衡通用，而素以毫银售米之望厦米站，亦改以葡币本位，但诚恐一般居民未能携备葡币起见，双毫亦予以收受。该站为利便售米工作起见，凡以葡币购米者，其所携之米款须按照所购之数相等，不宜备大面额之纸币，以免找续延误时间，此外并分双毫葡币两处各别售米，而所售之米，质量相同。讵料迩来市面误传该站配给之米石，凡以双毫者，其质较优，而以葡币者，其质则劣等情。记者昨据督察长观耶称，市面所传米站之谣言实乃神经过敏者，妄予忖测，遂致以讹传讹，希望居民勿轻信谣言，自相惊扰云。

1943年1月29日　第一版

梁后源详述米站售米情形　毫银葡币同一待遇

日前外间谣传米站售米银毫与纸币购米有不平等问题，查西洋纸，与毫银购米价格不同之说，全属子虚，于日前由督察长观耶，正式公布，谣言不攻而破。昨华人代表兼粮食统制委员会委员梁后源，对记者宣称，详述关于米站售米情形。据称昨日下午三时半，彼与澳督秘书长高士德、西洋银行长邝沙寮赴望厦米站巡视，目观售米状况良好，凡以西洋纸购买者，则全交西洋纸，毫银购米者，则全以毫银交易，而售出之米，其数量无分西洋纸与毫银之别，此可证见外传谣言之不确。梁氏再询诸收款者，则以西洋纸购米者，则全部交西洋纸，并无找续，交毫银者，亦属如此。米站负责之神父，更落力协助工作，至卖米时间与原定稍迟一二时之故，则因购者增多而稽延时间。又外传毫银与西洋纸，购米虽多寡相同，但有好劣之分，故最后梁氏再申明好劣问题，以释众疑，谓每包米之好劣间或有之，而并非因毫银西洋纸而分优劣云。

1943年1月29日　第一版

澳督戴思乐昨接葡国属务部长电　致谢本澳人士庆祝莅任纪念

（本报专讯）葡属务部长莅任七周年纪念，本澳当局及中西团体，举行热烈庆祝会，各情已志前报。昨澳督戴思乐接奉葡京属务部长来电，致谢本澳人士庆祝盛意。兹录其原电如下，本部长对于澳门人士热烈庆祝鄙人就职纪念及阁下之电贺，愧不克当。然此举实为爱国与团结之意义，特请阁下代表向各界人士深致谢意，至鄙人对阁下亲切之言词及参与祝贺之表示，尤为感谢，并祝阁下幸福无量，暨贤明治下之澳门，日趋进展之云。

1943年1月30日　第一版

商户所住电力不敷　准向市政厅申请　请求增电之申请书可用中文

（专讯）澳府自执行非常时期措施后，埠中商户用电，亦予限制，规定适当用电限度，饬令用户遵照，毋得有违。迨自市政厅接收电灯事业经营后，即大事整顿，加开电机，增强发电能力，以应居民所需。市行政局长布英沙，于昨日特召见各报记者，发表谈话称，政府当局为利便埠中居户用电起见，乃将电机所发动之电力，尽量供给用户所需，采用最公正之方法施行，准许商户申请增加电额，凡商户每月以政府规定用电之限额，不足耗用者，得具情向市政厅请求增加。该申请书可用各国文字，据实缮写，于来月十三日前迳交市政厅厅长施利华收启，当局收纳申请书经审查后，该商户每月确不足所需者，方予批准，酌量增加。又关于政府对各工厂所用之摩打发动机，各酒店之电梯，及用以发热者，其所用之电流，为局亦有加以限制，现政府统计电机发动电力，尚有盈余，故工厂酒店摩打用户等，如属为当局所限之电额不足所需者，亦可请求增加云。

1943年1月31日　第一版

生活高压下　教育界一问题　学校在惨淡挣扎中

蒋委座说："青年为革命之先锋队，为国家之新生命"，青年是产生新生命的源泉，当然需要领导，使那些纯洁青年，成为有用之国民。

自广州事变，澳港间成为教育重要区域，两地学校的设立，好像雨后春笋，大有欣欣向荣之势。后来香港战后，澳埠教育虽未直接受到波及，但学生间接受到经济上的影响，因为汇兑上的梗塞，影响到求学机会断绝，间或受到衣食不继之虞。在教职员方面来说，平日的收入是足以支持一家数口的生活费，但港战发生后，只食粮上亦没法供应数人的食用，甚或连自己的伙食亦不足，而学校方面又因量入而出，亦没法增加酬劳费用。因有种种的困难，改业的改业，离澳的离澳，上学期各校均有同等事情发生。

在本学期业已开始招生，除历来负有良好声誉的学校如培正、培英、广大、中德、知用、广中、协和、致忠、纪中、雨芬、濠江、中联，小学则为陶英、崇德、兰室、知行、汉文、行易、致用等校，及□会设立和义学等，均已正式招生定期上课，其余的学校，或是因经济困难，或是学生人数不多，听候时机而定开课，至于教师方面，优秀的人才，都已为以上学校所罗致，学生和师资遂成了问题，故此逼得停顿。

协助发展教育为国育才……希望社会人士，为国育才，慷慨解囊，捐助学额，直接救济贫苦失学的青年，间接解决学校的困难。

1943年1月31日　第一版

业钞从新估计缴纳　公物会昨开会讨论　结果认为适合通过照定额缴纳

（专讯）一九四二年之业钞，已告公布征额，澳局并设立公物会，推定澳府高级长官及军人名流为该会委员，俾负责一切业钞应否增减评□事宜。查该会于前日假座督辕地下财政局内召开会议，出席者有商会值理梁鸿勋，专卖局毕侣俭，前公钞科长李美度，财政局副局长，一等书记官卑利喇等五人，主席由财政局副局长理任。开会后，又将各业钞新额提出讨论，结果，以当局从新估计之钞额，颇为适合，且曾通知业主，又无反对，遂一致通过，依照缴纳。查当时受理钞卷，达三百余件，逐一提出讨论，颇为费时，故是日由上午十时起，至下午一时止，由二时起五时止，始告毕会。查一九四一年及一九四二年之业主申辩减钞案卷，该会定来日再行开会讨论云。

1943年1月31日　第一版

市营电力管委会请市民注意节省用电　无谓消耗电力妨害公众便利　规定时间仍不准启用发动机

（本报专访）据本澳市营电力管理委员会消息，现为利便居民起见，以后每晚由七时延至十二时止，全澳均有电灯供给，惟市民欲长久得此方便，亟宜极力节省电灯无谓消耗，否则必有电力告竭之一日。市民中如有误解此理者，以为超过用电数量，仅受双倍缴费之处罚，便尽量消耗电力，此实绝对错误。查此种举动，为妨害公众便利者，且关于一切用电力发光之宣传品，禁止开用，每日下午七时至十二时，不准运用摩打发动机器，此为公营电力管理委员会请市民注意之事云。

1943年2月1日　第一版

镜湖医院举行新旧值理交代礼

（专讯）镜湖医院值理，为承督宪慰留，三度蝉联任□，而依新章人数，尚缺四人及候补两人，督宪另委荐吴鸣、柯麟、谢保兴等补充。查该院定今日下午二时举行新值理宣誓就职及新旧值理交代典礼，日前经柬请澳督及各文武长官中西绅商名流莅场观礼云。

1943年2月1日　第一版

教育消息

□公义学，为提高升高中者数学水平，及便利学生补习起见，设升高中数学速成班，定期本月十五日启课。

1943年2月1日　第一版

中德中学　取录新生

中德中学此次招考新生，报名者甚为踊跃，第一次入学试验经于昨日举行，计取录各级生共四十四人，并定二月八日为第二次试期考生，如入学试成绩优异者，免收学费不限名额云。

1943年2月2日　第一版

镜湖值理昨交代　新值理宣誓就职　督宪及各长官均莅临观礼

（专访）镜湖医院慈善会成立，本年度新值理举行交代及新主席宣誓就职典礼，于昨日下午二时，在礼堂举行。计是日到会者有梁后源、高可宁、崔诺枝，及各来宾，澳督戴思乐偕同中军晏德地、秘书长哥士德依时驱车莅临，而澳府各长官列席者，有经济局长罗保、工务局长史帝芬、警察局长布英沙、督察长观耶等，济济一堂，情形热烈。时届开会，司仪梁杰灵，宣布秩序，由主席刘叙堂致开会词，后由督宪及经济局长罗保致词，由华人代表梁后源翻译，继后由华人代表及林卓夫演说，礼成拍照而散。事后由王德光，黄耀□等领导督宪参观全院一遍，至三时许，始兴辞握别。又查本年度新值理第一次联席会议，亦于是日举行，经将印信文件等交代后，旋即提出讨论事项，并推定各部职员，负责进行，计选举结果，正主席刘叙堂，副主席王德光，总务，黄苏、刘叙堂、柯麟、财政、高福耀、梁流，租务，赵七、潘郁华、交际，黄苏、高福耀、谢保明，工程，郭秉琦、冯养，医务，黄耀坚、王德光、吴鸣，审计，沈香林、徐鹤侪云。

1943年2月2日　第一版

当押店典赎衣物　以葡币本位　五毫以上概用葡币

（专讯）澳府当局为调整本澳金融起见，特颁发明令，规定葡币与银毫比率平衡，而各行商业贸易交收，毫银葡币一律通用，毋得苛索双毛，违者当依法究治。查本埠当押行，衣物押款及赎利，向以银毫为本位，而该条例执行后，该行亦依照履行，市民往赎回衣物者，任由付交银毫或葡币，均概予收纳。但其押入所付之款，仍用毫银，以利市民。记者昨据有关方面消息，当局为便葡币毫银能畅流市面起见，已由昨日起，当押行无论押出或赎入之衣物款项，凡五角以上者一律概用葡币为本位，收者毋得拒受。该例将于日间由经济局长罗布通函该行知照云。

1943年2月2日　第一版

慈善舞赛　进行积极

（本报专访）利为旅主办之跳舞比赛会，连日进行，均甚积极，昨据该酒店交际主任杨威君称，敝会此次举办，纯为救济贫民，盼望凡习舞蹈者，不论初习否，均毋自馁，踊跃参加，共襄善举云。

1943年2月3日　第一版

柯高马路前夕　发生一宗枪杀案　凶徒拔枪相向连发五枪均告命中　死者为中山联中学校教员林卓夫

（专讯）昨（一）日下午七时约卅分，本澳沙岗三盏灯附近，发生一宗枪杀惨案，被害者为中山联合中学教员林卓夫，凶徒拔枪相向，连发五响，均告命中，事后送院不治殒命，凶徒逞凶后，逃逸无踪，爰将调查所得，分志如后。

三盏灯前　枪案发生

查死者林卓夫，四十五岁，中山人，早岁负笈美洲，博学渊源，对英文科尤有心得。最近来澳优居，寓柯高马路七十三号，并任中山县合中学英文科教员，向安无异。讵于前日下午约七时卅分，因□赴某友人家，讵出门甫数武，行经袁路米耶园形地（即三盏灯）附近，讵料该处早伏匿□凶徒三人，俟林经此，乃拔出手枪，瞄准向林袭击，砰砰枪声，连发五响，林以突如其来，闪避不及，当至身中五枪。林受伤后，尚蹒跚忍痛返家猛击入门，其家人出视，见林鲜血淋淋厥状至惨，林抵家内神智清醒尚能言语，谓彼遭凶徒枪击已身中弹矣，未几即告昏厥，至凶徒于行事后，分头逃遁无踪。

连发五枪　均告命中

惨案发生后，警勤该段警察，聆耗驰至，立电值方投报，警察厅长布英沙，督察长观耶，旋即率领大批警探驰至肇事地点查究，致电十字军到场将伤者先行救送山顶医院救治，并察勘当时凶徒逞凶时之情形，详加侦查完毕，收队而去。至林送院后，经由医生施药救治，惟其伤势甚重，延至十时五分，卒因不治殒命，医方于昨日十二时将尸首解剖，验出死者身受五枪，计右胸乳肺三弹，右肩一弹，右臂一弹，胸部之铅穿肝肺而出。于检验完毕，其家人乃将尸首领回，移界镜湖医院殓房治丧。查死者生平待人接物，和蔼可亲，且饶智略，忠耿一生，此次不幸遭变，社会人士，咸为惋惜。查林遗族有一弟一母一妻两子，身后极为萧条云。

督察长昨　发表谈话

该案发生后，督察长观耶，特召见各报记者发表谈话称，警方对此案件发生，极为重视，经饬所属警探，严密踩缉凶徒归案究办外，更希市民能切实协助政府，合力维持市面治安，①靡论市面发生任何意外事件，市民得悉其情后，立迅速致电（零三五）警方投报，俾警探能从速驰至。②如遇警察执行工作，喝令停止搜查时，市民须绝对服从，毋得违抗，否则警察鸣枪轰击不幸身死者，实咎由自取。③时近岁晚，居民多习俗相沿，燃放鞭炮以示庆祝，警方诚恐歹徒藉炮竹声图谋不轨，故居民宜于日间燃烧，更不宜多量及在深夜燃放。④举凡领得许可纸运货离澳者，应于日间办理出口事宜，切勿在夜间举行云。

1943年2月3日　第一版

岁末花市　冷淡异常

（专讯）腊鼓声残，年关已近，尚有两日，即为椒花献颂，万象更新之良辰佳节。在此急景凋年，市面顿有一番动态，至花市一项，于每度岁末，更有一番蓬勃状态，缘以本澳侨胞，最重兆头，以新年为一岁之始，铺张□缀，例所难免，而豪头富家，对新年花卉，如吊箩、梅菊等，无不兼买兼蓄，满室生花，即穷如范蠡，亦插花一枝，希望把穷根送断。除夕花市，在往昔承平时期，热闹情形，空前未有，惟今年时移势易，航途梗阻，花贩采购困难，倘能运澳省，成本激增，售价当随之昂贵。查公局新桥市，往昔于岁末时，一般花贩均在此盖搭花架，摆售时花，惟今年虽有此种情况，市惟区（市区惟）异常冷淡，大有今非昔比之势云。

1943年2月3日　第一版

年关迫近　加紧冬防

（专讯）警方当局，以年关迫近，为防止歹徒借机扰乱治安起见，特由昨日起加派大批警察，配备钢盔及手提轻机枪长枪，及手榴弹等犀利枪械，分由高级警察率领，逡巡各街头要塞以备不虞云。

1943年2月3日　第一版

业钞新条例　经已公布

（专讯）政府当局，日前因将业钞征额增加，致为一般业主反对，纷纷具情当局，呈请将征额减低，以恤民困。澳督戴思乐俯顺舆情，除允许酌量减额外，并将业钞条例，略予修改，俾业主依照进行申辩。最近澳府为利便今后业钞征收起见，特重将业钞条例大加修改，详细情形，经在宪报公布云。

1943年2月4日　第一版

警探当局昨日破获迭次械劫案　擒得贼匪搜获枪械手榴弹等

（专访）本澳治安，案称宁谧，在警方严密查缉下，一般奸宄之徒，均销声匿迹。讵料迩来贼匪伙同配备犀利枪械行劫居户之案件，迭有发生，警方当局，以匪徒□不畏法，扰乱社会秩序，祸害居民，非设法予以肃清，殊难维护市面治安。果在警探努力不懈踩缉下，于昨日竟将屡度行劫之贼巢破获，当堂搜获有大小号曲尺，驳壳、左轮、剑仔、手榴弹、蒙面布，及铁线等行劫器物甚多，及起回大部分日前各居户被劫损失之衣物金饰款项，至贼匪多人，亦告落网。详细情形，一俟警方办理完竣后，当可公布也。

（又访）警方破获该案后，警察局长布英沙及督察长观耶接见各报记者称，警察虽为治安之负责者，惟希望市民能切实协助警察，俾收官民合作之效，倘遇发生任何意外事件（外），须从速报警，以免歹徒得乘机逃遁云。

1943年2月4日　第一版

林卓夫遗体　昨日举葬　督宪派代表前往执绋

（专讯）前中山县长，现任台山中山联中学校英文科教员林卓夫，于本月一日下午七时卅分，在沙岗嘉路米耶圆形地即（三盏灯）附近为凶徒枪击，伤重殒命于山顶国家医院，遗体移畀镜湖医院殓房，于前（二）日开丧致祭。噩耗传出后，此间各绅商名流，社团代表及林氏友好，纷至医院致唁，并送花圈，咸表哀悼。至林氏遗体，于昨日举殓，二时发行，柩停镜湖医院长亭义庄。查昨日出殡时，各亲友均纷纷莅临执绋，而澳督亦派出中军晏德地前往致送，白马素车，情形异常肃穆云。

1943年2月5日　第一版

一元复始万象更新　本澳侨胞热烈庆祝　埠中商店多告休业澳府衙署亦放假　三机关举行团拜礼督宪莅临参加

（本报专讯）一元复始，万象更新。旧历元旦，今日□告降临，际此椒花献颂之吉日良辰，市面情形当有一番新动态。然而在此国步日张，民生疲□之时，情境顿异，热闹情形，已今非昔比，惟侨胞习例相沿守旧蒂固，故对庆祝一事多敷衍行之。各大酒楼茶室，大部分照常营业，但各中小学校适值寒假期内，循例休假，政府机关衙署，均休息三天，金银贸易场，亦以年关时期须□时作一结束，以便在互相清算账目，已于□日起闭市休息，由元月初五恢复开市无买卖，倘钞价甚变动相倍成交者，必无大宗买卖，仅为现货少数成交也。其余埠中商户，多告休业三两日云。商会、同善堂、镜湖医院三大机关值理，于每度旧历新年之日，均举行有互相团拜礼，本年依照往昔成例，于今日正午十二时假座商会二楼礼堂举行，出前已发出请柬，邀请澳督各军政长官及埠中各社团代表，绅商名流，时莅临观礼。商会已于昨日将礼堂布置一新，中置党国旗及□周番旗帜，异常瑰丽。闻澳督戴思乐亦于今日偕同各长官莅会道贺，以敦睦中葡邦交，一时觥筹交错，互祝中葡万岁，当有一番盛况也。

1943年2月5日　第一版

凄风苦雨催残年　除夕市情面面观　花市繁荣有色有香陪旧岁　年宵冷落无鸡无酒过新春

梅开东阁，喜吟山意冲寒，花发上林，行见柳梢送暗，咚咚腊鼓，划残黑马之年，猎猎寒风，吹到乌羊之岁，从此星移物换，岁易时迁，旧历年关，情殊往日者也。

1943年2月5日　第一版

本报春节停工启事

今日为农历新年，本报循例休假两天，六日七日停派纸，八日照常出版，扩张篇幅，充实内容，将以二开大纸之崭新姿态与读者做新春之见面礼。爱护本报诸君，祈为留意。

本报谨启

1943年2月8日　第二版

春到人间市情报道　禁设骰宝娱乐更盛

（本报专访）腊鼓频催，残年□过，今者虽一年岁首，今市况与年前大异，一则以百物腾贵，购买力弱，次则去年当局曾颁令禁设街头骰宝档，故加上连日苦雨凄风，市面景象顿成寂寞。惟各娱乐场所，则繁荣空前，舞场酒肆，仍是酒绿灯红，夜夜管弦洋洋盈耳，一般贵胄之家，多作竹战。昨天忽晴，路上行人如鲫，茶楼酒家，倍形热闹，而市面乞丐竟成绝迹，是亦拜当局对市容方面处置得当而已。记者日昨拜访各商号调查日来各项物价并简报如下，烧肉五元、猪肉三元六、牛肉三元二、鸡四元、鸭二元八、发菜十三元、蚝豉三元九、鲮鱼一元四、生菜二毫、茨菰五毫、莲藕一元二、土尤十二元、腐竹二元二、粉丝三元六、二竹二元四、云耳七元八、草菇五元四、香信四元六、甘菜一元七、红枣二元四（以上俱每斤寸）云。

1943年2月8日　第二版

捕获贼匪　居民庆幸

（本报专访）自警方当局于前日将屡度械劫之贼匪破获，该消息传出以后，社会人士，哄动遐迩，咸以警方竭力维护市面治安，肃清不法歹徒，安定社会秩序，莫不感拜当局之得力也，而居民亦皆额手称庆云。

1943年2月8日　第二版

本澳邮电专理局设法　恢复各埠电报收发　除中国自由区外沦陷区多可沟通　每日由上午九时至下午八时办公

本澳自太平洋战事发生之初，与外间互通消息工具之电报，立即受到阻隔，市民对于沟通讯息一事，均感不便，旋经澳门政府努力，次第恢复拍发工作，而本市始与外间讯息相通，前后实现而可以直接收发私人电报者，已有上海、广州、香港、厦门、华北各沦陷区，及东三省等处矣。电费亦经按照各地情形，规定价格，凡欲拍发电报往上列各地省，须先到邮政局领取电报填写表一纸，中文则填入电码符号，英文则直接填入，在邮政局三楼缴费后，即可如前发出矣。至收费则规定拍往上海者，中英文每字均为七毫，广州者中文一角二分，英文加倍，香港中字一角，英文加倍，厦门中英文均九角，华北各沦陷区及东三省中英文均同为每字九角二分。电报局收发电报时间，每日由上午九时开始办公，至下午八时休息云。

1943年2月8日　第二版

银业金饰运输　去岁获厚利　金融动荡好淡友皆大欢喜

（本报专访）溯自太平洋战事爆发后，各地商业，均受莫大影响而致波动，歇业者有之。惟本埠商务，日趋繁盛，所以去年各运输行与夫金饰店等，尤以各大银号大兴土木，新张者甚多，具见本澳商业发展之一斑。其蓬勃情形，见诸事实，查其里因有二，各大银号各大号各埠均有联号，汇兑方面，遂形成便利，此其一，次则关于金融市况动荡情形，起落靡定，智者眼光所及，获利甚巨，故好淡友皆大欢喜。热闹之情，至岁晚仍未稍减，昨据银业界中人称，该行市场休息三天，由农历元旦日起，初四日照常复业，各银号亦同时启市云。

1943年2月8日　第二版

私带函件

（本报来讯）本澳政府法例，凡出入口信件，非贴有足额之邮票而私行携带者，即属违法。查有男子陈棠，四十二岁，省城人，住连胜马路一百三十二号，于昨日携有函件二包，计达多通，未贴有邮票，私行在廿四号桥出口，为当值检查员发觉，将之截获解署控究。

1943年2月8日　第二版

万五元寻回　骗案了结

（本报专访）日前报载河边新街广盛行司理李洪，被任职海珠丸之男子黄明骗去港纸一万五千元等情。查该案实由李交黄港纸三万元，实凭单两张，黄不慎竟遗失一张，事后已由黄明寻回交李，该案乃告了结云。

1943年2月10日　第三版

望厦米站昨通告　改善葡币购米　购米一元以下者始准用辅币　各号筹仔每周最少到购一次

（本报专访）望厦米站自星期一日起照常开售五、六、十号及西人特别筹后，并即日补售前星期六之天星学校报馆集团米，昨日则售华人特别筹及四，九号筹，至于原定昨日发售之三号牌仔，则须在星期五日上午售米。当记者昨日下午趋访金神父时，并由该站负责人黄则光君亲为指引到各工作场所参观，迨到银毫交收处观察，目观仅三分钟内可收小号牌仔者计十名。又据该负责人称，该站之每日办公时间，上午八时半，下午一时半开始工作，至于售米秩序，每日本有预定时间，以前统收银毫时，收银员三名，每日六万人售米则能应付裕如，现本站银毫与纸币同收，收银员增至六名之多，反感应付困难，此种原因，实为日来所收多是五毫辅币，检验需时之影响所致。兹为便利今后售米计，由即日起，凡用西洋纸购米者，如其本人购米在一元以下之数，方可缴交五毫辅币，否则如购五元米者，则须缴五元面额纸币，购米十元者则须缴十元面额纸币，如此类推。如葡币未便，则准全数用双毫购米，以免阻碍时间。至于贫民日日米，由昨日起提前每日上午八时一刻至八时半止，逾时不候。该站发出通告称，奉督宪令示，到站售米者不论何号筹仔，一律每人限每周一次，否则拿究，此布。今日售米秩序如下，上午，二号筹仔继续问话，一号牌仔售一元二毫，九号牌仔由六百零号至尾止售八元四毫，下午六号牌仔售二元四毫，七号牌仔售六元，八号牌仔售七元。又闻该站昨晚又将连日收得之济贫仙一批送交托儿所以济难童云。

1943年2月10日　第三版

难民营新址收容达千余人　澳督及警察局时往巡视

（本报专讯）澳府当局为救济本澳难民，特租得台山谦源炮竹厂旧址为难民收容所，尽量藏纳流离失所，瑟宿街头之无依难民。自举办以来，办理日臻完善，深得社会人士赞许，最近收容数目达一千五百余人，分由男性女性各别宿处，而歹徒羁留处则附设营侧，派警值勤逡巡，防止歹徒逃逸。至营内难民之食料，有稀饭，豆类蔬菜等。警察局长布英沙，每日例驱车前往巡视，检视每日难民所用之食料，及难民之待遇，以便改善。而宅心慈善之澳督戴思乐，对难民景况，备极关切，时有莅临视察，并对营中管理人，多所训示云。

1943年2月10日　第三版

凼仔小轮　更改时间

（专访）海岛市与本地来往实为一衣带水，在昔每日航行班次计在十次之多，交通殊感便利，惟自港变后因煤斤来源关系，遂减小航行，为时略有更易。查今年农历元旦开始，亦重新更改时间，头渡上午澳开九点，由路湾开九点，凼仔开九点半，尾渡下午澳开两点半，路湾开六点，凼仔开六点半云。

1943年2月10日　第三版

公物会今日开会　审核业钞事宜　该会受理案卷达数百件

（本报专访）澳府为议定业钞缴纳数额，设立有公物会，推定澳府长官及埠中名流为该会委员，俾负责一切业钞应否增减评理事宜，业已开始派员按照申请书请求减额之物业，从新估计公布，业主认为适合，遵照缴纳。公物会委员曾一度召集，讨论从新估计之业钞，是否有当，议决通过，至一九四二年及一九四一年之业主申□减钞书，其所持之理由极为充分，故当局无须派员从新估计者，故澳府乃统交公物会委员审核，按照其理由之增减。查公物会定于今日上午十时，假座督辕楼下财政总局内开会审核，而受理案卷达数百件，须逐一提出讨论，颇为耗时，故预料一日内未能办理完竣云。

1943年2月10日　第三版

电力管理局发表　今晚停电之街段

（专访）电灯公司，自归政府接办后，改为电力管理局，百事改良，市民称便。日前该局发出通告，据因依期修理电力部车房炉灶，防范不虞起见，乃由前日开始，为期约十五天，故在修理期间，每晚由七时至十二时，分段停供电力。兹将今晚停电之街段探录如下，民国马路、柯廉卑亚、西望洋、岗顶、下环内街、烂花园、福隆下街、桔仔街、快子基、黑沙环、关闸、二龙喉、卢廉若、保血公司、美副将、柯利维喇、田畔湾、罅些喇提督马路、沙栏仔、沙梨头、中央、东亚及五洲升降机。

1943年2月10日　第三版

西洋银行饰箱欢迎各界租用

（本报专讯）本澳西洋银行为直接葡京政府统辖之汇理，报关信用稳固，资本雄厚，拥有现金五十万，储备金六千七百万，统理一切外汇储蓄事宜。最近该行发出消息，谓有金饰存蓄箱未经租用者为数尚多，中西人士倘欲租用存蓄金饰财款等贵重物件，亦可向该行长接洽，至此种存蓄箱，物主只佩锁匙两条，任由启用，无需签具凭单云。

1943年2月11日　第一版

【社论】春假启课后教育界的新使命

依据校历新规定，本周便为三十一年度各学校下学期启课开始之期，学校当局休假了一个春假，又再度向着这个艰而且巨的教育程途迈进了。

农历元旦的春节，我政府早经规定为农民纪念日，今次元旦，更定为新条约成立的庆祝纪念日，陪都、昆明、韶关、桂林等地官民，都热烈举行庆祝，各家门户，张灯结彩，夜间提灯巡行，情况至为兴奋。而长官上自最高领袖，下至地方政府，均有出席参加，和民众共同庆祝，解释新条约的意义，勉励民众，今后应有的生活，务□适合优秀文化的水平，做一个“头等国民”。

要做一个“头等国民”，绝对不是举手之“劳”或“旦夕可成”的一回事，我们应下无限的艰苦教育工作，“才”可逐渐培养而成，所谓“十年树木，百年树人”，又曰“十年生聚，十年教训”，这无非是说要使一国人民的智力和道德程度提高，必需经过不断的教育劳力，才有收效。我们已因抗战而获到国际上的平等地位，然智识和道德的国际平等地位，是不会从抗战得来，而是要从教育培植而来的，于是这个使民族跻于国际平等地位的责任，就不得不加储于我们那勤俭，克□，耐劳的教师身上了。现在为春假后启课的第一周，我们可敬可爱的教师们，就从此负起了这个建设新民族的新使命——教导国民怎样做一个“头等国民”——了。

怎样才配称做一个“头等国民” 呢，从最简单的说法，要有双全的体魄，活泼的精神，向上和纯洁的意志，爱护团体的心情，适合共同生活的机能，和谋生的正当技术，这些都是新民族建筑的基本条件，教育的新使命，就是教导青年们达到这个水平。

在这经费不足，设备不全的教育下，要强迫半饥寒的教师们来负起一个关系民族建设的重大责任，未免有些不近人情，而且，教育制度的改革，和前进，有待于国事的奠定，我们也不便于此时来苛求于教师们。然而本“有一分人事尽一分力”的训示，教师们未尝不可在可能范围内负起这个新使命，把可以改革的先事改革罢，英儒约勒斯基曾经说过，“教育和管理同是一个字，教育并非教人懂得他所不懂得的，而是教导人们去实行他们不实行的，所以真实的强迫教育不在问□，而在训练，它并非教训青年以文学的格式，和数目字的诡秘，而任由他们利用了这些数目字去棍骗，利用了文学的格式去填满他们贪婪的欲望，相反地，教育要训□到青年们有健全的做事能力和纯洁的身心，所以教育事业系一种痛楚、艰辛，和坚忍的工作，要慈祥地，警惕地，训示地，鼓励地，和——最要者——示范地来启发学生的意志与行为”。亲爱的教师们，你们的责任太重了，待遇太薄了，社会对你们太残酷了，请你们本着约翰斯基所说的替国家建立新民族罢，教育事业是辛苦的，你们的工作，□□光荣酬报的一日。

1943年2月12日　第二版

财政局公钞科　修改公钞条例　由本年秋季起开始实施　并组评定生艺钞委员会

（本报专讯）财政当局，为修改埠中各行商号，缴纳生艺钞条例，澳督戴思乐已于本月一日在宪报发出扎谕公布发表，惟该新例将于本年度（七月）秋季生艺钞征收时，始行实施，凡新开业之商肆，向公钞科领取营业牌照时，虽先向白鸽巢官印局内购买申请表格纸一张（每张六角），将表格上缮明商店之名称及所在之街道，东主姓名，雇用伙伴若干每伴之年薪若干，及经营何种生意等，一一填报清楚，然后呈送公钞科，经审核后则批出牌照，准许营业。惟牌照改为摺部一个，与现在之牌照纸不同，该摺部可继用五年，如每季缴纳钞费时，可携同摺部到公钞科登记，庶免每季更换之繁多手续云。

1943年2月12日　第二版

米站将进行取缔小童购米　规定购米者之年龄

（专访）望厦米站消息，今日售米秩序如下，上午八时开售三号筹仔，十一时开售七号筹仔由六百零一号至尾止，下午一时半则售二号。又据该站职员称，最近发现有等粮证，不但不亲自到站购米，并常将粮证委诸小童到购，对故手续及售米时即多有阻碍，故规定于下星期一起（即十五日），凡购米者，无论男女，一律须在二十岁以上，否则不售云。

1943年2月12日　第二版

佑德行捐　面包一千个

（本报专讯）佑德行主事人近以难民营内难侨惨苦，特捐出面包一千个，于本星期日下午三时送往该营铁（难）民餐食云。

1943年2月12日　第二版

慈善跳舞会　设立办事处

（本报专访）利为旅主办之跳舞比赛会，定期举行，已志昨报。查该会已假在利为旅二楼一零三号□为办事处，每日下午一时至五时开始办公云。

1943年2月13日　第二版

当局委商会代发还订租合约　下星期一起业主可凭据到领

（本报专讯）一九三七年秋，时值华南战事发生，内地难民纷纷来澳趋避，为数甚众，居民与日俱增，造成□形发展，埠中楼舍，供不应求，不良业主因借此时机，倍以租值，长安不易居，本地人亦同此感，非仅外地逋民之兴嗟也。顾一般业主，贪得无厌，三番数次，递加不已，黄台之瓜，一摘岂容再摘，纠纷迭起，民怨沸腾。本澳政府当局，高瞻远瞩，俯察下情，特制定法例，严加取缔，以苏民困，故由是年起，埠中所有楼舍，业主须与屋客订定合同，限制业主毋得任意迫迁或加租。澳门商会于斯时由是年值理议决，义务替埠中居民办理业主及住客订立合同，汇呈公钞科审核案。光阴荏苒，迨今已达多年，该合同尚未发还居民收执，致最近因业钞申请减额，亦无据可凭，且有业主增租，居客要求减值之纠纷事件发生，黑白是非，情词各执，故一般居民，咸望当局从速发还合同，以为执据，曾多度请求商会转陈公钞科。顷据有关方面消息，公钞科已将所有该项合同统交商会，转代发还，该会现已将各合同之数码分列，将于下星期（星期）一（日）开始依次发还，通告各业主到会领回。惟当年商会代办呈交公钞科时，曾由该会发有号码一纸，以便将来依号码领回，但因事隔多年，业主之号码，或有遗失，故该会除依照原有之号码发还外，如遗失者可用店铺图章具领云。

1943年2月13日　第二版

米站今日售集团米

（本报专访）今日天星学校报馆集团米，仍照历来星期六秩序，在旧米站开售，其他各号牌仔则全部休息，惟在星期五之七号牌仔由六零一至尾止，如属“走鸡”者，则于今日另行补售。又办事室方面上午发给各号星期米之新筹仔，下午三时起，则办理报失粮证及其他事宜。据息关于报失粮证之证明手续，到站时必须具备邻居粮证，以为根据，而杜流弊，或有同居前来保证属实，始可另发新筹云。

1943年2月13日　第二版

大丰银号　捐助同善堂

本澳大丰银号，特将春茗欢宴席节省，共双毫五千元分发各慈善机关，昨已将葡币一千元，送交同善堂云。

1943年2月14日　第二版

整理电机日间完竣　将撤销分区制　电气局各职员均颁发身份证　下日颁布新例改善居户用电

（本报专讯）本澳市营电气局，由局长鲍路士处理下，一切行政机构，各项措施，均加以整顿，故办理日臻完善。顷据有关方面消息，该局将于日间，颁发各级职员之身份证，该证贴有本人之相片，及书明姓名、年龄、所守何职，并由鲍局长亲自签署，方生效力，嗣后凡抄表员检视耗电额数或收银员到户收款时，用户得有机要其交出身份证件，以防不虞。查该局于最近因整理发电机件，仅以一机发动，其电力当告微弱，殊难普遍供应全澳用户所需，故特发出布告，由本月八日起，十五天内，采用分区限制用电，各酒店之电梯每晚在七时至十一时，停止启用，该限制一俟整理机件完竣后，当可恢复常态。顷据消息，将于下星期内便可将机件整理妥善云。又查居户用电，当居亦颁有规例，饬令用电遵照办理，记者顷据灵通方面消息，市行政局将于来月特从新颁布条例，改善居户用电云。

1943年2月14日　第二版

明天售米秩序　米站经已编定

（本报专访）望厦米站下星期一日起，不再在旧米站办公，办事处则迁往新米站门前之新居处办理，该处门前并陈列托儿所之照片，因以米站一年来所收入济贫仙，为该各儿童获得救济，特向各界致谢之意。（此外另一部分是支销于失业者挑泥填地，即“以工代赈”之用。）及设备救济箱以待今后济贫之随缘乐助，共襄善举也。顷据可靠消息，举凡连日来各号粮证，如遇有因手续不符为当值警察缴去者，该粮证本人，即日无充分理由向该警详明讨回，则由该警携去转交所属之发给粮处办理，但市民可于翌日自行到该处申请领回，如届时仍无充分理由到该办理处申述，该证则有被缴销之虞，米站概不负责。又查今日星期日休息，明日星期一开售天星四人特别筹，上午由四零零零一至四一零零零，下午由四一零零一至尾，又十号筹星期米，上午由一至八百，下午由八零一至尾止发售。星期二开售大星华人特别筹，由四零零零一至四一零零零，下午由四一零零一至尾止，又售十号筹，上午由一二零零至二八零零，下午由二八零一至尾止。是日下午同时发售九号筹由一至六百号止。至于昨星期六之天星报馆学校集团米，未及购得省，则在星期一日补售云。

1943年2月15日　第二版

佑德行廉价面粉　今日继续有发售

（本报专访）昨日佑德行在炉石塘联安号所售之廉价面粉往购省极为挤拥，场上秩序，由值勤该段警察及佑德行各职员维持，亦称良好。该行主事人以每人限购四毫为数未免太小，故再将价分为一毫、二毫、四毫、六毫四种，但每人不得超过六毫，以期普及。如手车夫等持有车上油布或证明物件，则可直进购买，不用排队，闻明天仍继续售卖云。

又昨日三时许，佑德行送一千贫民面包往难民营时，除该行主事人曹鑫之外，并请各中西报界记者亦到场协助，但难民营中只得难民六百九十七人，故只发出面包六百九十七个。难民营办事人以曹鑫乐善好施，谨代市行政局长布英沙致谢。闻今日又将四百二十个面包送往托儿所云。

1943年2月15日　第三版

取缔小童购米　今日开始执行

（本报专访）望厦米站通告从今日开始，凡到站购米之男女，年龄需在二十岁以上，方许购米。又办事处今日正式迁入新米站门前之新处，办理日前问话“走鸡”之筹仔事宜，凡“走鸡”者，得于今日前往问话盖印，如仍逾时不到者，决定不再补盖。兹将问话时间列下，上午九时十号，十时九号，十一时八号，十二时七号，下午一时半六号，二时半五号，三时半四号，四时半三号，五时半二号及一号，以上各号盖印筹仔，只可盖印，但不能购米，特此周知。至于今日售米秩序，上午天星西人特别筹照常发售，九时售星期七十号筹由一至八百，下午继由八零一至一千二百号止。查该号筹，本周因时间支配，减少问题，一律暂售六元，下周即恢复原日售米数量云。

1943年2月15日　第三版

平民义学　大加改进

本澳平民免费学校，自开办迄今，垂二十载，办理优良，深为社会人士所称道。查该校自华人代表梁后源任主席以来，及得各校董热心协助，极力改进，更为完善，最近因时局关系，物价奇昂，生活困难，致令失学者殊众，该校主席有鉴及此，为谋救济失学起见，特于去年觅得连胜马路八十七号、八十九号、九十一号，一连三间，改建校舍，扩充班额，并增设小学五、六年级各一班，俾有志求学者，得有所深造。及招收各年级插班生，借以收容多量之失学贫童。该校除免收学杂各费外，对各生应用教科书籍，亦由校免费分赠。现该新校修建工程已告完竣，定本学期开课，有志就读义学者可速往报名云。

1943年2月16日　第一版

【社论】慈善事业的基本认识

做慈善事业，也□做无论任何事业一样，要有良好的方法。一个农夫播了种，而不去耕耘，他的收获，必不会丰盛。如果要卖平民粥饭和面包等，使一群贫苦的人家企立了等候半日，才可购得不能果腹的一些，那不特是阻碍交通，影响附近商户的正常活动，和摧毁市面的观瞻，而且是剥夺了贫民劳动的光阴，养成他们的懒堕与不求上进的习惯，这是何等不经济。

慈善事业的基本宗旨，不是救济贫民于一时，而最主要的，是减少贫民于永久，换一句话，要培植他们的谋生技能，给于他们谋生的机会，使他们在社会上能够自立，有站脚的地方，尤要者，有鼓励自己努力向上的意志，使他除了自己能够救济自己之外，还能够作他同伴的榜样，影响到他们去奋斗，不自甘坠落。美国万万富翁汽车大王亨利福特氏曾在一间餐室遇到了一个青年，他向福特氏求乞，福特问他为什么不去谋生，他说他没有本钱，福特便给他值五枚铜币的一枚镍币，说“你的努力，便是你的本银了”。后来福特接到一封信说：“……如果，那时的先生真救济我几元，我也不过消耗多几杯咖啡罢了，又岂能有今日……”我们向来所做的慈善事业，就是消极的去周济贫民，如不会积极的想怎样减少贫民的方法，结果是贫民愈救愈多。

日昨报□伦敦十三日电，纳非尔爵绅，捐出一千万磅，成立一个叫作纳非尔慈善基金会，专作研究医药、自然科学、社会科学，和老年人娱养金等用。一个健全的社会，端赖有健全的社员，如果一个社会里，有大部分人员是精神衰颓，意志薄弱，体格枯瘦，还成一个社会吗？所以外国的慈善家，所办的慈善事业，必有系统的，有组织的，从基本方面而着想，研究科学，兴办学校，创立职业养成所和工厂，其余如儿童娱乐场、体育场、沐浴室、图书馆、博物院、健身室和其他一切民众训练的场所，都是提高人民体育、智育、德育，和群育的基层工作，是树本的根干。今忽略了树木根干的培植，如欲其果实茂盛，等于播种而不耕耘，又乌乎可？我希望我们的慈善家，除了目前周济粮食外，还要从根本上着想，这才不辜负一片善心。

1943年2月16日　第三版

米站今日全日为发售　天星华人特别筹　九号及十号筹亦继续

（本报专访）望厦米站自发出取缔小童购米消息后，昨日已开始严厉执行，凡到米站购米之男女，年龄未满二十岁以上者，一律不予发售，故外传十六岁以上可购米者，是日竟成望门叹兴。又日昨本报根据米站确讯，改善葡币购米，减少辅币交收，以便秩序之进行，消息传来，连日该站工作异常顺遂，间或未明手续，缴交一毫二毫之辅币，该站亦暂予通融，并非绝对不予售米，但希市民注意，仍以少交辅币，毋□售米时刻，否则留后办理。今日售米秩序，天星华人特别筹仔，上午由四零零零一至四一零零零，下午继续至尾，又十号筹上午八时半售一千二百零一起，下午由二千八百零一至尾，又九号筹下午四时开售由一至六百止，翌（星期三）日上午九号筹继六零一至尾，十一时售八号筹，下午一时半则售七号云。

1943年2月16日　第三版

慈善跳舞改期

（本报专访）利维旅酒店所筹备之慈善跳舞比赛，经有多日，本定于本月十七十八日举行，后该办事人员为欲增加销券数额多救贫民起见，特改迟数天，定于星期内星期六星期日一连两晚举行云。

1943年2月16日　第三版

电机修理完竣　全澳大放光明　试验良好即宣布撤销限电

（本报专访）市营电力管理局日前为整理电机机件，特轮行实施分区限制用电，为谋早日恢复常态，故从速整理。顷据有关方面消息，该局经将电机修理完善，于昨晚举行试验成绩良好者，则可正式宣布撤销限电，恢复往昔常态云。

1943年2月16日　第三版

发还订租合同　商会延期公布

（本报专讯）财政总局公钞科，经于日前将一九三七年之业主住客订立合约，统交由澳门商会转发各居民，商会随即将各合约编列号码，并拟于昨日开始办理发还手续。惟合约多达四千余份，编列需时，故未能依期理妥。记者昨据该会总务先生对记者称，现已从速编理，一俟完竣后，当可发出布告，通知各该户到会认领。日前诚恐居户挤拥到会起见，故迟迟不将日期公布云。

1943年2月16日　第三版

面包四百余　昨送托儿所

（本报专访）佑德行所定送往托儿所之四百二十个面包，经已于昨日上午十时左右送到，记者亦随同前往。面包送到后，即由该所女修士分派，各贫孩得此面包，皆面露欣喜之色，欢跃而散。面包分发完竣后，由女修士长带往住场各处参观，所内有一新搭葵棚内有一大食堂，课室三间，卧室一间，医药房一间，各种设备均极良好，至于小孩日间食用，暂定大孩吃饭，小者吃粥，有肉类蔬菜等佐膳云。

1943年2月16日　第三版

白米无沙

（专访）本澳营地大街德泰行，专办本地白米，自开业以来，素有声誉，久为社会各界人士所赞许，“白米无沙”，且取价公平，乃澳中独树一帜之办米专家也。

1943年2月16日　第三版

各界踊跃助　同善堂善款

同善堂为本澳之慈善机关，历办赠医施药施棺种种行善工作，不遗余力，颇有声誉，甚得侨众同情。且年来药材价涨，施药一剂，较诸曩日数剂有奇，其他施棺等亦属倍蓰，其支消经费庞大，实不易支持。社会人士，深悉其情，故亦不断捐输，查昨日有杨氏善信捐港纸一千元，乔记港纸五百元，无名氏港纸一百五十元，同善堂药局双毫三百元，梁亨双毫一百五十元，□昌荫大洋二百元云。

1943年2月16日　第三版

教育消息

教忠中学，本学期考取插班新生，均已完竣，学生本期投考者，较上学期加卅余人，该校为利便远道而来者计，随到随考，以利有志向学之学子云。

1943年2月17日　第二版

访问市营电力管理局　局长巴路士解答用电问题　欲装较电灯具函市厅申请电费照常缴纳决不再增价

（专访）电灯市营后，一般用户，对于用电之章程，有无改变，及如欲请求新装电灯手续，如何方合，一切极欲明了。记者为此，昨特访谒该局长巴路士，并提出下列各项问题叩询，一、电灯市营后，市民用电所应守之规则与日前用户合同有无更变，二、从新装较电灯手续如何，三、新装电灯工程及图则托电器店办理有效否，四、缴纳电费手续与前办法有无更改，五、电费以何种币制为本位，六、外传将再增加电费是否属实，七、去年十一月颁布之限制用电额数有无更改及何时撤销此例，八、分区供应电流之办法尚有若干日可撤销，九、全澳用户统计有若干号。以上各项问题均蒙巴局长一一详为答复如下

电表缺乏

（一）关于用户应守之规则，市政厅不久将颁布新例。（二）市民如欲装较电灯，可缮函市政厅申请，该函之缮写，中英葡及各国之文字均可随意，惟现目电表，甚感缺乏，故申请新较之电灯批准与否，要看本局有无电表而定。如本局有电表时，则须按申请者来函，次序而定先后，盖现目已申请而未获装较者为数极众，希望一般用户有电表数个者，将多余之电表，割爱交回本局，俾以普及市民用电。如有用户愿将多余电表交回本局者，本局为酬劳该户，则增加其用电数额。惟对于驳较街线，则市政厅已于去年十一月颁布条例，规定不准。（三）关于新装电灯工程及绘装较图则，本局设有用户工程部，接较电灯工程，如用户乐意雇用市内电器店办理亦可，签定新合同，须用禀纸两纸，合同系用葡文书成。（四）缴电费手续与前无异。（五）电费以本澳葡币为本位，如葡币未便，双毫亦可通用。

不增电费

（六）本局以服务社会为宗旨，并非欲图谋利，故对于电费一项决不再度增价。（七）关于撤销限制用电之问题，则须战后或燃料充裕始□得到。如用户之电度太低，可具函市政厅申请增加，惟准本月十三日止。（八）政府接办电灯后，目的务使尽量利便市民，故决意恢复全澳日夜供电，启用两副发电机发动电力。惟该项发电机其中一副较小型者，惟本局最近已将其构造改良，如日夜不息发动，可延长至每一千六百个钟，清炉一次，在清炉时期始暂施行分区制，否则照常日夜全澳供电。现目该机日间修理完竣，本星期内即可撤销分区制，恢复全市供电。本澳之电流供应，在本局极力维持之下，可无断绝之虞。

华人用户

全澳用户统计将达一万号，最后局长更谓本局为利便华人用户起见，设有华人用户部，专办理华人用户一切事宜，并设有询问处（设在该局第一间入门右边），义务解答用户一切询问，并不收费。最近更为达到官民合作及澄清利弊起见，增设投诉处，市民如发觉本局职员有苛取或延误或舞弊等情，可投函或直接向本局处投诉。该

项投诉事宜由本人（局长自称）亲自受理，如用户有私自驳线或窃电或与本局工人串同作弊等事，任何居民均可向本局投报，一经执获有据，即行将该作弊者处罚。

职员鉴别

至于本局职员之鉴别，本局发给职员身份证，该证乃一手摺小册，内贴有其本人近照及载明职守，由本人（局长自称）署名证实。如有人自称为本局职员到用户查照电表及征收电费等情时，用户如有怀疑之处，可得要求其交出身份证检阅，以资鉴别无讹，而免受歹徒愚弄也。

1943年2月17日　第二版

新教主　今日或抵澳

（专访）据教会传出消息，罗约翰主教，经已抵达石岐，如无事阻，今日下午或可抵澳，本澳中西教友，已准备届时前往欢迎云。

1943年2月17日　第二版

慈善舞会主席晋谒澳督　请示慈善跳舞事宜

（本报专访）利为旅之慈善跳舞比赛会主席刘伯平，于昨日十二时左右往谒澳督戴思乐，请示慈善跳舞事宜，承蒙澳督亲自接见，谈笑甚欢，并即购无限额价券两张，始辞别而出。又该慈善跳舞改期于本月廿、廿一，一连两晚举行，场内不设劝捐云。

1943年2月17日　第三版

设立红十字会代表团　义务放送音讯　葡京已委派罗德礼为主席　推定职员时间将设址办公

（本报专访）丁此烽烟遍地，全球几无一片干□土之秋，葡国位于西欧一隅，尤能保持中立，态度超然，而本澳当局，一切行政措施，均秉承葡当局意旨为圭臬，故太平洋□弥漫战中，斯独安谧如恒，各国侨民，得此庇荫，靡不感为世外桃源也。惜以战时关系，航道梗阻，交通不便，故□息传递，时生隔阂，或转假于电报，但需费过昂，因此侨民每欲与各地戚友互通音问者，咸为憾事也。顷据有关方面消息，澳府对于最近奉接葡京最高当局指定，委派本澳葡籍名流罗德礼为“西洋红十字会澳门代表团主席”，该团之任务为义务启本埠侨民放送音息。凡本埠侨民有亲友在各交战国之城市者，如欲探候及报告本人近况者，可具情向该团请求办理，该团则可代侨民拍电放送，每电所用之文字，不得超过廿五句成语，但请求寄送物件或向亲友讨款者，在可能范围内，亦可代劳。该团经推定秘书林马氏，财政志地能，委员则以大律师宋耀生、毕佐治、高士打、地喇乐等任理，现已筹备一切，日间在南湾罗德礼洋行则设址办公，而澳府将于下期在宪报内发表云。

1943年2月17日　第三版

业户租约合同商会开始发还　每日办公时间任由到领

（本报专讯）澳门商会为代财政总局公钞科发还廿九年度业主住客订立租约合同案，该项消息，已独志本报。商会当局即着手编列号码，以便各业主依次到领。查该项合约，多达四千一百五十八件，编理需时，故迟迟不愿将该项消息公布，以免业主挤拥到领。查商会现已编理完竣，于昨日始行发出通告，凡于廿九年度订立之业户租约合同，业主可携具年前发给之凭券，在本月内除星期例假外，于每日办公时间任由到会领取云。

1943年2月18日　第二版

警探昨在码头搜获怀枪男子　被控未领枪照有违禁令

（专访）警探昨在廿□码头执行搜查职务之际，发觉一中年男子有可疑之处，乃向其施行搜查，当堂搜出其身上怀有手枪一枝，附子弹廿七颗，而未领本埠自卫枪执照，当值警探乃将之连同手枪子弹一并带返警署，控以私携枪械入口，而未领有枪照之罪。质诸该男子，名李耀，廿五岁，番禺人，自称在香港任密探队队员云。

1943年2月18日　第三版

未满二十岁购米　米站严厉取缔

（本报专访）望厦米站，自本星期一日起，严厉执行取缔未满二十岁小童到站购米，一般误信外传十六岁以上之男女则可到站购米，故连日来十六岁以上，二十岁以下到站购米者，为数不鲜，惟结果只得两手空空而回。

又本周售米秩序，今日上午六号筹售五元六毫，下午五号筹售四元二毫，明（星期五）日上午四号筹售三元六毫，三号筹售三元，下午二号筹售一元八毫，一毫筹售一元二毫，星期六之天星报馆学校集团米，照常十一时起开售，是日该站并发新筹，及办理关于报失之粮证事宜云。

1943年2月18日　第三版

沙坪适发生战事　新主教滞留鹤市

（本报专讯）关于本报新任主教罗约翰来澳消息，此间天主教徒，咸极关怀。日前曾由教会方面传出消息，谓罗氏经于前日离肇来澳，业已安抵中山石岐等情，本埠中西各报，均有记载其事。惟事隔多日，仍未见抵澳，故教徒殊极诧异。记者以此，昨特向有关方面调查，据悉，罗氏确已由鹤动程来澳，讵路经鹤山沙坪时，适遇发生战事，交通顿告梗塞，罗氏迫得滞留鹤山。现战事正酣，故罗氏于何日才能启程，实难逆料。而本澳教会派出前赴中山迎迓罗氏之彭司铎，得悉各情后，亦于昨日返澳。至本埠各教友，聆此消息，咸极关怀，故纷举行祈祷，祝佑罗主教健康无恙云。

1943年2月19日　第二版

前晚九时许　误报械劫

（本报专访）前（十七）晚九时许，警方得接报告，谓荷兰园正街某号居户，遭匪徒伙同械劫，警方旋派出大批警察配备钢盔轻机械关枪手榴弹等犀利枪械，驾冲锋车迅速驰赴肇事地点，抵埠后，分散执行捕匪工作，中西警探亦纷纷出动。督察长观耶，身先警员，驰赴该居户查究，惟并无械劫情事发生，至此次实为某居户之西人，迷蒙间瞥见有黑影向该门前混迹，形迹闪缩，疑为贼匪行劫，故误报警方。警探得悉原委后，乃收队而去云。

1943年2月19日　第二版

米站因稽核数目　昨临时停售一天

（本报专报）望厦米站昨因稽核米数及商讨调整管理起见，乃于是日上午六号筹开始售米时当众宣布停止，同时下午之五号筹亦一并改在星期六照原定时间开售，今日上午为四号筹（三元六毫）、三号筹（三元），下午为二号筹（一元八毫）、一号筹（一元二毫）。售米之期，如无事阻，当可照常办理云。

1943年2月19日　第二版

柴贩收规

（本报专讯）男子吴炳（四十一岁）、张有（卅五岁）、李覆（廿三岁）、黄炳（四十二岁）、邓成（五十八岁），彼辈均业柴贩，于昨日被警将之解交警署，控彼等在黑沙环一带伙同私收“规钱”，祸害柴商。经由警方审讯有据控，谕扣留四天示儆云。

1943年2月19日　第二版

卢文衡控　伙伴亏空

（本报来讯）男子卢文衡，为大光火柴厂之股东兼任司理，于前日前赴警方投报，谓有伙伴钱某亏空店款港币七千四百九十六元七角，大洋一千二百八十八元，毛券一百七十元零七角一分，双毫四百二十四元一角。警方据报后，乃派出华探将钱捕获，解交警署，控之于案。质诸钱称卅八岁，三水（人），讯后，则扣留后办云。

1943年2月19日　第二版

慈善舞赛　明日举行

（本报专访）利维旅慈善跳舞比赛所发出之无限券，又由本澳经济局长罗保氏销购两张。惟据利维旅办事人称，各种慈善券，拯望社会善士解囊多多销购以济难民，又该慈善跳舞比赛铁定于明日下午九时举行云。

1943年2月19日　第二版

同善堂　收款一批

同善堂善院连日又收到捐款一批，挹注行善经费，计有无名氏大洋一千四百五十元，刘林氏大洋五百元，黄大大洋五十元云。

1943年2月20日　第二版

镜湖医院筹划院内增建解剖室　督宪已代致电葡京请求

（本报专讯）本澳澳镜湖医院，本届值理，自莅任后，即计划增辟手术室，以利疗治病民。惟以种种环境关系，有愿难偿，逐致留医病民其症须解剖疗治者，则转送白马行或山顶国家医院。该院正副主席以长此以往，医院设备不健全，实非病者之福，故增建解剖室之事，志在必行。迨至最近，由正副主席刘叙堂，王德光，偕同医药部主任王耀坚等，前赴督辕晋谒督宪，请求准许该院增建手术室，惟据督宪答称，以刘等所语本人极予赞同，惜因葡国法例，凡能施理解剖者，其资格须经葡京试验批准，才可执行职业，现本澳能执该项医术者，仅国家医院长山度士，仁伯爵院长式弥恕及费利医生而已，故该院增设手术室，因对葡国法例有所抵触，碍难照准。督宪经详谈后后，乃转致电于山度士医生，请其于翌日来辕会同商谈，俾易解决，但山氏之意见，仍与督宪相同，该事遂成泡影。督宪再为考虑，乃允许代致电葡京属务部请求将治外法例之医章略予修改，准许中国医生有权在葡属土施用解剖医术资格，在未经批准前，该院可先行增建，但遇实施解剖手术时，须自行通知申氏来院，由彼莅临检示，倘有意外，其责当由申氏所负。刘某奉准后，殊为欣忭，现已决定交由医护部会同工程部规划一切进行事宜。倘该室建辟后，则镜湖医院设备，不但更告健全，且可供该院附设之护士班学生，亦有所实习云。

1943年2月20日　第二版

利便停柩　增辟义庄

（本报专讯）本澳镜湖医院为利便外来侨胞亲属身亡者之遗骸，因船运梗阻不便移运归乡起见，特在莲峰马路，设有义庄一所，赁舆停柩。年来死亡率增加，该庄之停位，已被租赁一空，临时盖搭竹棚数座，仍不敷资用，故镜湖以此，于昨日堂期会议席上，曾提出讨论，结果为增加善费收入，利便侨胞赁用停柩起见，决定增建义庄一所。该项工程，交由值理冯负责建造云。

1943年2月20日　第二版

低折葡币　送官究治

（本报专讯）男子莫洪，卅三岁，顺德人，在罅些喇提督马路一百五十七号等杂货店任职，于昨日有男子邓旺到购眉豆两斤，订明每斤为九毫六仙，邓乃付葡币二元饬其找续，讵莫竟谓葡币每元仅兑双毫九五，并要求多付两先，邓以其折低葡币比率，实有违政府明令，乃召警将之控交警署云。

1943年2月21日　第二版

本澳旅业行全部职员选出胡公武当选正主席　徐保仲李兆伯副之

本澳旅业行，本月十三日（旧历）正月初九日，假座东亚大酒店，举行春节联欢会，并选举癸未年理事监察大会，济济一堂，极一时之盛，即席选出理事七人监察三人，候补理事监察各二人。至昨日在国际大酒店三楼互选职员，国际酒店司理胡公武得票最多，被选为正主席，东亚旅店司理徐保仲，国泰旅店司理李兆伯为副主席，广州酒店钟兴生理事，□□旅店司理李德洲理事兼庶务，中央酒店司理刘铎为理事，华人旅店刘希登理事兼交际，东方司理李志鸿继任司库，环球旅店司理黄杰源，新嘉宾旅店司理区文祥二人为候补理事，上海为店司理郑藻英，亚洲旅店司理陈□庭，陆海通旅店甄国稳三人为监察，五洲旅店司理王永，□豪旅店司理陈铎文为候补监察云。

1943年2月21日　第二版

万能老倌噩耗　薛觉先归天　在柳州被刺毙命*

（本报特讯）饮誉粤剧艺坛，垂廿余年，而声誉未尝稍替，当推马师僧及薛觉先，彼俩对剧艺颇有心得，故博得一般周郎好评，而薛更有万能老倌之称。迨港战发生后，马即赴广州湾转内地，而薛则迟迟未行，且一度遄赴羊城，重穿歌衫出现剧坛。至去年七月初旬，始离港来澳，继赴广洲湾转入内地，同行者有女性一人。顷据自内地来客言，薛氏在柳州为刺客狙击，不幸殒命，醉心薛伶之女性，原不乏人，噩耗惊闻，想此辈太太小姐，当必珠泪泛澜矣。

1943年2月21日　第三版

慈善跳舞昨晚举行初赛　场券收入达数千元

（专访）利为旅主办之慈善跳舞比赛大会昨晚十一时半开始初赛，主席刘伯平宣布开会理由，请长官训话，继由该店监督胡公武致谢词，始举行跳舞比赛（快狐步舞）及教练舞蹈表演。事前该店门前悬一生花横额，灯光照耀，会内布陈一新，各热心商户购券入座者甚众。据有关消息，全场收入共葡币三千余元，该款将□数拨送难民之用，涓滴归公。今晚继续举行复赛，各界热心人士所送出之奖品，则陈列在新马路翩翩照相馆云。

1943年2月21日　第三版

澳门先导报　今日出版

前香港画报编辑葡人毕士达，自香港战后，即来澳暂居，最近向政府申请在澳设立报刊。经由澳府批准立案，于今日刊行面世。该报为英文版文字，译出华文称为

---

* 注：此为讹传。薛觉先为著名粤剧老倌，1904年生于香港，日本侵占香港后，他辗转至内地演出，并将大部分所得收入捐作抗战费用。1954年，薛觉先定居广州，1955年任全国政协委员。1956年10月30日，在广州人民戏院演出时，因脑溢血跌倒，次日去世。

“澳门先导”，每月刊行四次，逢每星期日出版，附于澳门早报印梓，毕自理一切美术图案及聘得菲律宾人意士边那为编辑。该报除刊载世界消息，各地通讯及本澳新闻外，并有美术图片，印刷精美，其意旨依照葡国严守中立云。

1943年2月22日　第二版

大丰银号惠及贫民　制面包低价出售今日起交中国面包公司办理

（本报专访）际此物价高涨，米珠薪桂之秋，一般受薪阶层，呻吟此种压力下，生活应付维艰，尤以无依难民，更苦不堪言。本澳新马路佑德行主事人，恻然动念，特采购大批面粉，交由马庆康面包公司，转制面包，低价出售，每个四两，仅收二毫，每日制售数百个，俾贫民得以充饥。自发动以来，经有多日，惜以所存面粉，耗用将罄，未能长久维持，故在三两日内即告结束，贫民咸为憾事。新马路大丰银号主事人马万祺等，对于慈善事业多所赞助，最近以祐德行所办之平民面包，成绩良好，特下巨资购买大批面粉，在水坑尾中国面包公司仿制平民面包出售，其办法及售价皆与祐德行相同，并决定今日开始云。

1943年2月22日　第二版

刘财记伙伴被控拒兑葡币　警方将之扣留候办

（本报专访）澳府当局为厘定金融，特颁布明令，规定双毫葡币比率为平衡，曾三申五令，饬令银业界及各行商贸易交代，须依照功令行使，毋得低折或拒兑等情，一经违犯有据，当使法控究不贷。讵料昨日又有男子持有葡币一元四角，前往营地大街三十八号刘财记银台找换双毫，讵该店伙伴陈良，竟予拒兑，该男子乃召警将之控交警署。质诸曾称，二十二岁，顺德人，讯后，警方谕抑留候办云。

1943年2月22日　第二版

新主教　明日或抵澳

（本澳专讯）罗若翰主教，前由梧州动程，路经沙坪时，因鹤事突发，故暂滞留鹤市。顷据教会人士确讯，罗主教原定取道石岐来澳一讯，现已中止，且经改道转抵广州，预料行程，明日或可抵达本澳云。

1943年2月23日　第二版

本澳中西教徒　今日欢迎新主教　秩序编定仪式极为隆重　明日在市厅开欢迎大会

（本报专访）本澳新任主教罗若翰，将于今日由广州乘轮来澳履新，天主教人士事前经组（欢迎主教莅任大会）委员会，选定为法院长马士加连拿等筹备一切，并拟定欢迎秩序，异常丰富。澳督以次各军政长官及天主教徒，均前往码头迎迓外，并定主教所乘之轮驶进澳海时，各教会之礼钟大鸣，以示主教抵埠。主教登六时，由两少女奉献花球，主教与欢迎者握手后，旋返主教堂休息。至明（廿四）日秩序，下午四时圣像出游由望德堂至大堂（由主教主持），参加者亦经编定行列，计开望德学校、圣若瑟学校、圣类斯书院、加辣撒仁爱会、培贞女校、粤华幼慈会、圣罗撒学校、鲍斯高、无原罪学校、孤儿院、商业学校、利宵中学、葡国青年团、圣母会公教进行会，各修道生各大司铎，至所经途径，由仁慈堂侧路转上大堂，在大堂举行谢主礼。完毕后，复折回市政厅，出席欢迎大会，届时各参加者均排列在议事亭前地，由主教在市政厅栏杆为彼等降福。五时半在市政厅内，正式举行欢迎仪式，秩序计开，一、主席马士加连拿演说，二、圣若瑟歌诗班，唱诗（四音合唱），三、来宾葡文演说，四、中文演说，五、澳督夫人玛丽及崔瑞琛女士向主教献奉礼物，六、澳督戴思乐演说，七、新主教致答词，八、圣若瑟学生唱葡国国歌。想届时当有一番盛况云。

1943年2月23日　第二版

本澳政府拨巨款补助华人学校　凡设有葡文班者均获补助

（专访）本埠华人学校增设葡文班者，计有崇实，望德，雨芬，民主学校，及海岛市数校，该等学校政府每年均有补助。日前本澳教育行政会，为提倡葡文教育及奖励教授葡文之学校起见，该会会长欧维士博士提议，由本年起，增拨经费补助上列各校。该项提议，业呈交澳督批准，兹将受补助之各校分列如下：崇实，一千零卅二元；望德，一千零卅二元；雨芬，一千零卅二元；民主学校葡文夜学班，一百八十元；吴灵芝义学，八百四十元；上海学校，三千六百元。

1943年2月23日　第二版

聚赌牌九　十一人被拘

（本报专讯）警方于昨日得接线报，谓罗宪新街一号住宅有男子多人，在此聚赌，警方旋派出警探多人，以迅雷不及掩耳姿态，前往按址拘捕。聚赌男子睹警探突如其来，靡不惊惶失措，各警乃喝令就范，一并解交警署究办，并将当堂执获之牌九一副，及赌款呈堂作证。查赌徒计达十一名，警方谕扣留候办云。

1943年2月23日　第三版

平民饭场　拟举行筹款

（专访）天主教所举办之平民售饭，开始以来，贫苦大众极为拥戴，现以修葺炉灶，及经费短绌，第四届暂行结束。该场主事人神父李泽如，去函外记会，请予协助筹款，续办售饭工作，福利贫民云。

1943年2月23日　第三版

慈善舞赛　定期颁奖

（本报专讯）利为旅办之慈善跳舞比赛，经已于上星期日晚比赛完竣，将于本星期二晚颁发奖品，届时为表示隆重起见，将由澳督派代表及警察局长布英沙亦将到场参加，至于此次收入票款，得三千余元，大都经已收妥，惟尚有小额未有交到，据该会至（主）事人称，希未交款者从速交往，以便早日呈警察厅稽核分派各善院云。

1943年2月23日　第三版

兰室女职　续招新生

兰室女小职业学校自迁荷兰园疯堂街上课后，地点适中，人数则较上学期增加，小学一、二年级，现已满额，职业部各班则尚有余额，续招新生，班级分全科班，师资班，选科班，服装速成班云。

1943年2月24日　第一版

天主教徒热烈欢迎　罗主教昨晚莅澳　今日圣像出游及欢迎大会

（本报专讯）本埠新任主教罗约翰氏，于昨日由广州乘岭南九来澳履新，此间天主教人士，事前经筹备热烈欢迎，消防局于昨日午间派员将码头布置一新，门次另悬葡国旗及周幡旗帜，码头内铺以地毡，花卉及五色电炬，华丽美观。直至傍晚七时四十五分，岭南丸徐徐进口，各天主教堂之礼钟，咚咚而鸣，前往迎迓之天主教人士，均依时莅临，计有澳府督宪以次各军政长官，其他如各国驻澳使节，各大律师，及绅商名流、均到场躬候主教驾临，而警察局，消防局港务局，及陆军营葡国青年团等均有派队莅场，排列码头迎迓，一时冠盖云集，空前盛况。当时因欢迎者人数过多，码头未能尽量容纳，故鹄候码头者达千余人，涂为之塞。警方派出大批警察到场维持秩序及暂行停止车辆来往，迨至傍晚八时零五分，岭南丸驰达码头，主教陪行之两司铎在船旁与欢迎者揭帽点头为礼，船经□岸后澳督戴思乐偕回夫人中军晏德地，秘书长哥士打登轮谒见，各欢迎者亦鱼贯登轮。是日主教身穿红色大礼服，容光焕发，态度慈祥，先由两少女向主教奉献花彩，而欢迎者亦依次向主教亲吻戒指为礼，继后由无原罪音乐队奏出葡国歌之悠扬旋律后，由澳督陪同主教登六，先后各人握手为体，旋而步出码头，与鹄候者点首为礼，即乘车驶返主教行台休息，各欢迎者相继散去云。

又查今（廿五）日，下午五时，主教领导举行圣像出游并出席欢迎大会，及正式升任本澳新主教仪式云。

1943年2月24日　第一版

华人特别筹凭咭入站购米　在指定地点依次列队

（本报专访）望厦米站本周通告售米秩序，原定今日上午七号筹仔，下午六号筹仔售米，昨日下午之八号筹仔有未售得者，则规在今天上午发售。据有关者称，华人天星各号之粮证，经由本周开始，需依照每日普通粮证之号数及时间，准时到购，现再重申编定办法执行，如各该华人天星特别筹到站购米时，请注意天星之指定地点次第列队后，则由站内职员先发各人咭片一张凭据入站，以利购米，其他普通粮，则乃照前办理云。

1943年2月25日　第一版

澳督谕令米站　取消白银购米

关于米站购米问题，社会人士，极为关心，而督宪对市民粮食，无时不为市民多方设法。最近督宪曾语华人代表梁后源，谓现政府规定米站售米，不准行使毫银，以西洋纸购买，政府再为利便售米者计，将应买米之银数配合，务使持有五毫之西洋纸币者，不用找续云。

1943年2月25日　第一版

同善堂药局　收到捐肉金

查同善堂药局开办以来，成绩甚佳，按照组织定章，凡捐款百元者，年经结算，例送火肉一斤。该局为节省手续起见，每斤折送回，双毫五元，业于前日派送，昨天收到捐回肉金者，有谭植楠先生十五元，冯养先生十五元，大成公司五元，陈仲兴先生五元，维利押五，环仙押，五元云。

1943年2月26日　第一版

商会今日召集全澳米商会议　下午二时在商会举行

（本报专讯）关系全澳廿余万居民之粮食问题，政府当局对于米石来源及市面米商经营，极予关注，讵迩来本埠米石，由于不肖商人囤积操纵下，故价格与日增长，影响民生至大，澳督戴思乐高瞻远瞩，体察下情，为维护民食，安定社会秩序计，曾于本月廿三日召见埠中各华人领袖，全澳米商及有关方面在督辕会谈具体完善解决办法，各列席者仰体澳督爱侨若赤之旨，皆愿意协助政府遵奉而行。澳督乃谕商会主席高可宁，由该会发起召集各有关方面，开会议定一完善办法施行，以利侨众。 商会原定于（廿四）日举行联席会议，惟当时因时间关系，未遑普及通告，故迫将会期延展于今日下午二时假座该会举行。事关社会公益，届时希各界踊跃莅会出席云。

1943年2月26日　第一版

手车夫请商会转陈当局改善待遇　高主席昨晋见布英沙

（本报专讯）际此时值不景，物价高涨，米珠薪桂之秋，下级阶层，生活应付维艰，尤其是一般手车夫，终日奔跑所入，实不足以糊口。讵最近因稍一不慎，而至触犯警例，辄遭警察拘捕，予以羁留，其家人端赖彼此所入维持生活者，更告堪虞。 查昨日商会接有车夫来函一通，备述彼等之艰苦状况，并请该会转陈当局，对手车夫待遇，略予改善，以恤民艰。商会于堂期会议席上，曾将该函提出讨论，结果，以彼所述颇属实情，且澳府当局爱侨若赤，谅此当能俯顺民情，该会主席高可宁也，于毕会后即赴警署，晋见警察局长布英沙，请求布氏俯顺民情，饬属后对于手车夫之待遇加以改善，以利侨胞。闻谈□结果颇为完满云。

1943年2月26日　第一版

借卖生油　骗去财物

（本报专访）女子郑新，卅八岁，澳门人，赁居飞能便度街卅一号，于昨日被女子卓二召警将之解交警署，控其借卖生油，骗去双毫卅元，衫三件，裤二条，布一匹及其他物件，所值不菲云。

1943年2月27日　第四版

梁后源谒澳督　代手车夫呼吁

（本报专讯）关于手车夫转陈澳门商会呈请政府改善待遇情事，商会主席高可宁，曾于去日堂期会议席上，提出□论，以手车夫所请，俱属实情。华人代表梁后源日前亦曾接有手车夫来函一通，函意与致会商会者略同，梁氏旋即晋谒督宪，将函意□予奉述。督宪素来爱民若赤，对此极为关注，乃饬梁氏将该函原意，转译英文，以备查核。闻梁氏昨已将函呈递督宪云。

1943年2月27日　第四版

八校捐出免费学额

本澳学生救济委员会，对于清贫学生，本学期特设慈善奖学金，以资奖励，清寒优秀学子。现闻该会历办之免费学额及生活津贴费□种，亦继续举办，俾校外失学青年得着求学机会。申请登记日期，业已开始，至本月底截止，逾期概不受理。计捐赠免费学额者，有广大附中、知用、中德、教忠、孔教、圣若瑟、□英、尚志等八校，凡属校外失学青年，幸毋坐失机会，荒废学业云。

1943年2月28日　第一版

调剂金融委员会章程拟就　将提交政务会议讨论

（本报专讯）日前当局厘定葡币双毫比率平衡时，因实施初期，市面银业兑换，各行商贸易交收，多未遵照履行，华人代表梁后源乃有提出组设调剂金融委员会之议。该会任务，除负责平定本澳发行之葡币双毫外，倘其他各国纸币，如有碍本澳金融者，该会亦予调整。此项提议，原则上已获得澳督同意，惟对于该会之人选及详细章程，则须提交政务会议通过再由澳督批准，始成实行。昨据有关方面消息，负责起草章程者，现已将章程拟定，翻译葡文，准备提交政务会议讨论，人选名单成立日期，亦将由政府公布云。

1943年2月28日　第一版

澳门妇女会　募捐被袋

（专访）自托儿所成立以来，收容无数难童，施以教养，恩□殊深。月前该所承警察局长布英沙，惠赠棉被数百张，其中二百张，未有被袋，由是该所主事人，于前去函妇女会，请求协助筹被袋。妇女会以事属善举，义不容辞，接纳该所请求，经已开始向社会募捐，希望各界人士 努力输将，共襄善举云。

1943年4月4日　第三版

同善堂主席崔诺枝申述尊重舆论界　报界如有建议尽量接纳

（专访）本澳镜湖医院、商会、同善堂，为我华人三大机关，故其一切行政措施，亟为社会人士所欲得而知之。同善堂主席兼华商会值理崔诺枝氏，曾在商会堂期会议席上，建议尊重舆论，并希望于每次堂期会议时，各记者列席，俾将会议讨论，议决之事项，布白社会。昨日崔氏再向各报记者称，其本人自莅任同善堂主席后，该堂之一切行政，须经提交值理会议通过后，方予实施执行，故日前会声请各报记者于会议时列席，以证见该堂办理慈善事业之恭严公开，现更希望各记者能于会议时拨冗参加，倘有不明之点，或对该堂有应建议之处，其本人□当考虑接纳与解释云。又镜湖医院为三大机关之一，历史更为悠久，年来在刘叙堂等值理处理下，成绩日臻完善，堪为社会人士所赞许，惜有一事尚为美中不足者，则其每度会议时，对于各报记者列席问题，仍未能仿如商会、同善堂两机关予新闻界以方便，而一般记者于会议后叩诸院方执事者，常谓“未经主席核准，未便发表事情”，或迟迟始愿公布，此为记者深望该院值理诸公加以改善者。

1943年4月4日　第三版

新粮证　明日开始换领　六上居户在米站办理

（专访）明日开始在望厦米站换领新粮食证，其办法乃依照该站售米秩序及时间，如星期一售十号米筹，则同时更换新证，余此类推，但非本人所有者于未执行更换新证前促即到议事公局二楼及米站自首缴销，免为检查部察觉，严为究治，至于海上渔船居民之粮证，定于明后两日，每日下午二时半至五时在议事公局粮证处办理，以有渔船牌照之鉴别为标准，若属于住家艇、驳艇、舢板等之住户，则由六日至十日，每日上午九时至下午六时，在妈阁水师厂码头附近之指定临时粮证处办理，并闻此次所发之证，其式样为一小型咭□，并为永远通用者云。

又望厦米站昨售集团米，如领有该站新证加贴家长相片者，则十号筹售十六元八毫，九号筹十五元六毫，八号筹十四元四毫，七号筹十三元二毫，六号筹十二元，五号筹八元四毫，四号筹七元二毫，三号筹六元，二号筹四元八毫，一号筹二元四毫，否则□按每号筹售六毫。是日先售学校，后售报馆，直至灯光照耀，工作仍继续不断，查今为星期休息。

1943年4月4日　第三版

望厦粥场　增售粥量

（本报专访）妇女会平民粥场，从新建之炉灶工程全部完□，已于星期四日试用前所预定增售粥量竟告成功，查其连日来每日分上下午售粥两次，每次可煮售九大锅，每锅九十余碗，故昨日开始动用新灶后，每次即多售泥工共两大碗，使安所业云。

又中华公堂，□新主教主办之平民粥场，连日举办贫民登记，甚为踊跃，顷据该场主席崔瑞琛女史称，高可宁及陈茂枝两位先生慷慨乐助本场经常费用，现被推举为望德堂平民粥场之董事，并为致谢云。

1943年4月4日　第三版

同善堂设难童餐　每日施派一千份

（专讯）昨（三）日下午二时半，同善堂主席暨各主理人，前赴台山儿童寄托所参观，各报记者均被邀偕行。抵达时，由该所主理人迎迓，延至招待室内，略进茶茗后，即导往参观该所各部，时适鲍斯高校长陈基慈神父□来所巡视，故对该所之措施，详为解释，值理陈茂枝以该所办理良好，特慨捐葡币一百元，以为该所经费。参观殆遍后，即在招待室内，商讨由同善堂办理难童飱事，经详细研讨后，决定于旧历三月一日起开始办理，每日规定施派难童，达一千份，而为避免难童长途跋涉起见，届时，将分由同善堂施派五百份，另五百份则托由托儿所施派与外宿难童餐凭券，发给各难童，附贴相片，戳印，以便将来凭券领餐云。

1943年4月5日　第三版

镜湖医院深望善士　改善捐输方式　手术室筹设积极进行

（专访）镜湖医院，建立迄今，垂七十余年，所办理之一切赠医施药，施棺殓葬，举办义学等善举，贫苦侨胞，得益殊深，至院内经费支销，俱赖埠中绅商善长捐输，但输将方式不一，或捐款项，或送产业，而送产业者又有分别，有将全部屋宇送院，亦有将屋宇每月之租值所入拨出一部分送院者，而此种捐献方式，对院方受益极浅，甚至使院方亏损，譬如有善长将屋宇一幢，送交该院，而因每年纳业钞，修葺等费用，须由院方在全部租值内支付。其次该院雇有职员，以司收租之责，该职员之薪俸，系由院中经费支给者，若照上述情形，则捐送者虽属热心慈善，而院方实无受益。又依照往昔院例，为表示对送业者之热心慈善起见，除予以长生禄位崇敬外，于每年春秋二祭均有设宴款待及分派胙肉，并设有“管尝值理”之职由送业者推任之。该院值理□苏深悉此情况，故于最近之堂期会议席上，曾提出改善，以为院方善费之增收，而社会人士亦深望送业者，以院方实益着想，俾得善款增加，而施济工作亦深利赖云。

（又讯）镜湖医院增设之手术解剖室，图积早已拟就，全部为意大利批荡，记者昨据消息，院方经决定将年前高可宁捐送该院为增设药局之费用一万元，改为增建手术室之用，并命名该室为“高可宁手术室”，以表其善风云。

1943年4月5日　第三版

平民筹款　进行积极

（本报专讯）密锣紧鼓之平民义学筹募经费，定于本月十二日在平安戏院举行义演，并得平安剧团诸位剧员热心义务演出，现已发出名誉券向埠中绅商善长劝销，亟望各界热心教育，慷慨认购，共襄善举云。

（又讯）该校设立迄今，转瞬已达二十年，兹为纪念开校二十周年纪念起见，特于明（六日）下午二时假该校大礼堂举行纪念典礼，届时敦请澳督戴思乐夫妇及各长官中西名流等莅场观礼，请柬昨已发出云。

1943年3月1日　第一版

商会登记营业谷米完竣　总额达数十万担　自用谷米宜从速具实报告勿相猜忌

（本报专讯）澳督戴思乐维护民食，平仰米价起见，特举行商户存有谷米登记，凡营业谷米则归商会负责，自用谷米则限期五天，则归品物（物品）输进委员会办理，营业谷米登记业于昨日下午四时止，自用谷米则限期五天，即限至三月三日止截。昨日前往商会，登记者甚为踊跃，该会职员，大有应接不暇之势，迨至傍晚，职员仍忙于核计，及翻译中，以便迅速汇呈送澳督考核。谷米登记数目，亦异常大宗，其确实数目，该会虽未公布，惟一般人预测，或者其数约达数十万担。倘米商能大发善心，将其存米，大量推出，以应社会需求，在此数月期内，则家家将无断炊之患，行善积德，莫大于此。至于自用谷米登记者，须速赴警厅物品统制委员会登记，倘逾期仍匿而不报，或呈报之数目不符，则将来由警力派员侦悉，则概予没收。又查商会所办理之营业谷米登记止截后，一俟核计，及翻译手续完竣，则呈奉澳督核定详细办法，将由政府公布。至于当局此次一并举行自用谷米登记，其意全属调查全澳现存有谷米总额若干，并无他意，希市民勿相猜忌，而作庸人自扰云。

1943年3月1日　第一版

镜湖医院　代售平民包

镜湖医院，连日代义记发售平民面包，该院特派出义学员生及护士等担任工作，秩序甚佳，市民咸称便利。闻义记以该院办理成绩良好，由今日起，每日交二千五百个与该院代售，以期遍惠贫民，查每日上午十时开始发售，售罄为止云。

1943年3月1日　第一版

葡币本位购米　米站今日实行　如携双毫者可向该站找换

（本报专访）望厦米站澳币本位售米，今日起正式执行，同时该米站及办事处亦于即日迁回原有旧站办公，而更设立找换处一所于站内，以利未便葡币者之找换。查该站本周售米秩序，经见昨日本报，今日十号粮证，其为普通与天星者，一律每售葡币六元整，但到站购米者，切记勿超过购米面额之葡币，免阻碍米站职员工作，故对每日各号粮证所应购之数目，亦应预找辅币凑足定额购米可也。

1943年3月1日　第一版

平民售饭场　亟谋恢复

（本报专访）天主教救济会主办之平民饭粥，向在妈阁庙及莲峰马路镜湖医院义庄各设立一所，以低价售卖饭□，每碗重量约半斤，而售价仅收回数仙。自举办以来，一般贫民居民获益非浅，惟最近因经费短绌，故本月一日起，迫得暂行停止办理，至主持该饭场之司铎李泽民，为谋恢复该饭场售饭起见，连日向埠中各绅商呼吁，请求捐款襄助，闻一俟善次有着，则可恢复云。

1943年3月1日　第一版

平民义学　新校将开幕

（本报专讯）本埠侨立平民义学，最近特于莲胜马路竹林寺附近，赁得屋宇多栋，辟为校舍，更加以装修，现已完竣，将于日间开幕。校董会于昨日召集会议，商讨今后会务进行事宜，出席者有梁后源、黄苏、梁鸿勋、程湛如、高可宁、朱给等，议决提案多宗，决定于本月中旬于该校开幕后，则举行演剧筹款，将收入所得，拨交该校充作经费云。

1943年3月1日　第一版

澳门广东银行准备　举行第二期还款　日间召开存户代表会决定

（本报专讯）本澳广东银行，年前因战事影响，该行存于各地之款项，均遭冰结，或因航寄梗阻，遂致周转不灵，迫得暂行结束。最近该行行长傅厚丞，经极力催收欠款，以备拨还各存户，故于去月十六日曾一度将所集得之款项，按照各存户数日之多寡，先行发还一部分。记者昨据有关方面消息，该行最近又收获有一部分欠户之还款，为数极伙，而存户代表会将于日间召开会议，商讨举行第二期发还存款事宜，一俟商洽完竣后，当可公布发还日期及办法，通告各存户前赴领取云。

1943年3月2日　第一版

澳府行政施仁　米商深明大义　万五担谷成善举　今后运到者不再征收　自用谷米须如期登记

（本报专讯）澳府当局，最近以本埠市面米价，日益增加，每担竟高售百余元，影响民生至大，督宪戴思乐高瞻远瞩，洞悉下情，逐有召集米商会谈解决之举。结果，为平抑米价，维护民食计，乃决定征收谷米一万五千担，以备转交望厦米站发售，以利贫民。至该谷价，使米商仍有利可获，澳门商会，亦于日前召集米商举行联席会议，以此办法，颇为完善，应仰体德意，遂由商会办理谷米存户登记，以便得其确数，呈交当局办理。商会一连两日举行，登报通告各存谷米商户到会填报登记，经于前日截止，彻夜汇核翻译完竣，于昨日上午转呈经济局长罗布查核，罗氏复于是日下午五时再度召见各华人领袖及米商，到署商谈一切，前赴出席者，有高可宁、傅伟生、梁后源、钟子光、刘叙堂、缪云生、江伟石及各报记者。

高可宁等　谒经济局长

罗局长乃表达督宪意旨，谓政府向商人购入谷一万五千担，该项数量，由现呈谷米登记册表分配负担，罗局长表示此意后，各人即席与局长会商分配负担，按照登记核计，包括米商、谷栏、行口、存户、茶楼，酒店等共有二百五十八号，已登记之谷共三万五千二百一十五担，米六千五百六十担，另什谷米二千五百担，其中有存三五包或不及两包者，会商时各人均有提出意见及申述商人之苦衷，及所登记之数量，未必全系营业者，诚恐将来发生争端。

万五担谷　拨售与政府

为此问题，曾会商达三个余钟，结果除什谷米二千五百余担外，其余一律按照登记数量分配，约以百份之卅五至四十之数，抽出□凑足一万五千担谷售与政府，如属净米作一担谷计算。经济局长罗保，以该法至良善，惟以民食关系，实急不容缓，乃即席转请商会主席高可宁负责，统核各登记户应负之数额。高氏于散会后，旋即饬员核计，深夜始告完竣，定今晨呈送罗氏裁夺。至澳府于征收谷米后

交款办法

会商设公布米商收领谷款之手续，昨日会谈席上，曾有提出讨论。罗氏之意，待与西洋银行长华士江沙路商洽后始得公布施行，至澳府此举，实为一般贫苦居民设想，故对米商之利益，亦予顾及，而对来源问题，亦极为关切，因此规定，在登记后凡由外地运澳者，概不划入征收之列。但输运者于谷米抵澳后，在未移前，必须向警察厅及经济局具实投报，由警方派出当值警探前往验视无讹者，则可转运，照常营业云。

自用谷米

明截止登记又查至于自用谷米，则归品物输进委员会负责登记，明日为截止登记期，希市民存有自用谷米者从速前往登记。此种登记用意与商会之登记营业谷米有别，当局只欲获悉市民存有自用谷米，总额若干而已，并不没收或要求存户转售与政府之举，如市民存有六个月或八个月以上之谷米准备自用者，政府亦不加以干涉，故

市民幸勿自相惊扰，而作欺瞒或不往投报之举云。

1943年3月2日　第一版

新主教　会客时间

（专访）新任主教罗若翰自抵澳履新后，即开始办理本埠教务事宜，规定每日在办公室办公时间为上午十时半至十二时，并为利便各界访谒，定每逢星期一及星期四下午五时至七时为接见外宾云。

1943年3月2日　第一版

商认养难民　昨未举行

（本报专访）澳府为救济流离本澳市面一般无依难民起见，特设有难民营一所，概予收容，供以食宿，使其不虞陈（冻）馁，创办以来，转瞬裘葛两度，至该管经费，还仰赖于埠中各善长。迩来经费行将告罄，倘经费支拙（绌），势将停办，而彼辈难民，失所救济，任由流离市面，则社会秩序，亦属莫大影响。警察局长布英沙，拟于昨日召集各界商会议关于继续给养问题，但昨日有般华人领袖因讨论米石解决事，未能参与列席，故该会迫得延展云。

1943年3月2日　第一版

公钞科公布征收　第二季生艺钞　月内须准备换领新照

（本报专讯）财务局长公钞科，为征收本年度之第二季生艺钞牌照费，特发出布告如下。

葡国属地集团财政班次一等佥士兼澳门财政总局公钞科长马。为布告事，按照一九二九年十一月五日第九十三号立法证书批准，暨一九三零年十二月十六日第一四九号立法证书，及一九四一年一月十八日第六九八号立法证书修正之征收生艺钞章程内第十四款之规定，凡本国及外国人等个人或多人在澳门营商设实业商业，职业，技术业者，均须前赴公钞局缴纳钞费领牌开业在案，兹特布告。关于一九四三年四月至六月之第二季牌照，任从于本年三月内一律预先前来本局纳钞换领，如过一九四三月四月卅日仍未到领牌照或到领而未交银或未领而私自营业者，定即按照该章程第二十九款之规定处罚，幸勿逾期自误。兹将本布告译出华文，刊行宪报，并标贴常贴告示处所，俾众咸知。此布。

1943年3月2日　第一版

镜湖医院两护士获澳督之嘉奖　札谕于昨日宪报公报

（本报专访）本澳镜湖医院，办理日臻完善，极为社会人士及澳府所赞许。该院女士长刘纫秋，林柳坚对于负理院务，不遗余力，成绩卓著，澳督戴思乐特予嘉奖。该札谕于昨日在宪报公布，兹照录如下。

澳门政府札谕

为扎行事，查镜湖医院女护士刘纫秋，林柳坚两女士服务谨慎，成绩优异，既能协助各值理办理院务，无忝厥职，更尽瘁其力量，促进该医院之改善，获得极大成效，故该医院对本澳侨民得作有效之救济，两女士与有力焉。本总督特根据属地法第三十一款及属地自治条例第三三款第二十一项规定赋予主权，对该两护士应予嘉奖，合将本札颁行，俾各知照，此札。一九四三，二月八日，澳门总督戴思乐。

1943年3月3日　第一版

官绅商贾共襄善举　米会议功德完满　望厦米站价钱一仍旧贯　市面米价有截长补短法

（本报专讯）澳府为切实维护民食起见，特购买市面商户囤积谷米一万五千担，交望厦米站发售，以利贫民。连日官方召集华人领袖及有关方面会议，结果乃有按照各米商在商会登记所存谷米之总额中抽取之，奉呈当局，而所需之数则由总额中按照各登记所存之谷米数均派担负，各情连日均见本报。商会主席高可宁，将登记谷米之总额核计各均分应负之数量，彻夜饬员办理。惟登记之户口逮二百五十八宗，核计需时，故由前晚六时开始至昨日凌晨四时许，始告完竣。在核计时高氏亲自持筹握算，废寝忘餐，悉力以赴，迨于昨晨十时，送呈经济当局罗保，以便施行。至一切付谷领款手续，澳府日间则可公布，至此次核计各谷米存户所应负之数量，决定为百分之三十四，靡论其登记数目之多寡，均划入被缴收之列，即为存有谷米十担者，则被征去三担四十斤，余则按照类推之。至政府将规定所需之谷米征收后，则辗磨成米，统交望厦米站发售，所取价格仍与现目所售之米价无异，决不增加丝毫，以符维护民食之旨云。

政府亏损　共达数十万余元

（又讯）澳府此次以六十五元为征收征每担土谷公价，表面上对于米商在市面成盘之价，略嫌过低，惟澳府所得谷辗磨后得朴米七成，即以六十五元购米七十斤，八担已需款九十二元每角六分矣，而望厦米站所售之米价为每斤七毫，故政府方面每担须亏款二十元八角六分，以征收之谷额一万五千担计算之，则亏损额为二十四万零零三元。倘澳府为津贴公务人员，对公务人员之米价在每斤四毫一，则其亏损者当不止此数也。

截长补短　华人代表之提议

华人代表梁后源于昨日谒见经济局长罗保称，以所称之米价乃略嫌过高，若照计，乃每元仍仅得十二两四，贫苦居民生活维持不易，乃提议一个截长补短之法，依照米商新来之谷价与政府征收之谷价并合之，再分为二份，看所得若干，以定□价。依照米商所称□来之谷价为八十二元，但政府所征收之谷价为六十五元，以此两数并合，则为一百四十七元，若截长补短，分为两份，每份应为七十三元五角，即以此七十三元五角之数为谷之成本公价，碾磨成朴米，可得七成，则其成价每担为一百零五元强，故与一百二十元之数较廉，希望澳府体恤民困，采纳施行。至澳府对于将来

市面米商所售之公价，是否采纳此截长补短办法，须俟考虑后，始克公布。又查

劳苦功高　各领袖奔走呼吁

此次澳府维持民食征收谷米，而我华人领袖高可宁，梁后源，刘叙堂，传伟生，钟子光等，除协助澳府措施外，尤能代表米商向澳府呼吁维持利益，左右关注，奔走规划，不遗余力，劳苦功高，不但澳府及米商予以嘉许，而贫民粮食，所得救济，实拜彼等所赐云。

1943年3月3日　第一版

慈善舞赛　收入四千余元　警察局长大加赞许

（本报专讯）利为旅大酒店为筹集善费，施济贫民起见，特举行慈善跳舞比赛，经于去月廿七、廿八晚举行，收入成绩异常可观。该酒店现已将各款集呈局长布英沙，转拨谦源难民营充作经费。布局长于昨日接见记者称，谓该酒店此次跳舞筹款，全场收入所得，计共葡币四千三百零二元，港币一千八百一十三元，该酒店主人暨各职员，实热心可嘉云。

1943年3月3日　第一版

故衣行商　捐故衣九百件　送交警局施派难民

（本报专讯）年来本澳故衣业极为蓬勃，营此业者，获利不菲，惟一般深明世态者，以一般贫苦侨胞，缺乏衣服御寒，遂恻然动念，乃联合全行筹集故衣衫裤将达九百件，汇送警察局长布英沙，分拨施济贫民御寒。在此次捐送故衣之故衣业店号，计有又和隆，以上各一百件，其余三昌、永发、广源泰、福安、广安、利民、□信、德安、又隆、其丰、联兴、华南等十二家各五十件。布氏收集寒衣后，经送台山谦源难民收容所施派云。

1943年3月3日　第一版

陈大耀擅医霍乱症　法院今日提审　被告延佐次治辩护

（本报专讯）法院刑庭，今日开堂公审一宗擅医霍乱疫症案。被告男子为中医陈大耀，该案发生于去年六月中旬，当时适霍乱疫症流行之时，蔓延异常迅速，不幸遭染者，大有朝发夕死，夕发朝亡之势。本澳卫生当局，为维护居民健康起见，除举办防疫运动外，并禁止本埠之中西医师执业者擅医该症，并通告居民须速行送交国家医院医治，以曾三申五令，剀切劝谕，雷厉施行。当时台山第三街某号，有居民某氏，不幸遭染该症，乃延陈氏前赴医治，陈应邀而前往，施以注射。该事为国家医官山度士侦悉，乃驱车前往召警将陈带交警署，控以擅医霍乱症之罪，且陈执业牌照，为定用中国医术者，今陈施以注射，对医例实有触犯，故警方乃备文转法院办理。法院以该案须待侦查，押候审讯，准许陈具保出外候审。查法院定今日开堂公审，闻被告将延请大律师佐次治辩护云。

1943年3月3日　第一版

米站消息

（本报专访）望厦米站自本周起迁回旧址，照常发售公米，以利贫民，连日来该站职员，对于工作之进行，甚为积极，查昨日下午售八号筹时，虽届六时收工休息，但所余未售者有数百之众，仍继续发售完竣。至于十号粮证，星期一下午售至三千，在三千零一以下，则改在本星期六上午八时半补售。又外传该站今日秩序所售之地点有改在新花园一说，并非事实。今日上午七号粮证售四元二毫，下午二时开始售六号粮证，售三元六毫云。

1943年3月4日　第一版

征收谷米以快为佳　居民存米登记再展期一日

（本报专访）关于澳府征收市面米商囤积土谷案，经济局长罗保，得接商会交来之米商登记谷米总额各应均负之数目表册后，即转呈澳督批阅。督宪以此米商，能放弃本人利益，协助政府维护民食，殊深嘉慰。查经济局长于昨日将表册转送物品输进会委员观耶，特于昨日派员知照各商，于下午四时半晋署，以便详细解释，观氏并先行召见商会总务汤悦，详细询诸表内未明了之点，迨至四时许，各米商均纷纷前赴警厅三楼，到有各米机谷栏，积家等代表达百余人，观氏乃将此次征谷办法当众详述，由前通事高美德翻译华语。粮委观耶　昨召见各米商观氏略谓，澳府此次为维护民食，致有征求谷米之举，惟征求方法，必求尽善尽美，庶免米商深受损失，因此有举行谷米登记等手续，而澳府则在登记总额中征收云。而所征之数，为总额数量百分之三十四。该数由各登记户分负之，并决定于今（五）日起，由统制委员会派员按表前往征收，先从各米机、谷栏、米商等存数巨量者着手。每十担谷，澳府规定公价为六十五元，碾磨成米已增至九十余元，而转交望厦米站发售价仅七十元而已，故每担实亏蚀二十余元。

领取谷款　手续日间公布

至此次沿户征谷，经济局亦派员偕行，至所收各存米之土谷数目，由该员按照公价核计所得之款项，为避免□烦工作起见，先行签发一单据，交该谷户存收，至领款手续，日间则公布。至各谷户对此次征收办法，如有不满意者，可来署向本人申述，且维持民食实急不容缓，征收时间需越快越好。

零沽米商　每日呈报售量

希望于三两日内了结其事，以利商户恢复营业常态。观氏继称，希望市面米店零沽商，于每日售出米量，用书具实投报，俾便明了本场所存米商之多寡，及居民每日应该消耗之米量，嗣后米商将土谷碾磨成米，除新兴、白龙牙粘、丝苗等三种任便碾至米外，而金风雪则只限磨成朴米，事关朴米外层，蓄有维他命市甚富，对于人生营养，极有稗益，且每担谷碾成朴米时，权衡比较白米为重云。

居户存米　星期一截登记

又查粮食统制委员会，为调查居户存存谷米起见，于□特发出布告，凡存有谷米两包以上者，即须来会具报，并限期五日，毋得延误。一般存有谷米居户，均纷纷投报，照期限原定昨日截止，但记者昨据督察长观耶称，该登记期限，尚有两天（即明日截止），缘以在星期例假日，不划入限期之列，且为利便居民登记起见，再展期一天，希望存有谷米者，依期办理，以免误延。又市面盛传，经前往登记者，将来由该会通令存户携备粮食证来会划消购米日期等情，记者昨叩询观氏是否属实，观氏答称，此次登记，纯系明了本澳现目所存之米量若干确数，并无其他用意，希望居民勿轻信谣言，自相惊扰云。

1943年3月4日　第一版

十月初五街陆海通旅店

备受来往客商赞许，因为招呼好，地方雅洁，地点又适中，住在其中，咸认为最理想之居停也。

1943年3月4日　第一版

镜湖医院鸣谢捐款启事

董慎远堂捐助经费大洋五千元，祥信大金铺捐药剂大洋三千元，盛远堂捐助药剂大洋五百元，白米四十二斤，黄五珍先生捐药剂大洋一百元，黄六珍先生捐药剂大洋一百元，卢乐锐先生捐药剂双毫一十元，卢荣勋先生捐药剂双毫一十元，无名氏善士捐药剂葡币一十元。

1943年3月4日　第四版

米站下星期起　增售米量　今日售四五号筹

（本报专访）望厦米站今日售米秩序，轮值五四两号筹，五号筹在上午，售米三元整，四号筹在下午，售米二元四毫，明日售三、二、一号，三号筹售一元八毫，二号筹售一元二毫，一号筹售六毫，后日集团米所售之各号粮证，即按照每一号筹售六毫递增。闻下星期起该站酌增所售米量，加惠贫民云。

1943年3月4日　第四版

无印花香烟　妇人被逮

（本报专访）昨（三）日警探部得接线报，谓有妇人私藏无印花香烟等情，警探乃按址到华士里某号搜查，果然获有十支庄老刀牌五十包，玉叶六十包，红锡包四十四包，哈德门二十包，红狮五十包，均未贴有印花。警探并将有关妇人一并解署究办，控其私藏无印花香烟之罪。质诸该妇人称陈爱，四十八岁，新会人，以小贩为业云。

1943年3月4日　第四版

牛肉市道　异常畅旺

（本报专讯）本澳牛肉生意，系由德全公司承办专卖，价格由市政厅予以规定，毋得抬高。至该公司，年来因来源短绌，价格高涨，且运费奇昂，惟售出价格，又虽依照当局者之规定，因此牛肉生意，虽不致深受亏损，惟获利已极轻微矣。记者昨据德全公司职员，现存澳生牛仅得七十余头，每日虽屠宰六头，尚可约供半月所需，至牛肉生意，因豕肉价格增高缘故，市道极为畅顺，故每日肉市，几不能供应市民所需云。

1943年3月4日　第四版

海面械劫案　解署控究

（本报专访）男子黄林棠（廿六岁，钦州人），曹福（廿八岁，中山人），于昨日被男子梁有召警将其解交警署，控其于前日约下午二时许，在河边新街对开海面，伙同露械行劫，掠去衣服四件，金戒指一只，双毫五十九元六角，西洋纸十六元，毡帽一件，大洋纸二千元，金链一条，四四大金一个，手表一个，当票六张。警方以该案发生于海面，例由港务局办理，故将备文转解港务局云。

1943年3月5日　第一版

业主申辩求减业钞书　全部核计完竣　表册陈列公钞科任众览阅　如有错漏之处可具实申辩

（本报专讯）关于去年度业钞征纳，当时一般业主以其征额过高，负担维艰，特纷纷投函商会转陈当局请予削减，以恤民艰。澳督戴思乐俯顺众情，并准各业主所请外，并设立公物会，负理详定各业主所纳之钞额应否增减。该会于月前曾一度举行会议，批定各业主申辩减钞书各委员依照其所请之理由评定，大部分均获削减。现该局于核计完毕，特将该业钞散页，陈列公钞科内，并发出通告，周知各业主，请彼等于本月十一日起至二十日止，任由查阅，倘有错误之点，于限期内具实申报，以便办理。兹将该布告照录如下。

澳门公物会布告

为布告事，按照一九四二年十月十七日第七八三号立法证会第十款之规定，限自本年三月十一日起，至二十日止，即十日内，将一九四一年会计业钞散页，陈列在公钞局内，以便各纳钞人查阅，对于所定业钞额业主姓名屋宇注册，或应纳业征收额等，由业钞册转入业钞散页时，如有错误，均可由业主或其代理人于限期内，以厘印纸缮写呈词送交公钞局申诉可也。兹将本布告译出单文刊行宪报，并标贴在常贴告示处所，俾众周知。此布。

一九四三年二月二十二日

会长雅布基忌

1943年3月5日　第一版

一男子不服制止　警察鸣枪轰击　新马路昨发生血案

（本报专讯）昨（五）日下午六时许，有一年约卅余岁之中年男子，身穿灰身对开唐装衫裤，足登革鹰长发，在新马路附近，手舞足蹈，状患神经病者，引动途人围观如堵。当时警方有某号副区长，巡值经此，以该男子引动途人围观，对交通殊属有碍，乃饬令值勤该段之华警将之带返警署发落，讵料该男子在途次竟挣扎逃脱，该警乃喝令停止，而彼竟狂奔如故，该警迫不得已，遂从腰间拔出手枪，先向天鸣放两弹，意欲使其聆声就范，惟其置若罔闻，不服制止，该警乃瞄准向之轰击，连发三响，均告命中。该男子中弹，尚能蹒跚而走，后卒不支，倒在新马路四十九号，好易中收票铺门前。当时附近途人，忽聆砰然枪声，疑发生意外，均纷纷走避，情形异常狼狈。后由该警召手车将伤者移返警署存案，后转卫生局救治。查伤者身中三（枪），计开左肩枪，右腰，右臂各中一枪，伤势颇重云。

1943年3月5日　第一版

澳侨函商会　求免油灰水

（本报专讯）澳府为整饬市容，特限定埠中各居户，于每年均需油扫灰水一次，凡未经油扫者，均虽依期办理，而油扫敷衍者，须再度翻油。当局之意，以劳苦工人生活困苦，倘家家油扫灰水，则彼辈有工可做，而生活亦可赖此维持，惟油扫所用之灰水，来源短绌，价格奇昂，比前增达数倍。往昔每并（瓶）仅需费六元，而现在已至廿四元耳，每一家户遍扫灰水，非数十元不行，而面积较大者，当不止此数。查昨日澳侨某氏，投函澳门商会主席及华人代表梁后源，条陈油扫灰水需费之昂，业户应付困难，希望转陈澳府体恤民艰，今年暂予取消云。

1943年3月5日　第一版

私烟十罐　解署究办

（本报专讯）警探当局于昨日凭线得悉门官围二十号住户，藏有私鸦片烟案，当局旋派出警探按址前赴搜查，当堂获有私烟十罐，并将有关男女三人解署究控。质诸一男子称方汉卅，石岐人，五十八岁，两妇女称方大（石岐人，六十八岁），黄珍（石岐人，三十六岁）云。

1943年3月5日　第一版

用去酒菜　肆意扰乱

（本报专讯）男子甄永仪，卅八岁，台山人，赁居六海通旅店，于昨日在白眼塘横街四十七号，某酒家进食，呼酒点菜低斟浅酌，未几即呈酩酊状态，东歪西倒，四意喧哗，扰乱秩序。店中人不胜其扰，后伙伴某精算其所用之酒菜，共值双毫一十二元六毫五分，而甄又不付值，后用店伴陈某召警将之解交警号控之于案云。

1943年3月5日　第一版

商业消息

在港创办数十余年之百安堂参茸老药行，近在本澳议事亭前地廿四号开设一分行，常备人参鹿茸及各名贵补品，药材多量，以供侨胞购办。闻该主人决以货真价实获利低廉为宗旨，为□□用者一良好佳音也。

1943年3月5日　第一版

米站消息

（本报专访）公米一、二、三号筹，望厦米站今开售，上午三号一元八，下午二号一元二，跟着一号售六毫，明日十号继续补售及其他集团米盖印新筹等，则仍如旧云。

1943年3月6日　第一版

公教进行会明日开欢迎大会　欢迎新主教及新职员就职　澳督暨各长官被邀请观礼

本澳罗主教目前月莅澳履新后，各公教团体先后开会欢迎，中华公教进行澳门区□道会，为本澳公教重要团体之一，故亦联合各华籍教友，于明日下午五时，假座望德学校举行欢迎罗主教履新大会。届时总督及各军政长官，公教司铎学校代表等均莅会参加，同日上午八时半为该会第五届职员就职之期，由罗主教亲临监誓，并于望德堂献弥撒。兹将欢迎秩序列下，一、奏乐，二、本堂司铎致词（严绍渔），三、唱主教歌，四、华籍司铎代表致词（梁卫远），五、唱欢迎歌，六、中文欢迎颂词（盛熊运），七、奏乐，八、葡文诗（崔瑞琛），九、渔翁曲，十、法文颂词（盛光运），十一、拉丁文歌（主乎，吾依恃尔），十二、英文诗（金懿德），十三、罗大主教训词，十四、奏乐。

1943年3月6日　第一版

疍妇被控　窝藏匪盗

（本报专讯）疍妇何凤，卅三岁，本澳人，自置有小艇一艘，用以载搭行旅谋生。讵于去年旧历五月间，有两男子乘搭彼艇，距（讵）驶至中流，该两男子竟露出枪械，胁命何驶艇行劫一货船，事后由港务局水警侦悉，乃将何及该两男子捕获，并搜获有证据，乃一并解署究办，取录口供后，备文转解法院办理，法院乃谕押后提审。三被告均留狱中候讯，迨至昨日，法院始开堂公审该案，是日到堂作供者，除何外，该两男子，均于日前病逝狱中，至何被控之罪，系伙同行劫，窝藏盗匪不报等情。法官详细盘问口供后，乃谕候押宣判云。

1943年3月6日　第一版

须注射预防霍乱

（本报专访）本澳卫生当局，为预防霍乱症发生，已于日前开始办理免费防疫注射，前市民因未明白注射安全，致使卫生局职员采取强制执行，现市民已知预防注射之利益，多自行往指定地点请求注射。希尚未注射之市民，及顾存公共卫生起见，须时依（依时）前往注射，以消灭霍乱症之发生云。

1943年3月6日　第一版

狂欢节

（专访）今日为狂欢节，全澳葡国人士，均于是日举行纪念……晚上多有举行跳舞会等，利为旅酒店亦由今晚起，一连两晚增设化妆跳舞，并有名贵奖品奉赠，以尽欢愉云。

1943年3月6日　第一版

镜湖医院修改捐款科目　指定捐款改为补助费

镜湖医院慈善会常务值理会第四次常会议案，甲、报告事项（略），乙、讨论事项：（一）略，（二）财政部主任提议，查各界捐助本院经费内，有指定专为某部某项支销之用者，以后拟将该项捐款，另设为“补助各部支销捐款”科目，俾便处理，是否可行，请公决案，决议，照案通过，（下略）（十二）冯养值理报告，关于本院再增建庄房一所，当经议决交由冯养从速规划进行，并预算需费数目报会，定案在案。兹拟具该庄图则计划，辟设庄房头等十六间，二等八间，散庄四十二位，约共需建筑工料费双毫一万五千元，应如何进行，请复决案，决议，需费过巨，目下实难应付，交由冯养值理，再行详细规则，缩减庄位，预募最廉须费若干，下次报会核办。

1943年3月6日　第一版

万五担谷开售　市民每饭不忘　购米者自动捐款施粥　今日集团米照常举行

（本报专访）澳府行政施仁，米商深明大义，万五担谷成善举，昨日六续辗磨成朴米，交由望厦公米站，仍照原定七十元一担计算，开始发售于一、二、三号筹，实为市民增惠不鲜矣。查该站今日对于发给盖印新筹之时间，为上午八时半起至九时止，逾时不候，九时即行补售十号筹由三千零一至尾，十一时继续补售四号筹由二千四百零一至尾，同时开售报馆学校集团米。据该站宣称，昨日发售之三号筹，走鸡者甚众，查其走鸡之原因，多为持有白银到站购米，而风闻站内不收白银者，其实本站并非有拒收白银到站购米事，且特先为增设找换处于站内，利便所持白银到站购米者转换葡币，免受外间或在外急于找换时常有伪币发生其间，是以该号筹深明此义后即要求补售，并自动每筹捐出二毫为凼仔路湾施济贫民派粥之用，故所得合计有一百一十一元三毫。按此须属善举，但仍希市民今后毋听外间谣传，以至“走鸡”。又一般入站交银时，常有不大注意领回购米券甚至持有购米券购米时，不交经手收券人，而乱放置桌面者，实为自误，希留意及之云。

1943年3月6日　第一版

食谱佳音

蓬莱新巷（即万丰富）荣记，妙制各色粉面时菜、各款粽品、盆粉等，闻该号各食品之调味，采取纯粹泡制，绝不采用味精等，诚合卫生食品味鲜可口者。因该号主人悉心自制一种调味油，而配练故，凡顾客试后，无不同声赞许云。

1943年3月7日　第一版

金神父晋谒澳督请示增售米量之办法　征收之商谷业已辗磨朴米发售　米站发觉私换葡币索取手续费

（本报专访）望厦米站目前日起开售朴米，此种朴米含有维他命乙成分甚多，最适宜于平民之卫生营养，为当局关心民食之德政，为米商义不容辞之善举。而在日昨所征收之万五担谷辗磨而成者，且在此谷米由商户以六十五元一担售与澳府，而澳府将之磨成朴米时，每担仅得净米七十斤，但交由该站公售，仍以每担七十元计算，按此比对澳府须补助出之数目，当在二十余万元，故市民购得此朴米时，不但于己有所营养，而且宜了解政府之苦心措施，与乎米商之当仁不让，亦应有以饭每不忘者也。兹据金神父晤记者，为拟于下周增加米量，即日当晋谒澳督请示办法，能否可行，当再酌商米额如何始能定夺。查该站自实施葡币本位售米后，为使到站购米者便利起见，特于日昨分设找换处一所于该站内，此属临时性质，如市民一经习惯葡币购米后，该找换处当可撤消，但迁来该站附近，发现有等不法之徒，擅自向各到站购米而所持为白银者，私换葡币，骗取手续费，计有谭培，四十六岁，东莞人；黎全，三十四岁，顺德人；陈好，三十九岁，新会人；多名，有继携有多量粮证不符□而被拘者，□□之后，一并为警方发觉，将之解返警署究办。又该站今日星期循例休息一天，下周售米秩序，亦将不再变化云。

1943年3月7日　第一版

银业行委员会议决残摺钞票均通用　行友违犯三次者停止买卖　组织稽查部执行政府法例

（本报专访）本澳金融贸易场，每日各行友成盆买卖，数目极巨，逾国币千万计，纸币交收，未免发生纠纷，因此该行为利便各行友交收货币起见，曾由委员会议决，凡国币交收者，除葡币霉烂及深受水渍者外，其余残摺者，均一律照常通用，收者毋得借词拒绝。最近该行诚恐日久玩生，行友故态复萌而影响交收起见，于昨日委员会议席上，曾提出讨论，凡国际买卖交收者，须依照前项规定，毋得违犯，倘有借词拒收者，一经查悉有据，则以处罚。计开初次犯例者，则停止买卖一星期，再度犯例者，则停止买卖一个月，三次者则永远停止其到场买卖资格，及取消其应享受本行之一切权利。可查政府当局所颁发明令，而与该行各会员有关系者，各行友时有不明了之点，致触犯明令，而遭控究者，委员会以此，故为协助政府施行明令起见，特议决组织“稽查部”，负理关于一切澳府颁行明令而对各行友所应守之规例事宜，即如行友对澳府所行之明令有不明了之点须待解释者，可具情向该部投报，该部如认为理由充分者，则代向澳府申述或请求修改云。

（又讯）日前新马路某银号，因兑换葡币事而发生纠纷，现澳府对此，备极关注。记者昨据华人代表梁后源称，彼于该案发生后，曾晋谒澳督谈及此事，据督宪称，无论政府公务人员或市民，如有利用金融动荡时机而非法牟利者，一经查悉有据当严惩不贷云。

1943年3月7日　第一版

电机修理竣　全日供电

（专访）市营电力局，日前因修理机件，暂时施行分区供给电流，闻今已全部机件修理完竣，即日恢复当常态，大放光明云。

1943年3月7日　第一版

大群酒菜部　今天开幕

全澳侨胞渴望之大群酒菜部今天开幕，闻现由广州特聘著名厨师刘□主持烹调，届时想侨胞又增口福不浅也。

1943年3月7日　第一版

容允腰间隆然　所怀何物?

（本报专访）警探当局，为维护市面治安起见，连日派出大批警探，逡巡市面，严厉肃清匿藏境内歹徒。昨（六）日午间华探多人，在草堆街附近，发觉有男子腰间隆然，行动怆惶，警探乃喝令搜查，当堂获有旧式勿仔手枪一支，附以子弹六粒，将之解交警署究办。质诸，该男子称容允，廿七岁，中山人，住同安旅店，最近由中山五区河尾来澳者，所怀之手枪未领有本埠自卫枪执照云。

1943年3月8日　第一版

罗若翰主教昨在欢迎会致词　用华语讲述在中国传教之经过　澳督暨男女教徒参礼者数百人

（本报专访）公进会欢迎罗新主教来澳履新大会，昨日下午五时假座望德堂举行，事前该学校礼堂布陈一新，正中悬有像耶苏（稣）及生花等物，门前亦悬满周番旗号。四时四十分，澳督戴思乐偕同夫人及中军晏打地驱车莅临，未几，主教罗约翰亦同书记贾辣斯抵达，督宪等趋前亲吻主教之戒指为礼，而立门次候迎者亦一一与主教及澳督等握手，旋延至礼堂内，无原罪洋乐队奏出悠扬旋律中，主教等分别坐位入席。是日到会者，有经济局长罗保，法院长马士加连那，商会主席高可宁，同善堂主席崔诺枝，妇女会主席陈桂清，委员梁咏嫦及其他各大司铎，各男女教友共达四百余人。时届，即行开会，秩序如下，（一）奏乐，（二）该堂司铎严绍渔致（葡文）词，（三）唱颂主教歌，（四）菲籍司铎代表梁卫道致词，（五）唱欢迎歌，（六）中文欢迎颂词（盛龙运），（七）奏乐，（八）葡文诗（崔瑞琛），（九）鱼翁曲，（十）法文颂词（盛光运），（十一）唱拉丁文歌（主乎，吾依恃尔），（十二）英文诗（金懿德），（十三）罗主教训词，（十四）奏乐。礼成。

梁司铎　讲述主教略历

今日为澳门全体教友、公进会、青年会、圣母会欢迎罗大主教来澳履新之期，既蒙列位热烈参加，自觉非常荣幸。敝铎将谓致词，可改作恭祝讲，原由是恭祝主教，恭祝自己，请列位知到我自己并非个人自己，乃大多数人之自己，而主教不单为澳门各教友自己，且曾更是代表中山，肇庆各地教友之大自己，所以本铎愿将个见所及与各位共和勉励，忆自年前高主教离澳后，我侪时抱悲观之态，如一群羔羊之迷途，如孤儿之失慈母，如大军之失元帅。在我大自己之地位，更觉不胜之悲惨，但今罗大主教来澳履新，羊得成群，儿得慈母，军得主帅，所以言之恭祝者理由一也，罗大主教，经历堪深，十九二十当牧童，但其慈祥之心已见之在肇庆职时之照顾当地民众，因其善牧，能知每一羊声之怜爱，故对世人各教友，各风土人情及人民之疾苦，情绪，喜怒哀乐之经验甚稔熟，当其在肇服务，水坑乡民闻听罗主教来澳履新之下，每感依依不舍，且更助送款物于主教，此种情景所以言之恭祝者理由二也，还有。

曾投军　出入枪林弹雨

罗主教二十四岁在军校攻读，故其兵法甚充足，后又出前方十九年，在枪林弹雨之下历尽寒热辛酸，与士兵共甘苦，能知兵心。爱之如己一样，今我侪得之，何幸如之，此又所以言之恭祝者理由三也，敝译对罗主教自少同读同玩，又能同会同工作，故对罗主教之有价值事实当可值得一告者。

富天　琴师·医生·花王

首先，（一）罗主教爱好种园艺可以谓之为花王，（二）罗主教爱好修烂琴前以谓之为琴师，（三）难主教爱好研究学术，医术，亦可称为医生，其富有天生天才，裁□地土，使泥士发出馨香之花草果子，设立大花园及公进会，圣母会青年会之各大花盆。其次，思想意志须要琴师调和，使无数之晋组合成一美丽之歌，以愉快身心（其时听众皆大欢笑）。其三，罗主教为一无毕业文凭之医生，擅医烂肉烂疮，无名肿毒，无数之人为其治为者不知凡几，无论为盲聋哑，皆为罗主教之必治而愈，真是我侪之何等荣快者也，所以庆祝罗主教之大自已，为庆祝自己，吾侪惟有恳切祝祷，一致赞成服从主教，在主教领导下，大加勉励，使茂盛之花更为发展，使澳门成为美丽之花，开花结实，则不胜祝祷矣。

罗主教　用中葡语致词

罗主教训词，大意谓梁司铎为其旧同学，以梁之记忆述及本人事，使其十分钦敬，并引而详为分铎及报告来华传教之经过，用葡中语先后发挥，语态慈祥，听者均皆励容云。

1943年3月8日　第一版

今天第卅三周年国际妇女节　本埠妇女会不举行仪式

（本报专访）自一九一〇年妇女社会主义者在丹麦京城，召开妇女大会，并议决三月八日为妇女纪念日，各国一致承认，遂为国际妇女节。每年此日，全球各地妇女，均有热烈举行庆祝，迄今已三十三周年矣。往昔本埠妇女会及女子青年会于是日援例举行纪念仪式，惟今年时移势易，故两会于今年妇女，不再举行集会纪念，在这伟大纪念日中，每个妇女之心坎里，只有用缄默的态度，去度此节目也。

1943年3月8日　第一版

米站售米秩序今日更改时间

（本报专访）望厦米站由今日起，贫民米改在八时半举行，天星十人米八时开售，由一至二千，十二时休息，下午一时继续由二千零一至尾。明日星期二起六毫贫民米改在下午六时起售。又查米站迩来发觉有大量来历不明之粮证者多起，为彻底肃清起见，现正执行侦查中，希各市民幸毋触犯云。

1943年3月8日　第一版

热心人士捐款　增设平民粥场　地址在望厦新米站

（本报专访）新填海附近之平民膳食处，系由妇女会及女子青年会联合主理者，开办以来，一般贫苦侨胞受惠者，何止千万，各职员奔走策划，热心慈善，故成绩异常美满，极为澳督及社会人士称许。查最近妇女会商得某热心家资助及向澳督请示获准，特再增设平民粥场一所，经择定望厦新米站为场址，现已积极进行，约于两三日后，便可开始发售。至该场经费，除该热心家先捐送二千元为开办费外，将来不敷者，概由澳督负责捐输云。

1943年3月9日　第一版

谷米仓全部开放　米商可照常营业　已划定征收之谷米须保留候征

（本报专访）澳府为解救贫民粮食，平抑米价起见，致有征收商谷万五担之举，经济局长得接商会代为登记之商谷表册后，经交由粮食统制委员会执行。该会按照表册登记之总额中征收百分之三十四，规定每担公价为六十五元，于日前特召集米商宣布，并开始派员按户征收。惟登记之谷户多达二百八十五宗，征收需时，在数日间至难办理完竣，故有一般谷户，以尚未轮至征收，可否照常营业，犹疑莫决，诚恐一经营业，政府或予控究等情，故多存观望态度。记者以此昨特走访有关方面调查，据悉，澳府此次征收商谷，实非强制执行，澳督原意，实为向谷商购取，而不欲向屯存居户者征取，至予以六十五元之价，对现目市面售价略嫌过低，惟比七八月间价格，谷商已获利不菲耳，故澳府所予之购价，实为维护谷商之利益，不予亏损也。至统制会派员按表征收商谷，如未轮至者，不论其谷栏米店及屯积家，运输商等，均可恢复自由营业，澳府不予限制，但其沽出之数，不能悉数沽罄，最低限额，须余澳府所征之额，即如在商会登记有土谷十担者，该登记户沽出之数，不能超过六担六十包，须余三担四十斤，以备澳府派员征取。各登记者数目之多寡，按照征额类推之，但不能借此而悉数沽罄或转移藏匿，逃避当局征收，如有违犯者，即属有罪云。

1943年3月9日　第一版

公教进行会新职员已就职　罗主教亲临监誓

（专访）公教进行会昨（七）日上午九时假座望德堂举行第五届职员就职典礼，由罗大主教亲临监誓，仪式隆重，到会者众。查其所任期间为两年，期满当再改选之。谨将是届职员表列如下，男子部，会长，盛熊运；副会长，廖荣福；秘书，陈文蔚；会计，何玉裴；评议，余德森、梁端常、卢锦伦、邓干廷、李成顺。男青年部，盛光运；副会长，刘忠荣；秘书，高远谋；会计，李嘉伯；评议，钟桂才、黄典贻、梁健安、黄炳权、严顺贤。妇女部，会长，崔瑞琛；副会长，李佩霞；秘书，严仲娴；会计，许莲金；评议，余纪裳、罗芷芬、罗洁灵、潘莲馨、吴玫瑰、麦雪清、谭金女、谭妹。青年会，会长，黎汉英；副会长，李顺贵；秘书，梁连笑；会计、李丽梅；评议，金懿德、孙玉英、刘宝莲、阮宝燕、严惠灵、梁爱贞、谭楚媚。又顾问为吕子修司铎、刘雅觉司铎、颜俨偌司铎、崔诺枝先生、梁云偕先生等云。

1943年3月9日　第一版

阮玲玉　逝世纪念*

（特讯）昨日为妇女节，本埠及各地因处非常时期，无特别举行庆祝，惟昨日为我国一代艺人阮玲玉女士逝世十周年纪念（按阮女士在民国廿二年妇女节日下午六时逝世），各地影院纷纷选映其遗作，以志景仰。明本澳域多利戏院亦运到其著名遗作“香雪海”，将在本月内映云。

1943年3月9日　第一版

米站调整工作提早售米时间　由今日起全日不休息

（本报专访）望厦米站本周售米秩序无大变化，只不过开售时间略为提早而已，该站昨曾一度开会，为使今后售米工作日益便利起见，遂乃决定各职员之分配工作，决定每隔两三日即轮值，换班一次，而在每日售米之时间，则不再中途间断休息，使整日完全工作，便利发售。俾得开工收工有一定之标准，即以前每日上午九时开售

---

* 注：此为讹传。阮玲玉逝世于1935年3月8日（民国24年）。

者，今则改早在八时起售，直至售完始止。如属在每日下午二时起者，现亦提前于一时起售，故每日各号筹虽仍如上周秩序办理，但时刻方面已略更易矣。查该站原意昨日起执行，但因周知未及，故是日所售之十号筹仍照旧发售，但该筹等有未知上述等情，而“走鸡”者不下四十众，而该站发售之迅速，亦卒能将该号筹补售完竣。今日上午八时起九号筹售五元四毫，下午一时起八号筹售四元八毫，至于穷人六毫米，由今日开始改在下午六时起开售云。

1943年3月10日　第一版

人情反复物亦无常　精神钞反不爽利　残旧摺补价值提高　港币快要变古董了

（本报专访）港钞最近在本埠之行使，固一般不肖银业分子，诸多选择，除残烂及深受水渍者，概不通用外，其余残旧摺补等又予以诸多花样，号之病牛、死牛、大窿、冚窿，而直版鲜美，或号码顺续者，又号之曰“精神钞”等，兑价不一，视乎其是否精神或病牛而耳。影响所及，各行商业贸易交收等均依照银业界所定价行使，究诸银业界，则诿为其他杂行所致，银业行方面，前曾一度召集银业行及各行商代表会谈解决办法，结果，决定凡假伪或残烂者不通用外，其他靡论直版鲜美或残旧摺补者，均一律通用，价格平衡。距（讵）料为时未久，故态复萌，对选择港钞，回复往昔状态，直至最近，未尝稍改。讵料迩日银业界使港钞竟一反常态，凡新靓直版者，其价比残旧者更为低跌，每万元兑换千元或百元面额港币者，须补水达二百余元，一般市民均莫明所以。记者昨特走访银业界方面消息，谓香港之金城，商业等银业，于香港沦陷后，虽经封闭，但其存有新靓之五百元面额港币达数千万元，因其属于华资银行，当地政府准予揭封，任其出运，故最近运抵澳境者达二千余万元，市道因此巨量港钞推出，吸放未得均衡，致造成钞价低跌之原因。又据另一消息，谓香港汇丰银行存有未经行长签字之百元面额之港币数极庞大，现改由该行原任之董事长签署，经推运来澳行使者达二千余万元，因此一银般（一般银）业界以最近签署之新靓港钞，价反比旧钞价低跌之缘因云。

1943年3月10日　第一版

新粥场定期开辟　澳督捐助白米　下星期一开始发售

（本报专访）澳门妇女会主席陈桂清女士，最近发起之平民粥场，曾征有某热心人士捐助巨款二千元为该场之开办费用，其余不敷之数，概由督宪补助之，经于日昨报载，并择定望厦米站为场址。记者据金神父宣称，该场将于下星期一起开始发售，现已在站积极新装炉灶中。查该炉灶炊具等实为沈香林赞助者，沈氏除此报效外，并于每月报效陈皮一大包，约数十斤，为煮粥之所需用。如沈氏者，诚热心可嘉，或此消息传出后，想社会人士，亦当继为赞助，共襄善举也。

（又讯）关于妇女会新增设于望厦米站之平民粥场，情形已见上述，现闻继某热心家之后，又有傅先生经手捐到大洋一千元，及澳督捐助白米（价值四千元）一批。

至于该场现正辟理之炉灶，原定煮粥时燃烧石炭者，惟迩日煤价高涨，迫得改用谷糠，但各界人士如有乐助款项或物品者，可致电三九三号或直接与该会接洽便是云。

1943年3月10日　第一版

万五担谷　行将征收完竣　米商买卖须具呈报

（本报专访）粮食输进统制委员会，自于日前宣布征购商谷后，连日派员按照登记表册之存谷户征收，经济局亦派员偕行，于收谷数量之多寡，而签发凭单一纸，以备来月凭纸收款，至登记之存户达二百余宗，短期内未能征收完竣，自开始以来，经征收者仅三分之一耳。记者昨据督察长兼粮食输进统制委员会委员观耶称，连日因天雨影响，耽误征谷工作，倘天气好转，则在三两月内便可办理完竣。观氏又称，凡已缴征及未轮至征收之存户，靡论其是否米商、谷栏、屯积家、运输商等，均可自由营业，澳府不予限制，但如出售者及购入者，虽具情向警署本人投报，方准成交运出。其次倘在商会经办理登记存谷，又而未轮至征收者，该存户沽出之谷，不宜悉数清罄，以备当局征收为佳。记者又叩询观氏在短期内能有公米运澳接济与否，观氏答称，关于救济民食，政府经具有完善解决方法，至于米石何时运澳，因在此战时关系，航途梗阻，运输时生困难，船期庶难预定，但本澳米食充足异常，决不致陷于缺乏云。

1943年3月10日　第一版

提早一小时售米昨日开始实行　今日上午八时售七号　下午一时售六号

（本报专访）望厦米站今日秩序所售之公米，上午八时起为七号筹（售四元二毫），下午一时起为六号筹（三元六毫），穷人六毫米规定于每日午后六时起开始发售。查昨日外间突传七号筹有米售，其实在秩序上是未有列入者，故该号筹一早闻讯驰至时，始觉空跑一遭。但此一来市面人士竟误传是日米站休息，以讹传讹，故是日秩序之九号筹走鸡者有十分之六七，八号筹走鸡者有十分之一二。结果，该站在工作可能内亦能重行补售完竣。不过，市民今后应为注意对该站售米之秩序，须予恪守时刻，否则无故而走鸡者，则决不予再补。顷据可靠方面消息，星期五所售之一二及三号筹决定加倍开售，因下星期五为圣若瑟瞻礼，届时该站循例休息一天云。

1943年3月11日　第一版

行劫米店　截抢途人　贼匪终难逃法网　捣巢扫穴搜出手榴弹枪械利器

（本报专访）警方华探部于去年三月十四日破获屡度伙同械劫案一宗，贼匪曾先后械劫二次，行窃一次……当时警方须待详细侦悉，故未尽发表。迨至取录口供，转解法院办理，法院现已研讯各被告口供后，定本月廿三日正式开堂公审。兹将该业（案）经过详情，分录如后。事缘有男子卢六，在澳无职业住址，前曾犯案为警方多次逮捕之积匪，讵卢获释后，仍贼情不改，混迹市面，又于去年三月十二日深夜，潜进柯高马路一百一十号居户行窃，偷去金戒指四只，金叶一两九钱，金耳环二对，西纸卅五元，大洋一百四十五元，双毫七元五角，衣物达七十余件，所值不菲。卢得手即潜至石岐，将金饰沽去，得款后旋赴中山洪湾乡某处，以大洋五千元代价购得左轮手枪五支，子弹廿五粒，又在沙尾乡购得手榴弹一个，并约得当地歹徒多人来澳，图谋不轨，并在下环街席里十四号为巢穴，卢自为首领，处理一切。

深夜潜匿　截劫途人

迨至翌日（十三），卢乃伙同贼匪戴松、梁其侠、高佬光等四人，各持有左轮手枪一支及手榴弹等，在白马行附近混迹，于深夜一时许，有居住沙架都罅街三号之男子赵辛伟，乘手车返家经此，卢等乃一涌趋前，露械指吓。当时万籁俱寂，行人稀少，赵处在淫威之下，迫得唯命是从，任其所为。各匪旋施搜查，赵怀有之西纸二十九元，双毫五元四角，另打火机一个，悉数均遭掠去，事后乃具情投报警方，请求查究。

伙匪多名　行劫米店

至卢等贪得无厌，于同月廿三日下午七时半，又伙同匪徒梁其侠，麦兴，戴松柏，郑洪等多人，又光顾十月初五街三号万盛兴酒米店，劫得大洋二千七百元，双毫卅元，西纸九十元，香港单毫卅元，龙单毫九元。在未行事前，各匪先行约定事后到大三巴牌坊后集合，至该酒米店，东主李根有表弟曰冯庸，此次遭劫实由冯串同卢等为内线，卢得手后，乃予以双毫卅元，以为酬报。

警探侦悉　捣巢扫穴

警方当局，以贼匪披猖，扰乱市面治安，罪恶已极，非予以肃清，不足以维社会秩序。迨至翌日（廿四），华探部即接线人密报，得悉贼匪窠址，乃于是日下午六时许，派出警探多人按址前赴席里十四号掩捕，华探目一马当先，破户而入，露械喝令就范，在床席内搜出有左轮三支，各附实子弹，乎榴弹一个，子弹七粒，利刃一把，并在柜中得获款项达数千元，一并解交署究办。质诸卢等均自认不讳，自港湾购买之手枪两支，在来澳海面已堕海中云。

1943年3月11日　第一版

港钞大量抛出　市道供过于求　预测今日当可回升

（本报专访）本澳金融市场，连日因有大量港钞流入，故价格日趋倾跌。昨日市道贸易场早市开盘三一一，继升三一五，一般淡友乃略有抛出，市旋回跌三零九，三零八，未几即转至三零六，某大户乘时吸进，市又扳回三零八九，三一。当时揸友以市道回涨，乃持观望态度，不愿抛出，故价略提高，由三一一而达三一二，揸友以此，见有利可图，乃纷纷抛出，价遂狂跌，由三零九五，三零七，三零五，而至三寸，将到收市时，更趋下游，由三零一，二九六，而至二九五五，公价二九八，去息一元五角。

午市开盘二九四，数分钟内仍无大量买卖，故市亦无大变化，徘徊于二九五九六之间，其中须有某大户吸进及淡友抛出，但数目不巨，殊不足以影响市道之上落，反而更趋呆滞，市道卒不能跃回三寸以上，收市时为二九五。公价照早市相同，去息一元五角。

连日港钞低跌，实为大面额之港钞流入所致，市道形成供过于求，且该项港钞，银业界对此均予歧视，市道疲呆，造成低跌之里因。

1943年3月11日　第一版

学校报馆集团米须再登记列表　天星筹重缮介绍函

（本报专访）望厦米站，自本周起，提早一小时售米，连日来，因一般尚未知情而走鸡者甚众，直至昨日，秩序招告旧观。兹为普遍到购者普遍认识新时刻计，特再申述上情。查今日该站秩序之所售，轮值五号者，上午八时起售三元，轮值四号者，下午一时起售二元四毫，每日六毫米亦如常于下午六时始售。但华人天星筹者，则须特别留意，下周起一律有倍售米量之可能，只不过要从新再来一次介绍信，方为有效。该站昨经宣告各已所售者，故凡该各华人天星筹，届时应照此手续办理。至于本周之集团米，亦须再行登记，其集团之负责人，先行汇集其名下所属之粮证，表列姓名、号数、粮证姓名、号数、人数，及该站盖印之筹仔号数，届时到站有发售双倍米量之消息，即连下周者亦一并发售云。

1943年3月12日　第一版

澳督戴思乐昨视察新增粥场　同时并巡视米站售米情形

（本报专访）澳门妇女界主办之望厦平民粥场，连日来大兴工土装置炉灶，工作进行，异常积极，昨日米站外围左侧之墙壁，亦已开辟头门，准备欢迎售粥。是日下午三时半，澳督戴思乐及夫人，秘书长哥士德及夫人，华人代表梁后源及妇女界主席陈桂清，镜湖医院值理沈香林及夫人，一行人众，驱车前往该场巡视，先到望厦普济禅院略事休憩，小进茶点，然后一起到场，对于新粥场之建设及措施惠及平民之工作，表示无限赞许，并谓将尽绵力之所及贡献于该场之一切进行事宜，直至四时许始分别而去。查该新增之平民粥场，如在可能内决定下星期一开始售粥，届时澳督亲临开幕，至于初期发售之对象为当局代以工赈所雇用之望厦挑泥工人，每碗廉售一毫，每人每日限售一碗。又米站自葡币本位售米后，即设有找换处一所于站内，以利到购者之找换，昨当宪督巡视粥场之便，随亦到站参观，对该站售米时之秩序，表示十分满意，并谓站内之找换处，日间当可结束云。

（又讯）望厦米站今日公米秩序全售双倍，因下星期五为圣若瑟瞻礼，该站例定休假一天，故今日所售者幸为留意多备款项到购，即三号筹上午八时起售三元六毫，二号筹下午一时起倍售二元四毫，一号筹下午五时起倍售一元二毫。据息，该站迩来秩序日致完善，惟收银处常感到购者不先带备零碎辅币交银，以阻工作时刻，即如昨日四号筹所售者为二元四毫，但该筹之一部分每有交出一元面额之葡币三张，以待找续，在收银者之意，如属暂中行之，当可办到，若连续如此，未免于短期内不无错漏，是故各到购者应注意即未交银前，须要凑足所购定量之辅币，使两全其美云。

1943年3月12日　第一版

澳府去年度财政进支市厅今日公布　全部表册陈列任由到阅

（本报专访）本澳政府到去年度之收支总额，已由市政厅核计妥善，对于一九四二年度之财政总额，由今（十二）日起，以半个月为限，在市政厅二楼公开陈列布告，如市民对任何数额或有不明了及有若何问题者，均可提出讨论，以昭大公。当局此举系按照葡京所规定之海外殖民地行政新法之措施云。

1943年3月13日　第一版

凡居民离澳或死亡者须将粮食证缴销　市行政局昨已发出布告周知市民

（本报专讯）澳府当局为适应非常时期措施，维护民食起见，特采用有效之计口授粮办法，于港战后开始实行，并颁发粮食证，凡居民购买政府公售之米石者，则按照其粮证之人数多寡而配给若干，实施以来，成绩颇为良好。澳府对于外埠来客，更余（与）利便，于其入境时，则派员在码头入口处发给粮证，而居民确未领具者，亦可投书领取。讵料一般居民离境或死亡时，多不依照条例将粮证向主管处缴回，竟转交其戚友或脱售于他人，致造成居民减少，而粮证反见增加之情势，此举不但远背澳府维护民食之初衷，且触犯颁行之明令，市行政局曾三申五令，切劝谕居民遵照依行。迨至昨日，更发出布告，俾众周知。兹将该布告照录如下。

澳门市行政局兼警察局布告

为布告事，由本日起，无论何人，凡离澳他往者，务须将其所领之粮食证缴回设立在议事公局内主管粮证机关注销，否则不准离澳。倘在粮食证由指出之人额一部分离澳时，亦须将证赴该主管机关报明，以便在该证内将离澳人数批销。凡搭香港、广州及广州湾轮船离澳者，当由其购买船票时，得在轮船公司内向委派管理粮证专员将证缴销。又本月起，所有本澳业主，如租户退屋及往何处，均须向该管粮证机关报明。又凡有死亡，当其向中区医所（医生局）呈报时，应将与死者有关之粮证呈交派驻于该医生所之管理粮证专员，俾便将死者剔除。又凡将死者移送镜湖医院时，该粮证则应由随同医生检验之职员批销。如有违背本布告者，定将其粮证永远取消。合行布告，希阖澳市民，一体知照，毋违切切。此布。

骑兵中尉布英沙

1943年3月13日　第一版

罗若翰主教今日招待各界　在主教府举行联谊会

（专讯）本澳天主教救济会，对于社会公益慈善事业，素具热心赞助，如主办之平民饭场及托儿所等救济工作，成绩良好。查该会前任会长、主教高若氏离澳赴印后，会务暂缓进行，至现任主教罗若翰来澳履新后，则重将会务推进。查罗氏前在□

任，对于当地善举，多所建树，今既来澳就任，并即继为肩任该会会长，兹为发展今后救济事宜起见，昨该会长特为分函当地社会名流各大机关，社团及各报等，决定于今日下午一时半在大庙主教府举行联谊会云。

1943年3月13日　第一版

卢佐文在同善堂服务

广州中医卢佐文，现在同善堂为义务医席。查卢氏每日除上午十时前在该堂服务外，十一时至三时在米糙街长春阁，亲友到访，请照上址云。

1943年3月13日　第一版

今日售集团米从新举行登记　购米者须依手续办理

（本报专访）望厦米站本周售米之秩序，今日又届学校报馆集团米之期，时间照前原定在上午十一时开始，惟其办法本周则重新规定，其手续是于即日每到站购米之集团，须先缮函开列名下粮证之人员及总额，并书明每一粮证之姓名、号数、人数，及该站所盖印之号数，汇集一起，届时由该站按序检阅后，据谓有连下星期六所售者先在本周为之倍售讯。又该站是日对于报失粮证，□发新筹及普通筹及天星筹等一律暂停工作，以集中发售即日之集团米云。

1943年3月14日　第一版

主教罗约翰　昨招待记者

（本报专讯）新任主教罗约翰氏，于昨日下午一时半，特函约各报记者及体育界名流于主教府。前赴参加者，除各报记者外，而体育界有柯剑东、施普通咩路等十余人，由大司铎李泽良、黄文、梁佩道等延至客厅稍坐，未几罗主教偕同秘书驱车莅临，各司铎乃趋前屈膝吻指为礼，旋由李司铎（介）绍，与各记者，体育界握手为礼。入座后，罗氏用华语对各位称，略谓今日得蒙光莅临，极感欣幸，本人从李泽民神父道及，得悉列位对慈善事业素具热诚，最近拟举办慈善球赛，如本会所办之平民饭场等类，列位热心慈善，福利贫民，实深感谢云云。罗氏语后，即招呼各来宾赴餐厅进茗，旋即道别。返办公室，后由各司铎将平民饭场经办情形及进支数目，详情报告，略进茶点后，由李司铎领导参观主教行台，至二时许，始兴辞□返云。

1943年3月14日　第一版

五校联谊会　昨热烈举行

培正、培英、协和、岭南、培道五校高中三年级学生举行五校联谊会。昨日下午二时在培正礼堂举行，到会者百卅余众，情况热烈。首由各校唱校歌，主席陈钰泉致词后，各歌诗班歌唱。三时开始体育竞技，协和明社篮球队胜四校联队，同时各校男女分组乒乓赛，男女子象棋比赛。五时各校男子篮球混合赛。晚间七时卅分室内游艺会，九时集团游艺，有化装表演、歌唱、钢琴独奏十数精彩项目，至后深十一半时始散云。

1943年3月15日　第一版

镜湖医院经费拮据　手术室暂缓设置　希善长捐输输玉成善举

（本报专访）镜湖医院为利便留医病人治疗起见，特由主席刘叙堂商得澳督批准，增设手术室，并由去度堂期会议通过，并委定医务部及工务部规划进行在案。记者昨据有关方面消息，该室原拟从速着手办理，惜以院方经费有限，而该室之建筑材料，及所用之一切仪腾器贵（仪器腾贵），在在需财，非逾万元不足以供支付，故希望埠中绅商巨贾善长仁翁，玉成该院善举，能慷慨捐输。俾易进行，则一般贫苦病者，亦深利赖云。

1943年3月15日　第一版

利为旅　增设川菜

利为旅酒店，自增设下午茶舞及晚舞后，营业甚□。查该店近从港沪聘请川菜厨师抵澳，定今晚起以川菜部面世，闻该川□内分全□、点心，和□等，至两人足食之和□，仅值二元五角，堪称物美价廉云。

1943年3月15日　第一版

伙同械劫案　法院已定期研讯

（本报专讯）警察当局于去年农历十二月廿八日，破获一宗屡度伙同械劫案后，本埠市面治安，日趋良好。查该案主犯为男子夏照，于落网时，曾直认彼辈曾先后械劫多达数次，经由警方通传各事主到署认案无讹，警方乃取录口供，备文解交法院究办。当日解法院者除夏外，另有妇人邓云、邓莲、六雪英，男子邓辉、邓德、罗海等七人。现法院以该案情重大，须待详细侦查，乃定本月十三日上午十时召各原告，及证人到□供述口供，俾便查明，来日开堂公审时作证云。

1943年3月15日　第一版

新增粥场　今天开幕

（本报专访）澳门妇女会所主办之新增望厦平民粥场，经日来积极进行。该场大小炉灶全部工程业已就绪，场内设有木栏，大门口处分有出入口道，由此路进，先至指定之售券处，每人得购一毛券额一张，持券直达粥场，次第购买。查该场决定今日上午十时举行开幕礼，昨已由妇女会发出请柬，希各界人士莅场参与盛会，届时澳及夫人亲临主持典礼，金神父等致词，并由望厦米站之挑泥工人代表致谢，后遂正式开始售粥。据该会有关者称，该场每日发售之平民粥，数达千余碗，初期除售与望厦米站之挑泥工者数百碗外，其所余者，尽行全售与一般平民，故预料届时当有一番盛况也。

1943年3月16日　第一版

妇女会主办平民粥场昨日隆重开幕　各界即席踊跃捐助经费　开始售粥贫民皆大欢喜

（本报专访）澳门妇女会主办之望厦平民粥场，昨日隆重举行开幕典礼，事前，该场门前悬挂中葡国旗，各购粥者（望厦米站之挑泥工人等）数百人排列对开之广场上。十一时届，在无原罪学校洋乐队之谐和节奏及拍照后，即举行开幕礼，由该场名誉主席澳督夫人咩利亲为剪彩，领导各来宾鱼贯入场。是日来宾计有督察夫妇、秘书长哥士德、督察长观耶、华人代表梁后源、商会主席高可宁、镜湖医院主席刘叙堂、同善堂主席崔诺枝、华务局长施多尼、无原罪校长陈基慈神父、金神父、妇女会各委员、中西各界名流及各报记者等，百数十人，环场一周，随即开会，由妇女会主席陈桂清报告筹设该场动机，并阐述工作进行经过，由施多尼局长葡语翻译。陈主席最后举杯敬祝□□，结语深刻，希望今后不须再有此（粥场）设立，大意谓如到此期间时，澳地亦将届升平之兆，而市民则更无须有此粥场之协助必要□云。继续督宪致训词，由陈基慈华语翻译，略谓该会见贫施助，能与澳府救济计□□力合作，本人代表平民表示无限感谢，并祝各位康乐。其后罗新主教若翰致词，语□□勉。最后茶会礼成，即由妇女会各职员开始售粥，澳督及各来宾均亲为协助。购粥者群情欣慰，拜赐不浅。当场乐助捐献者有沈香林港币二千元，高可宁及其夫人港币各一千元，梁后源港币三百元，马万祺及陈赞邦港币各二百元，黄□坚港币一百元，徐淞大洋一千元，严绍渔大洋一百元，钧□港币五十元。又大丰银号每月捐助该号之一日营业所得，为该场之经常费用。兹将该场各委员分组职务列下，梁咏裳（烹煮）、杨若云（财务）、崔瑞意（总务）、梁学馨（文书）、黄凤岐、（秩序）、林淑霞（分售），顾问为督宪戴思乐、梁后源、高可宁、刘叙堂、蔡文轩、施蒂威士工务局长、金神父、崔诺枝、傅德荫、沈香林、毕侣俭、姚伯泉、梁鸿勋、钟子光、傅厚丞、王仲献、马万祺、姚应江、姚五姑、黄家驹、黄家聪等云。

1943年3月16日　第一版

慈善拳赛结束　收支数目公布

（专讯）警察副区长沙维耶于去月十七举行□□□□将收入所得除开支外，余款拨作救济殉职警员遗孤之用，成绩颇为可观。现除开列全部收支数目公布外，并以行政警察部（即西探部）名义登报向各热心购券者及各界捐款襄助之人士致谢。兹将是日收支数目列下，进葡币九百八十二元六毫，港币一万一千四百一十五元，军票二十元，共港币一万一千四百三十五元，□葡币四千零六十九元七毫，合计共进葡币五千零五十二元三毫整。支奖品银杯一座二百元，手套费二百元，拳术员薪俸一千五百元，建搭擂台费六十元，租赁铁链费二十二元，印刷费一百三十七元八毫，合计共支二千一百一十九元八毫，进支比对，尚存二千九百三十二元五毫，已拨救济殉职警员遗孤云。

1943年3月16日　第四版

慈善彩票　经已发行

桥牌比赛办事处□办之慈善彩票，经已发行，票额为无定限，现在暂印一万张，在发行之第一日，即已销票数百。澳门总督向来对于慈善事业，靡不热心匡助，此次为民，提倡起见，业已首先购买，照票背刊列分配方法，可知销票愈多，则奖金将愈巨，如将万票销去，首奖可变二千五百元，二奖一千二百五十元，三奖五百元。凡购票一张，无形中以一半即五毫为救济贫困善举，且各人不过以一元之微资，除为善举外，并可有□□□彩之希望。所有彩票下列各店号均有发售，计开利为旋大酒店（南湾街）瑞昌、新马路、仁慈堂难民事务处（议事亭前地）、□文楼（板樟堂街）、昌兴号（水坑尾）、金门餐室（新马路）、国际舞场（新马路）、海角舞场（河边新街）、中央舞场（新马路），开彩日期定于一九四三年五月九日，在西湾国民协会内举行，届时市行政局局长到场监察，更请注意该办事处广告云。

1943年3月16日　第四版

单车店被控苛求葡币补水　店伴曾荣芳被扣留

（专访）有女子林芬，到海边新街广生昌单车店购买单车内胎一条，议价成交后，林乃予以百元面额之葡币一张，讵该店伴男子曾荣芳，竟要求补水四元，林以其苛求补水，政府并无其例施行，殊属不合，乃召警将之解署，控之于案。警方为查明办理起见谕扣留云。

1943年3月17日　第一版

市民如被误送难民营　亲友认领手续　须具保领纸交华探部查核　警察局长签署后即可往领

（本报专讯）政府当局为救济留澳无依难民及维护市面治安起见，特在台山谦源炮竹厂旧址，设立难民营一所，凡一般流离颠沛，露宿街头之无依难民流丐，均扫数送往该营，妥为安置。而鼠窃狗偷之奸究（宄）歹徒，经由警察捕获审讯后，如其所犯之罪非重者，亦解往该营内歹徒营羁留，派警巡逻，防止逃遁。难民得所救济，歹徒无法活动，实施以来，成绩良好。当局日前并派出警探出巡市面，强制执行收容办法，一般衣衫褴褛，蓬首垢面者，亦划入收容之列，间中有误将有职业居址之市民送往营内，被误送之市民戚属或有关者，咸欲领回团聚，惟对认领之手续，多未明了，莫所适从。昨据调查所得，凡认领难民者，须由葡文缮写担保纸一张，开列被送之难民姓名、年岁、籍贯、居住、职业及任职之铺名地址，及被拘之时日，担保者之姓名。缮列完善后，即将该纸送往警察局二楼，先交由华探部核查，审核该难民日前曾否犯案，倘确属良好公民者，则由华探部证明该难民并无犯罪，然后转呈交警察局长布英沙批准，担保者则可凭该纸赴难民营内领回云。

1943年3月17日　第四版

港币来源稍戢　市道渐有起色

（本报专讯）港钞市价，日前因大量五百元面额之"精神钞"市场供过于求，吸放未得均衡，造成跌价之里因。迨至最近，港钞来源稍戢，市道扳回，昨日金融贸易场，早市开盘三二零五，未几，揸友略有抛出，市道回顺，旋跌三一九，继而三一八，当时一般炒友，以市道无大变化，则持观望态度，□无大宗买卖，价徘徊于三一九至三二之间，迄至收市时为三一九五，公价三一八，息平。

午市开盘三一九五，某大户吸进巨额，市道旋即高涨，由三二二而达三二三，而揸友以有利可图，续有抛出，市无大量上落，停滞于三二二五，而收市为三二三，公价三二二云。

1943年3月17日　第四版

望厦新粥场昨售出达千碗　各界继续解囊捐助

（本报专讯）妇女会望厦平民粥场，自十五日隆重揭幕后，每日售粥两次，每碗材料价值一毫半，但特廉售一毫，力为贫民减轻担负与便利。查昨上午十二时开售，共有四百六十三碗，其中三百碗由金神父先代米站泥工售筹者，以表当局以工代赈之深意，其他则全售与一般平民。是日下午五时起仍继续开售四百七十三碗，记者唔据该会主席陈桂清女史见称，该场除开幕时当场得蒙各大善长仁翁捐助款项已见报载外，昨又蒙五颂献捐港纸三百元，南洋威文药行主人陈宇平暂送南洋皮肤专药癞敌一百盒，交中国国□公司代为义卖，每盒底价二毫，一俟售毕，扫数拨送粥场之用，如有成续，则更继续送出，以济贫民，足见社会人士关心粥场义举，□□□□襄助云。

1943年3月17日　第四版

各界捐款　制难童被袋

（专讯）托儿所前得警察局长布英沙惠赠棉被数百张，其中二百张因未有被袋，曾去函请求妇女会协助完成之。查妇女会以事属善举，义不容辞，经于日昨征得银业行概（慨）助捐款双毫五百元，现已代为制就被袋四十个，每个双毫一十三元。该被袋寻即由崔瑞琛女士为之转送托儿所需用矣。据有关方面消息，该会昨又收到高可宁捐助代制被袋费用双毫一百三十元正云。

1943年3月17日　第四版

联合义展　定期揭幕

雕刻家王志勤，名画家关宗汉二氏，近以感于镜湖医院经费之短绌，毅然愿以全部精心作品，交由镜湖医院主办，举行联合慈善艺展会，将来以作品售出之款，拨捐该院慈善经费。该项计划，经得该院当局接纳，而对二氏之热心慈善，嘉许备致，且得国际酒店监督吴伟佳氏，慨允以该酒店一楼芝兰阁全部，免费借出，以□会场。现已定期是月廿六日（星期六），一连三天，公开展览。王氏之象牙细刻，关氏之画展，均早已着誉于南国艺坛，是次设展，准备之作品，凡二百余件。现二氏已加紧筹备一切，以社会上一般爱好艺术而热心慈善者甚众，届时必收良好成积（绩）也，拭目候之。

1943年3月17日　第四版

霍乱症

本澳卫生当局在各地区所设之免费防霍乱症注射所，已有不少居民自动前往施行注射，吾人对此极感欣慰，可见居民对于霍乱症之可怕，深有认□□□□□□□，防止此种有定期性而□□的传染病发生。查近年来此种传染病常在本澳流行，未尝间断，不久之将来，又为霍乱发生之时期矣，施行预防霍乱症注射之功效，在医学上及习惯上已使一般民众早有认识，施注时又绝无痛苦，且每三个月注射一次，即可使居民获得免除此种危险病症传染之安全保障矣。此种病症死亡率大约为百分之六十也。

1943年3月17日　第四版

米站购米者之　备忘录

（本报专讯）望厦公米站，为使购米者对于应守□□事项易于明了起见，重新将通告□则详细公布，希购者遵照办理。兹探录如下，一、每人每周限到站购米一次，二、未满二十岁者不准到站购米，三、粮食证倘非属己，则需迅速自首，四、凡经政府查收之粮食证，各人则需留意通知，往议事公局二楼粮证发给所领回之，五、站内设有西洋纸及铜仙找换处各一，六、缴交西纸购米时，留意取回购米券乙张，七、领取公米时，需先将一“购米券”缴交，切勿乱放在台上。查该站今日秩序，上午八时起售七号普通筹四元二毫，下午一时起售六号普通筹三元六毫，但天星筹则照本周开始已售之各号筹，同样具备介绍函件者多售一元二与之，其表列如次，米站筹仔号数，介绍人签名及年月日等云。

1943年3月18日　第一版

托儿所地小人稠　暂缓收容难童　现已有羔羊几达千人　俟限额遗缺再予收容

（本报专讯）天主教救济会主办之托儿所，自从天神巷迁往台山华南教养院旧址后，即扩大收容流离失所之羔羊，数月突告激增，救济会并商得市行政局长布英沙允许，更在附近空地，增盖竹棚一座，供以课室，饭堂之用。记者昨据鲍斯高学校主事人陈基慈神父称，现目该所收容及救济之难童，计达九百六十二人，计开男童二百四十名，女童一百七十七名，每日外宿难童餐三百八十五份（即被救济者达三百八十五名），另一百六十名男女难童因年纪较长，则分送无原罪学校，及白鸽巢嘉诺撒仁爱会收容，学习工艺。该所现因收容难童众多，地方不敷应用，故决定在短期内不再从新收容难童。关于难童拟往该营收容者，须具情向警察局长布英沙请求，经由警方派员调查确属贫苦无依者，始获批准，但仍俟营内额位遗缺时，方送往安置。又查日前经送往营内收容之难童，其亲属拟领回团聚或离澳者，顺（须）以葡文缮具申请书一纸，送呈警厅，批准后始凭纸赴该营领回云。

1943年3月18日　第一版

警察当局严惩不法警员　入狱四十日满期革职

（本报专讯）炮兵中尉观耶，自署理警察局督察长后，除戮力维护社会秩序外，对实施警政纪律严明，所属倘有违法犯例者，一经查悉有据，当予严惩不贷，毫不徇私。澳督戴思乐亦曾对银业有关方面称，倘有公务人员利用其职守而借金融动荡时机渔利者，当予处分。查最近市面，因葡币银毫兑换未得灵活，日前竟发现有警察借此时机，用葡币向市面银号兑换银毫牟利。督察长观耶昨日对记者称，日前有警察五五二号，用十元面额之葡币一张，向新马路黄珍记银号找换双毫五元，继将找回之五元面额交由另一男子兑换双毫，此举殊属不法，经由当局侦悉有据，乃依法处判入狱四十日，期满后革除警职云。

1943年3月18日　第一版

警局严密注意歹徒索取规钱　警察将换夏季制服　防盗演习下周举行

（本报专讯）本澳治安，素称宁谧，一般奸宄歹徒，在警探严密踩缉下，均销声匿迹，社会秩序，日趋良好。讵料最近发现有般不肖歹徒，冒认警察名义，向一般小贩，手车夫索取“规”钱，此种不法举动，当局经严密注意，督察长观耶，昨特向记者称，歹徒冒认差人收“规”事，此举不但对法例有所违犯，倘市人不察，疑是警察所为，则该警察本身声誉影响属甚。现政府为肃清此种不法情事起见，勉谕一般小贩、手车夫等，凡遇歹徒苛索“规”钱时，切勿给与，须从速报值勤当值警察，将其拘捕，庶免流患社会。观氏继对记者称，警察当局以夏季将临，气候炎热，所属警察将于来星期起改穿夏季制服，并举行各种防盗演习，借以□视所属防卫机能。市民倘遇演习时，切勿自相惊惶，凡警察喝令检查时，公民须绝对服从，毋得反抗及走避。但市民如遇警察搜查时，则应默志其领间之号数，而其身御便服者，则要其交出警探□摺，方予搜查，以防止歹徒乘机活动云。

1943年3月18日　第一版

培正中学　举行同学会

私立广州培正中学校同学会，将于本月二十日下午五时假国际酒店举行□澳同学叙餐联欢会。查该校旧同学旅澳颇众，想此次联欢会中必有一番盛况。

1943年3月19日　第一版

请求免扫灰水工务局未答允　时仅初春决定尚嫌过早

（本报专讯）关于埠中居民油扫灰水，工务局每年度均饬令各业主油扫一次，惟日有侨胞投函澳门商会略谓，现因时值非常，灰水格昂价贵（价格昂贵），工人薪值增加，故请代陈澳府，体恤民困，对本年度油扫灰水，请予核免。商会收函后，经前日在堂期会议席上提出讨论，决定派出商务咨询处主任、葡人沙威耶向工务局请示，得该局批复称，□扫灰水，例于旧历年底举行，今以时仅初春，尚嫌过早，故扫□与否，碍难置答云。

1943年3月19日　第一版

救济箱捐款成绩　金城酒家居冠

同善堂善院，年来施济事项频繁，入不敷出，经费告绌，乃在各摊馆及茶楼酒店，增设救济箱。设立以来，频获成绩，尤以金城酒家为最。该酒家司理高涛更乐善不倦，每届星期日，例遣伴将该救济箱推至顾客面前，请解义囊，共扶善举，故其收入最为可观。查昨天该堂派员按号开收，计有金城酒家双毫八十二元八毫，西洋币二十一元八毫，瑞贞摊馆双毫廿八元，西洋币六元五毫，西就摊毫七元，大利双毫十元，西洋币一元五毫，德铭双毫十二元，西洋币五毫，快活楼双毫二十一元一毫，西洋币一元，黄荣鹏双毫一十一元，西洋币二元三毫，太白楼双毫三十二元六毫，文园双毫一元七毫，西洋币二元三毫，远来双毫七元七毫，西洋币一元，六□饭店双毫三元二毫，天□双毫一元，西洋币五毫，金龙双毫一元。同时该堂收到捐款，有丁郑星梅太太大洋三百元，潘桐西洋币五十元，李彭双毫三元云。

1943年3月19日　第四版

望厦米站　休息三天

（本报专访）望厦米站今日为圣若瑟瞻体休假，明日集团米，上周已先发售，后日又适为星期，故即日起一连休息三天。

1943年3月20日　第一版

镜湖医院兴利革弊　严禁职工苛索　无许可证不得移尸以杜流弊　增建手术室尚待各界之捐助

（本报专访）本澳镜湖医院自现届值理重任后，更积极整顿，兴革利弊，成绩日趋完善。查最近该院殓房员工，对于职守，时有殆慢或苛索之情事发生，值理方面以此，倘非速行予以改善，对于院誉影响属甚，昨日堂期会议席上，曾提出详细讨论，结果，拟定规则两项，以为职工遵守，严厉执行。此后凡市民不幸罹病，其亲属致电来院邀请接车，将病者移送医院救治时，职工据悉后，须从速出发，毋得搁延时间，致影响患病者之病势。为严厉施行起见，并设有工作表格，凡职工得悉电告及出车之时间，及趋赴之地址、号数、姓名等，一一填于表上，由值理会核办。至于市民不幸病逝，其尸体尚遗留商店或居户者，例须向卫生局报告，由医院莅场□验，死者确属因病而逝者，乃发有尸体迁移许可证，交由死者家属收执，始得将尸体迁移出外。倘死者家属未得卫生局许可证，职工毋得办理移迁尸体工作。值理之意，诚恐借此向死者家属苛索费用云。

又讯，关于镜湖医院拟增设手术室乙座，工程部主任经将手术室之图则绘就，于昨日交由堂期值理会议通过。至该室之建筑，因材料昂贵，费用需达七千余元毫银，惟院方经费，正感拮据，倘转发支付，诚恐院务进行发生窒碍。值理之意，拟请埠中绅商善长，慷慨捐助，玉成善举。至由个人捐出者，该院乃将手术室刻捐者之姓名，借表其热心慈善，亦可聊作纪念之意。又该室所用仪器，多属欧美出品之物，因战事关系，来源断绝，价格昂贵，倘全部应用器件购集，非逾万元不行云。

1943年3月20日　第一版

昌明米机　经开始营业

昌明火柴厂之米机，因机械精良，出货成分甚高，营养甚盛。查该厂经开始营业，并备有通□之货仓，代客存谷云。

1943年3月20日　第一版

国语讲习所　将开纪念会

私立达川国语讲习所，定期本月廿八日，假座望德学校开成立五周年纪念大会，并加游艺聚餐，以资助庆。昨晚在该所校友会修社开游艺部职员会议，讨论进行事宜，出席者数十人，结果完满，欢迎历届各学员报名参加云。

1943年3月20日　第四版

严肃生活适应非常　禁葡青年跳舞

澳府当局，对于居留本埠之葡籍青年男女，其行为约束，异常严厉，最近更颁行明令，禁止葡籍青年男女在公共跳舞场所跳舞娱乐。按跳舞乃欧西各国之一种高尚娱乐，且为社交上一种礼仪，于其习俗而论实至为平常。惟因时值非常，全球烽火，澳当局为整肃葡青年之生活，以适应此时代起见，乃有此命令之颁行。该明令只限于公共场所，若在家庭内者不在此限云。

1943年3月21日　第一版

新花终比旧花好　精神钞复爽利　辗转兑换市民受损失甚大

（本报专讯）流通本澳之港币，自港战后，比率贬值，而一般不肖份子，对港钞交收行使，更选择奇苛，凡霉烂及深受水渍，一概不通用外，而残旧摺补其比率与新靓直版者，又有分别，并号以诸多花样名词，兑价不一，须视其属于某花样而定，市民不胜其扰。讵料日前更一反常态，凡一般新靓直版之精神钞，其兑率比普通残旧者，价格反低，市民不明所以。质诸有关方面，据谓因最近港方推运大量来澳，市道突感供过于求，致造成低跌之因。惟记者昨据调查所得，则新钞低价，实为一般不肖分子牟利所致，而储有新钞者又恐防港方运来之新钞之价值更低，乃又将其所有易为旧钞，辗转兑换，直接受到无形之损失。查最近新钞市价，又有变动，比率已与旧钞价略异，每万元仅补水约十五元至二十元之间而耳，且复有增高之势，一般储有旧钞者又将之转换新钞耶。

1943年3月21日　第一版

王关慈善艺展会　刻像献赠澳督　昨托该院主席送往

艺术家王志勤关宗汉二氏联合艺展会，已积极进行筹备一切，且定月之廿六日（星期五）假座国际酒店一楼芝兰阁举行，现因为期已近，故进行甚极，该会为隆重其事，且特由王氏专为澳督戴思乐刻一象牙肖像，托由该院主席刘叙堂氏呈献澳督以留纪念，且敦请督宪届时莅会主礼。刘主席昨已代为晋谒督宪，并将肖像呈献，督宪对二氏之艺术极口赞美，且以二氏努力艺术之余，不忘慈善，尤致嘉许，已答允届时莅会主礼云。

1943年3月21日　第一版

陈绵寿堂　职员昨交代

（本报专访）陈族绵寿堂第八九届新旧职员联欢交代典礼，经于昨日下午八时半，假座得来茶楼三楼前座举行，济济一堂，达数十众。会务进行，报告甚周，该会会员，本年度，除昨日有第一期领取帛金之第八十八号甲组会员陈耀阶仙游外，现共有会员一百二十三名，其帛金领取方面，分为甲组会员三十五元，乙组会员二十八元，丙组会员二十一元，但凡领帛金者则须补入一份，方可领取。计该会去年度津贴帛金双毫三百九十一元八毫六先，港币一十六元三毫一先。兹将该会财政报告本上两届交代数目比较列下，上届壬午年正月三十日正午十二时交代，存有双毫九百五十六元，港纸二十八元，但在昨晚交代本届时，则存双毫五百六十四元一毫四仙，港纸一十一元六毫九仙，西纸三元七毫云。

1943年3月21日　第一版

平民义学　将举行筹款

（本报专讯）本澳平民学校最近因筹募经费，特举办义演筹款，在校董黄□领导下，进行异常积极，至此次义演经商得平安剧院东主陈灿□报效院租外，并得平安剧团诸剧员愿意赞助，愿意是日义务表演。刻下该校现已印就名誉券，将于日间发出向各绅商劝销云。

1943年3月21日　第一版

同善堂昨收　捐款二万余

昨有陈茂枝善士，捐助同善堂大洋一万五千元，另又经手募捐有陈月波、梁□□、何发、陈伟初、林楚碧、何亮涛，以上每捐大洋一千元，梁文田、陈柱石、以上每捐大洋五百元，连经手募捐，共大洋二万二千元，陈氏尚有亲友多名捐款数千元，日间缴交该堂。而该堂昨天收到有□先生捐洋纸五十元，邓耀大洋二百元，无名氏双毫五元云。

1943年3月22日　第一版

今后的跳舞场男女学生止步　白日莫闲过青春不再来　丘九们用功些读书去吧

（专访）日前澳府为适应非常时期，严肃葡籍青年男女学生生活起见，特颁布明令，禁止葡籍青年男女学生在公共跳舞场所跳舞娱乐，详情已志本报。据督察长观耶对记者称，此后凡未逾十七岁之中国青年男女学生皆受禁止之列，据称，禁令之颁行，纯为各青年男女学子之本身学业着想，以免堕于荒废之途，并希各青年男女学生遵守毋违云。

1943年3月22日　第一版

统制粮食委员会　已加紧进行征谷

（专访）关于当局向商人购入一万五千担粮谷之征收，统制粮食委员会，连日已加紧进行，每日均有派员按户征收应定之数额。该项工作约于二三日间，即可办理完竣，届时各米仓均可开放，米商购售，皆可自由买卖，毋须填报售出谷量。望厦公米站，所售之朴米，乃由所征收商谷辗磨而成者，含有极充分之营养素，甚有稗益。（日）当局仍以每担七十元之价发售，万五担谷照购入之谷价计算，共亏损廿余万元，其本意全系维护民食，而非靠之营业或□购米者以之牟利。倘发觉有以公米牟利者，即将米石充公外，并取消其买公米权利，即取消其永远购买粮食凭证云。

1943年3月22日　第一版

售米秩序

（本报专访）望厦公米站，今日全售十号。至外传该站迁往新花园办理，并非事实。

1943年3月22日　第一版

林陈长带女士　捐十万元巨款　拨助镜湖医院经费

镜湖医院，近以经费支绌，而百物飞涨，对于善务之发展，不无影响，故经向社会人士呼吁，请求踊跃捐输。盖该院近方筹备建筑手术室与殡仪馆各一所，惟蒙此物价昂贵，该项经费至为浩大，势非社会热心慈善人士，大解善囊，鼎力襄助不可。缘该两所事关利便贫病侨胞，实现问题，刻不容缓，乃最近有热心善士，林陈长带女士，慨然独自捐巨款大洋十万大元，以补助该院经费，其热心慈善，殊堪钦佩。深望社会人士，一致踊跃捐助，共襄善举，使该两所得底于成，是真功德无量也。

1943年3月22日　第四版

望厦粥场添炉灶　以期增售粥量　各界纷助托儿所制被袋

（本报专访）本澳妇女会主办之望厦粥场，自开幕后，迄今经已旬日，所售廉价粥食达一千二百余份，日昨并增设一新炉灶，现已兴工建造，日间便可完竣。一俟新炉筑妥后，即行开始煮粥，以期增加粥量一倍，以利贫民购食充饥。又查该粥场每日售粥时，督宪戴思乐夫妇，金神父，各该会顾问等均莅场监督一切，并协助各职员售粥工作。顷据有关消息，该场昨有无名氏自动捐助葡币一百元，及林陈长带捐助大洋一万五千元，为该粥场经常之费用云。

（又讯）妇女会昨收到各界捐助托儿所之被袋二百个捐款后，即代为制就一批送交该所难童应用。据息，该会现又收到永亨银号港纸一千元，高可宁双毫一百三十五元，银业行葡币五百元，另沈香林自制被袋五十个，每个双毫十三元。至不敷之数，经由督宪概为捐足，故料不久之将来，该会快将完成全部被袋之工作任务云。

1943年3月22日　第四版

同善堂为　陈长带立照

昨日同善堂开值理会议，出席者，崔诺枝、蔡文轩、黎卓彬、陈茂枝、叶子如、黄仲良、余达洪、李如偕、黄谓霖等。主席崔诺枝，纪录陈清泉，讨论事项，（一）关于林陈长带善士捐助本堂大洋三万元，应否援例敬立其玉照，及长生禄位纪念，请公决案，（决议）应照章敬立，永留纪念，（二）关于陈值理茂枝捐助本堂大洋一万五千元，另经手募捐大洋一万元，应否援例敬立其玉照，及长生禄位，请公决案，（决议）应照章敬立，永留纪念。

1943年3月22日　第四版

公教进行会　筹设粥场

（本报专访）罗主教主办之公进会粥场刻得某热心家捐出开办经费，定即日兴建炉灶，在望德堂开售平民粥，每日售粥两次，共计一千碗。将来经常费，拟请热心人捐助，凡捐助双毫一百五十元，该会则聘为名誉董事云。

1943年3月22日　第四版

食者佳音

近年来本埠之小食水碗，日见蓬勃，如麻糊、豆沙、八宝粥之类，当地人士咸多趋向，而最实际及经济者尤以大三巴之添记甜品咸品，更为士女学子所欢迎，因其巧手妙制之上汤牛腩，鱼丸，虾球盘粉及马蹄糕品，发客门市，时见挤拥。最近该号更为食客赞许，其中有张生者，题辞一首，“所见如此，所云如此，颠不剌的见了万千，这般可口儿，罕曾见，是甜品会，是食为天，食客张生题”。

1943年3月23日　第一版

域多利戏院定期举行义演　全部收入拨捐平民粥场

妇女会举办之平民粥场连日继续收到各方捐款，现查得域多利戏院与联华制片公司，为纪念一代艺人阮玲玉逝世十周年（纪念）起见，特定于四月二日晚九时半优先献映阮氏遗作“香雪海”，该场全数收入不除开支捐助本澳妇女会主办之平民粥场以为经费云。“香雪海”为阮玲玉之遗作，由名导演费穆所导演，高占非及童星黎铿等合演，以阮玲玉之精湛演技以及费穆之超卓导演手法，求之于一般国片，尚难比拟。又该义演已开始由妇女会及域多利推销，券价分五毫，一元，二元，三元。

1943年3月23日　第一版

公教进行会　粥场职员录

（专访）公教进行会筹设之新粥场，经已开始装置炉灶，发售之期不远。兹将该场职员录下，名誉主席罗若翰主教，督宪戴思乐，主席崔瑞琛，副主席盛熊逊，总务李佩霞，财政梁端常，文书钟福祐，烹饪潘莲馨，秩序盛光运，分售黎汉英，宣传廖荣福，□查邓干庭云。

1943年3月24日　第一版

炎夏将临　风扇禁令撤消　晚七至十二时摩打仍禁启用　用电限额不敷者可请求增加

（专讯）迩来天气日趋炎热，足征炎夏将临，埠中各大商肆及公共娱乐场所，为求解决闷热计，均欲开放电风扇或冷气机。惟去年澳府为节省用电起见，曾颁令禁止启用，故今年关于电风扇准予启用与否，亟为彼等所欲明了者。记者□此昨特走访市行政局长布英沙，据布氏称，今年电风扇，澳府不予禁限，任由启用，但其虚耗之电力，当不能超逾澳府每日规定之限额。倘有不遵照限额而耗用逾度者，当予禁止。致于电力烹饮及电摩打之用电限额，亦暂行试办取消，但由晚间七时至十二时电摩打仍不许用，电灯用电仍须限制。用电用户认为用电限额不敷用者，可书面向电力局请求增加电量，倘在可能范围内，将必得到该局允许云。

1943年3月24日　第一版

平民义学演剧筹款　全体职员产生　平安戏院报效全场院租　平安剧团艺员义务演出

（专访）华侨公立平民义学，收容贫苦子弟来学凡五百人之众，每年所需经费，异常浩大。现该校得平安戏院报效院租及平安剧团全体艺员，义务演剧，定于下月十日开始义演筹款。该校为加紧进行义演各种工作，于昨日（廿二）日下午三时，假座华商总会二楼举行第一次筹备会议，商讨结果颇为完满。筹备义演全部工作职员亦经选出，兹录如下，（总务）黄苏、陈灿□、区国梁，（财政）朱治，（交际）谭植、徐伟卿、伍禹拜，（文书）区国梁、龙颂樾、吕庭广，（票务）周森、蔡世曦、钟锡、甄根、麦□德，（布置）李松江、敖基、韦地，（干事）韦若卢、刘天禄、邓如文、陈启鸿、蒙莜鹃、□醒伯、何郁卿、欧阳雄、吴乃瑜、黄仲平、任侃儒、何□清。

1943年3月24日　第一版

港币申钞趋呆滞　市道顿呈“牛皮”

（专讯）港钞与中钞，市道呆滞，且呈牛皮状态，金融贸易场，昨日早市开盘成三一一五，随报降三二，至最低三一零，未几一般好友纷纷吸入，由三一四五，连升三一五五，迨至收市时为三一六，公价三一一，息平寸。午市开盘成三一四五，一度降至三一四二五，买卖颇多，价在三一四，至三一五左右，闪缩不定，收市时成三一三，公价三一四。中钞因市道趋淡，兑换双毫早盘成九二三五，其后随降九二二二一，九一八，最低成至九一五云。

1943年3月24日　第一版

澳督　昨视察新粥场

（专讯）澳门妇女会平民粥场，对于工作□进方面，深受社会好评，踊跃捐助。该场为今后增售粥量起见，最近更有新增炉灶之设，现且积极建设，日间快将完成。督宪以该场职员之努力可嘉，并亲自莅场视察，协助进行。日昨对于联华域多利定期四月二日晚九时半义演阮玲玉遗作□片，“香雪海”捐助该场经费事，甚为赞许，并盼市民娱乐不忘慈善云。

1943年3月24日　第一版

澳门市营电力局通告

市营电力局兹鉴于电□较足，拟暂行试办取消电力烹饮及电摩打之用电限额，故市民可自由使用电摩打及电力烹饮，但由晚间七时至十二时，电摩打则不许用。惟电灯用电仍须限制，待实行专门测画多□电□时，或可取消用电限额。凡用电用户认为用电限额不敷用者，可书面向该局请求增加电量，或亲自到该局用户部请求亦可，无庸费钱请人代写该等请求书。所有在该华务处中请一切事宜，倘在可能范围内，将必得到该局职员按情办理。盖俾益于众也，该局甚愿协助一般市民商业及工业等，以秉承尽量为市民服务之旨。

1943年3月24日　第四版

华人天星筹　经开始发新证　普通筹售米量如前

（本报专访）华人天星筹，望厦米站本周起从新另发新证，每日该各号筹到购者，由站先给新证一张，着该粮证本人分别贴照于证，一张贴在左角之指定号数位置，另一则贴于右角之指定地位，□日携返此证交与米站保留，售米量增加一半。查该天星筹之十、九、八号，经已先后办理，今日上午八时，轮值七号、六号，下午一时起，普通筹所售之米量，与前无异者。

1943年3月25日　第一版

望德粥场将开幕　每日售粥一千碗

（专讯）新主教罗约翰委交中华公教进行会青年会办理之望德堂平民粥场，在各委员戳（戮）力推进下，各项筹备工作异常顺利。该会主席崔瑞深（琛）女士及望德堂指导司铎严绍渔，特于昨日上午十一时联袂晋谒督宪戴思乐请示一切。据督宪称，关于售粥时间应定早晚两次，每次售粥数额为五百碗，每碗葡币一角，至到场购买者，须查明其是否确属贫者，例如其为八口之家，而生活艰困者，该场可照其口数售予。倘其家人或有之两人因往工作，不能到场购买，可派一两人具情向该场主事人投报，亦准予便利。而每日每次仅售五百碗，殊难普遍，故该场将定各贫户轮流享受购粥权利。倘经费充足，则可增售粥量。督宪最后对崔氏称，平民粥场，实为救济贫苦市民而设，故该场□购者须调查清楚，方准售予。

1943年3月26日　第一版

米价呈赓续低跌之势

（专讯）全澳廿余万居民之粮食问题，澳府当局经有具体完善解决办法。记者昨据某巨商称，米石价格渐趋低跌，昨日金风雪米每担市价仅为一百零五元，比月前之一百二十五元，相去颇远，且是赓续低跌之势。预料今日或明日当见每担一百零二元之数云。

（又讯）望厦米站，今日售三、二、一号筹，时间及米量如前办理。该站通告，到购者持之粮证，如非本人所有者速自首，否则究办，因近常有发见被检缴者日有多宗云。

1943年3月26日　第一版

王关慈善艺展会　今日举行揭幕　澳督戴思乐莅临主礼

雕刻家王志勤，名画家关宗汉，近以努力艺术，不忘慈善，乃将积存全部精心作品联合举办慈善艺展，托镜湖医院主办，详情已志本报。是次展览会之作品将来售出，乃拨充镜院作慈善经费，该会并得国际酒店主人免费借出一楼芝兰阁，以作展览场址，今日正午举行揭幕，澳督戴思乐氏届时莅临主礼。展览期间一连三天，由每日上午十一时至下午六时止，欢迎参观。寓艺术于慈善，社会上不乏热心慈善之士，相信当乐予赞助也。

1943年3月26日　第一版

防疫注射　已开始执行

（本报专讯）卫生当局对于居民健康，素极维护，最近以春夏季节，疫症丛生，特举行防疫运动，防止霍乱蔓延。日前经开始为市民免费注射药液，昨据队长马沙称，该局经于日前已开始办理防疫注射，以后每日由上午九时至十二时，下午二时至五时为注射时间云。

1943年3月26日　第一版

澳督允襄助　望德粥场

（专访）公进会主办之望德粥场主席崔瑞琛女士，昨日亲谒澳督请示该场举行事宜，据称，一俟开幕后，督宪□允极力赞助，广惠平民云。

1943年3月26日　第一版

女青年会　举办讲座会

广州基督教女青年会驻澳办事处，特于本月廿七日（星期六）下午二时卅分，假座南湾培正小学举行“儿童心理及教育问题”讲座会，并请得对儿童问题富有研究之专家，培正小学主任刘耀真女士担任演讲。届时希望该会会员踊跃参加，并可携同亲友前往，更深候本澳对此项问题感有兴趣及需要之妇女界拨冗莅临，互相研讨，以尽造就将来台柱之伟职云。

1943年3月26日　第四版

商会昨开　常务会议

（专访）澳门商会昨开第十二次常会，甲、报告事项，一、宣读前期议案，二、恒栈烟庄朱有兰有限公司联函一件，为原用恒栈司理苏碧轩之名籍，请改用朱有兰有限公司，司理苏碧轩亦经辞职，其职务由朱绍祺接充由（按此种请求，竟系人店两异，故于其原名籍，碍难转予更正），三、梁主任报告，截至本期止，核发会员领购集团公米证明书已编至第一零七号，另补发第零八九号，查来栏证明书一张，报请查核由（照办），四、会员蝴蝶公司司理卢彪函一件，为因业务关系入内地，请发给会员身份证明书由（照发），五、行安泰司理卢持函乙件，为成记林钧于日前所存谷米数量有所声述，请会转陈督察长察间由（照办）。乙、讨论事项，崔值理提议，本会每日办公，须确定时间俾众周知案，（决议）每日办公时间，上午九时起十二时止，下午二时起至五时止，并书贴于传达处。又据该会值理崔诺枝称，商会为华人机关，经办事项应公诸社会，以示无他，希望每次堂期会议时，各报记者列席，凡经议决通过之议案，可公诸报端。

1943年3月26日　第四版

澳红十字会　将定期开幕

（本报专讯）筹设西洋红十字会，澳门代表团事，该团主席罗德礼氏于昨日午间晋谒澳督请示进行事宜，澳督对该事极予襄助，会谈结果颇为完满，记者据罗氏称，将于日间则可确定开幕日期云。

1943年3月27日　第一版

米站消息

（专访）望厦公米站今日集团米如前发售，并于上午发给新筹，下午办理粮证之报失事宜云。

1943年3月27日　第四版

镜湖医院　决增建手术室　图则绘就已送工务局

（本报专访）镜湖医院昨开第八次常务会议，出席值理十余人，主席刘叙堂，纪录梁洁灵，报告及讨论事项计有多宗，进行甚见热烈，最关注者，为社会人士送业与托业问题，研商甚周，并酬谢林陈长带女士慨助巨款，特立林陈长带产科纪念室，及通过各职员家属粮证请求由会汇集领取公米之提案。另工务部提议关于该院办理之今后工程事宜，在开投五十元以上者，请求主席或值理会派员协助妥当后，报会转由财政支付，以表本身手续之清白案，决议赞成办理。又查该院拟建之新手术室，需费万元，业经就绪，该室筹备用意大利之批荡，图则亦已绘就送待工务局及卫生局批准之后，当即开投。现闻尚需筹设于该室者，为仪器费，达万五千元，故希各善长仁翁，踊跃输将，玉成善举云。

1943年3月27日　第四版

何浩明捐款二千　分拨三慈善团体

（本报专讯）市行政局布英沙于昨日后见本报记者称，有殷商何浩明氏，来署谒见，以留澳贫苦难民众多，哀鸿遍野，饿殍载途，特慨捐出葡币二千元，交由本人（局长自称）转拨交三慈善团体充作经费，计开台山难民营一千元，望厦妇女会施白粥五百元，托儿所五百元。何氏关切难胞，热心慈善，殊深嘉许，本人谨代表惠受（受惠）难民向何氏致谢云。

1943年4月5日　第三版

各界捐助　举办难童餐

同善堂前天发动举办难童餐，救济贫苦儿童，各界人士，甚表同情，昨天该堂值理陈茂枝，捐白米二百斤，常满米店，兆隆铜铁店，每捐眉豆五十斤，陈瑞槐、□氏，每捐大洋一千元，郭□华、梁吉甫、郭洪保、罗伟生、林英年、兴华，以上每捐大洋五百元（以上陈茂枝氏经手）。另有叶子如、黎卓彬、区照记，每捐双毫五十元，崔诸枝、黄渭林，每捐双毫卅元，余达洪捐双毫廿元，闻各盐公司准备捐盐，某米机准备送老糠，各油米店准备捐米助油□。该堂昨天又派出值理陈茂枝、叶子如、黎卓彬、黄渭林、余达洪等，到托儿所将原日之领餐券转换五百张，秩序异常良好云。

1943年4月5日　第三版

镜湖医院鸣谢捐款启事

荷蒙　林觉生先生捐助本院经费国币一万元，黄苏先生经手平安剧团全体男女艺员捐助经费国币五千元，协助难民回乡会拨捐本院善费西洋纸二百二十二元五毫，双毫卅五元二毫，五十一先生捐助施棺国币二百元，张双维先生捐药剂双毫三元五毫。

1943年4月6日　第三版

前任督察长边度函澳亲友致意　返葡后晋升六军上尉

（专访）日前本澳邮局到一批自一九四一年十一月间至一九四二年十二月间，由欧美各地以及由葡京里斯本寄来之邮件，达数千封，其中有一信乃本澳前任督察长、消防局长，兼署理市行政局长、警察局长边度，向其旧僚属及在澳亲友致意者，按边度氏自离澳返葡京后即晋升为陆军上尉，现任六军第十四营营长云。

1943年4月6日　第三版

望德粥场　定期发证

（专访）中华公教进行会之望德堂平民粥场，日昨开始登记贫民以便售粥，现已积极派员切实调查，定明日榜列门前，于八日先为发给凭证，十一日举行开幕，届时请督宪夫人马利主礼，随即进行售粥云。

1943年4月6日　第三版

澳门华侨公立平民免费学校举行二十周年启事

公启者：本校创办迄今已历二十周年，同人等轸念畴昔缔造之艰难，藉励今后推进之努力不有纪念会之举行，曷足以资观感爰，定国历四月六日下午二时在连胜马路第八十九号本校举行二十周年纪念。除专帖敬约外，诚恐柬请未□用，特登报敦请亟盼各界人仕暨本校同人届时惠临指导至深盼祷。

中华民国卅二年四月四日

1943年4月6日　第三版

平民义学　创校纪念

澳门华侨公立平民免费学校，创校至今，已历二十寒暑，该校定今日下午二时在校内举行二十周年纪念会，柬请各界临指导云。

1943年4月6日　第三版

域多利义映　收入千余元

（专讯）域多利及联华公司日昨举行“香雪海”义映，全场售票现已核计清楚，计（一）妇女会代销座券葡币八百三十一元，另慎栈庄加捐葡币一百元。（二）联华代销二百三十三元。（三）域多利门沽三百八十三元。（四）义映特刊在场售得三十九元六毫，合共一千五百八十六元六毫。据该院等意见，拟指定此捐款酬为妇女会平民粥场增加售粥数量之用，俾多施惠贫苦，且昨经将该款送交妇女会代办云。

1943年4月6日　第三版

谦益公司　捐盐四百斤

（专访）同善堂自发动施派难童餐后，昨天又有谦益盐务公司慨捐生盐四百斤，以佐该堂煮难童餐之用云。

1943年4月7日　第三版

（备注：本日之本版澳门新闻头条开天窗）

难童受洗礼　澳督为谊父

（专访）上星期日，托儿所有难童四名，一男三女，俱为中国籍，笃奉天主，由主教罗约翰亲自主持领洗礼，其中有一五月大女孩由督宪夫妇为谊父谊母（契爷契妈），契名为玛利嘉俾辣，其中亦有一三岁女童，由法院长夫妇为谊夫谊母，契名为玛利罗沙寮，领洗完毕，在托儿所设茶会欢叙所中各小朋友云。

1943年4月7日　第三版

新粮证　下星期换领

（专访）原拟本周换领之新粮食证，因手续办理尚未完竣，致未依时实现，据金神父称，新证改于下星期一起换领云。又今日售米秩序照常，上午九时售七号四元二毫，下午二时售六号三元云。

1943年4月7日　第三版

难民疗病所　迁地风顺堂

（专访）难民疗病所，原设在近口街，最近因地址不敷应用，日昨特迁往风顺堂街卅二号（即公钞科旧址），在该所之主任医生为香港留澳西医奥口口担任云。

1943年4月7日　第三版

陈瑞槐捐助难童餐

同善堂昨收到值理陈茂枝经手交来陈瑞槐捐款葡币四千元，指定捐作难童餐之用，闻陈氏日昨亦曾捐助该堂一千元云。

1943年4月7日　第三版

出入口商抽佣助台山难民营　昌明司理捐款千元

（专访）本澳出入口商，以埠中难民待救，厥状至惨，遂恻然动念，愿从出入之货值数额中抽出佣利，捐助台山难民营充作经费，最近经收集各商之佣款，数目异常大宗，于前日由代表李洪呈送警察局长转拨该营，计开昌盛行一万元，另三千零六十九元七毫三分，兴信行三千元，另五百八十五元，荣昌行二百二十二元，另九十二元，中富行二百六十八元，经济行五百二十四元五角，中南行一百二十元，马阑地行九十元，联商行二百一十元，远知行五百元，东荣公司一百七十八元，新生行七百二十元，联生二百四十一元，均兴行五元（以上均港币计）。警局长布英沙昨对记者称，彼等热心慈善，关切口口，诚属可嘉云。

（又讯）昨有昌明厂米机司理董锡光，捐葡币一千元，呈交警局长转拨施济难民，计开乞丐所四百元，托儿所、难民所各三百元，又黑沙环济贫箱，昨收到李锌君捐助七十元零四角云。

1943年4月8日　第三版

新填海粥场　增售平民粥　每日下午增售百碗

广州女青年会驻澳乡事处暨本澳妇女会，于年前联合举办新填海之平民粥场，办理迄今，经已年余成绩昭著，深得一般社会人士踊跃捐助，查该场在过去一年中，每日只售粥一千碗，最近数月，每日则已增至一千三百碗，惟该场以每日到场购粥向隅者，为数颇众，乃设法增募款项，口售粥额，顷闻该场已得某热心人士慨捐巨款，拨充增加售粥经费，并闻已定由今日起，每日下午增售平民粥一百碗，合计每日共售一千四百碗，此诚为平民之福音，至某君热心慈善，加惠贫民，仁慈诚足可风，□望各人士，步某君之后尘，踊跃捐助，俾该场再增售粥额，为一般贫民造福云。

1943年4月8日　第三版

罗新主教　回拜商会

（专讯）本澳新仕主教罗约翰，自来澳莅任后，即积极整理教务，推进慈善事业，日前商会及同善堂值理曾联袂前赴大堂主教行台向主教拜会，据息，罗主教将于今日下午三时前赴商会向各值理回拜，闻商会当局经于昨日通函请各值理届时迎迓，并薄具茶点招待云。

1943年4月8日　第三版

码头歹徒　已告肃清

（专讯）最近河边新街码头一带，曾发现有歹徒活动，故掠窃迭见发生，当局除加派警察值勤外，更派出警探严密查缉，歹徒已先后遭捕控究，故迩来在码头活动之歹徒，现已告肃清云。

1943年4月9日　第三版

支发被征谷款完竣　少量存户多未受征

（专讯）澳府为平抑米价，维护民食起见，日前曾以公价六十五元向各存有谷米之巨商征购土谷一万五千担，征收工作业经办理完竣，澳府为利便谷商营业计，亦欲从速支发谷款，故特在德利米机设支款处，凭单支发谷款，记者昨据息，支发谷款，亦办理完竣，经过异常良好，又澳府此次，只向存有大量之谷商征购，故日前在商会登记数量较少之存户多未受征云。

1943年4月9日　第三版

主教酬酢繁忙　今回拜同善堂　昨日回拜商会情形热闹

（专访）罗新主教今日下午二时回拜同善堂。

（又讯）罗新主教约翰，于昨日下午五时，偕同秘书及神父，前赴澳门商会回拜，当由各值理在门次迎迓，罗主教抵会时，与各值理握手为礼，旋延至二楼礼堂，山值理引领参观各部，该会并备茶点招待，席间由主席高可宁致词，对罗主教宅心慈善，推崇备至，后由罗氏答词，希望列位关切难民，多予救济，最后拍照志念，兴辞握别云。

1943年4月9日　第三版

同善堂难童餐　定期开始施派　各大商号多予赞助

同善堂自发起举办施派难童餐，用悯哀鸿，颇得社会人士同情，昨日益昌公司，永泰公司，又送食盐四百斤，德栈米机，送赠白米三百斤，华洋百货公司捐双毫二百元，大成米赠老糠三十担，该堂昨天开值理谈话会，决定夏历三月初七日，开始在门前施派，时间定为天字下午三时地字三时十五分，玄字三时半，黄字三时四十五分，□字四时起。一连三天，先发出临时领食证，该证须填写姓名、住址、年龄、性别、家长、职业，及介绍人或盖章，或签字始有效，将来则另发正式难餐餐证云。

1943年4月9日　第三版

望德粥场十一日开幕

（专访）望德堂平民粥场，将登记者调查后，乃于昨日发榜，颁发购□凭证，据息，该场昨经发出凭证共五百份，定于十一日开幕后发售，又该场名誉主席原聘有澳督戴思乐及罗若翰主教，现更增聘经济局长罗保氏云。

1943年4月9日　第三版

望厦米站发新筹时间

（专访）望厦米站每日发新筹由上午十时起至十二时止，今日秩序为三、二、一号。

1943年4月10日　第三版

政府宪报颁布重订纳生艺钞新例　本年七月开始执行办理

（专访）澳门财政总局为改善埠中商店缴纳生艺钞办法起见，特重订纳钞新例，该例经由政务会议通过，由政府宪报周知，并决定由本年秋季生艺钞征收时开始，执行办理，届时凡在澳设立各行商店时，须先行向公钞科购取申请纸一张，将该商店地址及东主姓名，所营何业，资本若干，雇用店伴几人，其薪额多寡等等，一一填缮清楚，经由公钞科协同商会主事人秉公报据表册所缮各情，榷定纳钞之等级，至该新例在七月开始执行，而原已纳钞商店，须于六月以前办妥该项填报工作云。

1943年4月10日　第三版

平民筹款　今日销券

（专访）华侨公立平民免费学校，成立多年，办事处是无恒产者，每年皆需演剧筹经费，现该校主事人又发动今年演剧筹款，为使增多收入起见，特于今日上午十一时，派出劝销队社会人士，善长仁翁劝销门券云。

1943年4月10日　第三版

罗主教赞许同善堂

（专访）罗新主教于昨日下午二时偕同秘书雅神父驱车莅临同善堂回拜，当由各值理热烈欢迎，并导之参加各部，罗主教对该堂办理慈善事业，极予嘉许云。

1943年4月10日　第三版

今日集团米　增售米量

（专访）望厦米站今日照常时间售集团米，但米量分配略有出入，据息，该筹依照普通米每人售六毫之外，由一号筹至五号筹则每筹多售一元二毫，由六至十号筹，则多售二元四毫云。

1943年4月11日　第三版

恋爱巷谢再生寓所昨突被匪徒械劫　劫去财物约值二千余元

（专访）昨（十）日下午二时约零五分，大三巴街恋爱巷七号即石闸门谢利源东主谢再生住宅发生一宗匪徒械劫案，损失财物约值双毫二千元，匪徒得手后，逃逸无踪。至三时十五分，该户始能将被劫事电中央警署投报，旋由警察局长布英沙偕同督察长观耶率领衔锋队驱车出发，各中西警探亦纷出动，抵达时该户各家人尚在厨中，各警探乃详细查究被劫情形，及察勘匪徒之来踪去迹，至三时四十五分，冲锋队始收队而去，继由警探将各情及损失财物登记，及摄影存案。督察长于该案发生后，即召见各报记者称，迩来居民对防盗事宜，比往昔已告稍懈，就以该案而言，匪徒行劫个余钟，始报之警署，倘该户住客能于发生时朗声呼叫，匪徒能披猖若此，为所欲为耶，故希市民如遇意外事时，须奁速报警云。

1943年4月11日　第三版

罗主教回拜妇女会

（本报专访）罗新主教若翰自来澳履新后，迩近酬酢甚忙，如连日之回拜商会，同善堂，指导协助慈善及救济贫苦之工作，深表敬谢，查罗氏昨日继续回拜妇女会，将于日间回拜镜湖医院云。

1943年4月11日　第三版

望德粥场　今日开幕

（本报专访）望德堂平民新粥场，今日由澳督夫人到场举行开幕礼，并开始发售前所登记之贫苦五百户，定一日为限，逾期则另从新登记，经过调查属实后当继续办理。

1943年4月11日　第三版

普通筹新粮证明天开始换领　天星筹亦继续办理

（专访）换领新粮食证，望厦米站于昨日发售学校报馆天星集团米及四人天星米时起实行，但是日间或因贴相迟延者，则改在下星期六领米时持回旧证补领，今日循例休息一天，据金神父晤记者称，星期一续办理转换天星以次及各普通新粮证，秩序依照历次每日之定例，星期一售十号筹六元整，星期二上午售九号筹五元四毫，下午售八号筹四元八毫，星期三上午售七号筹四元二毫，下午售六号筹三元六毫，星期四上午售五号筹三元，下午售四号筹二元四毫，星期五上午售三号筹一元八毫，下午售二号筹元二毫，一号筹售六毫，星期六集团米所售如前，市民应守时刻换领新证云。

1943年4月11日　第三版

难童餐　今日开派

同善堂举办之难童餐，由今天开始施派，昨天有恒昌公司送赠该堂食盐四百斤，又崔六助大洋一千元，陈伯墉、蔡文轩，每助大洋五百元，李如楷、梁鸿勋，每助大洋二百元，合记港纸十五元，秦口港纸五元云。

1943年4月12日　第三版

公进会粥场昨开幕　督宪夫人玛利剪彩　粥料中极富营养素　各界善士踊跃捐助

（专访）中华公教进行会平民粥场，昨日上午十一时半假座望德堂之广场举行开幕礼，澳督戴思乐偕同夫人玛利及中军驱车而至，罗主教若翰亲为迎迓，旋与各来宾同善堂主席崔诺枝，商会主席高可宁，妇女会主席陈桂清等一一握手为礼后，澳督夫人即行剪彩。是时适值雨过天晴，烈日当空，济济一堂，倍形热闹，由该场主席崔瑞琛女史宣布开会并感谢各捐助者，随请督宪及主教致训，语义深长，对贫苦待济事业极表关注。礼成后，即开始售粥，查该场炉灶每日煮粥两次，每次共二镬，初期可售五百多碗，每碗成本二毫半，只收一毫。昨煮售之粥有西红柿、眉豆、芥兰菜，油盐米等料，领得者咸额手称庆云。

（又讯）顷据该粥场消息，昨日所售粥款全数发回平民，而由澳督及高可宁捐助之，又各热心人士对于该粥场捐输并为踊跃，兹将各热心家芳名列下：

粹生先生捐助开办经费毫银二千五百元整，澳门自来水公司捐助每月水费及装较工料费，澳门工务局报效修补渠道工□及免收人情费，谦益行盐务公司捐助食盐一月，安兴隆捐助生油一月，无原罪工艺学校报效西乐演奏，梁林记捐助粥筹六百枚，新大升捐助剪彩洋剪一具，成福泰捐助红彩带五码半，沈香林先生捐助港币一千五百元，高可宁夫人捐助港币一千元，李海昭先生捐助港币一千元，雷唯舟先生捐助港币一千元，董鹤年先生捐助港币一千元，邵惠影女士捐助港币五百元，姚伯泉先生捐助港币五百元，卢煊仲先生捐助国币五百元，谭玉兰女士捐助国币一百元，二五芳龄莫妙兰小姐捐助广毫一十元，兰室女学校捐助港币一百元，望德学校捐助国币三百元，五美玉女士捐助国币五元，梁陈佩珠女士捐助国币一百元，澳督戴思乐捐助上午平民粥价共五十元，高可宁先生捐助下午平民粥价共五十元。

1943年4月12日　第三版

派难童餐　成绩良好

同善堂昨天下午三时开始施派难童餐，各值理均到场领导工作，秩序井然，一般贫童，领得餐品，皆欣然有喜色，望有心人，斥资捐助，俾善举得扩大与延长，昨天有冼碧珊、邓三，每捐港纸一百元云。

1943年4月12日　第三版

平民义学　今晚义演

（专访）本澳华侨公立平民免费义学，今晚假座平安戏院举行义演，筹募经费，点演谭兰卿首本名剧“宝鼎明珠”，希埠中善长踊跃到场云。

1943年4月13日　第三版

平民学校昨晚义演　全场收入达万余元　平安剧员以五千元国币购火柴一盒

（专讯）平民免费义学演剧筹款，于昨晚假座平安戏院举行，点演名剧“宝鼎明珠”，由平安剧团全体剧员义务演出。该校办事人，事前经将该院布置一新，门前高悬中葡旗帜及花牌，院内亦悬周番旗帜，堂皇瑰丽，埠中各绅商善长，均依时到院，位无虚设，情形异常热烈。十时廿二分，主席梁后源致词，对该校措施及此次筹款经过情形详细阐述，并代表各难童向各热心教育人士致谢，查此次筹款，仅预销名誉券及门沽券两种，已将达葡币一万元，另买物捐助者有沈香林火柴一包一百元，周合花一朵十元（双毫计），黄三太烟一包一千元，欧文桂烟一包五百元，卢煊仲吕宋烟一支二百元，麦啸皋吕宋一支一百元，姚标、黄桂记、佛笑楼，花各一朵，各五十元（以上港币计），大陆首饰行、谢再生，花各一朵，各二十元（以上葡币计），银业行烟一包一万元，平安男女剧团火柴一盒五千元，梁鸿勋烟一包六百元，梁弼予花一朵一百元（以上国币计），此外尚有当场报效方面，如警厅、消防局、电力局、昌明、东兴、南粤、民有、中华、合众、丽芳园、宝光、妇女会、平安、商会及各报馆之精神、物质相助，该校深感敬谢云。

（又讯）义演“宝鼎明珠”开锣后，在场买花捐款者甚众，兹略录如下，督宪葡币一千元，传德荫国币二万元，昌盛行国币一万元，五颂献国币五千元，高可宁夫人、何贤、崔六各国币一千元，余则明日续详。

1943年4月13日　第三版

劫匪石锦华截劫达卅七次　昨宣判禁十四月

（专讯）去年六月十一日下午二时许，警探当局在三巴仔附近，破获一宗屡度栏□截劫案，主犯为男子石锦华（二十七岁，香港人，住陈乐里十二号），在三巴仔大庙顶附近混迹，每乘行人疏少之际，即持假枪施其截劫技俩，被光顾者，多达卅七宗。迨至六月十一日午，警探多人在三巴仔将其捕获，在其身上搜获有螺丝批一个，继到其家搜得伪枪一支，解署究办，质诸石直认不讳，并供出曾犯各案，警方取录口供后，乃备文转解法院办理。法院昨日开堂公审，法官先传各原告，证人、被告等供述口供毕，乃将案件签阅，以被告行劫有据，罪名成立，乃宣判入狱一年，另两月可用款抵罪，每日一元云。

1943年4月14日　第三版

华人天星新粮证改在下周继续更换　今日轮六七号普通筹换证

（专访）普通筹新证，本周起经在望厦米站售米时随同更换，关于报失粮证，请求发给新证，及撤销不符之证等事宜，则在议事公局（即俗称金巴喇），每日由上午十时至十二时，下午由二时至五时办理之。今日米站上午轮值七号普通筹换领新证，并售米四元二毫，下午轮值六号普通筹换领并售米二元六毫，而是日之六毫穷人米则加倍售米量为一元二毫。又如每日秩序未及换领者，则在下星期售米时补领，至于华人天星筹方面，本周暂缓更换，一俟普通新证发领完竣，下星期一当能继续办理更换云。

1943年4月14日　第三版

运银出口案　法院昨宣判

（专讯）男子吕祥，日前私口毫银三千零二十元，企图偷运赴广州湾，为检查员发觉执获，法院于昨日开堂公审，宣判将全部白银充公外，罚款四十元。另入狱两月可用款抵罪，每日一元。

1943年4月14日　第三版

钟子光补捐平民义学

（专讯）平民免费义学校昨晚假座平安戏院义演名剧宝鼎明珠，全场名誉券及门券数额达葡币约九千余元，查当场买物买花捐助善款，数亦颇巨，达国币十三万余元。查昨又有泰兴公司交际主任钟子光，补捐国币五千元云。

1943年4月14日　第三版

黄少芝捐五千元　为难童餐经费

昨有善士黄少芝，将大洋五千元，捐助同善堂，以为施派难童餐经费之用，如黄君者，诚热忱善举也，甚望各界继起捐助，俾其善举得以扩大延长。又合记号捐助香港纸五十元云。

1943年4月14日　第三版

抢耳环　被警捕获

（专讯）西妇亚利河□敦，赁居南环街新屋二号三楼，于日前佩带钻石耳环一对，行经果栏街附近，为歹徒攫去，亚氏经具情投报警方，迨至昨日由警探将一男子捕获，扣留究办。

1943年4月15日　第三版

市民向街喉挑水负担过重　商会今日提出讨论　梁后源将晋谒澳督请示办法

（专访）市民于街喉挑水，向在水喉公司先购水筹，后改收铜仙为本位，每担收一仙，后增至一个半仙，惟现日铜仙涨价，每毫只兑四个，甚或三个，一般须挑水□民，咸感负担过重，且迩日春夏交间，气候转炎，市民对于用水，当较多量，有等因省水钱，竟使用不洁之水，对于卫生殊多不合。华人代表梁后源氏，为此事将于日间晋谒澳督，有所请示，商会方面，亦定于今日堂期会议提出该问题之商讨云。

1943年4月15日　第三版

兆丰卖平米　每元八斤　伙伴串同行骗店东

（专讯）男子廖礼，卅七岁，南海人，受雇于快艇头街廿五号兆丰米店，距人心叵测，廖串同另一男子杨牛向该店行骗，杨到店购米时，由廖经手秤给每元售予白米八斤，事为该店司理侦悉，卒将杨捕获有据，继后并在水鸡巷八号杨之居户内，搜获有用火水罐盛载之白米半罐，显系日前行骗得来之物，乃将廖杨解署究办，并将有关之女子陈人解署，控其有串同嫌疑，警方谕扣留候办云。

1943年4月15日　第三版

难童食　材料丰富

同善堂难童施派以来，成绩异常完善，其所用之煮粥材料，极富营养，计其每天用凉水五百斤，白米六十五斤，眉豆二十斤，生油斤半食盐五斤，陈皮二两，干姜六两，用老糠一百二十斤，煮成一镬，闻星期日有黄渭林氏捐送猪油渣十斤，拨分该堂门前，及托儿所门前之难童餐，为加料之用，甚望各善长继起加送食料，俾贫童得获更多量之营养餐云。

1943年4月15日　第三版

女子控男子　行窃四百元

（专讯）男子李侥（十八岁）、徐惠保（十八岁）于昨日被女子张如，召警将其解交警署，控其于日前曾伙同窃去白银四百元之罪，警方谕扣留候办云。

1943年4月15日　第三版

罗若翰主教　今参观镜院

（专访）罗若翰主教对于慈善事业之推进，不遗余力，据镜湖医院消息，罗氏定于今日下午三时，前赴镜湖医院参观，该院各值理已准备欢迎云。

1943年4月15日　第三版

银业行捐助　公进会粥场

（专访）中华公教进行会平民粥场自揭幕后，贫苦□民，极表欣幸，查该粥场昨又收到银业行方面捐助双毫二□元，以为售粥经费云。

1943年4月15日　第三版

银业行认养　难民五十名

（专访）本澳银业行认养青州难民五十名，半年计，共葡币二千七百元，该款经于昨日呈交警署代转办理云。

1943年4月16日　第三版

本澳督宪戴思乐非官式回拜广州当局　盘桓两天二十日返澳

督察长观耶，于昨日下午五时，接见各报记者，发表谈话称，本澳督宪戴思乐将军，将于本月十七日晨乘搭日轮篮山丸前赴广州，拜会当地最高当局长官，随行者秘书长哥士德及中军晏德地，在广州约逗留两天，二十日返澳，戴督此行纯为回拜性质以敦睦邻之谊云。

1943年4月16日　第三版

市厅议决　准猪肉入口

（专讯）市政厅曾颁行明令，严禁由外私运一切肉食入口，顷据灵通方面消息，市政厅最近议决准许猪肉入口，但仍须经检验云。

1943年4月16日　第三版

培正举行　环山赛跑

培正中学本年度级际环山接力赛跑，定本月十七日下午三时半举行，参加者共十一队，每队数十人，由高路起绕一周，回至校前为止，全程约五千公尺，赛毕，新旧同学举行篮球赛云。

1943年4月16日　第三版

市立葡校　学生歌咏会

（专访）二龙喉市立葡文小学最近特组织男女学生歌咏会，定期明日下午五时在该校礼堂演场，届时将邀请澳督暨各长官及该校学生家长到校参观，以资联络情谊云。

1943年4月16日　第三版

罗主教　赞镜湖医院

（专访）罗新主教若翰昨日下午三时参观镜湖医院，与欢迎者彼此握手言欢，罗氏巡视各留医所一周，并盛赞该院院务可观云。

1943年4月17日　第三版

昨日镜湖医院堂期会议讨论改善送业方式　依照旧例院方全无得益

（专访）关于一般善长送出产业，托由镜湖监管者，多以租值收入所得，以三成或五成捐送该院充作善费，美其名曰“送业”，惟所送铺屋破烂者之修理及改建费用，每年需费甚巨，倘以院方与托业人按照成数分担，则不独院方得益几等于零，甚至如与托业者合股投资置业无异，此举与行善之初衷，实至不符。本报曾于四月五日发表新闻一则，吁请各善长改善送业方式，俾院方实受共益，而利善务进行。查昨日该院堂期会议席上，对此问题曾提出讨论，是日出席者，除全体常务值理外，管尝值理周介眉、曹子光、曹于珊、姚满等亦有列席，至上期议事，其中有项为修理送业屋宇问题。

分担修理　意义不符

略谓沙井天巷十三号为值理冯家产托由本院监管之物业，现因该屋毁坏，须待修理，倘依照本院援例对修理费应三七分担之，经议决接纳，惟此项办法以后不能援以为例，管尝值理曹子珊，于文书宣读后，即发言称，关于上案所述，三七分担，为根据院例所定，而院方支出之修理费，将来租值收入时可拒还之，故理宜改为“分垫”，“分担”于意义殊属不符。

医院规则　可常修正

后由主席刘叙堂称，吾人对医院措施规则，如认为改善者，得随时修正之，不能墨守旧籍，以碍院务进行，至“分担”两字名符其实，就以修理费一项而言，倘以“分担”即由院方与托业者按照三七支付，将来于租值收入时，仍以三七归还，在归还之时期内，院方应得之三成租值，已为填偿日前付支之还口口，与“负担”何异，倘以“垫”字而言，则应请托业者另谋他人借贷，但院方于每月例须收入租值之十分之三，庶几才符其意，再后由副主席五德光举一个例证明之。

三月辛劳　空无所获

比如有某人被雇为仆，每月薪金一元，倘其毁坏价值十元之器具一件，而东主则以三七分负之，该仆须负担三元，但若以月薪所入填偿之三月薪金已为赔偿之用，该仆三月来之辛劳，空无所获。继后由值理黄苏强调声言，倘不加以改善，医院经费，定遭破产，该项问题，经个余钟详细讨论决定以后各托业之铺户修理费，拟由全归托业者负担。关于该院送业章程，并推定主席刘叙堂，常务值理赵七冯养梁流合同管尝值理周介眉、曹子光、曹子珊商订妥善办法，报会核夺修正之云。

1943年4月17日　第三版

大批米石　将运抵澳

（专访）昨督察长兼粮食统制委员会委员观耶，接见记者谓，当局新近由外运来米石一大批，以供应民食，如交通无阻，日间当即运抵本市云。

1943年4月17日　第三版

今天售集团米

（专访）望厦米站今日轮售学校报馆集团米，时间仍旧，米量不增，一号六毫，二号元二，三号元八，四号二元四，五号三元，六号三元六，七号四元一，八号四元八，九号五元四，十号六元，另每筹例收济贫费二毫，同时有因上周贴相迟延而尚未更换新证者，则统在售米缴款时补领，费用收回新证袋子每个二仙云。

1943年4月17日　第三版

平民学校　义款公布

（专访）澳门华侨公立平民免费义学校，日前义演筹款，深得社会热心人士襄助，现该校已将全部收入数目，稽核清楚，计开共沽名誉券双毫八千三百零九元，门票券共沽双毫三百七十七元，合共沽票券银八千六百八十六元，并各界乐捐购物购花共数国币六万四千一百一十元，港币六千三百一十三元，葡币一千一百一十六元三毫，毫银一百五十九元一毫半，军票一元一毫云。

1943年4月18日　第三版

镜湖医院改善送业方式　推定值理修改章程　崔诺枝献议毁烂屋宇不予接纳

（本报专讯）关于镜湖医院改善各善士送业问题，该院于最近堂期会议提出讨论，经议决推出值理多人，负责将该送业章程，略予修改，以为院方实受其益，亦不致徒负送业者行善美意，各情经于昨日本报详细发表，亟为社会人士所赞同，咸为应予改善之必要。查同善堂主席崔诺枝，最近于镜湖医院欢迎罗主教回拜席上，曾将该事对各值理谈之，并表示意见称，关于以后凡托业者送出铺屋来院看管者，倘毁烂不堪租赁居住者，当不必予以接纳，而送业之铺屋如遇毁坏须修理时，该修理费所需低廉者，仍可按照三七分担，倘工程浩大者，院方应不负支费，如托业者仍须照办时，则可招人代为修理，需费若干，可与借款人订立合约，批出时期任与居住或另行分租，期满后，则继续仿照送业例办理云。

1943年4月18日　第三版

消防局局长马沙　服务廿六周年纪念

（本报专讯）本澳消防设备，在总监布英沙局长马沙等处理下，异常完善，目消防队员对灭火技术极为娴熟，故埠中商户不幸发生火警时，消防队迅速即到场施救，瞬即扑灭，不致酿成巨灾。查该局局长马沙服务消防界，垂将卅年，对消防事宜，了如指掌，而遇警时，领导实施扑灭工作，指挥若定，且待人接物，和蔼可亲，极为社会人士所称许，本月二十二日，即为马氏置身消防界之廿六周年，而马氏连任局长达十六载云。

1943年4月18日　第三版

本周因办理换证事暂停售米六天　昨日集团米临时增米量

（本报专访）望厦公米站昨售集团米，除照是周普通米筹每号售六毫之外，并临时增加米量，由一至五号加多元二，由六至十号加多二元四毫，乃是米碎。今日星期例行休息，惟在本星期一至星期六一连六天，特为华人天星筹，换领新粮食证，故宣布暂停售米六天，至于未有到过米站购米之粮食证，则可随到随领新证，其他普通证未及更换者定在下星期回复售米时始能办理云。

1943年4月19日　第三版

督察长重申前令　严禁俱乐部设私赌　一经查悉有据当严惩不贷

（本报专讯）澳府当局对于私设赌博，曾颁有明令严为禁止，三令五申晓谕市民勿以身试法，督察长观耶于昨日接见各报记者，特再重申前令。据称，除麻将天九等娱乐外，其余牌九、扑克、绵羊、字花及蓄有赌博性之玩具，无论其在酒楼旅店，居户，甚至俱乐部，均不得开设。该例将予严厉执行，倘市民蔑视法纪而违例者，一经侦悉有据，当严惩不贷。至日前在环球酒店协华社破获之聚赌案，当为姑念其罪属初犯，从轻处罚，倘以后如有同样情事发生者，定予严惩，以维法纪云。

1943年4月19日　第三版

黄渭林　捐助难童餐

同善堂值理黄渭林，对于该堂发动施派难童餐济贫之举，赞助最力，昨天星期日黄君又特购猪油渣十斤，生葱二斤，交该堂以佐煮餐材料之用，下星期日黄君又征求得梁永馨香店，照送猪油渣，以济贫童云。

1943年4月19日　第三版

安乐园　卖平货

新马路安乐园出入口部最近办到大□文房用品，如蜘蛛牌墨水、五色头笔杆、三眼打洞机、票夹等，款色甚多，价格廉宜，以应市人需求，批发零沽，欢迎参观云。

1943年4月19日　第三版

时钟　拨快一点

（专访）本澳政府为节省阳光起见，特由五月一日起，将时钟再拨快一点云云。

1943年4月20日　第三版

澳督　今日返澳

昨日督察长官耶称，督宪戴思乐将军，于本月十七日偕同秘书长哥士打，中军晏德地赴广州，作非官式回拜，该地当局，逗留两天，定今日乘轮返澳，届时澳府各文武长官及各机关值理，绅商名流，均前赴码头迎迓云。

1943年4月20日　第三版

同善堂　拟增难童餐额

（专访）同善堂难童餐，原定每日派五百份，办理至今，成绩异常良好，该堂为普及施惠贫苦起见，拟于最近在可能内增加餐额，虽费用浩繁，经费短绌，但希社会人士捐输赞助，以促其成，一般关心者咸望将来分派之地点，□及于下环地区云。

1943年4月20日　第三版

公进会粥场　昨收到捐款

（专访）公教进行会平民粥场，自开幕后，每日分上下午售粥共两次，每次约售五百余碗，所煮之粥，甚营养丰素富，极受购买之平民所欢迎。查昨有热心□贫者毕漪迨捐三百元，何佩英一百元（港币计），卓文葡币五十元，梁球记双毫二十元为该场经常售粥之费用。

1943年4月21日　第三版

澳督戴思乐　昨由广州返澳　前往码头欢迎者甚众

（本报专访）澳督戴思乐将军，日前偕同秘书长及中军赴广州回拜当局，于昨日公毕返澳，督宪乘搭之轮于下午八时四十五分，始克驶达此间，澳府各文武军政长官之机关主席暨各值理、华人代表梁后源，及中西绅商名流、各报记者等达百余人，均前赴码头迎迓，督宪是日穿麻色常服，态度雍容，登六后，即与欢迎者一一握手为礼，情形异常热烈云。

1943年4月21日　第三版

同善堂难童餐拟增施派区域　各界连日踊跃捐输

（本报专访）同善堂难童餐每日分别在托儿所及该堂各派五百份外，并拟增派餐额五百份于下环地区，以期普及消息传出后，社会人士，甚表同情，该堂值理陈茂枝即征得莫培樾捐助国币一千元为之响应，并源源收到□车彬五十元，黄仲良二十元（双毫计），吴定勉葡币二十元，潘生港币二十元，另又收到金城酒家救济箱双毫七十九元，葡币一十四元八毫五先，及张子良捐施□港币三十元云。

1943年4月21日　第三版

华人天星筹换新　限期今日止截　普通筹则在下周办理

（本报专访）为换领新粮食证事宜，望厦米站本周暂予停止发售，今日华人天星筹领新证者，上午为七号，下午为六号，通筹则决在下周售米时继续办理。凡未到过该站购米之粮证，可随到随领，因人口增减而被暂停购米者，华人天星未获证明者及其他报失待换者，一律限至今日到站换领新证（须备家长牌相清楚者两张，外传该站指定影相处实不确），时间由上午九时至下午五时止截，此外曾到站购米而被扣证及海上住户未换新证者则在粮证处（市政厅）办理之云。

1943年4月21日　第三版

慈善彩票　进行推销

桥牌比赛结束后，该会主事人即积极进行推销一种慈善彩票，查该种彩票发出已有多日，各界士女，热心慈善者均踊跃购买，沽出甚多，前系分由各大舞场餐室及大商店代售，近该会为求普及起见，特更托由各影戏院售票处代售，并在银幕上用文字宣传，使各界娱乐不忘慈善。又此种彩票，除将总额以五成拨充慈善费外，其余五成派彩，系无限额发行，多销一票，则难民多受五角之惠，同时购票人亦增加一些彩金希望，寓慈善于博彩，法至善也，希各界人士，大解善囊云。

1943年4月22日　第三版

秘书长对各报记者谈　澳督游穗印象良好　解决澳门粮食颇为完满

澳督戴思乐将军，昨日下午四时半约见中西各报记者，由秘书长哥士德代表报告前赴广回拜当局之经过行程，历时个余钟，兹□秘书长哥士德发表谈话如下：十七日澳督阶（偕）同秘书长哥士德，中军晏德地及日特务机关长同乘篮山丸由澳动程，下午七时抵达广州，在码头欢迎者有当地各长官等，八时起澳督先赴葡副领事之宴会，九时十五分接见沙面葡侨。十八日上午八时参加沙面法界礼拜堂之弥撒，后在沙面葡领事馆接见德意领事，十时拜会广州当局，当局谓其曾一度到澳备受欢迎，深为感谢澳督之盛情，十时半拜会日高级司令，互谭澳门情形及彼此友好，十一时十分广州当局回拜督宪于葡领事馆，十一时半澳督接见市各高级官员、市长、警厅长及各机关长官，十二时半赴日高级司令官之宴会，有日领事，澳特务机关长及各军官作陪，并蒙称许葡国在战争中严守中立。下午二时半广州当局偕同督宪一行人等游名胜古迹，如中山纪念堂、越秀山、黄花岗，及海幢寺等地，五时半日领事在馆请宴，该职员及港湾各西人作陪，八时广州省长请宴，有高级官员等参加其间，彼此觥筹交错，非常欢洽，宴后，广州省长与督宪畅谈至十一时许始退。十九日十二时赴日司令官之宴，有葡领事及葡税务司等，四时半葡副领事在馆设宴，并邀当地长官，法、德、意各领事日军官及葡侨等参加，九时赴葡税务司之宴。二十日澳督一行人等，乘原轮返澳，当时在码头送行者有广州省长，各高级官员，日高级代表及德意正副领事等。最后据称，澳督此行印象良好，尤以广州当局对于澳门粮食方面乐予帮助及救济贫苦云。

1943年4月22日　第三版

华人代表今日晋谒澳督　请示铜仙价涨问题

（本报专讯）迩来流行本埠市面之铜仙，由于短绌关系，价格日趋暴涨，每万枚值二百四十元，仲每角仅得四仙——七，为本澳有史以来仅见之记录，且呈显续升涨趋势，一般中下级阶层，以铜仙所值激增，多不若往昔之耗用，影响所及，而以街边小贩为业者，生意顿告短少，而西洋银行发出之一仙辅币，通行市面者，绝无仅口，为数极少，因此在铜仙短绌中，金融周转、商业贸易、居民生活，均口极大影响。记者昨据华人代表兼银业行主席梁后源称，本人（梁氏自称）对于此事，亦感关注，亟谋完善解决办法，并定明（廿二）日向澳府当局请示一切云。

1943年4月22日　第三版

卖米骗款

（本报专讯）男子吴添廿七岁，本埠人，于昨日被男子陈流，女子黄容召警将之解交警署，控其借卖米事骗去白银卅元，葡币三十一元五角，警方谕扣留查明办理云。

1943年4月22日　第三版

五千元　捐助难童餐

昨有善士关月将大洋五千元捐助同善堂，声明为难童餐经费之用，关君诚热心善举也，同时该堂收到无名氏捐白米三十一斤云。

1943年4月22日　第三版

本月卅晚开始　时钟拨快　五一起各机关下午休息

（本报专访）关于本澳时钟拨快之问题，当局经于昨日上午决定执行，由本月卅日晚上十一时将全澳时钟拨快一点，再由五月一日起至九月卅日止，所以政府机关工作时间由上午九时起至一时卅分止，下午停止办公，如各机关需下午办公者，待当局届时批准后始能公布定夺云。

1943年4月23日　第三版

冼亮臣在商会堂期提议保障业主权益善法　请求警厅饬令欠租住客迁出

（本报专讯）澳门商会于昨日下午二时，召开第十六次常务会议，出席者有高可宁、蔡文轩、六电明、梁鸿勋、叶子如、李如楷、传厚丞等，主席高可宁，纪录汤悦。（甲）报告事项，（一）宜读前期议案，（二）会员冼亮臣函一件，为提请本会向政府建议，凡欠租者，一律准业主报请警察当局协追，如在一月后仍无租金缴交，应由警厅饬令住客迁出，无须业主呈诉法院，以省手续，而轻负担由，（三）澳门中国新闻记者联合理事会函一件，为本月十八日下午二时，为本会举行第三届同人大会，拟假座本会举行，请照借出（追认照借），（四）公钞局函一件，附名单一份，为业主应纳一九四一年份业钞而未经缴纳者开列名单，请本会分别转告各业主，务请清缴，其有因事离澳，可由住客转知，以免逾误由，（五）高主席报告关于近因市面铜仙价涨，影响街喉挑水者不少，拟折中办法，贡献水公司及商贩，对于西洋残钞时有拒用，殊感不便，联同华人代表走访西洋银行行长，暨对新闻记者谈话，报导侨商等经过，（六）本会商务咨询处办事员沙威耶，报告关于本年秋季生艺钞填报，及审定等级手续经向公钞局当事人查询一切之经过。（乙）讨论事项，（一）高主席提，关于台山菜园街尾旧楼仔边耕种人连汉初梁君枝林君李才，怡瑞等五名来会声称，略谓平日所赖种菜以为食，向安无异，不意近有欲占种该地者，使原耕人无以为生，投请设法援助应如何办理，请公决案，（决议）推请高主席，梁叶两值理会同华人代表梁后源办理。（二）高主席提，关于会员冼亮臣所提，准由业主向警厅报请将欠租住客限期迁出无须业主呈诉法院，以省手续，而轻负担一案，应如何理请公决案，（决案）定下期约同华人代表会商之。（三）宣布新入会会员梁鸿，永成粮食号，（梁鸿勋介绍），郑树然天天什货号（梁鸿勋介绍）。（四）高主席提关于公钞局所列一九四一年份应纳业钞而未经缴纳之各业主，应如何转知缴纳，用免延误请公决案，（决议）接纳办理。（五）崔主任提关于迩来铜元涨价影响街喉挑水者不少，所拟折中办法，可否推请梁主任，叶值理，向水公司当事人再行商洽，是否有当，请公决案，（决议通过）。

1943年4月23日　第三版

台山贫民投诉　传有人统办菜地　商会拟代为调查办理

（本报专访）台山贫民区连汉初等向在巴波沙路左近口口种菜以为糊口者，彼辈突于昨日商会堂期时投函诉称，略谓近有不良之辈，有将彼等之茅寮菜地，向当局承办且闻手续将为办妥，如所闻成为事实，则彼辈数十家人势将成为流离失所，是故万望商会及华人代表尽力设法，则彼辈再世也难忘之语，故经商会讨论之后，主席高可宁，华人代表梁后源，值理梁鸿勋、叶子如及各报记者等，乃随同径往肇事地点视察究竟，为之据理关解，且定今日下午一时召集该众到会商讨办法进行，又梁后源氏更拟在今日下午三时约同工务局长史蒂维士再加视察，以便调查办理云。

1943年4月24日　第三版

镜湖医院　常会议案录

镜湖医院昨开第十二次常会，讨论要项节录于下，（一）本院除将特等头等二等病房须照章收费外，其余三等病房专为贫苦病人留医而设，所有医疗膳宿等费一概豁免，只到院先值日医生诊验，如认为确患疾病，而须留医时即行收容，并不收取分文，亦无若何困难手续，如发觉有其他索取，欢迎随时举报，以杜流弊，（二）每天赠医施药时间，由上午八时起至下午一时止，不取分文，（三）另设特诊部，随到随诊，每人收诊金一元，稍示限制，其余收费及注射等，从廉酌收以资弥补。

驻院西医，□启荣、彭伟田、张宠活（女西医）、高懿德、陈□莹。

1943年4月24日　第三版

平民筹款会　明日结束

华侨公立平民免费学校演剧筹款会，定廿五日下午二时半在商会开第二次会议，讨论结束及移交款项事宜云。

1943年4月24日　第三版

同善堂函　各界助难童餐

同善堂自发起施派难童餐，各界人士均认为应办之义举，连日以来，不断捐款资助，足见善与人同，昨日该堂崔蔡两主席通函各界，代表贫童请命，冀谋多量收入，扩大施济。

1943年4月25日　第三版

商会调解菜民纠纷　昨已获得圆满解决　两方均愿接受调解不再争执

（本报专讯）本月廿二日据台山区菜农连汉初等联函前赴商会投称，彼等自逃难来澳，即在该地恳植，耕种所入，赖以糊口，距近有男子李伯才出名呈禀澳府将该地承领种植，致令彼等流离失所，吁请设法维持等情。商会值理等据情后，即答允接纳调理，并推定值理高可宁、梁鸿勋、叶子如等会同华人代表梁后源君亲赴该处园地视察，并查明实情，召集双方调解。据李伯才称，该地委系由他出名呈禀政府承领，每年须纳地租银一十八元六毫，但此次因办理承领该地事宜，共享去使费约五百元。至于连汉初等在该地耕植，对于填筑园地亦有相当工料费，初时进行入禀已通知汉初，不过彼等不知手续，但伯才将地领出后，现亦准他照常耕植，惟所耗去使费，应彼此均分担负，以昭公允等语。商会当着令两造就近——在外磋商，限于翌日（廿一）午来会报告经过，以便调解，旋于廿三日据李伯才到会复称，照承领地面积计连汉初等现所耕植者约占三分之一，若以科派使用言，连汉初等所负担之数不过一百二十余元，而下年所纳者，则仅少数而已，仍请依照原议着令连汉初等均担，免生纠纷等语。询之连汉初等称，彼等因生活艰苦，无力负担，请着李伯才口口减收以免失业，并指出现所耕植之地，各占若干。商会据悉后，乃再令彼等于翌（廿四）日午列来会听候办理，当由该会提出解决办法，着令连汉初等共需担负，交还李伯才毫银一百五十元，其他菜民所占地之面积按照类推科付之，限期五个月全数清讫，即由农历四月初一日交款，倘逾期十日不交，应作为放弃论，当由李伯才将该人所耕之地收回，但菜民倘将地交回，应由伯才照该人所负担之款，全额加五发还，并预早一个月通知伯才备款，如届时伯才无款发还，即任该由菜民将地转让他人耕种，伯才无得再生异议，两方均愿照此办法履行。而李伯才因呈禀府批地之使用费达百五十元，余由连汉初等均分负之，而以五月为期，每月应缴付三十元。该会主席高可宁、梁鸿勋、叶子如值理，以连汉初等菜民环境艰苦委属实情，殊堪怜悯，爰将彼等第一月应缴之款卅元慨代捐出，俾其稍轻担负，嗣后则由彼等按照所定数额，自行交纳，不得再生事端，连汉初等以高梁叶氏等轸念贫庶，义助款项，感激之余，称谢辞退云。

1943年4月25日　第三版

各界踊跃　捐助同善堂

同善堂值理陈伯墉，感该堂支销浩大，除本人捐大洋一千元，更又经手生益酱园捐大洋一千元，同日有刘伯盈经手募捐难童餐经费，计有黄学愚、黄异名，每捐大洋一千元，另吴氏捐施约葡币十元云。

1943年4月25日　第三版

镜湖医院　设防疫注射

近日天气转热，霍乱渐次流行，卫生当局为防患未然，早已举行向市民防疫注射。现为迅速普及起见，昨特许镜湖医院兼代办理，现闻该院定期国历五月一日开始，每日由下午三时至五时在该院内为市民注射防疫针，针证随即发放，星期日休息云。

1943年4月25日　第三版

本星期三　照常售米

（本报专访）望厦米站为换领华人天星新粮证，暂停售米一周及今日星期例行休息者外，现查悉星期一及星期二继停止售米，以便补发十号、九号及八号筹秩序之更换新证，星期三始能照常开售公米云。

1943年4月26日　第三版

（本日本版头条开开天窗）

平民学校筹款会昨举行结束会　推定委员多人核理善款

（本报专讯）平民学校义演剧筹款会于昨日下午二时半假座商会二楼礼堂，举行末次结束大会，出席者有正副主席梁后源、梁鸿勋，财政朱给，总务陈湛如及各部职员。开会后，由吕廷汉宣读上期议案，并报告此项收入善款数目及经过情形，继而开始讨论事项，财政朱给提议，关于此次演剧支出费用，达七百余元，该数由善款收入项下拨支，抑由各校董分别责负支付，议决由各校董负责，丝毫不动善款，俾得涓滴归公。副主席梁鸿勋提，关于此次善款收入，币制不一，本会可否将之兑换毫银，然后拨交该校，抑全数统交，任由其自行兑换，议决，交由该校自行兑换。收入善款数目经由财政部核计清楚，经列表公布，为清楚手续，应推定委员参理缮核，以示无他，结果公推刘伟海、苏日行、曾奇玉三人参理。日前筹款时，蒙各报义务刊登告白及各商店热心捐送物品到场义卖及各机关免费派警消防到场维护，免费征收电费等情，本会应去函致谢，议决通过照办。筹款会结束后，随即召开校董会议，讨论今后校务推进事宜，后因未及法定人数乃改作临时谈话会，由梁主席提关于总校租费应否订立租约以资遵守一节，当经众见认为应订租约，但请教于律师之手续如何，始能决定之。又查该校位于连胜马路一连共三间，为梁后源之物业，现梁氏自动愿将该租值按月一百二十元之半数捐出为该校之经常费用云。

1943年4月26日　第三版

米站消息

（本报专访）望厦公米站，曾于上周办理更换新粮食证，宣布暂时停止售米一周，顷据该站消息，今明两日仍继办理换领新证事宜，星期一全日补发十号新证，星期二上午补发九号，下午补发八号，无论其为天星或普通筹者应注意及之，逾时则不再补领，并定于本星期三开始照常秩序售米云。

1943年4月26日　第三版

梁永馨　送猪油渣

同善堂自发起施难童餐以来，各界人士，踊跃捐输，昨天星期日，梁永馨送猪油渣十斤，生葱三斤佐膳云。

1943年4月27日　第三版

饮水思源　街喉挑水已获解决　由通告日起实行每毫六担　并设有免费水站达廿余处

自铜仙价涨后，一般向街喉挑取自来水者，以所给水价每毫仅得四担，致与公司规定每毫可挑水六担之数不符，故所受影响不少。当经商会各值理于常会中提出讨论，并推主席高可宁会同华人代表梁后源访见自来水公司司理亚啤商讨改善收费办法，经该司理允予考虑办理，各情已志本报。昨期商会常会关于此事复由崔诺枝主任提议，再推值理梁鸿勋、叶子如，往谒该公司司理商洽，梁叶二君乃于昨午亲赴街喉站视察后，随即联往公司谒见该司理亚啤，暨华人经理何应光君谈商一切，结果，该司理亚啤答允，关于每毫可挑水六担，半毫可挑水四担之规定，由该公司刊发通告标贴各街喉站，准挑水者照每毫六担口价，管理街喉售水者，不得任意取巧。该司理并对梁叶两君称，公司对于市民艰苦，素切关怀，而约束所属职工，尤为严谨，嗣后如卖街喉站者，倘有阳奉阴违，应请市民将实情以书面或亲往告知，以便查明严办等语。观以此后凡市民挑水，当可照每毫挑足六担，半毫挑足三担，不致受铜仙价涨影响，足见该公司对于市民艰苦之关切矣。至于该公司原与政府订合同，设有免费站十二处，年来由该公司自动增设十二处，故现有免费站共廿四处，查各站所在地如后：（一）沙梨头，（二）白郎古将军马路，（三）咸鱼街，（四）下环正街，（五）巴素打尔古街，（六）夜㕭巷，（七）酒醰巷，（八）仁慕巷，（九）沙梨头海边街，（十）罅些拿提督马路，（十一）疯堂斜巷，（十二）马达臣街，（十三）耕围，（十四）哪吒庙斜巷，（十五）连胜街，（十六）下环街，（十七）青草街，（十八）台山（旧牌坊），（十九）思多纽拜斯大马路，（二十）台山，（廿一）台山（谦源炮竹厂邻），（廿二）高士的街（筷子基中街），（廿三）船澳巷，（廿四）台山（新牌坊）。

1943年4月27日　第三版

炒风昨仍未息　谷米杂粮狂升

（本报特讯）埠上货物□□揸家，连日借物货存疏□□，认为牟利绝大机会，互相争购竞炒，致□成物价疯狂猛涨景象，情形本报已屡有报道，兹查此种炒风，昨日仍未有止息，一般炒家之活动，仍属忙个不了，揸家互炒，更为厉害，川流不息，有同一批货物，数量虽不多，而在一二小时之内，转手至八次之多，因而谷米什粮与日用品均随炒而起，以炒家大有所获，固当笑逐颜开，可怜一般平民以粮食价昂，突飞猛进，感受重大威胁，惶惶不可终日矣。

1943年4月28日　第三版

铜仙短绌影响市面交收　拟改一仙辅币代替　银业行主席今晋西行长

（本报专讯）迩日流通市面之铜仙突告短绌，故价格日趋昂贵，每万枚值二百四十元，每角仲值四零二仙，且续有趋涨之势，而铜仙短绌，对金融交收，□业贸易，居民生活等均有莫大影响。华人代表兼银业行主席梁后源氏对此备□关注，日前曾拟向澳当局请示解决办法以利居民，惟督宪甫由广州返澳，政务待理，故梁氏延至昨日始偕同同善堂副主席蔡文轩前赴督辕，□戴督外出，由秘书长哥士打接见，梁氏乃将最近市面铜仙短绌价涨情形一一详述，亟望澳府能增发一仙辅币以资□□市面流通所需。哥氏答称，西洋银行现存有大量一仙辅币，市面各商店对营业需用一仙辅币者，可在该银行办公时间内任由到行找换，但市民如找换零碎者，对职员工作，颇为繁絮，或恐未能如愿等语。梁氏□对记者称，彼将于今日再访该行行长华士百沙路，商请该行对市民到换零碎一仙辅币者问题。

1943年4月28日　第三版

出入口商　抽佣养难民

（本报专讯）本澳出入口商，为协助政府救济难民起见，特自动抽取佣金，拨捐为认养难民费，并定每十日为一期，时期内得之数率呈澳府，先后捐送者，数极庞大，□近期所得之数，约常纸八千余元，经于本月廿四日由代李洪□呈警察局长布沙英，转拨台山难民营充作经费云。

1943年4月29日　第三版

谷米炒风已平息　商米价格续有低跌　炒家昨日又转向糖豆着手

（专访）迩周□来，谷米遭炒家光顾，互相转手牟利，涨至天□价钱，新兴白米每担值双毫一百五十四元，金风雪米值一百五十二元，谷亦一百开外，使居民感受粮食价钱威胁，咸露惴惴不安，自前日午后，始见回慢。详情经见昨日本报，顷已继续趋跌，新兴白米昨日只一百四十一元，新兴白谷亦低跌至九十二元之谱，金风雪米亦回顺至一百三十六元，尚有续跌之势，民困稍苏。唯炒家转此之他，复向糖豆入手，昨日市情，仍属企住，不过炒家静待观变。至午间见无豆子及大糖赤砂过二百件以上配来，故态复萌，把握机会尽量抢购，故市情水涨船高，以昨午晚市为最厉，时大糖豆均飞涨，且货底空发，查昨早市旧价，溶面身大糖，由一百一十四元，一百一十六元之间，升至一百二十元整，及一百廿一元，新货成色好者，出一百廿四元，且不允卅桶以上交易，赤砂尤奇货可居，虽还至一百一十一元，仍未允脱手，湾市之情况已如是，本市因银毫交兑障碍未能急与湾市平衡，但昨银业界得在可能范围内仍以旧票兑收，故本澳大糖须有一百三十元，一百卅五元，于指日可到耳。

1943年4月29日　第三版

各界热烈　捐助难童餐

同善堂自通函各商店，及各巨绅，代表贫童请命，求助义款，扩充救济，昨据接得该堂信后，各商号纷纷持款交到该堂，具见人之欲善，谁不如我，计有宗远药房港纸二百元，欧亚鞋厂葡币三十元，梁坤双毫卅元，崔养大洋二百元，李宅大洋二十元。又该堂值理黄杰源慨认是期加送猪油渣十斤，生葱三斤，以供难童餐加料之用云。

1943年4月30日　第三版

米站　今日秩序

（专访）望厦今日售米秩序，为五号及四号筹，但时间未定，查昨有因地点逼移，有未明手续，而至走鸡受罚者众，据一般到站购米者称，当此夏日炎炎，希望该站职员体恤列队时间之过长，免使老弱之辈难于支持而至走鸡，并谓有因提早点名而未能得售，亦希在报章发表，俾购米者依时到站。又闻该站今日换领新粮证为三号上午八时，二号十一时，一号下午四时，至于天星之三、二、一号一律下午五时走鸡换证云。

1943年4月30日　第三版

同善常会议决增派难童餐五百份　昨日又收到各界捐款

（本报专讯）同善堂自举办施派难童餐济贫后，极为社会人士所赞许，故一般善长，均纷纷慷慨解囊。该堂现施派餐数仅一千份，而一般须待救济之贫童，正嗷嗷待哺，故值理等亟望社会绅商能多助善款，俾得增加餐数，以利贫苦羔羊。查昨日堂期会议席上，曾提出讨论，决定增加餐数五百份，在该堂施派，约于夏历四月初一开始。又查该堂昨天收到捐款有值理陈茂枝经手王凝禧堂大洋一千元，吴松芳大洋五百元，蔡副主席文轩经手悦记麻包店双毫二百元，又有黄汉兴，罗载生，大生利，万昌银号，以上每大洋五百元，邓晴隆大洋三百元，昌栈双毫三十元，谢其铿双毫五毫云。兹将该堂昨日值理常会记录于后：昨日同善堂开值理常会会议，出席者崔诺枝、蔡文轩、陈伯墉、黎卓彬、叶子如、陈茂枝、黄渭林、黄仲良、李如楷、黄杰源、黄汉兴、余逸洪等，主席崔诺枝，记录陈清泉，讨论事项，（一）区若于医生来函，请求辞退医席由，决议，区医生叠次辞职，挽留不获，应予照准，惟区医生在席期内，成绩优异，应给予证明书，以留纪念。（二）陈胜佳教员，因事旋乡，函请告假两月，应否照准案，决议，照准，并请何捷邦暂代教席。（三）关于欠缺中医生一名应如何雇用案，（决议）查芦佐文替区若于医席，在席期内，成绩颇优，应□关九月□请之。（四）蔡文轩副主席提议，现下米价奇昂，饿殍满目，本堂所派之难童餐一千份，可否再增五百份，而济贫童案，（决议）通过照增，定由夏历四月初一日起。

1943年4月30日　第三版

波士顿餐室　冻品上市

波士顿餐室，最近以天气炎热，为适应市民所需起见，特增售冰冻饮品，如红豆冰、融化莲子冰、冻鲜奶、维他奶等，价廉物美云。

1943年4月30日　第三版

孔教学校　五一揭幕

（本报专访）阖澳华侨公立孔教中学校定于五月一日正午十二时（新时间）举

行戴思乐督宪及该校董会全体委员玉照揭幕典礼，邀请同善堂主席崔诺枝莅临主持揭幕，昨已发出请柬，邀各机关值理，绅商名流到场观礼云。

1943年4月30日　第三版

平民学校义演善款推举记者核数　共筹得善款万余元

（本报专讯）本澳华侨公立平民免费学校，于本月初旬举行演剧筹募经费，得善款约合值双毫一万六千余元，义演会于日前曾假商会召集各委员举行结束会议，并推定记者刘伟海、苏日行、曾奇玉三人为核计善款进入数目，以昭大公，刘苏等已于昨日在商会二楼联同核理，数目无讹，至支出经费，概由校董会负支云。

1943年5月1日　第三版

欠租一月即遭驱出之议社会人士咸加反感　商会议决请冼亮臣收回成命　佐治次律师昨详述订租法例　消息传出本报读者纷纷来函呼吁

（专访）（以下漫漶不清，略）

1943年5月1日　第三版

时钟拨快一小时　昨晚开始实行　各机关今日起下午休息

（专访）本澳当局为节省阳光，颁令将全澳时钟拨快一小时，经于昨晚十一时开始实行。政府各机关亦由今日起更改办公时间，即系由五月一日至九月卅日。每日上午九时至下午一时为办公时间，其余时间一律休息。□营电力局，亦属政府机关之一，办公时间，亦仿照各机关之所规定时间办理云。

1943年5月1日　第三版

学校报馆集团米　今天照常发售

（本报专访）学校报馆集团米今日望厦米站如常办理，每筹售六毫，由一至五号每增售一元二毫，由六号至十每增二元四毫，同日上午十时（下均为新时间）售三号，下午一时售二及一号，并□，三、二、一号之新证，齐到站者须到水塘排队勿误。

慈善钟标拳术决赛将假清平举行　得款拨殉职警察遗孤

警察体育会□办之西洋拳术钟标慈善赛，经于已结果，决赛原定□□廿九日举行，现因事改于五月八日下午九时半假清平戏院举行，由警察健将加士地路，与菲律宾好手亚仙奴决赛，同时并加五场长表演赛，以增兴起斗，券价格定西洋纸一元、二元、三元三种，得款为拨殉职□□警察遗孤云。

1943年5月1日　第三版

企业公司　在澳成立

溯自太平洋战事爆发以来，洋米来源，因交通困难，突形锐减，出米因供求关系，飞涨不已，田产价格，亦因缘会时，高涨百数十倍，中山一县，素称产米之乡，田产之丰，甲于全省，故年来致力农业而获□利者，不可数计。近闻该县旅港沪殷商李华洲，及各港沪各名流巨商，有集募巨资，组织一规模宏大之企业公司，广事购置，据闻该公司定名永兴企业公司，内部组织精密，资本雄厚，人才丰富，致于其内部人选，闻以港沪澳商界巨子，郭源辉、郑钱洲、李成祥、刘伟□、刘杰儒任董事，林□、缪绍凯任监察，至于总经理一职，李华洲众望所归公举担任之，副经理由吴文杰何仲屏担任之云。该公司除致力田产买卖及垦植外，兼营进出口货物，股票买卖与其他□□等，现拟于五月一日开始营业，办事处暂设在澳门新马路十三号三楼云□，见其硕划鸿□业务兴隆诚意中事也。

1943年5月2日　第三版

孔教学校敬立澳督玉照　昨日揭幕志盛　同时并为各校董立照

（专访）阖澳华侨公立孔教中学校，昨日至午十二时假校礼堂为戴思乐督宪及校董敬立玉照，举行揭幕典礼，由同善堂主席崔诺枝主礼，各侨□参与盛事者有华人代表梁后源，镜湖医院主席刘叙堂，各机关社团领袖代表及各报记者，□□，由校童军迎接开会，该校董会主席蔡文轩致开会词，继请澳督致训，大意谓各位对口多谢，余实应先对各校董深谢之，尤以该校长郑毅诒年高望重，及各教师之循循善诱，堪为学子之表率，而学生苟能尊师重道，爱其祖国，爱其民族，为人类增进幸福，实亦有所利赖，故盼同人继续努力，彼将以最大之愿望为该校今后之协助等语，同时又为蔡文轩，高可宁及其夫人题赠贺词，大意赞彼三人，助善堂医院学校。出财出力不少，最后则由学生代表致答，□成鸣炮茶会。

兹将该校董为督宪戴思乐将军像赞录下，□英□飒，祝我褒鄂，才气纵横，□我冲霍，器量深远，媲我李郭，峨峨将军，西来一鹤，世□兵燹，此销锋锷，人呼癸庚，此足藜藿，新我广厦，尊我木铎，伟大精神，权奇韬略，凡□君子望此乔。

1943年5月3日　第三版

中山下栅乡谋杀案　在澳获嫌疑男子　死者之母力证渠有杀子之嫌

（本报专讯）本年四月四日，中山下栅乡发生一宗谋财害命惨案，被害者唐远标被凶徒击伤殒命，并将其怀有之国币千余元掠去，逃匿无踪，该案各情，经□志昨日本报，续查死者唐远标之母容有，经年达古，老态龙钟，其爱子遭此横死，老怀态善，惨不堪言，最近竟由中山来澳，寄寓中山旅店，于前日得友人消息，谓毒杀其子嫌疑，凶手在某处，唐母乃按址前往，该男子称张某，卅一岁，中山人，唐母乃指张确为毒杀其子之堂凶徒，警方以事无佐证，乃谕扣留候查云。

1943年5月3日　第三版

公进会粥场　今日截登记

（专访）中华公教进行会望德堂平民粥场，第二批贫民住户登记完竣，除本月十一日开始继售一月者外，并定于今日上午九时至十二时，下午一时至四时再行办理作最后登记，指定分在按月发售云。

1943年5月4日　第三版

啼饿呼饥者日众　恻隐之心人皆有之　各界踊跃捐输济贫　公进会粥场大规模登记施粥　同善堂今日增派五百难童餐

（本报专访）迩来本澳救济事业，深得社会人士之热诚关注，大解善囊，纷争施惠，工作进行，甚为顺利，即如平民粥场之设立，亦纷至沓来，澳门妇女会主办之望粥场，其性质为便利米站泥工之外，并多见诸贫苦，同善堂难童餐，则为减轻贫苦人之负担，而中华公教进行会主办之平民粥场则按月解救清贫中人，俾其领售粥后，回家得以温饱，努力服务己业，且最近该场更为使全市贫户可能今后到场，按月轮值得有购粥便利起见，乃于日前曾为通告特定昨日举行最后一次之大规模登记，其表则须填写者为姓名、性别、籍贯、职业、父、母、夫妻、子女人数、其他亲戚、全家总数、现居地址、保证人（注意须负责保证不将粥黑市变卖图利），现在得该场所登记共计一千四百余份，一俟将来调查确属贫苦之辈后，则另为编列公布各该登记者按月到场购粥。当该场主席崔瑞琛女士接见本报记者时，亲为指引参观场内各部门之工作，据谓最近又有圣罗撒女校捐助该场葡币一百元，□昌捐助信封及信笺各三百张，本场名誉董事高秀珍捐助葡币五百元为该场五月份售粥之用，在渠感谢各界盛意之余，并觉到场购粥之贫众，初则颜容憔悴，今则判若两人，故盼关心慈善之各界热烈赞助者，继续多增设□此同一性质之粥场，使□全市平民能够普及实施受惠，各安所乐，同臻于善境云云。

（又讯）同善堂难童餐，自得该堂主席崔诺枝领导之后□办理成绩，甚得当场职员努力督导，煮售得宜，领有之者，同声□美。而善门洞开僧多粥少，不有乐善为怀者之协力，何克继增粥额，以广施惠灾黎，但社会人士深明义举，踊跃捐输，行见该堂发展有赖。昨该堂又收到梁永馨捐助难童餐款双毫二百元，张牛国币五百元，据息该堂□增之难童餐日及托儿所代售者共一千名额，今日下午三时开始办理云。

1943年5月4日　第三版

杂粮已趋研顺　商米价亦稳企　大批公米将运抵澳

（本报专讯）本澳什粮市况，经多日之活跃后□已由慢而转入于研顺状态，□揸家多有炒入平货者，借此好市之际，乘时抛出，研顺低沽，故市道乃告平淡，虽然□□市价略□，但颇□与转手平衡，照日前之市况而言，糖豆各项均停止趋升之势，预料短时间内，仍呈稳淡之观，□□故新货必俟旧货转手沽疏，始克有抬头机会。关于米石一项，市道日来均呈疲滞状态，金风雪米一三八元，新兴白米一四二元，至澳府在外订购之公米大批，粮统会委员观耶经□日□宣称，短期内当可运抵本澳，预料米价因供求关系，将可当低跌云。

1943年5月4日　第三版

平民义学　函谢各界

（本报专访）本澳华侨公立免费学校，此次假座平安戏院举行义演筹募经费，收入成绩达万余元，该会主席梁后源以此次得获良好成绩，端赖社会人士诸多襄助，始克于成，昨梁氏特去函各界致谢云。

1943年5月4日　第三版

米站消息

（本报专访）望厦米站今日秩序，上午八时先售六毫日日穷人米，继售九号筹，下午一时售八号并补发新证，米量照原来每售六毫者申算云。

1943年5月5日　第三版

签发出口货物许可证　改由粮统制会办理　办公地址今日移迁加思栏兵营　每日规定接纳申请及发出时间

（本报专讯）澳府当局为适应非常时期措施起见，特颁明令，凡由于他处运货入境或输运离澳者，须向政府办理申请手续，经获批准领具许可纸后，始准运输出入，否则以偷运出口论罪，除将货物悉数充公外，并依法追究。该例□厉执行已久，至签发出口纸者，向为经济局办理，惟澳府为利便办理起见，特改由市行政局执行，凡出口货物，须向警局二楼申请经由局长布英沙签署许可证后，始克有效。顷据官方于昨日发表消息，澳府以该局局长布英沙政□纷纭，□□待理，对执行签署批准出口许可纸事，未暇兼顾，故当局为减轻布氏政务起见，嗣后批准签署出口许可证事，则收归粮食输进统制委员会办理，以资□于整理及监督，至办事地点，亦迁往加思栏兵营□下，由今日起照常办公，每日办公时间，亦予规定，凡申请签署出口货物者，除星期日休息外，每日上午□时至十时，为接收出口申请纸时间，至该会接收申请书后，经审查批准签发与否，每日下午五时至五时半为发出时间，至签发人则由该会委员□理云。

1943年5月5日　第三版

同善堂奖励义学生　优异者餐以难童餐　在增额内拨出四十份

（专访）同善堂难童餐自举办以来，成绩颇佳，计派出者共一千份，该堂自派五百份托儿所代派五百份，昨日继增派五百份，事先前各餐券交发各值理及记者等转送与各难童，查该次之券其中有四十份分派该堂之义学，但该校学生人数本学期共二百四十多名，若说抽签，近乎博彩，该校有见及此，特为将之奖励品学兼优者，使各生今后对于修业有所竞争用以造就社会有用之才，意义深长，无愧对我善长之施赐。现计该义学生之领有难童餐者共四十名，该堂为使各生安于上课无受守候领粥时间之影响起见，从今日起每日提前将之集团先派，其他则仍照原定下午三时之时间办理。又该堂昨又收到叶子如经手捐款有戴文渭、黄照、黄海、梁松，各五百元，周耀堂、周有、林保、周藻、刘章，各三百元（以上国币计），杨□□二百元，陈日初一百元（以上港币计），蔡文轩经手悦记双毫二百元，又周胜记谢再生，谢利源各国币五百元，周仁宗国币二百元，金城酒家及在存学堂各港币二百元云。

1943年5月5日　第三版

米站消息

（专访）米站售米秩序编定第七号筹轮值于今日上午七时半起，继每日米后发售四元二毫，午十二时半则为第六号售三元六毫，并补发新粮食证，排队先在水塘，待带向望厦该站后门入路办理之云。

1943年5月5日　第三版

又多五百人有粥吃　公进会粥场公布　第二期领粥名单开列

（本报专访）公进会望德粥场，第二期售粥决将于十一日开始，查□粥证亦定于明（六）日上午十时至十二时，下午二时至五时起始发出，兹将是期登记调查之五百名准予购粥之贫户共一百四十一家公布如下：陈斌、冯荣、陈柳眉、胡瑜、郑石、陈文焕、翁月爱、司徒燕、利保□、林彩、林球、吕士、李国士、何楷、关盈昌、胡□继、朱桥、梁胜、区林、张伸、陈伟、黄振、黄连崧、李保、何桂洪、□兴、谭□、架保、李四、黄三、刘满、吴银、梁有、梁福、林□、李云飞、海连、王仙、潘亚玉、黄瑞溪、梁□、林□、□奴、林金容、□文、□平、郑亚纳、朱彩凤、陈三、口光、李羊、梁好、陈桂、郑延□、温元、黎奸、吴华、黎派、张焕、黎官、余□莫、谭光汉、郭土、陈银、李惜渔、黄泽英、陈伟、林氏、黄住、惕镜轩、阮成、杜秉超、林□、谭其、关氏、李锦心、林珠、刘占、刘□、李群、钟来、王氏、□洪海、陈水、刘好、谭德助、李德、黄九、共妹、梁珍、龙劝生、许福、黄三、李忠、□树、梁锦、李氏、朱光、梁灿、梁芳、张绪之、频蔡、赵华庄、黄金、赵庆、梁宅、黄琛、许相母、李锦、雷安、林安、方昭门、李洪、林敬、刘氏、谭、有林好、黄氏、何瑞、阮兰、黄转、陈明、陈名劝、黄月爱、廖合、邓觉、梁文礼、张□、黄感、林□、吕六、陈新、林松、曾继、霍珠、梁二郑红、许动、余顺。

1943年5月6日　第三版

昨晚五匪械劫和隆街住宅　警匪发生大战　三匪当堂被捕一警受伤

（本报专访）昨（五）晚十时卅五分荷兰园和隆街二号，发生一宗匪徒□□械劫案，警探因勇擒贼匪竟伤左足胫部，而匪辈三人，卒罹法□。爰将调查所得，详列如后：事缘昨晚约十时卅五分，警方特务警探部得接确息，谓有匪徒多人，佩备犀利枪械，□同械劫荷兰园和隆街二号居户，警探据讯后，即迅速驰赴事地点掩捕。当时匪徒五人，经已赚门入内，另两匪在门口把风，未几，即见警探趋至，知事机败露，即先发制人，竟鸣枪拒捕，企图狡逃，于是双方乃鸣枪轰击，一时枪声卜卜，弹沫横飞，而在居内之匪亦相继冲出，其中两匪，均告中弹，仍一蹴逃遁，警探在勇战之下，卒将匪徒三人捕获并获有手枪一支。未几警方旋派出大批警察驾冲锋车驰赴发生地点围截匪徒，将各街道要街把守，暂停行人来往，情形颇为严重，而督察长观耶亦偕同督察加路士等到场查究一切。当与匪徒枪战时，有特务警探一名，奋不顾身勇擒贼匪，因闪避不及，遭匪徒枪伤左足胫部，伤势不重，旋由督察长用车移送山顶国家医院救治，至警探于查究后，即收队而去。至此次匪徒五人伙同行劫，捕获者仅得其三，余二匪尚逍遥法外，警探部正严密踩缉中。后查屋内毫无损失云。

1943年5月6日　第三版

各界继续　捐助难童餐

（本报专访）同善堂增派难童餐也。就该堂昨日又收到□□行各□之捐助，计有长□、信成、高升、德生、长兴、祐兴、□□、荣兴、荣□、□来、继力、□生等各葡币二十五元，并集成号捐助国币三百元，足见善与人同，恻隐人有□今后继为资助，各行商贾亦将如是也云云。

1943年5月6日　第三版

罗主教　会客时间

（本报专访）因本月一日时钟“拨快”一小时，本澳政府各机关，因暑假期届，故将每日办公时间改为上午，下午一时休息，惟警察局则全日照常办公，主教罗若翰亦从新规定办公时间及会客秩序如下，每日上午十时半至下午一时，并定每逢星期四下午六时至八时会客云。

1943年5月6日　第三版

第二期售粥证今日发售　十一日开始售粥

（本报专讯）中华公教进行会主办下之平民粥场，每日售粥达千余份，贫苦居民受惠不浅，查该会第二期售粥者经于日前登记完竣，经阅查后乃于今日颁发粥证，并决定本月十一日　第一期完□□后□□发售。又查该会名誉董事，于昨日缴交五月份捐款者，计有何赞、何笑、钟子光、林商隐、马绍兴、李泽甫等多人。

1943年5月7日　第三版

（今日第三版头条开天窗）

警察昨昼间会操　昨晚演习防盗　冲锋车中西警探多出动

（本报专访）警方当局最近为□讨警察对操法及防盗机能起见，特举行扩大演习及会操，于本月二日，曾在青洲兵营内举行射靶演习，迄至昨日下午五时，继续举行会操，地点在四区段内。是日参加者达数百人，由督察长亲临检阅，服式鲜明，步伐整齐，精神奕奕，至六时许，始告演习完毕。督察长观耶昨日接见本报记者称，今六日晚将继举行防盗演习，地点移在中区，包□□马路、白马行、三巴南湾一带，由晚上七时起至九时止为演习时间，届时将由警方冲锋车队，各武装警察，中西警探等佩备犀利枪械，参与戎行，在演习时为避免阻碍工作起见，或暂停行人来往，市民勿引为惊恐，更希市民如遇警察喝令搜查或停止□时，须绝对遵从，不得有所违拒，观氏谓，警方对此项演习，将或每周举行一次借以维护市面治安效能云。

1943年5月7日　第三版

商会为台山贫民请命值理谒市厅长　要求暂缓收回台山旷地

（本报专讯）位于台山□源难民营附近之旷地，有贫苦乡民，在此用铁片旧料，盖成简陋之寮而居，彼等并□有牲口维持生活，向安无异，讵于日前该地口地寮民，得接一公务人员通知，谓政府将于短期内收回该地，饬彼辈须依时迁移，否则由当局强行拆毁等情。寮民惊获此息，恍如晴天霹雳，忧思异常，于是乃联名具函华商总会，请转□当局收回成命，以恤民艰，商会值理，曾于堂期会议席上，曾提出讨论，并派员前赴该地调查一切实情（并定今日由正副主席高可宁、六电明，文书主任梁鸿勋前赴市政厅晋谒□局长加华路），具情以告，并请其体恤寮民之惨遇，将收回该地之议，暂缓施行，俾苏民困云。

1943年5月7日　第三版

李洪捐万元　助难童餐

（专讯）为贫苦儿童请命，华报记者多人，于昨日联同□备同善堂正副主席之函件，往见出入口巨商李洪，请求李氏慷慨解囊，捐助该堂办理之难餐经费，俾贫苦穷餐有着，不致沦为饿殍，而李氏对慈善事业等，素具热诚赞助，得悉各情□，以卒属善举，实义不容辞，慨然允许捐助国币一万元，各记者乃代表贫苦□□□致谢云。

1943年5月9日　第三版

更换新粮证　米站延期止截　下周集团米停售一天　排队之地点从新编改

（本报专访）关于新粮食证之更换问题，粮证管理处方面经于最近假在望厦米站办理，以利市人□时到站购米，且该站金神父亦曾一度宣称该次新证继续办理至昨日为止，但据确讯，市人换领新证，至今仍有未能如期换就之者，而此次换出之证，又为一永久所通用之领米缴证，故为使市上居民减去免受一时损失起见，现闻决定再继续在米站办理至本月十五日始行截止，希市人幸毋自自□云。

（又讯）望厦米站昨□□□□发售学校报售集团米，原因据说下星期六为天主教会之瞻礼，是日休息，停止售米，星期一至星期五间照常秩序，但据确息，市人到站须注意排队一新地点，本周起不□在水塘站候，而将另行编定各队指定站。由该站后门斜路（俗称红毛坟）起，将各□之□行式列成长蛇式经观音堂直至跑狗场□之牛房处止。曾闻该站鉴于□月之廿八日为葡国革新纪念日子，为□堂表示庆祝起见，届时□作一大□行环绕全市一周，用□督宪主澳之□政云。

1943年5月9日　第三版

庆礼院　招待记者

（本报专访）鲍斯高庆礼院今日下午四时半假望鲍堂招待记者，届时□□该院情况，并由□基慈神父引导至无原罪鲍斯高工艺学校参观云。

1943年5月9日　第三版

拆卸台山葵寮　澳督允延四十天　高可宁昨面谒督宪

（本报专讯）台山种地寮民日前具函商会转陈澳府暂缓迁拆该地茅寮事，商会正副主席高可宁，六电明于上午十一时，联赴市政厅请求市厅长加华路，对台山□地□拆茅寮事收回成命，以恤民艰，加氏答称，日前汝等曾委工务局长□□芬比氏前往该地巡□，澳督亦体悉各情，至所请事许与否，其□则在督宪，高氏聆悉后，□即辞出，继往督□谒见督宪戴思乐，具情□告，当时为下午一时，督宪例□进餐，但戴氏对此，异常关切，□即□同高陆前赴该地巡视，先到托儿所内参观，戴督对高陆称，现所内之难童凡数百名，彼等俱属无所依靠者，现澳府特予救济，本人为政府□□表□，无异为彼辈之父母，□该辈难童，□□素称孱弱，抵抗力微薄异常，且观其多患眼疾及皮肤病，究诸其病之来由，当为传染所致，□此该地寮民，与本所相距不远，而彼辈且有畜牧者，对卫生素不为虑，遂至地方肮脏，秽水积□，蚊蝇麇集，菌疫滋生，□兹春夏季节，气候畀湿，疫菌更易于传播，本人本父母爱子之心，而为难童健康着急，特饬令该地所有茅寮，悉该迁拆也，戴氏继称，海岛市之路环凼仔市，旷地尚多，彼辈尤□往该地垦植，生活不致堪虞，现限期十日，在限期内□□迁拆，高陆以戴督所云，至情至理，惟限期过短，寮民迁拆需时，亦难于短期内得尝所愿，故希戴文能将限期延展，俾彼辈□□目如□不致徬徨狼狈，戴督□允予□请，再展期二十天，迨至下午二时许，始□□而□，高陆以所请未获准许，但以二十天之期限，仍□为迫促，高氏乃于昨日再度谒见澳督，高氏□□台山移寮□拆之限期□□□□，乃□求督宪将限期延展，等彼辈有喘息之□，戴氏重申饬令□，本人对彼辈寮民生活环境之惨痛，□□□□，惟此次因维□托儿所内之难童□□□□，故有此举，此实乃迫不得已。至关于期限之□□，亦事在必行，现据所请，属实情，但期限□□延展，高氏继称，关于该地寮民，其生活多□□□□生活亦□此支持，日彼辈所□之生□，或有□□，必经□生猪未大，□一□□，感恐□□□□生不□，但能将期延展，期彼辈能有多余时间活动也，澳督乃将期多延十日，（即共三十），嗣后高氏再三请求，结果延至四十日，即在六月十七日前，所有该地茅寮，悉数迁移，否则工务局将□□□行，□也，□□□□□□□念民，□□异常，退出后旋即驱车至台山，□该地□□，此次请求之□□，彼□亦□□□，□□高等感谢不至，再□□等□寮民称，倘彼辈若在海岛市之凼仔或路环觅得荒地□，期□来会具情投报，俾得转呈澳府投函送该地市长则可利便举行，函□项亦可豁免云。

1943年5月9日　第三版

同善堂难童餐经费支绌　举行演剧筹款　敦请新闻协会协助

昨日同善堂开值理常会，出席者，崔诺枝、蔡文轩、李如楷、黄渭林、陈伯墉、叶子如、黎卓彬、陈茂枝、黄杰源、余□□等，主席崔诺枝，记录陈清泉，讨论事项，（一）关于难童餐经费支绌，应如何□□案，（决议），拟定期演剧筹款，以筹经费。（二）关于应如何推定演剧筹款工作人员案，（决议）除本堂全体值理任筹备委员外，并□聘新闻协会，及□□。□督□，□□先生□，协助进行。（三）关于黄灏值理，捐助本堂双毫千元，应否按□敬立玉照案，（决议）黄值理为此善举，所□钦佩，应□□章敬立玉照，及长生□位，永留纪念。（四）关于李□善士，捐助难童经费大洋一万元，应否致函鸣谢案，（决议）应具函代表贫童向李君□谢。

1943年5月9日　第三版

换领新粮证　限期止截　本月十五以后不再发

（又讯）新粮证换领，已办理多月，昨据消息，换领期限至本月十五日以前，市民赶连换领妥，否则一逾期，则不予换云。

1943年5月10日　第三版

连日各项货物多告回顺　洋纸土纸价格续跌　果菜鲜鱼市价尤为低廉　银水影响各货有价无市

（专访）本埠米石什粮上周因炒家活跃，炒至天顶价钱，故市价日趋高涨，旋即逐渐回顺，连日因国币与港纸低跌，双毫短少，一般不□推出银调剂，故各项货物在□涨声中而趋□化，揸家愿将各货大量推出，惟多以双毫本位，但因银口周转不灵，一般存户睇银不睇货，故大手成交极少，除生猪、肥鸡豆子大糖市价略有起色外，生油市道呆滞，其余各货均告回顺，果菜鲜鱼价格尤为低降，商米则比日昨略报一二元，洋纸土纸因销路狭窄，价格暴跌，新闻纸由一百六十元，跌一百卅元，土纸每担亦跌回卅余元或廿余元不等，其余各顺货物亦因银水降跌无常，揸家多愿脱手，惟买家则持观望态度，故形成有价无市之势，据一般人推测各项货物将有续跌可能，以洋纸土纸为最云。

1943年5月10日　第三版

慈善拳赛　为镜湖筹款

镜湖医院为本澳最大慈善机关，年中赠药施棺病人伙食，及一切开支等费，已属不少，近年来更扩大施赠，且值物价猛涨，开销当更浩大，幸承社会人士□□在抱，慷慨捐助，使其成绩日趋良好，近更有香港拳术大家，与本澳足球健将啦路等热心慈善，联合发起，将于本月十五夜九时半假座新运动场举行拳术比赛，为该院筹集善款，入场券分一元、二元、三元三种，经呈警察厅盖戳，由该院派员出发劝销，深望各界热心人士，踊跃认购共襄义举云。

1943年5月10日　第三版

各界继助　难童餐

昨天同善堂值理黄渭林又购猪大肠十五斤，沙鱼肉十一斤，生葱一斤半，交该堂为难童餐加粮之用，同时该堂收到捐款有培远堂港纸五百元，钟祥成大洋一百元，陈张氏大洋二百元，龙津□□纸五十元，黎□大洋一千元，又兴港纸一百元，李德芳西纸十元，无名氏澳纸廿元，民兴澳纸一十元云。

1943年5月10日　第三版

利为旅　增设舞厅

胡公成先生，自脱离国际酒店后，则以□不挠之精神接理利为旅酒店，除将旅业部分大加刷新改革外，复将原日西菜部，加设中国菜式茶点暨川菜部，并于每日午刻茶市时间，增设茶舞，今日之“利为旅”，厥成为澳中仕女“饮食”与“住”之好去处也，闻该酒店除胡君外，并有刘伯平君，出为司理，辅助进行，尤觉锦上添花，又闻该酒店在本月间，实行开设舞厅，现已征聘舞女□供伴舞，影星林妹妹亦将在“利为旅舞厅”下海，想届时当有一番热闹也云云。

1943年5月10日　第三版

粮证管理处今日检查新证　在米站办理补盖印章

（本报专访）望厦米站今日开始由粮证管理处派员负责检查新证，如或尚未盖印之证可即补盖之，是日确定全日售十号筹之秩序公布如下，

上午　八时，一至五百

九时，五零一至一千

十时，千零一至千五百

十一时，一千五百零一至二千

下午　一时，二零零一至二五零零
　　　二时，二五零一至三千
　　　三时，三千零一至三千五百
　　　四时，三五零一至四千

1943年5月11日　第三版

镜湖护士学校　纪念护士鼻祖

（本报专讯）本月十二日为护士鼻祖南丁格兰诞辰，本澳各医院于□□故□举行纪念仪式，镜湖医院向有护士学校之设，故亦于□日举行纪念以表志念，查丁氏诞辰行将降临，该院定依照往昔成例，开会纪念，并定□日下午八时假座礼堂举行正副主席刘叙堂、王德光，校长黄耀坚等昨已分函各值理及两机关社团、报界等，恳请届时莅临观□云。

1943年5月11日　第三版

米站消息

（专访）关于市人到望厦米站购米之本周排队，昨日开始办理改变之新方式一如本报所□，从该站后斜路起排成长蛇形之单式，经观音堂之马路□牛房止，按队指定位置，故购米者稍为留意及之，以免走鸡，且该站本周亦确定每筹每队之售米时刻，如非特殊情形所阻，到购者当感异常便利云，兹将今日该站售米秩序列下，

九号筹　上午　八时，一至五百
　　　　　　　九时，五零一至一千
　　　　　　　十时，一零一至千五百
八号筹　下午　一时，一至五百
　　　　　　　二时，五零一至一千
　　　　　　　三时，一零一至千五百
　　　　　　　四时，一五零一至二千

1943年5月11日　第三版

同善堂昨收到捐款

同善堂自发起施派难童餐，甚获社会人士同情，不断捐输，源源接济，查昨有昌明火柴厂捐双毫一百元，澳门士多、□□村，每捐大洋三百元云。

1943年5月12日　第一版

桥牌比赛会举办慈善彩票启事

敬启者　溯自□□变幻，难民顿增，救济工作诚不容缓，□人等发起桥牌比赛之余，更□□□□彩票□□，此非徒为少数人娱乐也，实将用资赒济□，此项彩票为无

限额，现□印发万张，售得款项概拨五成为慈善费用，其余五成用以派彩，照销万票计，首名可获奖彩二千五百元，二名一千二百五十元，三名五百元，本办事处拟定阖澳殷富共销票数之半，而更定每户负担不过百票，其余则散向阖澳之市民劝销，庶人人均有□获奖彩之希望，又更可劝助善举，更定明将来中采，决不再另劝捐及其他税费，即照中式采额完全实收，盖慈善费以及印花均经先行扣除矣，谨望仁人君子，见义勇为，努力销票，以□救济，一举两善，难民咸戴德焉。

港务局长晏德地、高福耀，华务专理局长施多尼同启

1943年5月12日　第三版

为贫民及孤苦婴儿请命　慈善彩票扩大推销　华务局长昨召见记者　申述该项彩票之意义

（专访）桥牌比赛会乃华务局长施多尼，港务局长晏德地，殷商高福耀所发起，为救济贫民及孤苦婴儿，最近特举办慈善×票，得款之数，百分之五十拨作辅助白鸽巢育婴堂及公进会贫民粥场经费，其余百名之五十则拨作该项×票之派×银，共计发出彩票一万张，每张售澳门葡币一元，如能沽清此数，则首名可得二千五百元，第二名一千二百五十元，三名五百元，否则亦按照沽出票额若干发票款百分之五十□照上□办法分博，寓慈善于博×，诚一举两得之良好办法也。该项×票除警探当局及各热心葡人分别代为劝销外，澳门妇女会亦自动代为劝销，共余各大银号各大商店均有代售，该会原定本月九日开×，□因各代×票者，愿得继续代为推销，□故□□未能集票款，乃决定将开×日期予以更改，为扩大宣传增加销票数，俾贫民多获救济及派×银数目□大起见，□该会主事人华务局施多尼，昨特召见各报记者，委以宣传之责并分给票一部各报代为劝销，查该项×票现已销去约三千余张，各殷商及热心慈善者已认购者□多，未□购者亦属不少，一般平□□□慈善殷商巨贾料不吝此区区，而舍□为善最乐之旨也，又查该项×票之开×办法，□系搅珠出之，与普通之×票开一法大同小异，人人均希望获×，一俟大量劝销后，则决定开×日期云。

（以×代彩）

1943年5月12日　第三版

昨日浴佛节　淡然渡过

（本报专讯）昨（十）日为农历四月初八之浴佛节，本澳有□侨民，迷信根深，习例相沿，每年该节，均有举行向天□拜祭祀等情事，而鲜鱼行更□大举行，于节日则建醮演戏，且大排筵席，招待行友共□狂欢，情形异常热闹……（以下漫漶不清）

1943年5月13日　第三版

运输出入口货注意　统制物品输进委员会颁布条规十二项　转手货出口须由原店呈报　运输出口商须缴交保证金　本条规由本月二十起开始执行

（本报专讯）澳府当局对于出入口货物签发许可证事，为统一范围办理而□进行起见，于日前颁令改归粮食统制会办理，该会会长华士江沙路于昨日特颁行条规多项，饬出入口之商人遵照办理，兹探录为后。

澳门统制物品输进委员会调整货物兼□查经济事务通告，为通告事兹将关于出入口事业务本澳各行商应遵守之条规开列，希各知照此布。

计开

（一）只准按照第七二三号立法证书第五款规定核准已注册之商号得将货物输运出口。

（二）凡输运出口之货物应一律向设在加思栏兵营内之本部报明，凡报入口者，应根据载纸或警察局检查部签发之凭据以为证明。

（三）每月五日以前，各入口商店应将其所存之货单列明呈报本部，该单必须注明来源入口日期及存在某某仓各项。

（四）本部得随时派员向各商号检查报存之货物。

（五）不论某一商店所报明入口之货，不能由其他商店出口，如有入口商店将货物转售别家拨出口时必须用原入口商店名义报出，并于出口纸上声明该项货物系由某号售与某号出口，如有此项事故，购货商店应呈出凭据声明该项货物实系所购得来者。

（六）如为本土出产货物，不依照第五款规定办理此项货物，得由该行工□人或在本部注册无论各行商均可出口。

（七）本部如见方便时，得着出口商店将拟输入货物清单一纸及保证入口之保证金呈缴，该保证金应照所拟输出货价不超过百分之二十许。

（八）凡入口货商并非确实有权将货物一部或全部再行输出，因应明供给本市，令社会上有利益为前题。

（九）凡各商号报货出口应于每日九时至十时将报单送交加思栏兵营内本部收，俟于是日下午五时将所准出口之货物批单发送。

（十）本部对于各商号应声明或报明货物之格式可以供给或指示办理。

（十一）所有各条规定限由本月二十日起严厉执行。

（十二）各商号关于自身利益起见，应该呈缴第三款所指之报单，倘能照此办理则已呈报之商号在六月份只须根由呈报日起至五月底照变更之处为已足。

（十三）为遇不论某一商号不遵守以上条规办理者，本部得停止批发其出口证，本会希望各行商协只进行，并希望明了本会颁布以上各条例之目的，为在保护社会上之公共利益以及保证供给市一切之需求。

会长华士

江沙路

一九四三年五月十一日

1943年5月14日　第三版

当局拟拆卸青州葵寮　该地菜民联名函商会转呈缓办　堂期会议昨日提出讨论　高可宁等今日谒督察长

（本报专讯）澳府当局为切实保护台山托儿所内收容之难童健康起见，特饬令附近空地之葵寮，悉数定期完拆，迨后当地寮民呈请澳门商会转恳澳府暂缓执行，澳督乃体念寮民境况，特将期延长至四十天，各情已志前报。讵日昨又有青州旧砖寮一带之葵寮，又接警察派员通知该地居民，限期十五日即行清拆等情，当地寮民□详进等惊获此息，如霹雳一声靡不骇□万状莫□适从，于是乃联合所有寮民联名具函一通敬呈商会值理会商，函意略谓彼等自中日事变后，即由中山等地避难来澳，在该地一带盖寮居住，并利用该处土地肥沃，种植果菜杂粮等，生活亦赖以维持，数年来向安无异，不期昨有自称四区警署之警员二人向彼等宣称，当局不准在此耕作，所有葵寮限十五日内即须迁拆等语。彼等七百余人皆赖此以维生活，若一旦拆迁，则归宿何处，流离颠沛，不可言宣。且种下之蔬菜瓜果，成熟尚需时日，损失犹复不赀。

该地原系　高氏承租

复查该地原为绅商高可宁先生私有产业，高氏对慈善事业，素具热诚，有口皆碑，此次倘果属命令拆迁，彼等生活并无依靠，然高氏亦未必肯为此也，且贵会对于侨胞□危关切，仿如黑沙环菜农幸赖维持，得以照旧耕耘，台山区贫民又仗鼎言得获喘息，故恳请恤念民艰，转呈当局准予收回成命，暂缓执行等情，词意备至凄怆，商会昨日值理堂期会议席上，曾提出讨论，议决接纳代陈澳府。

商会主席　发表谈话

记者据该会主席高可宁称，该地虽为本人向澳府批出承租，五年于兹，但年来一般难民多在此盖寮而居，彼辈难民生活固可悯，故对此任其所为，俾其有所栖宿，不致流离失所。而此次当局饬令迁拆，本人实不知情云云。高氏于散会后，即偕同副主席陆电明，文书主任梁鸿勋及本报记者等多人，驱车前赴该地巡视，并到四区内诣问是否曾派员前赴声明迁拆情事，该区主事人称，系奉上峰命令者。高等巡视后，乃定今（十四）日十二时晋谒督察长观耶请示一切云。

台山贫民　又有请求

（又讯）关于台山寮民，自奉当局命展限四十天清拆后，即分觅地段，以便从新盖建，查该地寮民区荛章等在黑沙环钟葛码头对开空地，□在此搭盖居住，奉政府命迁往路环仔□地方，则远途跋涉，殊感不便，故具情商会向政府予以批准，以苏民困。闻商会经议决接纳，日间向澳督代为请求云。

1943年5月14日　第三版

伶人义演　助难童餐

同善堂自发起施派难童餐后，各界均纷纷踊跃捐助，新马师曾、上海妹及半日安等，已决定于最近举行义演为该堂筹款，已在筹备中。而谭兰卿、□阳俭、任剑辉、黄千岁等，对于公益事业，尤更热忱，于日间当有所表示也。该堂昨大收到捐款，有黄杰源捐经费双毫二千元，有名氏大洋五百元，萧志伟手票一十元，卢山澳纸一十元，澳门银业行澳纸三百元，陈永福双毛三元，廖侠□港纸五百元。

1943年5月15日　第一版

公告

澳门统制物品输进委员会调整货物兼检查经济事务部通告

为□告事兹将关于出入口业务本澳各商行应遵守之条规开列□知照此布

计开，（一）只准按照第七二三号立法证书第五款规定核准已注册之商号得将货物输运出口。（二）凡输运出口之货物应一律向设加思栏兵营空地本部报明，凡报入口者，应根据载纸或警察局检查部签发之凭据以为证明。（三）每月五日以前，各入口商店，当地所存之货列单呈报本部，该单必须注明来源入口日期及存在某某仓各项。（四）本部得随时派员向各商号检查报存之货物。（五）不论某一商店所报明入口之货，不能由其他商店出口，如有入口商店将货物转售别家拟出口，必须用原入口商店名义报出，并于出口纸上声明该项货物系由某号售与某号出口，如有此项事故，购货商店应呈出凭据证明该项货物实系所购得来者。（六）如为本土出产货物，不须依照第五款规定办理此项货物，得由该行工□人或在本部注册无论各行商均可出口。（七）本部如见方便时，得着出口商店将拟输入货物清单纸及保证入口之保证金呈缴，该保证金应照所拟输货价不超过百分之二十估计。（八）凡入口货商并非确实有权将货物一部或全部再行输出，因应以供给本市，令社会上利益为前题也。（九）凡各商号报得出口应于每日上午九时至十时将报单送交设在加思栏兵营内本部收，俟于是日下午五时将所准出口之货批单发还。（十）本部对于各商号应声明或报明货物之格式可以供给或指示办理。（十一）所有各规定限由本月二十日起严厉执行。（十二）各商号，关于自身利益起见，应该呈缴第三款所指之报单，倘能照此办理则已呈报之商号在六月份只须报由呈报日起至五月底止变更之处为已足。（十三）为遇不论某一商号不遵守以上条规办理者，本部得停止批发其出口证，本会希望各行商协助进行，并希望明了本会颁布以上各条例之目的，为在保障社会上之公共利益以及保证供给市民一切之需求。

会长华士
江沙路
一九四三年五月十一日

1943年5月15日　第三版

同善堂昨日召开为难童餐义演大会　全部职员已产生分别担任工作　农历四月廿八晚开演新马剧团

昨日同善堂召开演剧筹募难童餐经费大会，出席者，崔诺枝、蔡文轩、高可宁、黄渭林、黎卓彬、黄杰源、黄苏、陈伯墉、叶子如、崔六、黄仲良、陈茂枝、徐佩之、刘伟海、梁松、苏日行、戴文渭、曾奇玉、陈成、陈庸光、谭福贤、陈清泉等，主席崔诺枝，记录陈清泉。

讨论事项，（一）关于应如何决定演剧筹款大会名目案，（决议）定（同善堂募难童餐经费演剧大会）。（二）关于应如何聘定工作人员案，（决议）公举高可宁、黄苏、崔诺枝、蔡文轩四位，任主席团主席；新闻协会，陈茂枝、叶子如、崔六、戴文渭、梁松等任总务主任；黄渭林、黄杰源、李如楷、黄仲良四位，任财务主任；黄汉兴、崔洛忌、谭植、冯泱四位任交际主任；陈伯墉、黎卓彬、余达洪、吕廷广、甄根、蔡世曦、钟锡、□祖德、吴文锱七位，任票务主任；徐佩之、陈清泉、钟荣阶、何桂邦四位，任文书主任；新闻协会，曾奇玉、苏日行、刘伟海、陈成、陈庸光、陈雨铿、谭福贤等，任宣传主任；朱给、李松江、李家廉、韦地四位，任布置主任；同善堂全体职任干事员。（三）黄苏报告，日前经蒙新马剧团、新马师曾、上海妹、半日安，暨全体艺员，慨允报效义演，代同善堂筹募难童餐经费，且得清平戏院院主慨然豁免院租等伟举，特报告如上，（决议）新马剧团全体艺员，及清平院主，热忱善举，良足钦佩，除公布表扬盛德外，关于应定何日开演日期，请公决案，（决议）定夏历四月廿八晚（星期一）开演。（五）关于应如何规定票价，请公决案，（决议）名誉前座定卅元，中座定廿元，以下票价交由黄苏会同票务商决办理。（六）关于与班院两方接洽，应由何人负责案，（决议）公举黄苏全权负责办理。（七）关于演剧所有费用拟不动公款丝毛，应如何筹募案，（决议）应即席□捐，计有高可宁、陈茂枝，每一百元，黄杰源、黄渭林、崔诺枝、蔡文轩、黄苏、叶子如、黎卓彬、陈伯墉、戴文渭、梁松，以上每四十元，黄仲良廿元，徐佩之十元，共捐得双毛七百元，不敷之□，具各值理，函请求捐助之。

1943年5月15日　第三版

商会值理高可宁等晋谒督察长　代青州葵寮贫民请示

（本报专讯）关于澳府饬令青州砖窑附近之空地葵寮限令清拆事，当地居民联同具函呈陈商会转呈当局对限令收回成命，或暂缓执行，商会主席高可宁，业于前日偕同副主席陆电明，文书主任梁鸿勋等前赴当地视察，迨至昨日十二时高六等再赴警署，谒见督察长观耶，请示是否饬员前赴该地属示清拆，并希观氏体念彼辈居民境况之窘苦，对迁拆一案，暂缓施行。据观氏答称，此乃秉承澳督戴思乐意旨，至关于“收回成命”或“暂缓执行”，其权在于督宪，本人可代向督宪请示批复，高六据情后，□即退出云。

（又讯）台山寮民呈请澳府准其在黑沙环□成码头对开空地另盖寮而居事，高陆亦于昨日与观氏面谈之便，略为道及，闻观氏亦允许代向督宪请示云。

1943年5月15日　第三版

番摊骰宝生意　旧公司将期满　新人本月十八日接办

本澳番摊骰仔生意，系专营性质，由市政厅招人高价开投，以三年为期，饷费达百余万元之巨。至最近两届由德荫福铭公司投得。来届亦于去年十月初旬开投，德荫福铭亦以饷费二百余万继续投得。本届于本月十七日已告期满，由十八日起则由新公司办理云。

1943年5月15日　第三版

慈善拳赛　今晚举行

西洋拳术慈善赛，今日假运峰路新运动场举行，替镜湖医院筹集经费，时间为下午九时半开始，门券分一元、二元、三元三种，比赛分五组，由港著名羽毛重量级之柯路文等五人，分斗本澳各健将，届时定有一番精彩镜头演出，以饱各界眼福云。

1943年5月15日　第三版

银业行捐助　平民粥场

（专访）本澳银业行对于慈善公益事业，迩近甚见踊跃捐助，查昨日该行又捐到妇女会望厦平民粥场葡币五百元云。

1943年5月15日　第三版

镜湖医院议决　分别纪念善士　捐款五千者刻额悬照

（本报专访）镜湖医院第十五次常务会议昨日如期在议事厅举行，关于捐款善士数达千元而至万元者应如何规定一案，决议通过拟具之章程如下，（一）凡捐助善款无论多少均分期登报鸣谢，（二）凡捐款由一百元至百元以下者按年泐石留念，（三）凡捐款由五百元至二千元以下者除泐石外将其本人十二寸相片□院留念，（四）凡捐款由二千元至五千元以下者除泐石及悬相留念外，并以留医室一间刻额留念，（五）凡捐款由五千元至一万元者除泐石及悬相留念外，并以大号留医室如诊症室。手术室、产科室、大房等□间刻额留念，（六）凡捐款超过一万元者，另行筹议隆重留念以□永□，（七）凡捐助应用物品，不论多少，均以时价计算，照章留念，以免遗阙，（八）经手捐款人照该捐额十分之一依章留念。附则，甲、本章由通过之日起实行，乙、本章则如有未尽善时，得由值理会提出修改之，丙、本章所定数目以西洋纸为本位。又当散会后，□主席刘叙堂对记者发表讲话，大意谓院最近增设义庄一所，全部工程现经完竣，并即推定总务柯麟、财务梁流、租务赵七等三值理，迳往验收也云云。

1943年5月16日　第三版

镜湖儿科留医额满　暂缓收容病童　并拟购备大量药品应用

（本报专访）难童之待救，实为当前所刻不容缓者，□如□来善堂之举办难童餐，更将进行议演会，工作积极努力，查□难民□又□□难童四十名于镜湖医院，记者□调查所得，该院收容难童计有三十名，儿科病人三十九名，合计六十九名，但其儿科床位名额不过七十，祈余者仅一，不得已而宣告□难再予收容，并闻最后决定有将情转陈警署□□办理（以下漫漶不清，略）。

1943年5月16日　第三版

四善长　关怀难童

（专访）同善堂副主席蔡文轩，于日昨偕同值理叶子如、黄渭林、陈茂枝等前赴台山托儿所参观，以该所办理（以下漫漶不清，略）。

1943年5月17日　第三版

镜湖医院　加强组织系统　调整全部人员分工合作

（专访）镜湖医院为当地三大侨团慈善机关之一，开业以还，医施药，普及贫苦，而院务之兴革，成绩之进展，幸赖历届主持之者，秉公以赴，努力策划，闻该院近更加强组织系统，调整工作分配，兹为使各关心人士得以观全豹，借资参考起见，爰将最近该院慈善会值理职工姓名一览表录如下

（正主席）刘叙堂，（副主席）王德光，（常务值理）黄耀坚、潘毓华、柯麟、高福耀、黄苏、沈香林、梁流、吴伟佳、赵七、郭秉琦、吴鸣、董庆堂、冯养、谢保明、徐鹤侪、蔡克庭，（管尝值理）□介眉、曹子光、周贵三、曹子珊、徐伟卿、崔诺枝、姚满、冯定、陈瑞祺、陈伯墉、曹涤之、樊少波，（总务部职工）司理徐公范，书记杜振华，庶务陈日华、区民□，录事方□园、丁苏九，司更苏悦、高杰，杂役孔广祖、李秉、□黄、□东明，殓房管工范强，工役黄四、陈光、光婶、阿崧，（财务部职员）司账员李炳强，出纳员陈着明，（租务部职员）司租员李海容，郑树棠，（医药部职工）西医兼院监梁启荣，西医生□伟田、高懿德、张龙□、陈四莹，中医生黄序东、陈耀田，检验师周瑞成，统计员王炳伟，西药师高□，正护长刘□秋、林柳坚，副护长□肖娟，司更陈荣、林苏，杂役吴春、陈显、屈新、何三、刘察、□平、杨香、梁兰、莫英、梁□、黄爱、陈可、邝合、李庆、苏林、邝泉、□富、谭惠、北带、李□、陈连、梁好、刘其、尹八、廖国材、陈四、许爱，（教育部职工）黄景诏、麦孔□、□雨生、谢江之、张□日、谢子骥、黄伟侠、秦君秀、余洪钧，什役黄铭新，分核教员郑少蓉、廖坤贞，（镜湖义庄工役）看庄何松、李□，（广善分局职工）司理李炽，中医生王吉秋，杂役莫牛，张九等云。

1943年5月17日　第三版

同善堂之难童餐不断加料　猪油渣牛杂猪大肠应有尽有

（专访）同善堂难童餐，昨日又特别加料，继前星期日黄渭林捐出猪大肠十五斤猪油渣十斤煮粥□派之后，黄汉兴昨星期日又捐出牛杂共三十斤，且在其宝号佛笑楼烹调妥制，始派员送到善堂，分别在托儿所加□难童，如两黄之慈怀可嘉，受者感恩无□矣，据闻下星期日，又将有某善长动念于怀，准备照办，想或例在必行，难童何□□也云。

1943年5月17日　第三版

米站拟发动之大巡行业已取消举行　本星期五增售米量

（本报专访）一、二、三号筹到望厦领□公米者注意，今日上午七时半走□有补，而且更要记得本星期五加双买米，□下周适为葡国革新纪念，该站休息停售，因事业已取消，故各排队领米者仍请在水□站候，每日秩序与上星期起所确定无异，又今日并全售十号筹，但如无新粮食证者□停交易，该站即日起不再代为办理更换，至还未换领者，当局为体恤市民起见，准予继续□往南湾花园□日纪念一战军人俱乐部地□粮证管理处缴交慈善费葡币一元，请求□□可也，关于米站原拟在本月廿八举行巡行，现因事取消此举云。

1943年5月17日　第三版

平民饭场　亦有□加

（专访）天主教平民饭场，昨日收到黄渭林捐助猪油渣十斤，以调剂食□之用云。

1943年5月18日　第三版

茂来鱼栏萧信权被控瞒骗政府税收　昨经法院判决罚款四百五十元　如无款缴罚则入狱三百十七天

（专访）法院刑庭，于昨日审判一宗瞒骗政府税收案。事缘有男子萧信权，在河边新街二百八十七号开设茂来鱼栏，至本澳法例，凡在澳开设各行商业经营者，须向财政总局公钞科缴纳生艺钞，领取商业牌照，方得营业，而萧于最初开设鱼栏时，虽曾领得商业牌照讵其于该牌照满期后，则不继续缴纳钞费，但仍照常营业，事为公钞科稽查员侦悉，遂将其控之于案。查昨日法院开堂公审时，被告未有开堂聆讯，法官仍根据日前萧之供词，宣判萧瞒骗政府税收，证据确凿，乃判罚款四百五十元，另案卷印花费四元，并发出通告谕被告萧信权于十日内须将罚款呈缴，倘无□款，则入狱三百一十七日抵罪云。

1943年5月18日　第三版

缓拆葵寮　未获解决

（本报专访）关于代表青洲寮民呈请澳府暂缓迁拆该地葵寮事，商会主席高可宁于昨日偕同梁鸿勋晋谒督察长观耶，请示一切，未得□领，闻高氏等将于今午晋谒澳督，则可决定云。

1943年5月18日　第三版

罗主教创设　教友叙会

（专访）罗新主教若翰氏最近为发展本澳教务起见，特于每月第一个星期四日下午五时，假板樟堂天主教堂举行叙会，届时发帖请各教友参加，查此举为当地教会创举之定期大集会云。

1943年5月18日　第三版

五男子被控行窃政府电油　三人被捕将解法院

（本报专讯）男子吴石良、萧显、易宾，于去年八月间，联同另在逃两男子易高、吴石等，行窃政府存于妈阁货仓内之电油八罐，售与河边新街三光汽车店，事为政府发觉，遂交由警方查缉匪徒归案，结果除将吴等三人捕获外，并将三光号之东主陈展，陈盛解署，控其□接买□□之罪，经将口供取录后，备文□□，法院将于六月八日开堂公审云。

1943年5月18日　第三版

裕祥伙伴　拒兑葡币复殴人

（本报专讯）澳府当局，为调剂金融市场，安定葡币与双毫比率起见，特颁行法令，兑率一律平衡，无分轩轾，而市行政局更三申五令，饬令银业行及各行商□照交收，倘低折及担兑情事，当依法控究，讵称前日有小童梁钊文，持有葡币一元到新马路一百零三号，裕祥□号兑换双毫，讵该店伙伴何胜华（卅岁）不但不予兑换，且恶言相对，且伙同店伴廖□（五十四岁）向梁欧打。值勤段警聆耗驰至，乃将何廖两人解交警署控之于案，迨至昨日警方提讯，除申斥一番外，并须增兑双毫五元与梁，以后若有同样事件发生，当严惩不贷云。

1943年5月18日　第三版

番摊骰宝生意　新公司今日接办

（专访）番摊骰宝生意为本澳税收之一，由商人承办，定三年为期，期满再行招商承投，以出价最高者投得，去届由一九四〇年五月十八日至本年五月十七日由泰兴公司出价百余万元（每年计）投得，本届经于去年十月开投，由德荫福铭以二百五十余万元投得，现旧公司已于昨日期满，新公司今日开始接办，惟查新公司原系去届旧人，故仍用泰兴公司名义照常营业，总办传德荫，副总办高可宁，交际主任钟子光，其余一切职员及各部门均无若何更动云。

1943年5月18日　第三版

同善堂义演　今天再会议

（专访）同善堂今天举行一期会议，并再继为难童餐义演大会召开商讨进行筹募会议，希各关心之协助者及全部工作人员届时莅会提出意见。

1943年5月19日　第三版

所有在本澳垦殖畜牧一律迁往凼仔路湾　青洲葵寮呈请缓拆未准　贫民住居可迁往快子基

（专访）　关于青洲旧砖窑一带之葵寮，前由治安当局通知，限期拆迁一事，昨经该寮民汤祥进等以彼辈行将流离失所，特具函商会呈转当局暂缓执行各情迭志本报。商会值理□□呈后，以彼等所陈情属堪怜，即席进派正副主席高可宁，陆电明，值理梁鸿勋等驱车前赴该处视察，并即日曾谒督察长观耶转陈办理。奉督察长通知，此次系督宪令执行等谒，乃于昨日下午四时，会同华人代表梁后源联赴督宪私邸晋谒，并将青洲贫民苦况及一时未易觅地搬迁，各情形陈请宪座，恳请暂缓执行。□奉宪谕以此次限期拆卸本澳各处葵寮，□为□□市容，及顾全大众公共安宁起见，碍难缓办，至于彼等寮民生活状况，政府亦已洞悉，如属于住居者，可在快子基之平民屋租贷居住，目下该处所余屋甚多，每月只收租费二元而已，倘系耕租或豢养牲口者尽可向路湾凼仔一带，觅地居住垦殖，盖政府对于各寮民将予以种种便利，如雇用船艇免费代为□□，及将免地租□□令各□□得有凄宿之所，故希□彼等遵令，如期迁拆寮勿逾延为要。高氏等奉谕后闻已转知各寮民等遵照云。

1943年5月19日　第三版

罗主教演讲　第一周改期

（专讯）罗主教约翰，顷接本澳天主教男教友诚恳之要求，特定于每月第一个星期四往板樟堂演讲修德之法，时间为下午七时，本月第一星期四因适逢花地马圣母纪念，故改期在本月廿日举行，又罗主教为□保辣圣会之请，定于每月第一个星期四□在大堂□□□全体会员演讲，□□□详云。

1943年5月19日　第三版

公进会粥场　昨收到捐款

公进会粥场昨收到徐淞夫人五月份捐款葡币一百元，黄家驹捐助葡币一百元云。

1943年5月19日　第三版

米站售米　下午提早

（专访）望厦米站本周自确定之售米秩序后，每日下午开售之时刻又略加提早，即办公时间上午七时半起，而下午则在十二时半起，今日之秩序为上午七号，下午六号□□昨□□□，每晨七时起开始先行补售云。

1943年5月20日　第三版

猎犬终须山上丧　械劫圣味基街住宅　匪徒全数中弹身亡　深夜枪声卜卜结果尸首横陈　事后十获短枪两支利刃一柄

（本报专讯）昨（十九）日凌晨二时约卅分，进教围圣味基街廿九号居户，发生一宗匪徒械劫案，匪徒行事不密，为警探埋伏掩捕，结果当堂将匪徒三人枪毙，兹将调查所得，分志如下，查圣味基街廿九号屋宇，为前香港红磡英泥厂司理陈炽之遗产，由其长女陈金承受，除将地下租与他人居住外，陈则自居二楼，讵为匪徒侦悉，竟尔垂涎，遂萌伙同械劫之念。迨至前数日，警方特务警探部，已获线人密报，谓有匪徒三人，佩械图劫该户二楼，警探部据报后，即派出所属警探，佩手提机关枪等犀利枪械，前往掩捕，并饬二楼，陈女及地下住客，暂行外出，以免不虞，而警探除充作该屋住客外，于每夜并有多人，在附近之屋宇由窗户瞭望，俟机出击，一连多晚，均无若何异动。

机枪扫射　三匪殒命

迨至前晚，警探仍不懈防守，严阵以待，至昨晨约二时卅分，果有身穿黑胶绸衫裤之匪徒三人，行动闪缩，到该□门前搜索，见该屋之门户虚掩，正中下怀，三匪相继蹑足而入，讵匪至楼次时，已为楼上之警探所悉，遂鸣枪轰击，匪徒知事机败露，退后而遁，惟□附近防守之警探，遂用手提机枪集中瞄准向匪徒扫射，一时枪声卜卜，密如连珠，历时半小时，附近居民，均从梦中惊醒，未几，即见两匪中弹倒在门前地上殒命，另一匪虽腰部中枪，尚能沿该街末段，上西洋坟路蹒跚逃走，沿途血迹斑斓，至美珊枝街口之空地墙侧，始告不支倒地，奄奄一息，卧于血泊中。

获二短枪　一柄利刃

未几，警方亦派出大批警察，驾冲锋车驰至发生地点，向附近截捕匪踪，而督察长观耶亦亲莅查究，见倒在门口之两匪，躯干中弹达廿余处，继后并沿血迹到美珊枝街口，将伤之匪寻获，该匪受伤势颇重，然尚能言语，警探质诸彼此次伙同若干匪徒行劫，佩有枪械多少，该匪则支吾以对，迨后警探并获短枪两支，利刀一柄，短枪已空无子弹，督察长乃召十字车到场将伤匪送山顶国家医院救治外，而经已殒命之二匪尸体，则移往殓房，解剖检验，至伤匪送院后，经由医生救治，惟中要害，延至三时四十五分，遂告毙命。

国家医院　解剖尸首

记者于昨日前赴发生地点调查，见该屋门户之玻璃及墙壁，弹痕累累，二楼梯次及门槛，均有血渍点点，并有唐装烂鞋及皮□鞋各一对，为匪徒遗下者，在该街之头□处，发觉有血迹点点，至医院经于昨午将三匪尸解剖，取出子弹达数十颗。检验时，法院长马士加连那，及警察长均到场检视云。

1943年5月20日　第三版

督宪女公子　捐款五十元

（专访）中华公教进行会平民粥场，连日收到各方捐款甚众，昨日又收到督宪之七龄女公子德力撒葡币五十元云。

1943年5月20日　第三版

真正善者　捐款五千隐姓埋名

澳督昨日收到由罗德礼先生转呈大洋五千元，此款乃为一不欲宣示姓名之中间人捐出慈善机关经费者，澳督深为嘉许，经将该款悉数拨交难童收容所云。

1943年5月20日　第三版

米站消息

（专访）米站今日售米秩序，五号上午七时半起售三元整，下午十二时半为四号售二元四毫，倘有于更换新证时而不曾注意取回米站筹仔之普通粮证，照例另须具备该家长照片清楚者两张报站补领后，方许如常秩序领米，至谓关于影相方面须往该站之指定相馆，据息此讯绝对虚传云。

1943年5月21日　第一版

同善堂演剧筹款大会宣言

炊烟关莫，贫家哀绝□之患，烽火蔓延，异地倍凉凄之痛，试看东西二域，何处非罗□之乡，宇宙一匡，举世尽荆榛之路，因而哀鸿遍地，求生活以无从，涸贻累累，为依凄而乏术，窃听啼□咽咽，每感心酸，号饿□□，惄然肠□，诚空前未有之凶灾，亘古所无之浩劫也。是以圣人有救灾恤难之言，先哲有济困扶贫之训，忍看共此根尘，□欢各异，同其食息，苦乐相殊，设非救其累卵之生，将必命于枯鱼之肆矣。□人□，伤世有心，极时无术，东风乏力，难回大地之春，北极荒莅，莫挽苍生之□。近者，本堂举办难童餐粥，救济贫儿，发动以来，于兹两月，乃因经费匮竭，停□□虞。□荷，新马剧团全体艺员，清平戏院院士，热忱公益，□切痌□，两方合作，同结善缘，一则慷慨义演，一则报效院租，决定农历五月初六晚开台，将全场所有收入，悉拨难童餐经费，梨园善士，德荫贫黎，□部名优，恩加赤字，□见笙歌宛转，字字□白粲珍□，舞□琅瑶，（木扇）（木扇）若青蝴飞入，况有小□王斯马师曾，艺术超群，无与伦比，花旦王上海妹，声色俱优，丑生王半日安，庄谐并妙，更得全体艺员，抱己饥己溺之□怀，干大悲大慈之伟业，拟将绝技，表演善长仁翁之前，冀博义财，救济疲□残疾之辈。尚望善男信女，及早临场，巨曹殷商，提前定券，庶使济济羔羊，欣获□袍之赠，芸芸□子，咸沾漂饭之施，切勿姗其来迟，敢盼联翩□北，则肉白骨而生死人，阴功广植，□结草而鸟衔环，盛德弥新也。

同善堂义演筹款大会主席

高可宁、崔诺枝、黄苏、蔡文轩

1943年5月21日　第三版

贫苦大众之呼声　全家动员既未得一饱　排队挑水又极困难　李华石请求增加街喉开放时间　商会议决派代表谒水公司当局　市民食水问题亟待解决

（专访）昨日本澳华商总会召开第二十次常务会议，出席值理十余名，由高可宁主席，讨论事项，关于李华石来函申述在街喉挑水因每日开喉时间过于短暂，市民感觉诸多不便（原函另录），请求商会代为设法，或请代向自来水公司请求增加开放街喉时间。结果决议接纳，并推请陆副主席梁主任往谒自来水公司司理商洽，务使该公司□各街喉放水时间延长，以利市民，并为追认该会此次之商务咨询处所办理之填译公钞之牌照申报书事宜，因工作上倍形忙碌，而由十六日起加聘拉沙利奥君为临时职员担任助理填译，以二十天为期，有送薪金毫银三十元一案。又通过本期入会新会员，霍善贻，□祥银号，□谢伟街，宝祥金号（梁鸿勋、周仲元介绍），五星，怡和泰行（潘俊臣、陈锦□介绍），汪金，兰香饼家（梁鸿勋介绍）。及报告会员黎盛函一件，为因商务关系前往桂省一行，请发给身份证明书，以资证明，查属实情，经为照发。另永远会员冯养函一件，为关于拆卸台山葵寮事，原属政府令，讵外□不察，对彼发生误会，特具函声述，请代向该□民等解释由。又关于前□青洲寮民汤祥进等投请转恳当局暂缓执行拆葵寮一事，所请碍难□准之经过，曾经本报详载，系为当局以整饰市容及顾全卫生公安而更考虑该处市民之种植准予迁移于海岛市继续所业，故兹不复赘。至关于该会四月份收支账目，由崔主任傅值理同报告，谓经查对无讹，计结存西洋纸一百十一元零七分，双毫三百四十一元二毫七仙云。兹将李华石致商会函原文录下。

李华石　原函录

迩来自来水公司将收费街喉放水时间缩短之后，于中下级市民生活上健康上有莫大妨碍，爰不揣冒昧，谨将管见所及为诸公陈之，希为俯察焉。窃以中下级市民处于目前环境，经济困迫之下，关于用水，平时已极为节省，从无□耗之处，今水公司将收费街喉缩短时间，由上午九时开于至十二时，下午由五时至六时间，每日放出时间只得四时，以如许短少时间而供应中下级千万市民之用，（平均约二万□。）市民排队候水，势成挤拥，此其余事，惟用水市民，中有大部为街边小贩。每晨六七时即须出外营求升斗，安有时间前往排队，待收工时候，水喉经已闩闭，欲求一滴之水以为烹□，亦不可得，或谓以用水为要，虽费时排队，亦所当然，须知为小□营生户口，惟靠家内成年人劳动而支持生利之责者，若为用水，故须要前往排队，即是减少靠以劳动生利之一人。平时举家男女动作尚难得一饱者而变成半饱，得半饱者，而变成吃□水矣。就以前往排队而论，人数自有先后，每喉候水者，约有水桶一百担（即两百桶），以上由计放出水时间，每担约须二分钟，每点钟共放水为三十担，上午由九时至十二时，计共三时，总共只得放水九十担，其在九十担以外水即已届闩闭时间，自必空桶而返。至下午由五时至六时，此区区之一时，可以比类是空去空回之水桶，须要停止用水一天。使在放水时间内轮值得水一担（二火水罐），以此小小水量，可以供应两成年人及二三小孩是日之用乎。故缩短放水时间，于市民生活上与健康上有莫大之妨碍，兹为千万中下级市民请命，恳请贵会转恳当局与水公司商酌，将街喉放水时间早□予以改善，而利市民，实为德便，□呈商会列位值理等语。

1943年5月21日　第三版

市行政局布告　限制摩打用电

（专讯）澳门市营电气局，日前颁行通告，规定埠中各工厂机关商月之摩打用电时间，以免同一时间内耗电过多，致该局之电机发动力未敷供应，查现市行政局更于昨日重伸前令，发出布告如下。

照得本□三月十六日本局布告限制摩打，每晚七时至十二时不准用电，今仍限制，但改订时间每晚由八时三十分至十二时三十分不准用电此布。

一九四二年五月廿日

局长布英沙

1943年5月21日　第三版

米站本星期□休息　今天加售米量　明日集团米照常发售

（专访）望厦米站今日售米秩序一律多加一倍，故上午三号售三元六毫，二号售二元四毫，下午一号售一元二毫。但即日售各该□筹后，下星期五则不再售之。因届时为葡国之革新纪念日，米站宣告休息，至明日又为报馆学校集团米，本站继为办理云。

1943年5月22日　第三版

市民又拜商会之赐　食水问题可获解决　街喉供水将全开放　街喉缩短开于时间乃制电问题　电力局允恢复水公司全日电流

（专讯）本澳自来水公司日前将街喉放水时间缩短后，一般市民均感不便，致生活健康受莫大影响。昨商会常会接请市民李华石请求关于向该公司商洽将放水时间延长一案，经即席推派正副主席高可宁，陆电明暨文书主任梁鸿勋等于昨午联谒自来水公司司理亚啤暨华人经理何应允商洽，当由高氏等将来意道达后，承该公司详细解释，略谓公司为营业性质，当然以市民多用水量，始可增加收入。但此次限制开放，系本市营电局通知节省电力关系，致水公司方面发动机受其影响，故不得已乃将放水时间加以限制。倘电力局能照常供电流，则放水时间自可随时恢复，照当供应等等。高氏随联往晋谒电力局当局，即蒙答允对于水公司电流，以后照常供应，俾将放水时间恢复常态。观此，足见当局对于市民之关怀殊堪敬佩也。

1943年5月22日　第三版

学校报馆集团米　今天倍售米量　下星期五起休息两天

（本报专访）本周学校报馆集团米，昨据继售消息发表后，现又接获可靠消息，该站今日如前时间秩序加倍发售，但下星期六则停止办理，因下星期五为葡国革新纪念休息，如翌日复行工作，不如连同星期日一三天休息为妥，是故各集团购者须早□款备项是要云。

1943年5月23日　第三版

本澳财政局印发之公钞摺册经已印就　填报缴纳下季牌照者须购备

（本报专讯）本澳财政当局为调整埠中各行商业之公钞牌照起见，特定凡缴纳一季或半年之公钞牌照者，须由本月八日起至六月七日止，一律重新申报，至已缴纳一年之公钞牌照者，则由本年十二月一日起申报，以□评定等级。同时由公钞科印备公钞册摺，每本售价一元，凡纳公钞者，须购一份，连同申请书呈缴。至秋季开收公钞时，然后由当局将册填妥发还，本澳□□商务咨询处为扩展工作，利便侨商计，特加聘职员义务办理商民填译申请书，连日前往请求代办者极形挤拥，该会办理秩序甚佳，一般商人颇感便利。但该项公钞册，印刷需时，故日前填妥申请书之各商号，当未购得，只将该申报书呈缴而已，现据局方消息，该项册昨已印就开始发售，嗣后呈缴申请书者，应携备葡币一元，向该公钞科购连同申报书缴交，然后给号数牌，以备□日领回之用。至于以前未购得册摺者，亦可前往该局购取补缴，并取回号数牌一枚云。

1943年5月23日　第三版

因对港币睇淡亏本　数间银号倒闭　睇好者则大有所获

（专讯）本澳一般炒友，最近对港币多予睇淡，纷纷抛出，致市道曾相继倾跌，然而稍明时势者，睇好则仍迨至最近，贸易场买卖，港币市道，极趋活跃，兑价亦渐告高升，闻其中有出市买卖之银号，有多间因（睇淡）港币而致亏蚀者，而因经济经□崩溃未能调动者，亦有一二间停止营业云。

1943年5月24日　第三版

警方又破获　一宗诱拐案

（专讯）迩来诱拐之风日炽，警探当局曾接二连三，破获该项案件。然野草烧不尽，春风吹又生，查昨日又破获一宗诱拐案，被告妇人称叶凤（六十三岁）、叶桃（卅二岁）、林容（五十二岁）、蔡锦（四十九岁）、吴七（五十八岁），被控曾伙同诱拐女子陈惠珍、曾莲叶、叶珍、黄桂琼、曾连活、张爱莲等赴广州湾，拟将之转售为娼。该案经警方研讯后，谕令扣留候查云。

1943年5月24日　第三版

米站消息

（专讯）望厦米站本周秩序如前所确定者办理，普通排队仍在水塘，走鸡者则在该站之后门广场，并于每日上午七时开始先补。各到场者须依指定时间以便点名，否则走鸡。翌晨始得补售共他各号筹千七时半，下午十二时半起，故今日之十号筹全售时刻列下：上午七时半一至五百，八时半五百零一至一千，九时半一千零零一至一千五百，十时半一千五百零一至二千，下午十二时半二千零零一至二千五百，一时半二千五百零一至三千，二时半三千零零一至三千五百，三时半三千五百零一至四千止。

1943年5月24日　第三版

功德林近讯

三巴仔功德林，已于本月十三日起每日上午十时至十二时，开请六祖圣经，特请观本法师，欢迎各界参加云。

1943年5月26日　第三版

火柴烟盐业出入口商须将存货呈报　统会昨发出粮布告

（本报专讯）澳府当局为维护本澳民食，应付非常时期措施起见，故关于出入口货物，日前曾由粮统会发出通告，晓谕出入口商人遵照办理，故该会于□日发出布告，饬令火柴、烟、盐务，咸鱼业等商人等，于每月须将存货呈报，照录如后。

澳门统制物品输进委员会调整货物兼检查经济事务部为布告事，凡火柴、烟、咸鱼、盐等商人，每月限五日前将其营业所有来往及存仓货物，分别报明，并希该商限至本月底到来注册，定为输出商人，否则一概不准运货出口，此布。

一九四三年五月廿四日

1943年5月26日　第三版

各界捐助　濠江中学校

濠江中学，因见失学者众，去年乃将中学部全部学什费豁免，以为救济，本学期又得郑深湖氏捐助国币五千元，郑深铉氏双毫二百元，郑深广氏港币五元，梁秉鉴氏国币一千五百元，余文兴氏国币一千元，周达杰氏国币一千元，林觉生氏国币八百元，李海昭氏港币二百元，梓山□太港币二百元，郑日东氏港币二百元，王文煊氏葡币五十元，高可宁氏港币五十元，以充经费，仍继续办理义学。如该数热心家之扶植青年可谓不遗余力，而郑氏昆季之联捐巨款，尤为难得云。

1943年5月26日　第三版

华务局长　约见记者

（本报专讯）华务局长施多尼，及镜湖医院值理高福耀主办之桥牌慈善彩票，施局长日前曾约见各报记者，请代为向各界劝销等情，而施局长于昨日再度约见各报记者，惟是日施政躬欠安，故未相晤，改于今日正午十二时接见云。

1943年5月26日　第三版

集团米　本周停售

（专访）望厦米站今日如前确定秩序上午售七号四元二毫，下午售六号三元六毫，明日上午五号售三元，下午四号售二元四毫，星期五六两日因葡国纪念休息，故暂停售米，直至下周始行继办，三、二、一号及集团米云。

1943年5月27日　第三版

四五号筹今日倍售米量　米站明天起休三天

（专访）望厦米站今日如前确定时间售米，上午售五号，下午售四号，惟米粮则售双倍，即五号售六元，四号售四元八角，因廿八日为葡国纪念，米站休息，星期五六两日暂停售米，直至下周始行继办，一号及售团米云。

1943年5月27日　第三版

婢女行窃金饰　被判入狱三年

（本报专讯）法院刑庭于昨日宣判婢女行窃一宗，被告为黄花少女强盛意，受雇于贾伯乐提督路某号为婢，该户主人刘某，对之亦深加爱护。距料人心叵测，于多月则乘刘外出之际，竟将刘存有之金饰偷去，事后为刘某发觉失去金饰共三两九钱六分之巨，乃疑强女所为，后经调查质问，彼始支吾供认，遂报警将强女□署转□究办。法院经详细调查后，于昨日开堂公审，被告提堂供讯，供认日前在家操作时，在地上见有金饰遗落，遂一时贪念，将之十起转卖，得款花用，并无行窃情事云云，法官据报后，乃翻阅强于被捕在警署时，供认之口供，与现所供者不符，强行窃主人金饰，证据确凿，乃宣告罪名成立，依例判□徒□三年云。

1943年5月28日　第三版

难童餐义演期近　今天出发劝券　傅德荫昨捐大洋一万元

（专讯）同善堂主办之难童餐筹款义演大会，工作进行异常积极，出演日期行将来临。该会之劝募部及宣传部主任之各报记者，将于今日联同出发，向埠中绅商名流及各商号劝销名誉券。又查殷商傅德荫，以该堂此次施派难童餐成绩优良，特自动慨捐国币一万元。于演出时为购花一朵之义款云。

1943年5月28日　第三版

男子三人伙同冒制防疫证　搜获图章色盒等件

（本报专讯）本埠卫生当局，为维护市民健康起见，于春夏季节时，特举办防疫运动，免费为市民注射防预霍乱疫症药液，凡经受注射者□由卫生局签发防疫症一纸，交其收执，倘卫生局派员在街道注射时，彼等均可自由通过。讵料于每季霍乱症流行，均有不肖歹徒，唯利是图，竟冒制卫生局签之防疫证，向一般不允注射之无知市民兜售牟利。警方当局对于彼等活动，均异常关注，故歹徒之技俩须狡，亦难逃法网也。查昨日警探当局，又得接线报，谓有歹徒冒制卫生局之防疫证，警探旋即按址前往新埠头街卅五号居户搜查，当堂获有伪卫生局之鉴印一个，遂将一男子石荣（廿五岁）一并解署究办，继后又将两男子捕获解署，疑与该案有关。□诸该两男子称林浩基（廿六岁）、林祥（卅二岁）均业影相。警方为查明办理起见，谕一并扣留云。

1943年5月28日　第三版

利为旅舞厅　昨天开幕

筹备已久之利为旅舞厅，经于昨（廿七）日下午十时开幕。该舞场主人为巩固舞女阵容起见，不惜重金礼聘粤沪红艳舞星归□旗下，如王宝玲、□惠兰、黎荷莉、吴柏茜、郑美莹、黄爱莲、黄珍珍、张丹妮、陆萍、郑曼珠、梁淑仪、梁佩仪、刘小燕等数十舞星，俱皆色艺超群，场址近处南湾，凉风习习，来自天然，洵消暑之好去处也，至于音乐方面，则聘有驰名全球之“雅卡尼路”乐队担任全场伴奏，昨晚来宾极众，座位虽多，然而未能尽量容纳佳宾，致向隅者大不乏人，别池之大，为澳中舞场所罕见，预料今晚“礼拜五好日子”莅场者必众云云。

1943年5月28日　第三版

葡国革新纪念日　澳督拨款十万济贫　分配各慈善机关以宏救济

兹因葡国革新纪念日，澳门督宪特拨出西洋纸十万元，交下列慈善机关分配，以宏救济。一、教会区域三万元，二、官婴堂一万元，三、无原罪一万元，四、救济会一万元，五、白马行医院五千元，六、镜湖医院五千元，七、儿童医院五千元，八、圣永胜保禄会五千元，九、孤儿院二千五百元，十、难童救济二千五百元，十一、警察贫民所二千五百元，十二、仁意堂穷人院二千元，十三、同善堂一千元，十四、难民儿童救济一千五百元，十五、妇女感化院一千元，十六、保护所一千元，十七、华老妇人院一千元，十八、官人院一千元，十九、贫民面包一千元，廿、圣吕氏学院一千元，廿一、孔教学校五百元，廿二、华侨平民学校五百元。

1943年5月29日　第三版

陈茂枝乐善不倦

殷商陈茂枝氏，历年在陈村经商，已有善人之美誉，年前因时局变幻，远难来澳，创设银号米肆等商业，昨年出任同善堂值理，本以往乐善精神，继续努力慈善工作救济贫者，查其助捐同善堂经费双毫二千元，且又迭向亲友募集大洋四万余元，该堂定期五月初六义演筹款，现又慨然定购花一朵，助大洋一万元，如陈君者诚乐善不倦也云。

1943年5月29日　第三版

昨沿门预销花朵　成绩达数万元　今日劝销希善长解囊

（本报专讯）同善堂义演大会为增加善款收入起见，于昨日由值叶子如、黄渭林，总务主任，戴文渭、梁松等领导劝募部委员，沿门预销义花，各界绅商认购者异常踊跃，计有陈茂枝、李树荣，各一万元，同安百货公司二千元，全兴公司、有余行、大成米机、美发利枪店、金源银铺、黄有、和记行、大□酒店女士李燕屏，以上各一千元。以上均国币计。大丰银号葡币三百元，万宝来金铺，正生金铺，志光金铺，以上各双毫五十元。其他捐购大洋五百元者，亦不胜其数。一俟核计后。当可详细公布。又查今日继续沿门劝购，希各善长□□在抱，体念难童苦况，慷慨解囊云。

1943年5月29日　第三版

鲜明牛油　大批上市

新马路安乐园，最近特采购大批鲜美牛妹牌牛油上市，以应市民所需，该油营养素极为丰富，每磅八元，水坑尾昌兴公司均有出售云。

1943年5月30日　第三版

同善堂劝花　昨成绩极佳

（专讯）同善堂义演会于昨日继续出发预销义花，各界认购者风起云涌，计商会主席高可宁，大福轮船公司各一万元，昌盛行，德栈米机，德利米机，大成米机各五千元，大成行一千五百元，梁鸿勋，利为旅酒店各五百元（以上均国币计），简坤港币二百元。以上均为购花一朵之义款，成绩异常良好云。

1943年5月30日　第三版

为图章店请求事　商会函呈当局　青州拆寮函已呈澳督

（专访）澳府为防止歹徒伪冒印章，仿制单据行骗起见，特颁行命令，嗣后凡埠中商户到店雕刻图章者，该店须着其交出公钞牌照，始予接受，否则倘有发生刑事，

□店亦受牵连等情，乃于本月廿七日，具函商会转恳澳府体恤商艰，对颁行命令。略予修改，并拟定项例三则，希当局采纳办理。商会值理等以此具属实情。于昨日经拟就葡文函一件，定明日联同彼等来函呈交警察局长布英沙裁夺云。

又关于青洲葵寮清拆事。该地寮民以政府所限之时间过于迫速，故恳商会值理陈转澳府，请将限期略为延长等情，商会值理已于昨日具函奉呈澳警转陈云。

1943年5月30日　第三版

李洪夫妇捐国币八万元　奉呈澳督分拨各善团

（专讯）商人李洪，对社会公益，慈善事业素具热诚劝捐，迭捐巨款，极为澳府当局所赞许，顷查李氏于葡国革新纪念之日又联同其夫人陈氏，合捐国币八万元奉呈澳督支配分别拨送各善慈机关充作经费，督宪以李氏夫妇热心慈善，备极嘉许云。

1943年5月31日　第三版

上天有好生之德　连降甘霖米价将跌　牲口企稳鱼蔬价亦不昂

（本报专访）近来因雨水低落，一切物价，大都随之而跌，杂粮亦已回顺，至杂货尤以纸料低跌更甚，糖面等本居重要地位，但近亦以雨水之影响，有显著之低降。独牲口及米价，尚能企稳，鱼蔬售价亦不昂。至米价之能企稳，盖原现目青黄不接之秋，而近两月来，本当雨季，因天气反常，雨水反少，故中顺一带禾田，不免稍受影响。但连日来，雨量充盈，经此连天大雨，禾田赖此灌溉，获益实大。早造禾谷，本农历五月即可登场。惟以天旱关系，稍受影响，以此一般业揸剳者，以为有机可乘，又大事操纵，米价乃未能回顺。然经此数日之喜雨，则早造稻谷，五月底即将登场，据内地来客谈，谓是季早稻，有此数日之大雨，竹田水量已充盈，禾稻已有转机，将来之收获，影响必少，故米价亦因此快将回跌。以新谷一登场，□□□□□□□□，则揸札者，将无复能再操纵云。

1943年5月31日　第三版

三日预销义花成绩达国币十四万　今日继续出发劝销

（本报专访）同善堂义演会连日派员向埠中绅商预销慈善花朵，得各善长慷慨认销，成绩异常美满，查昨日继续出发，由总务部主任梁松、戴叶，及财部主任黄渭林等领导全体劝募部委员出发，是日虽连天大雨，而各劝募员亦不以为苦，是日认购者有绍德行大洋一万元，董锡光双毫二百元，林荫民律师三千元，梁永馨二千元，联生行二千元，中国国货公司一千五百元，南洋行二千元，国际酒店一千元，蔡文轩一千元，黄汤华五百元，新益酱园五百元，百花□五百元（以上国币计），李际唐二百元港币，查三日来预算成绩已将达国币十四万元，□□今日继续劝销，希埠商踊跃预购，则善款多集，难童拜赐良多云。

1943年5月31日　第三版

市政厅长提议修改街道沟渠　俟绘图呈澳督批阅

（本报专讯）最近奉葡京颁令，晋升为陆军少校之军政局长嘉华路，自接任市政厅长后，对本埠市容，及一切市政措施，靡不竭力整饬，如修建西洋坟场等，成绩优良，极为澳督戴思乐所倚重。顷据有关方面消息，嘉氏以本澳各街道之沟渠，建设多属单简，时以垃圾秽物淤塞，致污水未得畅流，疫菌丛生，对市民身体健康，实有莫大影响。故嘉氏爰有修改全澳沟渠之议。经具情澳督交由政务会议通过执行，现市政厅已着手派员将修改各街道之沟渠图则绘就，俟呈澳督批准后，即可兴工改筑云。

1943年6月1日　第三版

天雨连绵影响下　红窗门昨塌屋伤人　两妇人被压瓦砾幸无性命虞

（本报专讯）连日天雨连绵，尤以前夕及昨日间，更大雨倾盆，有若银河倒泻，电雷交作，一般陈旧屋宇，深受水渍，故时有倒塌之虞，果也。昨（卅一）日下午五时卅五分，红窗门街四十九号发生一宗塌屋伤人案，两伤者均为老妇人，幸伤势不重，不致有性命之虞，经过情形，略志如后。

年久失修

查发生地点为红窗门街四十九号良光鸿记杂货店，经营生油大糖火柴等杂货，该店东主刘耀佳，年前赴湾另谋别业，乃将该店转让与男子袁锦超，照常营业，袁则将后座辟为其家眷住宅，袁有母廖妙英（六十二岁），庶母陈就，契娘周桂英（四十六岁），并有一妻一女，袁则另任职于海边新街恒昌盐务公司，店中事务，由其妻周佩珍署理，向安无异。惟该店为旧式屋宇，分二楼地下两层，年久失修，砖木腐颓，更以日来天雨连绵，深受水渍，乃于昨日下午五时卅七分，突隆然一声，后座之厨房，竟告倒塌，当时袁母廖妙英，适在厨弄膳，其契娘周桂□同在厨小解，因走避不及，遂葬身瓦砾中。

葬身瓦砾

当时袁妻小女及庶母等，幸在铺间及房中，故未遭波及，当时附近居民见发生意外，即致电警署及消防局报告，未几消防局派出公众救护队数十人，分驾十字车及灭火机迅速赴肇事地点施救，警察厅长布英沙、督察观耶、督察地些喇、嘉路士等，及大批中西警探，均临场视察。救护队抵达后，见砖瓦狼藉，桁□纵横，救护队长马沙，即指挥各队员，进行发掘工作。至六时零分，先后将袁之庶母及母廖妙英，从砖堆中救出，经由国家□官到场检验，两人微伤头部及躯干足部，神志清醒，尚能言语。旋由救护队用十字车送白马行医院救治。除两妇因伤势较重外，廖则仅属微伤，均无性命之虞。救护队于工作毕，即收队而去，即警方当局以该屋颓腐甚属危险，诚恐有倒塌可能，将饬令住客迁出云。

1943年6月2日　第三版

青洲葵寮决依期迁拆　农户通融办理　有农地者准予至收获止

（正文略）

1943年6月2日　第三版

私藏枪械案军事法庭今日审讯　黑沙环海面骑劫案将公审

（专访）港务局于去年接有运输男子投报，谓彼在某地采购货物一批，雇用货船驶运来澳，讵抵本澳不远之黑沙环附近海面，突遭匪徒多人，配备犀利枪械，骑艇行劫，将所有货物，悉数抢去，请求查缉匪徒归案等情。港务局据讯后，即派出水警严密查缉，未几，即将男子多人捕获，并搜得枪械，一并解署究办。经审讯后，乃将口供取录。备文解臬办理。法院将于本月四日关堂公审云。

（又讯）加思栏法院军事法庭，定今日开堂公番一宗私藏枪械案，被告男子二人被控于日前藏有短枪两支，附有子弹，图谋不轨之罪，按察司马士加连那，特于今日开堂提讯，届时加思栏兵营，并派出步兵一队莅堂陪审云。

1943年6月2日　第三版

难童餐预销义花　各界纷纷自动助款

（本报专讯）同善堂义演会，连日由总务主任梁松、戴、叶，及全体劝募组职员出发，预销义花，成绩良好，数日间达国币十六万余元。查昨日各委员因分头办理义演事宜暂停出发一天。惟埠中善长，以该堂施派办理完善，难童受惠不浅，故纷纷自动捐款送交该堂。计是日有黄兆鸿港币三百元，人和堂双毫十元，欧亚鞋厂葡币二十元，谭植港币一百元，慎成行大洋五百元，新豪酒店大洋三百元，吴经葡币二元，马庆康面包公司、永生隆米店、翩翩影相店，以上各购花一朵，葡币十元。

1943年6月2日　第三版

归侨证善费　分拨两机关

回乡会第三期（五月份）共发出归侨证一百三十八张，收得善款二百七十六元，除支工作人员车马费及即件等项，共三十六元五毫外，实得二百三十九元五毫，□已由该会分别拨交镜湖医院、同善堂，每处一百一十九元七毫半，以作救济贫民之用云。

1943年6月2日　第三版

圣母升天　暂停售米

（本报专讯）顷据望厦米站消息，明（三）日为天主教圣母升天纪念日，是日停止售米一天，依照售米秩序，是日轮值至四号，五号筹仔，惟该两号筹经于去星期加售米量双倍云。

1943年6月3日　第三版

白银价日趋高涨　有人提议邀请九八行　改用国币本位贸易　日间或将再行召集行商会谈　银业界何贤用书面发表意见

（本报专讯）迩来本埠金融市场，由于白银短绌，故对市面需求，遂呈不敷供应之势，因此与软币比率，价格迭告高升，比率相去极远。至货物之售出，向以双毫为成交之本位，今一旦银毫短绌，而购者须觅大量双毫付价，殊感困难，故对商业贸易，未免不无受到影响。查本澳同兴公司、裕兴隆、联生行等贸易商行，以埠中承买转卖大帮粮食货物之商号，当推九八行，至采购货物亦以国币为本位，故希望九八行承购货物，改双毫为国币，则对双毫之需求，即不若现在之甚，银根在市面便可灵活周转，不至求过于供，结果不但对商业贸易，予以利便，且能协助政府中定金融，该三行等以×良意善，实应从速切实施行，故为作详细研讨起见，乃定于昨日召集九八行商等假商会礼堂举行座谈会，俾收集思广益之效，嗣后因事未克举行。记者以事关系本澳商业贸易及居民问题至大，遂于午间走访银业界何贤，叩询一切，据何氏用书面答复称“本埠通货以双毫为本位但数量短少至弄到价格昂贵，现各什粮商意见，欲今后所有买卖成交，以大洋为本位，减少双毫面额，因本澳现所有货品，多数是用大洋购入”，记者继问，关于大帮货物交易改用大洋本位之动议，对本埠金融发生问题否，何氏答称，此举实为利便货商之买卖，无须假用双毫而已。至双毫兑价至若何程度，则与购售无关，倘此举实行，对本澳金融周转，亦有莫大裨益。何氏继称，关于各什粮商之会议，日间将可召集。

1943年6月3日　第三版

义花认购　又获二万元

（本报专讯）为千五份之难童餐施派着想，义演会劝募队，由总务主任领导出发，各界绅商善长，莫不慷慨认销，成绩异常良好。计是日认购义花者，有董□□□币五百元，益昌盐务公司三千元，王颂戈月戈大二千元，汇丰公司二千元，梅奕文一千，瑞昌办馆一千元，伍禹邦先生一千元，东亚酒店一千元，麦炳臻五百元（以上均国币云）。

1943年6月3日　第三版

容允藏枪两支　被判监禁二年

（专讯）法院军事法庭，于昨日公审私藏枪械案，被告男子容允，廿七岁，中山人，被控有左轮手枪一支，及旧式勿仔手枪一支，附有手弹六颗。开堂后，法官马士加连那登堂提讯，加思栏兵营派出陆车一小队莅堂陪审。被告由警从监狱带至法院犯人栏上，法官先传破获该案之华探作供，略谓彼于本年三月六日午间巡值草堆街附近，见被告腰凸隆然，行动闪缩，间趋前喝令搜查，果在被告身上搜获呈堂之匆仔手枪一支，附有子弹六颗。后将之解署研讯，彼告复供出另有手枪一支在某旅店内，遂按址前赴搜查，果获一手枪云云。法官略事询问被告口供后，即决定被告容允私藏枪械，未领枪照证据确案，罪无可逭，乃依例宣判容允入狱两年云。

1943年6月4日　第三版

公进会粥场　第三期调查

（专讯）公进会粥场，第三期现在开始调查领粥户口定于本月六日发证，十六日便继续开售，查该粥场每月捐款一百元以助经费三十名董事，捐款亦经收齐，每名捐一百元。兹将善长姓名录下，计有黄子由、王绅宪、何贤、何□、李□甫、林渭隐、陈慧文、傅德荫、马兆卿、钟子光等云。

1943年6月4日　第三版

学界音乐讲座　今日举行

马郊歌咏团第三次学界音乐讲座，原定于去月假座平安戏院举行，嗣因事改期，兹定于今日下午六时演奏，该团此次对音乐技术及原理，多所演述云。

1943年6月4日　第三版

九八行商　又将多大家

本澳运输事业，近来日趋蓬勃，兹又有沪港巨商陈维公君，鸠集资金，昨由港抵澳，准备于最短期间内，成立一运输公司，批发各种货物，采办一切港湾粤粮食及日常土物用品来澳，以利一般零售商人运销。

1943年6月4日　第三版

同善堂义演　沿门销券

（本报专讯）同善堂义演会劝募部，昨日出发沿门向各埠中各商店推售名誉入场券，各行商及热心人士，均踊跃认销，成绩达数百元，今日继续出发云。

1943年6月5日　第三版

镜湖医院常会报告　所定棺木偷工减料　多用断板制造有漏尸可能　议决派员向该承造者交涉

（专讯）镜湖医院慈善会，于昨（四日）下午四时，举行第十八次值理常务会议，出席者有刘叙堂、王德光、黄耀坚、黄苏、柯麟、潘毓华、吴鸣等多人，主席刘叙堂。开会后，由书记杜振华宣读上回议案，继由各部报告，旋即开始讨论多项，关于该院施出之棺木，向由某号承造，由该院规定棺木所用木材厚薄，长短阔狭及价格若干，不得偷工减料，讵最近该店所制之方棺底皮，多用两截续成，且板薄只得三分，稍用力按之即告折断，对合同办理，不予依照，殓房主任郑日华经详情呈报总务主任知照，并请示以后如遇此等情形，应否收货，总务主任于最近堂期会议席上，曾提出讨论，议决派出司理徐公范向该店交涉，以后须依定约办理，并嘱陈洪务□□查验，倘不改善，应即报告核办云。

1943年6月5日　第三版

妈阁海面械劫案　被告充军五年　陈北卖贼赃监禁八月

（专讯）法院刑庭，昨日宣判海面行劫案，查被告男子梁炳，被控于去年八月一日，在妈阁海面，伙同在逃之匪徒张明、黄有，佩械行劫货船，另一被告陈北，则有转卖贼赃之罪。审讯结果，被告伙同械劫，罪名成立，乃宣判梁炳及在逃未获之匪徒黄有、张明各判徒刑五年，至陈北仅属转卖贼赃，从轻处罚，判以入狱八月，另十月初五街华记鞋店司理范华，因不明其买来之胶鞋是属贼赃，无罪省释云。

1943年6月5日　第三版

木船漂流海中　难民数十遇救

（本报专讯）昨（四）日午间，有木船一艘，在澳海附近之九洲海面，随风漂流，港务局水警轮驶往查究，见该船内载有难民三十余名，均为衣衫褴褛，蓬首垢面，鸠形菜色之男女，其中多人身体着伤多处，显系遭人殴击者，水警轮乃将船拖至本澳登陆后，乃联同投报于警署，请求救济。经由警方研讯，彼辈直认为某地民众，漂流多日未尝饮食，且身体被击重伤云云，警方以彼辈境遇可悯，闻悉数移送难民营安置云。

1943年6月5日　第三版

同善堂义演期近　昨沿门销券　一日间得银达八百元

（本报专讯）同善堂为筹募难童餐经费之义演日期已近，义演会为求善款收入数额增加起见，特由值理多人及总务部偕同劝募部委员之各报记者分为两队出发，沿门向市面各行商劝销各种入场名誉券，查一日成绩极为良好，两队所得数目达葡币八百元，至各界绅商善长，预购花朵来者仍颇踊跃，计有黄宝光二千元，万昌银号一千元，黄梓山二千元，黄三太一千元，张福行二千元，衡丰行一千元，回乡会西纸一百一十九元七毫五仙，另其他数目不胜其数。此次义演点演之题目为“归来燕”，今由新马师曾、上海妹、半夜安等名伶合演，技术当比□氏还胜一筹。又查劝募队今日继续出发，由各报记者联合出发，希埠中各行商本慈善之旨，共襄善举云。

1943年6月6日　第三版

六月份公进会第三期　购粥人名公布

黄球五、石转二、周济贤六、钟日超三、梁灶四、梁根六、黄华五、郃北忠五、梁荣四、卢希五、张南七、戴天二、郑贵六、刘惠雅四、高咸三、张介文六、马九三、刘达明五、卢细妹二、谭鸟二、谭汉四、叶江四、黄好三、刘宽四、石若瑟八、田中女土滔二、胡玫瑰六、李华七、郑基八、容典二、陈四四、李罗氏五、谢华六、施金全五、张焕文二、□□七、关羽鉴四、黄仕七、李昌六、黄丙祖六、何润四、谭四四、李好七、欧三三、黄福口四、叶荣三、麦汉五、余禅六、□□三、梁掌十、符亚纳五、邝王球四、李流三、卢连欢一、李官念六、李登七、李华六、何培□二、田中女土荣真六、谭保六、刘桂四、卢十五、杨百庆四、汤添七、廿田一金好三、陈兴六、潘邝贫八、谭荣一、马祝三、郑龙三、卢九三、梁镜黄左、沈仕二、邝社广七、陈有五、卢添红四、余蔡十、何□五、吴奴、六未达初六、陈照二、邓东城四、李贞一、杜连妹一、李保五、陈洪四、刘月一、李坤五、区永辉四、钟次四、张三三、冼连华七、李天保五、邓少二、谭发四、刘忠三、卢七二、李流八、共百一十家人五百名。

1943年6月6日　第三版

难童餐义演会　主席团谒澳督　督宪义花一朵一千五百元　出入口商昨日亦纷纷捐助

（专访）筹募难童餐经费义演，定旧历五月初六在清平演出义演会，昨日继续出发沿门劝销名誉入场券，义演会主席团高可宁、黄苏、崔诺枝、蔡文轩等于昨联同晋谒戴思乐，将此次筹备经过及难童之惨苦状况，一一向督宪谈及，澳督对彼等热心慈善，备极赞许，并自愿葡币一千五百元买花一朵，且允许是晚临场观剧。同时该堂劝捐主干人，叶子如、黄渭林等，亲赴商会面谒出入口商，陈述难童餐经费支绌，请求予以捐助，各出入口殷商聆悉情形，一致热烈响应，即席淋漓大笔乐捐巨币，计开有同兴公司大洋五千元，卢华东、梁衍存、永昌公司、每捐大洋二千元，梁兆廷、慎成行、□渭佳、欧阳朴卿、何满昌、冼子百、衡昌行、安兴隆、公兴隆、公益行、成德行、兴发隆、生泰行、义兴行、永信公司、泰丰公司、大来行、恒记公司、荣兴行、和兴行、再成行、广华兴、利丰亭、广丰隆、广盛行、南盛隆，以上每捐大洋一千元，何炳联、何锦、华泰行、公盛行、合记行、常满、永德行、通顺栏、联益行、利记行、英记行、友生公司、广丰盛、合益行，以上每捐大洋五百元，恒丰行、□□记，以上每捐大洋四百元，广万隆大洋一百元云。

1943年6月7日　第三版

难童餐义花　昨售数万元

同善堂为施派难童餐，特定期五月初六晚在清平戏院，义演筹款，连日以来，各界善长仁翁，均踊跃购券，且热烈认购义花捐款，计其成绩斐然可观。昨日该堂崔六经手卖花有刘少荃大洋一万元，黄国梁、柯伯杭、姚瑞英女士，以上每捐大洋五千元，邓永安堂大洋三千二百元，崔六二千二百元，陈健铮大洋二千元，杨华章、区□康、□鸿□，以上每捐大洋一千元，李善教大洋五百元，合募捐得大洋三万六千元，同时收到银业行大洋一万元，高秀珍女士大洋五竹元，兴信行二千元，有名氏女士、万昌银行、衡丰行、振兴公司，以上每捐大洋一千元，李烈夫人港纸五百元，华昌办馆、万济堂，以上每捐大洋五百元，同福祥、裕丰行，以上每大洋三百元，德源行要洋纸一十元，林□、古容记，以上每捐大洋一百元，无名氏西洋纸五元云。

1943年6月7日　第三版

影星林妹妹　出现利为旅

利为旅舞应之中下午茶舞，生意非常畅旺，良以该舞厅地方宽敞雅洁，音乐最好，凉风阵阵吹来，蔚成消暑之去处也。昨（六）日为星期日，中下午茶舞，来宾更见挤拥，极为之满，主事人为求来宾尽情遣兴起见，除特约音乐家邓桢祥、颜绮荷、叶剑雄三人担任唱曲外，临时情商敦请影星林妹妹，谢天两人客串登场唱曲。林妹妹久别银坛，今番出现，可谓难得之至，尤是高歌《胡不归》一曲，音韵悠扬，恰到好处，博得掌声雷动，周郎辈均称赞不已，希望林妹妹每星期均到唱曲一次，以慰知音人渴望也云云。

1943年6月8日　第三版

难民营因经费支绌　宣布暂停收容难民　流离街头者日多影响社会秩序　布英沙局长否认解散全营难民

（本报专讯）本澳市行政局长布英沙，月前以各地来澳难民，数目激增，流离失所，哀鸿遍野，无衣无食，死亡递增，情形异常惨苦，恻然动念，遂有难民营之倡设，俾将彼辈灾黎，悉数收容，供以衣、食、住，使其不致冻馁之虞。至难民营址，原址青洲万国爆竹厂址，嗣后因不敷藏纳，遂迁台山谦源厂旧址，办理更臻完善，当时在布氏为长久维持计，遂有吁请社会绅商善长，分别认养难民，规定半年为期，每人每月九元九角，认养者按照数目之多寡而缴交善费，风起云涌，情形异常热烈，而若辈灾黎，栖止有所，不致流浪街头，而市面治安，亦赖此可告安谧。

难民营经费将告绌

光阴荏苒，转瞬又已半年，经费日告短绌，而待收容之难民，数目反见增加，布氏以经费有限，施济无穷，在此严重时期中，布氏乃吁请善长慷慨捐输，并派员催收认养难民之善费，惟继续捐输者固多，不予置理者亦属不少，布氏以此，大感失望，故对收容难民，已不若往昔之重视与积极，因此流浪街头之难民流丐数目日见增加，不肖分子，铤而走险，抢掠食物之事，频频发生，情形突趋严重，若长此下去，仍不谋补救之方，则情况不堪设想耳。

警察局长发表谈话

本报记者以此关系社会问题至大，于昨日下午四时许，走访市行政局长布英沙，蒙予接见于办公室，记者乃首先叙述现自市面流丐众多，抢掠频频，对社会秩序影响属甚，先生为市面治安之负责者，对此者有何良好方法处置，及关于难民营暂停收容难民之原因，布局长亦认此有向社会人士解释之必要，乃对记者所请示各项，再加解释。布氏答称，此次本人办理之难民营，被收容者之数目达一千二百余人，另托儿所无原罪之难童亦达千余人，除一切衣、食、住等供应无虞，使其生活维持外，其他倘有罹受疾病，则送医诊治，不幸身亡者予以棺木殓葬，事务纷繁，本人亦不辞劳苦，拨冗顾及。

暂停收容难民原因

惟惜际此非常时期，物价高涨，支出数目，异常庞大，至经费一项尤仰赖于埠中各绅商善长维持，拥资百万之巨商正多，惟愿慨助巨款者绝少，今当经费日趋短绌中，彼等尚置若罔闻，因此本人为适应目前环境措施起见，惟有暂时停止继续收容难民，任由其流离街头。至市面传难民营停止办理，所有难民悉数遣散一说，殊非事实，至其增加之原因，则为难民营停止收容后，难民来澳者迭告增加，至造成此现象。

流离街头日益众多

布氏又称，本人为维护市面治安计，可将彼辈悉数驱逐出境否，虽属可能，惟本澳乃中立国之属土，态度超然，对各国民众离澳入境，不予限制，今若辈难民虽准其逗留于澳地也，惟其行动有触犯治安条例及违法者，本人当以职责所在，予以逮捕拘禁，依法裁判治罪。又本澳一般绅商巨商正多，彼昔日各自捐出经营之货物，如米商送米，油商送油，倘其无商业经营而拥有巨资者，亦可捐出款项，庶几集合而为，物质供应充裕，彼等亦可另组设一难民营，以为无衣无食之灾黎栖容。布氏言时，悲愤交集，情绪激昂，至五时廿五分，记者始兴辞握别云。

1943年6月9日　第三版

镜湖医院为留院难童呼吁　将邀请各界到院参观

（专讯）镜湖医院以两年来送院之难童为数甚多，所有医药费，均由该院免费供给，即衣，食，住等亦属由院负责，医愈后，大多无人领回，任由留院住宿。截至现在，留院儿童统计当有百余名之多，将来恐更不止此数。该院既多此一笔额外开支，为数甚巨，若长此以往，无源之水，枯竭堪虞。为今之计，惟有一方面另筹具体办法，一方面将此种情形，公诸社会，并邀请各界人士莅院参观，指导，大发慈悲，慷慨解囊，俾资救济也。最近值理常会席上，曾提出讨论，众值理亦认为此举急不容缓，商议决推举高福耀、吴鸣、黄耀坚、黄苏、蔡京庭等六值理，□立名义，拟具章程，向社会呼吁，并由吴值理负责起草，交由是次堂期会议通过执行云。

1943年6月9日　第三版

难童餐义演　昨如期举行

（专访）本澳同善堂为筹募难童餐经费起见。昨（八）日晚间假座清平戏院举行演剧筹款大会，并由新义剧团全体艺员义务担任演出，点演名剧《归来燕》。澳督戴思乐将军亦偕同各长官到场观剧，由大会主席团招待一切云。

1943年6月9日　第三版

公物会　详定公钞

（专讯）澳府公物评定委员会，最近为从新榷定各行商应缴纳之公钞牌照等级，连日由各委员，按照其申请书所列各项，办理评定事宜，对各行商号应纳之牌照，据理评定，务使其牌照等级不致增加，以轻商户负担云。

1943年6月10日　第三版

航行澳湾海防之永华轮沉没之经过　该轮航行澳湾线已年余　最近或将改派别轮航行

（专讯）行走澳门、广州湾、海防航线之永华轮，于是期班次离澳转湾赴海防途次，在东京湾海面附近，不幸失事沉没，消息经已证实。查全轮载有之货物及搭客，除船主及大车等十八人逃生外，余皆随轮沉没。至将调查所得，志之如后。查遇事之永华轮，为大福轮船公司所置，与永和号为姊妹轮，至该轮此次航行澳湾线者，始于去年春间，该轮乃于元月初二首途，处女航行该线，并闻续转赴海防三地，迄今已一年又半载，向安无异，讵该轮此次乃于五月廿九日下午七时，离澳赴湾转海防，此行载有旅客百余人，于卅日抵湾，卅一日赓续转往海防，迨至六月一日下午约八时许，已到达离海防不远之东京湾海面附近，遂告失事，当时船主及大车，指挥各水手抢救，并拟转头驶赴附近山边，冀船上搭客得以逃生，惜以该轮受伤过重，未能如愿，且续倾倒之势，船主见抢救不及，乃放救生艇逃生，该轮未几即告完全沉没，除船主大车等十八人外，余均同归于尽。至救生艇逃生之十八人，其中有三人不知是否受惊过度，竟告殒命。迄后船主抵海防后，旋即拍电广州湾公司办事处报告遇事，而湾方则致电来澳通知某氏，该项消息乃告证实。澳府当局，对此事亦极关注，由船政厅去电海防，询问船主逃生之十三名（除大车外）是属何人，闻船主将偕同大车乘竹山丸返澳，有详细报告云。

（又讯）顷据有关方面消息，闻该轮公司拟改派永和号或马士弼号航行该线云。

1943年6月10日　第三版

平民饭场筹备开贫童恳亲会　将举行一次特别施粥　并设有各项奖品赠送

小型足球协会主办之督宪杯比赛，六强争霸，该会职员，认为乘此机会，以作善举，故全权交由天主教平民饭场李神父接收慈善看球费，补助施粥，果也一鸣惊人，收入大宗款项。最近李神父拟作实施计划，俾乐助善款者，知贫童之苦况，及该场施粥之实情，该日在南湾良友球场，当众作一次之施粥。此次特别施粥，命名贫童恳亲会，粥券定一千张，分给一千名贫童，同时更得殷商李洪，首倡善举，捐出葡币五百元，以作恳亲会之童餐及礼物之用，定名李洪救济贫童餐，至于礼物方面，全采贫童实用为标准，约二三百份，由贫童各自拈筹，获奖者当堂施派，作普天同庆之意义。李神父请督宪戴思乐及主教罗若翰到场监视，并作一幕小型球赛，以资点缀，闻李神父拟礼聘得人爱戴之正牌华军纪中队出师，对手或请皇星，或警友，或四联，盖警友，皇星之与纪中，皆生死冤家，演出必属可观，况几战中难分胜负。该场好戏，不在督宪杯范围之内，故或定为“名誉赛”，由热心体育者捐赠奖品，作比赛之用。闻拟在本月廿一日举行，由李洪主持开球礼，该比赛正磋商中，不日可能实现云。

1943年6月11日　第三版

（本版头条开天窗）

大福轮船公司之永华沉没续讯　此次损失达八十余万元　逃生者漂流至安南鸿基

（专讯）大福轮船公司之永华轮今次由澳赴湾转海防，在六月一日傍午在东京湾海面附近，不幸遇事沉没，各情已独志昨日本报。顷查日轮竹山丸，于□日午间由海防驶抵本澳，记者为详细明了永华轮遇事真相起见，特走访乘该轮来澳之有关方面某氏，叩询一切。据称，当日□□永华轮遇事时，竹山丸在海防尚未启碇，遇事时亦未得接该轮拍出紧急电报求援，惨案发生后第四日，始获悉该轮遇事消息。至该遇事之地点，确在东京湾海面，遇事后仅约六分钟内，该轮便因伤重倾侧沉没，而获驾救生艇逃生者，连船主葡意□林母士及大伙巴喇架等十六人外，其余搭客四十余人均随轮深入海底，至该逃生十四人俱为轮上之带水员、水手，办房什役晏台伙伴，及一无线电收发员，搭客无一幸免。又当该轮沉没时，船主等虽幸驾救生艇逃生，惟当时风势剧烈，波涛汹涌，该艇生在茫无际涯之海洋划驶，碍难把定方向前进，迫得任其随风浪漂流，迨至六月四日晚，始漂至安南属地之鸿基境内，然后转乘火车返海防，至船主等十六人在此三日夜之漂流，饥渴劳顿，其中多人已呈奄奄不支之势，船主林母士则染恙，现林氏为略事休养起见，故未有乘竹山丸返澳云。又查该轮此次沉没，损失异常重大，除搭客全部不幸外，其余轮值及货物所值，约达澳币八十余万元。

1943年6月11日　第三版

填报公钞申请书缮写错误者多　公物会将通知彼等更正

（专访）各行商填报申请缴纳下季公钞，经于日昨止截呈报，公物会已开始进行评定，公钞科连日因办理查明各申请书手续，故全日照常办公，下午亦不休息。据评定委员梁鸿勋称，此次各行商所填报之申请书，手续符合者固多，填缮谬误者亦属不少，公物会将传彼等到会询问，俾得更正云。

1943年6月11日　第三版

本澳昨运来石煤二百九十二吨　专为供应水电之用

（专访）市营电力局为未雨绸缪，于本月八日起，执行分区限制用电，借以节省燃料消耗，以图永久有电。昨日经已运来石煤二百九十二吨，查乃供给市营电力局及自来水公司之用，分区限制用电条例，日间或可停止施行云。

1943年6月12日　第三版

分区限制供电今日取消执行　恢复全澳日夜供应电流

（专讯）市营电力局，日前为未雨绸缪节省煤斤起见，于本月七日曾通告暂行实施分区供电，每晚由八时半至十二时，不准启用摩打，该项颁例已由本月八日开始执行。惟前日适运到石煤二百九十二吨，专为供应水电之用者，是故市营电力局今日再行发出通告一则，声言由今日（十二日）起，实行取消分区供应电流之规定，即系由今日起，恢复全市日夜供电，惟摩打电烹饪及各户用电之规定限额，仍继续照常执行限制，由每晚八时半至十二时，仍不准启用摩打及升降机云。

1943年6月12日　第三版

总督明示设法平息金融风潮　将以严厉手段取缔不肖分子　深望市民镇静信赖政府解决

（新闻协会特稿）连日本市金融，因投机分子，从中操纵，致使白银高涨，软币价值日低，影响所及，百物腾贵，交收困难，民生疲弊，此种风潮若不从速平息，则影响社会实深且重。新闻协会为此特派出代表，于昨晨谒见总督，叩询一切，据总督宣称，本人对此问题，甚为注意，除一方面从事调查外，并已定有办法，严行取缔投机操纵份分子，日间即予实行，愿望市民镇静，信赖政府对此问题之解决云。

1943年6月12日　第三版

警探搜获　五百元伪币

（专讯）警方当局，于十日破获一宗怀有伪币案，事缘某号警探，于十日得获线报，谓有男子多人，带有五百元面额之伪币多张来澳行使，该警探据线报后，即按址前赴五洲酒店地下一零九号房搜查，在一男子住客身上搜获有五百元面额之伪币一张，乃将之解交警署控究，质诸被告称蔡昌，卅一岁，江门人，在澳无职业住址，狡认该伪币为另一朋友交彼者。查该伪币仿制精美，色泽，样本与真者无异，惟水印略□□劣而已。警方讯后，谕扣留候办云。

1943年6月12日　第三版

三人怀当票十条　被警探拘捕控究

（专讯）警方当局为维护市面治安，防止不法歹徒活动起见，特颁令严禁各什架收卖摊收买当票，以杜匪徒行窃衣物典当，后更将当票转卖。以前曾派出警探出外查究，讵料昨（十）日下午四时许，警探前赴海边新街五十五号，将一男子梁某捕获，遂又捕获有关之男子游坤、穆好两人，并搜获有当票十条，讵梁竟□卸罪起见，乃以款项十八元四角向该警探行贿，请求恕免，惟该差以彼此举，实属不法，遂将之解署究办云。

1943年6月13日　第三版

伙同行窃政府电油案宣判　三男子徒刑四年

（专讯）法院刑庭，于昨日下午五时，开堂续审行窃政府电油案，被告男子李彬、萧轩、余高、五锡煌、五锡秋等五人，另三光单车店东主陈康及另一男子陈胜，亦被□有接赃及收买赃物之罪。该案由法院一度详细提讯，各证人及破获该案之华探，均被传到堂供讯。查昨日开堂时法院长马士加连那，及检察官均登堂提讯，迄至下午七时□，始提讯完竣，被告行窃电油，证据确凿，乃宣告罪名成立，主犯余高、五锡煌、萧轩三人，各判徒刑两年，李彬、伍锡秋三年，而陈康陈胜于接购电油时，并不知情其□行窃得来者，乃宣判无罪省释云。

1943年6月13日　第三版

未经卫生局许可　贩卖雪糕者被拘

（本报专讯）际兹春夏季节，气候卑湿，霍乱疫症乘时滋生，卫生当局，为维护居民健康起见，特剀切劝喻市民对于起居饮食，及注射防疫药液防范外，并禁令各餐室及市面制造生冷食物发售者，须经该局签发许可证，始准发售，否则违例论罪。查昨（十二）日下午二时□，有小贩黄惠（廿二岁，斗门人），在十月初五街摆售雪糕，但未有向卫生局讨准人情纸，事为值勤段警发觉，乃将之解署控究云。

1943年6月13日　第三版

桌球慈善赛　定期举行

葡国红十字会澳门分会主办之桌球慈善赛，现已筹备完竣，定六月十八日下午九时，假岗顶波楼举行比赛，得款全拨与该红十字会。查今次比赛球员，为前庇鲁冠军卢佐治对香港桌球健将柯士文，双方技术造诣甚深，届时鹿死谁手，不得而知。至该比赛慈善票，经已开始发售，定预约位五元，前座二元，后座一元，售票处在南湾七十一号葡国红十字会内，岗顶楼两处云。

1943年6月14日　第三版

（本版头条开天窗）

夏令篮球赛　筹备完竣

旅澳体育教练团主办之布英沙警察厅长杯夏令全澳公开男子篮球比赛，现该比赛经已筹备完竣，章程不日公布。闻最近组织成军，参加比赛者，计有皇星、毅社、中华、葡侨、纪中红、纪中白、警察、培正校友、岭南校友等队五，该比赛定七月中旬开始，每场比赛收入，款项全拨作救济难民云。

1943年6月14日　第三版

华务局长　约见记者

（专讯）华务局长施多尼及镜湖医院值理高福耀联名发起举办慈善彩票，而施局长为增加收入起见，特将一部分彩票交由各华报、妇女会，及体育界咩路等代为发售，成绩颇为良好，该局长于今日正午十二时，约见各报记者，俾明了售出之数额而决定开奖日期云。

1943年6月14日　第三版

教忠中学　叙别会

教忠中学留校员生，欢送毕业生，于本月十四日正午十二时，假座平安戏院开叙别会，该会经聘请港澳音乐名家演出新派剧蝴蝶夫人，及音乐演奏，□竹溪及马仰之表演国术，巴拿马幻术社表演幻术，青年业余健康研究社表演健身术，游艺节目异常丰富，想届时定有一番热闹云。

1943年6月15日　第三版

（本版头条开天窗，空白处有大字“留问”）

同善堂义演虽已完结　购花仍然踊跃

梁炳大洋五千七百元，陈月波、德祥机，以上每捐大洋五千元。系咁意、百岁老人、兴信行，每捐大洋三千元。陈作卿、区照记，以上每捐大洋二千元。刘惠民、何显堂、花锦云、有姓名，广州湾同兴行、叶子如、黄渭林、黄杰源、潘惠予、黄蔡氏，以上每捐大洋一千元。黄江祥大洋一千二百元。万济堂、老介福、万珍和、梁松夫人、戴文渭夫人、黄汉兴、余达洋，以上每大洋五百元。曾凤环大洋六百元，姚应江、黄花节、冯心源，以上每大洋二百元。刘纪召、邓女士、飘梦霞、冯先生、陈百杰，以上每大洋一百元。徐淞港纸二百元，胡邦港纸一百元，无名氏、李女士，以上每港纸五元，有名氏港纸三元。

1943年6月15日 第三版

屡窃案 昨日判决

（专讯）法院刑庭，于昨日开堂公审一宗屡窃案，被告男子谭洋、梁德、麦东，及妇人黄均，被控于去年六月间，曾伙同在逃未获之男子梁川、梁仔、李光、欧阳忠等先后向居户行窃多宗之罪，遭其光顾者，计美的路主教街三号，高地乌街二号，柯利维利街六十八号，俾利喇街十九号四户。是日除被告麦东于月前病逝狱中外，其余谭洪、梁德，及妇人黄均，俱由警察从监狱押至法官犯栏上，各原告、证人，及破获该案之警探何保，何华煜等亦到堂候讯。法官登堂□，先后传原告林益□，妇人冼杏娟、李容作供。检察官□问当日被窃之情形甚详，次由警探何华煜作供，详述当日被获该案之经过，略谓去年六月间，各原告遭行窃后先后赴警署报案，本人奉命负责查究该案，乃于六月卅日，凭线获悉被告藏匿于三盏灯附近之茅寮内，乃联同前赴掩捕，果见被告麦东及妇人黄均、梁德在内，继搜获有衣服数件，铜□、器皿及书籍等，俱为行窃得来之赃物，乃将之带返警署研治，被告直认不讳，供出多度行窃俱为伙同在逃之男子行事，用铁器将窗户撬毁入内等情，彼再于次日继将潭洪捕获，云云。法官审讯后，乃将被告所认之口供案卷检阅，法官□谕退堂，迨至八时四十五分，法官继续登堂宣判，主犯梁德被判充军八年，另十月罚款，每日五毫，次犯谭洪，入狱二年，六个月罚款，每日五毫，妇人黄均其所犯之罪名轻，乃判以徒刑一年云。

1943年6月16日 第三版

银业行前晚议决 协助政府安定金融提垫白银廿五万元 吸收市面葡币使之平衡 停止以葡币对国币买卖 推定代表晋谒经济局长

（专讯）近日本澳金融市场，因双毫与葡币兑值突发生波动局面，究其造成此种现象之症结，当然为供求未得均衡所致。澳府当局对此备极关注，曾数度召见银业巨子，会谈关于关决办法，现已稍有眉目，至银业行方面，为谋协助政府安定金融起见，特于昨日下午八时，召集全体行员大会，研讨一切，而论讨则以双毫葡币之比兑为重心，席间提议，拟由该行拨出双毫廿五万元，以为吸收市面葡币之用，倘设法实行，无异市面已平添双毫廿五万元，反之市面困难，皆可迎刃而解，列席者亦认为此举，法至良善，一致赞成通过，继又提出垫提款项一案，除该行存有基金仅十万元外，不敷之数，尚欠十五万元，该数应如何筹集，故拟按照行员方面分别负担，楼上营业者移借双毫一千元，“门面营业”者，移借双毫二千元，讨论结果，虽未有若何抗议，不过有关于行员移借双毫办法，其所拟之数目，能达至适合行员方面之负担能力否，于是多方意见下，又有意见三项。

提出意见三项

（一）为维持行员之本身利益，市面各集号及钱台应速恢复营业，（二）向行员移借双毫，应至适合行员之负担能力，（三）希望政府当局能与本行切实合作，以收官民合作之效。结果表决，可按照实现施行，旋由主席梁后源公布该行存金数目，计本行现存者双毫四万元，另有西洋纸五万元，另有一万元尚存在广东银行者，至能达廿五万之数，当由各行员负担提垫，众无异议通过。

专员收购葡币

至关于负责向市面收购葡币之人选问题，为专负其责及免使外间不肖者借机牟利起见，公推主席梁后源委员，区子燕负责。以上各点，均系足以协助澳府调剂本澳金融，经二小时之详细讨论，迨至十时卅五分，尚在研讨中。社会人士以此次金融上发生波动，完全归罪于银业界，此说当席由邓晴隆朗声宣称，略谓外间人士对本行之多所指摘，渠本人除不能肯定银业界有“败类”从中捣乱外，余实敢保证并非其本行之咎，缘以澳府每度规定双毫与澳币兑率时，各银号多遵命办理，不敢有违。

双毫流出甚巨

是以双毫流出，数额甚巨，一方面可以证实双毛大部分系存于什行商中，故渠对外间人士之言论，或系出于误会，然社会人士之意，咸以该行为金融枢纽，倘能以挚诚之态度协助政府，共同合作，双毫与葡币兑值之动荡局面，当可告定，至其他杂行当亦以银业行“马首是瞻”，间接中而予以口力甚大，直接协助政府，经济民生，银业行诸子，幸共勉旃。

停止期货买卖

（又讯）本澳银业行金融贸易场，原有期货买卖及以葡币白银各若干成交国币者，现该行以实施协助政府安定市面金融中，诚恐有不肖之徒，借此买卖牟利，致影响金融者，故而委员会议决，由前（廿三）日起，一律停止卖买成交。

晋谒经济局长

（又讯）银业行自举行全体行员议决提垫廿五万元，用以安定金融办法后，结果异常良好，该行以本身虽为金融贸易枢纽，然能获具体完善解决者，仍仰赖于各行商联合一致，方克有济。闻该会经推定主席梁后源晋谒经济所长罗保，请由政府召集各行商举行座谈会，劝令其一切货物贸易，对款项成交，白银葡币应一律行使，毋得歧视或低折，倘各行商能同一步骤，动荡局面当可告安定云。

1943年6月17日　第三版

银业行议决案昨日仍未切实执行　廿五万元白银日间或可垫出　助政府安定金融为当前急务

（专访）本市银业行为谋协助政府，安定澳门金融起见，日前曾召集会员大会，讨论适当办法，即拟定由各会员筹垫款项，集成白银二十五万元之数，以吸收市面葡币，从而放出白银，则两种货币，自可调和，平衡流通矣，如是则当前之困难问题，希能遂渐改善，趋于安定。自本报将该消息于昨日发表后，市面一般人士，无不称赞意有良善，渴望其早实行，免受无辜金融动荡之损失也。然经记者多方采访，则昨日银号钱台营业固在不少，然仍存观望，不肯开门营业者为数亦颇众，且白银与西洋纸之兑换又限于极小之额，似对于银业行所议决协助政府金融之原定计划，未免不无相左之处，殊非谋公共幸福所宜有也。不过廿五万巨额之双毫，筹措自需时日，施诸实行，或略受延滞耳，想深明公共福利之银业界，必能善其后也。

1943年6月17日　第三版

葡侨一批　由港返澳

（专讯）自香港易帜后留中港地之葡侨，均纷纷返澳，达数千人，顷昨日又有葡侨一批乘搭岭南丸返澳，计闻男性十九人，女性廿六人。

1943年6月17日　第三版

五人行窃　电力局火水

（专讯）男子梁养、郑少廷、梁少荣、梁佳、阮江等五人，于昨日被警探将之捕获解交警署，控其伙同偷去电力局马交石机房铁棍子一百四十条，另火水二十二寸之罪，并由梁养家中搜获有火水约□斤云，赃物呈堂作证，官讯后，乃谕扣留候办云。

1943年6月18日　第三版

七十七宗　商会常会报告　公钞逾时办理申报　照章应科罚廿五元至五十元　梁鸿勋提议代呈当局求免罚

（专访）澳门商会于昨日下午三时，召开第廿四次堂期会议，出席者有高可宁、蔡文轩、陆电明、李如楷、梁鸿勋等，主席高可宁，记录汤悦。甲、报告事项，宣读则期议案；二、略；三、公钞局函一件，附发申报防务税布告五十份请代分发由（代分发）；四、纽顿专治白蚁公司函一件，为函复甚愿长年义务为本会灭绝蚁患，并即日派员到会查验，希指点以利工作由（函谢）；五、梁主任报告此次奉派出席公钞局办理评定公钞牌照事宜，截至昨日照统计评定二千七百四十四宗，查各商店所填之申报书，每有不明手续致误错颇多，当将华人营商实况及习惯情形详细申述，幸蒙公钞局长马甸氏体恤商艰，限予以种种便利，故办理异常顺利，例如有等商店从前系经营两项生意者，现在已将一种生意结束，照章应以其所营之一种生意，缴纳公钞，但该号生意如属规模细，该局长亦允将其纳钞等级酌量减低，又如有等商店其营业种类甚多，但此项所填申报书间有遗漏，照章应作瞒报论，处以一百元以上，三百元以下之罚金，惟该局长以此次所办申报本属创举，亦能□予免究，交由本会传知该号从实补报，诚造福侨商不浅，谨将经过情形报告由；六、□门公物会函一件，附发布告一份，为造其一九四二年业钞散页陈列公钞局内，由七月一日起限十日内为期，任人到阅，如有错误钞额，准由业主或代理大于期内申请更正，布告周知由。

（讨论事项）

梁主任提查此次申报公钞办理逾时者有七十七宗，照章应科以廿五元以上五千元以下之罚金，惟据调查所得，其逾时申报者，原因类多不明手续或因业务繁忙关系，情属可原，拟由本会附将在情形陈请当局对于过时申报之商店准予无罪，以恤商艰，是否有当请公决案，（决议）照办。

1943年6月19日　第三版

镜湖医院经费告罄　将谒澳督请示办法　现该院仅存善款数百元　留医日众病室亦感不敷

镜湖医院慈善会昨举行第廿次常务会议，（讨论事项）（一）医务部报告，自入夏以来三等免费留医，病人日渐增加，现在每日住院医治者计三百五六十人，病室固感不敷（骑楼均已住满），病床亦已逾额（已将二等病床暂行移用），而送来到院请求留医者仍源源而至，即警厅及难民所每日送来者亦不少（本月半月间送来已八十五名），照此情殊难应付，收既不能，拒又不忍，究应如何办理，请候公决。决议，尽额收容。

（二）财政部报告本院截至六月十七日止，计存双毫五千六百十余元，计西洋纸一万五千四百余元，现须急待支付者，计纳葡国慈善费五十六元，米五十包七千元，柴用费二千元，西药二千四百元，棺木一千元，比对尚余数百元，决议，推举刘叙堂、黄苏、高福耀、王德光，谒见澳督请示筹款办法。

设难童疗养所

又关于留院疗养难童应如何设法救济一案，前会议决，推举高福耀、吴鸣、黄耀坚、黄苏、沈香林、蔡克庭六值理商议订立名义，拟具章程，以便向社会呼吁救济，现经吴值理等拟订难童疗养所组织大纲（附录组织大纲如后）。

镜湖医院慈善会附设难童疗养所组织筹备大纲

（甲）关于组织方面：一、名称，本所定名为镜湖医院慈善会附设难童疗养所；二、宗旨，为救济在澳难童疾苦起见，除留医疗养外，并教以儿童教育及各种有益身心游乐；三、名额，暂定二百名；四、管理，仍由医药部照旧兼理以资简便；五、暂定每月经常费八千元（每名每月伙食三十元，以二百名计共六千元，其余二千元为药费杂费工食等费）。

组筹款委员会

（乙）关于筹款方面，另组筹款委员会，推举常务值理五名至七名担任委员，以专责成而利进行，最好以财政交际总务等部为当然委员较为便利；二、登报征求捐助；三、函请各界绅商协力捐助；四、发送捐册；五、演剧；六、函聘报界担任宣传工作；七、在未筹得的款时，所有一切开支以及经常等费，由本会经常费项下挪支，一俟经费有着然后归垫，并推举黄苏、沈香林、高福耀、潘毓华、蔡克庭、刘叙堂、梁流七值理为筹款委员，至管理方面仍由医药部兼任。

某君捐款五万

（又讯）该院以经费行将支绌，拟向社会呼吁，闻有某君拨出大洋五万元，捐助该院以作善款，业经该院主席刘叙堂亲往接洽收款云云。

1943年6月20日　第三版

歹徒在清平戏院演一幕喝断长板桥　妇孺虚惊遗钗堕珥

（专讯）名优廖侠怀、新马师曾、邓碧云等组成之胜利年剧团，于前晚头台点演前途似锦，是晚观众莅场者，异常挤拥，途为之塞。迨至十二时许，演剧正酣之时，忽有砰磞之声，从舞台附近传出，响彻遐迩，当时一般妇孺之辈，神经过敏，不分皂白，疑为发生意外，竟相继怆徨离座，呼子叫女，情形异常狼狈，而二楼及三楼之观众，亦盲从附和，争先恐后，相继奔出，秩序大乱。值勤院内警察乃厉声制止，禁勿惶恐，秩序当告平静。查当时有妇人多名，因怆惶出走，人数挤迫，其所佩有之眼镜、耳环、手镯之类，即竟不知去向。事后警探亦莅场查究，得悉入院左便上舞台之小道，原惟有“桥板”一度以利上落，竟为歹徒将“桥板”抬高掷地，致发出隆然响声，观众不察，遂疑为发生意外云。警探查悉，以彼辈歹徒，胆敢在□□乐场所施此技俩而谋借机抢掠，旋派警把守入门处，凡男子经此出外者，一律予以搜查，卒果在数男子身上，搜获有手镯，眼镜之类多件，询其来历则支吾以对，且有供认在地上执获者，警探乃将多人解署理论云。

1943年6月21日　第三版

公进会粥场招待记者志盛　罗主教用华语演说

本澳公进会平民粥场，自举办以来，瞬已三月，平民方面得其救济者甚多，而该会得有如此成绩者，固由当地有力量者之帮助，同时亦因感于各报馆之宣传力量尤多，故该会于昨日（廿日）下午四时半，特设茶会招待本澳各报记者，以表谢忱。查是日到会者，有罗约翰大主教暨各大司铎，商会主席高可宁，同善堂值理陈茂枝及殷商陈蔚文、马葛祺，各报记者达数十人，而望德学校员生等亦列席奉陪。席间由主席崔瑞琛女士宣布开会理由，对该场董事踊跃捐助及各报记者广为宣传，表示感谢，继后并宣布四五月份之收支数目以示大公，后由该会职员详述公教进行会设立平民学校及该粥场之善举，再后由报界演说，略谓吾人职司报人，以服务社会为宗旨，今该场之设，无非亦为贫苦侨胞着想，故宣传呼吁亦为报人所应有之责任。继后罗主教约翰用华语演讲，略谓埠中各界有钱出钱，有力出力，务求达到基督遗教“爱人如已”之旨，以救济澳地之贫苦居民云云，至五时许始尽欢而散云。

1943年6月21日　第三版

同善堂义学　经费支绌

（专讯）同善堂原设有平民学校，收容贫苦学生达数十人，其书纸笔墨及校服等均由该堂供给，惟近年因经费支绌，暂停供应校服，故各贫苦学生多衣衫褴褛，服装不整，顷据该堂主席崔诺枝□对记者称，希望埠中善长，热心教育，捐资制就校服，以为学生穿用云。

1943年6月21日　第三版

李宝祥　将开画展

李宝祥工□□，善写墨兰，深得郑赵家法，而其运笔于秀口之中，有刚健之气，此则肖□其为人，以李君曾仕三水南海，从化及南海民选等县长，故人以书兰大令称之。去夏来澳养疴，深居简出，时以挥毫自遣，积存书画等稿甚多，闻日间在澳择地展览，并将携来之名人书画一并陈列，想风雅君子，将以先观为快也。

1943年6月22日　第三版

（本版头条及第二条开天窗）

董庆堂　捐十万济贫

（专讯）昌明火柴厂东主董庆堂，最近慨捐国币十万元，呈交澳督转分配于各慈善机关，计开镜湖医院、同善堂、育婴堂、托儿所、孤儿院、海岛市之凼仔路环、贫民屋、残疾院，各占国币一万元云。

1943年6月22日　第三版

广中校讯

广中中学，为救济贫苦学生向学起见，于下学期设工读免费学额，新生于报名时可得申请，又该校职教员子弟，向未免费入学，现推及于外校，凡本澳现任职教员子弟皆可半费入学，从此贫苦学生，则可得读书机会，而教育界则可减轻负担云。

1943年6月22日　第三版

协和中学　行毕业礼

协和女子中学，定廿六日下午三时，假座志道堂举行高中第六届，幼稚师范第九届，初中第十四届，小学第十八届毕业典礼，柬请各界到场指导云。

1943年6月23日　第三版

督察长观耶传米商到警署　禁止抬高米价　规定每担一百六十元　零沽每元可购得十两

（专讯）粮食统制会委员督察长观耶，以本埠所存米石尚属大宗，短期内供应无虞，□□不肖米商高抬价格牟利，诚属罪应之极，特于昨日下午六时，派员通传市面米商及杂粮商赴署，饬令彼等所售米石，每担价格规定一百六十元，即每元可得米十两，并劝彼等应体念居民生活之痛苦，不宜乘机操纵牟利，倘有不遵令办理者，一经侦悉，严惩不贷云。

查粮食为人民健康与生命所寄，故其价格一经变动，即影响于人民日常生活甚大，然物价之高低，若出于自然之趋向，为人力所不能控制者，当为不得已之事，吾人亦乐于忍受也……（原文做一大串省略号）以图提高粮食价格，而满足个人之贪利欲望，即非自然趋势可比……查本市连日米价涨风之烈，前二十日米价金风雪每担一百四十九元，新兴白一百六十七元，顶上银粘一百七十四元，而前日相隔不过一日，乃金风雪竟涨至每担一百八十元，新兴白一百八十九元，零沽每元仅得七两，顶上银粘更称绝市，晚市竟涨至每担二百一十元，而昨日又涨至每担二百四十元，每元仅售五两半至六两，杂粮亦随之而高涨不已，两日之间，变动程度竟达于此，诚令人不知所以。查今年早造极为丰收，且有登场，照常理推测，来价当日就低跌，以苏民困，岂有高升至此之理，原因不外两日来之大雨淋漓，收割停滞，于是一般不肖之米商，遂利用此时机制造打风失收及其他种种之谣言，以诱惑市民，彼等乃得乘机将其存米高价推出，获一大利，以免为新米所压迫，致低价售出米价自然低跌矣。尚希市民不可自相骚扰，新米不日即可拥至，价格将比现目所规定之数尤见低廉云。

1943年6月24日　第三版

昨日米商如此如此　俄顷之间存米沽清　政府已有办法安定民食

（专访）自前日督察长观耶召集米商到署，讨论减低米价以苏民困，并限定其零沽价格，每担不得超过葡币一百六十元，即每元可购得十两，果也各米商昨日奉行功令，依照定价发售，良可钦佩。然有不少米商，事前早有准备，昨日闻售米处，有营地大街，快艇头街等数家，每人限购二元、一元，或五毫不等，惟不足三数小时即告售罄，因发售时间短促，抢购者众，以致充塞门前，警察到场维持秩序，依次排队候购，然有自始至终伫候门前，半粒不得者。查米价风潮未发生以前，家家零售米店，有米充栋，堆积累累，就个中人亦承认澳门存米，足供数月之用，乃今前后不过三数日，有称粒米无存，或竟闭门不卖，而开门发售者，每人限购少量，片刻即告售罄。以此情形，如谓存量短少，则实以是而非，其中内幕，殊解人难索，唯有米商自知耳。政府当局昨复因此，于午间在经济局内举行会议，商议、商讨具体办法，据灵通方面消息，经筹得解决方案，必使今后本澳民食，恢复常态，唯深望市民能体谅政府，力持镇静，毋相自扰云。

1943年6月24日　第三版

澳督捐助　平民膳食处

新填海平民膳食处自获澳督捐助六月份白米十五包，更得无名氏慨捐双毫一百五十元，及旅澳五校联合礼拜委员会捐来双毫五十元以作支持。于此米珠薪桂中，无力举炊者，日日频场，救济事项极需社会热心人士慷慨解囊云。

1943年6月25日　第三版

粮食高涨声中神经汉卖平米　四出宣传每元售十二两　先售米券每张铜元一枚

（专访）迩因市面米店，俱告沽清白米停止营业后，居民徬徨狼狈之时，讵于昨日突传荷兰园十四号有平米发售，每元可得十二两，且欢迎葡币，不收白银等情事，消息传播，哄动遐迩，居民信以为真，靡不雀跃三千，额手称庆，遂纷纷前往购买，如蚁赴毡。记者聆讯，亦前赴调查，惟所谓出售平米者实无其事，所传俱属子虚。致造成此种情事者，缘有男子何君侠，赁居于荷兰园正街十四号，并开设谦记收买士担公司，而何染有神经病，时止时发，或则手舞足蹈，语无伦次，讵突于前晚在南湾空地当众宣称，谓明日荷兰园正街十四号有平米出售，每元十二两，言之凿像煞有介事，故听者均半信半疑，于是转辗传播，该项消息遂不胫而走耳，迄至昨日上午，一般民均按址前往购米，一时该号门前，挤拥达数十人，情形异常热烈，而何则用白纸四张书写“有平米出卖，每元十二两，欢迎葡币，不收白银”等字样，分贴于窗门之铁枝上，书就有小纸数百张，上书该号之地址及号数，且当众宣称，谓为维持售米时之秩序起见，凡欲购米者须先行购买号数纸，以备出售时依次排队配给，每个三张，每张可购米一元，即每人可购米三元等语。购者均信其言，遂争先恐后，抢购号数纸，一时秩序大乱，途人围观如堵。当时有警区长经此，侦悉其并无米石平售，对社会秩序实有影响，遂致电警署派出警探按□将何解署，讵当警探莅场时，何竟将收入数百枚之铜仙，悉数倾倒街外，任由流丐抢拾，并坚不允赴署，后由段警伙同始将之解交警署，并将其标贴之字纸撕去。至警方将何提讯时，彼所供之言语不伦不类，似又为神经病发者，警方乃谕扣留候办云。

1943年6月25日　第三版

本澳存谷米甚伙　谷户囤积居奇　昨日米行仍有开盆　每担高涨至三百元

（专讯）本澳米价，连日突告猛涨，居民备极痛苦，昨日零沽店虽无白米发售，惟米行仍然放盘，上午每担双毫二百四十元，下午涨至二百九十元至三百元间，惟囤户放出者甚少，市上杂粮亦牵连上涨。查此次米粮突涨原因，概因大谷户居奇囤积，不愿将谷发售所致，昨日谷价亦售至每担一百六十元，查各大谷户存量极伙，居奇不允放出而已。记者昨特走访督察长兼粮食统制会委员观耶，叩询关于解决米食办法，据观氏答称，对此问题，采有效方法解决，公米一俟运澳后，当可推出发售，请勿自相骚扰云。

（又讯）粮食会委员观耶，又重申前令，凡数量较大之米石，如欲迁移者，须向当局呈报云。

1943年6月26日　第三版

三机关值理函请广州当局拨米救荒　澳督赞许并亲撰函一封

（专访）连日本澳米粮，因来路略受阻梗，又值趸存谷米大户，囤积不肯放出，致使零售米商，无米可售，市民粮食，不得不从而他求，于是杂粮如豆，茨粉等价格，亦随而飞涨，一般中下等人家，骤受此生活之压迫，无不呻吟于粮食价格高度压力之下。查自政府限价每担百六十元后，所有批发米商，即停止开盘，只有□盘，计前日每担售至二百三十五元左近，而昨日则又升至二百六十元，居民欲购非经几许艰辛，及付予每斤三元之代价（即每担三百元），惟此亦只富有者获得享受，中下级市民休得染指。华商总会同善堂值理等以问题关系本澳卅余万民食，非谋从速补救，无以济此燃眉，特于昨日午间，特召集特别紧急会议，商讨协助政府救济民食，结果决定联同镜湖医院等机关值理，函广州当局，请求拨给米石来澳救济，镜湖医院值理高福耀对此事奔走最力，并晋谒澳督陈述经过，督宪亦备极赞，且亲自撰函一通，连同三机关之函于今（廿六）日派代表赴广州呈递云。

1943年6月27日　第三版

本澳米石问题短期内当可获解决　政府定购公米亦可运到

（专讯）本澳自发生米潮后，米价不但日继高涨，而一般大谷户及大米商将谷米秘密收藏，暗中营业，炒到天顶价钱，仍揸住不允放出，零沽米商无米可售，中下级市民感叹无米之炊。据个中人谈，在未发生米潮之前，零沽米商及一般市民多信赖新谷登场，米价将降之传说，故多数无购入，而致受此影响。惟据个中人谈，米潮虽已发生，惟本澳现目存谷米仍伙，除少数实有之家买入若干外，余多落在大谷户及大米商之手，而彼等皆为长袖善舞之辈，利用时机，不允大量放出，又闻更有数千包谷米，用船艇载运停泊在本埠海面未移六者，其各大谷户及批发商所存之货，均已秘密氹存云云。而本澳当局，为裁制谷米商逃避最近所规定之米价暗中营业起见，故通令市民如欲搬移大宗谷米者，靡论任何人等，均须预先据理向警察局呈报，否则一经警察裁获，当即解署办理。执行以来，异常认真，惟仍有少数商民，不顾法纪，擅自搬移，原包搬运者有之，用木箱载运者有之，更有一般人为逃避警耳目，而利用衣□载运者。新马路某金铺因存有谷米达十余包，昨正拟搬移往别处，为值勤段警侦悉，将之解交警署云。

（又讯）关于华人三机关昨日联名拟函向某有关方面请求拨大量谷米救济，事前经有眉目，佥信最近期内，当有圆满答复，而本澳当局日前定购之公米，短期内亦可运到，届时本澳米石问题，当可迎刃而解云。

1943年6月27日　第三版

同善堂　收到捐款

连日米价奇昂，贫民疗饥乏术，空前痛苦之事也，而同善堂方面，不因粮食严重局面而影响，对于难童餐施派，一如往日，故一般侨胞，对该堂印象好感，捐款源源接济，查昨有天祥银号捐大洋五千元，陈民双毫二十元，甘维法葡币五十元，树人港纸一百元，刘尔葡币十元，黄伟记大洋五百元，郭秉琦大洋二百元，文芳、叶共，每葡币五元云。

1943年6月27日　第三版

祐发长生店承认曾用两截板制棺　镜湖医院交涉经过

（专访）镜湖医院施用之棺木，自由院方规定制棺所用之木板厚薄，公开招人承投制造，查现承批制棺之祐发长生店，对制棺所用之木板，有用两截木板制成，时有漏尸之虞。该院值理会上曾提出讨论，函饬该店嗣后须依约办理，不得再有上述情弊，否则停发货款。顷据该院司理徐公范对值理会报告称，关于往交涉改善制棺木板一节，该号亦允依照办理，对于用两截板续成棺木者，亦承认其中或有三数个，此点当可改善云。

1943年6月27日　第三版

德全公司将向中山采购牛只供应　现宰少牛只乃暂时性

（专访）本澳牛肉生意，为专营性质，由市政厅以公价批与商人投承营业，现届由德全公司投得，其所用之食牛，自中山沦陷后，则采购于广州湾等地。现因航运影响，故牛只来源较绌，该公司迫得将宰数减少，俾得延长供应。记者昨据该公司负责人许旺称，本公司最近感于存牛短绌，迫得将每日宰牛数略为缩减，且门市畅旺迅速乃告沽清，并非停止门市营业，且公司在湾订购有牛只大批，因航运关系，未能源源运澳，现已拟定完善办法，将在中山内地采购运澳供应，肉食实无虞缺乏云。

1943年6月28日　第三版

天主教平民饭场昨招待童军团　记者亦在招待之列

天主教场饭场主事人李神父，昨日招待各校童子军团长，及各报记者，假座小型足球协会办事处举行，出席者计有圣罗撒，广大附中高朝宗，教忠傅宗坚，孔教邝宝库，协和虑雪珍，知用沈鹗年，纪中，崇实郑宇生，中德雨芬张铁军，小型球协会主事人□鉴波暨各报记者。首由李神父致词，略谓此次蒙小型球协会将督宪杯决赛，作为善举，救生不少饥民，同时蒙各报扩大宣传，竟获如许成绩，实深感谢，惟功劳簿上，着功最伟者为全澳各校童军，服务忠诚所收美果，尤堪向各童军团长告慰者，乃中国童子军之精神，发扬光大，从前外人眼光中，那有中国童子军在，但经过这回服务，不论中西人士，有深刻之认识，在各童军防线内，无一不遵守秩序，中国童军之在澳门，实已奠下中国人进化之基石。中国童子军之光荣，即我华人之光荣。最后李神父复称，谓现在督宪及主教，以各校童军，协助善举，功迹浩大，特奖勋章，以彰功勋，并预先通知各校于督宪杯颁奖时，曾经到场服务之童军，请届时派出童军到场服务，及领奖章。但恐各校放假，届时或召集困难，故预为通知。词毕茶会而散云。

1943年6月28日　第三版

公进会粥场澳督予以协助　继续以米石供应

（本报专访）公教进行会主办之望德施粥场，自举办以来，在主席崔瑞琛领导措施下，成绩异常美满，一般贫苦侨胞，得该场每日售予□饭两餐，生活有赖，□不咸拜该场所赐也。查迩来因米潮动荡，景况日窘，该场所存米石不多，然尚赓续维持，救贫胞于垂危之境。澳督戴思乐以该场办理良善，愿以能力所逮，尽量予以米石供应，惟希该场煮粥所用之米石，略予缩减，以多掺富有营养素之杂粮，俾将米石耗用延长。查近日前往领粥者，以在此米潮恐慌之时，尤幸得此充饥，无不感激莫名云。

1943年6月28日　第三版

董庆堂　昨晨逝世

昌明米机，昌明火柴厂东主董庆堂，于最近遭二竖所侵，延医诊治，讵料药石无灵，卒不幸于申（廿七）晨九时，病逝寓所。董氏生平待人和蔼，热心公益，此次不幸溘然长逝，闻者惜之云。

1943年6月29日　第三版

伙同械劫虾艇　被判充军六年

（专访）法院刑庭昨日审判一宗海面械劫案，被告男子杨海、周洪、梁东一，及在逃未获之男子谭亚森，被告于去年四月廿四日，在南湾对开之石几附近海面，伙同械劫一采鱼虾艇之罪，该案因经过情形复杂，故须详细调查，于昨日始开堂公审。是日被告仅得杨海一人到堂审讯外，余者均已于月前在狱中病逝。开堂后，法官马士加连那提讯，由检察官主控，先传原告郭永作供，略答法官之盘问，详述当日被械劫之经过，法官继将被告杨海盘审，讯后，法官根据港务局□来之口供案件检阅，以杨伙同行劫，且被捕时执获有短枪一支，附有子弹廿二粒，实证据确凿，罪无可逭，乃判被告杨海及在逃未获之匪徒谭亚森，各充军六年云。

1943年6月29日　第三版

安定金融声中有人拒换葡币　新马路某银号昨被控

（专讯）迩日本澳金融市，由于葡币双毫兑率关系，遂发生动荡不定之局面，至造成此种之症结者，据银业行之通告指出，则纯为埠中杂行商贸易，多苛索银毫，不允接受葡币，致其流通额过剩之故也，并自愿由行方提垫大量基金吸入葡币，使之供求平衡，借以协助政府平定金融。自该消息发出后，社会人士咸以该行见义勇为，靡不额手称庆，预料当前困厄，可告解决。惟至现在，市面金融之动荡局面，并未因此而稍告安定，□有续呈动荡趋势，个中内幕，殊解人难案也。

警方当局，以市面有等不肖分子，歧视葡币，而使其与银毫比价低□，实犯有扰乱金融之罪，连日派出警探严密查究，以戢此风。查昨日新马路某银号之伙伴，又因拒绝兑换葡币，为警探将之解署控究云。

1943年6月29日　第四版

因生活困难　侨民离澳日众　开往各地轮船搭客挤拥

（专访）最近因米潮影响及生活困苦，一般侨民，咸感生活应付维艰，迫得归乡另谋生计。查迩日离澳者，数极众多，开往各地之轮船，搭客异常拥挤，故船票事前经被抢购一空云。

1943年6月30日　第三版

粮荒已获解决　三万五千包谷米运澳　今日先到五千包　广州湾粮食出口解禁　中山谷米亦继续登场

（专讯）关系卅余万居民之粮食问题，澳府当局以迩来米荒日益严重，非谋从速救济，无以解此倒悬，对于米石来源供应，备极关注，故亟谋在外采购大批米石运澳接济，更得澳门商会、同善堂、镜湖医院三机关之华人领袖，襄助呼吁，进行异常顺行。顷据灵通方面消息，关于吁请救济米荒事，经获某方答允拨助大量米石来澳，该项米石，数极庞大，计达三万五千包，其中谷占二万包，其余万五包俱属白米，合约兹已寄抵澳府收执，第一批五千包于今日或明天或可运抵此间，第二批约于七月十日可抵澳，其余二万包于每隔十五日内便可先后抵达。查该项谷米系用木桅船装载，经中山转运来澳，至澳府一俟米石运澳后，当可大批推出交由望厦米站发售，以应居民需求。

中山有米运澳

日来因天气转晴，中山各地产米区均先后收割将谷米运来，数量颇多，米石市道因来源较畅，价格遂告倾泻，昨日米价暗盘，每担仅沽一百九十元，惟米身略湿，据米业中人称，预料在十五日后，白米每担售价当低至一百三十元。

昨日粮价续跌

连日米粮因大谷户居奇囤积，致粮价飞涨，前所未有，人心惶惶，不可终日，兹据确息，公米将于日间运到，本澳三机关向某方接洽，请求接济粮食结果，亦极圆满，又中山丰收，下月初亦将有大量谷米运澳，一般囤积户大多消息灵通，因大量将存粮推出，一时米价，急趋低降，所有杂粮，亦牵连下降。查昨日米行，清盘白米亦只每担一百八十元至一百九十元，其他杂粮，门市零沽，黄豆每斤售一元一角至一元二角，红豆每斤一元四角，眉豆每斤一元六角，绿豆每斤一元三角，甘薯每斤五角，马铃薯每斤七角，黑豆每斤一元六角，西米每斤一元九角，照情势推测，谷米杂粮价格，必仍继续低跌。又几日来由中山运来之少量白米，每元可买九两至十两，不过数量过少未易买得，预料米价于数日间将跌至公米一百六十元以下云。

湾粮出口解禁

据消息灵通方面称，广州湾当局行将由七月一日起取消禁止粮食出口令，本澳出入口商行，因纷纷致电湾方行口，定购大批杂粮蔬菜运澳，以应需求。又据确息，最近有大帆船四艘，由本澳启航前往广州湾及海防等埠，采购粮食，供应本澳，预计该四艘帆船，或可于七月初旬回抵本澳，届时本澳粮食价格必可更趋低降云。

蓝山载来米石

（又讯）据灵通方面消息，关于三机关值理联函有关方面拨米来澳救济事，顷有关方面日经派出代表来澳商洽一切，并确实于最近有米石四百余包，由广州付蓝山丸运澳，至嗣后由广州运米来澳供应，须经详细致虑后，即可拟定具体办法，今后米石源源运来，不致再有米荒之虞云。

1943年7月1日　第三版

各界捐助　平民饭场

（专讯）天主教救济会主办之平民饭场，在司铎李泽民领导措施下，成绩异常良好，惟以经费短绌，诚有“巧妇难为无米炊”之感，幸昨日有热心商人，慨捐谷米十包，送该场为煮饭之用，另有热心出入口商李洪，亦慨助双毫五百元，该场得此捐注，进行工作更易办理云。

1943年7月2日　第三版

首批米石抵澳　昨已由岭南丸运来　大量配售日间实现

（专讯）关于三万五千担谷米运澳问题，据□□局日前接获电报称，米石可于六月廿九，或卅日先到五千包，其余陆续分期，赓运来澳，兹因船只缺少，闻用货艇运载，因受载重所限，故只得分载运澳，现首批五百零八包，原由篮山丸运来，嗣因该轮停留禁海，故改由岭南丸运来，于昨日下午六时抵澳，经由澳府雇工搬运上六，交由米站发售，今后更有大批源源运来，民食无虞缺乏。本报记者为明了今后米石来源及望厦米站售米之事宜起见，特于昨日下午四时，走访粮食统制会委员观耶，叩询一切，蒙予接见。记者先将米站恢复售米后居民喜跃状况报告后，并叩询数点，（记者问）关于澳府在外采购之米石，是否于最近抵澳，其数目若干，（观氏答，以下简称问答）公米确有大宗运澳……可于短期内继续抵达，（问）望厦米站虽恢复配售米石，惟所售之米量，为数极少，居民亟望澳府能多量发售，俾其供应不致缺乏，澳府可否俯顾民情，（答）望厦米站短售米石，此不过乃暂时性质，一俟谷米大量运澳后，当可恢复往昔常态云。

1943年7月2日　第三版

李洪捐助　平民粥场

昨据天主教平民粥场李神父称，热心慈善之李洪君，救济贫黎，举行贫童恳亲会，在良友球场施粥，昨李洪已将捐助之款西洋纸五千元，交李神父点收。

1943年7月2日　第三版

归侨证善费　分拨施赈

回乡会第四期（六月份）发出归侨证三百八十三张，收得善款七百六十六元，除支付证件及工作人车马费等项，共六十元外，实得七百零六元，昨已由该会具函将款分拨镜湖医院及同善堂，每处得二百五十三元，以作救济贫侨之用云。（钦）

1943年7月2日　第三版

同善堂议决派难民餐千份　董庆堂捐双毫三千元　各界捐款捐米者亦伙

同善堂自发起难童餐工作以来，颇获社会同情，不断捐款赞助，前日有热心商人送谷五千包，该堂即行召开会议，决议增派难民餐一千份，以救饥饿贫苦者。昨晚夜候二时，该堂值理黄杰源、黄渭林、叶子如、陈茂枝、李如楷，司理陈清泉等，及各报记者，与梁松、戴文渭两热心家，沿途将领食券派与饥卧街头之辈，获得粥券者，莫不欣欣喜色，连声称谢。查该券由初一领至初七，一个星期满额，各界闻此伟举，莫不热烈赞成，捐资响应，计有董庆堂捐双毫三千元，银业行大洋一万元，□衍□，□源，每双毫二十元，梁谦双毫十五元，冯荣湛，冯荣璋，每港纸二百元，莫成祥大洋二千元，无名氏大洋一千元，回乡会葡币三百五十三元，生利行各善士送米七百九斤零八两云。

1943年7月3日　第三版

谷米来源通畅无碍　暗盘成价已被摧毁　各谷栏及存户降价放出　昨日米市与公价将接近

（专讯）连日因公米商米源源运抵，本澳米荒已成过去，囤积居奇之米商，大受打击，纷纷将存米低价推出，高价暗盘，已为连日谷米来源所摧毁。查昨日米业商开盘成价，每担仅为一百六十五元，接近政府所定之公价，埠中各谷商，米商出入口商多恢复米市营业，各米机承磨谷米，大有应接不暇之势，米石供应及贸易，料将于日间完全恢复往昔常态。又昨日市面盛传某方将运大批米石运澳配售，并指定某氏为专理人，现已进行一切云云，记者对有关方面调查，该举或有可能云。

1943年7月4日　第三版

昨日又有米石运到　米市渐复常态　零沽米店昨多开市售米　商人对于葡币日趋看好

（专讯）本澳日来公米商米纷纷连接相继运抵，米食市道，日趋低跌，各情连日经志本报，查昨日市间，米行成盘朴米每担一百六十元，上米每担一百八十余元，至零售米店，多恢复营业……故预计日内米价，必跌至公价一百六十元以下，可无疑义。查此次米站恢复售米，数量虽少，而安定人心，收效实大，此次米潮之摧毁，固有赖于公商米之源源运来，而米站恢复售米所予谷米囤积商之精神打击，使其不得不急将存量推出以避亏蚀，米站之功，诚不可没也。事实上米站日前配售量少，此不过暂时过渡办法，一俟所订购米石大量运抵，及粮证复查完竣，当可大量配售，以供市民需要。又米站恢复售米后，既不起价，又照旧以西洋纸为本位，故日来市民对于米石市道一致睇淡，而于西洋纸则一致看好，因此市面购物暗中分开软硬币等种种现象已日渐减少，此对于本澳金融之安定，厥功甚伟。查昨日商米运抵澳较大帮者，有从市桥运到齐眉粘白米一百四十七包，分由广丰隆等售卖，据某商称，此帮白米，为数甚巨，一俟天气晴好，当有更大量运抵云。更据另一米商称，前晚在黑沙环移陆之白米不下百余包，昨又有七十余包运到，昨日竹山丸抵澳亦载有白米一百零八包云。

1943年7月4日　第三版

街坊自卫团从新办理登记　团员须觅二人具保

（专讯）本澳街坊自卫团之设立，始自去年，一切经常费用及团员薪金均由该管店户集资，每团员月薪约卅元，凡充当团员者，事前须赴警察局领取凭照及臂章以资识别。现警察当局诚恐团员内间有良莠不齐，为歹徒混入，而至影响治安，故警察局长布英沙，特于昨日上午十一时，传集各坊团员到署，晓所有自卫团员之执照从新领取，凡被促任该职者，须觅殷实居民二名及一商店之图章具保，方能领取执照，而曾服务警界而退休者倘再任职于自卫团，无须办理该项手续。至各坊之自卫团员之雇辞去留，其权归诸铺户。徜团员有不端之行为或铺户认为不满者，须予辞退云。

1943年7月4日　第三版

公进会粥场定期开售第四期粥　昨开全体职员会议

（专访）公教进行会平民粥场，自启办以还，已历三期。查该场第四期购粥姓名经调查完竣，定明日公布，□一日开始售粥，以惠贫寒。是期购粥者均为五月十三日最后登记之一批，并经严格调查，如家况确属贫苦者始予以购粥餐食，否则虽属至爱亲友，毫不徇情，以示大公。该场昨晚开全体职员会议，商讨第四期（即七月份）售粥问题，截至发稿时，仍未散会云。

1943年7月4日　第四版

贫民粥　改发派时间

同善堂以现届天气炎热时期，为免候购特别贫民粥者长为日晒起见，由今日起特将原定下午二时售粥时间取消，改为下午五时开始施派，即每日下午四时开赠难童餐，五时始派贫民粥，各候购者须依新时间前往云。

1943年7月6日　第三版

商会值理今日晋谒澳督　请示业主呈报住客人口问题

（专访）澳府为确悉本埠居民数额，而利计口□粮进行起见，本月一日市行政局发出布告，晓谕全澳业主于十五日内□将其屋业主住客人口数额填报，呈交南湾粮食证管理处，以便查核，倘有虚报或逾期者，当依法处罚等情。自该布告发出后，一般业主咸加注意，缘以住客对于业主平素多无好感，因此业主与住客关系，异常隔阂，故业主对其屋宇住客之多寡，多未明了，至今次业主依例填报住客人口，如不克获知确实数目多寡，难免□□，而拥有大量屋宇者，更忧忧乎其难，倘报数过多，有违法例，过少对住客配粮发生问题，基此诸因，商会值理亦感有须向澳府请示解释之必要，各值理等于昨日曾详加探讨，结果拟定开□多项，于今日上午十一时晋谒澳督，请求解释，以利进行云。

1943年7月6日　第三版

有人派送　救饥丸方

（专访）昨有抱道堂，以现日饥荒时候，一般□□市民，恒无力购米充食，特刊印救饥丸方，四出派送。据云，该方埋丸后，（六岁以下每人每日食丸六钱，廿岁以上者日食一两，）便可充饥，惟丸性近滞，不宜多食，丸用黄芪七斗，黑芝麻三斗，二味三蒸三晒，麦芽三斤，研幼配合黄豆黑芝麻而成，再用米浆炼而成丸，为核桃大，便可餐食云。（康）

1943年7月7日　第三版

商会由今日开始代各业主填报户口　凡会员免费非会员收费一元

本澳当局为谋彻底清查户口，以□调节粮食起见，特于日前由市行政局局长布英沙发出布告，限令所有业主于本月一日起至十五日止，十五天内将共住客人数负责查明，用葡文具函报请粮食证管理处查核各情，迭志报端。一般业主，对于填报等手续，间有未甚明了，因连日前赴商会查询者，大不乏人。商会主席高可宁，当于昨日上午偕同副主席六电明蔡文轩，文书主任梁鸿勋等晋谒督宪请示，□□意谕，以政府此次彻查户口人数，决定严厉执行，如有滥报情事，一经察觉，照法例最严予处罚……盖政府年来对于侨众粮食，极感关怀，不惜历尽艰难，采运米石来澳接济，并设米站廉价售出，此项损失，为数不少，故希望各业主协助政府，认真办理，并着商会负责指导，代各业主填译呈报，至于所需纸张杂费等，准该会对于每一间屋酌收回纸张译述费葡币一元，以资弥补。高氏等奉谕后，当即饬员拟□表式付印，由即日起开始工作，并闻该会规定凡商会会员，系属业主而名字与会员名籍相符，请求办理者，免收费用，至于非会员请求办理者，则收回纸张译述费葡币一元，由该会发回正式收据，并供给查填住客人数表，及饬役代任投送，手续简便异常云。

1943年7月7日　第三版

善款二万元　分拨四粥场

（又讯）广州湾四营平跃会委员来澳捐款十万元，分拨各慈善团体充作经费，其中有二万元交由本报记者送交望德堂、新填海、妈阁、望厦四粥场者，本报记者即于昨日将善款送交四粥场主事人收纳，计各得五千元，擎回收据，以清手续云。

1943年7月8日　第三版

匪徒械劫潘毓华住宅　两被击毙一被活擒　华探多名预伏袭击奏功

（专讯）昨（七）日凌晨时卅五分，肥利喇亚美打大马路七十四号A住宅，发生一宗贼匪闯劫案，匪徒事机不密，为警探预伏轰击，结果卒将匪徒两人击毙，另一匪则告落网，及执获驳壳手枪一支，绳索及塞口布等物。兹将该案经过情形，详录如次。

查亚美打大马路七十四号A（俗称八间屋），为镜湖医院值理潘毓华所居，讵于日前警探当局凭线获悉，有匪徒多人佩备枪械，闯向该户行劫，警探乃于前三日乃照会潘氏家眷离开该屋，派出警探在该屋内及附近匿伏，以资掩捕匪徒。一连三晚，贼匪均未有来临，迨至昨日凌晨卅五分，果有男子多人，行动闪缩，先后到该屋探视，正拟闯进之际，埋伏附近之警探，乃密集枪火，瞄准向之轰击，匪徒见事败露，怆惶逃遁，其中有匪一人，当堂中弹殒命，另一匪则着伤颇重，并生擒匪徒一人，余者想已获逃脱。事发后，警方旋派出大批警探，驾冲锋车驰赴肇事地点围捕余匪，继后并到板樟堂、大三巴、福隆新街等处，搜索匪踪，捕获有男子多人，疑与该案有关云。记者昨据督察长观耶称，匪徒□图不轨，扰乱治安，卒以法网难逃，此匪徒当堂枪毙者一人，□□重伤之匪亦因伤重在山顶医院殒命，生擒者一人，捕获嫌疑多人，当场并执获驳壳手枪一支及绳索等，现在查究中。至潘氏户内一切物件，均无损失云。又记者昨莅场巡视时，见该户门次墙壁，弹痕累累，附近则有血迹斑斑云。

1943年7月8日　第三版

公进会　昨颁粥证

（专访）公教进行会平民粥场，昨日颁发第四期（即七月份）购粥证，到场领取者为数甚众，迄下午五时即行全部发完。该场所用米石，向由当局以公价购得，至现在止，仍未采用商米云。

1943年7月8日　第三版

填报粮证人口　须要当心

（专访）市行政局局长布英沙，昨晨十时接见各报记者，略云当局为彻查人口起见，特颁发填报户口办法，凡全澳住客须将确实人数交由业主代呈管理粮食证事务处，不得或延，如查出有虚报人口情事，决严□□行处罚，不稍宽贷云。

（又讯）粮证管理处此次为严密调整各户粮证起见，连日曾派出人员出外向各户口调查云 。（远）

1943年7月9日　第三版

难民餐　续办一月

（专访）同善堂难民特别餐，自决定续办至夏历六月底后，一般贫民，咸觉欢□。查该堂昨以□餐证领取日期已满，特换发新证，俾得凭证领食，该证以薄纸印制，甚易毁烂，故□书明至十九日止，一俟十九日后则再换新证，可领食至月底云。又查该堂除赠医施药施□施棺外，并增设男女义学，培育英才，为数甚众，□崔养，捐助该处义学生制服款大洋一千五百元，黄祺祥澳纸千元，无名氏澳纸廿二元，金城救济箱双毫七十四元，□纸廿九元，杨式光国币一千元，余庆大洋八百元，统作经费云。（远）

1943年7月9日　第三版

米商观风望气　昨日米价略起　飓风谅难成灾米商休矣

（专讯）本澳米石自太平洋事变后，以交通关系，经呈动荡姿态，所赖当局关怀民瘼，极力维持，方得渡过难关，乃前者屯积米商□良□纵居奇，以致酿成空前恐慌，竟至踏破铁鞋，米无买处，市民相□伯有，惶惶不可终日，虽经当局积极设法维持，□以附近各地新谷相继登场，风潮渐告平息，而侨胞偶尔忆及，尚有色变之慨。米商为祸人群，真有甚于洪水猛兽者矣。查近日本澳米价，因政府同各地购运来澳米石，陆续抵达，而各地谷米亦源源涌来，乃告逐渐下降，甚至低过政府规定公价，每担约百五元之间。侨众正额手相庆，以为可获喘息机会，稍解倒悬之苦，不料屯米商人，惟恐天下不乱，以米价日趋低跌，悻悻如有不甘，乘机□隙，思有以破坏之。前晚天文台悬出风球，表示飓风有发生可能，当即于昨日立刻起价，寖至昨晚，米价已由每元九两而起至八两半，超过额定公价，及傍晚，竟有一帮米商，再施故伎，关上店门卖米，前此米荒时期，各大米商曾表示已无存米，而米潮平息后，旧米随即在市上出现，个里原因，众目共睹，米商之沽清存米，欺天乎，欺人乎，其将谁欺，加以昨日情形，司马昭之心，路人皆见矣。所幸记者发稿时，天际□□巨雷，飓风谅难成灾，且政府运来白米，正在点交中，一俟办理清□，将即推出，此米价断难□起，侨众大可放心，囤米□□，心劳日拙，徒为侨众所指唾耳。

1943年7月10日　第三版

昨传业主呈报住客人数　附缴相片全非事实　管理粮证主任郑重否认

（专访）业主代住客呈报人口手续，本报连日均有刊登，查昨外传呈报住客，填报时须附缴住客之相片，此种相片每住户一张（即每粮食证一张），而相片须将该户全家亲属于住所者合摄其中，凡业主代住客申报人数时，必须同时将该住客之合摄相片缴交，以便查核等情，致引起市民纷议误会。商会副主席陆电明，文书主任梁鸿勋，特为此事走谒管理粮证处主任华士贾些路叩询一切，据华氏称，外传呈报住客须连同住客全家相片等情，全非事实，须缴附相片只指住客迁居，请求改变粮证住址而言，与业主呈报普通住客无关云。又据市行政局长布英沙发出布告称，所有包租人亦须协助业主呈报住客人数云。

1943年7月11日　第三版

传谷米专营公司不日或将正式成立　谷米运澳须领输运证　拨成数交澳府及某方

（专讯）迩来米价由于来□甚伙，故趋暴跌，由二百余元跌至每担仅值一百三十余元，相去极远，居民甚□实深利赖，讵在此一两日内米价又反回一百六十余元，以昨日市道竟升至一百七十元之数。至米价起涨之原因，乃一般米商兴波作浪所致，一俟日间天气转晴，来源数伙，则其价当趋低跌也。

（专讯）关于本埠谷米专营，传闻甚盛，记者昨据有关方面消息，该项专营情事现已积极进行，届时专营公司成立后，凡由外地运谷米来澳者，须向该公司请求签发输运证，书明其数量之多寡，而谷米运澳者，须将其整批谷数，拨出百分之二十，呈交有关方面，至来澳后又再拨百分之二十交给澳府转米站低价配售云。

1943年7月11日　第三版

功德林粥场　继续售粥

（专访）功德林平价售粥场，每日早晚两次在三巴仔该场内举行，查该场虽于米价飞涨下，迄今仍廉售如故，未尝稍涨，亏蚀款项，由某某热心妇女捐出，每碗米粥，只收费铜仙两枚，嘉惠贫民不少云。（康）

1943年7月11日　第三版

祀神者少　莲溪庙祝请求退休

（专访）市民近日对于酬神等迷信举动已日渐漠视，查前日镜湖医院堂期会议有莲溪庙司祝以投承期满，商请该院派员接洽，虽不收一切费用，亦决不续办，刻该院决议先派员议查，一俟完竣，本月十五日始行答复该庙司祝云。（康）

1943年7月11日　第三版

热心人捐助　同善堂义学

（专访）月来社会热心人士，对于救济贫侨工作，不遗余力，查□日又有恒心行感同善堂义学办理颇佳，特捐助葡币四百元，以充该校经费。

1943年7月12日　第三版

大福轮船公司结束　全部职员均予津助　遇难者按薪抚恤二年　逃生者补助半年薪饷

（专讯）行走澳湾海防线之大福轮船公司永华号不幸于去月一日深夜，由广州湾赴海防途次，在东京湾附近海面遇险沉没，当时因事出仓促抢救不及，故获逃生者，除船主大伙等十七人外，其余船员搭客及货物，均随该轮深入海底，各情独志本报。现船主及大伙等经于日前先后由海防返澳。顷查该公司自永华轮沉后，咸认为无须设立之必要，故决定予以结束，惟此永华轮中遇难之船员，均系该公司雇用者，因此对家属之抚恤，实不能无所表示，乃决定拨出巨款，以为支付遇难船员家属之特恤费用。闻抚恤费之支付办法，经详细考虑后，遂拟定凡船员不幸遭难者，经调查确实后，按照其在轮职守每月所得之薪值给多二年之数，该数即每月薪金为卅元者，得领抚恤金七百二十元，而当时遇事后得获逃生报到者，每员亦按照其每月薪值所得给予补助费六月。至该公司于办理该项事宜后，即行结束，而任职该公司之职员，亦一律解雇，惟际兹时值非常，各职员能得一支寄者，殊非易易，故该公司主事人有见及此，对解雇之职员亦有所津助，经定每员给予恩饷三月云。

1943年7月13日　第三版

业主无良见利忘义　拒绝填报住客人口　有人借词向每伙住客苛索　居民可投诉市行政局控告

（专访）关于业主代住客填报人口事宜，连日商会已加聘职员廿余人办理。查昨日市民以当局规定截止填报期只有数天，故前往商会申请填报及签认笔迹者极为挤拥，商会方面为免争先计，特发出号码筹仔，俾便市民循序领收，并延长办公时间，每日由上午九时至十二时，下午二时至八时，办理一切填报人口事务，凡市民填报者，可届时前往。昨日该会以二百号前填报表翻译葡文完竣，特开始签认笔迹，业主依时前往签认者，为数甚多，昨日交往该会之填报表，定本星期五全日签认笔迹，届时仍由业主亲自前往签署，一切翻译费用，每间屋葡币一元，由业主自负，不论伙数多少均收一元。（远）

（又讯）关于当局此次复查户口，而一般市民，初误以为当局从新复查人口而增发粮证，故未领有粮证或遗失，及逾期未更换作废者，莫不喜形于色。嗣后本报于日前发表□□，市民多已洞悉，惟尚有一般小业主仍未明了者，本报不厌求详，重行表述，当局此次复查户口，实为鉴于日前住户所报之人口数目超出本澳人口总数，而须根据现所报之确切数额予以削减，并非予无粮证者得重行领取也。又查复查户口，其住户之住客数额，如有滥报者，业主绝对负责一切，但住客亦应协助业主据实填报，倘该条例未施行前或在办理填报期中，系从新迁入之住客，业主亦应填报。而商会代办之费用每户一元，其费指定系由业主负责，业主毋得砌词推却或借端苛索费用等情。据记者昨调查所得，此闻桥仔头大街某号，某业主代理人为某氏，借此次复查户口，而竟向新迁入之住客索取费用，倘不予与者，则拒绝填报，其所据之理由，认为填报须聘律师等需费甚巨，其次更有一般无良业主对填报事，竟不予置理，以致其住客徬徨狼狈无所适从。惟根据澳府法例，倘遇此种情事者，住客得依法向市行政局控告业主当必受重罚云。

1943年7月14日　第三版

镜湖医院值理否认留医须觅担保　患病者随时均可入院求治

（专讯）本澳镜湖医院，自现届值理莅任后，迄今已将达三载，在此悠久岁月中，由主席刘叙堂、王德光暨列值理殚精竭力措施下，兴利革弊，开源节流，办理日趋完善。惟外间仍有误传该院收容贫病者，须觅名流绅商担保始得入院留医，诸多责难，该院各值理认为憾事，极愿向各界解释一切。记者昨据该院值理黄耀坚郑重宣称，本院之设，纯为福利贫苦罹病侨胞，各值理等本乐善为怀，服务社会之旨，务使贫苦罹病者，得疗治之所，至外间一般人误疑病人入院求医者，须觅名流、绅商，或有力者之保荐，方克入院，否则拒予收容等情，此点全非事实。依照本院规例，凡市民请求入院留医者，经由值日医生检验，其确属罹病无伪者，故乐收容，并无拒绝之举，至染病者不论其任何国籍均得入院疗治，无须办理请托任何人担保之手续。惟际此非常时期，粮食昂价之秋，一般贫苦大众呻吟此种压力下，食粮缺乏，营养不足，以致体□支□，奄奄残喘，彼辈乃利本院粮食有养，遂诡称染病，即到院要求留医，俾得馔食裹腹。其情虽甚可悯，惟其人并非罹病为院例所不许，故迫得拒予接收，彼辈以所愿难口或致流言中伤也，又本院除特等头等、二等，病室从轻收费外，其余三等病房均为利便贫苦无力负担医药费者，惜迩来收容数目极伙，极力增辟地方，仍感额满见遗，但当尽量收容，以利贫病侨胞云。黄氏继称，际此疫症盛行之时，亟宜注射防疫药液，本院为协助卫生局之防疫运动起见，特免费为各界注射，由卫生局派员到场签发防疫证书，希各界为珍惜宝贵生命，应从速注射云。

1943年7月15日　第四版

警局严厉执行　取缔收买当票　昨日拘违例者十余人

（专讯）警方当局为维护市面治安，防歹徒活动起见，曾颁令市面各什架旧料摊，不得收买当票，并饬所属警探严密侦查。讵野草烧不尽，春风吹又生，最近又发现有的不肖歹徒，在各当押门次混迹，从中收买当票。当局以彼辈□不畏法，殊属罪恶，乃令警探尽将彼辈肃清，以维法纪，查昨日捕获者达十余人云。

1943年7月16日　第三版

填报住客人口　澳督批准延展七天　本月廿二日止截决不再展　商会继续接收业主填报表

（专访）关于填报户口事宜，定期昨日止截。查前日商会高、陆、梁三值理联谒澳督，请求展期填报，以便市民。据澳督表示，商会协助政府办理填报户口，手续周密，殊足嘉许，原定截止期本不便变更，但以商会收到填报表五千余份，一切翻译及验笔迹签字等工作，未免繁忙，故特准于原定期限外再延长一星期，俾便将全部工作办竣。高氏等奉命后，即回商会饬各职员，凡未赶及在十五日以前填报者，该会亦可照收，截至本月廿二日止。各未申请及缴交填报表者，须速行填报，以免逾期受罚，盖当局在展期一周后，决不再展。现商会收到会员及非会员呈报表甚多，经加聘职员六人任翻译，至现在止已译竣者二千余份，如在二千号以内送达之呈报表，可于每日上午九时至十二时，下午二时至八时前往该会二楼签认笔迹，至领取填报表等。因近日工作较闲，改在每日下午五时停止办公。已填妥之呈报表，可交往该会三楼办理云。（远）

又查商会代办之填译费每间屋葡币一元，由业主负责，毋得向住客苛索等，已志前报。闻昨又有新马路某代理收租人，分向住客索取呈报费，每张葡币一元，否则不予理会。此种苛索，实属违法，各住客可不予缴交，或据情向市行政局长控告，以维法纪云。

1943年7月16日　第三版

难童餐经费将罄　月杪有停办可能

（专讯）同善堂自举办难童餐以来，迄今将达三月，一般贫苦市民，每日可得获一饱者，□一千五百余人，而该堂所施粥量可供难童餐食而有余，故难童每日将领得之粥回家分作两人食者，实繁有众。查该堂近以难童餐每月支出费用浩繁，截至本月止，将因经费支绌，有暂停办理可能。该堂主席崔诺枝称，希望社会热心人士踊跃资助，俾免有停办之虞。至该一千五百难童，现仍每日前求领粥，只六童已不见再来，或趋于死亡之途云。

1943年7月16日　第三版

督察长　送米百余斤　助同善堂施粥

昨日督察长观耶送米一百六十六斤，交同善堂为施派难童餐之用，同时该堂收到捐款有五福堂助大洋一千二百五十元云。

1943年7月17日　第三版

小型球义赛　警察对中华

警察小型足球队，近以天主教粥场办理完善，救生不少大众。而该场经费有限，希望社会人士多所协助，则救济时日可继续延长。警察队以此义举，实难后人，特定本星期日下午七时半，在良友球场与本处劲旅中华队比赛，慈善费定收一毫，全数交该粥场售平民粥，届时两雄相遇，定有一番剧烈演出也。又据该场李神父称，前日督察杯颁奖礼，蔡吴启□报效竹棚，诚德□□报效□□□□□热心之致云。

1943年7月17日　第三版

海岛市明日隆重举行圣母瞻礼　罗主教将亲临主持典礼　澳督暨文武官员均参加

（专访）本月十八日（明日）凼仔举行圣母圣衣瞻礼纪念日，是日上午八时，由该堂神父颜□若举行弥撒祈祷礼，十时由罗若望主教主持弥撒并为海岛市教友放坚进，礼毕扛圣母像出游，由本澳财政局职员数人唱圣诗，无原罪音乐队奏乐。是日瞻礼，其隆重情况，为海岛空前少见者。故届时□定前往参加者有澳督戴思乐夫妇及秘书长哥士德及各文武官员。当局为利便教徒是日由澳前往参加瞻礼起见，除日常轮渡照常开行，派专轮为主教及督宪乘坐外，并加派轮渡开多班次，九时由澳往海岛，下午一时半由海岛开行回澳。料明日中西教徒前往参加者必甚踊跃云。

1943年7月18日　第三版

米商又弄玄虚　暗盘米价昨高涨　市民咸盼米商将存米抛出

（专访）自米站停售数天后，市上米价又趋回涨。查昨日米价上午暗盘每担只值双毫一百六十八元，零沽每元可购九两，迄下午则又再趋高涨，每担值价一百九十元至二百元间。更有三数零沽店，又以无米发售闻，因此一般市民，极感困苦，且多盼望大批发商人，速将存米廉价沽出，以拯贫黎。而杂粮如眉豆、黄豆、番薯、芋头等。（下略）

1943年7月18日　第三版

特殊现象

年来市上之小本营生者，日渐众多，尤以流动烟摊为最盛，其数颇难统计。自日前大众公司之红心牌香烟出市后，以其物质装□驾于一切之上，故人多购吸，大有求过于供之势。是以名烟反争相采购应市，其挤拥情形与昔日之求购粮食者无异，事属香烟有史以来突破纪录云。

1943年7月19日　第三版

三千担谷昨突涌到　高价暗盘立被摧毁　米商玩弄玄虚又告失败矣

（专访）米商善贾人所共知。日前曾一度利用时机将米价提高至二百余元，市民无不叫苦连天。后因谷米源源运到，市价暗盘随即下降，乃前日又施惯技再放谣言，有云飓风将袭澳境，有云某处禁米出口，煞有介事。一日之间，无良米商又以良机已至，市面之商米价格又趋高涨，暗盘由每担一百六十元扳至一百八十五元以上，情形殊令人咋舌。惟关于米石来源，因中山各地产米区之禾稻，均已成熟，早造登场，预料将有大批米石运澳。查昨日有谷米一批，分由大船三十四艘，由中山五区白蕉乡驶运来澳。该批谷米数达共三千余担，米船抵澳后，其寄泊两湾新口岸对开海面，经由夫力移陆后，暂寄存于果栏街某号货仓，旋即以低价售与澳府，其余由运输□驶运来澳之谷米，数亦不鲜。就以昨日调查所得，约达数百担。是故市面商米，因以大量谷米抵澳影响，其价格遂转趋下游，比前日每担约跌二十余元。查昨日米价，新兴白一百六十七元，朴米一百五十二元，新兴白谷一百零三元。记者据运输界方面消息，在此数日内，将有大量谷米源运澳，米价将更趋下倾云。

1943年7月19日　第三版

填报人口表　代理人可签署　未签名者从速办理

（专访）商会代办之呈报户口表，连日已加紧编译，昨日止，已译竣二千五百余号，其余未译者，刻在编译中，预料本月廿二日前，即可办妥。凡在二千五号送达之呈报表，可于今晨九时起前往该会签名。二千五百号几下至千号，则在下午二时至八时继续签发。未曾签名之业主，须速前往签署以免积延时日。至业主离澳交由别人收租者，于往该会签名前须先向商务咨询处沙威耶君，居询问始可签发，否则延误办公，诸为不便。至该会规定凡业主因事离澳时，可由会员代行签名，非会员之业主，必要时亦可由其至亲人（如父子兄弟等）代签。□代签名者，须先向沙威耶君陈明，俾便代办云。（远）

1943年7月20日　第三版

昨日又有谷米运到　米机昼夜开工碾磨　谷栏米行成盘近公价　零沽店书明每元十两

（专访）各地早造新谷连日已大量收到，价格狂降，只几中山产米区者言，每担米仅□值双毫八十余元，各运输商人以有利可图，多纷纷办运来澳，前日运抵本埠之谷米已达三千余担。查昨日又有商人办到新谷约一千担，分□米机辗磨，故前昨两日各米机昼夜开工，忙过不了。一般囤积居奇利用时机者，闻讯无不纷纷放出。□日本澳虽高悬五号风球，米价之低跌，仍不因改悬风球而阻碍。米行谷栏暗盘昨日上白米仅成一百六十元，朴米为一百五十元左右。零沽店亦恢复常态，门前大书每元十两，盖皆恐该帮新谷一旦碾磨成米，向市面推出后，价格将有续降可能。而一般市民对于米站恢复售米日期极为注意，记者昨据米站主事人称，现运到之谷刻在碾磨中，一俟碾磨成米，即决定发售日期云。

1943年7月21日　第三版

警探当局连续破获两伪制机关　仿造证纸公烟封条人赃并获　一男子私设发电机同罹法网

（专讯）澳府当局为适应非常时期措施起见，曾颁行命令，举凡留居本澳之侨民，设有收音机者，须向邮电局呈报，更不得私设电台拍发电报，倘有违犯该项条例者，一经侦悉，即行依照非常时期法令予以处罚。讵日□警探当局。得接线报谓□乐巷某号三楼，设有无线电收发机一副，私自拍发电报。警方据报后，旋派出警探多人，按址前赴搜查，当场搜有电机一副，并将有关之男子叶某解署控究。又连日破获伪制机关两所，一为仿制验粪纸，一为仿制鸦片专卖局公烟封条。兹分录于后。

仿制验粪证书

本月十八日上午九时许，警局特务警探部在老人围某号地下，破获一伪制验粪纸机关，将一男子黄珠捕获，搜得水印三件，内刻M，B，C等字样。继后又到木桥横街某号搜查，并获有经制成之验粪纸六百五十张，及橡胶蓝色水印，红蓝颜色等物，并将男子阿达捕获一并解署控究。在警方严密研讯下，被告直认不讳。继后警探又捕获雕制水印之男子陈广□，奔走之谭□解署。警方以证据确鉴，现将各被告之口供取录，日□备文解法院办理云。

仿制公烟封条

（又讯）本月初旬警探又破获一宗假冒鸦片专卖公烟封条案。被告男子为岑永及其岳母，于当日为警探侦悉，在新桥莲峰庙前地之桥巷某号内□□有印版颜色等物，另经制成之伪封条□□多。警方将岑及其岳母严密研讯，取录口供后，备文转解专卖局办理。闻该局将于日间依例判以罚款云。

1943年7月21日　第三版

难童餐筹募会　定期开会结束

（专访）同善堂筹募难童餐经费义演会，得各界热心人士同情义募，共得葡币二万七千余元，成绩超卓，为近月来筹募所鲜见。查该义演会现以卖花戏票捐款等数目全部收费，特定期今日下午二时在该堂开结束大会，公布收支数目，并函请各部工作人员出席，俾众周知云。（远）

1943年7月22日　第三版

米价日趋狂泻　零沽白米每元十一两

（专访）连日各米商恐米价格续降，纷纷将存米抛出，以防亏蚀。市面零售商号，亦高书白米每元十一两字样，市民前往购买者为数甚众。发售暗盘价，每担又跌三四元，朴米只值每担双毫一百四十八元，新兴白一百五十二元，龙牙粘一百五十四元。大帮成交，仍甚少云。（远）

1943年7月22日　第三版

法院刑庭昨公审三角海面械劫案

（专讯）男子李兴、黄阳，妇人陈安，于昨日被控于法院刑庭，指其于去年六月廿七日在三角海面，伙同匪徒七人，械劫由香港来澳之货船之罪。查该案缘有运输男子何某，在港采购价值千余元之笠衫一批，计共十二打，雇用渔船一艘，载运来澳，于是日午间驶到本澳凼仔对开之三角海面，遂遭李黄等骑艇露械行劫，将所有之笠衫悉数掠去。何遭劫后，旋即驶赴黑沙当地政府投报。当局据讯后，飞速派出水警驾小轮跟踪搜捕。而李黄等见事机败露，以警轮□捕甚□，竟先鸣枪拒捕，而水警亦用机关枪瞄准横射，黄等且战且逃，甫将附近口岸时，遂离艇泅水逃走，而枪械亦抛弃海中。警轮乃将艇中之笠衫起回。艇妇陈安，因不识水性，故未逃脱。当堂被捕，一并将贼艇拖返黑沙查究。继后又侦悉杨黄等多人在凼仔□合利烟格内混迹，乃按址前往将之掩捕，除一匪陈全在逃未获外，余均一并落网，转解港务局办理。经由官方研讯，被告均直认不讳，并供出此次所佩备之械，计共三条，长枪一支，短枪两柄。港务局取录口供后，备文转押法院办理。法院以案情重大，故延至昨日始行公审，计是日到堂候审者除黄李及陈妇外，余均已于日前病逝狱中。是日法官登堂后，即先后传各被告登堂作供，至九时许，仍未审讯完结。法官乃有论据堂，押候审判云。

1943年7月22日　第三版

青州难民营　收到捐款

（专访）青州难民营当局昨对记者称，本营现得赵七捐来澳币一百元，黄安，大有□捐澳币五十元，拨充经费。诸热心人士，关怀贫苦，殊足敬佩。除代贫民向赵黄诸君致谢外，并希各人士继赵黄之后，多予资助，以惠贫寒云。

1943年7月23日　第三版

商会代填住客人口昨日止截办理　值理梁鸿勋苦功高受奖

（专访）澳门商会代业主办理呈报住人口日期，昨已止截接收办理。日来办理签名翻译等手续，业主到会办理者异常挤拥，各工作人员大有应接不暇之势。昨据商会值理李如楷称，为使早日完竣该项填报手续起见，决由今日起增派工作人员，负责办理，至于签名号数，仍由一号至四千五百数云。

又商会昨开第廿九次常会，兹将议案志录如下。

第廿九次常会议记录

报告事项

一、梁主任报告，关于此次本会代各业主办理呈报住客人数用文具纸及印刷品等项，现据美华号列单，计七百七十二元六毫又新中林记列单计三十一元八毫，报请查核由。

（编者注：原文缺“二”）

三、景然栈司理刘镜垣函一乙件。为因收租困难，愿将坐落快艇头里一号自置屋宇一间，提请本会代为拍卖，除费用外，将所得三成拨充会费，七成归还业主。请见复由。（事关拍卖，本会未便办理。函复该司理查照由）

四、会员刘柏盈函一件。为伊子刘明新回国升学，附送年籍相底，请给证明书由。（照发）

五、会员陈雨廷函一件。为伊子陈培松返国升学，附送年籍相片，请给予证明，以利旅行由。（照发）

六、梁主任报告关于日前奉命前赴公钞局协助评定生艺钞等级一节，业已评定完竣。嗣后关于新兴行号之申请生艺钞者，逢星期一日下午三时仍由本会指派值理前赴公钞局协助评定，报请查照由。

（编者注：原文省略）

九、讨论事项，一、宣布新入会会员，张锡良、得来茶楼、郑参伯、黄志容介绍。决议通过。

（又讯）该会此次代业主填报住客人口数额事宜，办理有条不紊，且工作迅速，极为澳府及社会人士所赞许。查昨日堂期会议席上，各值理对于文书主任梁鸿勋致力尤多，劳苦功高，实堪嘉许，特联同致送纪念章一枚，以志其勋云。

1943年7月24日　第三版

因启用电风扇数商店被罚巨款　希各商户注意免罹处罚

（本报专讯）本埠当局，为适应目前环境起见，于本月十七日起，由市营电力管理局局长巴路士发出通告，实施限制居户耗用电流，除以双单日分区供应电流外，风扇及冷气机，一律不准启用。自该条例施行后，需厉执行，讵料竟有商店居户，对于禁用风扇一例，未加注意，仍然启用，电力局连日特派出稽查员，严密赴各商户侦查，发觉有启用风扇者，则予控究。查昨日有板樟堂马庆康饼店，南恩昌、广丰隆银号，及其他商店多间，因启用风扇，为稽查员侦悉，依法办理，各判罚巨款。希望埠中各商户应切实协助澳府，凛遵条例，免罹处罚云。

1943年7月24日　第三版

平民膳处　收到捐款

新口岸平民膳食处，最近收到本澳商人黄樟山捐助国币二千元，黄三太国币一千元，无名氏双毫一百五十元，无名氏军票五十元，极冀社会人士多捐输，以为继续救贫云。

1943年7月25日　第三版

望厦米站将恢复售米　米价照旧并不增加　米店售米搀什沙石按律严惩　警察家属人口亦予严密调查　督察长观长昨对记者之谈话

（专访）粮食统制会委员兼督察长观耶，于昨日接见各报记者于办公室，答复记者之询问数则，兹录如下。

（记者问）望厦米站自停止配售公米后，至今已达多日，居民咸望其能早日恢复配售，免受市面商米昂贵而影响生活，故恢复之期，未悉已决定否。又关于最近由外运来之谷，闻政府以每担一百零数元购入，而每担谷碾磨成米仅得七成，倘政府将来恢复米站售米，公价仍照每斤七毫，则亏蚀甚巨，故公米价格，是否或有增加。

（观氏答）关于恢复配售公米，澳府正商讨中，或于短期内可能恢复。至米价一项而言，在过去政府经津贴巨款，抢救民食，故将来米站恢复售米，其价依旧，不予增加云。

（记者问）自政府规定市面商米价格，每元葡币十一两半后，市面各米店虽多依照实行，但米店对购米者，每人仅得购五毫，难得多购，且有不肖米商，更丧尽天良，对所售之米石为朴米外，并搀杂沙石、谷壳、谷糠等物，居民购归时，须经拣执清淘沙石及谷糠后，方能煮食。此种不法之举，政府致应严予取缔，以维民食。

（观氏答）迩来由外运来谷米，异常众多，数量巨大，其价理应因供过于求而致暴跌。但米商对米石售价，仍未减低，政府为维护民食计，乃有将规定公价，略予减低，以轻居民负担。倘居民如发觉米店所售之白米，有混杂沙石，谷糠等物，证据确凿者，可召警将之解署控究，当按律予以严惩云。

观氏最后对记者称，政府为彻查居民户口，埠中各居户均照手续填报，而本警察局，对于所属各警员之家属人口，亦予严密调查，务使留居本澳之居民，得一确实数额，以利将来计口授粮办法之施行云。

1943年7月26日　第三版

同善堂难童餐支销浩大　呼吁善长捐助　该堂施粥月需经费万六千元

（专访）迩来贫病交迫，饿毙街头者，为数日众，本报日前为文，力言各侨团殷商须扩大救济工作，以减小死亡数量。昨日记者曾以救饥为日前严重问题之一，特向同善堂主席崔诺枝叩询意见，据崔氏称，本堂为本澳望善机关之一，得各界人士同情，自动捐助巨款，得渡难关，弥深感幸。然吾人自任职以还，恒以如何为善堂筹款耿耿于怀，如月前商请陈茂枝、高太太、黄杰源、蔡文轩共捐巨款置业，以增本堂租项，可见一斑。贵报呼吁扩大救济工作，热心为善，弥足佩敬，惟本堂每限于经费，难如所愿，如最近难童餐经费支绌，亟待捐助，如无捐款，则下月份有停办之虞。盼望社会热心人士，纷纷捐助，以惠贫黎。至目前难童餐得食者二千五百人，如以现下物价计算，每月需款双毫一万六千元，至农历十二月份止，共需款双毫九万六千元。期望本澳富商，鼎力资助，共同捐足上列善款，此则敝堂同人谨代贫民深切呼吁云云。（远）

（又讯）同善堂现以难童餐及难民特别餐经费支出，亟待社会人士捐助，始得再行施派。查该堂定今日开值理常会，讨论此项救饥问题，以拯贫黎云。

1943年7月26日　第三版

本澳罪犯伙食改饭为粥　非常时期之措施

（专访）本埠监狱之罪犯伙食，向由法院通告招人投承供食，规定每日每人两饭一粥，占米十两。承办者因投价低廉，故亏蚀殊甚。顷政府为体恤投承者起见，更改犯人伙食之占米数量，由每日十两减为六两，两饭一粥，则改为早午晚三餐皆粥，每餐得粥量达斤余重，另有餸菜佐汤，实足果腹。日前警察局布英沙，及警察长观耶，曾参看犯人伙食之粥料，见混入煮粥之材料丰富，亦认为满意。闻当局有将犯人伙食之餐粥，改为难民营兼办云。

1943年7月27日　第三版

市行政局通告限制市民购存谷米　每人不得购入商米逾廿斤　营米业者须呈报存米数目

（专讯）澳府当局，为维护本埠居民生活，严厉限制一般不道德之分子囤积谷米，祸害民生起见，特商榷一具体之完整办法，经由市行政局长布英沙发出布告。兹照录如下。

（一）由本日起，所有商店及杂货店零沽白米或谷米，每人不能卖出多过廿斤。

（二）米仓东主或司理，对购者有特别许可时，可任由购买，但许可必有购者之姓名及存米地点。

（三）私家人每人或每个工人，可准藏米一担，但必需通知官厅及将粮食证缴销。

（四）所有米仓，杂货店或零沽米店限由本布告公布之日起，限三日内须呈报今日（即布告公布之日）所存有谷米之数目。

（五）关于第二、第三条所定之报告，或领许可或缴销粮食证等情，应交到警察厅三楼督察处。每日由上午九时至十二时，下午四时至六时。

又通知各商店及杂货店，应于店内之显明地点将下列各粮食价格标明。以西洋纸为本位，并用中葡文书写。

计开

白米、谷米、生油、糖、猪油、豆类、面粉、片糖、盐猪肉。

兹将本布告译出华文，颁行宪报，及本澳各报纸，及贴在常口告示处所俾众周知。

此布

一九四三年七月廿七日

局长布英沙

1943年7月27日　第三版

公钞科严密查究违犯公钞例者　商店所营生意须符合牌照

（专讯）澳府当局，为调整埠中商店之公钞起见，日前经颁行新例，着全澳商号重新填报，确定钞额等级，另组公物委员会统理评定事宜，商会值理梁鸿勋亦为委员之一，办理经过，异常顺利。记者昨据商会商务咨询处书记称，关于新开设之商号，入禀申请领取牌照者，须向公钞局购买填格表一纸（每张六角），将该号经营货物项目，用中文一一填入表内，翻译葡文，然后呈交公钞科，以使评定其应列入钞额等级。惟公钞条例，凡商店所填报之经营货物项与其店户所营售不同者，经查悉，得依例控以瞒报之罪照章科罚款项，故现该公钞科主任诚恐商店对填报经营货项之类别错误而罹罪究，特发行该新设之填格纸，商店填报先用中文缮写清楚，如葡文或有错误，而商店亦可根据中文申办云。

1943年7月27日　第三版

昨日米价

（专访）本埠米价格日趋猛跌，据昨日朴米成盘，每担一百二十四元，新兴白一百四十二元，零沽米店朴米皆标明每元十一两半。

1943年7月28日　第三版

当局限制居民存米　食物店亦须报存量　但可免将粮证缴销

（专讯）市行政局局长布英沙昨日发出通告限制米店售米，惟该布告内开各项略谓，为由发出布告之日起，所有商店及杂货店零沽谷米，凡顾客购买谷米每人不能购买二十斤以上，倘有超过该数量者，须将购者之姓名及存米地点呈报。而每人，又准藏米一担，但必须呈报当局及将粮食证缴销。而所有米仓、杂货店或零沽米店限由本布告公布之日起，限三日内须呈报所存谷米之数目，各情已志昨报。自该布告发出后，埠中一般米仓、谷□，及零沽米商拆家等，均已准备呈报手续，惟有一般茶楼，餐室，酒楼等食物店，其每日因营业关系，需用米石之数额，实属不菲，倘依照澳府颁签之例每人限购二十斤，则对营业大有影响。倘若多量购买，又须缴销粮食证，此举殊难办理，故一般经营食物店者，莫所适从。记者为明了个中实情起见，特于昨日走访粮食统制会委员兼督察长观耶，□情道达，希予详加示复。观氏答称，关于埠中食物店购入及存储之谷米，亦须赴警察厅三楼督察处将所有之数额呈报，但毋须将粮食证缴销。至该条例颁行初期，办理手续略为繁絮，惟一俟三日之呈报完竣后，常严厉执行云。

1943年7月29日　第三版

谷米业商人呈报存量　限期今日最后一天　什粮店亦须标明售价

（本报专讯）澳府当局最近为调整民食，限制米店售米起见，于本月廿七日由市行政局颁行明令，内开数则，各情已详志本报。惟一般米店及居民，对于现颁行之条例，仍有未尽明了者，故对于呈报存米数额事宜，尚持观望态度。记者为求社会人士明了起见，特不厌求详，于昨日再度晋谒督察长兼粮食统制会委员观耶，叩询一切，蒙予答复如下。关于米店呈报存米问题，按照颁行之条例第四项内开“所有米仓、杂货店况零沽米店限由本布告公布之日起，限三日内须呈报今日所存有之数目”，查直至现在，三日之期今（廿九）日始行止截，故米店呈报存米数目，今日仍可办理。倘逾期而不呈报，及售出米石每人超过廿斤以上，而不将购者之姓名及存米地点登记者，政府则依例予以处罚。而米店呈报存米数目之手续，至为简便，只用白纸一张，用中文缮明该米店之名号，所在之地址及门牌，并将每日售出米量及存量若干，一一书明，然后依办公时间呈缴来署，无须缮绎葡文及盖章。至米店而不呈报存售米量者，一经侦悉有据，则将其所有存米充公，及依法处罚。至于规定各粮食店用中葡文标明售价，为利便商店办理，亦予限期三天，即在此三日内，商店应依照颁令所限三日以期办理完竣，逾期仍未办理者，即属触犯条例。政府将于日间派出大批警探，出巡市面，倘发觉杂货店而不将粮食价格用中葡文标明者，则依法予以控究云。

1943年7月29日　第三版

已注射防疫液者　勿忘携带防疫证

本澳卫生局，以夏季传染病易于流行，为维护市民健康起见，除各医药专处外，并在街头增设免费代市民注射防疫针，意至良善。市民之未经注射者，宜自动请求注射。但街头防疫执行人员，执法不苟，遇未经注射，或已注射而无注射证书证明，借而推诿逃避起见，故凡无注射证明为据，一律均须注射。故一般既经注射者，每日外出勿忘携注射证书可也。（汉）

1943年7月30日　第三版

白米　每元十三两

（专访）日来天色晴和，各地禾稻纷纷收割，本埠米价，继续低跌。据昨日成盘，朴米每担一百零五元，新兴白每担一百二十五元，市面零售米店，每元白米可购十三两。照当局原定价格，已低过一两半。据一般人推测，米价将续有低跌可能云。（纪）

1943年7月30日　第三版

八月份用电逾额照章执行罚款　启用风扇停供电流

（专访）市营电力管理局，前为节省煤起见，特颁布全澳分区停供电流及禁开风扇等，以免因消耗过甚，有停止供应之虞。昨日该局又再发通告，云将根据法律许可之价目，实行收缴过额用电户罚款。惟该罚款所定秘以赋下月份（八月份）过额电力用户而言，并云盼望市民深明该局屡次颁布限制条例，实为适应非常时期之措施，使电流得长期供应，毋虞缺乏。幸能体谅劝告，毋贪一时舒适云。

1943年7月30日　第三版

民生号函商会□议　组粮食评价会

（专访）昨有民生粮食什货店，为求与政府合作，使本埠粮食更趋安定，提议联合米商、澳门商会、慈善机关等，成立一粮食评价会，协助政府调整粮食价格。于昨商会堂议，投函该会，请向当局陈请。该会接函后，以此事须待详细考虑，始能答复，留待下堂期始行讨论云。（纪）

1943年7月31日　第三版

烂鬼楼杂架摊木屋限期三日拆毁　市政厅整顿市容之一斑

（专访）市政厅当局，近以烂鬼楼街道杂架摊林立，而其中有木屋等物，横□路旁，实属有碍交通极拟整顿，特于昨日饬派查牌员向该街道各什架摊主事人劝告，饬令即日起于三日内，将所有以为居留之木屋仔拆毁，否则查究。至各收买桥今后仍准日间搁设货物照常陈售，夜间收市须即回家住宿，不得在桥口（即屋仔）居住云。（远）

1943年7月31日　第三版

修筑连胜马路　五十天可完竣

（专访）本澳当局，日前应镜湖医院慈善会及全澳市民请求，开工修理连胜马路路面，使口于平坦，便利行人，减少震荡之苦。兹据有关方面讯息，该路自开始修建以来，经有多日，两边路龙局部已修整完竣，约期九月中旬，即可全部工竣。来往行人，今后当感便利云。（康）

1943年8月1日　第三版

不景气笼罩下教育事业日趋衰落　中小学校停办者五十余间

（本报专讯）本埠教育事业，自广州战后，人口激增，一般逃难来澳者，多就地遣送其子弟入学供读，故学生众多。自内地各学校亦纷纷迁澳，广续办理，故当时各中小学校之设立，有若雨后春笋，计达一百零七所，情形异常蓬勃。迨自去年冬来，太平洋战事爆发，物价高涨，居民生活应付维艰。在此不景气笼罩下，对于子弟教育，所需费用，颇感难以维持，故因环境关系而致中途辍学或离澳者甚众。各学校受此严重打击，学生日积退减，故经费收入短绌，而致停办者，接二连三，时有所闻。据最近调查所得，本澳现存在之学校除天主教会主办之学校未列入统计外，包括中小学校及义学仍继续办理者，仅得五十间，比往昔之数，未得其半。惟现尚未届开课时期，倘将来秋季始业时，相继停办者，当不仅此数云。

1943年8月1日　第三版

烂鬼楼木屋暂缓执行拆卸　摊贩向警局请求结果

（专访）本澳当局，为整顿市容起见，经派员劝令烂鬼楼杂架摊木屋主事人，于三日内将木屋拆毁，各情已志昨报。查该街杂架摊主事人十余人，以当局突下此通告，将无以为生，且该本屋自建搭已历十余年，若令拆毁，诸多不便，特于昨午三时会同行友十余人将实情向警局请求，暂缓执行拆毁，以恤艰苦。当局聆悉后，以其所请确属实情，将准其恳求，暂缓拆毁云。（康）

1943年8月1日　第三版

粥场又增一所　葡澳十字分会增设廉价粥场　粥价分三种以利贫民

（本报专讯）由于战事影响，中下居民，皆溺于饥馑之境，故一般善长之士，体切时艰，恻然动念，遂慷慨解囊，设法救济，因此粥场之设，数达多处。彼等或免费施派，或廉价出卖，若□庶黎，获此嘉惠者，无非浅□。查此间葡国红十字会澳门分会，主席罗德礼最近感难民待救□亟，特增办廉价售粥场一所，地址经择定南湾劝记建筑工场。拟于下月十五日开始设售，至粥价规定一角、二角、四角三种。而煮粥用之材料，计有白米、黄豆、鱼肉、果蔬等物，营养素异常丰富云。

1943年8月1日　第三版

六大当按商定缩短当期　由今日起改为一年期满

（专访）本澳大当按行商，共有德成、高升、德生、长兴、祐兴、九如六家，在战前向以二年或年半期满，冬季减利，一般贫民得赖缓急相通，多感便利。查该上列六按押号，定今日起，押入物件，一律以一年为期。期满任由按店变卖，结月减利，普通每两收息三分，五十两以上分半利息云。

（又讯）上列六家新订一年期满，应以今日押入物件□□。如在今日以前押入者，则照原票所定计算云（康）。

1943年8月2日　第三版

外运谷米抵澳须先赴访问所登记　移陆后再往督察处呈报

（本报专讯）澳府颁布之限制售米条例，经于去月廿九日开始实施，严厉执行。埠中各商户，所存有之米石须有具报外，嗣后凡谷米商经营成交后，须向警察局三楼督察处领得许可证，以免于发运出外时为警察拘执。查连日来有谷商民，因不明手续，未领许可证而发运出外遭警执获者，迭有数家。至政府为执行颁令所规定之条例起见，将于今日起派员赴各商户调查，倘发觉存有米石未经呈报或呈报之数目与存米不符者，则予严厉控究。又关于各商人在外采购谷米运澳者，手续与往昔略异，倘若运之船只抵澳后，即先赴访问所将该批谷米数目若十及指明移六后交存某商号等情，由该局发出证件一纸，然后由该商号再用单纸列明谷米数目及店号，夹同该证件送督察处备查云。

（又讯）澳府开行限制售米之条例，末□则，为经营谷米、油、糖、豆类，盐猪肉等之杂粮商店，须在店内显明处标明上列货物之价格，葡币为本位，并须用中葡文字缮写，否则予以处罚。查市面一般杂粮商店，由昨日起除少数未履行者外，其余多已遵照办理云。

1943年8月3日　第三版

谷米到澳如不呈报　没收并罚款八千元　该条例由今日起执行

（专讯）澳府当局，最近为调整民食起见，特颁行条例，晓喻经营各米之宝号及囤积之居户，将其存有之数目呈报，俾得明了，本澳所存有米石之多寡。昨日又发出布告，由今（三）日起，凡由外采运谷米来澳者，须事前将数目若干，来澳交给某店等情向该□呈报，经领具许可证后，始准移陆，否则除将所有谷米充公外，并罚款八千元。兹将该布告照录如下。

澳门市行政局长兼警察局长骑兵上尉布

为布告事。由本月三日起，所有运入谷及米必预先向澳门统制物品输进委员会请给许可证。违犯者将运入之货全数没收，并罚款八千元。该会附设南湾督署楼下。今将本布告译出华文颁行宪报及各报并标贴布告处所，俾众周知。此布

一九四三年八月二日

局长布英沙

1943年8月3日　第三版

罪犯多人　深夜逃狱

（专讯）羁□贾伯乐提督街监狱之罪犯，包括刑事政治、民事者数达二百余人。讵于前晚深夜，有犯人多名，乘狱警防范疏虞之时，竟狡脱窜逃，后为军警及早发觉，卒将两犯捕回。闻法院将依逃监之法例予以判罚云。

1943年8月3日　第三版

林陈善士　捐助难童餐

（专访）同善堂难童餐，自启办以来，历时数月，各方热心人士，同情善举，群起响应，纷纷帮助巨款，以充经费。查该堂昨日又收到蔡文轩、代林觉、陈执九交来每大洋二千元，以为送难童餐之用。至董庆堂，恒记公司，崔养合捐之男义学生衣帽鞋每六十件，亦已制妥，日间分配各生领用云。（远）

1943年8月3日　第三版

市民离澳　须备防疫证

（专访）本澳卫生当局，为防范时疫流行起见，经在医生局、消防局、镜湖医院及街头设注射处，免费为市民注射，臻至完善。凡经注射后，即发回注射证。若离澳他住，须另带半寸半身相一帧于该证上，并往医生局加盖印戳，始得有效。盖印时间每日由下午三时至五时，须由原照相人亲往印戳云。（康）

1943年8月4日　第三版

柴价日涨

（专访）本埠柴薪，价格日涨。据昨日市价，干爽松柴每担九元余，中下者六七元，靓杉柴每担八元，中下者五六元，树柴每担七八元，下货四五元。比之前数日约涨二元之多，市面零售杉柴每毫十一两。一般贫苦大众，多转而购买老糠或□草以代替柴薪云。（记）

1943年8月4日　第三版

市行政局通告　从新规定米价　一等米每担一百七十元　二等米每担一百五十元

本澳政府当局，为切实维持民食计，曾于日前迭次将商米价格，明令规定，详情曾志本报。查本澳市行政局局长布英沙氏，为适应目前环境措施，再将米粮售价，重新出定。计分头二等两种，头等定价一百七十元，二等定价一百五十元，并颁发布告执行，希各米商注意。兹将该布告原文录后。

为布告事。按照澳门统制物品输进委员会所定，由本日起头等米每担一百七十元，二等米每担一百五十元，以葡币为本位。今将本布告译出华文，颁行宪报及各报，并标贴常贴布告处所，俾众周知。此布。

一九四三年八月二日

局长布英沙

1943年8月6日　第三版

谷米专营实现　零沽米一律由该公司发行　传将设指定零沽处非事实

（专讯）关于谷米专营，原定于去月十五日起实行，惟以某种关系，遂延至本月一日，始告实现。澳府于二日发出布告，由三日起，凡由外地运输谷米来澳者，须于事前向南湾督府楼下之统制物品输进委员会领具许可证后，方准运澳，否则除将谷米全部没收外，更予以八千元之罚款。一般经营运输谷米者，以条例所限，由连日起谷米运澳，已告绝迹，惟运来者仅属专营商之谷米而已。于抵澳后，则悉数移交指定商之裕丰行代为发售。查该专营商于本月二日曾约见各米机主事人，嗣后如欲营业谷米者，须向专营商购买。迄至颈日，澳督又召见各米商，规定米价，计头等白米每担一百七十元，二等朴米则仅一百五十元，布告于四日颁布实行。查最近各米机碾磨发售之白米，俱为向新公司（指定商）购买者，惟米商以购谷价与出售白米价格比，牟利甚轻。又关于该公司运澳者俱属净谷，须经米机碾磨后，始能发售。倘市面零沽米店并无辗磨米机者，可向米机购米转售。查现日市面售米情况日趋安定。外传新公司将指定零沽店卅处，实属子虚云。

1943年8月6日 第三版

功德林 停办施粥

（专访）本澳佛教功德林之施粥会，举办以来未尝或辍。最近以经费支绌，实不能久持，遂于昨日将施粥事宜，暂告结束，一俟经费有着，定当继续办理，以拯灾黎于倒悬云。（倩）

1943年8月7日 第三版

市内搬运谷米逾二十斤须领许可证 仍继续执行 米商或购买者同一办理 数量须与许可证相符合

（专讯）市行政局长于去月廿七日发出公告，每人购买商米逾二十斤者，须先赴督察处（即警局三楼）领取许可证。米商、谷栏、米仓等如欲□运谷米超过此限额者，亦照此规定办理，督察处每日上午九时至十二时，下午四时至六时为办理领证时间。又于本月二日发出公告，凡由外运载谷米来澳者，由八月三日起，须预先向澳门统制物品输进委员会领取许可证始得运入，否则科罚八千元以下，及将全数谷米充。以上两项条例，自颁布日起至现目，当局仍继续执行，惟一般人以谷米专营实现后，多□料上项条例最近或已取消，故一般购米及运米入口者，多有触犯上项条例。又有在本市搬运谷米，须已领许可证，惟其所搬运数量与证不符同致被拘者，日有多起。据确息，上项条例，在当局未宣布取消时，仍继续执行，凡在本市搬运谷米逾廿斤者，不论营谷米业或购买者，亦须先向督察处领取许可证，否则警察有权拘究云。

1943年8月7日 第三版

各银号凛遵功令 昨多启门营业 顾客多系持葡币兑换白银

（专讯）市行政局长布英沙，于昨日召见银业界及派员赴各银号宣示，所有经营银业兑换生意者，不得闭门营业，否则惩办不贷，各店经盖章承认凛遵办理。查昨日一般银号多开门营业，景象一新，惟仍有极少数未复常态者，铁闸关闭，店内职员逃避一空。据一般人推测，此极少数银号或只因生意不前自动停业而已，并非有意违犯当局谕令。或间有虽已开门营业，但已改变营业方式，只营汇兑，按揭或代收租务不等。惟一般既已启门营业，而照常兼设找换者，生意特别兴隆，其顾客系持有葡币前往兑换白银者占最多数，由晨至暮，挤拥不堪，大有应接不暇之势云。

1943年8月7日 第三版

电力局通告明天起暂行停供日电 上午八时半至下午三时

本澳市营电力局，昨日通告，因发电机须加修理，在修理期内，仅启用一机发电，特于明（八）日起由上午八时半至下午三时，完全停止电流供给，晚间照最近所规定，仍分区供电云。

1943年8月8日　第三版

谷米专营确本月一日开始　指定商为裕丰行

（专讯）本埠谷米专营生意，实已于本月一日开始实行，自三日起外来谷米俱由专营公司运澳，拨交指定商之裕丰行专售。查该专营公司于正式办理后，运到土谷达数千担交与各米机碾磨成米，转售与市面米店零沽。查该日起，市面所沽之商米，大部分属专营公司发售者。今后专营公司之谷米，当源源运达本澳，市面谣传谷米专营于本月六日始告开始，实属错误。查昨日市面米店依照政府公价营业者，有快艇头街之福荣，及兆丰米店，营地大街同昌隆等，购者异常挤拥，但每人只限五毫云。

1943年8月8日　第三版

调整公务员粮食配售　登记家属人口　非直系亲属取消配售权

（本报专讯）澳府当局为调剂所属各衙署公务员之配给粮食起见，特于日前重新调查各公务员之家属人口，依照新定之确实额配售粮食。查从新规定之办法，凡公务员之非直系亲属者均被削减。盖本澳当局迩来所配售各公务人员之粮食，其意旨本为津贴性质，使各工作者免受市面粮价高涨而至影响工作效率。公务员之所获得之粮食照市面售价低□□半，就以米一项而言，公务员每担四十一元计，市面商米则定每担上米一百七十元，政府亏蚀甚巨。其余白糖、面包、番枧及日用品等政府均系用高价购入，廉价配售。故不得不重新规定，以示限制，故再行登记公务员之家属人口云。

1943年8月9日　第三版

非指定商　外运谷米来澳呈报领证详细手续　入口前预先通知裕丰行　每担被征抽百分之三十

（专讯）谷米专营自本月一日实行后，三日即由澳府颁令，凡由外地运澳之谷米非属专营公司者，须向统制物品输进委员会领取许可证方予入境，否则除全部没收外，并予科罚八千元之巨款。自条例颁行后，一般经营运输谷米对于赴统制会领取许可证之一切手续多未明了。顷记者昨按有关方面消息，近由外地输运谷米来澳非系专营者，事前须通知专营公司（即裕丰行），经认可后即发出证据及旗帜一面，庶免于入境时为警截执。但抵澳后即将所有数额向该公司呈报，由公司依照数额每担征收佣钱三元，另征收加零一为用店，然后由公司免费征收数额百分之三十（即每担须付卅斤），其数额之多众，照此类推，其余者，则由运输商自行发售云。

1943年8月9日　第三版

铜元价涨声中　街喉挑水有问题　每担铜元枚半似与定价不符

（专访）自来水公司当局，自通告增收水价每毫葡币四担后，各零售水站，已开始实行，即前赴运购水四担者，收费葡币一毫，如每担零沽，收费铜仙一枚半，其余照此类推。惟旬来铜仙价涨，每毫葡币仅得四枚，各茶楼商店均多照此伸算，一致通行，今该街喉水站每担收费铜仙一枚半者，岂非照时价□，每担又增价铜仙半枚，故多希望自来水公司当局，早日予以改善，书明每担铜仙水价，以便市民。且街喉水站每夕交数时，是否将每日所得之铜仙以每担枚半计算缴交公司，尚成疑问云。（远）

1943年8月9日　第三版

市内搬运谷米　许可证已用罄　暂用普通白纸签发

（专讯）澳府于日前颁行条例，凡米商贸易及居民购买谷米，其数额逾廿斤以上者，须向督察局处领具许可证后，方克搬运。或领得许可证上之数目与搬运之数不符者，警察则予拘控。查最近督察处之许可搬运证，刻已用完，一时印刷未及，凡米商欲领取搬运许可证时，用普通白纸一张，书明由某号运往某号之店名，及地址数额等，然后呈情督察处许可，经由该处派员签署盖印后，即可迁移。但呈请时切不可以一纸联署一宗以上，或多宗，否则拒予签发云。

1943年8月10日　第三版

澳督昨召集绅商会议组织粮食互助会　公开投资采办米粮运澳　政府拨五十万为保证金

（内文漫漶不清，略）

1943年8月10日　第四版

沈香林及李海昭夫人自办长期施粥　每日施赈难童数百份

（专访）本澳商人沈香林及李海昭夫人，以现目贫童日众，无依无靠，非设法救济不可，故于本月六日起自动举办施粥。每日在保血公司工场门前施派，时间由下午二时半至三时半，场内书明沈香林施粥处，及黄□□施粥处等字样（黄□□即李海昭夫人）。事前先印备粥券自行在街上分派，凭券领粥，并设记名式，凡领粥者先行登记姓名，领粥时根据所登记之姓名施派，认人不认券，如有被抢去粥券或遗失被人拾获者须即投报。届时被询问姓名住址不对者，虽有券亦无效，法至善也。闻沈李□□□此次施粥，为长期□□，现已派出粥券将达三百份，将来或办至五百份□目的。煮粥所用之米石系由李沈两氏捐出及由保血公司工人多名义务担任煮粥事宜。昨沈氏征得高可宁加施每日五十份。高氏自愿先行捐出款项二千八百元为施粥经费。

1943年8月11日　第三版

居民粮食互助会今日召开全体会议　讨论组织及一切有关问题　欢迎各界加入为该会委员

（专访）澳督戴思乐为谋切实解决全澳数十万居民粮食起见，特于前日下午三时半召集各绅商名流及记者等举行会议于督署，关于如何抢救本澳民食，讨论甚详。结果议决组织澳门居民粮食互助会，办运谷米，集资葡币三百万至四百万之数为购米之用，并定周息五厘。本澳政府自动发出葡币五十万为保证金，不计息，并免费拨出公仓为存储谷米。互助会通过应即组成后，即席推举澳督戴思乐为名誉主席，经济局长罗保为顾问。殷户冯祝万为主席，镜湖医院主席刘叙堂副之，其余凡是日出席者均为委员，各情已志昨报。查该会为迅速成立起见，特定于今日下午三时再次召集全体委员会议于督署，为谋群策群力起见，除各委员是日须一律到齐外，并欢迎各界参加或自动加入为委员。查今日之会议除讨论如何组织该会及一切有关问题，闻该会之组织大纲一俟拟就后，即呈澳督批示。又据该会主席冯祝万称，渠本人旅居澳门十余年，对于社会一切事务未尝过问，惟以粮食互助会设立，关系全澳数十万居民之粮食，意义与责任均属重大，故不畏如何困难，均乐意负起此项责任。希望各界人士鼎力襄助，群策群力，一切困难当可获得解决，并郑重声明此粮食互助会之设，全系统一办运谷米来澳维持民食，其意义近于救济，并非购办谷米来澳营业图利可比，希各界人士切勿有所误会云。

1943年8月12日　第三版

烂鬼楼摊档梗位限定今日拆除　日间可照常设摊营业

（专讯）关于烂鬼楼旧街之木摊位，当局为整饬市容，特谕令限期清拆。该项消息，竟先详载本报。查当局为顾念彼等环境起见，特将限期延展至今（十二）日止截，凡在该处摆档之旧料摊，如建有铁木上盖屋仔者，须于期内清拆完竣，否则逾期仍未办理者，由当局派员强行拆卸。惟拆卸后，与营业无关，即□日间开始营业时，可盖搭木架陈列各项物件，惟于晚间收市后，所有木架清除，形成活动式之档位云。

1943年8月12日　第三版

公进会粥场　昨售五期粥

（专访）公进会粥场，第五期平民粥，已于昨日开始，售粥时间，每日在上下午两次，每次十五分钟，□可售完，而领有粥证者，切勿不守时间，致遭损失。至该场售粥之秩序，异常良好，每次均编列队伍，故开售时依次购买，秩序井然，所以能在短小时间办妥。售粥之情形十分简易，但所应注意者，粥价以双毫为本位，不用带备铜仙，如有零碎数目找赎时，场内发回一种（场券），此券可留待下次凑足数目购买，手续殊属便利。至于该场售出之粥，煮粥原料，有油渣、生羌，及各种豆类等物，营养素堪称丰富也云。（倩）

1943年8月13日　第三版

九一记者节　新闻协会主办慈善演剧筹款　聘留澳各粤剧老倌联合担纲　为破天荒名伶集会号召强劲

本澳新闻协会自八月十日正式成立后，会务发展积极推□，该会同人以九一记者节快将来临，昨日特举行会议，筹备热烈庆祝，以资纪念。同时该会以时值非常，单独纪念实无补时艰，为扩大其意义与各界共庆，并进一步对社会贡献，拟于是日举行“九一记者节慈善演剧筹款大会”以劝善，该会将延聘留澳各粤剧大老倌联合担纲，名伶萃荟，咸破天荒之粤剧大集会。号召至为强劲，将来成绩必有可观。此议□□□□同意，并允任名誉会长，予以合力协助，同时另聘协会□若干人为名誉顾问，襄助造势云。

1943年8月14日　第三版

镜湖医院转购商米月增耗万余元　澳督允予以补助

（专访）澳督戴思乐，平素热心慈善，对于华人慈善侨团，赞助不遗余力。昨日上午十一时又于接见镜湖医院主席刘叙堂时，垂询院务近况甚详，刘氏一一奉告后，督宪以医院日来购自商米，供应病侨餐食，比较领取公米时，每月增支澳币一万二千元，为数甚巨，特向刘氏答复，该增支之数，由澳督慨行补助。如督宪者，可谓热心慈善，先天下之忧而忧，后天下之乐而乐云。（康）

1943年8月14日　第三版

粮食互助会进行集资购米　二次常会下周举行

（专访）澳门居民粮食互助会，自推选职员负责会务后，各方进行，异常积极。昨日起已开始在商会三楼办公，驻会常委麦健曾，梁鸿勋及各部职员已开始工作。一俟组织细则审查完竣后，即可进行集资购米。而第二次常务委员会议。定期下星期一举行。届时通过组织细则后，即速行集资购米，决不稽延云。（康）

1943年8月15日　第三版

居民粮食互助会将来评定米价　俟运照办妥即行购运

（专访）居民粮食互助会，自成立后，进行异常积极，惟以运照仍待解决，故购运工作未能刻即展开。近为加紧进行起见，定每星期一四开常务委员会议，即第二次常务会议于下周一举行。第三次常委会议于下周四开会。据该会主事人称，本会举办后，将来发出许可证与各商人办运时，必予以种种便利，务使各地谷米，云集本澳，以裕民食。希望各运办商与本会合作，共同解决民食。一俟办妥照手续后，将有大运谷米运澳。至关于将来米价之评定，先由本会拟就呈交澳督鉴定后始行公布，米价一经公布，将不再有更变云云。（远）

1943年8月15日　第三版

时值非常　幽魂亦受影响　昨盂兰节举行者少

（专访）昨日为农历七月十四日俗称盂兰节，又名中元节。每年一届斯节来临，市民循于俗例，购买香烛衣纸等物在户外焚化，更有铺张者，雇请画舫法师等，在水上烧幽，谓借以每年一度祭祀幽魂。顾今年以非常时期，百物腾贵，更以智识日广，对于此种迷信心理，多有认识，故昨日举行烧衣者，为数甚鲜，一般经营纸料及牲口等店号生意远不如昔云。又查同善堂每年中元节来临，多雇请电船画舫，在水上烧幽，借以祀祭灵魂，惟今年以环境幻变，特从简举办，昨日下午七时延请法师五人在该堂内拜祭，九时在河旁烧衣云。（远）

1943年8月15日　第三版

柴贵过米　多改用谷糠做燃料

（专访）近来柴价飞涨，价格惊人，湿杂柴售至每担八九元，干爽者竟涨至十元以上，零沽每元仅得十二两，比诸战前米价有过之而无不及。贫苦者乃改用谷糠作燃料，故月前因人多购用，谷糠亦有求过于供之势，价格亦因之而高涨。惟近旬来磨谷者多，反而供过于求，而其售价日告下降，至目前止每担只值双毫二元。各粥场以其价廉亦多采用云。（康）

1943年8月16日　第三版

为饫澳人眼福　慈善演剧提早举行　赶期在留澳剧团散班前演出　名伶萃荟得未曾有蔚为大观

（新闻协会通稿）新协会为筹备庆祝九一记者节，举行“慈善演剧筹款大会”，演出日期原定九月一日。嗣因适合留澳名伶大会串关系，特改为本月廿六日晚举行，盖九月后剧团散班，各著名老倌或有离澳，故为求充实阵容起见，提前举行，庶几名伶萃荟，蔚为大观。昨日该会为此，特约请各有关方面人士叙谈，共商进行，经得黄苏先生，黄花节先生，冯心源先生，谭荪先生乐为赞助。关于聘请名伶计划剧务等项，经积极进行工作，将来演出系集合留澳全体名伶于一台，成为破天荒之名伶大会串，以饫澳人眼福。号召力之强得未曾有，将来成绩必大有可观。查该会定于今日发出函件，聘请侨胞硕彦，社会名流任名誉顾问，并选出常务委员十五人，分别担任工作，名单如下，陈少伟、叶致远、黄浩然、刘传能、陈天心、陈仲蔼、赵斑烂、钟聪敏、何曼公、雷渭灵、陆绪责、苏日行、陈昌文、冯华、方苏。

1943年8月17日　第三版

各慈善机关多感经费支绌　救济工作影响甚大

（专访）自米价飞涨以还，一般慈善社团，恒以经费支绌，难以维持。妇女会粥场减少售量于先，功德林售粥会亦已停办。查同善堂难童餐，又以经费无着，迫于由下月起停止办理。即施粥工作。至本月底云。昨据该堂主席崔诺枝称。在现目物价飞涨时期，辍办施粥，诚非素愿，惟以限于经济被迫而出此。希望富商巨贸，□□在抱，予以大量资助以□侨，如捐助葡币一万元，即可继续一月难童餐。（远）

1943年8月17日　第三版

新协慈善演剧大会廿六在清平举行　捐款门券一律以葡币本位

（新闻协会通稿）集合全澳新闻界组织之澳门新闻协会，最近因目睹市面贫黎遍地，待救孔亟，特发起慈善演剧筹款大会，连日进行异常积极。除已征得留澳各大红伶担任义务登台外，演出日期因班期所限，提前本月廿六号晚举行。地址昨已商得清平戏院，主人慨允报效。该会为划一收入起见，所有票券及各界捐款，一律以葡币为本位。一俟票券印妥，即可分发劝售。至大会义务职员现经聘定，分工合作，以策进行，办事处在邮电局侧大堂街十二号，办公时间每日由下午作一时至六时，希各职员依时到会工作云。

1943年8月18日　第三版

葡币兑现白银　今日起增设指定处　各银号每日垫白银二千元　每日兑现每人限兑五元

（专访）迩来本埠金融局面，由于白银与葡币兑换关系，发生动荡不定情况，影响居民生活至大。最近一般持有葡币者，联群结队，轮流向银号兑换白银，致使一般银号□门如市，川流不息，职员咸感难于应付，营业大受影响。银业界以长此下去，金融调□，更难解决，不如早为之所，无使滋蔓，特联函呈请澳府最高堂局，陈述各节，并愿每日由市面各银号分集白银二千元，交由澳府指定处兑换，庶免市面银号因兑换发生纠纷，且营业亦不受兑换影响。督宪戴思乐远瞻高瞻，俯察下情，以彼等所呈各节，俱属实情，特允许所请，批示交由市行政局执行。公告昨已发出，由今日起实施，兑换处指定南湾加思栏兵房附近之退伍军人联合会内，由上午十时至下午一时（共三小时）办理兑换事宜，规定每户口准予每日兑换不得过五元。至兑换者，如遇人数众多时，则须排队依次到换。兹将布告原文录下。

澳门市行政局兼警察局局长骑兵上尉布

为布告事现于

上官命布告，由本月十八日起（即本星期三），除休息日外，每日由上午十时至下午一时，在近加思栏兵房葡国参战退伍军联合会之亭内（即发给粮食□处），将澳门西洋银行纸币平换白银，每一家无论人口多少，每日换不得过五元，由是日起各银业可自由兑换葡币，此布。

一九四三年八月十七日

局长布英沙

1943年8月19日　第三版

谷米趸存及搬运　限制条例继续执行　手车设备须整齐清洁

（专讯）去月末旬澳府颁行明令，凡商户存有谷米，须将数额列单向当局呈报，而当运谷米出外时，亦须呈请当局签发许可证，庶免遭警察查控。迨至谷米专营后，一般市民疑澳府执行之条例，已告取消，故搬运谷米竟未领许可证而私行办理致遭警察拘控者，迭有发生。最近更传澳府确已取消该项条例，记者为明了真相起见，于昨日特走访粮食统制会委员观耶，叩询上述情形，是否属实，惟观氏答称，澳府对取缔谷米私行搬运之例，仍属严厉执行，所传全非事实。记者又询关于米石来源问题，观氏答称，至前日由日轮怡和丸运来白米一千二百包后，将有七千五百包于日间可运抵此间云。

又督察长观耶昨日接见各报记者称，最近市面有□手车，其边蔽之油布，残旧霉烂，而座位更肮脏异常，对于市容及卫生，均有莫大影响。至当局对手车夫之执业，除先领得照摺外，并须依照规例穿着制服，唯最近手车夫所穿之衣服，多已不照规定所□，或则鹑衣百结，或则赤膊露肩，此种情形，已属犯法。惟当局体念时艰，不予干涉，但手车之设备，实难敷衍不理，故特晓喻全澳车夫，其所用之手车，须设备整齐，尤须注意清洁，否则值勤警察或发觉有不遵办理者，则予拘控扣留，决不宽恕。希执业手车夫注意，如其手车霉烂者，须请车主修理，以免罚究云。

1943年8月19日　第三版

新协演剧筹款　澳督首捐巨款　葡币五千元认购义花　热心人士当闻风响应

（新闻协会通稿）澳门新闻协会为全澳新闻同业之统一组织，最近因目见澳地饥民遍地，饿莩街头，日凡数十起，日前澳督在居民粮食互助会席上发表之数字，七月份死亡达一千一百余人。虽各慈善机关，举行各种救济工作，仍感杯水车薪，而在经费支绌下，更不能作长久维持。新闻协会有见及此，本己饥己溺之义，特发起慈善演剧。一切收入，涓滴归公，扫数呈澳督分配各慈善机关，充作善费。查此议一倡，澳督极表赞助，除担任大会名誉主席襄助一切外，更首捐葡币五千元，以为众倡。日前刊载热心者首捐五千元，即指此而言，本澳热心之士及豪商巨贾，当必闻风而应，善款立集，是则饥民幸甚矣。又查大会劝募组为增强善款收入起见，出入口商队，特聘出入口商巨子卢华东氏担任该队队长。卢氏对慈善事业素热心赞助，将来必有良好成绩也。

1943年8月19日　第三版

天主教粥场　经费支绌

（又讯）天主教救济会主办之妈阁，长亭两平民粥场，最近因澳府停止公米发售，致转购于商米，唯价格几昂贵一倍，经费支出，何止倍增，该场以经费支绌之时，倘无接济，则势有停办之虞云。

1943年8月20日　第三版

市政局昨通告　取消谷米限制条例　恢复谷米自由买卖　入口存米搬运无须呈报　取消公价及许可证手续

（专讯）本澳当局，前为适应环境以免米价高涨起见，经限定米价每人购米存米及运米来澳等事，均有规定已发出布告在案。查当局现以内地米石丰收之时，对于前订办法，□不适用，昨日特发出布告，将前日每人限购米廿斤，存米呈报规定米价及领取许可证始得运米来澳等情，一律取消，以期米石可自由入澳云。兹录其布告如后。（远）

澳门市行政局兼警察局局长骑兵上尉布英沙，为布告事，现奉上官命布告，因以前本澳情形，根据时局，经布告下列各等件，现情形已变，故将前布告下列各件取消。计开：

（一）七月廿一日布告，内有限每人购米廿斤，又限每人或二人可存米一担。酒店旅店中西菜馆，米仓什货店，零沽米店将所存米谷呈报等件，应即取消，其他仍旧存在。

（二）八月三日布告，规定一等米价一百七十元，二等米价一百五十元，应即取销。再者，在本市内米谷可自由运输，不需领许可证。今将本布告译出华文颁行宪报。分刊各报，并标贴告示处所，俾众周知。此布，一九四三年。八月十九日，局长布英沙。

（又讯）自谷米自由运澳讯息传出后，各地商人，均以运澳米石，较运别地有利可图，故预备纷纷运澳。约期一星期内，当有米石数千包抵澳，而其市价，有下降可能。又据某米商称，昨日米价已升至每担双毫一百八十元，惟此次价涨，仅可支持三数日间。一俟新米陆续抵澳，价格当趋下跌云。（康）

1943年8月21日　第三版

居民粮食互助会已集资金二百万元　政府划拨五十万随时提支　首先认运谷米已达一千担

本澳居民粮食互助会，关于筹集资金问题，昨经该会主席冯祝万、刘叙堂，常委麦健曾等，晋谒澳督请示，当蒙澳督答允，由政府划拨葡币五十万元，并准该会主席随时提取，为购谷之用。同时并有殷商数人已认占资金数达葡币一百五十万元之巨，是该会资金方面已获大部分解决，预料下期常会再经财政组拟具筹集办法后，可望超出原定集资数额也。昨午三时，该会主席及各组主任等又应名誉顾问罗保之约，在其私邸谈商关于购运事宜，讨论甚详。佥以本澳粮食接济，实为急切需要，当由一部分运输商人以大局为重，遵劝认领运照，即日派员前往内地运谷来澳，闻其认领照额约一百万斤，相信不久便可有谷运抵本澳。届时米价势必暴跌，盖该辈商人明知成本较自由运入为昂，但为大局起见，宁愿忍受，亦属急公好义者也。

1943年8月21日　第三版

谷米恢复自由买卖后　运输谷米入口　仍照八月二日条例执行

（本报专访）自市政局于前日发出布告，恢复谷米自由买卖，准许入口存米搬运无须呈报，取消公价及许可证等手续后，市面一般米商贸易，及居民购存米石，咸感便利。唯一般运输界，对于该布告，仍未尽明了，疑是澳府对谷米运澳，自由入境，无须呈报等情。记者为明真相起见，特于昨日走访督察长观耶，叩询一切。据观氏答称，关于颁行之布告，系取消七月廿一日颁行之条例而已，即如准许居民自由购存米石，各食物品、酒店、米仓、杂货店、零沽商店，其所存之米石，无须呈报。米价可自由定价发售，搬运米石出外，无须呈报领证等情。至输运谷米入境手续，仍照八月二日颁行之条例执行，但经获专营商许可者，当不在此限。

1943年8月21日　第三版

督察长谕　手车整理设备　明日开始实行

关于日前督察长曾发表谈话称，晓谕市面手车，须整理完好及清洁，以免妨碍市容及影响市民卫生。现为利便各手车主办理起见，特将期限缓至明日开始执行，届时警察如发觉有手车破烂、肮脏者，则将手车夫拘控云。

1943年8月22日　第三版

葡币兑换指定处　每户日兑三元　须凭粮证始得兑换

自本月十八日设立葡币兑换白银指定处以来，不特市民多感便利，而市内各银号及找换店亦告满意。每日前往该处兑换者甚众，前定每户每天可换五元。现以兑换者过于拥挤，为求普遍起见，已改为每户每日限换三元，惟仍须持粮食证始为有效。

1943年8月23日　第三版

义不后人　各界热烈　捐助难童餐　每月需经费万元

（专访）月来本澳各慈善侨团，以米价飞涨，多不能支持，先后发出呼吁，向社会人士请求资助。如同善堂难童餐，又因每日需用施粥费，约双毫三百余元，经费浩繁。由下月起因经费无着，迫得停办，各情已志前报。查各热心人士聆讯后，以该餐若停止施派，则一千五百贫童，无以为食，势将饿毙，故连日来自动捐助该餐经费者，又有多起，此足见爱护贫童，人同此心也。尚望豪商巨贾，纷于巨款捐助，义不后人。

捐助难童餐芳名如后

同安泰双毫九十元，林汉卿港币五百元，邓黎氏大洋一百元，邓李氏大洋一百元，无名氏双毫十一元，何咏裳国币三百元，另孙少芳施茶港币一百元。（远）

（又讯）据该堂主事人云，如停办难童餐，诚非得已。若本月内有人捐助双毫一万元者，则下月继续举办，因现目一千五，需款约双毫一万元云，百名难童得食，每月□。（康）

1943年8月24日　第三版

西洋银行发现保险箱无人认领　十年存储金饰款项甚伙　该行已交法院公开揭封

（专讯）澳门法院于前日公开启封无人承认之保险箱一个。该箱系西洋银行者，查市民大土中该银行租用保险□者，须依照每年所定之租额缴纳，倘逾期仍未缴纳箱租者，澳府有权将□开启检视。查该无人承认之保险□，于两年前停缴□租，澳府乃依照非常时期法例，将该□移送法院公开启封。是日开□时，由法官亲自监视，至□内有包裹物多件，上用火漆封固，另有白纸一张，书明□内所存之饰物件数重量。包裹解开时，内存之金饰物累然，计有镶成之饰物黄金重达三两余，钻石鈪一只，玉表坠等，玉器甚多。港纸二千余元，双毫四百余元，省毫券等款项约值万余元。另有单据、屋契、田契等共十余张。有私章多枚，刻有陈某等字样，及有银盾金章两枚，系送吴伶人白驹荣者。法院开启后，遂将各物一一登记，暂存于院内。闻澳府准于最近之宪报出版时发出布告，通知该□之主人到院领回。闻该□之饰物，已于十年前存储者，每年租项之缴纳，物主托人代理。又据另一推测，物主或于他方遭受意外死亡，致不能返澳启用云。

（以□代箱）

1943年8月24日　第三版

法院昨宣判海劫案一宗　各匪被判入狱年半

（专讯）法院刑庭于昨日下午三时再度公审海面械劫案。被告男子郭华胜，李应两人，被控于去年□月间，在湾仔附近海面，伙同械劫菜蔬货船一艘。是日开堂后，法官马士加连，检察官罅些喇登堂提讯。被告由警察从监狱押至犯人栏上。马氏先后详细究询各被告口供后，至四时许始告审讯完结。 法官旋将过去之案卷查阅。以被告伙同械劫，证据确凿，遂宣布罪名成立，无可逭免，乃各判徒刑十八个月云。

1943年8月24日　第四版

澳门新闻协会　慈善演剧筹款大会积极进行劝销义券　昨日派出沿门劝销队分头销票　热心人士自动捐款者异常踊跃

（新闻协会通稿）新闻协会慈善演剧筹款大会，连日来推进各项工作，积极异常，除向各名流绅商殷户劝销名誉券外，昨日更派出沿门劝销队两队，分头向市面各行商店热心家劝销各种慈善券，劝销成绩极为良好。截至下午六时，始行收队。同时各界殷商及热心人士，自动捐款者极为踊跃。该会一俟集齐后当登报鸣谢云。

1943年8月24日　第四版

黎玉仙热心慈善　捐款五万元助难童餐经费

（专访）同善堂难童餐，自举办以来，虽于米贵飞涨下，仍以白米、黄豆等富有维他命素煮成，故各界人士□□捐助举办已历五月。查昨日有黎玉仙善士，以该堂难童餐经费无着，遂由下月起停止施派，特恻然动念，自动捐助大洋五万元，以为下月一日至十日施粥之用。如黎女士者，诚侠义为怀，慈善公益，弥足称许。尚望豪商巨贾，继进资助，以免贫童饥馑云。（远）

1943年8月25日　第一版

澳门新闻协会庆祝九一记者节慈善演剧筹款大会　本月廿六晚在清平戏院举行

善长仁翁们，伸出救援的手，自己亲手种福！

小金刚　少白菜　任剑辉　豆皮庆　何剑声　金擎山　花丽颜　胡迪醒

黄雪秋　陈艳侬　袁醒文　陈醒云　陈少松　翁锦鉴　张活游　新香耀

丁香耀　刘文才　凤凌云　蔡桂萍　郑碧影　邓碧云　欧阳俭　谭兰卿

谭佩莲　苏州女

（以姓氏笔画多少为序）

大家解囊吧，来买一张券，救活一条命！

为全澳难胞请命！

留澳名伶全体动员，

为全澳难胞请命！

是晚义务登台献演三大名剧，

红伶萃荟蔚为大观。

西厢待月，木兰从军，乱世佳人，

空前盛会得未曾有，

全场数入涓滴归公汇呈澳督分配。

1943年8月25日　第三版

新协慈善演剧大会明晚在清平举行　澳督暨各长官届时莅场观剧　各界人士踊跃购券成绩可观

（新闻协会通稿）本澳新闻协会庆祝九一记者节义演大会，定明晚九时在清平戏院举行。查该会日来工作开展，异常积极，更得各热心人士及总队长与劝募队努力之下，成绩特佳。昨日分四队沿门销券，各善心人同情善举，踊跃购券成绩卓著，预料将来成绩，必甚可观。戏剧方面，除由留澳全体红伶表演外，昨日又得最近抵澳之张活游参加义演。音乐演奏，由同乐音乐社、国际音乐团及前香港太平剧团名乐家义务担任，集合留澳红伶音乐家于一堂，预料届时演出，必甚精彩。该会办事处设在大堂街十二号A档下，每日由上午十时至下午七时办公，如欲缴交票款者，请运交往该会查收。又该会为隆重其事起见，特请澳督戴思乐，哥士打秘书长，布英沙厅长暨各厅长官，莅场参观云。

1943年8月26日　第四版

澳督嘉惠教职员廉价售米廿六包　全澳学校教员每得米七斤余

月前全澳华人学校，为请求政府米粮配给事，曾经各校校长集会商讨进行，公推刘年祐、黄晓生、廖奉灵、余日森、赵恩赐、朱葆勤、罗致知、林耀坤八人为代表，向当局陈请。并得华人代表华视学会施多尼会长鼎力指导，引谒督宪，当面陈述，即蒙督宪慨然俯允，即拨米廿六包，每担照西洋纸九十元平价，售与各校。该批公米，经于廿四日由广中中学代表各校领返，分给各校转发。各教职员，统计全澳各校教职员六百一十八人，每人得米七斤四两，督宪之关怀华人之盛意，于此可见。希从此能引起当地富绅巨贾热心教育人士之同情，继予捐款帮忙，务使致力为社会服务之清贫教员，得以维持安定生活，专业教育，继续“百年树人”大业，幸甚，幸甚。

1943年8月27日　第三版

粮助会积极进行　各项措施渐露曙光　该会增设调查组以利工作

本澳居民粮食互助会，自成立后工作进行异常积极，关于资金购运及配给等事宜，经该会主席暨各主任缜密计划，均渐具端倪。昨午该会举行第五次常会，出席者有冯祝万、刘叙堂等十六人，列席者三人。由冯祝万主席，除宣读前期议案外，并由冯氏报告广州粮管局何氏业于昨日莅澳。关于本澳所清减征米税便利领照等办法，应如何与何氏商洽，请各委详加讨论，当由各常委发表意见后，经一致公推主席冯祝万副主席刘叙堂于今早联往谒见何氏，商洽一切。查广州当局对于澳侨粮食，素切关怀，此次何氏莅澳，对粮助会请求各点，当□俯顾舆请，以慰侨望也。该会常委林麟临时动议增设调查组，以便调查本澳每日粮价及输进数量，并关于人口统计等，借以推动配给组工作，当经决议通过云。

1943年8月28日　第三版

海面械劫案法院昨日审判　匪徒陈坚被判充军三年

（专讯）法院刑庭，昨日开堂审判一宗海面械劫案。查该案发生于去年六月间，本澳河边新街七十号成兴行，其主事人在某地采购有货物一批，雇用艇家陈大载运来澳。讵料该货艇驶至本澳海面，竟遭海盗多人，佩备枪械骑艇行劫，将该船所有货物，悉数掠去，逃逸无踪。事后由陈来澳投报港务局，请求查缉匪徒归案究办。未几，在水警严密查缉下，即将有关之嫌疑男女多人解案究办，质诸□等供称，陈□（卅二岁）、冯合胜（卅岁）、林五（廿五岁）、陈坚（廿五岁）、妇人林大娣（卅二岁），该案经由港务局提讯所录口供后，备文解交法院办理。法院以该案过情复杂，乃延至昨日始行开堂公审。是日到堂作供者，除陈坚、林五、妇人林大娣等三人外，余者均已于日前病逝狱中。是日开堂后，由法官马士加连那经堂提讯。经详细盘问后，冯氏乃将案卷检阅，以陈坚伙同行劫，证据确凿，乃判充军三年。而林五、林大娣因证据不足，无罪省释云。

1943年8月29日　第三版

贫苦羔羊待救孔亟　谷米行昨商助难童餐　捐得谷米四千余觔　推定职员十四人负责募捐工作　并希同善堂吁请其他行商襄助

（专讯）为襄助同善堂主办之难童餐经费，本澳谷米行商于明日下午四时半，假座国际三楼举行座谈会，事前由发起人发出通知书，邀请各谷米行商出席，共策进行。是日到会之米机，米店、谷栏等将达百人。会议讨论至六时四十分，始告结束，经过异常完满，即席捐得谷米四千余斤。兹将各情，详录如次。

到会参加　异常踊跃

到会者是日有德栈米机（黄杰源）、德丰行、年丰行（周耀卿）、文兴隆（高振武）、福荣（黄文沾）、全兴公司（胡林）、泰源（黄德）、和合成（陈平）、天元（李燮）、保生米机（陈翰生）、泰源（欧阳景秋）、协成昌（区春）、志成号（陈培）、大成米机（周辉松）、福昌（黎桂昌）、合和隆（沈共）、永安隆（吴樵）、永丰（邝北海）、德利（黎志寰）、桃香园（岑宙）、民生（龙耀）、裕丰行（张梅初）、昌盛行（李洪）、耀华（黄锦耀）、源泰昌（朱启□）、常满（黎生）、穗祥行（吴子英）、九记（谭九）、兆丰（张辅）、信来（胡金垣）、成昌（何昭）、通达行（陈卓）、大丰（许添）、同昌隆（黄新政）、天天（陈文）、黄义记（黄福）、建利栏（林有栈）、广东（翁鉴），天昌（黎楠），列席者有同善堂正副主席崔诺枝，蔡文轩，值理黄渭林，及各报记者等数达百人，济济一堂，情形热烈。

主席宣布　开会理由

时届开会，陈茂枝提议推举发起人黄杰源为临时主席，众赞成，黄氏旋就正中主席位，起立宣布开会理由。略谓同善堂主办之难童餐，每日得借救济者数达千余人。迩来因经费支绌，势将停办，以此时值困厄，嗷嗷待哺之羔羊亟需救济，故同人亟应本慈善为怀之旨，予以襄助云云。继由同善堂崔诺枝起立发表称，本堂难童餐因经费竭绌，得蒙各大谷米商行，恻然动念，慨予捐助，殊深感谢云云。次由值理黄渭林起立，详述该堂办理难童餐之经过及施餐之数额，每日所需之经费，一一详述，再后由陈茂枝等多人发表意见，一时议论纵横，空气咸为热烈。俄而由主席提出及各职员捐助之办法多项，□予采纳施行。

讨论事项　异常完满

（一）黄主席提议，现以同善堂难童餐经费支绌，本行商应否捐助谷米以应急需案，（决议）事属善举，应予以捐助。（二）陈茂枝、邝北海、高振武君提议，应否先由本行随缘乐助谷米，响应难童餐，以为当前急需，请公决案，（决议）即席先行认捐谷米。（三）胡林提议关于难童餐之施赠，支销浩繁，应否设法挑选，精壮难童以谋生产案，（决议）对于此事虽属良善，惟未适应目前环境办理。（四）邝北海提议，除本行自捐响应难童餐外，并希望同善堂主事人，召集各行商举行座谈会，将难童餐最近经费支出及办理经过情形报告，俾便各行明了协力襄助，或认养难童餐，以资长久施派案，（决议）将此意见转达同善堂当局查照。

即席认捐　粮食谷米

各项议案决定后，列席者佥认该办法最为治标之良好措施，均举手赞成，即由主席黄杰源倡认捐白米四百斤后，各人均起景从，计大成米机四百斤，桃香园米机二百斤，源泰昌二百斤，福荣二百斤，文兴隆一百斤，全兴公司一百斤，同昌隆一百斤，泰源五十斤，黄义记五十斤（以上均为白米数目）。而捐助谷粒者有楷丰行专营商一千斤，陈茂枝三百斤，德隆行二百斤，衡丰行二百斤，常满号二百斤，永丰行二百斤，志成号二百斤，德丰行二百斤，德丰行二百斤，年丰行一百斤。以上捐得之数计共白米千六百斤，谷粒二千七百斤，合共谷米四千四百斤。其他米店东主因不暇出席或未能出席者，乃派其店伴到会列席，故认捐谷米时，彼等须商诸东主，才能决定者。亦□□□人□该会迫得保留办理。至未能出席认捐者则由会派出职员按户劝募，共襄善举。

推定职员　出发募捐

各店认捐谷米数目后，乃由主席宣布所得之数目，并推定周耀卿、周辉松、邝北海、胡林、高振武、岑宙、黄杰源、黄福、张付、欧阳景秋、黄月、黄海、刘衡仲、钟□□等十四人为劝募职员，并商聘西南日报记者苏日行、陈雨□，华侨报记者曾□玉，大众报刘□海，新华报陈成，朝报谭福□等襄助一切事宜，决定由今日起下午一时正齐集海边新街德丰行，一同出发，俾收群策群力之效，以为贫苦之羔羊着想。闻一般未经认捐之谷米行商，以此事乃属善举，义不容辞，将以巨大之数额捐助云。

1943年8月30日　第三版

谷米行响应难童餐　发起沿门捐米运动　两天共捐得白米六十余担　今日继续出发希各界襄助

（专访）本澳谷米行商，前日为响应同善堂难童餐起见，由黄杰源等发起，召集该行商会议于国际三楼，即席慨捐谷米，详情经志前报。查该行□以热心行友未暇出席认捐者甚多，特于是日下午一时由主席黄杰源及职员周辉松、周耀卿、欧阳景秋、高振武、郭鉴、朱权、陈冠英、岑宙、邝国贤、黄文沾等沿门劝捐，并得各报记者襄助，会同出发，故所得成绩特佳，共捐得白米数目庞大，达一千八百二十斤，乡谷一十一担。连前日认捐所得，共仲白米六十余担。 该批谷米，均由各米号自动送交同善堂，以为煮难童餐之用，而该堂定一收到捐来米石后，即发出收据，交由□捐助商号持凭。沿门劝捐职员虽于公私事务纷忙之中，仍抛却其宝贵光阴，整日奔走，劳苦不辞，尤以胡林君为至努力，力竭声嘶，不以为劳，迄下午五时许始收队云。兹探录昨日认购谷米商号之数目如下

（捐米者）德利米机四百斤，泰兴隆、裕丰行（以上每一百斤），祥隆、协成

昌、公诚行、广盛和、永隆、成昌、裕生祥、生记、德明、德泰行、和合成、天元、广裕隆（以上每五十斤），茂丰和、富隆、协源、裕生昌、广泰（以上每四十斤），胜利、大隆、联丰行、万源、协昌（以上每卅斤），天天二十五斤，同安泰、大丰、德利祥、广丰隆、□成行、大成米店（以上每十斤）。共计捐米一千八百廿斤。（捐谷）兆丰、振兴公司（以上每二担），俊益栏、恒昌、通顺、合德、公盛行（以上每一担），大利栏、大成栏（以上每五十斤），共捐谷一十一担。

又查该行为谋成绩优异，广筹善款起见，定今午十一时半仍在德丰行齐集，沿门劝请行商捐谷米。除各职员全体出发外，并商请各报记者会同出发，俾群策群力，共襄善举云。（远）

1943年8月31日　第四版

响应新闻协会慈善演剧筹款　平安今晚义映　收入所得拨入义演善款　新协会明日庆祝记者节

（新闻协会通稿）新闻协会庆祝九一记者节慈善演剧筹款大会，于廿六晚在清平戏院举行，留澳各名伶演出，各音乐名家义务拍和，各情业志前报。查是晚门券收入成绩颇佳，该会为增加慈善收入起见，事前特编组劝募队多队，分向各殷商，店号劝集□花，对于全部收入数目，因劝募队尚未完全将募册交呈大会，□大会正加紧催收及统计中。致认购名誉券者，该会亦已派员收集。又国华、域多利、平安三院，日前曾响应该会，拟于卅一日（今日）举行义映，但国华及域多利后因画期不合，迫得改期，平安闻准今天举行义映两场，查头场为八时，二场十时，两场为放映名片（飞□□侠）。是日收入所得，□交该会转呈督宪分配。致券价则只有门沽，决不向外推销，场内亦不设劝捐。又查大会庆祝记者节，准明（一日）下午三时假商会二楼举行，届时或报告此次演剧筹款经过及全部数目收入，是日敬请督宪莅临颁发工作人员奖状，并同邀各界人士参加观礼云。

1943年9月1日　第三版

全澳报界今日庆祝记者节　新闻协会假商会开庆祝大会　各报休息一天晚间设宴联欢

（新闻协会通稿）今（一日）为记者节，下午三时，新闻协会假座商会二楼举行庆祝记者节大会，□请督宪莅临颁发上月廿六晚在清平义演各襄助工作人员奖状，并报告筹款经过及数目。该会昨已发简邀请各界名流参加观礼。爰将今日庆祝秩序录后，（一）齐集，（二）向国旗行礼，（三）致开会辞，（四）欢请督宪致辞，（五）演说，（六）报告筹款工作经过及数目，（七）颁奖，（八）致谢辞，（九）摄影，（十）毕会。又今日报界休业一天，协会于是日下午八时假座陶仙馆开监理事联席会议，十时欢宴云。

1943年9月3日　第三版

镜湖医院发觉借探病人行窃

（专访）镜湖医院医药部，于前九一召开特别会议，商讨该部一切进行事宜。出席者有正副主任王德光、黄耀坚，护士长及各医生。出席者对于医乐措施，均详细提出讨论，惟有一事须呈请值理会□理者，则最近发现有般不法歹徒串同留医病人，借探病为名，到院行窃。日前经已破获一宗，故为杜绝此种事情起见，而应特别关注，毋使滋蔓云。

1943年9月3日　第三版

公进会粥场　收到捐款

（专访）公进会粥场，第六期米粥定本月十一日开售。凡得购第二期粥者，是期仍可持旧证换领新证，照常购粥。该场昨日首次收到名誉董事王颂献交来双毫一百元，以作经费。闻王氏对于社会慈善事业，颇为热心，每次捐助该场义款，均先行缴交云。

1943年9月3日　第三版

热心人士　踊跃助难童餐

（专访）同善堂难童餐，自发出呼吁商请资助以来，各界慈善人士同情善举，群起响应。查昨日又有□福成堂等感该难童餐在现目艰困时期中，势不能停办，特捐助善款，亲自送交该堂查收。兹录捐款姓名如后，钟□□堂双毫五十元，各友港币四百元，高发明澳纸卅五元，高□戴国币一千元，友□港纸十元，□氏双毫二十元，董沛然双毫五元，威堂捐赠双毫五十元，高发明制木澳纸六十五元。

1943年9月4日　第三版

因战事影响炮竹业一落千丈　全澳炮竹工厂停止开工　失业男女工达三万余人

（专访）查太平洋未发生战事前，本澳炮竹业，生意蓬勃可观。历数十年来□未有少者。该行辐辏于康公庙同美基街等地，计有广源、谦源、益隆、光远、广万泰、同昌、南洋等七所。除广源、同昌、南洋外，余均兼营电光炮，工厂设凼仔远离人烟稠密之区。□制造电光炮，须卷入白药，性较黑药为危险也。该业各号，多创办于距今六七十年前，其始多设于佛山镇，随后始相继迁来澳地，操奇计赢得生意，无分轩轾。查历来向外地倾销，以南洋群岛、荷属各地、孟买、美国各属地为大宗，每号每年约一百余万元。致雇用男子工员（包括炮壳店职工及领取返家内工作者），七所综合约达三万余人，则靠此觅食者，人数未始不广。而本澳各行用人之众，当亦推该行为首。乃自战事发生后，向外埠倾销之路闭塞，生意遂呈□杌，比诸曩昔，不啻一落千丈。现目销路仅靠门沽多少，良以炮竹为销耗品一种，丁此时期，除节令及特别喜庆事外，均以经济所系，门□鲜有光顾者。该行既无生意可做，故咸将工厂工作暂行停顿，而靠该行谋生之三万余人，除少数外，亦告失业。闻该行各号虽停止工厂之工作，第存货尚伙，仅足应付门市云。

1943年9月5日 第三版

归侨证款 已分拨济贫

回乡会第六期（八月份）发出归侨证三百五十九张，收得善款澳纸七百一十八元。除支付印件等费用，共九十三元四角外，实得六百二十四元六毫。已由该会主席刘柏盈核妥，将该款分发镜湖医院及同善堂，每处得三百一十二元三毫，以作救济贫病之用云。

1943年9月5日 第三版

有偈油三罐 疑是行窃

（专访）男子何珠，以运输为业，于昨日被控于警局，指其有偈油三罐来历不明，实有窃得来之嫌疑。惟据何辩称，谓该偈油三罐，系从珠采购，雇用货艇一艘运澳者。于抵码头起货时，即遭拘控云。警方为查明办理起见，现将何扣押查究云。

1943年9月5日 第四版

葡属务部长 电致澳督 转知政府要员辞职及补充事

（本报专访）本澳当局，于昨（四）接到葡京里斯本属务部长来电，关于政府要员辞职及补充情事，兹将原电探录如下，里斯本九月二日来电，澳门九月四日收到，第九三号密。澳门总督鉴，本年九月一日，中央政府公报公布，安果喇省巡阅使海军舰长斐达蒙纳，因病辞职，应予照准。遗缺以海军舰长罗比欧维士补充。又佛得角属地总督上尉斐利马丁呈请辞职，应予照准，遗缺以海军舰长若翰斐基列度补充等因，特此奉闻。属务部部长印云。

1943年9月6日 第三版

各地来澳办购故衣日众 故衣业入黄金期 求过于供将成有客无货之感 预料该行本年获利远胜去载

（专访）自去年起，因时局所造成，本澳故衣业顿呈蓬勃，生意畅顺旺盛，为历来所不数□睹。爰将该行之盛衰兴替时期及营业状况调查详录如后。

查太平洋未发生战事前，本澳故衣业殊未见佳境，设资本短绌者，更感困难，盖当时之故衣店，最低限度亦须准备本钱三套，方克应付，因季候寒暑之关系，顾客均亦按气候而购置，则积存未合季候之衣件，无异压死一套本钱，且当时如属大顾客者，多属半赊半现。闻有一辈大批采购之拆家，竟全数靠赊。而故衣店购入衣件，则均须付现，故此时之故衣行，认为生意较佳之店，亦仅得平稳二字。

迨战事发生后，交通梗塞，澳地一辈采办货物衣件者，佥趋本澳一□，而本澳亦不啻成为南中国卖买故衣之总枢纽，同时以时局所造成衣物日趋高涨，一时采购者，胥争先恐后，一时形成求过于供，间有恐采购不得者，竟预先□下定金。此一个时期，故衣行之营业状况，□□战前相反而形成抽象状态，盖此时期之故衣，采购者既不限季候，不仅付现，且为第二期之故衣物，先下定金，故衣店得此批定金流动以生息，无异多开一条财路。故衣业之此种情形发展，实称仅见，其蓬勃也，亦可比诸春前草雨后花，而该业老板弋利之厚，厥数□难搂指数也。

概至本年上半载

1943年9月6日　第三版

公进会第六期售粥业已登记完竣　定期本月十一日开售　明日办理换领售粥

公进会粥场，第六期售粥，已定于本月十一日开售。该会售粥秩序，由第五期起，采取轮回办法。凡曾领售第一期到第四期者，由第五期起实行依次先后轮候复领，查第一期已于上期轮售，现时为第六期售粥，依照次序，本期应轮值曾领第二期粥证者，故该会开始办理第六期售粥证登记前，经照上述办法通告各轮值领证者。现查本期登记手续业已完竣，计已登记者共廿一伙，人数共达四百八十六人。凡已登记者，须于明日上午十时至十二时，或下午二时至五时携同粮食证前往该会领换粥证，否则逾时乃属自误。（以下粮证名单略）

1943年9月6日　第三版

梁永馨　助难童餐

梁永馨香店主人，本年内襄助该堂善款数次，昨日又再捐难童餐双毫二百六十元。同时该堂收到有延龄大记捐大洋二千元，回乡会西纸二百一十七元三毫云。

1943年9月7日　第三版

价格奇昂市民购买力弱　猪肉店市道冷落　有价无市胜算难操　皮费不敷亏折堪虞

（专访）近数月来，本澳猪肉价格高昂，为空前所未有之纪录。脱与往昔价格相比，其超越之远，殊是骇人。查其若是昂贵之缘，固以交通关系，来源短鲜，而粮食昂贵，豕之食量又复甚健，豢养乃成问题。曩时一辈豢豕者，不愿复此故业，斯未始非其一□□猪肉之价既昂，除各酒楼食物店及富裕之家购买外，余此均无□□□。本来经营生意，贵买贵卖，原不致于亏蚀，第购买者既大减，而其价格之膨涨，似尚未有策。则购买者当亦逐日减少。矧猪肉店恒日交货予茶楼及食物馆□□□订立有期间，半月或十天不等，在订期内，价格不能照时价趋跌涨。肉店受此桎梏，设遇价跌，固属获利，不幸续涨，则亏折堪虞矣。基此种种，指肉行生意实殊难□胜算，□而有价无市，更是该行坐蚀皮费之因。又查最近数日之肉价，虽比前略降，然购买者仍是多□裹足，以猪肉非如米粮为日中之必需品也。爰将昨日肉价列后，计上肉每斤七元，肥肉五元，猪油五元八角，猪肝十元，猪脚四元，猪尾四元四角，粉肠五元，猪腰十四元，大肠二元六角云。

又查猪肉虽非日中必需品，然厥质原富营养性，猪油一类，更是助长大肠滋润，为各植物油所不及。观于年来吾人虽多食不饱，饱亦不久□，而患上蜀黍症之日伙，未始非少食猪肉及猪油所致云。

1943年9月7日　第三版

新协筹得善款三万余元　澳督分配济贫　筹款工作现仍继续进行　各戏院将举行义影响应

澳门新闻协会主席刘传能君，昨将本年八月一十六日在清平戏院演剧筹得款项共三万一千一百三十九元九毫六仙整，送交澳门总督接收，请为分派各慈善机关兴办慈善事业，并闻该会仍不遗余力进行慈善筹款，刻正与平安国华域多利各戏院院东协商同一义映，该会及该会主席得受澳门人民感谢也。此次筹得款项，经澳门总督分配如次，计开，镜湖医院二千元，同善堂二千元，嘉诺撒院二千元，无原罪二千元，圣永胜保禄会一千元，育婴堂二千元，托儿所一千元，戴思乐难童疗养院二千元，华妇老人院一千元，华瞽目院一千元，孤儿院一千元，妇女感化院五百元，圣若瑟院五百元，乞丐收容院二千元，平民义学一□元，难民营一千元，廉耻贫民二千一百卅九元五毫六仙，保良所五百元，劳花士主教保养院五百元，经济粥场主教主办者一千元，各粥场一千元，望厦粥场一千元，望德堂粥场一千元，海岛市粥场一千元。仅代表收款项者敬致谢忱。

1943年9月8日　第三版

一年容易又中秋　节前市况面面观　生活打击下心皆冷淡　市情一落千丈今非昔比

（专讯）光阴荏苒，岁月如流，一年一度之中秋节，距今仅数天，便尔降临。侨居此间之华侨格于习例相沿，迷信根深，对此良辰佳节，靡不有祭祀庆贺之举动。而市面商情，经已熙攘，亦未免无一番景象也。兹将市情动态，分志如后。

月饼

月饼一项，为中秋节主要物品，饼店经营，其一年之生意，完全系于该节，故年中经营之亏蚀与否，当观乎其于是节之牟利。往昔较大之饼店，其一年之支销，均从中秋节之饼市牟利供应者。惟今年正值战事弥漫之秋，航运梗阻，运输困难，月饼之一切原料，如面粉、白糖、豆类来源均告短绌。澳市货既底薄，价格奇昂，故制成月饼，价格□得抬高。际兹时值非常，居民生活□难中，一般居民得过且过，对于月饼之购买力，异常减弱。月饼市况之冷淡，实在意料中。试忆往昔于中秋节将临时，一般营月饼市之饼四，辄有悬挂彩灯，美术装饰或大事宣传，赠派饼果，勺心斗角，互相迳庭。惜以时移势易，在中秋节将临之时，此种现象已不复再睹。此足证今年之月饼市况，比往昔逊色也。

果品

在市面一切物品市况均呈冷淡中，尤以果品一项，因输运困难价格高涨，购者大不起劲。至应节之果品，有杨桃、桑麻柚、红柿、香蕉，自太平洋战事发生后，金山橙、苹果、菩提子等相绝市后，该数种果品，几为吾人唯一之食品矣，虽运输困难而价涨，仍不若金山橙来源之绝迹。至该数种果品，除大蕉较廉外，其次杨桃、红柿、香蕉、桑麻柚之类，价格比去年几涨一倍，缘以杨桃、红柿，咸产于广州，花地及乌石岩一带，惟该两地已沦陷，收获比往昔薄弱。且该两种果品经不起长时间之囤积，易于腐烂，且运费倍增，成本过昂，一般营生果业者，多持观望态度，以免亏蚀。甚此种之原因，试观一般果摊，其市况之冷淡，惟年来所仅见。

鸡鸭

每年之中秋节，埠中一般商店居户，辄有祭祀等事举行，或则屠杀鸡鸭，大排筵席，以资一饱醉者。是故每年于该节将来临之时，一般鸡鸭牲口，由于求过于供，价格均告高涨，每斤约增价一元数角。惟今年因不景气笼罩下，米价难比去月低廉，然维持仍感惴惴，对于屠牲品以资醉饱者实属减少，缘以生活在陷于半□饿中，叫苦不迭，即有余资，亦移作购备米粮之用，不肯耗虚于一醉饱也。因此今年之鸡鸭牲口市况，当较往昔疲呆。现以市面之价格而言，鸡每斤六元，生鸭则四元余。倘于佳节莅届时，价格量亦不大增加，缘以购买力过于薄弱也。其余纸料冥镪之类，因价格昂贵，居民对于祭祀，多因经济力量限制，淡然置之，故冥镪业市况亦随之难于起劲云。

1943年9月8日　第三版

岭分教师　加薪

（专访）东望洋山顶之岭分中学，年来苦心孤诣，培育英才，成绩美满，社会人士多所景仰。查该校素为贵族化之学宫，学杂各费，较他校为昂，是故几年来人数无大增减，仅足自给。惟本学期起，社会上之一切，咸受恶劣环境所影响，惟该校园反常地人数突增□新生到校求学者，多由他处转来，共七十余名之数。除旧生略有退学者外，全校人数，与上学期比较，平添四十余人。该校校长何鸿平，以人数递增，除增聘教师主持外，复鉴于各教师生计艰难，特由上月起，一切由主任教员，增加薪额，俾作解决困难云。

1943年9月8日　第三版

新协演剧筹款　全场收入公布

（新闻协会通稿）本澳新闻协会于去月廿日 ，澳门新闻协会慈善演剧（星期二）义花捐款一万四千九百五十八元一毫半，演剧销券一万一千五百四十一元五毫，场内卖物九十九元五毫，救济箱六十四元零五仙，平安义映六十八元四毫，临时捐款十二元，合计二万六千七百四十三元六毫。

1943年9月8日　第三版

培英中学　添聘教师

（专访）培英中学，经于前日上午十时，在该校大礼堂举行开幕典礼，新旧学生，均已回校注册，并于昨日照原定时间上课。闻该校除由上学期原本教职员担任各项科目外，亦添聘澳中且有学识经验教师数人，任高初中各级功课云。

1943年9月8日　第四版

外销锐减影响　钟表业趋冷淡　营业较今春大为逊色

（专访）本澳钟表业，在曩昔视之，其营业状况，不能概论厥盛衰，盖生意之好淡，视乎各该店资本之厚薄，钟表之多寡，店内面积之敞或狭，尤其能否勾心斗角，装饰，以吸引顾客。而各名厂钟表之真与（假），更不能珷玞乱玉，□弋利苟且以行欺骗，□之信誉，固是营业盛衰之一因也。其次，钟表之为物，良莠不一，贱贵迥殊，脱该店能够招徕顾客，日能沽出一二个名厂矜贵钟表，则该店除一日皮费外，当尚大有盈余，良以该行之生意，胥属五六分钱以上，与眼镜业同样好利钱。世人指该两行为三年唔发市，发市当三年者，未始无因也。若日更能大量销出，兼以修理钟表之收入，则其弋利之厚，自可想见。

太平洋战事发生后，钟表来源断绝，一时价格顿涨，闻竟有比原日昂逾四五倍者。同时内地一辈采办钟表客胥趋本澳一途。而违难澳地之富裕者，及某种客人，不鲜争相光顾购置。□度（释□）厂出品之游水镖，一固以其名贵富仑，耐用不须上链，而来源断绝，恐告绝市，又是一因。此个时期，该行虽不能称全盛，□蓬勃之态，固属年来仅见。

迨至最近，苍黄反复，钟表价格复告大跌，若与本年正月间相比，厥价廉小半有奇，考其缘因，实因美国已可直接将名贵之钟表空运往重庆转销各地也。基此，各地来澳采购者，骎骎日少，□□修理钟表部分，生意颇畅，足敷皮费有余云。又查钟表之佳者，（推□度）、（□□）、（虾□）、（衣利□）等厂而客之采购者，亦以各该厂之钟表为多云。

1943年9月8日　第四版

中德学生　人数激增

（专访）中德中学，历年人数，总额不过八十余人，在该校长郭秉琦，努力以教育为教育之下，虽学生人数甚寡，仍能以教人不倦之精神苦干，而成绩更未见示弱于人，社会人士，亦所深悉。该校定后日上午十时招考第三次新生，除两次考取合格取录者及已缴费之新旧学生共二百余人外，第三次考试新生，如被取录者，则人数更不止此，打破该校在澳创校已来人数最高纪录。查该校人数突增之故，或谓其办理较严，及学杂费负担较其他为轻，更兼优待成绩超卓学生，广设免费学额之故云。

1943年9月8日　第四版

前主教之姪　升任司铎

（专访）前任澳主教之姪奥利哥士打奴尼士嘉拉斯多氏，升任司铎，定于今日上午八时在大堂举行首次弥撒礼。新司铎曾肄业于本澳三巴仔修院。

1943年9月9日　第三版

葡属务部电令本澳当局　宣示葡国军事上措施　并不如目前世界大势严重情形　民众毋作过分幻想推测之宣传

（本报专访）葡国当局近以国际情势关系，因而军事上之防御设备措施，每一属地亦因有更变，致其员兵亦有调防。然后军事上有移动之时，葡国当局诚恐有等神经过敏者，竟因之而作幻想推测之宣传，为使明白政府之用意，经由属务部长电令各地知照，本澳政府现已接得该电，电文大要，特翻译如下：

本澳政府接奉

属务部长电报一通大要如下，关于近日有等军事上防御措施，并不如日前世界大势之严重情形，而令民众有所倍切关怀者，竟有过分幻想推测之宣传作用。本政府为使将来查究负责者起见，特将下列各项措施明白宣布，俾众咸知。（一）最近葡国政府曾订购及经妥收军械一批，为数颇巨。八月一日演习时，葡京民众亦不过仅窥其一班耳。该批军械足令海陆□军于训练及防御上诸大问题，比诸昔日较为易解决。（二）基于此故，已决定本年九月底以及十月份，实施每年度照例举行各部队及员兵之军事演习。（三）根据此一目标，当由葡国国民军及其他军事团体，同时举行军民地方上之保卫演习。（四）关于现在战事预测，葡国秩序无任何之变迁，惟国际形势之演变以及其□危险性程度如何，或足令各国政府及民众照现目所需求者，将更蒙严重影响，盖既预防外来，吾人更须防范国内散播之不良分子也。（五）更有关于每一属地内世情之变迁，有必须补充者，所以不论何故，对于国外旧有之了望哨兵员，应一律立即调防，故兵士之调动，实当然而又极寻常之事态。（六）本政府对于毫无根据自相惊扰及漠不关怀等辈，加以纠正，照现在国家情势论，虽然允许本国民众生活既非过难，初非过易，惟本政府认为现在情势，仍然严重，更须加重负担工作经济秩序团结以及勇敢之责任方可，苟不如此，无论任何国家，虽不凌人，或为人所凌，亦将有沦亡之痛。（七）现将情势及本政府意向明白宣示之后，如或不能决定或不欲决定消息，根源本政府将本通告所述消息增加或以反对时，则民众之举动以事督察之工作，自□于从事处理之矣。

1943年9月9日　第三版

匹头店近态　布匹有价无市　零剪生意疏落来源告绝存货无多　裁员减薪改营别业

（专访）本澳匹头行，营业向称平稳，恒日除门沽零剪外，尚有中山县属各乡村顾客前来办货。该行辐辏于草堆街一带，□衡对宇，栉比鳞排，有似港地之苏杭街营此业者，多属中山县属二区四乡籍人，间数之伙，为各行所逊。盖曩昔生活程度划一水平，虽贫窭之家，其购买力□不致十分薄弱，而布匹为人生必需品之一，胜算可操，败□无虞故也。

太平洋战事发生后，棉纱来源告绝，影响所及，布匹价格蓦地高涨十倍，该行各店囤存之货，以价伸算，不□□十个□，于此时期，各店老板纷纷匠心各运，有囤存不放以居奇者，有全数推出转售行家得资以营别业者，有仍旧□维持皮费以待机会者，不一而足。□布匹虽是价涨十倍，第战局所系，生活已超水平，时间不同，环境沧桑，中下之家，咸告裹足，不啻有价无市，故仍旧贯之各店，零剪生意，无形已成僵态。所仅有者，□行市一门，基此，各店均纷裁撤职员，以节省皮费。该行各店，恒日雇用职员□众，则此次之被裁者，其数当不鲜。生活程度既过高，复遭失业之苦，则流离逋徙，不转乎沟壑者稀矣。

查棉纱既无来源，布匹（行市）沽出者，无疑为存货，设战事延长下去，布匹终有沽清之一日，则本澳布匹行之存在，或有蜃蛤楼台之感。以布匹行之大，说真不幸因时局而归淘汰，洵不胜俯仰沧桑也。

又查最近有不少布匹店，以故衣业生意好做，见猎心起，胥改营该业，有三四所则转而专营绸缎丝发，缘丝发一类，现尚间有来源，一收一卖，暂可弋利云。

1943年9月9日　第三版

同善堂　又收到捐款

同善堂善院，昨收到无名氏助大洋一千元，马大宅双毫一百元，周□□双毫六十五元，澳门士多双毫五十元，无名氏西洋纸廿元，黄□魂西洋纸五元云。

1943年9月9日　第三版

新协慈善演剧大会已告结束　全部项目经监核核妥

（新闻协会通稿）新闻协会主办之慈善筹款大会，日前业告结束。对于各项善款收入数目，亦已核计清楚，送交澳督分配各慈善机关以作经费，各情业志前报。查昨（六日）上午该会监核刘叙堂，梁鸿勋联袂到该会监核清楚，认为无讹。兹将各队劝销成绩列后，演剧销券，共一万一千五百四十二元五毛，平安义演六十八元四毫，计大众社报队收八百五十三元，西南队七百三十五元，华侨、商报、新声队六百五十五元，妇女会队二百七十元，利为旅队一百五十五元，四报队廿元，门沽一千零五十八元半。大会送出名誉券及各等种券，八千零八十五员。

1943年9月9日　第三版

粮食委员会设海鲜廉售处　凡公务人员均可购买

本澳粮食委员会，为利便政府各机关人员购买海鲜起见，定本月十二日起，在营地街市直接发卖各项鱼类。现将分配办法如下，西籍人员，如一家有二人者，每人可购八两。一家有四人者，每人六两。四人以上者，每人四两。华籍人员，如一家有二人者，每人三两，二人以上者，每人二两。所发售之海鲜分上中下三等，价格如下：上等每斤一元七毫，中等每斤一元二毫，下等每斤八毛。发卖时间由上午八时起至下午一时止。购买时须携带粮食证，并交现款。

1943年9月9日　第三版

雨芬小学　优待贫生

（专访）雨芬小学，本学期除严格管教提高各科程度外，并特别爱护模范生，及清贫生。昨经校务会议议决，定本学期荣获高级或低级模范生者，得免全学费，并奖□□以资鼓励。如各界人士，证明其属家境清贫□入以校读书者，得减半学费，或全免学费，以示救济。并闻该校提高课外活动兴趣，增设运动器具等多种，而近两日各级随到随考新生，亦有数十人云。（国）

1943年9月10日　第三版

广州当局已答应免运澳谷米税　互助会今日召开特别常会　讨论三万担谷米运照分配

日前裕丰行自愿将土谷三万担运照交经济局分发各商领用一节，各情经见报载。现闻关于该三万担运照分配办法略有变更，将由本澳政府领用二万担，其余一万担则由粮食互助会分发各商公开领用。昨粮食互助会奉函后，特定于今日下午三时召集特别常务会议，商讨公开分发办法云。又本澳华人代表暨三大侨团领袖，日前应粮食互助会请求，函请广州当局减免出口谷米税一节，兹据消息，广州当局已于本月八日取消谷米税云。

1943年9月10日　第三版

教育会订定　上课时间

本澳中华教育会，为划一全澳学校上课时间起见，经分别派员赴各校调查。闻昨已调查完竣，现规定每日上午上课时间为十时，下午上课时间为二时半，并同时发函各校，依照该划一时间上课云。

1943年9月11日　第三版

黄金时期已过　洋服店多歇业　战事影响衣料来源　生活高涨顾客裹足

（专访）本澳与香港一衣带水，陆地毗连中山县，商贾辐辏，华洋杂处，故业洋服者，一向能持稳健，盖该行之生意，华洋皆有光显。此外，而居中山县者，亦不鲜来澳缝纫西装，且近廿年来，喜穿洋服者递增，罔论学工商各界，多改穿洋服。本澳缝纫西装之冷热绒麻等料，向仰给于香港办行。每一客定货，一日间即可由港收得该料抵澳，良以当时航行港澳线之船舶多艘，水程又复甚迩，快捷和便，鲜有稽延，稳健之缘，实基此也。

该行营业期，以四五月，十一二月属□月，□裘葛更易，苍黄交替，一般缝纫西衣者，胥为此时期为伙。余此，则生意疏淡，尤以春季为甚，每日坐蚀皮费，须待四个吁月来临，始克弋利弥补。

查该行开办以来，利金时期，为广州市沦陷后，顾客纷至沓来，洵有应接不暇之势，营业之盛，堪称仅见。缘一般违难之富裕者，以出走仓卒，鲜有携带衣物，抵澳后，乃大量缝纫故也。

太平洋发生战事后，衣料来源断绝，因西装之冷热衣料，花式款样层出不穷，顾客爱好之心理各异。每有新出一种衣料，以爱恶之非系，不旋踵即无人车间者。基此缘因，该行除分□定货于港地□行外，鲜敢囤存应客。该行因无存货，生意遂告完全停顿，间有□口店而附设洋服部者，虽有多少衣料第□此非常时期，洋服复价涨六七倍，经济所系，顾客咸相裹足。生意之萧飒，除汽车行完全停顿外，当以此行为最。查最近尚有多少洋服，靠缝改旧洋服维持皮费以待机会，顾状况亦甚疏淡云云。

1943年9月11日　第三版

收买烂袜　抉拆重织番染

月来本澳市面，不鲜沿街高呼收买烂袜者，其价格由一角、角半，□次递增而逮二角。似此种尴尬厚含脚臭味之烂袜，曩昔虽弃诸街头，亦无人十（拾）取，今竟矜贵起来，居然有价，未始非“奇事”，第细考其缘，则不足为奇。盖自太平洋发生战事后，纱线来源断绝，骎骎乃告缺市，一般业织袜者，以来源既乏，遂思及利用烂袜之纱线，经过一番抉拆治染工作，则可用以再织新袜。因乃高价□求，而一般贫穷者，以有利可图，胥相将沿街收卖以转售织造店，若生意炽者，日中两餐可解决云。

1943年9月11日　第三版

中德教员加薪　学生数额突增

中德中学，昨日招考第三次新生，报名投考者计四十二人，情况颇见热闹。查该校本学期已录取并缴费，中学一百一十三名，小学九十三名，旧生到校缴费者中学八十二人，小学一百一十六人，合计全校学生共四百零四名。如连第三次投考新生人数，约有四百卅余名，人数较前学期□□。该校定十四日行开学礼，同日上课。查该校人数迭增之故，乃由于两日前米价正高涨之时，校长郭秉琦，津贴各教员米津，故各教师生活上既安定，精神上当然贯注，而社会人士，亦深为认识，故人数激增。现再闻郭校长，又将米津提高正式加入薪金之内，务令各教师训导，更较前努力云。

1943年9月11日　第三版

天主教粥场　数目公布

天主教救济会主办平民粥场，向得各界人士襄助，捐出善款。计第六期，七，八，三个月内共收到捐款一万三千五百七十四元二毫八仙，支出一万一千六百一十八元七毫四仙，比对尚存一千九百五十五元五毫四仙云。

1943年9月12日　第三版

米站开始核查工作　粮证被缴销者甚伙　被取消者可向粮管处申明　米站明日查对十号粮食证

（专访）本澳当局，定期下月一日恢复米站轮米。为免届时费时查点粮食证起见，特定期明日起预先在米站查对十号粮食证。其余号数粮证查对日期，均照当天报载。米站主事人金神父昨午对各记者谈话，兹探录如次：

当局此次继续售米，纯为便利市民，故凡居留本澳而前填报户口详确者，均发证予以购米权利。惟虚报人口及迁居不报或不遵命填报者，一经粮食证管理处查明后，则取消其购粮资格，故是次被取消之粮证，为数甚多。

故本人，希望虚报粮食证者，幸勿查对时前来本站，以免稽延时光。至被取消之粮食证，由原人迳向粮食证管理会请求辩理，本站未便接办，而一俟粮证管理处发出新证后，始到本站换领新筹仔购米。

被取消之粮证，其原因有下列，（甲）填报时多报不确者，（乙）迁居不报致调查员无从查询者，（丙）业主未代填报人口者。

各被取消之粮证，均由粮食管理会派员查询始定之。故被消者，须用葡文书函径向粮证管理处查问，或约定时间，请其派员再查，俾收回取消成命。因粮证处，多派员到各证户查询时，恒因无人应答致无从查究云。

1943年9月12日　第三版

战事影响　神香业生意衰落　原料来源困难　顾客缩减购买

（专访）本澳神香业行生意亦向称稳健。盖侨居澳地之华人，除奉信天主基督二教外，而奉信儒禅道三教者尤伙，晨夕膜拜，入庙顶礼，均需用神香。澳地毗连中山县，故该地人士到澳零买，或大帮采购者数亦不鲜。该行各店除门沽批发外，年中向外间倾销新加坡、安南、暹罗、西贡等地为大宗。

查该行各店营业之较大者，为陈联馨、梁永馨、同福祥、陈兰馨等。雇用男女工作人员，亦以该数店为众。如综合全澳香业工作人员计，厥数在一万人以上。致该行所用之原料，如制上等香料各类药材，及檀香木、枷南木、竹料、纸料、颜料等等，咸仰给于外埠及西江、□□、北江等地。迨战事发生后，向外倾销之路断绝，原料亦缘交通梗阻，涨价有逾数倍或十倍者。而门市顾客，多其经济所系，咸将购买数量缩减，是以该行生意，一落千丈，形成门堪罗雀状态。查现有数所略有门沽生意，仍雇用多少男女工人外，余此均多结束。又查最近可能靠该行雇用以谋生活之骂女工人，厥数与曩时比较，约减少百分之九五云云。

1943年9月13日　第三版

市政厅限令　旧料摊拆卸上盖　新桥莲峰庙摊位已遵行

（本讯）澳府当局，为整饬市容起见，月前由市政厅颁令，埠中所有收买什架旧料摊，如盖有木铁皮或屋寮者，限期将上盖拆卸。查木桥横街，烂鬼楼街一带之旧街摊寮，经于去月清拆完竣。惟该项旧料摊于拆去上盖后，于营业并无微受影响，不过仅为朝开夕移，活动式之摊档而已。又查新桥莲峰庙附近之空地，旧料摊之开设，为数亦颇众多，鳞次栉比，大有五步一摊，十步一摊之势，情形实不亚于烂鬼楼街。在此设摊者，多用木铁盖成小屋，于晚间亦于此住宿。□市行政局于最近派员晓谕当地旧料摊之木铁屋仔，须将上盖拆去，否则由当局派员往卸拆。该地屋寮奉令后，经于昨日清拆完竣云。

1943年9月13日　第三版

战事发生后之本澳渔业近况

（专访）本澳渔业行，以得有地利，营业向称发达，为各行所不及。缘澳地属无税埠，且又濒海，故渔船停泊本澳海面者，凡千余号。渔船出海捕鱼，每□缺乏资本，咸赖各鱼栏之高利借贷（每百元之利息为三四十元。查利息之如此高贵，系因此种放账，无一定之保障。渔船出海捕鱼，设不幸遇飓风沉没，或船家以逋负累，逃之夭夭，则鱼栏损失甚大，故不得不提高利率）。渔船赁得资后，即大量购买粮食及油盐烧酒等类，最低限度，须够一个月之需，而尤以盐之数量为最，凡三四十担，置用以腌鱼也。购置上列等等外，并预支伙计薪水各一月，即扬帆出海，以长洲及九洲为麇集点，若合鱼造（如四五月之鳝白造，八九月之黄花造），则各渔船均大有所获，满船返澳，即将所获之鱼（□交放账之鱼栏，鱼栏除将鱼价收回抵账款外，复扣利息，佣银（九八、九九，找数不等）及□秤头，随将鱼分运四邑、中山、香港等地倾销。每期所弋之利，综合计算，均大有可观。距战前一二年，各鱼栏生意尝一度趋于疏淡，因中国政府颁发优待渔民令，不鲜渔船转泊内地，直接自行贩卖。迨战事发生后，因种种关系，渔船数量不少损失，鱼栏放出之账，无形中被掳去。而其他之渔船，以出海困难，往往捕得之鱼量与账款相差甚远，该栏无形中又告亏折，故最近此种放账事，已告无有，而各该栏之营业亦与前相差甚远云。

1943年9月14日　第三版

饥馑在线呻吟之教师　督宪重视侨教　两次拨售公米　更捐款五百元补助

上月，督宪拨公米廿六包，每担照九十元公价售与本澳华人学校，经志报端。至昨日，督宪再拨米卅包，仍照公价发售，经本澳华人学校代表会主席刘年祐集款兑领，定是午三时在广中中学分发各校。督宪对于华人教职员生活，备极关怀，除先后拨米三次外，并捐助葡币元五百，交廖校长奉灵转交该会，即由该会将捐款抵缴米价一部。督宪重视教育，乐为扶助，仁风可（以下漫漶不清）

1943年9月14日　第三版

米站继查对粮证　今日查九号证　如不到场候查作为放弃

（专访）望厦米站昨晨九时开始查对十号粮食证，持有该号粮证之居民，如不到场查对，则以自动放弃购米权利论，故在场者□□□□□□，先由候验□取筹仔一枚，鱼贯而入，由粮证管理处职员，分别查验。如确属无虚报或迁居不报等者，则予以凭证，俾便下月前赴该站购米，否则解明被取消或待查理由。至凡待查或有所申辩者，须递以葡文函请求南湾粮食证处核办。而粮证处方面，一收□该申辩函后，翌日即派员再查，如查悉确属并未虚伪者，当予以粮证，继续购米。惟申请书须夹付全家相片，以昭信实。今日被查九号粮食证，时间由晨早八时至下午八时，较昨日提早一小时，各持有九号粮证者，须届时前往候对，否则自误云。（辽）

1943年9月15日　第三版

罐头厂停止开工　推出存货发售　未制成之货赚钱　既制成之货蚀本

（专访）本澳罐头店之出品，以倾销于英美各属为大宗，其次运往中国各内地者，数亦不鲜。盖鲮鱼、鲩鱼、凤尾、鳙白、花鱼等鱼类，荔枝、圆眼、杨桃□□等果类，胥为英美各属所无，故各属办庄，年中均大量定购此类罐头，以其销得也。基此，罐头业之生意，乃十分畅旺。

迨太平洋战争爆发，倾销英美各属之路告塞，而中国内地之运输交通，复不便利，故已制成之货，仅靠本埠疲弱之销路，囤存之货品，乃如山积。该业之原料，除肉类果类取诸本地外，则制罐之铁，焊罐之锡，咸仰给于外埠该类铁锡。在战前罐头厂或已大量购得者，如未制成货品，则将之推出，胥无不弋大利，盖战后铁锡价格腾飞使然也。第业已制成货品者，则均亏本，良以罐头肉类果类，不能久贮，久贮则变，尤以果类为甚。脱超过贮藏时期，则多发生酸素，故不得不降价以求速销。查战后各罐头厂，以销路已无，故均裁去工员，停止开工，仅发售鱼货。罐头肉类人以其较新鲜者为□□含有油类，不须煮调即可食，需求者乃众，故行快将沽罄。而生果一类，需求者鲜，存货则□云。

1943年9月15日　第三版

米继续跌价

（专访）连日因此市上米价日趋下跌计，昨日上午新兴白仍企在每担九十八元，迄至下午又跌至九十二元，靓牙粘每担一百零二元云。

1943年9月16日　第三版

七号粮证　今日查核

（专访）望厦米站，昨日查对八号粮食证，到场候查者甚众，惟多被粮证管理处认为待查或有可疑之处，故即得有效购米者甚少。今日续查七号粮食证，明日查核六号，后日查五号，各号粮证住户，均应依时到场，否则或失购米权利，而粮证处方面，决定不再补发。本月十九日，适为星期日，米站亦循例休息。四号粮证，定下星期一开始查核，学校报馆集团粮证，亦确定清楚，于本月廿七日始能查核。各证查核时间，每日由晨九时至下午六时云。（辽）

1943年9月16日　第三版

米价续跌

（专访）连日米价继续下降，昨日市售靓新兴白每担□值九十一元半。其余新龙牙占已跌至九十八元。各米业中人，均存观望，不敢购入。

1943年9月16日　第三版

邓少勤　廉价售米

（专访）商人邓少勤（□大哥）昨日承天主教救济会李神父之请，愿以低廉之价格售与白米十余担。为该会主办之平民粥场济贫之用。查该批米经于昨日移付云。

1943年9月16日　第三版

董锡光　捐谷十担

本澳昌明火柴厂主人董锡光，以警察局长布英沙所开办之贫民屋，收容贫苦无告，使不致流离逋□，乞食街头，贫民受惠不□，故昨特捐出谷十担，火柴一批，呈交警厅转交该处贫民，以为各界提倡云。

1943年9月17日　第三版

交通梗阻影响　旅业生意平平　顾客减少营业日就疏淡　招徕生意且看手腕何如

（专访）本澳旅业行，尝有三个时期，生意异常畅旺，蓬勃如雨后花草，创空前未有之新纪录。查第一个时期，系广州沦陷居民逃难逋徙，除香港外，多趋本澳一途，屋宇形成求过于供，租赁亦随而递增倍徙。一时以仓卒未能寻得适合屋宇或因屋租过昂持犹豫□者，咸就酒店、旅馆、辟房暂居。于时最高贵之酒店跟迄普罗式之旅舍，罔不胥告客满。迨至顾客租得屋宇相将迁出时，而第二批之江门沦陷违难者适又涌至，于是旅业生意继续又告畅旺，此属第二个时期。致第三个时期则为香港未事变前，风声鹤唳，避地来澳之港侨正众，此个时期，旅业行营业之炽盛，较前两个时期尤为超越，□此批顾客，多属高等难民，囊□充牣，消化力强大，金衣玉食，胥惯于物质享受，故此时期酒店生意，可称步入黄金阶段。香港事变后，违难之顾客虽少，然运输客就酒店旅馆辟为作办事处者甚众，为约开得八九成，亦可称得稳好。如此状态延迄至去年正月间，因运输客减少，顾客无一定，营业骎骎疏淡，日或淡或旺，直至去年底，光景平淡，虽无盈余亦不致亏折。迨转入今春，因各等物质奇昂，支销浩大，而住客复少，皮费往往弗克相抵，除一两间有别项收入挹注以弥补外，余多裁员减薪，借以节省皮费。查该行迩来之顾客，除少数广州湾、广州市、香港及中山县等游客入驻外，其他长驻顾客简直全无。丁此顾客疏落时期，或关，或脱皮，或亏折，不能概论，须视各店之招徕手腕如何而定云。

1943年9月17日　第三版

皆大欢喜　米价昨狂跌　朴米每担仅六十余元

（专访）连日米价狂跌，全澳居民，得以廉价购买，皆大欢喜。查昨日米市更跌，上午新兴白米盘仍企在八十八元间，迄下午随跌至八十四元，入夜八十元。朴米跌值六十八元。龙牙粘货甚短少，仍企在一百零八元，市上成交甚少云。（远）

1943年9月18日　第三版

米价如银河下泻　新兴白米每担七十二元　晚造新谷明春全部运到

（专访）居民粮食互助会推举草拟发照方案之八委员，昨午三时续在该会开会。出席者罗晚枫、陈茂枝、赵斑斓、王颂献、区栋材、林子丰、黄槐庭等七人。对于应如何普遍发照及调查、审核、购运、交际，各类工作，均拟就大纲，由赵斑斓负责主稿，集合各委员意见，草拟发照纲领，提交下星期一常委会讨论，俟常委会通过，始公布执行。而该领照办法，手续简单，以求予购运者种种利便，使大量晚造谷米，于明年一二月期内抵澳，任由商人自由买卖。预料届时粮食，必甚充裕，不愁或缺。

（又讯）自米价降跌后，全澳市民，皆大欢喜，尤以一般擦鞋小童，苦力小贩等辈，得购买米饭，莫不面现喜色。查昨日米价因来源风涌，更告狂跌，上午新兴白仍企在每担七十八元，迄下午则跌至七十二元。龙牙粘货又多到，跌至八十四元。朴米存量甚少，仍在六十七元间。市面米店零沽，每元一斤四两半，糯米价仍跌，每元可购十三两。而其余豆类等，芋头番薯，茨粉等粮食，亦影响所及，同起跌。生果菜蔬等类，亦因各渡船多来，价格同告下跌云。

1943年9月18日　第三版

澳联对港联球赛　莫启谦购万元皮球　该款已呈交澳督作善费　督宪拨交难童疗养院用

（本报专访）日前由西人啤利喇及华人代表梁后源二氏，发起澳联对港联球赛，已于本月十三日举行。当时由莫启谦以大洋万元购得球赛皮球。现该款已呈交澳督作慈善费，业由督宪拨交戴思乐难童疗养院收用。澳督对于莫启谦、啤利喇、梁后源等热心慈善，深致感谢云。

1943年9月18日　第三版

布局长助　同善堂款

前十四日晚小型足球赛，由警察局长布英沙主办，所收之款悉数拨作慈善经费。查昨日同善堂收到布局长交到该足球款西洋纸二百七十二元七毫，铜仙五十八枚。同日该堂收到楚宝堂大洋一千一百五十元，延庆大记大洋一千元，何颂中储券廿元，又双毫一元四毫云。

1943年9月19日　第三版

粮食昂贵生活困难　靠典当度日者众　月来小押开设递增　每店日押入衣物数十号以上　未逾限期取赎可盖图章担保

（专访）因战事影响，金融市情动荡不定，抑以物质缺乏，社会形成一种货高物贱之情形状态。故一般拥有资本而眼光远瞩者，以经营小押业，用资抵质物质，虽收入利率微薄，第较易操有胜算，故日来小押店之递增，实缘于此。关于该业之营业状况，业详志本报。查该业既是贫民金融周转之枢纽，故一辈将伯难呼者，罔不趋此途，举物质以易资济急。丁此生活高度困难之秋，需要小押以济一时之急者尤伙，故战事爆发后之小押店，每日押入货件，胥在数十号以上云。

（又讯）警方当局最近为维护市面治安，促进警探效率起见，特于本月七日，由市行政局发出布告，凡在本澳开市之金饰店，收买摊当押，故衣店等生意，所买押入金饰故衣等物，须逾十日外，始得转卖赎出。而金饰一项，更不得拆开或折断，镕化及更改等情。当局此举，实为利便警探当局对于居民被窃投报时，得以根据侦查之端倪，借此防止歹徒之活跃。倘如当押金饰故衣旧料等业对于买卖衣物，随入旋出，则警探对于侦查赃物，实殊感困难也。惟该例施行后，对于上述各业之经营未免重受影响。迄至本月十三日，由商会正副主席高可宁，蔡文轩联谒市行政局布英沙，请求当局准计各业之限期，略予缩减，以利商营。布氏以高等所请，俱属实情，特将限期十日改为五日。该布告业于本月十五日正式公布，所有各情，除将日限更改外，余均照旧实施。惟记者据某当押业中人称，倘有某顾客到店押当衣物后，因事须即赎回离澳，而期又未逾五日者，可否准予赎回，仍未获明。记者以此，特于昨日查访有关方面，调查一切。据称，关于当局颁行之条者，实为利便警探按旨加强市面治安机能，即上述如当客带来衣物，未逾期可否准予赎回等情，此点当押业者，对于当客如属相识亲友者，或当客经向警方准许者，可以赎出外，如其既非亲友，又非经当局准许者，则须以殷实之商店图章，到店申明情理外，亦可赎回云。

1943年9月19日　第三版

谷米价格狂跌　札家亏损甚巨　最近共计亏达百余万元　昨日米价微涨无大影响

（专访）日来米价狂跌，全澳市民，皆大欢喜，详情叠志前报。查昨日下午米价突趋回涨，新兴白涨至每担七十八元，龙牙粘九十元，糯米一百一十八元。据米业中人称，此次米价狂跌，一般揸札谷米者，多受跌价影响而亏本，盖月前有以百元以上谷价购入囤积求善价而沽者，今谷米价格有续趋下跌之势，故均忍痛大量推出。闻此次揸札谷米而至亏本者，截至最近止，共计达百余万元云。（远）

1943年9月20日　第三版

盛旺时期业已消逝　洋货有价无市　价格比战前涨逾十倍　行货成交鲜只靠零沽

（专访）本澳之洋货业，在太平洋战事来爆发前，营业可称稳好。除门市零售外，不鲜运输商大量采购各项化装品及毛毡□，以电扒偷入各□发售。迨战事爆发，欧美供给线中断，洋货价格随时局高涨五倍有奇，于时一辈投机者，佥睇好洋货，争相采购。洋货店遂将存货大量推出，同时囤存香港之洋货，亦源源从间道运至。洋货店借此供给，货品可暂告无竭。而□求均等，价亦逐日膨涨，如此收入放出之磨谷式营业，市道畅旺，凡四个月。此四个月，可称洋货业之黄金时代。迨至港币兑手□要一比四之期间，因改用双毫为本位，货价得以逭避金融机陧之影响，营业亦可攫得安稳，概夫来货日绌，货价虽仍不□逐日月以高涨。第环境变迁，市道易态，金融已形枯竭，购买力亦告薄弱，洋货乃成有价无市状态。此个时期，一般规模较大之洋货店，在营业炽盛之黄金时期存货已售去七八，港地给养之新货，亦已随市道好时沽出，而来源弗继，存货复少，入息荏薄，皮费又若是庞大，仅靠零沽，往往弗克相抵。所以结束所业而转营别项生意者，数月来已有数个，致仍继续营业之洋货店，所存货品，胥属矜贵价昂者。在此涨价十倍之时期，脱能整帮推出，固是有大利可弋，然有价格而无市，无形等于画中爱宠，第幸每日尚有零星生意可做，勉强借之养皮云。

1943年9月20日　第三版

米站近讯

（专访）望厦米站，今日查验四号粮食证。凡持有四号粮证者，须前往查验。如确无虚报之有效粮证，由金神父亲自签字于证上，即可下月持证购米。被取消之证，亦由粮证处职员当面解释取消或待查之理由，使其自向粮证会申辩。惟将来售米价格，迄今仍未决定云。

1943年9月20日　第三版

粮食互助会　今日开常会

（专访）居民粮食互助会，自成立以来，得各方人士赞助，工作进行异常顺利。澳督对于该会亦予以最大助力，并答允径向广州当局交涉领下期米照，详情经志前报。查该会以将来米照抵澳时，应如何普遍颁发及领照手续等，留待详细讨论，特推举委员八人草拟领照方案，提交今日下午三时常讨论。会议地点，仍在该会办事处云。

1943年9月21日　第一版

米价　昨续上升

（专访）昨日米价上涨，新兴白下午竟达九十一元，有等米店，自小运米商人以八十九元半买入。昨价涨，实为米来稍少所致，而札家乘此机会，略增售价始肯推出，亦为原因之一。然本澳存米甚多，足数月之用，预料米价三两日内可复回跌云。

1943年9月21日　第三版

金价回顺　每两降至七百元

（专访）本澳月来金价市情起落无定（详情叠见本报）。查前月足金，每两由五百八十元而至六百二十元，一再起至七百三十元之际，当日空气异常紧张，人心浮动，故多放弃软币，而搜罗足金，是以形成求过于供之势。金价再涨，乃属情势使然，且又吸收关系，遂因而继续再涨，由七百八十元涨至八百一，（前星期五日）更高涨至八百三十元，翌日即微降为八百二十五元，市价总是徘徊于八百一二十元之间。惟昨八日则市情突变，竟降回为七百一十元。查其原因，乃炒家睇淡所致，但另一说后市仍然看好云。（情）

1943年9月21日　第三版

商会员役　获购廉价米　由崔诺枝代向某商预购　每担只以八十四元计算

（专访）商会值理梁鸿勋，于前星期四堂期会议时，曾提议借给会内杂役三人薪酬两月，以为乘米价下降时，购买米食之用，免受米价飞涨之苦。缘该会现用员役，每月连伙食费，只得薪四十元，厥状甚苦。经讨论后，认为此事碍难□通融，议决未便借给。迄最近，此事为崔值理诺枝所闻，以梁氏提议，确有相当理由，而杂役在米价高涨时，只食稀粥，无能购买米饭充饥，情况甚苦，应予协助，特代向某米商接洽，请其代该役三人每人留购白米五十斤，以应两月之用。不论将来米价高涨，至若何程度，仍以每担八十四元给价。上述讯息，为崔氏昨日对记者所称。后崔氏并云，余为天主教信徒，且为贫苦中人出身，故数十年来，为贫民服务，迄今不已。如有贫民需余襄助者，当努力以赴，不畏艰困，共拯贫民于水火之中云。

1943年9月22日　第三版

中华教育会筹划集资购运教粮　定期召开监理事会议

中华教育会，为全澳学校教粮事，曾于本月十九日下午三时，召集全澳各学校校长，开座谈会，商讨教粮事宜，期集思广益，以为该会今后教粮工作之贡献。结果由座谈会介绍十一人负责办理教粮运购集资工作。闻该会定于本月廿六日下午三时，开理监事会议，然后根据座谈会结果，以便聘请委员会，专办教粮事宜云。

又查该会日前以各会员生活维艰，特联呈澳督请拨米石，廉价发售，分配发给各会员，借以减轻负担。澳督戴思乐，高瞻远瞩，体察下情，以其所请，俱属实情，遂允许拨给米石廿余包，以每担九十元许，交该会配售各会员，计初次每得米七斤。惟当时有部分会员，未明悉该事者，多未享受该种权利。迨至第二次请求将售米石时，所有各会员乃具报登记，每人交款九元，以为购米之用。至该批米石，亦于月前交该会配给，计每人所得米数与首次相同。且当时澳督捐助款项五百元，俾予救济，亦且该事迄今已将匝月，惟该会主事人对于澳督捐助五百元之分配用途问题，并无所表示，故一般会员多渴望主事人，能予公布云。

1943年9月22日　第三版

镜湖医院筹备举行演剧筹款

（专访）镜湖医院为筹募经费，曾有义演筹款会之拟。据悉，该筹款会事宜，由黄苏、高福耀等主理。黄氏等现以留澳红伶甚鲜，故未即行组办。约期下月中旬各伶齐集本澳后，即发动筹备演剧事宜云。

1943年9月22日　第三版

播音消息

澳门广播会电台今晚播音节目，由下午六时起，播送中乐唱片。一、开场曲。二、花花公子（宋立强，小飞红）。三、玉堂春（音乐片）。四、蝴蝶夫人（新马师曾，卫少芳）。五、雪花飘（音乐片）。六、不堪回首（飞霞）。七时时刻讯号及特别公告。七、夜半歌声（小明星）。八、农村乐（音乐片）。九、藕断丝连（马师曾、谭兰卿）。十、捷足先登（音乐片）。七时四十五分，粤语新闻报告。八时至十一时，葡文节目。

1943年9月22日　第三版

米价　昨日回跌

（专访）米站快将恢复售米，因此米价狂降，较月前跌凡一倍有奇。全澳居民，咸现喜色。查昨日米市复告跌价，上午新兴白仍复每担八十九元，惟下午则跌值八十六元，龙牙粘九十八元。买家均持睇淡态度，成交甚少。而零沽米店亦绝少多量购入，以防亏本。预料米价，当有续跌可能云。

1943年9月23日　第三版

家私店营业近况　租赁日趋减少　买卖亦不平衡

（专访）本澳家私业，其营业可分二种，一属家私租赁，一则门市售现。查该两类营业，一向胥能站立稳健地位。就家私租赁一项言，其利率之高昂，较别行为倍徙，普通一件时值一元八块之家私，其所索租值每有超逾一元以外者，亦多有以贱价购入从事修饰后而以昂价沽出或租赁。且妓院每一房之家私，胥属向家私店租赁，当年花事灿烂，六街金粉，妓院林立，该业单营妓院生意，已足戈利有余。矧尚有商号及住宅之光顾，该业尚有一种足以操持胜算，保无亏损之虞者，则顾客租赁家私，必须殷实店号盖章担保，同时复须先收三个月上□租值。故本澳自有该业以还，既见有开张而鲜收米者，始无因也。概夫广州沦陷而至香港事变，此个时期，澳地侨民递增，此辈泰半属于违难之略具有消化力者，或赁或买，楼指不可数该行之营业，则又足可观。迄至近数月来，因澳地生活程度过高，不鲜相将返内地者，居民既减，该业对于租赁一类营业，乃大受影响。至于门市售现，亦缘木料价涨，顾客绝鲜。且该业因一向生意好，雇用人员颇众，而受雇者又咸属店老板之昆弟，虽生意不前，亦不能解雇，食指浩繁皮费乃大，亏折之缘，每基于此云。

1943年9月23日　第三版

柴薪　日趋高涨

（专访）本澳柴薪供应，向赖中山内地运来至□，年来因航运梗阻，运输因难，来源乃告短绌。是故由于供不应求关系，价格逾趋高涨，为空前所仅见。计上等松柴，每担约需十二三元，比在港战未发生前之来价，趋数倍以上云。

1943年9月23日　第三版

米市闪缩　昨再回顺

（专访）迩来米价闪缩不定，晨升暮降。昨日米市又再下跌，上午新兴白成盘仍企在八十四元，惟下午则跌至八十一元，随而八十元。龙牙粘亦续下跌，□值回每担八十六元。糯米一百元，较诸前日每担跌凡六七元云。又据某米业中人称是来米价下跌，全行约共损失逾百万元。惟大部损失乃属于别行之大揸札家，约占全数百分之七十，其余之损失者，仅占百分之三十而已。至别行之是次揸札谷米，以为必有大利可图，岂知世事难料，适得其反云。（远）

1943年9月24日　第三版

华人三机关值理　筹备庆祝国庆　并定祝贺葡国庆典

（专访）澳门商会昨午二时在该会二楼召开值理常会，出席者崔诺枝、高可宁、蔡文轩、陆电明、梁鸿勋、李如楷等多人，由高可宁任主席。除报告事项外，并议（一）十月五日为葡国国庆纪念日，本会为华侨机关之一，理宜全体值理，齐到督署致贺。（二）十月十日乃双十国庆之日，全国民众均热烈庆祝，本会亦照往年联同同善堂、镜湖医院等机关举行庆祝会以作纪念。一切筹备事项，交由总务办理云。（远）

（又讯）十月五日，为葡国国庆大典，在往年升平时期，本澳各衙署机关，例□□□举行庆祝，以资纪念。惟今年因时局动荡，不宜过度铺张，现循例举行庆祝。葡国青年团现已操练甚忙，届时将全副武装，在督署前表演，澳督亲临主持检阅礼云。

1943年9月24日　第三版

米价　昨续微降

（专访）连日米价狂跌，市民欢欣，昨日米价□□，与前日无大起跌。新兴白每担七十八元，较次者七十五元。零沽每元一斤六两。龙牙粘、糯米无甚上落，价仍如昨。

1943年9月24日　第三版

培正同学　举行茶叙

培正中学同学会定于本月廿五日，星期六下午一时，假座金城酒家六楼马赛厅，举行留澳同学茶叙。每位收港纸十元，欢迎各旧同学参加，借图畅叙。同时该会召开第二次执委会议，商讨会务进行云。

1943年9月25日　第三版

镜湖西医顾问团函促设立手术室　常会议决定期联谒督宪

（专访）镜湖医院慈善会，昨午召开第卅四次值理常会，出席者刘叙堂、王德光、徐鹤侪、黄苏、曹子珊、蔡克庭、潘毓华、曹子光、吴鸣、冯养、谢保明，赵七、沈香林、周介眉、黄耀坚、梁流等。由刘叙堂主席，议决全体值理谒见澳督请速准建手术室等。兹录其议决案如下：甲、报告事项，（一）总务部主任报告，现接澳门小球总会来函，定期九月廿三日起举办谦益杯小球公开赛，所有入场券收入善款□拨交本院及各慈善机关充作经费，请予惠临参加云云。除复函表谢外，特此布告。（二）略。乙、讨论事项，（一）总务部主任报告，现接西医顾问团函，略以关于设立外科手术室一案，前曾转呈政府请求早赐批准设立。惟现在瞬经数月，尚无端倪，请予将实行兴筑日期，转请督宪及卫生局宣示俾利侨胞等由。应如何办理，请公决案。（决议）全体值理定下星期四日上午十一时卅分面谒督宪，并先行函达顾问团意见。（二）略。（三）总务部主任报告，昨廿三日开临时租务整理委员会第二次会议，讨论整理本院管有铺户租务事宜及值理常会所议各案□经将各铺户按照目前时值，分别拟定加租数目（另纸开列），是否可行，请公决案。（决议）将拟加数目交各值理审查，提出下期常会讨论。（四）（五）（六）（七）略。（远）

1943年9月25日　第三版

传陪都放出黄金巩固国币地位　澳金价低跌原因

（专访）月来本澳黄金市情，曾有巨大之升降。在白热化时，曾升至每两值双毫八百三十余元，而钞金亦同时涨至每两值一万三千九百余元，此为金价最奇昂时期。惟自本月十六日起，金价日趋回顺，由八百余元之高值，竟跌至六百余元。数日间起落，诚属骇人。昨据由内地转来电讯称，谓中国政府，为减低大洋通货膨胀计，已放出黄金十万两吸收货币。故陪都方面，市面金价，遂趋猛跌。而广州方面人士购金之风，亦告停息。故日来本澳黄金市道，降至钞金每两值大洋一万零五元值银六一五。预料此大帮黄金推出，势必影响金价低跌，由此必将大洋地位巩固云。（倩）

1943年9月25日　第三版

同善堂难童餐续办一月

昨日同善堂开值理常会，出席者，崔诺枝、蔡文轩、李如楷、陈茂枝、黄渭林、黄仲良、黄杰源等。主席崔诺枝，记录陈清泉。甲、报告事项，（一）财政主任黄渭林报告，难童餐收支概况。乙、讨论事项，（一）关于难童餐施派期满，应否续办，请公决案。（决议）应照续办一个月。（二）关于八月廿八日秋祭，所均各捐款及各送业善长仁翁长生禄位应领之胙肉，应如何均派案。（决议）目下物价昂贵，为节约善款起见，每份派回胙肉金一元、二元。

1943年9月26日　第三版

本报主办　茂枝鼎象棋赛今晚假得来拈阄　明晚开始全部比赛

本报主办茂枝鼎全澳公开象棋单人比赛，经于昨晚十时截止报名。查报名参加者，甚为踊跃。计有郑郁辉、陈文龙、陈文准、梁兆发、彭尧、司徒祺、龙明泉、李玉麟、吴文英、文礼、关文□、韦伯兆、朱广辉、梁一宇、文孝、郭□臣、梁礼昌、关缉明、谢章、陈德、黎寿鉴、黄炳亮、陈学常、刘汉坤、陆望明、陈德维、李才、陆剑明、陈兆雄、麦雷、高景义、陈云生等共三十二名，情况热烈。该比赛定今晚九时在得来茶室大堂拈阄。凡参加比赛者，须届时到场拈阄，以定秩序，明晚九时开始比赛云。

1943年9月26日　第三版

各界捐助　难童餐

同善堂，昨天收到捐米盐一批，以佐难童餐之用，计有蔡丁润娴、蔡惠年每送白米五十斤，益昌公司盐二百斤，藤益盐二百斤云。

1943年9月26日　第三版

米站消息

（专访）望厦米站，今日为星期日，循例休息，暂停查核粮证工作。明日开始查对学校报馆之集团粮证，时间仍由上午九时至下午六时云。

1943年9月27日　第三版

警方首次破获一宗偷用街电七年案　上得山多终遇虎　作伪者心劳日绌

（本报专访）警方当局于前晚十一时许，在新桥□鸡街一号三楼，破获一宗七年偷用电流案。查该案被告陈某，在七年前挈同家眷居此。陈有一妻及子女多人，除陈家眷居住头厅房外，另将尾房分租与一住客。至该屋为转角楼宇，电气局之街线，乃绕经骑楼之下。讵陈胆敢违法，竟乘街线经此之便，遂设法用电线驳接偷用，房内电炬光亮，且用最强烈之灯泡，如是者已达多年。迨至最近，在警方严密查缉下，由干探若坚凭线发觉，乃于前晚十时许，会同电力局稽查两人，驱车而往查究。抵埠时见屋内电炬光明，俨若白昼，迨警探叩门时，户内住客见事败露，怆惶将灯熄灭，并将电炬除去，登床伪为入睡，将门严扁不开。警探迫不得已，乃破门而入，目观全室黑暗，惟厅上则有麻雀牌筹码等类，而灯制尚温暖未寒，此足证该案未发生前，彼家人曾作雀牌之戏。斯时警探乃将陈质问，是□否向电力局供用电流，渠答称，未有。警探再问，顷间电炬光亮，其电流来自何处，渠竟支吾砌词以对。警探以其所言，实属狡辩，遂将全室四边视察，卒在骑楼下发觉有电丝接驳街线电流者。当时陈以事败露，直认不讳。继后又搜获有五十度发光之电泡，及已毁坏之电泡多个，证据确凿，将之解交警方究办。据附近居民称，谓其屋对开，有街灯一盏，陈曾于凌晨，将灯泡窃去两次，今一旦落网，居民称庆云。

1943年9月27日　第三版

难童餐经费将竭　热心者愿为后盾

（专访）同善堂主办之难童餐，自全澳谷米商助米后，即足月余米食应用。一般难童，不愁停办，莫不欢欣喜舞，如获巨宝。昨日又有殷商李某与崔诺枝氏详谈，对该难童餐亦认为应予□助，如经费支绌时，请崔氏随时通知，当即行捐助，共襄善举云。崔氏以其一片热诚，随即代表难童致谢外，并将现存米食可办月余等奉告，至需款项时再行通知云。

1943年9月27日　第三版

米站　查集团粮证

（专访）望厦米站，今晨开始查对集团粮食证。应查者由代表人交出须查粮证若干，俟粮证处职员查对后始即发回。如属有效粮证，由金神父加签名于该证上，手续与普通粮证无殊。

1943年9月27日　第三版

生油价降

（专访）由于米价下跌，各种杂粮油豆，均告降价，较月前竟跌至百分之六十有奇。据悉唯生油市道更疲弱，□值三百七十五元，成交仍小。芋头亦多到，市场充斥，尤以杨桃、香蕉、芋头、番薯为甚，价日降云。

1943年9月27日　第三版

服装店　营业近况

（专访）本澳裁缝业（即服装公司），查往昔承平时，生活程度水平物质低廉，顾客消化力多不感愈弱。故每至旺月（该业在往昔计一、二、三、四月属平稳，五、六、七、八月属淡月，九、十、十一、十二则为旺月），营业非常畅旺，每一店雇用长散工裁缝匠，胥在十余人上。第自战事影响，物质与生活程度齐高，就布条一类计，往昔每尺仅四五角，今则涨至五六元。伙计伙食，往昔每月不过五六元，今则非十倍不办。且顾客咸以经济所系，甚鲜缝制新衣。故该业之生意，骎骎乃告衰竭。因收入与皮费弗克相抵而结束者，占泰半数。自余仍继续营业者，则胥属仔乸生意，对于缝纫事均所陪系，不大须靠外雇缝匠，皮费少轻，故而能勉强维持云。

1943年9月28日　第三版

粮助会昨日议决　再函拨运照三万担　二期工作规程草案再行缜密研究

（专访）澳门居民粮食互助会，自将二期工作规程草案发表广征民意后，社会人士及该会委员等，均加具意见提供该会采纳。昨午三时，粮助者举行第十二次常会，出席者有冯祝万、刘叙堂、麦健曾、徐佩之、王颂献、陈茂枝、赵斑斓、刘传能、罗晓枫、黄槐庭、林子丰、柯麟、钟子光、梁基浩、区栋材、梁鸿勋等十六人。列席有刘廷扬、谭福贤、何鸿平、陈廷恺、方苏、陈阑镛、李如楷、曾奇玉、黄晓生、李洪、苏日行等十一人。由冯祝万主席报告，略谓现迭据各运商到会请代领取运照前来。现查裕丰行七月份内尚有运照三万担，留存广州，前拟去函请求拨送大会转发商人领运，以期充裕本澳粮食。如各位认为应予领取者，可即领取。即席议决通过，并将该请发运照函明日寄广州当局，随开始讨论二期工作规程方案。各委员佥以现距发照时间仍多，为缜密计，议决再推举麦健曾、徐佩之、柯麟、刘传能、梁鸿勋等与原定八起草委员共同研究草案，再提交下星期一常会讨论。惟研究多根据刘年祐及委员

刘传能、区栋材、麦健曾、黄晓生等意见，于后日下午三时在该会开座谈会，共同商讨云。（康）

1943年9月28日　第三版

难童餐证　下月不更换

（专访）同善堂之难童餐，自决定续办一月后，一般贫童，继续餐食，均表欢快。查该堂为节省物资起见，定下月粥证，不再从新印刷，即持有是月粥证者，可购下月份米粥，亦无须另摄照片贴于粥证云。

1943年10月21日　第三版

各界续捐助难童餐经费

（专访）同善堂接办之难童餐，自接办以还，经历时八月，一般难童，得免受饥饿，莫不欢快。惟最近因经费支绌，只可办至是月底止。无外□捐款，则下月有停办之虞。各界热心人士聆悉后，多同情义举，踊跃资助。查该堂昨日又收到林子丰葡币二百元，卢华东澳币一百六十元，温达儒双毫卅元，温□慈双毫廿元，无名氏双毫一元，毕宅大洋四百元，统指定拨充难童餐经费云。

1943年10月21日　第三版

镜湖筹款会游艺组　今日会商进行

（专访）镜湖医院慈善会，昨日国庆镜湖筹款大会，略云，蒙代国庆节义募之献旗卖花善款，经已如数收妥，谨此闻盼并收条送上云云。现该筹款会除收纳该收条以备存查外，并将各献旗卖花数目于日函送市行政局局长布英沙查照以昭大公。本日镜湖筹款会游艺组，原定召开会议，商讨进行义演事宜。后以人数不足，需时改期今日下午四时始行开会，仍在商会二楼举行。各游艺组同志凡被函请□□者，届时出席，共公襄善举云。

1943年10月21日　第三版

协和免费额举行筹募

（专访）协和女中，应有免费学额，奖助清贫学生，每年约需此项经费约数千元，向由学校经费项下拨支。兹悉，该校现以经费相当紧绌，为谋此项免费学额得有专款起见，特发起募捐清贫学生免费学额运动。该校美术主任吴贻荪首先响应，慨捐作品数十帧，拨一堆作陈列，公开展览。将来义卖所得拨充该校免费学额经费云。（康）

1943年10月22日　第三版

男子偷渡　被枪击伤

（专访）昨据官方每日新闻布告称，谓有某运输男子，于是日清晨一时许，在某地采购有菜蔬等物，偷渡运澳，讵□次为当地驻军发觉，以其有偷渡行为，乃用机关枪密集向之扫射。该运输男子因闪避不及，遂为枪弹伤及两足，血流如注，当时机关枪声密若连珠，响彻遐迩。至该受伤之男子则由艇家驶载来澳转送山顶国家医院救治，至受伤处，仅属足部一带，幸无性命之虞。

1943年10月22日　第三版

镜湖筹款会明日举行义赛　今日开始销券

阖澳居民为镜湖医院筹款会，球赛组决定明日举行少勤杯华联对西联小球赛。一切筹备，径已完竣。至球员人选，亦大致已定。入场券昨经印备，并经警厅盖印，定今日开始劝售。又粤剧组昨日下午四时，假座新马路协和公司开会，商讨演剧进行，到会者有该组主任黄□、陈天一、朱给、关心源、陈灿□，及院方主事等。关于演剧问题，均有详细讨论，拟定现在本埠同演之金际花锦绣南天剧团，及留澳名伶联合串演，演期及地点，因戏班与院方合约期间关系，故未能预定，须再与班方接洽后，约下星期一便可决定云。

1943年10月22日　第四版

警方昨安插市面难民乞丐　送台山难民营容纳

（专访）警方当局，为履行整饬市容，切实救济留澳之难民起见，连日派出大批警探，将流离境内之乞丐难民，强制予以搜集，经由警方登记后，即遣送台山难民营妥安置，昨据官方布告称，谓连日搜集之流丐，达五十余人云。

1943年10月22日　第四版

怀械行劫案　梁森入狱三年

（专访）军事法院于昨日上午十时，开堂提审私佩枪械行劫案。被告男子梁森，于本年四月间，曾伙同匪徒多人，佩械行劫圣味某街某号二楼，当时为警探侦办，当场轰毙多匪，仅□幸免，后卒被□，并□枪械。法官以证据确凿，罪无可逭，乃判梁入狱三年至行劫之罪，将由法院刑事审讯云。

1943年10月23日　第三版

镜湖外科手术室快将兴建　澳督将提交政务会议决定

（专访）镜湖医院慈善会，月前为谋满足病侨需求以免无从施用解剖术起见，曾呈请卫局准予设立外科手术室一座。兴建理由，已详见西医顾问团意见书，且已筹得兴建费用，各情已见前报。查澳督宪对刘主席叙谈称，力言兴建该手术室，实不容缓，现该案澳督将提交政务会议决定，以为兴建该手术室用，大约公布兴建日期，为时不远，旅澳侨胞，可毋注念云。

1943年10月23日　第三版

镜湖医院筹款会　戏剧组加紧进行

“阖澳居民为镜湖医院筹款会”，于双十节举行献旗售花初期筹款，成绩共七千□元。至第二期赛款，该会各组□分别召集会议，商榷加紧进行各情已此回报。查戏剧组方面，定下星期一召集该组会议，届时商讨决定粤剧义演日期及地点。至劝募组方面，亦决定于粤剧义演时同时举行劝募。闻该会于今日下午四时，假座商会二楼开小组会议，商讨届时劝募办法云。

1943年10月24日　第三版

怡修堂　救济难童　已领得运照

本澳热心慈善商人所组织之怡修堂难童□场，向在镜湖医院右侧之旧长亭地址，每日施派白饭，贫童□救济者，达数百人，办理极为完善，且历时两年余，均由怡修堂自行出资，并无向外募捐，出钱出力，深得社会好评。昨该堂购粮助食主席冯祝万代向裕丰行领取运证。闻指定商裕丰行以该堂所领运照，既属救济难童粮食，当即如额发给，并将照费豁免。昨日已将运证一张，送交粮助会冯主席转发救用云。

1943年10月24日　第三版

同善堂难童餐续办一月　希善长仁翁续捐助

昨日同善堂开值理常会，出席者，崔诺枝、蔡文轩、陈茂枝、陈伯墉、黎卓彬、黄渭霖、黄杰源、黄仲良、崔洛忌，列席者，刘庸光、谭□□等。

主席崔诺枝，记录陈清泉，讨论事项：

（一）关于难童餐施派期满，应否续期施派，请公决案。（决议）贫苦孤儿嗷嗷待哺，一日停办，势沦饿殍。本堂经费，虽已支绌，事关救济难童，仍须勉力□推，续办一个月，以俟善长仁翁，损款继续。

（二）关于每年例于冬季十月初起，按户沿门劝捐一次，今年应否援例举行，请公决案。（决议）应照向例举行，沿门募集，并盼热心商店，踊跃捐款，共作善举。

（三）崔主席提议，关于值理同寅，喜庆人情，向定每份一元，在现今物价高涨时，应否略予增加，请公决案。（决议）凡同寅遇有喜庆事情，应每份□人情费双毫三元可也。

1943年10月25日　第三版

镜湖筹款会今日举行常会　讨论加速筹款进行

（专访）阖澳居民为镜湖医院筹款会，自国庆节献旗□得超卓成绩后，社会人士，咸加注意。查该会为谋更利优异成绩计，连日由游□劝募，球赛，宣传粤剧筹组分别组内会议，且多已将会议所得，草就意见书，定今日提交大会讨论，而□□大会方面，定下午四时在办事处（商会二楼）开全体常委会议，讨论应如何进行云。（远）

（又讯）镜湖筹款游艺组，日前为谋加紧工作进行，俾得多筹善款起见，经在国际□告地下召开会议，商讨进行，各情已志前报。兹悉，该议除先定在□暑殿义唱筹款外，并□在中央，国际利为旅二舞场，举行义舞，由各红舞星义务出任。一切收入，拨充镜湖医院经费。昨日更得某殷商报效全场酒水费均数双毫千元，预料届时义举成绩，□甚优异云。

1943年10月25日　第三版

粮助会今举行会议

（专访）居民粮食互助会，今日下午三时在该会召开常务委员会议，讨论今期工作应如何开展等问题云。（远）

1943年10月26日　第三版

粮助会策动储粮备荒　草案呈澳督审核

（专访）本澳居民粮食互助会，下午三时举行第十五次常会，出席者有冯祝万等十一人，列席者有邹北海等四人，由冯祝万主席，除宣读前期议案外，随由冯氏报告，足以关于策动居民储粮备荒办法草案。经起草委员起草完竣，昨已呈交督宪审核，俟批复后，□会执行云云。

1943年10月26日　第三版

流离街头者　尽送收容所

（专访）本澳当局迩为肃整市容及免一□贫苦无告者之流离逋徙，连日特派出警探向各通街及横街等地搜查，将此辈送往路环难民收容所，妥予安置。连日来被送往者有六十九名云。

1943年10月26日　第三版

金价回淡　两日差百元

（专访）本澳数月来之金价市情，倏高倏低，或一片平淡，形成疲淡之态。亦曾一度降回四百八十元。但不旋踵，又渐告上升。市道略现起色由五百元按日续渐升至六百一二之间，其后又复降回双毫五百七八。□□牛皮之市，惨淡多日，闻又回复六百一十五元。因为自金价降下后之最高纪录，惟前（星期六）日，每两尚值六百一十九，而昨日突然降至五百一，相差之数，隔日间每两逾百元云。（□）

1943年10月27日　第三版

法院今日开堂公审私卖他人木船案　被告三人其一庾毙狱中

（专访）本年二月一日，黑沙环海面发生一宗私卖木船案。查该案原告为渔民郭细，郭细有木船一艘，用以捕渔及装载行旅者。于本年二月间，郭因事离澳他往，乃将该船交由船伴黎牛、黄浩、梁福、高有等暂看管，□当捕渔为业。讵彼等竟萌歹念，于本年三月一日，伙同将该船驶至沙梨头提督街角与荣生拆船□，得款一百一十元，由高文签署单据收款，均分各人花销，事后各散东西，鸿驶莫及。未几郭回澳后，欲寻黎等取回该船，遂悉为黎等所售去，且已不知去向。郭乃向港务局投报，务求查缉黎等归案究办。后卒由水警缘线将黎牛、黄浩、黄福捕获，而高有则已离澳不在。港务局遂将各人口供研究，取录后备文移解法院办理。法院以案情重大，须待详加侦查，故押后公审。三被告则谕入狱候讯。顷据法院消息，该案将于今（廿七）日开堂公审，而被告黄福，已于前日在狱中庾毙云。

1943年10月29日　第四版

协和中学募捐　清贫生免费学额　并定期画展演剧筹款

协和中学现为清贫优秀学生免费学额筹款，经于昨（廿八日）上午举行誓师出发典礼。查其筹款办法，分为（一）募捐纪念学额，凡捐银五千元以上者，定为永久纪念学额，一千元者为十年免费纪念学额，五百元者为五年免费纪念学额，一百元者为一年免费纪念学额，五十元者为一年半费纪念学额，五十元以下为随缘乐助，并定有纪念□酬谢捐款人办法。（二）画展筹款，由该校美术科主任吴贻孙捐出作品，定期十一月十二三四日在商会举行。（三）演剧筹款，定下月□假平安戏院举行，现先开始募捐纪念学额及征求定画。查此事系属善举，且扶助清贫学子求学，为国广植人才，意义极重大，深望社会热心教育人士慨解囊□，踊跃捐助，闻事前已有督宪捐纪念学额一千元，经济局罗保局长捐廿五年纪念学额二千五百元，董锡光先生捐董庆堂先生十年纪念学额一千元，林殷静宜女士捐十年纪念学额一千元。黄江□先生捐五年纪念学额五百元。其余定画者亦有马□、□□一、吴□□、戴伯□、林维□堂、策伯勋先生等多人。□该交将来筹款成□，亦大有可□云。

1943年10月29日　第四版

各界纷助功德林粥场

（专访）功德林粥场，自发起善举筹款后，得社会人士同情，踊跃赞助，成效着佳。

兹录捐助者等各如下 ：董宅一百五十元，（以下漫漶不清）义卖□进款共双毫七百零一十二元，葡币一千五十四元五角。又查三巴门功德林，定今日起每日下午一时至三时半商请宽如女法师讲述大乘起信论，欢迎各界参加云。

1943年10月30日　第三版

华侨体育会　响应镜湖筹款　常会议决交筹款会接洽

（专访）镜湖医院慈善会，下午三时在该会召开常务值理会议，出席者有沈香林等数人，并由刘叙堂主席，□振□记录，议案如下：

（报事告项）一护士学校长报告，本月卅日下午三时为本校护士试习生举行戴帽礼，届时请各值理到院指导由□。二要讨论事项（一）顷接平民学校长梁后源来函，请将莲溪庙前送该校之□地一段及建校捐款双毫一千元交还，应如何办理，请公决案。（决议）推举周□潘三值理，明午是时前往开□陈出各契据后，始提交下期会议。讨论之（二）（三）（四）略。现接华侨体育会主席赵竹溪函□，拟于最近期间举行一国技游艺会，以为本院筹款，请予指示进行等由。究应如何办理，请公决案。（决议）此乃善举，交由阖澳居民为镜湖医院筹款大会，径与接洽之。（康）

1943年10月31日　第三版

比丘尼恤老矜孤　举办慈善卖物会　今日开始假白鸽巢善堂举行

（专访）本澳慈善会之尼姑，近以望厦老人院育婴堂经费支绌，亟待予以资助，特于今明两日在白鸽巢前地十五号之慈善堂内举行慈善卖物会，所得收入，扫数拨作老人院及育婴院经费。每日由上午八时至下午八时公开义卖，欢迎各界热心人士踊跃莅场，共襄善举。盖上述两慈善机关，现目□于极度艰困时期，如仍不得外间资助，势有停办可能，是日有奖慈善券每张二元，凡购券者，均多有得奖希望，头奖白金镶石手表一个，次奖高地胭脂唇膏一套，三名奖绒球一盒，各种奖品由慈善会育婴女手制，而外间人士以该会事属义举，捐助□物作奖品者，为数甚众云。

1943年11月1日　第三版

镜湖医院筹款大会寓慈善于娱乐　各组今日举行集会　游艺戏剧国技歌唱义舞陆续举行

（专访）合澳居民为镜湖医院筹款大会，自成立以来，获得各界人士热烈同情，仅以一日之时间，共得卖花献旗款澳币七千余元，打破历来筹款之纪录。查该会为谋更胜良好效果计，定今日下午四时在商会二楼召开常务委员会议，除总务，游艺，球赛，戏剧劝募各组报告周来工作经过外，并函请华侨体育会主席赵竹溪莅场列席，商讨为该会国技义演事宜，是日正午十二时半总务组在国际三楼召开会议，球赛组定今日将少劝杯筹善款数目，报告大会云。

又查该会游艺组自推动工作以来，连日进行，异常积极。兹悉该组协办下之义舞大会，定期本月六日下午九时在中央舞厅举行，游艺表演等项目，除由留澳全体红舞星担任外，并商请舞路专家及歌唱红星多人莅场演唱，预料届时，当甚热烈，为前所未见云。（康）

1943年11月1日　第三版

女尼卖物慈善会改期今日开始　内容完备物品珍贵

（专访）本澳女尼，以老人院育婴堂经费支绌特发起在白鸽巢前地十五号举办慈善卖物会，以为老人院及育婴堂筹募经费，其中情形，已见昨报。查该会为求内容□□完备，俾得纷陈物品义卖起见，特改期今明两日始作举行。已义卖地点仍在白鸽巢地十五号，每日由上午八时，至下午八时公开展览，□□各界人士参加。（康）

1943年11月1日　第三版

各界捐助同善堂　劝捐成绩优异

（专访）本澳同善堂，每年一度举行沿门劝捐，以为施药赠医办学施棺等办理经费。查该堂昨仍如前定，出发沿门劝捐，各界热心人士同情善举，纷纷捐助。

兹录捐助者芳名如次：

运通公司、天祥，以上每捐大洋五百元，上海商店港纸一百元，益群、利为旅、老介福，以上每捐西纸廿元，裕祥、大福、卫发、天和隆、英记，以上每捐双毫十元，上海药房、光于前、长泰按、美国楼、长发行、利为旅一楼、利为旅二楼、利为旅一楼、华兴、么泰、又兴，以上每捐葡币十元，永生、高升按、茂盛、元泰、信章、百坚、协和、大盛、广源茶、永利挑香园、天或，以上每捐双毫五元。天宝、长兴按，柏林，益荣，皇宫，余吉耀，王福中，窦文□，□津记，□□，利工民，罗简记，以上每捐葡币五元。德兴捐双毫四元，同益、裕兴隆、罗记、中兴，以上每捐双毛三元，德隆葡币三元，南兴、昌记、富安、德泰、顺昌、光华、大寮俊文堂、富文楼、梁苏记、德成、广和、广安、丰兴、李保行、贞儒、德安、釜和隆、西盛、富昌、安栈、祥发源、建荣，以上每捐双毫二元，捷声、华强、明光、华大、中西药房、宝光、冗溺堂茂记、中原、精益、裕兴成福泰美芳、广新、宝来、美昌、经元、南利、民兴、广发，以上每捐葡币二元，好易中、美新、宗远、富昌、成兴、利丰、和隆、开记、明星、蝴蝶、广生隆、康济堂、天吉桃苑、铭记太兴、天祥、聚珍溢生以上每捐双毫一元，福昌、光光、祥发隆、德栈、大生□、志□天□、大□、昌记昆□、大来、浩记、英昌、广兴、明达、兴利、日安、无名氏、广利、财记，以上每捐葡币一元云。

1943年11月1日　第三版

当局拨款补助政府职员留澳家属生活

（专访）本澳当局，最近发出布告，决定殷皇子中学是年度至明年教员月修，每

月澳币三百元，并特开一千三百卅十元三毫款项一宗，以为支给中央及各属地长俸职员之在澳家属生活补助之用云。（远）

1943年11月2日 第三版

黄花鱼 将大量上市

（专访）本澳地势濒海，为渔业最繁盛之区，每年对出贸易，数额异常庞大，为各项商业之冠者。查□兹秋冬季节，黄花鱼产生最为大量之时，一般渔民准备出海张罗，倘将来大量收获，价格定当低廉云。

1943年11月2日 第三版

女尼慈善卖物会昨日在嘉诺撒仁爱会内举行

天主教女尼卖物慈善会，每年胥有举行，所以补助老人院及育婴堂经费之不足也。惟去年因时局关系，曾一度□□□□□□□□□□，场内设抽签及娱乐两个部分，抽签部之各种衣饰、刺绣、玩具，每件定底价二元，而所值则多有十余元者，致娱乐部分之各种品物，乃该校学生之家长所报效资助，该部分设有多种娱乐，一为投玻仔，其法每以三角之底价换四个玻仔，四个玻仔之中，能向□入口中投中一个者即□入围，拈筹换品□回，一为点腊烛，亦以三角之代价，□馆一支火柴点尽十支腊烛者，可入围拈响。一为五毛代价之拈□法，一为摇波博彩，各界以其属慈善性质，故到□□□□□□□□□□者，纷至沓来甚形闹热云。（橙）

1943年11月2日 第四版

昨日金价 一度飞涨

（专访）本澳昨日金价市情，突趋变态。午间曾一度飞涨，足金每两值双毫六百五十元，（前日五百一十元），打破月来自金价降下后之新纪录，然仅见诸于刹那间，一个钟而已。查因昨日国币价格提高□响，金价亦随之而高，并至收市时，足金每两入门降至五百六十元。出门则五百七，于是飞涨之空气，遂告寝息矣。

1943年11月25日 第三版

吴凤英投买状元摊 输去港币六千余元 男子李绍被控有伙同行骗嫌疑 法院今日公审原告延律师起诉

（专讯）法院刑事法庭，定今（廿五）日上午十时半开堂提审六千余元骗款疑案。查该案发生于去年六月间，被告男子为李绍（又名李景棠），原告为女子吴凤英。据该案未发生前有男女多人，开设赌局，并诱吴下注，结果因投买所谓状元摊遭骗去港币六千余元，另金条一条。事后吴始发觉被骗，遂投报警方查究。旋由警探将李捕获，控其有设局行骗嫌疑，并获有港币七百余元。警方取录口供后遂备文解法院办理。闻今日开堂公审时，原告女子吴凤英延聘大律师宋耀生起诉，被告李绍则延律师佐次治代为辩护，该案之证人届时均到堂供讯云。

1943年11月25日　第三版

逐臭之夫　连粪亦思囤积　空气恶浊邻里唔埋得鼻

（专讯）本澳居民之粪溺业并系由市政局批与商人办理，承办者须依照当局规定之时间内，必须清理完竣，以免妨碍居民卫生。顷查此间莎梨头之惠昌益记粪务公司，承办该项经营者，已有多年，其清理粪溺，均能依照当局规定之章则及时间办理，裨益公共卫生至大。年来内地农事日非，粪市疲□之秋，仍能惨淡经营，足见该公司非仅唯利是图也。讵迩来有数不肖之徒，竟不将所得之粪溺，移往该公司之粪船倾倒，私自藏匿于空无人居之屋宇内，每于傍晚，即移出售与所需者，倘经数日积存而未清理者，则恶气蒸腾，中人欲呕，对公共卫生影响甚大。查最近发现者已有白灰街，鹌鹑巷等多宗。该处附近居民以此，均前赴该公司报告，请求清理。该公司主事人乃具情投报市政局，派出稽查员前往查究，已告查得，遂将主事者解署究办。居民为顾全卫生起见，发觉此种情事，当即速报该公司俾便查究云。

1943年11月26日　第三版

六千元疑骗案法院首度公审　原告吴凤英滞留广州湾未回　证人众多押后日间再行公审

（专讯）男子李绍，又名李景棠，于昨日控于法院刑庭，指其于本年六月间，有伙同其他男女，开设状元摊，骗去女子吴凤英港币及金链值六千余元嫌疑之罪，是日法官马士加连那检察官罅些喇登堂侦讯。原告律师宋耀生，被告律师佐次治均□堂起诉辩护。是日被告身穿灰色长衫，态度自若，端座犯人椅上。而原告吴凤英，则于日前赴湾，因航轮关系滞留湾方未回，故是日未有到堂作供。至证人方面，计有警员等多人，开堂后法官即先行传讯证人作供，由检察官详细盘问。惟该案经过情形，异常复杂，故讯问需时。查是日由上午开堂，迨至傍晚，仍未讯问完结，法官乃谕押候再度公审云。

1943年11月26日　第三版

二期运谷米证　派员领取来澳

（专访）居民粮食互助会，连日来由八常委商讨分配米照事宜，已将完满结果，大致决定。一俟运照抵澳，即行颁发，任由商人采办米食来澳，以裕民食。至该二期运照，已派员往广州领取，常务委员会议，每月首星期一日□□一次，下次常委会定期十二月六日下午三时召开云。

抗战研究丛书

故纸留痕

抗日战争时期澳门报刊资料选辑

（二）

林发钦　江淳　王熹◎主编

SPM 南方出版传媒
全国优秀出版社　全国百佳图书出版单位　广东教育出版社
·广　州·

1944—1945

目录

1944年

1945年

1944年

1944年1月7日　第一版

粮助会拟征求股户备价储谷

（本报专访）本澳居民粮食互助会委员，近鉴于谷米价格□日趋昂贵，而明年夏历，□多一闰月，预料米价更上涨。为使居民得普遍储粮起见，据变更前□，将该会所领照额，征求本澳股户备价，交由内地耕家之□□最低价格售卖谷米者，配运来澳，然后转输一般居民。股户备价之利益照规定最高不足一分计□□股户与一切居民皆可各受其惠，而不致将来受米贵之影响。据该会一部委员之意，以本澳游资尚多，此举如有实力充裕者出头提倡，当可顺利进行云云。

1944年1月7日　第一版

难童餐　续改捐款

（专访）同善堂为本澳华人慈善机关之一，举凡办理各项善事，均措施得其当，久为社会人士所皆知也。该堂对于难童餐尤为重视，故月来曾力向社会呼吁以期继续。深幸各界善长仁翁，源源捐助，得以维持。查□该堂曾收到各界捐助难童餐经费一□，兹将其芳名列后，计有□深□大洋一千元，冯□大洋三百元，大众报捐葡币七十五元，回乡会葡币二百五十二元五毫五仙，余者二十元云。（倩）

1944年1月12日　第一版

澳督戴思乐将列席镜湖周会　对院务措施或有所指示

（本报专访）本澳镜湖医院，自现任值理理联三局措施下，办理异常完善，其成绩已彰在人耳目，素为澳督及社会人士所赞许。顷据该院值理称，澳督戴思乐，将于该院本周之值理常时会莅临列席，届时戴氏或有良好意见，指示院务进行云。

1944年1月12日　第一版

象棋义赛　款已缴清

查本报主办象棋义赛，为同善堂难童餐筹款，经已全部结束。所得款项，计售去十元长期券四百三十元，一元名誉券一百六十八元，四毫普通券二百五十六元八毫，合共得款八百五十四元八毫。该款全交同善堂，并核对票数无讹，发回收据外，象棋义赛，遂告功德圆满云。（钦）

1944年1月12日　第一版

误杀案　或延期公审

（本报专讯）法院刑庭今日开堂，审一宗抹枪失慎伤毙同伴案。被告男子司徒胜被控枪毙男子郭礼文之罪，查需时法院准许被告以款项一千元具担出外候审。惟被告日前赴省，迄今仍未回澳，法院对该案或予押后办云。

1944年1月13日　第一版

猪肉商请求减税　将再度晋谒澳督

（本报专讯）本澳市政处对于猪屠宰向例□每头征税一元四角，惟最近当局对该例税则改以重量为单位，计每担增收税项为五元计，故经营该案生意者对此项增税认为过重，对本身业务及市民生活，均有莫大影响。日前曾联号派出代表晋谒澳督请求准将税略予减低，俾苏商艰。惟澳督则以该项事务，乃属市政范围，遂答复该代表转向该主事者请求。顷闻该□主事者及求督宪明察内情起见，将再度晋谒具情奉□。

1944年1月13日　第一版

李树荣　款助同善堂

昨日同善堂收到李树荣善士慨助难童餐经费大洋二万元，同时收到祥信号助大洋四千元，其中二千元为难童餐，二千元为经费，又林凤锦助经费储券五十元云。

1944年1月13日　第一版

黄豫椎夫妇　助平民粥场

新填海平民膳食处及望厦粥场昨得本澳名流黄豫樵先生夫人七秩开一寿辰之庆，每场捐助国币一千元以补经费，并于今日寿辰中，每场加捐双毫二十五元，以增粥之材料。一般到□粥者，均沾黄先生等之厚赐矣。

1944年1月20日　第四版

输运货物出口须领具许可证　否则陆警疏虞亦遭水警检执

（本报专访）澳府当局为适应非常时期措施起见，凡由外地转运货物入境，抑由本澳输运出口货物者均予统制，经设有“澳门粮食输运统制委员会”办理该项事宜。□商人凡欲输运出口之货物则须具情向该会领具许可证，始获自由出口，否则为警方检查发觉，则作偷运货物出口论，除将货物充公外，并将运输者控究。实行以来，严厉不懈。讵最近该会发觉不肖者，乘警察防范疏虞之时，私运货验出口等情。故最近为严查此种情事记见，除饬令□□治海之段警严为检查外，并由港务局派出水警轮分别在沿海逡巡，倘发觉渔户载有由本澳出口之货物，而未领具许可证者，则予检执，依例控究。迩来破获者数达多宗，故希一般运输者，须领获出口许可证者，始得运输，以免罹罪究云。

1944年1月20日　第四版

挽留正副主席联任　澳督日间召见　惟刘王两氏仍保持坚决辞意

（本报专讯）闻于□镜湖医院正副主席刘叙堂，王德光呈请辞职，而全体值理恳切挽留消息，社会人士咸为关注。缘□刘王两氏之去留，足以影响镜湖医院之措施及今后成就，且镜湖医院为我华人慈善机关之规模巨大者，历史悠久，措施繁烦。倘之□精明能干，处理适当之领袖人才，扶掖院资之进展，无异影响□澳之居民。惟澳督对刘王之呈辞，虽予准许，惟全体值理则坚决挽留，大有非得刘王两氏留任□□，惟有同一步□辞，以获贤能□□。澳督戴思乐将军远瞻高瞩，俯察其情，乃□代表致刘王两氏，请其体念全体值理拥戴之美意，更为贫苦居民着想，勉力为难，惟现在刘王两氏□保持原有之坚决辞意，闻澳督日间将再度召见刘王两氏谈洽该事云。

1944年1月27日　第一版

救济失学女青年（广告）

本公司鉴于失学女青年，与日俱增，为使彼能于失学之后，获得工作，维持生计起见，特设高级文化训练班，以半年为期，受训期间，每月酌给津贴十元。期满升高级班，以一年为期，每月酌给津贴二十元。受训期内，得绝对服从，不得中途退学，受训完后，由本公司考□合格，升任本公司职员后，得享受四十五元至八十元之月薪。凡曾在国中学案或具有同等学历之失学女青年可于本月内亲临兴隆下街十九□廿一号大公司报名听候考□。

中华民国三十三年一月十六日

穗轩印务公司启

1944年1月30日　第四版

十五度行劫案宣判　夏照充军九年　从犯邹光保入狱十月

（本报专访）法院昨日宣判，十五度械劫案，被告男子夏照邹光保，于前两年曾先后伙同在逃男子多人佩械打劫商户六十案件凡十五案，经由警探破获在案，提押法院办理。该案曾经军事法院提审，夏邹□□有据，各被宣判充军□刑。至行劫之罪则昨由刑庭，按□定罪，依法判决，计主犯夏照充军九年，从犯邹光保，则入狱十月，曾经轰动一时之屡劫案，□□□云。

1944年1月30日　第四版

善款一批　助难童餐

（本报专访）同善堂自去年举办难童餐以来，经费来源，向赖社会各善长仁翁所捐输，以资接济，故至今仍继续施赈，未尝一日间断也。查昨日该堂值理叶子如先生向善士黄云甫募得中储券五千元及有名女士储券二千元，叶君自捐双毫五十元，另收到捐款有吴海安储券五百元，无名氏大洋二百元，又无名氏双毫二元，月葡币十元。□□双毫二元，芬慧卿葡币五元，邹琼珍葡币五十元，上列捐款乃指定捐助难童餐经费云。（倩）

1944年2月6日　第四版

镜湖新值理全体名单　昨呈递澳督察核　新旧值理交代礼定十五日举行

（本报专讯）关于镜湖医院本年度之值理继任问题，自澳督委定蔡克庭继任主席后，即委托刘叙堂、王德光、冯祝万、及蔡氏拟定之。缘以镜湖医院之各值理，在三年来刘氏等对于其平日服务之精神及对院务是否负责推进，实已了如指掌。刘氏负此责任，可谓得宜。虽然，各值理在三年来之奔走，实感异常疲惫，故多有去意。惟澳督曾极力挽留，以期获得驾轻就熟，以收合作之效，因此澳督委托刘氏拟定各值理时，亦请其选择才能谦广，深具服务精神，且为澳地人士任之，始能获美满之果。查刘氏连日考虑继任值理事宜，而年前在院服务努力拟欲离去者，不惜恳切挽留。临至昨日，全部名单经已拟定。闻旧值理中除有三五确因事须辞退者外，余皆赓续蝉联。名单于昨日下午十二时许，刘氏偕属主席蔡克庭晋谒澳督呈递察核，于商洽多时，澳督对该项名单人员认为满意，但须三两日后，始克正式核准公布。该院新旧值理交代日期，经决定本月十五日，正午十二时举行，而副主席闻亦已拟定，不过未到公布时期，蔡氏则暂不宣布，届时新旧值理举行交代之日期，将请各界莅临参观云。

1944年2月6日　第四版

小龙剧社平安戏院联合为难童餐义演　义务职员已全部聘定

小龙剧团义演会，发起人龙介尹、刘纪召等，日前拟假乐斯戏院义演，旋因地点关系，改商平安戏院举行，并决定运行办法。兹发表于后：一，定名，为小龙剧团平安戏院联合为难童餐义演筹款大会。二，聘请社会名流为名誉顾问，刘叙堂、高可宁、毕侣俭、□□源、傅德荫、钟子光、刘柏盈、叶子如、蔡文轩、黄苏、刘传能、赵斑烂、□天心、黄浩然、毕漪迢、刘纪召、李宝林、□□骊、苏日行、曾□玉、刘伟海、陈大白、林荫民。三，名誉主席崔诺枝。四，大会委员，正主席龙介尹，副主席陈又廉，总务主任刘纪召，宣传各报记者，理财主任龙介尹、龙识。剧务，罗少苏、五禹拜。葡文书，冯华、交际、梁鉴波、崔诺枝。中文书，萧尉戚、李甫才、劝票、龙□、高涛、干事、萧尉成、殷玉□、谭贤、朱贤、陈华、钟家平云。

1944年2月22日　第三版

泰兴职工为难民营筹款义演今晚开锣　节目丰富连演四出名剧　业余演戏家罗唐生参加义演并捐义款

（本报专访）本澳泰兴公司，中央酒店，金城酒家全体职工，以台山难民营经费短绌，特定于今晚假座平安戏院，举行义演筹款，详情曾迭志前报。查该公司此次义演，由新声剧团全体艺员担任演出，并情商得小龙剧团，业余戏剧家罗唐生客串公演，一共点演四部名粤剧。第一部由小龙团剧演出者，为龙飞凤舞。第二部由罗唐生，车秀英主演，一饭之恩。第三部由欧阳俭，邓碧影主演，销魂天使，死尽燕归来。第四部由新声剧团全体员合演，晨妻暮嫂。节目异常丰富。至今晚开锣时间，决定八时开演，并敦请市行政局长布英沙，治安部督察长观耶暨各高级长官莅场指导，今晚义演时，将由布英沙、钟子光、高可宁等分别致谢热心人士相助此次义演成功，及多利公司报效盖搭牌楼全部经费云。查该公司今晚义演，业余戏剧家罗唐生，将各界人士所捐之花牌花篮折为款项，共有四百余元之多。罗氏将该款亦扫数拨捐难民营之用，同时今晚义演时，场内不设劝捐，希各界热心人士，请早临场。全□次收入数目，并请警厅派员查核以示大公云。

1944年2月22日　第三版

小龙义演结束　明日举行会议

小龙义演会，自将善款缴交同善堂核收后，并定于本月廿三日（明日）下午四时，假座同善堂开结束会议，报告筹备经过及进支数目，撮影留念各情。届时函请各报记者及工作人员，同义堂值理等，莅临参加指导一切，并盼认捐未缴款热心人士，迅将票款妥缴云。

1944年2月22日　第三版

柴薪源源运澳　价格日趋低跌

（本报专访）本澳柴薪供应，向赖中山运来□□，日前由于航运关系，来货短绌，致柴价日趋高涨，每担由数元增至十余元。影响所及，一般山草牛粪亦增价每担高至四五元，情事殊令人咋舌。一般富有之家，当无关痛痒，惟低下阶层，则叫苦不迭矣。查最近中山县柴薪来源，由航运□告顺畅，日益增加，故由□供求关系，价格渐趋低跌。现市面柴价，每担已跌至五大元，比前相去一倍云。

1944年3月7日　第三版

内地油渣源源运澳　电气局不虞短绌　倘葡轮启航燃料运澳定伙

（本澳专访）本澳电流供应，自电灯公司由澳府接办后，积极予以改善。惜以油渣，石煤之原料来源缺乏，致对用户耗用电流，多所限制。此种措施，亦实为澳府用以应付此非常时期，迫于无奈也。顷查电气局，自去年秋间内地运澳之土制油渣异常大宗，且价格比往昔耗用之油渣较廉，电灯局经试用，认为满意。为改用该种油渣，以为发动发电机，能照于去年农历底起暂行撤销限制用电办法。惟当局仍望居户对耗用电流，仍予节省，以资樽节油渣销耗。又闻澳府采用为运粮专轮之葡萄牙号，日间将可正式启航，倘能实现，本澳燃料缺乏之困难，当可迎刃而解。届时电流局如获燃料源源运澳接济，则可尽量予用户以利便云。

1944年3月7日　第三版

同善堂昨收捐款

同善堂所为各种善举，颇称完善，甚得社会人士同情，不断捐款赞助。该堂昨日收有捐款计严升阶大洋七千元，澳侨回乡会葡币一百七十三元五角，钟彪记葡币四十元，无名氏大洋一千一百元，招彭氏大洋一百元，徐贤储券五十元。

1944年3月7日　第三版

国际酒店一住客搜获巨量私烟　重量达四百五十五两之多　当局依例罚款卅六万余元

（本报专访）警方治安局，特务警探欧于前（三）日午间，凭线侦悉国际酒店九楼九零三号房住客藏有私烟数量极巨等情。警探据讯后，即按址前往搜查，果然获有私烟，重达四百五十五两之多，并将一住客卢某解交警署，控其有私藏鸦片烟之罪。经取录各情后，乃备案文转解鸦片专责局办理。当局乃依例处罚款项三十六万四千元，倘不遵缴罚款则移解法院判处云。

1944年3月7日　第三版

同善堂鸣谢捐款

李福伦葡币三十元，彪记双毫五十元，谭先生手票四十元，陈宅储券四十元，平安戏院小龙剧团再捐葡币三百四十一元。张宅捐双毫四十元，无名氏大洋一千一百元，钟彪记葡币四十元，澳门回乡会葡币一百七十三元五角。

同善堂谨致

1944年3月8日　第三版

今日妇女节　阖澳妇女庆祝　十一时假国华举行

今日三八妇女节，上午十一时正本澳妇女会，广州基督教女青年会及全澳女学生联合在国华戏院举行庆祝。邀请留美罗有节博士演讲，女青年会歌乐团歌诗，唐婉真小姐钢琴独奏及协和女中童军团表演口琴合奏，秩序丰富，并盼望妇女踊跃参加云。

1944年3月8日　第三版

李根源　助难童餐

李根源善士，向来捐□公益事业，极表同情。对于同善堂之难童餐尤为赞助，曾对助数次之多。昨日又再捐储券一万元，交由梁鉴波君送到该堂为难童餐之用云。

1944年3月8日　第三版

旅澳五校及志道堂捐助平民粥场

广州基督教女青年会及澳门妇女会联办之平民膳食处，最近得中华基督教志道堂捐助双毫一百元。继又得旅澳五校（岭南、协和、培正、培英、培道）礼拜委员会捐助葡纸一百元，以补该场不敷。查该场现每日仍继售粥两次，每日到购者均为平民，人数约在六百余人以上云。

1944年3月10日　第三版

请求取消白银登记书今日呈递澳督　三项盼当局接纳办理

（本报专访）自政府颁布白银登记通告后，颇引起一般市民之注视。商会主席高可宁等，对于此事，尤为关注，曾于日前召集本澳各行商代表暨商会各值理开临时紧急会议讨论应付方针，结果综合意见三项转呈当局核批，消息经志昨报。查该项意见书经于昨日翻译葡文完竣，商会主席高可宁，副主席蔡文轩、陆电明，暨华人代表梁后源等决于今晨联袂晋谒澳督呈递，听候卓裁云。

1944年3月10日　第三版

书画会　昨收券款

昨日鲜鱼行队长欧文桂，将画券款交到同善堂收。计欧文桂、赵七，合记鱼业公司梁瑞创新和栈鲜鱼栏，以上每五十元。亚平小姐、森记鱼栏、新发鱼栏、杨球记米店、李伯、冯良、杨贵和、美海培、广兴山货、欧文培，以上每三十元。鲜鱼行共五百五十元。功德林队观见缴款有叶蜜行，一百元，张晴晖三十元，又黄杰源经手再缴款邓寿山一千元，大成米栈、黄杰源，以上每一百元。同昌隆五十元，黄杰源其经手三千五百五十元，又妇女会经手王颂献，一百元，又书画队经手李华州一百元，张晴晖卅元，又国华戏院队黄家驹二百元，又正觉禅林三十元，郑谷诒捐助经费双毫四十元云。

1944年3月10日　第三版

商会值理陈请澳府增加酒铺存额

（本报专访）华商总会于昨（九）日下午三时在该会召开，第十次值理常会出席者，有高可宁、蔡文轩、陆电明、崔诺枝、李如楷、梁鸿勋。高可宁主席首由鸿悦报告事项，继即开始讨论关于会务多所议决外，由梁鸿勋值理带出，关于市上各零沽酒铺存酒不能超过卅斤问题，结果议决，由商会呈函当局请求增加分量或另订新法云。

1944年3月10日　第三版

学校消息

达用国语讲习所，于本澳成立有年，所长关玉书，教授有方，故成绩卓著。闻该所□班于今（十日）教课，来学者甚为踊跃云。

1944年3月12日　第三版

商会请求缓办白银登记呈文　澳督日间批复　劝令居民镇定　勿受补水损失

（本报专访）自政府颁布白银登记通令后颇引起市民关注。商会曾于日前召集本市各行商代表开临时紧急会议，结果综合意见，并联请商会转陈政府暂缓执行登记存银，及□□搜查，以杜弊端。查商会方面，已将该葡文禀拟就，并于前星期五日下午由主席高可宁，副主席陆电明、蔡文轩等亲向督宪呈递，并承督宪示谕以登记所限虽迫，但届时当体察情形办理。盖政府之意，始终不愿居民遭受损失。目下各种辅币已加紧签发，短期内当可发出市面，□通知居民镇定，不必急急兑换，致受补水损失。因白银兑换葡币，随时均可平衡，毋须加补纸水故也。闻商会之禀，长凡千余言，陈述极为详尽，督宪接过后，允于日间以书面批复云。

1944年3月12日　第三版

检验水喉供用水

自来水公司定于本月十四日至十八日，由每日下午二时起至翌晨十时止，下列各街之水喉，因检验关系，暂停供水，告各用户周知云。计阅：

青洲马厂、青洲新路、高士德街、卑若翰街、非喇士街、白朗古将军街、台山□街、台山□□街、药□涌边街、台山工厂街、台山牌坊、关闸马路、关闸横路、黑沙环马路、罅些喇提督马路（由柯高马路至关闸横路止）、美副将大马路、雅廉访大马路、柯高马路群队街、连胜马路（由柯高马路至美副将大马路止）、罗神父街、爹利先拿姑娘至卑利喇行（由柯高马路至老人院止）、高地乌街（由柯高马路至美副将大马路止）、贾伯乐提督（由柯高马路至美副将大马路止）、肥利喇亚美打大马路（由柯高马路至美副将大马路止）、由文第士街（由柯高马路至美副将大马路止）、新雅马路马交石栏台马路、亚马喇马路、斯多纽拜斯马路（由柯高马路与亚马喇马路）、海边马路（由亚耳佐马路至割狗环马路止）、望夏炮台、牧羊巷。

1944年3月13日　第三版

（编者注：本版头日期错标为3月12日）

富衡银号兑换葡币即将开始　今晨将向当局领币五万元

（本报专访）本澳当局为利便市民以白银转换澳币免受补水损失，除设立临时兑换处外，并准商会主席高可宁领取多量澳币，一百元面额，交新马路富衡银号代为兑出。闻该号将于今晨向当局据领该项澳币，一俟领到后，当即开始兑出，并不另收补水费云。

1944年3月13日　第三版

（编者注：本版头日期错标为3月12日）

葡轮葡萄牙号昨午依时启航赴海防

（本报专访）葡轮葡萄牙号自改装完竣后，曾一度试航后即寄泊于新口岸海面静候启航。查该轮已于昨十二日午间十二时奉令启航前赴海防。闻该轮此次驶往海防并无货物装载，而此行目的，实疑由海防装燃料及食粮来澳，一俟该轮复航抵澳后，本澳燃料及食粮当□形充实矣。

1944年3月13日　第三版

（编者注：本版头日期错标为3月12日）

强华烟草公司送烟　捐助同善堂难童餐

昨日强华烟草公司主人潘国荣，函送三星牌烟仔二百五十包，太极鼻烟二百五十包，交同善堂变价拨充同善堂难童餐经费。该堂主席崔诺枝，蔡文轩为该公司之热忱特致函伸谢，并派义学生廿名分队沿门劝售，将款拨作难童餐经费，并闻该公司拟每月继续照送烟仔五百包该堂云。

1944年3月15日　第三版

加斯栏葡币兑换处　兑换者异常挤拥

（本报专访）澳府自取消银毫在市面行使后，大西洋海外管理银行，除在街市附近设立临时兑换处外，并在南湾八角亭设立葡币兑换处，俾市民存有银毫而须用葡币者，可往该处兑换，且兑换数额比临处较巨。其每日兑换时间仅规定上午九时开始至十二时止，时间异常短促，而兑换处为避免秩序紊乱计，将规定兑换者分列两行，计开一百元及五元持有银毫前往兑换葡币者，须鱼贯排列队伍，依次办理。警方派出警察多人到场维持秩序，制止兑换者争先恐后扰乱秩序。唯前往兑换者，异常挤拥。

1944年3月15日　第三版

利为旅国际两乐队举行音乐慈善大会　李旺白瑛义务演唱

（本澳专访）为救济留澳贫苦难民，本澳利为旅雅加尼露及国际酒店爱迪嘉士文两音乐队，将于本月十八日下午三时假座域多利戏院举行慈善音乐大会，入场券暂定一元及二元两种。节目除该两音乐队演奏名曲外，并敦请名闻省港澳爵士歌唱家李旺，时代曲名手白瑛及葡萄牙名歌星卢□女士及他华利士君等担任演唱云。

1944年3月15日　第三版

播音台演剧筹款隆重举行

（本报专访）澳门播音台为增设公众播音场之演剧筹款，昨假座清平戏院隆重举行，澳督戴思乐亦到场参观，督察长观耶并致词感谢各界，头次全场收入，数□一万二千余元云。

又讯，播音台演员筹款，昨晚假座清平戏院举行，事前推出各种名誉券，已全部销清，门沽座券，则在清平票房发售。门沽收入计一百三十余元，连同名誉券捐款，总计约达一万二千元左右，一俟核计完毕，即可公布。是晚清平戏院布置一新，花牌与回香旗，互相辉映，是晚演出名剧“女人生命线”，由花锦绣剧团艺员报效，开演前热心买券人士纷纷临场，情形至为热闹。九时许澳督戴思乐偕同中军晏德地及各军政长官莅临观剧，由筹款会职员迎迓，是时全场满座。观演前，由筹款会主席观耶致词，冯华翻译，除报告播音台此次筹款意义外，并致谢热心人士买券捐款，随开始演戏。播音会特在议事亭前扩放全部戏曲，临者甚众云。

1944年3月15日　第三版

贫苦侨生津贴费全部分给完毕

（本报专访）本澳学生救济会对于在澳一般贫苦侨生，向有生活费之津贴获取，卅三年度第二学期生活学费名单，□于日前正式发表，本月津贴亦已于本月十二日开始发给，已于昨日全部分发完毕。闻下月份津贴将于四月十日左右发给云。

1944年3月21日　第三版

偷电案法院昨已宣判　被告提出上诉

（本报专访）本澳天神巷卅七号住客潘文，于日前为电力局稽查侦悉，疑其有行窃电流嫌疑。经由当局依例判罚款四百五十元，潘文当时不允遵罚，遂由电力局将该案备文移送法院审理。查昨日下午为该案开审之期，法官先将被告审问，被告极力否认偷电行为。后由电力局经稽查及工人等，先后供出被告之偷电事实，被告延请之律师左次治为辩护。法认为曾偷电确实，当即宣判罚科金四百五十元，被告律师不允所判，当庭声明提期提起上诉云。

1944年3月21日　第三版

镜湖医院　施种牛痘

（本报专访）镜湖医院慈善会鉴于现届春夏之交，天花最易流行，防预之法惟有实行种痘，而近日市民纷纷到该院请求接种。查该院鉴于施种牛痘经已停办多年，现为侨民利益计，势难忽视，经日昨值理会议决，今年实行举办并将于日内实行云。

1944年3月21日　第三版

同善堂收　捐款一批

昨日同善堂收到善士捐助善款一批。计有钟彪记一百五十元葡币，吴海安储券五百元，黄伦大洋□二五百元，泽储券一百元，邓灿双毫五十元，梁九双毫一百元，江先生双毫式十元云。

1944年3月21日　第三版

银毫登记手续简便　存有者应从速办理

（本报专访）本澳当前为明了市内毫银数量多寡，以准备印发相当数额之葡币，推出市面供应，特颁令毫银登记条例。原定以十日为期，当局为利便市民余裕办理起见，乃将限期□展二十天。至该项登记手续社会人士极却明了者，故记者昨特走访经济专理局局长罗保叩询一切。据闻关于白银登记一事，澳府将于三四日内另有规章颁布，但仍望市民从速办理。又关于登记手续异常简便，登记者可往该局领取登记证单张，于填写签署后交该局存核。该证缮具中葡文，上书，呈报人在下列住址存有中华银质货币零零元，姓名，住址，数量价值，持有银币人签押，年月日等字样云。

1944年3月22日　第三版

投承湾仔白坦　镜湖医院提异议　该坦系医院尝产有图则证件为据

（本报专访）本月十三日在对海湾仔广善医局外贴有广州省财政厅布告一张，略谓该厅现据业户合益堂陈茂枝向该厅呈请承□中山县第五区湾仔乡土名百角咀对下白坦一段，面积四百八十四亩五分二厘三毫。特合行公布通知，如□上列地坦有权利及利害关系者，须于报告一个月内，举证向该厅提出异议。查该段白坦原为本澳镜湖医院物业，故该院自得悉此项报告后，除即登报声明该坦为镜湖医院物业外，并即通电广州市财政厅，提出异议，现听候当局核复。又关于该布告声称合益堂之陈茂枝为现居本澳之绅商，现任同善堂值理，平日对于慈善事业，社会公益，靡不热心赞助，曾以巨款捐助镜湖医院及各慈善机关，社会人士，咸加称誉。记者曾因此事致电陈氏，叩询一切。据渠答记者称，关于该坦之投承，系由杨某凭中介绍，且该坦图则本人亦经过目，界限分明，事前并未明悉系为镜湖医院所有。迨自布告发出后，镜湖医院即登报声明，唯亦由该院值理通知，始□详悉。不过该既为医院物产，即本人可以投承，亦自愿送回医院云云。又医院值理方面，为使陈氏明了该地产确属医院所有起见，特推定值理沈香林、黄苏等，将图则及证件邀陈氏参阅，以明真相云。

1944年3月22日　第三版

戴督宪　助米粥场

（本报专访）澳督戴思乐体恤民艰，对于一般贫民尤为关注，对于慈善事业向不遗余力。昨日将白米十担送妇女会所举办之望厦粥场云。

1944年3月22日　第三版

镜湖裁撤中医　四月一日实行

（本报专访）镜湖医院值理会议决裁撤中医消息经志前报。查该医院所聘中医均属按月聘用，据该院负责人称，中医裁撤决于本期约满后，即四月一日实行云。

1944年3月24日　第三版

淡中回醒　猪油市况

贱物斗穷人，此固市场之俚语，□货物之市情自有价值，徒以一时之关系，不为人所垂注而趋淡，□之其类，相差颇遥。故抵就制之原则下，猪油市情又在疲淡而反获回醒。虽属销仍未臻于至境，而得揸家之关怀，亦足以活动市情也。连日来扳升十余元之多，在四百卅五元之价，升至四百五十元之多，且仍续有标升之势。

1944年3月24日　第三版

供求不衡　面粉爽肖

新鲜红龙门双麦面粉之疏肖市□，为近所仅见，原以来途亦告疏湿，又敌不住外市之升涨，办家标高抢求，故载既日见疏来，而旧存者已为面包店及制面店六续销通，市值惟有与时并进，现由一百四十元之价，进而一百四十五元。行见其标至一百六十元之价，农夫牌一百三十二元，兵船牌一百零八元，双马牌一百零三元。

1944年3月24日　第三版

万金油疏　市情扳好

阳春将末炎夏快来，此正万金油之得令时期。盖此时也，天气不正，时有特殊症状发生。倘有一成药防身，可减少许多危险矣，而远邦客商多在此时采配，故日来市情极端蓬勃。而厂家方面，近来对于生产发售，又复供不应求等情致之，昨有存扳沽每打十三元。

1944年3月24日　第三版

两校清贫学额　今日开始募捐

培正培道二校发动清贫学额募捐，救济失学青年，各情经见前报。兹悉两校对于此次募捐之事宜业经筹备就绪，定期今日（廿四）出发时举行誓师典礼。上午十时集合二校员生二千余人，在卢家花园行礼，届时由培正校长林子丰，领导宣誓，并由校董叶培初致词，情形想有一番热烈也。又培道女校为给予学生练习机会，特于昨廿三日下午二时在柯高马路培正球场举行学生歌咏及口号比赛，恭请林振成夫人，马洁芳女士及杜□基医生担任评判，歌声动人，结果歌诗比赛第一名高中二及初小二年级合得，第二名初小二年级，第三名初小一年级及小学组代表合得。口号比赛第一名初小二年级，第二名初小三年级，第三名高中三年级云。

1944年3月28日　第三版

卫生当局取缔不洁食品

（本报专访）际此春夏季节，疫病颇易流行，市面商贩出售不洁之食物，及未经消毒之饮品，实疫病之媒介。当局对于市民健康，素极维护，而防疫工作尤甚关注，对于市内小贩出售腐烂生果及其他不洁食物，派员巡视，倘有发觉皆一律严予取缔云。

1944年3月28日　第三版

侨汇贴水

本澳广记银号，接驳各埠汇款，素属快捷，最近为利便侨胞起见，除免收一切费用外，并倒贴汇水云。

1944年3月28日　第三版

闻人购南明史册送交孔教图书馆

清虏自入主中华，掌执二百六十二年国政。其间可泣可歌之史实，□值纪念。□在专制淫威之下，明朝遗者，欲发无从，至为可憾。查崇祯殉国乃甲申年三月十九日，在煤山自缢，自明室覆亡，历四甲申之数，均在清虏手中，无从表彰。现值光复河山，今年之甲申，已入我中华民族手上，以故当地闻人，莫不发起纪念。昨有蔡文轩，黄豫樵，区□□，邓又同四闻人，斥资□有南明史册多卷送交孔教图书馆存储，以供社会人士参考，俾知明末沦亡之惨痛史实云。

1944年3月28日　第三版

培正宿生　节食捐学额

培正中学校于昨日举行国父纪念周，敦请冯祝万先生演讲，讲题为“雠与怨”，首将“雠怨”二字作详明之解释，列举典籍作证，并导以□身处世之方。对于公私雠怨之分明，与古圣贤对雠怨之态度，内审精警辟透，听者动容。又培正培道二校清贫学额募捐，进行以来，经有四天。近悉培正中学部寄宿学生全体于今日节食一天，节食日食用所费，捐与学额之用，以作热烈之表示云。

1944年3月28日　第三版

先进印务局附近突然发生枪声

（本报专讯）昨（廿七）日下午七时廿分，爹美刁施那地大马路附近突然发生枪声，连续多响，声彻遐迩，当时附近途人闻声均纷纷狼狈走避。未几值勤附近之段警及警探聆耗迅速驰至，查究一切，□发枪者均已逃避无踪。记者事后调查所得，当时曾有男子四人，自关闸马路乘手车驰入市区，讵抵东兴火柴厂附近，后乘手车之两男子突拔枪向先行之两男子轰击，连发多响。幸先行之男子躲避得及，故未受枪击殒命，惟已身受枪伤，但警探到查时，不但发枪者逃逸无踪，即受伤者亦不知去向云。

1944年4月2日　第三版

超出公价贩售火柴　五商店违例控究　统制局按照条例予以科罚

（本报专讯）火柴一物，为日常用品中不可缺乏者，年来由于火柴之原料如白药琉璜及木材来源断绝，故价格日趋昂贵。往昔每角可购多盒，而现在竟高售至每盒一角以上。澳府当局，远瞻高瞩，俯察下情，以火柴虽属细微之物，然居户耗用者尤伙，倘任商人操纵而使价格奇昂，则对民生实有莫大影响。故日前由粮食输进统制委员会发出布告，规定火柴在本澳市面售价之定额，计大盒最高不得超过一角五分，而小盒则定一角。而输出本埠在外地发售者，其价格之多寡，当不予以限制。查最近市面代理火柴之商店，其出售火柴之价格，竟有高售至每盒二角者，此种情形，实由于一般不肖商人乘机予以粪断牟利。当局以此风一长，实有碍于民生，乃有派出警探查究此种情事，杜绝黑风。查昨日由警探破获者数达多宗，将违例者之店铺司理解署转粮食统制委员会究办。查违例者，计有邱连（渡船街廿五号枝新纸料店），陈炳（荷兰园街卅五号文发杂货店），陈全（营地大街廿八号美华纸料店），陈大永（营地大街五号兴利纸料店），陈文生（海边新街廿八号兴万祥杂货店）以上五十家，将由统制委员会依例予以科罚云。

1944年4月2日　第三版

清明时节倍思亲　启坛超度幽灵

（本报专访）际此清明将届时期，凡我侨胞，多有“清明时节倍思亲”之感，惟江河远隔，省墓无由，本澳庙宇寺观为便利游子，附荐先灵起见，均告启坛超度之举，莲峰庙□定于农历三月十二日晚起一连三昼四宵，药山寺则定于农历四月初一起至初八云。

1944年4月2日　第三版

检验水管　停供用水

自来水公司定于四月一日至五日，每日由下午二时起至翌晨十时止，下列各街段水管，因检查关系，需停供水忝各用户周知云。计开：关安街、高之街、花王堂高围、新胜街（由镜湖马路至连胜街止）、花王堂街、大三巴街、福华巷、大三巴石级、永庆里、贾华□里、卖草地街（由大三巴街至史山斜巷止）、史山斜巷、星发围、连安街、进安巷、连安后街、老饕巷、日头街、大炮台下街、哪咤庙斜巷、大炮台斜巷、医院后街、炮兵马路、见眼围、史山新里、细井巷、□□登街、疯堂新街、和隆街、□禄祀街、圣味基街、疯堂斜巷、马忌士街、美珊枝街、若翰亚美打街、疯堂中斜巷、疯堂里、镜湖马路（由炮兵马路至新胜街止）、敦善街、大三巴右巷、福华里、医院横街、日头里、大炮台街、福隆街。

1944年4月3日　第三版

商会主席高可宁等今日晋谒督宪　候示拨兑葡币配给会员事

（专访）本澳商会，曾商得澳督准给辅币由商会代兑事。该会会员到会办理登记手续，经已办理完毕，并于日前由该会主席高可宁暨蔡陆明副主席等面呈澳督，详情屡志前报。澳督于接到该项表册后，当即谕准于星期一（今日）将拨兑办法详细示知。故商会主席高可宁等将于今日再行晋谒督宪，候示办法云。

1944年4月3日　第三版

何与柳以五十万元遗嘱捐作善款　十五万元昨拨送培正　余款分拨各慈善机关

殷商何与柳先生，前日寿终澳寓。查何氏生前对于慈善事业，向具热诚，不遗余力。当其弥留之际，立下遗嘱，以国币五十万元，作为慈善及教育事为捐助之用。查悉何氏哲嗣柱彬，邦仇，树享三君，继述先人遗志，以扬善风，以培正培道二校办理五十余年，向有成绩，近该二校发动清贫学额捐募，意至良善，特遵其先君遗嘱，拨送国币十五万元予培正中学校，设置学额，纪念先君。其余三十五万，亦将分配与澳中慈善机关作救济事业之用云。

1944年4月3日　第三版

翁隐名　助同善堂

昨日有署名翁隐名善士，到同善堂捐款大洋五千元，同时该堂收到捐款有旅澳保罗同学会大洋二千元，黄伦大洋一千五百元，邓灿潘相每双元五十元。钟彪记葡币五十元，无名氏大洋一千元，众字葡币五十元，各友大洋三百元，手票八十元云。

1944年4月3日　第三版

归侨证款　充作善费

回乡会第十三期（三月份）发归侨证，由三九九四号起，至四三一零号止，共发出三百一十七张，收得澳纸六百三十四元。除支付印件等费用共九十三元外，实得五百四十一元，昨已核妥将该款分拨镜湖医院及同善堂，每处得二百七十元零五毫，为救济贫侨之用云。

1944年4月5日　第三版

摩打烹饪等用电价格一律缴收　新订电价每度一元四角一分

（本报专访）本澳市营电力局，对于么打电力烹饪，所定电费价目，向与普通电用户价目不同。查此种不一电价，在太平时期采用，当为适合。惟现际非常时期，此种办法，已失效能。该局为适应环境及求电费价目划一起见，特定于四月一日起，以后所有用户，不论摩打电力烹饪或普通电用，一律规定电价，每度一元四角一分。查此种办法对于普通电用，可免再受吃亏云。

1944年4月5日　第三版

镜湖去年度经费册昨日呈递澳督

（本报专访）镜湖医院慈善会去年度经费及开支账册，经已汇就成本。惟其中略有更改，故该会主席蔡克庭及值理马万祺等，特于昨（四）日将该册呈递澳督，俟批核后再行发还云。

1944年4月5日　第三版

学救会　发津贴费

本澳学生救济委员会，定本月九日下午二时至五时，发放四月份清贫生生活津贴费。凡受津贴学生，务须依时亲自赴会签领，一经逾期，留待下月份再为补发云。

1944年4月5日　第三版

登记白银存量　市民从速办理

（本报专访）澳府公布白银登记条例，原定于上月八日至十八日，十日期内，须向经济局办理登记手续。后因时间迫促，由商会向当局请求，准予延期二十日。查展延截止日期，为本月八日，离今只有四天。惟六七两日为耶稣复活节，政府机关，一概休息两天。而八日又为星期六，办公时间只在上午。为避免拥挤起见，甚望一般未经办理登记手续者，今日前往经济局办理云。

1944年4月5日　第三版

警方当值长官讲解警例

（本报专访）本澳警政措施在警察厅长布英沙及督察长观耶等处理下，办理异常良好，对警员之训练极为重视。最近因天气关系，防盗演习，致碍举行。记者昨据观耶宣称，谓当局为使警员对警例及其本身应守之职守及技术起见，每日均由当值警官向休班之警员讲解警例，故警员对此项智识极为娴熟云。

1944年4月6日　第三版

商会会员兑换葡币　今日开始办理

（本报专访）澳门商会，为求市内辅币流通，请求当局拨发辅币交由商会代为兑出。曾经澳督准予拨给，惟只以商会会员为限，详情屡志前报。查商会自得宪谕后即于昨日开始通知各会员，并已于昨日迳向当局领到一部分。查该数额，暂时只够二四等及不列等发钞牌照之会员兑换，故该会决于今日开始，上述三种等级牌照之会员，先行兑换。一俟兑完后，再当具领其余数额。而其他等级牌照会员之兑换，亦将继续进行云。又查警察局方面，为防范起见，将于今日加派警察数名，协助该会维持秩序云。

1944年4月6日　第三版

粤华附小　儿童节补志

本澳粤华中学，自慈幼会接办后，对于校务之改革异常努力，□是校誉日着精锐倍增。前日为儿童节，该校附小，于下午一时半举行庆祝会于该校礼堂，参加者除全体小学生外，并有教职员及各生家长参加指导，情形殊为热烈。计秩序中以五年级之十三岁女童黄佩琼之钢琴独奏最为难得，其他如小五六之“奋斗”，开幕剧及小一二三四年之各种表演，均甚精彩，情况热闹。最后并有礼物之交换，各小朋友人手一包，莫不笑容满面。五时许始尽欢而散云。

1944年4月6日　第三版

去周开业商店数达三十八间

（本报专访）本澳公钞等级评定委员会，原定每（星期一）日，举行例会，以资评定申请营业牌照等级。惟本星期一，因有某种缘因，至例会改于昨五日下午举行。查上周间申请牌照商店计共三十八间，其中仍以九八行占多数，均经评委会评定一切云。

1944年4月10日　第三版

五分钟灯火管制今日开始试行　各区用户须注意停电时间

（本报专访）本澳市营电力管理局，为调查用户用电数额及调整电箱发电起见，曾于日前派与用电度调查表，并定于本月十日起至二十五日止，举行试办式之五分钟灯火管制。详情及填写该调查表格之手续，经所志前报。查该种五分钟灯火管制，将于今日开始，每晚八时至九时之间，分区轮流停电五分钟。故各电灯用户，须自今日起，加以注意。各用户于轮及其本区灯火管制时，须紧记制停供电日期及时间，填入表格内，并于八日内，呈交该局云。

1944年4月10日　第三版

侨众唯一休憩修养所　华侨体育会扩展措施

华侨体育会，为体育界巨子赵竹溪郭文，及教育名流陈公善潘华石等，联合侨众之知识分子组织而成，以锻炼体魄，交换知识，服务社会为宗旨。自去年十月间开幕之后，即在平安戏院表演艺术，为镜湖医院筹款，得款四千余元，深得社会人士同情，故加入为会员者甚众。因原有会址不敷应用，于上月租得左邻（夜母巷一号）屋一间，增加地方数倍。今后虽再多会员数百人，亦有周旋之余地。现已呈请澳政府立案注册，并拟将会务扩充，除原有设备如国技，歌乐，戏剧，球类，象棋等组外，更筹备增设教育组（内分国文国语英语葡语演讲辩论等科职业组，舞蹈组，游泳组等），以便各会员自由加入某一组或多组，俾侨众得一完善优良之休憩修养场所。查其入会手续，至为单简，只须有会员介绍，缴纳基本金三元，每月月费一元，便得享受该会之权益。似此措施，该会之进展，无怪其蒸蒸日上矣。近闻该会因种种设备，在在需财，决定于日间再来一次艺术表演，以求侨众之互助合作云。记者敢谓社会人士，对于该会必能乐予扶植也。

1944年4月11日　第三版

商会昨向澳府领得葡辅币二万元　今日规定限兑永远会员

（本报专访）本澳商会会员兑换葡币，第一批已于日前兑换完毕，经志前报。该会主席高可宁等，于昨（十）日晋谒澳督又领到应拨之余额中之一部分计得二万元。查依据督宪规定，该会永远会员每人限换数额为二百五十元，而昨领到之款，又适够全部永远会员之兑换。故该会已决定于今日上午九时开始兑换，惟只以永远会员为限。闻该会已于昨日发出通告关于兑换手续，则仍依照第一批兑换办法办理云。

1944年4月11日　第三版

公进粥场常费昨日全部收妥

（本报专访）本澳妇女会主办之公进粥场，经费向由善长仁翁捐助，而其中一部分常费，系由该场名誉董事每月捐助者。查是月份已有高可宁、徐伟卿、董锡光、陈茂枝，傅德荫，钟子光，林商隐等，已于昨日缴交。兹据该场负责人称所须常费，已于昨日全部收妥云。

1944年4月11日　第三版

纵火焚屋案　解法院控究

（本报专访）警署当局，最近破获一宗纵火焚屋案。据悉经有某人将其自己之住宅，放火焚烧，结果全座被毁。事后由警方将该男子拘获，为慎重查明该案之真相起见，关于火烧情形及犯案经过，闻已开始严肃查究。一俟侦查完竣后，当即解交法院公开审判，届时必将引起一般社会人士所注意云。

1944年4月11日　第三版

华士贡些路　暂署民政厅长

（本报专访）本澳民政厅厅长欧维士前经当局批准，例假三十日，消息经志前报。兹据昨（十）日政府公报发表，在欧氏例假期内，一切政务，暂由华士贡些路代理云。

1944年4月12日　第三版

投函澳督或秘书处须签署正当姓名　倘发觉匿名则予以撕毁

（本报专访）澳督戴思乐将军自奉葡京最高当局委令莅任澳政后，下车伊始，以贤明措施从事革新政治。而对澄清吏治，尤为督宪所关注者，故于一九四〇年十一月二十五日尝由督府秘书处，发出布告一则，通告市民如有发觉澳府机关各官吏及其措施认为不满者，可具备充分理由，中文或葡文缮具函件投呈督宪府秘书处以资凭核，倘呈函所具各情经有证据确凿者，当局则依例判办，而投函者亦须缮明真确姓名及商业地址。当局或于必要时，俾能按址邀该投函者到署研谈，以得明确真相，并借此杜绝因私怨而用匿名信以诬蔑事实。最近当局再度促醒市民对此种手续起见，于昨日经由署理秘书长贾拉度发出布告，凡市民呈递督宪或本秘书处之函件，如用匿名方法投递者，当收件时一经发觉无正当姓名签署，自不予以省览而付撕毁云。

1944年4月12日　第三版

捐募清贫学额　情况异常踊跃

培正培道二校清贫学额募捐，自发动至今已逾半月。赖社会人士热心援助，成绩甚佳。培正所得，业经叠志本报。培道员生及驻澳校友不过三百五十余人，捐得总数，亦已超过一万二千元，成绩不弱。小学生黄仲沛家长黄森先生，慨捐十年期学额一千六百元，初中生关玉芳及小学生关量才之家长关沃池先生捐八年期学额计一千二百八十元。校董叶培初，医师损赠五百八十元，校友会及中学部各年级皆热烈捐送学额多名。计高三□社捐赠一百六十元，高二□社八十元，高一崧社一百一十元，初三昕社八十元，初二翘社八十元，初一百四十元，校友二百元。足见培道员生校友热心善举及爱护母校之热诚，殊可嘉也。

1944年4月12日　第三版

清贫生生活费　全部发给

（本报专访）本澳学救会去年度下学期清贫学生四月份生活津贴费，定于本月九十两日发给，各生自得通告后，已先后向该会具领。查截至前日止，经已全部发给完毕云。

1944年4月15日　第三版

物品统制会设宴为高士德洗尘　星期日八时在国际酒店

（本报专访）澳督秘书长高士德，前赴葡属地扪考察，公干完毕，已于日前返澳。本澳中西人士，于高氏此行，劳苦功高，各界筹备设宴为高氏洗尘，消息经志昨报。查本澳物品统制委员会，高氏向兼主席之职。该会中西办事团人，已决于本月十六日晚八时假座国际酒店，设宴洗尘，借表谢忱云。

1944年4月15日　第三版

商会昨请准工务局天晴后髹扫灰水　二十天之期略予延展

（本报专访）本澳工务专理局，前曾饬令全澳业主举凡该局经调查列表之屋宇须油扫灰水，后经商会代各业主请求该局准予缓办，当蒙批准展限至本年十一月底前办理。但该局因整饰市容起见，最近又饬令新马路一带路段之业主油扫灰水，限于接到通知书廿天内，办理完竣。惟新马路一带房，各业主自获通告后，鉴于迩来天气潮湿，且多风雨，在油扫完毕，一旦风雨来临，当必再至污秽，故于日前致函商会，请转求工务局准予暂缓执行。商会得函后，即由主席高可宁，副主席陆电明，主任梁鸿勋等于昨（十四）日晨同往工务局请求，并当蒙该局局长即日答允，准予展期，一俟天气转佳后，再行办理云。

1944年4月15日　第三版

纪中协社　筹办毕业刊

纪中高三班协社，对于学业修进，极为注意。现该班同学，以毕业在即，特筹办毕业特刊，以资纪念，并借此作贡献于社会云。

1944年4月15日　第三版

申请葡币兑换　商会昨未领获

（本报专访）商会员兑换葡币，第二批经于日前兑换完毕。该会主席高可宁暨副主席陆电明主任梁鸿勋等，于昨日晋谒澳督，但因督宪公务繁忙致应拨葡币尚未领到。该会主席等，将于下星期一（十七）日再向当局具领云。

1944年4月16日　第三版

国术界将举行盛大游艺会　为天主教饭场筹款

天主教救济会主持下之平民饭场，迩来经费支绌，渴望社会人士协助，以筹善款俾得救济贫弱。前日派员与华侨体育会主事人商洽将举行盛大国术游艺会，筹募款项。该筹款会于昨日下午三时假座华侨体育会内召开联席会议，出席者郭文、吴子光、罗立生、陶少泉、李神父、梁鉴波、赵竹溪、潘华石、王景辉，暨各报记者等，讨论结果，定名天主教救济会华侨体育会为天主教平民饭场筹款举行游艺大会筹备委员会。筹款手续均由李神父办理，敦请警察厅长布英沙任名誉会长，正主席由主教罗若望主持，副主席则由赵竹溪担任。委员共定十一人，天主教占六名，华侨会五名，职务分总务、文书、游艺三部。该三部由华侨会主理：交际、票务、财政归天主教派员主持筹款期内一切支销。拟请热心善举者捐助，所筹款项，涓滴归公。并敦请各报界记者担任宣传，游艺会举行日期，则俟十八日下午九时会议再行决定，同时并敦请各国术名家及社团等协助共襄义举云。

1944年4月16日　第三版

镜湖下环分诊所　定期开幕

镜湖医院于下环正街十六号，增设赠医分所，各情已志前报。查该所装修工程，业经完竣。已定于本月十七日开幕，每日下午一时至三时，赠医施药及赠种牛痘。又查该院日前得卫生局答允发给防疫药苗，为市民注射，一俟发得时，即可于该分所同时施行防疫注射云。

1944年4月16日　第三版

当局派稽查员检视手车牌照

（本报专讯）本市人力手车牌照，规定每三个月更换一次。查夏季牌照，经于日前开始更换，刻日更换完竣。市政当局，为杜绝假伪证，径日派出稽查员沿途检查各人力手车辆，如有发觉未更换牌照，或已更换而未将新领牌照黏贴于车上者，均属违法，当即予以处罚，仰各车主注意云。

1944年4月22日　第三版

省澳船票载位　价格增加

（本报专访）内河公司增加船票及载位价目，消息经已略志昨报。查省澳线票价，亦经发表，并决于下月四日实行，并将新订船票价目抄录如下，

头等	葡币三十元
一等	二十元
二等	十元
三等	六元

1944年4月22日　第三版

培正同学日　今日举行

培正同学会为该校毕业离校同学之大集团，会员留居本澳，实有繁徒。依照会章，每年有“同学日”之举行，以资联络。兹本年度同学日定期今日（廿二）在卢家花园母校举行，是日下午二时开始报到茶会，三时半开年会，六时公宴，全程游艺节目甚丰。除由同学会具备灯谜，赛棋赛球等外，同日适为培正青年会及学生会纪念，游艺项目更多，□卢园之内，鸟语花香，衣香鬓影，雅兴一时。闻该会已发柬请各会员同校赴会，仍恐有地址不详者，深望历届旧同学不论接到请柬与否，均可回校畅叙云。

1944年4月22日　第三版

女青筹募经费　今日音乐大会　下午四时在域多利举行

（本报专访）广州驻澳基督教女青年会为筹募该会经费，定于今日下午四时半，假座域多利戏院，举行音乐大会，节目甚为丰富，多由本澳名音乐家担任，如马差度女丰之大提琴独奏，何肇珍女士之高音独唱，与澳歌乐团之混声合唱，夏理柯教授之钢琴，赛毕路士先生之提琴独奏等，均属不可多得之音乐演奏。届时定有一番热闹。至于入场券之定价，为五毫、二元、五元、十元、廿五元等数，经在市内出售，惟届时并设有门券出售处。该会屡蒙各界人士援助，深感谢忱，甚望今日踊跃莅临指导云。

1944年4月22日　第三版

须再开投三街会馆司祝

（本报专访）三街会馆司祝，前经镜湖医院登告，招人承接，经□忠信堂梁光以五千二百五十元投得。惟最近该得标人梁光，以所出价目，肯定亏折，决意放弃，故致函镜湖医院，自愿放弃押金，请另招人承办。该院自得函后，经决定于下期值理会议自另行开投，并另定押票金为五百元云。

1944年4月23日　第三版

电话拨用满额　邮局发函通知

（本报专访）澳府当局为适应非常时期措施起见，特颁令邮电局发出条例，规定全澳各电费用，对于用电话次数，加以限制，借以节省物资消耗及电话机之损坏。自实行以来间有般银业行，酒楼旅菜等商店□用过外，与其□各行商用□，多依照澳府规定之次数使□，而邮电□断定之规例凡每日用电话次数超出限额者，则由逾额之次数起计，每次加缴罚款。惟有一般用户对于拨用电话多不加以记志，故逾额额否，实难明悉。顷邮电局为使用户对于其每月拨用电话次数若干起见，凡每一用户用电话满额时，即发出通知书，寄交该用户，以免其有逾量之虞。倘用主得知通知书后，当即停止使用，否则当局则依照其过额之次数处罚。

1944年4月23日　第三版

天主教徒修养身心　举行避静仪式

（本报专访）本澳法地麦天主教堂当□□以来自香港之天主教青年，极应予以集团避静机会，并得本澳名神父陈基慈之援助，于三星期前开始，每周末举行集团避静仪式一次，择定望厦米站附近为营地。以往参加之青年人数，每次约四十余人，参加避静者于星期六晚报到，星期日整日祈祷及忆念悔过，星期一晨则各自分别离营。此集团避静仪式，昨（星期六）仍继续举行，唯此次参加者，均属已婚青年男子云。

1944年4月23日　第三版

灯火管制　全部告竣

（本报专访）市营电力管理，自开始试行五分钟灯火管制以来其进行颇为顺利，详情屡志前报。查试行工作，经于昨日（廿二日）整部告竣，该□发给各户之电度调查表，未经寄回该局者，一概续于八日内填就寄回该局云。

1944年4月26日　第三版

取消银毫在市面行使后　市面物价渐呈低降

（本报专访）澳市当局为适应非常时期措施，及安定今后金融局面起见，有实行取消银毫在市面直接行使之措施。自执行以来，经过情形，堪称良好，经至现在，不但金融局面呈于安定状态，即市面物价亦比未实施前□为降低。记者据银业巨子称，在未实施取消银毫直接行使以前，由于银毫为一般富有者所攫取收集，视若奇货囤积，致流通市面数，异常短绌。基此原因，商业贸易金融周转，关乎民生者，感受影响，资本雄厚之银号，遂滥发“来人单”或凭单推出市面借以调剂市面所需。但有□则需用此种有价值之（来人单）抢购大量货物积存。商人以货物销路畅爽，价格遂迭告高涨。

而中下阶级之生活程度，作正比例式随告高升。惟现在银毫行使取消后□来人单之有价值凭券已无形取消在市面流通，无异减少富有者之游货数额。倘须时买货物，须付以葡币或其他软币，而货物销路颇感疲滞，不若从前之波谲云诡，瞬息万变绝抑且□□低降文□□□□生活，赖此裨益不少，实深感拜澳府，施之得当云。

1944年4月26日　第三版

同善堂　开始施茶

（本报专访）天气渐渐炎热，本澳同善堂，每届炎夏季节，必有施茶之设。查该措施，已于本月廿三日开始，地点共分两处，一在同善堂门前，另一则设在莲峰庙前云。

1944年4月26日　第三版

市民深悉霍乱危险　防疫注射踊跃

（本报专访）镜湖医院，为协助卫生当局办理防疫工作，特于同善堂增设防疫注射站，经于前（二十四）日开始。第一日前往受注射者为一百七十三人。昨（二十五）日前往注射者竟达二百二十人，可见本澳侨胞对于防疫知识，已相当明了。查该站负责注射之医师，工作甚为认真，服务精神，咸为一般受注射者之赞许。此等医师，暨由镜湖医院派出。兹将各医师轮流工作时间探录如下，星期一，柯麟、周贯。星期二，吴鸣、叶培初。星期三，梁心尧、黎铎。星期四，刘振权、英培□。星期五，□伯强、姚文□。星期六，林天均、何斗灿。至于该站所发之防疫注射证书，经由卫生当局所发，市民如尚未受注射者，甚望即日前往注射云。

1944年4月27日　第三版

警员递升　欧文地将为正区长　欧巴度将升副区长

（本报专访）本澳警察□之警官，多由警员递升，查最近警方有两□区长之缺其一已决由副区长欧文地递升，其一则倘未决定，因此副区长之职亦有两遗缺。查副区长系由一等警察递升，惟需要考验合格，方得批准，故特于前廿四日开始考试，参加者计有一等警察二十五人，其中亦有华人。第一日举行笔试，结果录取参加第二日考试者，只有六人。第二日举行交通警章试验，昨第三日，举行口试。全部试验告竣。结果录取第一名一等警察第二百五十七号欧巴度。第二名一等警察四十八号大卫。闻被录取者，将于日内升副区长云。

1944年4月27日　第三版

梁永馨送药　同善堂救急

梁永馨香店，历年于炎天之际，多有送赠药油于同善堂，为晨早诊脉病者，一旦眩晕，得以救治，以故同善堂赠医，未有在堂内失救西归之事，赖该号之救急药油之力也。昨该号又送出如意油一百樽，玉□油卅樽，同时该堂收到捐款有广兴行澳币六十元，五十元，钱建荣五元。吴□大洋一千元。箫树元大洋四百元、南恩昌大洋二百元云。

1944年4月27日　第三版

大来饭店　抵食主义

本澳蓬来新巷，大来饭店，创办至今，对于各种食谱无不悉心研究，力事讲求，□调味之得宜，斤两充足，一□尝试，莫不称赞。店主林老四。待人接物，和蔼可亲，笑脸迎人，且素持薄利主义，深明时势，以最低之物价能使顾客得享美味佳肴，务求实际。晚饭消夜，经济时菜异常抵食，并欢迎外卖云。

1944年4月28日　第三版

署任民政厅长昨日回拜商会　表示对该会允予襄助

（本报专访）民政厅厅长欧维士，经政府当局，准例假三十天，并饬华士贡些路署理遗缺，经于日前公布。本澳商会主席高可宁暨值理等，以该会办理备事，赖民政厅长□助尤多，故于华氏开始署理视事后商会主席等曾一度联袂拜访华氏，以资联络感情。迨至昨（二十七）下午三时华氏亲临商会答访，是时适值该会常务会议散会。华氏与高主席暨各值理等稍事寒暄后，随即表明来意，并向各值理称，以后商会各方面各事，在可能范围内，当极力予以协助。继则与各值理分别谈话。约十余分钟后，即握手告别云。

1944年4月30日　第三版

欢迎秘书长高士德　今日联合茶会下午四时假座金城酒家举行

（本报专访）澳督秘书长高士德前奉葡京训令前赴帝汶考察经已公干完毕返澳，本澳各界人士，以高氏此行，劳苦功高，先后发起设宴为高氏洗尘。华侨方面，本澳华人代表暨各名流，曾一度在金城酒家，设宴欢迎。至于各界人士，则定于今日下午四时假座中央酒店六楼，金城酒家，联合举行茶会并致送礼物，借表欢迎，届时料必有一番热闹云。

1944年4月30日　第三版

督察长　捐助粥场燃料

（本报专访）公教进行会主办之望德堂粥场，昨蒙督察长观耶捐助谷糠五十担，以为该粥场充作燃料之用。该会主席崔瑞琛对记者称，谓粥场餐粥向以谷糠为燃料，而谷糠则赖社会热心慈善之米机捐助。此次观氏慷慨捐助，表示谢忱云。

1944年4月30日　第三版

中德中学　象棋擂台　郭校长赠奖

大众报主办之棋赛展开后，挑动棋界心弦，飞车跃马，兴趣殊多。最近中德中学高三曦社为提倡艺术，特于本星期内举办象棋擂台比赛，欢迎该校同学参加，奖品皆由该校校长郭秉琦捐赠，以资鼓励。擂台台主乃中德中学前届象棋□军周国璋担任云。

1944年5月1日　第三版

良记饭店　又有新贡献

福隆下街良记海鲜专家，供应海鲜于食客，久已遐迩知名，郇厨调制，擅比易牙，故生意甚为畅盛。近该号为适应一般顾客需求起见，更增设名贵味美价廉之时菜数十款，系由一元起码，复创制一味梅子蒸肥鹅，浓美可口，殊为食家之福音云。

1944年5月1日　第三版

夏理柯音乐会　如期举行

（本报专访）旅澳名钢琴教授夏理柯氏，于昨三十日下午四时半，假座白马行志道堂举行音乐演奏会，听众甚为踊跃。演奏节目繁多，颇得一般人之好评云。

1944年5月1日　第三版

机关办公时间　今天开始更改

（本报专访）本澳政府当局为免公务人员于炎夏间办公精神疲乏，故于日前公布，自本五月一日起至九月卅日止，所有政府机关，办公时间暂改为上午九时至下午一时半云。

1944年5月2日　第三版

发现巴西纪念　澳府机关休假

（本报专访）明（三）日为葡萄牙国发现巴西纪念日，澳府为追念前贤之丰功伟绩起见，于是日均有举行纪念仪式。本澳为葡国属土，对于是日为依照往昔沿例起见，亦举行纪念仪式。届时除悬旗志念外，正午十二时大炮台鸣炮廿一响，澳府机关衙署邮政，银行亦放假一天，以申纪念云。

1944年5月2日　第三版

澳督戴思乐　助平民粥场

（本报专访）位于新口岸畔之平民膳食处系由妇女会及驻澳女子青年会联合主办者。自开始以来，□该两会之职员竭力向社会热心人士，呼吁捐助外，而澳督戴思乐亦予极大赞助，故该处之经费不致拮据。澳督戴思乐将军最近以该处经费不敷，特捐助白米十包，以为该处煮粥之用。该会对督宪热心捐助，实深感谢云。

1944年5月2日　第三版

收发信件时间　邮局从新规定

（本报专讯）本澳邮电专理，为便利市民投寄邮件起见，对于政府□定政府机关办公时间缩短规例，并未遵行。惟只有办公时间，略为更改，自五月一日起至九月三十日止，每日办公时间为上午九时至下午一时，下午二时半至四时。至于收发信时间，亦略更改，街外邮箱，每日收信时间为上午九时半，邮差派信则于每日上午十时半开始。在放假日期间只在是日下午二时，收截街上邮箱信件。惟在特别船期日中，该□随将收信截止时间公布于该□之布告牌外，并于二时截收街上邮箱信件。至于置于该□之邮箱□则每半小时开一次云。

1944年5月3日　第三版

地税开始征收　未接通知书业主可到商会询问

（本报专访）去年度地税，经公钞局于日前公布，自本五月一日起开始征收，至五月底截止，该局已于日前（一）日开始办理。惟各地主中，有数百名因通讯地址经已迁移，以至该局之地税通知书，无从送达。现为便利各该地主起见，特将此数百通知书，交托本澳商会设法转交各业主，故凡执业地主，未接得公钞局之地税通知书者，可于办公时间内，至商会询问一切云。

1944年5月3日　第三版

同善堂管尝租项　开始分发

（本报专访）本澳同善堂，为旅澳华侨唯一之慈善机关。该堂除设赠医施药及办理其他各种慈善事业外，并有分派难童餐之设。该会经费，除由各善长仁翁捐赠外，并管有尝业，代收租项。所得租项之若干成，拨作该堂善款。依照该堂规定，所有收到租项，每年中分四季交还业主。查该堂春季租项，经于昨日核算完竣，并于今（三）日开始分发各业主云。

1944年5月3日　第三版

电风扇冷气箱　电局继续禁用

（本报专访）市营电力管理局，为减省电力消耗，特于昨（二）日发出启示，本年度禁止使用电风扇及冷气机等。查该项禁令，该局曾于一九四三年七月十七日宣布，此次启事，系属继续实行云。

1944年5月4日　第三版

高剑父　筹开个展

旅澳中国名书画家高剑父，艺术精深，早为社会一般人士敬仰。而高氏将于短期内离澳返国。惟在未启程之前，将先举行个人书画展览会，是为别前最后之一次展览，刻已开始策划一切。查高氏自港粤事变后，即迁居澳门，而在澳境内，曾经举行个人展览会，将来展览期届，当必受社会人士之欢迎云。

1944年5月4日　第三版

葡国立中学试题　澳督指定名流负责拟划

（本报专访）殷皇子国立中学，每学期入学试题，本由葡京拟定后寄澳。惟自远东战事爆发后，交通梗塞，至该项入学试题，无从寄递，故改由澳督指定本澳葡侨教育界名流，联合拟划。查本年度入学试题，澳督已于日前指定名流负责拟划云。

1944年5月4日　第三版

昨晚大堂巷屋宇突然倒塌　住客郑全父女受微伤

（本报专访）昨晚十一时许大堂巷十四号，发生一宗塌屋伤人案。查该居所系旧式屋宇，由男子郑全租赁，以为其家眷所居，向安无异。讵该屋由于年久之失修关系，迩来更以天雨连绵墙壁为雨水所溃，突于昨晚十一时许，隆然一声，厅中之墙壁一部分，遂告倒塌。当时郑全及其幼女郑池，正在酣睡，故未能走避，遂为砖木所压伤头部及手部，附近邻坊聆耗立致电公众救护队投报十字车，及救护队旋迅速驰赴肇事地点施救，除清除砖石外，并将伤者致送医院救治。查受伤之男子郑全及幼女郑池仅伤头部手部，无性命之虞云。

1944年5月6日　第三版

地税征收未接通告书者可凭去年收据缴纳　春季公钞征收完竣仅有十二家仍未缴纳

（本报专访）春季公钞，四月开始征收，经于上月底截止。依照公钞局规定，逾期缴纳，当予处罚。查此次征收公钞，纳费者几全部依期缴纳，成绩甚为圆满，其中只有十二家，至今尚未缴纳，闻该局将依章予以处罚。又闻去年度地税（即地咪）亦已于五月一日，开始征收，惟各业主中有四百余人，因地址迁移或因转卖时未办登记手续，至该局无从将通告书送递，故于日前将该四百余件通知书，托交商会代为设法转递，商会方面，现已在办理中。兹为便利各业主依期缴纳该项地税，以免逾期受罚起见，凡未接到通知书之业主，倘执有去年度纳地税收据者可免向商会询问，或领通知书，以免多费时日，可携带该收据，直向公钞局查询。该局倘有收据可稽，当即可告以所须缴纳之数目云。

1944年5月6日　第三版

难童餐　收到善款

同善堂昨收影怜捐储券三千元。吴伦大洋一千元。陈锦恩、黄李氏何淑馨，以上每捐储券五百元。何与善大洋二百元。王成钧、钟良、李华，以上每捐储券一百元。郑大啤、吴瑞原，以上每捐储券五元。杨三姑捐施药澳纸一百元，钟福成堂捐施药澳纸五十元。萧树元捐施大洋四百元，欧鼎而经费大洋一千元何与善经费大洋五百元。钟昌经费储券一百元云。

1944年5月8日　第三版

街边自来水增价　每元减为廿五担　往昔每元四十担价格几增一倍

（本报专讯）本澳自来水公司，以近日自来水所用之一切原料，价格高涨。为求弥补损失计，已定于五月一日起，将原定五毫八仙每立方尺之价格增为每方尺一元。至于街边水喉零沽价格，原定每元四十担，闻自今日起，亦将改为每元二十五担。价格几增至一倍，至于转售价格，闻亦将于今日起改为每元十五担云。

1944年5月8日　第三版

印刷行　增收店佣

（本报专访）本澳印刷行，于昨（七）日晚九时召开会议，该行同人出席者甚为踊跃。席间除选举本届职员及商讨行务外，并决定自农历润四月初一日起，该行同业，决一律加收店佣，原为零一佣，现加为零二佣，以资弥补职员生活费云。

1944年5月8日　第三版

今日下午七时至十一时半开始分区供电

（本报专访）市营电力管理局，为节省燃料起见，定于今（八）日开始，依照前经实行之办法，各区分单双日，于下午七时至十一时半，停止供电。兹将今日（双日）停电各区如下：水坑尾、东望洋、板樟堂、新填巷、炉石塘、福荣里、司打口、十月初五街、新马路、宰牛巷、果栏街、花王堂街、妈阁街、新埠头街。

1944年5月8日　第三版

公进粥场　董事月费全部收妥

（本报专访）公进会主办之平民粥场，本月份名誉董事月费，经于昨日开始征收。查已收到者，计有徐伟卿、高可宁、陈茂枝、林商隐、钟子光、傅德荫、董锡光等，各缴费一百元云。

1944年5月16日　第三版

猪肉载运专用车　普通手车改装

（本报专访）本澳生猪行屠场，向设于妈阁附近，远离市区，而所有猪只在屠场屠宰后，在以往概由专用汽车，载至市区，分发各街市售卖。惟自远东战事爆发后，电油来源缺乏，以至价格昂贵，而屠场之专用汽车，亦随告停开。生猪行为谋继续载运起见，拟将普通人力车改装，成一方箱形，并用帆布掩盖，以适合卫生下之条件。经呈请卫生当局，准予使用。刻下街市内各肉店已先自行装置使用，而屠场方面，亦已于日前开始用此种车辆，专载猪肉云。

1944年5月16日　第三版

去周申请开业　商户八间

（本报专访）评定公钞等级委员会，于昨（十五）日上午举行例会，以资评定申请公钞牌新商店之等级。查上周间申请公钞牌照之新商号共计八间，其中仍以九八行居多，均经委员会详细评核一切云。

1944年5月16日　第三版

镜湖下环分诊所　征求屋宇设址

（本报专访）镜湖医院下环赠医分诊所，自开始赠诊以来，迄将一月。下环附近一带贫病前往该所就诊者，日见增加，连日来每日就诊者其数在百余之间。为该所屋宇狭小，不敷应用，镜湖医院当局现拟在该处附近一带，另觅适当屋宇，甚望一般热心慈善之屋主，将适当屋宇让出。医院当局，将依租值按给租金云。

1944年5月18日　第三版

葡革新纪念日　集合音乐演奏

（本报专访）本月廿八日为葡萄牙国革新纪念日。葡京里斯本当局暨葡各属地均依照往昔为援例，举行热烈庆祝。届时除升旗鸣炮外，各机关衙署，银行，邮局及中葡学校均休假一天。查本埠天主教神父贾士度拟于是日举办音乐大演奏，集合留澳之中、葡、印、菲等籍之音乐人员会同演奏，届时当有一番热烈云。

1944年5月18日　第三版

统制会划一火柴价格　日间召集厂商会议

（本报专访）目前市内应市之火柴，自本月一日起，由本澳当局统制后，市内各种伪牌火柴，已少发见，惟统制物品输进委员会，以目前火柴价格，尚未得划一，而唛头种类尤其繁杂，兹为求划一起见，该委员会拟将火柴价格零沽每盒定为统一价格，至于各厂所出之唛头，凡在市内应市者，亦拟使其式样划一。关于此事，该会将于日间召集各火柴厂商到该会商讨一切云。

1944年5月18日　第三版

钟福成堂　捐助同善堂

（本报专访）本澳同善堂，向为华侨唯一之慈善机关。故各善长人翁，自愿捐输善款，充作该堂经费。昨（十七）日，该堂又收到惠爱街六十号，钟福成堂捐出善款葡币五十元。据该堂办事人称，该钟福成堂，自愿捐款，并非初次，每月间必捐出善款三四次，此种乐善好施之举，足堪赞许云。

1944年5月18日　第三版

业主缴纳地米　须直接向公钞局缴付

（本报专访）本澳地税（即地咪），公钞局自公布于五月一日开始征收以来，连日各业主前往该局缴纳地税者甚为挤拥。惟公钞局方面，曾因有部分通知书，无法送递，后经转托商会方面设法投送，商会自蒙委托后，进行尚称顺利。查缴付地咪，倘执有去年度收据而未接到通知书者，可直向公钞局照数缴付。故有一般未接到通知书之业主，为避免向商会查询手续起见，连日来直向公钞局请准缴付地咪者亦甚伙云。

1944年5月18日　第三版

小贩售卖端午粽　须领特别牌照　端午十日前开始发给

（本报专访）本澳卫生当局，对于街头售卖摊头食物，必须领有牌照。而每年端午时节，市内一般投机小贩，多改卖端午粽。查卖粽者亦须领有特别牌照，依照往年习惯，卫生当局例于端午前十日，即开始发给该项牌照，闻今年亦将依照原例进行云。

1944年5月23日　第三版

澳督关切留澳难民状况　批示组会调查办理　委定冯祝万刘叙堂等为委员

（本报专访）澳督戴思乐将军自莅任后对一切行政措施，靡不励精图治。而华侨福利，及慈善事业，更竭其所能，乐予赞助，颇为中西人士所爱戴。最近为明悉留澳之难民状况，俾予救济起见，特组会负责调查事宜。顷已委定本澳绅商名流多人，为该会委员，经于昨日在澳府公报发表，兹将该批示照录如下：

批示，澳门总督按照自治规约第卅一条，及按照第二十一款所赋予之权，合委高可宁，刘叙堂，冯祝万，林子丰等为调查居澳难民状况委员会委员。为利便该委员等办公起见，特仰各机关及公众团体知照，对于各该委员办公应予充分之利便，希各遵照。特此批示！

一九四四年五月二十日

澳门总督戴思乐

1944年5月23日　第三版

统制会昨召集火柴商　拟由下月起划一标准　规定每小盒批发价格一毫

（本报专访）本澳政府当局，为防止一般不肖商人对售卖火柴违背当局所规定之条例起见，曾通令由物品统制输进委员会，统制一切市内应市之火柴，已于本月一日开始实施。惟当局最近仍以市内火柴唛头繁杂，且价格未得划一，统制会特于昨（廿二）日上午十时，在统制会主席高士德办公室内，召集全澳火柴厂商代表，商讨一切。昨日出席者计有东兴阮维熊，昌明董锡源，万国梁焕文，大光卢兰生等四火柴厂商代表，首由高氏详细述明此次召集各厂商代表之目的及磋商事项，各代表亦慎重考虑一切。经两时余之谈话，结果拟六月一日起，各厂所出之火柴唛头，凡在市内应市者，一律同样。惟各厂之名，则各别印在唛头之下，至于用何式样之唛头，则由各厂商共同商决。自六月一日起，各厂所出在本澳应市之火柴，一律以小盒为标准，每盒火柴枝数，不得在五十五枝以下，并订定每盒批发价格为葡币一毫云。

1944年5月23日　第三版

葡国革新纪念日　播音台特别节目　为本澳青年团献曲

（本报专访）本月二十八日，为葡国革新纪念日，本澳政府当局暨各界葡侨，均筹备盛大庆祝。查本澳播音台，本将于是日之前夕，邀请本澳名吉他歌手奥利维拉氏，播送音乐节目。届时并由大提琴专家沙斐亚伴奏，秩序刻已排定。（一）故代里斯本进行曲。（二）葡国青年团团歌（专为本澳青年团献奏）。（三）吉他什曲。（四）我是这样想（葡国童曲）。（五）吉他独奏。（六）葡国□旗曲（该曲系葡国总理撒拉沙十岁童年时之创作）。（七）回忆（进行曲）。（八）葡国国歌。

1944年5月25日　第三版

国技筹款　今日开始销票

华侨体育会，应天主教救济会邀请，为平民饭场筹款，举行国技游艺大会，于本月三十一日下午八时假座清平戏院举行。现已时间日逼，各部分工作具密锣紧鼓积极进行。除由罗若望主教与赵竹溪任主席外，聘请警察局长布英沙，督察观耶任名誉主席，督宪戴思乐，华人代表梁后源，社会名流，同善堂、商会、镜湖医院三机关值理，社长编辑为顾问，各报记者为宣传，由大会主席领衔敦请。是次集合南北各派各家各门拳师登台，更由华侨体育会副主席郭文，将各门拳法渊源讲解，观者可以明了，节目更比上次丰富。今日下午二时半，在该会开会，讨论加紧进行工作。散会后，即开始销票，希望社会热心人士，努力输将，共襄善举。想届时当有一番盛况云。

1944年5月25日　第三版

澳门青年会成立有期　总督主持揭幕仪式　本月廿八日在助学会举行

（本报专访）澳门青年会，自开始筹办以来，进行颇称顺利。一切筹备事宜，刻已告完竣。该会特定于本月二十八日上午十时三十分，假座塔石球场助学会屋宇内举行成立典礼。届时将敦请澳督戴思乐主持揭幕仪式。闻该会昨已发出柬帖，恭请中外社团及名流届时莅临指导云。

1944年5月25日　第三版

免费理发券　送镜湖义学贫童

（本报专访）娉婷理发店，以一般贫苦儿童，无资修理头发，有碍卫生，将于最近印就免费理发券二百五十张，交镜湖医院义学，转送该校各贫苦学生云。

1944年5月27日　第三版

教堂庆祝　圣神降临

（本报专访）明日二十八日圣神降临节，同时亦为葡国革新十八周年纪念日。大庙顶天主教大堂，于是日上午十时半，举行庆祝圣神降临节。由主教罗若望主持诵经，并由该堂歌诗班及管弦乐队六十余人，联合演奏，节目甚为丰富云。

又明二十八日，为葡国革新十八周年纪念日，同日亦为天主教之圣神降临节。本澳公教进行会望德堂，在往年均于是日扛圣母出游之举，决改于下月四日举行云。

1944年5月27日　第三版

商会兑换葡币　今日继续办理

（本报专访）澳门商会为会员兑换葡币，第三批办理完毕后，曾经停顿。迄至昨（二十六）日，始再继续进行办理第四批，兑换者为二等牌照会员及业户。查昨日前往该会兑换者计有数十人，直至下午五时，尚未兑换完毕。今日仍将继续办理云。

1944年5月27日　第三版

蔡高幼儿园　廿五年纪念

（本报专访）本澳蔡高小学幼儿园，成立以来，迄已二十五载。该校将定于今（二十七）日晚八时，在马大臣街举行二十五周年纪念大会，秩序甚为丰富，昨已发出柬帖。敦请各社团暨中外名流，届时莅临参加云。

1944年5月27日　第三版

培英周年纪念　六一举行庆祝

（本报专访）本澳培英中学，六月一日为该校成立五十一周年纪念。同时该校将于是日举行盛大庆祝，秩序刻已排定。上午九时举行晨曦会，下午五时举行纪念会，六时代表联谊会，七时公宴，八时举行各种游艺云。

1944年5月27日　第三版

学校消息

培正中学校同学会每月举行茶叙例会，借以联系感情。闻本次月会定于今日（星期六）下午一时，假国际酒店三楼酒菜部举行，每位收费二元五角。欢迎留澳各校友拨冗参加云。

1944年5月27日　第三版

妇女会扩大组织　定期召开委会议

（本报专访）澳门妇女会，自经政府当局批准立案后，曾于日前假座协和小学举行会员大会，商讨一切扩大组织计划，结果甚为圆满。该会新订之会章，虽经当局批阅，惟其中仍略有更改，故将于日间再将该会章呈报当局察阅。又该会原定每月举行委员会议一次。查下一次例会，已决于下月一日举行。届时将有关于会务之推进，及组织等问题，提出磋商。故此次例会，比诸以往之会议，较为重要，甚望各委员踊跃出席云。

1944年5月28日　第三版

梁永馨　又助同善堂

同善堂善院，平日办理善举，纯以赠医施药施棺施姜醋柴米等善举为主要。而年来时局不宁，又有增派难童餐之举。其所办理各事，均臻妥善，故获得社会同情，乃不断捐款协助。查其施药纯属中药。昔日该堂施药办法，统交街外药肆□办，每施一剂约需款一毫左右而已。后该堂为便利起见自设药肆，向各处采购正式药品以为施赠。刻下药价高昂，该堂于农历四月份施出五千一百五十七剂，该葡币三千二百七十八元。平均每剂药六毫四仙，比较昔日增多五倍有奇。而施出数量比曩日亦大，原因施药中只得该堂一所，支持全澳贫病之人。该堂经费实属百上加斤，困难之极。但其值理崔诺枝，蔡文轩等本行善之精神，努力干去，造福贫者。深望社会人士，热烈捐助，匡扶此原有国粹之医药，不致为西法尽行陶化。则汉代良医之名，仍可在世界争回一席也。昨有梁永馨香店，甚同情该堂措施，特捐葡币二百元，以为倡举云。

1944年5月28日　第三版

女青年演讲　定期举行

（本报专访）广州基督教女青年，为增进本身知识起见，曾于日前筹备举行演讲，详情经志前报。查该会已决定于六月十日假座协和女学礼堂举行，届时将由协和附小主任梁慕兰女士担任演讲，题为“儿童生理卫生”云。

1944年5月28日　第三版

剧艺消息

本澳教育界闻人刘寄萍，与南中国名导演陈海舟所主办之大公剧艺协进社，已准备就绪。近更得社会名流关湘衡，钟少卿等襄助，呈请澳□府立案。该社在筹办期内，曾派出名导演多人，义务指导培正，教忠等各学校社团上演话剧。本星期六复应纪中学生会之邀请，指派陈海舟导演话剧“泼妇”，在濠江中学演出云。

1944年5月28日　第三版

商会兑换葡币　今日暂停办理

（本报专访）商会会员兑换澳币，第四批已于前（二十六）日开始继续办理，连日来进行颇为顺利。查今日为星期例假，兑换暂停一天，明（星期一）依然继续进行。该会为求迅速结束起见，该批兑换，决定星期二（三十）日下午四时截止。甚望各会员，倘已接到通知书者，依时到会兑换云。

1944年5月29日　第三版

纪念中学　话别会

总理故乡纪念中学，前日留校同学欢送毕业同学，昨日毕业同学举行话别会酬答。是日大雨滂沱，戴校长暨各师长俱回校参加，情形热烈。晚上八时假座该校二楼小学部举行游艺会，上演名剧“单调”及“哀歌”，其他音乐幻术助兴。欢叙一堂，至深夜尽欢而散云。

1944年5月29日　第三版

庆祝圣神降临　主教主持诵经

（本报专访）昨日为天主教圣神降临节，天主教徒纷纷赴教堂诵经致敬。大庙顶大教堂，亦于昨日上午十时半举行庆祝圣神降临节，由主教罗若望主持领导教徒诵经谢主，参加者甚为踊跃。该堂歌诗班三十余人颂唱圣诗，由该堂管弦乐队二十余人伴奏，一切仪式，甚为隆重云。

1944年5月29日　第三版

蔡高幼儿园　廿五周年纪念

蔡高幼儿园，成立至今，已历廿五载，昨（廿七）该园举行廿五周年纪念游艺会。该项游艺，由黎素心，王美珍领导，节目异常丰富，到会来宾家长人数极为挤拥，鬓影衣香，极一时之盛。查游艺秩序为：一、开会词赵小芸，二、蓝色多瑙河□幼稚生，三、玩具店（游谐剧）幼稚生，四、梦（独幕剧）小学一二年级生，五、轻轻掉（唱游）幼稚生，六、慢舞（歌舞）幼稚生，七、采莲谣（短剧）小学一二年级生，八、土风舞“舞蹈”幼稚生，九、麻雀与小孩“歌剧”幼稚生，十、毕会。

1944年5月30日　第三版

调查难民委员会今日召开会议　商讨会务措施调查方案

（本报专访）澳督戴思乐将军平日对于慈善救济事业，向予极力赞助。最近以轸念本澳之难民甚切，特组织难民委员会，以负调查之责，俾能明了难民苦况后，而谋以救济之方。至委员人选，经德高望重之绅商名流，如刘叙堂、冯祝万、林子丰等，负责会务进行。澳督批示，经由最近之政府公报发表，顷澳督为从速进行起见，特定今日下午三时，在督辕内召开第一次委员会议，届时各委员对会务进行，多有所商定云。

1944年5月30日　第三版

商号抽取店佣　伙伴无受其益

（专讯）本澳各行商，近多厉行抽佣办法，表面看来，于伙伴生活费，颇有补助。但抽得佣金，东家店伴，照数分派，则维持店员生活费者，实亦不啻为各东家寻多一条进数。但此风一长，本澳大小行商，均莫不以抽佣办法为得计，先后仿照施行。影响所及，全澳市民生活，均受莫大之打击。现目本澳各行商，几无一家不仿行者。但本澳九八行，即出入口商，及什货行商，因□于此种弊端，现已实行将店佣取消，俾市民生活，有所减轻。良以该□行商生意，与市民生活有密切关系也。至此种抽佣办法，实于市民生活有不良之影响。因厉行抽取店佣后，不啻将物价增加也。如各行商谓须弥补店员生活费，则自动酌加于薪值，则更为妥善办法云。

1944年5月30日　第三版

非银业行会员之“银友”　无须当街炒卖

（本报专访）一般非银业行会员之银业经纪，向非统辖于该行者，故银业行□例禁止在贸易市场以外成盘之条例时，彼辈犹能公然在繁盛通街炒卖，东拉西扯，互相挤拥等情，该行虽无权予以究理，但此种情形，向为市民所不满，缘以彼辈于通街炒卖，碍阻交通，且时在清晨彼辈则结集开盘，高声疾呼，你说“三一五卖出”，他云“三一四有货”，诸如此类。附近居民，于清晨好梦，遂为彼辈所骚扰。迨时至今日警方以彼辈阻碍交通，谕令禁止。市民聆此消息，莫不歌功颂德，额手称庆。顷闻银业行对于此辈一旦为当局所禁止，赖此以谋生计者，生活堪虞，特网开一面准许彼辈在贸易场内成盘炒卖，但须得银盘号许可负责云。

1944年5月30日　第三版

鲍斯高剧团今晚重演罗马古装歌剧“慈母像”

本澳鲍斯高职业学校，于本月廿四日，为庆祝慈幼会主保庆日，上演罗马古装，武侠爱国歌剧“慈母像”，深得观众称许。该校为徇社会人士请求，定于今晚八时在该校剧场重演。查“慈母像”为意大利著名白话剧，现由该校音乐师司马荣神父，撰作全部歌曲。改编歌剧特邀请本澳中西弦乐名手拍和，届时当有一番热闹也。

1944年5月31日　第三版

调查华侨难民情况委员会昨正式产生　澳督偕各委员赴难民营视察

（本报专访）澳督戴思乐，关怀难民情况。最近特委出华侨委员四人，负责调查本澳华侨难民情况，并定于昨（三十）日下午三时召集该四委员，开会商讨一切进行事宜。查昨出席者，除刘叙堂因事未到，其余冯祝万、林子丰等三员，均依时出席。首由澳督将此次委出人员，调查华侨难民情况之动机，略加解释，并即开始商讨一切进行事宜。相谈约一小时余，结果甚为圆满。调查华侨难民委员会，当即正式产生。散席后，澳督并偕同各委员前往各慈善机关及难民营视察，作初步之调查，直至晚六时许始告完毕。又关于该委员会之责任，目前只先进行调查事宜，并将经过呈报当局。至于以后工作，仍须再行磋商后，方可实行云。

1944年5月31日　第三版

下环赠医所　赠诊时间延长　防疫注射时间缩短

（本报专访）镜湖医院下环赠医分所，自开始赠诊以来每日到该所就诊者，日益增加。该院为便利贫病者起见，决定自明（六月一日）起，将赠诊时间延长。原定每日下午一时至三时为赠诊时间，现决于明日起，改为每日由下午一时至四时。又该院近以前往各站接受防疫注射者，已较前为少，故亦决于明日起，将各防疫注射时间更改。同善堂改为每日下午三时至四时，下环分所改为下午一时至二时。医院方面，则仍旧为每日下午三时至五时云。

1944年6月1日　第三版

“一枝火柴”商标之火柴统制会开始发售　规定零沽价格每盒一毫

（本报专访）本澳政府当局，自本年五月一日起，由物品统制输进委员会统制一概市内出售之火柴，并于日前召集本市各火柴厂商代表，开会讨论划一火柴商标，当即决定由六月一日实行。故自今日起，统制批出火柴，均属“一枝火柴”之商标。该火柴盒之寸度，系依据市内之小盒火柴寸度为标准，火柴枝数不得在五十五枝以下，不足者作违犯警法究办。至于市内零沽之价格，则规定为每盒葡币一毫。至于向统制会承领之批发价目，则为每盒葡币九分半。所有承领手续，均仍依照五月一日开始实施之条例。关于以前制就之各种不同商标之火柴，除已由统制会发出与零沽小商贩，未售完者仍可出售。该会决不再发出以前制就之火柴云。

1944年6月1日　第三版

吴文英学塾　扩充学额　迁国华戏院侧

吴文英学塾，为本澳唯一国文专门学舍，特别注重：古文、四书、经史、诗词、信札、珠算、国语等科。以学科实用，教授良好之故，来学者日多。原址不敷，现为增广学额，俾免向隅起见，迁往国华戏院侧，仁安里九号二号。该处地方宽敞，空气清新，诚求学之佳所也。刻已开始招收夏令及下学期新生云。

1944年6月1日　第三版

百余份未缴纳　地税征收止截

（本报专访）本澳去年度地税（即地咪），公钞局已于五月一日开始征收，并于昨（卅一）日宣告截止。兹据该局负责人称，此次征收地税，经已截止，公钞局方面决无展期之意。此次征收结果，成绩尚称圆满，惟其中尚有百余名，未依时缴付。该局决依例呈向当局起诉，所有一切案卷及其他手续费，概由纳地咪者负责云。

1944年6月2日　第三版

商会兑换葡币　逾期即作弃权

（本报专访）商会会员兑换葡币、第四批兑换已于前（三十）日截止。日前所余未兑者，只一等牌照会员。该会为便利早日结束起见，特决于于今（二）日起，继续办理，昨已发出通告。此次兑换者，为一等牌照会员，依照登记次序配兑。其未登记者，则俟再行领到葡币，然后继续办理，并规定凡接到通知书者，须于三日内到会兑换。逾期不兑者，当作弃权论。查该会规定一等牌照会员兑换数目为每名一千二百五十元云。

1944年6月2日　第三版

商号多间　加入商会

（本报专访）澳门商会，于昨一日下午二时，在该会召开值理常务会议。出席者有高可宁、黎文轩、陆电明、崔诺枝、李如楷、傅厚丞、梁鸿勋等值理。主席高可宁，首由记录汤悦报告前期议案及报告事项略，随即开始讨论。除关于会务多所议决外，并通过新入会会员一批计三名云。

1944年6月2日　第三版

播音台演剧筹款数目公布　收入达万余元

（本报专讯）澳门播音台，于月前举行播音演剧筹款，成绩甚为圆满。关于筹得款项之总额，亦已核算就绪。兹据督察长观耶昨对记者正式发表，此次筹款全数收入为葡币一万二千八百四十一元整。其中之一万零九百三十六元为票款之收入，计有李洪先生捐出八百五十元，黄祥、黄深、黄球等三位合共捐出四百元，陈日初先生三百元，银业行三百元，大丰银号五十元，梁鸿勋先生五元，计共一千九百零五元云。

1944年6月3日　第三版

镜湖举行值理常会　接纳李烈慈善球赛

（本报专讯）镜湖医院于昨（二）日下午三时半召开值理常务会议。出席者有蔡克庭、吴鸣、柯麟、黄苏、马万祺等。席间除关于务会，多所议决外，并由主席蔡克庭提出讨论，于该院饭潮之事。查于上月二十二日，该院附属义校之教职员进膳时，因发觉饭有生米，立即弃食，并向主席提出抗议。主席以教职之态度，似略见过分，而教职员等亦联名将是日经过情形，用书面报告该校校长郭秉琦，亦同时向席间报告。经各理事详细考虑后，议决以教职员等所为，殊属不合，由郭校长转为用书面报告当时情形，以凭核办。暂时由厨房供应膳食，以后由郭校长随时督察，不使再有同样情事发生，以维秩序。

又关于殷商李烈送出银鼎三座，交由小型球总会按章举办小球慈善公开赛为镜湖筹备经费一事，亦提出讨论。各值理以李氏热心善举，轸念贫苦，当予乐意接纳，即去函致谢外，并推定柯麟、谢俨明、朱给等三值理协助工作。至进行事宜当由小球总会办理云。

1944年6月3日　第三版

利便会员兑换葡币　交由富衡银号办理

（本报专访）商会会员兑换葡币，一等公钞牌照会员已于昨（二）日开始办理，每名应兑数目为一千二百五十元。查最近一批之配兑，会员兑换者甚为稀少。兹为便利办理起见，该会特规定以后凡会员到会兑换者，该会将发给字据，由会员自行前赴指定之富衡银号领兑云。

1944年6月4日　第三版

骸体瘗葬新西洋坟场　市政厅阐明手续　坟地分三等领葬者须凭死亡证明书期限为五年遗属须将骸骨检执另葬

（本报专访）本澳坟场，原只有一处，座落于塔石附近之西洋坟马路，名为西洋坟。埋葬于该处者，多为天主教人。两年前，当局诚恐该场有“□满”之虞，故特在望厦附近，另辟新坟场，已于年前宣告落成。查该场之规定，埋葬于该处者，并无国籍之分，故华人身故年来亦多瘗葬于此。惟社会一般人士，对于该场一切章程，多未明了。有般歹徒，则以代理之计，从中渔利。记者特于昨日走访市政厅长贾华廖，当蒙饬合该厅秘书长罗沙廖详细转告一切。兹将罗氏所述记录如下：

望厦新坟场，坟地共分二、三、四等三种。一等则设在塔石西洋坟，二等地价为葡币二十元，三等十二元，四等四元半。此外一律须另付人情纸手续费二元。凡欲租领坟地者，可向市政厅内二楼议事局申请，惟必须携有医生之死亡证明书，书内并须书明拟葬于望厦新坟场，该局始准租地。除规定之价格手续费外，并不须另缴其他费用。该局规定，凡葬于西洋坟者，限期五年，期限将届，当由该局通知该墓之遗属，于期届后六十日内办理检执骸骨。倘逾期不办理，将由该局办理。所遗骨石，当置于合葬缸内。至于遗属自办执骨，可向该场购置骨箱或瓷缸，以保藏骨石。骨箱每具一百元，瓷缸每只七十五元，包括地租在内。至于塔石西洋坟方面，除二、三、四等之价格相同外，则另有一等，价格四十元，亦均须一律另缴人情手续费二元云。

1944年6月4日　第三版

红十字会售花筹款　定期开会磋商　女校代表暨新闻界被邀参加

（本报专访）葡国红十字会澳门分会，定期于本月十七日，举行售花筹款。所得款项，大部分拨作救济旅沪葡籍难民。其余部分为积极进行筹划事宜起见，特定于本月六日在该会办事处内召集全澳女学校代表暨新闻界，商讨一切云。

1944年6月4日　第三版

镜湖增聘　西医顾问　日间去函敦请

（本报专访）镜湖医院，为集思广益，促进院务起见，经于第十六次常务值理会议通过，拟增聘朱朝钦、卢国钧、弥有恒、黄思荣、杨子□、余鸿康、黄国权、陈左、杜兆基等为西医顾问，以资咨襄，而图进展。闻该院将于日间致函各医师云。

1944年6月5日　第三版

每晚八时至十二时供电　明日开始实施

（本报专访）市营电力局，为节省燃料起见，决将供电时间，改为每日晚间八时至十二时。午夜十二时以后全市停止供电。该项新定办法，将于明（六）日开始实施云。

1944年6月5日　第三版

逾期缴付地税　公钞局日间起诉

（本报专访）公钞局征收去年度地税（地咪），经于上月卅一日宣告截止。查经逾期未缴者，计有百余宗。依据公钞局规定，凡于规定时间内不缴纳地咪者，该局将入禀当局起诉。闻该所已于昨日将一切起诉手续办妥，日间呈送政府。一俟批核后，当即依法追付云。

1944年6月5日　第三版

学校消息

本澳圣若瑟中学校，为提高各生书法起见，举行书法比赛，请教育会常务理事朱伯英评阅。昨经评阅完竣，除由学校给奖外，各组第一名由校长李仲渔神父加奖，第二名由教育主任陈道根加奖，第三名由训育组长麦卓儒加奖，以资鼓励云。

1944年6月5日　第三版

旅澳香港难民　组消费合作社

（本报专访）旅澳葡籍难民，为减轻各难民之生活负担起见，最近发起组织旅澳葡侨消费合作社。其最重要之宗旨，为供应一般葡籍难民以各种家庭需用物品，售价较诸市面上为低。目前已开始发售之货物，计有肥皂、装饰品等，并拟于日间计划扩充。凡欲向该消费合作社购物者，除必须为来自香港之难民外，并须每月纳费五毫，充作该社之经费云。

1944年6月5日　第三版

电力局新定供电时间　工厂请求补救办法

（本报专访）市营电力局，为节省燃料起见，决于本月六日起，更改供电时间，每日晚间八时至十二时供电。详情经志昨报。查市内之工厂，为数颇多，且由电力局供电者，亦属不少。此次电力局改定时间，并同时实施分区轮流供电办法，对于此辈工厂，影响至大。各厂当事人曾先后向电力局请求设补救办法。惟该局以此次改定时间供电之理由，乃因节省燃料，倘另设法通融，对原来目的，仍不相合。故只得仍请各厂于规定之时间内隔日工作云。

1944年6月6日　第三版

华侨体育会　筹筑泳场

华侨体育会，迩来发展各项体育，无不努力推进，现更筹备建筑游泳场。一切进行，筹商就绪，图则经已草就，日内呈当政批示。一俟核准，开始建筑，预料将来，又有一番新进展云。

1944年6月6日　第三版

陈旧屋宇　须即修理

（本报专访）近来天雨连绵，一般陈旧屋宇为雨水侵蚀后，多大受影响。日前市内曾有屋宇一间，因此而发生倒塌情事。迨至前（四）日下午二时，福隆下街附近，又发生倒屋情事。详情经志昨报。前据督察长观耶对记者称，为避免意外起见，凡有陈旧之屋宇业主应即设法修理云。

1944年6月6日　第三版

装置小型摩打机　准许供电时间启用

（本报专访）市营电力局为节省燃料，定于今（六）日起，提高供电限制。每晚供电时间为八时至十二时。此外，该局目前实施之分区隔晚流输供电之办法，依据执行。详情经志前报。查以往之规例，凡装有小型之摩打之用户，只得在一规定之时间内启用。现为利便此等用户起见，特准于供电时间内启用。至其他各规模较大之工厂及米机，凡装有大摩打者，则仍须依照电力局指定之时间，隔日启用。关于电风扇及冷气机，则仍禁止启用云。

1944年6月6日　第三版

推拿女未领牌照　不许“出钟”执业

（本报专访）在澳执业之导游推拿女，依照警察当局规定，必须领有牌照，方可营业。惟迩来警方缉获无牌照者，无不惊慌。倘欲继续营业，惟有正式向警局请领牌照。故连日来，本市之导游女趋向警局中领牌照者为数颇多云。

1944年6月7日　第三版

红十字会筹款　拟定游艺项目

（本报专访）葡国红十字会澳门分会，赛期于本月十七日、十八日、十九日一连三天，举行售花筹款，并举行音乐演奏会及全澳中葡小型球比赛及举重比赛。详情经志前报。查售花方面时，该会已于日前发出通告，敦请各女校届时派出学生助售，已蒙各校答允。关于小型球比赛，已交足球总会定挑选中葡球队，届时参加比赛入场券定价一元及五毛两种。奖品方面，则由该会送出大银杯一只。每年比赛一次，连续三年获得胜利者得永远保全该杯。每年参加比赛之球员，胜队队员由该会奖给纪念章一枚。音乐会定于十七晚举行，入场券定价二元一种。凡欲预先定位者，须另收一元或五毫。举重比赛，于十八、十九两晚举行。比赛项目，共分一百十八镑、一百廿六镑、一百三十二镑、一百四十八镑及一百六十五磅五种，每项共分头二、三名奖。此外，尚有个人锦标及团体锦标两种奖。举重比赛入场券一连两日入场共分二元、三元两种，定座另收五毫。凡欲加入举重比赛者，可自即日起，到得胜马路十二号向罗沙廖君报名。又关于音乐演奏会及举重比赛之地点，该会已商得平安戏院当事之同意义务借出该院，一连三天。又该会为充裕收入起见，邀请全澳报界代表，组织宣传部，扩大宣传，于昨（七）日晚八时假座卑第巷一号，召集各报界代表，开会共商一切，望各报代表踊跃参加云。

1944年6月7日　第三版

教育消息

总理纪念中学前旨举行高中组英语作文比赛成绩极好。经黎教师藻鉴评阅后，次复经戴校长评定，昨已揭晓。第一名郑兆平，第二名曹世荣，第三名冯炽雄。除由学校给与奖品外，复由戴校长加奖。查戴黎均系由北平清华学校先后送英留学，一为法律博士一为经济硕士云。

1944年6月7日　第三版

清贫生　津贴费　限期领取

本澳学生救济委员会对于清贫学生六月份生活津贴费，现经定期于本月十日下午四时至六时，十一日下午三时至五时发放。凡受津贴学生，可依时赴领。闻该会以是月份为最后一期，如逾期不到领者，作为放弃权利论，不再补发，以便将数目结束。

至上月份未及领取者，可于本期一并补领，以清手续云。

1944年6月8日　第三版

机帆巨商多人　采购燃料运澳

（本报专访）自电气局实施缩短供电时间后，于前晚起，每晚十二时后，除较大之酒店及山顶白马行镜湖等医院继续供给外，其余所有各商户及街灯一律熄灭。虽然于每晚十二时后，其中有等仍需灯光者，乃求诸于其他燃料如火水、松节水、木油，生油等类。故自新例实施后，该项燃料价格乃告高涨，且有一般不肖投机者乘机大量购入囤积，企图居奇操纵。顷查有某巨商多人，系自置有机动帆船多艘者，彼等以本澳燃料正需用之时，将驶往广州湾油尾，广州等处采购大批火水、松节水、木油等燃料运澳供应，数额相当庞大。倘将抵澳后，本埠燃料价格，当趋低跌云。

1944年6月8日　第三版

各界捐助　同善堂

同善堂善院，连日以来，赠医施药数量，创历年纪录，每天达四百剂之多，需款二百余金之巨，不有各界捐助，匪易维持。昨有延陵大记助该堂药剂大洋一万元，瑜伽佛学会助施药大洋二千二百五十元，无名氏六百元，谭菜手票□元，张继文葡纸廿元，黎师奶葡币十元，吴如轩葡币二元云。

1944年6月8日　第三版

当局厉行清洁运动　垃圾须设器具盛载

（本报专访）本澳卫生当局，为维护市民卫生起见，曾于日前开始，实行清洁运动，规定每日中午十二时以后，路上不得堆积垃圾。卫生局派出专员调查，凡于规定时间后发觉某屋门前，积有垃圾者，即将该屋门牌抄下，传警予该屋主以严厉处罚。该条例自实施以来，成绩甚为圆满，各街道亦少有垃圾之堆积。有般市民，对于倾倒垃圾之时间，极力遵守，唯对于倒垃圾之办法，仍未得妥善。多数市民每于中午十二时前，将垃圾倾倒于门外，以候清洁车到时清运。此种办法，似仍有改善之处，盖因垃圾倾倒于地上，地上必被污秽，仍未合卫生条件。兹据当局原定清洁规例，所有住户，应备置收存垃圾之器，先将垃圾置于器内，于每晨将该器放置于门前以候清洁车之来临。查此办法，则较为妥善。至于收存垃圾之器具，当局并无规定式样，只须完好而无破裂，使不至将垃圾散溢路上便可。倘该器系裂烂者，则亦被视为垃圾，清道者或将一并弃去。甚望市民一律置备此种收存垃圾之器具云。

1944年6月8日　第三版

红十字会筹款　商请报界协助

（本报专访）葡国红十字会澳门分会定期本月十七日起，一连三天，举行售花筹款。兹为扩大宣传以裕收入起见，特于昨（七）日晚八时，假座卑第巷一号内，召集全澳各报记者开会商讨一切进行事宜。经长时间之会商，结果甚为圆满云。

1944年6月9日　第三版

伙同械劫案宣判　徐九充军八年　虽未参加行事惟犯有倡议之罪

（本报专访）民国前一年三月间，木桥横街十五号曾发生劫案。匪盗三人，劫去现款万余元。事后于去年十月十八号警方缉获男子一名，徐九，三十一岁，中山人，疑与该案有关。由警方严密查究，备文移送法院候审。法庭于昨（八）日上午十一时，开庭公审。被告徐九供称事前曾有参议行劫之事，但在劫案发生之时则并未在场，检察官并传各证人，严密询诘后法官随即宣判徐九充军八年云。

1944年6月9日　第三版

善士捐助　仁爱会

（本报专访）昨有善士多人，各捐出葡币二百元，充作嘉诺撒仁爱会善款。

1944年6月9日　第三版

警官两名　升任区长

（本报专访）警察当局曾于前天举行考选正副区长。依据警例，正区长之职，概由副区长递升。此次考选结果，选定亚民地及苏沙两副区长，自本月三日起，递升正区长，经于最近出版之澳门政府公报正式发表。查该两区长，向为各长官所器重，此次获选递升，各亲友均为亚苏两人道贺云。

1944年6月9日　第三版

公进会　派发粥证

公进粥场本月份第十五期购粥登记经于日前编理完竣，已于昨（八）日开始，由上午十时至十二时，下午二时至五时在该粥场派发。倘一般未及更换者，今日可粥场领取云。

1944年6月9日　第三版

红十字会筹款　报界协助进行

（本报专访）葡国红十字会澳门分会，最近为筹募善款赈旅居申葡籍难民起见，特由该分会主席罗德礼发起卖花，演剧，举重比赛等节目。筹款现已积极进行。卖花日期经定本月十七日举行，届时埠中各葡语学校，均派出女生负责沿街卖花。至罗主席为商讨多集善款起见，特于前夕在其私邸召集各中西记者会谈。罗氏先将此次之筹款动机及希望各记协助俾善款增加，各记者以慈善无分畛域，亟应以服务社会精神，竭尽绵薄。罗氏以各记者热心公益甚表示谢忱，更希社会热心人士慷慨解囊，则难民倒悬之困可迎刃而解云。

1944年6月10日　第三版

凌晨一时以后勿行近警署附近　居住附近者须绕道而行

（本报专访）电气局为□节燃料消耗，于本月一日特颁布制电□例，于每晚十二时以后，除如中央、国际、东亚等大酒店，及山顶、白马行、镜湖等医院外，其他所有各商户，及各街一律熄灭。实施以来，因时在初期，且连晚均有月光照耀，故未有若何影响。不过一般居民，于十二时前多返家休息，商肆稍遭影响者为夜市之食物品。其次警方当局，对市面治安，均极力以予维护。虽市面在黑暗中，而宵小之辈，均告销声匿迹，社会秩序，尤为良好。又警察厅长布英沙，于实施制电新例前，曾对记者发表谈话，晓谕市民于黑暗中行走，如遇警察喝令搜查时，须立即停止遵办外，并禁止市民行近各街道段警及警署附近，至警察于深夜值勤时，均携带电筒，以便执行搜查工作。至各警署于十二时后，均增派警察值勤。于凌晨一时以后，则完全禁止市民行经附近。倘市民住居在警署附近者，须绕道而行，免遭警察驱走云。

1944年6月10日　第三版

纪念贾梅士　举行肃穆仪式

（本报专访）今日（六月十日），为葡国大诗人贾梅士纪念日，全澳公立学校，一律放假一天。政府当局并于今日下午六时半在白鸽巢贾梅士铜像前，举行纪念仪式。全澳学校，军警政府机关，文武官员暨各社团，均将派员参加。届时除由督宪戴思乐亲临主持外，并有中葡人士演讲，叙述贾梅士生平伟绩，兹将秩序抄录如下：（一）澳门总督戴思乐莅临白鸽巢主持纪念大会。（二）葡人飞能度士演讲贾梅士生前对文化之贡献。（三）中华教育会理事主席朱伯英演讲。（四）利宵歌诗团诵诗。（五）全体学生来宾暨水六兵士依次向贾氏铜像行礼致敬云。

1944年6月10日　第三版

私藏鸦片　罚款抵罪

（本报专访）日前警方在东亚酒店某号房内，搜获鸦片烟四十一两，并拘获男子林祖一名，备文送交法院审理。法院于昨（九）日晨开庭公审，经检察官向被告详细询诘后，由法官判决罚款二千五百元。如无力缴付，则改入狱两年零一个月。

1944年6月10日　第三版

粮价低跌　市民欢忭

（本报专访）迩来市内一切物价，均见低减，米价亦渐见低跌，诚社会之好现象。查公进粥场，望厦粥场及新填海粥场等，原日售粥者甚为挤拥。惟自市情转好以来，前往各粥场购粥者便日见减少，此实市情转好之表现。兹据各该场主事人对记者称，此等粥场，目前尚无停办之意。惟将来市面情形更转良好，粥场实无设立之必要时则当停办云。

1944年6月11日　第三版

适应本澳燃料所需　拟设油渣制炼厂　设法采运松香运澳以供应

（本报专访）本澳电气局之电流发动机，向以□油为主要燃料，继后则改用石煤。迨至内地之土制油渣运澳，电气局则以该种油渣为燃料发动电流。讵料该项土制油渣因出产地统制出口，运澳顿告短绌。故电气局以燃料来源断绝，乃有再度缩短供电时间之新例实施。现闻有某巨商为供应本澳电气局燃料起见，拟在澳黑沙环附近设立油渣制炼厂，以供应电气局所需。至制炼油渣之原料，则以松香为之，每吨油渣之制成，约需松香二十余担。该巨商现已进行一切，倘松香能在各地采购大批运澳，则制炼厂之设，为期不远矣。

1944年6月11日　第三版

葡红十字会筹款　报界协助进行

（本报专讯）葡国红十字会澳门分会主席罗德礼最近感于居留上海之葡籍难民生活凄苦，嗷嗷待哺等情，特发起举行演剧卖花及举重比赛等节目筹款，收入所得悉数拨汇沪申施赈。该会主席罗德礼，为求增加善款收入起见，特于目前约请各报记者到其私邸会谈，共商进行之策，各报记者以服务社会意旨。对罗氏之举，备极赞同，且慈善事业，毋分畛域，极愿意予以协助。查罗氏昨日送交义花认购册一本，由各记者联合向绅商善长劝捐云。

1944年6月11日　第三版

马郊歌咏团　演奏筹款

马郊歌咏团，对慈善事业，素予赞助，曾先公开演奏为镜湖医院难民营等慈善机关筹款。顷市行政局局长布英沙，于最近商请该团为难民收容所筹募经费，该团主事者经已允许，并定本月杪举行。查该团于月前，演奏之歌曲，多采用肃拔名著。闻将来慈善演奏时，则采用名歌曲家华特选曲云。

1944年6月12日　第三版

镜湖手术仪器抵澳　手术室行将开幕　仪器凡数十件极为精致完备

（专访）镜湖医院前在广州定制手术室仪器，派员上广州押运回澳。各情已志前报。现该院得广州政府驻澳办事处主任罗熊代将出口手续办妥，并得广州某相关行义务代办报关手续，某行机动帆船免费代运。经于前（十号）晚九时许平安运抵本澳，现闻开始布置。该室落成之期当在不远云。

1944年6月12日　第三版

凉鞋　统会招商承造

（专访）统制物品输进委员会，最近需用凉鞋一批共五百双，计分三十七、三十八、三十九、四十、四十一等号，每号一百双。其样式须依照该会所规定并须以皮革及树胶制造，现决招商承投，有意承办者，可于本月十五日经该会竞投云。

1944年6月12日　第三版

调查难民　积极进行

（本报专访）澳督关怀难民情况，日前委出刘叙堂等四人，成立调查难民委员会，负责调查华侨难民情形。查该委员会自正式成立以来，刘叙堂因病未愈，至该委员会工作，暂告停顿。至最近该会将继续进行调查工作，闻各委员会于日前开会磋商一切，对于办理救济工作，有所建议，将于日间向当局请示云。

1944年6月12日　第三版

全球公司危墙昨晨倒塌　幸无伤毙人命

（本报专访）迩来本澳天雨不停，致一般陈旧屋宇，多受影响。查昨十一号晨约八时半许，沙梨头海边新街十七号，又发生塌屋事件。查该处为全球汽车用品公司，该屋二楼前座墙壁，突然全幅向街中倒塌，幸当时为时尚早，并未伤及街上行人，屋内之人，亦未受伤云。

1944年6月13日　第三版

增加教职员薪俸　下期提高学费　各校定明晚召会决定

（专访）由于战事影响，物价高涨，生活程度日高。一般受薪阶级，平日仰侍俯高，已成捉襟见肘。尤以执粉笔生涯之教职员，因一家数口，升斗所入，实不足以供糊口，苦况实不堪言。顷查各学校为切实谋解决此项问题计，定□于明晚八时半，召集各学校教职员，举行联席会议，讨论一切。拟由上学期起，提高学费收入，俾得增加各教职员薪俸，以解困境云。

1944年6月13日　第三版

培道举行　授光典礼

（本报专访）培道女校当局，以假期将届，毕业生将离校，特定于本月十五日下午二时，假座培正中学礼堂举行小学部授光典礼及恳亲会，并于是晚六时公宴高中毕业生及校友。届时定有一番热闹云。

1944年6月13日　第三版

华务局规定条例　学校遵照办理　倘有违例即注消究办

（本报专访）澳门华务专理局华视学会，规定各校每于学期开始或结束，均须向该会采购各式表格，填具呈报该会，查表格计分。一、各级课程表，分级填报于每学期开课前呈缴。二、成绩统计表，于每学期考试结束后一星期内呈报。三、教员学历报告表，每位教员限呈报一次（表后面需贴本人相片），毋须按期呈报，倘新聘教员未经报会存案者则必须填报，表内登记日期及证书号数二栏应毋庸填。至此表只限各校之专任教员，必须填报，而兼任教员则任其自择在某一校担任钟点多者，代行呈报。四、学生成绩表，应分级填报，限每学期结束后一星期内呈缴。现以各校假期将近，应即依照一列各表规定之时日，指定专员负责办理。华视学会规定，倘有违延，各该校应受处分，初次违犯者，例行警告，警告之后，仍不遵行，定当按例将该校立案撤消，克日付警局执行解散。又所有呈报表式，应填校名，由校长负责签署方为有效。至各该校内并应将表稿存查，按期汇存，以便随时查取云。又该会规定，一、凡各校迁移校址，应于未迁之前将新校址呈报华视学会，以便派员视察是否适宜，俟核准后方始迁移，改照发给收执。倘不先行呈准而擅自迁校者，一经察觉，立将校照注销。二、各校如有欲停办时，应于停办之先，将停办缘由呈报华视学会，以便将校照注销，倘停办而不呈报，一经察觉，除将该校照注销外，并将该校长姓名登录，以后永远不准在本澳充任校长或教职员。三、各校长如欲刊发招生章程，必须先将该章程三份送华视学会检查，俟核准后以一份留存华视学会，一份存印刷店，一份由该校长收执。倘各校长有擅自发出招生章程或别项印刷品未经华视学会核准者，或印刷店□事人擅自承印各校招生章程或别项印刷品，一经发觉，均依照违犯检查印刷品条例之规定即行处罚。各学校务须切实遵守，不得任意违犯，致干法纪云。

1944年6月14日　第三版

官绅捐助　望德粥场

望德粥场董事，徐伟卿、高可宁、陈茂枝、钟子光、林商隐、傅德荫、董锡光等，昨经将六月份月捐，每葡币一百元，送交该场作经费。又督察长观耶捐送五十担谷糠，交该场应用云。

（又讯）公教进行会举办之望德粥场，其经费来源，向赖埠中绅商善长捐助，而月中更有固定之名誉董事廿余人，捐助一百元，历行无改。虽然其中董事三两人退出停止捐款外，其他仍每月慨然捐助云。

1944年6月14日　第三版

同善堂　消费浩繁

（本报专访）际此炎热时节，百病易生。同善堂赠医施药，迩来骤见增加，每日施药记录，竟达三百余剂，而赠医人数，亦日益增加。该堂经费，向赖各界善长人翁之捐输。现为充裕该堂善款起见，甚望一般乐善好施之士，踊跃捐款云。

1944年6月14日　第三版

山巅及港口灯光熄灭　来往船双注意　由于电流撙节暂停启用

（本报专访）东望洋山巅，第二十号灯塔，向于每夜发射白色闪光，并指示轮船晚间进口，有所目标航行也。除此以外，位于新口岸进口内河处，亦设有灯塔多座，指示各轮船进口，以防止触石之意外事件之发生。查该两处灯塔，近因电力供应问题，暂时停止启用。希望各来往船双，宜加注意。兹抄录港务局发出布告如下。

澳门港务局布告航字第一号：

为布告航行事，照得东望洋山巅第二十号灯塔，一向发射白色闪光兹由一九四四年六月十二日起暂行停止发射光线，以便长期修理。又新口岸进口内河处第十八、第十九号红色光线电力标识灯塔开用不当，应视本澳有电力供给时，即行开放。合行布告，希各知照，此布。

一九四四年六月五日

局长海军少校施利华

1944年6月15日　第三版

未经警厅准许戳印　禁止向外募捐　外处来澳募捐者亦须遵照

（本报专访）本澳警方当局为防止一般不肖之徒冒充慈善机关名义，向社会募捐行骗起见，特定条例，凡公开募捐者，在未发出捐册之前，必须将捐册送交警厅，经警方查明是否为合法之团体，然后准许募捐，并于捐册每页上加签警方印记后，发还该团体，方可开始募捐。而外处来澳募捐者，亦须遵守该项规例，否则警厅方面，将以冒名行骗论罪云。

1944年6月15日　第三版

端午节　售粽须领牌照

（本报专访）本澳当局对于街头摊位售卖食物，向须领有牌照。而每年端午时节，市内一般投机小贩，多改卖端午粽。当局规定，凡卖粽者必须领有特别牌照。该项牌照，每年均于端午前十日内发给。故自今日开始，凡欲申领卖粽牌照者，可向当局申领云。

1944年6月15日　第三版

难童学校　今日上课

香港留澳难童免费学校，筹备多时，现经就绪，租得巴掌围六号三楼为校址。本月八号开始考试新生，该校课程，以中英算为主要各科，由前香港公立学校教授指导。国语一科，为各生每天必修课程，考试合格者，现约百余人，定今晨九时开始上课云。

1944年6月15日　第三版

洋货店　又结束一间

新马路八十一号，即铺票厂对面之柏林洋货店，闻开设以来，经已八载，交易素称公平。今因业主取回铺位，准由即日起，将全盘物货半价沽出，以酬各界历年惠顾之雅意云。

1944年6月16日　第三版

统制会暂行订定咸鱼出口条例　此种措施为适应环境所需

（本报专访）本澳统制会当局，为适应目前环境上需要起见，于日前暂行订定新例，规定咸鱼分为三种，计分上、中、下三等。除上中两种外，下等则不准出口。查一般商人，对此甚表满意。惟仍希望将等级加以详为订定，俾更为便利云。

1944年6月16日　第三版

“皆大欢喜”　羊毛出自羊身上　老师加人工　学校增学费

迩来百物腾贵，学校教职员工资微薄，苦况堪怜，执教鞭策励诸生，时有颓丧之气。无他，此一家数口营养不足之故也。是以为人模范者，倡设增加教师生活费，遂决意召集全体会议，谋解除教师痛苦。故于前月假美国楼讨论，争辩良久，佥以学校方面认为收入有限，非增加学费实难增添教职员薪俸，故决定各校照原学费提高百分之廿五至卅，弥补加薪俸损失。在教职员方面，照原受薪金计，增加百分之廿五，如此决议，皆大欢喜。盖羊毛出自羊身上，无损于学校，可（何）乐不为，况一举两得耶云。

1944年6月17日　第三版

同善堂　收捐款一批

同善堂善院，连日收到有黎华清、黎华照，每助大洋五百元，华记饭店助双毫廿元，储券三百元。钟强葡币廿元，罗炽鸿葡币十元，无名氏、李占常，每葡币五元，尚望各界继起捐助云。

1944年6月17日　第三版

张丽嫦画展　揭幕盛况

筹备多时之闺秀画家张丽嫦画展会，昨日已假座中央酒店五楼揭幕，作品共六十余帧，条幅巨轴皆有，花卉鸟兽虫鱼悉备，分两室陈列。是日赴会参观者，殊为挤拥，且不少社会名流，艺坛名宿亦莅会观赏，景况甚热闹云。

1944年6月17日　第三版

卖花筹款今日开始　澳督千元购花　对记者协助劝销甚表嘉许

（本报专访）葡国红十字会澳门分会，定期今日售花筹款。今晨八时，全澳中葡女学生，将整队出发劝售，直至今日下午六时收队。又关于此次筹款，据澳督戴思乐昨对记者称，红十字会筹款所得，大部分系拨作本澳救济经费，其中只以小部分拨作救济上海葡难（籍）难民之用。以前新公布，实有所错误，甚望本澳布民，踊跃捐输云。又本澳新闻记者为该会筹款，昨得澳督慨捐葡币一千元。其他各界捐助者，亦甚踊跃，成绩甚为美满云。

1944年6月17日　第三版

华侨会游泳场　端午揭幕

华侨体育会游泳棚，定本月廿二日建筑工程完竣，位于澳侨泳场侧。闻该会定农历端午节揭幕。查该会泳棚，为发扬水上运动计，缴费较微，普通会员及学生员会会费六元，名誉会员十元云。

1944年6月18日　第三版

澳府拨助慈善机关　数目比前增多　该款支拨仅属华侨主办者

（本报专访）澳府当局对于慈善事业，素予赞助。故埠中各葡华慈善机关，于每年例有固定之善款拨助。本报记者于昨天晋谒澳督戴思乐时，戴督将澳府对慈善之捐助问题，多所发表，最后并谓近年由澳府拨助各慈善机关之善款，数目比前增多。该项巨款仅系拨给华侨办理之慈善机关者，倘连其他总共计算，当不止此数云。

1944年6月18日　第三版

十字会卖花筹款　成绩异常良好

（本报专访）葡红十字会澳门分会，为筹募经费，以一部分拨作救济旅沪葡侨，于昨（十七）日举行售花筹款。全澳中葡学校，均派出女生协助，计共百余队。各队于昨晨八时出发，直至下午六时，始告收队。全日售花成绩，甚为圆满。该会并于昨（十七）日晚假座平安戏院，举行音乐演奏会，以裕善款，听众甚为挤拥。由本澳名音乐家担任演奏，节目相当丰富，颇得听众之好评，直至晚十一时余始演奏完毕。又该会原定于今明两晚九时半，在平安戏院举行举重比赛。查参加比赛之人员，其中一部分因事未能出席，故该会决将十九晚之比赛取消。所有秩序，概于今晚举行，凡有购得一连两晚入场之门券者，每券可准两人入场。至于十九日之门券，可于十八晚依时入座，或于六月二十二日至二十七日之间到该会领回券款云。

1944年6月19日　第三版

新口岸畔平民粥场下月停止办理　盈余款项米石候澳府处置

（本报专访）本澳妇女会及女青年会合办之平民粥场，座落于新填地附近。该粥场之执行委员会，以迩来粥场货价低减，而米价亦随之减跌，该场每日购粥人数亦已减少，于前（十五）日召开会议，决自下月一日起，决定停办。至于该场所余之白米，该会将于日间向政府当局请示处置办法。倘将来环境必需时，则可恢复办理云。

1944年6月19日　第三版

红十字会筹款成绩圆满　定期开启募捐箱　邀请各校代表记者莅场监视

（本报专访）葡红十字会澳门分会筹募经费，于前（十七）日举行售花及中葡小型足球比赛，并于是晚举行盛大音乐会。又于昨日举行举重比赛，以充裕善款。查两日筹募结果，成绩甚为圆满，至于募得总数目前尚未核算。兹据该会会长罗德礼称，为慎重起见，特于本月廿三日下午四时，在该会公开启封募捐箱。将邀请各委员，各学校代表暨新闻界届时莅临监视云。

1944年6月19日　第三版

好消息　良记设日局

福隆下街良记海鲜专家，自午夜限电执行后，特别将营业时间延长，以适应各界需求，每日提前至十二时启市，欢迎日局，一直至深夜二时始行收市。不论小食、晚饭、消夜、花筵雀局，均表欢迎。该号自更改时间以来，各界人士无不称便，惠顾者踵相接。该号有应接不暇之势。

1944年6月19日　第三版

警方破获之盗窃案　发生时间多在白昼

（本报专讯）警方当局对市面治安，素予竭力维护。查最近实施供电条例后，警方诚恐每晚十二时以后，一般歹徒乘黑暗中出而活动。故维护措施，更告綦严，不肖之徒，实无所沽动。顷督察长观耶对记者称，谓自缩短限电之办法实行后，所有市面发生之盗窃案，其时间俱在白昼，深夜并无一件发生，此足证警方在十二时深夜后，对市面治安措施严密也。

1944年6月20日　第三版

寄广州湾包裹及挂号信邮局暂不收发　普通函件不划入此例

（本报专访）际此非常时期，各地交通梗塞，邮件之送递，多受影响。本澳邮政当局，处此特殊环境中，仍极力设法，使各地邮件畅达。查广州湾与澳门间之邮件，因水道交通关系，经已停顿多时。邮电局方面，最近策划恢复澳湾邮线，拟以机动帆船载送。兹据邮政总所所长贾华廖昨（十九）日对记者称，澳湾邮件，决于本月二十一日（明日）发出。邮电局为便利打包起见，收信时间决于明日上午十一时截止，并为环境问题，暂时只收普通信件。挂号信及包裹，决不代寄云。

1944年6月20日　第三版

小南湾　藏烟被究

（本报专访）本澳政府当局，向订有鸦片专卖条例，在澳私藏鸦片烟，则属违犯条例。倘经当局查获，当予处罚。查前（十八）晚，警方在木桥街，新埠头小南湾茶话室内，搜获私烟数十两，并拘获男子陆明，羁押查究云。

1944年6月20日　第三版

募捐箱　提前开启

（本报专访）葡红十字会澳门分会，日昨举行售花筹款，成绩颇为圆满。详情经志前报。该会为慎重起见，原定于本月二十六日，公开开启募捐箱。兹以各学校假期迫近，诚恐各校于是日未能派员参加，故决提前于明（二十一）日上午十一日在该会举行。仰各学校代表，暨各报记者届时莅临监视云。

1944年6月20日　第三版

诚修堂　停止施粥

诚修堂每日在镜湖义学侧施赈难童粥饭，计有千余份。查该堂系私人组织，原定办两年为期。闻于本月廿日期满，□行停办云。

1944年6月21日　第三版

教育消息

总理纪念中学附属小学，连旬举办课外内活动，如作文比赛、书法比赛、田径运动赛，小三四五六年级小型足球赛，小五六英语比赛、图画比赛、劳作比赛、故事比赛等，成绩良佳。前旬又举办算术比赛，昨经揭晓，六年级第一名罗雪环，五年级第一名潘世廉，四年级第一名冼为泰，三年级第一名叶银基，二年级第一名关振威，一年级第一名谭国材，均给予奖品云。

1944年6月22日　第三版

贾伯乐提督街监牢　罪犯越狱逃遁　防备严密逃犯难越雷池半步

（本报专讯）昨廿日下午一时约四十五分，贾伯乐提督街之监牢，发生一宗罪犯越狱逃遁案。幸值勤防守之警察及早发觉，卒将逃犯击伤捕回。查该监牢建设稳固，并派有警察多人值勤，防守严密。即最近电气局，实施缩电条例，深夜十二时后虽市面电流完全熄灭，然该监牢仍照常有电流，供给通宵，电炬光明，此种情形，亦为防范意外之事件发生也。讵于昨廿日下午一时约四十五分，该狱内有重犯四人，乘防范疏虞机会竟冒险冲出。当时驻守牢内之警察以突如其来，未及准备，故所备之警枪遭彼等掠去，旋即相继冲出。而监牢外围之警察聆耗遂鸣枪示警，意图将之制服。讵逃犯竟凶悍异常，不服□止，警察迫不获（得）已，乃向之轰击。逃犯三人，先后中枪倒地，另一犯则逃逸无踪。惟当警察执行职务时，有警察五零六号奋不顾身，捉擒逃犯，不幸遭枪轰击重伤毙命。另该牢之管理者“马尔架介第”亦遭刺伤。事后警方聆悉，旋派出大批警探驾冲锋车驰至，而警厅长布英沙，督察长观耶及法院长，检察官等亦莅场勘视，并将伤者移送山顶医院救治云。

1944年6月22日　第三版

红十字会筹款　约得九千余元

（本报专访）葡国红十字会澳门分会，日前举行售花及音乐演奏等会，筹募救济难民经费，结果甚为圆满。该会为慎重起见，特于昨（廿一）日晨邀请各学校代表，在该会办事处内，公开启视捐箱，澳督夫人亦亲临监视。第一名捐得一千二百零九元；第二名协和中学，捐得五百六十八元二角五分；第三名圣心队，捐得四百七十五元八角五分；第四次名利宵队，捐得三百三十八元四角；第五名蔡高队，捐得一百二十九元三角。开箱完毕，即由澳督夫人主持颁发奖品，仪式简单。查此次筹款所得计售花收入葡币四千零五十元三角一仙，中储券二百二十六元五角，大洋三十六元，铜油一枚，五仙港币一枚，足球比赛收入七百九十一元五角，音乐表演收入一千八百九十二元，举重比赛收入八百九十七元，新闻记者队捐得约一千七百元。计总收入数目，约九千元，成绩颇称美满云。

1944年6月23日　第三版

业钞征额散页　任由业主查阅　倘有错误可具情申诉

（本报专访）公钞局，日前发出布告，按照一八九三年三月九日国令批准业钞章程第一三五一三六一三七款之规定，限自本年七月一日起十日内将一九四三年会计业钞散页陈列在公钞局内，以便各纳业钞人查阅。对于所定业钞额业主姓名屋宅注册或应纳业钞征收额等由，业钞册转入业钞散页等如有错误，均可由业主或其代理人于限期内，以厘印纸缮写呈词，送交公钞局申诉，甚望一般人士周知云。

1944年6月23日　第三版

塌屋　昨有发生

（本报专访）迩来天雨连绵，一般陈旧屋宇因受雨水侵蚀，遂呈岌岌之势。而倒塌之意外者更时有发生。查昨日下环街某号屋宇，于晨早十时许忽隆然一声，遂告倒塌。当时屋内住客逃避迅速，故未有伤毙人命事件，事后由公众救护队驰至发掘，至数十分钟始告收队。

1944年6月23日　第三版

出入口商行　借商会为址

（本报专访）澳门商会于昨日下午二时，召开第二十五次值理常会。除关于会务多所议决外，并议决关于该会永远会员澳门出入口商行所请，每月借用该会地址，举行该行董事会议，决行照借云。

1944年6月24日　第三版

物品输进统制会调整入口条例　高士德对记者发表谈话

（本报专访）澳门物品输进统制委员会，对于出入口商经营之货物，输出或运入，均有限制条例。最近为适应环境起见，特将入口条例加以调整。昨据该会会长高士德对记者称，关于此次调整入口条例，其目的系防止不肖之商人之不法图利。统制会批准物品出口，其原则乃依据申请者所办入口货值之多寡以酌量裁夺，核准出口之数量。惟有等商人，则以办理出入口为名，实则只办出口，而并不办入口。单以主要粮食而论，不能加以防止有等不肖商人之诡计，则一般殷实出入口商，则当大受其害。而本澳粮食之供应，亦必致大受影响云。

1944年6月24日　第三版

由澳往海岛市　须携防疫证书

（本报专讯）本澳卫生当局规定自本月二十一日起，凡由澳前往路环凼仔之市民，一律须携有防疫注射证。该证所书之日期，不得超过三个月，方为有效。至于由路环凼仔来本澳者，亦须同一办理。惟须于注射六日后，方发生效力云。

1944年6月24日　第三版

限制鲜鱼出口　观耶谈话

（本报专访）本澳政府当局，最近公布鲜鱼出口新订条例。统制会规定，除一等及二等鲜鱼准予输运出口，三等鲜鱼，一概不准输出。兹据统制会副会长观耶对记者称，关于该会禁止三等鲜鱼出口，其理由为因凡列入三等之鱼，全属小鱼之类，多为平民所购食。倘不加以禁止输出，则一般商人，则尽量输运小鱼出口。小鱼缺乏，平民不得不购食一等，或二等鲜鱼，而其价格较昂贵，必致影响平民之生活云。又关于一二三等鲜鱼之类别，统制会亦经详细列出。兹特抄录如下：头等鱼（完全大条），白仓鱼、鳙白鱼、大乌鱼、立鱼、黄花鱼、黑仓鱼。二等鱼，鳙白鱼、白春干、仓鱼仔、或头鱼、□鱼仔、花仓鱼、牙带鱼。三等鱼（完全细条），大仔鱼、花更鱼、木乃鱼、泥鱼、公干鱼、什鱼仔。

1944年6月25日　第三版

今日端阳佳节　市况颇为热闹

（本报专讯）一年一度之端午节，今日又告来临。本澳侨胞，由于习惯根深，对此佳节，颇为重视，侨胞居户多有悬挂艾叶菖蒲及硃砂八卦午时符之类。据迷信者谓此种设备，系用以辟邪者。其次应节之品物为粽子，日前一般饼肆，茶楼或商店，多增售粽子，临时粽档贩售者，亦大不乏人。盖迩因粮食价格低廉，居民生活稍舒困难，多具闲情逸致度此佳节。故应节品物市况，异常畅旺，情形倍为热闹。

1944年6月25日　第三版

各界捐助同善堂

同善堂善院，各种善绩，彰彰可考。他如赠医中药，现在本埠施赠中药者，只得该堂一所耳。在于自下炎暑之天，疾病繁多，以致其施出颇大，每日不下三百余剂，每剂药需款六角有多。其庞大之支需，实为惊人。且又施派难童餐，每天一千六百名，亦需款达二百金一日，及其他施棺木工，施姜醋柴米等善举所费亦巨。倘各界人士，不捐款援助，该堂实属不易支持。故社会人士，深知该堂困厄，特捐款襄助。计昨有杨公氏捐大洋六千元，□□南大洋二千五百元，钟福成堂澳纸五十元，唐巨清储券二千元，吴海安储券一千元云。

1944年6月26日　第三版

前日深夜　警方举行假想演习

（本报专访）警方于前（二十四）日夜十二时半，举行假想捕匪演习，地点为福隆新街瑞贞摊馆。事前警员并无准备，由外间致电话一区警署，假作报告福隆新街瑞贞摊馆被劫。当时警局即派出冲锋车队，于两分半钟内，抵达假想出事地点，情形甚为迫真。继由督察长观耶巡视一周后，成绩圆满云。

1944年6月26日　第三版

娱乐消息

国际舞厅由昨日起每日下午四时至八时增辟日场茶舞，由全体红舞星伴舞，与夜间无异。音乐则由西□中乐团无敌乐队担任，每场加聘施美萍，张小云歌唱，昨日开幕。

1944年6月26日　第三版

教育消息

总理纪念中学附属小学，本届小六毕业六十四人，准明日廿七开欢送会，并有成绩展览，欢迎参观。查该小学，教员资格最老，教导有方，向来成绩优良，但坐位仅容三百八十人，连期学生均满额，本期夏令报名日众，不待秋季开始大有额满见遗之势云。

私立协和中学，原设有高中师范班，以造就师资。惟以一般高中普通科毕业生，亦应予以师范教育。该校最近奉到我国最高教育当局批准，增设高级师范班，决于下学期开始，该班以一年为期限，凡高中普通毕业生，有意谋深造者，均可报名云。

1944年6月27日　第三版

红衣主教赴葡属　主持当地祝圣礼

（本报专访）澳门政府于昨（二十六）日接奉葡京哩（里）斯本来电，内文关于澳红衣主教动程前赴葡国属地东非洲京城主持当地总圣堂祝圣礼。兹将来电原文抄录如下，刊本日各报用大标题

载，哩（里）斯本红衣主教动程前往属地主持葡国东非洲京城即洛林科马贵斯堂地总圣堂祝圣礼，各报多刊有该主教照片云。

1944年6月27日　第三版

濠江中学　话别会志盛

濠江中学，于前日举行话别会。游艺节目，以旭社演出之“歌女飘零”及“巧遇”最出色，博得全场热烈掌声。茶会后尽欢而散。

1944年6月27日　第三版

教育消息

教忠中学毕业与留校同学，昨假座海镜戏院举行叙别会，由该校校长朱葆勤、主任陈文本，及学生代表等演讲。散会后有游艺助兴，节目丰富。并闻该校夏令班定于七月三日开课招收升高初中小学各班男女生云。

1944年6月27日　第三版

达用新旧同学　开游艺联欢会

达用国语讲习所，在澳设立经年。历届毕业生徒，为数颇众。现该所新旧同学为联络感情起见，特发起新旧同学联欢游艺会，定于本月卅日晚上八时假望德中学校举行。节目相当丰富，并有茶会。闻参加该会者须预交澳币一元，报名则限今晚截止。关于该联欢会事宜，可向达用国语讲习所教师关玉书询问。现参加人数颇为可观，届时必有一番热闹云。

1944年6月27日　第三版

法院定期公审　强奸案

（本报专访）本澳法院，定期二十八（明日）提审强奸案一宗。查该案因风化关

系，届时开审或将清堂，不准旁听。至该案原告及被告之姓名，暂时未便发表云。

1944年6月28日　第三版

去年度防务税　十月开始征收

（本报专访）去年度防务税，公钞局决于十月开始征收。凡执有商业牌照之商户，一律须照章缴纳。举凡商民人等其每年入息在葡币四千九百四十二元三毫三分以上者，须依照入息总额缴百分之一。超过一万元者则缴百分之二。至于呈报日期，则自七月一日起至七月底止。填报防务税纸可向白鸽巢官印局购买云。

1944年6月28日　第三版

卫生局　分四区诊治处

兹据政府公报发表，本澳卫生管理局发出布告，将本市划分四区，每区派有医官值勤，以利各区居民诊治疾病云。

1944年6月28日　第三版

当局追收地税　逾期查封产业

（本报专访）本澳市行政局，于本周葡文宪报发表布告，开始追收地咪税，兹将布告原文抄录如下：

澳门市行政局兼警察局长骑兵上尉布

为布告事，现准移交一九四三年欠纳地米清单一纸到局，合依一九〇六年四月二十日追收公钞章程第十三款附款一之规定，出示布告，仰各欠纳一九四三年地米人等知悉，限自本布告公布之日起十五日内，来局查阅清单，以便五日内即将所欠之地米清交，俾完手续，如逾限不交，即将产业查封变抵也。兹将本布告译出华文刊行，仰各知照。

此布

一九四四年六月十二日

1944年6月29日　第三版

强奸案昨审判　被告无罪释放

（本报专访）澳门法院于昨（廿八）日晨十时，提审强奸案一宗。法院因该案有关风化，故实行清堂审问。经一小时余之审讯，法官认为证据不足，宣判被告无罪。原告律师当即声明提起上诉云。

1944年6月29日　第三版

防疫运动措施得宜　霍乱绝无发生

（本报专讯）夏季由于气候卑湿，疫症最易发生，尤以霍乱症流行更为厉害。不幸遭染者，大有朝发夕死，夕发朝亡，此足见其害之惨也。故本澳卫生局为维护市民健康起见，遂于每年春夏季节，即举办防疫运动为实施注射防疫药液，清洁街道及劝谕居民对饮食加以注意等情，过去收效异常良好。澳督亦加奖励且有公款拨发各防疫工作人员以为津助。查今年防疫运动，由于负责者竭力督促，工作人员之服务得宜，霍乱疫症之发生，几告绝迹。记者昨据公众救护队马沙称，今年之霍乱疫症，直至昨日止，几无一宗发生云。

1944年6月29日　第三版

无名女士捐　三万五千元　托华侨报分送七善团　警厅长对此表示谢意

日前有无名氏女士捐出国币三万五千元，交澳门华侨报托代转送同善堂、镜湖医院、难民营、托儿所、望厦老妇院、望厦粥场及望德粥场等七慈善机关，各得善款国币五千元。昨（廿八）日该报派记者杜国全如数送交上述各机关（以下漫漶不清）。

1944年6月30日　第三版

电费再次增价　每度二元三角

本报专访，兹据电力局负责人谓，迩来燃料价格高涨，该局为适应经济环境，不得不决定于七月一日起，将电价增加。以前每度收价一元八角一仙，自七月份起，增收每度二元三角一仙。至于供电时间，原定下午八时至午夜十二时，自七月一日起，亦将改为每晚八时十五分起至十二时十五分云。

1944年6月30日　第三版

救济瞽人音乐筹款　厅长呼吁助捐　音乐演奏定期举行

马郊歌咏社，暨管弦乐团及其名指导高尔地教授，常发起歌咏音乐演奏会，救济难民。兹再定于七月八号晚九时，在利宵中学开音乐歌咏演奏会筹款，救济望厦盲妇院风顺堂盲老院，圣味基街盲妹院，及其他善院之瞽者。警察厅长布英沙务望各界善长仁翁，本其慈善之怀踊跃解囊购券。查门券共分二元、三元及名誉券三种，刻已在市内发售云。

1944年6月30日　第三版

澳闻撮录

当局划一火柴商标条例以来，除在市内供应之火柴，必须用同一之商标外，出口火柴，其商标并无固定式样，较诸统制局发售者为便宜。故有等不肖商人，竟亲向火柴厂求购杂默出口火柴，从中牟利，此举实违禁例。警察当局，最近查获多家商号，除将火柴没收外，并将各该店主事人传警查究，现仍在审讯中。

1944年7月1日　第三版

防务税填报　今日开始办理

（本报专访）去年度防务税公钞局决于七月起征收。呈报日期，则由今日开始，凡市上商店，不论资本大小，一律须依法填报。至于普通雇主，每年收入不过千余元者，当然无须填报。惟防务税法例规定，呈报人即使溢利，或收入达五千元，而有子女三人养育者，据情填报，经当局查照无讹，亦可免缴纳。但其子女必须生长于澳门，及须领有出世纸，方为有效。至于呈报人确有子女生于澳门而未领有出世纸者，可到警厅补领，其手续，一、呈报人亲自到警厅购取该项填报表格。二、用中葡文详细填写。三、送该表到警厅以便检查。四、接得警厅通知后，须联同证人两名，上警厅签名。五、打票纸一张，连同该表送往公钞局云。

1944年7月2日　第三版

学校消息

达用国语讲习所新旧同学，于前□日，下午八时假望德中学校，举行联欢游艺会。参加人数甚众，表演各种游艺节目丰富。游艺完毕后，举行茶会，尽欢而散。闻该国语讲习所，第卅五届学员，准于今晚开课云。

1944年7月2日　第三版

善士捐出股票　充作善堂经费

（本报专访）有善士商绍初君，最近捐出香港电话公司新股份一千零二十五股，高利士公司股份一千股，香港信托公司股份一千股，共计三千零二十五股。交同善堂及镜湖医院□年保管，每年收益分作三份，一份捐送镜湖医院，一份捐同善堂，其余一份□该善士之管理蒸尝人收用云。

1944年7月2日　第三版

医界消息

白马行毕路士电疗医生，每晚下午八时半至十时，有电流供应仍照常诊症，各界患者咸称便云。

1944年7月2日　第三版

娱乐消息

平安戏院自归英明公司接办以来，巨片如林，陆续映出。昨天放影之“南北血战史”因场面伟大，表演迫真，更觉观众人山人海。据该院当事者云，自动加开风扇，务令全院清凉云。

1944年7月3日　第三版

银业行　委员就职

银业行于昨日下午二时半，假座五洲酒店举行新旧职员交代及第十七届新委员就职典礼，情形颇为热闹云。

1944年7月3日　第三版

镜湖手术室　整理完善

（本报专访）镜湖医院外科手术室仪器，一部分系购自广州，经已运澳多时，且其中一部分须电镀者，亦已全部整理完毕，揭幕尚有待云。

1944年7月3日　第三版

校闻一束

圣若瑟中学举行中小学毕业式，请罗主教华视学会会长施多尼及校董罗保等主持发给证□奖品，晚间并由学生会表演话剧助兴云。

1944年7月4日　第三版

牛肉生意专营赓续延办一年　期满后再行公开投承

（本报专访）本澳牛肉生意向由德全公司承办。该公司之东主何德与各地有关方面，俱有联络牛只供应，未尝稍绌。该公司承办之期，于去月杪期满，市政厅原定是月一日再度公开投办。惟当局以该公司牛只输运来澳，能畅通无阻，特例外准予赓续办理一年，不再另行开投云。

1944年7月4日　第三版

具有纳防务税资格薪俸阶级亦须依照填报　现年子女情况详细缮写

（专访）去年度防务税公钞局，经定于本月开始填报。关于雇员之薪俸阶级，每月在百数十元左右者，当然不须填报。惟防务税法例所规定，呈报人即使溢利或收入达五千元者，而养育有子女三人，亦有免予缴纳。但法例所指定该养育之子女，系未成年者。记者据官方消息谓薪俸阶级而具有纳税资格者，于每年填报防务税时，亦须遵照法例指定赴警厅购取表格详细填写，然后送警厅检查以资核办云。

1944年7月4日　第三版

银号来人单　催促提款

（本报专访）八月一日起，禁止市内银号发出来人单。距今只一月，故各银号曾经发出公告，仰各凭票人从速提款，以免干及法例云。

1944年7月5日　第三版

镜湖手术室　拟划章则

（本报专访）镜湖医院手术室，建筑工程早已告竣。该室仪器，亦已运澳。该室计划及草章，现由该院西医顾问团拟划中。

1944年7月5日　第三版

新填海粥场停办　讨论谷米处置办法

（专访）妇女会及女青年会合办之平民粥，因购粥人数减少，已在本月一日停办。惟该场余存之谷米，讨论处置办法云。

1944年7月5日　第三版

民政厅长到　同善堂义学考试

同善堂义学，创办时由崔诺枝、高可宁、李际唐等发起。缘初只办男义学耳，及后崔氏以女子乃国民之母，特倡设女校，并发动捐款购业，为养（义）学基金，迨至今年又蒙政府批准派出方苏担任葡文教席。昨日政府派出民政厅到该堂考试葡文，各生成绩及格。同时该堂主席甚关怀儿童之个性。该堂主席特授意该校教员钟荣阶、何桂邦、钟兆贞等，增教道理部一科，遵守该堂主席之□示办理，训导有方，成绩甚有可观。闻该堂崔诺枝谓，拟请政府今后凡任用华人职业，先采纳深识葡文者，使其优先任用。该堂主席崔诺枝年高德部，且健目不明，尚能努力善举，造福人群，诚足多也。

1944年7月6日　第三版

基督祈祷大会　今晚举行

（本报专访）今（六日晚）八时假座马大臣街志道堂举行全澳基督教徒祈祷大会。届时并由谭洲龄牧师讲书，甚望新基督教徒依时参加云。

1944年7月6日　第三版

澳督政躬康复　昨经照常办公

（专访）澳督戴思乐，日前政躬略抱微恙，本澳人士莫不关怀。兹悉督宪经数日之休息，刻已康复。并于昨（五）日继续视事云。

1944年7月6日　第三版

连日各界热烈　助同善堂善费

同善堂种种善举，纯粹施出，绝无收回半点款项弥补。每日施药需款二百元，施棺需款三十元，施难童餐款一百五十元，施姜醋柴米二十元，其支消之庞大，匪易支持。幸社会人士，源源捐助，故其维持不替也。昨有炎先氏助该堂大洋一万元，钟福成堂、钟陈氏，每葡币五十元。无名氏大洋一千元。吴不茆大洋一千元。佩记葡币十元云。

1944年7月6日　第三版

缴交公钞摺后　从速缴交钞款

（专访）公钞局征收季钞及半年钞，已于本月一日开始，至本月底截止。凡已缴交钞摺并领有牌序之商号，务须从速前往公钞局发纳钞款，以免届时挤拥云。

1944年7月7日　第三版

平民义学　毕业典礼

（本报专讯）平民义学定期本月九日上午十时在该校举行第二十一周年纪念及小学部毕业典礼。昨已柬请各界人士届时莅临指导云。

1944年7月7日　第三版

校闻一束

粤华中学，定由下学期起，增设“高级英文深造班”。一切学科，如历史地理化算学等□□用英语教授，章程不日公布云。

培正中学高中毕业生专修班，增设商业科，以应学生之请求。最近为欲养成小学师资，以供本校各附小及各地小学之聘用，特增设高师范科一班，招收高初中毕业生及相当程度学生。闻该师范科收费甚廉，且有免费学额多名，俾清贫学生亦有求学机会云。

镜湖义学昨（六）日举行是学期结业典礼。教职员来宾学生等共千余人，仪式隆重。会毕后，是日下午八时，复在采场举行恳亲游艺会，极热闹云。

1944年7月7日　第三版

食客佳音

得来大茶室主人陈又帘经营该号殚精竭力，督率职工，招待顾客，异常认真，故营业为澳之冠。该室各款食品，素以抵食称，点心面饭，精美可口，尤为脍炙人口云。

十月初五街天真茶室座位舒适凉风习习，为茶客所颂。该号食品，售价全澳最平，款式更层出不穷，故营业殊为畅旺云。

1944年7月8日　第三版

学校　增收学费

（本报专访）中华教育会于日前议决各校增加学什费及增加教职员待遇。查各校增收学什费，多已实行，唯教职员待遇期多未增加云。

1944年7月8日　第三版

防疫主保　圣像出游

（本报专访）明（九）日为圣罗格防疫主保纪念日，望德堂将举行圣像出游云。

1944年7月9日　第三版

电气局采购燃料　将有大批运澳

（本报专访）迩来市内盛传本澳电流供应，因燃料缺乏，行将全部停顿。此种无稽之说，影响民心。记者特于昨（八）日晨走访市营电力局局长巴路士，探询真相。当蒙巴氏详细解释，据称目前该局所存之燃料数量，依照目前供电办法，足供数月之用，故该局绝对无停止供电之可能。至于采办燃料，政府当局，已极力设法。且在经济局罗保之策划下，对于燃料问题，经已获得圆满解决，在短期内将有大量燃料运到。届时本澳电流供应，当较目前充裕。至于市内所传全部停电之说，不外为有等不肖商人，意图提高油价之计划，甚望市民切勿受愚云。

1944年7月9日　第三版

陶英小学　清贫学额募款

陶英小学校长陈公善，鉴于儿童失学者甚众，故发起为清贫学生募款开办免费学额，以资救济。最近进行甚力，定本月十四晚假清平戏院演剧筹款，并得龙介眉相助，领导小龙剧团表演“龙飞凤舞”名剧。南北国术名师赵竹溪、姜密龄、吴德新、郭文、邝群威等领导表演国术，除各界协助外，并有该校校友歌乐演奏，学生歌剧等节目甚丰云。

1944年7月9日　第三版

镜湖手术室　通过组织大纲

（本报专访）本澳镜湖医院设立之手术解剖室，一切均已就绪。澳督及卫生局长山度士曾到参观，认为建设美满。该室之组织大纲，于昨天值理会议室上通过。一俟翻译葡文分呈澳督及卫生局长批准后，该室遂正式开幕云。

1944年7月10日　第三版

普通信件　禁附银纸金饰

（本报专访）邮政局最近重申前例，凡寄普通信件者，于信内不得附带有价值钞券如银纸银币金饰等物，否则一经发觉，即将之充公。希各界人士注意云。

1944年7月10日　第三版

街坊车　有恢复讯

（本报专访）本澳向设有街坊车行走。迫至太平洋战事发生后，由于燃料来源短绌，街坊车遂告停驶。顷据灵通方面消息，最近有巨商沈某，拟续办街坊车，恢复行走市内各线。该街坊发之燃料，系由木炭车动云。

1944年7月10日　第三版

朱伯英接长　圣罗撒中学

圣罗撒女子中学校长苏无逸，因病遵医嘱辞职休养。该校校董会以恳留无效，改聘该校教导主任朱伯英继任校长。已于日昨就职视事云。

1944年7月11日　第三版

卫生局派定　各区医官

（本报专访）本年度第三季各区医官，当局刻已派定。查大堂坊区为贾伯乐医生，花王堂区为巴庚沙医生，风顺堂区为啤利喇医生，望德坊区为非能地医生云。

1944年7月11日　第三版

开业改组钞照　达一百零一家

（本报专访）公钞评定等级委员会于昨晨召开例会，评定去周间申请商业牌照及改组之商店，计共一百零一家，昨经评阅一切云。

1944年7月12日　第三版

秘书长今日赴广州商洽粮食运澳事宜　高兼本各职由僚属署理

本报专访，督署秘书长高士德，将于今启程前赴广州公干。查高氏此行对于本澳米粮供应之运澳问题，将与粤省当局有所磋商。在高氏离澳期间，秘书长之职，将由陆军军务处军贾拉度代署，出版刊物检查委员会主席，则由市行政局局长布英沙暂代。统制物品输进委员会则由督察长观耶暂署云。

1944年7月12日　第三版

粥场征收会费

（本报专访）公进会主办之平民粥场，本月份名誉董事会费，日前开始征收。昨日全部收妥云。

1944年7月13日　第三版

自来水本月增费　街喉由今日起实行

自来水公司水价经获市政厅当局批准，由本月一号起，每立方米达水量，增至一元五毫。至街喉零沽水价，由今日起，每担即两火水罐收葡币六仙云。

1944年7月13日　第三版

秘书长　昨日往广州

（本报专访）澳督府秘书长高士德，为与广州当局接洽米粮运澳问题，于昨（十二）日下午六时乘轮离澳。查此次与秘书长同行者，尚有日本领事福井保光云。

1944年7月14日　第三版

汽车组合决定　继续维持现状

（本报专访）本澳营业汽车组合近发现会员有私自营业行为。经于前数日先后开会讨论，直至前（十一日）合兴号宣告退出该组合，遂于昨（十二）晚假华人酒店商议一切，极力维持现状。结果有十六公司一致拥护组合之存在，以维大众利益。办事处现改设于□一汽车公司内继续营业云。

1944年7月14日　第三版

女青年会举办　小学演讲比赛

（本报专访）女青年会筹办小学儿童演讲比赛，决于今明两日下午三时假宣道堂举行。第一日为小学一二年级学生比赛，第二日为小学三四年级学生比赛。此次参加有协和、培道、蔡高、广中、培英等小学校。该会已敦请李添爰牧师、谭洲龄牧师、赵以明女士、林穗琼女士等担任评判。

1944年7月14日　第三版

陶英游艺会　今在清平举行

陶英小学定今晚八时假座清平戏院举行游艺会筹款补助清贫学生，是晚节目颇为丰富，除赵竹溪姜密龄等各拳师领导高徒登台表演对打军器，小龙剧团由龙介尹领导子弟报效排演“龙飞凤舞”外，尚有该校幼年生表演歌剧，名媛歌乐等。院内新装扩音机，座位远近清晰。闻场内不设劝捐，券价最高十元，最低五毫云。

1944年7月14日　第三版

学校消息

纪中近年积极整理校务后，成绩蒸蒸日上。连期学生均达七百之额，初中小学未到开学日，已额满见遗。本期夏令开班，人数之多，殊足惊人。

1944年7月15日　第三版

法院限令逃犯　归案候审

（本报专访）囚犯周边等及何惟一名，因违犯刑律，法院布告，限令逃犯何惟在布告第二次公布之日起六十日为期赴案候审。倘逾期不到，举凡平民以及公务人员内可随时将其拿获归案讯办云。

1944年7月15日　第三版

车辆牌照　领换完竣

（本报专访）本年度第三季大小车辆牌照，经于上月间开始更换，刻已领换完竣。以后凡有车辆在路上行驶而无牌照者，当局将依例严罚云。

1944年7月16日　第三版

厉行防疫运动　派员街头注射

本埠卫生专理局，于本年初夏为防止霍乱疫症流行，曾免费为市民注射防疫药液。至该项药液之功效，只以三个月为期，而一般期满后，多不再行注射，故卫生局由昨日起开始实施街头注射，同时警方亦派员协助云。

1944年7月16日　第三版

澳警察　搜获私烟

（本报专访）警察方面，于最近在某街破获一宗藏私烟案，搜获私烟数达四十四两。倘依照藏私烟法例每两八百元算，则须罚款三万五千二百元。

1944年7月16日　第三版

望德

望德学校于昨日下午四时举行毕业礼，到会者数百人，校长严绍渔致开会词，罗保局长，施多尼局长训话，并颁给毕业证书及奖品。其后各生游艺表演，今晚七时半，该校群仁两班社举行游艺会，表演话剧“苦尽甘来”，各界到场观光云。

1944年7月7日　第三版

培正培道　招考清贫学额

（本报专访）培正培道两校月前筹募清贫学额，结果甚为圆满。该清贫学额委员会，决定培正中学于下学期发给清贫学额一百二十四名，于本月三十一日公开招考。有殷实之保证人，经审查委员会审查合格，方可录取云。

1944年7月7日　第三版

天主教会　举行弥撒

（本报专访）本澳天主教徒为纪念圣人雅觉伯，举行九天祈求弥撒，在望德圣堂举行。又本月廿五日，将再举行弥撒及开隆重庆祝典礼。届时将由罗主教若翰及各神父主持一切云。

1944年7月7日　第三版

望德行毕业礼

望德中学附小毕业典礼，昨已举行，仪式隆重头简单，先由严校长绍渔致开会词，次由吕董事长子修详述学校近况，继由罗局长等训话，诸多勖勉，并声明对于复办初中之经费当尽力予以帮忙。训话毕，即表演各级游艺。高可宁热心教育，即席捐助一万元国币，为该校复办初中之费云。

1944年7月18日　第三版

侨委会发给本澳教职员津贴　定五日内清发

我国政府救济本澳各立案学校职员卅二年度下学期生活津贴费共大洋十七万三千八百五十四元四角（内已扣汇费），指定立案中小学校共三十间之教职员总数平均分派，计共有教职员五百一十三人，平均每员应得三百三十八元八角九分。该款由各校校长在教育会内代领，今日开始分派，定五日内发清云。（钦）

1944年7月18日　第三版

寄港沪粤邮件　规定截收时间

（本报专访）本周内邮局截信时间，经已排定。寄赴香港及上海之邮件，于十九日上午九时截收，市民于是日赶及邮期，可于是日上午九是（时）前将信投入邮局后门之信箱内。兹将各地截信时间抄录如下：

（目的地）	（截信时间）
路环	每日下午
凼仔	十二时半
中山县各属	十二时半

香港十九日	上午九时
上海	上午九时
广州及该地转寄	廿四日下午十二时半

1944年7月18日　第三版

澳府奉葡京训令　发行葡币六百万

（本报专访）本澳政府当局，于本月十二日收到葡京一零六九九号七月七日训令，批准澳门政府发行五毫面额纸币六百万元。又为限制管理银行发行纸币起见，并规定该行前后发出之纸币，总额不得超过一千六百五十五万元。该训令已于本月十五日出版之澳门宪报内，正式公布云。

1944年7月19日　第三版

我政府重视侨澳教师　昨发给津贴费　各校师表今后宜加自勉　秉承政府深意勖勉诸生

我侨委会汇款接济本埠中小学校卅二年度下半年在职教职员生活津贴费，大洋二十万元，除扣汇费外，实得十七万三千八百五十四元四角，指定津贴立案之三十中小学校，消息昨日首志本报。查该款昨由教育会分发，各校教长凭教部颁下钤记到领款项，计每一教职员共得款三百三十八元八角九分，先后发给，现尚有一二校尚未领取而已。查各校领款人数如下，陶英八人，知行七人，行易三人，致用十人，孔教廿一人，蔡高十三人，圣罗撒十四人，励群十三人，雨芬十一人，培道廿二人，望德九人，教忠十七人，知用十一人，崇德四人，纪中三十人，培正八十一人，濠江九人，中德廿五人，广中十人，岭南六人，岭分十五人，广大廿六人，圣若瑟十一人，尚志五人，鲍斯高十六人，镜湖十人，崇实十三人，培英廿三人，粤华十八人，协和五十二人，受津贴费之一百五十三名之教职员。我政府无不重视尊敬，故当此万分国难中，亦未忘怀各教师之清苦。而各教职员得政府爱护深意，必勖勉诸生，为国育材，以谢国家之深恩云。（钦）

1944年7月19日　第三版

街坊车行驶　明日开始　一点行车四次　每站收费一角

（本报专访）本澳统一公司，为便利市民起见，曾请求政府当局准予恢复市内长途汽车行走，经已获准，并于昨（十八）日由当局派员验车，结果圆满，决于今日发给车照。查该公司将自明（二十）日起，先行派出长途车两架，行走路线，共分两路。第一线由泉州码头经工务局二龙喉以至新运动场，共分四站。第二线由泉州码头起经南湾花园，皇家码头以至澳侨游泳棚，共分三站。两线车资，每站取费一毫。第一线每日上午八时十分，两车分头开驶，十五分钟开行一次，下午四时起只行单程。另一车则走第二路线云。

1944年7月19日　第三版

手车业工友　请求增薪值

（本报专访）本市制造人力手车业之工人，以该行亦属造木业同行，造木业工友工薪，经已增加，而手车业之工资，则未增加。故拟实行向东家方面商讨，请求自农历六月初一日起，酌予增薪。定散工每工三元六毫，长工则照往昔原薪额酌增一倍，以资添补生活之不敷。闻东家方面，亦将予以圆满之解决云。

1944年7月20日　第三版

公进粥场　无意停办

（本报专访）迩来市面物价跌落，一切情况亦已见好转。本澳平民粥场，其中已有一所因环境不需，故已停办。惟公进会粥场，则仍继续售粥，决无停办之意。近来外间传说该场行将停办，实非确实云。

1944年7月20日　第三版

各界助同善堂

连日同善堂收到到各界捐款以助善费，计有回乡会葡币一百六十五元。聚星堂陈氏，陈丽文，每葡币二十元。无名氏葡币十三元。梁震东储券一百元，潘祥大洋一百二千元储券六十元云。

1944年7月20日　第三版

昨举行假想演习

（本报专访）警方于昨（十九）日夜一时半，举行假想捕匪演习，地点在东望洋街一带，成绩甚为圆满。当警方演习之时，该处地点一带各屋宇均有电流供应，市民认为骇异。查系因便利演习之故云。

1944年7月21日　第三版

陶英清贫额　募款成绩

陶英小学筹款游艺大会，业经结算数日完妥，此次成绩颇佳。查认销无限额券者计高可宁一张卅元。英领事四张一百元。华记饭店两张五十元。李长喜广益号各一张每廿元。十元券者，容仲平、容徽予、美发利、佛笑楼、福兴行，以上两张；永生和、陈钟琳、梁鸿勋、梁后源、沉香林、柯麟、郑仲楚、广升号、三良牛奶公司、区文桂、熊成根、何径渭、陈昌文、黄文生、黎登八姑、谢道恒、陈仁贵，以上各一张，有名氏两张。钟子光捐廿元。计得银二千三百零一元五角。除支销费用五百一十六元六角外，实得银一千七百八十四元九角。

1944年7月21日　第三版

镜湖义学招生

镜湖义学已开始新生报名，八月十三日截止，十五则举行考试。

1944年7月21日　第三版

教育消息

教忠中学夏令班开课，读者异常挤拥。闻该校新生入学试验，在八月十六日，并增多免费及半费学额，以期救济清贫学生云。

1944年7月22日　第三版

协和中学免费学额下学期拨出五十名　另设奖学金十名

（本报专访）协和中学，清贫优秀学生免费学额，定于每学期之初，公开招考，各级免费生共五十名。凡品行成绩优良，体格健全而家境确清贫者，即可报名投考。又该校为鼓励优秀学生，设有奖学金十名，亦同时举行招考。

1944年7月22日　第三版

限制火柴出口问题　商会今日开会讨论

（本报专访）本澳火柴厂商联函商会，请求转陈物品统制委员会，将规定限制火柴出口数额须以运入粮食数量兑换一例重加修正，暂缓执行。商会方面，原定于昨日召开特别会议，商讨一切，但适因事所□，故改期今日下午二时半举行云。

1944年7月23日　第三版

飓风昨晨袭澳　幸无重大损失

（本报专访）自前（二十一）日下午本澳大炮台，港务局，及东望洋灯塔等处先后悬出一号风球后，此间天气，即渐趋恶劣。及至下午七时许，大炮台、东望洋、港务局等处先后将一号风球卸下，改悬五号风球，以示飓风由西北方吹袭本澳。市面情形，顿转萧条。沿海一带之水上居民，则纷纷将船只驶往避风塘或将小艇拖上岸边，以防万一。而电力局方面，亦于是晚取消下半夜限制供电。直至昨（二十二）日晨早六时，飓风果然来袭。大炮台即改悬九号风球，表示暴风雨之力倾向渐大。至九时四十五分，大炮台随鸣炮三响，并悬出十号风球，风势随即变本加厉。直至中午一时余，风势始略告停息。此次飓风袭澳，幸经过时间不久，除青草街一屋被吹塌，良友球场看台全部吹塌及其他稍微损失外，其他并无重大之损失云。

1944年7月23日　第三版

修改火柴限制　商会接纳转陈

（本报专访）澳门商会于昨（二十二）日下午三时，召开特别会议，商讨关于火柴厂商致函该会请向政府当局请求对于火柴出口修例略加更改事宜。出席者除该会主席暨各值理外，并有华人代表梁后源列席，磋商结果，甚为圆满。决议接纳，日间转陈当局云。

1944年7月24日　第三版

内地款项来往　仍可通汇

查近期时局关系，各银号对内地汇款，多暂停接。惟广记银号仍照常通汇。并闻内地银行对于定期存款，均提高利息。该号为便利侨胞存款，亦将利息增至一分二厘云。

1944年7月24日　第三版

镜湖学校　举行入学试

（本报专访）镜湖医院护士学校招考新生十五名，报名日期已于前日截止。报名者甚为踊跃，将于今日举行入学试验云。

1944年7月24日　第三版

擦鞋小童　坠水毙命

（本报专访）前（廿一）日，本澳新口岸澳侨游泳棚，有一类似擦鞋小童者，由该泳棚底偷入观看游泳。以偶一不慎，失足跌入水中。后经在场游泳者发觉，当即设法营救，并施以人工呼吸法。但因该童被浸过久，结果仍无法挽救云。

1944年7月25日　第三版

秘书长快将返澳　接洽粮食问题结果圆满

（本报专访）督府秘书长高士德，日前赴省公干，与广州当局商洽粮食运澳问题，迄已多日。兹据可□方面消息，高氏此行一切接洽事宜，均已办理完竣，结果颇为圆满。对于本澳粮食供应问题，获得利益甚伙，并将乘最近出省来澳之轮船返澳云。

1944年7月25日　第三版

无原罪学校　向外呼吁

鲍斯高慈幼会无原罪工艺学校，在澳设立数十年以来，其间所收容中国之贫苦青年，数以万计。近因战事影响，经费大感不敷，尤以今岁所感受之困难为甚。该校为贫□慈善宗旨，不忍□□刻下留校无家可归之数百可怜贫苦青年沦于绝境起见，故乃极力进行请求本澳各界中西人士呼吁，予以救助云。

1944年7月25日　第三版

缴纳生艺钞　尚有一周

（本报专访）半年度生艺钞及季钞，公钞局已于本月一日起征收，缴纳者甚为踊跃。查截止日期，距今只一星期，其中大部分未经缴者，兹为避免挤拥起见，甚望从速办理，以免逾期受罚云。

1944年7月25日　第三版

防务税　本月杪截止

（本报专访）去年度防务税，将于十一月开始征收。惟填报手续，则已于本月开始办理。本年度填报防务税，取消立契官检验笔迹，费用减少。故本年度填报防务税者，较之往年已见增加。查截止日期为本月三十一日，距今只一星期。凡未办理者，即从速办理，以免届时挤拥云。

1944年7月25日　第三版

公钞评定　共十六宗

（专讯）公钞局公钞评定委员会昨开会议评定上月申请□□之商店牌照十六宗。

1944年7月26日　第三版

五百元面额凭票二百五十万元　印刷完毕即可发行

（本报专访）本澳政府当局，于日前奉到葡京调令，准谕澳门政府发行葡币总额，不得超过一千六百五十万元。政府自奉令后，□已决定先行发行五百元票额之凭票二百五十万元，刻已在付印中。兹据澳府当局负责人称，该项凭票总额，经已在葡京里斯本依数缴付保证金。日前印刷完毕，即可发行云。

1944年7月26日　第三版

天文台昨又报警　一日间风球数易

（本报专访）本澳天文台、大炮台、港务局等处，于昨（廿五）日晨七时三十分均悬出一号风球示警。迄至九时十五分，又改悬五号风球，以示西北方或在□□再袭本澳之可能。本澳水陆居民，莫不准备。幸于十二时余，风势已移吹他方，故天文台等处，又改悬一号风球云。

1944年7月26日　第三版

各界助同善堂

同善堂善□，年来增办各种善举不遗余力，故其成绩甚有可观。近闻其经费支绌，对于难童餐难以支持，且施中药经费尤巨，社会人士深知其处境艰苦，亦不断捐款匡助。查昨日有梁永馨助葡币一百元，卢有葡币三十元，冼□珊葡币三十八元四毛，陈荣恩葡币二十五元，蔡剑泉大洋二千零零五元云。尚望各界人士，继续捐助，共维善举云。

1944年7月27日　第三版

此次飓风袭澳　泳棚损失情形　澳侨主事人抢救得宜

（本报专讯）本澳为南国中点，地势濒海。于每年夏季，一般绅商之有闲阶级，多于海滨盖搭泳棚，于事业之暇消遣其中，以渡此炎炎之盛暑也。查今年新口岸畔，泳棚之设立，有若鳞次栉比，尤以附设于澳侨公共泳者，数达十余户之多。惜以濒海关系，每于飓风袭澳之时，该项泳棚则首当其冲。不过能予适宜措置，当可避免栋摧梁折之虞。就以日前飓风袭澳时，“澳侨”泳棚之主事人吴启洪，因及时抢救得宜，全部附设之泳棚，仅受微少损失。查当天文台高悬一号风球示警时，一般人士多漠然视之，以为酿飓风之先兆而耳。迨改易五号风球后，泳棚中人多将物件迁回市区。后风势越见紧张，“澳侨”泳棚之主事人吴启洪，以情势不佳，乃策动工人先后将附设澳侨之各泳棚葵竹拆卸，以减少风势之障碍而免颓毁。结果因吴氏抢救得宜，不致尽付于毁。闻吴氏将于日间从新为各附设之泳棚盖搭，不过所需微少之盖搭费由各该泳棚负责。预料日间当可恢复旧观云。

1944年7月27日　第三版

同善堂筹收捐款

同善堂所办之难童餐，办理将及两年，未尝停辍。而受惠之难童，每天在一千六百名之多。现在该堂购入白米可能用至九月，但柴火油盐工料等费，现已告罄。倘各界不捐款援助，其不得已惟有缩短施派日期。昨有有名氏捐葡币二百元，冯刘回雪送白米一百斤，钟福成堂捐经费葡币五十元云。

1944年7月27日　第三版

培正清贫学额　报名即日开始

（本报专访）培正中学招考各级清贫学额免费生，申请报名即日开始，本月卅日截止。凡有意投考者，须从速报名，逾时自误云。

1944年7月28日　第三版

市行政局长重申前令　禁止散播谣言　一经侦悉有据严惩不贷

（专讯）本澳为葡国属土，一□行政措施，均以葡国之宗旨为圭臬。迨自欧亚战事发生后，葡国即宣布严守中立，故澳政府亦采取同样措置，态度超然。不过由于中立国关系，居留此地者华洋杂处，良莠不齐，故太平洋战事爆发时，澳督即在播音台发表演说，劝谕各交战国人士居留此地者，遵守澳府颁行法例，其爱国思想当不能施以压抑，但爱国行动，当予禁止。即制造谣言或散播亦□为法律所不许，庶免间接影响社会秩序。顷市行政局长布英沙，诚恐市民日久玩生，特于昨日再度召见各华报记者发表谈话，重申前令，饬令市民切勿妄谈国事，制造谣言及转辗传播，否则当予严厉惩处，亟希市民凛遵免罹罪究云。

1944年7月28日　第三版

粮食运澳问题　经获良好结果

（专访）澳府秘书长哥士打（高士德），为商洽供给本澳粮食事，曾于日前乘轮前赴广州，与当地政府会商一切，详情经志本报。顷哥氏在广州公干完毕，已于前晚乘专轮返澳。记者于昨晨前赴督辕访谒哥氏，蒙哥氏详述此次赴广州经过情形，略谓此行在广州会商粮食运澳问题，结果极为良好。所拟之合约亦已签订，期间由八月一日至十月底止，每月只准由中山运来谷米数为一万五千担。惟澳府则请求最低限度准运二万担，该请求则不获准许云。

1944年7月28日　第三版

五百元面额凭票　找换须十足通用

（本报专讯）澳府为调剂本埠金融供求起见，乃有发行五百元面额之凭票。该项凭票之保证金经按存葡京，现已付梓，日间将可发出流通市面。警察局方面通知居民及找换银号，对此种凭票与西洋银行所发出之各种凭票，找换葡币，须十足通用，违者重惩云。

1944年7月29日　第三版

中山禾稻　纷纷收割

顷据中山来客谈，谓飓风过后，连日天气已回复常态。中山境内各区之禾稻，正值成熟之时，虽遭此次飓风吹袭然损失极微。故各乡民乃及时收割，颇形忙碌云。

1944年7月29日　第三版

青年会　华籍会员缺乏

（本澳专访）为联络中葡间之青年感情起见，澳门青年会遂告成立。除推定澳督之公子戴思乐为会长外，其他各部职员亦经选定。惟参加之会员，大部分为葡籍青年外，而华裔者则寥若晨星。记者于日前谒见澳督时，戴氏对记者称，□该会此次参加之华人青年数额极少，□□埠中学校之学生达数百人，而其中优秀者数亦不少，故极望彼等能参加该会，共襄进行。至该会章程则可往教育会参观云。

1944年7月29日　第三版

岭分中学校　由杨重光接任

岭分中学校长何鸿平，调回大学服务，遗校长一职。由八月一日起，暂派附中澳校主任杨重光兼任，何氏据此，经于七月廿四日代□交，杨重光则于二十五日正式接印视事云。

1944年7月30日　第三版

银号来人单兑换　限期明日截止

（本报专讯）澳府为调整金融局面，平抑物价，安定居民生活起见，鉴于各银号之非法滥发来人凭单，数额庞大，影响孰甚，乃于去月在政务会议席上，曾付予讨论，认为各银号之来人凭单，如不予以取消，无以安定金融。经详细研讨结果，乃决定取消各银号之来人单。当局为关怀各持有来人单未及兑换，及银号仓卒未遑准备计，乃展期限于八月一日以前须全部停止行使。各银号奉接布告后，即纷纷办理收回来人单事，并登报通知持有来人单者于限期内兑换清楚，免干法例。□来人单之限期仅有两日，便告停止，希寺有来人单者从速兑换清楚。又关系中华银币亦定本月杪以前须兑换葡币，逾期即完全停止行使及兑换葡币云。

1944年7月30日　第三版

陶英小学招　清贫学生

陶英小学定八月十三日，公开招考各级清贫学生，投考者须具备原校证件，凡学业成绩乙等以上，操行甲等，家境确属清贫者，乃可投考，闻学额定三十名云。

1944年7月30日　第三版

难民调查委员　调查以工代赈

（本报专讯）澳督为关怀留澳之难民生活状况，乃委任林子丰、冯祝万、刘叙堂等组织调查难民委员会。顷林等于昨晨十一时联袂前往工务局调查澳府年来办理以工代赈之难民生活情形。闻所获极为详细云。

1944年7月30日　第三版

教部褒奖　冯养梁洪

殷商冯养梁洪，年前捐资交致用小学校长叶向荣办理难童义学，救济失学难童，颇具成绩。该校长□呈侨委会备案。闻该校昨奉侨委会训令，转教部颁发捐资兴学奖状二纸，分别奖予冯养梁洪。据该校长为隆重起见，将举行授奖礼云。

1944年7月31日　第三版

填报防务税　最后一天

（本报专讯）此间财政当局，自本月一日起，开始办理呈报本年度防务税后，其中已办理填报者，已属不少。但存心观望仍未办理者，亦属固多。查今日为最后截止之日，当局于截止后即执行评阅工作，其未填报者，则由当局估价评定缴纳。希各行商注意云。

1944年7月31日　第三版

镜湖手术室　日间将开幕

（本报专讯）镜湖医院手术室工程及仪器等设备，均已装置完竣。至其开幕日期，社会人士颇为关注。查该室之组织大纲，前已草拟呈递澳督及卫生局长山度氏察核。惟内容数项尚须酌予修改者，故该院是日间召开特别会议，俾从速解决云。

1944年8月1日　第三版

教育会理监事　决意联同辞职　定本周进谒施多尼局长

（本报专访）本澳中华教育会，为华侨学校教职员共同组织之团体，负责推进侨教，及与政府（华）视学会联络，以便发展教育事业。年前由崇实学校校长梁彦明任主席，至年前则改由朱伯英继任。两年以来遵照政府明令，各总监事一律连任，暂停改选。惟本年度以人事变迁，各教职员，被任为该会监理事者，多有事离澳，对于会务推进，殊感不便，该会理监事于日前，曾召开会议，决意联同辞职，改选贤能继任，并已定于本周内谒见华务局长施多尼，报告及请示一切云。

1944年8月1日　第三版

街坊车　增设两辆

市内长途客车自统一公司于去月二十日开始行走后，交通颇称顺利，惟该公司以初期开办，车辆仅得两部，分别行走泳场及关闸线，顷最近又有两益公司增设车辆两架，准期于今日开始启行，与统一公司之车辆开行时间略有变更云。

1944年8月1日　第三版

中葡青年会　已发章程

本澳中葡青年会，为增进中葡青年之感情起见，现特征求华籍青年加入，共襄进行，日前澳门督曾召见各校校长商请协助，该会全部章程，交由教育会印发云。

1944年8月1日　第三版

培正夏令馆结束　招考新生

培正中学校中小学各级夏令馆，前于七月初开课，为期一月，学生人数五百七十余人，现已期满结束。随于昨（卅一）日，第一次招考中小学各级转学生及一年级新生，报名到考学生二百八十余人，准期八月一日下午发榜揭示。又该校是次招考，其中申请领受清贫学额颇众云。

1944年8月2日　第三版

取消来人单　金融更安定

（本报专访）澳府于昨（一）日禁止银毫及来人凭单在市面流通后，查该项所谓来人单无异为增加货币之数额而致澎涨，直接造成物价高涨，间接影响居民生活，倘不及时予以取消，任其滥发，其害之烈，不啻如洪水猛兽。幸当局远瞩高瞻，俯案其情，遂颁令禁止，今后之金融局面，将更趋安定云。

1944年8月2日　第三版

运谷证费　划拨慈善机关

澳门于去年六月间因交通问题粮食价飞涨，幸得本澳贤明政府设法维持，□即向广州方面商讨办法，签立协定，准许商人向中山县内地采谷接济。自施行以来，米价日趋低落，一般侨民，无不额手称庆。今年早稻又届登场，本澳政府关心民疾，秘书长高士德复□赴广州商讨继续输粮事宜，亦已获得圆满结果，续签协定，不日开始运粮源源接济，今后本市粮食，可无缺乏之虞。此项运谷证费的收入，系指定以一部分拨充本澳慈善机关经费及教育文化等费之用，兹闻上期证费划拨各慈善机关，文化费第一批交由广州当局驻澳办事处主任负责办理分别派送云。

1944年8月2日　第三版

澳门交通日间恢复

本澳与市桥两地交通，向有汽轮行走。惟日前因某□原故，曾一度停航，顷有某汽轮公司定期日期恢复两地航运，除乘搭行旅外，并装载货物云。

1944年8月2日　第三版

教育消息

本澳妈阁街耿忠中学另觅得三巴仔□□十四号，作新校舍，次学期即迁新校上课。又该校中学部夏令班经已期满，定于二日结束。小学部夏令班，期于八月七日开始上课，地点仍在妈阁街旧校。至八月十六日新生入学试验，亦在旧校举行云。

1944年8月3日　第三版

罗斯福秘书李恒德逝世

（华盛顿卅一日电）白宫宣布任罗斯福总统私人秘书廿余年之李恒德姆士逝世，总统刻下不在华盛顿，闻讯至□悲悼。

1944年8月4日　第三版

五百元凭票一部分发出

（本报专访）本澳政府当局，自奉到葡京训令发行凭票，详情经志前报。政府当局，经已决定发行五百元面额凭票，查该项凭票一部分已于本星期一（七月三十一日）发出，刻已在市内行使，至于其余部分，刻仍在付印中，日间当可全部发出云。

1944年8月4日　第三版

同善堂　值理常会纪

昨日同善堂开值理会，出席者：崔诺枝、蔡文轩、高可宁、黎卓彬、陈伯墉、关茂枝、黄渭林、李如楷、区照记等，主席崔诺枝，记录陈清泉，讨论事项：广东省政府驻澳办事处主任罗鼐，亲到本堂捐助本堂经费四千元，难童餐二千元，共六千元澳纸，应如何办理，案决议应具函致谢罗主任之热忱可也。

1944年8月4日　第三版

通宵供电　短期难恢复

（本报专访）市内连日盛传本澳电流供应行将恢复通宵供电，兹据确实消息，在最近期内，尚难恢复通宵供电，惟电力局方面，现正积极筹□，以谋早日恢复云。

1944年8月4日　第三版

长途车　增加一辆

（本报专访）市内长途客车，先□由统一、两益汽车公司派出车辆行走，惟新口岸、游泳棚之线，因下午四时半始有车辆行走，故闻最近又增加一辆。开行时间，与原定相对云。

1944年8月5日　第三版

泳场风光　回复常态

（本报专访）新口岸畔游泳棚，自遭日前一度飓风袭击后，遂告零落异常，惟尚有一部虽存在而未倒塌者。最近经加工修理，已复完整，泳棚风光自前又已回复旧观云。

1944年8月5日　第三版

培英中学　革新校务

（专访）培英中学西区分校，自港校高中部加入，校务日繁。经长期逐步改善，日趋完善途径，该校校长刘继祖暨校主任余日森连日暂商策进校□计，遂乘此暑假期内，全部积极革新，加强内部工作，更得□博士协助教席，进行势必须利。据该校长称，本学期之校务推进□如其六十多年一贯宗旨，为关育材□使不负社会人士之期望，预料秋季毕业后，成绩□几乎去年之上。最后该校长复称，谓口传该校迁址□实无其事，仍在望厦唐家花园内授课，招收幼儿园小学，□中各年级生云。

1944年8月5日　第三版

黑沙环开拓工程仍进行中

（本报专访）本澳政府当局体恤民艰，年前发起以工代赈，该项计划实施以来，一部分工人，生活暂可解决。查黑沙环□花山开拓工程，现仍在进行中，每日收容工人约三百余名，政府每日发出工资约五百余元云。

1944年8月5日　第三版

罗鼐善士昨捐助公教会粥场千元

公教进行会平民廉价售粥场，办理以来，一载有余，其成绩非常卓著，各平民每天向该粥场购粥充饥，咸认其价廉物美，每认其办事人管理之得法也。以故社会人士，甚表同情，查昨有广东省政府驻澳门办事处主任罗鼐慨助该场葡币一千元，以充经费云。

1944年8月6日　第三版

镜湖值理　挽留柯麟

镜湖慈善值理会值理柯麟，日前以函呈该会请辞总办事处主任，总务主任义校副董事之职，该会以柯氏任内建树尤多，功勋不□，悉以事□□□等情辞退，现值理会于日前召会议决，一致通过挽留。

1944年8月6日　第三版

中华教育会　征求会员

中华教育会为扩展起见，爰照定章每年例举行征求会员一次，现该理事会议决，公推吴秩荣何其伟两君于今（星期日）到各校探访，并征求教职员加入。闻该会全体会员大会，定于八月□七月教师节举行。

1944年8月7日　第三版

结义堂筹款　今日举行

（本报专访）柿山结义堂少狮团采青巡行筹款，连日来已加紧进行工作，极为完满，该会并分发函各热心人士为大会名誉委员，及函请各侨商热心悬标捐助，均极得各界之同情。预先响应者如留澳戏剧界谭关卿、任剑辉、白驹荣、卢海天、廖侠口等及电力局华人工友等，纷纷响应，预料此次成绩，极为可观。该会为集中力量起见，昨日下午召集全体会友至办事处以便分配工作。凡属会友，届时均有出席。该会决定今日上午十时启行，首至柿山会堂行狮子开光，随即出发筹款。第一日在本市中区街道巡行，届时希望热心人士慷慨解囊，以增善款收入。各界人士悬标时，该会调查组或未知悉，可以电话“七四三”通知该会便得。又该会连日来加紧训练少童□技班成绩极见良好，届时当有一番热闹云。

1944年8月7日　第三版

中葡青年会　推进会务

（本报专访）中葡青年会自成立以来，迄已多时。兹为推进会务起见，澳督曾于月前召集全澳各学校代表，磋商进行事宜，该次会商结果，决定由教育会将该会章程油印分发各校代表，分别参考。据悉章程刻已付印完竣，闻教育会拟于日间再召集各校代表磋商一切云。

1944年8月7日　第三版

教育会　定明日开会

（本报专访）中华教育会，现任各理监事一律联同辞职，而政府未予同意，澳当局并谕令一律连任，暂不改选。至于各遗缺，则另物色其他会员继任。故该会决于明（八）日，召开全体会员大会，磋商一切云。

1944年8月7日　第三版

燃料来源增加　医院恢复日电

（本报专访）市营电力局为节省燃料起见，曾于日前暂时停止各医院日间电流供应。惟当局鉴于医院所用电流，日间亦属必要，且最近电力局方面，燃料来源，亦略见增加，故为适应医院环境计，已于本月一日起，各医院已恢复日间供电云。

1944年8月8日　第三版

陶英清贫学额　一切费用全免　八月十三日公开考试

陶英小学，为本埠之纯粹小学，办理已历二十寒暑，成绩尚称完善。自八年前该校□侨委会教育部批准立案，课程益趋完整，该被最近鉴于颠沛流离清贫失学儿童极众，迺秉为国育材之旨，逐发起向社会人士呼吁，务使清贫儿童，得获实惠，计募得款项二千余元，除支销外，实得一千余元之数。于是开始发出招考清贫免费生公布告，凡属家境穷困有□向学者得报名投考，试期定本月十三日，投考合格者，一切学杂等费，完全豁免，而获免费学额之清贫生，有长期享受全免学杂费之利。现暂定免全费学额三十名，如在可能范围内，更拟设法增加学额，以尽真正教育儿童之责任，实现全免各费，为教育界之倡导云。

1944年8月8日　第三版

结义堂采青昨日开始　成绩优异

（本报专访）结义堂少狮团采青巡行筹款，昨日开始举行，首至柿山哪吒庙行狮子开光，出发后，先在柿山居宅区采青，然后依街道先后前往。截至发稿时（下午三时）所得标尾如下：

计开，

柿山街坊九元，美艺营□厂卅元，国华戏院储券一千五百元，黄博济九元，连安阁五号三元，连安阁二号二元又大洋卅元，连安阁七号二元五毫，佐记五元，复兴楼大洋一百五十元，任剑辉大洋一千元，黄富葡币十五元，平安戏院大洋一千五百元，亚洲酒店葡币卌二元，荣兴行葡币廿元，华侨体育会储券一百元，西洋酒店葡币十九元，梁宅葡币九元，储券二百元，三容宅复兴公司大洋百元，马沙葡币七元（下午成绩因时间关系未及刊报）。警方是日派出警探到场维持秩序。今明两天继续出发尚望热心人士慷慨解囊，以救贫民云。

1944年8月8日　第三版

培正小学　另觅新址

（本报专访）培正中学南湾小学，下学期新生人数增加甚伙，现有校址，不敷应用，为扩充起见，拟另觅校址，以资扩充云。

1944年8月8日　第三版

崔诺枝主办　公教义学复课

荷兰园望德堂对面设有公教学校一所，年前由崔诺枝氏筹款建筑，设立义学。惟年来时局不宁，乃无形停顿，崔氏因见及此，特又发起□复办□公教学校，收容□女穷童，且首先选择同善堂难童餐之小童入学，使其无荒废宝贵光阴，崔氏此举诚造福学子云。

1944年8月9日　第三版

本市电流供应　取消分区限制

（本报专访）市营电力局，鉴于迩来燃料来源经已略见增加，故自昨（八）日起，市内电流，已恢复晚晚供应，惟时间则仍依照原例，每日下午八时十五分至十二时十五分云。

1944年8月9日　第三版

公务员　再度注射□液

（本报专访）本澳卫生当局，日前公布所有公务人员暨其眷属以及一切职工，须按时于下月一日起至二十日止之期间内，再受防疫注射云。

1944年8月9日　第三版

毛巾业　已有起色

（本报专访）本澳毛巾业工人，曾因毛巾销路顿弱，该行生意，大受打击，致一般制造商对工人工资均□低□，以资维持。惟至最近各江航线转告畅行，毛巾去路□形蓬勃，工人工资，同时亦多恢复原额云。

1944年8月9日　第三版

各界助　同善堂善款

同善堂善院，年来所办赠医施药工作，异常庞大，因埠上施中药者，只得该堂一所耳，且中国人之习惯，凡染疾病，均用入中药治疗为多，且目下炎暑之秋，疾病丛生，该堂施药倍□，经费巨大，故大有不敷支之慨。幸社会人士，每多明了该堂情形，故其捐输不绝也。查昨日又有张文慧捐西洋纸一百五十元，钟芳、钟福成每捐西洋纸五十元，唐华柱券一千元，傅秉均大洋一百元，高女士大洋五十元，蔡益善□伍氏西洋纸二元云。

1944年8月10日　第三版

澳府发行　五仙辅币

（本报专访）澳府最近为调剂零碎辅币在市面流通起见，又发行五仙之葡币。该种葡币印刷精美，色泽□鲜红□□云。

1944年8月10日　第三版

教育会特别会决议要案　计有八项

一、继续举办失业教师登记及函请各校协助。二、继续办理清贫学生，请代向各校请领免费学额。三、尊重本澳政府意思，全体理监事继续负责职务。四、缺额理监事，由八月廿七日全体会员大会遴选之。五、大会会□陆醒伯仙逝，决发公启，通知各会□及陆醒伯戚友致送□仪。六、三十三年度学校历交编纂编印。七、会员大会工作分配。工作报告由朱伯英理事负责，财务报告由吴秋荣理事负责，司仪由张志成理事负责，记录由陈道根理事负责，布置由□敦知何其伟梁惠淋各理事负责。审查提案由孔宗周陈律平罗季贻陈道根朱伯英各理事监事负责。八、全体会员大会日期，定八月廿七日下午一时祝孔□举行，地点在本会大礼堂。

1944年8月10日　第三版

中德中学　免费学额办法

总理纪念中学及中德中学两校，为澳中收费最廉之学府，而中德中学，更广设免费学额，更分等级奖励各生，况且该校收费既廉，贫生易于负担，于教育前途，实深利赖，而该校之免费学额，暨不限额数学额，皆由该校长热心捐出，未向社会募款云，兹录该学免费学额□□如下：

（一）清贫生免费学□，每学期免全费学额除选出十多名，由学生救济委员会公布登记保送入学外，至本校原有学生家境确属清贫，成绩操行均优者，给予之不限额数，（二）奖学优待免费学额，凡投考本校中小学新生入学试成绩优异者，分别给于全免学费，或半免学费学□。至本校□□每学期成绩平均在八十五分以上，每科七十分以上，操行甲等者，给予全免学费学者。其成绩平均在八十分以上，每科六十五分以上，操行在乙等以上者，给予半免学费学额。此项奖予优待免费，亦无限定其数，使各生均有争取机会。查卅二年度下学期期考，各旧生成绩适合优待标准，下学期得享受免费学者，中小学部计有全免费学者共二十一名，半免费学者共一零九名。

1944年8月11日　第三版

公进会　收集会费

（本报专访）本澳公进会平民粥场，八月份名誉董事会费，自日前开始征收，刻已全部收妥，查名誉董事计有高可宁、陈茂枝、傅德荫、钟子光、董锡光、林商隐、徐伟卿等七人云。

1944年8月11日　第三版

工务局　修理道路

（本报专访）本澳工务专理局鉴于市内街道，因久历时日，多已损坏，故连日派出专员，专事调查及登记各街道损坏之地点，俾于日间开始修理云。

1944年8月11日　第三版

商会　堂期会议

（本报专访）澳门商会于昨（十）日下午二时，在该会召开第卅二次值理常务会议，除关于会务□所议决外，并由梁主任报告本期出席公钞局评定公钞等级，计共十四件云。

1944年8月11日　第三版

中葡青年会　定期筹经费

（本报专访）中葡青年会，自正式成立以来，迄已二月余，该会会务，曾因各学校适值考试时期，至暂时停顿。现值暑假时期，故该会会务，又再继续积极进行，除关于会员方面，现已开始征求外，关于该会经费，刻亦在筹募中。兹为充裕该会经济实力起见，闻该会将于本月十四日（星期四）开始正式派员向各界人士募捐，并将由该会会长戴思乐（澳督之子）亲自领队出发云。

1944年8月11日　第三版

金融消息

顷据国内当局之安定通货起见，曾通饬各地银行加给利息，吸收存款，以免游资过剩，奉行以来成效显著，而本澳广记银号，自从提高利息后，收入定期存款，为数甚巨，且对于汇驳各处款项，亦称利便云。

1944年8月11日　第三版

统一增车一架　今行走泳场线

（本报专访）统一长途汽车公司自行走市面以来，本澳交通顿形活跃，该公司对于交通事务甚为努力，现又继续装□新车，俾增实力。查前日又有新车一架出厂，经市政厅试验，成绩甚为圆满，即席发出牌照，行走游泳场线。查该车为横座位式，暑天最宜乘坐，该车由今日起，下午二时半至晚上十时来往市内泳场，以后每日依潮汐时间开行云。

1944年8月12日　第三版

商户转移电话　须依新例办理

（专访）际此非常时期，各地电话机件，因来源断绝，多感缺乏，而本澳亦处于同样环境，自不待言，惟有一般投机份子以新装电话极之困难，故将私有之电话，以重价出让，商户电话，竟达千余元之转让费，而家庭电话亦须数百元。查此种不法转让，实影响市况，本澳政府当局为杜绝此种弊端起见，经于最近拟就电话转让条例，凡转让电话者，须纳□税，惟该项案例，尚须于日后召开政务会议提出通过后，方可执行云。

1944年8月12日　第三版

五百元面额葡币调剂供求

（专访）澳府最近发行之五百元面额之葡币，经已推出市面，以供应求，商四贸易交收颇为利便，查该□葡币面积较百元为长大，地印灰色面则深紫色，底地金黄描红色，印刷异常美观。

1944年8月12日　第三版

广州澳门邮递　改付帆船

（专访）迩来来往澳门广州船航，屡多更改，致影响邮件之送递。本澳邮政当局，为求□速起见，多将寄广州邮件，由陆路经中山转寄。查昨十一日晨，本澳邮政当局，收到由广州寄来邮件一批，系由机动帆船寄澳，故此间邮政当局，以后寄广州邮件，亦拟由机动帆船付寄云。

1944年8月12日　第三版

结义堂采青　最后一天

柿山结义堂李馆少狮团，卢馆国技团□连，舞狮筹款，全体□人身疲膊损，劳苦不辞，备获各界赞许，□赠□标，每次演出，万人空巷。昨日银业行捐三百元，冯养捐百元以为大会经费，除各商户出标外，花国莺燕及戏□《□侠怀》□欧阳险邓碧□等亦纷赠锦旗，最热心者七龄小童李启源为□□□李除□七百元储券外，另将平时储蓄之二百元储券购标相赠，新街卅七号红菱，将未采之标款储券□于□及锦旗果品亲送该馆查收，复据主事人谈现因各工作人员此次义务为贫民筹款，多属工人，不能长此下去，故赶行结束，希望未采之商户，仿红菱送往该馆，以宏善举。布英沙厅长谈将来分拨各慈善机关经费，非专为赈济港难民云。

又该堂□行经已五日，虽悬青者日众，但该堂各艺职员，为此五日夜之奔走，均呈极疲劳之态，故定今日为最后一天云。

以□代百

1944年8月13日　第三版

全夜供电问题　目前仍未有恢复之意

（本报专访）电流分区限制已取消，各区每晚八时十五至十二时十五分，均有电流供应，足见迩来燃料来源，已略见增加。兹据电力局主事人对记者称，近来发电燃料，已源源运到，但关于全夜供电，局方目前仍未有恢复之意，盖际此非常时期，各地电流供应，因燃料之缺乏，多受影响，诚属必然之理，现局方对于燃料问题，虽已逐渐得到圆满解决，来源陆续增加，但为预防万一起见，不得不采取未雨绸缪之计。对于燃料，仍须极力节省，以防来源一旦断绝，亦可支持原状，至于电气之消耗，甚望各用户在可能范围内，仍予该局以协助，设法取缔一切无关之消耗云。

1944年8月13日　第三版

镜湖值理　续有两人辞职

（本报专访）镜湖医院副主席吴鸣及值理柯麟，先后提出请辞本兼各职，在志前报，查最近又有该院值理梁心尧、陈直生两人，向院方请求辞职，经兹院值理会议议决挽留，但该两氏去意坚决，未能接受云。

1944年8月13日　第三版

昨日发生　塌屋一宗

（本报专访）昨日上午七时许，又发生一宗塌屋伤人事件，肇事地点为渡船街四十七号高金记，该屋因年久失修，近且因天雨侵蚀，复经炎阳所晒，昨上午七时许，竟隆然一声，该屋门前之墙，突告倒塌，当堂有十三岁小童一名，被压因伤毙命。事发后迅即由消防局派车到场发掘，将该童尸送交镜湖医院收□云。

1944年8月13日　第三版

舞狮筹款　完满结束

昨日谢标游行市面，善款分拨澳门善团，结义堂义举筹款，全部拨赈澳慈善机关，涓流归公，昨日为最后之一天，除满街游行市面外，并沿途采青完满结束，此次成绩特佳。各界人士赞助力甚大，而花园莺燕及按摩女郎竭尽能力，共襄善举。沈先生主办之中华按摩社捐储券二万元。未及采青之悬青商户，请将善款送交该团办事处（泗记饭店内）代收，或电话通知七四三亦可。濠江□舫和怡居昨日茶会招待各工作人员，以酬辛劳云。

1944年8月13日　第三版

陶英清贫学额　今日开考

司打口陶英小学，本学期特增设清贫学额卅名，定今（十三日）十二时公开投考，考录后查该生备是家境清贫者，始准入学，一切学堂，杂费豁免，闻截至昨日，报名投考者达百余人，报名费亦不收云。

1944年8月13日　第三版

纪念中学　招考新生开榜

总理纪念中学，本期第一次招新生暨各级插班生，计报名投考者一百七十二名，昨经揭晓，中学部取录正取生谭润济等六十七名，备取生许兆才等四名，小学部正取生冼维□等八十二名，备取生黄艳卿七名，共取录一百六十名云。

1944年8月14日　第三版

全澳公开 排球赛　改期明日揭幕

本澳排球联会自成立后，即兴办全澳公开排球比赛，参加竞争者共有毅社、圣保罗、岭南、电灯、飞虎、纪中六强队。该比赛原定本月十二日开始举行，惟因连日天气关系，对于南湾新建球场工程有碍，故比赛延期，现已改定于明（十五日）日下午五时半开始举行，比赛地点现暂定在塔石利宵球场上，一俟南湾新筑球场工程完成后，乃迁返新球场比赛，而每周此赛日期亦有更改，兹订定此后每逢星期二四六日每日下午五时半举行。明日揭幕礼乃由圣保罗与岭南对抗，届时敦请本澳督察长观耶氏主持开幕礼。

1944年8月14日　第三版

结义堂筹款　全部成绩日间公布

（专访）柿山结义堂少狮团采青筹款，经于十二日结束。是次成绩，极为良好，获得社会好评。所有捐款，尽交到警察厅长收存，一经点清数日，即可公布。至该项善款，系交由警厅长分别拨送各慈善机关作为经费，至外间所传，种种并非事实，是次该会一切费用支出，□不动用公款，涓滴归公，所有经费由傅德荫（葡币三百元）长荣行（葡币三百元），大成公司冯养（葡币三百元），十五岁小童朱应扬经手筹得葡币三百元，合众胶厂胶汰一个充作经费。至六日成□所得，□□关于此次各项经费支出，刻□加紧项列，日间即可全部公布。又该会以此次因时间关系，有等街道未有巡行，故希望各界悬标者如□将款捐出，可于本月十八日前，交到泗记饭店代收云。

1944年8月15日　第三版

延长供电时间　比前增加至深夜二时止

（本报专讯）本澳市营电力局日前由于燃料缺乏，在不得已之情势下，乃将供电时间，加以限制，但最近燃料来源已告解决，为适应环境，繁荣市面计，乃决定于昨（十四）日起供应时间延长至深夜二时云。

1944年8月15日　第三版

飓风　又酝酿袭境

（本报专讯）迩来天气，又告闷热异常，实为酝酿飓风之先兆。查昨日天文台得接海外消息，谓发现飓风向东西偏吹，如风势不转，本澳有遭侵袭可能，特于上午十时悬出一号风球，俾海六居民知所防范云。

1944年8月15日　第三版

镜湖手术室　章程公布

（本报专访）镜湖医院手术室章程，经由澳督察核修故，兹将该章程钞录如下：（一）□□镜湖医院慈善会为扩大疗治一般贫病侨胞及健全医院机构，使更趋完备起见，特设立外科手术室，遵照本会章及会本章程办理。（二）手术室设置监督一人，外科医师充任，该监督负责室内一切管理及技术事宜，关于行政措施则完全由值理会负责。（三）为使手术室工作适当起见，应聘任外科医师若干人，由值理会决定之，值理会所聘任外科医师，系属暂时试用，须经监督审查认为合格，通知值理会，方为正式聘任，如监督认为不合格时，□取消其聘约。

（附款）暂聘之外科医师，须得监督之许可，方能执行技术工作，但该医师所施一切手术，由监督完全负责。（四）监督及上项所指正式聘任之外科医师，应成立一专门技术顾问团，关于手术室之专门技术事宜，该团对值理会负责有顾问之责。（五）外科医师对贫民均有免费施用手术之义务，对有经济能力者，得征收手术费，收费之标准，由值理会规定之。（六）暂定监督一职，由值理会请求澳门政府在政府之外科医师中介绍一人充任，其任期直至手术室事务完善及第四款所指之顾问团成立时为止。（七）本章程为暂时性，一俟顾问团对于该手术室事务获有相当经验，另拟章程提出值理会议决呈请澳门政府核准，便可替代本章程。

1944年8月15日　第三版

热心人士　筹备国庆采青

（本报专访）结义堂少狮采青，日前事行，情形热闹，善款收入，数目庞大。顷最近又有热心人士，计划于十月十日国庆纪念日时，再度举行瑞狮采青云。

1944年8月15日　第三版

难民情况　呈奉澳督

（本报专访）调查难民委员会委员冯祝万、高可宁、林子丰、刘叙堂等，经于日前开始调查工作，消息经志前报。查该四委员，于日昨（十四）日上午十一时，集合商讨关于此次调查结果及意见，准备综合成案，日间备卷呈奉澳督戴思乐，俾得考虑□改善难民生活云。

1944年8月16日　第三版

青洲炼油厂　加紧生产

（本报专访）本澳发电燃料，刻已源源运到。查青洲达和制炼油渣厂，原为制炼火水者，最近为供应电力局燃料起见，已改为制炼油渣，迩来该厂每日出产约二吨□□供电局一部分燃料之用。兹据该厂□级职员称，该厂现仍加紧计划增加出产中，并拟于日间邀请新闻界莅临参观云。

1944年8月16日　第三版

镜湖护士学校　本届毕业多名

（本报专访）镜湖医院护士学校，于前（十四）日下午一时在该院举行第十一届护士毕业典礼，仪式甚为隆重，各机关长官及华侨绅商名流莅临观礼者，亦甚踊跃。查本届毕业护士者计有陈□珍、梁秀梅、李□氏、徐毅、黄□璞、徐惠娟、马□池、李愿如、高雅莲、梁少□、梁秀嫺、曾爱芬、□□、任□□、吴□□云。

1944年8月16日　第三版

舞狮筹款　后日结束

结义堂筹款会，昨收到中央舞场交来标尾善款储券五百元，区华焜澳币廿□，银业行大洋二千元，定期后日结束，希望社会热心人早将标尾款送交，闻马阁某善口悬，澳币一万元，亦于日间送往，捐款芳名如次，谭玉真、谢□苏、小□红、梁国风共七十元，荣华廿五元，顾宅九毫，娱乐十元，新豪红星卅七元，中央□□□□，新□九号十元（以上共澳币），□兴□□八百元，濠江仙舫千元，达卢三百□，新街少红七百□，柳仙四百元，九号一百元，十四号千元（以上大洋），陈宅伯四十五元，陶陶居五百元，大和□五百廿元，□□泉，天然，瑞□，几上每四百元，泰安合利五百元，娱乐四百八十元，新豪红星二百五十元，黄桥记二百五十元，善人陈接九百五十元，姚□二百五十元，何可千元，中央四零三房二□三百元，中央二楼工友九百九十□，伯乐殿八百□，赖卓百五十□，桥仔头十二号二百五十元，新街十三号二百元，十二○一▲□，十一○四百元，九○七百□，十七○小月□花少□▲七百□。十九号五百□。十八号三千五百□。廿一号一千二百卅五□。廿号三百元。福荣五□燕尼尼二千□。冰心一千一百□。七○白肖□三千□（以上口券）。□□七○□□三▲五百□。□嫺□百□。九○九百四十□。十八号六百四十五元，十六号二千一百□，十四号六百□，十二○□百□，九○六百四十□，宜安万兴记一▲□，十二○□姬二▲五百□，锦□二▲五百□，绮姗一▲一百五十□，丽珍一▲□，九○一梅二▲□，口电一▲□九九竹□（以上军票）

以□代元，以▲代千，以○代号

1944年8月17日　第三版

教育消息

教忠中学第一次新生试验，已于昨十六日举行，该校学生甚为挤拥，闻该校第二次新生试验，定于九月五日在三巴仔横街十四号举行云。

1944年8月17日　第三版

学救会日间　召开会议　商讨发给津贴

（本报专访）全国学生救济会澳门支会，为救济一般清贫学子起见，每年均向各校请求捐出清贫学额，分发各清贫学生。查本年度亦经照办，且已□各校响应纷纷捐出学额，现为分配起见，闻将于日间召开会议，商讨审查清贫学生资格之办法及请领津贴手续云。

1944年8月17日　第三版

舞狮筹款　明日结束

舞狮筹款会，明日结束，即可公布数目。捐款芳名录下，刘日显百元，高可宁七百元，高德成一千元，三益廿四元，柿山十四号五十元，南京五十元，钱□庆二百元，郑昌荣堂四百元，范国金二百元，梁鉴波二百五十元，新和五百元，八珍千元（以上大洋）。欧阳俭□金七八元，黎铎五十元，大成十元。

1944年8月17日　第三版

学校消息

本澳中葡中学校卅三年度上学期新生入学试，□□十五日□□，及格取录学生中学部计共九十七名，其成绩优良依照学校定章均得受免费优待，该校定期于二十九日第二次入学试验云。

1944年8月18日　第三版

供电时间延长　用户仍须撙节

（本报专访）本澳电流供应，已于日前开始每晚延长二小时，足见发电燃料之来源增加。兹据澳督对记者称，关于电力局延长供电时间，诚属可喜，惟际此非常时期，节省物资，为必要之措施，现电力局延长供电时间，其目的系予一般市民在每晚十二时后遇有意外时之启用，并非有意使市民延长晚间娱乐时间，倘各电灯用户，能尽力协助节省电气，对无谓之消耗，极力减少，发电燃料，□□无断绝之虞矣云云。

1944年8月18日　第三版

开掘公井　未有实行意

（本报专访）本澳自来水价格，自增加以后，市民咸感负担过重，希望政府当局能及早开掘公井，以资□□。兹据政府方面消息，关于开掘公井，喝井水有碍卫生，且有生命危险，故政府当局，目前仍未有开掘公井之意云。

1944年8月18日　第三版

娱乐税　增加征额

（本报专访）本澳政府当局，为充裕救济中葡难民善款起见，拟增添慈善税。该项税收，将向旅店、舞场、茶楼酒家及中西药局等征收，所得税款，全数拨归仁慈会，以作救济难民之用，中葡难民，平均分配云。

1944年8月18日　第三版

填塞六和水塘　工程行将完竣

（本报专访）望厦六和水塘，自启用后，曾迭次发生溺毙人命事件。澳督戴思乐，为维护市民生命起见，曾饬令工务局当局设法将该塘填塞。查工务局□□，自奉命后，已积极进行，惟月来本澳多水，致影响工程之进展，目前虽尚未竣工，惟五分之三工程，已告完竣云。

1944年8月19日　第三版

寄港邮件　规定文字

（本报专访）本澳邮电专理局，于本月十七日发出布告，以后凡寄香港邮件，须用华文、葡文、日文、英文、满洲文中之一种，倘用其他各国文字，邮局概不代寄云。

1944年8月19日　第三版

寄广州邮件　由水路转付

（本报专访）寄广州邮件，因水路交通阻延，前□一度由中山陆路转寄。邮政当局，为求信件迅速抵达起见，最近已商得某帆船公司之协助，以后所有（普通及挂号）寄广州邮件，概由机动帆船寄递，并决定每三日发出一次云。

1944年8月19日　第三版

镜湖昨考新生

镜湖医院附属之镜湖义校夏令班已将结束，秋季新生亦已于昨（十五）日考试，是学期增设六年级三年级各一班总共九班。除旧生外，新生学额只二百余，但投考者凡七百余人，考试结束，六年级取录三名，五年级廿七名，四年级廿三名，三年级四十名，六年级六十九名，一年级一百四十六名，共取录二百八十八名，合旧生计之，将达八百名。该校已定九月一日开课，夜学班亦将继续开办云。

1944年8月20日　第三版

三团体双十节　为镜湖医院筹款

十月十日为我国国庆纪念，赵竹溪国术团、华侨体育会、大众报、三团体联合为镜湖医院筹款，由十月五日葡国国庆节起至双十节日止，沿途舞狮采青，得款涓滴呈交镜湖。昨（十八）日镜湖主席蔡克庭，亲谒督宪，请示办法，蒙督宪当面允准，予以各种便利，三团体积极进行云。

1944年8月20日　第三版

倒塌屋宇　通知公钞局

（本报专访）连日市内塌屋事件，迭有发生，查公钞局规定，屋宇倒塌，原可免收业钞，惟须在塌屋之后，即具函通知该局，并于当年十二月，另函公务局备案，至次年正月，□须再呈禀公钞局，予以免征，该局当可核准。倘未经以上手续，公钞局则当依照原例向该业主征收业钞云。

1944年8月20日　第三版

结义堂筹款　捐款续报

结义堂舞狮筹款成绩美满，李慎之捐澳币百元，拨充经费，捐款芳名续录如下：新填地廿三号八元，廿五号十四元，七二号、六七号、良友，以上每□元，大中国三元，有余行、德丰行，共八十元，合乐一六元，高升、乐善好施球记，每廿元，大生行十四元，瓜菜行十元（以上澳币），成记隆裕来栏，每一千元，志成、衡昌波士顿，每五百元，癞敌百元，□贤锄二百元，德全球记，每四百元，天祥、朱有兰每千元（以上大洋），新填地廿三□千三百元，廿五号七百元，鸿发楼，廿七至卅一号，集成意四三号三楼，七一号七七号八一□、正元堂联华、大丰黄祥、华侨报、乐记、三和、李启元、关苏记，以上每千元，廿九□二楼、和隆每五百五十元，廿九□三楼七百六十元，昭华行千八百五十五元，美番九百八十元，新纪元四七□二楼、六一号二楼、大中国、才记、财合、七五号二楼、七五号二楼、八五号、广德泰、联商行、万生行、德铭、新首香、周正生、□济，以上每五百元，四三□三百五十元，四七号四楼、七三□、时昌栏、合顺以上每二十元，五三号七百七十元，五五号二楼八百五十五元，梁爱珍、东明行。

以□代号

1944年8月21日　第三版

检验各区电箱　实非白昼供用

（本报专访）市营电力局，检验各电箱，连日派出人员，分往各电箱施行，在试验电箱之时，多将制开用，故于试验电箱时，常有电流供应，有等未知实情者，或以前电流在日间亦有供应云。

1944年8月21日　第三版

同善堂　昨收捐款一批

同善堂善院，日来施药施棺善举，益见增多，施出浩大，入不敷支，非常困竭，甚盼热心人士，捐款支持。昨有袁泰江捐葡币一百元，无名氏大洋一千元，梁锡雄葡币廿元，梁卓鸣葡币十元，吴如斯葡币九元，傅秉钧大洋一百元，马荣氏一□裔昌，每大洋五十元云。

1944年8月21日　第三版

学校消息

陶英小学夏令营已结束，定本月廿二日上午十时举办秋季始业礼，同时考验新生。闻本学期多聘教员□□校具，对于教导方面，尤其注意，报名者颇为踊跃云。

1944年8月21日　第三版

结义堂筹款　捐款续报

成兴行、昌成行、东亚艺雅，以上每千五百元，新填地五九号、新世界、每千二百元，四六号二楼、七九号每八百元，四六号三楼七百元，六三号千一百元，全发千零口五元，华七百八十五元，八三号九百五十元，六七号千七百元，杜生、秉利每百元，鲍月华兴昌每二百元，合众一百八十元，陆耀明天通街廿号每三百元，高地围四百卅元，球记九百元，明耀，两益每四百元，吴雄二千五百元（以上储券）。

1944年8月21日　第三版

教育会　扩充会务

（本报专访）澳门中华教育会，筹划扩充会务，消息经已略志本报。查该会扩充计划，刻日准备就绪，将于日间开始，续步进行，闻该会现已开始征求会员，欢迎教育界加入云。

1944年8月21日　第三版

防务税下月缴纳

关于去年度之防务税，公钞局自截止填报后，开始推定职员工作，查所评定之防务税，将于下月公报缴纳云。

1944年8月22日　第三版

兰室筹备　清贫免费学额

兰室女校校友会为补救一般穷苦学生求学起见，将于日间举行，为清贫学生筹款游艺会，所得筹款，概拨作清贫学额经费。此等学额，一经考取，则一切学什报名等费全数豁免。现该会于日间即行开始，劝销门券，是故深望各界热心人士尽力捐助云。

1944年8月22日　第三版

葡红十字会　寄汇款项　暂告停办

（本报专访）葡红十字会澳门分会，举凡慈善及救济工作，办理向不遗余力，该会前曾商得香港当局许可及万国红十字会香港分会之协助，代人寄汇款项口香港及其他各地集中营之战俘，兹据该会会长罗德礼，昨（二十一）日向记者发表谈话□，寄汇款项至香港及其他集中营，该会已于六月初暂告停办，盖因香港当局，对于汇款，最近规定以瑞士法郎为本位，所定汇率为九八零五军票，兑一百瑞士法郎。查过去该会汇款，向以军票或中储券为本位，现改以瑞士法郎，因汇水之相差悬殊，不免影响汇款人之负担，根据过去之考察，汇款人多属旅澳之难民，牺牲其本人一部分之享受，而将款汇至各集中营，以资接济其被俘之亲友，倘汇水增加，则无如增长汇款人之负担。况今外汇梗塞，外币交流断绝，瑞士法郎，实难寻觅。驻澳日领事福井保光，对此事曾代该会向香港当局请求，另订规章，或准以军票或中储券照汇率伸算，但始终未获圆满结果，故该会寄款，不得不暂时停办云。

1944年8月22日　第三版

教育会筹备　庆祝教师节

（本报专访）八月廿七日，为孔圣诞辰，亦为我国之教师节，澳门中华教育会，为纪念教师节起见，决于是日下午一时，假南湾崇实中学礼堂，举行纪念会，节目刻日排定。一，齐集。二，就位。三，奏乐。四，肃立。五，向党国旗及孔圣总理遗像行一鞠躬礼。六，□□读总理遗嘱。七，主席致开会词。八，演说。九，奏乐。十，茶会。十一，礼毕。

1944年8月22日　第三版

学救会学额　今日开始申请

本澳学生救济委员会对于清贫学子，历年均举办登记，保送入学，现以卅三年度上学期已经开始，决定继续举办，分请本澳各侨立中学校捐赠免费学额，计有圣罗撒、教忠、培英、中德、圣若瑟、岭分、广大附中、濠江等八校，概允赞助，分别赠予免全费或半费学额。该会规定由本月廿一日起，至月底止，为申请登记日期，凡属家境清寒，有志求学者，可依期前赴该会申请登记，以便审查保送入学。至各该校捐赠学额数量，经在学救会内公布，俾各生自由选择云。

1944年8月23日　第三版

寄俘虏邮件　免收邮资

（本报专访）依据国际公法，在此非常时期，但凡战俘或被羁于集中营者，其个人来往信件，得予免收邮资。本澳邮政□所所长对记者称，凡寄往各地集中营之信件均依照公例免收邮资，惟投寄此种邮件者，须在信封上书明“俘虏”之标字，方可作为有效云。

1944年8月23日　第三版

去周新商号　又有十家

（本报专访）评定公钞等级委员会，于二十一日召开例会，评定公钞等级，查去周申请公钞牌照之新商号，计共十家，一切均经评阅完毕，其中仍以九八行占多数云。

1944年8月23日　第三版

致用小学　昨日开学

致用小学，因设备完善，办理认真，颇得社会人士及学生家长称许。昨（廿二日）行开学礼典礼，到校员生达二百余人，行礼如仪。首由校长□向荣致词勉各生努力求学，继由各级主任及教师训话，语多警惕。查本学期新生额多，行将额满，现为尽量收容，积极扩宽校舍，整顿体育场，以资锻炼学生体格云。

1944年8月23日　第三版

巨大摩打　须先行注册

（本报专访）市营电力局，为便利厂家起见，凡装有摩打者，准于有电流时间内随时开启，惟对于马力巨大之摩打，则仍须向电力局先行注册，然后准予启用云。

1944年8月23日　第三版

吴文英学塾　秋季招生

吴文英学塾国文专科□午日夜夏令各班，均于日间结束，秋季定九月二日开课，该塾素以最新速成法教授旧文学著名，故□日报名者异常踊跃云。

1944年8月23日　第三版

难童义学　定期试验

（本报专访）侨澳难童义学定于下月四月上午九时假南湾巴掌围六号举行入学试验，凡已收到通知书者，须于是日依时赴考云。

1944年8月24日　第三版

五团体国庆筹款　澳督极表赞助　捐款分拨镜湖医院同善堂

华侨体育会、赵竹溪国术团、大众报、罗梁兄弟国技团、禤镜洲国术团五团体联合双十国庆为镜湖医院同善堂筹募经费。昨（二十二）日镜湖主席蔡克庭暨值理黄苏，以三团体增加两团体事，再谒督宪报告增强组织，并将今次善款，全□三分之二拨归镜湖，三分之一拨予同善堂，督宪以此办理，极为得体，大加赞助。蔡氏更请示在南湾利维旅□开旷地搭盖舞台，表演国术，蒙允准在两湾任何空地上搭盖舞台，任由五团体筹款会自择，舞狮国术，筹款时期改为十月五日沿途表演，十月十日至十四日连续沿途采青。五团体以今次筹款，任务重大，内部组织，有增强之必要，特于今日下午四时举行会议云。

1944年8月24日　第三版

公进女青年演剧

昨二十二日晚中华公教进行会女青年部假座望德中学礼堂，表演罗玛教难古剧“一朵致命花”，演出成绩极佳，向隅者纷纷要求重演。情意难却，不得已，而再定于本月二十六日下午八时半，重演一次，定座者可到望德堂神父寓所或望德中学购票云。

1944年8月24日　第三版

工务局　派员查勘屋宇

迩来霪雨不辍，对于埠中之残旧屋宇，有极大影响，工务局为保障市民安全起见，连日派出职员分赴各街道查勘，倘发觉有危险性者，即通知该屋业主，饬令从速修理云。

1944年8月24日　第三版

中华教育会　庆祝教师节

（专访）本月二十七日为教师节，中华教育会于是日下午二时在该会礼堂举行庆祝孔圣诞辰暨教师节典礼，随开第廿二次会员大会。请柬昨已发出，邀请各界名流于届时到场观礼云。

1944年8月25日　第三版

请求通融小贩摆档　歹徒乘机冒收费用

日前关于洋杂小贩代表陈秀峰等函照本澳华商总会转陈当局，对于小贩沿街摆设担档，如非妨碍交通者饬属变通执行干涉一案，经由该会接纳办理，并经高可宁，陆电明，梁鸿勋联访督察长官也转陈一切，承示允予通融办理在案。不意近闻对于此事，竟有向小贩方面冒收禀纸费者。查该会对此事系属侨胞义务，而义务之举，一律不收分文，殊望本埠洋什小贩勿为所愚。闻该会对此种冒收禀纸费之举动，严为查究云。

1944年8月25日　第三版

舞狮善款　分拨贫侨

（专访）柿山结义堂采青筹款，成绩收入经由警厅核收后，昨日警厅公布是次六日收入，计开澳币二千四百九十元零一毛五仙，军票六百十一元；中储券卅七万六千六百卅一元，大洋四万二千六百零六元，港纸十四元，□金券十八元，上列五类纸券共仲澳币七千八百九十一元四毛五仙，合葡币共澳币一万零三百八十一元六毫。除费用六百五十八元八毫，实得九千七百二十三元。该款□由厅长分发青洲华人贫民室及托儿所两慈善机关，及查访筹款会原定三天，各热心人士群起响应，自动捐助经费共一千二百元，惟各热心商户仍继续悬出标尾，原定期限未尽采竣，故续行采青三天，用去经费共一千八百五十八元八毛。布厅长以该会不辞劳苦，动员百余人，为贫侨请命，牺牲时间金钱为数颇巨，不愿其再行负担，如数支付云。

1944年8月25日　第三版

转让电话　须另缴费半年

（专访）政府当局为限制电话用户转让电话起见，经于昨（二十四）日政务会议通过，凡有电话转让者，须另缴付电话费六个月以为限制云。

1944年8月25日　第三版

葡文科津贴　继续付给

（专访）本澳学校，凡有葡文科之设者，向得政府之津贴，查本年度下学期津贴，亦经决定继续付给，但规定凡有津贴之学校，研究葡文之学生人数，必须超过三十名以上，方为合格云。

1944年8月25日　第三版

兰室清贫学额　积极进行

兰室女校校友会，为清贫学生筹款游艺会，业已得本澳政府批准，刻下正积极劝销门券。阅该会劝销队，昨收金业行各商号热心襄助，成绩颇佳，又该会素闻银业行热心公益，故日间即进行向各界热心人士及殷商劝□，一般清贫学生，实深赖焉。

1944年8月25日　第三版

家家穿乞巧之针　七夕节今非昔比

（专访）天上佳期，人间七夕，一年一度之双星会又届矣，闺中妇女，坐庭阶看银河，遥把双星拜，情况极为热闹。惜战事发生后，人无此种闲情，今岁佳期，依然冷淡，纸料店之梳妆盒，市上之时果，无复以前盛况，惟花市颇佳，因不限于此一度销场，面粉胭脂，土产货除小家碧玉循例购买多少之外，锁场早经破碎，舶来品稀少，亦无新货，旧货价高，不外为用家所购，以贺双星节而买者绝少。是日亦为康公诞，往年康公庙建醮演剧，盛极一时，现亦无复旧观，徒循故事而已。

1944年8月25日　第三版

当局定期召集会议　讨论慈善税增强问题

（专访）本澳政府当局，为充裕救济难民善款起见，拟校订慈善税，只向娱乐场所，茶楼旅店及中西药局等处征收，消息略志前报。政府当局，现为慎重起见，定于每月二十六日下午二时召集全澳各团代表及新闻界开会，讨论一切慈善税则事宜云。

1944年8月26日　第三版

督辕今日会议　讨论慈善税则

（本报专访）本澳政府当局，为慎重考虑慈善税则问题起见，将于今日下午二时在督辕召集全澳社团代表及新闻界开会讨论一切，甚望澳门商会，同善堂，镜湖医院之值理等，届时踊跃参加云。

1944年8月26日　第三版

电费　限期缴交

（本报专访）市营电力局，对于电灯用户每月缴交电费，原定有规例，须在发出通知单后四十八小时内缴付，否则停止供电。该局对此条例，向甚通融，惟最近该局为便利款项周转起见，决自九月一日起，电费须于接到通知书四十八小时内缴交，否则严厉执行，停止供电云。

1944年8月26日　第三版

竹林寺盂兰醮　今日开坛

竹林寺，盂兰节建醮，每岁例有举行，今岁亦如向例举办，借以超度无依幽灵，及各地阵亡将士英魂。经筹备多时，连日报名该寺附荐者极众，今日在该寺开坛，然开坛后，有欲将先人牌位附荐坛中者，仍可报名参加云。

1944年8月26日　第三版

圣罗撒女中　考清贫学额

南湾圣罗撒女子中学，近闻于八月卅日第二次招收新生，同时增设高中生清贫学额，凡学历相符，成绩优良，家境确属清贫者，投考时可以申请。又闻该校曾将清贫学额送往澳门学生救济会选派，是以学额无多，有志投考者应从速报名，以免向隅。

1944年8月27日　第三版

督辕昨召开谈话会　慎重研究增税问题

（本报专访）澳门政府当局，为充裕救济难民善款起见，拟向中西药行，旅业行及娱乐场所附增慈善税，并为慎重研究起见，特于昨（二十六）日下午三时在督辕召开谈话会，商讨关于一切附加慈善税事宜。查出席者计有华人代表梁后源，商会主席高可宁，同善堂主席崔诺枝，镜湖医院主席蔡克庭及该三团体值理及旅业行，银业行等代表共四十余人，首由督宪将征税意义及政府续年支销略为布告后，随即开始讨论，各代表先后发表意见，截至发稿时，仍在讨论中，实情请看明日本报。

1944年8月27日　第三版

今日教师节　开会庆祝

今日下午二时，中华教育会在该会内举行庆祝教师节，及庆祝孔圣诞，并于会后召集会员第二十二届全体会员大会，商讨大计，晚间举行公宴云。

1944年8月27日　第三版

寄港邮件　由广州转付

（本报专访）港澳航线迩来因故停顿，至寄港邮件，亦因之停滞，惟本澳邮局为求将信件寄达起见，已将寄港邮件改付广州，再由广州转寄香港云。

1944年8月27日　第三版

镜湖新值理　定期就职

（本报专访）镜湖医院值理柯麟等四人月前提出辞职，经获批准，并由政府当局另委叶培初等三人，补充遗缺，情形经志前报。顷悉该三新值理，将于九月一日开始就职。查是日适逢该院值理会议会期，该三值理当于是日出席会议，闻是日澳督戴思乐亦将莅院，并对各值理将有指示云。

1944年8月27日　第三版

学救会　免费学额　本月杪截止

学生救援会本学期举办清贫生免费学额经已开始登记，至本月底截止，申请登记者颇众，现继续赞助捐赠免费学额者，计有协和中学二名，培正高初中各三名，该会以各校开学在迩，为顺利审查保送入学起见，登记决不展期，希各清贫学子依期申请，切勿坐失求学机会云。

1944年8月27日　第三版

各界捐助　同善堂

同善堂昨收到捐款一批，计开，广州驻澳办事处主任罗鼐葡币二千五百元，银业行澳币三百元，珊珊、钟福□□，每葡币五十元，宣雅葡币九元六毫，吴华添葡币二十元，无名氏大洋一千元，袁泰江葡币一百元云。

1944年8月27日　第三版

长途汽车　增新路线

（本报专访）行驶市内之统一长途车，呈请澳门当局，要求增辟新路线，已获批准，增加两架，经于前日在市政厅门前验车，定星期一开始行走。查新路线为路环对开行走，由新马路经南环花园二龙喉，由雅廉访马路直出海旁，转返泉州码头，周而复始，不设终站，由上午八时开车至下午八时收车。收费办法，亦为每站一毫，□南湾花园角，雅廉访马路口，镜湖路口，即“先进印字馆门前”，至泉州码头，共分四站。查此项循环式对开之长途车，在澳门则□此为创举云。

1944年8月28日　第三版

五洲天台花园　从新布置完竣

本澳五洲酒店天台花园，经多日之悉心布置，现已竣工，增添花木，尤以盆景为最，阴花香气，笼罩全园，每当夕阳西坠，凉风习习时，该店饮客则多趋是处，为游憩及会客场所云。

1944年8月28日　第三版

马慈航画展　今日揭幕

名画家马慈航□□画艺名□□，过去曾两度来澳，举行画展，颇获佳誉，□以积存新作不少，本拟携同作品入桂，以交通影响不果，乃转道来澳，在此间作第三次之个人画展，已定今日假座中央酒店五楼揭幕，作品凡四十余帧，一连四天，公开展览云。

1944年8月28日　第三版

同善堂庆祝　孔圣诞纪盛

昨天国历八月廿七日，乃孔庆诞辰，同善堂进行□□庆祝，同善堂行礼者，有崔诺枝、蔡文轩、高可宁、陈茂枝、黄渭林、黄仲□、崔洛忌等，由陈清泉司仪，摇铃宣布行礼，其仪式虽简，礼甚肃穆。秩序如下，一齐集，二肃立，三唱国歌，四向孔圣像行致敬礼，五唱颂圣歌，六献花，七献香，八献酒，九恭读祝文，十唱本善堂歌，十一唱本堂义学校歌，十二进宾，十参鸣炮，十四礼成。

1944年8月29日　第三版

工务当局　调查危险屋宇

（本报专访）月来因天雨连绵，一般陈旧屋宇，受雨水浸淫，复受烈日蒸晒，乃有倒塌之事发现，又有一般屋宇因受白蚁蛀蚀，外强中枯，而住客尚蒙然不知者，实属异常危险。工务当局有见及此，为市民安全起见，连日经派定专员分头向全市区调查此种屋宇，如有发现，即告住客从速迁出，并立即通知业主修理。据当局之意，最好住客能够自行留意，盖事关能危及性命，非同儿戏，如一发现所住屋宇有裂烂危险性者，即行立即指出并通知业主修理云。

1944年8月29日　第三版

布英沙厅长　函谢善款

结义堂李卢馆醒狮筹款会善款，经拨青洲华人贫民室及托儿所充作经费，昨布厅长复函该会主席马沙致谢，原函如下：径启者，此次贵堂舞狮筹款，襄助善举，深蒙诸君不辞劳苦，成绩可观，收得款项经交到本厅点收，窃以列位筹款人员，热心慈善，良足嘉许，用□专函申谢，并颂时祺，厅长布英沙。

1944年8月29日　第三版

教育会　庆祝教师节　同时举行会员大会

（本报专讯）中华教育会，纪念教师节日，于前二十七日孔圣诞辰，下午二时，在该会礼堂举行庆祝教师节，事前并开祝圣会。庆祝完毕，并举行会员大会，参加者会员数十人，主席朱伯英，记录陈道根。行礼如仪后，随即报告会务及财政，继即开始讨论，计议决提案多项及临时建议多项，其中有筹设华侨图书馆，该会会址及会□学校等项，并拟积极进行云。

1944年8月29日　第三版

陶英小学　庆祝教师节

（专访）陶英小学，昨（廿七）日庆祝教师节，并于晚间九时许开校友联欢大会，到会校友，约达百数十人，济济一堂，师生相叙，极一时盛况。行礼如仪后，由该校长陈公善致词，次由教职员演说，继而校长颁发诸生为清贫学额募捐成绩优良之奖品，计个人获得奖者有冠军罗倩芳、亚军罗部智、季军梁少英等，班社获奖者，有立、诚、明三社，各得冠亚季三军，每奖各得一四K金飞机章一枚。迨后并有幼稚班生，表演蝴蝶舞，活泼异常，天真可爱，高年级校友，口琴独奏，茶会之后，校歌高唱，遂宣布礼成云。

1944年8月30日　第三版

华人代表梁后源对本报记者发表谈话　征税须于民生无窒碍市面繁荣无影响病者无分穷富中西药征税则绝不赞同　澳督接见记者详加解释

（本报专访）关于政府拟从酒楼旅店舞场及中西药局征收附加税事，定本星期四政务会议中再行讨论，现有关行商均纷纷征集意见，以便届时提出讨论，据各方消息，均系希望政府能撤消此议。

（谈话）（大意）

记者为此事昨走访晤华人代表梁后源君叩询一切，据梁代表意见，谓此次政府征收附加税纯为弥补政费及慈善费支出增加问题，年来政府政费支出增加计一九四二年超出一百七十余万，一九四三年超出一百八十余万之巨，其中九十余万，乃系关于警察及卫生方面，此两者均系与市民有直接关系者，如警察对于治安上之保卫，卫生则防疫注射等等，在在与市民健康有莫大影响，所谓财产，命有利赖者，故政府征税求市民方面负担多少责任，以协助政府解决此种困难，亦至公允。然增税之举，非上述各行为然，将来各行公钞及印花等项，闻亦略为增收。

（一部）（赞同）

以本人意见而言，对于该附加税之增收，于其中一部分原则上赞同，但政府方面必须有详细办法及简便于□，即对市民民生上无窒碍，市面繁荣无影响方可，如酒楼之筵席附加税，譬如某一人彼能在一夕宴会消耗一二百元者，征具附加税数元，则彼亦不觉得如何加重负担，故征之曰宜，但手续亦要简便，免有麻烦之弊，但以茶楼饭店则不同，盖此种场合，市民借以购食裹腹，并非例外消遣应酬，则又不可一例而言也。

（旅业）（不宜）

至旅馆方面而言，近年来住客少，生意退缩，暂时似不宜附加，尤其是其他旅店客栈更不宜征收，盖该种住客，日纳一元几角房租，虽征最低征税额，亦属一种困难负担也。至中西药问题，则本人绝对不赞同，良以病者无分穷富，究所征者只系成药，政府方面收入无多，而市民则感麻烦不少。此点本人曾力对戴督解释，请其撤消。致其他尚须候各有关行商提出意见。又政府此次征税。当汇集各有关方面意见，以为讨论根据。故甚望各行商届时踊跃列席，尽量发表意见。至执行与否，特由政务会议取决云云。

（总督）（解释）

记者于昨日上午十时谒见澳督，请示对于商人意见，当蒙澳督接见，对记者详细解释增税之意义，略谓数年以来，因非常时期之影响，本澳政府之政费收支，□□亏出共达一百七十余万元，该款经已由国库提出补足，现所增收之税款其用途有二，其一，系拨给补助政费，其二系慈善费，政府方面对于商场之情形，经已明了。

（临时）（性质）

唯政府望市民乐意合作，而不欲以命令式强逼实行也，至于增税之数额若干，本人亦不可知，总之此为临时办法，将来本澳环境好转时，当立即更改，现定于明（星期四）日上午十一时，再次召集商人到督府开会，共商一切，决定实施云。

1944年8月31日　第三版

难民会缮就　工作报告书

难民调查委员会，调查难民工作报告完竣后，随即将各意见汇集，并已开始缮写报告书及提供改善意见数点，陈请当局裁□□该报告书，洋洋数千言，于下周即可送呈当局察核云。

1944年8月31日　第三版

公进会女青年部重演话剧

本月廿六晚中华公教进行会女青年部，于望德中学礼堂重演罗马教古剧“一朵致命花”，观众仍极拥挤，是次购名誉券者有张思□太太四十元，何贤□安堂各廿元，吕子庄、大东银号黄润林、吴启洪、黄文、金门餐室各十元，郑昌、李佩霞、许连棣、刘有、熊飞、联华公司、梁绮济各五元，陈华权、冯陈氏各四元，陈大均、陈佩琴、陈健英各二元，唐权国币二百元，闻该款乃为继续举办要理学术研究班之用，并欢迎教内外女青年参加云。

1944年8月31日　第三版

学校消息

兰室女校，定期九月六日开课，闻该校最近为救济文盲普及教育适应环境之需要，灌输实用智识，使工友辈得享工读之机会起见，特设立工余夜学，并于九月一日举行第一次入学试云。

1944年9月1日　第三版

今日记者节　新闻协会假商会庆祝　晚间举行全体会员宴

澳门新闻协会，于今日上午十一时假商会二楼举行庆祝记者节大会。除通告全体会员届时参加外，并敦请名誉会长澳督戴思乐、名誉副会长梁后源、高可宁莅临主持典礼，罗若望主教，各军政长官及机关代表，均被柬请到场观礼，无原罪音乐队，到场奏乐，晚间举行全体会员宴会。是日各报馆一律休息一天，明日照常工作。兹将是日开会秩序列下。一，齐集。二，肃立。三，奏国歌。四，向中葡旗行礼。五，主席宣布开会理由。六，敦请名誉会长澳督戴思乐致词。七，请罗主教致训。八，名誉副会长致词。九，来宾演说。十，副主席答词。十一，奏乐。十二，茶会。十三，礼成。十四，拍照。

1944年9月1日　第三版

制炼火油地址　附近居民反对　原因容易发生火警

（本澳专访）日前有某商人呈请市政当局准予在石街某号屋宇开设制炼火油厂一案，市政当局乃发出布告，如附近居民认为有不满者乃具情反对。查该附近之居民，认为该厂之设，足易发生火警危险，及有碍公众卫生等情，前经具情市政局反对，惟未获如愿，该坊众等遂转向商会代陈当局办理。商会于昨日值理会议时，曾提出讨论，议决以该举既经坊众向市政当局陈请办理，未便兼涉，函复知照云。

1944年9月1日　第三版

居民存有白银　可否铸成银条买卖　有人函商会查问

（本澳专访）自澳府实施撤消银毫在市面行使后，而一般存有银毫者，对于将来澳府于银毫问题，尚有若何措施。顷有祥信金铺之主事人何丽天致函澳门商会，请予转向当局请示，如居民存有银毫者，可否将之铸□成条块类，作为金银类之买卖，以免违法等情。商会值理等以该事须请示于法律顾问始克答复云。

1944年9月1日　第三版

同善堂今天开派贫民餐

日前罗□氏捐助同善堂葡币二千五百元，指定为施粥之用。该堂将款定期由今天起，施粥十五天，每天施一千份，该领粥券，由各值理调查贫者状况，然后派予领食。该堂昨日又收到捐款，有□□葡币五十元，有名氏葡币二十元云。

1944年9月3日　第三版

增税立法证书　政务会已原则上通过　讨论席间梁后源极力申述意见　计此次增税总共一百七十余项　澳督定明日召见报界阐明一切

（本报专访）政府当局，为增强政费及救济难民经费起见，特拟定增加□税，计政府此次拟定增税，计共一百七十余项之多，其中包含各行公钞烟酒税，业钞等□种之增加。是日出席者除各政务议员外，列席者有高可宁、崔诺枝及各代表等四十余人。首由主席澳督戴思乐报告开会理由后，随即开始讨论，查是日讨论者乃系以增加各行公钞为主□点，席间各议员先后发表意见，华人代表梁后源，极力申述彼之意见，继后高可宁暨行商代表先后阐明意见，最后由主席宣布兹立法证明书作原则上通过，内文条文修改，则留于昨日上午十一时再行讨论。至昨日上午十一时，政务会再依时开会，主席戴思乐，将各项税则逐一提出讨论□修改，直至下午二时许，宣布暂时散会，定明四日下午四时继续讨论。澳督并定明日十二时半召见报界云。

1944年9月3日　第三版

澳督委李宽等接充镜湖值理　亲临训话语多勖勉

（本报专访）镜湖最近有四值理辞职，澳督已委李宽、叶培初、祢有恒等三人补充遗缺。前一日为此三值理初期出席该院之值理常务会议。澳督戴思乐，亦于是日下午四时，偕同商会主席高可宁及中军晏打地，莅临该院巡视，或向主席加以指示意见，或亲自慰问病者状况，对卫生设备尤为留意，无微不至，并表示满意。最后又召集全体值理于厅堂致训话，澳督对于值理沈香林，被选为该院副主席，表示深庆得人，续由商会主席高可宁演说，并即席宣布本人现捐助该院之方棺一万具，每具计八□四角，即八百四十元。又该院除由沈香林接任副席外，叶培初任医药部主任兼护士学校校长，祢有恒任医药部主任，李宽接充租务部主任，朱绘则转任总务部主任云。

1944年9月3日　第三版

慈善游泳比赛今日举行　千呼万唤始出来

慈善游泳比赛，在几次天雨改期后，今天举行，时间定上午十时开始，善长仁翁，希望如时购票入场，共襄善举。

比赛地点在澳侨游泳场，秩序丰富，必有可观。

统一汽车公司司理陈兴，为着义不后人，请准观耶，特别加派长途车行走泳场线，方便热心慈善者云。

1944年9月4日　第三版

澳府增征生艺钞额今日继续会商　凡属侨商均可列席参加

政府加征生艺钞税，各情迭志报端。惟此事关系各行商业甚大，记者昨特走访商会主席高可宁，承答如下：□此商业凋零之秋，商人能否再膺重负，殊堪研究，当经本人将最近各行商业困难情形，一再陈述，提请政府加以注意。现在政务会议已将各行生艺钞，开始讨论，分别加征，故本人以为此举关系各行商至巨，务望各行推派代表，列席参加，本人自当尽力代为呼吁等语。兹悉今日下午四时会商仍在督宪署举行，继续讨论，凡属侨商均可推派代表依时前往列席参加。

1944年9月4日　第三版

生油　运到大批充场　价突大降　市道睇淡

生油市道因昨到大批，价乃急转直下，成出罐装三百三十元、三百三十三元，散拆三百三十五元，桶装三百三十元。□连日风向适合帆船行驶，开省有多货在途，市情料有趋淡之势云。

1944年9月5日　第三版

快子基海面　溺毙两童

（本报专访）昨日上午十时许，快子基附近海边发生一溺毙两小童案。查当时有不知姓名之小童两人另一女童，在快子基附近之海边嬉戏，惟该小童不谙泳术者，遂不慎为波臣召去，乃告没顶，惟女童则未同遭不幸。至该两男童之尸首，昨已浮出，由公众救护队派员移舁镜湖殓房云。

1944年9月5日　第三版

雨芬附小　昨行开学礼

雨芬中学小学部，昨该校举行卅三年度上学期开学礼，员生及家长参加者三百余人。附小主任余倩娴口报告学校各项概况，并望各生勤学敬师，再由训育主任张口军详述该校训育之宗旨，以雨芬学生十大信条为依归，及□战时儿童教育之重要，希望家长协助学校共同努力以赴推行。复由教师黎剑心、唐贞贞、秦君惠等先后致训词，勉励学生进为模范儿童。闻该校本学期对于幼儿园之各项建设及游玩运动器具之添置，以造福儿童。

1944年9月5日　第三版

邮政消息

（本报专访）本澳邮政局，已将本周间总邮政箱之截信时间排定，并正式公布。查寄中山、凼仔、路环等处，每日截信时间，仍在每日十二时半，广州及香港或由兹处转寄之信件，则定于本月五日七日旭十一日每日下午四时截止，上海信件则于本月九日下午四时截止云。

1944年9月5日　第三版

兰室演剧　假利宵举行

兰室女校校友会，昨举办为清贫学生筹款游艺会，节目有中艺剧团之“沧桑恨”、电剑幼童剧团之“小义士”，该校学生杨煌文等之粤剧及群声音乐团之音乐演奏等，颇为丰富。闻表演地点现决假利宵学校之演剧场举行云。

1944年9月5日　第三版

食客注意　良记天真

十月初五街天真茶室，调味隽巧，点心精美，地方广敞，四面皆窗，丁斯□暑季候，登楼品茗均感凉沁心脾云。

福隆下街良记海鲜专家，向以经济兼味美著名，现又创□经济时菜数种，洵食家之福音云。

1944年9月5日　第三版

长途车新路线　今日开始行走

环市路线为自澳门开埠以来之创举，由统一长途汽车公司承办，定今日上午开始行车，由沙梨头统一公司门前起，两车背道对开，经国际酒店，直出南湾，至雅廉访路口，直出海旁，返回国际酒店，周而复始，开至晚上十一时止。现时行走泳场线之横座位车，行走该线，并加装时代轮之标志，以兹识别。又该公司司理陈兴，对于学生乘搭，不日将发出特别证以示优待，各学校如欲领取者，可具公函到该公司领取可也。

1944年9月6日　第三版

结义堂主席　致谢各界

结义堂筹款，折合澳币万余元，该会主席马沙称，此次成绩优异，乃各界热心人悬标报效经费物品，各部人员通力工作及报界协助所致，仅代受惠之贫民屋托儿所贫侨致谢云。

1944年9月6日　第三版

足球名将　又弱一个　梁瑞华昨逝世

足球名将梁瑞华染有肺病，休养多月，病态未见好转，至昨五日晨一时半不治逝世，行年廿七岁，遗体定今日下午二时在海边新街二号出殡。查梁君□电灯队球员，□□代表本埠出席港澳足球埠际赛，历届小型球埠际赛代表，出任右翼一职，驰骋快如闪电，立功至伟，本埠右翼人材，无出其右，而性情更属和蔼，社会人士，咸多赞颂。今不幸病逝，体育界人士，咸为之惋惜云。

1944年9月6日　第三版

第四季生艺钞　下月征收

（本报专访）本年度第四季生艺钞，将于十月一日起开始征收，惟换领牌仔时期则自本月起至月底止，凡缴纳季钞者，须于本月内将公钞牌照交公钞局换领牌仔，以便届时缴纳公钞云。

1944年9月6日　第三版

天主教饭场　演剧筹款

澳门天主教平民饭场，近以经费告辍，拟发起演剧筹募经费，俾赓续办理。经获得督察长观耶及征求各方热心人士允予赞助，定于月内在平安戏院举行，届时由在澳之日月星剧团演出，连日经开始筹备进行事宜云。

1944年9月7日　第三版

澳省航轮　规定启行时间

行走澳门广州线之轮船，除一般商人装□电扒行驶外，则仅有民国丸一艘。查该轮本月份之航期规定十一日、十七日、廿三日、廿九日，由澳往广州，十三日、十九日、廿五日、十月一日由广州返澳。以上航期，如十一号开行者，即在十号半夜一时启行，搭客十时落船，余均照类推，行旅幸为注意云。

1944年9月8日　第三版

梁后源提议　战后即撤消新税　澳督今日视察茶楼营业状况　旅业行根据登记表征收新税

（本报专讯）澳府政务会议，昨（六）日在督辕继续举行，列席者除澳督戴思乐（主席）官职议员华士贡些路，边度，喇些沙，史维蒂维士，非官议员梁后源，左次治，便耶路，左美古是日因事缺席，其余尚有商会主席高可宁，茶楼酒店等代表，计有刘□，高涛，李兆雄，陈又□，□□民等多人。开会后，由主席先后提出各项提案，各议员纷纷发表意见，商讨关于酒楼茶室及旅业之营业种类其伙。惟内情复杂，未克即行决定，暂予保留，将由澳督亲自偕同高可宁等于今日视察，再行讨论。继后由梁后源议员提议意见两点，希大会予以研讨，（一）战事后请将是次增加税项取消。（二）□大会说明所征之附加税所得若干拨往华人慈善机关。总督向梁后源解释本人为此增税问题曾再三解释，是□增税之原因乃为政费不足所致，慈善一事，当局往昔赞助者，有目共睹，同善堂及镜湖医院及其他华侨之慈善机关，澳府曾予慈善费用，数亦不匪，倘有请予协助者，澳府靡不乐为，此种情形，□为镜湖医院，同善堂两主席所深悉一切，此种提议，实无答复之必要。继由左次治议员提议，本澳旅业营业种类繁多，情亦复杂，倘予同等增税，难无谬误，不若由财政厅着令各店号将其登记交来调查，然后根据征收，决议通过押后办理。又关于政务会议对议案多宗仍未解决者，定下星期一赓续召会讨论云。

1944年9月8日　第三版

成药增税　药商呈请缓办

澳门商会于昨日下午二时，召开值理常会，除讨论普通会务外，有澳门药行，上海药局等全体同业，恳议转陈政府，对于此口执行中西药新税，窒碍难行，请收回成命或暂缓执行。当经全体值理讨论后，议决通过接纳转陈云。

1944年9月8日　第三版

兰室游艺筹款　定期举行

兰室所办为清贫学生筹款游艺会，现已决定于本月十四日下午八时在利宵学校举行。闻该校学生□□平、张华英等合演之歌剧，生动配景，杨煜文罗秀珍等表演之粤剧，古装古色，尤最适宜，尚望各界热心人士乐助善款认购门券，是亦为善最乐也。

1944年9月8日　第三版

调查难民会请改善难民生活　下周向澳督请示一切

调查难民生活状况委员会，自完成调查工作后，认为留澳难民生活，有改善之必要，现已开始缮写报告意见书，准备于下星期一谒见澳督呈递及请示一切云。

1944年9月9日　第三版

实地调查营业状况　澳督巡视酒楼茶室　事后并召该行代表垂询一切　视察所得今日将向报界发表

（本报专访）澳督此次增加公帑收入以支付政费所需，乃有增加征纳各行商之税项，同时并增加生艺钞额。查茶楼生意一项，因其营业种类之方式不同，情形复杂，倘以同一之增加，则轩轾殊甚。故澳督为明悉各情起见，特于昨日上午十一时，亲自率领翻译官伯达利偕同商会主席高可宁，赴各酒家茶楼巡视，计先后前往金城、国际、濠江仙舫、六国、得来、天真、金龙等茶楼视察，由高主席口述各茶楼之营业情况，澳督垂询尤多。迨至二时许，澳督更召集前代表酒业行之高涛、李建民、李兆雄等多人，在金城马赛厅内商谈一切，至四时许始告完毕。至澳督此次视察所得，□于今日召见记者时发表云。

1944年9月9日　第三版

秘书处发出公告　劝市民勿信谣言

（本报专访）澳府当局以迩来国际情势关系，致本澳市面谣言四起，对葡国外交政策，将有转变等情，致一般市民，诸多揣测，实有影响市民信仰政府之心理，故督辕秘书处哥士打，特发出通告，重申葡国在国际间之地位，依然一本往昔之超然态度，严守中立，切实保存一向平等之睦谊，希市民勿受其愚弄，而自相惊扰云。

1944年9月10日　第三版

巡视茶楼结果　已获相当印象　澳督对记者表示

（本报专访）澳督戴思乐，曾于前（八）日正午十二时，偕同商会主席高可宁前赴市内各酒楼茶室巡视。昨据督宪对记者谓，此次巡视各茶楼酒家，已获得相当印象，对各酒楼茶室之营业情况，亦已明了，但一时尚无切实结论，日间尚须再作巡视，至本人所知，将供作下次政务会议之资料云。

1944年9月10日　第三版

兰室女校　招考清贫学额

兰室女校业于本月六日举行开学礼，该校新添聘富有经验之教职员，各级小学，均称完善。闻该校将招考免费学额云。

1944年9月10日　第三版

镜湖护士学校　正式开课

（本报专访）镜湖医院护士学校，曾于上月二次公开招考护士学生，查报名者计二十人，到考者十七人，考试结果录取者十人，但到校注册者仅得七人。连同第一次录取各生共十七人。该校经于本月四日正式开课云。

1944年9月11日　第三版

举行假想演习　强化市面治安　警察连晚试验缉捕工作

（本报专访）警察当局近为强化本澳治安效能及防止一般之不法歹徒活动起见，连日均举行冲锋队演习，以假想匪徒械劫而试验冲锋警察之缉捕工作，演习地点多在繁盛通卫，而时间则于深夜，因当时已是万籁俱寂，故无影响商店之营业。至演习时警察佩备犀利枪械，扼守各街道要塞，情形迫真，成绩异常良好，如歹徒辈欲妄图不轨者，实难逃法网也。

1944年9月11日　第三版

镜湖八月份　院务报告

（本报专访）镜湖医院八月份院务报告，西医赠诊人数五二二三名，赠医分所四四六二名，共九六八五名。赠药剂九七四九剂，赠医分所三五二八剂，共一三二七七剂。防疫注射人数一八三，赠医分所一一七人，共三零零人。入院人数三三二名。出院人数二四五人。死亡人数入院已足四十八小时者，七五名，未足四十八小时者三一名，共一零六名。帆布救护车出发四零次，施出方棺二七，方箱二零具云。

1944年9月12日　第三版

邮政消息

（本报专访）本周间邮政总信箱截信时间经已排定，兹抄录如下，前山、石岐、凼仔、路环，每日中午十二时半，广州及香港（或由该地转）星期三、五及星期日下午四时。

1944年9月12日　第三版

桌球彩票款　捐助同善堂

新嘉宾波楼举办之黄□鼎桌球比赛，经于昨日结束，冠亚军宝座，由黄宾光昆仲获得。查当比赛开始举行时，并发行有一元彩票，借以引起各会友对桌球之兴趣，迨该赛结束后，该项彩票亦同时揭晓，计头彩者为黄宾光，得款一百元，二彩赵□持，得款五十元。顷黄赵竟慷慨将该项彩款交由新声午报转送同善堂充作经费，黄赵两氏之慈善为怀，诚足嘉许云。

1944年9月12日　第三版

去周申请商照　一共十家　评定会昨开例会

（本报专访）昨（十一）日上午十一时，评定公钞委员会召开例会，评定申请公钞牌照等级。查去周间申请商业牌照之新商号计十家，均经评阅一切，其中仍以九八行占多数云。

1944年9月12日　第三版

万象之王

万象香烟久已驰誉本澳，近□□正原料用机卷制，出品较前口为精良，二十支包庄零沽葡币二毫，可谓烟中之最靓最平云云。

1944年9月12日　第三版

同善堂　施药庞大　亟盼社会人士捐助

同善堂善院，历年办理赠药。现际交通梗阻，中药来源困乏，价涨倍徙，该堂施药一剂，达七角有奇，计其每天施出三百余剂，其经费巨大实可知也。苟各界不捐助，该堂亦无力维持，昨有林存，黄宝光，每捐该堂葡币一百元，赵鉴持葡币五十元，无名氏葡币五元，卢嫣大洋一千元。

1944年9月12日　第三版

教育消息

教忠中学日昨已迁进三巴仔横街十四号，修理一新，准备开课。本期新生人数激增，学宿各费仍照前期征收，并增加免费学额云。

兰室女校校友会所举办筹款游艺会，昨晚举行试演，成绩颇佳。闻出演之三春别弟及小义女两出粤剧，为□电剑先生导演，中艺之“沧桑恨”亦殊精彩，届时自有一番可观。

培正中学本学期新生人数有五百余人，而培道女学之新生亦有百余人，培正中学原已添设教室多间，惟日前仍感不敷应用，刻已开始策划，再行添设。至于□校之大学专修班，已定于本月十八日开课。

1944年9月13日　第三版

车辆牌照　开始换领

（本报专访）本年第四季车辆牌照，市政当局经于日前公布，自本月十五日起开始换领，至本月底止，凡须换领车辆牌照者，须于此期间到市政厅换领，自十月一日起，一律须用本年度第四季牌照，否则依法处罚云。

1944年9月13日　第三版

排球义赛　开始销券

排球联会于本月十七日举行排球慈善赛，为平民饭场筹款，连日已开始劝销善券，券价分二元，一元及五角三种。查该日秩序异常丰富，双料娱乐，当能增加观众兴趣不浅。排球比赛口是次公开赛冠军圣保罗队与该赛联合队对口，音乐由音乐家罗宝生、方汉、梁渔舫、黎宝铭、陈□□、林兆流担任，口曲除得名优白驹荣、白雪仙、陈口侬、卢□天、欧阳俭五君届时登场演唱名曲外，任剑辉亦决莅场助庆，程岳威，更答允演奏新曲。督察长观耶，届时亦决亲莅场主持。联队名单列下，李荫□、严华富、殷里基、薛宝洵、王鸿恩、卢家□、许明光、余兆□、黄瑞昆、李元光、李伟棠、王鸿平、管理韦基恩、队长薛宝洵、许明光。

1944年9月13日　第三版

粥场经费支绌　演剧筹款

天主教平民饭场经费支绌，迫得举行演剧筹款，昨假商会讨论进行事宜，由黄苏主席报告筹备经过，日月星班主事人，义不后人，热心协助演剧，平安剧院亦乐善为怀，借出院址，共襄善举，而演出期间则俟该班决定云。

1944年9月13日　第三版

截电半月不申请　永远取消用电权利　电气局实施缴费条例

（本报专访）澳门电气管理局自本月起实施缴纳电费条例，凡用户接□电费通知单后四十八小时内，须将电费缴纳清楚，否则当予截断电流供应。记者昨据口当局负责人称，凡□项被截断电流□须继续用电者，于本月内可具情投请办理，但须付四元之装表费。倘在半月后仍不申请者，电局将永远取消其用电权利云。

1944年9月14日　第三版

调查户口　居民须确实填报

（本报专访）澳府当局为确定本澳居留人口之数目起见，每年均有调查户口之举。查该项调查工作经于月前开始办理，由澳府派员按照各区街道户口分派表格，俾各户将人口填报。该表格书明居住者之性别、年岁、籍贯、职业等项，居户负责人须依照规定缮写清楚，毋得苟且敷衍。查该项调查事宜，现仍继续施行云。

1944年9月14日　第三版

学生救济会　今日召开会议　讨论一切救济工作问题

（本报专访）学生救济会澳门分会，年来对于救济清贫学生工作，办理不遗余力，成绩卓著，颇得社会人士之赞许。本年度第一学期，各校业已先后开始，该会亦于日前继续进行救济工作。查近来清贫学生向该会求救济者甚为踊跃，该会为慎重起见，特定于今日召开会议，以资讨商一切救济工作问题云。

1944年9月14日　第三版

旅澳歌乐团　积极练习　准备公开演奏

（本报专访）旅澳歌乐团，自成立以来，成绩卓著。该团前因天气关系曾一度暂停练习，现该团为准备日间演奏起见，刻已恢复练习，凡该团团员希踊跃参加，一俟练习成熟后，当即定期公开演奏云。

1944年9月14日　第三版

知用中学　二十周年校庆纪盛

本月十二日知用中学二十周年校庆，是朝开会庆祝，首由该校校长潘学增略述该校历史，继由薛代且、张兆驹及校友黄景渭、毛润聪等演说，是晚举行教职员公宴及游艺大会，请联青音乐社奏名曲，又由该校学生演喜剧“锦上添花”，备极一时之盛云。

1944年9月15日　第三版

岐关公路今晨恢复通车　每客收储券五百五十元

（本报专访）岐关公路，因该路基被雨水冲□，一时未能修复，不通车者已有数月，其次则因车租问题搁阻。迩者承办该路行车权之安行行，虽将车路修复，但又因种种问题，未能解决，前周该行曾派员到澳，商洽通事车（车事）宜，进行颇为顺利，事后即派出货车一架试路，经于昨日由岐平安返澳，认为沿途并无不妥。该行为此即准备恢复行车，昨日该行办事人，召全澳车商商谈一切，结果决定今晨十时由澳开岐，先走客车，货车暂停，每客不论上下行，均收储券五百五十元云。

1944年9月15日　第三版

铜仙　几告绝迹

本澳行使之铜仙，□每角可找□余枚，惟自战事爆发后，铜仙原料可作为军需品，故在商人搜购之下，市面铜仙逐渐减少，价格日趋高涨，就以现目流行市面者，几近绝迹，每角仅找得二枚左右，为本澳有史以来所仅见。幸该项铜元，经济专理局乃悬例禁止偷运出口者云。

1944年9月15日　第三版

永生和酒庄　定价减价

本澳福隆新街永生和酒庄代理著名之龙虎凤酒及廿五年红牌三蒸酒，营销中外，已六十余年。近闻该厂已届六十六周年纪念，决于八月初一日起举行大减价，以酬全年惠顾之盛意，所有省港分行同日举行，并闻该酒庄今年因药料太昂，在减价期内，每日限买五百樽，每人限买两樽。当此秋风已起，保身合时，幸勿失之交臂云。

1944年9月15日　第三版

兰室义演纪盛

兰室筹款游艺会业于前晚八时如期举行，到会来宾极为挤拥，节目亦丰富，甄似兰校长宣布开会理由后，群声音乐团何沅清小姐演唱时代曲“卖糖歌”，清趣可听。随后“三春别弟”一幕，由该校学生杨煌文主演，哀怨动人。而该校校友郑涛所□“睢阳城声”调极为雄壮，话剧“沧桑恨”，由凯旋女史担任导演，兼主角，吸引观家心弦，其后电剑剧团之“小义士”上演，由九龄之小名揭及校友罗秀珍主演，全场喝彩。

1944年9月16日　第三版

青天白日下　匪徒械劫徐淞医馆　警探出动擒获二名

（本报专访）本澳社会秩序，在澳府严查维护下，情况异常良好，尤以市面治安素称宁谧，一般奸宄之徒，妄图不轨者，□难逃法网。讵昨日上午十时许，警厅接获电报，谓板樟堂之徐淞医馆，遭匪徒持械行劫等情。警方据报后，即派出大批警察，佩备犀利枪械，驾冲锋车驰赴肇事地点围捕，抵达时分别扼守该馆附近街道要□，以防匪徒逃遁，同时督察爹些喇到场指挥一切，亲自率队入馆搜捕，结果捕获有男子二名，并搜获有实弹之卅八号加长左轮手枪一支，一并解署究办，冲锋警察亦收队而去。至该案之经过情形，今日由督察长观耶接见记者时可详细发表云。

1944年9月16日　第三版

中华艺苑　职员经选出

中华艺苑组成已还，经有月余，对于舞蹈戏剧音乐各项，均积极发展，现在艺员将近百人，职员昨已选出，会长话剧宿将舞蹈名家余巴，财务鲍丹，文书许国强，剧务鲍旭，舞蹈郑小仲，音乐李漱生，事务卢刚。闻该苑今后对各项艺术，尽量发展，务使艺术□上增一史页云。

1944年9月16日　第三版

分区限制用电随时有恢复可能　用户注意节省电流

（本报专访）市营电力局，为便利用户起见，近来已将分区供电之措施，暂时停顿，每晚在规定之供电时间内，各区均有电流供应。兹据该局负责人对记者称，不分别区供电，乃属暂时性质，分区供电之办法，至今仍未正式取消，随时有恢复之可能，但望用户随时予该局以协助，须时刻注意电流之节省，倘若任意将电流消耗，电力局认之燃料消（耗）有过多之时，则随时恢复分区供电之可能云。

1944年9月17日　第四版

兰室游艺会　盛况补志

兰室游艺会业于十三日在利宵剧场举行，昨十四日到会参观者有民政厅长、华务局长、吕司铎、鲍美利教授、校董蔡文轩、俞炽南、各报记者、各善长等，座位之满，盛极一时。游艺表演有群声音乐团，电剑幼剑团，中剧白话剧团，及杨煜文同事等均义务表演云。

1944年9月17日　第四版

乒乓比赛

中央酒店职工新生体育社，最近举办社内锦标联欢赛，分礼、义、廉、信、四队角逐，采取循环赛，全部赛程经于十三日结束，最高积分为廉队与信队，各得四分。该两队乃于昨十日□晚举行冠亚军争夺战，结果廉队获胜，荣膺冠军云。

1944年9月17日　第四版

杨善深画展今日揭幕

（专访）本澳艺坛，以书书人曾居是间者多，则莫如港变前一年，但言热闹，则莫如今岁。盖自今夏全澳书画界一度举行联合义展后，燃起画坛之火，由是个人画展，接二连三，月必有一二次，使一般喜欣赏艺术者莫不深叹眼福之弗浅。良以为个画展，均有其一种作风，参观者遂得一一而领略，此于埠中文化，不无裨益也。而最近画家杨善深，为宣扬画艺计，又将其新近积存之精心作品，达八十帧，公开展览。该会现已定今日上午十一时，假座中央酒店揭幕。杨氏□游学东□，研习画艺甚久，归国后，更以所得，参入国画中，别成一派，所作皆有其特殊之风致，所写以花鸟兽□，更有心得，故是次作品大都皆为花鸟兽□之作，赋色极见华丽悦目。杨氏为此次之展览，筹备已经年，直至现在，始告实现耳。

1944年9月18日　第三版

每晚供电时间延长至凌晨三时　电力局通告仍以节省为原则

（本报专访）本澳电流供应，前因节省燃料关系，曾限定于每晚八时至十二时供电，同时并分区限制。后因燃料源源运到，又曾一度改为晚间八时十五分至夜间二时，延长两小时，并取消分区限电，一般商号于夜间营业者，因之利赖不少。兹据市营电力局日昨发出布告，该局由即日起，将供电时间再度延长，即由每晚七时一刻起，至凌晨三时止，惟用户方面仍须协助该局，在不需要时仍以节省用电为原则云云。

1944年9月18日　第三版

少女团跳舞筹款　成绩相当完满　澳督及商会主席均到参加

（本报专访）澳门少女团，为澳门育婴堂筹募经费，于前（十六）日晚九时半假西环六军网球场内，举行盛大露天跳舞大会，澳督戴思乐，督宪夫人，各机关长官，商会主席高可宁等，均莅临参加，来宾千余人，济济一场，实一时之盛况。本澳名音乐家加尼路，及名鼓手冰奇，亦亲自偕同乐队担任演奏及舞蹈拍和。节目开始，由该会主席拿些罅女士演唱名曲，并由各少女先后担任独唱或合唱，歌声清淅（晰），颇得听众之赞赏。继由该团少女表演墨西哥探戈舞及“林百”舞，搏得掌声如雷。休息后，又由该团少女三十余人表演各种葡萄牙集团舞，澳督戴思乐之女公子玛利亚女士亦参加表演，舞艺纯熟，精彩异常。表演完毕，跳舞会亦随之开始，来宾相继起舞，直至深夜一时余，始尽欢而散。查此次善款结果，成绩相当圆满，收入总额，目前仍在核算中，一俟清算完毕，当即正式公布云。

1944年9月18日　第三版

康公庙附近　装播音机

（本报专访）澳门播音台，自设以来，为社会人士造福不浅，最近且在南湾新花园八角亭处，新设播音机一具，播送该台节目。兹据该台主事人督察长观耶对记者称，该台已决定在十月初五街康公庙附近，添设播音机一具，昨（十六）日已开始装置，约于三四日间即可装置完毕，当即开始播送该台节目，届时该处一带居民当可获耳福不浅云。

1944年9月18日　第三版

同善堂　收捐款一批

同善堂善院，连日收到各善士捐款一批，以助经费，计邓曹氏，某酒店三楼女工，每捐葡币一百元，钟芳葡币五十元，高申葡币廿元，无名氏葡币廿五元，吴耀长葡币□□，黄沛然葡币五元云。

1944年9月18日　第三版

平民粥场　义演筹款　下月三日举行

（本报专访）天主教平民粥场筹款，刻已决定于十月三日在平安戏院举行义演，届时并由日月星剧团担任义演云。

1944年9月19日　第四版

学校消息

教忠中学本学期自迁校往三巴仔后，已于本月十四日正式上课。该校除校务大加刷新并增加设备外，每星期纪念周拟聘请本澳名流轮流在校演讲。闻日昨敦请该校校董冯祝万演讲，关于迁校问题感想，并指导各生努力学业云。

桂林良丰□之广西大学会计科教授刘耀常，以战事返澳，为利便留澳学子及商人研究会计学科起见，特在南湾巴掌斜路六号，设立忠信会计学校，专门教授商业簿记、银行簿记、公司会计、工业簿记等，实际应用学科，造就会计人才，以应社会之急需。刘君原定设夜班一班，每周授课十二小时，现以来学日众，拟增招日班学员云。查刘氏以十余年之经验，贡献其所学于社会，诚为有志研究会计科之良机。刘君除教授会计科外，如各商店银号欲旧式账簿为新式者，亦可代为设计组织云。

1944年9月19日　第四版

商业消息

新亚药厂为适应本埠药科之需求，特设立分处于澳门南湾九十七号，并已运到各项药品多种，以为各界需求云。

1944年9月19日　第四版

邮局公布　截信时间

（本报专访）本周内邮政局总信箱截信时间，经已排定，查寄前山、石岐、路环、凼仔等地之信件，仍于每日中午十二时卅分截止，寄广州及香港或由该两处转寄之信件，则于每周星期二、四、六、及下星期一每日下午四时截止，上海邮件□于本月廿五日下午四时截止云云。

1944年9月19日　第四版

申请商照　去周又有七家

（本报专访）评定公钞牌照等级委员会，昨（十八）日上午召开例会，评定申请公钞照牌之新商号等级。查去周间申请商业牌照之新商号共计七间，均经评阅一切，其中仍以九八行占多数云。

1944年9月20日　第三版

新协召集讨论协助镜湖善款　今日在商会举行

（本报专访）镜湖医院策划筹募该院经费，请本澳新闻协会发动募集。新协定今日下午三时假座商会礼堂内召集该会全体理监事暨镜湖医院各值理，共同磋商一切云。

1944年9月20日　第三版

严密查究下　伪币几告绝迹

当局自发现百元面额伪葡币后，即由西洋银（行）发出布告，详细分析真伪币分别各点，俾市民辨悉。警方当局更派出大批警探，严密查究，故最近伪币之流行市面，几告绝迹。

1944年9月20日　第三版

杨善深画展　今日最后一天

杨善深画展今日最后一天，下午七时即闭幕。

1944年9月21日　第三版

防疫工作　当局仍积极进行　虽秋凉时候工作仍不稍懈　注射期满者仍须继续注射

（本报专访）春夏季节，由于气候卑湿，为疫症最易流行之时，尤以霍乱疫症更甚，该症为急性疫病，传染迅速，不幸遭染者而不及时救治，生命实属堪虞。本澳卫生当局于每年夏初，为防范该项恶症流行，以维护市民健康起见，除发出公布晓谕市民注意饮食外，并实施防疫运动，如免费为市民注射防疫药液等，务使该项疫症不致发生。查过去之防疫工作，极具成绩，澳督戴思乐曾奖励一般卫生工作人员。查今年于夏季中期该项工作，则援例积极施行，迨至是月止，该疫症几无一宗发生，可见卫生当局维护市民之得力也。顷当局以现届秋凉，霍乱症流行时期已过，惟工作仍赓续执行，未尝稍懈，最近并派员出巡市面，严禁市贩售卖腐烂生果及未经批准之私售冰冷饮品。至日前曾经注射防疫药液而届期满者，仍须继续注射云。

1944年9月21日　第三版

乒乓赛门券　充难民费

（本报专访）日前广州乒乓队来澳，与本澳各球队比赛。查于本月十六晚在澳门商会之比赛，系属慈善性质，是晚入场券收入共计七十元零六毫五仙，全数经已拨交警察厅长布英沙，充作难民营经费云。

1944年9月21日　第三版

少女团善款　昨送婴堂

（本报专访）澳门少女团，自月前正式成立后，曾于本月十六日晚，假西环六军网球场举行露天跳舞大会，为澳门育婴堂筹款，详情经志前报。查是次门券收入成绩相当圆满，共计葡币八百零五元，该数经已全部拨交陈基慈神父，充作育婴堂经费云。

1944年9月22日　第三版

无线电收发　政府严密限制　非经特别许可不得收接

（本报专访）当此国际局面动荡不宁之时，各国皆颁行非常时期法令，借以准备一切，及避免意外事件发生，而对于无线电之收发，尤为限制严密。本澳政府对于私家发送无线电报，凡私家播音等，向有悬例禁止，如非经特别许可及遵守特定条件者，对于外国电讯亦不得接收。以上各项事件，如有违犯者，当予严惩云。

1944年9月22日　第三版

中秋市况

（本报专访）一年一度之中秋节即将降临。自战事蔓延来已，人民饱受惊险，本澳居民间接受战事影响，物价高涨，人民生活程度亦日见提高，故对任何佳节，俱漠然视之。故预料此次之中秋节，居民必不若往年之热闹。

1944年9月22日　第三版

镜湖医院成立阖澳居民筹款会　明日开会讨论一切进行

（本报专访）镜湖医院策划筹款，请本澳新闻协会襄助发起募集，并为商讨一切进行事宜起见，特于前（廿）日下午五时假座澳门商会招待新闻协会同人。是日到会者除镜湖医院主席暨各值理外，新闻协会各理监事暨各报记者均参加。首由镜湖医院主席蔡克庭宣布此次筹款之必要性，随即开始讨论，首将此次筹款之名义，加以研究，结果通过该会定名为“阖澳居民为镜湖医院第二次筹款大会”，至于组织大纲，亦经详细讨论，最后并决定于本月廿三日下午三时，召集各常务委员再行讨论云。

1944年9月23日　第三版

内地发生战事　不影响牛只来源　德全公司沟通来源维持民食　昨晨中山方面又运到十余头

（专访）牛只来源，向由德全公司派员向沙坪采购，转道中山县运澳。查日前沙坪方面发生剧烈战事，三埠、大泽各地，仍在混乱中，是以牛只来源，乃成暂时问题。但该公司以供应市民肉食重要，乃特别派员往中山采购。昨据中山牛只报价约为一万七千余元，再加以运费使用颇难化算。惟该公司在售价方面，仍不愿提高，据息，决定设法维持牛只来源，以维民食。目下内地来源已设法沟通，此后当可源源运澳云。查昨晨该公司由中山方面运澳牛只十余头云。

1944年9月23日　第三版

兰室游艺会结束

兰室游艺会，现已结束，核计收善款二千二百六十一元四角，徐（除）支费用外，实得一千五百六十四元八角。经将该数目送呈华视学会察核，是期即收免费高初小学生学额四十名，所有学什报名费一概豁免云。

1944年9月24日　第三版

同善堂经费支绌　呼吁善长捐助

同善堂善院年来办理施药施棺善举，不遗余力，近且增办难童餐种种工作，其支销经费，异常庞大，收支比对，每月欠四千元有奇，倘各界不捐款援助，实无力继续支持。一旦停施，贫病者则影响不浅，且中药价值飞昂，该堂施出平均每剂亦须七角五分，每一天施出约二百八十剂，至三百剂，且选用正式地道药物，施赠绝不限制，令贫者得所便利云。

1944年9月24日　第三版

督察长官耶谈称昨晨警察演习

（专访）警察当局，特于昨二十三日晨五时至九时，派出大队警员，在大街、新马路关前后街、快艇头街、渡船街、巴素打尔古街一带实施检查屋户，街外同时宣布戒严，行人车辆，一概不得通行。事后记者向警局探询一切，据督察长观耶谓，实施检查，为杜绝不良份子之措施，警察当局，以后在认为必要时，当隋（随）时实施，但在检查之时，希望市民予以协助，切勿虚张自扰云。

1944年9月24日　第三版

镜湖添设　牙科赠医

（本报专访）镜湖医院添设牙科赠医，已于昨日开始，由李天赐牙医生负责赠诊，所有牙科用具，亦由李医生暂时借出。该科赠诊时间为每星期六下午三时半至四时半云。

1944年9月25日　第三版

筹设公立图书馆　拟聘社会名流为顾问

（本报专访）中华教育会，拟设公立图书馆，消息经志前报。查该图书馆一切计划，刻已开始拟划，据该会为求尽善尽美起见，并拟恭聘社会名流为顾问，以资指导一切进行事宜云。

1944年9月25日　第三版

撙节食水　洗涤街道　已停止举行

（本报专访）本澳卫生当局，为维护市民健康起见，向有清洁街道之举，于每周内均由消防局之公众救护队用水喉涤洗街道，清除污秽。此举亦为防止疫症流行之一种措施，但每次涤洗街道时，耗用食水颇巨，故自近年来因非常时期，当局撙节用水起见，对于涤洗街道，停止执行云。

1944年9月25日　第三版

梁永馨　捐助同善堂

同善堂施药经费，业经支绌，曾连日吁请各界捐助，否则有停辍可能，或限制施赠。查该堂数十年来赠医施药，概不限制，每晨大开方便之门，救济疲癃贫疾，数十年如一日。但年来药价飞腾，求赠者又日增，盖因本埠施中药只得其一所，故咸趋求该堂，致使其百上加斤，负担加重。无限量之施济，本属有利人群，无如巧妇无米，难以为炊，倘各界不捐款援助，虽欲不加限制，亦甚难也。甚望热心人士，本痌瘝之宏念，大解善囊，多捐药费，则该堂施药之资有□，而贫病者得所治疗矣。昨有梁永馨助葡币一百元，友信葡纸十元矣。

1944年9月25日　第三版

粥场演剧　停止举行

（本报专访）平民粥场原拟定下月三日在平安戏院演剧筹募经费，经征得日月星班各大佬官义务担任，各情业志前报。昨据粥场筹款会办事人称，演剧筹款一事届时停止举行，但粥场经费支绌，决觅其他办法进行募款云云。

1944年9月26日　第三版

谷米运证费　分拨完竣

前由广州驻澳门办事处罗鼐代表整理分派慈善文化费，分拨完竣，计镜湖医院一万五千元，内□千元系拨充护士学校兴建课室之用，同善堂六千元，内指定二千元作为难童餐经费，难民收容所八千元，育婴堂四千元，保良所二千元，华妇老人院二千元，公进粥场一千元，青洲托儿所一千元，跑狗场贫民住宅一千元，台山花地玛圣堂一千元，衣修道院五百元，平民粥场二千元，又特拨出四千五百元，□同善堂举办施派贫民粥一个月。又文化费之拨送，则无原罪学校七千元，新闻协会二千元，圣若瑟学校二千元，培贞学校二千元，望德学校一千元，及其他学校四千元，培正学校一千元，华侨平民学校二千元，公教义学一千元。

1944年9月26日　第三版

评钞委会　评定商照　去周又十家

（本报专访）评定公钞等级委员会，于昨廿五日召开例会，评定一切申请公钞牌照等级。查上周间新商号申请公钞牌照者，计有十家，其中仍以八九行占多数，均经评定一切云。

1944年9月26日　第三版

各界继续捐助　同善堂　冯恩堂五百元

同善堂连日呼吁各界捐款，维持施药经费，昨有冯恩堂助葡币五百元响应。查该堂施药自昨天起，每剂达葡币九毫，□药价尚□□高涨，该堂施药经费确已用罄，每日到堂求医者，数达二百余名之多，倘一日经费不继而停顿，则贫病呻吟，诚人间惨事。甚□善心人，踊跃捐款赞助云。

1944年9月26日　第三版

广中中学　增设会计班

广中中学校长刘年祐，岭南大学商科毕业，曾任职岭南大学商学院及商科职业学校，专研会计统计，富有经验，特于该校增设会计班，亲自教授，会计学统计学，并聘莫焕基教授商业算术，叶子祥教授应用文，陈观耀教授商业英文，所有教员，均负□誉，定十月十六日开课云。

1944年9月26日　第三版

大来饭店　抵食主义

蓬莱新巷、大来饭店，为适应环境之需求，酬谢常年顾客之盛意起见，特增设地厢廉价部，于本月初四日启市，专卖上等烧腊、卤味、饭菜，价廉味美，由四毛起码，多少有交易。尤以“招牌饭”为各界曾经尝试者所赞美，每碗五毫，认真抵食，质味均皆丰富可口之至，欢迎外卖，堪称濠江饭菜第一家也。至于楼上酒菜部专办大小宴客筵席，经济雀局花筵上门到会等筵席，任随尊便，惠顾诸君，留厅宴会，请拨电话，二二六八，当有完满答复云。

1944年9月27日　第三版

政务会议昨续开　继续讨论附加税

（本报专访）政务会议昨二十六日下午四时继续在督辕开会，讨论征收附加税事宜，出席者有澳督戴思乐，财政局长，工务局长史蒂维氏，警察局长布英沙，西洋银行行长华士贡些路，秘书长高士德，非官议员左次治、左美古，华人代表梁后源，列席者商会主席高可宁及酒楼旅业代表高涛、刘铎等多人。是日会中讨论，仍以酒楼茶室及旅业行为中心点，该会根据各该行商代表拟定之意见书□点提出讨论。

1944年9月28日　第三版

酒楼茶室征税　决交慈善会办理　征税办法由该会与商行决定　食物店供给贫民者免予征收

（本报专访）政府当局，拟增征酒楼旅业茶室行附加税，于前（二十六）日下午四时在督辕继续召开政务会议以资商讨一切，各情据志昨报。兹将详情补志列后，是日各官方议员及非官议员均依时出席，只左次治律师因事未参加，经济局局长罗保、商会主席高可宁、暨旅业行代表胡公武，及酒业行代表高涛等均参加列席。开会后，主席澳督戴思乐随即发表意见，略谓立法条例第九六六条，关于政府因一切政费以及慈善救济事业，日益浩繁，为弥补起见，势必须设法筹措，兹特定附加税一则。政府方面，虽经详细之考虑，但仍以旅业行及酒楼食物等店家之营□办法，各有不同，甚为复杂，实难决定征收办法，及□定何者应征或何者免征。依照原有计划，该项附加税之收入乃拨作救济善款之用，本澳办理救济工作，原有慈善委员之组织，以负专责，该会主席为经济局局长罗保，现政府方面，拟将各该行增设附加税事，全权授与该会办理，一切商妥后呈请政府批核执行。至于立法条例第九六六条第一款："所有酒店、咖啡店、酒吧、旅店、酒楼茶室等营业，凡顾客给账时，照价每百元附加收税五元"一项，亦决定暂时保留，交该慈善委员会办理。至于食物店，凡系供给贫民者，则一律予以免征云。继由各议员先后发表意见，结果决议通过，依照督宪意见实行，随即宣布散会。又关于药材行增附加税一则，当局又于作（昨）二十七日下午四时在督辕继续召开政务会议，商讨办法，直至发稿时尚未完毕，详情明日续报。

1944年9月28日　第三版

利宵中学五十周年　今日庆祝

（本报专访）塔石殷皇子利宵中学，定今二十八日举行庆祝五十周年纪念会，秩序丰富，一连五天。今日上午九时半祈祷礼，下午九时半，纪念大会，十月一日下午五时半，小型球赛全日，下午六时华联对葡联小球赛，在南湾良友球场，四日下午十时假座市政厅，跳舞大会，五日下午五时曲棍球赛，六日下午六时联欢会云。

1944年9月28日　第三版

同善堂施药费　各界纷起捐助

同善堂月来施药数量激增，且药价飞涨，以故入不敷出。昨有无名氏助葡币二千元，傅秉钧大洋一百元，甚望善长仁翁继起捐助云。

1944年9月29日　第三版

殷商叶衍龄捐同善堂镜湖巨款　各捐储券十万嘉惠贫黎不鲜

（本报专访）广州殷商叶衍龄氏，生平乐善好施，对于救济贫病孤寡，不遗余力。叶氏最近并关怀留居本澳之穷苦侨胞情况，特乘其宗亲叶子如君回澳之便，托其调查澳中救济情形。叶君抵澳后，经两日来之调查，得悉同善堂年来赠医施药，嘉惠贫黎不鲜，惟迩来以药价高涨，经费支绌，实有鼎力维持之必要。至于镜湖医院方面，近来扩大救济工作，经费比前增加数倍，本年度不敷之数，达九万余元之巨，最近特组织阖澳居民二次筹款大会筹措经费，凡此两端，皆为本澳慈善问题之要点。叶君当即将情形电广州报告一切，当接到叶氏汇来储券二十万元，指明捐助同善堂施药经费十万元，另十万元，即捐助镜湖医院，以为救济穷病侨胞。闻叶君续向广州各善士劝募，一俟有成，当续公布云云。

1944年9月29日　第三版

蔡克庭黄苏昨谒澳督　报告筹款事

（本报专访）镜湖医院筹募经费，成立筹款大会，详情经志前报。查该会当日决定恭聘澳督戴思乐为该会名誉主席，该院主蔡克庭及值理黄苏，为此特于昨（二十八）日上午联袂晋谒澳督，报告筹款会成立经过及呈递聘书。澳督聆悉后，对于该院筹款，表示极力协助，至于被聘为该会名誉主席，亦表示乐意接受云。

1944年9月29日　第三版

胡文虎捐助同善堂军票五千元

同善堂施药经费支绌，连日呼吁各界捐款匡助，善长仁翁甚表同情，捐资赞助。昨日有香港永安堂主人胡文虎，捐助该堂军票五千元。甚望各界相继捐助，维持善举云。

1944年9月30日　第三版

前晚冲锋队搜查十三号码头　警察强化治安机能举行演习

（本报专访）警方当局，为强化市面治安机能起见，连日均有举行假想剿匪演习，及搜查屋企等措施，借以试验警员在意外事件发生时之捕匪工作，及防止匪徒之活动。查前晚十一时许，警方之冲锋车突告出动，驰赴河边新街十三号码头附近，在演习时，暂行停止行人来往。督察长观耶亲自出动巡视，并率□警员搜查该码头，达半个钟，始收队而去。此次演习成果，异常圆满云。

1944年9月30日　第三版

中葡体育界伟举　联合健身运动表演　澳督莅任四周年纪念日举行

（本报专访）本澳体育界，为提倡健身室内各种运动起见，曾发起组织健身体育活动团，并于昨（二十九）日下午三时半，假利宵中学健身室内，召集全澳各学校中葡体育教授及健身室运动健将百余人开会，讨论及研究该种运动之教授法，同时并筹划于十月二十九日澳督戴思乐莅任四周年纪念日，举行中葡联合健身室运动表演，商讨结果，甚为圆满云。

1944年9月30日　第三版

杨屈臣　热心慈善

警察厅长布英沙于昨日对记者称，有昆兴行司理杨屈臣，交来中储券二万元，转送难民营充作经费者，该二万元仲葡币为二百五十四元。布氏以杨热心慈善，嘉惠贫难，表示感谢云。

1944年9月30日　第三版

防疫运动　街头注射　连日仍执行

（本报专访）卫生当局于本年春初即实施防疫运动，以防止霍乱疫症之发生，当时并免费替市民注射防疫药液。查该项药力，其功效期间仅为三个月，期满后须继续注射，庶足抵御疫症之传染。查有一般市民于期满后仍不欲接射者，故卫生局在最近已实施强制街头注射云。

1944年10月1日　第三版

镜湖留医病者可延聘中医诊治　护士仍用西法护侍

（专访）镜湖医院中医部，经于本年初撤消，惟该院为利便病者起见，除三等病房必须由该院医师诊治外，头等及二等留医者均可自由选聘医师，凡欲聘请中医诊治者，该院亦不加以制止。而护士方面，对于延请中医诊治之病者，仍一律依照西法护侍，探热及检验脉膊，均依照办理，至于煎就之中药，亦可随时携入该院云。

1944年10月1日　第三版

东望洋灯塔　恢复发光

（本报专访）澳门电气专理局于日前为再度撙节电流消耗起见，除实施限制分区及居户之用电外，同时西望洋山巅及海外之指示灯塔，□□修理时停止发光。现当局已修理完竣，同时发电燃料供应无虞，经于本月十八日起恢复启用发光，以指示出海航轮目标云。

1944年10月1日　第三版

筹款会二次会议议决筹款办法多项　歌舞球赛卖花醒狮分头进行　请高福耀再度发动义舞筹款

（本报专访）阖澳居民为镜湖医院第二次筹款大会，昨卅日下午三时假座商会二楼举行第二次会议。是日出席者四十余人，梁上燕歌舞团主事人梁上燕女士亦参加列席。是日决议要案多项，关于梁上燕歌舞团义演事，因平安戏院下月四日公演新马剧团十天，决议待新马剧团表演期满后再定期义演。球赛组方面由李仁基负责发动小型球比赛，排球赛由梁鉴波负责，妇女会负责发动卖花。国术组关于醒狮巡游经费，决议预算二千五百元，除五百元由周松负责外，其余七百元由同善堂负担，一千三百元由主席团与镜湖值理会负责筹措。又鉴于去年义舞筹款成绩甚佳，决由大会去函高福耀先生再度负责，发起义舞筹款云云。

1944年10月1日　第三版

各界纷起　捐助同善堂

同善堂施药经费支绌，连日以来，呼吁捐助，俾以维持。查昨有钟福成堂助葡币一百元，陈氏、黄秀云、每葡币五元。按该钟福成堂主人素来热心慈善，每月均有捐助同善堂，或有用钟芳之名，或用钟区氏之名等，如该钟福成堂者诚乐善不倦云。

1944年10月2日　第四版

消弭匪患　旧料押行押入物件　填清姓名住址　协助警方俾将来便予查究

（本报专访）警方当局，为严密防止歹徒活动影响社会秩序起见，除加紧强化市面治安外，并于本年度间，曾颁有治安条例，凡市面之当押及旧料店号，每于按入或购入物件时，须于五日后始将该物件赎出或转卖。同时当押业于收押物件时，须于押物者之姓名，居址，详细填写按册内，倘当押及旧料店号如不遵照办理者，警方得予以控究。此种措施，实为防范（歹）徒之活动，而□警探之查究，该例自实施以来，讵日久玩生，迩来竟有一般旧料店号，为利便其营业计，每于押购物件时而未遵照条例之规定而于五日后始得卖出，同时一般当押物件者，或感于当押物件为羞涩之事，乃胡乱将假伪之姓名居址填报，偶于将来赎回时，为当押中人询问，则无从答出。基此诸端，不但对本人无益，且有妨碍警方执行治安之措施，故警察方面，希望旧料店及当押物业者，须遵照办理，免获罪究云。

1944年10月2日　第四版

中秋佳节　今非昔比

（本报专访）本年度之中秋节，已于昨日降临。往昔本澳侨胞，习俗相沿，对此佳节，本有一番盛况，惟今年时值非常，侨民痛于战争之忧，更患生活之迫，民生疲惫，虽对良辰佳节，已是无此闲情逸致，因此中秋盛况，大有今非昔比之感云。

1944年10月3日　第四版

同善堂　今日开始沿门劝捐　甚望热心商号届时踊跃捐输　王颂献昨捐该堂大洋二千元

同善堂善院，办理诸般善事，福利侨胞，不遗余力，尤以施中药为最大宗。曩年每月施出约千元而已，近年因药价高涨，每月施出达五千余元（葡币），其每月所收入之经常费，仅得二千元比对，不敷之数甚巨，故该堂月来施药经费，业已支绌，无力继续维持。该堂值理因鉴此，特提早沿户劝捐，希望有所收入，支援营务。查该堂定由今天起派出全部职员，踵户签题，替贫病者请命，甚望热心商店，届时踊跃捐输，同襄善举。查有殷商王颂献，助该堂大洋二千元余云。

1944年10月3日　第四版

卫生局规定　各坊医生

（本报专访）卫生专理局，于最近在该府公报发表，规定本年度之各坊医务处负责医生，以为澳府各衙署机关之公务员诊治疾病，计开（一）大堂坊武弥恕，（二）望德堂坊罗比士，（三）风顺堂坊方锡嘉，（四）花皇堂坊巴庚沙等医生云。

1944年10月3日　第四版

清贫津贴登记　展期四天

本澳学生救济会本学期清贫学生生活津贴经费，于上月廿五日开始登记，原定于于上月底截止。该会以登记期限甚迫，各清贫生赶期未及者，在所难免，特由本月一日起展期四天，准于明天截止。即由审查组审查送会决定后，可由本月份起分别给予津贴。凡逾期未及申请登记之清贫生，务须从速登记云。

1944年10月4日　第四版

庆祝督宪莅任　各校联合会操

督宪戴思乐莅任四周年纪念，各团体均准备庆祝。前日民政厅长召集本澳各中西学校体育教练、童军教练，在民政厅商讨体育表演问题，决定届时即（廿九）日在莲峰路新运动场上做体育表演，以伸庆祝，规定每一中小学校派出学生最少二十人或五十人，派出学生之年龄须在十岁以上，集合全澳中西学校于一场，作千人操，总操法由西洋兵总指导各校体育教练，再由各教练教授各生，千人齐一步骤，俾当时兵将十二项动作表演。其中数项动作，似对于华侨女子表演，于礼教上未能适合，故即席由该兵总与教练研究得当动作表演，中西均感满意。查今次中葡联合千人操，纯为敦睦两国人民之友谊亲善，故有此举。闻华侨学校方面，定每星期三、六上午十时联合在南湾良友球场做预操，本月廿八日最后一次在新运动场试验表演云。

1944年10月5日　第四版

酒楼茶室旅业征税　慈善会拟就征收办法　全部细则业经呈送政府当局批核执行　详细条例于本星期出版公报正式发表

（本报专访）本澳政府当局，最近经政务会议通过增加税收，已于上月开始执行，详情经志前报。关于酒楼、旅业、餐室等行商增设附加税收问题，政府当局以该行等营业情形复杂，经政务会议通过，将原议暂时保留，并交澳门慈善会拟订征收办法及原理，呈递政府当局批核后执行。查慈善会方面，自得令后，随即开始策划一切，并同时向各该有关行商征求意见。兹据确实消息，该会已于日前拟就全部征收办法，并已呈送政府当局，而政府当局，亦已批核执行。该项附加税条例及细则，刻已在付印中，将于本月七日星期六出版之政府公报时正式发表云。

1944年10月5日　第四版

本澳教育当局规定　各校增设葡文科　该种措施澳督正予考虑中　实行与否目下仍未有决定

（本报专访）本澳最高教育当局，为使葡文普遍拟实用起见，予规定在澳设立之侨校一律增设葡文一科，借以沟通中葡文化。该种措施，经由民政厅长列举办法呈送澳督审核办理，现澳督正予考虑中，实行与否，仍未决定。又本澳之华文学校其中间有附该葡文科者，但该校乃获得澳府之津贴云。

1944年10月6日　第四版

工务局饬令　拆卸泳棚　游泳季已过

（本报专访）每年夏季由于气候炎热，故一般富有者多在新口岸□盖搭泳棚以消水日。查该项泳棚系由公务局规定之面积，并指定秋没后即须拆卸。年来因环境关系，新口岸之泳棚已不若往昔鳞次栉比之热烈，惟情况亦殊非寂寞，顷时已届秋凉，工务局已派员饬令泳棚之主事人，须于旧历九月一日以前，须全部拆卸完竣，故迩来各泳棚主事人，须将一部分之家私器具迁回市区，新口岸旁之泳棚，将有秋扇见捐之威云。

1944年10月6日　第四版

各界踊跃　助同善堂

同善堂施药经费孔亟，甚盼热心人士捐助，维持施药善举。查昨有联安公司助葡币二百元，联泰公司、瑞昌办馆、源盛行，每葡币五十元，黄炬葡币□元，马梁氏葡币十元，无名氏储券三百元云。

1944年10月7日　第四版

屋宇油扫灰水　工务局将派员查勘　认为未妥时将饬令业主再行油扫　残旧肮脏于住客健康上亦有影响

（本报专访）澳府当局，为整饬市容起见，于每年夏初，即由工务专理局发出布告，晓谕埠中商店居户，须从新油扫灰水，油漆涂饰等事，且分别开列各街道居户之号数，俾所遵办。嗣后一般业主，以工料昂贵，不胜负担为词，呈请澳门商会转陈当局予以豁免等情，后由澳府考虑，以油扫灰水，为难予豁免之事，但为便利业主计，乃将限期延展至本年底止，业主在限期内须遵照办理，毋得延宕时日，致碍澳府措施。讵查一般业主，以事在必行，仅将门面略予粉饰，苟且办理，虽居户内仍污秽不堪，残旧肮脏，仍置诸不理，此种情形，不但对当局之初衷，有所违背，即对该居户之住客健康，亦有莫大影响。须知工务局所颁行之规例，凡指定之居户油扫灰水，而苟且办理者，一经派员勘查，认为未妥时，得饬令该户业主再行油扫，希各业主予以注意，免致徒劳耗资云。

1944年10月7日　第四版

法院昨提讯　货车辗毙女童案　两苦力被控误伤人命

（本报专访）本澳法院昨开刑事法庭，提审一宗人力货车辗毙女童案。该案发生年前，被告为苦力岑祥、岑森、岑池、吴宽等四人，事缘当日肇事时，岑等四人合共推人力货车一辆，满载货物，佢至某街时，不知为何失慎，竟将一过路七岁女童黄亚娣辗伤，当堂受伤甚重。肇事后伤者即送镜湖医院救治，卒以受伤过重毙命。事后除岑池吴宽二人在逃未获外，岑祥及岑森二人则被警拘捕研讯，旋解法院究办。经检察官侦查后，昨正式开堂审讯，由喇些喇检察官主控，控两被告以误伤人命罪，法官马上嘉连那传死者之母邓爱登堂作供后，即谕令退堂，将案押候本月卅日再讯云云。

1944年10月8日　第四版

同善堂　沿门劝捐

（本报专访）同善堂值理会议决，定明日开始举行沿门劝捐，届时希埠中绅商巨户慷慨解囊，共襄善举。查昨有殷商李海昭助葡币五百元，老介福大洋五千元，五宅大洋五百元，马源葡币廿元，卢佐文、黄微泉、有名氏每助葡币十元云。

1944年10月8日　第四版

江浙同乡会议决救济同乡会要案多项　进行设立义学及同乡问询处　筹设贫儿工读院平民工艺院

（本报专访）旅澳江浙同乡会，昨开理事会议，由□乃昌主席，席间议决救济同乡要案多项。兹将该会议案探录如后，讨论事项：（一）傅理事渔泳提议，为统计旅澳同乡人数，及征求未入会同乡加入为会员，并调查失业患难之同乡案，（议决）通过，并请傅渔永先生为调查组主任理事，担任调查事宜，又请蔡新元，袁宁发二先生，协助办理。（二）张理事康年提议，为补救失学同乡子弟，及店员练习生等增进学识，设立义务学校案，（议决）通过，并请张康年叶织雯二先生筹划进行。（三）邬理事志豪提议，为初旅澳门同乡，未免人地生疏，商情隔膜，本会应设同乡问询处案，（议决）通过。（四）邬理事志豪提议，本会之宗旨，以生产救济为目的，须积极办理救济之工作，凡贫病老弱妇孺流落之同乡，自当施予生产之救济，应筹设贫儿工读院，及平民工艺院案，（议决）原则通过，一，登报登记，二，调查状况，三，筹备进行。（五）高理事景颐及胡理事瑞卿提议，本会为联络友谊起见，应设乡友联谊部案，（议决）通过，并请高胡二先生计划进行。（六）蔡监事新元提议，本会为扩充会员，应发起第二次征求会员案，（议决）通过，交调查组会同办理。

1944年10月9日　第四版

镜湖护士学校对护生施以严格训练　经聘定留澳名西医担任各科教授　欢迎各界随时予以指导俾便改善

（本报专访）镜湖医院护士学校，自开办以来，成绩超卓，早为社会人士所认识。查该校第十一届护士学生，经于本年七月间修业期满，依照该校规定，修业后仍须留校实习相当时期。该班护生，经已实习期满，故于上周末已全体离校。兹据该校主事人对记者称，嗣后该校对于护生品行及学业，当统筹兼顾，并将施以严格之管束，倘各界人士或留院病者发觉有护生无理取闹，违犯校规，或对病者有违护病之旨者，欢迎随时向该院主事人或护士学校当局举报，以俾该校当局查究，予以严惩，以杜流弊。又关于该校之各科教授，亦经聘定，查叶培初任校长兼内科教授，弥有恒任教务长兼英语教授，陈伯强任高级生理解剖及外科教授，谭瑞汉任训育主任，护士护兼护病学教授，杨子滔任儿科教授，黎启康任细菌学教授，邝口白任眼耳喉鼻教授，杜兆基任药物教授，马玉珍任妇科教授，冯爱勤任产科教授，张宠活任救急术教授，陈茜莹任生理解部教授云。

1944年10月9日　第四版

各地来客挤拥　旅业蓬勃　屋租价亦大增

（本报专访）连日来由广州来省之旅客络绎不绝，市内各上中下等之旅店，均告客满。其中有等旅客，拟在澳作久居者，则赁屋自居或觅房间居住，故迩来市内空屋及房屋，均被租一空，而租价亦随之大涨，至于房屋出卖之价格，同时亦大涨特涨云。

1944年10月9日　第四版

督宪莅任庆祝　中葡学生合唱

督宪莅任四周年纪念日，前曾由民政厅长召集各校童军体育教练会商，举行庆祝，并决定届时做体育会操表演，以增盛事。当各校均已准备开始练习动作，督宪聆悉之下，以其莅任之事而劳动各生，荒废学业，殊感不安，故特饬令民政厅长停止办理。民厅长遂乘殷皇子中学五十周年纪念日，向各校代表解释督宪体贴各生之深意，将表演原意取消云。

前日各校音乐、童军、体育教员接获教育会通知，谓现决定督宪莅任四周年纪念日，中葡学生届时在督辕门前合唱中葡国歌，表示庆祝之意，并请各校派出学生参加，人数多寡由各校自定。现决定本月十六日中葡学校学生前赴鲍思高学校操场练习，由该校铜乐队演奏拍和，传届时齐一步骤云。

1944年10月10日　第四版

澳督莅任四周年纪念　检阅全澳中葡学生在督辕前举行

（本报专访）本月二十九日，为澳督戴思乐莅任四周年纪念日，本澳各界人士，刻已开始筹备于是日举行盛大庆祝，消息经志前报。民政厅教育科方面，亦发动举办全澳中葡学生检阅礼，于澳督莅任四周年纪念日中午十二是（时）在督辕前举行。该科将于日间通令各学校准备届时遣派学生参加。至日前发动之健身室运动表演，原定是日举行，但因时间短促，练习机会不敷，故决定取消云。

1944年10月10日　第四版

本周间　邮政消息

（本报专访）邮电专理局昨日布告，本周间寄往各地邮件之截收时间订定如下，（一）寄往中山、前山、凼仔、路环，每日正午十二时半，（二）寄往广州，定本月十一、十三、十五等日下午五时，（三）寄往香港，由广州转付，定本月十一、十三等日下午五时，（四）寄往上海，由广州转付，本月十一日下午五时，（五）又寄往香港，直寄或转付，定本月十六下午五时云。

1944年10月12日　第四版

本澳土制油渣日出量达十吨　足供市营电力局之用

（本报专访）本澳电力局发电之燃料油渣，向赖外国运澳供应。惟自太平洋战事发生后，由于航途梗阻，该项油渣来源断绝，故电气当局为适应非常时期措施起见，乃有实施限制电流供应，借以撙节燃料消耗。迨后由内地运来之土制油渣后，则由当局试用，认为满意，嗣后乃改用该项油渣发动电力，成绩当不能比外来者之优美。至该项土制油渣，其制造原料，系以松香为本，经提炼后则为油质，则可供作燃料。本澳现设有制炼油渣厂者，计有青洲达和火水厂，黑沙环大兴油渣厂等多间，综计每日出产之油量，可达十吨。该项出品全数供为供给澳门市营电力局之用，照该局每日消耗油量而言，则可供应无虞。

1944年10月12日　第四版

澳督行辕　茶会招待绅商　并即席为镜湖募得巨款

（本报专访）澳督戴思乐，特于前（十）日下午四时，在督宪行辕内设茶会招待华侨名流及报界。是日参加者有华人代表梁后源及各界名流百余人，济济一堂，情形甚为热闹。首由澳督致词，对于中葡邦交，表示永远维持敦睦，并恭祝中华民国国庆，继由华人代表梁后源致答词，对于茶会招待，极表谢忱，随由镜湖筹款会发动即席募捐，结果捐得总额葡币一万一千九百四十元，国币十七万八千元，储券十万元，全数拨作镜湖医院经费。计开总督戴思乐六千元，何从一千元，邬志豪五百元，钟子光五百元，黎贯之五百元，李宽三百元，阮维熊三百元，梅亦文、梁基浩、霍齐开、刘柏盈、卢荣锡、叶子如、梁鸿、傅厚丞、卢荣濬、卢文衡、何鸿燊、王志强、罗鼐、高士德、何善衡、吴伟佳、黄豫樵、刘衡仲、广兴泰、何贤、陈耀、棠庐华东、黄鹤年、林少□、陈声始，每捐一百元，梁祺荣、黄涉川每捐五十元，廖奉灵、梁咏裳，每捐二十元（以上均葡币），沈香林、高可宁每捐五万元，陈茂枝、林子丰，每捐一万元，蔡文轩、冼碧珊、李华洲、黄兆禧、陈日初、梁后源、高燕如、王烦献、陈尉文、王柏群、□伟□每捐五千元，黄惠林、刘庭扬、陆电明、陈作□、陈立民每捐一千元，潘惠予、黄宝光每捐三千元，邓晴隆二千元（以上均大洋），李慎芝捐储券十万元云。

1944年10月12日　第四版

协和培正两校增葡文科　本月廿九开课

（本报专访）澳政府民政厅教育科，为沟通中葡文化起见，日前特拟具详细办法，凡澳中华侨学校，均增设葡文一科。该项办法，业经呈送总督戴思乐批核执行，详情业志前报。查总督以兹事伟大，如全澳□侨校均增加葡文科，则必需大量师资人才，抑于经费问题，关系支出预算，亦甚为重要者，故乃在慎密考虑中。惟自此消息传出后，全澳侨校□极为注意，但以增设葡文一科，不特于学子方面得机会多识一国文字，抑对沟通中葡文化，亦为伟大之创举，故目下有协和、培正两中学，决定实行增设初级班，经定期本月廿九日起开课。惟教员方面，固当局必须在民厅注册者方为合格，故目下仍在物色中云云。

1944年10月13日　第四版

发扬国粹　醒狮采青热闹

（本报专访）本澳华侨体育会，罗梁兄弟、赵竹溪等国术团体，为镜湖医院筹募经费，举行之醒狮采青筹款，由十月十日国庆节起，一连多日举行。连日埠中各绅商名流商店居户等，均悬出筹款，分由赵罗等之醒狮采取，而各健儿均精神奕奕，行列鲜明，虽商户悬出之标款，高达二三丈，然各健儿各显出惊人技术，以人叠人之方法采取标款，继后更鼓舞跳跃，惟肖惟妙，且就地玩要国技，刀光剑影，动人心魄。醒狮所到之地，途人围观如堵，水泄不通，其热闹情形，实有逾于升平时期之表现。又醒狮采青，连日均告积极进行，惟商户悬标者，极异常众多，未能迅速采取完毕，故有般商户悬出之标款，一连两三日，久候仍未获醒狮之光临。

1944年10月14日　第四版

万世师表　孔教会热烈庆祝大成节　附中同时举行毕业礼由澳督颁发证书

（本报专访）昨十三日为孔圣诞辰，孔教会特于中午十二时，在该会孔圣殿举行祀祭仪式，参加者有该会会长蔡文轩、委员高可宁、梁鸿勋、陈茂枝、高福耀等及该会附设学校全体学生及来宾等百余人。祭祀仪式，极之隆重与严肃，情绪甚为热烈。祭礼完毕，即由该会会长蔡文轩致词，继由来宾陈清泉等先后演说，对于先师孔圣生平事迹及其学理，解说甚为透辟，直至一时左右始行散会云。又该会附设之学校，于昨（十三）日下午二时，在该校举行初中第一届暨小学第二届毕业典礼，莅临观礼者，除该会会长蔡文轩暨各委员及来宾二百余人外，尚有澳督戴思乐、经济局局长罗保、教育局局长施多尼。开会后，首由该校校长致词，继由督宪主持颁发毕业证书，仪式相当隆重，继由澳督及来宾暨毕业生代致词及致答问。礼成后，并设茶点招待各界来宾云。

1944年10月14日　第四版

侨校增设葡文班批准执行　昨召葡文教员训话

（本报专访）署理民政厅长兼该厅教育司司长华士贡些路，日前向当局建议饬全澳各华侨学校增设葡文班，因增设葡文班为沟通中葡文化伟举，故协和培正两校自动先行增设初级班，并定期本月廿九日开课，各情经志前报。查该提案政府当局经于昨日正式批准在案，并定即日执行。至于所有葡文班教程，亦经教育司编定，该司特于昨（十三）日召集全澳政府委任之葡文教员训话，并授以全部教程，依照进行，以谋得到良好收效。

1944年10月15日　第四版

醒狮今日沿途谢标筹得善款万余元葡币　拳师暨徒众异常卖力深获好评　各界均纷纷另捐茶资以示酬劳

（本报专访）赵竹溪国术团及罗梁馆，连日为镜湖医院采青筹款，成绩卓著，截至昨日止，约得标款折一万七千元葡币。查该团所派出人员，全属义务性质，连日异常卖力，深获好评，故各界均另捐茶资□该两团，以示酬劳。昨日捐送赵馆茶资者计有高可宁一百元，梁鸿勋十元，老爷一百元，赵斑斓四百元，濠江仙舫设茶招待，梁后源送出西饼及生果，波士顿送出西饼及生果，□亚羊一头，□栈白米两担，□□白米一百八十斤。又醒狮团以昨日各商户悬标仍甚踊跃，今日仍出动一天，以为沿途向各界致谢，明日决行结束，悬标未及采青者，请将款送交商会二楼之筹款大会，尤为欢迎。计本月十一日，赵馆日间葡币三百一十一元五，大洋一万三千八百五十六元，储券一万三千五十五元，夜间葡币一百零五元，大洋一万一千六百八十元，储券八千五百元，手票九元。罗梁馆日间葡币一百八十五元五毫，大洋二万四千三百七十五元，储券二万一千八百五十五元，夜间葡币五百二十三元，大洋一万三千六百元，储券三万五千五百一十五元。本月十二日，赵馆日间葡币一百六十元零五毫，大洋六千二百八十五元，储券三万二四百四十五元，夜间葡币四百七十七元九，大洋四千六百三十五元，储券五万一千一百六十元。罗梁兄弟馆日间葡币九百九十七元，大洋三万三千五百四十元，储券九千一百二十五元，夜间葡币四百二十七元，大洋一万一千一百四十五元，储券八千八百一十五元。

1944年10月16日　第四版

电力局通告　节俭办法　希用户合作

（本报专访）市营电力局，为使电力用户节省金钱计，再于日昨发出启事，列出办法数则，务望各用户鼎力合作。兹将各办法抄录如下，一，所装之电器设备等，须按期试验。二，关于工作时可按工作之大小而使用适宜之灯光。三，电表祈随时注意所用电流之速率，及其每月度数，倘遇有疑点或错处时，可即通知。四，电灯用电祈尽量节省。五，关于电力局服务事宜，用户若有疑问，或认为电力局职员有不当之处，请将其过失理由，报到电力局之投诉处。六，电力局服务有不良之处，请用户公开指导，便择善而从云云。

1944年10月17日　第四版

醒狮筹款结束　所得成绩甚为美满　所余未采标款多宗俱送商会

（本报专访）响应阖澳居民为镜湖筹募经费大会，兴办之醒狮团采青筹款，经于双十国庆节开始，一连五日举行，埠中商户均纷纷悬标，情况热烈。计参加此次采青之国术团，计有罗梁兄弟国术团，赵竹溪国术团等。现采青已告结束，全部收入所得，计开罗梁馆有葡币四千七百六十二元，国币十六万零五百六十三元，储券三十三万三千四百七十一元，手票一百七十六元。赵馆计有葡币三千二百零五元六角，国币十万零二千一百四十六元，储券二十八万八千零三百二元，军票九元。又查昨日结束时而未及采青者，计有万昌银号大洋二千元，欧阳俭、国货公司、百坚号、富有银号（以上大洋一千元），太发四百元，祥和行三百五十，蔡善允堂五百九十五元（以上俱为大洋），平安戏院、利兴行，各葡币十五元，兆新隆十元，安发行十元，吴庆□七元，蔡善允堂七元，文生五元，光记五元，江记五元（以上均属葡币），俱送交商会。总观此次采青筹款，成绩达逾万元，异常美满云。

1944年10月17日　第四版

域多利戏院响应难童圣餐

域多利戏院和乐斯公司主事人，为响应本澳圣诞节难童圣餐筹款，定于后天（十九）日下午两点半，放映谐趣名片，全数收入报效该项善款。现已提前销券，若蒙各界踊跃购座，则预料成绩颇为美满，并望各大行商，继起响应，俾善款集腋成裘，难童定当感谢云。

1944年10月18日　第四版

防务税表册副本陈列商会任由检阅　各填报者如无异议下月即照额征收

（本报专访）关于本澳政府当局征收防务税，经于月前通令各行商办理填报手读，办理日期，亦已于日前止截，至所填之表格，公钞局方面已委出评定委员会专责评阅完竣后，即进行列成表册，陈列公钞局，任由各行商自行检阅。如自认为评定不当者，可具情申辩，各情业志前报。昨据公钞局消息，为利便各行商起见，特将该项表册，多造一副本在此一二日内陈列在华商总会，俾填报者便于检阅。如各人无异议，该项税则即须于下月份照填报额缴纳云云。

1944年10月18日　第四版

慈善排球会　批准立案

澳门慈善排球总会，昨经热心体育之施利华，向警察局长呈报立案，现已批准，闻不日召集全澳体育界开会，选举委员云。

1944年10月19日　第四版

各地运输畅通　火柴外销恢复蓬勃　广州湾内地均有起色采办者踊跃　本埠消费不多各厂均感供过于求

（本报专访）本澳火柴业素称发达，制造厂设立凡达多所，规模巨大，出品精良，为南中国各地出品之冠。而本澳对外贸易之数字，亦以火柴业为最大宗。迨自战事发生，太平洋战火继燃，故由于原料来源断绝，各厂库存有数额甚伙，然不足以供应长时间之用。惟业该项经营之巨商，不假外求，自行制造，白药及其他原料，供应亦不虞短绌，惜以航途梗阻，运输困难，外输欧美各地者继告断绝，故火柴业之经营乃大受影响，且呈凋零状况。惟年来各地交通，略见畅通，火柴之外销，恢复蓬勃之势。记者昨据昌明火柴厂主事人称，谓年来广州湾内地等处，销路均有起色，故运输商在澳探办者异常踊跃。总说年来外销数字，比前增加，至本澳销行之火柴，系由统制局限制火柴枝数之产额及售价，不得减少或增价，但在本澳销行之数目不多，即以各厂依照当局规定之出品供给澳府，亦有供过于求之势云云。

1944年10月19日　第四版

戴督莅任纪念　中葡学生同唱国歌　在督辕前举行仪式

（本报专访）本月二十九日□为澳督戴思乐莅任四周年纪念日，本澳各社团及各界名流，将于是日在议事公局内举行纪念仪式，并将募集款项，在松山建立思乐纪念亭，以资纪念，详情经志前报。查民政厅方面，亦将于是日中午十二时召集全澳中葡学校学生，在督辕前举行纪念仪式，届时将由中葡学校学生同唱中葡两国国歌。该厅为使中葡学生对两国国歌，得有练习机会，曾于本月十六日下午四时，召集中葡学生数百人，在南湾花园内练习唱中葡两国国歌，成绩尚称圆满。现该厅再定于本月二十一日（星期六）下午二时，仍在南湾山花园内，举行第二次练习云。

1944年10月19日　第四版

各界捐助　功德林

（本报专访）功德林设办之贫民粥场，自开办以来，成绩甚为卓著。查该粥场之经费，全赖社会善长仁翁捐输，所有经费，已暂感不敷，幸最近由叶某启士捐出一百元，陈茂枝先生亦于最近捐出葡币一百元充作该粥场经费。甚望其他善长仁翁，解囊捐助云。

1944年10月20日　第四版

镜湖筹款会　截至现在得五万余元　尚有排球义赛国际义唱在进行中　狮子上楼台定本月廿八廿九举行

（本报专访）阖澳居民为镜湖医院第二次筹款大会，自九月廿五日成立以来，先后举行卖花献旗，梁上燕歌和电影，罗梁及赵馆醒狮采青，又中华教育会发动及各界捐款等，合共折□葡币共得筹款五万七千余元，现尚有排球义赛在举行，国际义事及狮子上楼台亦已定期举行，刻在筹备进行中。而卖花献旗，一角运动，醒狮采青之项业已结束，梁上燕歌舞大会，各界认购门券及捐款，大会财政组已于昨（十九日）开始派员按户前往收款，一俟收齐后，则可将该项全部数目公布。又大会国际组为筹备举行狮子上楼台及露天国术表演，该组已于昨日下午二时假大会办事处，举行小组会议，商讨进行，举行日期定本月廿八廿九两日，地址或假座良友球场，或利宵球场云。

1944年10月20日　第四版

播言台装置提示牌　在邮政局门前标贴重要消息

（本报专访）澳门播音台为使市民能获得最详确最快捷之新闻起见，特在邮电专理局大门前装设揭示牌一具，俾将所有本澳及其他各地最新消息，用中葡文缮写标贴该贴上，以供众览。查该牌已于昨日装置就绪，标贴新闻，已于昨（十九）日开始，俟后每日标贴新闻时间，随紧急消息不定时间外，每日决定两次，其一次在下年

（午）二日（时），第二次则在下（午）七时云。

1944年10月21日　第四版

盐商维持专营　经得完满办法　倘定价太低影响食盐运澳

（本报专访）本澳盐业生意，系专营性质，由澳府批与商人投承办理。该承办商除每年应付饷款外，而售价亦由当局予以规定。其次专营盐业之店号，亦规定若干间，以资划一。查往昔专营商在外采购食盐来澳者，数额异常庞大，且有输出供应各地者，该项生意，获利不菲。迨自战争影响，航途梗阻，运输困难，专营商在外采食盐运澳数额，乃告缩减。迨后出入口商在广州湾，汕头各地亦有大批食盐运澳，但出入口商非属盐业专营，故运澳时须按照数额之多寡，缴款佣若干，以弥补专营商缴纳饷费之支付。出入口商与专营盐商彼此维护，向安无异，不过佣款之缴纳，曾一度增加，而盐业亦自由买卖。讵最近出入口商突接盐商通知，谓拟□□往昔之专卖成案，凡出入口商运澳之食盐，由专营商以时价收购，不复自由买卖等情。出入口商以盐商彼此息息相关，倘执行往昔原案，而定价太低，则有影响食盐运澳，故彼等乃派员向盐商商洽一完满办法，俾得完满具体办法，以利商业贸易，而不致影响民生及彼此经营之损失。闻盐商以对方意见亦表赞同，不过尚有微□问题须谈洽后方可决定。记者昨据出入口商表示，谓彼等与盐商贸易，向有密切联络，当能获完满解决云。

1944年10月22日　第四版

高可宁捐助　育婴堂

（本报专访）澳门商会主席高可宁，慈善为怀，对于本市贫民救济，捐输不遗余力。最近高氏以育婴堂经费支绌，特以其本人名义，捐助葡币一千元，高夫人捐助五百元，高福耀及高叶氏各捐助二百五十元，合共葡币二千元，交由督宪夫人转给该堂作为经费之用。闻该款已交到该堂主持人，以为救济无父母之孤儿。如高氏者洵真乐善不倦云。

1944年10月22日　第四版

镜湖护士学校申请立案

（本报专访）镜湖医院护士学校，自设立以来，迄已十余载，成绩之卓著，早为社会人士所认识。惟该校立案手续，至今仍未办理，为该校□□，历届毕业生□□□。值理会曾于日前会议中提出讨论，结果议决由主席□□向本澳政府当局，请求立案，并进行向我国政府办理正式立案手续云。

1944年10月22日　第四版

本澳盐商　增为七家

（本报专访）本澳盐商前仅寥寥三家，惟自今岁之初，当局以盐务日趋蓬勃，□

衡环境之适应，乃准增多家数，现且承饷专售者，计共有七家，店名为益昌、恒昌、大生、大成、谦益、昌成及贸易局等云。

1944年10月23日　第四版

庆祝戴督莅任纪念　正式公布程序

（本报专访）本月二十九日，为澳督戴思乐莅任四周年纪念日，本澳中葡侨民，筹划盛大庆祝，消息屡志前报。查是日庆祝程序，已于日昨正式发表，（一）上午十一时澳督在督辕接见各界人士道贺，（二）十二时华侨在市政厅二楼举行庆祝仪式，（三）二时半澳督前赴协和中学主持该校葡文班开幕礼，（四）四时半澳督主持培正学校葡文班开幕礼，（五）五时半罗主教在庙顶大教堂内主持谢主礼，（六）七时葡侨在市政厅举行庆祝会。

1944年10月23日　第四版

国家医院增设　女界病房

（本报专访）山顶国家医院，最近为扩充院务起见，特将该院二楼办公厅迁移别处，将二楼全部辟为女界留医病房，日昨已粉饰一新，开始收容病者，全部侍护工作，概由仁爱会姑娘主理，堪称全澳唯一女界留医病所云。

1944年10月24日　第四版

马交歌咏团　举行演奏　响应布英沙筹款

（本报专访）马交歌咏团暨管弦乐队，为响应警厅长布英沙之呼吁，为难童筹募圣诞恩物，定于下月十五日晚九时半，假平安戏院举行音乐□□及□□□□等节目内容，甚为丰富，入场券定一元、二元、三元及无限额名誉券四种，下月一日当可开始在市内推销云。

1944年10月24日　第四版

邮政消息

（本报专访）本周间邮政局总信箱截信时间，昨已正式发表，查寄前山，石岐、路环、凼仔之信件，仍于每日中午十二时半截止，寄广州信件，则于二十五、二十七、二十八、二十九日下午五时截止，寄香港转自广东之信件，则于□□□□、二十七日下午五时截止，直寄香港□□自香港寄上海之信件，则于二十七日下午五时截止云。

1944年10月25日　第四版

教育司长解释关于增设葡文其意义纯为沟通中葡两国文化增进友谊　并非强迫实行各校如有意见可转陈当局

（本报专访）教育司司长华士贯些路，于昨（廿四）日下午五时，在澳门商会召集全澳各学校校长，解说关于最近政府当局饬令华侨学校增设葡文班之意义。昨日到会者计有岭南、协和、培正等三十余校之校长，华务局局长施多尼及中华教育会主席朱伯英亦出席。首由华士贯些路将此次政府当局饬令各校增设葡文班之意义解说，略谓“此次政府饬令各华侨学校增设葡文班，纯系根据本澳教育修正条例执行，其意义实为沟通中葡两国之文化，并使中葡青年得在言语间互相了解，促进中葡青年之友谊。目前政府并非迫令各校立即实行，现在首先增设葡文班者，只协和与培正两校，原因系属初期实行，将来在第二学期开始，将酌量饬令各校增设该班。各校校长，对于此举，如有意见，可请华务局长施多尼，教育会会长朱伯英转陈本人，在理由充足时，本人自当设法酌量接受云”。继由教育会长朱伯英起立代表全澳各学校发表意见，并将纪中校长戴恩赛报告与督宪谈话之结果转陈，略以饬令各校增设葡文班，凡属暂时旅澳之学校不在此例，继再由华士贯些路表示对朱氏所说之点，目前尚未决定，须俟考虑后方可实行，随即宣布散会。

1944年10月25日　第四版

义唱善款　昨日交到大会　成绩优异比去年超出一倍

国际酒店，及国际中乐团，响应阖澳居民为镜湖医院筹款大会，于昨（廿二）晚在国际三楼夜总会举行义唱，共得四千一百四十元，成绩超出去年义唱之一倍。计销去廿元券一百零二张，十元券一百二十一张，五元券九十八张，昨（廿三）日已由国际酒店将全部收入数目及余票交大会核计。是次义唱支出经费，广告悉系由各报报效刊登，各闺秀名伶歌伶义务登坛演唱外，所有经费，全由国际酒店负担，经费不动用公款。且是次义唱一切筹备布置工作，亦均由国际酒店职员若干人自动担任。廿一日销券，廿二日举行义唱，即晚办理结束手续，廿三日上午已将全部数目及余票缴送大会，工作之敏捷，手绩之清楚，博得一般人之赞许。闻大会方面日已将该项成绩及余票呈交市行政局查照云。

1944年10月25日　第四版

申照商号　去周共廿五家

（本报专访）前（二十三）日下午，评定公钞委员会召开例会，评定一切申请公钞牌照等级。查去周间申请之钞牌照之新商号，计共二十五家，其中仍以九八行占大多数，均经委员会评阅一切云。

1944年10月25日　第四版

缝工加薪　圆满解决

迩来因生活情度太高，缝业工人，故要求资方提高薪值，以资弥补。业经东西家集议，得获圆满解决，已定于本月廿六（初十）日照常复业云。

1944年10月26日　第四版

办理抚孤案　法院通告

（本报专访）澳门法院受理抚孤案一宗，查该案死者系多妈士卿，投诉人兼家人系罗纱李桂屏，法院特发出布告，仰所有不知姓名之债权人知悉，限由十月十七日起，于二十日内对于座落黑婬巷第二号屋，该屋系在登记局第二六号，字册第二一六页后幅内注明第九四八六号者，倘之辩论之处，得据实陈明，以凭核办云。

1944年10月26日　第四版

建筑思乐亭将由工务局办理

（本报专访）本澳侨胞于庆祝澳督莅任四周年纪念，特在松山之麓，建筑“思乐亭”，借以志念戴督在任之丰功伟绩，永垂不朽之意。至该亭之设，由庆祝会拟定费用五千元，前已发出捐册，向埠中绅商筹募。查该项捐册，昨已收回，成绩至为美满，闻俟收妥款项后即交由工务局代为办理建筑云。

1944年10月27日　第四版

葡京电委戴思乐续任澳门总督　政绩超然深得中葡民众爱戴

（本报专访）澳督戴思乐，莅任已来，迄已四载，本澳各界人士，将于本月二十九日，□督莅任四周年纪念日，举行纪念仪式，并筹建思乐亭于松山，消息屡志前报。查戴督自本委莅澳，四载于兹，下车伊始，即兴利革弊，务使达于尽善尽美，福利侨民，同时为使下情上达，深察民隐，特定每周接见市民一次，政绩超然，深得中葡民众爱戴。葡京方面，对戴督之施政，实深倚重，查本澳总督之任期，例任为四年，故戴督任期，刻已告满，惟葡京方面，以戴思乐将军，莅任澳门总督以来，迄今四载，管政有方，特于最近来电，继续委任戴思乐将军为澳门总督四年云。

1944年10月27日　第四版

寄葡邮件　恢复寄发

（本报专访）本澳寄葡京邮件，自恢复以来，迄今数月，往来送递，尚称畅顺，惟有一期间曾因某种缘故，一度停顿。兹据邮政局方面公布，寄葡京邮件之间已继续□□，本地邮件，决于本月廿八日发出，截信时间，为是日下午五时。此次邮件，仍由广州及香港转寄云。

1944年10月27日　第四版

梁上燕义演核算清楚　共葡币万四千余元

阖澳居民为镜湖医院第二次筹款大会，自成立以来，计曾先后举行卖花献旗、梁上燕歌舞、狮子采青、国际义唱、排球义赛等，除排球义赛一项成绩未报大会外，其余各项经已结束，并已先后公布数目。兹查梁上燕歌舞义演，各界认购之荣誉券及名誉券，除极少数未收齐外，其余均已收得，并经稽核组核算清楚，计共无定额荣誉券一百四十二张，得款九千五百四十元，名誉券（廿元）沽出六十八张，得款一千三百六十元，大堂中座（十元）沽出五十二张，五百二十元，楼上前座（十元）沽出二张，廿元大堂后座，沽出一百廿二张，三百六十六元，楼上中座（二元）沽出一百四十四张，二百八十八元，楼下后座（一元）沽出一百零八张，一百零八元，另退票捐款四百一十元，闸口慈善箱，（连临时票在内）□百九十一元三毫，送赠花牌特合现金共一千二百一十五元。以上各种收入，合共葡币一万四千零一十八元三毫云。

1944年10月28日　第四版

当局将新印一毫二毫辅币　现用者因纸质关系多属残旧不堪

（本报专访）兹据澳督府戴思乐昨（廿六）日接见记者称，政府当局，对于现在市内流通之一毫二毫之辅币，多数经已残旧，不堪应用，政府现正在积极搜购适合印制该项辅币之纸张，一俟搜得后，当即印制发行，届时并将收回所有残旧之辅币，以资调剂云。

1944年10月28日　第四版

酬谢义唱伶人　警局长赠锦旗

前日排球慈善赛，为圣诞节儿童恩物筹款，各名伶莅临参加节目，故收入成绩超卓。昨警察局长布英沙，以各伶人热心善举，私心告慰，为酬盛意计，特于今日下午一时假金门餐室招待，是日义唱伶人茶叙，晚间十时在平安戏院赠旗于白玉堂、白驹荣、罗唐生、白雪仙、陈艳浓、任剑辉、欧阳俭七人云。

1944年10月29日　第四版

旅业酒楼茶室税慈善会通告征收办法　分甲乙两种由各店自行选择　营业总额不得虚报否则严罚

（本报专访）澳门政府当局，为充裕救济善款，及增强收费起见，曾于日前政务会议通过增加各项税及增设旅业酒楼附加税。查增加税收，经于上月间开始执行，至于旅业酒楼食物店之附加税，因该项收入，全数拨作救济善款，故经政务会议议决，交由澳门慈善会策划办理。慈善会方面，自奉令办理后，随即开始拟划征收附加税立法条例，呈请政府当局批准执行。据悉该项立法条例，经由政府当局批核在案，将于今日出版之政府公报内正式发表。至于征收附加税办法，慈善会方面，决在该会管核下，另设附加税局，办事处设于议事亭前地仁慈堂二楼。至该项附加税，经已决定自本年十一月一日开始征收，凡正客及各店均须于该日起，依章缴纳，否则予以严厉之处罚。查征收手续，计分甲乙两种，甲经由各该店向顾客代收代缴，乙种为便利各该店计，得依照营业状况，估计税额若干，按期解缴。该两项办法，悉由各店自行选择，该局则已印就甲乙申请书两种，将于今日开始，将该两项申请书连同征收附加税通知书一份，分送各有关行业，着令于本月三十日以前，申请书二份任填一份，函送该局转呈澳门慈善委员会，以凭核办。各该店对于填报营业总额，务须从实报告，不得隐瞒，否则一经查觉，当照章处罚。又各店如有未明之点，得依各机关通常办公时间，前赴附该加税局，询问一切云。

1944年10月29日　第四版

同善堂　续收捐款

同善堂连日收到捐款一批，计梁永馨香店一百元，正大八十元，合利廿元，无名氏十元，刘廷扬、启□、留香，以上每五元（俱葡币）。查该堂日来施药有增无已，且药费续昂，现计其施药一剂，达葡币一元云。

1944年10月30日　第四版

旅业酒楼茶室税今日最后填送申请书　如商店未接到申请书今日可往该局领取

（本报专访）澳门慈善委员会代征旅业茶楼附加税，将于下月一日起执行，消息经志昨报。查办理申请手续，该局为便利工作起见，规定凡有接到通告及申请书之有关商号，一律须于本月三十日将申请书填就送交该局核办。查今日为最后一天，故望各有关商店，切勿拖延，从速办理申请手续。昨日为星期例假，该局未开始办公，惟今日当可开始，凡各有关商店，如有疑问时，可于善通办公时间内，前赴该局询问一切。又据该局负责人对记者称，该局日昨开始派送申请书，惟恐其中或有遗漏，倘各有关商店未收到该项申请书者，祈于今日前往该局领取该项申请书，办理申请手续。

1944年10月30日　第四版

调整旅业牌照等级　评钞会将重新订定　该会经调查各旅业状况

（本报专访）公钞局当局，最近以本澳各旅店之营业牌照所定之等级，与各店目前营业状况有所不符，兹为调整起见，特于日前委托评定公钞委员会委员，慎密调查各旅店之营业状况。闻该项调查工作，刻已办理完毕，该委员将于日间将调查结果在评定公钞等级委员会之例会中提出讨论，以俾重新订定各旅店营业牌照之等级云。

1944年10月31日　第四版

为圣诞筹募恩物　布英沙昨招待报界　席间布氏解释发动筹募动机及经过

（本报专访）警察厅长布英沙，体恤难童，发动募筹善款，曾经举行三角排球义赛，成绩甚为圆满，详情经志前报。布厅长为充裕收入计，特组织庆祝圣诞节为贫民筹募恩物委员会办事处于南湾街七号，并于昨（三十）日下午四时半，在该办事处内设茶会招待全澳报界。查是到会者，计有华侨报社杜国铨、西南日报陈庸光、陈尔铿、新声午报韩文干、市民日报及本报张卫夫暨葡文报代表等二十余人，由厅长布英沙将此次发动筹募难童恩物之动机及经过，继由葡文报代表及新声午报韩文干先后致答词，直至六时余始告散会云。

1944年10月31日　第四版

澳督患肠胃病　日间可告康复　批署文件仍由澳督亲自签署

（本报专访）澳督戴思乐，政躬违和，昨未到澳督署视事，兹据秘书长对记者称，督宪政躬口原有肠胃疾，起居饮食，经已注意调摄，日前曾略感风寒，虽经调愈，惟肠胃病又再度复发，现正在调理中，日间当可康复。至于批署文件，刻仍由督宪亲自签署云。

1944年11月1日　第四版

旅业酒楼茶室税　今日起实行开始征收　此项税只取诸顾客并非商店本身征缴行商希望政府修改细则俾能顺利进行

（本报专访）澳府当局以年来支出之政资及慈善费数额巨大，乃有实行增加各行商之附加税措施，以弥补政资之支绌。该项措施，经由政务会议讨论通过，于去月开始执行，惟以酒店旅业及茶楼酒家餐室等食物店，由于其等级之分别，营业情形之各异，乃延缓调查后实施，迨后认为复杂，遂改由仁慈堂之慈善会办理，并规定该项税收指明系供给慈善用途。澳府并在该堂内新设附加税局以司征收事宜。澳府于最近出版之公报内发表附加税准则，俾□行商知所办理，同时更行文该业知照。至澳政府颁行之附加税征则分为甲乙两种，甲种由商店向顾客代收代缴，乙种为利便商店计，则依照营业状况估计税额若干，按期缴纳，商人可依照该两种办法，选择其便利者办理。至开始缴税日期定今日开始，酒楼旅业行商以此种措施，乃属政府公令，且为慈善事业之所关，□应遵照办理，同时此种税收，并非向该行商征缴，系取诸于顾客者，该行商不过代为办理而已，但据该行商消息，关于澳府颁行新增税则时而距离执行时间过于短促，教该行商并无详细考虑之余地，且该两项办法之细则，亟望澳府加以修改，俾能圆满进行。闻该行商经将各情呈□华人代表，转陈当局云。

1944年11月1日　第四版

马交歌团咏定期演奏筹款　并由本澳名媛担任歌唱名曲

（本报专访）马交歌咏团，为响应警察厅长布英沙之呼吁，为筹难童经费及圣诞节恩物起见，决于本月十五日晚九时十五分，假塔石利宵修身室，举行音乐演奏会，入场券定一律三元。所有收入，全数拨充善款。是晚节目，除由本澳名媛担任歌唱名曲外，并由该团以西乐演奏中国乐谱如“昭君怨”及“夜兰人静”等曲，届时必有一番热闹。门券刻已开销云。

1944年11月1日　第四版

镜湖筹款会　发动义舞　三舞厅允予助协

（本报专访）为镜湖筹款会，自工作开始后，曾先后举行演剧、舞狮、球类等筹款节目，成绩圆满。该会游艺组，刻又策划举办义舞筹款，闻中央、国华及利为旅之舞厅主事人，亦允予协助，将定期本月中旬举行。

1944年11月2日　第四版

旅业酒楼茶室税展期本月六日执行　有关行商将难处托华人代表转陈当局

（本报专访）关于征收酒楼旅业食物店之附加税问题，澳府于最近出版之公报颁行条例，□定额□税收纯为慈善费，故改由仁慈堂慈善会办理。澳府为利便该行商易于办理起见，将颁行办法两项，其中细则尚有未尽善处，诚恐于将事实行时发生窒碍。良以该项税收，系取诸于顾客，旅业酒楼业商不过代办手续，但务求顾客对此手续不感麻烦方可顺利进行，而该业商之经营，乃不遭此影响，则澳府征税便行顾客缴税便利，而酒旅业代办代缴亦能圆滑办理，庶几此项措施，才获具体完善解决。至该各商号于接获通知书时，曾联同商讨，将各困难之点呈华人代表转陈当局，酌予改善，当局亦以所呈各节俱属实情，故将征税之日期，略为延展于本月六日开始，日间则可批复该行商办理云。

1944年11月2日　第四版

筹赈难童　兴办桌球比赛

（本报专访）警察厅厅长布英沙，为筹募难童经费及圣诞恩物，特发动举办中葡桌球比赛，拟于圣诞节日举行，一切办法，刻已由何启□等筹划进行，日间将遴选好手参加，以增加观众兴趣及充裕善款云。

1944年11月3日　第四版

慈善会公布　附加税率值百抽五　长期顾客第二个月改为值百抽四　零碎数尾不足税额一仙者则免征

（本报专访）本澳政府当局，为充裕慈善救济经费，增设旅业酒楼茶房附加税，经屡志前报。查该项附加税，原定于本月一日开始征收，但因时间短促，不及办理申请手续，经各该有关行业分向该附加税委员会请求展期，该局为便利各该有关行商计，特将征收日期延至本月六日，消息亦经志前报。现该会为市民明了征收附加税之税率及其他一切问题起见，特再发出布告，兹将该布告抄录如下。澳门慈善救济委员会为布告中，□奉澳门政府立法条例第八九五号饬于本年十一月一日开征附加税等因，业经通告在案，现奉令于十一月六日开始征收，自应遵守办理。合将奉发条例摘要公告，仰各遵守无违。此布计开（一）凡酒店旅店应于顾客找账时，照价目租房，代收慈善附加税百分之五。（二）凡长期住客，经预先订约，每月包计者，其第一个月应代收百分之五，以后则代收百分之四。（三）凡酒吧酒楼茶室饭店茶楼餐室舞场糖果店饼店，均应于顾客结账时，代收慈善附加税百分之五。（四）凡长期包餐，经预先订约每月包计者，其第一个月应代收百分之五，以后则代收百分之四。（五）凡顾客非预先订约者，虽满一个月以外，仍照百分之五代收之。（六）凡结账时，其零碎数尾不足税额一仙者，免征之。（七）饭店旅店代客买入饮食等物之账，经已在原买之店征税者，不重收，其照例无税者，更不得滥收。此项慈善附加税，由商人代收，照章汇解澳门慈善救济委员会，全部拨充澳门慈善救济经费。（九）其他关于一切征税事宜，依澳门政府立法条例第八五九号规定办理。一九四四年十月卅一日，会长罗保。

1944年11月3日　第四版

同善堂　续收捐款

同善堂施药经费支绌，连日以来，吁请各界捐助，用以维持而襄善举。查昨有无名氏助一百元，利□廿元，大利十元，发昌、翁□祺、翁益祺、无名氏，以上每五元（以上俱葡币），□□储券一千元云。

1944年11月4日　第四版

澳督政躬仍在调治中　庆祝纪念再延期　一俟康复后再决定日期举行

（本报专访）上月廿九日，为澳督戴思乐莅任四周年纪念日，本澳庆祝戴督莅任四周年委员会，原定于是日假议事公局举行庆祝大会。葡侨方面，亦拟于是日举行庆祝。惟是适因督宪政躬违和，未能参与盛会，故各会均一律改期于明（五）日举行。查督宪政躬，至今仍未康复，刻尚在调治中，故明日之庆祝会，仍未能举行。故经庆祝委员会决定，再将会期展延。改期何日，须俟督宪康复后再行决定。至于葡侨之庆祝会，亦将一律改期云。

1944年11月4日　第四版

响应布英沙局长主办全澳难童筹款　排球总会今日举行排球义赛　有十队之中之精锐球员作精彩表演　有八位“为善最乐”的艺术家唱名曲

澳门排球总会为响应市行政局长布英沙举办之全澳难童庆祝圣诞节筹款会，已定于本月四日下午三时半，在利宵球場举行排球义赛，经志前报。现闻兹日将有十队中之精锐球员作精彩之表演赛，并有丰富之游艺节目助庆，由著名艺员谭兰卿、白玉堂、任剑辉、欧阳俭、陈艳侬、谭秀珍、卢海天、白雪仙，演唱得意之作，中有谭兰卿唱自撰曲“神秘女皇出浴”，玉堂唱“韩信骂萧何”，卢海天、谭秀珍合唱 “前程万里”等，并由音乐巨子卢庚、卢九叔、卢耀均等领导之合唱音乐社拍和，更有著名音乐家雅地晏尼路及其乐队演奏世界名曲，门券分□元、二元、一元三种。是日下午二时半开始售券，闻已销售甚多，□心慈善之球迷观众，宜从速购券，以免到时望门兴叹云。

1944年11月5日　第四版

调整征税圆滑进行　慈善会内特设附加税局　聘任梁后源、何启绶、徐佩芝三人策划办理　委员名单将在最近出版之澳府公布发表

（本报专讯）关于酒楼旅业商之营业附加税，澳府曾同华人代表梁后源再三考虑后，拟定具体办法，决定于本月六日起开始执行。经济局长罗保经于昨日公布条例，俾该各商号知所遵照办理。至该项附加税之征收，全部纯为拨备慈善经费，因此该行商号均极乐意接受。日前所以呈请改善者，首为彼此求圆滑进行而已，其次华人代表梁后源为维护该商营业，及顾客缴税全澳府征税等各无因此而发生影响之原则下，□□调整完善。同时澳府更聘任前中山税务局长何启绶先生协助梁氏办理该项税收事宜。查何氏□税务经验极为丰富，在任事时政绩良好，迨中山沦陷后，何氏即来澳作寓公，甚少问事于社会，此次华人代表梁后源以何氏长于该项经验，乃极力推荐于澳府，聘任共□进行。而何氏以此乃属慈善性质，实责无旁贷，乃允予接任。又关于该项附加税之征收，由慈善委员会内特设附加税局负责关于征税事宜，该局委员澳府则聘定梁后源、何启绶、徐佩之三人策划办理。该局委员名单将由最近出版之澳府公报发表云。

1944年11月5日　第四版

圣诞筹款　色糖义卖

全澳难童圣诞筹款会现闻举行一种色糖义卖，每枚售葡币一角，拟邀澳中各校生徒劝销，日间将由该会派员前往各校接洽，并商请各教育名流协力推动，相信义卖成绩□可观云。

1944年11月5日　第四版

澳督莅任庆祝大会决定暂缓举行　推派代表慰问澳督

（本报专访）澳门华侨庆祝戴督莅任四周年纪念会，于昨（四）日下午二时假商会一楼召开委员会，委员出席者二十余人，讨论事项，除决定将庆祝大会暂缓举行外，并推定庆祝会正副主席暨镜湖同善堂主席等代表该会于日□前往总督官邸，慰问澳督云。

1944年11月6日　第四版

旅业酒楼茶室附加税今日开始征收　委员会将根据填备之申请书办理征税

（本报专访）关于酒楼旅业之慈善附加费征收，原定于本月一日开始实行，惟当时该两业商人，对澳府所颁行条例之各节，其中有未□□□，乃有呈请略予修改。而澳府亦体恤商艰，允予修改后颁布，乃有延至今日始实执行。而负责征收该项慈善附加费之征税局各委员，连日积极策划一切，昨日虽为星期例假，仍照常办公。查该项附加税，系取诸于顾客，酒店旅业商只代为办理性质，至税额之征收按照顾客耗用之物品价加百分之五征收，惟长期顾客，□□（包括长期居住者）则仅征收百分之四，以示优待。日前缴税委员会为利便办理缴税事宜起见，曾派出申请□，由各酒楼茶室旅业等商填报其营业状况，俾委员会将根据各申请者之经营实施完善之征税办法云。

1944年11月7日　第三版

政府当局正式发表　增加公务员津贴

（本报专访）本澳政府当局为减轻公务人员之负担起见，曾决定于本年十月起增加公务员亲属津贴，该条例经于上周出版之政府公报内正式发表。其津贴办法，公务员如有妻室，则每月增加百分之三十津贴，如有小孩者，其长子或长女亦可得百分之三十之津贴。此外如另有孤寡之母亲者，可增加百分之十五津贴，如有未嫁之姊妹，每人亦可得百分之十五津贴。倘无妻子而只有孤寡之亲母者，其□□□□可得百分之三十之津贴，如另有未婚之姊妹，其长姊或长妹，□得百分之三十之津贴。其他之未婚姊妹，每人亦可得百分之十五之津贴云。

1944年11月7日　第四版

附加税昨日起执行　商店多采取乙种办法　乙种办法根据营业状况认缴税额若干　在认额未订妥时仍须向顾客征百分五

（本报专访）本澳政府当局，为增强慈善救济善款，决定增设酒楼旅业附加税，一切征收事宜，由澳门仁慈堂另设征收附加税委员会，负责办理一切，详情屡志前报。查该委员会原定于本月一日开始征收附加税，惟以各该有关行业，办理申请手续，时间不敷，故改于昨（六）日开始征收。查征收该项附加税，原分甲乙两种不同之办法。甲种为代顾客代收代缴，加收百分之五。乙种之办法则为根据各店营业状况，由该委员会与各有关商店协商每月认定缴纳附加税之税额。查市内各旅店酒楼茶居，多愿采取乙种办法，惟采取乙种办法，必须先行协定每月认缴数额。故该委员会除发函通知各该店从速派员前往该会协商外，并周知各店如系采取乙种办法者，在认额未订妥时，仍请由昨（六）日起，先行代该委员会向顾客征收慈善附加税百分之五。兹将该委员会最近发出通知采取乙种缴纳附加税办法之通知书抄录如下：

迳启者　兹接贵号缴来乙种申请书一纸，内列九月份营业总额为×元，又估计×月份营业总额为×元。兹经敝会将所报营业额详细审查，贵号营业收入约有××元，应请派出负责人员前来依照敝会审查认定数额订立合约。如认为审查未洽公允，亦希于接函廿四小时内派员提出证明到会磋商。又所估税办法暂以一个月为期。相应函达贵号，希为查照是荷。此致××号。澳门慈善救济委员会会长罗保。（附注：在认额未订妥时，仍请由本月六日起代征慈善附加税。）

1944年11月8日　第四版

下乘食店及旅店请免税者共卅余家　委员会日间转呈当局批核后始能决定

（本报专访）本澳政府当局增加酒楼旅业附加税，经于前（六）日开始征收，消息经志前报。查市内之酒楼旅店，对于缴纳附加税办法，多愿采取每月认定税额之办法。兹连日附加税委员会办理调查及磋商工作甚为忙碌。惟据该委员会之通告，各店在未认定每月之税额以前，应先行代该会向顾客代收附加税百分之五。故自前（六）日起，市内各旅店酒楼已一律开始征收附加税，不论顾客惠顾数目多寡，概须照章征收附加税。查该项附加税之收入，原定全数拨作慈善救济。政府当局，为体恤一般规模较为细小之旅店及茶居起见，曾规定凡属供给贫民食料或住所之食物店及旅店，经政府当局批核，准予免征附加税，故市内一般下乘食店及旅店，多呈禀该委员会请求准予免征。闻该会已收到之请求禀纸已有三十余份，该会现正办理应缴附加税调查及协商工作，尚未将禀转呈政府当局，惟一俟日前之工作告一段落后，当即转呈当局核准，方能办理免征事宜云。

1944年11月8日　第四版

申请商号　去周十七家

（本报专访）评定公钞等级委员会于前（六）日下午召开例会，评定申请商业牌照等级。查去周间申请商业牌照之新商号计共十七家，其中仍以九八行占多数，均经评定公钞等级委员会评阅一切云。

1944年11月9日　第四版

电力局长对记者谈极力清除流弊　职员不礼貌请用户通知

（本报专访）市营电力局，为求业务上之改进，曾于日昨再度在各报章发出通告，倘该局职员到用户屋内对于职守上有不礼貌之处，请用户随时通知该局，俾除流弊。据该局长巴路士昨语记者称，关于以上□通告，甚望用户予该局以协助。查因该局自实行改善一切措施以来，对于该局一切内外事务，无不力求尽善尽美，以符合为社会服务之要旨。该局自于日前数度在报章公开征求用户对该局业务上之意见以来，幸得各界人士之鼎力协助，迩来用户向该局提出关于该局业务上，应行改善之事，屡有所闻，而该局在得到建议之时，无不酌量接纳。如对该局有流弊指示，亦立即设法清除。故仍望各用户继续协助该局，如发觉有不满意之处，请随时驾临该局或用书面通知云。

1944年11月9日　第四版

拆卸屋宇注意须通知公钞局　否则仍须缴业钞

（本报专访）公钞局征收去年度业钞，经于上月底截止。凡未依期纳缴者，该局将照章予以处罚，消息经志前报。查此期征收业钞结果，其中有百余名，过期尚未纳缴，公钞局方面刻已进行办理追纳手续。考诸业主逾期未缴纳业钞之缘因，据公钞局负责人昨对记者称，系因有等业主，以房屋陈旧，将其拆去。当是时，未通知公钞局房屋已拆去。业主方面以为不须再缴纳业钞，而公钞局则仍须向业主追征业钞，至发生种种误会。查关于拆屋手续，业主在拆屋之时，须先用书面通知公钞局，禀后在年底时期另呈然公物会撤消业钞。倘未经此手续，公钞□则仍须向□业主追收业钞云。

1944年11月9日　第四版

色糖义卖　购者踊跃

色糖义卖，成绩略见昨报。□继续认购者，将在本报发表。闻各校员生以此□义卖，系属慈善性质，纷纷函向该会追认购额，具见本澳教育人士热心慈善。如有再欲追认购额者，仍可直接通知南湾七号办事处云。

1944年11月10日　第四版

凡征附加税商店均贴有慈善会布告　倘无布告贴出即表示该号不须征收　如私自征收一经查觉当局严办不贷

（本报专访）本澳政府当局，为增强慈善救济经费，征收旅业酒楼附加税，经于本月六日开始实行。政府当局为体恤贫民艰辛，对于贫民旅店及小食店，经调查后，准予免征附加税。查市内贫民旅店及小食店呈请免征收附加税者已有三十余家。附加税委员会方面，日间当可转呈当局依照征收附加税办法。惟政府未批准之前，请求免征附加税之店户，一律不得向顾客征收附加税。惟市内有等旅店及小食店，虽已呈请当局免征附加税，但竟亦向顾客征收。兹为防止流弊起见，昨该附加税局负责人对记者称，该局征收附加税，凡应征之商号，均由该局发出布告，该布告上，并盖有附加税委员会之正式印章。凡应征附加税之商店，均须一律将该布告张贴于店内以示顾客。倘无该布告贴出者，即表示并不须征收附加税。至于不应征收附加税如有借机取巧，私自征收之商店，一经当局查察，当□予以严厉之处罚云。

1944年11月10日　第四版

筹募救济难童　粤剧义演　今日开始讨论

筹募救济难童经费粤剧义演大会，定今日下午三时，假座商会礼堂召开第一次全体委员会议，商讨进行义演事宜云。

1944年11月11日　第四版

同善堂值理捐七百元　助舞狮□费

（本报专访）日前赵馆及罗梁馆醒狮游行筹款，计收入所得，除七成归镜湖医院外，余三成则拨充同善堂经费，惟舞狮人员之伙食，则由同善堂负担七百元。查该项费用，昨经该堂值理支付，计崔诺枝一百二十元，陈茂枝、高可茂，每一百一十五元，蔡文轩四十五元，叶子如、崔六每三十五元，黄渭林廿□元，黄仲良、林如楷、金达□，每廿五元，黄汉兴、黄□□、陈伯墉、□如彬、崔洛忌、李际唐、刘耀墀、郭秉琦、冯养、区照记，每十□元云。

1944年11月11日　第四版

色糖义卖　共千余元

色糖义卖连日分头进行，成绩极称人意，虽一糖之微，具见各校热心为善。查此次成绩，总计共卖出一四七二五粒，合葡币一千四百七十二元五角。闻该项色糖，自昨日起已经陆续分送各校，其认购最多者，以崇□□设侨澳难童免费义学为首，其次则为镜湖义学，而培正培道协和等中学，成绩亦不弱云。

1944年11月11日　第四版

筹募难童餐经费　排球会举办义赛　同善堂接纳办理

昨日同善堂开值理会，出席者有崔诺枝、蔡文轩、陈茂枝、黎卓彬、黄渭林、黄仲良、崔洛忌、区照记等。席间讨论关于澳门排篮球联合会主席郭秉琦函称，□举办排球对赛筹款以助镜湖义学设备费，及同善堂难童餐经费等，应否接纳。决议该会热忱善举，接纳办理云云。

1944年11月12日　第四版

未订租约屋宇纠纷法院不予受理

（本报专访）澳府为避免屋主与住客发生纠纷起见，故有颁行订立合约之措施，规定租赁之时间久暂，与租额之多寡，俾所遵照办理，在合约有效期内，业主毋得迫迁及任意增加租值。自实施以来，收效良好，惟有一般业主于租赁楼宇与住客等，认为订立合约，乃一种麻烦手续，多不予遵照履行。此种情形，实对业主不利，缘以法院对彼辈未经订立合约，即使发生讼诉□事，亦不予受理，□住客欠租多月，业主亦徒呼奈何，损失最甚。顷查最近又有发生迫迁情事，结果因未订租约，□□□户□□。故希望一般业主于赁出楼宇时，切须履行合约手续，庶免将来之纠纷争执云。

1944年11月12日 第四版

镜湖义庄 增加柩位 尽量收容停棺

（本报专访）镜湖医院于年前鉴于义庄停置棺柩之数额增加，乃议决增设义庄柩位，以广容置。查该项棺柩之停放，多系准备移运回乡安葬者，不过格于交通之困难，乃暂寄存于该庄。惟年来交通梗阻，往昔停置者未经移出，而后至者纷至沓来，该庄乃有棺多位少之感。顷闻镜湖医院主事值理，为利便停置棺柩起见，决定再度增设义庄柩位，尽情收容云。

1944年11月12日 第四版

金城茶市 增加歌唱

本澳金城大酒家主事人，为使一般顾客于饮食时间得到聆清歌妙曲之高尚娱乐，故特□聘音乐界四大天王，尹自重、吕文成、傻□何、浪萍等，领导中华音乐会全体歌艺名流，由今日起一时至三时，在该酒家七楼之午市茶厅，演奏名歌，并表演该谐剧目以娱□客。想届时各界人士，又多得一饮食娱乐之良好场所也云。

1944年11月13日 第四版

戴督难童疗病院办理成绩异常良好 供给膳食爱护备至不啻难童乐园

（本报专讯）澳督戴思乐，为关切一般贫苦儿童起见，于去年设立有难童疗病院，位于柯高马路中段，收养贫苦无依之难童达数百人，供以膳食住宿，而院中设备，极为完善，举凡医药用品，儿童衣物，均充足供应，尤以膳食更为丰富，每日均有牛奶鸡蛋肉类菜蔬，营养丰富物品，以供儿童食用，该园不啻为难童之乐园。负责该院事务者，为卫生局长山度士夫人玛丽女士，并有白衣姑娘协助料理，成绩异常良好。迨至月前，乃迁往岗顶，而玛丽女士对一般收养儿童，爱护备至，犹若其亲生之儿女无异，该院并设有疗治处以利便外界之儿童□病者送往该院疗治，其设备与医院相同，而费用为较医院为廉，市□之子女，有患病而送往该院医治者，院方当乐则收容云。

1944年11月13日 第四版

澳督戴思乐 政躬康复

（本报专访）澳督戴思乐，政躬违和，迄今已多日，最近在卫生局长山度士诊治下，病势已日渐痊愈。兹据消息，澳督政躬，经已完全康复，倘医生允许，今日即可照常办公云。

1944年11月14日　第四版

行走港澳线轮船　暂时宣告停航　原因港口敷有水雷异常危险　须申请海军部派轮引导方可

（本报专访）港澳交通线，除内河运营轮船外，并有某地机动航船行走，素称利便。惟最近该线航行船只，均告暂停。据记者调查，其原因闻系香港海口敷有水雷，航行船只倘不明路线，实属异常危险，事先得海军部派轮引导方可。即广州方面开港之轮船，亦因此而告停航。查前日民国丸由省返澳，经过黄埔及虎门时，驻军误会该轮往港，用旗号问明乃系开澳者方始放行。现各航运公司经分向香港海军部申请，一俟批准指定小输引导后，即可恢复航行云云。

1944年11月14日　第四版

贫民旅店暨食物馆申请免征附加税　税委员已分函邀请到会协商　申请书于日间转呈政府核示

（本报专访）本澳政府当局增设旅业酒楼附加税，已于本月六日开始征收。惟当局为体恤贫民艰辛计，规定凡属贫民旅店及食物店，经附加税委员会调查核实后，准予免征。□自开始免收附加税以来，一般贫民旅店及食物店，先后向附加税委员会申请准予免征附加税者计有四十余家，附加税委员会接到申请后，刻已准备办理转呈工作，并□派出专员调查各店实况，调查结果，闻在申请免征附加税之四十余店中有一份系□□□附加税之店□，该委员会已分别函约各该店派员前赴该委员会办事处协商缴税办法。至于确实应予免征附加税者，该委员会将于日间将申请书转呈政府当局候□云。

1944年11月15日　第四版

燃料供应影响　明晚缩短供电　由六时三刻至十二时一刻

（本报专讯）市营电气局，恪于燃料供应问题，将于本月十六起日（日起），将供电时间缩短，原定时间为下午七时至明日凌晨三时，现以冬季，乃改为下午六时三刻至半夜十二时一刻。自十二时一刻后，全市电流，除医院及特别机关外，一律停止。该局将于今日正式发出通告，记者曾于昨日走访该局长巴路士，据称，电局此次缩短供应时间，其最大理由乃因该局迩来购料困难之故，盖最近运抵澳门之燃料，其数量实感不敷供电至夜半三时之耗用，以此情形，本澳煤商又须设法大量煤油树脂等来澳，以资供应发电之用，否则供电之限制，则有再度增加之可能。而事实上经济局与电气局方面，在过去两年间，对于购买燃料已尽其所能，然□渡此难关，同时该局更希望得到一般人之协助，使该局得以继续供电。查本年七月及八月间，幸赖□□之鼎力协助，燃料恢复源源运到，全部□为该局所购买，其中只有一部分不适用于发电机者则不在此例。而电局过去对于一切燃料，凡合于该局经济条件所限者，无不尽量收购，根乎此点，可见一般商人，尤以华侨方面，对该局发生一种信仰，深信该□属于电□之供应，实对极大之利赖云。

1944年11月15日　第四版

同善堂　收捐款一批

同善堂善院，迩来因施药激增，且药价猛涨，支持乏力，曾力向社会人士，请求捐助，俾以维持。查昨有宗鲁助储券七千元，容林氏储券三百元，无名氏储券一千二百元，无名氏大洋一千元，高云石葡币二十四元，张立善葡币四十元，卢夫人葡币五元，余利大洋一百元云。

1944年11月15日　第四版

粤剧义演　今早开会　商讨一切要务

筹募救济难童经费粤剧义演会，现正积极进行。该会前经商定本月廿七晚在平安戏院公演，距离公演时间无多，各事亦须从速策进，故定今日下午三时假商会举行第□次会议，商讨一切要务云。

1944年11月16日　第四版

澳门少女团筹办盛大义售筹款会　澳督女公子对记者讲话

（本报专访）澳门少女团，成立以来，迄已数月。该团在督宪戴思乐、经济局长罗保暨其他机关长官之女公子等主持之下，团务之发展，日见蓬勃。该团除举办各项比赛，以增加各团员之兴趣外，对于社会福利事业，更办理不遗余力，日前曾举办盛大跳舞会，收入全数拨作育婴堂经费。兹据该团负责人澳督戴思乐之长女公子玛利亚戴思乐女士，日昨对记者称，该团鉴于冬日将临，一般贫苦少女，极宜设法救济，该团决于本年圣诞节假期中，举办盛大义售筹款大会，以济贫黎。该会出售物件，则由该团团员分别自行筹制，届时尽量捐出，所得款项全作救济之用，同时该团团员，将大规模向各界人士劝捐旧衣，以资分赠一般贫苦之少女云。

1944年11月16日　第四版

下环分诊所　增设牙医

（本报专讯）镜湖医院为贫病侨胞服务，年来院务措施兴革尤多。查该院自本年度增设眼耳鼻喉及牙科等赠诊，以利贫病就医，最近又于下环分所增设牙医，定每星期二日下午三时至四时为赠诊时间。已于昨（十五）日开始。该处牙科，任为刘光普□。

1944年11月17日　第四版

商会值理四届蝉联任期满　依章改选呈请总督准予退休

（本报专访）澳门商会值理任期，原定每年一届，惟在过去四年中，时值非常，经政府当局谕令连任，故连任值理等已连任四载。现该会值理等以任期行将告满，特于昨（十六）日值理常会中议决，即日函请澳督准予辞退，以便依章定期改选。兹将该会值理等拟就之辞选呈文抄录如下，“敬启者，可宁等猥以庸材，前承会员选举为本会值理。汲深绠短，时虑弗胜。迨任期届满，复奉钧谕，以时值非常，所有社团值理，须一律连任，不得改选等。因可宁等迫不获（得）已，惟有勉遵钧命，继续服务，蝉联三载，讵敢云劳。然而时局多艰，无补毫末，抚躬自问，疚仄滋深。窃念同人等，或以年老病多，精神□溃，或以商务繁冗，兼顾未遑，若不及早引退，卸息仔肩，诚恐贻误要公，徒辜众望。现查本届任期行将告满，当经全体值理议决，一致通过，坚决告辞，让贤接替，为此具函陈请钧鉴，并恳俯赐照准，俾得依靠定期举行改选，以维公务。如何之处，敬候示遵。此上，澳门总督戴思乐，澳门商会正副主席暨各值理。”

1944年11月17日　第四版

下环街某号商户　发生小火

（本报专讯）昨十六日下午三时许，消防局突接警耗，谓下环街某号商户发生火警。该局得悉后，即派出队员多人驾灭火机赴肇该地点施救。而公众救护队之十字军亦同时出动，以防意外。查该商户因不慎发生小火。迨灭火机抵埠时。已将之扑灭，乃收队而返云。

1944年11月17日　第四版

歌咏义演　成绩美满

（本报专访）为响应筹募难童经费，本澳马交歌咏团于前（十五）日晚九时十五分假塔石利宵中学健身室举行音乐演奏大会。来宾数百人，济济一堂，情绪甚为紧张。该团全体团员，先后分别担任各种演唱，节目中尤以中国名曲“农夫曲”及“昭君怨”最博得听众之赞许。闻此次筹款结果，收入共约二千余元，成绩甚为圆满云。

1944年11月17日　第四版

乒乓义赛　罗唐生热心协助

乒乓球义赛，为难童恩物筹款，昨举行会议，报告进行会议。同时该会为增加收入起见，函聘妇女会协助劝销门票，同襄善举。查是次乒乓球比赛想必甚为精彩，盖多年未□现色相于球场之健将，亦为□戎行。更有□广州及香港赶回助阵者，是故势必争持热烈。同时游艺方面，更得体坛□将罗唐生，竭力奔走，除担任歌唱词曲“归来燕外”，更设法商请电影明星，红伶，音乐大家等协助，秩序将必异常精彩。至节目如何，容查续报。

1944年11月18日　第四版

酒楼茶室对附加税勿持观望态度　将来有被停止营业之可能

（本报专访）澳门慈善委员会本月六日开始为政府征收酒楼茶室旅业附加税后，市内有一部分贫民食物店及旅店，由该委员会派员调查确实后，该委员会□呈请当局审核，准予免征外，其他有关商店，一律须依照条例所定缴纳附加税。惟查市内应缴附加税而仍不予理会之店铺，仍有多家。兹据该委员会主事人昨对记者称，店铺如应缴纳附加税而仍持观望态度及不予理会者，委员会方面将依照条例将该店铺之不予理会之情形，呈请政府当局核办，将来或会受停止营业及取消营业牌照之可能云。

1944年11月18日　第四版

廿四家盐商　竞投食盐生意

（本报专讯）本澳食盐生意，系向政府缴纳承办者。查以一年为期，去年批准者谨得七家，惟以航运关系，该商对采运盐食来澳，颇感困难，故多赖出入口商运来。但出口商非属承办商，故食盐之来澳，须向盐商缴交例款以弥补盐商缴纳饷款之数。澳府以此情形，为求商业贸易发展，及本澳盐食之绍□起见，特于今年扩大招商承办。查今年之盐商开投，经于本月十四日上午十时，在督辕楼下之财政局内公开投办，计投票承办者共达二十四家。澳府乃予获准，但经核准之承办者，须于本月二十日上午十一时前将款二万五千元缴交西洋银行内作为按金，方发生承办之效力。查该二十四家承商，多为出入口商，其运采食盐具有相当把握，将来之盐食供应，不虞缺乏。即本埠商业贸易，有利赖发展云。

1944年11月19日　第四版

华侨名流多人筹组慈善总会　将来统理一切慈善筹募事宜

（本报专讯）本澳为中立国属土，年来各战地民众避难来澳者，与日俱增。而澳府当局及一般绅商巨商，目观时艰，对此逋民，情况凄楚，乃先后发起慈善救济，俾不致流离颠沛也。故本澳之慈善筹款，接二连三，异常蓬勃，至其种类之分别亦各有不同，情形复杂。顷有华侨领袖多人，拟组织一团体以统理一切筹款事宜，于最近晋谒当局，请求准予成立一华人慈善总会。将来该会成立后，所有澳门一切华人筹款之事，完全由该会代为办理。该会筹获之善款，观察各慈善机构之经费需要而拨给云。

1944年11月19日　第四版

广澳线　航期编定

（本报专访）行走广州澳门航线之民国丸，本月下旬航程班次，刻已编定，二十日二十五日往广州，二十三日、二十八日返澳。澳门开行时间为晚上十一时云。

1944年11月19日　第四版

镜湖义庄工程　改期开投

（本报专访）镜湖医院计划改建旧义庄，以容棺柩停置，各情经详志本报。顷查该义庄改建之工程，原定于日前开投，但因事未果，故再定于下星期五下午三时半在该院开投。

1944年11月20日　第四版

批准盐商　二十四间

（本报专访）本澳食盐，澳府日前批准承□之二十四家盐商，照例于今（廿日）上午十□□以前□缴款交于西洋银行作按，方生效力。承办之期，系于一九四五年一日起，开以一年为期。在此□商未办而盐商未离之交替时期内，食盐存量，仍甚庞大，但其价格竟而高涨，其中或□原因。惟一般市民希望盐商以民食为重，辛勿（借）机抬高价格云。

1944年11月20日　第四版

夜间停电后　检查行人

（本报专访）本澳警察当局，为维持治安起见，自前（十八）日起，每晚于电流供应停止后（即午夜十二时半），即派出武装警察联队，每队二人，分别在各街道检查行人，以防止歹徒活动。市民晚间在路下行走，倘遇该检查队喝令停止检查时，即关停步并予警员便利，切勿违命，否则检查人员或有误为不肖之徒云。

1944年11月20日　第四版

同善堂　收救济箱款

同善堂为求收入挹注善举起见，曾在各摊馆及茶楼酒肆设有救济箱一个，求各善长仁翁，自动捐款，襄助善举。查该堂昨天派员收得各号救济箱捐款如下，银业行四十九元，快活楼八元九角五分，中央二楼二十八元二角四分，瑞贞三十八元□八分，顺泰四元四角五分，西就七元二角五分，德铭四元七角四分，□利八十二元六角四分，俱葡币云。

1944年11月20日　第四版

粤剧义演　今午开会

筹募救济难童经费粤剧义演大会，定今日下午二时假商会体堂举行第三次会议云。

1944年11月20日　第四版

镜湖留产室　贫者免费

镜湖医院内所附设之妇科留产室，分有头二等外，并为利便贫苦侨胞之孕妇分娩起见，设有免费室。查头等每日留产费四元，二等二元，□药接生及□验□洗涤衣服，伙食等费，均须自备，三等每天一元，除缴□验及洗衣费□角外，其余一概免费。至免费留产者，向该院报明后，并须由□院派员调查确属实情者，则一切费用均可豁列云。

1944年11月21日　第四版

致富捷径　慈善彩票交商会劝销　经手头奖亦得巨金利润

（本报专访）警察厅长布英沙，为扩大筹款救济留澳难童，□请热心人士举办一元慈善彩票，交商会发出劝销，将来以六成拨作奖金，四成拨充救济难童□费。商会方面特于昨日开特别会议，讨论劝销办法。布氏并莅会共同讨论。席间决定请各行商分别劝销，并定为奖励推销起见，对于□手□出头奖者，亦给予二千五百元奖金。至幸中头彩者，如认为所领行次饰物不满意时，商会再以相当原定之代价购回云。

1944年11月22日　第四版

下月寄发邮件　增贴慈善印花

（本报专访）本澳政府当局，为充裕救济善款起见，规定于每年最后之一个月内，投寄本澳邮件一律每封须另贴慈善邮票五仙，该项收入，全数拨作慈善经费。昨□邮政总所所长贾华僚对记者称，该慈善邮票，今年仍须实行，故自本年十二月一日起至月底□，凡投寄本澳邮件，除原有之邮费外，不论封口或开口信件，每封一律须另贴慈善邮票五仙。该项慈善邮票。仍在邮政局内出售云。

1944年11月22日　第四版

妇女会　演剧联欢

（本报专访）澳门妇女会，为扩大组成自于月前预订会章并获得政府当局批准核在案后，即开始大规模征求会员。迄至最近，加入该会之妇女，甚为踊跃。据悉该会将于最近公演名剧“职业与妇女”，以资联欢新会员。该剧刻已在排练中，所有演员，则由该会全体会员分别担任云。

1944年11月22日　第四版

法院公审万元巨窃款案

（本报专访）法院刑庭于昨日开堂公审一宗行窃万余元巨款疑案。该案被告为男子吴历好（译音）与另一男子黄祥毅。事缘本年二月间营地大街同昌隆米店事主，窦被窃去大洋万余元，疑为其伴吴历好黄祥毅二人窃去。计吴窃去万余元，黄则窃去九千元。事后除吴在逃未获外，黄则于被拘后，备文转□法院办理。该案昨由法院开堂公审，除黄于日前瘦（庾）死狱中外，昨日到堂受讯者，则为嫌疑被告刘□南，因刘曾受者被告托代汇款返乡。□该□昨由法院长详细审讯后，刘则延律师赖□喇登堂辩护，直至下午七时许始行宣判，以刘证据不足，乃判无罪省释云。

1944年11月23日　第四版

盐商谒总督　申述盐务情形

（本报专访）查明年盐务生意，呈请领牌者共二十四家。经政府饬令，每家先缴保证金二万五千元，以昭殷实。兹计已缴者已有十六家。昨（二十）日由财政局召集各商到局议饷，财政局长提出明年总饷额四十万元，□十六家平均，每家负担饷额二万五千元。各盐商以本年饷额只系一十二万六千元，明年比较增加三倍有多，佥以饷额过巨，难以负担，曾请求减饷，以轻负担。惟财政局长表示预算已定，实难于减少。各盐商以饷额过重，实属难办，有考虑之必要。最后财政局长亦表示予以利便，遂由各盐商召集会议，举出代表于昨日下午联向总督请愿，（一）请求政府将所订饷额重加考虑。（二）各盐商如有请求注销原禀者，请予照准云。

1944年11月23日　第四版

红十字会拨助　难童经费

（本报专访）警察厅长布英沙，发起筹募难童经费，各界响应甚为踊跃。据悉本澳葡国红十字会分会，亦于昨日拨送葡币□千元，为救济难童经费。该款已由该会会长罗德礼交布厅长云。

1944年11月23日　第四版

响应难童筹款　高可宁助抽彩券票纸费一千元

难童筹款举行慈悲抽彩之票纸费用，由高可宁助葡币一千元。又澳门教府印刷局免费代印全部抽彩券云。

1944年11月24日　第四版

华视学会日间　派员巡视各校

（本报专访）本澳华视学会□于各学校之清洁，颇为注重，故每年均有数次派员往各校巡视调查清洁状况。现开该会日间将派员出巡视察云。

1944年11月24日　第四版

利为旅歌座纪盛　四大天王演奏情况极为热闹

四大天王领导之中华音乐会，日昨在利为旅演奏。时钟一响，来宾莅临，非常挤拥，预先定座已有数十台，以致后来者，多感向隅，由此足证四大天王号召力之相当。查该日节目中，□有梁焕薇小姐唱“飞絮落天涯”粤曲一□外，最精彩者即为四王合奏“饿马摇铃”。当四王演奏之后，博得全场掌声。嘉宾列席中有澳门娱乐界巨头黄氏兄弟，戏人陈艳侬、白雪仙等，平添几许热闹云。

1944年11月24日　第四版

商会催缴　会员常费

本澳商会现届值理任期瞬将届满。关于会员所纳常费，亟应清收，以凭编列收支报告及刊印会员名录。现查各会员遵章缴纳者固多，而间因业务变更或地址迁移，致延未缴交者，亦属不少。前经一度函催，仍恐再有遗漏，兹为维持会员权益起见，提经该会第□十五次常会议决，关于各会员欠缴本年度常费者，应再函催收，并限至国历十二月底截止。如仍不缴纳者，即照章作弃权论，将来编印会员名录恕不列入。该会已于日昨发出通告周知各未缴会费之会员云。

1944年11月24日　第四版

同善堂　收捐款一批

同善堂善院，因经费支绌，曾向社会人士呼吁，请求协助。计昨有卢梁氏捐葡币一百元，张英灼储券六□一十元，蔡马氏葡币五元。同时收有金城救济箱葡币五十九元七毫四仙，六国饭店，□十□零五毫一仙。

1944年11月24日　第四版

洋货行　昨增店佣

（本报专访）洋货物品，原为日常用品之一，抑亦可以作为奢侈品。查近日该行以伙伴生活困难，为求增加工人入息起见，于昨日起。议决凡购入货品，须扣回例佣加零二计算。查此举纯系将扣得之佣，拨作伙伴生活费之津贴云。

1944年11月24日　第四版

各方响应　难童筹款

响应难童筹款，源源而来。查有士丹利捐助葡币四百元，宝隆枧厂捐助该号出品牛头孖枧四十孖云。

1944年11月25日　第四版

艺坛消息

老画家罗宝山，与青年画人杨善深，近数月来，以新旧法融合，联合绘作佳品数十幅。而每幅皆两人合作者。罗氏以写人物见着，杨则□□配以鸟兽树石，然甚见□

和不落痕迹。现欲为本澳画坛一开创，□将以该批作品，举行合作画展。一俟决定日期，即可实现云。

又女画家五佩荣，去岁曾一度举行个人画展，甚获好评，以此益引起五氏之绘作兴趣，益努力不懈，以此一年来又完成□作一批，且都属巨制。以五氏此种写水乡风物见着，而现在该批作品，大都为本澳附近写生者，日间将举行第二次个人画展，实现之期不远矣。

1944年11月25日　第四版

粤剧义演　今日开会

筹募难童经费粤剧义演委员会，定今日下午二时设商会礼堂举行第四次会议，商讨进行云。

1944年11月26日　第四版

歹徒持械图劫美珊枝街住宅　结果一被枪伤一遭擒

（本报专访）前（二十四）日□八时二十分左右，有歹徒三人，拟在美珊披街三号，持械行劫，但事前已被警方探悉，预先派员在屋内听候。当二徒抵达该屋之时，由其中一□徒以递信为由叩门入内，屋内警员当即上前拘捕，歹徒□立即图逃，警方遂开枪阻止，结果当场击伤歹徒一名，擒获歹徒一名，在逃未获一名，解署查究。据悉被获者名何佳，二十二岁，伤者郑才，因伤中要害，抵医院时已毙命云。

1944年11月26日　第四版

乒乓义赛　秩序精彩

乒乓球义赛，今晚为最后一场，冠军对联队，下午七时半在利宵球室举行。游艺时间计由七时半至九时，卢耀忠唱似水年华。谐□捶金龟，由陈天龙□玉英合演，锵社音乐团拍和。更有二胡□吕文成演奏鸟投林。秩序甚为丰富，门券五元、一元、五毫、二毫、四仙云。

1944年11月26日　第四版

寄广湾邮件　定期截止

（本报专访）寄香港及广州湾信件，截止时间经□正式公布。查寄香港信件，定于本月二十七日下午五时截止。寄广州湾信件，则定于本月二十八日上午十时半截止云。

1944年11月27日　第四版

征收慈善附加税执行尚属顺利　少数店号仍持观望

（本报专讯）关于酒店、旅店、酒楼、茶楼、餐室、饼家及食物店慈善附加税征收，澳府经于本月六日开始实行，征税局颁行规则，规定各被征税之店号依行。在实施初期，商户颇感不便，直至现在，由于执事者之措施完善，已圆滑进行。现一切事务推进，已循轨道办理，其次更积极力谋改善，务使征税事宜能使各方俱感满意者。顷查有店号多间，其营业种类，虽属食物生意，然认为征税之条例与其所营业之生意，未有抵触，故竟持观望态度，未予依行。此种情形，在该项生意经营之店号，虽所持之理由充足，然当局所颁之条例则认为在征税之列。在情词各执，黑白未分之时，税局主事者已具情陈稽核办理。

1944年11月28日　第四版

布英沙等昨招待殷商　商讨推销慈善抽彩券　即席认销逾四万元　澳督高可宁首先认购以为众倡

市行政局长布英沙，为筹款救济难童起见，举办一元慈善抽彩券，以筹善款，深得各界赞助。开于推销事宜，并经委定本澳商会担任办理。兹查该项抽彩券，经由政府印刷局印妥，并由筹款大会加盖戳印，昨□将券交至商会，开始发行，闻市内大小商店均有代售。至于推销该项彩票办法，经济局长罗保、市行政局长布英沙、梁后源、高可宁等，曾于昨日筹商推销慈善抽彩事宜，假座金城酒家，开会招待殷商富户，讨论一切。查是日到会者数十人，当由罗保、布英沙、梁后源、高可宁、关祖尧、韩文干、□□衡等，分别发表意见，对于担任销券工作，异常热烈。随由高可宁报告，谓奉澳督面谕，认购彩券二千元，并由高可宁认购一万元，以为众倡等语，全场报以掌声，并即席由各□商分别担任认销者，计有澳门银业行五千元，出入口商行二千元，中央舞场、李烈、英领使馆、罗保、英布沙、杂货行永义堂，各二千元，郑昌、黄殿楷、利为旅大酒店、中央大酒店、林子丰、劳君础、关祖尧、旧料押行，各一千元。陈耀堂、蔡文轩、国际大酒店、金城酒店、傅厚丞、梁鸿勋，各五百元。陆电明三百元，崔诺枝、冯祝万、韩文干各二百元。以上合计四万余元，即已销去金额之半，预料短期内当可全部售罄矣。

1944年11月28日　第四版

协社响应救济难童　布英沙主办书画义展

月来本澳为筹款救济难童问题，经警厅长布英沙氏发动后，各界团体均纷起响应，以冀集腋成裘。澳埠画画界，向来义不后人，最近协社会书画同人，亦以应布英沙氏之邀请，捐送作品响应，举行书画义展。该会由布英沙主办，至协社同人有高剑父、冯康侯、沈仲强、郑耿裳、容漱石、王志勤、五佩荣、杨善深、赵竹坪、何磊、余本、何漆等，将其送出书画精作，共一百幅，将来销画所得，扫数捐出，涓滴归公。现已积极筹备一切，日间将开始劝销画券，至于何时揭幕，因绘制装裱问题，故日期推点，须俟布英沙氏次决定，始再公布云。

1944年11月29日　第四版

黎玉仙助五万元　同善堂难童餐

同善堂所举办之难童餐善举，已达两载之久，□间办理，颇称完善，甚得社会人士赞许。查其经费已支绌，有停办可能，曾不断呼吁捐助，俾仍为续办。昨有黎玉仙女士捐助大洋五万元，以作经费。同时该堂收到有□大廿五元，童锡□、无名氏、有名氏、吴先生、以上每五元（俱葡币）。蔡先生储券□百六十元云。

1944年11月29日　第四版

申请商业照　去周廿二家

（本报专访）去周间申请商业牌照之新商号共计二十二家，前（廿七）日下午评定公钞等级委员会召开例会评阅一切，准予开始营业云。

1944年11月29日　第四版

为全澳难民筹款第二次音乐义演　十二月二日晚九时正举行

为难童筹款第二次音乐义奏，将于十二月二日晚在利宵中学健身室举行。此次由名家音乐麦里柯教授及其他著名音乐多家多人参加演奏，精彩节目甚为丰富，门券分二元、一元、五毫、三□售票处，新马路安乐园及便民□房。闻二元一元门券由即日起开始在便民□房划定座位。又□门券原注明该晚九时半，现因电灯管制，闻九办事人深恐时间太夜有碍听众，特改由该晚系时起演奏云。

1944年11月30日　第四版

妇女会发动　闺秀演剧筹款　昨招待报界商讨进行

（本报专访）本澳妇女会，为积极推进会务起见，将于最近发动该会筹款，以资建立会所，并由该会全体委员分别担任排演名剧“职业与妇女”以广收效。该会于昨（廿九）日下午四时，假座柯高路二十号设茶点招待报界并磋商推动计划云。

1944年11月30日　第四版

贫民食店下级旅店请求免征　禀已呈递

（本报专访）本澳政府当局，为增强慈善救济经费起见，特增设酒楼旅业附加税。该项附加税自开始征收以来，颇觉顺利。政府当局，为体恤贫民计，对于一般贫民食店及旅店，经政府批准免予征收附加税，故市内贫民食店及旅店请求准予免征者，计共四十二家，附加税委员会，日前曾将各该店之呈禀，先后翻译葡文，并□于日昨全部转呈政府当局，一俟批核后，即可以公布云。

1944年11月30日　第四版

梁婉芳　受聘国际歌座

国际歌坛午间茶座月来又是突逞热闹，主事人崔老四之策划下，必是好成绩，理所属然。除爆出一□陈徽，登台表演该谐剧外，又为加强阵容起见，自十二月一号起，加聘三能歌者梁婉芳担任主要歌唱节目。梁婉芳虽属后起，但歌材天赋，现已渐走红运。目前除中央未有设立歌座外，其余之利为旅，金龙两歌座，梁婉芳亦被聘为基本人员。如她再努力于歌艺研求，将来一定大有可为。前途光明在望，愿她勉之。

1944年12月1日　第四版

今日葡国光复纪念　全澳军政机关休假

（本报专访）今日为葡国人驱逐西班牙光复葡国纪念日。查葡萄牙于一五六七年为西班牙合并，至一六六八年十二月一日始脱离西班牙而独立，以后每年今日，葡国及葡属各地均举行纪念。本澳□□，亦定今日为公众假期，以资纪念，全澳军政衙署中西学校一律休假一天云。

1944年12月2日　第四版

商会值理辞意坚决　定下周四再谒澳督

（本报专访）商会全体值理向澳督辞职事经获批复慰留，各情已志前报。查商会值理会方面，辞□甚为坚决，现定下星期四日下午三时，再次谒见澳督，请求准予□退，另选贤能□充办理事务云。

1944年12月2日　第四版

政府征收慈善附加税　通告重新订定

（本报专访）本澳慈善委员会代政府征收旅业附加税，□月办理情形颇觉收效。现该会为征收本月份税额计，故连日发出通告各有关之商店，请到会重新订定云。

1944年12月2日　第四版

妇女会演剧筹款　本月九日举行

（本报专访）妇女会定于本月九日假座利宵中学校健身室举行会员联欢大会，并公演四幕话剧“职业与妇女”，该剧内容□有妇女□□□。所有演员均由该会委员担任，现已积极排演中，届时定有一番精彩，并有钢琴等助兴云。

1944年12月3日　第四版

本澳侨团领袖联名呼吁援助妇女会筹款　入场券将于今日开始劝销

（本报专访）本澳妇女会为筹募建筑会所，定期于本月九十两日假利宵中学举行演剧筹款。剧名已定为“职业与妇女”，所有演员，均由该会委员分别担任，详情已屡见前报。查筹划各事现已积极进行中，关于入场券则将于今日开始劝销。又该会过去对于社会公益及慈善救济事宜，办理不遗余力，此次筹款，颇得社会人士同情，澳督戴思乐，华人代表梁后源，□澳门商会等社团特联名发出通函，向本澳社会人士呼吁援助。兹将该函照录如下。

“迳启者，本澳妇女会创办迄今已历八载，向以联合澳门各界妇女，竭尽个人职责，提高妇女地位，联络彼此感情，共谋增进社会福利为宗旨。故于社会各种救济事业，靡不竭力以赴，贡献不少。如以往赈济难民襄助各侨团筹款，以及举办迄今之平民粥场等，颇得社会人士之嘉许。查该会一切经费向由各委员会自行筹划，独力支持，从未有向外间募捐者。惜无正式会址，工作每□不□，近为扩展会务计，乃有设立固定会址之必要。惟该会经费支绌，筹措困难，因而发动向各界人士募捐。由该会会员担任表演戏剧，借资酬答捐助雅意。素抑先生热心社会事业，仁风广被，尚冀慷慨捐输，同襄盛举。将来集腋成裘，募足定额，会址得以设立，经费得以充裕，不独本澳妇女界感激非浅，抑亦先生造福社会，斯诚功德无量者也。□澳门督宪戴思乐，华人代表梁后源，澳门商会主席高可宁，镜湖医院主席蔡克庭，同善堂主席崔诺枝，澳门中华教育会主席朱伯英，新闻协会主席赵斑斓，调查难民委员会林子丰，冯祝万，刘叙堂，江浙同乡会主席邬志豪。”

1944年12月3日　第四版

忠义堂送棉衣　交同善堂代派分出贫民

昨有署名□忠义堂善士送出旧棉衣三百二十件，交与同善堂代送贫者御寒，由该堂取回领衣券七十张自行派送。现值寒风彻骨，贫民亟待救济，甚望热心人士继续响应，使瑟缩街头之贫者，得蒙其惠。同时该堂收到捐款，□□柱储券三千元，□实招，陈唐氏，每葡币十元云。

1944年12月4日　第四版

呼吁各界捐助同善堂难童餐

（本报专访）同善堂及托儿所以前施派之难童餐一千五百余份，现以经费短绌关系，恐有停施之虞。迩日天气骤寒，难童嗷嗷待哺者方殷，该院已竭力设法维持，使难童有所救济。日来善长仁翁有感于经费不敷，亦诸多捐助。希望社会人士亦常以至善为怀之心，继续捐助，使难童长期有所受惠云。

1944年12月4日　第四版

一元彩票　今日开始推销

（本报专访）本澳商会为响应圣诞节难童恩物一元彩票运动，该票已印就，由商会代行推销。希望社会人士踊跃认销，使难童多所受益。如欲认销彩票者，可迳到商会领销云。

1944年12月4日　第四版

妇女会演剧　今日开始销券

（本澳专访）本澳妇女会为筹款会址经费起见，现已定期本月九十两日晚假利宵中学健身室公演“职业与妇女”，详情曾迭（元）志前报。查该会昨（三）日假商会二楼召开会议，商讨推进演剧及销票办法。现决定由今日开始销票，希社会人士踊跃协助云。

1944年12月4日　第四版

镜湖收容难童　请求同一救济

（本澳专访）镜湖医院为本澳华侨唯一慈善机关。查该院除免费医□贫民外，对于一般无依难童，亦设法收容抚养。该院现有之难童共十七人，男子四十八名在三等病房调治。现该院致函行政局长布英沙，请一视同仁予以救济云。

1944年12月5日　第四版

慈善彩券首饰奖　必要时商会照原价承受

一元慈善彩券日昨开始劝销，购券者踊跃异常，闻大部分经已售出，所存有限。查此种彩券之首饰奖，系由澳门商会保证，倘中彩者不愿领首饰时，澳门商会必要时照原价承受云。

1944年12月5日　第四版

中山同乡人士　组驻澳筹募会

中山县同乡会在沪港两地，向设立会所，办理旅地邑务事。现值环境关系，诸多障碍，以邑中民众，生活多于颠沛，待各界救济甚殷，特发动筹赈之举□资救济。闻已由旅沪同乡会先行筹募储券五百万元，交由港澳同乡会组织之中山海外同乡总会，虽返石岐，急施散赈，并由该会派出古卓仑等返邑办理其事。同时，拟在沪港澳及海外各地发动同乡救济筹募事，以收宏效。兹查本澳方面，已由该会□任李□联、李海昭、徐佩之、李烈、何侣宇等十七人，为驻澳筹募委员组织驻澳筹募会，并已互推李烈为该会正主席，林荫民、□仲□为副主席，且为推进会务起见，复由该会聘请该县旅澳同乡刘叙堂、李济昭两君为名誉主席，并加聘该县旅澳名流沈香林、唐榴、蔡克庭等数十人，借资襄助云。

1944年12月6日　第四版

天寒地冻贫民苦况堪怜　故衣行慈悲心动　捐出寒衣六百五十件施济贫黎

台山难民营向由市行政局长布英沙主办，成绩甚佳。然近来天气骤冷，寒风刺骨，以难民衣单苦状堪怜。故急于冬衣御寒者甚殷。故市行政局长布英沙，□见及此，特向本澳社会人士呼吁，请援助该营难民。□□本市故衣一□□□□捐助衣物甚多，现已汇齐交局长布英沙转该营难民应用。据局长布英沙□□□□□□□之故衣□之能竭力捐送，颇加赞赏，并代该营难民感谢不少云。兹将各故衣店捐助数目详列于后。（以下漫漶不清）

1944年12月6日　第四版

妇女会筹募经费　督宪助款五千　经济局长捐廉三千

（本报专访）妇女会为发展会务起见，最近举办话剧演戏，以筹募会所经费，各情已详志前报。该会各委员，已于昨日将票开始劝销，各热心长者，纷纷踊跃□销，成绩颇有可观。该会并于昨（五）日派员晋谒当局，将该会此项发动筹款意义，陈述一切，澳督极表同情，并蒙捐助该会经费葡币五千元。又经济局长罗保氏捐助葡币三千元云。

1944年12月7日　第四版

各界助　同善堂善费

昨有署名陈先生，慨将其寿辰节约筵席金，葡纸三百□十元捐助同善堂难童餐经费。该陈氏净明俭己济人之旨，殊足可钦。甚盼一般富者一餐饭，贫家一月粮，富家一餐酒，穷人半世粮之辈，仿而效之，则贫民获益良多矣。同时同善堂收到捐款有无名氏大洋一千元，葛玲玲葡币廿元，有名氏葡币十元，做衣氏葡币二元云。

1944年12月7日　第四版

教育消息

总理纪念中学，上旬举行演讲比赛，听讲者三百余人。经教师黎藻鉴刘振鹏陈本文陈道根罗季昭陈铎文等评定后，昨经揭晓，计高中组第一名陈健元，题为“怎样复兴中华民族”，用国语演讲。第二名毕坚，第三名梁华辉。初中组第一名励邦杰，题为“新生活运动”。第二名伍佰诚，第三名黄佩琼。各演员姿态甚佳，材料丰富，声音斓亮，听者动容。除该校给予奖品外，戴校长特加奖第一名云。

1944年12月7日　第四版

市行政局　发出布告

最近有商人董锡源呈请市行政局，请求批准在惠爱街昌明火柴厂内，制造校水白药，专为制造火柴之用。所制额度，每年约二万五千五百磅，用工人廿名。市行政局接得该申请后，特发出布告，若本澳人士对该请求认为有爆炸危险，或发生损害恶气毁坏身体等弊，请缮具理由，向该局提出抗辩，以凭核办。

1944年12月7日　第四版

妇女会演剧筹款　门票畅销

（本报专访）本澳妇女会自筹备演剧筹款后，详情已迭载前报。现发出之戏票推销日佳，该会委员为收宏效起见，故连日均出发推销。希望本澳人士踊跃赞助云。

1944年12月8日　第四版

妇女会演剧筹款　加插粤曲秩序

妇女会自发演剧筹款，颇得社会人士同情，故□□各事极为顺利。澳督戴思乐对该会之办理，常加赞许，故此次捐助该会葡币五千元外，是日该会演戏，澳督宪虽在健康未恢复中，亦允以临场观剧。该会是日除演戏外，并由黄苏夫人主唱粤曲“梦霞秋怨”，由庐家炽李寿生拍和。又该会各种入场券多已沽清，尚有一部分在商会二楼候购。如社会人士欲购入场券者，请于每日上午十时至十二时，下午三时至六时云。

1944年12月8日　第四版

望德粥场　呼吁捐助

公教进行会主办望德堂粥场，创办以来成绩良好，一般贫苦居民，赖该粥场供餐者，不啻如苏涸□，感惠良多。至该粥场之经费，俱赖社会热心人士捐助，以资维持，其中更有商绅多人，任该粥场董事，每月捐助一百元，以为补助费。顷据该会主席崔瑞琛称，本月份之董事费，均已收集，还赖社会热心多所捐助，俾利进行云。

1944年12月8日　第四版

慈善附加税委员会再通告旅店酒楼　未协定税章者须赴会磋商

（本报专访）征收慈善附加税委员会，对于各酒楼旅店凡采取乙种征税办法者，每月□有认定税额。惟该委员会以其中有等客户，所认缴之数额，与各□之营业状况，略有不符，故曾通知各该店派员至该委员会重新协定，消息经志前报。查市内各该有关店户，应重新协定缴税数项者，为数亦属不少，其中多户遵照通告所定进行，惟尚有一部分商户，则仍取观望态度。该委员会为便利工作进行起见，特于日昨再度通知该等采取观望态度之商店，饬即派员协商税项，否则当照该委员会重新占定之税额，缴纳附加税云。

1944年12月8日　第四版

旅业行用水　增加按金

（本报专访）本澳旅业行近日接自来水公司来函，着该行加缴按金事。该行因近来物价高涨，生意不前。难以添负此按金，特由该行联函致商会，请转达自来水公司，体恤商艰，对于加缴按金决议，请收回成命，以维商业。

1944年12月8日　第四版

善士弥月席金　助同善堂难童餐

自前天善士陈先生将寿辰筵席金节约捐助同善堂难童餐经费之后，昨日复有署名讳名者善士。继起前应，慨将其子之弥月筵席节约金葡纸二百元，助该堂难童餐经费。深望各界继起节约运动，同襄善举，并将该善士原函录出。“迳启者，谨将小儿□傅弥月酒席节约所得之葡币二百元，敬呈贵堂用作难童餐费用。区区之数，实不足作为长期延施饭餐之助，惟望社会有心人，各尽其力，则集少成多，庶几不幸之儿童，得以渡过此寒冷季节□。耑此即颂日祺。此上同善堂执事先生台照，讳名者谨上。卅三年十二月七日。”

1944年12月8日　第四版

为难童筹款　音乐演奏会　第三场至第六场秩序全数取消

为难童筹款之音乐演奏会，原定举行六场，为（第）一、第二两场已依期举行。现因环境关系，由第三场至第六场之演奏秩序，决暂行取消。凡购有该音乐第三场至第六场之门券者，可将各场门券交回龙嵩街中央警察厅二楼为难童筹款会办事处，取回票券价银。

1944年12月9日　第四版

妇女会今晚演剧　闺秀合演职业与妇女　黄苏夫人演唱“梦霞秋怨”

澳门妇女会演剧筹款剧目“妇女与职业”定于今日下午七时半，在利宵健身室举行。今晚节目中，有黄苏夫人唱粤曲“梦霞秋怨”一阙，预料将有一番热闹。曲词探录如后。

梦霞秋怨　黄苏夫人唱

“中板” 少小多情终怨偶，相逢□暮恨悠悠。怀人最怕黄昏后，梢□月上更凝眸。月与烟花都依旧，去年人杳恨怎休。嗟我颜容比黄花更瘦，“□板”又恐怕青春难为使君留。

“慢板” 凉风有讯，秋月无边，北雁南来正是海棠开后。碧云天，黄花地，怀人憔悴令我日夕生愁。白梨娘，约我黄昏之后，不避嫌疑，至有来相会，待等月移花影，我便步到妆楼。实只为，与我意中人，帘底谈心，花前，携手。未相逢，准备千言万语，见面时，一言未出，两泪，交流。我看她，憔悴颜容，不比从前娟秀。眉压千峰，远山颦锁，究竟为郎憔悴抑为郎羞。

“中板” 讲到情一个字，累尽不少怨女痴男，与共名门闺秀。我今日，为情颠簸。说什么名士风流，欲寄那愁心如杨柳，难忘旧恨与新愁。美人恩，难消受，从前心意尽付东流。来世姻缘，今世□就，此生难望，与佢共赋河洲。不望衾枕同谐，但愿玉人无恙，得与天长地久。

（又讯）本澳妇女会此次演剧筹款，自开始工作后，颇称顺利。且该会之门券尚有少部分，在商会二楼候购。社会人士欲观此名剧，须速到认购以免向隅云。

1944年12月9日　第四版

澳中慈善组织　冬赈贫民办事处

本澳慈善长者蔡文轩、何德、莫启谦等，昨在五洲酒店欢叙，以现在严寒之际，贫民满目，一般缺衣乏食者，厥状殊惨。同是圆颅方趾，例应互相帮助，于是筹商组织（冬赈贫民办事处），意在冬季寒冷之际，救济贫民，尤以派棉衣及施粥为主要。闻经即席筹得善款葡币一万四千元，拟托同善堂代办云。

1944年12月10日　第四版

妇女会演剧筹款　最后一晚

澳门妇女会为筹募建筑会所经费起见，特发助演剧筹款，已进行多日。至昨日晚假利宵健身室内举行演戏。是晚情形，颇为热烈，到场参观者接踵相至。秩序由九时开始表演。查今晚仍继续演戏筹款，地址仍旧假座利宵健身室内。今晚乃该会最后演戏之一晚，望社会人士速购券入场参观云。

1944年12月10日　第四版

发师　响应筹款

本澳商会为响应筹募难童经费起见，特向商行呼吁援助。□由银业行等响应捐助，继后者亦不乏人，故成绩极佳。随故衣行开业汇集该行商店二十六家，捐□共葡币一百零六元，交商会代转该筹款会救济难童之用。又闻理发行继后响应，现发动筹募云。

1944年12月10日　第四版

中华教育会举办全澳侨校书法比赛

本澳中华教育会，为发动学生书法比赛起见，特于最近举行全澳华侨学校学生书法比赛。现暂定初中与小学两组。初中组取四名，小学组取十名。定期本月十七日上午十时至十一时半，假座崇实中学内举行。凡华侨学生均可自由参加，报名日期由明（十一）日起至十五日止。将来书法特聘高剑父冯康侯两位名家评阅云。

1944年12月10日　第四版

各界踊跃助　同善堂

连日各界善士纷纷将捐款交同善堂，请代施赈，计有郭诚正堂捐大洋三千元，为施药之用。韩洪钧葡币四元。另捐助难童餐有张宅葡币五十元，友信葡币十元。另大生利洋货品店送小童嗹帽五百五十五件，交该堂代派□□难童云。

1944年12月10日　第四版

冬赈贫民办事处继续募款济贫

冬赈贫民办事处，昨由殷商李洪发起成立，复得梁基浩、张炳章、邓汉生、蔡文轩、何德、莫启谦等，一致赞助。刀主其同努力，筹款济贫，借尽人类互助之天职。其主要则为施棉衣，派□粥为当前急务。查昨日继续募捐，共得葡币二万元。甚盼社会人士，起而赞助，不独社会幸福，抑亦贫侨之福利也云。

1944年12月10日　第四版

葡青年服兵役　由十六岁开始

总督府秘书长高士德，于日前已在各报刊出公告，解释召集后备兵入伍训练之意义，详情已志前报。查葡萄牙政府之规例，凡居住本澳之葡籍青年，一至年龄十六岁时，即向政府报到，编列后备兵，受相当时期军事训练。至若因家庭环境及其他事不能前赴受训时，则可延至十九岁云。

1944年12月11日　第四版

桌球又作新贡献　为平民义学筹款　比赛地点将在新嘉宾举行

（本报专访）本澳平民义学，一切经费，咸由社会热心人士捐输。迄至最近，所余无多，该校校董会主席梁后源，拟于最近邀请中葡桌球，□□次举行比赛，为该校筹款。所有接洽事宜，刻正在进行中。比赛奖品将由南□俱乐部或梁后源及何启绥两君捐出。查上次响应难童筹款举办之中葡桌球比赛，中华队因球桌球生疏，各球员未能显现原有技术，致不幸败北。故此次比赛将改在新嘉宾会员桌球□举行。预计届时定有一番剧烈之争斗云。

1944年12月11日　第四版

歌姬义演　踊跃购票

澳门歌姬粤剧义演会定期本月廿日在清平戏院举行。连日各界人士纷纷踊跃购买入场门券，共襄义举云。

1944年12月11日　第四版

义舞　成绩良好

（本报专访）响应市行政局长布英沙为难童筹款经费大会，原定于日前假塔石利宵球场内举行露天跳舞大会，惟是日适逢天雨，故改于前（九）日晚在荷兰园新花园小学内举行，赴会者不下千余人，情形甚为热闹。除舞会外，所售之酒水，由善长仁翁捐出，□价甚廉，故赴会者多狂欢尽饮。至于酒吧及舞场之应侍，概由英领事馆派员分别负责。舞会直至凌晨四时，始告散会。闻此次筹得之款项，数目相当可观云。

1944年12月11日　第四版

妇女会演剧　情况热烈

本澳妇女会演剧筹款，昨已在利宵健身室举行，是晚参观者不下千余人，情形颇为热闹。该会所演之剧“职业与妇女”，剧员□由该会委员担任，甚为落力，故表情甚为佳。每当剧幕初启则观者鼓掌如雷，热闹非常。会场招待均由该会会员义务担任，秩序颇佳。至十一时许始告散会。

1944年12月11日　第四版

协社义展　定期举行

协社响应难童餐书画义展会，为警厅长布英沙氏所主办，经过一番组织后，已推出工作人员，即积极进行筹备。现该社书画家高剑父、冯康侯、容漱石、王志勤、杨善深、何漆园、郑聚裳、罗竹坪、何磊、余本、五佩荣等，均加紧绘制新作，六续装裱。昨警厅长布英沙氏，约各书画家赴警厅晤谈，对各书画家之热心向善，慰勉有加。且定期是月廿二日，在市政厅楼下揭幕云。

又□宝山，杨善深之合作画展，今日为最后一天，今晚七时即行闭幕。昨日观众仍挤拥，定画者又有张思云、张立础、黎兆鹤、邓绍基、黄姑娘、董姑娘等云。

1944年12月11日　第四版

学校消息

南湾巴掌斜路忠信会计学校，创办以来，昨已半载，学生来学日众。现设有上下午及夜班共五班，各生多为高中毕业及大学肄业程度，故成绩甚佳，为南中国唯一之会计专科学校。昨（九日）晚该校学生为联络新旧同学感情起见，特在该校礼堂举行联谊游乐会，来宾及各生赴会者达百人，挤拥一堂。除有各种游戏音乐家助兴外，并举行交际跳舞会，至深夜十二（时）许，始尽欢而散。

1944年12月12日　第四版

粤剧义演结束会议　全部收入共万余元　罗唐生交到花牌款千余元

粤剧义演会，昨日下午三时假座商会礼堂举行结束会议，除报告一切事项外，财政邓华灼今次筹款进支项目全数所得，共一万零一十六元整。其中计分票款八千八百六十四元，李烈捐款一百元，崔六捐款十元，慈善箱捐款二十四元。罗唐生折实交到花牌款一千零二十元。全部款项以收得约九成以上，只余一二票款尚未收得而已。至支数一共约在一千余元之间，盖尚有两数未支，一俟支妥，即可全部正式公布云。

1944年12月12日　第四版

难童餐经费支绌　冬赈办事处募款救济

本澳同善堂主办之难童餐，自施派以还，救济难童不少。现闻该堂因经费支绌，无法续办，决在本月尾停止施派。但迩来已属隆冬，加以天气严寒，向赖该堂施餐之难童，一旦遭此打击，其生活则不堪设想，将有成为饿殍之可虞。现据一方面热心人士称，倘该堂停办后，对于此难童，殊属可怜，应设法再维持其生活，故发动冬赈贫民运动，首由本澳盐商及各界筹募葡币约两千元，该款全数拨作施粥派棉衣之用。如该堂停派难童餐后，冬赈贫民办事处一贯其宗旨，继续施粥及派棉衣工作，望社会人士本其慈善之心，踊跃捐助，使贫民长期受惠云。

1944年12月12日　第四版

澳门商会推动为全澳难童筹款　故衣行继续回应

故衣行捐款店号，永利隆十元，上海商店十元，天和隆五元，贞信五元，三昌五元，永昌五元，寿恒五元，中华五元，联兴、南华、裕成、其丰、又隆、□安、又成、广安、广和、永发、德兴、福安、大发，以上各三元。吕记、荣生，以上各二元。以上二十六家共捐葡币一百零六元云。

1944年12月12日　第四版

江浙同乡会　救济工作

本澳江浙同乡会最近召开第八第九两次理监事会议，关于救济工作，积极推进，兹有（一）同乡徐君来澳访友不遇，乞资返省，由会赠送川资。（二）同乡梁某乞资经营小贩，由会资助。（三）同乡沈某在澳失业，由会赠送衣一套，雇为某商店游行广告工役。（四）同乡某氏因夫在外营商，家用接济断绝，由会每月补助，以六个月为限。闻以上所有救济费用，均由该会正副主席及各理监事自动捐助，不动用本会救济基金，并在大马头街三十八号四十号三楼，租定难童工读院院所之用，现在拟就办理进行备案云。

1944年12月12日　第四版

同善堂　收捐款一批

同善堂善院，连日收到各善长仁翁捐助善款一批，计有谭宅葡币三百元，赵女士、华记饭店每葡币廿元，徐曼大洋三百三十元，谭武雄、谭贞美每捐药剂澳纸二十五元，蔡伯雄药剂澳纸十元，陈茂枝捐难童餐米七十三斤云。

1944年12月12日　第四版

一元慈善彩票　督宪认购二千张

为响应筹募难童经费，由市行政局局长布英沙主办之一元彩票，共发十万张，内分奖额十余级，头奖者为价值四万元之饰物，其余各情已详志前报。该彩票自发出后，销售日增，又澳督戴思乐私人认购该彩票二千张，惟澳督对于一般贫苦学子，予以极大体恤，故决将该票二千张，均分孔教、镜湖、同善堂等义学校、育婴堂等，由各校设法处理云。

1944年12月13日　第四版

盐商捐助　难童筹募会

本澳筹募难童经费，自推动以还，得社会人士纷纷回应者日众，故筹募工作异常发展。昨本澳盐商七家共筹募难童善款葡币一百元，交商会转送筹款大会，计捐款各店如下：益昌、大生、大成、昌盛、恒昌、谦益、贸易局，共七家云。

1944年12月13日　第四版

延陵大记助　同善堂万元

查有善士，向来捐款，俱用延陵大记之名，不欲将真名姓表露，诚真心行善之长者也。该善士对于同善堂尤为特别注意，经迭次捐助该堂不鲜矣。昨日又以大洋一万元签助该堂施药经费。同时该堂又收到□肇光大洋一千元，启成葡币五元，汉文小学生葡币一元八毫云。

1944年12月13日　第四版

教育消息

丽芬中学附属小学，昨日纪念周，请中华教育会主席朱伯英氏莅校演讲“本澳儿童急需努力”。篮球联合会，为救济镜湖义学，及同善堂难童餐经费，举办钟子光杯排球义赛，该校学生每人认购券一张，以稍尽救济之责，并盼望各校学生一致响应云。

1944年12月13日　第四版

协社书画义展前奏　各界热烈认购书画券

留澳协社书画名家十二位，最近捐出精致名画作品百余件，响应布局长发起之难童筹赈会，昨已□动先行销售书画券，各界闻此善举，莫不欣然乐为认购，情况热烈，成绩甚佳，足见社会人士推重艺术□及灾黎□当仁不让也。该会定本月二十二日起在市政厅举行展览，各界如欲定购书画券，可到龙嵩街警厅二楼难童筹款会□给云。

1944年12月13日　第四版

殷商续有捐助　冬赈贫民　同善堂代派棉衣

本澳一九四四年之盐商自发助冬赈贫民办事处后，已得盐商各界源源捐助。昨有殷商钟子光捐葡币五百元，李筠倩五十元，林先生一百元，招乐平二百元，李根源捐储券十万元，汇集交同善堂代办施粥派棉衣之用云。

新商号　去周有八家

评定公钞等级委员会，于前（十一）日下午召开例会，评定商业牌照等级。查去周所申请商业牌照之新商号，计共八家，均经评定委员会评阅一切，准予开业云。

1944年12月13日　第四版

教职员津贴费昨审查完竣　短期内即可分发

教育部救济本澳立案侨校教职员生活津贴费，国币十万元。该款经由郭校长秉琦代收。日前召集各校校长会议决定瓜分办法，并请各校呈报在职各教职员名册，以资审核，并选出委员，核实一切。

1944年12月13日　第四版

妇女会演剧定期　召开结束会议

本澳妇女会自演剧筹款后，得社会人士踊跃捐助，故成绩甚佳。现该会决定本月十六日结束此次筹款工作，并召开结束会议。希一般认购门券者，请在结束期前将券款清缴该会以□统计云。

1944年12月14日　第四版

电力局布告　今日起延长供电　每晚至凌晨三时整

（本报专访）市营电力局，为节省燃料起见，曾于上月□开始缩短供电时间。据悉该局最近感于燃料之供应，已略见增加，故自昨（十三）日夜间开始，供电时间又一再延长至今日凌晨三时。兹据该局今日发出之布告称，此次延长供电时间，仍属暂时性质，并非永久固定之供电时间，根据环境之转变，随时有再更改之可能云。

1944年12月14日　第四版

罗主教莅任　二周年纪念

昨（十三）日为本澳主教罗若望氏莅任二周年纪念。是日晨早九时半，总督戴思乐暨以次各机关长官、各教堂神父、中西教徒、公教进行会全体委员、无原罪学校学生、嘉诺撒仁爱会人员等千余人，前赴主教行台齐向罗氏道贺。并举行谢礼及茶会欢宴。当时情形颇加热烈云。

1944年12月15日　第四版

同善堂特别会议　崔主任提辞职　各值理一致慰留

昨日同善堂开特别会议，出席者，有崔诺枝、蔡文轩、陈茂枝、黄渭林、陈伯墉、黎卓彬、刘□墀、李如楷、黄仲良、崔洛忌等，由崔诺枝主席，陈青泉记录。议决善举多宗，计（一）关于冬赈贫民办事处，借该堂地址为施粥场所案，决议照借，并将全部用具移借该会，及派全体职员协助一切。（二）接到督宪送来慈善彩券一百张，指明送与该堂所得，号码由一一零一号至一二零零号。决议交财政主任黄仲良保管之。（三）关于难童餐，日前常会议决，施至农历十月廿九日停止。昨承李根源送来白米五百斤，应否续施案，决议将该米续施三天。随由崔主席起立发言，略谓本人年老多病，而且双目失明，办事殊多窒碍，特提出坚决辞职，随由各值理一致认为慰留，且以目下艰巨之秋，恳请崔主席肩负重责，以善举为重。即席已□崔主席允许打消辞意云。

1944年12月15日　第四版

响应难童餐筹款　二天堂捐二天膏　七大盐商捐款

为响应难童筹款，二天堂主人韦基恩先生热心捐助该堂出品二天膏二百四十盒。又本澳七大盐商益昌、大生、大成、昌盛、恒益、谦益、贸易局等共捐葡币一百元云。

1944年12月15日　第四版

慈善彩券劝销成绩良好　今日开收券款

（本报专访）一元慈善抽彩券自发行以来，商会方面，已积极向各行商殷户推销，社会人士，亦以此项彩券，为本澳廿年来所未有，且奖额高□，故销券成绩相当美满。昨据商会负责人称，截止现在止，已销至七万号以上，预料短期内，当可全数销尽。现该会为期早日清完手续，俾便筹款会早日开彩日期起见，特定于今日开始收缴券款，并限期三天收清。凡以前曾向商会领去彩券者，务须依期将款银交该会核收，取回签据，一经逾限，该会当即派员踵门催讨云。

1944年12月15日　第四版

中华教育会发动捐助书籍运动　筹设公立图书馆

（本报专访）本澳之图书*，只有市政厅内之贾梅士图书*一处。该*为政府设立，除此*外，对于华侨设立之图书馆，尚未有成立。中华教育会有见及此，故在本年全体会员大会中提议筹建华侨公立图书*后，一切工作刻在进行中。惟近日书籍价昂，难以购买，兹为适应办理计，决发动捐助书籍运动。经于去周召集全市侨校校长开会讨论，对于捐书运动一致赞同，并乐意响应。至若*址之设立及开办经费等事，拟定明年元月初四，即通□召集各顾问及本澳热心人士开会商讨，共□进行云。（以*代馆）

1944年12月16日　第四版

镜湖值理常会检讨短给米量　开投药物结果圆满

（本报专访）镜湖医院于昨（十五）日下午三时半，在该院内召开第四十四次常务会议。出席者有朱给、黄苏、周介眉、冯养、沈香林、李宽、曹子珊、谢保明、马万祺、梁流等，主席蔡克庭。首由记录古华申报告前期议案及报告事项，随即开投购买药物。查该院办理采购药物事宜，原由医药部负责，惟因该部主事人叶培初弥有□经已辞职，故昨日开投，改由沈香林、马万祺、黄苏、谢保明会同当值医生及护长等共同办理，以公共价格分割向各药商采购各种药物，结果极为圆满。直至六时余，始开始讨论，除关于院务多所议决外，至议决关于医师聘期已满，继续任用等事。又关于庶务许永短给重病房饭量，前经黄苏等五位值理调查真相，认为许永短给饭量，系关操之过急，并非有意克扣，而纯为医院着想。惟许永擅自作主，似不合乎手续，当由各值理先后发表意见。议决着院医向许永警告，以□须依照院规办理，免生事端。关于护士校长遗缺，则由主席蔡克庭充任云。

1944年12月16日　第四版

为难童筹款　色糖义卖成绩

为难童筹款之色糖义卖，在布局长推动下，复得当□教育名流赞助，成绩（斐）然。各学校之认购者，难童免费义学一千八百枚，培正、培道、协和（中学）以上千枚，圣心医院、纪念中学、励群小学，以上五百枚，□□中学七百五十枚，孔教中学□二十枚，汉文中学六百枚，中德中学、教中中学，以上四百枚，菜高小学三百五十枚，岭南中学二百四十枚，圣罗撒、广大附中、致用、圣约瑟、岭分、培英，以上中学各二百枚，培正南小二百枚，同善堂义学一百六十枚，知用中学、雨芬小学各一百五十枚，濠江中学一百四十枚，淑贤、知行、莲峰、行易，以上小学各一百二十枚，□室、启智、佩文、沙梨头坊立、瑞□、望德，以上各小学一百枚，青华、崇□、漳泉，以上小学八十枚。鲍斯高中学七十五枚，崇新、□原□小学各五十枚，尚志小学二十枚，又镜湖义学一千二百二十枚。

1944年12月16日 第四版

各界捐款 同善堂

同善堂善院连日因天气严寒，施济工作，更形繁剧，各界人士纷纷捐款，以资赞助。计有钟福成堂助葡币一百元，龙宅葡币一百七十元，岑潮广、岑梅氏、岑显初以上每关金券廿五元，冼伟储券六百二十元，均安送小童喼帽二百一十六件。上海商店送棉衣十二件，送布衣十五件云。

1944年12月17日 第四版

粤剧义演大会主席布英沙、黄苏、黄家驹 致谢义演人员

本澳热心社会人士，为响应筹募难童经费，故去月举办粤剧义演大会，得留澳名伶及善长仁翁之助，所获成绩颇为可观。该义演大会主席布沙英、黄苏、黄家驹等，为致谢参加义演人员及善长仁翁□特于昨日发出公函鸣谢。兹将原函抄录如下。

"敬启者，已于昨十一日结束，而所有券值及花牌折价等项，除支销外几及万元之□，亦经财政员核计清楚，缴交本会长管签收存据。窃想此次筹款，成绩异常美满，诚出意外，然倘非籍诸君之鼎力襄助，曷克臻此。□昔汉卜式输财助边，楚子文毁家纾难，彼等皆以有接而救国，今诸君牺牲精神脑汁，而为本会办事，或而□演名剧，或而推销□券，或而尽量输将，如此出财出力，而救济难童，想儿童为国家未来之主人翁，诚君此举，亦可谓直接以救国也，则□于卜式，实不多让。兹以会务结束余暇，谨修寸楮，特代难童向诸君致谢。此颂崇安并祝健康。救济难童义演大会布英沙、黄苏、黄家驹启。"

1944年12月17日 第四版

筹募平民义学经费 中南桌球队义赛 在新嘉宾波楼举行

本澳中葡桌球界对于慈善之举一向极热心，日前为响应行政局长布英沙主办难童筹募经费计，特假岗顶波楼与葡队桌球义赛，所有收入全数作响应圣诞难童恩物，成绩极佳。近查中西队又为华侨公立平民免费义学筹募经费计，特定于本月廿六日在新嘉宾波楼与葡队桌球义赛，是日门票收入尽拨该义学办学之用。现中华队选定名手□战，计有刘佐治、张衡夫、温华、□泰初、林谭□、萧仲贤、林贤江、五文鉴、□新、许伯文、罗文□、林少文、□官洪等。

1944年12月18日 第四版

响应筹募难童经费 舞厅联合义舞 明晚假中央舞场举行

（本报专访）为响应筹募难童经费，中央、利为旅、国际三十舞厅将于明（十九）日晚在中央舞场联合举行义舞，时间由晚七时至翌晨三时。该义舞大会职员，经已推定，布英沙，名誉顾问梁后源、高福耀、钟子光、何贤，委员韩文干、吴伟佳、胡公武、熊成根、李达文、刘伯平、刘池，主任韩文干，干事黄岱、五泽林、胡文森、徐月林、古叔驹、苏沙等。其他各部工作人员，亦经分开由三大舞厅□派员担任。是晚伴舞者由三大舞厅全体红舞星担任。至于舞票，经由各舞女预先推销，成绩已达数千元。是晚□舞者倘无舞票，场内亦有发卖。场内酒水，已由泰兴公司报效二千元购得各种酒水，以备届时供应舞客。另外并有玩品赠送。除跳舞外，是晚并有丰富表演，秩序七时至八时，由国际中乐团伴奏，八时至九时由利为旅中乐团伴奏，九时至十时由中央中乐团伴奏，十时至十二时由三大舞厅西乐□合奏。十二时半后，继续中乐秩序，由各大音乐家合奏。所有中乐秩序时，由谭□卿、白玉堂、廖侠怀、卢海天、谭秀珍、小飞红、任剑辉、欧阳俭、陈艳侬、郑碧影、白雪仙、金山女、罗唐生、陈徽韩、施美萍等演唱名曲助兴。西乐秩序，内除由聂克夫妇表演交际舞外，并有华士古，李路丝表演探戈舞，爵士比缔士表演草裙舞及林巴舞。爱□马葵士及打华利女士表演林巴及各种时代舞，打华利士姊妹合唱“□玫瑰”曲云。

1944年12月18日　第四版

冬赈会接办　施派难童餐

本澳冬赈会自成立以来，于救济贫民不遗余力。前由盐商等捐助善款甚巨。该会将该款购置棉衣外所余之款尽行作施粥之用，数日来已将寒衣施派。现同善堂所办理难童餐，又告停派，该会决定由今十八日下午三时开始接办，继续施派，施粥场暂在托儿所及同善堂门前云。

1944年12月18日　第四版

桌球慈善赛　推定委员

（本报专访）为华侨平民义学筹募经费举办中葡桌球义赛，消息经志前报。查比赛日期已定于本月廿六日开始，所有比赛经费概由何贤私人负担。至该大会职员，亦已推定，名誉主席梁后源，名誉顾问高福耀、□□光、毕侣俭、梁基浩。主席何贤，委员黄□龙、黄□、黄文、朱给、梁鸿勋、韩穗轩、赵□持、张□权、李泽甫。领队何启绥，副领队司徒华，队长刘佐治，副队长胡太初云。

1944年12月19日　第四版

慈善彩券　收缴券款

行政局局长布英沙主办之慈善一元彩券，发出十万张，经商会及代售者之推销，成绩甚佳，现计销出约七万余张。该会为期早日办理手续，以便决定开彩日期，情形略志前报。现该会为利便办事计，特于昨日（十八）已派员出外收缴券款，并希望各代理销券者早日将券款清交到会，以清手续云。

1944年12月20日　第四版

股商办平粜　每斤八毫日售千份

本澳最近有殷商张炳章、李洪等，以□日米价高涨，对于贫民生活之负担，实属匪易，故有见及此，遂主□平粜，以济一般贫民。兹规定每份二斤八两，每日售一千份为额，各贫民如持该项米券者，可到下环河边新街□成行或蓬莱□街大成公司购买云。

1944年12月20日　第四版

铜铁行加入商会

本澳华商总会为扩大征求会员。本届会员大会曾有所报告，各商行参加已较前届为数颇多，参加为会员者，享有优厚权利。最近铜铁行同人于日前曾召开会议，对加入商会为会员一案，讨论□为详细，决议全体同人除三数家外共三十余人一致加入商会为会员云。

1944年12月20日　第四版

收买押衣店注意　勿收受贫民棉衣

连日天气严寒，冷风刺骨，街头难民受此酷寒，鹄形菜色，殊属可悯。本澳社会热心人士，怜恤起见，特发动捐募施粥派衣工作，使受冷者之贫黎，有所御寒，此种实造福于贫民不少。惟有等贫民不知自爱□，领得之棉衣贱价转售别人，或多领棉衣券以遂其转售诡计，实属冥□。现各慈善之社团所送出之棉衣，将衣背均书有不得售押等字样，希望各收买按押者，不可将此种棉衣作生意买卖云。

1944年12月21日　第四版

歌姬义演　昨晚举行成绩良好

（本报专访）本澳行政局局长布英沙主办筹募难童经费大会，自发动筹募工作后，极得社会人士及各商行之响应，故进行颇为顺利，成绩极佳，从此难童之受惠日多。本澳歌姬界对于办理慈善工作，素具热心，此次为响应筹募难童经费，特组织歌姬界义演筹款会，详情已志前报。该会自发动后，经多日之筹划，及竭力推销之□券，得善长仁翁之认销，成绩颇好。（以下一段漫漶不清）甚为精彩云。

1944年12月21日　第四版

盐商赶购棉衣　日内继续施派

（本报专访）本澳盐商及善长仁翁所发动之冬赈贫民办事处，为救济贫民计，对于施粥衣工作异常积极办理。□□并派员赴广州市购买棉衣约千余件，近此棉衣一俟运到本澳时，即可继续施派云。

1944年12月22日　第四版

协社书画义展会今日隆重开幕

协社书画家高剑父、容漱石、冯康侯、沈仲强、郑耿裳、罗竹、杨善深、伍□佩荣、何漆□、何磊、余本、王志勤等，各作品昨已送出义展会陈列。定今日午十二时由布英沙厅长揭幕。日前各界所认购之书画可早到会认□十一时□每日至夜十时云。

1944年12月22日　第四版

布英沙约见各界　筹商分派办法　凡属贫童均可领受恩物

（本报专访）市行政局局长布英沙以圣诞节行将降临，曾于月前发动筹募圣诞难童恩物，除于圣诞节日分惠难童之外，余外所存之款，则将留作永久救济难童之用，救济办法，绝不有国籍界限之分。查此种筹募圣诞难童恩物发动以后，各界热心人士，对布氏此种侠义精神，殊堪敬佩，纷纷响应，或举行义演、义唱、义舞、义赛等，不一而足，故连月以来，收入成绩为数甚巨。惟关于圣诞节日如何分赠恩物于难童，分赠恩物之办法如何，甚为各界人士所关怀。布氏为尊重各界人士意见起见，特于昨日下午四时约见华人代表梁后源，镜湖医院主席蔡克庭，调查难民委员林子丰、同善堂值理黄渭霖、报界记者等，于市行政局长办公室内磋商圣诞节日分派恩物办法，磋商结果，甚为圆满，□至下午五时始行完毕，凡属贫苦难童，均有领受此种恩物之机会云。

1944年12月23日　第四版

圣诞难童餐　今日在长亭分发凭券

（本报专访）本澳行政局局长布英沙主办为留澳难童筹募经费后，得各界人士之响应，故办理工作颇称顺利，成绩甚佳。布局长除依照原定救济办法外，并发出巨款二万元，在圣诞节日，备办圣诞难童餐一万份，以五千份分赠各义学贫童，并规定以五千份分赠各区及街边之难童，务使□惠于贫难儿童。关于难童餐派送之事，亦经推定委员十一人负责处理。该委员会于昨日上午十时假座商会二楼开会讨论派餐工作，当即决定印备餐券五千张，于今日下午三时，在跑狗场对面之长亭内分派。凡属中国难童，年龄在十六岁以下者，均可领取该餐券（婴儿例外）。难童领到该餐券后，于廿五日下午二时可往同善堂、镜湖医院、培正中学、协和中学、良友球场、中德中学、保血公司、望厦粥场等处领餐一份，但必须亲自准备碗箸，以便到场食用，因该餐之饭菜，不得携带出外云。

（又讯）市行政局长布英沙主办为全澳难童餐庆祝圣旦（诞）节筹款大会，昨日拨出善款三万一千余元，于圣旦（诞）日派难童餐，使难童于此普天同庆之日中，各人均得一餐较为丰富之饱食。关于施赈中国难童办法，交由华人代表、同善堂主席、镜湖医院主席及报界记者主席等十余人，组织一委员会，共同负责施餐工作。该会自发动筹募以来，深得社会人士、各大商会团体等热烈响应，所得成绩，突破本澳历次筹款纪录，主办人及其他各商行等对此均异常感佩。该会筹款目的以救济难童为宗旨，不仅在圣诞日中施派难童餐而已，□之，所筹得之款，务使难童实受其益，不辜负社会期望也。据委员会公布，今日下午三时在镜湖医院长亭分发街头难童餐券，廿五日下午二时各难童□按餐券所指定之饭堂，自备碗碟，只限在饭堂内任意饱食，不得携出饭堂外云。

1944年12月23日　第四版

庆祝澳督莅任四周年大会定期今举行　上午十一时督宪接见外宾

（本报专访）本年十月廿九日为澳督戴思乐莅任四周年纪念，本澳各机关社团及中西人士，原定□是日举行纪念典礼，借□志念澳督之德政。是时适□澳督政躬不适，故对于纪念仪式遂告改期。现澳督已恢复健康照常办公，华侨庆祝会乃决定今日正午十二时举行。庆祝会主席高可宁、梁后源、赵斑斓等，在昨日午间面谒澳督，特请届时莅临庆祝大会，而澳督对华侨人士之爱戴，表示感谢，决于今日午间，偕同文武长官到会，向各华侨人士表示谢意云。又澳督定于今日上午十一时在督署接见外宾，葡国国民协会定于今日下午三时在市政厅礼堂举行祝庆大会云。

1944年12月24日　第四版

响应难童经费　理发行东西家义捐财物

（本报专访）为筹募圣诞节难童餐经费起见，由商会筹备发动后，深得各商行捐助及社会人士之响应，故迩来所收之善款日增，成绩极佳。查昨（廿三）日又有理发行东西家合力捐款及唐贤葵捐出□发药水二加伦，朱成贵捐出电发药水一加伦，葵文□捐出止烂耳药水廿瓶，共折合葡币五百七十零四元，储券三千元，由该行办事人徐公侠将该款送往商会转交筹款大会云。

1944年12月24日　第四版

政界闻人冯百砺卖文卖字

冯君百砺向为现□□院长孙科所礼重，当日市府建厅，皆任为主任秘书。孙氏北上，冯君不欲离粤，故未随行，而助李禄超为政，其道德文章，人所称许。生平极爱临池，家里盛藏碑帖，所作大草章草，均飞舞中而带厚重，（以下漫漶不清）刚劲而兼秀逸。兹闻订有□例与人作□，想亦违难途中，无可奈何之事也。

1944年12月25日　第四版

难童圣诞餐　今日指定地点分派

（本报专访）市行政局局长布英沙主办筹募难童恩物后，社会热心人士踊跃响应捐助，成绩极佳。布局长在今日圣诞节日对于难童餐之计划施派，特在救济难童经费内拨出二万元办理难童餐，详情已载前报。该项送□券经于昨日分派，到场候领男女贫童约三千余人，凡领有此□券者可依照券内指定之地点，前往领餐。查此次施派之圣诞难童餐，共计一万份，以五千份分派各学校贫童，其余五千份已在镜湖医院、培正中学、同善堂、望厦粥场、保血公司、良友球场、协和中学等处分派。至于各学校所得之券，其中有一千零一十份定二十七日分派。兹将该一千零一十份之学校难童餐数额列下，计开雨芬七五，濠江七六，知用六十，崇实五十，灵芝九六，知行四八，陶英二八，行易十二，崇新卅二，达明卅六，瑞雪六，佩文六，淑贤七，清华十五，和平二六，志扑十一、蔡高二十，启智十五，培贞四十，沙梨头八十，康公庙一六七，漳泉四八，□年平民一三五份。

1944年12月25日　第四版

中山同乡会扩大救济工作　日间进行募捐

中山同乡会为救济困苦邑民起见，经旅沪港等地筹募巨款汇返救济，且派出委员办理。旅澳邑民为推进救济事业计，特由该邑驻澳殷商等，发动组织旅澳同乡会，一切过程经载前报。自该会成立后，会务进展蒸蒸日上，入会者甚众，该会为扩大会务及救济事宜，特发动捐册向邑人捐助。该项捐册经于前日呈交政府当场核办，俟批准后当即开始募捐云。

1944年12月25日　第四版

阖澳书画界响应继协社举行义（展）

协社书画义展经已闭幕，其筹款或报超逾万元，全场书画不特沽清，而持券候取书画亦大不乏人。此点可见社会人士对艺术之推崇可谓备至。此次布英沙局长发动为难童筹款事后，各界团体无不踊跃参加响应，例如演剧筹款一而再再而三，又如义舞筹款亦有举行数次，而每次成绩均较前者为佳，可见善长仁翁□□不让。今阖澳书画界□全澳文化中心执艺坛之牛耳，岂肯后人，继续筹备较为宏大之义展。规模甚小，尚有万余元之收积，倘书画界再进一步而推动之，其成绩必不弱也。此不独难童之幸，而亦为艺术界之光荣也，未知阖澳艺术界以为然乎。

1944年12月25日　第四版

各教堂举行　圣诞弥撒

（本报专访）本年度圣诞节日今已来临，本澳各天主教堂，经于昨日□夜十二时分别举行弥撒祭祀礼，中西各教徒纷纷前往参加，情形颇觉热闹。政府各机关及学校在今日一律放假一天，藉资庆祝云。

1944年12月26日　第四版

附加税委员会将派员重新调查税额

（本报专访）本澳政府当局为充裕慈善救济事业经费，特征收旅业茶楼酒馆慈善附加税。自开征以还，工作颇称顺利，以政府当局为体恤贫黎计，对于小规模之旅店茶楼□馆等，准其申请免税外，其余均能照当局法例缴纳。查本月份慈善附加税缴纳之期，又将届结束，应缴纳之商户与未缴纳者，须早日前赴□局缴纳。至于下月份之征收，该局为进行便利起见，经于日前派员从新调查，视其全月生意之旺淡以订定其税额。一俟办理完竣后，可将税额协议通知书分发各有关之店户，使其派出负责人来局办理税额之具结，以便从事开征云。

1944年12月26日　第四版

各界捐助　同善堂

同善堂善院，连日收到捐款一批，计有衡发银号捐大洋一千元，黄记葡币廿元，黄三葡币五元，张大焜大洋一百元，源寿颐大洋三千一百五十元云。

（又讯）布厅长主办之圣诞难童餐嘉惠贫童，稚子莫不皆大欢喜。同善堂义学校校长崔诺枝，向布厅长领得□款三百二十元，制馔各学童饱食，计共十六席，每席连白饭共二十元，其餐目为，（一）扶蓉菜干汤，（二）上汤浸鸡，（三）咖喱肥鸭，（四）清蒸□鱼，原□，（五）荔浦芋猪肉；（六）二饭菜，（七）生果，每学生一位甜柑两个。该堂以此之数，□□学生，诚丰富厚之极云。

1944年12月26日　第四版

观音堂建醮　今日开坛

□□之观音堂，即普济禅院，每年例举行建大醮，以超度阵亡战士及无依幽魂，今岁亦循例举行。已定今日在该院开壇。一连七昼八宵，十五日供诸天，十七日赞大星，十八日□大放三宝焰□，将有一番热闹。至埠中信士，欲搭□附荐先灵者，仍可继续报名云。

1944年12月27日　第四版

学校消息

昨（廿五）日粤华附小全体员生于日间及晚□分别在正分校举行庆祝圣诞大会。下午一时，该校小六班□社主办之圣诞免费餐室开幕，同时并有儿童游乐场，计分九种游戏，由各班学生自行主理，小朋友们至感兴趣。圣诞餐室则为望德堂之圣若瑟庆体院，筹款购圣诞礼物分赠该院各青年办理，殊为精彩，且别开生面。

本澳附设于望德堂之圣若瑟庆礼院，该院之负责人慈幼会神父，特于圣诞前请各热心人士捐助购买各种用品，作圣诞礼物，分赠勤到院之儿童。闻该院得崔诺枝、何玉斐、董其光永生堂及望德楼堂教友与粤华中学附小学生之捐助，购得礼物一帮，于圣诞前夜分发各儿童，至感欢欣云云。

1944年12月27日　第四版

协社书画义展送出书画尚有未认画者

协社书画会义展为难童筹款已闭幕，在会场认画者连日纷至该会办事处领取所定下之书画。查该会送出画画尚有少数未认画者，可早日付款往该会领取书画云。

1944年12月27日　第四版

梁基浩女公子结婚　捐善款三千元志庆　呈督宪代为分配各慈善机关

本月二十四日为梁基浩之女公子淑志姑娘结婚，梁先生特捐出善款三千元，送交督宪请代分派各贫民。督宪即将该善款分派如下：计开，镜湖医院（儿童部）三百元，同善堂（救济难童）三百元，无原罪三百元，孤儿院三百元，托儿所三百元，贫民所三百元，戴思乐托儿所三百元，石排湾菜园三百元，平民义学三百元。

1944年12月27日　第四版

镜湖护士戴帽礼　昨日补行

（本报专访）镜湖医院护士学校第十三期之学生十九人，经于前两月已见习期满，应即举行戴帽典礼，藉资勉励上进。惟因该校校长叶培初因事辞职，故乃改期举行，各情已志前报。现该院值理公推蔡克庭□署校长之职，□戴帽典礼乃于昨日下午三时假座于该校礼堂补行。是日到会者除该院值理外，并有社会名流及各界来宾多人，由蔡校长主持仪式典礼及致词等，至四时始礼成散会云。

1944年12月27日　第四版

衡发银号助　同善堂万元

昨日登载同善堂捐款栏内，有衡发银号捐助该堂大洋一万元，误刊（一千元），特此更正。查该号素来对于公益事业，甚具热忱云。

1944年12月28日　第四版

中山同乡会进行在澳立案　东宝同乡亦拟组会

在澳门筹备设立之中山同乡会，为救济邑众贫难之乡民起见，于该会成立后，即扩大筹募事宜，俾利进行救济工作。至该会一切进行事宜，在名誉主席刘叙堂、李□超及主席李烈、林荫民、郑仲楚等策划下，异常积极，除印就捐募册送澳府核办戳印外，并为永远组会计，乃拟会章呈送澳府进行立案手续。该会于□日召开特别会议，讨论修改会章及□□事宜，结果□为完善云。

又各县同乡在澳设立之同乡会者，先后有江浙同乡会、中山同乡会等。其次在澳之东莞宝安县之侨民为数甚众，顷有绅商多人如叶子如、陈日初等拟发起组织东宝同乡会，以展开救济慈善事宜。现已积极进行，一俟拟于章程后，即可召会云。

1944年12月28日　第四版

拳术慈善比赛　定本星期六在平安戏院举行

本澳西洋体育会为捐倡拳术及救济贫民起见，特于本月尾卅日即星期六日下午三时半，假座平安戏院举行一拳术慈善比赛，由本澳名拳术家比度路古出场与埃仁伯作一十回合之正式决赛。并由名震远东职业之老拳师比提米亚及江世□作表演赛，有数名拳师助庆。节目丰富，届时定有一番热闹也。至于门票分五元、二元及一元三种，亟望本澳各善长仁翁解囊襄助，俾得增加善款收入，功德无量矣。

1944年12月28日　第四版

冼锦捐助同善堂十五万元

昨日有署名冼锦善士，到同善堂参观，即席捐助该堂药费储券十五万元，其同来之冼罗□文女士亦助□券二万元。□□冼善士诚热忱善举云。

1944年12月29日　第四版

市营电力局继续采购燃料　惟以现存之货为限

本年十一月□，市营电力局因需要发电燃料物质，本报曾先后登载并向本澳商人呼吁，如有发电燃料存贮者，可迳到该局投售。兹查悉该局对于采购燃料仍继续购买，惟只购买本澳商人现存之货为限，至若从新运到之土制油，该局不购买外，且通知各商人暂时停运。但关于石油一类，本澳火水厂用以制炼火水者，故不在此例。然本质良好之石油，该局□仍继续购入。查此种石油，若含有什质者，对于电流供应恐有发生危险之虞。故该局对于此种什质石油，绝不购买。因此商人对于采购石油须要注意防范。至若出熟松香，本澳一般正厂□用以制炼土制机油，以供应各工厂之用。因鉴于需求关系，凡从外输入之松香，可将之沽与各工厂，以免有滞市之虞云。

1944年12月29日　第四版

镜湖值理倦勤　呈请准予辞职

镜湖医院现任本届主席蔡克庭，以任期行将告满，拟请政府当局准予辞职，消息已志前报。查该会值理等特于昨（二八）日下午，召开值理谈话会，以资推荐主席继任人，再由现任主席介绍政府当局决定选任。惟昨日因时间短促，一时尚未得到圆满结果，特改于今晨再继续谈商一切云。

1944年12月29日　第四版

义演结束　催缴券款

警察厅长布英沙自发动为阖澳难童筹募经费后，得各商行及热心人士之响应，如桌球义赛、粤剧义演、书画义卖及义舞捐助。查□彩票之发行，均进行顺利，以筹募之义款亦巨，成绩极佳。前□歌姬界为响应筹募起见，特发动义演筹款会，经各热心人士之捐助与歌姬之热烈服务，于是在清平戏院义演完成。现该义演筹款会为早日结束会务计，特发函通知□□销戏券而未清缴券款者，□早日将款送交该会，以便核计后，将款交由筹募大会救济难童云。

1944年12月30日　第四版

各界准备　庆祝元旦　政府机关休假二天

（本报专访）新历年快将降临，本澳各学校团体届时均准备热烈庆祝。政府机关由本月三十日下午起放假，至明年元月二日始恢复办公。在元旦日澳督戴思乐定是日十二时半在督辕接见各界贺年来宾。而本澳三大机关及各团体亦于是日前赴督辕道贺云。

1945年

1945年1月1日　第三版

布英沙局长　勉励义捐

行政局局长布英沙氏，自发动为留澳难童筹募大会后，得各商行及热心人士之响应，纷纷发动筹募。布氏于昨（卅一）日接见记者，对此项情形，□有表示，且深感欣慰，对热心捐助者深为嘉许，尤望□□善长仁翁于今年救济之事，比过去更进一步办理，以后□难小童受惠良多也。

1945年1月1日　第三版

市面发现　伪十元凭券

最近市面发现十元面额之储券（即戴思乐总督任内□发之新□□），其□□纸度与真者不相上下，惟色泽较为暗淡，稍为留意，即可分辨。尤其是正面□CHETO NO.33517之五字为最易辨认。□□之五字在图案之内，伪者五字□在图案之外，市民注意分辨即可免受损失云。

1945年1月3日　第四版

难童餐委会　定期结束

施派难童餐晚餐委员会，□于有等学校，于圣诞日未及施派者，故改于前（元日）日继续□□，前昨两日学校先后施派者，计有多间。该委员会亦分别派出委员前赴各校巡视，成绩颇为圆满。查今（三）日为最后一天，仍有一二□学校举行补派。该委员会为便利工作起见，特定于本月五日下午，假会商（商会）二楼举行结束会议，以资核计一□账目云。

1945年1月3日　第四版

中山同乡会济难总会发出筹赈捐册　郑仲楚及黄海捐谷

中山旅澳同乡会组立驻澳筹募会筹赈邑中贫黎一事，各情已志前报。兹查该会对于劝募工作异常积极，昨已将劝捐册三十本分发，计□送与旅澳同乡担任劝捐者，谢系明、□□□、□家驹、黄□茂、欧文桂、陈六根、胡公武、李德联、黄渭霖、李海昭、黄钻兆、□华洲、□□钦、何西□、林开、郑彦伯、李□余、刘□阶、谭□芬、胡秉、□□□、□展□、□北□、□兆棠、黄炽祥等。同时留□捐册数本，由该会委员继续轮流出发劝捐，以收宏效。又闻该会副主席郑仲楚，及顾问黄海二君，均拟捐赈谷粒，以收实□。黄郑为该县富农，捐出之谷粒可以迳运石岐施赈。查该县富农不少，□继黄郑二君之后者，当不乏人云。

1945年1月4日　第四版

食物店之低级座位准免缴纳慈善税　缴税局昨会议通告实施

（本报专访）本澳政府为充裕慈善救济经费起见，□于去年十月间开始征收旅业酒楼茶馆附加税，自□税办理，颇觉顺利，本澳有关之商店亦均依法缴纳。该委会为体恤小规模之商店计，凡营业狭小之□□者得向该会申请豁免缴纳，但须俟该会将申请书转呈政府当局查核后，始生效力。查经当局批准免缴附加税之商店，计有二十五家外，□□等之商店中如旅业之高等住房□食店之高等座位者须征收，而其次等者不须征收，因此亦有所分别。故慈善委员会由昨（二）日已开始将各□不须征收附加税之商店或座位，分别派发通告，使张贴于各该店或座位□□处，以资识别。兹将通告原文□录□如下：□□总督批示依照一九四四年十月七日立法条例第五八九号之规定该□□或店准免征收附加税云。

1945年1月4日　第四版

不法歹徒投掷烟弹袭炸万昌银号　幸无伤毙人命情事

督察长观耶昨（三）日下午四时接见本报记者，□□□（二）日下午八时廿分许，竟有歹徒向十月初五街万昌银号投掷烟弹，□□恐吓，幸无伤人命。警厅以此等歹徒，□□□扰乱治安，蔑视公法，现已派出警探查究云。

1945年1月5日　第四版

蔡克庭等昨晋谒澳督　请示下届值理人选

本澳镜湖医院现任主席暨各值理，至本月底即告任满，理应辞职，另选贤能接替。主席蔡氏曾向政府当局呈请辞职，已□当局同意。惟继任主席一□，例由各值理推荐，呈请政府当局核准，故该值理会于去年十二月召开谈话会，讨论继任人选问题，结果众意所归，推出现任值理谢保明继任，并呈请澳督核准。现任主席蔡克庭特于昨（四）日上午偕同值理黄苏，晋谒澳督听候批示。澳督对于各值理推举谢保明继任主席之意表示同意，允于日间批复。关于值理辞职，继任人则须俟主席人选决定后，由新主席介绍与政府当局考虑后方□决定云。

1945年1月5日　第四版

林敬安堂昨托同善堂派米票　并捐巨款以助善举

昨日有署名林敬安堂善士□人，到同善堂，托该堂代派米票一千一百张，每券领米半斤，在药山禅院派米。同时林敬安堂捐同善堂大洋一□元，（以下漫漶不清）林二太、林三太，以上每五千元，合共大洋一万五千元。另公利源□米二百斤交该堂。同时有有名氏捐葡币十元云。

1945年1月6日　第四版

私为孕妇堕胎案　法院将开堂公审

（本报专访）本澳卫生局，为保证市民生命安全起见，对于执业之医生为孕妇堕胎情事，向颁有明令禁止。倘有违规者，必予严厉惩处。查去年秋，本澳有医生张周等竟敢蔑视法纪，私自为叶孕妇堕胎，事为卫生当局侦悉，乃依法控诉。讵张□等知事机败露，乃潜逃无踪，警方当局□将有关者带署研究后，即备文转解法院办理。法院以主犯未获，碍难执行审判，乃在澳门政府之公报发表布告，限令张周等归案办理，期限为六十天，如逾期而不依令到院办理者，法院则依法判决。顷查期限将告满，法院□于日间开堂公审云。

1945年1月6日　第四版

新旧盐商联合　扩大冬赈救济

（本报专访）本澳盐商对于办理慈善事业，向不后人，□于月前由该行筹募救济经费后，设立冬赈贫民办理处于同善堂内，办理一切救济事宜。自开始办理后颇具成绩。现本届承办之新盐商共十六家，业已开始经营，惟对于救济之事仍未忘怀，查为扩大□□冬赈贫民办事处救济工作起见，特召集新旧同人会议商讨捐款办法，并以延长救济时间，使贫民受实惠之益云。

1945年1月6日　第四版

非属专营盐商　不得挂牌营业

（本报专访）本澳盐业向由商人承投专办，现本届盐商共十六家，向政府负担饷项投承已经政府批准开始营业。由本年元月一日起，对于盐斤买卖生意不论出入，转口，或零沽批发等，该商均有专利特权，非承商者不能自挂牌售盐及其他批发沽盐货单等。希各商人注意，免违犯政府法规云。

1945年1月7日　第四版

热心人士踊跃捐款　助功德林饭场　下环区难童餐今日施派

（本报专访）下环区公德林饭场为使贫民受实惠计，特规定每份白饭一毫，餸菜□备，故每月支出之款甚巨，幸赖社会热心人士诸般捐助，于是该饭场得以继续办理，贫民之受惠日深。最近得各界踊跃捐助经费不少，兹将捐助者姓名详录如下（以下漫漶不清，略）。

1945年1月8日　第四版

教职员生活清苦　发起捐米敬师　拟定学生每人每月送米一斤　日间再度会议讨论完善办法

（本报专访）本澳各侨校之教职员，□鉴于近来生活日艰，对于维持殊属匪易。为弥补生活费计，曾于日前联函中华教育会，请发动捐米敬师运动。自本月四日该会召集各侨校校长开会商讨办法，经议决规定每学生每月捐敬师米一斤，俾资补助教职员之生活。但此举动□有考虑者，因各侨校有属义学者，有属贫家子弟就读者，对于侨校□□捐米之举，恐有不能一致进行，故仅通□由各侨校自行负责办理。惟此议决案执行后，关于教职员发动之本旨，略有所违愿。查教职员之负责人陈道根氏，为谋圆满解决起见，拟于日间发□该会，俾□行召集开会商讨云。

1945年1月8日　第四版

救济中山同乡　捐谷风起云涌　捐助善款数额颇巨

中山县旅澳同乡筹赈家乡贫黎一事，各情迭记前报，顷闻同乡热心捐款捐谷者颇为踊跃。兹将认捐者□查如下，□□昭葡币一千元，黄祥葡币二千元，黄森葡币五千元，黄□葡币五百元，□仲□捐谷二千斤，□海一千斤，利胜□□□可二千斤（黄海经□），黄□□二千斤，□德堂一千斤（黄□□经手），□四一千斤，李德联一千斤，□干□五百斤所捐谷石多系在该县境内就近交付。又闻该筹募会以筹赈善举未容稍有延缓，且农历年关迫近，各同乡事务纷繁，故已催促各经手募捐者从速于最短时间收集捐款汇总，以便□□散赈云。

1945年1月9日　第四版

电力局试用发电机　暂延长供电时间　每日下午四时起至晨早八时止

（本报专访）市营电力局自由巴路士接任局长后，于局内措施加以□□完善外，同时对于供给电流问题，均尽量为用户设想，故在此非常时期，本澳电流之供应，并无发生绝大之严重问题。此诚当局措施之得宜也。顷据该局发出布告称，兹因试用石煤发动电机，特将每日供应电流之时间延长，由□日起每日由下午四时开始，直至晨早八时正，通宵有电。至此次供电时间之延长，系临时性质，倘电力局停用石煤发动机时，即宣告恢复现状云。

1945年1月9日　第四版

适龄之葡籍青年均须入伍受训

（本报专访）本澳政府依照向例，每年举行后备兵员服役，凡葡国青年在十六岁以上者均须入伍受训，如因事未能应征者，得延至十九岁，但不能再次延期，详情已志前报。现政府公报又发出第八七三号立法条例，批准凡属葡籍青年在十六岁至十九岁，已报名参加入伍者，但该员又在各机关任职（以公务人员及行政团体文员为限）者，在入伍受训期内仍得照原□薪俸领取云。

1945年1月10日　第四版

镜湖恢复中医　今日开始赠诊

（本报专访）镜湖医院于年前裁撤中医赠诊□后，欲就诊中医者，每□不□。昨该院值理会为□□就诊中医之病者起见，议决恢复中医赠诊部，并聘定黄序东医生主持，情形已志前报。兹查该院为速于办理计，特定今日开始赠诊，并规定每日上午七时至十二时整，以后病者拟就诊中医者可到该院□□赠诊室就诊。至于施药之事，则□未实施云。

1945年1月10日　第四版

为难童筹款会　四万元奖品彩券不日在良友球场开彩

为难童筹款会举行之一元慈善彩券首奖，得葡币四万元，社会人士均以行善又可博彩争相购买。查自该会宣布二月一日在良友球场公开摇彩后，连日热心人士纷纷到该会购买，闻存票已无多，□得大彩者，□□购买，毋失机会云。

1945年1月10日　第四版

同善堂　收捐款一批

同善堂善院，因鉴于中药价昂，来源困乏，贫苦之家，一日患病，鬻粥购药，实费周章。该堂□鉴于救人□救急□无，实为当前之急务也，倘药□稍平时，到堂求药者，自然减少，则无须于亟亟筹款救济。现今艰困之秋，正须救济之时，故该堂每月施出中药之款达五千余元。而该堂向无存款，惟靠善长仁翁捐助，以支持一切。查昨有陈茂枝助五十五元，广兴行、钟大、钟福成堂，每助五十元。蔡文轩廿元，黎卓彬、陈伯墉、黄渭林、黄仲良、何真，每十元。崔洛忌、李如楷，每五元，□葡币云。

1945年1月11日　第四版

冬赈贫民处搜购棉衣施派　存有者可尽量售与

（本报专访）本澳□□救济贫民办事处□□办理施派棉衣及派难童餐等工作，自开始□后，颇为顺利（以下漫漶不清，略）。

1945年1月12日　第四版

电流延长供应时间　利便工业出产　用户亟望能延至农历元旦后

（本报专访）市营电力局自本月九日起，对于供电时间略为延长，由每日下午四时至晨早八时，全澳居民均感便利。查此次电力局延长供电之原因，乃恐发动电机经日久未用或有损坏之虞，为防范计，故须按时试用。因此当局对于此次之延长供电者，乃属暂时性质，倘当局认为应即恢复原定供电之时间，则随时均可执行恢复。又查电力局选择同时试用发动机，乃因农历年晚将届，本澳一般工厂及用户颇急于用电制造出品，故该局延长时间，实予极大之便利。且各工厂多以木炭为发动机器之燃料，而日前木炭价格又极昂贵，在此供电延长时间内，各工厂将必利用宝贵之电流尽量出产，因此甚望电力当局对于□时□定之供电时间，能继续执行至农历年底，助市内之工商两业，更觉蓬勃。料该局必将接纳此意，并能设法将目前所定之供电时间，延长执行至农历元旦后，始恢复往常之供电时间云。

1945年1月12日　第四版

为难童筹款会　红色彩票奖品　仍有小数来领

红色彩票奖品自宣布本月廿一日各中彩者仍未到领，则该会决将未领奖品变卖入善款，详情已见前报，现截领日期将届，中彩者如仍不到领奖，将来奖品变卖入善款，则难童又多谢各未领奖之中彩者不浅矣。

1945年1月12日　第四版

饮食店慈善税须依时缴纳　否则税局移由警方控诉

（本报专访）本澳酒楼旅业之慈善附加税，自慈善委员会代政府开始征收后，其征收办法，计分甲乙两种，乙种即分为三期缴收，此属于酒楼旅业采用。查此种办法实占百分之九十以上，其余少数采取甲种办法，于每次顾客结账时开单纳税，代收代缴。至于采用乙种办法缴税之店号，每月之税额得双方同意订定，由该号盖章具结。如期则依章将税款缴交。查最近一期之税款有一二间之商店逾期未缴，该会昨已最后通知该号清缴，倘再延迟不缴者，该会则将税单转送警察厅代为追缴云。

1945年1月12日　第四版

学校应用教科书　拟照旧版翻印

本澳各华侨学校，每学期开学各学生所用之书籍，向由各埠之书局运来供应，惟近年来因战事关系，交通梗阻，对于书籍来源，遂告稀疏。各学生之书本无法继续供应，各侨校为适应环境计，拟将书籍照旧版翻印，更在各旧书摊搜集旧本，于是旧书摊之生意顿成蓬勃。闻近日有等学校，□此寒假将届，春季学期又将开始，为未雨绸缪计，已计划在本澳印刷局将旧本翻印，俾应春季始业之用。然此间印刷生意趋于纷忙，故对于印费方面略为高昂，如将来之书翻印后，每本价亦属不少云。

1945年1月13日　第四版

市民亟应协助警方维护市面治安　不应讳莫如深而碍警探缉捕工作

（本报专访）本澳治安素称宁谧，在警方严密措施下，一般奸宄匪徒均销声匿迹，致市面秩序，异常良好，此诚当局维护得力也。际此时近农历元旦之隆冬时节，市面秩序更加紧维持，以增强治安机构，故警方当局，于每年例有举办冬防运动，借以防范歹徒之活动。警探□□有维持治安之事，但仍赖于市民之协助，方收事半功倍之效，故希望市民如遇意外事件发生□□依照日前督查长观耶发表应行之规则外，并从速举报及协助警探捕匪事宜。即如市面发生枪杀案时，目击者须谨记发枪者之凶徒庐山，服装及动态，以供警方缉捕之端倪，或□迹凶徒之行踪，而举报于警探，以利拘捕，不应□事徬徨，讳莫如深，须□静从事从□举□于警方或当值段警，以备警方之冲锋队到场开捕。警方之冲锋队佩备良好，聆耗后于转瞬间□□驰至，歹徒虽有飞檐走壁之能，亦难逃法网。须知地方秩序之宁静，乃属公共之享福，倘市民对警方之维护措施不予协助，则所蒙受影响者乃属市民之本身云。

1945年1月13日　第四版

学生救济会发给清贫生津贴费

查本澳学生救济会本学期清贫生，去年十二月份及本年一月份之学生津贴费现定于本月十五日（星期一）下午二时至六时，及十六日（星期二）上午十时至六时发给，各受津贴学生希依时携备领款证及本人私章，亲自到白马行广大附中向该会司□陈律平委员具领。一经逾期，则作放弃权利论，不予补发云。

1945年1月13日　第四版

理发业同人　筹组公会

（本报专访）本澳理发□业行，于去月底发动响应难童筹募，曾由东西联合募捐，成绩甚佳，计捐得葡币五百余元。该行同业拟将募捐情形公开报告，及筹备组织理发同业会事宜，特于昨（十二）日下午二时假商会二楼召开同人大会。是日到会者计有□□余人，即席公推筹备委员共三十二人，东家方面占十六人，西家方面占十六人，并公推徐公侠顾□为筹备会正副主席，黎毅为文书主任，□超司徒□为财政正副主任，并通过筹备会组织大纲，结果所议决各案颇称完满。后由徐公侠代表该会致谢□厅长派员指导及商会主席□□□开会，继续将响应募捐救济难童经费情况及详细账目报告一切。至三时许始散会云。

1945年1月13日　第四版

警方派员　检查行人

（本报专访）本澳警察厅当局，近日为防范歹徒在市区活动起见，特连日派出警察多人，在各区路上施行检查行人。此种措施实维持市面治安颇大，望一般居民如遇警察检查时应要服从警员之检查，以免警员之怀疑，亦可免其他不幸之事云。

1945年1月14日　第四版

佩带枪械而无执照　警探严为究办　连日检查搜获无照佩枪者多宗

（本报专访）本澳警厅当局，为维持市面治安起见，故每年举行冬防运动，派出警员在各区路上施行检查行人，借以防范歹徒之活动。本澳记者为明了警员检查情形计，特于昨（十三）日下午三时许走访督察长观耶，据督察长谓警察当局连日派出警员在各街道施行检查，其目的乃在检查枪照。此种检查不分日夜及时间、地点，凡有配备枪支在身而无枪照者，则拘拿查究。自施行检查以来，已拘获数人无枪照者。又警察检查行人，除穿警服外，并有便衣警探，惟便衣警探均持有警局证明书，该证明书上有中葡文字及该员之照片，市民如遇便衣警探实施检查时，为避免发生误会计，市民可向施检之警探查阅证明书，一经证明确实后，市民应即服从办理。关于入屋检查□警员，其中□有便衣警探到查，市民亦须照样索阅其证明书，以免歹徒假冒借机活动云。

1945年1月15日　第四版

去年度防疫运动收获极为良好　霍乱疫症发生仅数宗

（本报电讯）春夏季节，由于气候卑湿，故疫病之传染易于蔓延，而霍乱疫症之发生，多于斯时流行最盛。不幸遭染者倘不及时疗治，生命诚属堪虞，故卫生专理当局，于春夏季节，即实施防疫运动，借以防止疫症之发生，而□□市民之□□，在□去卫生局之防疫运动□得成绩相当良好。澳督戴思乐将军曾发出训令，拨金奖励卫生人员之努力。记者昨走访卫生当局方面，叩询关于去年度防疫工作之情形及收□之优劣“情形”，据调查所得，去年度之防疫运动较年前尤为严密，虽然防疫药液来源困难，当局仍不惜任何艰辛采购运澳，以资市民免费注射。同时市民对于防疫之饮食，亦多遵照当局凯切劝论之颁令实行，此为去年度疫症绝少发生之因素。至市民如不幸传染疫症，须从速投报，移送国家医院救治，此举不但对罹疾者之生命有绝大关系，即传染性亦告减少。故综观去年度之防疫工作收获异常良好，疫症之发生仅得数宗□□，此诚由于当局维护得宜，而市民协助之力亦多云。

1945年1月15日　第四版

教育会议决增收敬师米　通告各校实行

中华教育会于昨（十四）日召开第三十八次常会，结果议决□案两宗。（一）

书法比赛定一月二十一日下午二时，由该会主席朱伯英在该会议决颁发奖品。（二）□□各校由三十二年度下学期起，另增收敬师米代金，金额及分配决由各校自定云。

1945年1月16日　第四版

社团发动向外募捐须呈澳府批准　捐册由警方盖印许可

（本报专访）澳府当局为防止一般不法歹徒冒充慈善机构名义向社会募捐行骗起见，特颁行条例：凡公开募捐者须具情投报市行政当局，并将捐册送交警署戳印，经查明为合法团体及依行手续外，然后始予批准，并于捐册每页上加盖警署□记。该团体所捐募结束后须将所获之数额呈□警厅查核。此手续非仅为本□澳各团体，而外来者亦须遵□办理，否则当局将以□名而驱查□□查究□□各社团为演球赛等方□募捐者，亦须呈请当局批准云。

1945年1月16日　第四版

庆祝委会经费拨捐慈善机关

（本报专访）华侨庆祝澳督莅任四周年纪念大会昨已开结束会议，并议决将该会余款分配镜湖医院与同善堂□□阁作慈善经费。详情已志前报。现该会对于庆祝时市政厅借出礼堂举行及播音台借出播音器等，均有所襄助，特于日间发函致谢云。

1945年1月17日　第四版

中流剧团　明晚公演名剧生死恋

中流剧团于上月在域多利戏院演出“金玉满堂”后，社会各界人士对之备加推许，使澳门剧坛为之放一异彩。该团于首次演出后，并不以获得好评为满足，且再接再厉，排外国名剧“生死恋”，全部外国风格。演出由刘芳导演，现定期明日起，一连三天在平安戏院演出，即日定座。想届时又必有一番热闹云。

1945年1月17日　第四版

唐伯氏助同善堂葡币一千

同善堂善院，施赠中药救济贫病者，甚为得力，故得侨众同情，不断捐款襄助。查昨有唐伯氏善士助葡币一千元，另有龙西太葡币五元，无名氏澳纸十三元，叶伍荔裳大洋三百元云。

1945年1月18日　第四版

秘书长发表谈话　所传一切无稽谣言不足置信　市民须镇静如恒勿自相惊扰

（盟机空袭澳境　已获葡京复电）

前日本澳遭盟机空袭，详情经志各报。查此次被袭物业虽略有损失，但民心则甚安定，市面情况亦一如往昔，尤可贵者乃金融市场之安稳状态，连日来金融价格并无多大起跌，足见市民对于本澳政府当局有□关之认识。惟查市内自被空袭后，曾有一般投机分子，伪□种种无稽之谣言，考诸此无稽之说，实影响市民最大。记者为安定民心计，特于昨（十七）日晨走访督署秘书长高士德，询问一切。兹据秘书长称，此次本澳被盟机空袭，所受损失之统计，目前仍在调查中，刻尚未到达发表时期。至于政府当局专向葡京报告本澳被袭之电报，已于是日抵达，亦曾获复电。至于本澳被袭后，市内所传之谣言则属无稽之谈，希市民勿受所愚，而自相惊扰，对政府当局所抱之意□，应有深切之认识云。

1945年1月19日　第四版

本澳旧铜铁行商　纷纷加入商会

（本报专访）本澳华商总会值理会昨（十八）日下午三时，召开本届第一次常务会议。是日出席者计有高可宁暨各值理等十余人。关于会员冼亮臣提议举行春节同乐会一案，惟昨值理会冼氏声请将该案暂为缓行，因现值艰难时期关系等语。结果该会对此甚为接纳，而并待本会体查情形再行发动办理。又宣布本期新人会会员有旧铜铁行同人廿七人计，陈元记（陈元）、义合（谭衍）、胜和（区应）、胜合（温□）、文昌（吕学文）、广□隆（黄广明）、信兴（祝永康）、□源（□基）、永同和（岑万黎）、合利隆（冼□）、广和（陈仲）、安□（□洪）、荣兴（霍旺）、永盛（刘安）、义益（吕达）、同丰（文伟）、公釜生记（明发）、□兴盛（刘炯）、同昌（谭□□）、巨益（李培根）、利益（□合）、永□（刘荣烈）、南记（英□□）、广成（□镜）、鸿安祥（□潮）、生和（梁烈）。以上之新会员均由李如楷□照介绍云。

1945年1月19日　第四版

歌姬义演成绩良好　收入票葡币万余元

（本报专访）本澳歌姬界为响应筹款救济难童经费起见，特发动义演筹募大会，经于假座清平戏院举行。是次该会经歌姬界热烈进行后，所筹之善款甚巨共达葡币一万余元。该会兹以筹募工作业告完竣，特定于明（二十）日下午三时假座商会二楼举行颁奖典礼，特敦请市行政局长布英沙莅任主持颁奖云。

1945年1月20日　第四版

本澳被空袭事件　政府从事搜集证据

关于前日本澳被空袭事件，现据官方传出消息（以下漫漶不清，略）。

1945年1月21日　第四版

歌姬义演　颁奖盛况　布英沙致嘉勉

（本报专访）本澳歌姬界为响应救济难童经费起见，曾于去月在清平戏院举行义演筹募，当时颇得社会人士之协助，故所筹得成绩极为圆满。该会为奖励过去工作人员计，特约昨（廿日）下午三时半假座商会二楼举行颁奖典礼。是日到会者，除歌姬界数十人外，并有市行政局局长布英沙与消防队长马沙等莅场主持。首由布局长办发奖章，继发奖状。查此次颁奖，计分两种，奖章乃颁发当日义演工作人员，以资纪念，奖状乃颁给新街宜安街福荣里各歌姬院共五十四家。颁发完竣后，随由马沙队长致词，继由布英沙局长致词，均对歌姬界此次义演之热心响应甚为嘉许，后由该会代表雁如致谢词。直至四时许，全体工作人员拍照后，始告散会云。

1945年1月22日　第四版

葡京复电证明确为美机袭澳　训令澳府搜集证据

（专讯）本月十六日，有美国飞机多架，分批四度来澳轰炸，□命中新口岸之航空处机库，库内存有□油六千加伦（此数乃澳府发表者）均付之一炬，同时复在马交石之无线电台附近投弹，又扫射青洲海面之葡萄牙号铁轮。葡政府当局以本埠乃葡萄牙领土，对美机之袭击，认为破坏其中立立场，除将当时被袭情形，电呈葡京报告外，并从事搜集证据。澳府兹接葡京复电，原文如次：□□□□□□□□□□□葡国内阁兹收到中国内各地之电讯，抗议美机袭击葡属澳门一事。同时国内各报均强调此事实违反战争法例。现美国政府对此种事件，深表歉意，并允当即询问此次事件有关之六军当局，备送全部事实及可能原因，以决定此次袭击之责任□□□□□□□□。

1945年1月23日　第四版

为难童筹款会　协社义展成绩

去月协社书画名家热心响应，举行书画义展，成绩异常美满。查□义展会收入总计共得葡币一万二千零三十九元，支出□费葡币六百八十九元二毫。除支外实收葡币一万一千三百四十九元八毫，经全数拨交为难童筹款会云。

1945年1月23日　第四版

各界捐助同善堂

同善堂善院，年来施赠中药，救济贫病侨胞，不遗余力。惟以中药来源困乏，且药价高昂，支销浩大，以致该堂入不敷出。经费形于竭蹶，经迭次登报呼吁，请求各界捐助，维持此硕果仅存之施济中药所，不至中辍，则贫病侨胞，有所幸焉。查昨有梁永馨香店助该堂葡币一百二十元，□坚葡币十五元，有名氏葡币五元，罗先生大洋二千元，刘丽娟储券二千元，张英卓储券一千一百三十元云。

1945年1月24日　第四版

澳立临时学院未准开设　学救会函各院知照

关于在本澳设立临时学院事，曾宣传颇久，本报记载尤详，并论及该校无设立之可能。现学生救济会接奉教部指令，该临时学院，暂从缓议。兹录该电如下：□奉教育部侨务委员会指令略开。“学生救济会暨岭南、中德、培英、培正、培道、协和等校鉴，前据该会等校□准在澳设临时学院一案，兹准教部函复，略以澳门与内地交通梗阻，不独师资设备均有困难，管理颇感不便，应暂缓议等由。”该案应照教部意见暂从缓议。侨务委员会亥□等因奉此，相应录令□达贵校查照为荷。此致某某学校校长　澳门学生救济会主席杨重光。

1945年1月24日　第四版

中山同乡会　续有捐助

中山海外同乡济难会驻澳筹募会，为救济家乡贫黎筹赈一事，迭经将该会劝募情形纪于报端。兹闻该会副主席郑仲楚，连日奔走劝募不遗余力，已得同乡吴钧任、黄泽生两君，各捐大洋一万元，陈居安、郑敏□、黄继胜、吴□原等各捐大洋五千元，均由郑仲楚经手。又闻该会顾问李华洲、刘伟□以该县旅澳股户郑钱洲，最近为其子郑文华完婚，特劝请将筵席费樽节出一十万元，尽行捐助该会以资□□散赈云。

1945年1月24日　第四版

猪肉烧腊行　决议年关事宜　昨已通告行友知照

（本报专访）本澳猪肉烧腊行保生行，以近日将届农历年关，对于农历年晚开收之猪尾金，与派席金及元旦例假日期事，曾于日前召集开会讨论，议决猪尾金定于农历本月初十日开收，并决定席金由农历本月廿三日开派，每位贫友葡币二元。凡以前有拖欠香仪未缴者，应于在席金扣除，至于乙酉年农历□□，则依例在农历正月初三初四两日休息，初五日则照常营业。关于该行之伙夫及喂猪工友，则不在□例。该行昨日已发出通告，周知该行工友云。

1945年1月24日　第四版

警方强化治安　连日实施检查

（本报专讯）警方当局以冬防吃紧之时，为强化本澳治安机能，以防止歹徒活动起见，连日均派出大批武装警察实施检查行人，而中西警探则出巡市面，踩缉歹徒。至□查行人之举。督察长观耶经于日前发表晓谕，行人如遇检查，须绝对遵从警令，倘警探乃属伪装者，则先□□其□缴□证，以免歹徒借此而做非法行为云。

1945年1月25日　第四版

为难童筹款会　一元慈善大抽彩　全部彩票一概销清

一元慈善大抽彩自宣布□定二月一日在良友球场开彩后，各界人士纷纷争购，发出之十万彩票经已全部销清。关于摇彩方式，该会日间当将详细办法向社会人士公布云。

1945年1月25日　第四版

教育会举行失业教师登记

本澳中华教育会例于每学期开始均举行失业教师登记。闻现有中山附近等乡立小学，委托该会代聘教师五人，三男性，二女性。每学期给当地纸币一万五千元，另每月谷一担。如有愿就斯席者，请前往登记云。

1945年1月25日　第四版

镜湖下环诊所　增设中医赠诊

（本报专访）镜湖医院自设立下环分诊所后，对于该区附近贫病居民，颇为便利。该院为利便侨胞起见，日前该院值理会提议增设中医部，议决通过在案，并由该院委聘陶懿生女医师担任。现闻诊所中医部之办理，将在日间□开始赠诊云。

1945年1月26日　第四版

粮食统制委员会便利出入口商　亟望能大量采办货物来澳

（本澳专访）澳门物品输进统制委员会，系自太平洋战事发生后设立者。该会之责任，为应付非常时期本埠之物资输进事宜，以维民食之关键。对于进出口商经营之货物，输出或进入，均颁有条例执行，以免超出进口数额而溢出大量物资而供本埠所需。至该会之条例，当□乎环境而加以调整，其目的当然系防止不肖商人之不法图利。统制会批准物品出口，其原则乃根据申请者所□入口货值之多寡，而酌量定夺。其中有等不肖商人以出入口商为名，实则只办出口，单以主要粮食而论，倘不加以限制，则一般殷实出入口商，则蒙其害。而本澳粮食之供应，亦影响实甚，故希望一般出入口商能多量采办货物来澳，则该会所予以之出口额，当以利便云。

1945年1月26日　第四版

中山同乡会　续收捐款

中山济难会筹款成绩优良，迭纪前报。兹续有李□昭经手捐册储券二十一万元，大洋一万元，葡币一千元。卢展云经手捐册储券二十二万元，萧俊钦经手捐册储券一十二万五十元，曾锡祺经手捐册储券四万二千元，内分裕德行五万元，永德行、金源银号每三万元，卢展云、大德行、裕□庄、成昌号，每二万元，李德洲、曹少怀、□日新、李良、欧阳华、郭渭潮、欧阳潘氏、梁灿辉、□颂业、苏彦武、曾锡祺、融合堂、刘举均、萧俊钦、李□宾、萧剑鸣、郑华均、徐展文，每一万元，以上均储券。捐款在万元以下者，难以尽录。又有来往岐澳本客号□雷公者尤为热心，特捐出一个月，栉风沐雨之所得信资，计储券五千元，全数捐出呈献该会云。

1945年1月26日　第四版

酒业行存酒登记呈请政府通融　商会决议接纳代陈

（本报专访）本澳酒业行同业最近以关于该行各店户之旧存□酒□已□遵令登记，惟在呈报于政府未派回饬办之前认为有惩罚之必要，及既经登记□酒，此后应如何办理一事，该行特于日前缮函致达商会，请转陈政府当局，予以体恤，通融办理。昨（廿三）日下午二时，华商会召开第三次会议，是日出席者，除高主席外，及各值理多人，除议决该会会务后，并将该行来函提出讨论，应如何解决。经即席议决接纳办理，须请该行将所请转陈之理由，详细缮写□会，以便着手转陈云。

1945年1月27日　第四版

统制委会将额外手续费拨送鲍斯高学校

（本报专访）本澳政府当局为调整此间货物之供应计，特设立物品输进统制委员会，凡货物出口与入口事，均须向该会呈报审查，俟核准后始能输出输入。至于货物出口手续，必由输出货商□一日前，□书面向该会申请领取出口纸，经核准后，则由该会于翌日发还。如该商人逾期领取此出口纸者，则依例须给手续费以示限制。查该统制会截至最近止，因逾期领取所征收之手续费，统计所约达葡币五千元，昨已由该会将□□拨捐鲍斯高学校，以为救济贫苦学生经费云。

1945年1月27日　第四版

岐澳客车　票价提高

（本报专访）行走中山澳门客车，迩以燃料昂贵，耗费甚巨，特将座位票价略为提高，以资弥补，计全程每位葡币十元，半程票每位葡币七元，行李费向定每件一角。为通融办理起见，小型行李不另收费。至开行班次，刻下仅为上午一班云。

1945年1月27日　第四版

青联剧社发起　为镜湖义学筹款　镜湖值理议决接纳

镜湖医院昨（十四）日下午三时，召开值理会会议。是日出席者有蔡主席暨各值理多人。首由古书记宣读前期议案外，并讨论院务议案多□，同时本澳青联话剧社致函该院，拟举办义演话剧，为该院小学筹募经费一案，蔡主席在值理会提出讨论，应如何办理，结果议决允予接纳云。

1945年1月28日　第四版

新春将届宴会频繁　增加酒菜附加税　该行商以税额庞大负担困难　联请当局收回成命以恤商艰

（本报专访）澳府当局于去年十月间实施增税法例，以弥补政费支出，惟旅业及酒□饮食税，由于该行商经营种类复杂，乃将该项税收拨入该慈善项下，并在仁慈堂设立统税局，以负责办理征税事宜。自该局设立后措施良好，对于酒楼饮食店及旅业行商之税额，分别酌量评定，该两业行商均认为当局缴纳之税额适宜，故得顺利推进，此诚当局主事者办理之得当也。至该两行商现行之缴税，均采用乙种之包月制办理。此种包月□□定以一月为期，由当局评定其每月营业之数额征收之，至其营业之多寡则视乎环境而定。查统税局最近为农历元旦将届，一般□□□□多设□□，欢待朋□，故酒楼等之生意相当畅旺，故认为有增税之必要，拟由下月起，对旅业□兼有酒业之酒店，如利为旅、中央、东亚、五洲、大群、万香等所征缴之慈善税，略为提高。旅业行以当局此次增税，认为数额庞大，负担维艰，乃于昨日联同赴统税局与主事者商洽，请求将增税一节，收回成命，以恤商艰。且于增税之开始为下月一日，即为农历十二月之十九日，由十九日至月杪止，□为时半月，春茗之宴，俱设于农历元旦后，在年杪之半月内，生意例趋冷淡，且酒菜多于年杪收炉，停止营业，届时绝无收入，“皮费”依然，且又多一慈善税之增加，其负担之重，无异百上加斤。或以春茗之宴会频繁，生意畅旺，□其所入，能足以抵偿前半月之支出亏蚀否，成一疑问。春茗之设，多属富绅巨贾者为之，试问本埠之富绅几许，而又□交通关系，外来人士到此消遣绝少，此足证酒菜生意之在新春仍□许乐观也。当局以旅业行所请各节，□属实情，双方商谈甚详，□□当局考虑后答复云。

1945年1月29日　第四版

内地牛只源源运澳　肉食不虞缺乏　德全公司竭力采购来澳供应

（本报专访）本澳牛肉生意，□专营性质，由市政厅招商投承办理，承办商期限三年，其售价亦须由当局规定。查近年承商为营地街市之德全公司，该公司之东主于各地有关方面，俱有友好联络，故内地之牛只运澳，虽在航运梗阻中，仍无发生□□困难。本澳肉食供应，赖此不虞缺乏。查该公司承办之期于去年三月杪截止，原定须另行公开投办，惟当局以该公司牛只运输来澳，能畅通无阻，特例外准予赓续办理一年，以资奖励。查其一年之期限，于本年三月杪即告期满，据一般推测，下届之牛肉生意，仍由德全公司承办之希望甚高云。

1945年1月30日　第四版

年关将届　市面顿呈蓬勃

农历年关将届，市面商业□□□趋蓬勃。各行商号，亦开始催收货款，一切年晚需用之品物均在市面应销，而价格亦属昂贵，一毫二毫之辅币亦为市民搜□，以应新年时红包封之用。

1945年1月30日　第四版

中华教育会吁请救济失业教员

中华教育会，现以学期将近结业，各校教员，均须聘请，故举行失业教师登记，以便广为介绍，现闻向该会登记者凡二十余人。该会以本年失业教师，突比以前增加，□□□受内地战事影响，为此特向社会呼吁，请广为援助，如本澳各校各□学校或私人聘请教员，本澳商店聘请助理、文书、会计等人员，均请函达该会，当妥为介绍，请社会人士注意云。

1945年1月30日　第四版

商号牌照　限今日内清缴牌费

即日为葡国革命死事纪念日。本澳各机关衙署，一律放假一天。市上各商号，月前将全年牌照及半年或三个月等牌照交往公钞局（有7字漫漶不清）取回牌照者，须尽于今日内，到公钞局缴纳牌费，取回公钞部□，以免自误。如逾期仍未缴纳者，则须另缴罚款云。

1945年1月30日　第四版

议事局招考　中葡教员

议事公局布告招考市立中葡学校教员一缺，以为本年春季始业教席。如投考者，须具备履历纸，并须经警厅当局证明，至于开考日期再行通告云。

1945年1月30日　第四版

妇女会　寻购会所

本澳妇女会为筹募会所经费起见，曾于去年假利宵中学举行话剧筹款，结果成绩美满。该会以善款有着，即筹购会所一间，用以办理妇女家政及附设□事等为社会服务云。

1945年1月30日　第四版

西人歌剧团　定期义演

（本报专访）西人业余歌剧团，全体团员数十人，由卢那彼氏主持□□，下月十五、十七、十九等日一连三天，假座利宵中学健身室举行歌剧演戏筹募善款，用作补助善团经费。第一天名誉券定七元、五元，第二三天定三元、一元。各券日间开始劝销云。

1945年1月30日　第四版

同善堂　呼吁捐款

同善堂善院，施派中药，救济贫者，不遗余力。惟以药价昂贵，不易支持。因每天施出甚大，故其连日吁请捐助，维持善举。查昨有无名氏助葡纸五十元，有名氏葡纸十五元云。

1945年1月31日　第四版

前晚葡文声报发生投掷烟弹案　附近居民饱受虚惊　幸无伤毙人命情事

（本报专访）前（廿九）日下午十时约四十五分，监牢斜巷六号之澳门葡文声报，发生一宗投掷烟弹案。查该报为澳门独一之葡文报，每日约下午四时出版，馆内职员均于晨早工作，出报后即可休息，向安无异。查昨晚约十时四十五分，馆内职员均已休息，忽然有隆然之爆炸声，连续三响，声报遐迩，该馆为之撼动，窗门玻璃亦被震毁，职员从梦中惊醒，莫不惊骇狼狈。该案发生后，警方排出大批警探，驾冲锋车迅速驰至肇事地点查案，警察厅长布英沙，督察长观耶亦驱车到场察勘，见报馆之门前路面着弹三处，被毁成穴状，弹痕狼藉，毁碎之玻璃及泥石，堆置门前。警探于查勘时，执获有炸弹之碎片多块，详加研究。幸报址非关繁盛通卫，且时在深夜间，行人稀少，除附近居民饱受虚惊外，并无伤毙人命之情事发生。警探于查究完毕，亦收队而去。又查该馆此次发生之炸弹案原因尚未明云。

1945年1月31日　第四版

同善堂　收捐款一批

同善堂善院昨日收到捐款一批，计有无名氏葡币十元，有名氏葡币十五元，马洪福大洋五百元，有名氏储券一千元云。

1945年2月1日　第四版

中山济难会筹募成绩优良　共得约储券六百万元

（本报专访）为救济中山邑众组织之“中山同乡济难会”，自筹募工作展开后，该会主席李烈，李□昭，郑仲楚及各委员之奔走策划，进行异常顺利。一般社会热心绅商靡不解囊捐助或出谷米交由该会施行救济工作，筹募成绩极为良好，截至目前止，共募得善款约计中储券六百万余元。该数包括现款及谷米价值之伸算，现仍继续筹募，以期更□美满成绩。该会一俟收集善款及谷米后，即去函香港中山济难总会，请示施赈事宜，即可展开救济工作云。

（又讯）最近组织之“中山同乡会”其一切章程均已拟定，□具情□□澳门政府文案，一俟批准后，即可推行会务云。

1945年2月1日　第四版

建筑行庆祝鲁班诞

农历本月二十日（明日）为鲁班先师宝诞之期，本澳门建筑行同人定于是日下午七时整，假□五洲大酒店设筵庆祝，藉资联欢，同时举行全体会员大会，选举乙酉年新职员。兹该行已发函通告各行友，届时出席参加云。

1945年2月1日　第四版

酒店附加税协议解决

关于□营酒业各旅店之附加税问题，慈善税委员会连日请各店负责人□行订定，双方协议经已圆满解决云。

1945年2月1日　第四版

同善堂连日收捐款

同善堂昨日收到各界捐款，计有翁□名助大洋五千元，关先生、金先生合捐大洋八千元云。

1945年2月2日　第四版

镜湖分诊所中医赠赈

本澳镜湖医院为利便贫病者之诊治，特设立下环诊所，自办理以来，颇得社会人士之赞许，且附近贫病者获益不浅。惟该诊所向用西医，对于中医□诊未及办理，而贫病者拟诊治于中医者乃感不便。该院值理有见及此，特议决在该所增设中医赠诊，以应贫病者之需求。查该分诊所之中医赠诊，已于去月（卅一日）开始办理，至于赠诊时间与西医赠诊时间相同云。

1945年2月2日　第四版

学校消息

荷兰园望德中学，昨（二月一日）在该校礼堂举行民国三十三年度，第二学期始业礼式，有非常之整肃，行礼如仪后，由代校长严仕廉以次各级任教师训话，勉励各生勤学，语重心长，殊足感人。该校办理，素称完善，各位教师，亦皆一时之彦，近日来校报名求学颇不乏人云。

1945年2月3日　第四版

粤澳筹募会函聘职员

广州方便医院及老人院，暨澳门华侨平民免费学校三机关，近因时局关系，难民甚众，失学孔多，经费支绌。本澳善长仁翁发起组织筹募经费大会，各情业志前报。

查该筹委会定于本月四日（星期日）下午三时，在商会召开全体职员首次联席会议，该会昨（二）日已发出通函，分期委□云。

1945年2月3日　第四版

幸运女儿顿成巨富　四万元首奖 羡煞裙钗

市行政局长布英沙主办之四万元慈善彩券，已于前（一）日假南湾良友球场举行摇珠开彩。头彩为七二九二六号二名为商会主席高可宁所获得，详情已志前报。查关于头彩四万元究是谁人获得，甚为各界人士所□知悉。据该会关祖尧君称，头彩为一女子署名周桂者所得，该四万元巨彩，昨晨已由左美古律师代领云。

1945年2月3日　第四版

一元慈善彩券领奖　每日上午十时至一时在难童筹款会办事处分派

一元慈善大抽奖经已开彩，领奖时间，除星期日外每日由上午十时至下午一时，地点在龙嵩街警厅二楼难童筹款会办事处云。

1945年2月4日　第四版

粤澳筹募会今日会议

为广州方便医院及老人院暨澳门华侨公立平民义学筹募经费大会，经于日前正式成立筹备委员会，并假商会二楼为临时办事处，亦已开始办公。该会为积极进行会务计，特定于今（四）日下午三时在该会办事处召开全体职员首次联席会议。各部职员依时出席商讨一切云。

1945年2月4日　第四版

文英学校日昨开课

吴文英学校国文专科济小学各级已于昨（二）日行开学礼，除全部旧生继续肄业外，新来学者□形踊跃。现特扩充校舍，增加学额，续收新生，俾有志向学者，免向隅之叹云。

1945年2月4日　第四版

小型球义赛改期举行

小型足球义赛，为无原罪贫生筹经费，由华联战西联，该比赛原定去月廿八日举行，后因事改期今日比赛。惟昨据总会消息称，今日之战事，不能依期演出，须改期七日下午五时比赛，并由太□剧团团员歌唱粤曲以娱来宾云。

1945年2月4日　第四版

同善堂昨收捐款

同善堂善院，昨收捐款一批，计有钟福成堂捐大洋三千元，黎华清、黎华□每捐葡币十五元，董杏然、萧先生，每捐葡币五元。

1945年2月5日　第四版

日领遗体昨日出殡　澳督亲临执绋

驻澳日本领事福井保光于前（二）日上午晨八时五十五分，在火药局斜巷附近，遭刺客狙击后，经送山顶医院救治，□因伤势过重，于前（三）日晨逝世。消息已志前报，日领事福井遗体善后事宜，由驻澳日领事馆于昨（四）日下午二时在该馆举行告别式，是日前往致祭者，除日本侨民及中葡各界人士外，澳督戴思乐及政府各机关长官亦亲临致祭。祭堂设于领事馆后堂，中悬日本国旗，福井之棺置于旗下，棺上置福氏之遗像，及福氏生前之勋章，棺之侧伴以花圈，颇为庄严。时届两点，首由主祭人宣读开式之辞，继由小民报社长唐清宇主持致祭文，旋即宣读各界吊文。澳督戴思乐亦亲读葡文祭文，诵读完毕，并于香师经致祭，仪式肃穆。读经完毕，主祭人并以英文答谢各界，继由各界向福氏灵前致祭，并摄影纪念。至下午三时，福氏之棺，由消防队员六人将之抬出领事馆门前，装上汽车，计临执绋者有澳督戴思乐、秘书长高士德、经济局长罗保，各机关长官及中葡人士与本澳日侨领众，□驾汽车景行，直至关闸，各界送殡者始向福氏之棺辞别。查福氏之遗体将举行火葬云。

1945年2月6日　第四版

警探名宿又弱一个　黄怀伤重殒命　遗体今午举葬　遗下妻妾子女多人身后萧条

（本报专访）前任中山警探大队长及广州警察探长黄怀于前（四）日下午十二时五十五分，在草堆街头险遭凶徒□枪狙击，身中两枪，被移送医院后，经由医生施用手术取出子弹，惟伤势异常严重，更因流血过多，于（五）日凌晨约四时许遂告殒命。黄氏遗骸于昨午移往镜湖医院殓房，延□道颂经超度。黄氏今年五十岁，服务警界十余年，生平精练明达，态度和蔼，年来闲居本澳。黄氏尚有一兄、一姊及遗一妻、三妾，子女各一，均在培正学校肄业。遗体定今（六）日正午十二时入殓，下午三时在镜湖医院发引安葬旧西洋坟场，从此具有深长历史之警探名宿又弱一个矣。

1945年2月6日　第四版

居民违例燃放爆竹　警方传署控究罚款

（本报专访）应此年关迫近，市面情况紧张之时，警方当为实施冬防运动，防止歹徒活动，□强化本埠治安机□起见，日前经由警察长观耶□布治安条例，倘市民未领有特准人情，不得燃烧爆竹等情，讵一般市民对此条例多漠然□之，竟不遵守。查前日为农历新年之日，市民于祭祀之余，乃大燃爆竹，卜卜连声，警方以彼辈蔑视法纪，不遵□令，乃一并将之传署控究。经由审讯后，当局以彼辈乃属初犯，申诫一通后，罚款即予释放，并饬令彼辈倘再次违犯，则严究不贷云。

1945年2月6日　第四版

慈善彩券各奖　幸运儿均已到会领收完竣

难童筹款会举办之一元慈善彩券经于二月一日开彩，闻中彩者已一律到会领去各奖云。

1945年2月7日　第四版

黄怀昨日举葬　中西各界莅临执绋　遗体卜葬西洋坟场

（本报专讯）本澳闻人黄怀不幸被狙伤重逝世后，遗体于昨日举葬，正午十二时入殓，三时出殡，在镜湖医院发引，安□塔石旧西洋坟场。查本埠绅商名流，均属黄氏生前友好，故是日莅临执绋者，计有警察厅长布英沙，督查长观耶，督察地□拿·紧打，及警方要员，华人代表，商会主席高可宁，及各界名流，数达千余人。仪式简单肃穆，异常荣哀，居民多注足以观，对黄氏此次之死。咸感惋惜，迨至莲峰庙镜湖长亭，各执绋者乃告辞□，而棺柩移送坟场安葬云。

1945年2月7日　第四版

有心人捐出彩券奖金

为留澳难童筹募经费大会举办之一元慈善彩券，经于本月一日在南湾良友举行开彩，而得奖者□先后往该会领奖，唯最近获奖者，中有小部分，以此次彩券经为慈善性质，特将所获之奖款，全部捐出救济难童，曾俾充裕救济经费。查获五百元奖款，以全数捐出者亦有数人，此项善举实堪嘉许云。

1945年2月7日　第四版

有心人助同善堂万元

同善堂值理黄汉兴氏，昨经手向善士有心人募得大洋一万元，以助同善堂经费，该堂同时受到郭诚正堂大洋二千元，周显英葡币十元，有名氏葡币十元云。

1945年2月8日　第四版

教师米　亟待实行

本澳各学校之教职员，曾于去年发起教师米运动，以资辅助教师生活，惟当时本澳各学校意见未趋一致，遂成悬而未决。查本年下学期各校已次第开课，但对于教师米仍未执行，其中虽有一部分之学校，自愿另给教师津贴生活费，但其他学校，则依然如故。惟近日生活程度日高，一般教师仍未得到教师米者，生活甚感困难支持，对于此教师米之所议似□□于解决，藉资补助云。

1945年2月8日　第四版

“光绪通宝”从天而降　旧屋梁发现银币

本澳快子基北街某号居民陈成，日前在下环街市购旧屋梁一截，用作燃料，归家后将之锯破，讵料该梁柱内藏有双毫银一千余元，该居民喜不自胜，附近居民均纷纷往观。据一般人之推测，梁中藏之银币乃属“光绪通宝”，为数十年前之人家藏储，以防意外之损失者云。

1945年2月8日　第四版

彩券尾声

为留澳难童筹募经费大会，举行之一元慈善彩券，经于本月二日举行开彩消息，已志前报。查自开彩后，该会计收到以无名氏名义捐助善款计有三宗，一为捐助三百元，一为捐助四十四元，一为捐助二十五元，该会计共收善款葡币三百六十九元，□三百元之款则由左美古律师转交该会。关于昨报登载捐助五百元奖款者亦有数人之说，乃属误传云。

1945年2月9日　第四版

农历元旦　澳督莅商会贺年　各侨团届时设茶点招待

本澳商会昨（八）日下午二时，在该会体育堂召开常务值理会会议，是日出席者计有高可宁、陆电明，各值理多人，首由记录汤悦将□期议案宣读后，再将会务各项提出讨论，（一）本月十三日为农历元旦日，届时澳督戴思乐将于是日午亲赴商会与各侨团贺年，议决由该会致函各侨团或机关，通知该团各值理俾□于是日齐集商会，以□澳督与各个侨团贺年。届时该会设备中西糖果及茶点等招待，对于此项费用则由商会负责。（二）难童筹募大会举办之一元慈善彩券，商会代销出彩券□余张，共筹佣金九元五毫，议决该款奖给该会之什役。（三）至下期之常务理值（值理）会，依章本于下星期四（即农历明年元月初三日）举行，惟是日适习俗休假日，该会为便利各值理起见，特改定农历元年初四日，为下次常务值理会会议云。

1945年2月9日　第四版

陈瑞槐赠衣贫民

本澳同善堂新值理陈瑞槐氏，鉴于近日天气严寒，市内一般贫民，咸感困苦颠沛，陈氏对此般贫民颇表同情，特派人往广州购集棉衣共得四百九十八件，业已运抵本澳，情形已志前报。兹查陈氏将此批棉衣交与同善堂，由该堂于前（七日）夜派员四出，将领衣券分赠露宿街头之贫民，凡获得该棉衣券者，携券到同善堂领取棉衣云。

1945年2月9日　第四版

同善堂收捐款一批

□日同善堂善院，收入捐款一批，计有名氏二百五十元，容烈芝、刘惠民、袁泰江，每二百元，黄啤仔五十元，吴兆甚二十元（俱葡币）。

1945年2月9日　第四版

同善堂新春团拜

同善堂各值理定本月十三日（即农历元旦日）上午十时半在该堂二楼举行贺年团拜，随到商会与镜湖医院暨各侨团等举行团拜，并□迎澳督戴思乐莅临商会向各侨团贺年。至于该堂新值理陈瑞槐、梁松、卢宗缙，三人亦于是日参加团拜及举行就职云。

1945年2月9日　第四版

高可宁除夕施赠盲人米食

本澳连日天气骤寒，一般黎民处于饥寒交迫中，状属可悯，幸有热心慈善者捐助善款，举办施粥派衣等，于是贫民□惠殊□。惟市内仍有一般不幸之盲人，因平日行动艰难，对于一般救济未易获受。商会主席高可宁氏，□此辈盲人极表同情，特定于农历除夕之日正午十二时在南湾良友球场举办施赠盲人米食。昨据高氏对记者称，此举不过聊表同情盲人困苦之微意，希望社会热心人士，继续施派救济，俾一般不幸者，得以长期受惠。查高氏在除夕之日关于救济办理如下：凡一般盲目贫民，不论男女老届时可往南环良友球场齐集。每人分赠白米一斤，葡币一元，倩社会人士□有知盲人姓名者，以此相告，以便届时到场领取云。

1945年2月10日　第四版

同善堂药局举行年结

同善堂药局之组织，首由高可宁倡办，复由社会人士捐款赞助，乃于年前成立。历年以来，均获鸿利甚巨，其获利之由，实得高可宁氏垫支巨款购买货物，故其获利之丰也。查昨该药局总结甲申年之年结得鸿利二万余元，其章程例于年终向武帝神前宣誓，用表一年来办事之清白，然后支取花红银。昨日该药局举行宣誓礼，到场监誓者，蔡文轩、黄渭林等值理云。

1945年2月10日　第四版

中葡青年团呼吁捐助

中葡青年会自于去年间成立以还，会务在该会会长戴思乐（澳督之公子）之主持下，办理颇有成绩，惟该会经费，除一部分由该会会员缴纳会费外，其余多由社会人士之捐助。查该会开办迄今，经费已感短绌。现该会已积极向热心人士呼吁，希各界人士踊跃捐助云。

1945年2月10日　第四版

商会筹备团拜元旦候迎澳督

澳督戴思乐定于农历元旦正午十二时莅临商会与各华侨团体贺年，消息已志前报。兹据商会方面，除分函各侨团知照外，日昨发出通告，周知各值理于是日上午□一时穿着长衫小褂到会候迎并举行团拜云。

1945年2月11日　第四版

救济葡属难民　第二次演剧筹款　本月十二日假利宵举行

本澳葡国人士为救济本澳葡属难民起见，特组织香乐话剧筹款大会，将所筹得善款，全数捐出救济难民经费，曾于日前在利宵健身室表演话剧筹款。查是次所筹得之善款共达葡币一千余元，成绩颇□，该会现定本月十二日晚八时，又假利宵健身室举行第二次演剧筹款，届时由港来澳之音乐家卡尼鲁及圣罗撒学校校友西洋话剧家数人助理一切云。

1945年2月11日　第四版

葡少女团今日举行化装跳舞

本澳少女团为联络团员感情起见，特定于今（十一）日下午四时至八时假□环国民协会内举行化装跳舞大会。查该团组织，纯由此间葡籍名媛所组成，督察官拿毕喇之女公子，拿毕喇女仕与经济局长罗保之女公子罗保女士，澳督戴思乐女公子戴思乐女士等，均为该团之主干人物。该团已于日前发出请柬，敦请各界人士届时莅临参加，届时定有一番热闹云。

1945年2月11日　第四版

三层楼上街发生火警　施救迅速未成巨灾

（本报专讯）昨（十日）下午五时许，消防局得接警报，□三层楼上街某号发生火警，该局□讯后，即派出大批队员驾灭火机驰赴出事地点施救，大炮台号角，亦鸣鸣长鸣。查发生火警之屋宇为该街九号地下，住客司徒□因以年关将近，家人蒸制年糕，因不慎于火□，遂燃及板樟焚烧，迨发觉时已火光熊熊，家人急泼水灌救，并□消防员请救，至灭火机抵埠后，由队员将火势扑灭，不致酿成巨灾云。

1945年2月12日　第四版

粤商善举　元旦施粥三天　分在四个粥场办理

广州殷商叶衍龄氏，月前在广州市举办平□，叶氏对于本澳贫苦侨胞亦颇为关怀，除月前捐助储券数十万元于本澳各慈善机关为办理救济经费外，最近乘其乡亲□子□返澳之□便，特托其办理施饭数天，俾一般贫侨有所受惠。经商得公进会粥场、望厦粥场、功德林饭场、天主教平民饭场等同意，将依原日售粥售饭之办法，由农历元旦起，一连三天，改为施派。查以上之四所粥场饭场，每日往购粥购饭者，共有一千九百余人，至于各粥场之费用，均由叶氏负担。原日往该处购粥购饭者，到元旦日可到场领取三日，一律免费。关于领取手续，概依照原有各场往日之办法处理，以资划一，并捐助育婴堂白米三担，嘉诺撒老人院白米二担云。

1945年2月12日　第四版

茶叶行商增收货物佣金　全数拨分伙计弥补生活

（本报专访）近年以来，生活程度日高，工人实不□维持家计，所以各行商多有作抽佣拨□伙伴之举，良有以也，然茶叶行则尚未行之。查该行有鉴及此，曾于日前召集同业会商，议决定于明天起对于顾客买茶，附抽加零二佣金，即每百元货抽佣二元，所抽得之佣，将之全数拨均伙伴，以资弥补其生活费，抑亦善举之一也。

1945年2月12日　第四版

濠江免费中学画展　筹款成绩

本澳濠江中学办理瞬将三年，经费极形拮据，如上学期除督宪捐助之一千元及经济局长罗保捐助之三百元外，余无收入，因此上学期教师薪俸，亦不能按时解决，困苦之情，于此可见，是故该校为筹措经费，举办画展筹款，各情曾数志报端。查是次筹款所得，连同会场定购及选送认购画券而未到场定画者，至昨日止，计销□画三十余件，共得三千五百余元。现余画尚多，俟日间选送完竣后，始行将热心□之姓名及收支数目等，公诸报章云。

1945年2月15日　第四版

农历元旦侨团举行团拜　澳督暨长官莅临致贺

农历元旦本澳华商总会举行各团拜，查元旦日各社团派代表赴商会团拜者，计有同善堂、镜湖医院、妇女会、江浙同乡会、澳门国医分社、澳门新闻协会等代表及本澳名流刘叙堂等廿余人，情形颇为热闹。是日上午十一时在商会礼堂举行团拜，首由商会主席向各社团代表致贺，继即各代表举行团拜，及后澳督戴思乐、中军安得地、秘书长高士德、经济局长罗保、主教罗若望及各机关长官，亦莅临商会，向各华侨团体代表致贺，并由督宪代表各外宾致词，并举杯致贺，直至中午十二时始尽欢而散云。

1945年2月15日　第四版

新春期内禁燃炮竹　警方严厉执行

（本报专访）警方当局为实施强化市面治安起见，于旧历新年之时，特颁行治安条例，禁止居民燃放爆竹。此种措施，实为防止歹徒之不法行动也。讵居民迷信根深，认为祭祀神灵必须燃放爆竹，以示吉意。惟当局对此例则严重实行，故居民违犯者当局必将之传署控究，分别罚款。其中更有居民明知故犯者，则解交难民警示儆。因此新春佳日，往昔之卜卜爆竹声，已不复听闻云。

1945年2月15日　第四版

政府机关照常办公

前日为葡国之狂欢节日，本澳政府为便利葡人庆祝狂欢节起见，特规定前昨两日所有政府机关均休假两天，自今日起各政府机关一律照常办公，惟邮政局今日仍属休假，明日开始办公云。

1945年2月15日　第四版

本澳电力供应十五日回复限制

市营电力局为便利华侨庆祝农历元旦起见，特自本月十日起，将每日供电时间延长，日夜供应电流。查此种措施实系暂时办理，至本月十五日，则依恢复原供电时间，每日下午四时至翌晨八时止云。

1945年2月16日　第四版

签订租约市民不宜观望

（本澳专讯）迩日来各种旅客来澳与日俱增，惟本澳面积狭窄，人烟稠密，埠中楼宇，由于租赁者纷至踏（沓）来，故有供不应求之感，因此一般业主，以黄金时机已届，乃纷纷增加租值，故迫迁加租等纠纷迭起，层出不穷。澳府当局，俯察民情，以业主增加租值实如黄台之瓜，一摘岂容再摘，故对业主与租客之纠纷关系，当局极予调解，签立合同，实为避免纠纷之良好措施，至财厅公钞科最近为彻底调查该项事宜起见，经派员分别调查，倘若居民未有办理此种手续者，即将之处罚。希望居民亟应遵照办理，以免纠纷云。

1945年2月16日　第四版

青联义演加紧筹备

青联剧团为镜湖义学筹款消息经志前报。查该团组织分子，尽为培正、培英两校中学生，现以所排之剧，木部经已完竣，而场所亦已觅定，不日即将宣布，惟据该团负责人称，日间邀请社会名流担任顾问，以求得协助，共襄善举云。

1945年2月17日　第四版

酒楼慈善附加税大致商洽圆满　慈善委员会恢复办公

本澳政府当局为增强慈善救济经费起见，曾于去年多间实行增收酒楼旅业附加税，所有办理一切征收该项慈善税事宜，概交由本澳慈善委员办理。查慈善附加税委员会曾因庆祝农历元旦，于日前一连休假四天，经于昨（十六）日恢复办公。兹据该委员会员负责人何启绶昨对记者称，关于酒菜业附加税之磋商，本期二月份起至四月份三个月为期之税额手续，已于农历休假前，由国际、金城、东亚、太群、五洲、利为旅、万香等酒楼之主事人分别向该附加税委员会商洽圆满。此外尚有茶寮两三间，因农历年关关系，至今仍未派员到局磋商，惟在此数日内，当可商洽妥善，以利税收，并便利商人营业云。

1945年2月17日　第四版

叶衍龄助同善堂储券十万元

同善堂善院，办理赠医施药，施棺施粥等工作不遗余力，甚得社会人士同情，以故捐输不绝，接济源源，故其善举得以顺利推进也。查昨有叶衍龄助储券十万元，司徒杏枝葡币三百元，梁亨一百五十元，宝华、朱广兰每个葡纸廿元，谭宅大洋二千元，林三叔大洋一千五百元，虾公储券一千元云。

1945年2月17日　第四版

肉市　昨已恢复

农历元旦，本澳各行商业，多休假两天，以资庆祝。查本澳猪业行，亦曾于元旦期间休假两天，故市内于前日并无猪肉出售，惟该行已于昨（十六）日开始复工，今日市内将继续售猪肉应市云。

1945年2月17日　第四版

同善堂恢复赠诊

本澳唯一慈善机关同善堂之中医部，曾于农历元旦除夕之日，开始停止赠诊，消息经志前报。查该堂休假日期经已告满，并于（十六）日恢复赠诊，贫民前往诊病者甚众云。

1945年2月17日　第四版

镜湖医院赠种牛痘

镜湖医院为防止天花之流行，已于日前开始施种牛痘，凡欲受种牛痘者，可于该院赠诊时间内到该院或下环赠医所受种云。

1945年2月18日　第四版

葡红十字会利便侨民　汇款战区

葡国红十字会澳门分会，迩来对于旅澳侨民与各战区俘虏，寄汇款项及通音讯办理不遗余力。查该会除美国及欧洲各地有汇款及音讯来往外，最近如巴拿马、夏威夷、卞路拉度（译音）等地，亦有汇款至该会，请该会代为转交，足见该会会务之推进，极形蓬勃。兹据该会会长罗德礼昨对记者称，红十字会于战时为社会服务，乃属必应之事，际此各地交通多属梗塞之时期，款项之汇划及消息之传递，多感困难。惟该会所负之责，乃侧重于此，故虽处此非常时期，该会仍努力向各地取得联络，以为一般应予救济或请□之协助之被俘虏者之亲属效劳，直至目前，该会接到代汇之款项及通讯，亦已大量增加，故凡旅澳居民，倘欲与战区俘虏互通音讯或寄汇款项，而感有困难之时，可随时请到该会商洽，在可能范围内，该会将予以协助云。

1945年2月18日　第四版

伪币案定期提审

本澳法院定于本月二十日，提审私藏伪葡币案一宗。查该案原于去年七月间，曾有某妇人持有五毫面额之伪葡币若干张，在邮政局内被人发见，当即通知警方，由警方将该妇人拘署追究该伪币之来源。据该妇人称，系以中储券在十月初五街某银号购入，警方随即在该银号获有伪币二百余元，同时并拘获有关之男子邝某、梁某等解署究办，后并解法院办理，被告请左雅拔律师代为办理，法官准予以现款二千八百元具保出候审云。

1945年2月18日　第四版

镜湖殓房工役增收费用

镜湖医院殓房工役薪金向甚微薄，前经该院值理会批准予为丧主先□洗身，穿衣、梳头等工作，略收费用，以弥补生活，并规定无论特、头、二、三等一律收费洗身一元，穿衣四毫。现值百物腾贵，工役生活艰苦，经该院总务部主任，于该（十六）日值理常会中，提请分别等级，酌增工值，俾□困境。当经值理会议决准予改订各项收费，兹特将各项新订收费数目抄录如下：

特等殓房：洗身收二元，穿衣收一元，梳头收八毫。

头二等殓房：洗身收一元五毫，穿衣收八毫，梳头收五毫。

三等殓房：照旧收费，贫者免收。

1945年2月19日　第四版

农历新年过去市面恢复常态

（本报专讯）光阴苒荏，岁月如流，一年一度之农历元旦，现已成为过去□迹，本年度之元旦时，埠中机关多告休假，而商店亦多停止营业，以一年来之奔劳，借稍事休息寻乐者，故商业贸易如虽呆顿，顷新年已经过去，市面情形已恢复常态云。

1945年2月19日　第四版

澳府拨助慈善机关　数目比前增加　华人善团占额颇巨

（本报专讯）澳门政府对于慈善事业素予赞助，如每年拨给埠中各慈善机关（包括葡华主办者）之经费数额极为庞大，其数额之发给系视乎该慈善机关办理之范围及施济情况而定，即如华人机关之镜湖医院，因其施济浩繁支用庞大故给慈费占全澳各善团之冠。查年来当局为弥补此次善费之拨给，乃有发起缴收饮食附加税等措施，以宏慈善之救济事业。查今年度因有附加税之收，故拨给各机关之慈善费，其数额亦随之增加云。

1945年2月19日　第四版

协德成米机火警消防队驰至扑灭

（本报专讯）迩来物□风高，火警事件，接二连三，迭告发生。查昨日凌晨七时半左右，本埠快艇头街之协德成米机突发生火警，该米机开□自置有摩打一副，于昨日晨因发动辗磨谷米之发动机，其中□机之□油泊然泻出，突然着火焚烧，瞬息即延及楼板，一时火光熊熊，店伴发觉后，协同灌救，惟火势稍烈，未易扑灭，乃电消防警报，旋有大批消防队驾灭火机驰至灌救，即将火势扑灭，幸未酿成巨灾云。

1945年2月20日　第四版

日机降落本澳　机身和机师均告无恙

昨（十九）日上午十一时许，本澳市□发现日本侦察机一架，盘旋于望厦附近空中，旋即因故降落于黑沙湾锦□码头对面跑马场□之荒地上，机身并无损坏，飞行员亦平安无事。事后本澳日侨领袖暨新任驻澳日本领事及警厅长布英沙，督察长观耶等，先后赶赴该机降落之处视察。最后该飞行员则由日本驻澳当局驾车护送而去，该机附近，则由警方派员在该处监护云。

1945年2月21日　第四版

新任驻澳日领官式拜会澳督

新任驻澳日本领事岩井英一日前由广州抵澳，并已正式履任，并曾一度以私人资格探访本澳总督戴思乐，消息经志前报。查岩井领事又于昨（十九）日午间偕同僚属多人，前赴督辕晋谒督宪戴思乐，作官式之拜会云。

1945年2月21日　第四版

粤澳筹募会定期举行义演

为广州方便医院及老人院澳门公立平民粥场筹款大会于昨（二十）日下午三时在该会召开第三次职员会议，出席者计有高可宁、梁后源、朱给、梁鉴波等及报界记者等二十余人，除关于推进会务事宜多所讨论外，并商讨关于公演日期，该会已商得清平戏院当局同意，定于三月六日，将该院借出作为演剧筹款之用，并为便利观众起见，决于三月七日继续公演一天，所有票价，经已决定并已在印刷中云。

1945年2月21日　第四版

同善堂联欢席上高可宁提议赠捐产妇白米　陈茂枝首先响应

同善堂值理昨天开联欢大会，在欢叙当中，首由高可宁氏起立发言，略谓本堂现目施赠贫妇生产，姜醋柴米者只得姜醋金葡币二元。在此物价狂涨当中，以此二元之数，实不敷一天之用。似此微薄，何堪以济贫□。鄙人深欲每份增派白米六斤，俾其支持数天之食，令其身体稍复康健，觅食自必容易。鄙人首先发起捐白米五百斤，以助此辈产妇，甚盼各同事当仁不让，赞助此举。旋有陈茂枝起立，首先响应慨助白米一百斤，及其哲□陈月波助储券十万元，另助镜湖医院储券十万元，随由各值理纷纷响应捐米，以济产妇，计有蔡文轩、黄渭林、李际唐、陈伯镛、黎卓彬、黄汉兴、黄杰源、郭采琦、叶子如、区照记、梁松、崔六，以上每助白米百斤。李如楷，卢宗缙、黄仲良，以上每白米五十斤。徐佩之、崔□□、冯泱，以上每白米卅斤，即席共得白米二千零四十斤。高氏继续起立发言，略□各同寅，如此热忱，至足可感，惟该姜醋金二元由鄙人内子杨氏，负责支予，使同善堂减轻此笔负担，□将善款增办别种善事。各值理闻言一致起立代表贫者向高氏致谢，然后尽欢而散云。

1945年2月21日　第四版

女青会续办国语研究班

驻澳广州基督教女青年会，迩来对于会务之推进甚为积极，查该会原有之国语研究班，曾于日前因故停顿，现该会即开始筹备继续开班，日间将可实现，至于会员进修之各种研究班，该会本拟继续举办。日间将召集委员会议，以资决定云。

1945年2月22日　第四版

市政厅计划扩拓坟地面积　以广容葬死亡骸骨

座落于塔石之旧西洋坟场山地早经葬满，本澳政府当局曾于年前在望夏附近另开新坟地一处，惟最近新葬场山地亦将葬满，故政府当局为未雨绸缪计，现拟将该坟场侧现种蔬菜之菜地充为坟地。查该片墓地，计有四千余咪，政府当局刻已向该地业主接洽购买，俟手续完毕，即可扩充云。

1945年2月22日　第四版

改善市内卫生设街道垃圾箱　俾盛污秽垃圾以维卫生

本澳市政厅，自新任委员履任后，对于一切市政，无不力求改善，对于市内垃圾之清洁尤为注意，该厅曾于月前发出通告，希望社会人士对于垃圾清洁问题尽量供给意见，该厅在可能范围内尽量接纳。查该厅最近对于市内垃圾清洁办法，仍感不周，故拟在各横街小巷口，另设垃圾箱，以备居民随时丢放垃圾，惟该项设备，目前仍在策划中，能否实现，仍须视物料供应之充足与否云。

1945年2月22日　第四版

邓俭齐捐五万元助同善堂经费

同善堂善院各值理，日前常会议决，将善举扩大施济，救济侨胞，藉尽天职。故前晚在联欢席上，首先提倡救济产妇，奖励生产，使人类资源迅速补充，复兴国家民族，其意义深长，殊可钦佩。社会人士有见及此，深表同情，昨又纷纷向该堂捐助，计有邙俭齐捐助大洋五万元，合和葡币十七元，无名葡币十八元，陈少云、无名氏每葡币十元，陈经华葡纸五元云。

1945年2月23日　第四版

葡侨音乐话剧团定期再度义演　收入尽拨作救济经费

本澳葡侨近来对于办理慈善事业甚形积极，查最近葡侨组织之音乐话剧团，曾经四次假座塔石利宵中学健身室举行演剧筹款，演出颇受社会人士之欢迎。顷悉该团自于本月十九日最后一次演出后，因利宵健身室之座位无多，故未有机会莅场鉴赏者甚众，该团经多方之要求，决于本月廿六、廿八及三月二日，再度公演三次，地点仍假利宵中号健身室，门票原有三元、二元及一元三种，现为便利社会热心人士起见，特多设二元及一元座位。查该剧内容，计有世界名曲，音乐则由旅澳音乐家加尼路音乐队拍和，所有收入，除一部分拨作本澳慈善经费外，其余部分将拨交葡国红十字会澳门分会转汇上海，救济上海葡籍难民，希社会善长仁翁，解囊襄助云。

1945年2月23日　第四版

青联演剧销券成绩佳

查青联剧团演剧筹款开始销券后，现已销去大部，至廿三、廿四两日，仍有门票发售，划座售票时间：廿三日由晚上八时起至一时止，廿四日由上午十时半起，地点在平安票房，事属善举，望各界大解善囊云。

1945年2月24日　第四版

禁止手车载运货物

本澳市政当局，迩来对于市政措施，无不力求改善，最近除垃圾清洁办法□新改□外，对于人力车载运货物，亦已明令取缔，凡人力手车，决不得载运瓜果菜蔬，如有违例者，决予以处罚。查该项□令□公布后，近日所有瓜果菜蔬之输运，多由人力货车装载云。

1945年2月24日　第四版

荣生金铺总经理捐白米四千斤　分助埠中慈善团体　另捐储券卅五万元

本澳荣生金铺及荣丰银号总经理，于昨（廿二）日下午八时，在南湾私邸欢宴亲朋，到会者有商会主席高可宁、殷商陈茂枝、叶子如、陈日□、梁□、余雅乐等数十人，情形甚为热烈，席间宾主畅谈，□极欢洽，并谈及各慈善机关之工作，及贫民待救孔亟之问题。李氏当即起立发言，略□贫侨痛苦，急须关注，本人愿竭棉力，分别捐助白米及款项，以济燃眉，计共捐出白米四千斤，储券三十五万元，即席支配如下：

天主教平民饭场	白米一千斤
功德林平民饭场	白米五百斤
妇女会望厦粥场	白米五百斤
公进会望德粥场	白米五百斤
托儿所	白米六百斤
育婴堂	白米三百斤
老人院	白米三百斤
保良局	白米三百斤

镜湖医院经费储券十万元

平民义学经费储券十万元

全体来宾以李氏捐出巨量白米及款项，嘉惠于贫侨，热心殊足敬佩，一致报以热烈掌声，至九时许，尽欢而散云。

1945年2月24日　第四版

善士李树荣捐助同善堂中储十万元作经费

澳门同善堂，为本澳唯一之华侨经费机关，所有经费向由社会善长仁翁捐输。近来各界捐助该堂经费者甚为踊跃。查最近又有善士李树荣捐助该堂经费中储券十万元，该款将由叶子如先生转交该堂云。

1945年2月24日　第四版

南湾新楼施派白饭

本澳南湾新楼应祥机布匹行司理陈某，曾于去年冬间特派员往中山购得白米一百担运澳，自去年农历十二月初旬起，即施派白饭。自开始施派□今贫民受惠者已达千人，本年农历元旦曾一度休息，迨至农历元旦二十日开始继续施派，每晚七时左右，前往该处领派者，达二百余人，分派之数量，每人每日可得白饭约一斤云。

1945年2月25日　第四版

本澳卫生建设有长足进步　巴路士接长市厅各项力谋改进

（本报专访）本澳卫生局措施，在卫生专理局处理下，成绩极为良好。本澳居民健康，赖以保障殊深，至粪溺垃圾之清理，则由市政厅招商投承办理。粪溺清理问题，自本澳建设日臻良好之时，各□□均设有水厕，清洁完善，惟一般中下居民，则未有此种水厕之设备，仍须由粪妇清理。查本澳承办此类粪务生意者，乃沙梨头之惠农益记公司，该公司设有水船多艘，每日依照澳地规定之时间清理□□，然后将粪船驶离澳境，运于中山发售供一般农人肥沃土地之用。该公司承办此种生意，历有年所每年均以巨□□款呈缴市厅，而年来物价日增昂贵中，该公司鉴于内地农业衰颓仍不将价格提高，反将之缩减。以符“益农”之旨。□年来以多方环境压抑，仍以无畏精神克服之，故澳府对之殊深嘉许。至市政厅最近由市营电力局巴路士接任该厅主席后，曾垂询该公司之主事人，愿予以利便，以为本澳卫生之措施良好，故迩来粪妇因时间迫促而将粪溺倾到于街边沟渠之情事，已绝不发生也。此次垃圾经营与粪务无异，亦系由该厅招商投承清理，不过其清理之夫力则由市政厅雇用。每日凌晨，夫力则将街道之垃圾扫□完竣，由木车将之移送青洲空地，由承商用木船将之运□离澳，以供内地农人种植之用，至本澳黑沙环□□□处之园圃所需亦伙，至本□该项生意承商□为时甚暂，但愿以尽力于清理垃圾以协助澳府之卫生措施云。

1945年2月26日　第四版

澳督建议在澳华籍医师组织联合公会

（本报专讯）澳督戴思乐将军，于昨日下午四时，在竹仔室私邸接见本报记者称，澳门政府最近催促在澳之华籍医生，组织“中国医师联合公会”，倘外埠中国医生来澳，如须在本埠执业行医者，该会乃予协助，同时该会之设，借以联络同业间之感情，互相研究医事常识，倘同业间如有发生意见，该会亦妥为调处。澳督继称，澳府对于多年前，曾有建议在澳执业之葡华及各国医师□设会社，以增进彼此间之医学，但葡籍医师公会则已成立，而华籍会社则付缺如，际兹环境所关，该会实应□设之必要，本人极望彼等能于最短时间内组织机构，以利进行云。

1945年2月26日　第四版

濠江筹款共二千余元

本月初假中央酒店举行之濠江免费中学书画展览筹款会，经结束多日，成绩不□，足见社会人士对教育之重视，对该校之同情。查全场销画共得三千八百二十元，兹据该负责人称，除支出□金表工及会场杂费等共一千四百四十四元六角五分，实筹得二千三百七十五元三角五分，又该校今日先行分在报上鸣谢各热心家，日间仍继续销书画，以维持未敷之经费云。

1945年2月27日　第四版

同善堂赶编难童餐征信录

同善堂善院，素来办理善举，异常完备，且数目出入，私毫不苟，一经年终，即将全部数目，汇编征信录，打印分送各界，用昭征信，而示大公。查该堂由前年三月份起，发动施派难童餐工作，救济苦难贫儿，办理以来，成绩卓著，甚得社会人士同情，计前年（癸未年）共收入捐款五万八千三百元，另捐米八千三百斤，捐谷一万零四百六十斤。昨岁（甲申年）收得各界捐款六万五千六百元，两年来共收捐款一十二万三千九百元。该堂为清手续起见，特将昨岁之收支数目汇编征录，以昭大信。该征信录之数目现已赶编，序文已由该堂司理陈清泉撰就，用刊如下，以供众览。（序文略）

1945年2月27日　第四版

垃圾生意由刘荣投得

（专访）本澳市内垃圾之清理向由市政厅雇用工人，专工办理，闻垃圾之处置，向为招商承投，以六个月为一期。查本澳工务局，须以垃圾填塞道路，故上一期并无招商承投，迨至上月市政厅再行招商承投，于本月七日在该厅公开竞投，结果由刘荣以每个月一千八百五十元之票价投得。本期期限为本月十九日起，六个月为满期云。

1945年2月28日　第四版

贫苦产妇领米办法

（专访）同善堂值理高可宁曾于本月廿一日举行之同善堂值理联欢大会中，建议捐赠产妇白米，得各值理之赞同，即席共捐得白米一千零四十斤，至该堂向有施赠之贫妇生产姜醋金葡币二元，亦由高可宁夫人负责支予，各情已志前报。查关于□□该项白米办法，凡贫苦之产妇，可于未产之前先向同善堂办理挂号手续，□□证件，一俟该妇生产后，可亲自或派人□□证到同善堂领取白米六斤，及□□□□□二元云。

1945年2月28日　第四版

留澳东莞人士筹组同乡会　今日假同善堂开筹办会

东莞同乡留居本澳为数甚众，一向未有任何组织以资联络感情。最近东莞留澳殷商陈茂枝、叶子如等，有见及此，乃发起组织同乡会，推定筹备委员会五人，草拟章程。查筹委会定期今（廿八）日下午三时假座同善堂召开首次筹备会议，商讨一切进行事宜，昨已分□□告，各留澳同乡，届时出席，共筹进行云。

1945年2月28日　第四版

难民消费合作社　存货极少陷于停顿

（本报专访）本澳仁慈堂辖下之难民救济委员会，曾于去年间组织香港难民消费合作社向政府购买物品，以最低价格售与难民。查该合作社自组织以来，进行颇为顺利，惟最近因市内各物□价多已增涨，致该合作社购□□亦殊多困难，该社目前并无物品购入，所有存货只少量之肥皂，故该社目前暂时处于停顿之形势云。

1945年3月1日　第四版

布英沙对记者谈葡国始终中立　与任何交战国绝无关系

迩来本澳市内竟有一般神经过敏者发出谣言，略谓葡萄牙政府已不再维持中立态度，而向盟方宣布参战等语。兹据警察厅长布英沙昨对记者称，该□谣言诚属无稽，盖葡萄牙政府一向所抱之宗旨，坚决严守中立，绝对不参与任何国家战争，且此次世界大战之爆发，与葡萄牙绝无连带关系，此种无稽之谈，希市民切勿理会云。

1945年3月1日　第四版

同善堂增派贫侨餐五百分

同善堂善院前日值理会议决，以时下米珠薪桂，贫侨□足可怜，乃提议由农历正月二十日起，每天增派贫侨餐五百分救济贫者，以尽其行善之天职。同时得到该堂值理陈茂枝，征得陈执九善士送出雪谷四千斤，葡币九百八十元□为倡率。社会人士以该堂任事认真，亦争相捐助，计昨收入，有合利行、民丰米店助葡币五百元，李录钿葡币五十元，□志宜葡币十元，何关□厚堂大洋五百元，杨展汉储券一万元，潘□大洋二百元云。

1945年3月1日　第四版

法院明日公审堕胎案

（本报专访）去年间本澳发生堕胎案一宗，被告人为在逃之女子梁惠珍，男子谢某，女子周惠立。法院方面定于明日（三）日上午提审。闻被告男子谢某将延赖□□律师为法律辩护人云。

1945年3月2日　第四版

梁惠松□商善士捐出储券十万元　助同善堂慈善经费

新任同善堂值理梁惠松，素来对社会公益及慈善事业，均热诚赞助，顷以下车伊始，□以棉力□助该堂推进□务进行，最近又向某善士捐助储券十万元，以为该堂经费云。

1945年3月2日　第四版

葡侨音乐筹款　今日最后演出

（本报专访）本澳葡侨组织之音乐话剧团，自成立至今，对葡籍难民，造福不浅。该团为筹募救济款项，不遗余力，于日前曾一连六次假利宵健身室出演音乐话剧，结果成绩美满，收□□佳。该团为增加筹款起见，特定今（二）日再行假利宵健身室作最后一次之演出。此属善举，希各界热心人士，踊跃解囊襄助云。

1945年3月2日　第四版

河边新街　又设油渣厂

男子羌密龄，最近呈请市行政局长，准□其在河边新街附近，设油渣制炼厂。顷当局已拟予批准，但仍咨询该附近居民之意见，倘当地居民认为该厂之设，有危险性及不合卫生等情，可具文市行政局长反对云。

1945年3月2日　第四版

新商号十一家　准予开业

评定公钞等级委员会，曾于本星期一下午召开例会，评定公钞牌照等级。查去周间申请商业牌照之新商号共十一件，均经该委员会评定一切，准予开业云。

1945年3月2日　第四版

小贩牌照　须从速更换

小贩生意，向须领有牌照，该项牌照系由市政厅发出，规定每年年底更换一次，领牌及手续共计□需葡币五元。查现在年关已过，惟市内现有一部分小贩未向市政厅更换牌照，该厅人员，连日在各街道检查小贩牌照，凡小贩无牌照者，均予以□罚。凡未经更换牌照者，一律须从速办理云。

1945年3月3日　第四版

东莞同乡会　进行立案工作　并征求旅澳同乡加入

东莞同乡旅居本澳者，年来迭见增多，为联络乡谊办理公益事务起见，日前由陈茂枝、叶子如、陈日初、郭灼华等，发起组织同乡会。此举已获当地长官赞同，于二月廿八日，假座同善堂召开筹备会议，推定陈茂枝、陈兰芳、陈瑞槐、姚应江、陈天心、叶子如、陈日初、戴文渭、郭灼华、黄耀坚、□□、李树荣、刘铎、□衍等成立筹备会，负责进行立案工作。全部组织章程经已拟定，并缮具禀呈，向澳督请求批准立案。一俟正式批准后，该筹备会即登报邀请旅澳同乡加入，并召开全体大会，正式选举理监事，负责会务云。

1945年3月3日　第四版

华视学会不日　调查各校

本澳华视学会，每年均有派出人员调查侨澳华侨学校教员人数，男女学生人数，寄宿生人数及各学校之设备、教授、管理、课室、宿舍、厕所等，凡应改善者，即由该会通知各校进行办理。查该会本年度第一次调查学校工作，目前仍未举行。兹据该会负责人对记者称，本年度第一次调查工作，日间将可开始，□迟亦可在本月十五日之前云。

1945年3月4日　第四版

何德表示　牛肉供应尽力继续维持

（本报专访）本澳牛肉生意，向由市行政局公开招商投承经营，承商按照市厅税饷缴款外，并须依照其颁行之规定章则办理，该项规则对卫生及售价等均有列明，倘有触犯十次以上者，市厅得没收其按饷及存牛。查近年办理牛肉生意者，乃营地大街之德全公司，该公司主事人何德向各地方面均有友谊联络，故际斯非常时期，运输困难中，而对牛只之运澳，向无间断，市民肉食之供应，利赖□多。至承办牛肉生意以三年为期，该公司原定于去年已告届满，但当局以其运输牛只来澳得力，乃商请其再继续经营一年，同时将售价提高，以资弥补损失，不致亏蚀。但一年之继续经营期内，乃属自由性质，与前所订定之合约暂不执行。记者据该公司主事人称，关于采购牛只运澳，本人已尽所能办理，惟以各地环境关系，运输困难，成价比前倍徙，虽然澳府曾表示愿批准将售价增加，但增之□高，无异提高居民之生活程度。故本人亟望能招请商人接办，而公开营业，取消专利性质，亦极赞成。闻澳督戴思乐曾多次召见何氏恳谈，请其继续接办该项生意，俾本澳居民肉食供应，无虞缺乏云。

1945年3月4日　第四版

布厅长谈话　当局拟发身份证　市民可提供良好意见

（本报专访）澳市面治安措施，自警察长布英沙、督察长观耶等戮力办理以来，对于一切警政建设，均有长足进步，试观在此非常时期中，本埠市面之秩序良好，鸡犬无惊，奸宄敛迹，各界居民均能安居乐业，此诚拜当局维护之成绩与得宜也。同时布观两氏，对市面治安异常关注，随时接见各报记者，恳谈措施方针及市面情况，以利警政之施行。顷警察厅长布英沙又于昨日十二时召见各报记者，商谈本澳治安问题甚详。据布氏表示，澳府拟签发居民身份证，该项身份证乃为居民留本澳之市民一种证件，但实施与否，与乎最近或将来之时间，仍仰望与居民之意旨为依归。倘市民认为可行，或另有良好意见贡献，抑认为不可行者，可具情申诉，本人极愿意接纳云。

1945年3月4日　第四版

三贫民机关　去年经费将达四十万

（本报专访）市行政局局长布英沙主理下之台山难民营、托儿所及贫民室，经费向由本澳善心人士捐输，该三处全年度（一九四四年）之经费，难民营共计约二十二万五千余元，贫民室约□百余元，托儿所八百余元，三处经费共计约四十万元。该项善款，全由社会人士续月捐输，陆续支出云。

1945年3月5日　第四版

本澳炼成之土制油渣将有大量出产　利于工业发展及社会繁荣

（本报专讯）汽油油渣，为工业生产之重要物资，工业能获迅速发展，油渣实不可或缺乏。查本埠汽油油渣供应，向赖欧美各地运澳至伙。现以汽油一项而言，仅有者但属往昔存贮之物，以此情形，油渣短绌，不但影响工业生产效率，即市面繁荣亦深受关系。迨后内地运来松香制炼之土制油渣，以供各厂商出产及利便居民所需。迄至近年，一般投机商人，以土制油渣之原料乃属松香，何不在澳设厂，采购松香运澳制炼，实可省却几许之运输费用，成本当较运澳者为低。故设厂制炼者，先后有青洲之达和火水厂，黑沙环之大兴油渣厂，石街之某号公司等，仍绰有余裕。查最近又有商人，投呈澳府请求在海边街开设油渣制炼厂两家，澳府一俟附近居民如无异议，即予以批准设立。倘将来各家能有大量出品，则本澳之电气局所需燃料与乎厂商之耗用，供应无虞缺乏，故本澳工厂生产及社会繁荣，均能□长足发展云。

1945年3月5日　第四版

粤澳筹募会　今明两晚义演假清平戏院举行

为广州方便医院及老人院澳门华侨公立平民义学筹募经费大会，定于今明两晚七时半假清平戏院举行义演，由太上剧团上演“破浪取龙肝”，入场券定五十元、三十元、十五元、十元、一元半等五种，所有收入，全数拨作该会善款，希社会人士踊跃解囊云。

1945年3月5日　第四版

中德中学响应教师米运动

本学期教师米运动□甚沉寂，而响应者亦有雨芬教忠等校，或□代金或由学生自由献敬。此等学校深明教育之要旨，为社会人士所嘉许。闻中德中学校校长郭秉琦为切实响应教师米运动，特拨出白米十三担，交该校中小学各教职员□会分派，并于本月四日配领。又该校学生以教师米应由学生自动献敬，将由学生自治会发起学生自动献米云。

1945年3月6日　第四版

辅币加紧印制　日内即可发出

（专访）据息，本澳西洋银行发出之五仙、一毫、二毛辅币，近因流通额不足，刻已由该行加紧印制。现查工作行将完竣，日间即可发出通用云。

1945年3月6日　第四版

粤剧义演　今晚继续举行

（专访）粤澳三慈善机关善款会昨晚在清平戏院演戏，是晚观众极为挤拥，今晚仍有举行。此次成绩，亦颇有可观云。

1945年3月6日　第四版

妇女会　商购会址

（专访）本澳妇女会于昨（四）日召开会议，商讨关于购置会址事，闻将于日间可办妥各项交易手续，一俟办理完竣始行□进云。

1945年3月7日　第四版

中山赈难会首批赈款　已汇石岐

中山济难会筹募赈款自展期结束捐册后，各经手人员已纷纷缴还捐册，只有少数仍复未缴还者。闻昨（三日）该会常会，各委以家乡贫黎待赈孔殷，当即议决将赈款分批汇返，急施散赈。先汇首批赈款储券三百万元，已即日函请本澳信孚银业公司将所存捐款托由石岐永安岐局转送驻岐施赈会核收办理。至仍未缴还捐册或认捐而未交款者，亦已由该会专函催促，并公推程委员湛如亲赴□催，以期于短期内汇集，陆续汇讫以便结束云。

1945年3月7日　第四版

各校注意呈报视学会

本澳华视学会规定旅澳华侨各学校于每学期结束后，须将学期成绩表呈报该会。查一九四四年上学期，各校已结束，而先后将成绩表呈报该会者，亦甚众，惟其中尚有学校三四家，未经呈报。兹据该局负责人称，该会为利便工作之进行起见，希各学校未经呈报者从速办理，以免逾期受罚云。

1945年3月8日　第四版

两大妇女团体今日庆祝妇女节　上午十一时假平安戏院举行

（本报专访）本澳妇女会及澳门基督教女青年会定今（八）日上午十一时，假平安戏院举行阖澳妇女庆祝三八节大会，届时将由刘心慈女士演说。此外尚有由女青年会担任之独幕剧，唱三八妇女节歌，并由协和中学校王芸芳及唐婉珍两小姐担任钢琴演奏，秩序颇丰，并于该庆祝会散会后，该会同人将假金门餐室举行联欢以示庆祝云。

1945年3月8日　第四版

各报记者　今日参观国家医院

本澳卫生局长山度氏，为使市民明了本澳山顶国家医院之西药、卫生及各项设备起见，特约各报记者于今日上午十时，前赴参观该院云。

1945年3月8日　第四版

李慎之宴客金城

本澳殷商李慎之先生，昨日为其令孙弥月，特假座金城大酒家，盛设华筵，欢宴亲友。李氏交游甚广，赴席者有中外长官及本澳绅商名流，济济一堂，酬酢甚欢。佥以该酒家陈设华丽，肴馔精美，诚为宴会嘉宾不可多得之场所也云。

1945年3月8日　第四版

美机袭澳受伤船主　创口渐愈行将出院

（本报专访）去月廿五日美机袭澳时，葡萄牙号轮之船主左根里（挪威人）被机枪射伤腿部及右足，经送医院调治后，幸无大碍。记者昨日赴国家医院，据左氏称，足部之弹，经医生以手术取出，伤势渐趋好转，约再留院两星期后，即可出院云。

1945年3月9日　第四版

警厅昨日试验无线电传达命令　冲锋车成绩良好

本澳警察厅所用之冲锋车，向装有无线电收音机，专收警厅发出之命令。警察当局，为试验该机起见，特于昨（八）日下午五时派出警察一队，驾驶□冲锋车，在市内假作巡行，同时由警厅发出无线电，命令该车赶赴市内某处地□。该车警员于接到命令后，即分别赶往指定之地点，成绩甚为良好，直至六时左右，始行收队云。

1945年3月10日　第四版

港务局布告　今日实弹演习　来往船只勿蹈险区　陆军演习改日举行

澳门港务局长海军少校晏德地，曾于昨（九）日在各报发表布告，称为航行事，兹定于今（十）日正午起至下午二时止，将从澳门六地向海面发炮实弹演习，其地设在东望洋山至凼仔鸡颈直该范围宽约六百勿左右，此一地段乃属危险地带，另再延伸至鸡颈之东南端方面一段，亦属危险，合行布告，仰所有往来船只一体知照，勿蹈危险是要等情。兹据澳门武备局局长贾华疗昨（九）日下午接见记者称，陆军实弹发炮演习原可依期举行，一切亦经准备就绪，惟因日来天气关系，故决意暂时延期举行。至于改期何日举行，则目前仍未决定云。

1945年3月10日　第四版

妇女会今日　召开会员大会

澳门妇女会，为推进会务起见，将于今（十）日下午三时，假澳门商会召开会员大会，届时除商讨关于该会购置会址事宜外，关于会员进修，增设各种语言□烹调缝纫等班等问题，届时亦将提出讨论，希各会员届时踊跃依时参加云。

1945年3月10日　第四版

无名氏　捐助同善堂

本澳同善堂为本澳办理慈善事业唯一机关，该堂经费向由社会善长仁翁捐助。查最近该堂又收到善款一批，计徐贤捐葡币五元，张立善捐葡币五十元，无名氏捐葡币千五元（施药用），蔡文□先生姜醋米澳纸一百元整，金城酒家葡币一百二十八元五毫，储券五百六十五元另仙士五个云。

1945年3月11日　第四版

电扒海富号在三灶海面遇险　船员获救只两人受伤

（本报专访）□□□日上午十二时，在三灶岛附近海面发生一宗飞机击沉电扒一艘，重伤船员两人。查该电扒名海富，为本澳三层楼街二十一号大达行置有之物。该行共有机动帆船三艘，计开“海丰”“海富”“海强”等，分别行走省、港、澳、广州湾及中山市桥等地。于前（八）日上午九时，其中一艘名“海富”在澳开行，船上共有船员十余人，船上并无装载货物，准备驶赴中山大冲采购货物运澳。于启碇后一帆风顺，距驶至三灶岛附近海面，忽有轧轧机声，从远而近，船员翘首天空即发现有飞机一架，在上空飞翔，当时各船员俱以为飞机过境，未予重视。该机飞抵该扒上空时即翱翔盘旋，并以机关枪及机关炮向之射击，一时卜卜枪声，该扒遂着弹多处。当时船员见势不佳，纷纷跳海逃生，其中两伴因走避不及，中弹受伤，但仍能浮沉于浊流。该机未几即东飞而去，而该电扒因着炮弹海水汩汩而入，瞬息即告沉没。后有铁扒一艘经此，乃先后将各船员拯救，于昨日来澳，受伤之两船员则移送山顶国家医院救治。幸该扒并无载有货物，否则损失不菲云。

1945年3月12日　第四版

新警察入伍　今日开始演习　市民勿自惊扰

（本报专讯）本澳治安措施警方戮力处理下，成绩异常良好，使社会秩序，情况安□，抢劫不生，奸宄绝迹，此诚当局维持措施得当也。记者昨据警方消息，当局为使本澳治安更趋强化，以增进防卫效率起见，最近特增招警察一批入伍，顷已在莲峰路第四区内，加紧训练各种操法及捕拿技术。现当局为使该批新入伍警察有实地维持治安经验计，特自今（十二）日起，派出该批新警察在市内各区实地练习维持治安工作，并将举行各种治安以上应有之演习。此种实习当一连继续数天，或须至本月十六（星期五）始告停止。市民倘遇新警察演习时，切勿惊扰云。

1945年3月12日　第四版

各界助同善堂善款

同善堂善院，经办赠医、施药、柴米羌赠，近年以时局非常，增派难童餐，种种善举，办理不遗余力。该堂主席崔诺枝、蔡文轩、黄渭林及值理高可宁、陈茂枝、叶子如等，勇于任事，故获卓著善绩。昨有钟福成堂澳纸五十元，黄先生助该堂大洋一千二百元，邝二□□有大洋五百元，金□葡纸二十元，李如□助羌□葡币五十元，马陈氏、马□全、马□唐、马渐值、马新宽，每大洋一百元云。

1945年3月13日　第四版

湾泊各港船只　港务局正式公布

本年二日间，即农历元旦期内，湾泊在本澳凼仔路环各港内船只数目，经由港务局统计完毕，并已正式发表。查普通渔船停泊在本内河（即马阁至青洲）一带者，共计五百五十五艘，停泊在新口岸者共计卅九艘，停泊凼仔计一百一十艘，停泊路环者计七十四艘，四处停泊之渔船共计七百七十八艘。至于普通之帆船（不论有牌或无牌），停泊于内河者计三百四十六艘，新口岸五艘，凼仔三艘，共计三百五十四艘。关于长川在澳之大小船只，停泊内河者计四百二十三百艘，新口岸十四艘，凼仔三十一艘，路环十六艘，四处共计四百八十四艘。至于长川在澳日有人居住之帆船，停泊在内河者共二百九十七艘，三处共计三百二十八艘。总计停泊于以上四处之各种船只数目为一千九百四十四艘云。

1945年3月13日　第四版

圣云仙会　定期售花筹款

本澳圣云仙慈善会，为在澳天主教徒组织之慈善机关，该会在市内各区之天主教堂，均设有分会，专责办理慈善救济事宜。在战事爆发之前，该会向不以现款救济，其救济之□为经过该会委员通过应予救济者，即发给纸条，凭条向店户头取食物，以资救济。惟自战事爆发后，该会则以现款救济。该会救济经费，向由各会员及社会善长仁翁捐输，惟最近该会经费，颇感缺乏，故为充裕救济善款起见，特定于四月五日举行售花筹款。届时当由全澳中葡学生担任售卖云。

1945年3月13日　第四版

冬赈会续办四十天

（本报专访）由盐商发起办理之冬赈会，自开办以来，施济贫苦居民甚众，不虞冻馁。顷该会以冬赈之时间已过，该会亟应结束，惟昨日召开会议时，以尚存有谷米达六十余担，该会拟将之变卖，俾将款项拨交善堂。但佥认此举与初衷不符，乃最后决定续办理四十天，倘煮粥需用□姜、油、盐、柴米□约需款三千元，即席由热心之盐商大成、大生、昌盛行、恒昌、益昌、谦益、贸易商等七家分别捐出。又闻热心慈善之罗賡先生，将捐助千元云。

1945年3月14日　第四版

山光公司甑炉裂漏　发生火警焚烧　马沙详述号角不鸣原因

（本报专访）昨（十二）日下午七时许，罅些喇提督马路之山光火水公司，因甑炉烈（裂）漏发生一宗火警案。查该公司设有甑炉，以油渣制炼火水，讵于昨晚正制炼火水时，因甑炉裂开，渗出火水，当堂着火焚烧。该公司乃属木楼屋宇，且经多月火水熏染，故着火时即延及木板。该公司虽设有灭火器具仍难于扑灭，消防局得接电耗后，即派出队员驾灭火机驰赴肇事地点施救。消防队抵达后即架喉向火场注射，迨至八时，始告完全熄灭。

查本澳向例于发生火警时，大炮台之号角，呜呜长鸣，以示居民知悉也，惟迩来则虽有火警发生，该号角竟寂然无声，社会人士或以为该号角或因损坏也。记者昨以此事叩询消防局长马沙，据答记者称，缘以迩来埠中发生制火警，多是小火虚惊，每于消防队抵达时，多自行扑灭，而号角仍属枉然长鸣，故嗣后倘属发生巨大火警时，始予鸣号云。

1945年3月15日　第四版

银行印就新辅币　今日开始兑换　残币面额数目须相符

（本报专讯）本澳大西洋海外汇理银行发行流通市面之纸币，自实施取消银毫为交易本位后，数额乃告增加。该项新币，□在本澳印行者，其纸质、印刷，当不能比在葡京印者之精美，故市面流通二角、一角、五先等辅币，俱已霉烂残旧，而完币者已绝少。故该行为予调整起见，特从新印制纸质坚韧之辅币，以更换残烂者。新币昨已印就，该银行定今日起，规定在上午办公时间内，办理更换事宜。至此次更换□指定为更换二角之辅币，至市民持有残烂之辅币，面额上之数目须相符合，否则当予拒绝。

1945年3月15日　第四版

孔雀胆　卖座盛况

孔雀胆一剧，已于十□晚在域多利戏院正式公演。昨夕观众拥挤不堪，孔雀胆为一历史古装巨剧，其风格为一大悲剧，内分四幕五场。闻中流剧团此次演出之孔雀胆，作者郭沫若先生，为国内知名大文豪，加以中流人物之雄厚，故演出成绩极佳。除演技外，服装设计之华丽与制作之精巧，化妆之神肖，装置道具之节朴得宜等，均使此剧演出，获致良好效果，故观众深感满意，谅今夕当更形热闹也。

1945年3月15日　第四版

各界又助同善堂善款

同善堂善院因施中药经费庞大，不断向各界求助，以资挹注。社会人士对该堂亦甚同情，捐输以故不绝。查昨有周鸿标捐葡币二百元，银业行葡币五十六元，何喜麟、何锦超、黄仲良，每捐葡币五十元，陈金菊葡币四十元，□善福堂葡纸三十元，陈兰菊葡纸二十元云。

1945年3月16日　第四版

澳门广州航讯　南海丸代民国丸行走

查行走澳门广州线之民国丸轮船，因须修理，现由南海丸轮船暂代。该轮行走该线，将于本月十七号晚启程开往广州，致本次乘搭民国丸之船票，如未退回票价者，一概有效通用，可转□南海丸往广州，但各乘客须于十六号早前往检便打针云。

1945年3月16日　第四版

协和中学举行课程比赛

三月十五日为童军节，该校初中部童军，特于昨日下午一时半在球场举行纪念会，首由廖校长对诸生致训词，藉资勉励，继有童军各项课程之比赛，聘请岭南中学校长杨□光及富有童军教育经验之张荣佑先生等为评判员。诸生精神奕奕，每项表演均甚熟练精彩。兹将各项比赛结果录后，（一）操法比赛第一名初一甲，（二）架营比赛第一名初中三，（三）结绳比赛第一名初二甲，（四）生火比赛第一名初一甲，（五）叠罗汉比赛第一名初一甲。全场冠军属于初一甲队，该队在五次比赛中竟得三项冠军，诚属难得。比赛完毕，核计成绩，每项均奖三名，即席由廖校长及卢雪珍先生颁奖，诸生无不兴高采烈，直至下午五时，始散会云。

1945年3月17日　第四版

顺安机帆由港来澳途次几遭盗劫　因逃遁疾驶误撞澳海石儿　搭客安全货物损失达万元

（本报专访）香港新顺利机帆公司之顺安号机帆，于昨日下午六时载有货物搭客，由港首途开来本澳，至深夜十二时许，驶抵距离澳境不远路程时，突有快艇载有海盗十数人追来，希图□劫该船，惟该船全体工作人员联合努力将船向澳门境内驶来。当时月黑风高，船向澳门海口之石几撞去，船尾受伤，货物一部坠落海中。惟该批海盗见该船已驶入澳境，不敢追劫，故该船得以庆幸不遭受重大损失。查搭客均无恙，货物损失，约值葡币七八千元。至昨晨东山丸抵澳境时，始将该船之人客货物转载来澳，而该顺安船仍搁于石几处云。

1945年3月17日　第四版

电力局供应　十九日恢复原态

（本报专访）本澳市营电力局，对市面之电流供应，无不尽力使供电时间延长，特于本月十三日开始，试行日夜□电，市民方面对此难得机会，无不尽量利用。惟该项延长供电时间之措施，为期甚短，兹据该局发表通告称，将于后（十九）日止，恢复原有由每日下午四时起至次晨八时之供电时间云。

1945年3月17日　第四版

广州湾商人乘机操纵湾货

（本报专访）日军开驻广州湾，湾货商人乘机操纵湾货，以致湾货价格日趋高涨。最近往来澳湾线之本澳机帆公司，对机帆行走问题，均曾加以考虑，一面致电湾方采访近况，闻交通无□□碍，故连日往还该线之机帆均有开行，故数日来本澳之湾货价格渐趋安定。闻在湾购货之货客称，在湾购货，须以物资交换云。

1945年3月18日　第四版

李烈出席中山济难会　议决续汇赈款返邑施赈

昨（十七）日中山济难会召开常务会议，出席者有程湛如、郑仲楚、李烈、李德联、李海昭、徐保仲、何侣琛等多人，主席李烈。当议决续汇第二批赈款储券二百万元返邑施赈，□前已汇返第一批之储券三百万元，共计已汇返赈款五百万元，统托永安公司岐局转送石岐施赈会核收办理。至各同乡捐谷计有一万六千斤，照现时价约值储券一百六十余万元，统计捐款及谷值，总在储券六百六十万元以上。该项捐谷亦经函请歧（岐）施赈会设法□收，交□各区施赈。又此次经捐人员有少数仍未缴还捐册，而认者亦有仍未交款，故该会并经议决，仍请程委员满如再行分别催促云。

1945年3月18日　第四版

镜湖收支　核算完毕

本澳镜湖医院经费多由社会人士捐输，故该院所有一切收支数项，每年例必核算一次，核算完毕，□呈请政府当局批核。查该院去年（卅三）年度收支总账，经已核算完毕，现正在翻译葡文，一俟翻译完毕，当即呈请政府当局批核，并将公开发表云。

1945年3月18日　第四版

梁坤侠义可风　巨款捐送同善堂

（本报专访）草堆街三坑瓦凉茶档之梁坤，对慈善事业，素来热心，劝捐义卖，无不努力。十六日又将私蓄款约储券二万元，亲携送赠同善堂作善费。如此凉茶档小贩尚有如此热心，富豪岂甘居其后乎。

（又讯）该堂该日亦收到祥源银号善款储券三万元，吴□葡币三元。

1945年3月18日　第四版

同善堂昨收捐款

同善堂善院办理善务，甚获成绩，尤以施中药为主要，□日来中药猛涨，该堂施药经费亦骤然增加，凡每一病人取药一剂达澳纸二元二角，现每天到该堂求医约达三百余名，似此庞大之支销，实未□长支持也，甚□热心人士，踊跃捐款，以助该堂，使其施中药不致影响，实社会之福也。查昨有叶新助该堂储券二万元，□□澳纸十七元，区有名大洋二千一百七十元，吴义澳纸三元云。

1945年3月18日　第四版

岐澳交通　水路均便

（本报专访）本澳水路交通恢复如前畅通后，来往货客，较见增多，惟行走岐澳线之客货车，自□同和渡公司办理后，已于前月继续行走，该公司为求渡车生意不受影响计，转将客车行走期间略改，如渡船由澳开岐之日，客车停止。渡船航期，四日一水，一水由澳开石岐，一水由澳开江门云。

（本报专访）明记行船务公司之发利船，原定于昨日上午九时，开赴广州，驶出海口时，见得风向不合，迫得驶返澳门云。如天气转佳时，然后开往广州云。

1945年3月19日　第四版

鸿湾奇人石海面盟机击沉汽轮　死伤男子数达二十余人

（本报专讯）昨（十八）日午间，近澳海不远之鸿湾奇人石附近海面有中型汽轮一艘，遭遇盟机袭击沉没，死伤男子达廿余人。查该中型汽轮，载有男子数十人，由中山某地开驶，并有电扒多艘随行。讵驶经鸿湾奇人石附近海面，适有盟机□架飞经上空，即投下炸弹□以机关枪扫射，当时轮中之男子□纷纷跳海逃生，未几该轮即着弹入水沉没，而轮中之男子当堂受伤毙命及跳海溺毙者外，并有十余人受伤，得□生还者，为数甚小。后由傍行之电扒拯救，并将伤者移送疗治。该批伤者在昨日四时许由电扒驶移来澳，在下环街七号利祥码头登陆，由公众救护队派出十字车将之移送山顶国家医院救治。至该批伤者多以手足部着伤，而伤及驱干及头部者□伙。兹将伤者姓名探列如后，计开男子郑光（五十岁，福建人），□□远（十九岁，新会人），李□泉（四十一岁，鹤山人），阮文渭（卅六岁，福建人），越友（卅岁，福建人），曾惠光（廿一岁，福建人），□□年（四十岁，新会人），梁致棠（五十岁，东莞人），□德（卅岁，新会人），□利（廿四岁，番禺人）云。

1945年3月19日　第四版

镜湖分诊所　工作日增多

（本报专访）镜湖医院理事会，见得下环一带，贫黎甚多，苟有疾病，调治感困难，欲赴该院求医，而又路途□远，故殊□不便，故于去年四月间，在下环增设分赠诊所。该所设办以来，贫病者受惠殊多，故甚得社会人士好评。该所设有中西医生，惟西医则赠医施药，并有外科治疗室，赠□洋豆等，均不受分文。近日天气冷暖无常，病者众多，每日前赴求治者，内科症约百五十人，外科约五十人，种痘亦有四五十人云。

1945年3月19日　第四版

名刹观音堂　建清明醮

本澳名刹望厦观音堂（即普济禅院），近以清明佳节，将告来临，以年来因时局及战事种种关系，以致牺牲者，不知凡几，为超度此无依之幽灵计，特乘此佳节举行建醮，虔修大悲宝忏，七昼八宵大施佛法，以超度幽灵。且设坛附荐，以利便埠中信士附荐其先人云。

1945年3月20日　第四版

慈善会委员　核算上年经费

（本报专访）本澳政府慈善救济机关，澳门慈善会，去年（一九四四）分配各慈善机关之慈善经费，经已核实完毕，并于前（十七）日政府公报内正式发表。查拨给市行政局救济费包括贫民屋及卫生医药共计五万三千元，拨给仁慈堂救济经费，二十七万一千七百二十六元六毫，拨给鲍斯高无原罪学校经费一万七千七百七十七元七毛七分，拨给大三巴慈善会救济经费二万五千三百五十七元七毫七分，其他各种救济会经费二万八千元，清贫学生救济费一万五千七百元，保罗救济会六千元，同善堂二千五百元，镜湖医院八千三百三十三元三毫四分，花王堂教□慈善会五千元，澳门商科学校清贫学额九千元，凼仔路环救济费六万一千九百七十七元九毫，戴思乐总督难童治疗所六万元，救济天主教女修士一千六百六十元（以上均葡币计算），共计全年拨出经费五十六万七千零三十三元三毫八分。以上账目，经于本年三月九日由慈善会委员罗保、施利华、布英沙、武尼士医生等四人通过在案云。

1945年3月20日　第四版

公进会粥场经费枯竭　亟待捐款接济

本澳中华公教进行会，自港战爆发后，鉴于当时食粮之严重，□民维生不易，乃毅然兴办平民粥场，期以最低廉之代价使□民获得粥充饥，□□救济侨胞，安定社会。在罗若望大主教戴思乐督宪及罗保经济局长领导之下，并承社会各界之赞助，业经二载，办理堪称完善，所受救济者为数殊众。若辈于此艰苦期中，乃能生活至今，亦未非不借彼之助也。查当其开办之初，计有名誉董事十六七人，每名月捐百元，每月收入乃有千六七百元之数，盖足以弥补□粥所亏蚀，且有余存者。其后或因离澳或因环境关系，董事人数渐递减，迨去年间，每月所入，竟只得四百元，而每月支出，仍数千元之巨，所幸尚有存款，乃可维持耳。兹据其主事者言，计开办至今，曾收入捐款四万二千六百五十余元，□粥收入四万一千五百四十余元，共收为八万四千二百元，支出者，□共为七万九千九百四十余元，去年九月间尚存有约万元。但自是月起以至于今，捐款骤缩，每月连同□粥收入，平均只得二千零七十元，而支出每月平均须三千六百一十余元，比对每月逾支一千五百卅余元之巨。职是之故，存款乃渐减，现所余之经费，□不足一月之开销，苟无接济，势将停顿。深望各善长仁翁慈心女士，捐金输谷，予以支持，俾贫□同胞犹获救济也云。

1945年3月20日　第四版

小球总会拨交善款

（本报专访）小球总会于二月十三及十五两日在南湾良友球场举行商业杯□联西联慈善赛，入场券收入所得，总共一千四百廿四元二角，除支出各项费用一百六十六元二角外，所余款项共一千二百五十八元。该款经已由小球会办事人于三月十七日，交与市行政局布英沙，拨充局长管理下之贫民经费之用。

1945年3月20日　第四版

同善堂昨收捐款

同善堂善院，因中药日来价涨，济出宏大，不断向（各）界呼吁，请求捐助。查昨有程仔厚捐大洋三千元，杨高氏葡纸卅元，中华葡纸廿元，杨大女葡币十元，陈建同、丙丁，每葡币五元云。

1945年3月20日　第四版

红十字会义务服务

（本报专访）澳门葡国红十字会素来努力为社会服务，惟近来乃发现有等□慈善名义及巧立名目向社会人士索取茶资者，该会以此，认为殊属不合，故特发出通函，通告各界人士，今后如有事务欲托该会代办者，可直接到南环该会咨询，毋受此辈所愚云。

1945年3月21日　第四版

葡国人士发起组织　救济旅沪葡侨委会　曲棍球会响应举办球赛筹款

（本报专访）自太平洋战争爆发后，一般旅沪葡侨生活，深受打击。由去年初迄今，情势更多。前葡文声报社长罗德基，及葡国名流数人，有鉴及此，特发起组织救济旅沪葡侨委员会，并聘请澳门红十字分会主席罗德礼为该会主席云。

（又讯）本澳曲棍球会为响应救济旅沪葡侨，决于下月八日举行非正式埠际曲棍球比赛，将收入总数百分之五十拨为救济旅沪葡侨。届时澳门曲棍球□将与留澳香港球员所组织之曲棍球比赛云。

1945年3月21日　第四版

澳湾线机帆　多改航他线

（本报专访）澳湾交通，多赖机帆。惟近来该线交通异常阻塞，来往船只□减，不似如前之多。查其原因，自日军接收广州湾后，外□赴湾采购货物者，须以物资相换，而湾商亦乘机操纵物价。同时，每艘船之航期，难于决定，两三个星期一水不定，行走澳湾线之机帆公司，每见无化算，多数将原走之该线之机帆改航他线，所以最近行走该线之船只□少之故，据目前讯息，大都多告断绝云。

1945年3月21日　第四版

复活节　教徒筹备庆祝

（本报专访）四月一日为复活节，本澳基□□天主教徒举行庆祝会，地址在白鸽巢旷地举行。查去年庆祝会有饼食生果设备，惟今年度因价物昂贵，饼食生果及其他消费，均予减去，改以简单仪式举行云。

1945年3月22日　第四版

青联社热心公益

（本报专访）青联话剧社，于去月为镜湖医院义学演剧筹款，筹募得款共九百六十九元。该此款已于前（十九）日由该剧社主任亲自送交镜湖医院，转交该院义学作经费云。

1945年3月22日　第四版

镜湖　快将举行市民注射

（又讯）该院鉴于最近天气渐□，准备向政府领取疫菌，为市民注射，日期则以卫生局施行防役（疫）注射后，该院然后施行云。

1945年3月22日　第四版

二等警察　取录多人

（本报专访）本澳治安警察部为增强实力起见，特于最近在该部内举行二等警察考试，应考者悉为军人，考试结果经已公布。闻被取录者为伍长七人，兵士二十三人云。

1945年3月22日　第四版

落胎案　下月提审

（本报专访）法院昨日上午十时提审去年六月十九日之落胎□案，法官与证人研究该案多时，法官随宣布定四月六日上午十时将该案再度提讯云。

1945年3月23日　第四版

物输统制委员会限制什粮出口　缜密佥发调解本埠供求

（本报专访）本澳物资输进统制委员会，对各地物资输进本澳后，然后预算本澳供应数额，余者则允许输出。近因交通不□前之畅通，物资来源当不似如前之多，该会为安定市面粮食起见，最近对于出入口商□□输出之货物，均□常缜密佥发，尤以杂粮如米油，豆□□等物，如出口数额过□者，则暂不签发。澳府此举，实为□于日前□□之□施□本埠□此之供应□不致发生缺乏，倘将来如来源数额过多时，则恢复日前常态云。

1945年3月23日　第四版

同善堂　继续筹募难童餐

（本报专访）同善堂举办之难童餐，办理以来，颇得社会人士好评。昨据该堂理事者云，难童餐经费，将告断绝，该堂并希望各界继续捐助，俾能继续举办。而该堂对此问题，已加□考虑，在农历二月十五日，是该堂堂期，然后详细讨论难童餐继办□云。

1945年3月24日　第四版

青联义演善款　拨交镜湖义学

（本报专访）镜湖医院义学，创办以来，历时甚久，福利贫民不少，故甚得社会人士之好评。月前为该院义学□□筹款之青联剧团，演出名剧《雷雨》，收入成绩甚佳，得善款共九百六十九元。该批款项已于前（十八）日缴交镜湖医院，该院值理会于昨日会议期中通过，将该批款项交由该院义学校长郭秉琦主理，购置义学需要物品。郭氏已由昨日起，与各教职员商讨购置事宜。闻购置之物，多为图书及教育用具云。

1945年3月24日　第四版

中山大学将在老隆复课　本澳升学生平安抵埠

（专访）昨据最近由内地返澳之中山大学生称，略谓□石中山大学，于元月十七日奉命移校龙川县属之老隆镇，随行员生仅五百余人。学校当局□该五百余学生，颠沛流离，于是请准政府，维持粮食。现每生由政府津贴膳食费大洋一千元，其余未及赶到老隆镇之中大学生数极多□留驻于仁化县境内。闻今次移校，失散之学生颇众，但从澳门升学该校之学生，已平安抵达，预料短期内即可复课云。

1945年3月24日　第四版

杨蔼生画展　揭幕盛况

□青年画家杨蔼生之个人画展会，经数月之筹备后，昨日在中央酒店四楼揭幕，作品共七十余帧，花鸟鱼虫山水人物悉备，极为精彩。是日赴会观众，肩摩踵接，颇为挤拥，各皆赞美不置，称为后起之秀云。

1945年3月25日　第四版

同善堂施中药重大　呼吁捐助维持

本澳慈善机关同善堂，设立于本澳以来，垂五十四载矣，其办理之慈善职务，最注意为赠医施药，以救命扶危为宗旨，历年来活人之数，实逾于恒河沙数之多。迩来因时局影响，交通梗塞，货物往来不便，尤以中药为着，盖中药多出于四川云贵之中，□关万里，辗转困难，无怪其价值飞涨。在目下万物高昂当中，受薪阶级一旦身罹疾病，医治必感困难，迫不得已，有向慈善机关而求济。而我国人士，数千年来之习惯，多数信赖中医，盖□调理之□多主王道之法。但澳中施中药者，独同善堂一所而已，以故日来寒热交□时候，疾病丛生。该堂赠医部，极为挤拥，施出中药不菲，其经费之庞大，当在意中。据该堂主事人谓甚盼各界捐助，否则施药颇感问题，有拮据之叹。昨天有署名梁氏者，助该堂葡币一百元云。

1945年3月25日　第四版

救济旅沪葡侨　筹款成绩殊佳　孤儿院同学捐款六月

（本报专访）本澳葡人鉴于旅沪葡侨生活异常困难，特组织救济旅沪葡侨筹款会，消息已志前报。查三巴仔善院院长为救济留沪旧学生，已于昨在该院礼堂举行演剧筹款，观众颇多。所得收入，全交救济会汇往上海三巴仔医院旧学生云。

（又讯）仁慈堂辖下前孤儿院之旧同学会，日前假商会开会议决全体会员，捐款六月，□捐多少随人，现由旧同学马沙队长，担任收款，收入全数，拨为救济旅沪孤儿院旧学员云。

1945年3月25日　第四版

葡属总督就职演说　赞誉本澳戴思乐总督

（本报专访）据葡京来电，葡殖民地部长于葡属西圣托马斯岛及几内亚两地总督就职之日，发表演词，内有一节对于本澳总督戴思乐及地扪总督备极赞扬。查两氏在此非常时期，以坚毅精神应付恶劣环境，固守岗位云。

1945年3月25日　第四版

难童餐　拟拨盐斤抽头　充作续办经费

（本报专访）同善堂举办难童餐之经费，每月需千余元长久性之施发，不易支持。各值理对续办问题，已加予考虑。为求难童餐永久举办计，副主席蔡文轩首先发动向盐商着手，于各盐商商讨凡售出盐一扣则抽二毫拨作善费。各盐商亦有大部分赞同，而同善堂星期常会则提付讨论云。

1945年3月26日　第四版

驻澳英领晋级　英籍侨民筹备庆祝　连日中外人士前往道贺者甚为踊跃

（本报专访）驻澳英领事瑞礼士，最近□英国最高当局明令，晋级为一等领事官，消息经志前报。据悉瑞礼士晋级消息传出后，本澳各界人士闻讯，中外人士前往领事馆向瑞礼士道贺者甚为踊跃，本澳总督戴思乐为向瑞礼士道贺最先之一人。查瑞礼士以前曾在前北京英国公使馆任职多年，办事精明能干，升任驻沈阳领事及在澳履任领事数年来，处于非常环境中，领导数千旅澳英籍侨民，更足显其真正之能干。顷旅澳英籍侨民，为对瑞礼士之晋级表示庆祝起见，现正筹划举行盛大庆祝。查瑞礼士此次之晋级，一般人咸认为瑞氏将于短期间内晋升公使地位，且瑞氏平日待人和蔼可亲，办事精明，驻华多年，对我国风土人情，至为稔熟，故一般之华人亦均望瑞氏以后能常□驻中国，俾能敦睦中英邦交云。

1945年3月26日　第四版

布英沙举办演剧筹款　加紧进行

（本报专访）警察局长布英沙辖下之救济机关举办话剧募款大会，拟于期内实现，已于前（廿四）假座商会二楼开始办理各项事宜，并拟定演出胡不归一剧。昨据悉，因各项事宜尚未全部就绪，故日期及演出剧团尚未决定，闻各部门工作，已加紧进行中。

1945年3月27日　第四版

大规模警备演习昨日上午举行　沿海码头均严□封锁　街道冲冲置沙包枪炮

（本报专访）昨日本澳警察局举行警戒演习。是次演习，可算历次演习以来规模最大者，除警察方面举行，而炮兵营及机关枪营均有派队参加，各区之繁盛街道，均堆置沙包及防御铁线网，并安置轻机关枪及小钢炮等犀利机械，演习地区则以中区为重要目的地。查此次之演习，乃警方有计划之措施，可见警察局维持市面治安已有良好防卫之办法，而新招之警察得实际练习机会，同时可表现警力之强，而使不肖之徒不肃自灭也云。

1945年3月27日　第四版

机帆在九洲遭劫　船员两死一伤

（本报专访）昨日上午有机帆一艘，驶至九州海面时为海盗械劫。该船想或抵抗，结果船中人两死一伤，死者一身穿中裤，胸部中弹致死，一身穿西裤有衫，头部中弹身死。死者□交镜湖医院殓房，伤者仍留山顶医院调治。至发稿时因死伤者无家属到场，以致未能详细报道，各情容查续报。

1945年3月28日　第四版

昨午间新马路临时宣告戒严

（本报专访）昨日十二时左右，警察当局□□新马路中央酒店发生枪声等情，警方旋派大批武装警察，驾冲锋车驶赴肇事地点，抵达时，先行布防该酒店四周，严□戒严，暂时停止行人来往，警察局长布英沙及警察长观耶亲率大批警探莅临查究。事后获悉，并无发生枪声，或有住客燃放炮竹，致起误会，警探侦得实情后，乃宣布收队。该酒店附近交通，旋即恢复常态。

1945年3月28日　第四版

机帆行走　多转港澳线

（本报专访）本澳交通，素来发达，自太平洋战事爆发后，交通已受影响。惟年来货物大多均以澳门为销□集中地点，货物多赖机动帆船载运，故设在本澳机帆公司甚多，日前由澳至广州湾之机帆为数最多，行走港澳不过少数而已。最近因广州湾交通，甚多转接，故机帆行走该线者遂转而行走澳港线。查最近行走港澳线之机帆廿艘凡有奇，行走小榄广州等地日见增加云。

1945年3月28日　第四版

学校消息

培正儿童义校开班以来，得蒙社会人士协力维持，校务因而日益增进，造福贫民学子不少。□儿童节已将届，闻该校正积极筹备，已举办作文分组比赛，并□实解答各种难题，以增进求学之兴趣，且得社会热心人士捐助奖品。各事已在进行中。儿童节日，除开纪念会外，并举行游艺大会及成绩展览会。届时定有一番热闹云。

1945年3月28日　第四版

同善堂今日会议讨论难童餐问题

（本报专访）同善堂因目前万物最贵声中，该堂施赠费用突见增加，闻该堂之经费亦是短绌之势，故日前曾向各界呼吁捐助。该堂今日下午二时为星期会议之期，现有数值理预先准备提案数则，届时提出讨论。闻预先准备之提案，大部是难童餐及募捐该堂经费之事云。

（又讯）该堂又收到各界之捐款，计有南恩昌大洋一千元，钟少林葡币二十元，□苏葡币一十元。该堂理事者希望各界人士踊跃捐助云。

1945年3月29日　第四版

难童餐经费支绌　昨分函各盐号劝募

（本报专访）冬赈会举行之难童餐，由同善堂代表办理，举办以来，已有多月，难童受惠，诚属不鲜。最近之难童餐经费，将告断绝，□至农历三月初四日，难童餐经费即告用尽，苟无继续捐助者，即停止举办。昨同善堂值理假该堂召开常务会议，讨论难童餐继续事宜，甚为详细，结果向各盐商着力劝募。昨日已分两□澳各盐号，计有十六□，如益昌公司、恒昌公司、大生公司、谦益公司、昌成行、贸易公司、恒丰隆、利通公司、裕兴公司、鸿秦公司、兴隆行、东兴行、年丰、宏益行、恒安行、□记公司等。据记者调查，现目本澳盐务，生意甚为旺盛，各盐商均获大利，该堂今向盐商着手募集难童餐善费，想当有成就。一般贫苦之难童，均有赖于盐商救济，此区区之事，业盐各善长想均乐而为之也。

1945年3月29日　第四版

牛肉专卖　正式批准

（本报专访）本埠牛肉市卖生意，向由德全公司承办，数年以来，虽内地交通梗塞，但该公司主事人仍能极力设法维持牛只来源，不致断市，办理成绩，至为当局嘉许。及后承办期满，当局在未正式开投之前，仍委该公司暂时办理，直至最近，当局始将该项生意，正式开投，结果仍由该德全公司以每斤五元之最低代价投得。顷据确息，该项投承结果，已由市厅呈交澳督批示。

1945年3月29日　第四版

鞋业行　附收客佣

本澳鞋业行鉴于现目生活程度高涨，为求补弥职工生活起见，曾召集行友研讨增收佣金问题。据悉，今经决议，凡顾客购鞋，一律照物价附收加零二佣，即每百元货价，收佣二元。此项所得，将拨作职员津贴云。

1945年3月30日　第四版

救济上海葡侨　汇出百万元

（本报专访）太平洋战事发生后，上海葡侨，多遭受不良环境所□。本澳葡籍难民筹款会，由红十字会会长罗德礼氏兼任会长，最近汇出储券一百万元，为救济上海葡侨难民之用。一百万元善款中，包括高可宁氏捐助葡币二百元，及该会演剧筹款所得四百六十九元云。

1945年3月30日　第四版

省澳网民国丸轮昨拖往妈阁政府船坞修理　大约十日后即可复航

（本报专访）航行省澳线内河公司之“民国丸”轮，本月十三晚由澳开省，因黑夜视线关系，在新口岸对□石基浅搁，致船底受伤，当经该公司转派“南海丸”轮替航。□查该“民国丸”轮昨经拖往本澳妈阁政府船坞修理。□当晚该轮船之驾驶得宜，故该轮船底受伤非重，现经加工修理，大约十日后即可复航云云。

1945年3月30日　第四版

疯狂院男子　再逃被获

（本报专访）日前一男子因骚扰某小押为段警拘捕返署发落，后以其集（患）有神经病，将之送交镜湖医院疯狂院安置。讵料该癫汉力大无比，日前曾一度将手镣脚锁□烂铁链扭断，打毁门锁，逃出镜湖马路街中，手舞足蹈，狂呼自己为司令，引动途人围观者甚众，后为医院职工十余人将之制服，重行将之锁禁，周来无何异动。讵料昨日晨彼狂性复发，再将锁练扭断，并将囚房一角墙壁□破，逃去无踪。该院发觉后，乃至警署报案，结果为三区警察捕获。查该男子于月前由中山白蕉来澳，年约三十余，身躯雄伟云。

1945年3月31日　第四版

旅业行生意蓬勃

（本报专访）今年度本澳旅业□业务较去年为蓬勃，查其原因，数月来外处来澳人士特多，而半数多住旅店云。

1945年3月31日　第四版

同善堂　收到捐款

（本报专访）同善堂以经济短绌，日前曾多次向社会人士呼吁协助，故连日来送到善费与该堂者，甚为踊跃。该堂理事者并希望各善长仁翁继续输将，俾贫穷（穷）难胞得以救济。昨日该堂又收到祥□金铺捐赠大洋五千元云。

1945年4月1日　第四版

复活节　今日热烈庆祝　大弥撒、圣体出游、放全赦　各教堂弥撒诵经　白鸽巢集体唱歌

（本报专访）今日为耶稣基督复活节，复活节为基督教最大之瞻礼节日，各地教徒均热烈举行庆祝，本澳之教徒亦均热烈举行庆祝。查今年本澳教徒筹备庆祝情况，大教堂于晨早七时，“圣体出游”，其后由主教主持“大礼弥撒”及“放全赦”，教徒聚集诵经。其他各教堂，均布置一新，各教堂之神父，是日特别举行弥撒诵经，大教堂各□□节，由主教主持。下午即在白鸽巢旷地，举行集体唱圣歌，忆去年教会，有饼饵生万分赠各教徒。惟今年因物价异常昂贵，故为节省计，暂不赠送各种饼盒果品云。

1945年4月1日　第四版

演剧筹款　定期举行　日间开始销票

（本报专访）布英沙局长管辖下之各慈善机关，举行演剧筹款，一切事宜，由报人陆绪□主理。闻演出之日期，已定于本月六日，排演名剧“胡不归”，由电剑小龙剧团担任。查戏票已经印妥，日间即开始销售云。

1945年4月1日　第四版

镜湖医院　协办防疫注射

（本报专访）本澳卫生局，为防止霍乱症发生起见，故定于本月中旬施行防疫注射。镜湖医院年来亦有举行防疫注射，去年该院之各防疫注射站，共有三处，一在该院内，一在同善堂，一在下环分诊。惟今年则摆设二处，一在该院内，一在下环分诊所，举办日期，将再卫生局施行之后，该院俟向卫生局领得疫苗之后开始施行云。

1945年4月1日　第四版

观音堂建醮　今日启坛

本澳望厦普济禅院即观音堂，近为追悼战地阵亡将士，及超度无依幽□，特乘此清明佳节，举行建醮，虔修大悲宝忏，七昼八宵，定今日上午三时启坛，但附荐者仍可报名云。

1945年4月2日　第四版

同善堂呼吁捐助成药　成药商纷起响应　计捐二天膏回春油共八百盒

（本报专访）本澳慈善机关，赠中药者□系同善堂一家，惟迩来中药来价昂贵，每次施赠中药一剂，最底限度亦须超过葡币一元以上。该堂以经费关系，乃变通办法，如病者系属症轻者，乃改赠成药，如万金油、二天油、回春油等类，同时又分向各成药商呼吁捐助成药，以□救济。查自该堂发起该项办法后，普济药行主人陈少泉

氏首先响应，捐助各项成药不少。昨日又有二天堂捐助二天膏六百盒，梁永馨捐助回春油一百樽云。

1945年4月2日　第四版

妈阁住户　小火虚惊

（本报专访）妈阁胭脂围六号地下昨日晨发生火警虚惊，事缘该屋屋主适购置山草百余斤，堆置该屋之厨房内，不料灶中燃有之柴头跌落草堆中，山草遂为燃烧着火。当时屋内人发觉浓烟从厨房冲出时，即协力扑救，一面致电话消防局报警，消防局接电话后，派出救火车到肇事地点扑救，无何即告消灭，幸无重大损失云云。

1945年4月2日　第四版

本澳盐业蓬勃　今年增加盐号十家　一月至三月各号无不获利

（本报专访）今年本澳之盐业，甚为发达。查去年盐业公司只有七所，均获厚利，今年盐业公司则增加十所，除去年七所中之一所结束外，今年新旧盐业公司凡十六所之多。查今年初一月份至三月中旬，各号盐商无不获利。最近因交通影响，在澳设业稍逊于前，惟办盐之商人，较为活动，据记者调查所得，一月份至三月份之盐多自汕尾来，最近由湾来者渐见增多。据该行中人云，目今供应澳门之盐，湾汕来澳，各占半数云。

1945年4月3日　第四版

江澳同和渡宣布停航　复航日期暂时未定

（本报专访）来往澳门与江门之间，各界人士，多行走江澳线之同和渡。最近该渡轮公司为求乘客安全起见，特将该渡轮重新修理，宣布暂时停航，继航日期，目前尚未订定。据该公司负责人称，关于复航日期，最近将来便可恢复，日期到时将登报通知云。

1945年4月3日　第四版

关闸外扫墓可免检便

（本报专访）清明节将届，准备赴关闸外扫墓之市民，今年得到便利出入。去年前赴扫墓者，须要验便方可出入，惟今年则取消此项手续。开放日期，由清明节日起一连三天，倘越过三厂以外者，则不可在此例云云。

1945年4月4日　第四版

难童餐经费堪虞　下月势将停办

（本报专讯）同善堂所办之难童餐办理以来，将达两年之久，甚得社会人士之好评。惟难童餐之经费，完全是赖社会人士捐助所得，如该堂之各值理亲力亲为，四出并募捐及演剧、球赛筹款□商捐助，盐商接办等等，始有维持两年长之时间，且得各善长仁翁有钱出钱，有力出力，而能得此良好效果。最近因其支销浩大，故难童餐之经费，又快告断绝。该堂对此问题，曾开会讨论多次，对于继办问题，仍请盐商再度举办，结果事与愿违，各盐商多不应允。昨据该堂值理人谈，难童餐若能接办者，举办至农历三月中旬，便告停止云。

1945年4月4日　第四版

圣云仙慈善会　明日卖花筹款　请社会人士共襄善举

圣云仙慈善会（即澳门圣保禄会）年中扶助贫困，不分国际，办理善举，成绩良好。近以施济范围扩大，经费不敷，特呈请当局批准，定于明日（五日）举行卖花筹款，已征得全澳中西学校派出男女学生参加卖花，希望社会人士踊跃购买，共襄善举云。

1945年4月5日　第四版

日海军别馆海防军部长　柴山昨晨被刺毙命　卫士亦被击毙刺客数人事后逃去无踪　警厅对此案异常重视经派探严密查缉

（本报专访）昨（四）日上午九时许，日本海军别馆海防军部长柴山氏（现年四十六岁）偕同卫士邵文谨，乘坐手车途经荷兰园非利喇大马路利宵球场左右，突然被数刺客预伏□处，开枪轰击行刺。柴山及卫士以突如其来，当即拔枪抵抗，相方互战，一时枪声卜卜，行人辟易。但以凶徒人数众多，结果寡不敌众，柴氏及卫士邵某卒，每人身中两弹，被击毙命。时适一手车经过，车夫亦被流弹击至重伤。当枪□时路人纷纷走避，一时秩序大乱。警厅据报，即派出大队武装警探驾冲锋车到肇事地点查究，并分头兜捕凶手。但惜为时已久，刺客已逃去无踪。事后死者及伤者手车夫均用十字车送交山顶国家医院，伤者手车夫弹中颈部及腿部，伤势甚重，送院后，午间亦告毙命。事发后，驻澳日军政要纷纷前赴医院查视遗尸，邵氏之妻更哭至昏厥。现当局对于此案异常重视，经严饬警探，务于短期内缉凶破案。同时以柴氏为友邦在职官员，此次不幸遇难毙命，实深扼腕。昨下午曾派员分访日海军别馆主持人山崎及驻澳日领事岩井英一，表示慰问之意。又查柴山氏所任海防部长一职，责任至为重要，日海军以该缺不能一日空悬，昨经委出岛冈氏继任云。

1945年4月5日　第四版

歧澳安行汽车　昨停止行走

（本报专访）本澳来往石歧江门之人士，多赖安行公司所办之渡轮及汽车。最近该公司之渡轮因修理而致停航，各情已志前报。来往歧澳线之汽车，因种种问题，亦于昨日起暂时宣布停止行走，恢复日期尚难决定云。

1945年4月5日　第四版

儿童节　茶楼畅旺

（本报专访）昨日为儿童节，全澳儿童皆大欢喜，除学校放假外，其余各食物店大多特别办售儿童食品，儿童玩具，各茶室之生意甚为畅旺云。

1945年4月5日　第四版

清明节　关闸外扫墓　由今日起三天可免检便

（本报专访）今日清明节，国民均有扫墓之举，本澳市民物故之亲友多在关闸外者，近数年来前赴扫墓之市民必须验便方可通过，惟今年例外，由今日起一连三天，前赴扫墓之市民，可自由出入云。

1945年4月6日　第四版

自由出口关闸　今明尚有二天

（本报专访）昨日由澳出关闸外，一律得方便出入，原因昨为清明节，故出入之人甚多，均为前赴扫墓者，惟今日与昨（明）日，依然可自由出入云。

1945年4月6日　第四版

警方维持治安　加派警员检查

（本报专访）近来本澳市面，时有歹徒扰乱治安，警方对此事极为注意，故特派出警察检查来往行人。前日与昨日，警察局长布英沙、督察长观耶，为求肃清市面歹徒，及求治安良好计，特派出侦缉队员数十人，四出检查来往行人，及上各茶楼酒室，向顾客检查。警方并希望市民，凡遇检查之时须服从警令，毋生误会云。

1945年4月6日　第四版

更正

昨日本报所刊日海军当局委出岛冈继任柴山海防部长一职新闻，查该职现尚空悬，未有决定后继人选云。

1945年4月7日　第四版

政府当局一度　召见米业商人　垂询民食概况

（本报专讯）迩来本埠有若沸水银针，□趋高涨，澳府当局关怀民食，对此情况，于日前曾召见各米业巨商研讨，垂询米价之高涨原因，结果极为圆满，且认为此种情况，乃暂时性质，澳府平抑米价已有具体办法。记者昨特走访米业行商叩询一切，据其表示，形成此种情况，实由于一般囤积谷米商人，于前年因囤积大批谷米，亏蚀甚巨，今年诚恐再蹈覆辙，多不敢采购存贮，治（直）至现在，彼辈□积空仍属抱“看□淡”之旨。至米价高涨，实属暂时性而耳，原以中山早造禾稻，现已长成。如在此□□内有天雨沾润，则□来月秒（杪）□可收成运澳供应。届时本澳粮食，得此大量供应，米价定趋下游云。

1945年4月7日　第四版

防疫注射开始施行

（本报专访）卫生局举办之防疫注射，于日前已开始施行。查两日来各校之学生前赴注射者亦甚众。该局主事者，并希望市民注重卫生，凡未注射之市民，须从速前赴注射。

（又讯）镜湖医院，为求协助政府进行防疫注射事宜，而卫生局已开始施行工作，闻该院已准备向当局领取疫苗，决由下月起，增设防疫注射处云。

1945年4月7日　第四版

镜湖义学将招投体育用具

（本报专访）镜湖医院义学，增设体育用具，各项事宜，由该校校长郭秉琦负责策划，各体育用具之图案及购买物资等等，据云日间登报召投承办云。

1945年4月8日　第四版

盟机在海口投弹　汽船飞翔号下沉　船员多人受伤获救

（本报专讯）昨（七）日上午十一时许，新口岸石几附近发生盟机袭击汽船情事。查该汽船为飞翔号，为广州市裕昌行购置者，另拖有大木帆船两艘，以采运货物来往省澳及中山各地，于日前又由广州运有什货一批，运来本澳。昨日上午十一时许，经驶达澳海□之石几附近，当时有盟机一架，适飞上空盘旋，继以机枪向该船射击，而该船以航运险恶，亦设有机枪步枪等防卫武器，借以防止海盗之劫掠者。当时该船遂以机枪还击，□□盟机回旋一匝时，即□飞投以炸弹一枚，落于附近，该船遂倾侧入水下沉。当时船上及两拖船职员，以在千钧一发之际，乃纷纷跳水逃生，情形极为狼狈。盟机见目的已达，复向东飞去。事后港务局警备轮多艘，驶往救援，先后拯救多人，其中受伤者，即送山顶国家医院救治。查获救之船员姓名，计有林培钧（廿五岁，南海人），梁炳（卅五岁，番禺人），梁大候（廿五岁，南海人），□梦祺（十七岁，南海人），叶根成（卅七岁，南海人），另有船员多人，失踪未获，该汽船公司主任□有为亦失踪云云。

1945年4月8日　第四版

同善堂施惠产妇

（本报专访）同善堂副主席蔡文轩，得见现今各物昂贵声中，一辈贫穷者，其负担常感奇重，特将该堂日前接得各界捐来之小童卫生衣送与到领姜醋之产妇，为新出世之□□御冷云。

1945年4月8日　第四版

中山济难会　办理结束

中山济难会近以筹募赈□以来，捐得款项约储券六百余万元，早已分批汇返石岐，分区施赈，故筹募工作已竣，责任已完，亟应办理结束。昨（七日）常会会议议决，即日办理结束。查是日出席委员有朱给、李烈、郑仲楚、李海昭、黄金□、程湛如、□少、朴□□、李德联、徐保仲、马锐祁、庸灿、揆一、邓华灼等，由李烈主席，□淡芙记录，对于结束事务，多所讨论云。

1945年4月9日　第四版

禁运谣言影响物价　运输通行无阻　市民无须惊扰

（本报专访）传闻某方六日起，禁止物输进澳门，以致市面物价暴涨。记者为求明白真相起见，于昨日特到本埠边界探访封锁情形，兹将所得情形录志如下。日前驻三厂之粤海关，凡属粮食等物，一律暂禁出口，如有携带粮食等物出口者，即予没收。而本澳当局，为谋安定本澳粮食起见，亦着令派驻关闸之警察，禁□粮食等物出境。两日来市面有等神经过敏者，谓某方不久禁止人与物资出口，现悉，此实市侩之谣言，乘机操纵物价，本来绝无其事。又禁运情形，据记者调查所得，不过指陆路而言，而两日来来澳之货物，由水路运输者甚多云。

1945年4月9日　第四版

同善堂　嘉惠贫产妇

（本报专访）同善堂自施派贫穷产妇姜醋后，奉办至今，已有月余，福利贫黎不少。最近百物昂贵，该堂施送产妇各物，决如前施派，每一产妇，生化汤一剂，白米六斤，并小童卫生衣一件。

1945年4月9日　第四版

经费支绌　难童餐下月结束　善长谋继续维持

（专讯）难童餐经费将枯竭，施至农历三月中旬，即告停办。据该堂值理云，对于难童餐决定筹谋继续办理，待办理结束后，再行商讨继续办法云。

1945年4月9日　第四版

忠信学校　成立实习银行

水坑尾十五号忠信会计学校，开办银行会计专修班以来，教授认真，教材新颖，故学者甚众。现该校为使各生实地练习记账起见，特设立实习银行一所，额定股本葡币一千元，分为一百股，每股十元，经营存款汇兑（□汇）贴现，保管有价证券买卖等业务，与市面银行所办理无异。各同学均有实习机会，由各导师指导，现已着手招股，收齐股款，可于下周开始营业云。

1945年4月10日　第四版

输进委会停发出口许可证　安定本澳粮食

（本报专访）本澳物资输进统制委员会，为求安定本澳粮食起见，历来签发出口之货物单，均严密审查，认为可能输出者，则允准签发（略），市侩遂乘机操纵物价，以致市面物价日趋上游。该会为缜密办理粮食计，于三日前曾一度停发出口货单，不许物资输出，此实为安定本澳粮食输出之物资之一证云。

1945年4月10日　第四版

补助教师米津　有数校已实行

（本报专访）当兹万物腾贵声中，文人生活负担，当感奇重，日前各校发起以米津贴教员，惜事迄今尚无成就。最近各物价日渐增加，有数学校之教员，请求校长津助米食，查雨芬、中德、望德三学校长已允教员所请，已于日前实行，惟津助办法，将各生学费拨出多少以为教员补助费。闻现有数处之学校，有继三校之办法施行补助教员云。

1945年4月10日　第四版

消防队员　湾仔遭难

（本报专讯）本澳消防局三等队员郑□宗，于昨（八）日下午一时乘休假之暇，前往□海之湾仔扫墓，讵竟遭意外，事后在银坑发现郑氏尸首，身上有枪伤多处，系枪杀毙命者云。

1945年4月10日　第四版

圣咏剧团　义演筹款

（本报专讯）公进会辖下之道理会，收容贫苦学生百余，免费□书。近该会经费不敷，圣咏剧团于前（八日）假望德中学为该会演剧筹款，前往参观者甚众云。

1945年4月10日　第四版

刘楚辉送米助难童餐

昨有善士署名刘楚辉，送到白米五百斤，交同善堂为施难童餐之用。同时该堂收到捐款，有简亦豪助葡纸一百元，黄先生葡纸廿元，陈宅、陈宅、陈宅，三次每葡纸十元，吴义葡纸二元云。

1945年4月10日　第四版

三团体　获准立案

（本报专访）凡在本澳设立之社团，必先赴当局立案，由当局审核后，方准成立。昨日当局批准立案之团体三间计东莞同乡会、中山同乡会、青年国术社。

1945年4月11日　第四版

防疫注射　镜湖设两分站　一在该院一设下环分诊所

（本报专访）关于卫生局办理防疫注射，日昨已开始工作，进行甚为顺利，居民凛于疫症之危险，前往注射者，至为踊跃。查镜湖医院每年办有防疫注射处，协助卫生局工作，以利便市民。记者昨据该院主事人称，今年度举办防疫注射日期，已向卫生局申请，领取疫苗，开始注射日期，本周内可实现。惟该院去年之防疫注射站，则设三处，一在该院院内，一在同善堂，一在下环分诊所。惟今年则减少一处，只在该院院内及下环分诊所两处设站为市民注射云。

1945年4月11日　第四版

食盐咸鱼卷烟　可申请出口

（本报专访）本澳物资输进统制委员会，为调节本澳粮食起见，对输出之物资，认为本澳供应有余之外，即准予申请出口。惟于数日前，因环境关系，曾一度加以限制，一律不签发物资出口证，查其原因，无非为求本澳粮食安定。昨日据该会会长哥士德称，对数类货物已允签发出口证，允许出口货物，则为食盐、咸鱼、卷烟三种云。

1945年4月12日　第四版

江澳轮渡　今日复航　澳歧（岐）客车不日通运

（本报专访）今日本澳交通，受非常时期影响，不似前畅通，近年来海陆交通，端赖渡轮单车，其中间有燃烧木炭之汽车行走。惟上月份轮渡汽车，则均告停顿，故来往旅客，□感不便。最近同和渡轮公司，为求便利来往者起见，积极筹谋恢复行驶办法，闻进行以来，均告就绪，定于今日下午五时恢复行走江澳线，航期仍以三日为一水。该渡轮开航时间历来定于晨早九时，现在则改为下午五时，以利便一般来往人士及货运云。

（又讯）该渡轮公司得见目今岐澳交通阻塞，故为利便来往岐澳人士计，已加紧进行筹备恢复岐澳陆路线客车，日间可告实现云。

1945年4月12日　第四版

堕胎案昨正式宣判

（本报专访）去年发生之堕胎案，各嫌疑犯经法院多次提审，法官于昨日宣判梁惠珍、张家宝各充军三年，德籍妇人须于三年内不得有犯法行为，否则入狱十八个月。嫌疑犯周某无罪省释，至谢某入狱八个月。

1945年4月15日　第四版

昨晨又谣传中澳交通停顿　原因扣留私运柴薪　海关缉私队开枪制止结果扣留候办　昨下午中山各货源源运澳通行无阻

（本报专访）关于中澳水六交通本月十一日已恢复常态，各项货物由中山运澳者通行无阻，各□业志日前本报。查昨（十四）日晨市面突传中澳交通又告停顿，记者聆耗即分赴各方调查，得悉乃系一种谣言。因日前交通停顿时期，一般柴商曾在中山方面积囤有大帮柴薪，至交通恢复后即分帮源源运澳，数量至为巨大，但运澳时不依手续向海关缴税，觅私运出口，此事为海关缉私队查悉。昨晨彼辈又运一帮经过卡口时，即喝令停止，并开枪示威，结果卒将该帮柴薪扣留。讵该事发生时，一般人曾误会以为交通又告停顿，因是以讹传讹，像煞有介事，投机商人，遂乘时将各项物资抬高。此事无何即告解决，下午各项货物更源源由中山运澳，此谣言遂不攻而破云云。

1945年4月15日　第四版

无名氏捐手票五千　助难童餐

昨有署名无名氏者，捐助手票五千元，充同善堂为难童餐经费。当时该堂职员接待时，请其书写名姓，据云不必，只书无名氏可也，且云在港逃难来澳，对该堂难童餐善举，甚表同情等语。如此善士者，行善而不欲人知其真姓名，诚三代以上之忠实君子也云。

1945年4月15日　第四版

青联义演　加紧进行

（本报专访）天主教救济平民饭场，创办以来，已有四年长之久，甚得社会各界好评。最近该饭场因经费短绌，青联话剧自动发起为该饭场义演筹款。昨日由李神父□各报记者及青年话剧社各职员商讨筹款事宜，筹款会定名“天主教救济会平民饭场演剧筹款大会”。各部门工作已加紧进行中，演出日期快将实现云。

1945年4月16日　第四版

筹募难童餐经费　盐商发动演剧筹款　足球义赛亦进行异常积极

（本报专访）同善堂主办之难童餐费经（经费）不敷，乃有停止举办消息，社会人士对此，颇为关怀，苟成为事实，则数百难童免有变成□□之虞。同善堂值理会副主席蔡文轩及值理黄汉兴、梁松等，遂分头出发呼吁各界协助继办。盐务商人方面，日前曾经蔡氏吁请踊跃捐助。查阖澳盐商，昨日特开会讨论，筹款支援，是日出席委员有蔡文轩、何德、李洪、黄希夷、李仲雅，席间各委员均有发表意见，俱以目下米价昂贵，难童生活，确属严重，应本人类互助之旨趣，继续筹款支持，随由何德委员提出义演筹款，席间各委员一致赞同。结果决定商借平安戏院义演，并请殷商黄苏与戏班接洽，并请朱给、吕庭广等，出襄义举，策划进行。演期日间即可决定公布，同时□梁两值理亦积进极行，足球义赛。闻日前已请足球总会协助，总会在一二日间，□可答复，义赛日期。同善堂各值理并希望各界人士，踊跃参加，共襄盛举云。

1945年4月16日　第四版

市侩希图造成有利地位　连日播散谣言　中澳交通实际并无停顿

（本报专访）查连日来本澳市面频传关于中澳交通停顿消息，日凡数起，实际此全为一种谣言，以为做成某一面方有利地位。社会人士不辨真伪，以讹传讹，影响甚为巨大。前（十四）日谣言方息后，昨（十五）日又传中澳交通再停顿三日，以致市民方面颇为注意。记者为求使社会人士明了起见，特赴边界调查，结果得悉又系并无其事。查市侩之所以制造此种谣言之原因，良以彼辈于日前中澳交通停顿时积囤大批货物，希图操纵居奇，惟交通恢复后，即彼辈计划无从实现，因是乃时时播放谣言。据记者调查所得，中澳交通与前无异，昨日各处来澳之货物较前日为多，海关方面亦承认日来所收出口税项，日有增加，于斯可见一切。但此种谣言，扰乱人心，殊不可轻视，深望当局加以注意云云。

1945年4月17日　第四版

刘体志牙医生在白马行院医（医院）组织牙科诊室

本埠医院，向来未有医师担任牙科及口腔外科医务等。顷闻刘体志牙科博士，慷慨允到白马行医院，组织牙科诊室，并将于每星期六日午前，在该院诊症。查刘医□乃美国宾素芬尼亚大学专科毕业，领有博士学位，曾在美国费成市立院担任专科工作，对于本澳市民必当有所贡献也。

1945年4月17日　第四版

东莞同乡会　购址筹义学　旅澳同乡入会手续简便

东莞县旅澳同乡最近为联络乡情，办理公益事务起见，特发起组织“澳门东莞同乡会”，月前由发起人成立筹会，公推叶子如、陈日初、陈茂枝、李根源等负责办理立案手续。至于本月九日，本澳政府发出第三七六七号训令，核准立案，该筹备会当于十三日召开筹委会议，讨论进行工作。是日出席者戴文渭、陈天心、陈茂枝、陈瑞槐、姚应江、郭华灼、陈日初、黄耀坚、刘铎等多人，决定现行征求会员，再定期召开全体会员大会，正式选举理监事，负责会务进行。该会现为便利办理会务起见，在未购得会址以前，暂时假借商会二楼为办事地点，一俟购得会址后，即先行开办义学一所，继续办理各项公益事宜。至于征求会员之日期及办法，亦经拟定，由本月二十日开始，凡系东莞县旅澳同乡，均可依照办公时间到商会二楼该会办事处，取阅章程，填写入会志愿书，并缴纳全年会费葡币一元，即可入会，手续甚为简便云。

1945年4月17日　第四版

冬赈会　捐款粥费葡币千余元

（本报专访）冬赈贫民办事处，对慈善事业，无不乐为捐助，昨日又捐同善堂施粥费葡币一千八百二十一元四毫七仙，今日该堂又收无名氏廿元云。

1945年4月18日　第四版

昨晨下环海面渔船发生爆炸惨剧　当堂六人受伤结果一人不治毙命

（本报专访）昨（十七）日晨下环妈阁海面发生一宗渔船因鱼炮失慎爆炸惨剧一宗，结果五伤一死。当爆炸时隆然巨响，附近船只不知发生若何事故，纷纷走避，情形至为狼狈。事缘有渔船一艘湾于下环妈阁二三号码头之间，船主罗冯好之子罗广计，日前有友人寄置鱼炮之子弹一盒，罗好昨将该物取出□看，不知何故，鱼炮子弹突然爆炸，罗子首当其冲，当场重伤，其他受波及之伙伴共有五人。港务局闻讯，即派员前赴查究，将该船主扣局查问，一面将伤者送山顶医院救治。罗广计到院后因重伤不治毙命，其余受伤者，罗金胜、鲁起、戴□、□起、罗金□等，因伤势较轻，可无性命之虞云。

1945年4月18日　第四版

各路运输畅通　物价日告低跌　市民生活负担可续渐减轻

（本报专访）中澳水陆交通恢复后，车辆轮渡，均继续航走。最近由外处输进澳门之货物日渐转多，故本澳各货价格多趋下游，其中以市民必需之物品，如米、柴、盐洋什、什粮等，连日来价均告续降。此种现象，至为可喜，考其原因，实缘小榄谷价降，汕湾之盐来澳日增，柴薪水六两路均有输进，各物价格降跌声中，什粮价格因而影响亦□下跌。据记者调查各物价有续降之势，市民生活之负担可续渐减轻也云。

1945年4月18日　第四版

难童餐经费　续有捐助

（本报专访）同善堂为本澳三大慈善机关，成立以来，甚得社会人士好评。最近该堂举办之难童餐，因经费短绌，该堂之值理分头出发呼吁，劝请各界踊跃捐助，除征得盐商允许演剧筹款及球会义赛外，而连日来外界捐助该堂各善费者甚多，昨日该堂又收到大成米机谷糠二十担，修德堂捐助难童餐葡币三百元，施药费二百元，陈宅十五元。

1945年4月19日　第四版

警方加紧检查　维护市面治安　当局希望市民与警察合作

（本报专访）市面时见歹徒发生打架，至携有无照枪械，此实影响市面治安秩序，警察当局，对此种不法行为，极为震怒，故连日来派出大批警探到茶楼旅店施行检查，并向行人搜身。当局希望市民与警察合作，如遇警方有特别措施时，须绝对服从警令，当局此举，无非希图肃清奸宄，以维公安。现警方表示，如发觉有不法之举，尚敢妄作妄为者，即予解署，严办不贷云云。

1945年4月19日　第四版

歧（岐）澳客车　日间将恢复行走

（本报专访）歧（岐）澳线货客车，自上月停止行走后，歧（岐）澳陆路交通则端赖单车而已。最近有等运输商，利用时机，遂组织六路交通公司，故货车于最近数日来，均有行走。昨据消息，客车亦将告恢复行走，某汽车公司主事人称，三数日即可宣布行走日期，届时来往歧（岐）澳人士，可得到便利云。

1945年4月19日　第四版

镜湖及同善堂昨增设注射站

（本报专访）卫生局为保障市民生命起见，于日前施行防疫注射，首先则在卫生局举行，次则在各区分别施行。昨日起各慈善机关，均相继响应，镜湖医院同善堂已增设注射站，时间已告□定，镜湖医院，同善堂□下午三时至五时，下环分诊所下午一时至三时，星期日休息云。

1945年4月20日　第四版

消防队长马沙莅任十八周年

消防队长马沙，勇于任事，为上□□赞许，曾获得奖状八次。昨日为马氏任消防队长十八周年，其友纷向庆祝，青年国术社定本月廿二日下午九时，在该社内举行庆祝马沙社长莅任消防局十八周年纪念会，有粤曲游艺助庆，柬请侨团指导云。

1945年4月20日　第四版

盟机轰炸下　港货多运澳

（本报专访）近日来由香港转进本澳之物资甚多，尤以洋杂为最大宗，考其原因，香港连日均遭盟机轰炸，一般有货物存在香港之商人，恐遭受损失，大多派专船由港将货物搬迁来澳，目今本澳市面洋杂物价下降，原因实此所致云。

1945年4月20日　第四版

各路运输畅通　商人加建机帆　本月内有多艘下水

（本报专访）自各路交通恢复后，各地运澳之货物，日见增加，尤以水路运输为最，故一般机动帆乃有求过于供之势。顷闻有等运输商人，利用时机，增进船只行走。据航业中人言，最近各□船厂生意甚为畅旺，闻本月内有新机帆多艘下水，亦有数运输行加紧计划增进船只，若苟成事实，本澳物资可无缺乏之虞云。

1945年4月20日　第四版

啸鸣剧社义演　为平民粥场筹款

□□啸鸣剧社，以公进会平民粥场经费支绌，特响应义演为该场筹款。该场当局为增加秩序，请音乐家梁渭泉新撰粤曲多枝，以应闺秀歌曲家梁曼影小姐义唱，同乐音乐家义务拍和云。

1945年4月21日　第四版

安行长途汽车公司日间恢复行车　为利便来往歧（岐）澳人士　加紧筹划短期实现

（本报专访）水路交通，曾一度停顿，最近水路交通已恢复原有状态，渡轮及其他船只相继恢复航行。素来行走歧（岐）澳线之安行公司货客车，尚未恢复行走者，仍有许多问题未予解决所致。昨据该公司负责人称，关于日前各难题，最近已得大部解决，该公司为利便来往澳歧（岐）人士起见，已加紧筹组恢复行走办法，计划已从速进行。据云，实现之期不远云。

1945年4月21日　第四版

郑希奇技艺团来澳表演

（本报专访）郑希奇技艺团最近由外处来抵澳门，快在本澳演出。郑氏日前为沈常福大马戏班中坚台柱，三上吊，穿火圈、刀圈，打钢架为郑氏得意杰作。上海天津等地人士无不知名，闻其欲在澳表演，并请本澳音乐家黄湘□协助筹备，准备在域多利戏院为表演地。据悉，演出之期，下周可实现。本澳未有技艺表演，为期正久，届时成事实，市民眼福当不浅云。

1945年4月21日　第四版

义演筹款　积极进行各项工作

（本报专访）同善堂难童餐，得盐商发起演剧代筹经费，大会已告成立。该会为求顺利起见，于昨日已分配各部门工作。（一）计划印戏票，推定吕庭广、朱给、刘国仁办理。（二）商点演出□□（先演六国大封相，以下未定），推定黄苏、何贤、徐若□办理。（三）销□信稿，推定陈清泉主理。（四）聘请新声剧团义演信稿，推定陈清泉主稿。（五）入禀请当局批准（声叙设劝捐册两本及请□□警察□消防□费用），推定何德办理。（六）刊印钤记，推定陈清泉办理，催促印大会信笺信封，推定陈清泉办理，演出日期、戏目，决将公告云。

1945年4月22日　第四版

统制物资委员会极力调整各类物品　务使本澳市面需求物品无缺乏之虞　该会通告定期检查各行商商业牌照

（本报专访）统制物资输进委员会，对本澳各类物品之调整，无不下极大决心，故本澳市面需求之物品供应，甚为稳定。最近该会为使本澳粮食及其他物品供应无缺乏之虞计，举凡输出运入物品，该会认于本澳调整计划无碍者，然后始允准批发出入口证云云。

又讯，该会之调查整理货物检查经济事务部，已于是月一日发出布告，请各出入口商注意，举凡曾经在该部注册之各行商，应于本月三十日以前，将□季期之商业牌照，呈交该部检查，否则将注销其注册，与登记册内之价值。现限期将届，凡未呈交季期营业牌照到该部检查者，应从速履行，而免自误云。

1945年4月22日　第四版

警方当局严厉执行　禁止逾时登陆　遇有特别情形须得最高长官准许

（本报专访）警方当局鉴于目前环境非常，为强化本澳市面治安机能，切实维护社会秩序计，于日前颁行条例，于每日下午八时起至翌晨七时止，禁止市民离澳□由海面登陆。倘如巨大轮渡，于限制时间抵达时，其搭客必须通知访问所，呈请最高长官准许，方能入地，否则俟于限定时间内才能自由登陆，其出境者亦然。当局此举，实为防止歹徒活动之措施，于该条例仍严厉执行，市民须予注意云。

1945年4月22日　第四版

公务人员及其家属必须注射防疫针　卫生局励行预防霍乱

（本报专访）本澳卫生局，为预防霍乱症流行起见，业于日前开始为市民注射防疫苗。现为求彻底防预起见，对于公务人员及其家属工役等，亦定例一律须受防疫注射。卫生专理局当局，已于日前发出布告，兹将该布告原文抄录如下：澳门卫生专理局布告，为布告事，现奉督宪命令着将下例事切实执行，（一）凡公务人员及其家属工役等，均须接受预防霍乱注射，（二）由本年六月一日起，如公务人员不能将其本人及其家庭工役等已于五月十五日前接受预防注射之证明书呈出，即将其应有之粮食配给撤消等因。奉此合行布告，仰各知照布。

一九四五年四月十二日
署理局长高此美士山度

1945年4月22日　第四版

胡文虎热心慈善

胡文虎氏，为南中国之大慈善家，久已蜚声寰宇，人所钦□。日前从港来澳留居，亦拟着手举办慈善事业，造福贫庶。日昨盐商各委员，拟定农历三月廿二日，义演筹款，响应同善堂难童餐经费。各委员仰慕胡氏之善名籍籍，拟日间联合趋谒胡氏，请其出襄此次义演善举，造福难童云。

1945年4月22日　第四版

高斯德捐助平民饭场葡币六百元

（本报专访）天主教主办之平民饭场，自开设以来，贫黎受惠不鲜，成绩至为完善。查该场经费，向赖社会热心慈善人士捐助维持，昨督宪秘书长高斯德又捐助该场葡币六百元云。

1945年4月23日　第四版

南海丸遇事沉没　损失极为重大

（本报专访）航行省澳线之南海丸，于前（廿一）晨再广州附近之南石头为盟机炸沉后，省澳与该轮有关者，均异常焦急。昨本澳之航业公司，大多接获省方电报，询问货物多少及乘客人数及姓名，而澳方致电广州询问该轮被炸详细情形，及得救者为数众多，故昨日各航线公司有各方人士到闻消息者甚众。据本澳与该轮有关之某航业商谈，是次事件发生，详细情形尚未全部得到，乘客死伤及货物损失，尚未得悉确数，相信损失当然庞大。现澳方与该轮有关者，正在加紧调查中云。

1945年4月23日　第四版

响应盐商筹款刘荣慨捐巨款　义演定下月三日举行

（本报专访）阖澳盐商，为同善堂难童餐义演筹款，自工作展开，进行异常积极。各盐商以慈善事业，本人类应有之义务，故劝募工作，不遗余力，务使此次义演收入成绩美满，俾难童之生活有着。顷有河边新街恒安盐商运输专员刘荣，以此次盐商发起筹款，惠及难童，特响应捐助储券三万元。刘君表示，以本人□司输运所入不多，今捐此款项，实为微少，不过以慈善事业，实责无旁贷，亟希社会绅商巨贾慷慨解囊，俾难童之施济延长，实深利赖云。

（又讯）为难童筹义演筹募经费大会，近日来各部工作正为顺利，演出日期已定于下月三日实行，由新声剧团义务演出。演出之戏，首演“六国大封相”，其后之戏名尚未定，现由剧务详商新声剧团最得观众好评之剧为演出节目，“六国大封相”一剧并商得太上锦绣剧团老倌助演云。

1945年4月24日　第四版

督察长观耶发起组织体育协进会　统筹兼顾促进体育运动

（本报专访）澳门体育，虽任烽烟随处，仍不受战祸之影响，实为幸事，况每次体育上之竞技含慈善性质，一方面既可锻炼体魄，一方面救济灾黎，借体育而救生者，不知几许人耳。

年来本澳体育运动已渐呈活跃，各种球类运动不断举行，惜体育界各立门户分庭抗礼，此种现象，诚非体育界之福，间接影响慈善之收入。于是督察长观耶有鉴及此，特定本星期六下午四时，在警察厅三楼召集足球总会、小型足球总会、排球总会、曲棍球总会、中华排篮球联会等负责人暨各报体育版记者座谈会议，并组织澳门体育协进会以统其成，发挥各部门体育，促进将来实收体育上之效果云。

1945年4月24日　第四版

筹募难童餐义演　工作顺利推进

（专访）盐商各善士，倡办义演筹募同善堂难童餐经费，连日以来，工作异常积极，到会办事，甚形踊跃。查各委员拟于日间趋谒当地名流，陈维周、林炳炎、毕侣俭、姚伯泉、甘志远、张文□、沈香林等，请其出襄演剧义举，共□进行，期以收□良好成绩云。

（又讯）澳门盐商发起为难童餐演剧筹款大会，连日来各部工作，已加紧进行。演出之期，决定下月（三日）实行，各种戏票经已印就，并准备三两日间发函吁请各界踊跃认购云。

1945年4月24日　第四版

防止疫症发生　商户注意清洁　卫生局派员检查

（本报专访）卫生局对市面之各种卫生工作，无不已下极大努力□□，前已通知本澳凡食物店及住户，均□□重清洁，因夏季来临，乃霍乱流行之气候，该局为恐该症发生起见，除设防疫注射站外，并时派出工作人员四出调查，如发觉有犯卫生局所定之规例，则予处罚不贷，故近来时见卫生局之工务人员到各食物店查视。该局并希望市民与之合作，毋犯该局之定规，不然则受处罚云。

1945年4月25日　第四版

行走歧（岐）澳各车　日间恢复

（本报专访）日前行走澳岐线之交通货客车，均为安行公司举办，其后因种种关系，宣布停顿，以致澳岐来往人士殊感不便。最近该公司为谋恢复货客车行走起见，日前举行全部改组，闻各部门工作进行颇为顺利，货车已于前数日已恢复行走，据新公司负责人称，客车短期内可告恢复云。

1945年4月25日　第四版

慈善附加税　极力改善措施

（本报专访）附加税施行征收后，迄今已有多月之久，各部门工作办理以来，颇形顺利。近来附加税局为求工作进一步发展，以商店便利缴纳该项税收起见，特将其中一部分税利详加讨论，而略事更改。闻该局对更改税利事宜，已在加紧改善中，日间便可公布云。

1945年4月26日　第四版

盐商义演大会　各行纷起响应　昨有捐柴千余斤以为煮餐之用

（本报专访）盐商发动为同善堂筹募难童餐经费义演工作推行以来，甚为顺利。最近本澳各商以为善不敢后人，纷纷响应者众多，计有洋货行、银业行、猪肉行、大押行、妇女会、故衣行、鲜咸鱼行、酒楼行等，悉拟定于今日下午三时到同善堂参加商讨劝捐事宜云。

（又讯）同善堂值理梁松，以该堂难童餐支绌，亟须设法维持，使善举不辍，日前曾叠向各亲友募集善款，支持该堂经费。昨日梁氏向大兴公司征集得杉柴一千一百一十一斤，交该堂为煮难童餐之用云。

1945年4月27日　第四版

盐商义演　澳督捐二千元　各行代表一致决议赞助进行

（本报专访）同善堂值理会昨日召开常务会议，出席者蔡文轩、高可宁、黄渭林、卢宗缙、陈茂枝、黎卓彬、陈伯庸、黄仲良、梁松，主席蔡文轩，记录陈清泉。报告事项，澳门慈善委员会函，现因进支预算超出相差太远，由本月起，每月减少捐助同善堂银一百二十二毫二仙，请查照由。讨论事项，（一）有姓名送来黑胶绸全匹，铅笔字部等，请代分义学优秀生五名，应如何办理案，决议照代分发，并具函代学生致谢之。（二）难童餐现计□施至农历三月十九日告罄，应如何办理案，决议去函盐商义演会，请其早日接续办理。值理会散会后，继由义演筹款会开会讨论之各项事宜，前除该会之负责人外，其他外界参加者甚众。酒楼业代表李少雄、吴伟□，米行代表黄杰源，咸鲜鱼行代表赵七，故衣行代表□佚卿，妇女会代表崔瑞琛、梁咏娥，大押行代表张作楠，猪肉行代表曾锡祺，银业行代表邓晴隆，金饰行代表谢再生，洋货行代表黄渭林、陈立民等，会商后，一致决议赞助进行云。

（又讯）昨日盐商委员，全队出发募捐，先由蔡文轩、高可宁、何德、刘衡仲、梁卓梧等联谒督宪，由方苏通译，督宪接见各委员，欣悦不已，□□乐善不倦，予以赞同，捐出葡币二千元。同日殷商傅德荫亦助葡币二千元响应，叶衍龄善士日前已捐中储券二十万元，昨日再加捐三十万元，共五十万元。同时，李根源善士，陈余庆堂每助葡币一千元，殷商陈茂枝、雷唯舟、（此处空三字）冼成兴、六伟、鸿兴、协丰行、何湘、达荣行、信安银号、刘星池、关沃池，以上每捐葡币五百元，刘荣善士日前已捐储券三万元，昨再加捐储券十万元，又代余兆廷捐储券十万元。该会委员，今天继续出发，相信成绩必有可观云。

1945年4月28日　第四版

盐商沿门劝捐　昨日成绩良好　一天努力又获一万六千元

昨日盐商各委员分途沿门募集，计第一队委员有刘衡仲、何德、梁基泰、黄希夷、陈日初、刘伯盈、莫启□、钟国珍、邱秉衡，沿门向各殷商募集，所到之处，均受欢迎。计即席捐助者有黄球二千元、招乐平一千元、钟子光五百元、大光火柴厂三百元，周有、东兴火柴厂以上每二百元、大陆、正大、裕华行，以上每一百元（俱葡币），李宽储券十万元，第一队共捐葡币四千五百元，储券一十二万元。第二队委员有李洪、张炳章、□荣□、何满昌、李仲雅、□卓梧、赵七、梁振卿、邓汉生、孟□等，联谒澳中绅商名流，均蒙乐予接见，收获良好成绩，计有张文□、大先生以上每捐二千元，天祥、大达行、□英行、陈汉荣、诚信行以上每捐五百元，永利船行、明记行、昌明火柴厂，以上每三百元，李三带、张□城、刘君着、曾文如、冯英材、广泗昌、董锡光、明利、慎成行、恒丰、义兴、恒隆、裕丰公司，以上每二百元。恒益、□大、邓梓材、何经渭、李能、黄裕茂、李厚、黄梓山，以上每一百元（俱葡币），第二队共捐葡币一万零八百元。以一天之努力而获此良好成绩，此皆各委员之热心所致，而各界善长仁翁亦本为善最乐之忱也。（更正）昨天捐款刊错陈伟捐葡币五百元，误刊（陆）伟，鸿兴捐款葡币五百元，误刊鸿（卿），合并更正云。又出入口商行，妇女会金饰行、洋货行、中央酒店、金城酒家、五州酒店、濠江仙舫、大群酒店等连日均热心协助向大会领取戏票，代为推销，成绩甚佳云。

1945年4月28日　第四版

昌兴公司职员报告南海丸被炸情况　失踪搭客达五十人

（本报专访）省澳南海丸，于本月廿二日凌晨在广州内河江深沙沉没后，关于该轮失踪之搭客名单，以及货物之损失，因交通关系，尚未全部获悉，廿七日始由昌兴行职员，向该公司报告。机房王锡、马倍失踪，水手王长发、井铸失踪，管事部汤发伤足，□航队三人失踪（姓名未详），乘客失踪五十余人（姓名未详）云。

1945年4月28日　第四版

药山寺浴佛节　建万人缘

本澳药山禅院以地方幽雅、埠中绅商人士都有将其先人灵位，奉祀其间。该院每岁农历四月浴佛节，例建万人缘醮会，以超度无依幽魂。现该院已定缔约初一起启坛，一连七昼八宵，欢迎各界挂号附荐先人云。

1945年4月29日　第四版

盐商沿门劝捐　成绩又达万元　埠中绅商慷慨解囊

昨天盐商义演会各委员，继续出发募捐。丁兹初夏当中，烈日悬空，各委员挥汗如雨，仍不以为苦，□□□□足，尤更乐为，有陈日初、何德、刘衡仲、刘柏盈、梁□□、孟益、黄希夷、邱秉衡等沿途向殷商巨商之大厦登门求捐，替难童请命，所到之处，备受欢迎，颇获成绩，日计有五洲酒店、李海昭、无名氏、德栈米机、胡邦、茂兴银号、大丰银号、李慎之，以上每捐葡币二百元。张立善、李小彬、信记银号、诚丰银号、黄英、民信银号、陈又廉、明记银号、溢隆、黄云甫、桂□、伊利公司、广州猪肉店，以上每捐葡币一百元，益群葡币五十元，利为旅大洋二千元，共捐葡币二千九百十元五。第二队出发委员，有张炳章、李洪、蓝荣、梁卓梧、赵七、李仲雅、何满、梁振兴、邓汉昌生等。虽骄阳如火，仍努力前行，所到店号备受欢迎，计有黄祥捐葡币一千元，大丰银号葡币五百元，德丰行葡币三百元，佑德行葡币二百五十元，昌兴行、汇通、惠来行，以上每捐葡币二百元。冯作霖、黄文、陈福全、富荣银号、恒信银号、日新银号、永德行、两和祥、永大行、泰丰公司、联生行、裕德行、叶先生、广祥行、天税隆、永利隆、邱先生、南丰行代善余堂、利丰亨、德兴行，以上每助葡币一百元，第二队共募得葡币五千二百五十元。两队共捐葡币八千二百，大洋二千元，足见盐行各委员之热忱善举，加人一等。而各界善长亦相继而起，热烈赞助，足征善与人同也。

1945年5月1日　第四版

警察当局破获施迷药行窃案　刘启云贼性不改犯案山积　多行不义法网难逃卒被擒

（本报专访）警方当局最近捕获一宗施迷药行窃之屡犯案。查该犯为男子刘启云，二十三岁，星洲人，于年前为沈当福马戏班之职员。该团来澳在南湾新填地盖帐表演，刘亦随同来澳。该团演期逾满后，刘亦告失业，混迹澳门，惟其具有一种药物，该药物置于香烟或食物中，使人吸食后，知觉顿失，奌告昏迷，刘以生活堪虞，遂顿（生）歹念，乃利用此种迷药而施其不法之行窃伎俩，曾于一九四一廿三月廿八日，在福隆新街第一楼酒家，今日环球酒店旧址，施术窃去女子唐六及李细女之戒指一只，葡币数十元。于同月八日又往福隆新街某寨作局，呼酒作馔，极尽豪迈，该寨歌姬静娴，以顾客光临，理宜招呼一切，于是彼俩在房中，□□慢饮之余，静娴瞬即迷醉，神智昏蒙，任由摆布，盖彼已施迷药置于酒中，而彼姝不察也。讵刘见时机不再，乃施搜索，卒在其抽□内窃去葡币五百六十元，旋即□去无踪。迨静娴醒来检视财物，始告发觉，但已鸿飞冥冥，弋人何慕，惟有向警方投报，请求查究而已。警探当局，以此不法之徒危害居民，扰乱社会，乃饬所属警探严密查缉，未几，刘法网难逃，卒为警探捕获，解署转臬办理。法院于同年五月五日开堂审判，刘犯罪有据，入狱十四个月，另四个月罚款，每日五角。讵期□获释后，依然贼性不改，故技复施，于一九四二年十月一日又施术窃去某女子女手表及款项数十元，行踪诡秘，得逍遥法外。迨至最近，警方接□居民遭迷药失窃之案件迭有多宗，而失较少而不赴警署投报者，实地不知其数，于是警探决心将之缉捕以维治安。迨至前数日，警探在卖草某居户内将刘缉获解署究办，该犯将提交法院处判云。

1945年5月2日　第四版

镜湖下届值理　定期接任视事　林炳炎领导诸值理出任巨艰

（本报专访）镜湖医院新旧席理交代之难题，已全部解决，交代日期已定短期内实行。闻新旧值理对办理交代事宜极忙，现任主席蔡克庭希在星期常务会议中详细讨论，新任主席林炳炎并将与各新值理讨论接事后之工作。闻各新值理，均富有经验，将来该院之工作进行，当不负众望。闻交代之日，新旧值理函请澳督及其军校长官，社会名流参加交代典礼云。

1945年5月2日　第四版

小球义赛善款　捐助平民饭场

（本报专访）平民饭场，因经费支绌，该场主理人日前曾多次向社会人士呼吁捐助，林清辉女医生首先响应，筹组小球义演，（廿九）日由忠记警察队对赛，前赴观看之人士甚众，是场比赛善款收入甚多，计开无名氏大洋五万元，李某夫人四万五千元，时兴行葡币五百元，李麟葡币五万元，高可宁葡币一百元，入场券一百八十三元一毫，所有之款拨交平民饭场作经费云。

1945年5月3日　第四版

为善最乐　盐商义演今晚举行　秩序丰富澳督戴思乐亦莅临参观　此次销票成绩至佳打破历次纪录

（本报专访）澳门盐商为同善堂难童餐义演筹款大会，定期今晚八时假座平安戏院举行。查此次盐商义演，销票成绩，至为美满，计达葡币八万余元，可谓打破历次义演收入纪录，届时澳督戴思乐亦将莅场参观。今晚所□戏剧秩序至为丰富，除由新声剧团汇同艺员报效外，□□剧团武生王靓次伯更报效表演坐车技绝，（一）先演六国大封相，武生王靓次伯坐车；（二）杨煜文小姐唱“卖糖歌”，并派送名贵糖果；（三）新声剧团全体艺员表演伦理伟大悲剧“苦尽甘来”，郑碧影小姐客串。昨该会为推进义演工作起见，昨（二）日下午二时在同善堂二楼召开全体会议，是日出席委员有朱洽、黄苏、梁卓梧、蔡文轩、李仲雅、孟忆、薛宝珣、□松、梁振卿、赵七、梁基泰、邓汉生、陈□铿、陈日初、刘柏盈、卢泉、何□、曾奇玉、刘国仁、李洪、张炳章、刘衡仲、□□先、雷学钦、方□麟、许国潮、邱秉衡、刘伟海、何鸿昌等多人，由蔡文轩主席。席间，蔡文轩报告会晤殷商陈维周经过，随讨论各界退回之戏票，结果决议请盐商努力设法劝销，以宏善款收入，并决议定期今日下午一时，全体委员在同善堂齐集，到平安戏院布置一切。查昨日有委员甘致远购戏票一千元，刘洪购戏票四百五十元，盐商稽查合捐葡币二百元云。

1945年5月3日　第四版

胡文虎乐善好施

永安堂主人胡文虎氏，昨偕警察厅长布英沙参观难民营及孤儿院，胡氏对该两处之办理极称赞设备完善，地方整洁，胡氏随送交警厅长转给该两处儿童服装二百六十套，女装工人服四十件。查胡氏乐善好施，将来在澳必更有施济于难民也云。

1945年5月4日　第四版

市厅通告　增加小贩牌照费　已领取之年照须前往补缴

（本报专讯）本澳街边之小贩档摊须向市政厅领取牌照，方克择档售物，并须遵照当局颁行条例，不得妨碍交通秩序。顷市政厅当局，最近可在宪报颁行增加牌照费条例，即一等牌照增费六元，二等五元，三等一元五角，倘日前经已缴费领取之年牌及季牌，须前往补缴增费，倘贩商逾期不遵照办理者，则予罚款五十五元。

1945年5月4日　第四版

妇女会主席辞职照准　公推郑蕙泉接任　平民粥额谋力增加数百份

（专访）本澳妇女会主席一职，系由协和女校校长充任，力办会中事务，任内建设良多，而廖主席作育人才，责任更为重大，且公私□□，对该主席一职，曾于两年前□请辞退，当以会中人士，力加挽留，倚为领导，共荷时艰，始得继续负责。今以该会建有会址，会务进行成绩亦佳，最近乃坚决辞退，虽力经挽留，廖氏亦不肯收回成命。昨经该会决议照准，由前我国驻英公使刘玉麟夫人郑蕙泉接任，会务继续进行办理。又该会平民粥额，为便利贫民计，力谋增加相当数额，昨已经会议通过无原罪学校还有一部分贫苦学生，要求在该会购食平民粥数百份，最近可实现。该会办理救济贫民工作不遗余力云。

1945年5月4日　第四版

各路交通　畅行无阻

（本报专访）本澳水陆交通，日来已告恢复如常状态，自同利渡轮于日前恢复行走江澳线后，航行以来，畅通无阻。最近该公司并增辟江省交通线，直接航行澳省线之安利机帆，亦已恢复有日。陆路之岐澳线货客车，日前因有许多问题未予解决，遂停止行走，后该公司数派专员赴岐解决各难题，货客车亦同时恢复行走云。

1945年5月5日　第四版

米食日涨中　米商举办平粜　指定八家发售每人限购二元

（本报专访）连日来米价暴涨，贫苦市民，负担殊□奇重，惟本澳素来蓄谷本属不少，何以米价突趋高涨，确实莫名其妙。惟价涨原因，据米商云，近来外□间有来澳采购，而致米价日趋上游，据记者调查，此是其中一个问题而已。自今乃青黄不接之秋，同时有此特殊境遇，一般投机市侩，利用时机，乘机施以操纵手段，原因大部实由于此所致，此点问题，应宜注意也。近闻有米商某拨出平米，在市面发售，指定八号米铺发售，每人限购二元。（以每担一百六十元折售）今日□有实行消息发出云。

1945年5月5日　第四版

警方严厉执行限制登陆时间

（本报专访）警方日前已有禁令，举凡海面船只人士，于夜后越过限定时间，如无特许证者，不得上落。禁令施行后，船上人士，无不依令遵行。当兹非常时期，警方施行此令，无非杜绝匪宄而设。如超过警限时间，应宜不可上落，苟且不服警令时，岗警有权临时拘捕处罚云。

1945年5月5日　第四版

消灭霍乱　市民宜注重卫生

（本报专访）每逢春夏交届之秋，为百病丛生之季候，尤以霍乱症最易发生。卫生局为求市民健康起见，对本澳之卫生工作，无不积极整理，其最要工作为首先杜绝霍乱症之发生，惟有等市民对洁净问题大不注重，时将污秽之物弃诸街道上，实不知此污秽物会影响卫生甚大，盖污秽之物最易发生微菌而会发生许多病瘟。卫生局有见及此，时派出工务人员四出调查，如发现有将污秽之物弃诸街中者，即予拘捕处罚。最近卫生局并增清道快多人，对市面清洁，加紧整理。该局并希望市民对公益事宜应宜注重，否则会遭受处罚云。

1945年5月6日　第四版

政府平抑米价　推出存谷应市　贸易局碾磨谷粒卖平米　指定八家代售每元十两

连日米价高涨，民心恐慌，政府当局为救济民生，平抑米价起见，经已采取有效步骤，立即实□，饬由贸易局将存谷碾磨，推出市面调剂，并经指定米店八家代售，每担定价一百六十元，即每葡币一元，可购米十两。同时政府已劝谕米业商人，务须共同维持社会公益，平抑米价，不可操纵图利，否则政府将予以严厉制裁云。兹将代售贸易局米石店号列下：

下环街三十一号泰□
泗孟街三十号□源
快船头街三十一号广生
渡船街一十四号黄义记
惠爱街七十九号文兴隆
营地大街隆七十四号□昌隆
营地大街四十七号兆源
米□□一十八号□丰

1945年5月6日　第四版

望德场卖粥　每日一次

（本报专访）进教□望德粥场，每日售出平民粥甚多。该粥场举办以来，已有多时，颇得社会人士好评，该粥场□粥，每日原定两次，最近因为万物异常昂贵，于昨日起，每日复售一次云。

1945年5月6日　第四版

盐商昨日假五洲设宴酬谢各界　陈汉荣自动捐助难童餐五百元

（本报专访）本澳盐商为难童餐筹款，得各界协助，昨日特假五洲酒店四楼设宴酬谢各界。该会对是次筹款善后事宜，定于明日（七）日假同善堂办理一切云。

（又讯）有陈汉荣氏，素来热心公益，于昨日自动捐出葡币五百元，为难童餐经费云。

1945年5月6日　第四版

盐商义演会　工作人员缩写

澳门盐商因鉴于同善堂难童餐经费支绌，特发起演戏筹款，□获相当成绩，其间之努力工作人员，殊□景仰。

蔡文轩

虽八十四岁高年，但精神奕奕，每天躬亲到会，主持一切，由发起至终结未尝间断，其乐善精神，虽能可贵。

何德

对于此次义演工作，最为努力，奔走各方，关于人情手续，办理整整有条，□□□募集，力量宏大。

刘衡仲

每日亲到会场，指挥工作，对各种组织，及推销单券之办法，切切关心券□收入□增进善款，而惠难童。

李洪

每天出发募捐勇往直前，努力向善长仁翁们，□祈大解善囊，作解衣推食之□□□□□。

陈日初

□日领队出发助捐，当烈日悬空，不以为苦，更展其苏张之舌，向善长仁翁，请其乐助，造福难童。

梁基泰　梁振卿

两委员每天躬亲到会，处理各项文牍，刻不停摆，繁忙不已，足见努力热心。

黄希夷　李仲雅

两位财政主任，连日□户收纳捐款，奔走汗下，烦渴万分，都是为着难童请命起见，令人钦佩。

孟亿　何满昌　刘柏盈　梁卓梧

数委员每天对于会务，加紧推进，募集工作，更为努力，虽□□□□，仍努力前进，乃获成绩。

张炳章

大成公司张炳章去年系本澳盐商，惟今年该公司停止办盐，惟□□油糖杂豆生意，但对此次义演，热诚加入为委员，且热烈捐输，及向各方募集，不遗余力。

崔瑞琛　杨咏生　梁咏裳

三女士，热忱善举出襄义务，劝销义票，成绩卓然，难能可贵。

梁松　何贤　黄苏　朱洽　刘国仁

数委员在于剧务布置，井井有条，堂皇美丽，为历次之冠，故其收入成绩，亦破历年纪录，收入达八万余元，足见众志成城，同修善举。鉴君之勠力善举，宜其作善降祥也。

1945年5月7日　第四版

卫生局防疫注射　日间设站施行

（本报专访）卫生局为保障市民生命起见，以目今仍霍乱症发生之季候，日前已施行防疫注射，原因有许多市民未明注射真意，而未有注射甚多。该局对此点问题极为注意，将于日间在各街道设立注射站云。

1945年5月8日　第四版

盐商义演　昨开结束会议

昨日阖澳盐商假同善堂开演义（义演）结束会议，出席者蔡文轩、何德、刘衡仲、李洪、张炳章、陈日初、梁基泰、赵七、孟亿、李仲雅、黄希夷、梁卓梧、朱洽、蓝荣辉等。主席蔡文轩，报告事项，财政部报告，（一）各界共捐款五万一千元，现收入四万八千四百，大洋五千七百四十元，已收完。储券八十四万元已收二十四万元；（二）沽出票券三万二千零九十七元，已收二万二千一百九十七元。讨论事项，（一）关于难童餐领食券残烂应否转换案，决议应定今天下午三时转换；（二）关于台山托儿所代本会施粥，应推何人接洽案，决议推定何德、刘衡仲、黄渭林、陈日初、李洪五委员负责办理；（三）关于收纳捐款及戏票款，应否请敖基同往案，决议应请敖基同往收纳；（四）关于理□要工作人员应否支付酬金案，决议应在高可宁所捐经费一千元项下拨支吕廷广一百元，吴文镏、敖基每五十元；（五）关于高可宁捐经费一千元，除支各费外，存银二百零一元二毫八仙，应如何办理案，决议应拨入大会捐款。

1945年5月8日　第四版

学救会收到督宪拨捐款项　日间发给各校清贫生

本澳学生救济委员会，本学期蒙戴思乐督宪慨允拨捐葡币六千元，为该会办理救济贫学生之用。闻已将一部分捐款交到，又闻该会自公布继续举办清贫学生生活津贴费后，人数众多，该会为慎重给与起见，经分别严厉审查，闻审查合格核准给与者，计十五校，共计七十名。（以下漫漶不清）甲□月津国币二百元，乙□月津国币一百五十元，均以六个月为限，并分两期发给，第一期将于日间发放云。

1945年5月8日　第四版

社会名流　假座利为旅酒店定期招待镜湖值理

（本报专访）本澳社会名流，梁后源、高可宁、傅伟生、毕侣俭、罗□、高福耀、李海昭、钟子光、王颂□、雷唯舟、梁基浩、郭殿邦、何柏、何启绥、韩穗□等，于本月（十四）日正午十二时，假利为旅酒店设茶会招待镜湖医院全体新任值理云。

1945年5月9日　第四版

镜湖现任值理注重手术室措施　加强西医顾问团组织以利进行　某善士捐款百万元购X光镜

（本报专访）镜湖医院第三届值理，对该院今后院务□施，无不加紧进行办理。现任值理对该院目前亟应办理之事，首先注重成立手术室，原因凡□有重要之外科症而要剖□者，非剖□不能根本□治，镜湖医院素来□手术□之仪器设备，尚未完全满意，故重□在该院剖□，从未有施行办理，贫黎无能力负担。现任值理有见及此，故首次常务会议中，为第一件讨论事项，则注重于手术室，其次为加强西医部工作，重组西医顾问团，对聘本澳□名医多人为顾问，入选之西医计有王德光、□鸣、□中介、陈伯强、□铎、□贯明、何斗杰、莫培樾、刘振□、林天均、姚文缪、叶培初、杜兆基、黄思荣、杨子韬、朱朝钦、朱鸿□、□□君、陈左、□□衡、天生弥有□□多人。该院为利便市民起见，手术室从速成立。定于本月（二十日）开幕。手术室之仪器中，光镜为一重要之物，华人代表梁后源商□友人□氏，捐助该院国币一百万元，专为购买X光镜之用。手术室之设，无非为便利市民而设，到□症者除梅毒症外，一律收容，不收费用。而该院为加强手术室工作起见，增聘连□介、黄耀文、黄仲文三人为外科医师，每人每日支回□费三百元云。

1945年5月9日　第四版

航运畅通　货物源源来澳

（本报专访）日前本澳交通曾一度几告全部停顿，其后各航业商人，对复航事宜加紧调□，故周前本澳交通，恢复原有状态，由省港开来之船只亦陆续恢复航行。查数日来之机帆由澳开赴多处者为数不小，其中以开广州湾、小榄为多，其次开香港、广州亦有多艘，而各地来澳之机帆，亦属不鲜，故最近本澳之货运，异常流畅，物资来源较周前为多云。

1945年5月9日　第四版

警方严密查究　市面伪币行使

（本报专访）日前本澳市面，发现伪币极多，当局对此问题，极为注意，警察局日前派出干员秘密查缉，故迩来均有破获制造伪币多宗，捕获此犯多人，各犯现在警署拘留严讯中。据各犯所供，仍另有各犯尚未捕获归案，警方派出干员四出踩缉，故近来市面伪币几告绝迹。现当局表示，今后如捕制造伪币之犯人，当处以极严之罪云。

1945年5月10日　第四版

召集米商平抑米价　政府规定公价发售　每担一百五十七元如有抬高严办不贷　本澳谷米存量充足米商谣言均不足信

（本报专访）关于平抑米价问题，督察长观耶定于昨（九）日下午四时，在警厅三楼召集全澳大小米商，面商关于平抑米价之办法。查是日到米商约七十人，由葛拉斯担任翻译。观氏首□。本澳现有侨民数十万之众，因今日米价暴涨，已□成不安状态。查实此次米价高涨，只为一般不肖分子囤积居奇而已，现当局为维持民食，平抑米价起见，特规定以后米价每担只能售价一百五十七元。若一般零售商向大米店以此价不能购得时，可向警厅转告，如或超过此价方能购得者，亦应□警，此纯为一种临时试□性质，且看其结果收效如何。假如此次不能施行，则当局亦有适当办法应付也。至米商方面指为中山方面被某方搜罗谷米甚多，致影响中山米价高涨而及于澳门者，纯为米商一种谣言，□派员详细调查，无此事实。当局对于教育界、慈善界如同善堂、镜湖医院等所售之米，只系收价每担一百卅元，普通市民每担一百五十七元，政府此种措施，用心良苦，故米商实应步其后尘做去，盖澳门之存谷当局洞烛先机，早有预算，谷米入口多少，当局至为明了清楚，假如今日各米商不诚意协助政府施行此种平抑米价，则将来当局于存有谷□□时，当必以同□价格收集商米发售。此并非强制性质，故今日乃由召集各位到署商讨一切也。督察长继称，今后一般大米店如自积存者，应照一百五十七元之价售与零售店，俾其能以公平价格售予一般市民，此后警厅将每日派员到各米店调查，如发觉有操纵居奇者，则将严办不贷，此举当属无非为求社会秩序安宁而已。警察能以生命相搏，亦无非为求社会秩序安宁，而米商竟不能售公价米以维持社会安宁耶？至一般零售商如日前有买下超过此价之米者，当局必予以谅解，予以一二天时间，俾其能将之售清，以后再购入者即□公价发售。至一般新近从外地购入之谷米，以日下情形而言当然不只此价，如米商有此情形者，可向当局报告，盖营业弋利，此为本分之事也，操纵居奇，为法律所不许，诸君达人，当能了了。如有阳奉阴违，则当局将有适当处置办法云云。观氏词毕，各米商纷纷发表意见，均由观氏加以解释，着令无论如何照此办法施行，旋即散会。

1945年5月11日　第四版

欧洲和平　葡国完成中立伟大任务　澳督电葡致敬

（本报专访）和平之神降临，欧战宣布结束。查此次欧战历时五年零八个月，欧洲各国无不卷入漩涡。惟葡萄牙国自始至终，极力保持中立。本澳总督戴思乐为此，特于此（十）日以□本人名义及代表本澳全体军政人员等致电葡萄牙属务部部长，请转致大总统及总理以祝葡国完成中立伟大任务，表示敬意与谢忱。兹□录该电文大意如下：葡萄牙属务部部长钧鉴，际兹欧战结束之期，本督谨代表全澳军政服务人员而致电于贵部长阁下，而转大总统及总理。溯自欧战爆发葡国各属地，得贤明总统，总理及阁下之领导，诚挚保守中立，得以民安物泰，至深厚幸。兹者□战已告结束，葡国保守中立之伟大任务，亦告完成。斯□赖大总统，总理及阁下之伟大领导所得以完成者，本督及所属，无限矜式。此后当益加奋勉继续秉承大总统，总理及阁下意旨，贯彻国家之方针，以谋国家之幸福。谨□致意，并□谢忱，澳门总督戴斯乐，一九四五年五月十日。

1945年5月11日　第四版

未领牌小贩　连日处罚多宗

（本报专访）迩来当局以市面业小贩为生者为数甚伙，彼辈自系未向市厅领取牌照，因是加派稽查员四出调查，盖……市厅方面为粉饰市容，对一般小贩，均须指定地点，始得营业，而一般流动式者，亦相当限制。但以彼等未向市政厅领取牌照，擅自摆售各物，殊不知此点，实是有违禁例，因此问题而近被处罚者连日计有多宗。现该厅警告未领取牌照小贩，应□从速遵例而行，否则必遭处罚。领取牌照手续极为简单，先携备相片，如发售食物者，必先购置玻璃牌之小柜一个，到市厅□卫生局长审□后，认为许可时，方发牌照，领牌费用：不过少数而已云。

1945年5月11日　第四版

有姓名助三千元　赏同善堂义学生鞋

有姓名善士，日前经送黑胶绸全匹，及字部铅笔等物，交同善堂义学，奖赠优秀生五名，各情已见前报。该善士昨又捐助大洋三千元，交该堂转购鞋履连同黑胶绸奖予诸生。该善士诚提倡教育使学生有奋进向学之心，足见化雨春风□垂桃李也。同时该堂亦收捐款一批，计有黄梓山大洋二千元，梁先生六十元，陈余庆堂五十元，利民行十元，陈先生六十元，赖炳鸿五元，无名氏二元，俱葡币，以上助施药用。高铸勋一百元，李占常五元，俱葡币，无名氏大洋一千元，以上助施粥之用云。

1945年5月12日　第四版

为华侨服务　成立华侨联合会　梁后源昨假商会负责召集组织

（本报专访）际兹非常时期，华人代表梁后源，商会主席高可宁及其他名流等，组织一专为协助及维护市民之华人团体。梁代表于昨日下午三时约请本澳殷商名流，在商会二楼开会讨论进行组织办法。是日到会者，有高可宁、何德、朱伯英、何贤、毕侣俭、傅伟生、梁后源、蔡文轩、赵斑斓、罗□、李香、刘衡仲、邬志豪、郑蕙莲、陈茂枝、林炳炎及各报记者多人。由梁后源任临时主席，当由梁氏将澳督授意经过，当众宣布，随即讨论商□订定会之名称，结果定澳门华侨联合会，即席推举十五人为理事，并于日间商讨聘请社会有名望者为该会顾问。该会成立之意义，乃纯粹为全澳华侨服务。该会由昨日起，宣布成立，即席选出主席及理事，正主席为梁后源，副主席高可宁，理事高可宁、何德、朱伯英、何贤、毕侣俭、傅伟生、梁后源、蔡文轩、赵斑斓、刘衡仲、邬志豪、陈茂枝、黎□、李烈、叶子如。

1945年5月12日　第四版

统制会征求盐商　捐助慈善会　每担盐缴捐慈善费一仙

（本报专访）处兹非常时期当中，粮食价格飞涨，一般市民无不备尝艰苦，尤以贫黎为甚。本澳当局，体恤民艰，故有善慈救济会之设，惟该会□捐各慈善机关及其需之款，实赖各行商协助维持，最近本澳贫黎日见增多，各项救济事业频繁，而慈善会迩来收入善款，见较前减少，故该会乃请各行商努力协助维持，首先向盐商请求协助，由澳门统制物品委员会通知各盐商。半月初曾发送通知书征各盐商同意，举凡运出盐斤，每担拟缴慈善费一仙，以作救济贫黎之用。该会切望各盐务商人须宜慷慨协助，此区区小事，盐商执事，当体恤贫胞，乐而为之。

1945年5月12日　第四版

有名氏　捐助粥场

（本报专访）公进会粥场，举办以来，便利贫黎不少，而该会粥场之经费，端赖社会人士捐助，连日来捐助该粥人士，为数甚多，昨日又有有名氏一人，捐助该粥场葡币一千元云。

1945年5月13日　第四版

万人空巷轮购廉价米　平抑米价办法宣布后　一般米店存米寥寥可数

（本报专访）当兹青黄不接之秋，米商利用时机，高抬米价，市面各物价亦大多随米价暴涨，以致贫民生活负担奇高，故目前市民无不因米价而尝受极端困苦。当局有鉴及此，于数日前督察长观耶特召集全澳米商到警署三楼商讨解决补救办法。当局一面拨出□米平价发售市民，并□□各米商予以协助，但经此会商后，米店存米，□不翼而飞，故目前各米店门口□卖之米寥寥无几，而米价仍陆续高涨，此点问题，当局甚为注意，并已准备施行应付之□□措施。最近当局□出存米半价发售市民，此可见当局维持本澳粮食之苦心，惟市民欲购买政府米，非一件容易之事，售米时间已有规定，购米者必要排队轮购，有许多贫黎于晨早即到等候，至下午方能购得，惟有等期候半日购不得者，还有等老弱妇孺不能抵受烈日与风雨甚至晕去。惟有一点祈当局应宜注意，举凡往购平米者，多属贫民，有许多□靠外出工作而谋生计，日出而作，日入而息，习且为常，今一日遭受米潮影响而致收人不敷支，迫得轮购平米，但因轮米而又影响其谋生，以致陷于水深火热之中者，大不乏大。如长此下去，不特市民遭受困苦，而市面治安亦受□□之影响也，此点问题尚望负责当局速谋办法解决云云。

1945年5月14日　第四版

教育会推进　敬师运动

教育会为推行敬师运动，日前曾召集各校学生代表商讨办法，闻已将此次商讨结束，通告各校查阅办理，兹将中华教育会通告探录如后。

迳启者，现□本澳粮食价涨，影响教师生活，曾由本会召集全澳华侨学校学生会代表开会，商讨促进敬师运动会议两次，兹谨将该会议结果摘要函达台端，希查照转知□□贵校学生会，并请指导推行，无任盼祷，此致全澳中小学校校长台鉴。□□

澳门中学教育会理事会

民国卅四年年五月十二日。附录两次会议决案摘要于后，一、敬师运动，由学生自动发动，二、全体通过赞同敬师运动，三、敬师运动办法分三项，（甲）精神方面，全体一致对教师生活之艰苦，致最崇高之敬意，（乙）举推中德、广大附中及培正等中学，负责推选同学，到播音台演讲，以唤起市民注意，使明了此次敬师运动之意义，（丙）物质方面，因各校情形不同，由各校代表回校召集学生会开会，拟定以实物敬师办法。

1945年5月14日　第四版

镜湖手术室　定期开幕

（本报专访）镜湖医院第三届值理接事后，对各部门工作，无不□□调整，其最注重者，增设手术室，盖手术室为便利贫民不少，该室所有仪器。大部已告购偿完备，负责主持该室亦聘请连中介、黄耀文、黄仲文三氏，该室已决定本月（二十）日正式开幕，开幕之日，欢迎各界参观云。

1945年5月15日　第四版

解决教米问题　朱伯英再谒澳督　请求减□米价救济清贫

（本报专访）米珠薪桂之秋，教育界之生活当感困难，日前教育会呈请澳督请求半价配给公米，督宪体恤下情允予所请，拨出政府存米以百三元之价格售与各教员，惟此价格在各校贫苦教员认为尚属昂贵，故□再次请求当局再减米价，以事乃由中华教育会办理，该会主席朱伯英本拟定昨（十四）日晋谒澳督，后因事未果实行，朱氏于今（十五）日前赴督辕谒见澳督请示云。

1945年5月15日　第四版

米商缺乏诚意合作　米潮日趋严重　五米店不允同时售廉价米

（本报专访）夏天季候，烈日当空，此可想见轮购平米之贫民遭受痛苦也，当局虽有关怀民食之心，极力维持，但米商不愿诚意协助，以致米潮日趋严重。最近营地大街虽然增加祐兴祥万生两米店代售政府米，结果不特无济于事，反而有增加购米人之苦。原因营地街本有利丰、兆元、昌隆三所米店代售公米，本来增加两间，购米人本可减少轮候时间，何故购米者反增其苦、原因五所米店不允一齐代为发售，以今日两间，明日三间轮□代售，此可见本澳米商自私心重而无公德之心也。此点问题，祈负责当局，应宜注意，有所改善，增设米站，以救□□之贫黎，而体恤下情为重也。

1945年5月16日　第四版

改善轮米　最好增加米店发售

（本报专访）政府举办平粜日，市民前赴购买公米者，异常汹涌，惟争先恐后之风，实不能免，当局为维持秩序起见，特□□小牌，举凡购米人必先到挂号，要得小牌然后方可依次购米。如此法办，虽告完善，但尚未能尽善尽美之处。原因购米之人须要虚耗半日时间，实与前无异。凡购米之人，多是贫苦大众，日常收入，许多朝不保夕，而前赴购米者则虚耗半日时间，因购米而致影响其个人收入大不乏人，此点问题，当局应宜注意，□者管见，□□而□□法，因代售公米之店号不多，最好请增设多间，及延长售米时间，使一般贫苦大众，购米后再得予觅食之机会，此问题祈当局体恤民隐，宜克日施行也。

1945年5月16日　第四版

统制会严密审查　申请出口货物　非供过于求者不准运输出口　尤其是对什粮类均严加限制

（本报专访）市侩操纵米价，以致市面各物品价格随米价日趋上游，贫民负担当感奇重，在目前之严重局面，当局已力求解决办法。本澳物资输进统制委员会，对物资运入输出事宜，素来办法极为完善，举凡运入物品，该会即予核算统计，预算本澳供应有余剩外，然后方准输出，故本澳近来粮食安定，实有赖该会调整有方所致也。最近发生米潮，以致局面日趋严重，该会为求缜密办理，安定粮食起见，对签发出口证，极为慎重，举凡某一种物品输出均为严格审慎，□认为某一种物品确能供应本澳而有余剩时，经由该会调查属实后，然后方发出口证，如认为某一种物品仅能供应本澳时，亦严禁出口，近日来尤是其对杂粮类之物品，严加限制，故出口比较前为少。该会此举，无非为安定本澳粮食，以谋治安事之措施云。

1945年5月17日　第四版

华侨联合会第一项工作　昨组织粮食救济会　进行解救本澳米荒　澳督对该会成立表示赞许　资本四十万政府负担一半

（本报专访）华侨联合会，昨日在商会举行第二次会议，出席人数甚多。该会以目前本澳粮荒，对此点问题，极为注意，商讨另产生组织粮食救济委员会，加紧办理救济本澳目前粮荒。该粮救会昨日经告成立，一内部组织，设常务委员七人至九人，以下设采购、营□、保管、理财、调查、交际、劝募、文书合共八组，并邀请于粮食有关共同参加协助该会目前环境，工作进行，以最速为佳，于短期内指□各部门负责之人采购之工作，以采购各地粮食来澳，资本已定四十万元，当局已准负廿万元，其余半数招股□，如无认股者，由高可宁、傅德荫，梁后源以及其他名流多人负责认股，船只则由钟子光负责派出，保管由贸易局负责，其他各组负责者，已在商讨中。调查组之工作，乃调查本澳售粮，劝告偷运者切莫损害本澳粮食之事宜。其余各组工作，已在商讨指定。该会宗旨，完全为本澳粮食着想，所有工作人员，须要拿出良心为社会服务，目的希望渡过目前难关。现该会中人对此次任务，无不以共同艰苦，一致干去，当局对该会之成立，极为赞许。据联会理事刘衡仲云，于上次晋谒澳督时，督宪与经济局长罗保对彼称，目今本澳遭受之恶劣环境，当局已极力设法维持云。

1945年5月18日　第四版

无名善士廉价售谷百五担　助同善堂办难童餐

盐商委员刘衡仲、李洪、何□等善士，自发动义演筹得葡币八万余元，支持同善堂难童餐经费，俾其继续不辍，现查每天派赠二千五百分，其经费之庞大，当可想见，尤以用米为最要。刻下米价涨达顶点，实属不易支持。该委员等，梦寐不忘于善，纯以为善最乐之心，刻刻关怀，诚恐白米告罄，以致断炊之感。昨□走访无名氏善士，求他廉价售谷一百五十担，俾同善堂为煮难童餐之用，该善士以诸君等，为难童餐请命，费其无限宝贵光阴与精神，□为敬佩，特慨然以葡币一百五十元价值，售谷一百五十担于该堂，以为煮餐济贫，该善士诚热心善举云。

1945年5月18日　第四版

购廉价教粮　今日往大丰缴款　五月份只能配米半月

（本报专访）中华教育会代表□本报，朱伯英于昨日接获经济局长罗保通知，略□澳督□批准全澳各校教职员名册，批准购买廉价米。据澳督手谕，略谓本月份已过其半，各校教师配粮，各校教员，照所需数额，只给半数，各校缴款地点，定为新马路大丰银号。今日开始收款，一俟各校将款交齐后，立即开始配米。闻今次半月米粮数目，约为一百四十余担，乃据罗局长消息称，六月份之廉教粮，当照足一月购买云。

1945年5月19日　第四版

粥场筹款　义演进行积极

（本报专访）天主教平民粥场，举办以来，甚得社会人士好评。该粥场经费，向来端赖社会人士捐助，日前该粥场因经费不敷，主理人李神父，曾多次呼吁各界踊跃捐助，其后林清理首先响应发动创办小□球义赛，收入成果甚佳。□联□剧社亦见该粥场每日经费浩大，亦继续响应该剧场义演筹款，义演筹款事宜，已在加紧进行中。李神父近日来已向各戏院商讨借院问题，故演出之期，一俟戏院答允借出时，□可实现云。

1945年5月19日　第四版

米潮严重声中　戴恩赛体恤教职　推出米石配给津贴

近来米潮日趋严重，影响所及，一切杂粮，售价亦随之而高涨。以此一般贫苦大众及受薪阶级，莫不叫苦不迭，以人生□重要者，乃为食饭问题而已。但幸当局以关怀民食，乃设站而售平民米，而对于教师方面，亦由澳督批许配给廉价米以每担百三十元计算，良以教育界生活，极端清苦，当局此举，亦能重视教育界矣。然当此米潮严重声中，总理故乡纪念中学校长戴恩赛氏，以关怀属下教师，而深感其生活负担之艰苦，□自解囊私，购米石数包，分给校中教员及职工。其分配以薪金计算，薪金百金者，即配给五十磅，五十元者则廿五磅，余照类推，然亦有例外多给者，至此项米石，均属津贴者，而不在薪金之内，良以目下最要者，乃为米粮而已。戴氏体恤下属，遂能如是。其他各校，不少收入丰富，或环境优裕者，但总未闻有教之，是戴翁之此举，诚足称道矣。

1945年5月20日　第四版

华务局长施多尼年老告退　遗缺由白达利署理

（本报专访）华务局长兼（华）视学会会长，施多尼氏历任在□三十余年，最近因年老关系，向总督告退，已获批准。遗缺由该局书记官白达利氏暂行署理，查施氏为法律专家，更精研我国文学，在任时期，对于沟通中葡文化，厥功至伟，闻辞职后将专任律师云云。

1945年5月20日　第四版

疯汉图勒妇人　妇人昨告毙命　警方现在严密查究中

（本报专访）昨本报发表一宗患有麻疯疾男子以绳希图勒死一女子疑案一宗，关于该案详细情形，现警方因在严密查究中，对于事主姓名保守秘密，未允发表，至该遭害妇人，受伤至为严重，虽送山顶国家医院救治，但结果延至昨晨一时左右，卒生毙命国家医院，昨将尸体解剖检验，法院□亦到场察勘云。

1945年5月21日　第四版

中华教育会筹备话剧义演敬师　商请中流剧团演出

（专访）□米珠薪桂之秋，拥□比之教师，生活益形苦况，中华教育会有见及此，于敬师运动推动之余，复谋作一□筹款，拟请中流剧团义务登场，演出富有教育义意之“女子公寓”，现在进行商洽中，如若有成，将收入所得。

1945年5月21日　第四版

胡文虎赠衣　难童衣二千余袭　交难民营及婴堂

华侨巨子胡文虎氏，月前因精神不□，适由□来澳休养，略情已见前报。胡氏对社会慈善事业素抱热诚，香港战后，各慈善机关多赖其捐输□济始□维持，其来澳略事休养后，本其夙□□悲之怀，辄乘暇前往本澳各慈善机关参观。胡氏鉴于现日因物质昂贵，各养□所收荣之孤儿，衣服均感缺乏，乃具备儿童衣物二千八百余件分赠本澳各孤儿难童，计已派出数量如下：政府主办之难民营及□□□共五百六十件，教会主办之托儿所四百五十九件，育婴堂一百五十件，镜湖医院一百零三件，无原罪工艺学校六百一十六件，戴思乐孤儿院二百件，总计派出二千零八百八件，其余七百余件，拟分赠中山县□孤儿难童，该县孤儿难童，刻在□□中云。

1945年5月22日　第四版

平民粥场义演　澳督慨捐千元　大会职员全部产生

公进会平民粥场义演筹款会，自开始在同善堂办公后，昨日开始劝销券，分五十元、卅元、廿元、十元、五元五□，社会热心人士，一致同情，踊跃购券。昨日该会主席崔瑞琛特晋谒澳督请求帮助，澳督极表同情，除允任名誉主席外，并捐澳币一千元，以为众倡，高士德秘书长，继捐澳币三百元。该会为□进行顺利，计聘请社会名流为顾问，各热心人士为职员，名列如下，（名誉主席）督宪戴思乐、（名誉副主席）罗保局长、（顾问）王仲平、毕侣俭、胡文虎、何桂彬、林炳炎、陈茂枝、邬志豪、陈枝槐、李烈、李树荣、黄□□□□□黄祥、□日初、傅伟生、高可宁、梁后源、□□枝、蔡文轩、钟子光、刘衡仲、邱秉衡、□德、梁基浩、杨伯侩、刘柏盈、李洪、梁溢、林于丰、姚伯泉、毕□□、霍□□、王颂献、马万祺、傅□、黄杰源、□□□邓情隆潘□□、董锡光、董锡源、李慎芝、黄凋林、陈立民、莫□越、区养焜、戴文清、徐保□、马涛，李灏昭、冯祝□、刘叙堂、罗□、胡琳、王宝光、陈维周、蓝荣辉、张炳韦、黄梓山、赵斑斓、刘传能、□天心、唐□宇、何忧公、高美士、胡公武、麦□、胡亦文、冼碧珊、黄焕龙、钟国珍、赵七、□绍基、廖永衫、季宽、潘泽华、李□甫、李志。

1945年5月22日　第四版

澳督希望存米商户与粮救会通力合作　登记及售出存谷以维民食

本澳报界记者，因粮食问题，进谒澳督，蒙赐接见，并发表谈话如次，本澳各界人士，有鉴于粮食高涨，影响民生，□于日昨发起组织澳门居民粮食救济会，协助政府，调节粮食，热心公益，殊堪嘉尚。查该会现已推出梁后源、高可宁、刘衡仲为副主席，导领工作，积极进行，粮食涨□，果见平定，将来该会之成功，正堪期待。该会现在第一步工作。□请存谷商户，自动向该会登记，而不限制其买卖自由，但政府方面，甚希望存谷商户立即登记，此举不独与政府之意见，完全□□，自非经确切调查□民□□□□究足供若干时日，将来须如何设法采□，亦无从确定，是以本督特劝告存谷商户，自动与该会合作，不仅立即将存谷数量，向该会登记，日□□与该会磋商，以最公平时价，转让该会，如是方能使本澳存谷，利及本澳居民，而不致发生严重之后果也。否则意图积，□图私□，本督唯有执法以□决予□最严厉之处置。本政府□悉目下情形困难，极欲解决此项事件，不拟强制执行办法，但倘在存谷商户中，政府□□□□交互适当之意见，政府常常守公□上之政策，切实禁止囤积营私，业经令知该会知晓，限在四十八小时之内，将存谷商户之意见呈报□，兹更再切实声明，如政府认为于民食有关时得随时稽查存谷报单之确实云。

1945年5月23日　第四版

平委会评定米价后　市面米价下泻　昨午米价略低数十元　“米潮”难关将可迎刃而解

（本报电访）平抑米价委员会于昨日在利为旅召集开会后，即席解决有三点事项。（一）□本月廿五日实施平抑本澳谷米价。（二）于昨（廿二）日起施行严禁外流。（三）即日请求当局不签发，□得□证（连日□领出□证均做无效）。消息传出后，一般投机已获大利之米商已□徬徨，昨日希望大量推出存□□□□，连日来之米价保持在二百六十元至二百七十元之间，自昨日平抑米价委员会议决之事项消息传出后，已有一部分米商将米价减至二百二十五元至二百卅元之间，此可见粮荒状态有解决之先兆□也。

1945年5月23日　第四版

清和里六号至十号义社开始施粥　黄球亲自到场视察　期间延至新谷登场

近日澳门粮食发生昂贵风潮，劳苦大众至感痛苦，有心人士每多出任巨艰，或思平抑之法，或请平粜，各劳其力。最近澳门□□社体育会之组织，经向政府备案□，在其一切事务，尚未推进之前，各主事人目睹今日米潮之苦，特先行举办施粥场，地点乃在清和里六号至十号，该会会址中，此讯已志前报。施粥经于前日开始，当时该会董事长黄球，正会长区志棠□贵，副社长莫贤顾问李佳□，秘会长梁□棠等，亦亲自到场观察，男女老幼到场领粥者，至形挤拥。闻该会主办人物表示施粥期间延长，□延至有新谷登场米价大跌时为止也云。

1945年5月24日　第四版

镜湖医院拟建肺病疗养所　需费甚巨盼热心者捐助

（本报专访）镜湖医院自于本届值理接任理事后，在正副主席林炳炎、黄耀坚领导之下，举凡院中一切措施利弊，靡不加以调整兴革，务使该院成为设备完善之慈善机关。至各部主任之值理，在其本身之岗位内，竭其劳瘁，以为院务之发展。查该院□在院留医之病人，其中系病于肺痨症者，该症易于传染，影响其他病者，故对肺痨疗养所之设，实有设立之必要。该所之设，经由医务理主任□议，付交工程部建筑□图则亦经绘就，不□该室之建，消费约达二万元，倘如由院方经费拨给，则影响院务措施，故希望社会热心绅商，慷慨捐助，俾得厥成云。

1945年5月24日

统税局派员调查商店营业状况

（本报专访）澳门慈善附加税局，自去年设立后，对于办理缴税事宜，成绩极具良好，而各有关缴税之旅业酒店乃食物店，亦认为手续简便，对□营业不致发生任何影响，顷该局对设立迄今，历时多月，一切措施，均已渐上轨道，而认为有未尽善者，亦予改革。最近为对各有关之店号营业状况，得获正确之数额起见，特派员赴各有关商店调查，以便详确评定云。

1945年5月24日

粮救会议决　发出公米概不收回

（本报专访）粮食救济会，昨（廿三）日下午五时，在商会二楼召开常务会议，讨论事项，关于该会发售平□之米价，以一元八两之价格，（廿四）今日仍继续保持，准明（廿五），应平抑会之一百五十元米价，推出发售，并决定由今日起举行，各零沽店领出之米售不去时，粮救会概不收回。

1945年5月24日

胡文虎　捐米

（本报专访）永安堂主人胡文虎氏，日前捐赠此间难童衣服二千余件，消息经志前报。胡氏顷据无原罪工艺学校陈神父及戴思乐托儿所主管姑娘报告，该两处难童几达千人，目下生活，因粮价飞涨，日中仅得两餐粥充饥，请求设法捐助。胡氏以两处之难童情殊可悯，即捐赠无原罪工艺学校，白米一千一百斤，戴思乐托儿所白米六百斤。又查胡氏以香港米价突涨，贫者老人至堪怜悯，乃函永安堂慈善部拨白米一万斤，分赠六十岁以上老人，每人一斤。如胡氏者，诚乐善不倦，甚望一般殷商巨贾，继胡氏之后，共襄善举云云。

1945年5月25日　第四版

严厉制裁出口　发觉出口米石立予禁止

日来米潮狂涌，打击民生至大，政府当局对此备极关怀，惟以不肖奸商，乘机操纵，虽欲加以平抑，终无有效制裁办法。乃者，热心人士，如甘志□、黄球、黄森、黄祥等氏，攘臂而起，秉承政府意志，组织“平抑米价委员会”，于□（廿二日）假利为旅开大会，召集各界领袖及米商，共同讨论平抑办法，经过数小时研讨，迅即发生有效反应。全体列席者，□热烈拥护平抑会诸公提议，□日，全市米价□□猛跌几达百元，阖澳市民，莫不雀跃三日，咸认三黄德望最孚，举议有力，在数小时会议中，收效者□最宏大，市民□□，已非浅鲜也。查此（平抑米价委员会）由澳督赋以权力，得随时调查米商有无私运粮食出口事，倘有发觉，即行制止，并经当局颁布命令警察，协助行事。又该会与政府协商，决于两日内，禁运谷米出口，并禁将谷米任意移动，此举已于（廿三）日开始执行。当日某号码头，发现运谷米出口事，为平抑会主脑黄球，义社主脑欧志棠、莫贤、李佳等察觉，立即派员下船查究，船中人即将运米证明缴阅，其证日期虽在禁运前发出，但黄球等以当前食粮问题严重，不论何时发证，皆在禁运之列，当下几经制止，及经各所属机关长有关会商，经由平抑会执行权力，不准搬运出口，该谷米主某记行，亦不□异议，遵命停运云。

1945年5月25日　第四版

无名氏捐谷五千　助同善堂

昨有无名氏善士，送出□谷五千斤，以助同善堂施派难童餐煮粥之用，该谷□天同善堂如数收到，并托交应栈米机代为辗磨，以为煮餐之用云。

1945年5月26日　第四版

劫案屡犯　被判七年徒刑　行骗钨矿廿九审讯

（本报专访）男子梁源，昨被控于刑事法院马臯司堂，谓其于年前犯有怀械行劫（一）荷兰园二马路梁鸿勋寓所，（二）水宇巷恒安□出入□庄，（三）果栏街中亚织□厂，（四）医院后街某号刘□寓所，（五）大堂巷徐佩芝寓所之罪。查该案前（廿四）日经由马臬司详讯，被告对所控罪名亦直认不讳。昨晨提堂后，臬司以该犯罪有应得，因判其有期徒刑七年云。

（又讯）关于行骗钨矿疑案，自解交法院后，现定期本月廿九日公开审讯云云。

1945年5月26日　第四版

澳督对平委会理事谈　操纵米价甚于杀人　希望平委会努力协助政府

（本报专访）平抑米价委员会理事人于前（廿四）日谒见澳督戴思乐，报告该会工作，并请澳督发表谈话。澳督对该会之工作努力，备极嘉许，其后对该会理事人说出许多兴□之言，对劳苦大众，极表同情，对米商指摘许多。语中有云，譬如以刃杀人者，最多杀十人或八人，其罪不□乃十人或八人之罪，惟米商操纵米价，其罪大矣，因为贫苦大众，不比富有之人，如米商操纵米价，富商之人损失者金钱而已，惟贫民则不然也，贫民之损失，当然是生命，故其罪比明显以刃杀人者为大。今日平会之工作，当局极为赞许，惟今后仍希望平委会以极大之努力协助政府也。

1945年5月27日　第四版

督察长布告　呈报谷米延期一天　至廿八日下午六时整

（本报专访）昨据督察长兼统制委员观耶发表书面谈话称，关于日前布告本澳所有存米商店及居户如有谷米逾五担者，限三日内如实呈报，否则处罚，兹以今（廿七）日为星期例假，故特延期一天，即至廿八日星期一下午五时止，倘□逾期不报者，查出后定当严重处分云云。

1945年5月27日　第四版

流线型冰室明日开幕

筹备多时之利斯冰室，已采定本月廿八日，即星期一日开幕，所有各种冷热饮品，得未曾有款式之多，为全澳之冠，犹其是雪糕新地，更为特式，至全部装饰，完全现代，即为利斯装饰公司各设计师陈文□所计划云。

1945年5月28日　第四版

今日葡国革新十九周年纪念　当局举行热烈庆祝　三机关及社团代表午间到督辕道贺

（本报专访）今（廿八）日为葡萄牙政治革新十九周年纪念日，本澳当局将举行热烈庆祝，华商总会为敦睦中葡交谊起见，特去函各侨商于是日悬旗同申庆祝。三机关值理及各社团代表午间将到督辕向总督道贺，兹将当局改定秩序如后。

上午十一时，督宪要见本澳侨民代表绅商名流等之道贺于督辕，正午十二时督宪代表全澳军民向总统卡蒙诺及总理萨拉沙发感谢礼，华侨方面由华人代表梁后源以华侨名义致敬，葡侨方面以议事公局议员左雅拔博士以葡侨名义致敬。举行地点，议事公局，下午五时，感谢天主礼，由主教罗约翰演讲，举行地点，大庙顶教堂。下午六时，举行国民庆祝大会，并由民政厅长华士□□路演讲，举行地点，议事公局。注意，秩序第二、第三，及第四，均由广播电台以长短波广播。

1945年5月29日　第四版

洪门体育会　茶会招待各界

（本报专访）五洲华侨洪门洪顺堂体育会，自经呈准当局立案后，现积极筹备成立，顷该会为联络感情起见，定期今（廿九）日下午二时假座利为旅二楼设茶点招待各界云云。

1945年5月29日　第四版

学校消息

水坑尾十五号忠信会计学校第六七届毕业典礼暨校友会联欢会，将于明（卅日）下午七时半假座荷兰园利宵中学礼堂举行，敦请中华教育会会长朱伯英颁发文凭及社会名流参加典礼，并有中西音乐、谐剧、幻术等游艺助兴，节目丰富，将有一番热闹。查毕业生共三十七人，成绩优异者有廖永□、苏□、林兴容允恭等，欢迎新旧同学携同亲友赴会，入场券可往该校校务处领取云。

1945年5月29日　第四版

观潮泳场　昨日揭幕

（专访）观潮游泳场于昨日下午三时揭幕，柬请各界莅场指导。查是日到场男女极为挤拥，情况热烈，届时首奏国歌，继由蔡荣致开会词，卫明珠行剪彩礼，礼毕开始游泳表演，各水上英雄，各皆大显身手，异常精彩，最后茶会尽欢而散云。

1945年5月30日　第四版

施行粮证购米办法　领取新证须备相片　当局考虑完善计划日间将颁行条例并要业主或受雇之商店担保方有效

（本报专访）最近，当局恢复采用粮食配给办法，如日前领有旧粮食证者，应即前往粮证管理处换领新证，如由外处新近到澳而未领得粮食证者，须要携备全家相片，到办公处报名领取，但要业主签名保证方可。如商店雇员欲领取粮食证，亦须携备相片，由本人之东主保证，方为有效，粮证办公处设加思栏欧战阵亡将士纪念亭内，工作时间每日由上午九时半至下午一时云云。

1945年5月30日　第四版

李根源　派米

迩来因米问题，一般饥馑贫苦，影响不少，几有断食之余，□有殷商李根源氏，于昨（廿九）日下午八时，在南湾九十一号派米二千余份，每份八两，即席分派完峻，秩序良好，贫民得者甚欢云。

1945年5月30日　第四版

澳侨泳场　优待记者

澳侨泳场，□于本月二十日开放，该泳场为求引起初学泳者之兴趣，及提高本场水平起见，本年拟请□□省□游泳健将王秀山、陈□□、罗旭荣、黄日雄、林家潼、黄款焕等，及香港钟声游泳会留澳好手义务担任游泳、水球、舢艇、救生等教练，除拟组织强劲水球队两队外，并分高级及初级训练班，水球与舢艇技术等，筹备组织，一俟筹备完竣，即实行成立。该场为优待本埠新闻界入场起见，拟发给记者入场证，俾各报记者得便利入场云。

1945年5月30日　第四版

五仙辅币　从新制印

（本报专访）本澳大西洋银行分行，得见市面溃烂之一二毫半毫辅币甚多□□□□□□不少，故于日前印就一二毫，辅币兑换残钞，办理以来，兑换者极众，工作亦将告完竣，最近又因半毫溃烂者亦多，故亦准备印就半毫额以为兑换，闻日间便可□□。

1945年5月31日　第四版

行骗钨矿案　被告入狱年半

（本报专访）男子黄如，昨被控于刑事法院，谓其有行骗原告妇人黄苏女钨矿之罪，该案前（廿九）日经由马司□集一般人证，审讯结果，认为证据确凿，罪无可逭，查昨晨宣判，昨晨马司将被告提讯后，即判其罪有应得，入狱十八个月，但可□款抵罪，每日二元计算作抵云。

1945年5月31日　第四版

电力局恢复日间供电　定期六月一日起实行

（本报专访）本澳电力局，日前因燃料关系，迫得限制供电时□，其后燃源续有进展，所以供电时间继续延长，惟近日来电力局得来之燃料问题，比□进展，故于六月一日起暂时恢复日夜有电，本澳市面，由六月一日起，电力局日放光明。

1945年6月1日　第四版

防备海贼截劫　机帆增强武装设备　轮渡一律增聘护航勇士

（本报专访）迩来中山沿海匪风极炽，一般来往澳门及其他之机帆及船只，被劫之事，时有所闻，自数日前 在澳境对□之海面被匪盗截劫后，最近行走各线之船只，无不加强保卫武力，除机帆外，其余之行走澳江线之同利渡轮，以及明记行船务公司，对此事尤为注意，闻同利渡轮增聘保卫航行士兵十数人，武力极为完备，明记行之发利机帆亦增聘卫兵多人，专事保护之责云。

1945年6月1日　第四版

供过于求　盐市疲弱

（本报专访）今年度之本澳盐业以两月前为最发达，业盐者，无不获得□利，考其原因，一二月份湾汕之盐来货极多，一般投机盐商，屯积不少，至三月至四月初旬，曾一度水六交通受阻，汕湾来盐，突告疏少，盐商遂□积盐高价推出，故溢利倍有奇，其后有许多盐商冒险，派专船赴湾汕采购，故近两月来之盐来澳者甚多，盐价市场比最高峰而低跌五倍数有奇，恢复如前状态，据盐业中人称，今年本澳之盐业，有大生大死之状云。

1945年6月1日　第四版

申请粮食证　用葡英文填写　有人提议用中文较为便利

（本报专访）当局为求彻底解决粮食问题，为□于办理起见，特恢复如前按照粮证配给办法，举凡旧粮证可到粮管处换取新证，新从外处来澳者，可到呈报领证，各情已详志报章。进有等澳民□尚未完全明了领证之法，现将领取办法报导如后。凡从外处新到澳门呈报领证，须要将全家相片与申请书及保证人之函件到粮管呈报，申请书最好为葡文及英文，旧粮证换新证者，亦须携带相片，手续极为简单，待调查后，□可领证。最近有某人士，得见申请书□须写葡文英文，有许多殊感不便，提出请求粮管处，准许申请书可用中文呈报云。

1945年6月2日　第四版

义社体育会　明晚举行义演　筹募粥场经费　地点清平戏院

义社体育会自举施粥以来，为时虽短，而受惠贫黎，不可胜数，感恩载道，义社施粥经费，纯赖社会热心人士捐助，施赈若干日，不无支绌感，现商得太上戏团及清平戏院之助，于明（三）日晚举行义演，筹募施粥经费，深望各界热心长者，踊跃购券，共襄善举，受惠贫黎，当更广泛矣。

1945年6月2日　第四版

惠爱街某号被匪赚门行劫　损失金饰银币甚多

（本报专访）昨（一）晨八时许沙岗惠爱街某号住宅，突被匪徒二人，赚门入内，露械行劫，当时该屋之女佣因出外买餸，女主人一时不察，竟开门与之，结果失去金鈪两□，金颈链一条，□银币若干，两匪似对该屋情形，异常熟识者，得手后从容遁去。事后失主即据情投报警厅，现警探当局已派员分头踩缉，务于短期内□案破获云云。

1945年6月3日　第四版

今星期日　米站休息持证者多不符手续　结果只有望米兴叹

（本报专访）望厦米站前（一）日开始代售公米后，因市民所持粮食证，多未能符合手续问题，购得公米者廖廖无几。昨（二）日前到购买公米者，人数亦不见多，据该站主理人金神父对本报记者发表谈话称，关于是次米站恢复配给，因当局事先通知过促，故各项工作，未能全部妥善，而致购米人，粮证多未能合符手续，故该项持证人之多望米兴叹。闻粮证管理处□旧证换新证及从新申请领证者，已加速办理云。今日乃星期日，望厦米站全部休息，明日照常工作云。

1945年6月3日　第四版

青年社义演　开始销券

青年社为同善堂筹募医药经费举行义演大会，定本月七日假清平戏院演出，游艺节目丰富，日期逼近，经已密锣紧鼓进行，昨日已开始销券，分函各善长共襄善举，所送出各种善券，如欲退回者，请于四日交回该社销号，七日正午十二时开始在清平戏院票房编号入座云。

1945年6月3日　第四版

教授象棋

前任本报奕风主编之名手吴文英，历年以最新方法探求象棋原理，精研开局、让子、被让，及中路，残着各项要诀，着誉于时，凡受其熏陶者，莫不指顾速成。以故同好咸邀其公开教授，俾得嘉惠后学，而吴亦允不蕴其秘，特于文英学校内设班研究，并聘其同侣棋王梁兆发君协助，有志斯□者幸毋错过焉。

1945年6月3日　第四版

巨成行　今日开幕

（本报专访）巨成行为本澳新创办之贸易运输商行，已于上月（廿八）日经已开始营业。惟联络本澳有名望人士起见，特于今日（三日）举行开幕典体，并发出请柬邀请本澳之官商名流前赴观光云。

1945年6月4日　第四版

不照实呈报粮证　调查至感困难　旧粮证多不符现下新证规例

（本报专访）粮食管理处之对于领换粮证者多不诚实填报以致粮证管理处对发给粮证以及调查各项工作异常困难，故于发出粮证每有过迟，同时该处发出新粮证，须要业主保证，方为有效，惟是前到领取粮证者，每多不符该处所定之规例，及不明领证手续，前到领取新证者，每每报多人数，以致调查之工作人员颇感困难。同时有许多新从外道来澳而未明了领证手续者，现该处负责人重新解释给粮证事宜：（一）举凡前到领证及换证，须要诚实填报住址、姓名、人数，（二）举凡领证者，须要填写英文或葡文，中文无效。如尚有不明换证及领证手续者，可到南湾加思栏欧洲战士纪念亭内之粮证管理处询问可也。

1945年6月4日　第四版

望厦米站今日售米　每一粮证可购十斗

（本报专访）当局为调节本澳粮食起见，已下极大苦心，最近为利便售米以及市民购米起见，希望完成统一售米地点，故望厦米站已于数日前恢复，惟售米秩序，尚未能预先编定，原因主理人金神父希望售米工作，全部改售，各部门工作已加紧□划中，故售米秩序，续日公布。今（四）日该站售米秩序，上午九时该站发售七号牌仔，十一时补售（遗）漏之十、九、八号牌仔），下午二时发售六号牌仔。今日该站发售之米数量，无论何种粮证，均可购买十斗云云。

1945年6月5日　第四版

市民注意　领取粮证须经处长两次签字方为有效　首次签字该处只系派员进行调查　调查完竣第二次签字始发生效力

（本报专访）日来领取粮证之市民，多因未明了手续，致领得粮证，不符规则，空劳往返，记者昨特造访粮管处处长华士贯些路，探得领证实情如下，关于领证之市民，因填领报证人数，多不报实人数，以致一切工作均受影响，虽有已告批准之粮证，其后发觉仍有虚伪者亦有之，故该处为慎重起见，粮证虽有处长之一次签字但尚未认为有效，有许多人以为已有签字，则到米站购米，而米站则指其粮证尚未完备手续，而致发生误会者。今粮证处特重申说明举凡粮证必须处长两次签字方为有效也，因为首次签字时，即在调查中调查后则再行签字。此粮食证方为有效，故该处希望市民，应宜明了为要。兹将领证详细手续列录如下：领证人首先将家中全体人员相片两张，填写姓名、住址、年龄，须要业主保证，然后到加思栏粮证管理处呈报，呈报后由处长作第一次签字，至该处调查清楚后，如该处认为许可时，则通知□证人到领，而该处则作第二次签字，此粮证则宣布有效云。

1945年6月6日　第四版

严禁粮食出口　加派武装警察巡逻　冲锋车曾数次出动制止私枭　警方表示一经拘获严办不贷

（本报专访）本澳当局为彻底调节粮食起见，对于出口问题，绝对严禁其他什粮非经统制会许可者，亦一律禁止输出，该项工作，经咨由警察当局，严厉执行办理。惟最近有等市侩，仍施用诸多方法，实行偷运，或借势力，实行强运，日来已发现多宗，警察当局曾数次出动冲锋车加以制止，私枭□始略为敛迹。□据警察当局表示，谓其于禁运出口问题，为调节本埠粮食最重要之工作，故决定严厉执行办理，不稍宽贷，如发觉有偷运情事发生时，警方无论如何，当予扣留，加以处罚。最近为彻底禁止粮食出口起见，经加派武装警察在海旁一带巡逻云云。

1945年6月6日　第四版

机帆避免袭击　多改夜间航行　各江运澳物资不发生影响

（本报专讯）月来本澳行走各线之机动帆船，时遭海贼截劫，或受飞机袭击，损失弥重，各机帆公司对此问题，煞费踌躇，盖际斯非常时期，本澳靠各江运输本澳之粮食，不能一日或缺，故运输受此影响，实为一最大障碍。至预防海贼一点，各机帆均加强武装设备，以资抗拒，但飞机袭击，确难防□者，倘因此点而至停航，物资来源，当受严重影响。记者为此昨特走访本埠规模最大之某商行叩询一切，据其负责人表示，□此点问题，各运输商人，连日经加以详细考虑，但无论如何，决不致消极而停航，但为避免无谓牺牲起见，大部分将改为夜间航行，故将来各江运澳物资，决不致发生任何影响云云。

1945年6月6日　第四版

澳府拨米卅担　廉价售与教员

（本报专访）关于本月份各校教职员配售米石问题，中华教育会朱伯英氏，昨（五日）再度晋谒澳督请示一切，据澳督表示，因存米问题，对于本月教员所配售之米石办法，由民政厅派员收集各教职员之粮食证，然后向望厦米站代各教职员领购一个月之米粮，□的每月发出白米卅担，许以一百六十元之价值，分配各教职员云。

1945年6月7日　第四版

粮证管理处　增强工作效率　连日市民申领者渐告挤拥　未明手续者可向该处详询

（本报专访）粮证管理处以日来市民申领粮证者渐告挤拥，为使工作便利进行起见，特增加办事职员，并分开部门办事，如个人团体学校等等，均分别申领，以免混乱，而延误工作效率。查该处处长为现任民政厅长华士贯些路兼任，华氏向只驻节民厅办公，但最近特在粮证处三处设立处长办事窗，华氏每日亲到主持一切签署事宜，工作时间由上午九时至下午一时半止。昨据华氏对记者称，凡市民对换领粮证有不明手续者，可随时向该处询问，无不乐为答复，切勿持未办妥之粮证往米站购米，致空劳往返，并阻碍该处调查工作云。

1945年6月7日　第四版

夏季娱乐佳讯　平安革新舞台增设水吧

本澳娱乐事业日趋繁荣，各大戏院长足发展，最近据调查所得，平安戏院新近上演太上剧团班霸，为求全院美化起见，将舞台革新改建，美奂美轮，且于院内增设水吧部，名贵冷热饮品，中外美酒齐备，对观众非常便利云。

1945年6月7日　第四版

同善堂施药　各界续有捐助　某善士大洋万元

同善堂善院，连日因天气炎热，到堂求诊之病者激增，以至支销倍大，而药价亦急亟猛涨。查其每施中药一剂，达葡币一元两角，每晨派出三百余剂，该堂为便利贫侨起见，绝无限制，且以最快□时间，令贫者便利。惟以施出庞大，收入毫无，长久支持，确非容易。幸得昨有署名延陵大记善士，深明该堂艰苦，捐出大洋一万元，以为□费，同时有新街廿八号□女士捐葡币一百元响应，陈达□捐大洋二百元。

1945年6月8日　第四版

前粤军宿将许崇智到澳　港变后在港经商极为活动　此次来澳或系因商务关系

（本报专访）前粤将许崇智（□为）氏，昨偕随员多人，由港来澳，寄寓□□□某私邸。查许氏在北伐时期，曾任总司令职，声势喧吓一时，国民政府成立，亦历任要职，及至抗战军兴，许氏即逗留任港作寓公，而港变后亦未尝他去，并在当埠经营商业，因交游素广，并曾留学东瀛，故极为活动，至其此次来澳，任务不明，一般人臆断，或只系商务关系而已云云。

1945年6月8日　第四版

米站售米手续　日告严密　过五分钟作走鸡论

（本报专访）查米站目前售米以来工作手续未得到十分完满，原因市民所携粮证，尚未完全办妥手续所致，当局对此站问题□极为注意，故处理□给粮证事宜，特委民政厅长华士贯些路负责主理，一方面特增派毕灵雅神父前到米站协助金神父办售米一切工作。两日来之市民公米配给，在双管齐下当中，配合粮食工作，已渐见进展，故此两日来米站发售公米，比周前为多，最近该站为求工作进一步起见，于前（六）日该站今日售米秩序列下：

上午九时　七号筹仔　购米十一公斗　　　该银十七元六毫。

下午一时　六号筹仔　购米九公斗　　　该银十四元四毫。

下午三时　五号筹仔　购米八公斗　　　该银十二元八毫。

该站希各筹仔购米人注意，举凡前到购米者，须要依照米站新编定时间购米，如过五分钟者，宣布无效（作走鸡论），故有意购米者，可较准钟数，否则实有望米兴叹，同时中外之普通及天星筹仔，一律在编定时间内售米云。

1945年6月9日　第四版

圣罗撒女中举行敬师卖物会　同时作学生成绩展览

（专访）圣罗撒女子中学，定本月八、九、十三天举行学生成绩展览会，欢迎各界到校参观，今日公开参观时间为下午二时至六时，明日上午十时至六时止云。

该校同时由学生举行敬师卖物会，得款全送该校教师，卖物方法由抽奖决定，凡入卖物场者每票五毫，持票入场抽奖，获胜者随即领奖归。而预销券最迟须明日到场抽奖，否则失效，闻预销券已售出一千二百张，得款六百元，预料将来成绩，必有可观云。

1945年6月9日　第四版

镜湖改善肺痨病室　今日提出常会详细讨论

（本报专访）镜湖医院自第三届值理接任后，各部门工作，无不加意改善，如增设手术室，及其他病房等等，已先后实现，最近因为肺痨院位置不甚适合，同时地方过少，林氏于两周前之常会中时提议增辟肺痨院地方及改善一切措施，关于办法于今日提出详细讨论云。

1945年6月10日　第四版

妇女会筹款售粥　定十七日卖花　获得本澳当局赞许

本澳中华妇女会，历来举办望厦粥场，鼎力援助贫苦同胞，每日售粥，一部分为工赈，一部分为清贫学生，一部分为一般之穷民而设，每日售粥最多达三千份，迨近日米价突涨，维持不易，售粥经费，遂告拮据，该会各委员，以善事之不可废也，勉力支持。为图继续之计，于昨七日会议中，决定卖花筹款，并蒙当局赞许，准于本月十七日举行，将来集腋成裘，嗷嗷众口，得延续性命，尚望社会人士，乐予捐助，则贫民幸甚矣云。

1945年6月10日　第四版

送节佳音　兰园粽上市

端阳节届，市人习俗，例有送节之举，而送节佳品，则以粽品为主要，然粽品之制，非具有巧手，难得佳品，荷兰园、马路兰园食品店，为着名之老粽家所制之粽，种类至伙，而皆味甚精美，其中如四黄芦兜粽、羊城大裹蒸、咸肉粽、莲蓉粽等，更为送礼之名贵佳品，甘香融化，味美价廉，允称佳妙。若枧水粽、豆沙粽等，制作亦精巧，现均已上市，埠中士女，均争相购买，用以馈赠戚友云。

1945年6月11日　第四版

米站购米　根据粮证人数　须携带足购米银数　否则米站要从新计算工作迟慢　每人每周配量当局经考虑增加

（本报专访）望厦政府米站，日来以粮证处所发粮证日告增多，故售米工作，渐告紧张，查第一周前到米站购米之人数，寥寥无几，惟上周（第二周）前赴购米之人已见增加许多，在一星期当中，米站售与市民之公价米，合共六百余斤，购买公米人口合共六百八十一人。今（十一）日至（十六日）米站售米定为第三周，想本周前赴购米者，当比较增加也。从前到米站购米之人，多不依照米站所定之规例，而致米站工作人员难以应付（如□十人之粮证前赴购米，但所携之款多不足十人之数，以致工作人员每要从新计算等等），因此致影响工作延慢。现该站希望市民，凡到米站购米之人，如粮证若干名，须携米银之数，一至轮到便能如数交款，此为双方均得便利，此点问题，米站职员希购米人应宜注意也。同时该站调查人员，亦希望购米人前到购米时，最好于粮证相片内有其本人之相。彼调查员得予利便调查工作为要。兹将该站今日售米秩序列下：上午九时，十号粮证，购米三十二元，下午二时，九号粮证，购米三十元，中外购米市民，天星普通筹仔，均一律如时发售。又该站售米量系根据每人每周配售一斤，此额未免过少，故当局最近曾考虑增加，一般市民亦希望能迅速实现云云。

1945年6月12日　第四版

戴督热心教育　拨款救济清贫生　发给第一期生活费津贴

澳门学生救济会，办理清贫生生活费津贴，本学期划分两期发给，第一期（二三四月）之津贴费，已于上月发给，至第二期（即五六七月份）之津贴费，闻亦于昨日分发各校，转给各清贫生。本澳督宪戴思乐将军，对于该会办理救济学生工作，甚为嘉许，本学期特发给葡币六千元，为该会办理救济学生经费，并分三次发给，闻第一及第二次各二千元均先后交到，至第三次亦将不日交给该会应用云。

1945年6月12日　第四版

上川岛海面　盟机扫射渔船　伤者多人送来本澳救治　一男童重伤有性命之虞

（本澳专访）本月九日有在本澳港务局注册渔船“华光”号一艘，出海捕鱼，途次中台交界上川岛海面被盟机用机枪扫射，当（场）将船中人多名击伤，事后该船船主即转航返澳，因逆风关系，直至昨十一日下午始抵达政府码头，除将伤者分送山顶国家医院及白马行医院救治外，船主华光并将情向港务局报告一切。计开男子华明，卅六岁，伤手足□部，华光之妻，四十岁，伤左足，男童黄福，十四岁，受伤最重，抵院后经由医生将其右肢截去，恐有性命之虞，又女童一名当场（被当）毙命，尸体交医生剖验。查当时又另一艘渔船乃系与“华光”号在同一地点捕鱼者，亦被盟机扫射，微□妇人一名，云云。

1945年6月13日　第四版

认领六月份教粮　最迟今日将款缴齐　申领者七百余人平均每人七斤十一　购米以学校为单位由代表领回分发

（本报专访）六月份教粮，日前由总督戴思乐优特批准发出白米六十担，交粮食统制委员会售与各校教育会据情后，即发出通告，知照各校到教育会领取缴款证，于每日上午到总督府楼下粮食统制会缴款，教育会更通知各校最迟今日将款缴齐，俾早日领米。盖统制会规定各校须将款项交齐，始能购米，购米手续，统制会凭教育会发与各校之缴款购米证，由统制会收妥款项，签具收款证明，便可持该凭证到德利米机按照米量收米，米价定每担一百六十元。查统制会每日办公时间至下午一时停止，一时后则为暑假休息，停止办公，缴款者须加留意。昨据中华教育会主席朱伯英称，略谓是次购米支配办法，以各校职教员为单位，计向教育会呈报之学校共有六十四所，其中有远恒、中华、正中三校未将人数报到，故米粮支配，现只六十一校，统计六十一校职教员为七百七十九名，六十担米粮平均支配，每人可得七斤十一两。现既经核计规定，各校可按数量缴款，查各校呈报人数如下：陶英小学十三人，瑞雯七人，励群十四人，淑贤六人，汉文九人，漫庵一人，忠信四人，尚志五人，公进十二人，启智六人，力勉三人，崇实中学十二人，崇实□童十九人，阑室九人，圣罗撒十九人，鲍斯高十九人，濠江十人，莲峰义学三人，纪中卅八人，协和五十五人，镜湖义学十二人，钟山三人，崔玉麟二人，智朴五人，孔教廿四人，达明五人，文英二人，实□三人，兴中三人，达用二人，寄萍三人，圣若瑟十六人，平民十三人，广中十六人，岭分十七人，岭南七人，吴灵芝七人，望德十人，沙梨头义学二人，致用十一人，培正一百零三人，实用会计三人，广大附中廿四人，青华二人，中德廿五人，培英廿五人，培道廿五人，崇德七人，崇新六人，嘉诺撒三人，知行十人，雨芬十一人，蔡高十六人，佩文五人，和平三人，同善堂三人，教思十七人，行易八人，彰泉义学二人，知用十二人，粤华卅八人。最后朱氏复称，如各校将款缴齐后，翌日即可购，购米米手续以学校为单位，由一代表领取回校分发云。

1945年6月14日　第四版

本澳粮食物价　日来均趋下降

（本报专访）连日本澳物价，均在略趋下降之中，考其原因，在日前本澳一般商人大多从外采购各类什粮来澳推销，以致有供过于求之势，而本澳当局为切实调整本澳粮食起见，物资输进统制委员会对各粮食输出，曾一度严励禁止，各类粮食存在澳门者为数极多，同时新谷登场之时间迫近，各谷米商存□之谷迫得大部推出，连带什粮之价格亦被冲下，故连日来市面各类粮价低降，原因实在于此也。统制局迩来批准物资出口，则视乎外间运来本澳之物资数目多寡，预算供应本澳有余外，然后签发出许可证，最近已预算得有许多类什粮，确能供应本澳市民而有余剩者，已有继续签发出口证，故连日来运进与输出之什粮均有之，同时本澳之粮价下降，此可见得本澳粮荒者，快告全部解决云云。

1945年6月14日　第四版

义社施粥　领者挤拥

（本报专访）义社粥场，创办以来，已有多日，最近到领粥者，由三百人增四百人之众，而该社希望增办之民众食堂，已在加紧筹备中，闻在新谷登场之时，则有成立之可能云云。

1945年6月15日　第四版

飞龙香烟　销□甚广

中国华馨烟草公司出品之飞龙牌香烟，闻其所用之烟叶与原料，均采取上乘者，故烟色金黄，而烟味醇香，且以售价茹廉，装璜亦不俗，用□不□普罗阶级爱吸，即富贵中人亦爱吸之云。

1945年6月15日　第四版

善声

胡文虎，自莅澳后，对社会各项善举，无不解囊乐助，渠最近又查得天主教救济会举办之平民饭场，以廉价售出饭菜，历年济助贫民不少，当此艰苦之候，实为澳中仅有之设。现因时局影响，经费日告困绌，势有停办之虞，胡氏□察其苦，何忍此唯一之饭场停办，致贫黎生活突受惨击，乃慨然捐白米十担予该会，俾得继续支持。胡氏之慈悲在抱且乐善不倦，无怪其福有悠归也。闻该会深感胡氏之热举，特制一文虎饭□，由本月十五日起，一连平售十三天，以报胡氏之盛意，地点在镜湖义学前地，届时饭菜必定丰富，贫黎得此，正如阜地甘霖有不喜跃三尺乎，吾决其必铭胡氏永久之赐不忘矣。

1945年6月16日　第四版

切实防止疫症发生　当局强制街头注射　希居民于两周内须予接射

（本报专访）本澳卫生当局为维护居民健康起见，于每年春夏季节，□举行防疫注射，借以防止霍乱症之发生。过去在当局严密举行防疫运动时，成绩极为良好，曾受澳督拨金奖励。查今年夏初，当局即依照去年开始注射防疫药液，记者为明了注射实施以来之情况起见，昨日特走访卫生局长山度士，蒙详细解答一切。山氏谓，在

□文明都市之居民，对于霍乱疫之流行危险，每个居民须要自动接受注射，借以防止疫症之发生，共同维护公共健康，惟本年度自开始注射以来，一般居民多有注射，但其他鉴于霍乱症之发生绝少，对注射一事，认为多余而不须□，多未履行接射，□于最近周内，前往注射者，几无为之，此种情形，有妨碍防疫工作之举行，故□居民如未经注射者，限于两周内须前往接射，否则当局为切实执行此种工作以维护居民健康计，惟有恢复往昔之街边强制注射云。（春）

1945年6月17日　第四版

新谷登场之期迫近　本澳米价日趋下降　今年早造禾稻雨水调匀丰收之望可期
统制局经考虑后已恢复签署什粮出口

（本报专访）中山县乃鱼米之区，本澳谷米，素赖该县供应，本无粮荒发生，查日来以迫近新谷登场之期，故本澳米价，已渐日趋下降，考其原因，乃商米日前存贮谷米为数不少，如将来新谷登场，则其操纵计划必归失败，故迫得将大部存米推出，同时外间运澳谷米亦日渐增多，故市价乃趋下降也。昨据中山来□称，今年早造禾稻，得天时地利，雨水调匀，三、九、五、八区比去年为佳，在一个月内如无飓风发生，农民收获，比去年丰收云。据此则本澳谷米问题，最近将来，当可恢复以前价格，所可待言，就日来市面而言，商米价已比较公米为廉，于此可见一切也。

（又讯）当局为调节澳粮食起见，统制会方面曾加紧禁止谷米什粮出口，直至最近什粮在澳，有供过于求之势，同时粮食局面亦稍见松弛，故该会经考虑后已恢复签署什粮出口证云云。

1945年6月17日　第四版

粮证处与米站　互相联络工作

（本报专访）粮证管理处及望厦政府米站，名义上□是各自独立之机关，惟工作上互相联络，因为粮证处发出之粮证多寡，必须通知米站，而米站之售米情形亦须通告，粮证处息息相通。最近该两机关为双方工作顺利以及市民购米便利起见，关于每周售米秩序由统制会编定，售米秩序表先送米站，再由米站以一份送粮证处，举凡已备得粮证之市民欲知购米秩序者，可到米站询□，如初领得□之证市民未曾到米站购□米者，可询问粮证处，关于本周米站售米秩序，今明两日间便可公布云云。

1945年6月18日　第四版

米站售米　试验新办法　力求改善俾双方均得到便利

（本报专访）日来市民前往望厦政府米站购米，有时须要久候而始能购得，每站虚耗购米人许多时间，同时售米人员工作效率亦时遭影响，原因近日来粮证管理处发给市民之粮证较多，前到米站购米之人亦渐众，而该站日前售米办法亦未得其法所致。最近该站主理人金·毕敬神父有见及此，认为售米办法应有改善之必要，故力求改善办法，闻拟以本周内售米，作一试验其新办法，欲将每号粮证之筹仔，以一百名先在另一指定地点齐集，齐集后联同即到集米处购米，目约欲知米站售一百人米须要若干时间始能售竣，看成绩如何，然后决定办法，如认为□□时，则在下周售米秩序中作详细布告。查米站此举，无非欲求利便市民购米以及米站工作得到进一步顺利而已云云。

（又讯）今日米站售米秩序，上午九时，售十号粮证，购米人可购米三十二元，下午二时，售九号粮证，购米人可购米三十元。该站希购米者应宜注意，是周（走鸡）绝不补售云云。

1945年6月18日　第四版

今年早造丰收　新米昨有到澳　米商向统制会申请入口　本澳米价日来均告下降

（本报专访）本澳粮食问题，日来因当局调节得宜，已渐告解决，□日来米价均售续降，同时各款什粮价格亦告狂跌，此无他，商家大量放出，而各江来货亦大量充场而已，以前糯米价格素比粘米为昂，尤其是最近端午节制粽，商人均大量采购，但糯米价反较米站为廉，于斯足见供过于求。记者昨据统制会某办事人称，早造新米，昨经有商人申请入口，但数量非多，相信最近即可有大帮继续运澳，将来大量充场时，价格自当继续下降云云。

1945年6月19日　第四版

居民粮食救济会今日开始售卖平粘米粉　每斤一元分岗顶进教围台山三站售卖　售价工作由罗主教马李何三神父主持

（本报专访）本澳米潮，由政府当局及社会热心人士积极设法救济，经陆续解决，但因内地新谷尚未大量登场，市面米价仍未恢复米潮前状况，受薪阶级，及贫苦大众仍感困苦负担。居民粮食救济会见及此，本救济之旨，特举办粘米粉平卖，以利贫民购食。

查粮救会举办粘米粉平卖，经该会六月十六日召开常务员会通过，向西江一带采办粘米粉来澳廉价发售，发售工作，托天主教救济会主理，由今日上午十时起，分三站开始售卖，天主教救济会会长罗主教，委出马神父、李神父、何神父主持，第一站设在岗顶圣若瑟书院后围售卖工作，由马神父主理一切，第二站设在进教围望德堂，由李神父主理一切，第三站设在台山花地玛圣堂，由何神父主理一切。三站同时今日上午十时，开始售卖，廉价粘米粉暂定价每斤一元，每日由粮救会交一千斤天主教救济会，天主教救济会发三百斤台山站，三百斤岗顶站，四百斤进教围站，每日售清为止，十足斤两，不收任何手续费用。天主教救济会办理售卖工作全完，义务性质，至于售卖之秩序，务求良好。昨日马神父、李神父、何神父经数小时讨论，尚未得十分具体办法，俟今日售卖□逐渐改善，各界人士如有良好办法通知，救济会乐意接受云。

1945年6月20日　第四版

米价日趋低降　揸家日来大量放出　识者预料新谷登场以前米价可告平复

（本报专访）迩来新谷登场的期迫近，中山产米区域，因早稻丰收，农民收获，皆大欢喜。前日据统制会消息，已有商人向该会申请早造新米入口热照，各情业独志本报。故日来市面米价均告下降，昨日市面米店自由卖买，米价已突破公价纪录，一般贫苦阶级，无不额手称庆，至其他什粮亦因此而随之下降，一般老于经营谷米商人意见，谓此次本澳发生“米潮”纯洁经营者短于眼光台高所致，其最大焦点，乃系在彼辈考察购禾花时期，争出重价，以为将来禾熟时期，无论如何亦当双价值，不知其道理反常，盖到新谷之造，大量充场，供过于求，虽最紧堡垒，亦被冲破，一般揸家，为避免损失，无不纷纷大□放出，故其价格，自然低降，如俗语所谓“宁受富头起，莫受□头跌”。宁受少损失，迅速放出，免将来受重大损失，因是日来揸家般□存谷大量放出，其故乃在于此。故本澳米价问题，在此十余日间，无论如何，必趋 下降者，各市民意志坚定，不抢购，不存贮，则一般囤积之家，实无法施其技俩者，盖彼辈即亟望者，乃系物以罕为贵而已。故识者预料，在新谷登场之前，本澳米价即可恢复从前状态云云。（中）

1945年6月20日　第四版

各界助同善堂

同善堂善院昨日收到善款一批，计有李陈氏，无名氏，每捐一百元，钟福成堂五十元，梁岭十五元（俱葡币），另黄祥送白米一百五十斤，交该堂为施粥之用云。

1945年6月21日　第四版

购公米住户须注射防疫针　否则该户米粮证作为无效

（本报专访）□据卫生专理局发出布告称，举凡购领公米之住户必须于七月一日以前，一律接受注射防疫药苗，否则该户之配给米粮证作为无效。卫生局特在议事亭前医生局内及镜湖医院加设注射站二所，专为购领公米户口而设，注射时间，每日由下午三时起至六时止，兹将该布告录后：澳门卫生专理局布告，为布告事，现奉督宪令关于每一家口之配给米粮证，一届七月一日之后，如未能将曾受防止霍乱注射证明呈出者，一律无效等因，故由本日起，特在议事亭前地中区诊治所（医生局）及镜湖医院加设防止霍乱注射站二所，此种设施为购领公米家口注射防止霍乱药曲而设，一俟该户米粮证□而所贴之相片内各人完全接受注射之后，始由本局职员发给。为使注射工作便利起见，所有关系人等应于每日下午三时起至六时止，每家一组携备米粮证向上方所指定之注射站请求注射。欲知详细，得于每日上午九时起至下午八时止，前赴中区诊治所查询可也。合行布告，仰各知照，此布，一九四五年六月十九日局长高美士山度氏。

1945年6月21日　第四版

凉茶店　热心善举

□澳门街有三坑互凉茶店创设垂数十年耳，该小本经营之小生意，针鼻削铁，所□无多，惟是该号东主梁坤，生平乐善不倦，尤其是对同善堂，特别同情，善中自动捐助该堂者亦数次，昨又捐出葡币百二百元交同善堂为施药之用，以其些小之凉茶店一向能如许热心，诚不易多得也云。

1945年6月22日　第四版

“永利一号”机帆被盟机炸沉详情　在三酒杯海面遇事全船粉碎　船伴三死一伤货物全部损失

（本报专访）关于永利船行“永利一号”机帆于航行返澳途次，被盟机轰炸事，消息业志□日本报，兹续查当时情形如后：查该永利一号机帆，为永利船行之物，与前次在对海□湾被炸沉之永利号为姊妹船，载重约八万吨，乃航行广州湾与澳门线者。该轮于本月十七日在广州湾开行返澳，满载货物，其中以火酒为最大宗，沿途风平浪静，至十八日下午八时许驶往三杯酒海面，突遇日□盟机，该机一发觉永利一号，即低飞以机枪扫射，当时船中人遭此，秩序大乱，旋存藏火酒货仓，被机枪击中，登即着火燃烧，火光熊熊，各伴即设法施救，无何即告熄灭，时有伙伴名杜学贤者，在救火中被机枪击中足部，倒在船中，呻吟痛苦。该机扫射后旋即飞去，十分钟后该机又再度飞□，向永利一号投弹数枚，隆然巨响，均告命中，该船遂全部粉碎下沉，其时各伴即纷纷跃海逃生。查是役被炸毙者有伙夫杜春，水手李泽阑，梁大好三人，杜学贤因足部受伤，无法跃海，亦被炸重伤，乃造成三死一伤之惨剧，至其他伙伴得庆生还者，约十余人，但货物完全沉下海底，损失殆尽云云。

1945年6月23日　第四版

昨日金价暴涨影响　银号多家宣布倒闭　同德源记银庄亦以周转不灵停止营业

（本报专访）自港战以还，本澳以环境关系，变成交通重要枢纽，各地殷商富户，云集一方，□资充斥，因是金银贸易场与焉于□，一般人利用国际情势动荡，将□资从事“揸炒”，经营银号者，亦以揸炒作唯一之营业。此种所谓贸易者，实际其质与赌博无异，幸运者获利足以暴富，因而倾家荡产者，间亦不鲜也。本澳银运行之金银贸易场，自港战而后，已成为南中国硕果仅存之唯一金银买卖场所，日中一般人出入该场无异累百盈千，利用波□□瞬息万变之时局消息，以作买入卖出之根据。本澳迩来银号之纷纷设立，其最大营业标准，亦为揸炒生意盖由于各地金融集中澳地，形成每日该场之贸易数额庞大，至足惊人，而各银业界之买卖，即一分之上落，亦为盈亏之走决，尤以黄金买卖最为起劲。迩来由于金融局面，发生大巨动荡，黄金价格，日趋上涨，反之钞价□□下跌，□般揸炒者如对申钞“睇好”，则有趋一败涂地之虞。昨（廿二）日市场行情，金价竟涨至零九，即每两金价值国币□万零九百元，此价突破年来纪录，睇好者因是无不焦头烂额，昨日本澳有银号多家，因此影响而告"炒燶"，宣布周转不灵停止营业云云。

（又讯）新马路同德源记银庄（原文漫漶不清，略去33字）在本澳银业界占相当地位，为老字号之一，该号创设已有数十年（原文漫漶不清，略去11字）历来信誉卓著，故各界（原文漫漶不清，略去5字）存款在该号者为数不少，讵该号于昨日下午突以周转不灵为词，宣布暂时停止营业，记者经该号门前，见其（原文漫漶不清，略去6字）高悬暂时结束启事一则，一般好事者□集该号门前，观看启事。（原文漫漶不清，略去38字）兹将该号停业启事录后：

本号因周转不灵，暂时停业，各存款人请于明日即（廿三）日上午十时到清平直街寄闲俱乐部开会讨论办法，又如有欲知详细情形者，请随时到左美古律师写字楼查询是荷。新马路同德源记银庄。

1945年6月24日　第四版

饱食之余摇尾乞怜　摩登少妇坐茶监　金龙茶楼一幕趣剧

（本报专讯）昨（廿三）日午间有一年约廿七岁，身穿绿色旗袍，电发，曳拖履，修饰时髦之少妇，□到金龙二楼品茗，开茶后，呼饱唤点，低□浅嚼，但身□空如况，不名一文。其后对该楼东主陈述，景况凄凉，请求可怜其遭遇，准予离去，后有许多茶客代为说项，结果该茶楼东主以其可悯，申斥一番，挥之使去云云。

1945年6月24日　第四版

警察当局表示极力维护市面治安　对一般歹徒决予严办不贷

（本报专访）迩来本澳市面治安，时遭不肖之徒扰乱，如持械截劫行人，携械打架洗劫住户，枪击途人，械劫船只之事，时有所闻。歹徒被警厅递补归案者有之，惟仍有逍遥法外者。查本澳乃繁荣安静之埠，治安素称宁谧，迩来竟时有如上之事件发生，当局对兹极为愤怒，最近已饬令各部属，对保障市面公安，维持本澳秩序，应宜下极大努力工作，决不容歹徒立足于本澳。关于被捕之歹徒，决定严予责治，其余漏网者，无论如何均加紧踩缉归案，同时当局已有表示，今后如有竟敢作如上之事者，即以危害本澳治安论罪，捕获之歹徒，即予以极严之处治也云云。

1945年6月25日　第四版

来源关系影响牛肉专卖增价　特别肉每斤售价六元五毫

（本报专访）本澳牛肉生意，向由政府当局招商投承指定专卖公司，本届由德全公司投得后，赓续办理至今，以时值非常，物价腾贵，该公司向以来货及化算关系，虽卖价有所规定，但为弥补损失起见，因来货不时飞涨，牛肉价格，亦会增加。该公司昨经呈准市厅，由本月（廿三）日起，新订牛肉售价，特别肉前售每斤五元三毫，现售每斤六元五毫，每斤相差一元二毫，其他牛肉类亦均增加售价。兹将现行售价详录如后：

特别肉每斤六元五毫，头等肉每斤六元一毫，二等肉每斤五元七毫，三等肉每斤四元五毫，牛脷肝心腰每斤五元七毫，牛肚牛肺牛脚每斤一元五毫，牛尾每斤二元五毫，牛骨每斤四毫，牛油每斤四毫，牛脑每个六毫，牛仔肉每斤六元一毫。

1945年6月25日　第四版

同善堂施医药　月来超出预算　深望各界踊跃捐助

自镜湖医院停施中医后，全澳施赠中药只得同善堂一所，而贫侨因习惯信赖国医，故每晨前往该堂求诊者凡数百人。该堂向以赠医施药为职志，绝无限制，一律予病人以医药，近以天气炎热，贫侨多居于陋巷而患病日增，前赴该堂求诊者三百余人，每日施药三百余剂，支□费凡三百余元，全月合计约共澳币一万元，其数目之□，较正月份支药费三千一百零三元二毫一仙，二月份支四千七百廿七元五毫九仙，三月份支五千零五十九元一毫六仙，四月份支五千八百七十六元四毫四仙，凡两倍有奇。该堂值理梁松有见及此，特于会议席上提出将近月来支付施药费向社会人士公报，俾得群策群力，踊跃捐输，得以继续维持云。

1945年6月26日　第四版

商讨米粮供应问题　当局派遣专员晋省　嘉喇度奉委日间即可首途

（本报专访）关于本澳米粮供应问题，当局除极力设法调节外，同时并积极向开源方面着手，以期双管齐下，收事半功倍之效。查历年本澳米粮供应，广东省政府曾迭次予以助力，对搜购运输各项，均相当便利，本澳粮食得以安定，实利赖不少。自此次米潮发生后，当局为求安定本澳粮食起见，日前即准备派遣督宪秘书长高士德晋省与粤当局磋商关于米粮供应办法，惟高氏以政务繁忙，迄今未暇抽身，昨当局因此即改派统制会委员兼武备□军需长嘉喇度中尉负责前往商讨，嘉氏奉委后，刻已批挡一切，在短期内即可首途云云。

1945年6月26日　第四版

名贵非洲象牙　将投卖作善举

本澳新屈路福和烟公司饰柜所陈列之某君非洲象牙一对，重□百十五镑，长达五尺余，实为世界上不易得之名贵珍品。闻该物主拟将□象牙公开投票发售，凡有意购买者可于七月一日□明价格，投函福和公司，以其中出价最高者得，至所获之款，该物主将拨出为本澳慈善用途。届时将投得之款项数目在报端发表，欲购置此珍品者，切勿失此良机云。

1945年6月27日　第四版

盟机轰炸下　影响各江运澳物资

（本报专访）最近航行本澳与各江之大小机帆风帆船只等，在海外时遭盟机轰炸，损失至为巨大，故各江运澳物资，因是不无影响。记者于昨日特走访某机帆公司主事人，叩询关于今后航行情况，据称盟机最初对航行船只只系采一切监视态度，故多在日间出动，遇见大小船只，首先低飞巡视，或以表示命令停止航行，然后兜圈查察，如盟机实行轰炸时，则命令船员离开，始投弹将船炸沉，否则即自行飞去，不予理会。但最近则不然，一遇见各大小机帆时，即投弹或以机枪扫射，务必将船轰沉为止，故日来损失机帆不少，尤以所载之货物损失为重。机帆公司虽改在夜间航行，但仍难避免，反之日间偶遇船机，或可得幸免。其企图如何，至难明了，各机帆公司处此情况之下，对航行时间，均须详细考虑，方敢决定云。

1945年6月28日　第四版

上架行惠及赤子　发起演剧筹款　全部收入拨助托儿所经费　定期下月二日在清平举行

自频年烽火，民生疲惫，一般无靠难童，流离失所，亟待救济。本澳市行政局长兼警察局长布英沙，不忍坐视，乃在莲峰庙附近新运动场内设立托儿所，分别以收容达数百之众，从事救济。然衣食所需不菲，不有捐援，无以为继。本澳上架木艺行主席梁林君有见及此，□联合行友发起组织义演筹款大会，由电剑小童剧团担任义务演出，并定于七月二日下午九时假清平戏院举行，全部收入，涓滴拨送布局长施赈，演出全部经费，由上架木艺行同人及各界人士捐助。为积极展开工作起见，该行业于本月廿六日下午九时假庇山耶街会所召集行友举行会议，并即席成立筹款大会，及经选出各部职员，负责工作进行。为扩大其事及利便工作起见，各部职员，除由行友担任外，并商请各界人士襄助一切。办事地点，仍设庇山耶街，上架行会所，实时开始办公，每日正午十二时，至下午五时为办公时间，并于□日下午九时举行第二次常务委员会议，论及一切工作进行。兹将选出大会常委各部职员，及敦请各界名流为名誉顾问之全部名单照录后：澳门上架木艺行为难童演剧筹款大会常务委员及各部会员名单，名誉会长布英沙，副会长马甸，主席梁林，副主席李锦，（剧务组）主任黎雷剑、罗根、李耀东，（财政组）主任区南、刘洪，（文书组）主任冯培、陈恩、谭华、卢□，（稽核组）主任□□、欧松，（交际组）主任朱给、罗骚，（劝募组）主任李耀东、朱给，（庶务组）主任关发、陈淑、罗有，（事务组）主任陈少伟、钟锡，（宣传组）主任曾奇玉、张衡夫、陈成、刘玮海、杜国铨、陈两铿、陈中、潘濠雷、□钦、王镱、陈平、谭福宝、卫汉光，（名誉顾问）高可宁、赵斑斓、陆电明、刘衡仲、何曼公、刘传能、唐清宇、林炳炎、高福耀、沈香林、黄球、黄森、徐伟卿、刘叙堂、冯祝万、何贤、蔡文轩、崔诺枝、梁鸿勋、陈茂枝、邬志豪、陈天心、毕侣剑、姚伯泉、梁基浩、傅德荫、钟子光、黄耀坚、崔瑞琛、黄渭霖、朱伯英、吴伟佳、傅灿、黄杰源、李海超，冯养，霍□开，区华焜，陈蔚文，李根源，雷唯丹，毕漪，胡邦，黄福龙，□□□，董锡光，□□开，高美士，马万祺，戴□文，□□震，李洪，李烈，王颂献，张□□，□保，关沃□云。

1945年6月29日　第四版

卫生当局推行防疫运动　劝谕市民从速注射

（本报专访）本澳卫生局，对市面各种卫生工作措施，无不力谋尽善尽美办法办理，如清理街道，调查各食物馆卫生等等，最近夏季疫症滋生季候，为保障市民生命起见，故于月前发动防疫注射，希市民为己为众，应宜自动前赴各防疫注射站注射。直至现在卫生局之对防疫注射事宜，仍继续施行，目的为杜绝霍乱症发生，因为目前季候，仍为霍乱症滋生之季候也。该局并希望市民，应宜自重生命及维护公益，并须与卫生局合作，对防疫注射，要明白真义，从速自行前往接受注射云云。

1945年6月29日　第四版

胡文虎乐善不倦　继续施济工作　对各善团米粮供应关怀备至

（本报专访）此次本澳发生米潮，永安堂主人胡文虎以痌□在抱，曾拨出白米一批交由各慈善机关，以资救济，计曾捐助难童衣服二千件，鲍斯高白米二千二百斤，戴思乐托儿所白米六百斤，功德林粥场白米一千斤，天主教饭场白米一千斤。胡氏此举诚造福贫黎不少，昨记者获晤胡氏，曾叩询关于在澳办理救济慈善事宜，据胡氏称，彼将尽其能力，继续一切施济工作。记者以胡氏在港永安堂向有慈善部之设，值此新谷尚未登场，且香港与各方面交通日益困难，米价有增无减，一般贫民当感生活困难，尤其是各慈善团体新收容之老人孤儿食粮，将更成问题，因此叩询胡氏对香港下月份各善团米粮供应问题。据称永安堂慈善部早已购备大量米粮以备青黄不接时期，惟过去每月配给与各善团之米，数量确甚为巨大，七月份仍照旧拨出五万斤，□其中□之一万斤，无代价配给与本人收养于各善团之老人孤儿共六百余名，每人十五斤，另四万斤□□每斤军票七十円之价，配售与各善团及各宗教团体，其分配办法与从前无异，惟慈善部存米粮虽为数不少，但经多月配售与各慈团，及廉价售与贫苦□胞，再经七月份配售与各善团后，所存米粮业已配售一空，现目在各地办运米粮殊不容易，交通方面亦颇困难，慈善部当尽可能设法继续办运，但能如所期否，尚在不可知之数，或得各地善长仁翁予以协助，可能办运米谷赴港以救济各慈善团体之老人孤儿也云云。

1945年6月30日　第四版

新谷登场期近　中山谷商来澳联络　据谈将来谷价必趋下降

（本报专访）昨日中山三八两区，均有谷商来澳，其来澳原因，因新谷登场时间迫近，该两区米商来澳，目的联络本澳之谷米商人，并探目前谷价以为准备预算（每年两造，新谷将告登场时候，内地各区谷米商必四出与各地谷米商人联络，以备新谷登场时，作推销办法之故），今年上造中山各区之禾，得天时之就，预料收割成绩必佳。据三八两区之谷米商人称，目前内地之谷价每担平均即四万余元，其价之昂，实因存谷不多所致，惟新谷一告登场，谷价无论如何必然下降，惟跌至何程度，则不能预料也。闻澳门各谷米商人，亦准备派员赴各区定谷，并准备开始办理运照，及船只等事宜，在新谷一告登场，即可从事采购。后据本澳及三八两区之谷商云，新谷登场之时，澳门及各地之谷价无论如何当告下降云云。

1945年6月30日　第四版

上架行发动义演　进行异常积极

澳门上架木艺行为托儿所筹募经费义演大会，定本月二日下午九时假清平戏院举行，由电剑小童剧团全部团员□□文、罗秀珍、小名扬、小丑民、小杏影、小练民、小段□、小南北、□幕贞等义务演出可怜的难童及山东响马二剧，并情商高影云，谭丽荷两小姐义务客串，座价分无定额，名誉券及（共）卅元，名誉券，前座十元，大堂中座五元，大堂前傍五元，二楼厢座五元，大堂后座一元，二楼后座一元，三楼中座七毫，普通位五毫，各□门券经已印就，昨已送交市行政局盖印，手续完竣，即行发送各界热心人士认购。据主席梁林称，市行政局长兼警察局长布英沙对上架行各行友及各热心人士此次组织义演大会为托儿所筹募经费，共襄善举，各界人士，出钱出力，其志甚为可嘉云云。

1945年7月1日　第四版

悬红缉拿作弊潜逃　梁生

如能于三个月内将此梁生拿获归案究办，即奖葡币一千五百元，贮款以待，决不食言。

澳门荣丰银号启

六月卅日

1945年7月2日　第四版

抚恤死难警察遗孤　举行水体筹款

（本澳专访）为抚恤警察之遗孤筹款，警察体育会会长观耶，于昨日下午七时在金门餐室举行筹备水上游艺运动大会组织事宜，出席者有何启绶、黄文、陈□新、吴启洪、殷□基、五德、陈□邦、朱兰德、罗兰士等。是日观耶因政务纷纭，特派出欧巴度代设主持，席间欧氏谓此会乃观氏主持，此次筹款会之节目，约分划艇，及捕鱼比赛，欢迎渔民参加，至体育会则希各水上英雄参加，节目丰富。至大会主席，已定为督察长观耶，副主席何启绶、欧巴度、财政、黄文、欧文地、比赛委员、潘炳文、吴启洪、五秀山、宋耀德、罗□荣、杨道坤、陈定邦、罗兰士、殷□基、□仙、比利喇。至比赛日期约在八日间，各部奖品现正征求中。顷观氏为详细办理起见，拟定本星期三在警厅再举行会议，至此次收入所得，全部□交警厅以抚恤因公殉职之死难警察遗属云。

1945年7月2日　第四版

布英沙封翁　在葡京逝世　布氏友好均致唁悼

（本报专访）警察局兼市行政局长布英沙之封翁，最近不幸在葡京理（里）斯本患病逝出（世），昨经有电来澳报告，闻者无不痛惜。布氏同僚及友好聆讯，纷向布氏致唁云云。

1945年7月3日　第四版

东莞同乡会　决定作育贫童　使贫苦儿童获肄业之所

（本报专访）奉准澳府正式立案成立，东莞同乡会，经于昨日假座澳门商会二楼礼堂举行正式成立典礼，前往参加者，澳府文武长官及埠中绅商名流，该会主席陈茂枝，叶子如等郑重致词，决为乡梓服务及努力推持会务，福利社会，办理公益。至该会于发轫之时，尤赖社会人士予以襄助，方底成功。顷查该会主事鉴于时值非常，贫苦儿童碍于家境困难，失却教育，实深痛惜，故决定第一步计划，为增设义学一所，以作育彼辈贫苦儿童，使其获得肄业之所，不致沦为文盲。至义学地址，经在水坑尾附近购置屋宇一所，一俟其住家□出后，即可开始办理云。

1945年7月3日　第四版

购公米必须注射　米站昨未执行　仍照常一样售米

（本报专访）关于日前卫生当局劝谕，市民注射防疫针，并通告规定凡领有粮食证往望厦米站购买公米之住户，由本月一日起，必须经过注射手续，否则该粮食证不发生效力。市民因此前往中区卫生公局办理注射手续者，每日数逾千人，挤拥异常，因该处工作规定由下午三时至六时止，时间无多，不及办理者为数甚众，市民望当局增加多处注射地点，以免稽延时日。至望厦米站方面，昨日仍未有执行捡查注射粮证，据办事人称，谓仍未接到当局此项通告，故未经注射之粮证，仍一样照常售米云云。

1945年7月4日　第四版

瘗葬西洋坟场之骸骨期限五年须即检执　当局发出布告晓谕办理

（本报专访）位于塔石之西洋坟场，为本澳天主教人士为□葡人士之死者葬骸之地，场中措施，由市政厅管理，规定凡骸体葬于该场，如非具有特别批准，或将坟地永远购买者，□限期五年，逾满时当局则将坟地收回，以为新亡骸体瘗葬之用。故凡死亡骸体之家属，于五年后，须自行将骸骨检执，另行埋葬，否则当局乃替其办理，将之□于合葬井中。近年由于死亡者，数□□增加，场地不敷应用，当局乃在望厦空地，增辟新场地，以广容纳，但其规定之章则，仍然执行。顷该局在去月卅日发出布告，期限在布告发出之日起，在六十天内，居民如有亲属之死亡者骸骨，经达五年期间者，须向议事公局申请检执。该布告分别各等级之数码及姓名，葬时之年月日，凡数百宗，居民如须明了者，可到该局检阅，倘逾期仍不履行检执者，当局则代为办理，□诸合葬井云。

1945年7月5日　第四版

当局聘请郭景升医生为热带病专门顾问　主持一切灭疟运动

（本报专访）昨据政府公布发表，当局特别聘请，华籍西医郭景升博士为卫生专理局热带病专门顾问，由本月一日起，任期六个月，月薪五百元。查本澳迩来疟疾流行，极为剧烈，卫生当局经决定进行，灭疟运动，郭氏对该症之治疗深有研究，故将来灭疟运动，将由其主持一切云。

1945年7月5日　第四版

高可宁等　昨谒观耶　商米市问题

（本报专访）昨华侨联合会负责人高可宁、林泽衡、刘衡仲三人，为米市问题特趋谒统制委员会副主席观耶，即询当局关于今后一切解决办法，双方畅谈甚久。

1945年7月5日　第四版

殷皇子中学校长贾尼路辞职获准　国民协会主席亦辞去

（本报专访）本澳国民协会主席兼殷皇子中学校长贾尼路博士，月前因私务繁忙，经向当局提出辞去各职，当局为此昨已照准，遗缺委出现任该中学教员兼市政委员廉马士继任。至国民协会主席一职，人选现仍在物色中，转由委员罗保代理主持一切事宜。查罗保氏为该会最老之会员云云。

1945年7月6日　第四版

购公米要防疫注射　米站下周决实行　下周售米新秩序星期一方能宣布

（本报专访）目前季候为霍乱症蔓延之机会，卫生当局为求杜绝霍乱发生，已于数月前施行防疫注射，办理以来，前赴注射者□不乏人。惟行与米站合作，举凡前到米站购买公价米之人士，由本月一日起，一律需到卫生局注射，然后方能享受购米权利。查本周前到望厦政府米站购米未有注射者，米站仍一律照常发售，原因，因为是项通告发出过迟，以致一般购米之市民赶不及注射，许多前到米站请求本周□缓执行新例，其后由米站新任主理毕神父呈请统制局与卫生局，本周内特准未有注射之市民得到购米权利，结果得到通过。闻下周关于前到米站购米之市民，无论如何须宜注射方能得到购公米云。

（又讯）关于米下周售米问题，因为施行市民须宜注射方能到米站购米之新例，以致秩序□未能于今日公布。该站主理人饬属通知，举凡购米者，于星期一须到米站看售米新秩序，因为下周售米之新秩序，星期一方可公布云云。

1945年7月6日　第四版

两和渔栏　代理濠江生雪　批发零沽价甚相宜

兹有殷商多人，为适应环境需求，特合股大规模经营生雪制□厂一间，命名濠江雪厂。该厂机件全部皆已运澳安□，本周内可出品应市。查该厂出品，交营地街两和隆记渔栏总代理，批发零沽，价甚相宜，无论光顾多寡，皆派专员送货。两和渔栏电话，二三五六云。

1945年7月6日　第四版

健康检验会　山度士任主席

（本报专访）本澳健康检验委员会经已满任，政府现委派山度士医生为该会主席。巴庚沙医生及费伯乐医生为委员，至于健康视察总会则由武弥士医生为主席，方锡嘉医生及费礼喇医生为委员。以上两会委员任期至本年十二月二十一日终止云。

1945年7月7日　第四版

督察长观耶谈最近市面治安情况　夜后海面严禁登陆令仍然执行　市民应遵守警令勿在海傍徘徊

（本报专讯）警方当局为强化本澳市面治安机能起见，曾颁行条例，规定由下午八时起，禁止市民在沿海登陆，或离境，并禁止在规定时间内，市民不得在沿海靠岸□□。警方此举，实为防止歹徒于不法行事后，潜行离境之故也。记者□走访督察长观耶，叩询最近市面治安情况，观氏答称，市面治安现象，其优劣，已为社会人士所共见，上述禁令，依然执行，但时间延迟一小时（即每晚由下午九时开始）至际此时近夏季，天气严热，居民多于晚上在沿海散步乘凉，当局当不予以禁止，但如非月明之夕，则市民应遵守警令，勿在沿海地方多事徘徊，以免影响警察办公云云。

1945年7月7日　第四版

购买公米　发现伪币

（本报专访）昨据米站发出布告称，凡向该米站购米者，须注意所携之纸币是否伪币，如发觉有伪币者，不特予以没收，并将追究其来源云云，故一般向该站希切宜注意，否则不特虚耗时间，同时并有不少麻烦手续也。

1945年7月8日　第四版

七月份教粮　经定期明日发给　配给办法划分两期每口约配米四斤

（本报专访）本澳各华侨学校教粮，月来蒙督宪之恩惠，特别准许配给廉价米，各校教职员当此米珠薪桂之秋，得此廉价配给，有如久旱逢甘露，歌功颂德。而本月份教粮购买，当局定为须凭粮食证按口售粮，经教育会主席朱伯英及廖奉灵向当局请示办法，鲍斯高校长陈基慈神父见义勇为，协助最力。而华视学会会长白达和更为各校写作呈报表册，领得粮证，民政厅长华士贯些路更热心帮忙，亲为代领购米牌仔，以一日之时间，将全部领取牌仔工作完竣。手续既清，陈神父即偕朱伯英，廖奉灵晋谒统制委员会副主席观耶，请领米粮，观耶传谕教育会代各校领购之米粮允准明（九）日发给，惟米量若干，□俟明日朱氏再请示明白方能决定。闻七月份之教粮配给办法，划分两期，每口配米四斤。至各校缴款地点，朱氏之意，拟再恳请大丰银号代劳，盖当此暑假期内，政府机关每日均下午休息，为利便各校缴款计，故请大丰银号代劳。查本期之购米，仍以学校为单位，每一学校购米，须将全校应购米款项集齐，缴交收款处，领取出米证云。

1945年7月8日　第四版

米粮价降　日间有续跌可能

（本报专访）自前日，本埠米市情形，大为变动，同时本澳当局派往广州签订米约专员亦有电返澳，报告签妥米约，进行顺利，因是米市乃呈□激下降现象。查日来内地米价，因新谷登场之期迫近，人心均趋向淡，故价格日趋下游。不过当日以环境关系，致运澳数量不多，自当局宣布取消一切限制后，各地米石，已有大量运到，米价乃告下降，因此连带关系，各项什粮如粉类、豆类等，亦均狂跌。查前昨两日市桥大冈各地均有米石运澳，故相信日间米价有再低跌可能云云。

1945年7月9日　第四版

望厦米站　本周秩序无改　购者须有防疫证

（本报专访）望厦政府米站，于今日起，举凡到米站购买公价米者，必须注射防疫针，方能得到购买公价米权利，否则米站则概不发售。查米站此举，目的为杜绝霍乱症发生，盖因日前得接当局之命令而施行，故该站主理人，希望购米市民须履行政府公令，否则作为自误。查本周米站售米秩序，与上周无异，今日米站售米秩序，上午八时半，售卖十号粮证，售完十号粮证，即售九号粮证。中外人士均一律可依时到购，下午一时便告停止发售云云。

1945年7月9日　第四版

飓风在海外掠过　澳境幸无损失

（本报专访）前（六）晚，飓风有侵袭澳境可能，天文台于该日下午高悬七号风球，警告市民防备，故（七）日晨吹东北，飓风似向本澳吹来，海面船只，均驶赴避风塘暂避，而市面情形，顿呈冷淡状态。直至昨（八）日上午十时许，突转吹东风，飓风旋即向海外吹去，天文台得见重险关头已告渡过，乃解除风球，目的向市民示告飓风他去。查是次飓风，主力幸不吹来澳境，因此未酿成灾，水陆居民，无何损失云云。

1945年7月10日　第四版

各界捐助　同善堂　善款将达千元

同善堂善院，迩因施药经费浩大，不断呼吁请求捐助，俾能施济不辍，而利贫病。查昨有胡政□□各友，每捐□币九十元，陈照家葡币一十元，另收到澳门居民粮食救济会葡币七百九十一元四毫三仙云。

1945年7月10日　第四版

七月份教粮配给　今日缴款购米　十时止截迟到自误

（本报专访）七月份教粮，昨经教育会主席朱伯英暨协和校长廖奉灵面谒统制会副主席观耶，请领教粮，蒙观耶当面批准，按照呈报表册发售一星期米粮，共卌七担，平均大细人计，每人各得米一斤半。朱氏得获观耶批准后，立即通告各已呈报之侨校集款领购，各校缴款地点在新马路瑞昌办馆内银庄，缴款时间最迟今日上午十时前集齐，迟交者则属自误，盖朱氏经与统制局约定十时正集齐款项到局缴交，不能延迟。缴款学校，在缴款后应该即向该银庄取回收条，以便凭此收据出米。最后又据朱氏称，各缴款之学校，须即到教育会等待消息，以便朱氏请示统制会向何处出米，以便通知，并可迅速持此收据购米云。

1945年7月10日　第四版

供应本澳米粮问题已告功德完满　传嘉拉度氏今日首途返澳

（本报专访）日前本澳发生米潮，当局为求彻底解决粮食计，已于日前特委嘉拉当中尉赴广州与广州当局签订供应本澳米粮协约。自嘉氏与广州当局谈判签约问题，进行甚为顺利，每月广州当局允许谷米四百担来澳。本澳当局以嘉氏是次晋广州谈判约事宜，得到良好结果，极表满意。传嘉氏以功德完满，定期今（十）日由广州首途返澳云云。

1945年7月10日　第四版

澳府颁令津贴　签署葡币职员

（本报专讯）澳府当局于年前实施废止银毫在市面为贸易本位后，乃依照银毫之数额发葡币，以应市面流通，现市面行使之五百元、一百元、五十元、廿五元、十元、五元、五毫等面额之葡币，乃当局签发者，金融市场亦赖此得以安静。澳府于新币印发，曾委定若干职员负责签署之工作。顷澳府以彼等有不少额外时间仍担任特别工作者，为奖励此辈起见，特颁发训令予以津贴，兹将该训令录后。

第三八一四号训令，特定关于签发新纸币所有职员额于（于额）外时间担任特别作工者一律予以津贴云。

1945年7月10日　第四版

粮救会存款　分拨七所团体　每团体得款八百元

（本报专访）粮食救济会于日前宣布结束后，所存善款，则分发同善堂，镜湖医院、平民学校、公进会粥场、义社、功德林粥场、妇女会之望厦粥场七所慈善团体，每慈善机关得善款七百九十一元四毫五仙，代发款处，为大丰银号云云。

1945年7月11日　第四版

澳门广州电报拍发　从新订定价格

（本报专讯）自战事发生以还，澳府当局仍一贯依照其葡国固定之宗旨，严守中立，态度超然，故本埠一切行政措施，迄未稍改，除因战事略有影响外，其他如来往交通方面，皆赖此为枢纽中点。查邮政局为使本澳与广州间之电报拍发互通及消息传达迅速便利起见，特将拍发电报之价格，从新规定，凡由本澳拍中文往广州者，每字收葡币三角，拍英文者则收葡币四角，新闻电报每字只收葡币一角云。

1945年7月11日　第四版

同善堂经费不敷　呼吁各界捐助

（本报专访）本澳慈善机关，除镜湖医院以外，则为同善堂。查该堂对于本澳同胞之□□事宜，如赠医药，与及施粥施药施棉衣等等，均着成□。惟迩来各物价飞涨，该堂经费来源，未能与□支方增加，故已频支频困难。惟该堂善举，关系于本澳同胞者甚大，□□本澳之善长仁翁，共襄义举，慷慨解囊相助云云。

1945年7月12日　第四版

无头公案　木桥街发现女尸　死者两手拗有伤痕　警方已派员查究中

（本报专访）昨（十一）日凌晨，木桥街口，发现女尸一具，该女尸身穿黑缪绸衫裤，年纪廿岁，截发。查该女尸两手拗均受伤，鼻孔出血，死形极惨，以情形视之，事前似被谋杀致死。事后段警方发觉，致电□镜湖医院派出帆布车将该女尸送□镜湖医院殓房暂为安置，然后送交山顶国家医院剖验。警方对此次疑案，极为注意，发出通告召尸者家属认尸外，一方面派出警察查究该案云云。

1945年7月12日　第四版

高静娴捐助同善堂葡币百六元

同善堂昨收捐款。同善堂善院连日施出中药，惟药费异常庞大，曾迭次呼吁，□求社会人士捐助，否则入不敷出，支持不来有停施之憾。查昨有高静娴女士助该堂葡币一百六十元云云。

1945年7月13日　第四版

"打针"买公米　办法经加以改善　有针纸可交米站盖印便生效力　本周未经注射者仍可照常购米

（本报专访）日前当局通告，凡往望厦米站购公米之住户，必须经过防疫注射，并定由昨星期一日起执行。该项注射证必须经中区卫生局验明，后由医生在粮证签署方生效力。如在别个分站注射者，亦须全体到中区卫生局证明后方可。故连日到卫生局注射之市民，为数至为挤拥，因工作时间有限，故每日□违者大不乏人，致往往失去购米机会，因是市民咸希望卫生当局设法加以改善。现当局为利便购米市民起见，准许市民在防疫注射站，注射后可以一人携备全家针纸及粮证到米站盖证明许可印，便生效力，同时卫生局特派出职员在米站作检验工作云云。

（又讯）该站为利便未注射购米市民，本周内仍可购买公米，惟下周星期一日起决定执行，如未注射者，米站则有不售之权云云。

1945年7月13日　第四版

遭盟机袭击之华安机帆　短期开返澳门　损失详情届时当详细报导

（本报专访）裕德行之华安机帆，日前赴湾，途中为盟机袭击，船尾大部被炸伤，详细情形，该行至今仍未接得报告。记者昨特再度走访该行询问该机帆消息，据云，该机帆现在清修理中，短期内可告修理完竣，即驶返本澳，情形届时当作详细报导。

1945年7月13日　第四版

善声

公进会平民粥场，本月份董事长捐款，昨已收得高可宁、董锡光、陈茂枝、傅德荫各一百元。又该粥场收得粮食救济会结束捐款七百九十余元云。

1945年7月14日　第四版

市营电力局准许市民申请开用电风扇　并希望市民仍须节省电力　否则该局有恢复限制可能

（本报专访）市营电力局，自施行日夜供电后，市民无不认为便利。最近该局因发电原料已有相当进展，同时得见目前乃盛暑期间，电力局月前为利就机关、医院、学校、侨团人士，已先后允准开用电风扇。现在为进一步利就全澳市民起见，亦准许全澳各界人士申请开用电风扇，惟须经电力局审查认为许可时，然后批准。但该局并通知市民知悉，希市民与该局仍彻实合作，切勿滥用虚耗，否则电力局有恢复日前之限制可能云云。

1945年7月15日　第四版

观耶面示教育会主席　教粮定价可望酌减　原定下周初配米暂时延期　待公布新价再行集款领购

（本报专访）七月份第二、三周教粮配给事，经得统制会副主席观耶批准，定十六日发米，该消息经志□日本报。惟昨又据教育会主席朱伯英称，关于教粮事宜，昨前往统制会请示配给办法，据统制会称，第二、三周教粮配给价格，有所更改，现价格之升降，尚未决定，须向副主席观耶请示，方能定夺。朱氏据此消息后，随往谒副主席观耶，据观氏称，前日本人已于下星期一答允发给七月份之第二、三周教粮，现因一批米石运到，粮价或会降低，故不能将原定第二、三周配给各校之粮价决定，恐一旦决定后，粮价续降，反影□及于教师，故暂不决定，前定下周配合教粮之期，暂行押后，最后并请朱氏于下星期一日再到磋商，以便将新□粮价公布，俾得各校集款购米。朱氏据情后，将原定本星期日各校到瑞昌办馆□业部缴款购米事暂行取消，听候星期一日观耶订定之新价，始再集款购米云。

1945年7月16日　第四版

购公米注意　今日检查针纸　在分站注射者亦有效

（本报专访）购公米市民须要注射问题，本预定于两星期前施行，惟仍有许多购米而因种种困难，未能履行新例者，其后卫生局得睹该情，为求利就双方计，特将新例略事更改，派员在米站检验针证，而购米者可到各分站注射。现卫生局为实切办理此事起见，关于购米人须要注射防疫针，决于今（十六）日实施。由今日起购米人如未注射防疫针者，米站有不售公米之权，是次实施之期，决不再改云。兹将米站今日售米秩序列录如后，上午八时售十号粮证，十时半售九号粮证，售米数量与上周无异云云。

1945年7月16日　第四版

盐业　市况呆滞　有供过于求之势

（本报专访）本澳盐业，以去年最为发达，业盐者，无不获利。一般投机商人，争向政府领取业盐牌照，故今年度在澳创办之盐号，由六家增至十六家之多，资本雄厚者则自遣派专船到广州湾、汕尾、阳江等地采购生盐来澳，其后则有许多运输商亦垂涎业盐生意，故多改采购食盐来澳推销。查数月来输进本澳之食盐，有供过于求之势。昨据某盐商谈称，来澳之盐今年度以最近为多，盐市甚为呆滞，惟今年度业盐者获利，比不上去年多矣。

1945年7月17日　第四版

订米约功德圆满　嘉拉度前晚返澳　昨晨即晋谒总督报告此行经过　当局将根据实施调整粮食方针

（本报专访）负责往广州签订米约专员之本澳军政厅军需长嘉拉度中尉，自抵埠后即与广州当局将米约签妥，解决本澳米粮供应问题，消息业叠志前报。查嘉氏既得完满结果后，即于月之十四日首途返澳，（十五）日深夜始安抵本澳，当时到码头欢迎者有当局代表，政府官员及嘉氏亲友多人。昨（十六）日嘉氏特□督辕向总督戴思乐报告此行经过，在座者有统制会委员多人，总督对嘉氏此行得到美满成绩，深致□勉。记者据息，此次所订之米约为每月运澳四万担，除一部分由当局支配外，其余均由商人自由办运。当局根据嘉氏报告后，即可决定今后关于调整本澳粮食计划，日来本澳粮食价格，因此影响，价格已告下降，故将来当局宣布一切调整方针后，价格定必再度低降者云云。

1945年7月17日　第四版

六国茶楼　烟弹爆炸　幸无伤毙人命

（本报专访）昨（十六）日晨七时四十五分左右，十月初五街六国茶楼，地厢左边第一个卡位，突隆然巨响，状如炸弹爆炸声一般，在该楼品茗之茶客，惊恐异常，纷纷走避，秩序□告大乱，后该茶楼致电话警厅请派警员前到镇压，事始寝息。查该巨响，本是烟弹爆炸，幸无伤毙人命，现警方对此事已极为注意，已在严密查究中云。

1945年7月17日　第四版

外围谷价　连日均告下降

（本报专访）两日来本澳米价均在下降中，而各类什粮价格，亦趋下游。查其原因，本澳外围之谷价，近日来均告下降，据某谷商云，目前新谷尚未算大量登场，如在农历大暑左右，米价当有暴跌可能云云。

1945年7月18日　第四版

海新机帆干雾遇盗　经苦战后脱险归来　今后将暂停行走省澳线

（本澳专访）行走省澳线之机帆海新号，于本月十三日间由本澳启航，前往广州途次，又遇海盗在海面载劫，发生枪战凡二小时之多，该机帆卒在苦战之下，得获脱险。记者昨据该机帆之负责人谈述，苦战脱险之形情，兹访录如下：

查海新号机帆，为十月初五街某行走省澳线之货船。该船于本月十三日由本澳启航前往广州，途次干雾附近，其时约为上午九时许，突发觉有机帆一艘，迎面而来，向海新号迫近，似有不轨之图。当时海新号见来势不佳，乃喝令该机帆不可迫近，一方面即向后驶退。讵知该机帆中人，觅若充耳不闻，仍进迫如故，海新号见势色不佳，遂发枪向该船射击。该船亦发枪复击，节节进迫，海新号此时已知为海盗截劫，□启用机枪扫射及土炮轰击贼船，双方更发生枪战，海新号则且战且退，苦战凡二小时，由干雾至洪澳附近，海盗见不得逞，乃知难而退，海新号乃继续启程开往广州，货物伙伴，均无损失及受伤。该船经过此次惊险后，于昨日返抵本澳，今后将停行走该线云。

1945年7月18日　第四版

教粮配给　增价　每担二百元

（本报专访）七月份第二、三周教粮，前（十六）日，教育会主席朱伯英再往统制会请示购买米粮新价，当时由该会秘书以电话请示副主席观耶，结果由该秘书转致观耶之新订价格为每担葡币二百元。朱氏据情后，以该新价昂贵，须待召集会议，方能决定。将来是否仍向政府配给米粮，则俟讨论如何始能决定云。

1945年7月19日　第四版

弩弥士巡视清理粪溺工作　严密维护卫生措施　称许粪务专营公司办理良好

（本报专访）本澳卫生专理局为维护居民健康起见，对于地方洁净事宜，靡不竭力整顿，故对垃圾之清除，粪溺之清理，极为注意。至上述垃圾粪溺之清理事宜，系由市政厅规定饷项招商投承办理，承商须依照该厅颁行之法则，负责清理，而卫生专理局则有负责监督之责，庶免承商办理不善而影响于本澳之公卫生也。查惠农公司，承办该项业务，已达多时，措置完善，惟年来埠中之菜圃，数凡多岁，菜圃植种之农产品，均以粪溺为灌溉肥料。依照市政厅规定，粪务乃承投专营性质，倘菜圃需用粪溺，须向该专营公司购买。惟一般不肖之清粪妇，竟于每晚清理所得，不将之移往该公司之储粪船内，而□将之售与青州、台山、黑沙环一带之菜圃，倘遇该公司之稽查员从中监视或因时而未克移运时，则储于其居住之屋内，以致恶臭之□息董腾，中人欲呕。此种情形，实有妨碍本澳之公共卫生。顷查卫生局洁净课主任弩弥士大医生有见及此，于昨日特约□惠农公司主事人，驱车巡视清粪工作，对该公司之清粪事宜及储粪船之清洁设置，极为赞许，同时继巡视雀仔园内之残陋屋宇，不避肮脏，亲自俯身入内检查，其中多有储藏多日仍未清除者，召集当地之市厅稽查员□示，饬令嗣后须协助该公司之稽查员办理调查工作，以免清粪妇藏污□，影响卫生。最后弩医生前赴青州、台山、快子基一带之菜圃视察，并饬令菜圃中人，倘需用粪溺时，可向该公司购买。弩氏于巡视完毕，乃对该公司主事人称，倘嗣后如有任何事件，须以本人协助者，□随时可具情报知，当以绵力办理云。

1945年7月20日　第四版

出谷米运照　筹备需时　商人准备大量申请运澳

（本报专访）当局为彻底办理本澳粮食问题，于日前特委派嘉拉度晋广州，与广州当局签订米约，结果，完满解决，而嘉氏亦以任务完毕，于前（十七）凌晨返澳，各情已详志本报。顷查供应合约虽告解决，但日来米价未见转顺，原因乃系一时未能从速办妥运照手续所致。记者特走访中山留澳之谷米商询问一切。据悉，目前本澳米价未见转顺，实因办理发证筹备需时，未能以最速时间发出运照，需办理批发运照之工作，手续至繁。最近各地谷米商，均准备申请领取谷米运照，谷米大量运来，想为期不远，届时影响所及，谷米价格当必转顺也云云。

1945年7月20日　第四版

酒业界巨子　创设新型酒家　黄柱记今日复业

本澳清平直街之黄柱记饭店，创□经有廿余年，信誉早着，尤以擅长海鲜时菜驰名，历来省港游客到澳，莫不以一试该店之海鲜为快。今闻该店主人，因另图创业，故将该店全盘生意，让与酒菜巨子高某张某两人承办，现经从新改革完善，全部以最时代合理布置，对卫生设备，尤为注意，其余一切措施，均属适应食客之需求，务使成为饭店业之模范。闻定明日下午启市。高张两氏，经营饮食业有年，若能以其丰富之经验，圆滑之手婉（腕），接办该饭店，相信比前更好，当能予食客之美满，又为饭店业中放一异彩云。

1945年7月21日　第四版

前晚龙家大屋二楼倒塌压伤多人　日久失修楼柱木杉多为白蚁蛀蚀　是晚演剧祝寿人数众多致肇此祸

（本报专访）前（十九）日下午九时许，龙嵩街六号殷户龙介尹住宅，因屋内中部年久失修，突然倒塌，当堂压伤多人。查该日为龙氏寿辰，在该屋举行祝贺联欢志庆，龙氏生平酷睹粤剧，尝延□名伶小莺莺教授其子女演剧，组织“小龙剧团”曾公演多次，至得观者赞赏。是日该小龙剧团为娱亲起见，特排演粤剧“六国封相”及贺□等，以示庆祝，事前并通知亲友等到场观剧，当时情形至为热闹。不料该屋日久失修，况楼柱木杉多被白蚁蛀蚀，大厅中剧场因人数众多，失去支持力量，突告下□，隆然之声，响彻遐迩，当即有多人被压于地。龙氏本人机警，急由窗口跃下街中，幸免于难。事发后，因警厅在邻近不远，当即派警到场维持一切，一方面电消防局派员施行救护，结果救出多名，分送国家医院及白马行医院救治，计送白马行医院有女士龙墨龙（五十三岁，顺德人），伤身上多处，女子龙兆雅（四十一岁，顺德人），压伤胸前，女子崔龙氏伤脚，女子龙曼玲（五十八岁，顺德人）压伤胸前，女子罗六妹（卅一岁，大良人）压伤胸部。龙墨龙等经敷伤后，即行回家。又女子潘兴（十八岁，番禺人），潘佩馨（十三岁，番禺人），女子吴雅（五十八岁，顺德人），女子曾□（廿五岁，新会人），女子五贵（廿一岁，顺德人）亦有受伤。至留医山顶医院，则计有男子余洪（廿岁，中山人）伤足部，男子张炳（廿岁，中山人）微伤足部，小童李国权（十岁，新会人）仍在医中。至此次□屋，其最幸者并无损失人命，惟小龙剧团之配景道具戏服等，则略有损失云云。

1945年7月22日　第四版

卫生局取缔菜圃贮粪　农民呈请市厅通融　商会具情转陈市政厅办理　巴路士体恤农人之环境困难　罚款条例在可能范围内缓办

（本报专访）本澳卫生当局，为彻底整顿全市卫生计，曾迭次五令三申，厉行清洁运动，举凡各街道各区域等，均不得将污秽粪溺等物随地撒弃，至有碍公众卫生。以是卫生当局，除调查各街道住户外，并注意及郊外之菜圃农作地点，对于污秽之物及用以耕种之田料，亦一并取缔。是故全澳耕户特派出代表莫全，周荣，冯玉君等数十人，联同署名，呈函商会，请该会本其协助侨胞之热忱，向政府当局恳请予以通融办理，以免借以为生之二千余人，因田畴停止工作，蒙受不幸之影响。商会方面对于全澳耕户等所请求，亦认为有向当局进言之必要，已于昨日开会议议决通函，接纳各耕户所请求，定于日间代表转陈当局云。兹将各耕户之请求商会代为转陈当局之原文录后：夫三农乃不绝之仓，五谷为司命之本，古帝王翘勤稼政密□□功。今各国展器授方，顺时士诚重之也，诚急之也。我辈栖迟莲岛，或避乱镜湖，工无父之才，商乏计然之术，徬徨无策，粒食堪美，政府宵旰勤劳，苍生关切，许以开荒辟土，种□紫菜黄蔬，固我等衣食之无虞，亦澳门供给之是赖，各安其务，何幸为之。讵意事非常，人皆骇污，卫生当局粪溺为嫌，巡逻先生，以虫蛆有碍，初罚贮肥之具，需盖密而莫当天，继而蓄粪之缸，要深藏而须入地，上盖木板，前增沙泥，是诚途过如常，人闻无味，我辈宁之矣，你守之矣，中间经过，罚判频生，历次情形顺从无忤。顷者日益加厉，耕者不安于田，事复更艰，种者莫测其意，譬诸前日，大异往时，苦力多人，从卫生之车而至，巡逻数位，谓肥料之具不良，□屎缸□流满地□凿开粪□，臭气通天，以盖密为不合卫生，岂打开为切符手续乎。同人等据理力争，诚心请示，所得答复，不大适宜，一要粪溺不生虫，二要施肥不有□，要知粪非贩，溺不发酵，施诸菜疏，势必枯萎，□不可行之法，不能奉之方也。粪会为侨团领袖，民意机关，谨□实情，上渎聪听，转求政府，俯顺民情，致意医生，示方我法。是故联名恳请，并非众意留难，但求稼□如常，不望是非之辩。田畴影响，供给堪虞，妇孺家人，数达二千之目，稼穑户口，共有三百之多，影响社会为何，贵会诸公明白，乞施援引，用解倒悬。全澳联名，一心辞恳，谨呈澳门华商总会主席暨列位值理先生，全澳耕户联名次肃拜于代表莫全、周荣、冯玉君鞠躬（联名略）。商会当经于值理常会议决代为转请，商会主席高可宁并于前日下午五时，偕同国家医官砮弥士前往郊外台山青洲各菜园巡视，对于农户应如何蓄粪，对农具之卫生问题，详加指导，各农民亦乐意遵行办理。至于日前各农户有未明了卫生措施而被通告需受处罚者，高氏以农民生活艰难，以不明法例而被罚，实属可悯，乃于昨日上午晋访市政厅长巴路士，请求予以特别通融办理，取消罚款。巴路士亦以农民终日耕稼，所得始得糊口，实堪怜恤，允之在可能范围内决予通融办理云。

1945年7月23日　第四版

秘书长高士德谈市面治安　如派警探严密保护　务使歹徒无法活动

（本报专访）迩来市面发生歹徒扰乱治安情事，当局对此异常注意，决严加究办，除对市面之警察网极力增强外，更加派大帮便衣密探逡巡，严密保护。昨据督宪秘书长高士德对记者发表谈话称，关于市面治安问题，当局已严加注意，此后可保无虞。现已加派多名便装及武装警士，日夜分巡市面，严密戒备，务使一般歹徒，无法活动云云。

1945年7月23日　第四版

布匹去途背和　出口略滞

各种布匹，由港地运到颇多，由于种种问题背和之故，市道仍未有转□之状，但上货仍行，九龙格纱布市略滞。

1945年7月23日　第四版

盐市畅行

（本报专访）食盐市道，在归纳而言，每岁夏间，其销路必较滞，且以本澳存底过厚，其价遂尔不振也。昨日盐市虽颇行流，而其价仍未见好。查大都为炒家吸入者云。

1945年7月23日　第四版

慈善水艺义券　日间发送各界

（本报专访）督察长观耶氏为体恤一般因公殉职之警员家属教育费等，特于日前征得一般水上体育界发起慈善水上游艺大会，定期本月廿八、廿九、卅日一连三天在澳侨游泳棚举行，各事大致就绪，开始日期甚近，现水艺会方面，已定期于此两日内送发义券与外界人士云。

1945年7月24日　第四版

银业行为镜湖筹款　采取自由劝捐办法　如将成绩欠佳时始改其他方式

（本报专访）本澳银业行为镜湖医院筹募经费委员会，昨日下午四时，假商会二楼召开首次会议，出席者马锦灿、马才坡、伍宜孙、潘惠衡、李宽、黄梓山、□洽、李泽浦、何善衡、何西圆、何□天、黄□秋、邓晴隆、廖景初、梁植伟、李志坚、程日初、马森代、李树荣、关赓森、郑实、□琦、何贤、黄文、李□樵、王朗生、陈立民、源晋初、区子□、梁流、吴席儒、姚槐、林炳炎、黄福龙、□舜朝、陈伟、黄永详、邹颂萱。开会经过，（一）首由主席邓晴隆宣布开会理由，继续宣布该会筹备经过；（二）大会文书官读负责委员名单；（三）商讨会务发展问题，以及筹款办法；（四）每一星期叙会一次，共商一切进行事宜；（五）伍宜孙提议增设调查、宣传两组，由常委选出，每组五人负责。何善衡提议，每组除负责外，其余亦须负起协助，结果通过；（六）商讨筹款办法，李树荣提议，以娱乐式（如演剧、游乐）等，请各界认定捐款数量。林炳炎、伍宜孙提议，先行自由式请各界自由捐助，如成绩欠佳时，然后采取其他方式。结果议决先取自由劝捐式办法，后则行李氏之建议云云。

1945年7月25日　第四版

申领米照　手续简便

上月本澳尝闹米潮，官民各界备极关怀。去年林臬氏莅澳后，对澳侨粮食，非常关怀，奔走不遗余力，首偕本澳代表贾喇度氏上省签订米约，较前供给倍增，粮价大跌，民心欣慰异常。查运澳米照，乃属本澳米业行商所得公开申请者，新证经已陆续批出，手续至为简便。又林氏日特为米商运输谋便利，沿途关卡对证照运输手续明了简便起见，特亲赴中山一带有关当局接洽联络，成绩美满，经于昨（廿四）日返澳，以后于办米来澳当更便利不少。另驻澳办事处当局，为使商人□起卸便利计，特为指定廿二号码头，作为起卸地点，由该处派员监督协力，每日起卸时间由上午八时至下午六时，星期日照常办公云。

1945年7月25日　第四版

妈阁山西望洋　政府辟为公务员住区

（本报特译）根据去星期六日澳门政府公报发表之立法条例第八八七号，决定嗣后所有妈阁山，及西望洋山一带地区，专保留为建筑本澳政府楼宇，及文武公务人员住宅之用，包括所有□俸退休公务人员，及其遗族云。

1945年7月26日　第四版

平民义学存款　布厅长代十足追收　共万一千元梁后源误会只得二千

（本报专访）关于阖澳华侨公立平民免费义学，存放于同德银号之澳币约一万一千元，日前曾□由梁流负责十足交还，惟昨据梁流表示，本人并非平民学校中人，实未便十足代偿，故至昨日止，仍未明朗是否十足偿还。市行政局局长布英沙以该款为阖澳华侨于去年演剧筹款时所筹得者，且有关教育经费，不容拖欠，故特召见该校财政主任朱洽，并取去该校存于同德钱庄之存款手摺，以便十足代为□收。惟梁后源氏在同德银庄晤记者时，竟向记者提出质问，据朱氏称，敝银庄拖欠平民学校款项二千余元，为何报载万余元，殊令人不解。记者□以此稿，乃根据事实，后朱洽，梁流两君在旁解释云，平民义学所存于同德银庄之存折有二，一为澳币二千元，另一为去年与广州方□医院联合义演筹款时，所得之澳币九千元，故两数约共澳币一万一千元云云。梁氏始知错误，语塞而去。

1945年7月26日　第四版

圣若瑟修院　三人晋升司（铎）　两名华人一名葡人

（本报专访）本澳天主教圣若瑟修院，本年度有两名华籍修生晋升司铎，一名谭家顺（廿五岁，南海人），一名何舜璋（廿四岁，顺德人）。查何舜璋为本澳大昌银店何玉裴之第四公子，何玉裴信奉天主教未久，则将第四公子送圣若瑟修院攻读神学，为时仅十二年，今日在三巴□圣若瑟圣堂晋升司铎，由本澳罗主教主持典礼。何舜璋晋升司铎后，定本月廿九日上午在进教围望德堂举行第一台弥撒礼，举行弥撒后，假公教学校设茶会，招待中西教友。夜间何舜璋神父，尊翁玉裴假万香酒店，欢宴亲朋云。

1945年7月27日　第四版

托儿所筹款　开会结束

（本报专访）上架行于日昨为托儿所演剧筹款，得到款项合共四千余元，该批款项已拨交警厅长布英沙□交托儿所以作经费。闻该会以功德完满，于本星期日举行结束典礼，并招待各出力人员云云。

1945年7月27日　第四版

东莞同乡会　开办义学

（本报专访）东莞同乡会为福利同乡人士，欲□高儿童文化教育，故组办义学一所，于本星期日下午三时在该会开会，商讨一切筹办事宜云云。

1945年7月27日　第四版

宗教讲座

培正培道两校青年会所举办之“青年信仰与人生问题讲座”，已于上两周在白马行浸信会堂举行，听众极其拥挤，除大部为青年、学生外，各界人士亦有参加。查本周讲者为范朗西先生，讲题为“孔教与基督教”，于是日（星期五）仍在白马行浸信会堂内举行，欢迎各界人仕青年学生□会云。

1945年7月28日　第四版

疯汉握毙流莺案　辛云判徒刑十五年

（本报专访）发疯汉握毙流莺女人杨芳案，全案第一次公审详情，曾见□日本报。昨日法院继续提审该案，随即将该案宣判，被告疯汉辛云，杀人罪名成立，当即判处徒刑十五年云。

1945年7月28日　第四版

中央舞厅　演草裙舞　不收门券

中央舞厅为增加顾客兴趣，定期星期日晚起，一连两晚，特别情商礼聘檀岛舞蹈名家娜娜小姐李嘉莲先生联合表演冧吧舞，刚架舞，及肉感动人之草裙舞。娜娜及李嘉莲两氏，久已蜚声舞国，此次联合演出，乃为不可多得之机会，尤其是草裙舞节目，更为不可多观者。该厅为优待顾客，届时不收门券，茶价照常，表演时间每晚由十时起云云。

1945年7月28日　第四版

各界助同善堂

同善堂善院，迩因施出中药繁多，经费庞大，入不敷出，时有支绌之虞，曾叠次吁请社会人士捐助，俾以维持，而免辍施。查昨有辛玉善士助储券三万元，陆氏葡币廿元，陈先生葡币十元，黄胜德、金庆堂，每助大洋一百元。

1945年7月28日　第四版

为镜湖募款　银业行进行积极

（本报专访）银业行发动为镜湖医院筹募经费，各工作人员工作，连日来进行均异常积极，闻各事进行极为顺利，查近日来之成绩甚可观云。

1945年7月29日　第四版

农民违例清粪　当局准五成罚款　高可宁体恤贫黎慨然负担一半

（本报专访）当局为求公安计，对卫生事宜，无不加紧改善。近对本澳各农场及种植者之置粪问题，殊影响卫生之设施不少，故特曾通知各农民应宜加紧改善。惟有等仍不遵令而行，故当局遂将违令农民略事处罚，以警将来，受罚者每十元。惟受罚之农民，因多是贫苦大众，对处罚问题，许多负责不来，故多到商会请求高可宁主席向当局代陈请免。高氏勉为其难，曾多次请求当局准各农民免为处罚，后当局得见高氏代各农民详细解释困苦状况，结果当局亦表同情，惟以警将来计，每人准五成罚款。惟有等仍负担不起，关于今后改善问题，高氏□久尽能力相助云云。

1945年7月29日　第四版

华务局翻译科定期举行考试　成绩将在政府公报发表

（本报特译）本澳政府，为培养中葡文翻译人才，向在华务局内，设有中国言语学校一所，政府翻译人员，皆该校出身，入该校肄业者，须有葡国中学文凭方可。查本月廿四日上午，该校翻译科第三年级学生，举行考试，澳督特任华务局长白达利为考试委员会主席，圣若瑟中学校长李若望神父，及华务局粤籍文案张贤长为委员，负责批阅试卷。关于此次考试成绩，不日将在政府公报发表云。

1945年7月29日　第四版

窃匪飞天蟮螃　解法院讯办

（本报专访）本澳警探当局于日前，破获窃案一宗，并拘获窃匪飞天蟮螃关丽一名。事缘关于日前潜往蛱蝶茶话室行窃，将该烟家之烟枪一支偷获，讵知事机不密，为该烟室伙伴所发觉，当即召警将之拘捕，带返警厅研讯后，于日前备文移送法院侦讯云。

1945年7月30日　第四版

盐商代表　今日谒华务局长　商讨筹募善款事宜

（本报专访）阖澳盐商前曾一度为同善堂难童餐筹募经费，成绩蜚然，打破历来纪录，一般难童，得斯浥（挹）注，利赖不少。最近澳督戴思乐有鉴于育婴堂及鲍思高经费支绌，以盐商前次筹款，成绩美满，遂拟请盐商一本慈善为怀之旨，再发动为该两处筹款。关于此事澳督曾面谕华务局长白达利氏与盐商商确，各盐商亦以慈善事业服务，素无傍贷，即原则上接纳。事后并召开会议商讨一切，结果甚为圆满，并推定刘衡仲、刘伯盈、何德、蔡文轩四人为代表，定今（卅）日谒见华务局长，作进一步之商讨云。

1945年7月30日　第四版

盟机轰炸船只　并无影响物价　货市日来均告下降

（本报专访）连日来盟机严密封锁沿海，无论大小船只，均予轰炸，故损失大小船只甚多。查最近来往之大小船只，多告停航，幸本澳各项物资存量充足，市面货物不但无影响，而日趋于下降，原因各货滞销所致也。查昨日之什粮价格，均趋下游，其中则以生油为甚，五日前上等之油价，每担为八百元至八百二十元，查□日跌至六百五元左右，而豆类价格，每担查跌二三十元之巨云云。

1945年7月31日　第四版

荣华酒店打单案交军事法庭审判　私藏手枪炸弹有违犯军事刑律　意图勒索但未实现罪名未成立

（本报专讯）法院刑庭昨日开堂审判一宗以炸药事件恐吓打单勒索案。查该案发生于去月十五日，被告男子计有何子珍、陈全、吕纪、林区、黄标等五人，于当时由吕纪缮写函件一通，内备炸药一撮，函内词意恐吓，须索葡币五千元，倘不如数办妥，则以剧烈手段对待事情。该函交由一手车夫提交清平直街荣华酒店杨师奶收，杨氏接获该信后，即据情向警方投报，警方于是派出干探郭林、韦平负责查究该案。直至同月十七日，郭韦两探悬线在康公庙附近将何子珍捕获，并搜获有左轮手枪一支，另子弹十颗，继后又在新嘉宾酒店三楼三零二号房将陈全捕获，并在房内搜获有中型炸弹一个。未几吕纪适从外返房，又遭警探捕获，并在其身上搜得胡椒粉一包。警方将三人解署研讯后，被告均直认不讳，供出彼等准备于打单勒索不遂时，则以轰炸之手段对待事情，继后更供出伙同行事之男子，警探旋按址到万国旅店将林区、黄标拿获，解署究办，并将口供取录，备文解法院办理。法院详细侦讯后于昨日开堂审，是日被告等由警从狱中押至法院，而原告杨师奶及其店伴，均到堂供讯。正由警探郭林韦平供述当日破获该案之经过情形，法官马士加连那登堂后，由检察官罅些喇主控，原告杨师奶详答法官盘问后，法官乃根据案卷执行宣判，证明被告等除吕纪因缮写打单信件有罪，被判入狱一月，另十天罚款，每日一元，其余四人，因意图打单勒索，但未实现，于刑章未有触犯，理宜无罪省释，但被告藏有手枪炸弹，实有违犯军事刑律，乃谕交由军事法庭审判云。

1945年7月31日　第四版

永安行　发生爆炸　警方正查究

（本报专访）前廿九日晚上九时左右，沙梨头，巴索打尔古街永安行，突发生爆炸案，事后该行即电警厅报告一切，警方当派出冲锋车前往查究中，现该案仍在查究。

1945年7月31日　第四版

望厦米站　秩序有更改　昨日配米者挤拥

（本报专访）望厦政府米站，昨日市民前往配米者人数甚为挤拥，该站因临时关系，致存米不敷应付，以致有多数市民未能配得者。盖最近市面米价日趋下降，市民多放弃到站配米，致令该站无法预算。顷悉该站之售米秩序，由今天起将有局部变更，或对定价方面亦略加修正，至如何变更，今日将临时宣布云云。

1945年8月1日　第四版

督宪批准岭南大学在澳设立分教处　戴博士热心教育借用纪中校址　现决定本年度上学期招生启课

（本报专访）岭南大学筹设澳门分教处，该项消息，三志本报，查该校校长李应霖，自委托中学部主任杨电光主持后，杨氏积极筹措并由该校校董刘叙堂、蔡克庭，亲谒督宪戴思乐，呈请在澳设立分教处事。督宪以刘蔡两氏热心教育，乐于接纳所请，并鼓励积极进行。刘蔡二氏，以督宪扶助极力，表示感激愉快，遂积极筹措进行，设立大学分教处一事，遂告成功。

查该校留澳同学极众，殷商巨贾，多为该校校友，故经费方面，已筹备妥善。师资方面，以由母校派出商科学院院长郭荫棠到澳协助杨氏主理教务，办理一切。

昨据杨主任夫人廖奉灵女士称，澳门分教处，经得督宪批准，现已筹备妥善，更商得总理纪念中学代校长戴恩赛博士，乐得协助。盖戴氏素具为国育材之旨，一经接洽，戴校长乐于将南环纪中校址暨一切教学须要品物，全部借出，可谓热心之致。现该校定本学期启课，招收各校高中毕业生，查学杂各费，因就环境而规定，闻约在二百至二百五十元之谱，晚间上课。

查招□班额为大学一年级文、工、商、农、医、理各学院新生，报名不日开始。

闻大学分教处消息传出后，各校高中毕业生，为求升学计，多作英算之补习，以备投考，故张兆驷，霍逸樵补习班，大有人满之患云。

1945年8月2日　第四版

日军通达本澳当局　今日马骝洲试炮　市民得聆炮声幸毋发生误会

（本报专访）据日军官员通达本澳政府当局□谓定期今（二）日正午十二时起，至下午一时止，将在马骝洲开□十二寸口径大炮。警厅为此特通告市民周知，届时得聆炮声，幸毋发生误会云云。

1945年8月2日　第四版

布英沙昨接见记者　畅谈报人责任　新闻事业为至艰且巨事业　记者工作为最刻苦之工作

市行政局长布英沙氏，对于文化教育事素肯匡扶乐于协助，而对于新闻界方面，尤肯多所会晤，时作详细之恳谈。查布局长，昨日下午五时，又在市行政局长办公厅内，会见各报记者，对新闻事业及新闻记者工作，有详细之意见发表，历时凡半小时之久。据布氏所□细，余今日在公事百忙之中，又与诸君会见，各位均为新闻界之努力分子，且全属青年人，青年人自有其充满之精神，健康之体魂（魄）。新闻事业，为社会上至艰巨之工作，为社会上至繁重之责任，其一举一动，皆与社会有莫大关连。是以新闻界，对于社会之一切，务须居于领导地位，以身作则，方能无负此种艰巨繁重之神圣工作。余可惜主理政务，至为繁忙，无暇一试新闻记者之生活，在此炎夏当中，新闻记者，日奔走炎暑之下，余对各位之艰辛，自当寄以无限同情，但余可介绍各位一个好去处，当工作稍暇之时，不防（妨）到游泳场小浴也。

1945年8月2日　第四版

洪门体育会　庆祝关诞

洪门洪顺堂体育会，昨晚庆祝关帝诞辰，并有音乐歌姬唱曲助庆，八□由锵社演奏六国大封相，卢九叔音乐院及郑□华卢均等，参加助庆，各国术馆等亦参加，情形甚为热闹云。

1945年8月3日　第四版

盐商出入口商　联合进行筹款　刘衡仲昨谒白达利商讨一切

（本报专访）当局日前曾请华商发动为鲍斯高、育婴堂筹募善款。盐商对此次筹款，至乐意而为，同时邀请出入口商共同参加，共襄善举。□□昨日出入口商刘衡仲氏亲到华务局，面见华务局长白达利氏商讨一切工作，开盐商与出入口商订定日期，日间招开一联席会议共商□行一切之办法云云。

1945年8月3日　第四版

银业行为镜湖筹款　成绩颇有可观

（本报专访）镜湖医院经费支出，曾多度呼吁各界人士踊跃捐助。本澳银业界异常热心，遂发动为该院筹募经费，大会于两周前宣布成立。筹款办法，以单简（简单）之法，由各行友自动捐助。查该会两周来之工作，进行甚为顺利，认捐善款者，人数甚多，目前该会虽未正式宣布，根据记者调查所得，已有十万元以上之数，预料将来成绩，必定良□云云。

1945年8月4日　第四版

中华妇女会新址　今日举行开幕

（本报专访）中华妇女会今（四）日上午十一时，新会址举行开幕典礼，届时请澳督夫人前到剪彩，同时亦函请本澳社会名流参加观礼。届时当有一番热闹云。

1945年8月4日　第四版

各界捐助同善堂

同善堂善院近因施中药庞大，支销倍蓰，曾不断向侨胞吁请捐助，俾能维持施济。查昨有澳门中药行葡币一百二十二元，黎婉媚大洋一千元，翁福祺葡币卜元，马秀贤葡币十元，黎智明葡币五元，蔡益善堂葡币二元五毫，钟莆氏葡币五毫云。

1945年8月4日　第四版

旧万金油　减价平沽

迩来市面西药价格昂贵，市民不易负担，万金油能治万病，且极□□，故市民需求甚殷。尤以旧庄者较为缺乏，需求更切，良以此货现已未有出产，渴市情形殊难免也。顷悉龙嵩街二号□三楼何君为供应市民需要起见，特搜求从前销行平津一带之樽装，白色及红色旧万金油一批运抵本澳，减价平沽，每樽仅售葡币一元，目的全为接济侨胞需求，毫利□益□想，本澳各中西药房均有代售云云。

1945年8月4日　第四版

盐商发动筹款　积极进行工作

（本报专访）盐商为当局所请代鲍斯高、育婴堂筹募经费，闻盐商已允予接受，并于短期内与出入口商开联席会议，届时并邀请银业行，以及请镜湖医院派人参加会商筹款事宜云云。

1945年8月5日　第四版

筹募善款　盐商再开会议　邀请银业行及镜湖派员参加

（本报专访）当局日前邀请盐商与出入口商联同为育婴堂及鲍斯高学校筹募经费，盐商与出入口商对此，均表示乐意接纳进行，惟最大考虑问题，因最近银业行方面亦进行为镜湖医院筹款，诚恐同一时间，难免影响收入。盖筹款办法，亦无非向一般富商殷户劝募而已，假如同一时间举行，则成绩收效固微，而一般人亦可借词推挡。此事当经盐商代表向当局陈述，但当局认为可分头进行，因是盐商及出入口商特定今（五）日下午五时，在商会二楼召开联席会议，届时并邀请银业行及镜湖医院派员参加，共商关于进行筹募工作，免届时发生互相影响，至碍善款收入云。

1945年8月5日　第四版

妇女会新会址　昨举行开幕盛典　总督夫妇亲临参加

（本报专访）中华妇女会，昨（四）日举行新址开幕典礼，前到参加观礼者，有澳督戴思乐夫妇，罗主教，民政厅长华士贡些路，中军晏德地，前任华务局长士多尼，现任华务局长白达利。商会主席高可宁，镜湖医院主席林炳炎，同善堂主席蔡文轩，中华女青年代表，东莞同乡会主席陈茂枝，江浙同乡会主席邬志豪，及各报记者多人，情况热烈。兹将开会情形列录如下，（一）奏葡国国歌，（二）奏国歌，（三）向国旗、总理遗像行三鞠躬礼，（四）恭读总理遗嘱，（五）主席致开会词（郑惠荃），（六）澳督戴思乐、主教致训词，其他则为民厅长华士贡些路，商会主席高可宁、镜湖医院主席林炳炎、同善堂主席蔡文轩、中华女青年代表、东莞同乡会主席陈茂枝、江浙同乡会邬志豪，等等先后致词，（七）来宾致词，（八）主席致词，（九）茶会，（十）礼成，（十一）拍照。是日该会举行开幕典礼，由澳督夫人行剪彩礼。是日情形，备极热闹云云。

1945年8月6日　第四版

望厦米站售米　今日起减低价格　新价每担一百四十元

（本报专访）本澳统制委员会副主席观耶于昨日晨间约见各报记者，发表望厦米公米减低价格配给。据报，连日各谷米来源，日见充裕，市价米价，日告低落，几与公米价格相等，且有再跌之势。政府方面已于日前购得平价谷米一大批，同时为调整公价米及利便平民领购公价米计，特于望厦米站之一百六十元公价米，从新订正，减售每担一百四十元，并决定由今日起实行。凡各领购公价米者，可即依照新定价购买，至其办法仍照旧办理，其余各号米证配给量，□可斟酌情形增加数量，其所增加之数量若干，望厦米站人员，□□讨论后方能决定。

1945年8月7日　第四版

贫民额手称庆　中山谷米倾盆而来　市道价格狂跌　米商俱存淡望未敢落手

（本报专访）据悉，中山县境一带田畴，今岁早造□稼，甚为丰收，良以风调雨顺，飓风亦幸免，加以农人咸于谷米可获厚利，故努力从事耕作所致。自本澳政府与广州当局磋商本埠民食问题以后，不久谷米之运照源源发出，兼且运输利便，由是商人赓续将谷米运埠发售，入口之货，无日无之，且数量甚巨。货既多来□价势必下降，一方面又以外围米价，频频报淡，而□方办家暂时亦未向埠中采办，基于以上种种原因，谷米价格，连日一落千丈，至昨尤甚。后有某行定购死货，闻近此一二日间，将有大批新载运抵，届时势必推倒市场云。刻下各零沽米店，咸不敢大举办入，又当以早晚时价不同，诚恐晨早购入，而至下午则遭亏蚀之虞也云。

1945年8月7日　第四版

西湾区窃案　窃匪入狱一年

（本报专访）本埠法院昨日午间开堂提审入屋行窃案一宗。该案窃匪为男子马瑞添，于日前潜入西湾区华焜住宅行窃，偷去该宅衣物等件，押之于押中事后为警方将该案破获，起□赃物，故研讯后，解送法院。昨日经法院详细审讯后，随即举行宣判，以屡行窃罪名成立，判处入狱一年，另一个月罚款，每日五毫云。

1945年8月8日　第四版

澳督召见谷米商　讨论民食问题

（本报专访）当局为彻底解决民食起见，澳督戴思乐于昨日召见专营谷米者，详商维持民食办法。昨日本来接见各盐商，出入口商，什货商各代表，其后因无暇故未能如各代表所愿，后闻当局调整本澳粮食问题，日间便有具体办法云云。

1945年8月8日　第四版

咸鱼围居户　突然倒塌　泥水工匠被压重伤

（本澳专访）昨日狂风暴雨，猛袭澳门，年久失修之屋舍，倒塌实有堪虞。查昨日下午五时许，咸鱼围九号住宅，其居户乃陈旧屋宇，查因年久失修突告倒塌，□堂有一泥水工人梁标因走避不及，□堂被压受伤，事后由十（字）车将之送往国家医院调治云。

1945年8月8日　第四版

米石日渐低跌　侨胞生活趋安定

（本报专访）本澳米石供应来源，自经广州驻澳办事处专员林皐努力奔走，连日来业有大量运抵本澳，米粮价格，益见日□低跌，贫苦侨胞生活，已较日前米价高涨时，安定不少。同时昨据有关方面传出消息，林氏□目前市面所售之米价，仍以为未得相当之满意，今后仍继续努力，加强运米来源之机构，务使本澳粮食有充裕之供应云。

1945年8月8日　第四版

镜湖医院计划　扩充病室　尽量收容贫病

本澳镜湖医院原有病床仅三百余，现已收容病人至四百有奇，其挤拥情形，可想而见。但病人仍源源而来，无法再事收容，且该院素无预留病房，随时有房，随时收容，仍以先到先得根据挂号先后为序，但办理以来，每日总有额满见遗，外间不察，不免误会。故该院值理等，以此情形特提出会议讨论，结果决定在可能范围内设法扩充病室，在未扩充之前，仍照现行办理，先到先收，无论何人预留病室，其他如绅商甚至值理，亦不能介绍病人，先占权利，以示大公云。

1945年8月8日　第四版

葡国红十字会　李麻真除会长　比利喇罗德礼夫人分任秘书委员

（本报专访）葡国红十字会澳门分会长罗德礼，自于去月遭凶徒行刺毙命后，该会遗缺，乃由澳府委定港务局高级官员李麻署理，俾得赓续推进会务，同时澳府并电葡京当局请示一切。顷当局已接葡京电复，批准李氏正式真除，而秘书则为比利喇，罗德礼之夫人，亦委为委员云。

1945年8月8日　第四版

居民希望政府　存谷备荒

本澳幸得邻近当局协助准运谷米，接济侨民，迭纪前报。查最近谷米输运，已通行无阻，市价□□之平复，居民无不喜形于色。惟是谷米一物，乃民众主要粮食，若任其随运随售，而无储粮，一旦来源积滞，或风雨不测，则市价□必因之上涨。忆去年政府公仓，曾贮备土谷大帮，以备不时之需，兹既拨充米站售去，此新谷上市之际，希望政府当局从长计议，照市（价）购回谷米存仓，以维粮食而备荒歉，最为上策云。

1945年8月9日　第四版

政府当局再度计划减低公米配给价格　视今日市面米价如何然后决定

（本报专访）本澳政府当局，自日前将公米价格，重新规定后，市面商米价格，随即继续低跌，迨至昨日，业已低至一百四十元之价格。记者昨据统制委员会副主席观耶称，市面商米，日来已跌至低过公米之价格，政府所发售之公米，刻已计划设法再度减低，不□公米价格之减低，售价程度如何，须视今日市面之米价情形如何，然后决定云。至望厦米站所售之公米，购米须携带粮食证及打针纸等，方能购米，如无暇购米者或走鸡者，他日亦可照米站定额售配云。

1945年8月9日　第四版

难童餐经费又告支绌　希望各界予以捐助

（本报专访）同善堂难童餐经费，预算施至农历八月便告施罄。惟当兹生活程度高涨之秋，贫穷生活，当感困苦，而难童餐中道停止施舍，贫童有饿毙堪虞，故同善堂各主理人士，希望各善长仁翁继续踊跃输将，俾难童餐不致中途停止，而使嗷嗷待哺之难童得予救济之机会云云。

1945年8月10日　第四版

盐商出入口商演剧委员昨谒总督请示　各员热心慈善总督深致嘉勉　大会决议分工合作加紧进行

（本报专访）盐商出入口商联合为鲍斯高、育婴堂演剧筹款，经多次商讨后，日昨已成立大会，积极进行。昨（九）日上午十一时，该会派出代表七人，到督辕晋谒总督戴思乐，报告组织经过及请示今后进行方针，当蒙总督亲自接见，对该会各员热心慈善，深至嘉勉，并面谕努力进行，以收宏效。各代表告退后，于昨日下午五时在商会二楼该会办事处开第一次联席会议，商讨各部门工作。是日出席者数十人，各□伟论，结果决定以分工合作为原则，一方面派员与各粤剧团磋商，另一方印备门券，分头劝销，俾收臂移之效。至公演日期，现尚未定，惟大约在最近即可实现云云。

1945年8月10日　第四版

政府会同卫生局计划开设肺病院　一俟商讨当可公布

（本报专访）澳督戴思乐，对于本澳居民之健康及卫生问题，极为注意，同时本澳历年时有霍乱症及疟疾、肺病等症之传染，此种病症，对于市面公共健康莫不感受有□大之威胁。而此种之病症，又为本澳所极易发生者。澳督戴思乐为维护市民康宁计，□晨于会见记者时表示意见称，政府当局，决以最大之努力，协同卫生当局，计划防范肺病、疟疾及霍乱等三种疗治院，现因来澳中西名医颇多，进行方面，自当易于着手。至于进行计划如何，一俟卫生局会见各专门医生会商后，即行向外公布云。

1945年8月11日　第四版

澄清教员资格　南郭先生将走后路　无教师证者不许授课

（本报专访）华视学会日前通令侨校教师向该会登记，领取教员证一事。闻该会定九月份开始切实审查各校教师资格，俾得切实教育之旨。顷闻该会负责人称，略谓最近调查所得，有等学校，仍有教员学历资格不符者，学校当局，竟将此等南郭先生滥竽充数，该资格既属不符华视学会□不发给教员证，不许在澳教学。如秋季始业时，华视学会更严厉督导，如发现未有教员证之教师上课，则该会严重处理该负责人云。

1945年8月12日　第四版

驻澳日领公布未接停战消息　战争依然在继续进行

（同盟支局讯）日本帝国驻澳总领事馆当局，以昨夜及今晨，英美各方，发出日本接受波次坦和平条约消息，致市情骚然，领事馆当局，以日与联合国战争状态依然存在，并未接获和平之官方消息，特正式对本澳日侨发表谈话，大要如下，敌方广播宣传帝国政府，已接受敌方所提之无条件投降消息，关于此点，本领事馆并未接获帝国政府与此有关之任何情报，而帝国军队与敌军交战之消息连续而来，是以敌方之广播及电讯宣传可证明乃属层出不穷之捏造谣言。本领事馆□对承认及相信战争□□存在，且仍继续，本澳侨民，应不受谣言所惑，各宜励精神，各安所□为要云。

1945年8月12日　第四版

盐商义演　昨日出动销票

（本报专访）盐商出入口商奉令为鲍斯高学校、育婴堂演剧筹款，各部门工作，业已编配完成。查昨日该会劝销组出动劝销，成绩极佳。据该会某负责人称，该会是次筹款，成绩当有在五万元以上，希望达到八万之数云云。

1945年8月13日　第四版

政府米站公价　本周将再度减低　观耶昨对记者谈今日召开会议讨论

（本报专访）最近由于新谷登场，米价日告低降，昨日市面米价，已降（下删十字），惟望厦政府米站，所定配给公价仍为一百□五元。记者为此昨（十二）日特走访统制委员会副主席观耶，叩询一切。据观氏称，目下市面米价低降，政府米站配给公价，当然□之而减低，惟适今（十二）日为星期日，无法召集会议。明（十三）日星期一将召会议讨论一切，至如何决定，将临时公布云云。

1945年8月13日　第四版

东莞同乡会义学进行立案手续　叶子如谒白达利商讨一切

澳门东莞同乡会昨日下午三时，假座商会二楼召开理监事联席会议，出席者戴文渭、姚应江、黄耀坚、陈日初，李□荣、罗文辉、陈兰芳、陈茂枝、叶子如、郭灼华等。列席者叶向荣，主席陈茂枝、记录刘钧韶。首为宣读前期议案，继由叶副主席报告晋谒华务局长白达利，请示办事义举事宜经过，当蒙指导一切开办手续等由。□

经各理监事讨论结果，公推义学顾问叶向荣起草立案章则，将于今明两天内即行入禀当局立案。至于义学所用家私用具，经由戴理事积极赶□中。教员方面，日前经已内定，而会址之办事室亦将修理完竣，下星期日或可迁进办事云。

1945年8月14日　第三版

澳督戴思乐召集各报负责人训示新闻记载方针　葡国一贯中立宗旨　新闻报导亦应态度冷静

连日以来国际局面在瞬息万变中，本澳各报章，每多竞作迅速之报导，全澳居民亦多以报导之新闻记载而转移其心理□作行动上之表现。本澳督宪戴思乐，为求适应□□环境起见，昨（十三）日上午十二时，特召集各报社长在总督府发表谈话，计有《大众日报》《大众晚报》《中国日报》陈天心（方苏代），《华侨日报》《华侨晚报》赵斑斓（雷渭灵代），《西南日报》刘传能（刘荣志代）《市民日报》□曼公，《复兴日报》《复兴晚报》高美仕，《世界日报》《世界晚报》卢彼时（徐君哲代）。各负责人集合于督宪府后，督宪戴思乐即开始用葡语发表谈话，由方苏翻译向各负责人致意。督宪称，今日本督召集诸位谈话，其目的系为适应目前环境之需，诚以国际上一般情势，以及本澳当地目前情形，素为诸位所深切了解，战事开始以来，葡国政府一向保持中立国家，以至于今日，未尝有所变更。国际形势，如何动荡，葡国中立之态度，□然无所影响。若在今日，葡政府为求一贯中立宗旨起见，对日方友好如故，希望本澳各报章至宜遵照政府一贯措施，与本澳当局密切合作，新闻记载，在中立国地品之立场，作冷静态度之报导，凡有刺激性之文字，至宜极力避免，是为本督维持葡国政府之尊严，维持葡日过往之邦交，以及维持本澳之地方治安所必然之措施也。徜各报导能与政府合作，渡过今日之困难局面，自然为一大佳事，苟其中有意违□训示者，本督即不惜强制执行，予以停版之处分。各报如能遵循下去，政府亦当尽量设法予以方便也。最后督宪复问各报负责人，有若何意见，得即刻提出会商之，结果各报无意见提出，并称深为领会而退。

1945年8月16日　第四版

米价再跌

（本报专访）连日来米价，继趋下游，昨日市面成盘，竟跌至八十八元一担，同时据某留澳中山谷商谈称，中山各区之米，准备大量运澳与广州，而澳门之机航公司，亦准备般（船）开赴各地，采购物资来澳，而各种物价有趋下游可能。

1945年8月16日　第四版

二天堂药膏　捐助同善堂

（本报专访）二天堂素蒙慈善事业，近日暑天，贫苦者备尝艰苦，曾捐助同善堂二天堂膏三百打，□日该堂又送赠出二天羔（膏）三百打，请同善堂代分送各贫民云云。

（又讯）同善堂学校，创办以来，已有多年，甚得社会各界人士好评。查话自因暑期到临，放暑假一阅月。闻该堂以假期将满，教务处如准备开课，订定农历本月十五日启课云云。

1945年8月17日　第四版

适应非常时期措施　全晚戒严经过良好　商店住户下午均告休息并无事故发生　警厅长督察长亲自巡逻市面防范严密

（本澳专访）最近因时局转变，全面和平实现，举世欢腾，本澳为中立地带，各国侨民云集，治安当局为适应目前环境计，特由市行政局长兼警察厅长布英沙发出布告，于十五日起施行特别大戒严，每日下午九时起至翌晨七时，禁止行人在街上通过。查当局此种措施，纯为一种维护治安必需之举，相信三数日即可解严，宣布恢复常态。查昨日和平消息宣布确实后，各家商店住户，均高悬国旗志庆，惟因遵守当局定例，并无燃放爆竹。侨胞道左相逢，无不握手相庆，欣忭之色，溢于言表也。至下午入夜时候，各商店娱乐场所，均遵守当局通告，停止营业，闭关门户，各家住户亦然，全市沉静，鸡犬无声。治安警察全副武装，分队巡逻市面，各交通要冲，均由武装警察握守，严防一般肖小活动，防范至为严密，警厅长布英沙督察长观耶亲自驾车在各处巡视，各高级警察官员亦分别出动，经宵直至昨晨七时始已。全市于焉恢复常态，全□戒严经过，并无若何事故发生，成绩至为良好。

1945年8月17日　第四版

由昨日起　检便手续取消　返内地者咸称利便

（本澳专访）战前本澳图返国内各地区者，必须验便，然后方能通过，此手续为极麻烦之举。最近和平消息实现后，关于验粪手续，经于昨（十六）日起宣布取消，来往人士，均得自由出入，故昨日由澳返国内人士异常众多，行走岐澳线之客车及行走澳、岐、揽、江等地机帆，均挤拥异常云云。

1945年8月18日　第四版

检便手续宣告废除后　离澳归乡人数突增　由澳至岐沿途上治安甚为宁谧

（本澳专访）此数年间，由澳返回国内，必须验便，始准通过，来往人士，对此手续，极感不便。前（十六）日起此种手续，宣告取消，故来往人士，得闻此讯，无不称便。前昨两日，离澳回乡人士，比前突增，据来往澳岐线客车主理人称，连日来乘客甚为挤拥，而由澳门至石岐之沿途公路上，甚为宁谧。记者同时据同利渡之主理人云，同利渡轮加紧筹备复航办法，惟实现之期，想在不远。其后将据云，已有许多航业中人，亦准备组织行走广州、石岐、江门、九江等线之渡轮云。

1945年8月18日　第四版

照情势而论　米价不致上涨　居民不必争相抢购

（本报专访）米价日趋降声中，一般市民，争相抢购。居奇米商，遂乘机将米价抬高，□日下午四时，米价突见回盘反涨，每担价起将达十元。以情势言之，米实突无高涨理由，只以市民争相采购，徒予米商操纵（机）会。实则米价无论如何不会再起，盖（一）连日来中山方面运来谷米甚多，（二）本澳米源，存米数量不少，（三）广州湾方面，一两日间便有机帆载运粮食来澳。希各市民须要镇静，因为□面快告安定，众所知之，如不争购，则米商之纵操手法，便不攻而自破也。

1945年8月18日　第四版

米价狂泻　预料尚可续降

（本报专访）中山各区新□所割之谷，均希望运来本澳推销，近两日来，水六两路宣布解放，谷米由内地运来本澳者，数量甚多。本澳之米盘，连日来均趋下降，竟至一日四跌。查昨日米盘，曾一致跌至三十五元一担，突破年来纪录。闻广州湾方面，亦有大批机帆，满载粮食来澳，预料在此两日闻便可实现，预料米价，当有续跌之势也。

1945年8月18日　第四版

节约炮竹费　捐镜湖医院

日前普天□氏节约庆祝和平炮竹费捐送镜湖医院，作为慈善经费，善风所播，热心人士继起响应者，颇不乏人。查昨日该院又收到梁剑良、何国珍、蒙泽桐等每人捐送炮竹节约金葡币十元，蒙□捐送葡币五元云。

1945年8月19日　第四版

警察厅长布英沙表示　夜禁条例将可取消　维护治安为重　临时措施实非得已

（本报专访）本澳警察当局为应付目前环境起见，乃有实施紧急治安条例，规定每晚下午九时起，至翌晨七时止，为戒严时期。在戒严时间内，所有居民，不得来往，以避妨碍治安措施。查自实施以来，居民均能依照规定时间内深居简出，市面鸦雀无声，成绩极为良好。惟此种措施执行后，埠中之娱乐场所，食物店因戒严时间，营业顿形影响，损失颇重，故社会人士对于何时解除此例，恢复常态，备极关怀。记者昨承警察厅长布英沙发表谈话称，当局此次实施戒严条例，纯为维护全澳居民之安全着想。虽然此种戒严，对市面繁荣极有影响，尤其是对娱乐事业，及饮物店之生意，妨碍至大，当局亦深明情况，以居民为重，实非得已，以维护市面治安。此种临时措施，日间当可恢复常态也云。

1945年8月19日　第四版

广州湾杂粮　将源源运澳

（本澳专访）昨日有三艘广州湾机帆开到本澳，据新从湾方归来之航业中人称，现目湾方情形甚为宁谧，各种粮食价格，均趋狂跌，普遍跌价者多过半数，甚至有等竟跌三分之二者。湾内市民，对和平消息实现后，无不雀跃若狂，湾方之物价，连日均在下降中，采购货物之商人，□存观望态度，希望各物价跌定时，方为采购。其后据悉，有十数艘，已准备开来本澳，闻所载之货物，多量公米、糖，与其他什粮等类物品云云。

1945年8月20日　第四版

昨晚撤消戒严条例　今日起准燃放炮竹　时间由上午十时至下午五时止

（本报专访）本澳曾下临时紧急大戒严令，每晚由九时起至翌晨七时止，全澳地面，一律禁止通行。如是者一连四晚，至昨日午，市行政局长兼警察厅长布英沙氏，经已宣布，由昨晚起撤销戒严令，其布告如下：（一）由（十九）晚起取消夜间之临时紧急大戒严，日前所颁布之各项戒严条例，亦同时宣布取消。各娱乐场所戏院、酒楼餐室，一律准许照常营业。（二）由今（廿）日起，三日之内即（廿、廿一、廿二）每日由上午十时起至下午五时止，准许全澳市民燃放炮竹，庆祝世界和平实现。三日以后，如要燃放炮竹，则须获警方准许，准许然后始准燃放，但此不过为暂时性质，将来局面恢复战前状态，政府自□将一切限制取消。（三）在连日来之夜间大戒严中，全澳市民，均能遵守禁例□守律规，至治安上能获有良好之秩序，市行政局长对市民之协助政府，甚表感谢，（并希望）以后仍希望市民对政府法例继续遵守云。

1945年8月21日　第四版

为两慈善机关筹款　定期举行义演　昨已组队劝销善票

（本报专访）盐商与出入口商，自奉澳督谕示为鲍斯高学校、育婴堂两慈善机关筹募经费，对工作之进行异常积极。后因和平消息初传出之时，遂一度中止工作。后得和平消息实现后，工作遂告恢复，惟最近该两行商因时局□□，对业务问题甚为重要，故该会各委员为早日完成任务起见，特以最短时间以促实现。故最演之期已决定“廿三”晚举行，销票事宜，已积极分头劝销。查昨日起已编配队五出发，闻销出义券，成绩极佳，预料将来入善款，成绩当不弱。

1945年8月21日　第四版

中央舞厅　演草裙舞　庆祝升平

迩者全面和平实现，举世同欢，中央舞厅主事人为庆祝升平起见，今晚特别增加节目，重金□聘异国情花娇艳双姝，兰妮与□妮两位小姐联□表演夏威夷草裙舞，查该两姝□材□□，曲线丰美，性感动人，每晚表演三场优待□客，不收门券，茶价照常云云。

1945年8月21日　第四版

平民义学存款　社会人士希望早日清偿

（本报专访）澳门华人公立平民免费学校，近十余年来存于同德银庄善款，最近因该银庄停业，拖欠平民学校澳币万余元，经债权团议决四成摊派，布英沙厅长亦以筹款不容拖欠，代为追收。社会热心人士，以该款为教育经费，乃去年演戏筹款时，各界热心人士捐助。且该校购买校址，需款甚殷，希望负债人迅速定期清偿，以免影响今后筹款工作云。

1945年8月22日　第四版

两行为鲍斯高筹款　明日假座平安举行　先演六国封相继演狂风雨后花　大会工作人员昨出发劝销门券

（本报专访）两行为鲍斯高学校、育婴堂两慈善机关筹募经费，筹募办法已铁定明日下午八正举行演剧筹款，演剧地点为平安戏院，艺员为太□剧团全体，演出戏剧节月，先演（六国大封相），后演（狂风雨后花），开演时间，铁定下午八时正响锣。查该两行工作人员，于由昨日起，全体出动劝销义券，兹将昨日出发者人名录后：刘衡仲、蔡文轩、梁基泰、黄希夷、朱洽、刘启明、梁卓梧、钟国玲、卢华东（纪有德代）、赵七、□□昌、李仲雅、林泽衡、张□桓、□绣甫、孟□、卢泉、欧阳朴□（陈伟代）、黄启□、邝闻宗、邓开、刘栢盈、梁振卿、劳□池、邱秉衡（蒋永代）、□兆□（梁□辉代）、黄坚、冼子百（□参代）、卫□绪、□□□、刘国仁。

1945年8月22日　第四版

金门餐室　首倡减价

世界和平实现，各地人士及各线交□，莫不□准有备之恢复工作，除举行庆祝及狂欢外，广州湾安南等地机帆廿五艘，均载满米粮、什粮、日常食用品等，准备运来本澳，供应一切。同时内由中山水陆两路，转运之货物，连日来亦一批运抵本澳，故市面商场百货成交，不特买卖两□，而米石食粮，更狂跌不已，为和平未实现时所仅见。市民生活无形已减除不少之威胁，莫不欣然有喜色。此外各食物店酒楼餐室等，则以货价大平，已有作减低价格之准备，□中由今日首先倡议者，已有金门餐室。查该餐室不特将价格减低，准备作一种巨大之牺牲，除求□各界人士，博一抵食之誉，且希望各同业响应，俾本澳人士饮食方面，得以□□减少负担云。

1945年8月23日　第四版

发电燃料价格尚昂　电费暂时未能减价

（本报专访）世界和平，经已实现，举世人民欢欣鼓舞。本澳□□，各种货物，及粮食价格，均一泻千里，全澳侨民，尤为欣幸。查关于电费问题，本澳市营电力局，曾于去数年来，曾因□电燃料来源困难，价格昂贵，乃□将电费价格略为增加，以弥资补。市内物价低跌，一般侨民，咸以为电费问题，亦可立即或短期内实现大量减低。记者为使社会人士明了一切起见，曾于昨（廿二）日，走访市营电力局局长俾利喇，询问电费于最短期内，有无减低之可能，并询及关于目前电力局所用发电燃料问题。当蒙接见，并发表谈话称，目前本澳电力局所□□□燃料，尚属□价高昂，□暂未能将用户电费减低，一俟燃料价格低跌时，本局当□用户电费低降，以利市民云云。

1945年8月23日　第四版

高士德兼任检委会主席　布英沙改任委员

（本报专访）本澳刊物戏剧检查委员会主席一职，由本□起□由督署秘书处处长高士德上尉兼任，前任主席布英沙上□，□改任为委员，以代替该会委员地西拉中□云。

（又讯）检查委员会职员吴华光亦于去周去职，遗缺由韩方七继任云。

1945年8月23日　第四版

澳门鲜咸鱼行　献金慰劳祖国荣誉军人

（本报专访）本澳鲜鱼行咸鱼行，本日对于社会公益事业，素具热诚。此次以祖国胜利，为慰劳荣誉军人起见，特组织鲜咸鱼行献金大会，经已选出各部委员，负责推进，各鲜咸鱼行，热烈响应。经已募得国币三十余万元，大生栏，悦隆昌，新和栈成绩最高。查该会定期本月二十六日举行成立典礼，继续向各行家劝募，预计将来成绩必甚可观也。益□该会职员名单录后

主席邓晴隆（成记隆），总务陈兆文，（裕来）张树荣（广利兴），财政黄□生（悦顺）、陈焜南（大生）、查核□培（发合）、□文桂（新□□），交际□七（新和栈）、陈□□（广隆）。

1945年8月23日　第四版

慈善游艺会　加紧进行

新生体育社，发起为镜湖医院举行游艺大会，筹募善款事，经该社办事人日来努力于各方面内部工作，相继就绪。闻游艺节目，有青年国术社担纲醒狮大力戏，及国术等表演，又陶余音乐社担纲全场音乐拍和，且有粤曲粤剧，内容详细，另有登告。该社为增强实力，俾□成绩起见，查悉今日下午在该社邀请名流，报界及该社公司绅董，召开筹备大会，商讨进行。又该社于昨廿日在该社招待报□记者，吁请协助云云。

1945年8月24日　第四版

祖国胜利世界和平　盖搭牌楼热烈庆祝　大会设献金台两座利便各界献（金）决议函聘新闻协会等参加主席团

（本报专访）庆祝大会常务委员会，在（廿三）日假商会二楼继续召开会议，出席者高可宁、梁后源、梁鸿勋、裴孔坛、张新之、郭秉琦、□□明、赵斑斓、戴文渭、叶子如、梁松、郑惠荃、李远丰、廖荣福、韩穗□，主席高可宁、梁后源，记录刘钧绍，商讨一切事宜，如发动搭牌楼庆祝台等，加速开始动工。（查于昨廿三日起）已开始工作，其他各事宜以最速完成工作为原则，并函聘中国国民党澳门支部、澳门商会、镜湖医院、同善堂、华人代表、华侨联合会、妇女会、新闻协会、孔教会、江浙同乡会、东莞同乡会、中山同乡会、国医分馆、基督教女青年会、中华教育会、学生救济会、旅粤港澳台侨复兴协进会、医师公会为大会主席团。关于布置组人力单薄，加推崔养为布置组委员。关于献金办法，举凡献金者，献金人欲将该款汇返祖国作何用途，该会当遵照办理。关于献金台，将设两座，以利献金人献金。

1945年8月24日　第四版

两行筹款　约得五万元　昨晚观剧者挤拥

（本报专访）两行发动为鲍斯高学校、育婴堂举办演剧筹募经费，连日来各理事人均亲自出马沿门劝销善券，闻销票成绩极佳。是次演剧筹款，约得善款将五万元葡币。举行演剧时□，昨晚由该会聘太上剧团在平安戏院演出，前到观剧者本澳最高长官及社会名流甚众云云。

1945年8月25日　第四版

航业界加紧进行　沟通省港澳交通　广发利公司核下各船准备派船行走

（本报专访）世界和平实现，各线水陆交通，莫不加紧进行力谋恢复中，而关于省港澳之正常交通，至为各界人士所注意。查本澳方面，刻下已有航业界巨子霍□开始计划沟通省港澳三地交通，并将其主持下之广发利船务公司核下各船，派出行走该三线，务求短期内协助恢复彼此间之正常航运。同时对于船只之航行时□，极力加速，而于搭客则沿途保证安全云。

1945年8月25日　第四版

鲜鱼行市贩　组织胜利和平大会　公推陈六根任会长

（本报专访）鲜鱼行全澳市贩，平日对于祖国，素为关怀，七七神圣抗战展开，该行即联合全澳市贩数百人，推举陈六根为会长，举行义卖，得款汇呈国府，救济祖国伤兵难民。其后因环境问题，该行对于各项工作，亦暂停进行。祖国胜利，世界和平实现后，该行重振旗鼓，发起庆祝胜利和平大会，召集全澳鲜鱼市贩，在三街会馆，召开大会，讨论进行。是夜出席有百余人，情绪热闹，气氛融洽。首由陈六根布告八年来之财政状况，其后决定组织庆祝胜利和平大会，公推陈六根为会长。陈氏因年龄关系，不允就任，力辞会长之职，惟出席市贩百余人，以陈氏德高望重，力劝陈氏勉为其难。其后陈氏以全市贩如此拥护，卒打消辞意，任该行会长。副会长选出职合昌鱼栏秦日新，财政选出森记鱼栏欧文桂，委员选出各栏代表多人云。

1945年8月25日　第四版

咸鲜鱼行　定期成立

（本报专访）本澳鲜咸鱼行为本澳生意场中占有相当地位。该行日前曾向当局立案，于本月廿六日举行成立典礼，事前并柬请各界参加云云。

1945年8月25日　第四版

上架行送咸猪肉　助难童餐

上架木艺行，昨天送出咸猪肉二十斤，交同善堂为煮难童餐加料之用。该堂于日□胜利日规定，则将比物连同加买猪肉，会同煮，粥分□□以。同时该堂昨收到捐款二批，计有高静娴助葡币一百元，冯荣举葡币五十元，谭师奶葡币五十元，梁氏大洋一千元，龚宅、连宅、无名氏各捐大洋五百元云。

1945年8月25日　第四版

两行筹款　成绩颇佳　捐滴归公

（本报专访）两行为鲍斯高学校、育婴堂发动演剧筹款，昨日各报登刊成绩，多参差不齐，后查实际收入为三万九千九百四十元。关于一切用□之费用与及请戏之费用，概由该会两□中委员负责，实收之款，涓滴呈总督，由总督拨交鲍斯高、育婴堂作经费云云。

1945年8月26日　第四版

和平实现后　各线交通畅行无阻　省港各项手续均告撤消

（本报专访）战争期中，来往省港澳等地之人士，虽办许多手续，然后方可通行。最近和平实现，来往人士须办之手续，均告撤消，闻已得到自由出入，故近来由澳前赴港省与及其他县属，人数甚多。惟交通，船只，仍未见有恢复行走者，盖各航业公司不能□最速时间决定，盖因仍有局部困难，因为各机帆之费用过巨，载客不能过多，而大艘汽船，□为损坏，亦未能以最短时间修理完竣。最近，据悉，有航业巨商数人，已在筹划恢复船只航行办法，唯航行之船只，希望购置汽船。实现之期，想在不远云云。

1945年8月26日　第四版

庆祝胜利和平大会　决定献金办法　由指定之银号保管及汇出

（本报专访）“澳门华侨庆祝祖国胜利世界和平大会”，昨廿五日继续举行常会，出席者，朱伯英、高可宁、刘仲衡、郭秉琦、叶子如、梁松、郑惠荃、廖荣福、林泽行、张新之、陆电明、梁鸿勋、麦孔坛讨论事项，完全侧重献金及将所得之款项汇返祖国问题，将所得款项，则由万昌、□衡、大丰三家银号当日保管，然后折价，再由广记代汇祖国，收款处则定在大会，一方面请广记银号代收献金云云。

1945年8月26日　第四版

银业行为镜湖筹款　拟于本月底结束

澳门银业行为镜湖医院筹募经费委员会，于（廿五日）下午五时，假该会会址，召开第四次常务会议，出席者黄景初、关□森、吴席儒、郑宝琉、区子燕、何善衡、姚景槐、邓晴隆、何西圆、陈官民。首由主席邓晴隆报告日来出发向各家银号□查此次捐款成绩，结果极为良好，随即开始讨论各项会务。该会拟于本月底结束。

1945年8月27日　第四版

香港出入限制取消　澳船自由开港　今后两地航运将更告活泼

（本报专访）世界和平实现，各线水六交通莫不力谋恢复中，省港澳水路航运利下已有航□霍实开所组织之广发利船务公司准备派轮开往香港及广州，其未能立即实现者，则因俟香港将人民出入之限例取消后方可实行。查昨日市面已接获港方面传来消息，关于船只搭客在香港出入之问题，已实布取消，准许人民自由来往，港澳间故航运将更活泼也。

1945年8月27日　第四版

追悼崔诺枝　罗大主教在望德堂　举行弥撒礼追悼

同善堂主席崔诺枝氏，生前热心公益，颇得当地人士推重，当病重弥留，其心灵尚不遗忘祖国，切嘱其后人及亲友，将所有花圈金，节作现金，汇呈蒋主席分配荣誉军人，其爱国热诚，始终不渝，令人景仰。昨罗若望主教以崔氏一生伟绩，深堪可佩，特定期国历八月廿八日晨早八时，在望德堂举行弥撒礼，藉资追悼崔氏之懿范。想与崔氏平素有交情者，届时定必踊跃参加，共同追悼云。

1945年8月28日　第四版

胜利日同善堂　派赠难童餐饭

同善堂难童餐，办理已达三年，一般难童，受益不鲜，此皆该堂值理叶子如提议倡办之功，而该堂主席蔡文轩、黄渭林等，不断协助，故能维持如是久远。现在胜利期届，米粮价格平复，仍尚施派，未尝停辍，足见其尽美矣，亦尽善也。该堂昨天决定于胜利日，改为派施饭，且用腐乳扣肉为餸，业已征得高可宁捐葡币二百元，陈茂枝葡币一百元，金门猪肉店捐猪肉二十斤，以为胜利日派饭，以为此菜之用。难童聆餸喜讯，当必笑逐颜开，希望胜利日及早快临，俾得食果腹也云。

1945年8月28日　第四版

教育消息

教忠中学，因广州业已光复，特派员回省，将文德路旧校舍设法修理，筹备复课。至设在本澳之教忠，则遵照部令继续办理，并定期九月三日举行中小学□新生考试，九月五日依期开课云。望德女中校长李仲渔到校视事后，对于校内各种建设，异常积极，督促各员计划校务，筹划添置图书仪器，故连日学生之到校报名者颇不乏人。李校长热心教育，尤同情于一般清贫学子，故现又请得热心教育知名之士，捐助清贫学额招考初中一二年级免费生若干名，以期多育英才云。

1945年8月28日　第四版

高剑父画展　今午揭幕

宣传多时之名画师高剑父个人书画展览，以筹备需时，且因高氏以在澳画展，此为第一次，为隆重其事计，未有草率从事。然近以世界和平实现，为表示庆祝，遂赶前举行。□卅余年来，积存之精作，凡百余帧，假座利为旅酒店二楼陈列，公开展览，定今午一时揭幕，一连三天，欢迎各界人士参观。昨日下午，□□举行预展，柬请社会名流□□欣赏，济济一莅，极为热闹云。

1945年8月29日　第四版

石岐民众筹备　欢迎张惠长　高搭牌楼多座

（本报专访）中山县民众，以张惠长重掌中山县务，无不欣悦，闻张县长最近将驻入石岐，岐□民众目下准备届时热烈欢迎，石岐悠搭牌博多座，而各区亦搭牌楼两座云。

1945年8月29日　第四版

卫生局护士学（校）　通告开始招生　有志者可向总督申请

（本报专访）卫生局□立之护士学校，于下月一日起至廿二日止开始招生，兹将该局招生告示翻译如下：（为布告事，兹据一九四三年□月廿三日总督训令第二五二号批准之护士学校章程第三条所规定，本局决由九月一日起至廿二日止，开始招收护士学校男女学生。查愿入学校者须向总督申请报名，并附□以下证件，（一）年龄证书，证明未少过十六岁及未超过二十五岁，（二）小学四年级毕业证书（最低限度），（三）行为端正证明书，（四）无罪证明书。任何特别技能证明书，或政府服务证书。凡一年级护士学生，经考试及格而学年二年级肄业者，须于上述日期往本局办公处报名。

□也此布。

卫生局长山度士

1945年8月29日　第四版

基青会　筹搬运费　话剧义演

广州基督教女青年会，自广州事变后，乃来本澳设立驻澳办事处。自设立以来，对于本澳各公益事业，向不遗余力。近该会设时局变□，各地亦渐光复，乃决于短期内□回广州，惜以搬运及复原费用方面为数不少，该会能力有限，恐未得充分解决。该会乃准备举行义演一天，以筹募该项费用。现经商得岭南同学会担任义演四幕剧“野荼薇”，并决定于下（九）月八日假座利宵健身室演出，券价分廿五元，十元，五元三类，售票处，现定于新马路一号发售。又查该剧（野荼薇）乃四幕名话戏，前月廿五，廿六日岭南同学会举行联欢会时即演出此剧，当时□得观众好评。相信此次义演，自当有更好成绩云。

1945年8月29日　第四版

澳门华人代表　总督饬令四大团选举

澳门华人代表梁后源，日前因同德银庄事件，私务突增，乃呈请当局准予辞退该华人代表职。本澳政府当局，以其去意坚决，私务繁多，特准予其辞退，一切事务，暂由副代表崔诺枝署理。□至前数日，崔诺枝氏复告逝世，该华人代表职务，乃无人署理。总督方面，以华人代表，乃全澳华人最高领袖，与政府方面，亦应有密切联络，且关系华人权益至巨，似未便任其久旷，昨日乃饬令华务局，转谕澳门商会，着联合镜湖医院，同善堂，中华教育会等，联合会议，选举一众望所孚之华人代表，正副各一员。至选举结果，当即呈总督核准公布云。兹录华务局致商会华侨华侨原函如下：径启者，□奉总督面谕，关于华人代表梁后源君□已具呈辞职，且辞意坚决，又华人代表崔诺枝君复告身故，查是职关系华人权益至巨，似未便任其久旷。计本澳合法团体有澳门商会、镜湖医院、同善堂、中华教育会，应由该四体等联席会商，从速选举华人代表之众望所孚、正副各一员承之。着即分函从速办理等因，相应函达，希烦查照。至选举结果，仍望函复□局，以便转呈总督审核公布可也。

此致澳门商会

一九四五年八月廿七日

华务局长白利达

1945年8月30日　第四版

几家按押　宣布减利

查当押之设，原以缓急相通为宗旨，年来时值非常，物价起落无定，以金融货币，变幻莫测，日银根奇紧，故经营该业者殊不易为。本澳德成按，德生按，对于按物向持十足不拆不扣主义，月前因粮食价涨，万物腾贵，为弥补皮费起见，迫不得已，乃暂行新定利率，凡按物十元以上，每元每月纳息四仙算，十元以下仍照旧例，每元每月纳息三仙算。兹据最新消息，德成按、高升、德生按三家，以现值世界和平，四海同献，特定国府颁布胜利日起，实行按物减利，凡按物每元每月悉照旧例纳息三仙，多少照数计算，仍以一年期满十足按出，不拆不扣云。

1945年8月30日　第四版

葡萄牙轮　定期开西贡　大量购采谷米煤斤运澳

全面和平后，当局除对于各项设施加以积极整理外，一切交通商业等亦无不极力发展。年前停泊于快子基之“葡萄牙号”（即马士拔）轮船，经于日前试航，船中各部机件并无若何损坏。据该轮船主左更生氏昨（二十九）日对记者□，该轮经定于下月五日启航前往西贡海防，将采购大量谷米及煤斤运返本澳。至于下一次之航期及欲赴地点，则须于返澳后始行决定云。

1945年8月30日　第四版

理发行义剪　成绩优美　届时并参加提灯

理发行东西家同人，是次以祖国胜利，薄海同欢，除自动献金外，并于胜利日由东家欢□□□家，晚间数百行友手持五彩纸扎，参加庆祝大会巡行。昨日全澳理发行义剪，热心人赞助者甚多，成绩优美。该行为表大公，函请大会派员监视开箱。大会派六怡康前往监毕，明日公布数目云。

1945年8月30日　第四版

市厅尊重民意　良好建议尽量采纳　林义黄森会向该厅贡献意见　该厅希望各人亲到面商一切

本澳市政厅自厅长巴路士履任以来，对于一切市政措施，无不力求改善。该厅为征求市民意见起见，曾吁请市民具函该厅表示意见，而该厅于获到意见书后，于可能节围内当尽量采纳。查本月廿三日，有林义、黄森、李江、北记等四人，投函该厅，贡献意见，现该厅正拟与四投函人磋商一切，□氏来函并未□明地址，至无从通知。该厅负责人，曾向记者表示，希上列四人，于每日上午九时至下午一时三十分，该厅办公时间内移玉至该厅与秘书罗沙路，或助理秘书施利华磋商一切云。

1945年8月30日　第四版

时局影响　屋租减低

太平洋战事发生后，本澳□中立地位，各地逃难来居者乃日见增加，致本澳屋宇乃成供不应求之势。更复以物价腾贵，故屋租方面，叠经起价，不知凡几，致其中住客，与屋主方面发生不少纠纷。然近日时局变□，各项物价，渐复战前状态，屋宇方面，自亦不能例外。故连日来据记者所知，已有一部分屋主自动将住客租金减低，闻有减低大半者，一般住客，莫不欣快。更望其余未曾减租之业主，亦能随将各租项减降云。

1945年8月30日　第四版

战神敛迹　市桥货价暴降

（市桥航讯）市桥地方繁盛，大□食物店甚多，近来各物大跌，最主要品□米油糖面无不大跌。现各酒楼茶居下等食品店，以食物贵后，生意大不如前，故各家大书特书“特别大减价”（又再降价）字条以为招徕。现在价目比前最贵时确已减五分三左右。

1945年9月1日　第四版

某银号藉（借）献金　加抽顾客佣金　籍（借）他人之力钓名沽誉可耻孰甚　何不本良心尽国民一份（分）子责任

（本报专访）我国抗战军兴，已达八年有奇，为祖国而致于牺牲者，流离所失（失所）确不知凡几也。惟有等投机者，值此机会发商难财而致富者，亦大不乏人。最近祖国宣告胜利，世界和平，凡我国人，均举行热烈庆祝，故本澳各界组织庆祝大会，发动献金运动，故连日来响应献金者，有贫苦之手车夫、擦鞋小童、小贩、按摩、苦力、清苦之教育界中人，甚至一般最可怜操卖肉生涯之歌姬亦不忘祖国，先后响应献金慰劳祖国之荣誉军人，与及阵亡将士之遗属，近数日来到大会献金者，大多是如上之贫苦阶级人物，□富有之士甚少。记者希望富有之士拿出良心来，应宜踊跃参加献金运动为要。昨日据悉，有某店号以献金名义加抽顾客佣金，客人与之交涉时，则云抽多者以作□（献）金之用。此沽名钓誉之如银业行某号，实为一件最可耻之事也。献金之事，实人人应为，希某号之举，无异藉（借）他之人力之沽名钓誉。希各银业商人，拿出良心来，尽其国民一份（分）子责任云云。

1945年9月1日　第四版

葡红十字会长　廉马士往港　接济留港葡侨医药

（本报专访）自全面和平宣布后，香港方面日军亦准备向英军停战。葡国红十字会澳门分会会长廉马士氏，以留港葡侨数仍不少，在战时深感医药缺乏，为此乃发起携备大批药物，往港接济。查廉马氏昨径乘小汽轮前往，偕行者有葡人小罗保告山奴医生多人。此行携备大批药品，接济葡侨，大约在港逗留一二日，即原船返澳云云。

1945年9月1日　第四版

警察当局　加派员警　维持治安

胜利日将来临，本澳各界参加庆祝者甚众，本澳当局，亦决定之三日内，加派员警协助庆祝会，□持巡行秩序，同时亦准备加派警探，在通衢大道中保□市面治安，以防肖小有不法行为云。

1945年9月1日　第四版

葡人成立　澳门帝汶紧急救济会

（本报特译）据葡京来电，葡国人士在东菲莫三□给之首都洛杯科马麦斯，成立“澳门帝汶紧急救济委员会”，设法输运大量粮食、衣物及药品等来澳及帝汶，救济当地居民云。

1945年9月2日　第四版

全澳果台果贩发起　本月六日义卖一天

本埠果台果贩，响应庆祝祖国胜利、世界和平献金劳军运动，日昨假座大□饭店举行筹备会议，出席者果台代表及沿街售果贩数十人，一致议决定于九月六日义卖一天。分贩卖场十五所，义卖“胜利果”，将所得之款，全数献呈蒋主席，慰劳荣誉军人。即席选出主席合利梁乐，副主席澳门食品公司，总务陈少溪，财政组主任林文记、九记，交际组主任叶牛，文书主任开记，采办组主任生记，布置组黄佑记。散会后全体组员出发，劝募购货基本金，结果成绩甚佳，总数得三千余元云。

1945年9月2日　第四版

永兴咖啡室　今日义卖

议事亭前（宝文楼对面）永兴咖啡室（二日）全日冷热咖啡、冷热红茶两样收入，作为献金。照常价目，四十余年老号驰名咖啡，西饼面包，精美上品。

1945年9月2日　第四版

中央舞厅　义舞献金　全部收入涓滴归公

（本报专访）此次庆祝祖国胜利世界和平，全澳侨胞纷起热烈献金。中央舞厅全（同）人，义不后人，爰于卅日召集全体职工舞女会商，定期举行义舞，将收入所得完全献金。□是日出席者，除该厅办事人外，全体舞女均到参加，情况至为热烈。首由该厅主事人宣布总会意义，结果决议定期本月四日举行义舞一晚，全部收入□作献金，一切经费开销概由舞厅负责，不动公款分毫。酒水舞票女界门券概照原价，场内不设劝捐，并优先发出舞票，由各舞女负责分别劝销，以收宏效。届时为增加舞客兴趣起见，特别情（请）□舞蹈□家白志先生、希多娜小姐义务客串，参加表演亚根廷探戈舞□□□舞助庆云云。

1945年9月2日　第四版

知行学校　响应献金

下环街知行学校校长罗致知向具爱国热诚，今值祖国胜利，薄海同欢，乃发起学生献金慰劳荣誉军人之举。每生最低□献葡币一百元，如热心捐献多者亦大有其人，如陈□□献金一千二百五十元，陈□本献金一千二百五十元，□建剑献金五百元，何玉群、曾惠文、梁建中、霍□□、霍雪屏、霍□屏、霍杏屏、霍爱屏、霍棣屏，每献金二百元，罗知礼、罗知义、罗知廉、黄梅英、黄少波，每献金一百五十元，其余献白（百）元者不录。该校当局□□国民之责云。

1945年9月2日　第四版

谷米行　庆祝和平

（专访）谷米行定和平胜利日后一日，搭台于康公庙地前，举行庆祝，敦请本澳热心歌姬到场义务献唱云。

1945年9月2日　第四版

胜利　胜利大饼　送赠难童

（本报专访）祖国胜利薄海欢欣，各售粥场转售米饭，同善堂及托儿所之难童餐，改派胜利餐，内有南乳扣肉饭，贫童得益，当快朵颐。□士李□荣亦于是日□备胜利大饼八百个，送交布英沙厅长转发托儿所、贫民□、难民营等贫侨餐食云。

1945年9月3日　第四版

广播会举办　远东广播问讯　免收费用范围包括澳洲各地　致词（辞）须用英葡文最多廿五句

（本报特译）本澳广播会成立有年，对于有利市民工作，不遗余力。据悉该会由本月起，免费为旅澳□□向远东，包括澳洲各地，广播问侯（候）音讯，对各亲属朋友等致意。查各音讯词句须用英文或葡文缮写，每次不得超过二十五句说话。此等音讯写成后，可交往邮政局三楼澳门广播会播音台，请求播送云。

1945年9月3日　第四版

留澳葡籍难民　筹备致谢戴督　在岗顶教堂举行大弥撒　推派代表向澳督致谢词

（本报特译）自太平洋战争爆发，香港沦陷后，居港葡侨，因时势转变，生活顿失保障，岌岌可危。本澳总督戴思乐，立即设法救济，命令该地葡侨来澳暂避，指定三划俱乐部、岗顶俱乐部、新花园大屋、台山贫民□为彼等□品，并每月每人津贴三十元，复可享受政府配给之权利。查目下战事结束，和平正式宣布，一般葡国留澳难民，深为庆幸，为表示感激澳督恩惠起见，特组织一委员会，负责筹备致谢戴督典礼，聘请葡国难民代表洛比士为该会主持人。闻该会订于本月八日假岗顶教堂举大弥撒并领圣体，届时柬请澳督参加。俟宗教仪式完竣后，在教堂前地，由葡国难民代表，向澳督致词（辞），藉（借）以表示感激之意云。

1945年9月5日　第四版

报馆报贩各尽所能　各报明天义卖　各报贩即席捐出筹备经费百余元

此次以祖国抗战胜利，世界全面和平，阖澳侨胞，各尽其力，热烈献金，成绩蜚（斐）然。查报馆与□□（报贩）方面，亦联合义卖报纸一天，兹已定于明日（六日）为义卖日，报馆免收报贩报费，报贩则将所沽得全部收入，尽量献金。各报贩在筹备期间内，先由各报贩出经费百余元，以作是次义卖时之一切开销。查当时即席捐出者有□□□助十五元，郑桐记卅元，棠记助五元，陈未助五元，何添助三元，陈勒助五元，高暖记助十元，六国助十二元，何□助五元，黄成助五元，徐记助五元，基记助三元，柏记助五元，□记助五元，找记助二元，利记二元，励记助五元，□永安助十元，邱宏德十元。

1945年9月5日　第四版

岭南同学　响应献金

本澳岭南□学会为响应此次庆祝祖国胜利建国献金，特定于本月九、十两晚，在利宵中学礼堂公演四幕剧《野茶薇》。查该剧曾于上两星期在该联谊会演出，布置、灯光、道具、演技及伴奏音乐等，极得好评。闻今次全部收入呈献中央政府，一切开支由该会负担。门票分名誉券及两元券，□□已在新马路和□记行、白马行、诚□利店发售。又青年会八号晚亦敦请该会演出话剧筹募经费云云。

1945年9月5日　第四版

全澳书画界　筹□义展

留澳书画界，过去对于慈善义举，向不后人。以画人生活虽清苦，然过去如同善堂难童餐义展、协社书画义展等，均筹得巨款，甚为社会人士所称道。此次以祖团抗战胜利，各侨团均纷纷举行义捐义卖等，献金运返祖国，以此书画界，昨亦召集同人，假座纪中学校，会商举办义展事宜，将各出作品参加，以售画所得，尽以献汇□国，短期内即可实现云。

1945年9月6日　第四版

庆祝大会财政组人员工作忙　献金第一批将汇出　细钞汇出大钞收款其数量增加

华侨庆祝祖国胜利大会，财政□负责人昨对记者称，连日来各界献金情形非常热烈，成绩相当□满，尤以劳苦□众最为出力，各国术馆醒狮采青所得标尾数亦相当可观。该组工作人员已连日带□办公，以便公布献金数目。第一批献金，相信一俟大会决定后，即可汇出。惟关于汇兑率一节，查该会自开始□□献金以来，自照细钞六五计折合重庆收大□，故连日各界献金，例如献出细钞六□五员者，该会即发大钞一万员之收据给与，但仍批明“此乃细钞折合以六五寸折”字样，以便转换。但最近的广东省银行通知前途汇率，已有转变，因此大会财政组方面已决定在今日下午四时以□交付献金者，为细钞仍可照六五寸折收，逾时则照广东省银行新牌价计算，现查认献未交款者甚众，请注意从速缴交，以便汇返祖国也。

1945年9月6日　第四版

卷烟业同人义卖　成绩优异　约国币一百万元

澳门卷烟业同人，昨日义卖一天，各热心人士踊跃赞助，连该行同人献金共得国币约一百万元。

1945年9月7日　第四版

妇慰会　献旗卖花　日夜工作

（本报专访）妇女会各主理人，以祖国得到胜利，世界已告和平，即发动售旗献花以作献金，得款涓滴并交祖国慰劳荣誉军人，及阵亡将士家属。日□即由各主持人分队亲自出马献旗售花，夜间则到各娱乐场、□□，请各界踊跃购买旗花云云。

1945年9月7日　第四版

学校消息

世界和平，穗□重光，以前□难迁□各地之学校，纷纷返回广州复课。闻本年九月间决定在广州复课者，有培英、岭南、广中、民大及真光等校。本澳培英中学经决定将高中部□返广州西关多宝路尾先行复课外，其余初中、小学及幼稚园各班，亦相继筹备开设云。兹探悉该校致高中各级新旧学生中澳上省人（入）学之办法如下：高中各年级新旧学生须知，（一）本校多宝路尾培英原日校址行将全部接收完竣，决于九月廿二日开课；（二）本校高中各级新旧生，准由本月五日至十日到本校领取缴费单，照走读生学习费额缴交，可在广州校舍寄宿，免交宿费，至膳食费则照广州市粮价而定；（三）查内地各校须缴学杂费国币约六千元，宿费约二千元，本校省校谅亦依照办理，至详细章程俟校董会订定后即行送上；（四）至九月十一日仍未报到及交学杂费者，则作自动退学论，学额由别人补充之；（五）本澳校高中各□新旧□定于九月十五日□至廿日，分批上省，由本校教职员领导搭船直达省校宿舍，寄宿□费等自备（约廿五元）。到时行李可交由学校□中□□。国立之中山大学□澳同学会，为庆祝抗战胜利世界和平，特举行联欢叙餐，该校旅澳同学负责人日前议决于本月九日下午七时，在金门餐室举行联欢会，报名缴费□由新马路风光摄影室代收，报名期间由九月六日起至八日下午九时止，每位餐费五元。闻该款预先缴交，以便确定用餐数额云。粤华中学为一□□留澳学校，复经呈□广东省教育厅，正式立案，凡高中毕业生，可直接投考升大学。兹为方便留澳□生转入该校肄业，安心在澳门完成高初中学学业阶段起见，凡有原校转学证件，学行成绩优良者，得免试入学试，以示优待。至本学期开课日期，当为九月□日云。

1945年9月8日　第四版

岐澳汽车交通　日间将可恢复

（本报专访）本□至石岐之陆路交通，本年来端□客车与及单车行走。查前安行行之客车，停止行走，直至最近仍属未见恢复，故现□来往澳岐之陆路交通，则只□单车而已。后据安行行主理人称，客车恢复行走，须候祖国军队开驻，然后可定复走之期云。

1945年9月8日　第四版

女青年会　演剧筹款

驻澳广州基督教女青年会，为重返广州，从事建设工作起见，敦请岭南大学同学会澳门分会，演出名话剧《野茶薇》筹款，日期：本月八日，时间：原定下午八时，□改为八时四十五分，地点：利宵礼堂云。

1945年9月9日　第四版

东莞义学　今日始业

东莞同乡会，自成立义学以来，各项工作，经已圆满进行。查义学开始招生后，各同乡子弟报名入学者甚为挤拥，该义学学额原定六十名，现已额满，并依原定章程，定今日上午十一时，在该会自购之校址内举行始业礼，希各已报名学生依时到校参加云。

1945年9月9日　第四版

港澳交通恢复　佛山轮今日来澳

（本报专讯）香港重光，英国军政府宣告成立，百废待举，香港交通之复兴，亦应乘时而起。香港为一岛屿，与各地联络□，多唯水路交通是赖，尤以广州及本澳间之航运联系，尤为密切。迩来港澳交通，虽未恢复常态，但有各船务公司之机帆来往，亦殊便利。据悉，香港军政府为供应港澳一切需求，特派“佛山轮船”定今日开行来本澳。该轮战前行走省港澳，能容载大量货物，此次复航后，闻将继续航行省港澳之间云。（荒）

1945年9月10日　第四版

挺三队昨向中山日军致备忘录　定十五日正式接收　同日光复歧（岐）城吴发等部举行入城仪式　中山治安现由挺三队国民兵大队维持

（本报中山专讯）关于接收中山问题，昨经由挺三队□新任中山县长张惠长□致备忘录与驻中山日军，命令日驻军于十五日以前撤退石岐市，同时政府当局定于十五日复员光复岐城，现已派出秘书刘博为复员运动筹备主任，并于是日由挺三每个支队抽出两个建制中队，及县府国民兵等一二大队吴发、萧天祥等部□队作入城仪式，挺三司令官伍蕃，副司令屈仁则、石抱奇及县长张惠长领众接收，岐城民众，已筹备届时热烈欢迎。

（又讯）挺三队及县府现为维护中山水陆交通，并□肃清□匪，派出吴发、梁清祥、萧天祥、黄福祥、黄祥等部在岐关公路之东□路一带维持治安，各部前头部队经布防至三厂及各交通□，查沿途均异常安宁云云。

1945年9月10日　第四版

驻澳英领事　昨日举行庆祝胜利大会　假电灯俱乐部举行情况热闹

（本报专讯）昨日下午三时，英国驻澳门领事□礼氏，假黑沙湾电灯俱乐部举行庆祝盟国胜利，世界和平大会，邀请中西各界，社会名流参加，澳督戴思乐亦被邀莅临。是日赴会者，衣香□影，情况异常热闹，英领事主持，□节致词（辞），澳督演说，余兴有羽毛球表演及跳舞助兴，茶水酒饼收入葡币一万五千余元，全数献金我国中央政府，慰劳军人云。

1945年9月11日　第四版

庆祝大会决议　首批献金今日汇出　数约三千万大会定期月底结束　书画界（同）人继起举行书画义展

（本报专访）澳门华侨庆祝祖国胜利世界和平大会，□下午三时在商会二楼召开常务会议，讨论关于一切献金工作问题。是日出席常务委员廿余人，由高可宁、朱伯英主席，刘君韶记录。朱伯英宣布开会理由后，总务陈少伟报告白揽小贩某甲藉（借）义卖为名，吞没款项。又巡行之日有醒狮两头未经报会，擅自采青，吞没标款。该两事经大会查究后，经将吞没之款追回。又报告各行义卖献金成绩，中央舞厅义务成绩，妇慰会献旗成绩，财务梁鸿勋领告大会经费支绌，不敷之数约二千元，由高可宁即席认捐葡币一千元，□余一千元决议请大会顾问自由捐助。决议接纳高剑父书画同人义展献金，继续讨论关于结束献金日期。席间郭秉琦、邬志豪、邓晴隆相继发表意见，决议大会准期本月底结束。下一次常务会议，定期本月十六日举行，财政组报告，计至六日止，大会共收到各界献金拆（折）合细钞存入广记共一千四百四十五万一千一百六十二元九角五分，由七日至九日大会共收关金二千四百五十五元，大钞九万九千九百元，信托大钞七万五千元，什大钞七千四百五十元，湾钞五千元，重庆钞二千二百二十元，□钞九万二千五百七十七元，储券七千四百卅五元，手票七百卅元，澳币一万四千九百八十七元九毫六，新港纸五十元。另广记计至九日止，共代收七〇〇九一一九元。重庆钞第一批今日汇出，约三千万元云云。

1945年9月12日　第三版

船务日趋蓬勃　省港帆艃日有增加　明生一昨抵澳运侨

自东亚战事平息后，侨胞之就居澳门而赋闲者，纷谋径返原日谋生之所在地，一部分殷富商人，又求早日向光复区谋发展商业之机会，良以捷足先登，固时势造英雄之计也，于是行走港澳之轮渡，□应时而起。查连日以来，新营之帆艃，不下十余艘，其中多以油渣发动机械，以柴炭发动者，亦有数艘之多，至轮船方面，拟出面维持交通者，最近则有原日□□、海珠、篮山等船，惟复航□期，尚未决定。查昨日有“明生一”号轮船抵达，此船乃专以载运外侨之用，至港澳轮之新开办者，厥有梁带号快船一艘，该轮船备有双引擎，五小时可抵埗。该轮由汉丰行代理事务，至湾仔交通，亦已恢复如常云。

1945年9月12日　第四版

邮电局长马丁氏谈　拍发重庆电报未通　曾多次去函中国政府惟尚未答复

战事结束后，我国各地均纷纷□员航迎，邮电，等等均恢复常态，惟本澳电报拍发及邮件快递，仍未照常办理。本埠商会，为使早日恢复由澳□□拍发电报直达重庆起见，曾去函邮电当局请求办理，□至今日，仍未实施。记者以此，昨特走访邮电局长马丁氏叩询一切。据称，关于拍电直至重庆问题，渠等已多次去函中国政府，现尚未获有答覆，故情形若何，碍难置答。不过现目局面，短期内难能实现，即如拍往广州市之电报业经停止三天，故恢复各地之电报来往，一俟实施时，当有布告。但最近由本澳寄付重庆之函件，邮局依然接收，直接由广州转发，但□时颇久。但渠本人预料，不久将来当可恢复常态云。

1945年9月12日　第四版

教（育）会欢迎　黄令驹

（本报专访）教育会于昨晚下午八时，假商会二楼召开会议，并请各学校及社团派代表参加，商讨欢迎海外部党部督导专员黄令驹氏云云。

1945年9月13日　第四版

挺三副司令　屈仁则今日来澳　视察当地党务工作并拜会本澳当局　并将巡视难民营慈善机关及各侨校

（本报专访）驻中山挺三副司令兼国民党澳支特派员屈仁则氏，自中山光复后，即出巡各区，于前日抵五区翠微视察，并部署一切有关军事事宜。查屈氏定今（十三）日来澳，向当局作非官式访问，并视察当地党务工作。本澳侨胞聆讯，纷纷准备届时热烈欢迎。昨（十二）日上午九时半，商会值理梁鸿勋代表该会主席高可宁，偕同李建丰、袁锦涛等多人驱车往翠微晋谒屈氏，代表阖澳侨众欢迎屈氏到澳，指导华侨工作。当由屈氏接见，□澳侨情况垂询甚详，正午间始告退。……查屈特派员今日到澳，上午九时至十二时，出席党部工作会，下午一时，非官式拜会澳督戴思乐将军，下午一时巡视难民营慈善机关及各侨校，下午七时，赴欢迎宴会。明（十四）日上午九时则（到）十时，非官式拜会，警察厅长布英沙暨督察长观耶，正午十二时至出席侨澳中山小榄同乡座谈，下午二时至五时召见各侨属代表，听取关于一切民众报告云云。

第一日秩序（十三日）：（一）上午九时支部工作人员会（汇）报。（二）拜会澳督（十时半）。（三）致祭先烈。（四）下午二时参加欢迎会。（五）晚上七时欢迎宴会。

第二日：（一）上午参观难民营、镜湖医院、学校。（二）十二时参加中山同乡会小榄同乡会座谈。（三）下午二时开党员大会。

1945年9月14日　第四版

乒乓三角赛献金　三队势均力敌　定期假利宵健身室举行

本澳乒乓界为□应献金祖国起见，特举办乒乓三角献金赛，由全澳乒乓界集合会商，□□决定由南中体育会、热诚体育会、孔圣体育会三队，将定期假座利宵中学健身室礼堂内举行。查此三队中，实力堪称空前，南中队即陶英队，□□，热诚队即华府队之变□，孔圣会，即□□香港乒乓域上之□□者，此三队实力相当，必有一争。兹将三队名单列下：（南中）胡□英、□文焕、□光华、□魏燊、林金□、梁焕堂、李华贵、郭冠英、冯茂生，（热诚）官永普、□□为、黄永年、黄永安、王□添、马汉荣、郑克明，（孔圣会）潘世芳、潘世雄、潘世安、萧文炜、萧□锦、余祖冕、□□□、周振球。至于入场券等，□定今日送出，希各界踊跃认购云。

1945年9月15日　第四版

屈仁则　昨午巡视难民营　对我……困苦之侨胞表示无限同情　镜湖同善堂及各同乡会均开会欢迎

（本报专访）国民党澳支特派员屈仁则，于前日由翠薇来抵本澳，目的视察海外侨胞。屈特派员一抵此间，本澳之官绅名流即多为之接风洗尘。查前晚澳督戴思乐于七时设宴欢迎，九时本澳绅商与居民举行公宴，而日间商会主席高可宁等发动开会欢迎。昨日屈特派员，于晨早八时首先偕同郭秉琦、麦孔坛等到同善堂拜访各值理，并询问各项施赠事宜，同善堂各值理并开会欢迎，至九时屈特派员等始离同善堂到镜湖医院。镜湖医院主席林炳炎暨各值理开会欢迎，并领导巡视医院一周及各病房。事后屈特派员等则驱车到难民营巡视，对我……困苦之侨胞，无限同情。十一时返党部垂询工作，十二时参加榄镇同乡会欢迎会，一时参加中山同乡□欢迎会，最后在商会二楼召开党员大会。席间屈特派员、黄督导专员、许伟民、朱伯英、郭秉琦、郑惠荃等，均有发表激昂之演说云。

1945年9月15日　第四版

军事法庭　研讯打单案　两人无罪省释

（本报专讯）法院军事刑庭，前日□研歹徒投函打单勒索清平直街荣华酒店案。查该案原告为酒店主事人杨师奶，被告男子计开林清、黄标、柯士新、陈松、吕其、黄成新等六人，当日于警探捕获时，曾搜获手榴弹、手枪及胡椒粉等物，法院于日前曾开堂公审，惟以证据不足，无罪省释。但其藏有枪械等物，有触犯军事法例，乃交由军事刑庭审讯。该庭于初研口供时，其中之林清、黄标二人省释后，其余四人，羁押后于十月二日正式开堂公审云。

1945年9月16日　第四版

得来茶室义卖　献国币拾万元

自祖国抗战胜利，世界和平后，全澳侨胞，莫不欢喜欲狂，于大事庆祝外，并发动献金运动，以符有钱出钱，有力出力之旨。□义捐义卖之风，吹遍全澳。因是得□茶室主人，亦义□后人，特于日前举行义卖两晚，共得国币一十万元，已送交庆祝大会代为转献□□云。

1945年9月16日　第四版

屈仁则　昨返中山

（本报专访）挺三副司令兼党务特派员屈仁则，关怀本澳侨胞，特于日昨拨冗，来澳视察。本澳华侨特开会热烈表示欢迎，直至昨日下午一时屈氏以工作完毕，驱车返访，华侨欢迎大会亦□于今日开结束会。关于慰劳品物，决定由妇慰会于本月十八日以汽车载往中山交屈氏，分发各战士云。

1945年9月16日　第四版

教员登记　八百余人

本澳教育当局□为杜绝一般冒充教员，误人子弟起见，特发起全澳教职员登记，由本年七月开始，至九月一日止，两个月内务须登记完竣。查最近此种登记手续，业已完竣，登记之教员，一共有八百二十二名，比较上学期业已增加□百，上学期之教员数额，不过为七百人而已。至于一般仍欲在澳新任教员者，可继续向华视学会申请发给证件云。

1945年9月16日　第四版

澳港机帆　德光失踪

兹据航业界方面消息，谓日前有香港时利洋行属下行走港澳之机动帆船德光号，曾满载货物及乘客□二人，由港来澳，一连数天，尚无抵澳之□息，意料或有意外。刻下该船公司，业已派人查究云。

1945年9月17日　第四版

归侨离澳迁运行李家具　费用负担较前减轻

（本报专访）近日以战事平息，行旅往返频繁，对于一切交通手续，佥欲一知者，关于行李及家具之运出问题，尤为行旅所特别注意，盖在战事结束之前，凡行旅乘船，两□码头□，既须给予船公司指定，苦力相当佚（夫）力，船上复须给予种种杂费，以求行李之安全。现查帆艃之航行省港者，数量既增，从（重）新创办者亦复不少，因此业务上之竞争，实为意中之事。其中□有收五元者，近日投机之流，又有“梁带号”港轮及其他省帆多艘，首将行李费豁免征收，庶减轻归侨负担，一方面又为竞争营业着想，以期藉（借）以号召，而广招搭客。至于行李及家具之输出手续，据以优待归侨为号召者，莫不予以种种利便，以广招徕，由是从前种种陋习，一廓而清。苦力既可自行雇召，船上又无抽收任何零碎小账至行李费之收取，有每件收三元者。（范）

1945年9月17日　第四版

留澳七区民众　欢迎区长吴发　在万香酒楼开会

（本报专访）中山七区区长吴发，于日昨来澳门，办理接收七区一切事宜。留澳七区民众以七区区长劳苦功高，是次来澳，特于前（十四）晚在万香开会欢迎。查吴区长不负众望，已于昨日派出职员多人，及数个中队开入中山第七区办理接收云。

1945年9月17日　第四版

妇慰会献旗款　直汇重庆总会　大钞一百四十余万

妇女慰劳会献旗筹款，成绩已于报章□□，据悉该会于日前由广记汇呈重庆妇女慰劳总会，折合大钞一百四十七万二千一百六十八元。又日前报章□登者，计有中国胶厂储券八百○五元，濠江学校铜先十枚，粤华学校储券一百元，何节民夫人□□葡币四十元○三角，□日误登四元零三角合更正。又该会数目至为公□□，如有错漏随时指正，至□欢迎云。

1945年9月18日　第四版

中山沿路交通　团队保护严密

（本报专访）战争期中，中山交通线，因受战时影响，窒碍异常。最近祖国战胜，世界和平，本澳侨胞□□回返故乡，及四乡乡民来澳探视□亦甚多。中山当局为保护交通起见，于岐关公路一带特加派团队驻守，□翠亨村附近由霍大队长□泉负责，三乡至前山由吴大队长发负责，前山翠微一带由钟大队长汉明、曾中队长添裕等负责。迩来往还该线者骤增，惟路上之行人面上□颜色均呈舒快乐观之色，比诸已往敌伪占领时情形情况□□不同云云。

1945年9月18日　第四版

孙立人部派队驻中山前　干员到澳拜会总督　卢荣锡设宴接(待)

（本报专访）新一军孙立人部，将派队□驻中山县，昨日已有干部廿余员来澳拜会澳督，卢荣锡在金城酒家设宴欢迎，并延请本澳警察厅长布英沙参加宴会云。

1945年9月18日　第四版

慰劳挺三部队　扩大筹募运动　届时由妇慰会汇集送达

（本报专访）妇女慰劳□澳门分会，本拟将前本澳侨胞送出慰劳抗战将士之慰劳物品，□慰劳金，于本月十八日送交挺三司令部，交由□副司令分配发给各战士，同时阖澳华侨团体于前（十七）日开会议决，组织扩□筹募慰劳运动。工作业经进行，一□集中大批慰劳品及慰劳金，届时一并交由妇女会汇集送达，是以该项慰劳品将延迟送达，至于何时运送，□现尚未决□云。

1945年9月19日　第四版

吴发　派员接收七区　留澳军政人员多已返防

（本报专访）中山第七区区长兼县府国民兵大队长吴发，自日昨由中山来返本澳，其任务主要办理接收中山第七区一切事宜及访问本澳侨胞。关于接收第七区之工作，已于前（十六）日派出职员多人及先头部队入七区接收，闻吴区长亦准备短期内返七区视事云云。

（又讯）本澳华侨于日昨曾欢迎屈特派员来澳指导华侨，屈氏得见华侨如此热诚，虽在工作繁忙当中亦落澳一行。是次随行之军政人员甚众，惟屈氏逗留仅三天，便惚惚而离澳，以留澳之军政人员仍属不□，直至最近已多先后返防，主理工作云云。

1945年9月19日　第四版

机帆火警　小孩受伤

（本报专访）昨日下午九时卅分左右，妈阁塘附近，有一装有引擎之机帆，时船员多外出，有机房之伙计，因吸食香烟不慎，将机房内之电油焚着，当堂焚烧，火势颇烈。该船左右之艇家，为免“殃及池鱼”，纷纷以水扑救，岂知火势更转剧烈，伙计即呼“救命”。妈阁码头之渡海船□以电话通知消防局，消防局即派出救火车及大帮消防队员，到场将火扑熄。查该船略有损失，并有一小孩受轻伤云。

1945年9月20日　第四版

英扫雷舰今日到澳　英军代表拜会澳督　义勇军百一名今日亦来澳观光

（本报专访）香港经四年沦陷后，至本月十六日正式由英军收回，日海陆军代表藤田冈田、签字俯首□降，同时日军万余人集中九龙，全部缴械后□拘禁集中营，听候遣回本国。现英方正极力恢复政务及地方秩序，整顿一切交通，维护治安工作。总督兼□海空军总司令夏葛，以港岛重光，为联络一切□敦睦葡英邦交起见，特派出代表赖廉上校，定今（廿）日乘扫雷艇来澳，作非官式拜会本澳总督戴思乐将军及各高级当局。该舰大约□日下午即可抵步。本澳当局得接消息后，已准备届时热烈欢迎云。

（又讯）日前在香港集中营获释之英义勇军百余人，本拟于月之十八日趁佛山轮来澳游观及访亲，但临时因佛山轮入埠修理致未果。顷据确息，该帮义勇军数共一百一十名，准期今日来澳，但所乘何船则未悉，可能□系同乘该扫雷舰一同到澳云云。

1945年9月20日　第四版

罗斯小轮　日间往湾　运载粮食

（本报专访）行走港澳摩打小轮“罗斯”号日前抵澳，泊十二号码头。兹据消息，该轮日间将开往广州湾运载粮食什货，接济香港，届时返澳时作小勾当，亦载留澳香港公务人员往港复员云云。

1945年9月20日　第四版

基教女青会　日内迁省　恢复工作

驻澳广州基督教女青年会曾于本月八日假利宵中学，敦请岭南大学同学会澳门分会义演话剧《野茶薇》筹款，是晚收入总计有葡币三千四百六十二元。该会主席廖奉

□女士及工作人员，经返省接收前在广州市丰宁路之会所，并决于最近一二星期内在广州恢复工作，如设女宿舍，举办劳工学校，及其他救济事业。又闻该会极盼各侨胞□该会会务常加指导，使此妇女团体工作蒸蒸日上，与时并进云。

1945年9月21日　第四版

英葡敦睦邦交　赖廉氏拜会澳督　昨日乘巨型毁灭舰抵埗

自日军接受波茨坦投降后，香港亦已由英方接收。香港总督兼海陆空军总司令夏葛，为敦睦英葡邦交起见，特派出赖廉上校，来澳作非官式拜会总督戴思乐。查赖氏前日乘一巨型毁灭舰首途，该舰原于昨日上午十一时许，便可抵澳，后因事延至□日下午四时许□可抵□。三时许，一般留澳英侨及葡侨胞纷纷□赴新口岸畔，远眺舰踪，至四时许，遥见海外有舰徐徐驶进。该舰乃防空色，排水最深达十五尺，惟该海水□较浅，故未能靠近澳海，仅寄□于九洲海面。当时官□已派出葡国青年团及无原罪音乐队一队到场奏乐以示欢迎。澳督以及各高级长官，均驱车前赴码头，英国领事瑞礼士亦偕属员翩□莅止。五时四十五分，赖廉上校及长□□人，乘港务局之小轮，驶至登陆，在音乐悠扬当中，赖氏与澳督英领事及华人各机关之值理、绅商名流、澳督长官等，依次握手为□，空气至为热烈。寒暄后，乃由澳督戴思乐陪同赖廉上校返抵督辕，而各长官乃由英领事陪同返私邸休息，至舰上之官员，则由一帆船及港务局之小轮分别送至陆上云。

1945年9月22日　第四版

不肖歹徒　假借名义勒索　侨胞可向党□告发

昨据中国国民党澳门支部办事处人员向记者谈称，最近竟有一般不肖之徒，利用党部名义，向我侨胞施行恐吓或勒索，惟此等情事，绝对不合法纪，须知一切问题，政府当有真正之办法处理，决不能任使某一方面干预也。侨胞若发觉有上述情事时，可密向党部澳门支部办事处报告，以利查究办理云云。

1945年9月22日　第四版

华侨联合会　正式组织问题　应召集各侨团商讨立案

澳门华侨联合会，成立于数月前，当时本澳米粮短少，故热心人士，乃发起该会，以便商洽米荒事宜。今国土重光，世界和平，旅澳华侨以今后更能安居乐业，不愁米荒，莫不欢欣鼓舞，共庆升平。记者昨据华侨联合会召集人冯祝禹称，留澳华侨应有组织华侨联合会，□藉（借）以联络感情，促进华侨福利事业之必要，惟月前之组织该会者，乃临时性质，以为解决米荒，并未请当局立案。今日时局安定，应召请全澳侨胞会商，讨论一切法规，以便进行向当局立案。草拟简章时可函中国国民党澳门支部指导一切云。

1945年9月22日　第四版

赖廉上校　周游本澳名胜　总督戴思乐躬亲陪驾

（本报专访）香港海陆空军总司令夏葛代表赖廉上校，前日由港乘巨型毁灭舰来澳拜会总督戴思乐将军暨各高级当局，藉（借）以敦睦葡英邦交，经于当日下午抵埗，各情业志前报。查赖氏抵埗后，当由澳督及英驻澳总领事瑞礼士予以招待，赖氏偕高级官佐多名下榻督辕，为总督之贵宾，即晚并举行欢宴，由本澳高级军政长官作陪，席间宾主畅谈至欢。赖氏对戴督于战时极力维持中立之丰功伟绩，备加赞扬。至昨日午餐后，澳督更驱车陪同赖氏周游本澳各名胜地点，同时又到各娱乐场所观光。戴督暨赖氏均轻车减从，态度和蔼，至予人以深刻印象。至下午始返督府休息云云。

晚上八时，本澳商界领袖多人，假座中央六楼金城酒家设欢宴赖上校暨□同僚，并□请总督戴思乐暨本澳各高级军政长官多人作階（陪），宾主觥酬（筹）交错，至夜后始尽欢而散。

1945年9月23日　第四版

镜湖医院护士长　增加月薪　镜湖医院常会议决

（专访）澳门镜湖医院，昨（廿二日）下午三时，召开常会，出席者林炳炎、戴文渭、何麟、区国梁等，纪（记）录古华申，报告事项，总务部报告各事项暨收支数目，医药部报告，上月份施出西药全部一万三千零三十九剂。讨论事项，关于院务方面，护士长暨副会长职务繁重，且现任该正副护长，□工作方面，亦颇为尽责，然所定之薪俸问题，微见低薄，现可否略为加增。经各值理详细讨论后，随即决定：正会长前定月薪五十元者，现增至八十元。副会长前定月薪卅元者，现增至五十元。

1945年9月23日　第四版

侨校献金数目　函报教育会　俾具呈列报主管机关

（本报专访）中华教育会以祖国胜利、世界和平，抗战军人厥功至伟，爰于日前召集各校校长会商，发动全澳侨校员生献金国府，慰劳荣誉军人。结果议决由各校自行热烈策动，将献金款项交庆祝大会转汇，然后将数目函报教育会具呈列报主管机关及国府。闻各校多已函报，至未报之学校，希早日报告该会，以利办理云云。

1945年9月23日　第四版

平安太上剧团　募款劳军　本月廿八日举行义演

（本报专访）澳门华侨劳赈中山军民大会，于本月十九日正式成立，各部门工作，已加紧进行。各界响应献金者异常跃踊，平安戏院太上剧团响应义演一天，所得款项，全部呈交中山当局转发各抗战军人及难胞。义演日期决定于本月二十八日举行云。

1945年9月24日　第四版

培正中学献金结束　一百五十六万余元　已汇呈蒋主席察收分配

培正中学全校中小学员生工友献金情形热烈，经见前报。兹悉该校献金运动结束后，将献金汇集核算，合计国币一百五十六万四千二百五十元。该款□交本澳民信银号汇至重庆广东省银行分行，转呈蒋主席察收分配，以作慰劳荣誉军人及抗战阵亡将士家属之用，并函本澳华侨庆祝祖国胜利大会知照云。

又悉该校为鼓励各级学生员工献金起见，核算所献数额，特设奖额，兹将献金成绩优异者探录如下，计有会部奖□宿生会，全校团体奖一名宿生会，二名高三乙，三名高三丙，四名高二甲。全校个人奖一名简培辉，二名何咏磋，三名刘国平，四名郑文姬，五名黎成芬，六名□□光。

1945年9月24日　第四版

澳支部　举行纪念周

中国国民党澳门支部于今日（星期一）照常举行纪念周，闻已发出通告，各分部委员于本日下午八时半，到该部礼堂联合举行纪念周，并欢迎各党员参加云。

1945年9月24日　第四版

保家乡　隆重演出

中国国民党澳门支部中国影赏联营公司，于国历九月廿三日下午五时在域多利戏院献影军委会政治部监制之抗战出品《保家乡》，同场恭影蒋主席训话片。《保家乡》剧中显露日军残杀奸淫之罪行，观众有等几至甚兴奋，有等泪下。查昨前到观看者，空前挤拥云。

1945年9月25日　第四版

华侨劳军大会　请当局撤销难民营　难胞由屈特派员仁则派船载返祖国

（本报专访）澳门华侨劳振中山军民大会，第二次常务会议，于昨廿四日下午三时在商会二楼举行，出席者高可宁、陈少伟、刘叙堂、梁松、陆电明、郑蕙荃、黄凤枝、李秀之、萧秉炎、梁鸿勋（陈少伟代）、黄豫樵、黄苏、韩穗轩、李建丰、刘衡仲、廖荣福、黄家驹（刘国仁代）、程湛如、邬志豪、林泽衡、朱给、梁后源、何贤。主席梁刘高三氏，纪（记）录韩穗轩。讨论重要事项如下，（一）商讨筹募劳振金办法，林泽衡、韩穗轩、萧秉炎、邬志豪等委员均有建议。（二）请当局将难民营难民遣散，候屈特派员派船来载返回祖国。现在大会以如上两件事实乃为应宜最速办之举，各常委希望以最短期间解决此两点问题，希望以最快时间完成此重大任务云。

1945年9月25日　第四版

营地街取缔小贩摆档令　市厅考虑撤销　高可宁谒巴路士代小贩请命

（本报专访）卫生局对于在公局市南街摆卖□什、疏（蔬）菜、食物之小贩，甚为不满，闻各小贩在该处摆卖什物，有碍卫生，请市政局下令严禁。此问题至为影响各小贩觅食，故各小贩于日□特函商会援助，请当局撤销原意。商会正副主席高可宁、陆电明两氏，定于□日上午到市行政局，与该局局长巴路士会商解决此问题，并云各小□今后当遵守卫生，请求准予继续营业。该局局长答覆高陆两氏，谓撤销原意，尚须考虑，如认对卫生方面无碍者，或可使前在该处摆售什物之小贩，得继续摆档，惟须开会讨论解决办法，并一方面请警方通融办理。高陆两氏满意而退，当于昨日下午二时接见该街小□代表，并将代为请求当局撤销原意之情形详细解释云。

1945年9月25日　第四版

湾仔乡校卖花筹款　慰劳荣誉军人

（中山通讯）中山县第五区湾仔乡，自张衍□接任乡长后，以此次国土重光，胥赖英勇抗战将士，杀敌立功，特召集七乡长及团体学校会议，推动献金义卖及征集物品等，以作慰劳党政军团长官。闻该乡乡校员生，拟于日间，举行卖花筹款，将全数所得，送呈当局，慰劳党政军团长官云。

1945年9月26日　第四版

三灶岛重光后　吴发等办理救济　日军盘据惨杀无辜乡民多流离失所　善后委员会昨经成立吁请各方协助

（本报专访）抗战军兴，中山县最初发动抗战，则为七区三灶岛，故日军对该乡最为仇视，该乡民众被残杀最多，房屋被毁者损失为最大。该乡发动抗战则为吴发等，故有中山民族英雄之号，而日人对吴发之印象最为恶劣。同时日以灶岛地形最适合军事要冲，故在该岛设立海空军基地，举凡在外之三灶乡人民，均不准返乡，留在三灶之民众，□时遭杀戮，故该乡乡民多逃出外间暂避，留澳及其他场方者甚多。最近祖国宣布胜利，流离失所之三灶难民，急于回乡，惟该岛有特殊之困苦环境，最近，日人焚毁在该岛日军事设备，除日前被毁后仅尚有之屋，亦被波连焚毁。七区区长吴发，于日昨派出干员回乡办理接收及善后工作，得见该乡急于救济者甚多，故该区民众发动组织中山县第七区难民还乡善后委员会，由吴区长及留澳商人联同办理。大会经于日昨成立，并向本澳当局备案，昨日该会委员多人前到商会拜访主席高可宁，党部澳门支部屈特派员代表袁锦涛，并致公函，请协助办理救济及善后事宜。一方面致公函于中山同乡会及澳门华侨劳振中山军民同乡会，一方面希望本澳人士，加紧协助。现在留澳及其他之三灶难胞，人数诚属不多，现仍有有家难归之苦，救济善后工作，实为急不容缓之举云。

1945年9月27日　第四版

劳军大会　定期召开联席会议　商讨征募及办理遣送难民事宜

中山县张县长，以战时我国难胞不少流落澳地，饱受艰苦，兹以胜利实现，实有急待施赈必要。日前屈仁则到澳时，曾商及设法将在澳难民营难民遣送入中山转送回籍，或安置救济等，惟以事体重大，爰于本月十九日由华侨联合会，召集阖澳侨团行商学校代表，热心人士开联席会议，议决成立“澳门华侨劳振中山军民大会”，办理征募慰劳品及救济金，以资慰劳该县团队及难民并办理遣送难民事宜。本月廿八日下午三时，该会将假座商会，召集阖澳侨团行商董理事学校校长及各殷户名流开联席会议，商讨推动征募事宜云。

1945年9月27日　第四版

平安太上　今晚义演　响应劳军

平安太上剧团，为响应澳门华侨筹振（赈）中山军民大会，劳军运动，已定期今日下午八时义演名剧《花蝴蝶》下卷。该剧全部俱立体布景布置维（惟）肖维（惟）妙，全部收入，俱拨作筹振（赈）义款云。

1945年9月27日　第四版

英藉（籍）侨民　纷作归计

（本报专访）自香港重归英军掌握后，一般于战时逗留在澳之英藉（籍）公务人员，或各大公司之高级职员等，无不纷作归计，日来英领馆群集不少□辈申请□别征（证）返港，一般机帆，无不□□三倍。查□晨开港有新生利轮亦载有此辈六十余人云。

1945年9月27日　第四版

不肖妇女　冒名劝捐　妇慰会否认

澳门妇女慰劳分会，每次募捐，向由各委员亲自出动，并无派出代表。查最近本澳有等不肖妇女，竟冒认妇女会为难童筹款名义，四出向外募捐。该会负责人昨否认此事，并希各界人士勿再受其所骗云云。

1945年9月28日　第四版

乒乓献金义赛　举行颁奖典礼纪盛　徐淞以万六千元购球

乒乓献金义赛会于本月廿六晚，假鲍斯高中学礼堂，举行颁奖典礼。查冠军为南中队，得彦明烈士纪念杯，附奖彦明卓夫嘉琦烈士纪念杯。亚军为热诚队，得卓夫烈士纪念杯，季军为孔圣队，得嘉琦烈士纪念杯。先由主席陈公善致开会词，颁奖由林炳炎代表主持，来宾有邬志豪、叶子如、梁松、袁锦涛、朱伯英、徐淞、区国梁、夏成吉等先生演说，并有鲍斯高中学粤乐队助兴。场内举行拍卖义球，结果为徐淞先生以国币一万六千元获得，随即表演乒乓表演赛，冠军对联队美妙镜头，精彩百出，掌声雷动，咸（感）叹观止。结果两队握手言和。连晚比赛有中德中学、雨芬中学、圣若瑟中学，童军维持秩序，井井有条。三校童军对于社会服务精神，殊属可嘉云。

1945年9月28日　第四版

路环合栈　义卖献金

本澳慰劳荣誉军人及其家属之献金运动极为踊跃。查路环合栈茶居亦举行义卖以献金，计共所得，澳纸二〇九，七一元，□钞三二〇〇元□大钞三二〇〇元，细钞一〇零零元，开金五元，新港纸五零元，又合栈茶房□友大钞二〇〇元云。

1945年9月28日　第四版

英舰一艘　日昨到澳

（本报专访）前廿六日下午有小型英舰一艘由港驶澳，下碇新口岸海面，当有少数□兵登岸游览。据悉该舰此次来澳，其任务为运载一部分英藉（籍）义勇军返港者。舰长曾于昨日上午拜访本澳总督戴思乐将军及高级当局云云。

1945年9月28日　第四版

同善堂沿捐　发出宣言

同善堂善院，以近年来施药浩繁，入不敷出，经费告罄，定期九月初间沿门劝捐，以资挹注。昨日该堂发出沿捐宣言，同时该堂昨天收到捐款，有诚心人五十元，黎□廿元，高生五元，陈经伦、陈经伟每五元。（俱葡币也）

1945年9月29日　第四版

劳军大会发动　卖章演剧筹款　函请出入口盐商及各行协助

自中山县恢复后，该县县长张惠长氏，以该县灾情颇重，急待施赈，而屈特派员又曾交办各项救济事宜，关于难民□回原籍，及一切救济工作等，已于本月十九日组华侨劳赈中山军民大会，以办各种救济事宜。查该会于日昨假座商会二楼召集，澳侨团行商学校校长等共十余人，举（行）第三次常务委员会。是日出席者共廿余人，席间对筹赈中山军民问题□详，结果决定该会展期十五天，并举行卖章演剧筹款。兹将其议案列后。（甲）报告事项，（一）劳赈会交际会送捐册往警厅盖印等情；（二）报告，中山县第七区归乡善后委员会来函请求协助；（三）报告□灵芝学校来函提议卖花筹款；（四）报告邬志豪委员提案三项。（乙）讨论事项，（一）关于劳赈会应否展期案，（议决）展期十五天；（二）关于劳赈会捐册应如何送请盖印案，（议决）由大会正副主席会同交际组，面见澳督请求办理；（三）关于劳赈会款项应如何筹募，及支配案，（议决）除照原议募捐外，并举行卖花义演以宏征募，卖双十纪念章，由中华教育会及妇女会负责，义演由游艺组负责，请各出入口商、盐商米机行、谷米商行、什货行协助办理；（四）关于中山七区归乡会函请协助应如何办理案，（议决）函复救济事宜，已由中山县政府统一办理。

1945年9月30日　第四版

学校消息

鲍斯高无原罪旧同学会，定双十国庆□举□庆祝祖国胜利大会，届时欢□旧同学参加。报名□大步缆大光鞋店云。

（又讯）关于中山县县长入城典礼，原定于十月一日上午八时举行，惟以滞留□城一带之日军，计有六七百名，现虽在进行撤退中，惟以船只关系，届时未悉能否，如期撤退完竣，尚成问题。为此，故入城典礼有改期于十月三日举行之消息云。至澳□记者访问团一行已于昨（廿八）日离□取道小榄，趋赴广州，计程将于十月二日方可抵达广州云。

1945年9月30日　第四版

吁请取销（消）果贩禁令　呈文译本昨递市厅　请迅予通融办理

（本报专访）日前营地街摆卖生果摊，因市政当局近日对于各摊位须依照原有规定办理，曾联函投请华商总会转陈当局，请予通融办理。当经该会接纳转陈。即晨由商会主席高可宁，副主席陆电明，文书股主任梁鸿勋等，亲自具函连同各摊位呈原函附以华务局葡文译本，递送议事公局主席巴路士，请予迅速酌予通融办理，以恤商艰云。

1945年10月1日　第四版

市营电力局昨举行　葡文科毕业礼　由厅长巴路士亲到主持颁奖

□市营电力局为推进服务，谋市民福利起见，故数年前组织一委员会，由前任该□□长巴路士为该委员之主任委员。□该会内设立电工科俾该□各职员学习关于电学方面常识，同时又设立葡□言语学科、俾该□任职之中国职员对于葡国语言，得以学习以利工作。自一九四三年起关于电工科方面，历由该□工程师透尔士负责指导，至葡文科方面，则分两班，由它□尔士，及巴拿路氏分别主持，办理成绩，向极圆满。查该电工科之学习员生，向以该□职员为限，至一九四四年起，则开始公开办理，凡各社会人士欲研究该科者，均可向该□报名学习，于见该委会主席转由该□总工程师俾利喇（即现任□长）担任。同时电工科方面，则由哥尔克担任。最近该三班均告修业期满，故特于昨（卅）日举行颁奖典礼于该□中、仪式简单而隆重，由市政厅厅长巴路士主持□奖。查葡文第一班得奖者为容锦坦，第二班得奖者为余□，电工科得奖者为罗沙尼奥，分别由巴路士赠送银杯一座，以资鼓励。又电力□□为使该□之职员得有修养身心之机会，俾其得以调剂，特于马交石电力厂内另辟一室，名为该厂职工娱乐部，部内设备完善，设有中葡文报纸多份，及各种娱乐器具，如各种棋类等，于昨修业典礼完毕后，由巴路士带领各出席来宾等前赴该俱乐部举行揭幕仪式，并由该□□长啤利喇率领各人参观电力厂各都云云。

1945年10月2日　第四版

葡国庆日　绅商准备届时道贺　总督定是日午接见外宾

本月五日为葡国国庆纪念日，本澳华侨，亦将参加庆贺会。是日庆祝秩序经已编定，澳督定于是日上午十二时接见外宾，本澳华侨侨团已准备届时前往道贺云。

1945年10月2日　第四版

澳港交通活　永利汽船日间开航　每客票捐出一元充慈善费

自世界和平后，各地交通纷纷恢复，省港澳交通尤为活跃，然其船费颇昂。查现有航业界何光中者，有见于此，特为侨胞着想，购置汽船一艘“永利□”。该船乃往日行走宝安香港者，船长一百十七尺，昨载客三百名，每日来回港澳一次，只□费十五元。将于日间开航。又，该船船主将每客位扣回慈善费一元，交镜湖医院为经费，该船泊十二号码头，接洽处为海边新街四十一号云。

1945年10月2日　第四版

葡舰　江沙维路　今日抵澳

（本报专访）葡萄牙战舰“江沙维路”号，由葡京利斯本驶来本澳驻防。该舰今日上午十一时或可驶抵本澳新口岸，届时，本澳各机关职员到码头欢迎。查该舰有士官二百余人，战前曾驻防本澳云。

1945年10月2日　第四版

孔教会　今日祝圣

（本报专访）今日为夏历孔子诞辰。本澳孔教会□于今日正午十二时，假会内大成殿，举行祝圣礼。下午二时半，孔教学校，假国华戏院发给毕业证书。此项仪式，由澳督主持云。

1945年10月3日　第四版

庆祝双十国庆　高搭牌楼提灯巡行

祖国胜利世界和平，双十节之光临，意义更见伟大，因为我国经已踏上胜利之途，几年来的束缚，现得已完全解放，今年庆祝双十更有意义。阖澳华侨□发起组织阖澳华侨庆祝国庆筹备会，该会常务委员□于日前推定，昨（二）日假座商会二楼礼堂会商关于双十节庆祝事宜。结果议定于是日高搭牌楼，于是晚举行提灯巡行。查□日开会计到会人士有：麦孔檀、黎明、李风、张新之、徐公侠、马沙、李建丰、罗志坚、何举、□□炳、梁炳棠、□朝、□□甫、叶子如、朱洽、刘衡仲、黄苏、林泽衡、林尚文、陈元、吴兆、高可宁、梁鸿勋、郑惠荃、郭辉堂、廖荣福、陆电明等。又议定该会分为七组，兹将各□及负责人列后。各组召集人：总务组部郭辉堂，财政组陆电明，交际组廖荣福，秩序组张新之，布置组叶子如。现将是日庆祝之一切办法列后，庆祝秩序：（一）齐集，（二）肃立，（三）唱国歌，（四）向党国旗暨□国父遗像行最敬礼，（五）恭读国父遗嘱，（六）主席致开会词，（七）外宾致词（辞），（八）演说，（九）奏乐，（十）欢呼口号，（十一）鸣炮，（十二）礼成。

庆祝办法

一、悬旗一日。

二、放假一日（新闻娱乐饮食交通等业除外），各学校行商工厂商店住宅张灯结彩同申庆祝。

三、举行庆祝会。

四、鸣炮（正午十二时）。

五、学校、教堂、商店、工场、住宅燃放炮竹（正午十二时）。

六、发动学校、工厂、社团、商店及各界人士热烈参加提灯及火炬巡行（下午七时集合八时出发）。

七、发动各报纸增出庆祝特刊。

八、发动各行商报效盖搭牌楼。

提灯及火炬巡行办法

一、参加巡行者以社团、学校、机关、行商为单位。

二、参加巡行者须自备热闹娱乐节目或灯色、旗帜、火炬。

三、参加巡行者须于期前三天，将参加人数及所备节目或灯色、旗帜、火炬报会，以便编列队伍。

四、请镜湖医院组织救护队参加巡行。

五、本会全体委员均须于巡行时到场协助负责人维持秩序。

六、由本会推定总领队一人，指挥若干人主持巡行事宜。

七、参加单位须推定领队一人或二人，负责与本会总领队指挥取得联络，以维秩序。

八、个人参加者概由本会临时编队随行。

1945年10月5日　第四版

今日葡国国庆　当局举行热烈庆祝　机关衙署放假侨团行商悬旗志庆　戴总督午间在督辕接受外宾道贺

今（五）日为葡国□五周年国庆纪念日，本澳当局举行热烈庆祝。今日全澳各机关均放假一天，又澳督本人亦于是日正午十一时会见外宾、本澳各侨团人士，亦以敦睦邦交以促中葡友谊起见，特由华商总会亦通函各侨团、行商于是日悬旗庆祝，惟须依时（六时半）收旗。又今日午□大炮台鸣炮廿一响以示庆贺。兹将今日庆祝秩序列下：（一）晨间本澳警察号兵在督门前奏号示庆。（二）上午八时起，本澳各机关均升旗。（三）上午十二时在澳大炮台鸣炮廿一响，又同日上午十二时，本澳督宪在督辕□见外宾。（四）下午□时全澳各机关均□光满挂，大放光明云。

1945年10月6日　第四版

国民党澳港支部主委　陈素昨到澳　侨团领袖将开会欢迎

国民党驻港澳总支部陈主任委员素，由渝经昆赴港，昨已抵澳，此间党部各单位工作人员屈特派员（仁则）、许委员（伟民）氏闻讯，已准备欢迎。屈特派员以本人军务在身，未能即来迎迓，特派袁锦涛同志代表与许专员朱秘书（伯英）等同往欢迎。又中华教育会朱伯英，新闻协会袁锦涛，以陈氏历年主持海外党务，功在党国，拟于陈主委过澳时联同华侨联会梁主席（后源）、澳门商会高主席可宁、出入口行刘主席衡仲，以及陈主委友好、各侨团领袖等举行盛大欢迎，用表欢迎之至意云云。

1945年10月6日　第四版

华南名记者　云实诚抵澳　《前锋报》设澳办事处

（本报讯）广州前锋报社社长、《大光报》总秘书兼广东省政府参议、省文化会专任委员云实诚氏（公怀），昨（五）日自省垣抵澳。据悉，云社长此行□乃拜会此间当局及访问各报同业，调查社会一般状况。云氏乃华南著名记者，曾任《大公报》驻粤特派员十年。抗战期间充随军记者，遍走大江南北，采访著作甚丰，撰《粤战场》一书，描述粤战七年抗战经过，□销国内外。《前锋报》自内地迁省出版后，业务甚为发展，现将在澳设立办事处，聘赵鉴持君为主任，余万元君为特派记者。云社长在澳□勾留三数日，即赴石岐视察我军接降情形，□顺访故交，有藩袁带、□仁则司令等，然后返省。

1945年10月6日　第四版

港澳交通恢复后　轮船行走第一声　民英轮今日到澳

（专访）香港油麻地轮船公司，□近以港澳两地侨胞来往甚众，为求快捷安全起见，特派出民英轮船常用两埠，装载客货，运输粮食，以利交通，简便行旅。查该船坚固快捷，客位舒适，船长百余尺，载位二百余吨，准于今（六）日由香港开抵本澳，停泊十二号码头，欢迎各界人士到船参观。七日停泊一天，□载客货准十三日晨九时开返香港。以后隔日依时□□开行。该船□□□□处设火船□街十一号源昌行内云云。

1945年10月7日　第四版

各行商一致赞成　不得歧视国币　昨日座谈会结果完满

昨日下午三时商会召集各行商假座商会二楼举行座谈会，讨论本澳国币行使问题，计到会者有出人（入）口商、果栏行、故衣行、恒大行、纸业行、药材行、保血公司、烟草行、旅业行、鱼栏行、银业行、□务行、枧业行、汽车行、猪栏行、什货行、出入口商行、铜□行、按押行、米机行、新闻协会、理发行等，人数约有五十余人。席间对于国币之使用问题，各均有极热烈之表示，盖国币乃中国之币制，行使国币，实乃有利于本国，故各行商均极力赞成国币之行使。现决定由各行商自行交易卖买，且无大细□之折扣，一切不得此（歧）视。结果谈论至六时始宣告散会云云。

1945年10月7日　第四版

张惠长将派代表驻澳　办联络事宜

（本报专访）中山县长张惠长，自接篆后即积极整理县政，推动各项行政措施。查澳地与中山毗连，关于各项措施，有需与澳地联络者，为此张县长特考虑派出专员代表驻澳，现人选在物色中，日间即可委出云云。

1945年10月8日　第四版

同善堂两日沿捐　得款万五千元　足见善与人同当仁不让

同善堂，年来施医赠药，料理贫乏，及救济难童，虽在处境困难，经费来源不裕之中，幸赖诸值理之奔走，始终克以维持济贫之美誉。但年来在物价□涨之中，药材一项，大为昂贵，而每晨来求医索药之贫苦侨胞，不下数百人，而一日之耗，在所不赀。故在此种情形之下，乃恒依赖各界慈善长者之努力捐助，此乐善之伟举，乃克继续施行。查最近该堂施药经费短绌，非再向外界请求帮助不可，故自□理会议决举行沿门劝捐，恳求一众慈善长者之协助。经昨两日之奔走，各方多□乐助，合计成绩将达葡币一万五千元，足观善与人同，当仁不让之举为不诬者也。兹将昨两日捐款之善长芳名列下：邓俭齐祖葡币三千元；陈余庆堂一千元；德记千元；钟子光，泰兴公司，罗保昌明厂（以上俱五百元）；陈茂发、高可宁，每三百元；中央酒店、益昌盐务、李树兰堂、明记行、大丰银号、大行船务行（以上俱二百元）；金门、中央美容院、叶子如、梁松、黄渭林、蔡文轩、富衡、二天堂、伊利、益群、梁基浩、益荣、天祥、黄福隆、劳君□、欧阳玉、茂□、大生祥、□□行、黄汉兴、六国、宝丰得来、汇通、何贤、又成公司、何泽、绍安、富德、恒隆、带珍记、永亨、□兴，金□、区□记、佑生、民信、建成、大兴、信记、生昌、实兴明利、□□、恒生、傅□、雷文、周有、雷照、黎卓彬、同益、百花魁、陈伯墉、谢利源、显记饼家、美发□、有余行、陈日波、《华侨报》赵斑斓［以下（上）俱葡币一百元］；华记饭店、昌和、周大福、卢荣缙、□豫樵、志光、黄仲良、刘章、佛笑楼、李如阶、濠江仙舫（以上五十元）；大陆、正大（以上廿五元）；大南卅元；生发兴廿元；日新、同昌各十元云。

1945年10月9日　第四版

督察长发表　各行商不得抽收店佣

督察长官耶昨日发表重要谈话，全澳一切行商除规定计，不得抽收佣金。昨日上午本澳出入口商特派出该行主席刘衡仲及何满昌氏两人，前往警察局会见官耶氏，向彼报告该行抽佣问题及以后办法，官氏现已□该行加以考虑云。

1945年10月9日　第四版

实行国币划一通用　仍有行商阳奉阴违　分别大小新旧钞甚至拒绝交收　此种败类希有关方面加以取缔

（本报专访）关于国币在本澳行使被岐（歧）视问题，自中山县长张惠长氏亲自莅澳，对金融界加以提示后，此种局面，已略为澄清。商会方面于六日召集各行商开座谈会讨论，结果一致赞成不□岐（歧）视。银业界□决定由昨（八）日起一律通用行使国币，无论新旧大小，一律行使，如有低折及岐（歧）视，则决予处罚。查昨日记者曾分赴各方调查，得悉银业行金融贸易场内交收，尚符此旨，惟在外有多数行商仍有大小新旧钞之分别，甚致（至）拒绝交收。此种阳奉阴违之败类，歧视国家币制，实万死不足蔽其辜。希望有关方面加以取缔，免贻笑外人云云。

1945年10月10日　第四版

出入口商议决　买卖概以国币计算　定明日开始实行

（本报专访）出入口商行昨下午假座五洲酒店欧洲厅举行会议，其中讨论事项，有关于该行所有买卖概以国币计算案，结果决议通过，但交收时得以其他货币拆合，并定十月十一日起实行云。（范）

1945年10月10日　第四版

快捷客船　开建一号　今日晋省

航行省澳□兴运船务辖下三车快船“开□一” 号，为省澳快捷安全之客□，准期今（十）日下午四时开行往省，客票每位廿五元。该□因与第二方面军合作社互相联络，故对于航行上安全，绝对有充份（分）之保证云云。该□为优待乘客起见，免费供给茶水，客餐每碟只收费葡币二元，经济抵食云云。

1945年10月10日　第四版

各盐务公司　响应同善堂沿捐

同善堂自发动沿门劝捐，各界行商，均表同情，纷起响应，以维持善举，救济贫病侨胞。昨有盐商行，以该堂值理善举，素极完善，应予同情，乃响应捐助，计有益昌公司捐二百元，宏益贸易局、大生公司、谦益公司、恒昌公司、裕兴公司、东兴公司、源记公司、鸿□公司、恒丰隆、兴隆行、恒安行、昌成公司、年丰公司、利通公司，以上每捐葡币一百元，共捐葡币一千七百元。闻出入口商行，及米机□业已全行推动，所捐之成绩甚为可观云。又同善堂昨日开值理常会，出席者蔡文轩、黄渭林、叶子如、梁松、郭秉琦、李如楷、黄仲良、余达洪、崖（崔）洛忌、庐宗缙等，主席蔡文轩，记录陈清泉。讨论事项：（一）关于本堂□日出发沿门劝捐，得蒙社会人士热烈捐得葡币二万三千元，但该款仍未敷支持施药经费，应如何办理案，决议请全体值理于十一日上午十一时，齐集本堂，继续出发募捐，甚盼各界人士踊跃捐助。（二）关于□十节日，施派难童餐，应否增加材料煮粥，请公决案。决议国庆日，照加猪油渣廿四斤，扁豆廿四斤，冲菜十二斤，会同煮餐，分赠难童可也。（三）阖澳华侨庆祝国□筹备大会，函请供应晚间提灯巡行队所用甘露茶，以解烦渴，应如何办理案，安□决议可也，来分供站应照函□。

1945年10月12日　第四版

万香茶话室内　匪徒持械入室强（抢）劫　衣物银两烟枪劫去一空

（本报专访）前（八）日下午十一时许，木桥街万香茶话室，突被匪徒数人持械入内强（抢）劫。当时一般烟客正在吞云吐雾之际，以匪徒突如其来，况持有犀利武器，无不噤若寒蝉。结果匪徒大肆搜劫，全室衣物银两，劫去一空，烟枪十八枝亦被捆载而去。事后该室主事人钟胜即到警厅报案，请求查缉。现警方已分派干探四出踩缉，务于短期内破获云云。

1945年10月13日　第四版

官耶督察长宣示　免费乘船归乡办法　利便有心归乡而无力量之居民

昨日正午十二时，督察长官耶氏，招待记者□称，世界和平后，各地交通亦多恢复，惟来往船只颇昂，最廉价者，亦须在十五元葡币以上。稍有资财者，当能返回家乡，然经济较支绌者，亦难以如愿。官耶氏有见及此，将商请各船务行，予彼辈以□（帮）助。现已有船四艘，大利、大行、广发利、其利沙，上三船报效免费券五条，其利沙报效十条完全免费，俾经济困难之居民得回其家乡。若欲取得该项免费券之侨民，先到警察厅三楼注册，然后再到该船办事处领取免费券。又凡搭船往他乡之搭客，所携带之行李，如用人力车驶□□时，须请人力车车夫直接送落该船。又或用苦力送到□□，亦须请该苦力直接送之落□。若该车夫或或苦力不答应时，得通知该处警察，警察自当命令该车夫或苦力，替该雇主送落□中云。

1945年10月14日　第四版

轮拖顾发和平财！　设备腐败人命儿嬉（戏）　当局应采严厉措施处置　忘（亡）羊补牢航务商谋改善　港务局先行恢复两个灯塔放光　并派小电船长期游弋于石基角

昨日下午四时，商会召集各值理及各船行，于商会二楼举行座谈会。计出席者有商会主席高可宁，同善堂主席蔡文轩，商会值理李如楷、黄涉川、梁鸿勋、傅原丞等。船务方面，则有□恒、兴发、华南等船务局之代表人黄球伯、何光中、何颂如等。先由商会主席高可宁报告，自广源拖轮遇事后，彼即赴访船务局长施利华，谈述该船遇事之情形，三百□搭客之生命，已被该船丧（葬）送二百□人，船务局长即答允即日开复第一、第八两号灯塔，又第十一号灯塔亦将修理完竣，日间各灯塔亦将恢复放光。且于入口处停置小轮船一艘，该船中设有带水及探海灯。此种情形，□已详载昨报。后又由记者团陈少伟说话，彼亦曾搭轮赴省，船至中途，该渡之拖轮机件忽然损坏，不能行驶，该船即于海中飘荡，全船搭客无计可施，船中又全无救生之设备，搭客只有望天打卦。后适有一汽轮驶过，即将之拖埋新滇（填）海附近，船中即派人向船务公司报告，然人去如黄鹤。至此船之船名，且暂留不发，然此等船务公司，只为私利自图，对入（人）命完全不埋（理），直当人命草菅，试问此种船务公司，于其良心作何感。故至各船务公司，对此问题，当极力设法以防不测。又据高氏谈，施利华局长云，该船停汩（泊）于海口处之电轮需备煤颇多，故希各船入（务）公司对此问题予以协助。又船务会代表人彼等将今晚于五洲酒店举行会商。又□何光中云彼等船务公司方面，现尚有未行商等组织，惟亦于最近时间中组织云。

1945年10月14日　第四版

妇女会筹款　成绩甚佳

澳门赈劳中山军民大会，为劳赈中山军民，已曾多次募款。查最近妇女会双十节售旗得款葡币六千□元。又昨晚平安戏院亦举行义演，以赈劳中山军民，闻成绩达万□元云。

1945年10月15日　第四版

新闻协会　常会议案　发动抚恤遭难同业

澳门新闻协会昨举行第二次理监事会议，出席全体理监事，主席袁锦涛计议决下列各案：（一）主席袁锦涛，常务理事袁锦涛、黄浩然、何曼公。（二）理事会下设五组，各组主任，拟定总务组袁锦涛，财政组何曼公，组织组黄浩然，服务组赵班（斑）斓，宣传组许国潮。各组工作人员，由各组主任分别函聘。（三）常务监事拟定余寄萍。（四）函请将□届本会文件家私财政等□交。（五）请会员会费从（重）新订定，基金（免收），月费每月五角。（六）关于发动筹款，开展会务等交由常务理事会拟定进行。（七）函聘左次治律师为本会法律顾问，汤文令、柯麟医生为本会医事顾□问，□□平会计师为本会会计顾问。（八）举行会员登记。（九）为遇难同志募捐事，□即备捐册，即日发出，限一星期内缴交。（十）为广□轮□失事案，发告各界人士书。（十一）关于本会一切收支存款，决定由全体常务理事名义存入大丰银号，以示大公。

1945年10月15日　第四版

一五九师开到前山　日间入驻湾仔　本澳侨团派员晋刘师长

（本报专访）国军第一五九师刘绍武部军队，日□已抵□山，将于日间即开驻入湾仔。本澳各侨团对该部为示敬意起见，特由新闻协会、商会、华侨联会、三民主义青年团等发起，定于今日各派代表，趋谒刘师长，并将致函。原文录后：绍武师长□鉴，顽寇服降，国士重光，欣悉钧座总领百胜雄师，□摄国父珂里遥□棨戟，无任钦驰，引领云旌，曷胜□慕，谨函肃敬专候□安。澳门中华总商会主席高可宁。

1945年10月16日　第四版

广源轮渡失事后　同善堂功德无量　通告苦主认死者

（专访）自广源轮渡失事发生后，死者达三百余人，无辜惨死，尘寰浩劫。同善堂本悲天悯人之旨，由值理叶子如、黄渭霖、梁松等□领职员，渡□四下捞尸。逃生者固已由该堂当事件发生日招待食宿，分批遣回原籍，而死者亦得入土为安。无奈大海汪洋，尸流无定，或为礁石所夹而不浮，故未全数捞获。积数日之辛劳，将所携得者一一登记，编号安葬，以备苦主到□领回。该堂今日已发出启事，如有亲友趁该轮渡失踪者，可到同善堂二楼办事处细认，庶几冤魂失所，功德无量矣。

（又讯）昨日镜湖医院饬人捞尸时，在七号灯塔附近捞获军人尸体二具，小孩尸体一具，又饬人潜水中寻查时，并获步枪一挺。该院办事人，已将之交由皇家码（头）水师人员查收领云。

1945年10月17日　第四版

劳赈中山军民大会　义演成绩万三千元

澳门劳赈中山军民大会，该会自筹办以来，成绩卓越。最近该会于本月十二日又假平安戏院义演，全部收入，连计门沽，成绩共一万三千元，昨日已派专员，携同收条，向各认购戏券，收集认购票款云。

1945年10月17日　第四版

中宣部专员　昨接见新闻界　听取澳门报业发展状况

（本报专访）中央宣传部粤港区接收专员吴厚恭、叶□信二氏，昨（十六）日上午八时半，假座国际酒店接见全澳新闻界，听取关于抗战期内及最近澳门报业发展情况。是日到会有《大众报》许国潮，《中国日报》曾西，《华侨报》赵斑斓、雷渭灵、黄浩然、张衡夫，《复兴日报》卫汉光等多人。席间吴叶两专员对各报状况垂询甚详，同时对各类在抗战期内不避艰苦，力持国家民族至上主义，深表敬意。查吴叶两专员此次到澳，除调查新闻事业外，并听取各方面关于广□轮渡沉没之事实，以便返省向该主管机关呈报，盖中宣部要员谢佚民氏亦因公于是次失踪也。闻吴叶两氏，以在澳公务完毕，定期今（十七）日返省云云。

1945年10月18日　第四版

各界连日热烈自动　捐助同善堂药费　该堂救死扶伤工作至得各界好感

（本报专访）同善堂善院，连日因省澳广源渡沉没事件，急于救死扶伤工作，及在海面打捞尸体，其施乐经费。虽仅告绌，业已发动沿门募捐。然因救亡极□工作所阻，无形中将沿门劝捐之举停顿，而各方人士深表该堂办事认真，尤其是此次广源事件，各值理一聆噩耗，即不辞劳苦，立即组织捞尸队亲自领导出发，终日奔走于烈日□下工作，至得社会各界人士之好评，故日来虽该堂之劝捐员未到处劝募，而各界人士亦纷纷自动热烈捐助交往该堂，讨回收据，于斯足见善与人同也。兹将日来捐助该堂者探录如后。李海昭捐三百元。李德芳、四维公司每捐一百元。张锦记、美国楼，每捐五十元。长泰按、东亚酒店、李占记、上海药房，以上每卅元。宏利、同安公司、大同、黄枝记、瑞昌、华兴行、天生、生益酱园，以上每捐廿元。胡□初四十五元。世界、大吉、大有鸟鸟、荣兴、周生生、宗远、姚□记、罗惠良、崔文记、长兴按、致昌、广东、荣生、广兴行、太极、安乐园、经□行、福利、万新、风光、域多利、乐斯、皇宫、皇后、英昌、周永信，以上每捐十元。集益、□成、保安、元记华安、德和、正兴、□声、明光、华大、永生、庐山、宝光、元泽堂、商务、宁广、光光、远东、声记、大中国、目良、均昌行、诚德、翩翩、协和、广生行、西华，以上每捐五元。叶伍氏四元三毫。（俱葡币云）

1945年10月19日　第四版

敦睦葡英邦交　总督今日往港报聘　趁江沙维巡洋舰启程罗保随行　就便与港当局商订港澳间问题

（本报专访）盟国胜利，香港重光，本澳总督戴思乐将军为敦睦葡英邦交起见，特定期今（十九）日乘巡洋舰江沙维路号往港正式拜会香港军政当局。查日前香港总督□葛少将曾派遣代表赖廉上校到澳拜会，总督此行除报聘外，关于港澳间一切问题，亦就便与香港当局互相交换意见。随行者有经济局长罗保，此行在港预算在港逗留三天，下星期一日返澳云云。

1945年10月19日　第四版

广源公司代表　极尽联络能事　第一次请饮无人到会　第二次再请宾主尽欢

（本报专访）广源轮拖□沉惨剧发生后，各方□论哗然，该轮省公司即派代表张石兴来澳调查。张氏抵澳后，即首在五洲酒店设□欢宴本澳慈善界及报界。□师出无名，是日并无一人到席，但张氏仍不灰心，昨又在国际酒店设宴欢宴有关方面，极尽联络之能事。据调查所得，席间觥醉（筹）交错，宾主尽欢云云。

1945年10月20日　第四版

战时影响公务员生活　当局决定补发奖金　由远东战事发生日起计至现在止　照薪值计算每百元加百分之卅五

（本报专访）自远东战事发生以还，本澳所有公务人员之生活，因影响关系，各项物价上涨，无不备尝艰苦。政府当局为体恤起见，对此分别加以补助，惟分配所得，仍未及战前水平。直至世界和平实现，各员始获稍苏其困。兹者当局以各公务人员虽在战时影响生活下，仍尽彼辈□服务上之最大努力，此种精神，不可无以奖励，因□葡京最高当局沥陈一切。昨经得复电，准予嘉奖，其奖励办法，照该公务员薪值计算，每百元加奖金百份（分）之卅五，即每百薪金者可得一百卅五元，由远东战争发生之日起计至现在止。此项补发奖金，现当局正在汇计中，短期内即可颁发。又此项奖金，无论任何国籍之公务员，均有权享受云云。

1945年10月20日　第四版

国民党澳支部　征求新党员　希望侨胞踊跃参加

中国国民党澳门支部，自于日前迁往南湾新址后，对于党务之推进，不遗余力，现据该部秘书朱伯英氏谈称，目前澳部支部经已开始工作，并即日开始征求新党员，凡我留澳华侨各界士女，均可自动参加，并希各界踊跃报名。查该部地址在南湾马路一〇一号二楼云。

1945年10月21日　第四版

美国新闻处今日假座商会　举行战事图片展览　由是日起一连展览四天随即转香港

美国新闻处广州分处，前曾一度派员来澳调查华文报纸新闻事业状况，旋即转赴香港，至本月十八日又派出澳港特派员汤臣（美籍人）及华人翻译员谭乃文，先到澳门，随后转港。此次之来澳，其目的系预备战事图片展览，盖当战争剧烈之际，美国战事摄照人员，冒险在各战区摄取战争真相。此次汤臣特派员携来战争之图片二百余帧，全部皆为有价值作品，□定由今日起，假座华商总会举行公开展览，由今日起，每日由上午八时至下午六时，一连展览四天，以备澳门人士获知战争期中种种作战之真实情况。查汤臣特派员前系美国《每日镜报》记者□，在美国新闻处广州分处则为□务部主任也，至其同行之华人翻译员谭乃文氏，前系驻华第十四航空队重员，现战事结束后，即改□美新闻处任事也。日昨汤臣特派员访问本报，除发表此次战事图片展览之事件外，并谓素知澳门《大众报》为抗战报纸，故极乐于□□络联□也云。

1945年10月21日　第四版

中山县难童救养所　积极办理救济工作　挺三支队拟将慰劳金拨充经费

（中山通讯）查中山县难童救养所，创于民国卅三年十一月。当时中山热心慈善人士，捐资设立，推前挺一司令官袁带任名誉董事长，现重□中山县政张县长惠长任董事长，挺三副司令屈仁则任副董事长，中山名流及各区区长，挺三各支队长任董事，再分途筹款。初设之鹤山，卅二年冬迁返中山古镇□，前后收容难童达六百人之多。此次中山光复，先□救济该所，奉县令接收□石歧（岐）救济院，并先收容石岐男女老幼乞丐，乃即调曾经训练之难童百余来歧（岐）工作，日已收容乞丐三百余人，市面乞丐已告绝踪。张县长更于昨入城后大举捐谷，扩大救济，该所为彻底办理起见，亦订定收容乞丐弃婴，殓拾遗尸，及招乳媪。顷闻□司令兼五支支队长屈仁则，支队附巢添林，拟将是次第三区各界慰劳该支队之慰劳金全部约千余万元送难童教养院作经费云。

1945年10月22日　第四版

昨凌晨提督马路　火水仓库突告焚如　幸施救得法并无波及邻近住户

（专访）自战事发生以来，因交通梗塞，一切燃料来源，皆告缺乏，尤以日中常用点灯之火水，大有绝市之虞。是以一辈投机商人，纷纷设□厂自炼土制火水，以供日用。投机事业，利市三倍，故趋之者如雨后春笋也。新桥旧日娱乐戏院□对面百花魁酱园右之新设火水仓库，兼制炼土火水工场，于□日凌晨四时许，邻近居民正在熟睡中，突闻火警之声，一时火光熊熊，照彻遐迩，知为火水厂肇事。以地在住宅区中，危险孰甚，各急出呼救，并鸣警笛，段警亦电消防局报告派队抢救，消防总监布英沙亦驾车到场指挥，急施灌救，先扫除障碍物截断火路，及移去易于燃烧物，灌救至天明，火始熄灭，只焚火水工场一所而已，附近人家已饱吓一惊矣。至于失火原因，据该厂司更者谓，当时已无人工作，彼亦熟睡，一旦惊觉，即见火光熊熊，急急逃出街中呼救。想一时失慎，遗火烬下所致云。

1945年10月22日　第四版

总督戴思乐　今晨返澳

（本报专访）世界和平，盟国胜利，香港重光，本澳总督戴思乐为敦睦葡英邦交起见，特于日前乘搭江沙维路号巡洋舰往港，正式拜会香港军政当局，特偕本澳经济局长罗保同行。闻澳督将于今晨九时由港起程返澳，约于正午十二时可抵本澳，本澳各军政长官及社会名流均预备迎接云。

1945年10月23日　第四版

三灶善后复员　准备船只运送　如欲归乡速往登记

（本报专访）七区区长吴发，为加紧办理三灶岛复员工作，先行办理流亡之三灶岛民众归乡，日前由吴区长发动创办七区善后应员会。最近该会已觅得船只，如欲返三灶及草堂环之流亡民众，可到本澳新马路，广□兴登记，□领取回乡证，然后可乘搭免费船返乡云。

1945年10月23日　第四版

国军进驻　南屏北山

（本报专访）中山当局为维持中山各区治安起见，各区均派国军一五九师进驻。一五九师部队于今日开驻南屏、北山、银坑、湾仔、南山、花地莲屏一带，各乡民众于今日在北山乡杨氏大宗祠联同举行欢国迎军大会云。

1945年10月23日　第四版

何明华主教　今日来澳

中华圣公会主教何明华，偕同□定伯及何明华等牧师，由广州来澳巡视教务，□于今（廿三）日上午可抵埗本澳白鸽巢中华圣公会马礼逊堂，拟于即日下午四时半举行特别宗教叙会，或请何主教说教。该会后闻在该堂花园内举行公宴，凡属本会之教友及友谊教均请踊跃赴会云。

1945年10月23日　第四版

美新闻处影片展览　招待学界

中华教育会理事罗致知、吴秋荣、郭颂堂等于廿二日往访美国新闻处东方主任汤臣、谭乃文两先生于利为旅酒店。罗、郭代表教育会请求展览会展期一天，专招待全澳学生界，经谭乃文先生允许，于廿五日星期四展期一天，俾本澳学生界得观战事真迹，亦眼福不浅。且该展观会之影片，富有世界大战之历史价值，为不可多得之品云。

1945年10月24日　第四版

一五九师篮球队　日间来澳义赛　新协今日代约各队会商

（本报专访）国军一五九师进驻中山，篮球队日前来澳义赛，刻下新闻协会欢迎国军一五九师篮球队莅澳表演，特发起筹备篮球联欢赛，并将收入发送该师添置体育用具。兹该师政治大队少校队队附陈有后与秦、忠两同志，于昨日来澳，与协会主席商洽一切。许副团长对协会此举除表示谢意外，并以中山难胞难童，急待救济，将建议改作慈善赛，期于劳军之外，又慈善救济。该队拟来澳分日与本澳篮球队作战，袁氏为此，特约此间各球队主事人，于今日廿四日下午一时假座《诚报》商沿（洽）一切。一五九师篮球队名振全国，曾获罗斯福称誉，艺术超卓，届时当有精彩演出。又本澳华侨联合会为欢迎国军一五九师篮球队起见，特定本月廿五日下午四时在商会二楼召集各界行商讨论欢迎办法云。

1945年10月24日　第四版

东莞同乡会恤款　昨交新闻协会　袁锦涛电谢屈仁则

（本报专访）东莞同乡会日昨为抚恤广源失事殉难之四记者，曾召开理监事联席会议，即席捐得葡币一千二百八十五元正。该款经汇交新闻协会转存大丰银号，以为抚恤四遭难记者家属。新协主席袁锦涛□已复函致谢该会云。

（又讯）中国国民党澳门支部特派员屈仁则，曾于日前电唁本澳记者访问团四□难团员家属，消息经志前报。据悉新闻协会方面经已电复屈特派员。兹将该复电文列下："屈特派员钧鉴，得电敬悉。属会会员曾刘罗温四同志于由省返澳途次不幸遭难，深得慰唁，存后均感。该代表属会暨诸遭难同志贵（遗）族，敬申谢□，伏诸亮察为□，专复为候钧忱。新闻协会主席袁锦涛叩谢。

1945年10月25日　第四版

东莞同乡会恤款　发给四记者家属　广源抚恤仍无事实

（本报专访）广源渡事件发生后，澳门党部曾召集有关方面举行讨论，中宣部专员叶公绰、吴厚恭均有参加，惟亟宜办理之事，即为善后抚恤工作，席间广源渡代表张石兴称，答允以最短时间解决，但至今已有多日，仍无事实表现。一般企待救济之死难家属，恒有望穹秋水之感。关于遇难之四记者家属，目前亟需（须）救济，昨日记者团与新闻协会主事人□商解决此点问题，得双方同意，决先将东莞同乡会专为四记者捐出之款，作第一批分发被难记者家属，以资救济云。

1945年10月25日　第四版

机帆搭客　失足堕海

（本报专访）行走省澳线之□源机帆，前日下午由省开澳，至昨（廿四）日天晴时驶抵澳海口石壆附近，有搭客某甲，偶起在船傍便溺，朦胧中竟失足□海。当被其他搭客发觉，高声呼救，船伴闻耗，即停轮施救。以水手金好至为勇敢，奋不顾身，□入海中，时适风浪颇大，几□□险。卒将该客救起，用人工呼吸，吐出海水，始获□□云。

1945年10月25日　第四版

中山县驻澳代表　王金铃日间接任

中山县政府，昨经委出县参议王金铃氏，为驻澳门代表。查澳门接近中山，关于两地之政治、经济情况，莫不息息相关。澳门华侨尤不少中山人士，现中山县长张惠长为便利县政府对澳门有关两地之事务交涉起见，特于本月廿三日，委出中山县参议王金铃为中山县府驻澳代表，负责办理交涉及委办事宜。查王氏于本月廿二日，偕同许伟民专车赴□接□，并定廿三日与许氏进行洽商□公□□，日内来澳视察党务。本澳党部昨已接到中宣部港粤援收专员吴厚恭，叶公绰两氏函告，闻届时将予以热烈欢迎云。

1945年10月25日　第四版

航业商人　欢宴施利（华）　今□假五洲酒店举行

（本报专访）本澳航务局长施利华氏曾于日前向葡京提出辞呈，后经葡京批准。闻施氏准备下周先到香港乘搭飞机返航。本澳航业商人，以施氏接事以来，时予航商便利，故特于今晚八时假座五洲酒店□设酒□欢送云。

1945年10月26日　第四版

遇难记者家属　今日领取恤金　下午先到商会齐集

（本报专访）新阁（闻）协会发动为死难之曾奇玉、刘伟海、温华、罗永谦四记者家属等募抚恤金，□□□东莞□乡会捐出之□作第一批分发四记者家属。各记者家属可于今日下午二时半到商会齐集，由记者□负责人证明后，然后前赴领取恤金云。

1945年10月26日　第四版

培正同学　举行茶叙

培正同学会，本月茶叙例会，定于廿七日星期六下午一时，假座中央六楼金城酒家香槟厅举行，敬请留澳新旧同学踊跃参加，共图畅叙云云。

1945年10月26日　第四版

职员行窃案　解交法院

（本报专访）本澳新马路大陆首饰行，职员梁某，被该行控告盗窃巨款葡币一万五千元。该案业于昨日由警厅备文，将该犯解交法院审讯云。

1945年10月26日　第四版

中山凤山中学员生　献金劳军

国军一五九师四七六团副团长许英麟，率部进驻前山，中山五区各乡民众均热烈欢迎，而凤山中学校全体员生更指（捐）出国币二万一千四百元零九角，葡币二百零四元一毫五分，关金一百五十五元，铜仙二百九十三枚，港币一元一毛，慰劳该师部官兵威□之余，决将全都慰劳金□买手巾牙刷分发云。

1945年10月27日　第四版

敲诈葡币五百元　被告落网　法院定下月五日审讯

（本报专访）男子任荣光，昨被老人盛易周控其向之勒索葡币五百元之罪。事缘有盛易周者，一日在家闲坐之际，突有一小童持函到交盛氏，盛将函折（拆）看，则为一打单信，谓盛曾与日人合作，着盛须交五百元葡币，方可作为无事，否则予以不利。发信则自称为中央重庆特派员。盛着函后便知来者□诈，则着带出小童稍坐，刻即邀请一曾在警署服务之友人协助，着其出人到后门候小童，友□以规其行止。盛随即会晤小童，以严厉声色责备之，该童见势不佳，即从后门遁去。其友见小童逃出，则尾随之，原来该童即逃赴对屋，盛与友人唤警入屋内搜查，率（卒）将发信人任荣光及与信拘获，控以勒索之罪。该案经警厅严询后，于前日备文转法院审讯。该案主理法官马加□宣布定期下月五日开审云。

1945年10月27日　第四版

本埠鲁藉（籍）侨胞　募款救济桑梓　山东兵燹而后复遭天灾

（本报专访）山东自沦入敌伪手中，同胞所受痛苦，惨不堪言。最近祖国重光，复遭天灾虫害，同胞均陷于水深火热之中。消息从报章刊出，本埠鲁籍侨胞，更为痛心疾首，悲家乡之浩劫，遂联合向侨胞呼吁，请求救济。昨推定国术名□赵竹溪主持推动，并呈请中国国民党澳门支部，请为领导进行。昨已得朱秘书协助，一方面电请我国政府从速救济，一方面由该会策动向侨胞捐款，汇寄山东，以资救恤灾黎。查该筹赈会临时办事处□设华侨体育会内，积极展开工作云。

1945年10月28日　第四版

记者团　今日参观葡舰

葡舰江沙维号，月前由葡开来本澳，现该舰泊于皇家码头。今日下午一时半，该舰舰长俾利喇氏欢迎本澳记者团到该舰参观云。

1945年10月28日　第四版

英舰来澳　载义勇军

（本报专访）昨有英扫雷舰一艘来澳，舰长即登陆向本澳当局作官式拜会。据息此舰来澳，乃系运载一般留澳之葡籍义勇军返港者云云。

1945年10月28日　第四版

下月份起　再减电费　一元二毫六

（本报专访）本澳市营电力局由下月一日起，再减电价，每度由一元八毫一减至一元二毫六仙。现已将减收电费问题，呈上主管当局，俟批准后，即可实行云。

1945年10月28日　第四版

窃匪一名　解交法院

（本报专访）男子赵石，本年八月间□图行窃亚婆井街某号印度人吉打星住宅，为该印人发觉，将之捕获，交□署发落。后经警署严询后，于日昨备文将赵某解法院审询。闻该案定于下周提审云。

1945年10月29日　第四版

国光机帆　触礁沉没　幸无溺毙搭客

（本报专访）行走澳门广州湾线之国光号，此次由湾开澳，当驶至溜州时触□失事，该船当堂沉没，为可慰者，则该船完全沉没，惟搭客生命则完全得救，一无损失，而货物方面则损失颇巨云。

1945年10月29日　第四版

与夫不睦　妇人服毒　幸卒告无恙

（本报专访）德隆新街某号，有妇人何邱氏，年约卅余岁，于昨（廿八）日上午六时服鸦片烟希图自杀。该妇事前曾致函外家，说明自杀原因，实与其夫不睦所致，其娘家人接□时，即赶至观察，迨赶至时，该妇服毒未久，急将之送镜湖医院救治。经医生洗胃后，已告清醒，无性命之虞云。

1945年10月29日　第四版

捞尸工作　功德圆满

（本报专访）广源渡惨剧发生后，本澳同善堂即施办理救济及捞尸工作，逃生之搭畧（客）由同善堂遣散返澳及往香港者计有四十五名，捞获尸体一共有七十四具，除少数由各死者家属搬运自行举葬外，其他概由同善堂将捞获之尸体在附近安葬云。

1945年10月30日　第四版

市面发现　五十元伪葡币　西洋银行通告鉴别办法

（本报专访）最近市面发现有伪五十元面额葡币，本澳西洋银行特于本月廿七日发出布告，将伪币各种缺点详细说明，借资鉴别，并通知一般市民，若发觉有行使伪币者，即须通知警察拘捕。鉴别如下：（一）该款伪币纸质，比真币粗厚；（二）在伪纸真面之中央徽号之傍，只有两个字母（真者则有三个字母，即□左有一个字母，右边有两个字母）；（三）葡文中有此纸币为之字句，其中有V符号，伪币则无；（四）伪币之下面，有五十元之字样，甚不清楚；（五）伪币比真币较阔一点；（六）伪币正面灰色，及□砖色，较真币为深及略有不同。

1945年10月30日　第四版

各界响应同善堂　吁施棺木

同善堂自昨天呼吁请求各界捐助施棺木款，以得殡殓广源渡之浮尸，免使遗骸暴露，白骨谁收，彼岸诞登，幽冥生感。该室一经呼吁，各界人士，一致同情，纷纷以善款见捐，同襄义举，足见人之欲善，谁不如我，继续输将，料当踊跃。昨日该堂收得黄松开关金五百元，林仲祥关金二百元，邓太太、梅氏夫人、诚意堂，以上每捐葡币一百元。□财、无名氏，以上每捐葡币五十元。崔洛忌、冼伟□，以上每捐葡纸廿元，苏宅葡纸五元，苏剑泉大钞三千元云。

1945年10月30日　第四版

明日总裁寿辰　全澳侨校放假一天

（本报专访）明（十月卅一日）为我总裁五九寿辰，中国国民党澳门支部于明日十二时假平安戏院，举行庆祝仪式。所有秩序经已排定，并已于昨日本报发表，届时希各界人士踊跃参加。又中华教育会方面为便利各学校学生参加庆祝会起见，□于昨日通知全澳各侨学校全体休课一天。

1945年10月31日　第四版

难童餐　将告停办　因世界和平粮价低降

昨日同善堂开值理常会，出席者，蔡文轩、黄渭林、李如楷、黄杰源、梁松、黄仲良、卢宗缙等。主席蔡文轩，纪（记）录陈清泉。讨论事项：（一）关于沿门劝捐工作，应否继续募捐，支持施药经费，应如何办理案，决议，应由职员由明日起，继续沿门募捐可也；（二）关于难童餐经费，只可支持至农历十月廿五，应如何办理案，决议现已战事结束，世界和平，粮食亦逐渐低降，难童餐经费，一经施罄，即可停止。如有热心善士，赞助该项善举，捐款续办，本常乐于代为办理□。

1945年10月31日　第四版

海外部港澳视察专员　吴公虎由省抵澳

中央海外部港澳党部视察专员吴公虎，由陪都飞抵省垣，与有关当局洽商后，昨日与张县长同到石岐，取道来澳。中国国民党澳门支部工作同志，联往石岐迎候，报告此间工作情形，随即专车抵澳。今日参加□总裁寿辰庆祝后，将召集党员大会，听取报告。特派员屈仁则因军事羁身，一俟摒挡，即行前来。查吴氏抗战八年，服务中枢，劳绩卓著，此次奉派视察港澳党务，深庆得人云。

1945年10月31日　第四版

谋杀司祝　被告有罪　廿八年徒刑

（本报专访）路湾谭公庙祝夫妇，月前为凶徒勒毙，弃尸于附近海面，后警方派员侦查，卒将疑凶陈先、陈福两人捕获。法院昨日提审，结果法官谓两人谋财证据确凿，判每人廿八年徒刑，内有十年须监禁者云。

1945年10月31日　第四版

省政府广东实业公司　在澳设办事处

本澳《诚报》社长韩文干（穗轩），曾于□前赴省，顷已事竣，随同中央海外部港澳党务视察专员吴公虎、一五九师师长刘绍武一行，取道石岐返澳。查韩君留省期中，适广东省政府参事邱速□奉命接管广东省政省府实业公司业务，以韩君原为实业界巨子，战前在港经营实业，曾任香港中华厂商联合会总干事，印刷商会主席，经验丰富，声望素隆，特派韩君为该公司澳门办事处主任，着即筹备成立，开始办公，指导侨胞返省，经营实业，以利民生。闻韩君奉派后，现已着手筹设办事处，不日开始办公，今后侨胞返省投资，倘有须该公司协助指导时，可向该办事处商洽一切云。

1945年11月1日　第四版

蒋主席寿辰热烈空前　各界筹铸铜像纪念　昨庆祝大会总督特派代表莅临参加

（本报专访）昨（卅一）日为□蒋主席五九寿辰□阖澳侨胞□热烈庆祝，各商店住户高悬国旗，飘扬空际，大部份（分）商店均休业一天，午间鞭炮大鸣，盛况空前。本澳党支部发起举行庆祝，地点假座平安戏院举行，出席者有陶少甫专员、吴公虎专员、许伟民专员，党部有麦孔坛、张新之、朱伯英、张衍日，镜湖医院主席林炳炎，银业行主席邓晴隆，江浙同乡会主席邬志豪，商会主席高可宁，东莞同乡会主席陈茂枝，同善堂主席蔡文轩，海员公会代表李伯照，新闻协会代表袁锦涛，澳门总督派出代表有秘书长高士得、华务局长伯达利。前到观礼者千余人，先后演说者吴公虎、陶少甫、许伟民，海员公会代表李伯照，秘书长高士得、袁锦涛、高可宁等。仪式甚为隆重，极一时之盛云。

（又讯）中国国民党驻澳支部暨全体华侨上电恭颂□蒋主席，并筹铸□蒋主席铜像送□蒋主席以资纪念。兹将恭颂□蒋主席颂词原文录后：天亶俊杰、岳降良辰，际万姓之昭苏，上千秋之新录，辰维我□总裁灵钟奉化，泽沛神州，昔日献机曾效华侨欢祝，今朝奏凯又逢花甲将周。河山重奠，齐上寿于汾阳，倭寇全消，共称功于戚老，喜一人之有庆，歌四海之如春，敬上□词，聊申葵向，谨颂。中国国民党驻澳支部暨全体华侨叩。

1945年11月1日　第四版

各界捐助　同善堂

同善堂自发出呼吁请求捐棺，各界人士，纷纷响应，捐款赞助。查昨天该堂又收得捐款一批，计有梁永馨香店捐葡币一百元，陈潘氏葡币三十元，罗达华廿六元，罗熙、梁老抉，每葡纸廿元。阿照阿妹、梁冠中、梁弟弟，每葡纸十五元，神修堂、梁麦氏，每捐葡纸廿五元，林□□关金廿元，陈海生葡币三元云。

1945年11月2日　第四版

市厅长公布　牛肉减价　日间即可实现

（本报专访）本澳牛肉买卖，向由德全公司承办，因战时影响，所定价格颇昂。惟最近和平实现，牛只来源充足，同时来价亦低，顷据市厅长巴路士称，牛肉价格，日间将告减低。承商与当局签订合约，在十二月八日始告满期，现在市厅准许承商提前将价格改低，新订价格数日内便可公布。价格以减低为原则，惟比较香港牛肉价格略昂一点，盖因香港贩卖牛肉全无税收者云。

1945年11月2日　第四版

陶少甫将军　昨到培正中学演讲

广东省政府外事□□兼保安司令部参议陶少甫将军，由广州来澳公干，驻节多日。查陶氏原系培正中学学生，少时负□广州东山后，留学美国，返国后服务各省军政机关。抗战军兴，曾参与各大战役，随罗卓英将军远征缅甸，建立不少功勋，复率领新军在缅训练，近始回粤。陶氏以关怀母校，特于昨日（一日）上午十时，至卢家花园培正中学，省视师友，并在该校礼堂演讲“远征军之原始”，历述本人躬临战阵之经过，听者动容云。

1945年11月2日　第四版

纪念中学小球队　今日远征中山三乡

纪念中学球队承三乡球会之约，今晨进军中山，一枝劲军，乘车出发，预计午间即可抵达平岚乡。三乡群星体育会早经接洽，派员迎□，稍事休息之后，下午即作战于平□乡球场。群星队虽为新兴之师，而球员亦久经战阵，艺术经验，更有造诣，且擅地形之胜，实力不容轻视，而纪中球队“识货认货”，战绩自不后人。两虎相争，虽或有失败，然精彩镜头，总在多有，观众大多以一饱眼福。战况如何，容查续报。此行或作两战，群声（星）会贤主多情，预备地方，下陈□之榻具、战士之餐，妥为招待。纪中此行，阵容鼎盛，领队方肇麟，管理张寿林，队长林清浩，队员何国煊、冯树坤、谭家俊等，一行十余人云。

1945年11月3日　第四版

劳振会常会纪　商讨遣送难民　日间将联同屈特派员晋谒总督　该会于难民遣送完竣即告结束

澳门华侨劳赈中山军民大会，昨日假座商会二楼举行结束会议，出席者有高可宁、梁后源等十八人。兹将其议案录后。（甲）报告事项略。（乙）讨论事项，（一）关于未用捐册应如何处置案，（决议）交由朱给委员送回警厅取消案。（二）关于未送慰劳品，应如何处置案，（决议）拨款入中山时一并送去。（三）关于未收戏票款，应如何处置，（决议）由财政组追收。（四）关于筹得慰劳金，应如何处置案，（决议）所存葡币转易国币二百五十万元。（五）关于遣送难民应如何办理案，（决议）由正副主席会同屈特派员往谒澳督商洽遣送事宜。（六）关于本次会议应否改为第四次常务委员会议案，（决议）通过俟遣送难民营难民完竣，再行召集结束会议。

1945年11月4日　第四版

同善堂沿捐　成绩续报

昨日同善堂第二天沿门收入成绩异常可观，合其□葡币一千一百二拾元。另有到该堂捐葡币元云。

1945年11月5日　第四版

电力公司　传将归还商办　嘉理仁矩（短）期返澳

（本报专访）本澳电力局，前为英商嘉理仁氏及营办。自太平洋战事后，因采购发电原料困难，□□之暂交澳门政府管理，而嘉氏亦已赴美，故电力局一切行政则由市政厅决定。至和平实现后，各项商营之事业，亦多还归商人营办，查日前本澳电力局营办人嘉氏，将于短期内临澳□闻有重新接办本澳电力局消息传出云。

1945年11月5日　第四版

督察长观耶　由港返澳　特探长同行

（本报专访）警察厅长兼统制委员观耶，日前因公往港，随行者有特务警探队长□拉斯。查两人在港公干完毕，昨经□澳云云。

1945年11月5日　第四版

各界乐捐同善堂

同善堂昨第三天沿捐，收入成绩，颇有可观，计得葡币一千五十元，另有陈先生到该堂捐葡币十元，薛宅捐大钞二千元云。

1945年11月5日　第四版

葡人纪念　欧华利士

（本报专访）本月六日，为葡国历史伟人欧华利士纪念日。欧氏曾拥护葡王若望第一，率兵抵抗西班牙军，苦战多时，卒将敌军击退，□葡国于危亡，自始至终，矢忠王室。葡人为纪念其丰功伟绩，□奉为青年师，表之届其逝世之日，必举行纪念，以资景仰。葡国青年团自一九四一年在澳设立分团以来，每于斯日举行仪式。查今年纪念秩序，经已编定，夫于六日假大三巴教堂旧址举行，并柬请中西人士参加云云。

1945年11月6日　第四版

新和兴船失火余音　证实失踪七人获救廿四名

新和兴机帆于本月二日下午四时，由澳门开行，七时许在凼仔海面附近，因车房着火，全部燃烧，至翌晨五时始熄。查该机帆载有棉胎三千斤，油渣燃料一吨，船员与货客共卅一名，当时获救者廿四名，失踪者七名，其中查失踪人为船主、大伙、二伙、三伙，一为中山七区区长吴发之卫士霍培，一为公司办事人，一为水手，一为货客，除霍培尸首经捞获外，其余均告失踪云。

1945年11月6日　第四版

广州记者团离澳返省

广州记者中顺访问团一行由岐来澳，慰问广源渡遇难记者家属，并顺便访候此间侨团领袖。□日昨应此间《诚报》及《广州大光报》《越华报》记者欢宴，同时招待《广州湾南星日报》总编辑傅镜冰等同业。昨晨十一时与一五九师麦秘书跃□乘车返歧（岐），候轮回省□记者公会主席袁锦涛、刘衡仲等代表送行云。

1945年11月6日　第四版

商会值理捐款　抚恤死难记者家属　林炳炎捐葡币三百元

本澳华商总会值理，昨捐出国币三万四千元送交新闻协会，分配抚恤广源渡四死难记者家属。兹将该会送交新闻协会之公函列后。

敬启者。查本澳新闻记者祖国慰问团团员曾奇玉、刘伟海、温华、罗永谦四君，因乘搭广源渡沉没遇难，噩耗传来，良用惋惜。敝会值理同人，爰不揣棉□，捐集国币三万四千元，□请贵会分配抚恤各该遇难记者家属，藉尽微意，相应将该捐款连同捐款人名单乙纸，函达查照，望希察收，分别擎条覆见，为荷。

此致

澳门新闻协会主席袁，澳门商会主席高可宁

兹将捐款名单列下。捐款人名单，高可宁捐国币二万元正，陆电明二千元，蔡文轩二千元，梁涉川五千元，叶子如二千元，梁鸿勋二千元，傅厚丞一千元。以上共国币三万四千元正。镜湖医院主席林炳炎捐助葡币三百元云。

1945年11月6日　第四版

各界纷纷　同善堂

同善堂发动沿门劝捐施药经费，昨天为第四天。本澳米机行主席黄杰源，对于该堂措施，深表同情，特发起全行推动，捐款响应，共捐葡币九百四十元。另有到该堂捐助，钟锐葡币三十元，珠仔十元，盛发仔三元云。

1945年11月7日　第四版

市政厅重要决案多项　自来水牛肉均减价　电费下月起再减每度可能收六毫半　市面巴士行走权仍归岐关公司办理

（本报专访）市政厅于前（五）日下午四时在该厅举行会议，议决案多宗。（一）牛肉减价问题，原定下月八日实行，但为利便市民及商得牛肉承商同意，提前减价，已于本月（四）日实行减价，新订价格特等每斤三元九毫，一等三元六毫，二等三元三毫，三等二元七毫。牛脷、牛肝、牛心，三元四毛，牛尾一元二毛，牛膏一元五毫，牛□每个三毫，牛什每斤九毫，牛骨三毫。（二）关于水费问题，亦议决减价，每立方尺由一元减至五毫八仙。（三）关于电力局，澳督曾与港当局协商在港采购油渣五百吨来澳，日间将运到本澳，本月底可实现减价，每度由一元二毫六可能减至六毫半，同时前承办之英商嘉理仁□电告大约在圣诞前可抵澳，届时该电力局或将归还英商办理。（四）至于市内交通问题，巴士车仍批准交还歧（岐）关公司承办，将来增加至十辆巴士在市面行走云云。

1945年11月7日　第四版

公益果菜栏　报效国军篮球义赛柠檬　盛意隆情国军表示感谢

国军篮球队，此次莅澳成赛，备受欢迎。查果栏街卅号公益果菜栏主人，对国军为表示敬意起见，每日国军比赛，送出柠檬四笠到球场，献给国军球员止渴，国军对公益栏主人，异常感谢云。

1945年11月8日　第四版

警察局招请　无线电人材（才）　应征者今午可往报名

（本报专访）澳门警察局招请无线电人材（才），专为该局服务。查由昨日起开始发出布告，如愿入该局服务之无线电生，可于今（八）日正午十二时往警察局三楼报名，一俟报名完毕后定期考试云。

1945年11月8日　第四版

平民筹款　设办事处　假商会二楼

澳门平民免费小学，最近曾召集校董开会，讨论筹款事宜，各情业志□报。昨日校董会函达商会，商假商会二楼为临时办事处云。

1945年11月8日　第四版

新闻片展览　观者挤拥

美国新闻处昨日假座商会二楼举行公展图画新闻片。该日虽天雨纷纷，而参观人数亦异常踊跃。又该部新闻片明天继续公展，欢迎各市民踊跃参观云。

1945年11月8日　第四版

华商总会　催收常费　逾期不交作为弃权论

（本报专访）澳门商会现届值理任期，瞬将届满，惟有等会员，尚未清缴常费。该会为此特发出通知，希从速清缴，以维权利。兹将该会发出信原文录后□敬启者，查本会现届值理任期瞬将□届满，关于会员所纳常费，亟应清收，以凭编列收支报告，及刊印会员名录。现查各会员遵章缴纳者固多，而间因业务变更，或地址迁移致延未缴交者亦属不少，前经一度函催，仍恐再有遗漏。兹为维持会员权益起见，提经第四十三次常会议决，关于各会员欠缴本年度常费者□应□函催收，并限至国历本月十五日截止，如仍不缴纳者，即照章作□权论，将来编印会员名录，恕不列入等议，通过在案。相应录案函达查照，请将贵会员所欠本年度常费葡币五元，依期缴交来会，掣回收条，倘再逾期，本会自常照案执行。事关会员权益，希勿放□为荷。

此致

澳门商会

1945年11月9日　第四版

中山调集日俘二千　修筑岐关公司车路　张县长经呈准上司短期内可兴工

（本报专访）战前之岐关公路，乃全广东最优秀之公路，自敌人发动侵略我国后，中山军政当局为求利便抗战起见，遂将公路破坏多处，目的为阻碍敌人行军。其后中山县沦陷敌手时，敌人曾将沿路之油加利树大部锯去，以作军事及筑路器材，同时亦曾破坏沿路多处，以致该公路毁烂多段。抗战后期，有投机运输商人，将该公路略事修补，派货车行走。直至我国胜利后，该公路主权，归还原有□岐关公司，该公司遂加紧将溃毁之缺口修填，一面为利便来往人士起见，派车行走。惟该路因毁烂过甚，彻底修理动员大量人工作不可，最近岐关公司曾请县长张县（惠）长协助，张县长对此事宜，乃复原工作要事之一，乐于接受请求。张县长得见目前之日军俘虏，甚为清闲，有调集日俘为修路人员，已得到上司同意，已决定短期内派日俘二千人（名）彻底修补岐关□路，一方面沿路重新种植树木，恢复该公路战前面目。欲使该项工作早日完成起见，决于短期内兴工云云。

1945年11月9日　第四版

勒索案　层出不穷

（本报专访）男子黄志光，于本年六日间希备勒案商人李德州葡币二万元，事败被捕。查当黄某先于六日间交打单信与李氏，云李氏发国难财，借饷二万元葡币，十月廿六日黄亲找李三次，于廿八日两人相会。李斥其勒索，两人遂生口角，结果李召警将黄拘捕返案。经警方严询后，于前（六）日由警方备文将黄某解法院发落云。

1945年11月10日　第四版

同善堂值理　捐金抚恤死难记者

此次广源渡沉没后，记者团四人遭难，各方深表怨惜，纷纷捐款抚恤遇难者家属。查昨日本澳同善堂各值理捐抚恤金葡币二百廿元交记者团代转各遇难者家属。兹将各值理捐款名单如下：黄惠霖、黄汉兴，各五十元，黄杰源三十元，蔡文轩二十元，余建洪、黎卓彬、区开记、崔六、郭秉琦、崔洛忌，以上各十元，黄仲良、李如楷各五元。记者团收到该款后，即连同大胆雄之捐款，于昨日一并分四死难记者家属云。

1945年11月10日　第四版

屈仁则到澳　彻底整理党部　前挺三要员多人同来

中国国民党澳门支部特派员屈仁则氏，为彻底整理澳门党务及推动一切工作，特于前（八）日偕同督导员黄令驹，由中山抵达本澳，随行者尚有前挺三政治部主任兼特别党部书记长李秉硕、李家藻，与及三九两区抗战英雄前挺三第一支队长潘伯轩（惠），大队长霍海泉、李培生等多人。查各员来澳，闻对澳门侨胞事宜，有所贡献云。

1945年11月11日　第四版

电力局将派轮　赴港运输燃料　电费再减快将实现

（本报专访）关于香港当局允许供应本澳发电燃料问题，顷悉澳门电力局当局准备短期内办派出轮船一艘赴港运载来澳，预算本月底即可全部运返澳门。届时电费再度减价问题，月底或下月初间便可实现云。

1945年11月11日　第四版

香港副总督　昨日到澳　今接见各报记者

（专访）香港副总督麦杜高氏，昨日到澳，定今日上午十一时在利为旅酒店接见各报记者，发表谈话，并拟是日下午拜□本澳总督及各军政长官云。

1945年11月11日　第四版

联合国善救总署专员　何宁顿到澳　调查贫民及救济事宜

联合国善后救济总署专员美人何宁敦，最近来澳调查本澳贫民状况，及一切救济事宜。查何氏昨日往访问同善堂主事人，垂询该堂于最近三月内所需救济品物，以备由美国载来各种物品抵达华南后，运来本澳分派贫民云。

1945年11月11日　第四版

特派员屈仁则　今午招待全澳报界　对过去澳党务工作加以严密检讨　吴专员黄督导均将被邀参加出席

（本报专访）国民党澳支部特派员屈仁则氏，于前（八）日到澳，各情经志昨报。查屈氏此次到澳，其最大要务乃为彻底整理关于澳党部一切事宜，尤其是对澳区党务之推进，加以深切注意。屈氏日来分别接见各有关方面垂询一切，对过去澳党务工作情形，尤为严密检讨。兹悉屈特派员定今（十一）日下午二时在党部开会招待全澳新闻界，届时视察专员吴公虎，督导专员黄令驹均将被邀参加出席云云。

1945年11月11日　第四版

同善堂　第七天沿捐

昨同善堂继续派员第七天挨户募捐，计其成绩，甚有可观。兹将捐款店号，探录如下，永乐园捐廿五元，安记行、兴记行、祥万栈，以上每捐五元。共捐葡币五百七十元。另到该堂捐款有德记大钞一万二千元，余达洪葡币十元，李筠倩关金一百五十元，戴天福大洋三千元，陈伟豪大洋一千元云。

1945年11月12日　第四版

教育会今日选举　并举行庆祝国父诞辰

中华教育会职员任期告满，该会会员咸认□员有重新改选之必要，所以于日前由各负责人通知会员召集，定于今（十二）日在该会举行选举新□员大会。查该会制度，无主席之设，不过主理该会会务，实有常务理事三人，每次召开会议，则由三理事轮流任开会临时主席，并于是日同时举行庆祝国父诞辰。

1945年11月12日　第四版

澳门新闻记者公会　筹备成立

澳门新闻记者公会筹备委员会，昨在国民党支部成立，当即推定，雷渭灵等为委员，公推陈少伟、黄浩然，为召集人，日间开第一次筹备委员会云。兹将各委员名单列下。（《华侨报》）雷渭灵、黄浩然，（《大众报》）陈大白、许国潮，（《市民报》）何曼公、陈少伟，（《复兴报》）郑裳环、卫汉光，（《世界晚报》）徐君哲，（《中国日报》）余寄萍、雷学钦，（《诚报》）区铭信、袁锦涛。

1945年11月12日　第四版

中山县驻澳办事处　正式开始办公　王金铃任驻澳代表

（本报专访）中山县府为利便侨胞及推行工作起见，特在澳门设立办事处。昨经致函澳门商会通知，该处已开始办公。兹将该函列后：中山县政府驻澳门代表办公处公函，案奉中山县秘字第七号训令开，“兹派驻澳门代表办理交涉及委办事宜　此令”，等因奉此，遵于本月三日在澳成立，开始办公，“办公处暂美珊枝街五号”，除呈报暨分行外，相应函请查照。此致澳门商会。驻澳门代表王金铃。

1945年11月14日　第四版

第二号灯塔　停止发光　航业界宜加注意

查第二号电塔，经于本年十月十七日开始恢复发光，港务局现因特殊理由，将之停止发光，至第一号灯塔暂仍继续发光。如遇必要时，亦可能随时停止，请各航业界人士注意。

1945年11月14日　第四版

吴公虎等　谒卢太夫人

中央海外部港澳区党务视察专员吴公虎，中国国民党驻澳支部特派员屈仁则，国民党港澳区督导员黄令驹，及前挺三政治部主任李秉硕，于昨（十二）日下午二时联袂同赴文第士街孙府谒见卢太夫人，向卢太夫人致敬。

1945年11月14日　第四版

市政厅增设　牛奶化验科　礶（罐）头品随时亦受检查　市厅将改善职员待遇

本澳市政厅当局以世界业已宣告和平，一切市政须重新调整，对服务该厅各公务人员之待遇，因平日与其他各机关未能同等，日昨经市政会议通过，向当局申请，务求与各机关之公务人员同等待遇。查该项申请或可被批准，致（至）于批准时间，或于□年正月可实行。此项申请，尤以服务该厅之稽查员特别被重视。又该厅为维□市民卫生起见，最近特增设牛奶化验科，由兽医维地加医生负责该科主任，前数日递交该化验科化验之牛奶，其中某号之牛奶末（未）合卫生标准，经交法院办理。至于市内发售之一切礶（罐）头食品，得随时受该科检查化验。至于市营电力局交回商办问题，拟于本月底交代，惟须经由市营电力局长及澳门电灯公司代表商洽后方可实行云。

1945年11月15日　第四版

不肖份（分）子操纵图利　国币价值急激下降　内地物价因此问题遭受严重影响　我当局已决定寻求适当办法解决

（本报专访）本澳因毗连内地，故金融市况，与国内息息相关。日来国币与葡币比率，在急激下降中，此一问题，予一般由内地携带国币来澳贸易者，以一重大之打击。同时由澳门运入内地之物价，亦因此而遭受严重影响。查国币价格在澳门狂跌原因，情形甚为复什（杂），其最大原因有数个，不肖银业商人利用种种手法借机操纵，并与有关者会同屡次推出大量国币，图将市价极度压低。过去银业行市场之期货买卖，奸商伪造谣言，以谋私人利润等，手法层出不穷。在我国宣布胜利之初，我国军政要人，曾多度向侨胞表示，与及警告不肖银业商人，不得歧视国币，银业界方面更不可操纵图利，惟一般不肖之银业商人，仍然阳奉阴违，以致国币价格，依然低跌，足见一般不肖银业界对官长之劝谕，视若罔闻，尤以昨日本澳国币价值，早市市面买卖，竟跌至值葡币四九。现闻我国官长对此点问题，至为愤慨，据悉有关方面对此，已决寻求良善办法解决云。

1945年11月15日　第四版

搬迁家具离澳　须向统制会申请　商会请求撤销此例

（本报专访）自祖国胜利后，各地交通均正常恢复，一般避难留澳侨胞，无不纷告归计。惟彼辈于离澳时多有将各项家具一同迁去者，本澳当局定例，凡携带家具出口者，必须向统制委员会申请准许，否则以严为禁止。日来离澳侨胞因不明此项手续因而被留难者甚多，最近有一般侨胞为此事函请商会向当局请求撤销此例，以利归侨。商会以此事确属实请，经接纳备文代向当局请求云云。

1945年11月16日　第四版

岐关公司计划大批客车　积极发展岐澳交通线　调集日俘修筑车路短期内可实现　以前修藏之车辆已加紧修理行走

（本报专访）日前中山方面传出派遣日军二千人修筑岐关路溃澜（烂）□口，详请已志本报，惟至今仍未实现，记者□特走访中山方面人士及岐关公司。据悉，该项事实尚未实现者，原因希望该路恢复如前壮丽，须调集大批日军及求良好计划，同时对日军管理问题有所研究所致。然据有关方面者称，该项事无论如何实现，我当局对该事已在计划中。同时又据岐关公司负责人称，该项事宜，短期内将成事实，并希望由澳至岐两时半便达目的地云云。

（又讯）岐关公司计划大批客车行走澳线，该项计划至今亦仍未实现，原因中山县曾两度失陷，该公司本有客车百余辆，因两度失陷，在岐损失过半。后日人势力伸张至澳，该公司诚恐损失，迫得将车机件拆散收藏。现告和平，本可将余剩之客车数十辆全部派出行走，惟因各客车收藏过久，车内之电器机件，多告损坏，迫得按□收理，然后按架派出。现目派出行走石岐三乡之车，已达十辆，其他损坏之车则加紧修理，希望公路修筑复原，然后大批派出行走该线，日以利来往人士。最近国币价值连日来□趋猛跌，该公司为利便来往人士，由岐至澳仍收国币七百五元，绝不增价，因为□便中下来往人士而已。后据该公司负责人称，希望我当局从速维护国币，一则以利来往人士，一则以利该公司易于措施，否则而国币价值仍趋下游，该公司将于由岐至澳之客脚增加可能云。

1945年11月16日　第四版

旧版一二毫辅币　明年停止行使

当局为划一一毫二毫辅币在市流通起见，特于日昨由公钞科发出布告，举凡旧版一毫二毫辅币，由明年一月一日起，一律停止行使云。

1945年11月17日　第四版

本澳对各地输出物资　统制会仍严密审查　因船只问题运澳之数量未见大增　物资须供应本澳有余外方准出口

（本报专访）本澳物资统制委员会，在非常时期，对一切物资输出，均在严密审查，各项物资如认为供应本澳有余外，然后方允发出口证，故而限制条例施行极严。至和平实现后，各地正常交通纷告恢复，运澳物资，当然转多，而统制会对物资输出问题，本不如战时严厉限制，惟各地之交通线虽告恢复，但船只方面，仍成问题，航行各线之船只，只得机帆及小型汽船，故运来本澳物资其量未见大增，故统制会安定一切物资供应本澳起见，举凡一切输出之品物，仍须缜密审查，如认为确能供应澳者外，然后方准许输出，所以目前对各项输出未取销（消）限制者，原因实在此也云。

1945年11月17日　第四版

平民筹募经费　义演定期举行

（本报专访）本澳华侨公立平民免费学校，为筹募经费，定期义演粤剧，各情业志前报。查该校董会组织之筹款会日昨经假座商会二楼开始办公，进行一切销券事宜。义演日期决定本见（月）廿九日假座平安戏院举行，由新声剧团义务演出，至望社会热心人士，届时踊跃购券，共襄善举云云。

1945年11月18日　第四版

不肖米商又施故技　米价昨告高涨　两日间每担相差十元　深望当局对此加以取缔

（本报专访）昨日市面米价，突告高涨，比诸前日每担相差十元有奇，其影响原因，至为复什（杂），惟最大问题仍系一般米商操纵居奇所致。查此两日间外处运澳之谷米，虽然较少，但本澳所存谷米，数量至为庞大，将不致因而影响。前此一般不肖米商于青黄不接时期，曾一度操纵谷米，致使不少侨胞，饱受生活压迫之苦，今此辈又故技重施，诚万死不足以蔽其辜。深望负责当局严为取缔，社□安宁秩序，不无利赖者云云。

1945年11月18日　第四版

本澳寄发各地邮件　完全恢复

（本报专访）战前本澳邮政局，寄赴各地之邮件，均四通八达，自太平洋战争发生，交通停顿。自和平实现后，各地交通暂告次第恢复，本澳邮局力谋恢复寄发各地邮件。本澳邮政局长马丁于昨日发出布告，举凡本澳往还全世界之邮件，均告完全恢复畅通云。

1945年11月18日　第四版

金城酒家　日趋旺盛

自世界和平实现后，本澳各地交通恢复，蛰居多年之同胞，多向外发展，或返港复兴业务，以致本澳市面骤为逊色，尤以酒楼食物店，打击更甚，影响所及，全行皆淡。但日来又似来澳之客渐多，试观酒楼食物店生意情形，便知大概。试以金城酒家之旺盛情形，最易观察。查该酒家为省港澳著名之酒家，外来之客，无论大小应酬必以该酒家为叙会地，记者连日到该酒家午茗，见其六楼顾客甚为挤拥，该酒家更乘势广大招□，再复将全部食品认真减价，特□多种□美食品平卖，更将停卖日久向为食客赞美之巧□牛□饭□，廉价应市云。

1945年11月18日　第四版

侨委会补助　致用小学

致用小学，因办理完善管教认真，在抗战中该校长叶向荣负教育岗位训练儿童，始终不懈，故□国教育当局□叶氏颇致推崇。由民卅三年度起核准按年补助，闻该校昨奉侨委会侨秘字一六九三号批示核给补助费二千元，业由重庆广东省行单汇□□字第五八一号，足见侨委会关怀该校云。

1945年11月19日　第四版

国民党澳支部　人事将有更动　屈仁则留港商洽要公

中国国民党澳门支部特派员屈仁则于本月十四日赴港，向港澳总务部报告澳支部最近之情形，原定昨（星期日）返澳，兹因对于港澳支部之党务开展与人事之调整问题，与主任委员陈素有详细之商洽。一俟商洽完竣，始能定期返澳。据悉，关于澳支部之党务开展，已有整个计划，人事问题之调整，亦有一决定。闻澳支部职员，内有三人将□更动云。

1945年11月19日　第四版

中山昨有　菜蔬运澳

（本报专访）日来市面传出谣言，谓中山严禁一切物品来澳，一般投机市□，乘机操纵，以致粮食价格突涨。记者昨曾亲到三厂调查，据悉，昨日由内地运出之□□等及其他品□甚多云。

1945年11月19日　第四版

广州记者访问团　今日离港来澳

广州记者访问团赵慕鸿（领队）、陈琳、□智陶、林玲、王修平、□让宽、何绍华、谭新风等，现已抵达香港多日，昨（十七）日上午十时拜访我国驻港军事代表团，周将军设午膳招待，下午二时赴新界屏山村一带，考察当地民情及机场新址，准期十九日乘轮过澳门访问侨胞团体。

1945年11月20日　第四版

战时违难本澳贫苦同胞　盼望善堂予以救济　行旅盘川昂贵致令有家也归不得　在澳不能解决生活希望回乡复员

祖国胜利，世界和平，各地重光，交通亦多恢复。战时违难来澳之同胞多作归计，然此只见较富人家方可如愿，尤以现在各地在复员中，行旅盘川实甚昂贵，穷苦人家实难如愿，故一般留落澳中之贫苦难民，有田园归未得之叹。同时在澳又因生活问题，仍难解决，据彼辈称，希望本澳镜湖医院、同善堂、商会等慈善机关，为彼辈呼吁或予以资助，俾可归回故乡，得以参加各项复员工作与解决生活等情云。

1945年11月20日　第四版

统制会继续执行　统制物资出口　非经申请严禁输出

本澳当局，在战时为调剂本澳物品粮食起见，特设主物品统制委员会，对于出入口货物事宜，均有所限制或调剂。查最近世界业已恢复和平，关于该会执行之条例，仍在继续办理之中。据该会某职员谈称，谓最近该会因交通尚未通畅，故依法施行统制出入口货之办法，凡属携带货物出口时，务必向统制会方面申请或于货物进口时，在登陆码头时，即须向警察报告或前往访问所申请为依合乎绩，希各市民切勿蹈法云云。

1945年11月20日　第四版

平民义演会　呈请澳督　免征娱乐税

平民义学义演筹款会，自成立后，连日已开展工作，校董会拟于今日禀呈澳督，请求豁免一切演出之娱乐税、警费等。闻该会已印备戏券，划分卅元、廿元、十元，及五元四种，一俟当局批准后，则送市行政局盖印发出动助销云。

1945年11月21日　第四版

大量油渣　由港运澳

澳督日前往港，曾与港督商量电力局燃料问题，港督答允予油渣五百吨运澳□用。澳当局日前已派专船往载，闻将于本月可抵澳。此次载来之油渣仅全数之半，即二百五十吨云。

1945年11月21日　第四版

牛肉专卖　再度减价

本澳牛肉之价格，前市政厅与承商协议，曾将价格减低。又本月十四日市政厅会议，结果对牛肉之价格再减低售价。其价格列后，特等每斤三元五角，头等三元二角，三等二元四角，牛杂八毛，牛骨三毫，牛肝牛尾等三元，牛膏一毫五分（以上皆每斤计），牛腰每个三毫云。

1945年11月21日　第四版

严厉取缔　商号抽佣

（本报专访）当局严禁店号抽佣公令发出后，希望各店号须守公法。惟最近仍有许多店号然敢阳奉阴违，故两日来仍有小贩向当局报告，闻当局决于短期内采取有效办法制裁云。

1945年11月21日　第四版

葡属爱国会　救济澳门　募集衣服及粮食寄澳　另现款卅七万士姑度

（本报专访）本澳市政厅于本月十七日接到葡国东非首都“卢□素马贵斯”港澳门援助爱国会电文一封，其内容如次，“市政厅长阁下钧鉴，敬启者，本市居民为救济澳门，业已募集款项，并购有衣服粮食一共二百包寄交‘属地’号轮船付来。是次本市居民送出各物颇为踊跃，超过吾人理想外，吾人现将此事电告阁下，诚感快慰。依照关于前电□，请现电汇一七零零零零元士姑度，不久并将汇来余款约共二零零零零零士姑度。专此顺请勋安。澳门援助爱国会。”

1945年11月22日　第四版

欢迎一五九篮队球　大会经费入不敷支

欢迎国军一五九师四七六团篮球来澳义赛会，昨已收到日前袁锦涛□手募得之球员服装费葡币六百零八元，计开毕侣俭一百元，何德一百元，何贤一百□，罗保局长一百元，钟子光一百元，梁基浩一百零八元。至于各界劝销名誉券除少数外，便可全部收竣。惟会透支经费千余元已得中央酒店报效的，当见八百余元，迄今仍无解决办法云。

（又讯）欢迎国军一五九师四七六团篮球队来澳义赛会，该会一切应办之事均已告完竣，□举行结束会议，然召次均因流会，查该会又定本月廿二日下午四时假商会二楼举行结束会议云。

1945年11月22日　第四版

茶楼酒室业　近来一落千丈

祖国胜利，世界和平，□民欢腾，所有物价亦多低降，惟一般茶楼酒馆，生意反一落千丈，光顾者不后如前之多，昔日拥挤之状，今非昔比矣。究其缘因，概有下列数点：（一）我国胜利后，各地交通纷纷恢复，一般物品来源渐丰，物价低跌，市民生活多得解决，不像抗战时之维艰也。□前之茶楼酒馆，生意畅旺原因，所售者多为充饥之物，以致一般有“米贵上高楼”之茶客乐而光顾，现在则不然，原因离澳甚多，故光顾者当燃（然）减少也。因为附加税□未□销，□各茶楼之食物价格未尝有减，生意冷淡原因，于此问题有关也云。

1945年11月23日　第四版

加强冬防保卫　警厅招考新警察　昨检验体格开始训练

（本报专访）本澳治安，素称良好，最近冬防时期已届，警察局长布英沙，督察长观耶，为求治安更得良好起见，于日前转发告布告，招考新警察一批。闻该批新招警察廿余人等，于昨日到警局检验体格，日间即开始训练，以便加强冬防保卫云云。

1945年11月23日　第四版

港务局　积极整顿航政　限令轮渡设置救生器具

（本报专访）港务局长施利华辞职后，该局一切事宜，概由副局长苏沙主理。记者于昨（廿二）日特访该局，询问该局今后之新措施，拟云关于今后航行本澳线之船只，该局当谋极度安全之办法，举凡一切到局注册之船只，须履行该局订立条例，如限制搭客若干，□货若干，船中须置救生器具。如不遵守原定条例时，该局定当应予处罚。又关于灯塔发光问题，该局认为必须使各灯塔发光，因安全及本市繁荣，希望短期内实现，计划已在进行中云。

1945年11月23日　第四版

拱北分卡　日间恢复

（本报专访）我当局拟在三厂设立之拱北关，原定昨（廿二）日开始办公，后因职员尚有局部未有到任，故办公期间尚待更改。迩来封锁物资出口，尤以前（十七）日禁止物品出口最厉，惟昨日起仍虽禁止物品出口，但不似若前之厉，少数粮食品物尚可输出口。又查当局封锁品物出口，原因实为调整中山粮食。

1945年11月24日　第四版

屈特派员仁则　彻底调整党部人事　委员兼秘书朱伯英撤职卢季瑞调省　新任人选特派员今日返澳后可决定

（本报专访）中国国民党澳门支部，在澳公关活动以来，已有数月。最近特派员屈仁则氏，以该部各项推进工作，未能收预期效果，为调整起见，本月八日特由小榄到澳，多次召集干部会议，检讨一切。对于人事上调整问题，经加再三考虑，事后即转港会晤总支部主任委员陈素，商讨调查事宜。闻大致经已决定，屈特派员今（廿四）日可返澳。据悉澳支部负责人除屈特派员外，其余人事均有更动，原有委员除张新之，麦孔坛日前辞职照准外，卢季瑞将调任广州，委员兼秘书朱伯英被撤职，今后党部一切事宜，仍由屈特派员主持，其他新任人选俟特派员返澳后即可决定。闻屈氏之职为党部五委员之一，负责本澳党部最高职权云云。

1945年11月24日　第四版

广西轮船　将恢复行走港澳线　港澳线轮船公司纷告展开复航工作　两地交通短期内即可恢复战前状态

（本报专访）战前本澳与各地交通，颇为畅旺，行走港澳线长川线有大公司之泰山、金山及泰生公司之濠江交通，星期日之广东或广西各大轮船，来往港澳人士，至感利便。自太平洋战事发生后，一切大轮船多被凿沉以作军用障碍物，其中有等虽尚完好，但燃料购置甚成问题，故多未恢复航行。际兹和平虽告实现，但各轮船公司之复员工作仍感困难，所以交通端赖机帆类之船只，乘座不舒适而危险。最近香港轮船公司复员工作已加紧展开，闻行走省港线之大轮船将继续恢复行走，据悉香港全安公司之广西轮，将于最短期间航行港澳线，一切船中人员及需用物品均已购置完备，现闻尚待候港当局批准航期而已。又闻广东轮船亦告复员，职员已聘定，惟将来派出行走港澳线或省港澳仍未决定，惟广西轮则决定派航港澳线云。似此情形，港澳间货型轮船行走，短期内即可恢复战前状态云云。

1945年11月25日　第四版

商讨党务完竣　屈仁则将返澳　李秉硕已回来

（本报专访）本澳党支部改组，各新任委员先后到澳。查屈仁则、李秉硕等在港商讨调整党部人事工作完竣，李秉硕昨已返澳，准备计划推进新工作人事调整问题。该部屈则常委仁则日间返澳云。

1945年11月25日　第四版

航商联会　进行近况

澳门航业商联合会，自筹备委员会成立后，积极进行会务，加招新会员。又该会之第四次筹备委员会中，曾决定于本月廿六日下午二时假座澳门商会二楼礼堂举行会员大会，选举第一届职员。该会又函请澳门党支部□导□会。又昨日为该会征收新会员之结束云。

1945年11月25日　第四版

两广监察使　刘候武将来澳　视察留澳侨胞状况

（本报专访）两广监察使刘候武氏，日昨到海南岛视察。查刘氏素来作事严明正直，□对澳门之华侨素备极关怀，闻到海南岛时，将顺道来澳一行，视察澳门华侨近况云。

1945年11月26日　第四版

中山限制人货出口　全与本澳当局无关　督察长观耶昨召见记者发表谈话　武警巩卫市面治安居民毋自惊扰

（本报专访）中山当局于前昨两日起，突然宣布人货禁止出口，以致全澳市民因此而滋生疑窦。督察长观耶昨（廿五）日上午十一时召见本报记者发表谈话，据云（一）中国政府宣布封锁，全与本澳当局无关，甚至本澳政府尚未明其用意，（二）中国政府禁止物品来澳，与澳政府□亦无涉，而澳政府尚未明其用意，（三）关于本澳限制物品出口，目的为安定本澳物品供应问题，（四）关于物品输出问题，本澳当局定当审查，一切手续仍与前无异，（五）近来派出大批武装警察巡逻市面，目的为安定本澳冬防治安，希望市民协助政府，毋自惊扰为要云。

1945年11月26日　第四版

督察长观耶　严厉取缔抽佣　栏口多家昨被警告

（本报专访）本澳当局，以世界和平实现，关于日前所有商号加收店佣及附加税，除酒楼茶室外，其余均下令一律取缔。惟有等商号仍阳奉阴违，依然施用手法勒收佣金，以致许多小贩前往警局投诉。督察长观耶对此事甚为愤怒，于昨（廿五）日特召集本澳栏口主事人到警局，重新面谕，并警告各栏代表，今后不□勒收佣金，否则定当严惩不贷云。

1945年11月26日　第四版

本澳米价　快趋下降　原因香港无需（须）来澳采购　同时四乡晚造均告丰收

（本报专访）昨据香港粮食管理人员某谈称，香港□目粮食供应，已告解决，盖因有大批洋米运到，已不用赴东莞增城惠阳等县购米，而东莞增城惠阳等县之谷多推出广州，后据本澳某谷商谈称，今年本澳之粮食供应问题，可无缺乏之虞，因为香港不用采购澳门之米，而澳门之存谷，供应实有余剩。同时今年四乡晚造均告丰收，将来外间当有大批米粮运澳，预料米价最近将来，必趋下降云。

1945年11月27日　第四版

电力局交还商办　昨日开始办理交代　副司理亚啤代表嘉理仁接收一切　电费再度减价三数日间即可公布

（本报专访）本澳电力局，决定于本月底交还商办。前承办英商嘉理仁氏，现因留美未返，故一切接收手续由电力公司前任副司理阿啤氏代表办理，已于昨（廿六）日开始，同步接收为电力局所有之家具，接收工作至为忙碌。发电厂日间开始接收。关于电力收费，因发电原料采购为易，同时并得香港当局之协助，故日前经数度减价。闻电力局归还商办后，有再度减价之可能，希望减至与战前之价格，大约在此三数日间即可正式公布云。

1945年11月27日　第四版

械劫米店　六人被捕

海边新街四十三号锦成泰米店，前（廿四）日下午八时，有六匪徒由门入内，意械纠劫□男子，以短枪一枝，威吓店东袁，□迫取出锁匙开甲万，劫去葡币一千元，大洋二店元，得手后，将店东及其幼女绑住，扬长而去。警探事后，捕得嫌疑犯六名及女子两人。

1945年11月27日　第四版

广西轮机件损坏　中途折返香港　广东轮亦将行走港澳

（本报专访）行走港澳线之广西轮船，昨日上午九时由香港作和平后第一水，由港开来本澳，载有客人将五六白（百）人及货物甚多。惜驶至大澳附近，机件因日久而致局部损坏，迫得驶回香港修理。闻损坏之机件甚微，短期内便可修理完竣。

（又讯）广东轮船客将来澳，闻与广西轮日间对开香港与澳门，以利便来往人士往返云。

1945年11月28日　第四版

不法歹徒　伪冒五十元葡币　印刷精美逼肖异常　当局在严密查究中

（本报专访）昨日市面之银号上午突然停止行使五十元面额葡币，至下午始恢复行使，查其原因，因有歹徒冒效西洋银行发出之第三期五十元面额之纸□，冒效逼肖。现当局对此点问题，甚为注意，一方面派出员警严密查究，一方面研究伪□之分辨点，希望市民小心行使，切要不可岐（歧）视为要云。

1945年11月28日　第四版

广东侨务处　将设驻澳办事处　遣送难胞由妇女会负责进行筹办　航商联会答允各船拨出免费客位

（本报专访）顷据确悉，广东侨务处，将在澳设立驻澳办事处，其目的专为本澳侨胞服务，初期工作为救济难童，及设立遣送无旅费欲回乡之侨民。查该事由冯代表返省报告后，短期间便告实现。闻关于遣散无旅费而欲返乡之贫胞，由澳门中华妇女会进行办理，并请同善堂等慈善机关协助，中华妇女会等已开始筹办进行工作。将来遣送难侨返乡办法，征求所有大小船只酌量负担免费客位，故昨日特约航商联会临时主席胡林会商一切。闻胡氏已答允冯代表之所求云。

1945年11月28日　第四版

中山昨日尚未开放　封锁情形与前无异　县府加派侦缉协助三厂防军工作　歧（岐）关车辆营业连日因此大受打击

（本报专访）昨日传三厂开放，人货均准出口，中山县政府并在三厂设侦缉分所，本报记者特亲到该地探访，据悉，如上之事概与事实不符。查昨日三厂仍然禁止人货出口，而中山县政府不过派出侦缉数名在三厂协助当地防军工作而已。记者并面询驻三厂之防军队长访问封锁情形，据云，封锁问题，乃上峰之命令，封锁情形与前无异，惟设卡问题，只闻日间在三厂设拱北关分卡，绝未闻设何部机关也云。

1945年11月28日　第四版

公进会施粥余款　拨充遣送难胞经费

公教进行（会）在本澳粮食会价格高涨期，曾举办粥场一所，廉售米粥，□同胞间受惠不鲜，后以祖国胜利，世界和平，一切粮食价格低降，公进会方面生活渐告解决，遂宣布将粥场停办，结束一切，并核计余款共存葡币八千七百四十四元三毫一仙，大洋八千五百元。经日昨结束会议，议决，将大洋八千五百元及葡币存款三成拨作献金，共葡币二千六百二十二元二毫九仙，一成拨作公进会义学，葡币八百七十四元四毫三仙。除上述拨款外，尚存葡币五千二百四十六元五毫九仙（内一千元未收），该会日前曾召集职员会议，议决，将该项余款拨作遣送□留澳难胞回乡之用。

1945年11月29日　第四版

伪五十元葡币发现后　商人行使咸具戒心　伪币发觉两点为最容易被分辨者　闻银行为慎重计将收回该期纸币

（本报专访）自市面发现西洋银行第三期之五十元面额葡币凭票后，因歹徒冒效印刷逼肖，几使人有真假难于分辨之慨，为此一般商人，咸具戒心，不敢行使，至影响第一二期发行者亦一同待遇。此非商人加以岐（歧）视，实际上分辨之点至为细微，非有真伪币两张同在一起细心比较，殊难分别。除昨日报章刊载者外，记者昨据银业界某君细心研究结果，发现伪币最容易辨认点乃为纸币背面四角印有“五十”之中文字样，真币之“五十”字样，字边花纹，黑白分明，清楚可见，伪币则完全印□，变成密底，并无花纹。其次纸币之正面中间“五十元”葡文字样，底色有一红徽章，“五十元”字样最尾之S字，其尖端不超过红线以外，即在红线之内，而伪币之□字尖端则印在红线中间。此两点最为易于分辨。据悉此种伪币有等在发现时纸质已非常陈旧者，故相信歹徒已在市面行使多时，不过最近始被发觉，故昨日一般银号、商店、住户，无论任何人等，苟存有五十元面额葡币者，无不检出细加分辨。现政府当局对此异常重视，以歹徒扰乱金融罪大恶极，非严办不可，正加紧查究中。闻西洋银行方面慎重起见，决于日间将该项第三期发出之五十元面额葡币凭票全部收回，另发新币云云。

1945年11月30日　第四版

驻澳外交部唐专员　昨拜会华商会值理　对办理福利华侨事宜双方恳切商谈

（本报专访）我国外交部驻澳专员唐榴氏，自奉委后即设处开始办公。唐专员昨（廿九）日下午二时首次到华商总会拜会各值理，藉（借）资联络，当由主席高可宁、陆电明，值理叶子如等迎迓，宾主畅谈欢洽，对办理一切福利□华侨事宜，双方曾恳切商谈。事后据唐专员语记者称，本人在澳任务，除与澳当局联络查封敌伪产业外，其他工作，须候外交部电示，方能作详细报告。又商会各值理定期明日午间联同到外交部驻澳办事处回拜唐专员。

1945年11月30日　第四版

西洋银行由今日起　兑换五十元葡币　如发觉伪币即打孔作废

（本报专访）自市面发现西洋银行第三期五十元面额伪币后，一般人咸抱怀疑心理，致使该项面额纸币在市面流通，顿受影响。西洋银行为维持金融起见，定由今日起，每日十时至十二时止为兑换该种纸币时间，办法如后：（一）逢市民有五十元面额葡币者，可依时到西洋银行兑换；（二）收回后西洋银行与财政厅将有适当方法取决；（三）逢发见（现）该种伪币时，即行打孔作废，希市民注意云。

1945年12月1日　第四版

难民遣送会　开始办公

留澳贫苦难民遣送会昨日经已组织成立，并定于今日开始办公，地址设在商会二楼。闻该会理事会于今（一）日下午三时举行第一次会议，商讨各项工作进行。查该会遣送贫苦难民，除得航商联合会报效客位外，则由公教进行会粥场余款拨充云。

1945年12月1日　第四版

平民义学筹募经费　共得七千四百余元　年支万余不敷之数仍巨

澳门华侨公立平民免费小学，该校经费乃由各绅商名流、热心人士捐助，同时每年均举行一次筹款，以充该校经费。本年度之筹款，则商请本澳新声粤剧团义务演出，以助善举，俾本澳平民子弟得受教育机会，而得谋生及服务社会。该校原定于廿九晚举行筹款，惟适遇国军一五九师亦请该团为其筹募戏剧宣传组之经费，至让其先行一着。查该校前晚义演成绩，虽有先来未得之态，惟成绩亦佳，计门券成绩共售银五千八百五十一元一角，至各界人士捐助者达一千六百四十元，总计共银七千四百九十一元一角。又查该校支出，每年约一万六千余元，今次筹得此数，惟不足之数仍巨云。

1945年12月2日　第四版

昌明轮触雷余者　香港救获四十余人　大安公司巳（已）电港迅将名单寄澳发表

（本报专访）大安公司昌明汽轮，昨在伶仃洋触雷沉没。自此惨案发生后，各方人士聆讯，至为震动。查香港方面一接到消息，即派出快船前往肇事地点施救，本澳方面镜湖医院亦派船前往。在基利士轮由港返澳，据其船员称，香港派出之快船，当驰至肇事地点时，亦救获搭客四十余人，均送香港安置。因昌明轮救生器具至为完备，故搭客多有逃生机会。至被救获之搭客名单，尚未客澳获救者，为何人，现尚未悉。大安公司巳（已）电港催促寄澳发表。又该轮肇事之夜，外部驻澳专员唐榴、镜湖医院值理梁卓梧会同航商会委员数人，往航务局长借船一艘，往肇事地点协助打捞工作。当由港务局长派出轮船“巴打”号于昨晨五时在新口岸码头出发，镜湖医院派出职员三名参加工作，□日下午返回，但未有拾获浮尸云。

1945年12月2日　第四版

澳支委员　昨日就职视事　日间补行宣誓典礼

中国国民党澳门支部奉令恢复战前组织，成立中国国民党澳门执行委员会，并委派屈仁则任委员兼常务，李秉硕委员兼秘书，刘紫坦委员兼总务，委员陈律平、刘叙堂，经于昨十二月一日正就成立中国国民党驻澳门支部执行委员会新任执行委员，于是日上午八时式职，俟总支部陈主任来澳，然后补押宣誓典礼云。

屈常委仁则莅会庭导，公推陈道根理事主席，行礼如仪，互选结果：常务理事兼总务主任陈道根，文书主任罗致知，财务主任陈律平，理事兼民众教育主任陈公善，理事兼调查主任何其伟，理事兼编纂吴秋荣。互选后，即讨论议决案“及接收上届理事印信及各□卷宗”，直至七时方交代完毕云。

1945年12月2日　第四版

难民遣送会议决要案

昨日下午三时，留澳贫苦难民遣送会举行第一次理事会议，出席者有陈少伟、胡林等，兹将其议案录后。（甲）报告事（略）。（乙）讨论事□：（一）关于本会办公时间应否规定案（决议：每日上午十一时至下午一时，航商公会担任轮值登记；下午三时至五时，总务担任轮值登记）；（二）关于岐关车应否去函请求协助案（决议：去函请求参加协助）；（三）关于难民登记期限应否规定案（决议）：以一星期为限（十二月二日起至十二月八日止）；（四）关于向英领事及并由唐榴去函交涉，港务局方面由梁咏裳负责。

1945年12月2日　第四版

生利一轮　并非沉没

（本报专访）前日市面盛传生利一号机帆肇事，事后查明并非事实。该船业于昨日安返本澳。后据该机帆船员称，昌明机帆沉没之日，青洲海面亦发现许多浮板，但不知是何船只肇事沉没云。

1945年12月3日　第四版

遣送难民归乡　昨有一人登记　调查属实后即遣送

留澳□苦难民归乡遣送会，自得我外交部驻澳专员唐榴领导组织，并得国民党澳支部赞助后成立以来，各项工作进行，至称顺利。查该会经于昨日开始办理难民登记，计全日到该会办事处申请登记者有袁坤，男性，三十岁，东莞人，现交由调查组今日前往实地调查，如认为确实无旅费而欲返乡者，则免费遣送返乡云。闻遣送难民归乡会每日办工时间，由上午十一时至下午一时，下午三时至五时，欢迎无资欲返乡之难民前到报名，云云。

1945年12月3日　第四版

葡舰医官　参观镜湖医院　对该院设施备极赞许

（本报专访）驻澳葡舰“亚布基”号医官海军上尉卑利喇氏，昨下午到镜湖医院参观，对该院一切设施备极赞许。□行时在参观纪念册中，留下数言称，此次得到该院参观，甚感愉快，盖院内一切，井井有条，并深信到院求医之人，获得最满意之□□云云。查啤（卑）氏于八年□曾随“贾沙维路”军舰到澳，并曾协助医治染虎力拉症。啤（卑）氏为外科医生，曾在葡京各大医院服务云。

1945年12月3日　第四版

香港违难来澳葡侨　当局停止发给津贴　谋生有着葡侨难民收容所亦进行停办

（本报专访）当日军占据香港时期，百业停顿，一般留港葡国侨民，多告失职，而日军常局为实现其所谓大东亚统治迷梦计，实行排□，第三国藉（籍）侨民，因是一般葡侨，多遣散来澳，惟彼辈战后余生，受炮火洗劫，衣物家具，多荡然无存，来澳者多孑然一身，衣食住问题□在在堪虞。总督戴思乐因组织葡侨救济会，由经济局长罗保等多人协助主持，将全澳之葡人俱乐部辟为收容所尽量收容。一切粮食什用均由当局免费配给，并设法予以职业，无职业者每月津贴若干，俾一般葡侨生活有着，不致无身所，计此辈违难来澳之葡侨，最多时期数达四千余人，当局负担此项经费，殊属艰巨。值（直）至今日世界和平，香港光复，在恢复繁荣声中，一般违难来澳葡侨，多告返港觅职，故本澳当局以彼辈谋生有着。在此时期，收容所实无继续设立之必要。因是决定由明年一月一日起，停止发给葡侨津贴，并进行取销（消）收容所云。

1945年12月4日　第四版

同善堂镜湖两机关　出发打捞昌明遗尸　征求航商联会派船协助　凼仔路环发现浮尸数具

省澳线之昌明轮号，自于廿九日触雷遇事后，该公司已积极办理善后工作。闻最近凼仔、路环亦发现浮尸数具，同善堂值理叶子如于昨日发起联同镜湖医院即往打捞。刻下正征求航商联会派船协助，即可于今日前往打捞云。又查该轮所属之大安公司，昨日已去函同善堂、镜湖两慈善机关，请求派人协助，前往肇事地点打捞工作云。

1945年12月4日　第四版

遣送难民归乡　昨续有多人到会登记　均为行乞渡（度）日之辈情形至为凄惨　该会积极代办手续使能早日还乡

留澳贫苦难民归乡遣送会，前（三）日经开始办理登记，计昨日到访会登记者有张武，男性，卅四岁，番禺人；容平，男性，四十岁，新会人；白锐，男性，五十岁，番禺人；白田，男性，十七岁，番禺人；梁志财，男性，卅□岁，番禺人；□兴，男性，廿二岁，中山人；陈如，男性，四十岁，中山人；高棠，男性，卅二岁，中山人；陈生，男性，卅岁，南海人。以上诸人，均为行乞渡（度）日之辈，衣衫褴褛，情形至为凄惨。该会主理人见彼辈之情形，凄惨动人肺腑，现已积极代其办理一切手续，望彼辈早日返乡，参加复员工作。又其中一人，须交调查组，始可将之遣送。又凡是本澳贫苦难民，欲归乡而不得者，可到该会登记，该会定以予协助云。

1945年12月4日　第四版

卫生当局　依然施行防疫注射　今年只发现霍乱四五宗

霍乱一症，年前本澳至为盛行，俟以卫生当局防御得宜，始渐告减少。今年本澳卫生当局积极防止，于本年四月即开始防疫注射。本澳市民亦多明白注射之效，纷到卫生局注射防疫针，以增健康，抵抗病菌，直到现在气候已转入寒冷，已□病菌之消减时期。据当局之统计，本□度霍乱之发生只四五宗，足见病菌消减，□当局防御得法。最近本澳卫生局，以彻底杜绝该种病菌起见，仍然照□注射，市人欲注射防疫针者，可随到卫生局注射云。

1945年12月4日　第四版

观音堂举行　万缘醮会

望厦普济禅院，即观音堂，为本澳之著名梵刹，其历史深远。该寺每岁冬均举行万人缘□会，迩以和平实现，该寺之超度过去阵亡战士及一切无依之魂，计决于夏历十一月十二日举行□会，一连七昼八宵虔修大悲宝忏，大放三宝，埠中人士，日来赴寺挂号，附荐其先灵者甚众云。

1945年12月5日　第四版

财厅护沙总队　严密组织概况　刘副总队长昨接见记者

（本报专访）为护卫全省沙田，财厅重新组织护沙总队部，委出总队长李节文、副总队长刘文绍，刘副总队长于日昨来澳，于昨日接见记者。兹据发表消息如下，目前伪护沙队之组织，搜集一切不良份（分）子为兵员，强征军谷，以致民众负担奇重，怨声□腾。现在所派出之护沙队，纯粹以优秀人材（才）负责，日前之挺进队员兵，由护沙队选择优秀份（分）子收编，同时对今后之护沙官长概由军校人材（才）肩任。现该队已编定六个大队、四个中队，一切军饷由财厅发给，该部队员绝不向民众征收军食军费，关于收编之员兵，定必严厉整训。又查刘总队副，曾与新一军军长孙立人为同事，同在税警团工作，孙立人为税警团第二团长，刘氏为第三团长，后刘氏调任新二军第七师参谋长，现任广东省护沙总部总队副云。

1945年12月5日　第四版

新轮广发七　今日开行往港　坚固安全快捷

自世界和平后，本澳航运事业亦呈现蓬勃之象，此对于交通上之构（沟）通、复员之协助，固有莫大之贡献，迩时于本澳之繁荣、物价之平抑等更有直接关系。惟各船务公司所行走之船只，每多为外地，如香港、广州等地所出，况又多为旧船，或伪料所建成，然本澳能自建航走内河大型汽轮者，当首推霍宝开广发利船务公司，该厂除于目前兴工建做（造）一百五十余吨之港湾（广发八号）线外，关于广发七号经于上周行下水礼，及试航之前，并定于今日五启航往香港。查该轮排水量为一百五十吨左右，所有建造材料及机器等均为新料，每一次航行可乘搭人客一百余名，载数千吨云。

1945年12月6日　第四版

连日天气转寒　贫民多求归乡　遣送会定今明两日分别遣送　如有虚报者将取销（消）遣送权利

连日因天气转寒，一般露宿街头之贫苦无告、流浪行乞者，无衣无食，饥寒交逼，为谋解决生活起见，纷纷赴难民遣送会申请登记，要求返乡。或□有请求输送往省港觅亲求援，或战前在省港有生意经营者，今日逃难来澳之无亲无故而至流浪街头者，比比皆是，闻者流泪，触目心酸。该会关于彼等申请登记，先予以观察，如确属贫苦者，则即刻予以所请，如有怀疑之处，先先行由调查组调查，经调查所报，确实无讹则发给船票，否则拒其所请。查昨日之中申请登记者，内有二人，所报地址虚伪，以为该会取销（消）其被遣送权利。至二日及三日登记者，经审查合格后，已于昨日向航商会领取船票。查昨领得船票共十一张，内广州四张、香港七张。第一批遣送者为阮惠林，十九岁，中山人；袁坤，卅岁，东莞人；白锐，五十岁，番禺人；白田，十七岁，番禺人。以上四人俱为男性，由明记行发□遣送，航期为七日晨七时由澳开行。又遣送往港者，计有：何令，四十五岁，新会人，由永安公司兴利于今晨遣送；陈如，四十岁，中山人；陈兴，卅二岁，中山人，由广发利航务公司以广发四号今日上午遣送；梁志财，卅二岁，番禺人；陈德，卅七岁，台山人，由大行公司□安利遣送。又，张武，卅四岁，番禺人，由生和一号□送。又查昨日到该会登记者，男性有黄益森、关征、黄锡等计共十四名，女性林清一名，共十五名云。

1945年12月6日　第四版

湾油禁出　并非事实

生油市道，连日传广州湾禁止出口，以致价格高涨，影响香港与上海之金融市场，乃占华府重要地位。本澳之银号在月来多宣布自动结束，多迁往香港开业，故香港之金融市场，一变为重要地位，故本澳之金融市场冷淡原因实在于此也，云□民生不□。查昨日有生油二批由湾运货抵到后，价格突时降下，由此证实，所传全非事实，即系奸商乘机造谣言所致也云。

1945年12月7日　第四版

遣送难民归乡　港务局免予限额　连日到会登记者甚为挤拥

留澳贫苦难民归乡遣送会，以连日申请登记归乡难民，异常拥挤，为便利难民上陆有所证明及遵照原议办理，以不影响船只限额问题为原则，日昨特由交际组主任梁咏裳谒见本澳港务局长施利华，请求举行遣送会发有难民证者准予免计在船只限额数内，当即经施局长答允，准予所请，惟规定每船不得超过限额四名。又该会主席唐榴日昨会谒见驻澳英领事瑞礼士，请□□香港富商，举凡由该会遣送往港之难民登岸时予以便利，及照会航政局难民乘船到港时，免计在乘定限额数内，俾船公司得免受营业上之损失，亦得英领事接纳代为转陈。昨日由该会备函交理事廖荣□呈交英领事备案。至于陆路遣送问题，已由该会备函与交际组主任梁咏裳向岐关公司接洽，请协助遣送事宜。该公司除当即答允协助外，昨已□□遣送会称，每日代遣送一名至二名，惟须得该会证明方可。遣送会另求工作缜密，避免申请者虚形取巧起见，特拟定各项手续：（一）询问，（二）登记，（三）调查，（四）审查，（五）发证照相，

（六）发领船票或乘车证，（七）代向航商联合会领取船票，（八）登记船票及遣送日期，（九）发给船票及伙食金。又查第一批难民共七名往港，经于昨日送出。第一批另有四名往省者，决定今日由发利遣送，适因往省船只，航期无定，而发和因机件损坏，今日脱班，故凡遣送往省者，须俟各船只定期复员班次进行遣送。第二批难民昨已审查，准予遣送者共十一人，计往港者八人，往广州三人，名单如下：梁林，十九岁，男性，中山人；梁巧珍，女性，四十岁，中山人（大行船务公司新生利遣送）。黄益森，男，廿四岁，潮州人；刘能，男，廿三岁，中山人（统制会机利士遣送）。李耀，男性，四十六岁，新会人；林清，廿五岁，汕头人（永安公司宏利轮□送）。关征，男，五十岁，海陆丰人；何良，男，廿八岁，南海人（由广发利船公司广发一号□送）。以上今日离澳往港至往广州者，计有陈益书，男，廿一岁，惠州人；杨文，男，廿五岁，曲江人；杨雄，男，廿六岁，罗定人（由南泰船务行南泰机帆遣送）。又昨日到会申请登记者共廿一人云。

1945年12月7日　第四版

勒索徐淞案犯　准具保候讯

（本报专访）男子黄达兴，日前利用某部名义，致函板樟堂街医生徐淞希图勒索巨款。徐医生接信后，即向警局秘密告发，警方据报后，即派出侦探员四出侦查，结果卒将黄某拘捕归案。黄某自经警方严询后，业于日昨备文将黄某（中略）提讯，官认为有嫌疑，但准许疑黄某以一千元具保外出候审。

1945年12月8日　第四版

逾期缴纳招牌税　市厅长准予免罚　高可宁陆电明昨谒巴路士请求　至迟限本月廿日以前缴纳清楚

本澳议事公局，前为适应非常措施起见，规定凡在本市经营商业店号，均按照其所纳之公钞等级增征招牌税一种。其缴纳期限仍依公钞征收时间，终年分为全年、半年或一季，并分为一等、二等、三等征收，市内商号均遵章缴纳，惟以事属创举，交纳因□延被该局处以廿五元之罚金。查本年度第四季□，艺钞牌照费早经各行商缴纳清楚，但该项招牌税□遗漏缴纳。因此连日来被该局处罚者已有多起，昨由祥信金号可分别投请，商会转恳该局体恤商艰，暂缓执行处罚。当经商会值理常会议决，接纳代为转陈，并推派主席高可宁、陆电明于昨午而谒议事公局局长巴路士商陈一切。巴氏以前季延纳，再予通融，今次似有考虑答复之必要，但巴氏以商会为华侨集□，对所请求彼等予接纳，故磋商结果，卒获邀准。未缴纳本年第四季招牌税之店号，至迟应于本月廿日以前缴纳清楚，无须再缴罚款，以示通融。倘再逾限则照例执行，不再延展。至最近经已□过罚款者，则免予发还，以省手续。闻商会方面昨已通知请求人知照，如该局长巴路士者，可谓能体恤商艰，俯服舆情矣。

1945年12月9日　第四版

筹募华侨图书馆基金　教育会元旦举行卖花　本月又举办港澳埠际乒乓赛筹款

本澳中华教育会，于七日晚□集十八届理监事特别联席会议，决于元旦日举行卖花，筹募建设阖澳华侨图书馆基金，同时于本月廿五日一连三晚，作港澳埠际乓（乒）乓球赛收入，亦作该图书馆基金，所有费用，不动公款分文。港同义体育会乓（乒）乓球队不日来澳作该项比赛，教育会昨亦已选出建设阖澳华侨图书馆筹备委员十四人，负责办理此事云。

1945年12月9日　第四版

戴总督日间专机飞省

（本报专访）总督戴思乐将军，为敦睦中葡邦交友联络澳省两地关系起见，拟定飞赴广州，官式拜会罗主席卓英及第二方面军司令长官张发奎，俟因政躬违和，未能成行。顷悉戴督日来经调治，已健康复原，照常返署办公。关于广州之行，一俟天色晴和时，即专机飞省。

1945年12月9日　第四版

孙立人军慰问团　将来澳慰问侨胞　届时招待报界侨团领袖

（本报专访）驻印远征军长孙立人将军，以该军奉命调驻广州以来，□□□港澳侨胞予以热烈欢迎，至为兴奋感激，日前特派出政治部秘书兼该军《精忠报》总编辑陈剑科上校，及政治部第一科科长余逊中校，率领慰问团到港澳慰问侨胞。查该慰问团一行，昨经抵香港，一俟在港慰问完毕而转程来澳，届时并将开会招待全澳文化界，新闻记者及各侨团领袖，藉（借）资联络并致慰问云云。

1945年12月9日　第四版

驻港英军司令　菲士廷昨到澳　拜会澳督今日返港

（本报专访）英驻港□军司令菲士廷，于昨（八）日作官式掣访澳督，现寓督宪为上宾。查菲民（氏）乘□快艇来澳，定今（九日）下午二时返港。

（又讯）同行者则有英国男女军官四十余人，现分居利维旅及中央两旅店，此目的乃观光澳门。

1945年12月10日　第四版

当局积极发展空运　葡美合办澳美空线　海岛市路环机场工程日间即可开始　将来通航后本埠繁荣问题受益最大

（本报专讯）自世界和平后，澳当局对于发展各线交通不遗余力，尤以航空事业为最，良以近世科学昌明，空运至为利便发达，该项之建设，关系澳门繁荣问题至深且巨。因是葡当局乃极力致此，跑马场辟为陆地机场乃为□矣，而海岛市路环方面开辟机场以联系英美空运，亦在积极进行中。而葡京当局亦经与美当局进行磋商合办，结果异常圆满，合众社消息，美国务院于月之八日发出通告，谓美葡两国已同意设办纽约与理斯本及太平洋岸与澳门间之航空线。经此项宣布后，此事件之发展更形具体化。关于海岛市及路环开辟机场，日来美方曾派员到澳进行测量工作，各项工程日间即可开始，将来该线通航后，澳门与英美各地交通联□更形密切，而同时于繁荣上亦有莫大之增益云云。

1945年12月10日　第四版

葡国名医武弥恕　前周返葡

（本报专访）著名手术医生及前任白马行医院院长武弥恕，于四年前，本拟返国，后因太平洋战事发生，交通阻塞，故不果行。现武氏以战事结束，交通恢复，决定回葡，闻武□□于去岁期携同家眷往港，将搭加□□统取道□金内返葡云。

1945年12月11日　第四版

各界纷助　同善堂

同善堂善院，因施药经费庞大，不断呼吁求助。查该堂于农历十月份赠医病者共五千一百四十六名，施出中药五千〇〇七剂，需款葡币五千一百七十元零六毫八仙，平均每一病者到该堂一诊，每名需葡币一元零三仙四文，该堂负担之重可想而知。各界人士以该堂办事认真，施济不遗余力，昨有无名氏捐葡币四百元，又有陈先生助葡币十元，萧宅葡币十元，大洋三百七十六元，萧桂云捐葡币五元，萧区氏葡币二元，萧景□葡币一元，骆先生大洋五万元云。

1945年12月11日　第四版

留澳难民　昨继续遣送

留澳贫民遣送会，该会办理遣送难民，至为积极，成绩卓越，颇得社会人士赞许，誉为留澳贫民之福音。该会并继续举行登记，本澳贫苦难民，有□□者可速到该会办事处登记。计今日已有享遣送权利者，有往广州者六人，麦□武、马泽民、龙新、陆□林、陈生、官雄；往香港者有潘华、陈良二人。又昨日到会登记□有陈汉基等卅一人云。

1945年12月11日　第四版

外部驻澳专员　清查敌产　拟定奖励举发办法

（本报专访）外交部驻澳专员唐榴，在澳办理清查敌产事宜，工作进行甚为积极。唐专员曾解释清查敌产办法甚详，业在报章发表。关于清查敌产，希望同胞协助，将来或将拟定奖励举发办法云云。

1945年12月12日　第四版

金业行要求　减轻负担捐养难民　歹徒赝金饰行骗警方已（已）严密查究

（专访）昨日上午，金业行正副主席谢永生、何丽天暨当年值理等多人，经警察应（厅）谒见厅长布英沙，请求二事：（一）关于战时本澳所设难民营，收容无地归宿之难胞，经费向由澳中各殷户商店负担，每□有捐助。今已宣布胜利，举世升平，彼自由归乡，难民营亦应解散，加以金业一行□□不长，每月捐助极□绸缪，希望体恤商艰准免予捐助。（二）关于连日不断发生歹徙（徒）以金饰赝品，到各金铺找换，鱼目混珠，一时大意即遭损失。日来已有大□永生等多间受害，似此情形，不独商店有亏血本，且因阻扰□市场，治安有碍，希望当局存案，亟将歹徒肃清，以维商困。厅长布英沙对该行年余协助难民□经费，深表谢意，并解释难民营解散日期，自当不久。然在未尽遣散难民期间，营中难民数目，亦非少数，众力易举，一木难支，希望该行一本向善之心，继续襄助政府，而金业近来贸易状况不佳，知亦实情，勉为其难，取一兼顾办法，今后该行每月捐助，折半征取，各店减轻负担，难民亦得有救，两全其美。至于歹徒以金饰□品四出骗人，实关不法，政府已严密注意，务期□□此等不法份（分）子，以维治安云。

1945年12月12日　第四版

亏空案　昨日提审

（本报专访）昨日法院提审大陆手饰行店伴亏空公款疑案，审询下午五时许，仍未审讯完毕，法院遂宣布押候审判云。

1945年12月12日　第四版

罗克泉少将到澳　昨拜会外部驻澳唐专员　商讨接收敌伪在澳资产

（本报专访）我国宣布战胜后，关于惩治汉奸及接收敌产问题，工作已告展开，在本澳方面，亦有数个部门办理。最近军政部广州区接收清查澳门敌产，业于日昨派出罗克泉少将来澳门区办理接收清查敌产工作。查罗少将于前日已抵本澳，昨日上午拜会外交部驻澳专员唐榴，商讨一切问题云云。

1945年12月12日　第四版

往省难胞　暂停遣送

留澳贫苦难民遣送会，今日又遣送难民一批，计香港十四名，黄宝、曾莲、梁俊、邓柱、李桂琼、李少元、马荣、麦丽珍、曾二妹、梁好、杨秋蝉、杨雄、区生、孙康等十二人；至于广州方面，则因船只问题，暂停遣送。又，□日登记者有曾福□等十三人云。

1945年12月13日　第四版

留澳接收敌产人员　奉命返省参加会议　张司令长官电令限十四日到达广州　将开会讨论关于接收敌伪资产事宜

（本报专访）中日战争期中，有等丧心病狂之汉奸，甘心为虎作伥，出卖国家民族，目的为剥夺同胞资产，以充私囊。目（日）本宜布败阵，所有敌伪在各处之资产，多告冻结，由我当局派出专员分赴各处办理接收。关于本澳方面，广东省方面经派出接收敌伪□产人员，来澳办理。查迩来派到澳门办理接收者，部份（分）至多，如外交部、中宣部、第二方面军、广东省府、军政部等。查各部对接收□题，虽告展开，惟尚有大部份（分）工作仍感困难，盖澳门环境特殊之故也。又查驻澳办理接收敌伪资产之主管机关，虽有密切之联系，有时对接收工作，尚有感觉困难，以致有局部工作问题，仍受影响。前十日驻澳接收敌伪□产之主管机关，接第二方面军司令长官张发奎命令，着令驻澳办理接收敌伪资产之主管机关负责人，限令本月（十四）日到达广州，由张长官召集开会，讨论办理接收本澳之敌伪资产事宜。闻驻澳之主管机关负责人接到命令后，业已先后晋省参加开会，听候张长官之□令及指示云云。

1945年12月13日　第四版

葡属运澳救济物品　分赠中西贫民　市厅组会支配葡人填表领取　华籍贫民由同善堂镜湖分发

（本报专访）葡属东菲□三美基埠居民，以本澳在战争期中与外间隔绝，俨若孤岛一般，人民生活殊为困苦，故组织澳门救济会筹备金钱物品寄来本澳，分派贫民，闻大部份（分）礼物已交由（属地）邮船载来。关于分派此批物品事宜，澳督特指定市政厅办理，并命港务局负责起货，闻市政厅现委勋远和律师，左雅□律师，布英沙上尉，及夏□乐组织委员会，负责分派该项品物。现该委员已印就□物表，由市行政局、市政厅办事处，及各区教堂发给葡籍贫民填写，并由家长签字，限于本月廿二日前交□市政厅查核。此项物品华人方面亦得分惠，闻澳督将□若干数量之救济品交华人慈善机关，如同善堂、镜湖医院等分给贫民云。

1945年12月13日　第四版

台胞一批由省抵澳　将乘捷生轮返台湾

前日有台湾人一批，约百余人，由广州来澳，其中有廿四名为女看护，该批看护大都为妙龄少女。此次回台，目的乃与家人团聚。又第二方面军方面，特发给归乡保证书，且省政府方面，并予每看护大洋一千元以为使用。又第二方面军规定，往台之船，需要百分之二十为免费客位，故该批护士当由往台之船送返。闻得乘捷生返台，该船不日开行，由澳往台约五日可到云。又据台湾同乡会主事人称，广州市有台湾人千余人，其中三百为护士，七百为军人眷属，该地之台人不日亦将返台团聚。□第二方面军已曾照会外交驻澳专员唐榴协助办理云。

（又讯）日昨由台来澳之护士，现由台湾同乡会供给食宿，又由本澳回台之台人，由该会发给归乡证云。

1945年12月14日　第四版

“广发四”小汽轮　发生火警全船焚毁　学徒私将机件开动燃着油渣肇事　损失达葡币七万元幸无死伤人命

（本报专访）广发利船务公司之广发四号小汽轮，前（十二）日下午十一时许，在沙梨头海面突告失事焚烧。全船毁烂损失达七万余元葡币，幸无死伤人命。查该轮在三月前下水，行走港澳线，最近该轮公司新建起广发七号，欲将广发七号替代广发四号行走港澳线，广发四号则入坞小修，船驶至沙梨头附近海面时，突告搁浅，各船员多上岸游行，仅留车房学徒郑中、谭木、王细看守，至夜间十一时许，三学徒联同到车房私自将各机件开动，不知如何竟将存在车房内之油燃着，遂尔焚烧，结果全部烧毁，损失约七万余元，该三学徙（徒）均告逃逸，幸无伤毙人命。查该轮焚烧时，火光烛天，消防局得接报告，即由队长马沙率领全体队员驾车前往施救，总监布英沙□亲自到场指挥，惟当时该轮乃泊在河心，相隔一水施救，无从□船中人货俱无，直烧至二时半，全船解体下沉，再无余烬，消防队遂集队而返。

1945年12月14日　第四版

屈仁则　日间返澳

（本报专访）中国国民党澳门支部委员兼常委屈仁则、委员兼秘书李秉硕两氏，日前因公联同返小榄公干，一去已有多日，而本澳党支部因有许多事情需候屈、李两位返澳办理者，故屈李两氏决于短期内返澳。自查屈、李两氏未能从速返澳原因，屈氏则留小榄有要务办理，而李氏亦因要务前赴广州，至昨日据党部消息，党部已接得两氏知会，数日间屈、李两氏将先后返澳云云。

1945年12月14日　第四版

难民遣送录

留澳难民遣送会今日又遣送难民一批，计开香港线有区溢、余昌、黄国民、吴源、麦荣、刘员、黄肖英、郑芝、郑健、杨少彬等十人，由德安利、广发利、广发机和士三船遣送；广州线谭森、谭吴氏、麦惠、李元等四人，由恒泰船运送。又昨日到登记者有黄仲好等十八人云。

1945年12月15日　第四版

接收敌产问题　党部无关责任　传屈氏晋省出席讨论接收不确

（本报专访）第二方面军司令长官张发奎，于日昨突召返驻澳接收敌伪资产之主管机关负责人员晋省，于昨（十四）日下午一时开会讨论彻底办理接收敌□事宜，本澳驻澳之主管机关负责人，如第二方面（军）派出之潘奋宁、省府驻澳陶少甫、外交部驻澳唐榴、军政部罗克传（泉）等均已先后动程返省出席。本澳党支部委员陈律平称，关于所有接收敌产问题，党部绝对不关责任。传屈仁则常委也赴广州参加开会，不是事实，不过李秘书秉硕，因私务待理晋赴广州而已，同时党部澳支部业接得屈、李两氏到会，三两日间屈、李两氏亦赶返澳门，办理澳支部事务云云。

1945年12月15日　第四版

广大澳校　举行校庆　并招待校友

广州大学计政班及附属第二中学，在本澳设立以来，□有年所，颇获社会人士爱护，明（十六日）为该校建校七周年纪念，全校员生，已准备热烈庆祝。闻今日下午一时，设会招待历届留澳校友，而同学会亦同时举行会员大会，今晚中学部准备预祝游艺会，欢迎校友参加，明日上午举行庆祝会，晚间并举行庆祝胜利，恭祝校庆，员生校友联欢叙餐，届时□当有一番兴闹。

1945年12月15日　第四版

遣送难民录

留澳贫苦难民遣送会今日遣送难民一批，计开香港线者有李桂珍、何常、陈东、伍福、关荣、黄仲好、梁汉权等九人，往石岐得一人李英。又昨日登记者有郑文等九人，全澳贫苦难民，欲想回乡，请速到该会登记，登记手续至为简单云。

1945年12月15日　第四版

督察长观也　政躬复原　日间出院

（本报专访）督察长观也，因患□肠炎症，入马行医院剖割。经医生施用术后，诸事已告完竣，本拟在昨十四日出院，后为医生嘱咐，多休养数天，闻督察长拟于下星期一二出院云云。

1945年12月15日　第四版

行劫米店疑犯　六人解臬讯供

（本报专访）日前歹徒携械行劫□□（海边新）街锦成泰米店，事后为警探捕获嫌疑犯六名，其中四名是男，二名是女。经警局严讯后，业于昨日备文，将各嫌疑犯带交法院发落，法官立将六□□□提供，询问口供云。

1945年12月16日　第四版

远征印缅五十二军调防东北　先头部队昨日抵澳　今日往港转轮赴大连北上　后队大军将由湾陆续开到

（本报专访）我国远征印缅第五十二军赵公武部，最近奉军委会令调防东北，由昆明转广州湾来澳，取道香港北上。查该军先行部队一行八十人，昨由文副营长率领在湾乘天山轮抵澳，下榻中央酒店。该军全为美式装备，健儿个个精神奕奕，转战缅甸时立功最伟。记者昨趋旅邸访谒，据该先行部队发言人称，本军现奉调东北，由昆转道湛江来澳，后队将陆续开到，本队今日转轮赴港，由港乘轮赴大连云云。

1945年12月16日　第四版

澳政要多人返葡　总督设宴饯行　属地号廿五日由澳开行

（本报专访）葡轮属地号，约期本月廿日即可到澳，本澳之军政官员候乘该轮返葡者甚多。查该轮□澳日期，本月廿日至廿二日便可抵达此间，该轮之公司□决定该输于本月廿五日驶返葡京，连日来澳督戴思乐等，分别设宴款待各归葡政要，以为饯别之意云。

1945年12月16日　第四版

卫生当局　严防疟疾蔓延　将设站为市民免费注射

（本报专访）霍乱延蔓期间已过，惟现日乃发冷症□盛行季候，本澳国家大医生山度士对此症之蔓延，甚为重视。该症发生煤（媒）介之蚊虫力为研究，希望研究出何种蚊虫与发冷症有关者，俾将来易于扑灭，并力为研究调治发冷药剂，将来设站为市民免费注射。至施行办法，与防霍乱注射无异，其目的为使发冷与霍乱两症完全杜绝，以保障市民之卫生云云。

1945年12月18日　第四版

晋省会议长官返澳　中山封锁可能解决　会中对此问题有所讨论

（本报专访）关于中山封锁问题，曾屡传解放，但迄今几达一月仍未实行。原因为何，亦未明了。此次我国驻澳各长官，奉第二方面军张司令长官电召返省，参加会议，闻对此问题，当有所讨论，俟各长官返澳后，此事当可得一适当之解决办法也云云。

1945年12月18日　第四版

天气影响轮船脱班　归乡台胞仍未成行

（本报专访）自我国战胜后，台湾重入我国版图，留澳台侨，本欲返乡一睹家园，本澳台侨亦有归乡会之设，为各台胞筹划一切返乡事宜。至滞留于广州方面之台胞，亦经张司令长官分批传送来澳，以便联同出发，日昨抵澳一批□□人，□为商店职员，其中有廿四名女性，乃为集训队队员。原定昨日启程，但因天气关系，轮船不敢开行，临时□期，现均宿于前《西南日报》旧址，由台侨归乡会招待膳食，一俟天色晴和，即可行云云。

1945年12月18日　第四版

出入口商会　决定解散

战期中本澳为营商业要地，自战事结束后，各行商业，经除航业之外，其余颇形冷落。查最近有多间银号与及出入口商，多自动宣布结束，其结束之因，乃视及在澳之将来，未得收良军，所以多结束在澳之事业而迁赴香港、广州启业。又查出入口商会，会员多锐减，决定在农历元旦之间，自行解散该行联会云。

1945年12月18日　第四版

空军少校　卫启明到澳　视察澳门情况

美国驻华第十四航空队史迪威部空军少校卫启明氏，日昨来澳，昨日会见记者。关于卫少校曾在缅甸作战多次，为一□战健儿。卫氏此次来澳，乃视察澳门之情况，以备将来有所报告云。

1945年12月19日　第四版

国军与葡水兵冲突事件　唐专员昨访澳督所得至为团满

（本报专访）关于本月十六日新马路发生国军与葡水兵冲突事件。事后官方对此保持缄默，而我留澳各长官均因晋省出席会议，故报章均未有详细报导。前日我外部驻澳专员唐榴氏由省转岐返澳，记者特趋谒叩询，我当局对此事所采之态度。据唐专员称，此事发生本人适因公往省返澳后始悉一切，现经□据事实向葡当局提出，务求得商讨善后合理之解决，本人今日会晤葡督戴思乐商讨善后，至于外间谣传留医镜湖医院两国军，其中一人因伤毙命，全非事实。

1945年12月19日　第四版

第三期五十元葡币　银行决定全部收回　存有该期纸币可即兑换　残旧辅币由今日起停使

本澳大西洋银行，日前为杜绝伪冒第三期五十元纸币起见，乃开始兑换该期纸币，如发现五十元伪币，即将之打孔作废，□又将该期（第三期）五十元面额葡币完全收回。惟至今日，该期葡币，尚有少数在市面行使，此各商户皆借用西洋银行故也。又西洋银行为免使本澳人民免受损失起见，现在不发出该期五十元面额纸币，更希存有该期五十元面额葡币者，请速到西洋银行兑换云。

（又讯）一二角之残币，经银行已于日□通告市民兑换，闻今日该项残币停止使用云。

1945年12月19日　第四版

电灯副司理　符列策　昨由港到澳

（本报专访）前任电灯公司副司理英人符列策氏，自该公司正司理嘉理仁氏游美时即署任司理职，及后香港沦陷，敌伪势力伸张到澳，符氏将公司□□办妥即遣入内地□道返英。及近电灯公司交还商办，符氏复回原职。日前由英抵港，昨下午由港到澳，下榻西望洋山顶嘉理仁私邸，今日将到公司办事云。

1945年12月19日　第四版

难民遣送录

留澳贫苦难民遣送会今日遣送难民一批，该批难民乃经该会调查组调查清楚，确系贫苦难民。至于有等歹徒伪报者，已完全不给予遣送权利，计今日遣送返广州者有罗佀，男，二十岁；郑文，男，廿六；□二九，男，二十一；胡添，男，二十二，共计四人。又遣送返香港者，则有刘元一名，男子，五十三岁。往广州者，由发到船遣送；往香港者，由光□泰船遣送。又昨日到会登记者有赖□仙等十五人，该批登记者，已于调查组调查云。

1945年12月19日　第四版

葡名医　巴雅拔将到澳　就任政府医官

毕业理斯本国立大学葡籍，医学士巴雅拔君，将乘"属地"号轮来澳就任政府医院医官职务，大约本月二十二三当可到埗。查巴医生专门于内外科及擅理妇儿等科，彼为前华务专理局副局长巴士度君之公子云。

1945年12月19日　第四版

某君拟发起　捐募寒衣

（本报专访）天气转寒，一般贫苦之难胞，备尝痛苦。查最近有热心人士某君发起捐募寒衣，分送各难胞御寒，希望本澳之慈善机关联同发动，俾得继起响应云。

1945年12月20日　第四版

检查新闻制度未能撤销　只许延长检查时间　记者公会理事昨谒高士德商谈一切

关于本澳当局之新闻检查制度，日前澳门新闻记者公会第一次会员大会时，曾由许国潮、余一民两人提议，请求当局予以撤销，必要时或延长检查时间，以利本澳新闻事业之发展。该案当经大会通过，交由理事会办理。昨该会理事黄浩然、许国潮、何曼公、郑□环、陈大白、雷学钦、雷渭灵，监事黄□侠及《复兴报》社长高美士等多人，特晋谒督署秘书长兼新闻检查委员会主席高士德，要求撤销检查制度。当由高氏接见，各人道达来意后，据高氏解释称，鉴于扶植新闻事业发展，在可能范围内，当局乐予帮助。惟新闻检查制度，乃葡国立法所规定，现葡京方面一样施行，非单纯澳地而然，故撤销请求，碍难接纳。至延长检查时间一节，高氏表示接纳，同是时更答允予以便利，所有稿件，随□随发。查现时电讯及澳闻检查时□为每晚八时半迄至十时半止。高氏答应将时间改为由晚上十一时起至凌晟（晨）二时，今后在凌晨二时，所有电讯消息或本澳新闻，各报均可有充份（分）时间满□刊载云。

1945年12月20日　第四版

总督戴思乐下令　严禁水兵登陆　避免□生无谓之误会

（本报专访）关于本月十六日国军与葡水兵发生冲突事件，当时□鸣枪数响，流弹伤及途人，事后中葡长官对事态之扩大，力加压止。总督戴思乐闻此，当即下令暂时禁止炮舰水兵登岸游行，以避免发生无谓之误会。当晚葡舰曾派出武装军官数人，分向各娱乐场所搜索，一发现葡水兵即行劝告返舰。